I0760159

Theodor Heuss

Der Bundespräsident

Briefe 1954–1959

Theodor Heuss
Stuttgarter Ausgabe
Briefe

Herausgegeben von der
Stiftung Bundespräsident-Theodor-Heuss-Haus

Wissenschaftliche Leitung
Ernst Wolfgang Becker

Editionsbeirat
Wolfgang Hardtwig, Hans Peter Mensing,
Angelika Schaser, Andreas Wirsching

De Gruyter

Theodor Heuss
Der Bundespräsident

Briefe 1954–1959

Herausgegeben und bearbeitet von
Ernst Wolfgang Becker, Martin Vogt und Wolfram Werner

De Gruyter

Träger des Editionsprojekts:
Stiftung Bundespräsident-Theodor-Heuss-Haus
Im Himmelsberg 16, 70192 Stuttgart
www.stiftung-heuss-haus.de
Die Stiftung wird vom Bund aus dem Haushalt des
Staatsministers für Kultur und Medien gefördert.

ISBN 978-3-598-25128-3
e-ISBN 978-3-11-029842-0

Library of Congress Cataloging-in-Publication Data
A CIP catalog record for this book has been applied for at the Library of Congress.

Bibliografische Information der Deutschen Nationalbibliothek
Die Deutsche Nationalbibliothek verzeichnet diese Publikation
in der Deutschen Nationalbibliografie; detaillierte bibliografische Daten
sind im Internet über *http://dnb.dnb.de* abrufbar.

Umschlag:
Foto: Theodor Heuss, 1956; Fotograf: Georg Bauer; Presse- und
Informationsamt der Bundesregierung, B 145 Bild-15020.
Brief: Theodor Heuss an Carlo Schmid, 19. 2. 1955, in: AdsD, NL Schmid,
1/CSAA000645, abgedruckt auf S. 171.

© 2013 Walter de Gruyter GmbH, Berlin/Boston

Satz: Dr. Rainer Ostermann, München

Druck: Strauss GmbH, Mörlenbach

♾ Gedruckt auf säurefreiem Papier

Printed in Germany

www.degruyter.com

Inhalt

Vorwort des Editionsbeirates

Die Geschichte der Bundesrepublik Deutschland ist die einer stabilen Demokratie. An ihrem Anfang standen 1945 Theodor Heuss, Konrad Adenauer, Kurt Schumacher, Elisabeth Selbert, Helene Weber und andere Männer und Frauen, die nach den Katastrophen des Nationalsozialismus und des Zweiten Weltkrieges einen demokratischen Neuanfang wagten – freilich unter den engen Rahmenbedingungen, welche die Besatzungsmächte nach der Befreiung vorgaben. Ohne den Rückgriff auf demokratische Traditionen, wie sie in der deutschen Geschichte in Personen wie Heuss greifbar sind, hätte die Demokratie in Deutschland vermutlich nicht so nachhaltig Fuß fassen können.

Mit der Werkausgabe „Theodor Heuss. Stuttgarter Ausgabe" wird eine moderne Edition vorgelegt, die wichtige Zeugnisse zur deutschen Geschichte der ersten Hälfte des 20. Jahrhunderts bereithält. Sie lädt dazu ein, die seit Jahren anschwellende Krisenrhetorik, die Systemschwächen der Bundesrepublik diagnostiziert, mit der Bilanz einer letztendlich erfolgreichen Gründungsgeschichte zu kontrastieren.

Im Einzelnen sprechen mehrere Gründe für die Herausgabe der Werke von Theodor Heuss. Zum einen erhielt die Stiftung Bundespräsident-Theodor-Heuss-Haus vom Deutschen Bundestag den gesetzlichen Auftrag, „das Andenken an das Wirken des ersten Bundespräsidenten der Bundesrepublik Deutschland, Theodor Heuss, für Freiheit und Einheit des deutschen Volkes, für Europa, für Verständigung und Versöhnung unter den Völkern zu wahren und einen Beitrag zum Verständnis der jüngeren Geschichte sowie der Entstehung der Bundesrepublik Deutschland zu leisten" und den Nachlass „für die Interessen der Allgemeinheit in Wissenschaft, Bildung und Politik auszuwerten." Dazu dient auch die „Veröffentlichung von Archivbeständen" (Errichtungsgesetz der Stiftung Bundespräsident-Theodor-Heuss-Haus vom 27. Mai 1994).

Hinter diesem Auftrag klingt zum anderen als ein weiterer wesentlicher Beweggrund für eine Edition die historische und politische Bedeutung von Heuss an. Als erstes Staatsoberhaupt der Bundesrepublik Deutschland hat er das Amt des Bundespräsidenten durch sein stilsicheres, umsichtiges und souveränes, intellektuell anspruchsvolles Auftreten nachhaltig geprägt. Während der schwierigen Formationsphase der 1949 neu begründeten, noch ungesicherten Demokratie bewies er in dieser Funktion eine bemerkenswerte innen- und außenpolitische Sensibilität. Darüber hinaus steht Theodor Heuss für die liberale Tradition deutscher Demokratiegeschichte im 20. Jahrhundert, die er als Politiker, als außerordentlich produktiver Publizist, als engagierter Hochschullehrer und ehrenamtlicher Verbandsfunktionär mitgeprägt hat. Diese Erfahrungen, die Heuss während der ersten Hälfte des 20. Jahrhunderts gesammelt hatte, bildeten in der posttotalitären Situation nach 1945 ein entscheidendes politisches Kapital, das der Wiedererrichtung einer demokratischen Republik auf deutschem Boden zu dauerhaftem Erfolg verholfen hat.

Ein weiterer Grund für die Editionsreihe liegt in dem glücklichen Umstand, dass sich das vielfältige Wirken von Theodor Heuss in einer ungewöhnlich umfangreichen Überlieferung von hohem historischen und literarischen Wert niedergeschlagen und erhalten hat. Sein Nachlass, die Präsidentenakten aus seiner Amtszeit 1949–1959 sowie die vielschichtigen Parallelbestände weisen ihn als einen *Homme de Lettres* aus, der intellektuelle Reflexion und Übernahme von politischer Verantwortung in Einklang zu bringen vermochte. Seine zahlreichen Reden, Briefe und Schriften zu einer Vielzahl zeitgeschichtlicher Schlüsselthemen dokumentieren, in welchem ungewöhnlichen Ausmaß er über die politischen und kulturellen Instrumente des Bildungsbürgers verfügte.

Schließlich soll die „Stuttgarter Ausgabe“ wissenschaftliche Untersuchungen zum Leben und Werk von Theodor Heuss und zum Amt des Bundespräsidenten anregen. Trotz einiger Teilstudien sind die Forschungen zu Heuss noch immer lückenhaft. Zahlreiche biographische Aspekte sind aufzuarbeiten und problemorientiert in den zeitgeschichtlichen Kontext einzubetten. Inzwischen hat die Edition Impulse für mehrere anspruchsvolle und umfassende Biographien über Theodor Heuss gegeben, denen weitere folgen werden.

Die „Stuttgarter Ausgabe“ gliedert sich nach Gattungen in vier Reihen: Briefe, Schriften, Reden und Gespräche. Diese Kommunikationsformen handhabte Heuss gekonnt. In ihnen kommt die ganze Bandbreite seiner Biographie wie auch seiner zahlreichen Tätigkeiten und Funktionen zum Ausdruck: So begegnet uns nicht allein der „öffentliche“ oder „offizielle“ Heuss, sondern auch der zurückgezogen arbeitende Schriftsteller, der Freund, Ehemann und Vater. Die Edition macht historische Prozesse und Entscheidungen über einen biographischen Einstieg zugänglich und besser verständlich. Sie wendet sich nicht nur an die Forschung, sondern auch an die interessierte Öffentlichkeit. Dies vor Augen, liegt der Edition das Konzept einer leserfreundlichen, aber auch wissenschaftlichen Ansprüchen genügenden Studienausgabe zugrunde. Dass es sich dabei angesichts der Überfülle des überlieferten Materials nur um eine Auswahledition handeln kann, liegt auf der Hand.

Die „Stuttgarter Ausgabe“ beginnt mit der Reihe der Briefe, die – chronologisch angeordnet – in acht Bänden veröffentlicht werden. Die noch weitgehend unbekannte Korrespondenz von Theodor Heuss gibt einen außergewöhnlichen Einblick auch in jene Aspekte seiner Biographie, die er der öffentlichen Rede oder Publizistik nicht anvertraut hat. Vor allem die Briefe an Familienangehörige, Freunde, Bekannte und Personen der Zeitgeschichte, nicht zuletzt aber auch die Kontakte zu „einfachen“ Bürgern machen den Facettenreichtum seiner Persönlichkeit und seines Wirkens deutlich. Der weitverzweigte, die Jahre 1892–1963 umfassende Schriftverkehr zeigt außerdem, wie Heuss über das traditionelle liberale und demokratische Lager hinaus als Kommunikator wirkte und dazu beitrug, dass ein von antitotalitären Überzeugungen getragenes Beziehungsnetz das „Dritte Reich" überdauern konnte. Es werden – mit Ausnahme des Bandes „Hochverehrter Herr Bundespräsident. Der Briefwechsel mit der Bevölkerung 1949–1959" – ausschließlich Schreiben von Heuss abgedruckt, die Gegenkorrespondenz aber im Kommentar berücksichtigt.

Nachdem im Frühjahr 2012 die Briefe der Jahre 1949–1954 erschienen sind, freuen wir uns, nun den Band mit der Korrespondenz der folgenden fünf Jahre vorlegen zu können. Theodor Heuss begann seine zweite Amtszeit im September 1954 mit einem überzeugenden Votum, hatte ihn doch die Bundesversammlung bereits im Juli mit einer großen, parteiübergreifenden Mehrheit wiedergewählt. Auch in der zweiten Hälfte der fünfziger Jahre zielte seine überparteiliche Amtsführung auf Integration und „Entkrampfung" ab, um die Bevölkerung für die junge Demokratie wie auch für die zentralen politischen Weichenstellungen des Landes zu gewinnen. Heuss war vor dem Hintergrund des Kalten Krieges von der Politik der Westbindung und Wiederbewaffnung überzeugt und versuchte, den Kurs Adenauers gegen gesellschaftliche und politische Widerstände atmosphärisch und informell über seine Korrespondenz abzusichern. Durch seine Staatsbesuche wirkte er als Repräsentant eines gewandelten Deutschland, das Lehren aus der Geschichte gezogen zu haben schien. Doch am Ende seiner Amtszeit, als die schwierige Suche nach einem gleichwertigen Nachfolger begann, verstärkten sich die Anzeichen einer Banalisierung des Bundespräsidenten zum „Papa Heuss". Zudem stellte sich die Frage, ob dieses Staatsoberhaupt angesichts erster Anzeichen fundamentaler Wandlungsprozesse Ende der fünfziger Jahre die Bundesrepublik noch angemessen vertreten konnte.

Ohne die tatkräftige Unterstützung der Mitarbeiterinnen und Mitarbeiter in zahlreichen Archiven, Bibliotheken und anderen Einrichtungen sowie vieler Privatpersonen hätte dieses Projekt nicht so umfassend und sorgfältig durchgeführt werden können. Wir danken an dieser Stelle vor allem der Schwiegertochter von Theodor Heuss, Ursula Heuss-Wolff (†), und dem Enkel, PD Dr. Ludwig Theodor Heuss, die dem Editionsvorhaben das umfangreiche Familienarchiv mit der Privatkorrespondenz von Theodor Heuss großzügig und vertrauensvoll zur Verfügung stellten und das Projekt in jeder Hinsicht unterstützten. Von unschätzbarem Wert für diesen Band war die Einsicht, die Max Anton Stolper in den gesperrten Originalbriefwechsel zwischen seiner Mutter Toni Stolper und Theodor Heuss gewährte. Unser Dank gilt gleichfalls der Robert Bosch Stiftung, der Baden-Württemberg Stiftung, der Würth-Gruppe, der Daimler AG, der Wüstenrot-Stiftung, der Dr. Ing. h.c. F. Porsche AG, der Landesbank Baden-Württemberg, der Willy-Körner-Stiftung sowie Ralf Lord Dahrendorf (†). Sie haben mehrere Bände der Briefedition mit erheblichen Mitteln gefördert. Und schließlich danken wir dem wissenschaftlichen Leiter der „Stuttgarter Ausgabe“ und Herausgeber des Bandes, Dr. Ernst Wolfgang Becker, und den beiden Mitherausgebern, Prof. Dr. Martin Vogt und Dr. Wolfram Werner, für ihren wesentlichen Beitrag zum Gelingen dieses Werkes und für die gute Zusammenarbeit.

Prof. Dr. Wolfgang Hardtwig, Dr. Hans Peter Mensing,
Prof. Dr. Angelika Schaser, Prof. Dr. Andreas Wirsching

Theodor Heuss: Lebensstationen

1884	31. 1. Geburt von Theodor Heuss in Brackenheim/Württemberg
1890	Umzug nach Heilbronn
1892	Eintritt in das humanistische Karlsgymnasium
1902	Abitur
	Erste Begegnung mit Friedrich Naumann
	Beginn des Studiums der Neuphilologie und Nationalökonomie an der Universität München
1905	Abschluss des Studiums der Nationalökonomie mit einer Dissertation zum Thema „Weinbau und Weingärtnerstand in Heilbronn a. N." (Veröffentlichung 1906)
	Redakteur der Wochenzeitschrift „Die Hilfe" in Berlin (bis 1912)
	Erste Begegnung mit Elly Knapp
1907	Erfolgreicher Reichstagswahlkampf für Friedrich Naumann in Heilbronn
1908	11. 4. Hochzeit mit Elly Knapp (Pfarrer: Albert Schweitzer)
1910	5. 8. Geburt des Sohnes Ernst Ludwig
1912	Chefredakteur der „Neckar-Zeitung" in Heilbronn (bis 1917)
	Erfolglose Kandidatur für den württembergischen Landtag
1913	Schriftleiter der Kulturzeitschrift „März" (bis 1917)
1918	Mitarbeit in der Geschäftsstelle des Deutschen Werkbundes in Berlin (hauptamtlich bis 1921)
	Schriftleiter der Zeitschrift „Deutsche Politik" (bis 1922)
	Beginn der politischen Arbeit für die Deutsche Demokratische Partei (DDP)
1919	Erfolglose Kandidatur für die Verfassunggebende Nationalversammlung
	Wahl zum Mitglied der Schöneberger Stadtverordnetenversammlung, seit 1920 der Schöneberger Bezirksversammlung
1920	Studienleiter (bis 1925) und Dozent an der Deutschen Hochschule für Politik
	6. 6. Erfolglose Kandidatur bei den Wahlen zum 1. Reichstag
1922	Schriftleiter der Zeitschrift „Die Deutsche Nation" (bis 1925)
1924	Wahl zum Vorstandsmitglied des Deutschen Werkbundes
	4. 5. Wahl in den 2. Reichstag für die DDP
	7. 12. Wahl in den 3. Reichstag für die DDP
1925	5. 4. Wahl zum 1. Vorsitzenden des Schutzverbandes deutscher Schriftsteller (Rücktritt 1926)
1928	20. 5. Erfolglose Kandidatur bei den Wahlen zum 4. Reichstag

1930	14. 9. Wahl in den 5. Reichstag für die Deutsche Staatspartei (DStP)
1932	Veröffentlichung von „Hitlers Weg. Eine historisch-politische Studie über den Nationalsozialismus“
	31. 7. Wahl in den 6. Reichstag für die DStP
	6. 11. Erfolglose Kandidatur bei den Wahlen zum 7. Reichstag
1933	1. 1. Herausgeber der „Hilfe“
	5. 3. Wahl in den 8. Reichstag für die DStP
	23. 3. Zustimmung zum Ermächtigungsgesetz
	3. 5. Aberkennung der Dozentur an der Deutschen Hochschule für Politik
	10. 5. Verbrennung zweier Bücher von Theodor Heuss
	12. 7. Aberkennung des Reichstagsmandats
	29. 9. Rücktritt vom Vorstand des Deutschen Werkbundes
1936	Rücktritt von der Herausgeberschaft der „Hilfe“
1937	Veröffentlichung der Biographie über Friedrich Naumann
1939	Veröffentlichung der Biographie über den Architekten Hans Poelzig
1940	Veröffentlichung der Biographie über den Zoologen Anton Dohrn
1942	Veröffentlichung der Biographie über den Chemiker Justus von Liebig
	Beginn der Arbeit an der Biographie über den Unternehmer Robert Bosch (Veröffentlichung 1946)
1943	August–Oktober: Flucht aus Berlin über Heilbronn und den Boschhof (Oberbayern) nach Heidelberg
	Dezember: Treffen mit Carl Goerdeler
1945	5. 9. Verleihung der Lizenz für die Herausgabe der „Rhein-Neckar-Zeitung“ in Heidelberg (bis Ende 1949)
	24. 9. Vereidigung zum Kultusminister von Württemberg-Baden
	Ende September: Umzug nach Stuttgart
1946	6. 1. Wahl in den Vorstand der Demokratischen Volkspartei (DVP) von Württemberg-Baden
	30. 6. Wahl in die Verfassunggebende Landesversammlung von Württemberg-Baden
	29. 9. Wahl zum Vorsitzenden der DVP in der amerikanischen Zone
	24. 11. Wahl in den 1. Landtag von Württemberg-Baden
1947	17. 3. Wahl zum Mitvorsitzenden (gemeinsam mit Wilhelm Külz) der gesamtdeutschen liberalen Demokratischen Partei Deutschlands (DPD)
1948	12. 1. Ernennung zum Honorarprofessor für politische Wissenschaften an der Technischen Hochschule Stuttgart
	18. 1. Scheitern der DPD
	1. 9. Beginn der Tätigkeit als Abgeordneter im Parlamentarischen Rat (bis 23. 5. 1949)
	12. 12. Wahl zum Vorsitzenden der westzonalen FDP

1949 14. 8. Wahl in den 1. Deutschen Bundestag
12. 9. Wahl zum ersten Bundespräsidenten
21. 9. Niederlegung des Vorsitzes der FDP
7. 12. Rede „Mut zur Liebe“ vor der Gesellschaft für Christlich-Jüdische Zusammenarbeit in Wiesbaden

1950 23. 6. Stiftung des Silbernen Lorbeerblattes
Dezember: Wechsel des Amtssitzes von der Viktorshöhe in Bad Godesberg in die Villa Hammerschmidt in Bonn, Koblenzer Straße 135
31. 12. Vorstellung der „Hymne an Deutschland“ bei der Silvesteransprache

1951 7. 9. Stiftung des Bundesverdienstkreuzes
27. 11. Gründung der „Dankspende des Deutschen Volkes“

1952 April/Mai: Briefwechsel mit Konrad Adenauer zur Proklamation des „Deutschlandliedes“ als Nationalhymne
31. 5. Wiederbegründung des Ordens Pour le mérite (Friedensklasse)
10. 6. Ersuchen um ein Rechtsgutachten beim Bundesverfassungsgericht zur Klärung der Verfassungsmäßigkeit der EVG-Verträge
19. 7. Tod von Elly Heuss-Knapp
30. 11. Rede „Das Mahnmal“ zur Einweihung des Ehrenmals im ehemaligen KZ Bergen-Belsen
9. 12. Rücknahme des Gutachtenersuchens zum EVG-Vertrag beim Bundesverfassungsgericht

1953 21. 6. Rede vor dem Deutschen Bundestag zum Gedenken an die Toten des Aufstandes vom 17. Juni in der DDR
September: Veröffentlichung der Jugenderinnerungen „Vorspiele des Lebens“

1954 31. 1. 70. Geburtstag und Veröffentlichung der Festschrift „Begegnungen mit Theodor Heuss“
17. 7. Wiederwahl zum Bundespräsidenten in Berlin
19. 7. Rede „Vom Recht zum Widerstand – Dank und Bekenntnis“ zur 10. Wiederkehr des 20. Juli 1944 in Berlin
4. 8. Übernahme des Protektorats über den Orden Pour le mérite (Friedensklasse)
12. 9. Beginn der zweiten Amtszeit
4. 10. Rede vor dem Bundeskongress des DGB
8.–14. 11. Erster offizieller Staatsbesuch eines ausländischen Staatsoberhaupts in der Bundesrepublik durch den äthiopischen Kaiser Haile Selassie I.
November: Beginn der Auseinandersetzungen mit der FDP wegen des Saarabkommens

1955 Beginn der Neubearbeitung der Sammelbiographie „Die Großen Deutschen“
23. 2.–5. 3. Staatsbesuch des Schahs von Persien und dessen Frau Soraya in der Bundesrepublik
8. 5. Ansprache zur Feier des 150. Geburtstags von Friedrich Schiller in Stuttgart
Mai: Bekenntnis der Liebe zu Toni Stolper
1. 10. Besuch von Ernst Jünger in Wilflingen
18. 12. Aufzeichnung über den sogenannten „Oberbefehl“ über die Bundeswehr

1956 14.–22. 5. Staatsbesuch in Griechenland
12. 9. Rede „Zur Kunst dieser Gegenwart“ vor dem Kulturkreis des BDI in Baden-Baden
8.–14. 10. Staatsbesuch des liberianischen Staatspräsidenten William Tubman in der Bundesrepublik

1957 26./27. 1. Besuch im Saarland nach dessen Beitritt zur Bundesrepublik
Februar/März: Erkrankung an einer Lungenentzündung, anschließend Kuraufenthalt in Badenweiler
5.–13. 5. Staatsbesuch in der Türkei
5. 9. Gründung des Wissenschaftsrates
19.–22. 11. Staatsbesuch in Italien
27./28. 11. Staatsbesuch im Vatikan

1958 Veröffentlichung des Essays über „Max Weber in seiner Gegenwart“
8./9. 4. Suizid der Schwiegertochter Hanne Heuss
28. 5.–4. 6. Staatsbesuch in Kanada
4.–23. 6. Staatsbesuch in den USA
22./23. 7. Besuch der Weltausstellung in Brüssel
20.–23. 10. Staatsbesuch in Großbritannien
14. 11. Rede zur Gründung der Friedrich-Naumann-Stiftung
16.–19. 11. Staatsbesuch des indischen Vizepräsidenten Sarvepalli Radhakrishnan in der Bundesrepublik
Dezember: Memorandum zur Bundespräsidenten-Frage

1959 Auseinandersetzungen um eine dritte Amtszeit und die Nachfolge des Bundespräsidenten
Januar: Veröffentlichung der Reisefeuilletons „Von Ort zu Ort“
12. 3. Rede „Soldatentum in unserer Zeit“ vor der Führungsakademie der Bundeswehr in Hamburg-Blankenese
12. 9. Ende der zweiten Amtszeit
16. 9. Umzug von Bonn nach Stuttgart, Feuerbacher Weg 46
11. 10. Verleihung des Friedenspreises des Deutschen Buchhandels in Frankfurt a. M.

1960	1.–10. 3. Reise nach Paris
	3.–29. 5. Reise nach Israel
	2.–23. 11. Reise nach Indien
1961	22. 4. Rede zur Emigrantenfrage anlässlich der Einweihung des neuen Stuttgarter Amerikahauses
	9. 5. Verleihung eines Ehrendoktors der Universität Exeter
	21. 6. Verleihung eines Ehrendoktors der Universität Oxford
	18. 9. Geburt des Enkels Ludwig Theodor Heuss
1963	September: Veröffentlichung der „Erinnerungen 1905–1933“
	12. 12. Tod von Theodor Heuss in seinem Haus in Stuttgart

Ernst Wolfgang Becker und Wolfram Werner

Einführung
Die Kehrseite des Erfolges: Zwischen Integration und Trivialisierung Briefe des Bundespräsidenten Theodor Heuss 1954–1959

Als der Publizist Johannes Gross 1967 sein kritisches Charakterbild über „Die Deutschen“ veröffentlichte, befasste er sich auch mit dem Amt des Staatsoberhauptes. Aufgrund mangelnder Kompetenzen sei es funktionslos und Ausdruck einer „vor allem auf Stabilität berechneten Verfassung“.[1] Mit einem zweifelhaften Lob bedachte er den ersten Amtsinhaber, als er ihm attestierte, „die beinahe ideale Besetzung des Amtes“ gewesen zu sein – Theodor Heuss als Vertreter von Stabilität und Bescheidenheit, der keinen Amtsstil und keine Form der würdigen Staatsrepräsentation entwickelt habe. Vermisste Gross, Nachkriegsschüler von Carl Schmitt, eine zupackende Führerpersönlichkeit, einen Hüter der Verfassung, vielleicht gar des Ausnahmezustandes? Jedenfalls entdeckte er im Bildungsbürger Heuss, bei allem Respekt, kultivierte wie folgenlose Langeweile und Eitelkeit:

> „In seinen letzten Amtsjahren waren die öffentlichen Anlässe eigentlich solche seiner Selbstdarstellung und schier unerschöpflichen Lust an der Autobiographie. Die würdige Repräsentation Deutschlands nach innen und außen wird sein unvergeßliches Verdienst bleiben, eine politische Spur hinterläßt er kaum. [...] Der ganze Ernst der Politik war seine Sache nicht, vielleicht war er darum ein guter, ja geliebter Präsident.“

Zwei Jahrzehnte später steigerte sich diese Distanz regelrecht zur Aversion, als Gross im Magazin der „Frankfurter Allgemeinen Zeitung“ notierte, dass ihm Heuss unter allen Bundespräsidenten immer der „unangenehmste“ gewesen sei. In seinen Reden habe er „nur von der eigenen Person und ihren Bewandtnissen“ gehandelt, „zwanghaft humorig-pläsierlich, Eitelkeit, die alle Scham hinter sich gelassen hat. Heute könnte solch ein Typ an bedeutender Stelle nicht mehr vorkommen“.[2] Kaum war 1989 der Briefwechsel zwischen Heuss und Konrad Adenauer erschienen, hielt es Gross für ausgemacht, dass Heuss – ganz im Gegensatz zum machiavellistischen Bundeskanzler – ein „politischer Nonvaleur“ gewesen sei:

---

1 Auch im Folgenden J. GROSS, Deutschen, S. 89–91.
2 Abgedruckt in: DERS., Notizbuch, S. 197.

> „Ein Mann ohne alle politische Leidenschaft, vornehmlich am Feuilleton seiner Stellung interessiert, interventionsfreudig nur da, wo seine Eitelkeit berührt wird; sich selbst unablässig liebevoll kommentierend, mit vielen Anführungszeichen und meinen sollend, sagen dürfend, einen intellektuell-überlegenen nuancenreichen Ausdruck simulierend, der Unsicherheit zudeckt."[3]

Hinter diesem Zerrbild können Enttäuschung und Frustration eines konservativen Intellektuellen vermutet werden, der im nahen Umfeld von Carl Schmitt die Liberalisierung und Entideologisierung der Bundesrepublik mit Skepsis verfolgte und gerade in Theodor Heuss einen frühen Exponenten dieser Entwicklung erblickte. Doch zugleich traf Gross durchaus einen wunden Punkt in der Wahrnehmung des ersten Bundespräsidenten. Der Topos der Verharmlosung und Entpolitisierung beschränkte sich nicht auf die Kritiker von Heuss, sondern war vor allem eine Domäne seiner Anhänger, und das schon zu Lebzeiten. Die Banalisierung zum „Papa Heuss" nahm in der ersten Amtszeit ihren Anfang;[4] doch erst seit Mitte der fünfziger Jahre, als Heuss nach seiner fulminanten Wiederwahl eine unvergleichliche Popularität genoss, fürchtete er eine Verkitschung, die seine Reputation als Staatsoberhaupt in Mitleidenschaft ziehen könne. Zugleich gab er selbst dieser Einschätzung durch seinen bürgerlichen Habitus und seinen Hang zur Selbstbespiegelung auch immer wieder Nahrung.

Doch wer den ersten Bundespräsidenten derart zur politischen Folgenlosigkeit verharmlost, verkürzt seine Bedeutung für die frühe Bundesrepublik. Die Korrespondenz aus der ersten Amtszeit hat deutlich gemacht, wie sich seit 1949 das Amtsverständnis von Heuss herausbildete.[5] Weil ihm das totalitäre Gewaltregime des Nationalsozialismus vor Augen stand, wollte er vermeiden, als „Nachfolger" Adolf Hitlers wahrgenommen zu werden. Weil er die institutionellen Rahmenbedingungen, die das Grundgesetz vorgab, in Rechnung stellte, versuchte er, dieses „Paragraphengespinst"[6] mit einem eigenen menschlichen Profil zu füllen. Und weil ihm in Adenauer ein äußerst machtbewusster *Homo Politicus* an die Seite gestellt war, musste er die Spielräume seines Amtes in der Kanzlerdemokratie[7] immer wieder ausloten. Dabei kristallisierte sich eine Arbeitsteilung heraus, in welcher der durchsetzungsstarke Bundeskanzler die Richtlinien der Politik bestimmte und das eigentliche Machtzentrum im Staat verkörperte, der Bundespräsident hingegen seine wenigen Befugnisse zurückhaltend ausübte und sich eigene Politikfelder suchte. Dass dies freilich ein prekäres Gleichgewicht war,

---

3 Ebd., S. 253f.

4 Vgl. E. W. Becker / M. Vogt, Einführung, in: Th. Heuss, Bundespräsident 1949–1954, S. 31f.

5 Vgl. auch im Folgenden ebd., S. 20–57.

6 Antrittsrede vor der Bundesversammlung, 12. 9. 1949, in: Th. Heuss, Politiker, S. 376–380, hier S. 377.

7 Vgl. K. Niclauss, Kanzlerdemokratie, S. 17–100.

zeigen einige Konflikte zwischen Heuss und Adenauer in der ersten Amtszeit, die trotz aller Übereinstimmung in wesentlichen Fragen der Politik mitunter ausbrachen. So nahm es weder der Kanzler hin, wenn das Staatsoberhaupt exekutive Befugnisse an sich ziehen wollte[8] oder sich allzu exponiert öffentlich äußerte,[9] noch ließ Heuss Adenauer ungeschoren, wenn dieser personalpolitisch und in öffentlichen Stellungnahmen ungeschickt agierte oder sich gegenüber dem Staatsoberhaupt illoyal verhielt.[10]

Vor dem Hintergrund einer solch spannungsreichen Ausgangslage – die Bürde der deutschen Geschichte, die geringen Kompetenzen des Bundespräsidenten und das starke Machtbewusstsein des Bundeskanzlers – ist es umso bemerkenswerter, dass Theodor Heuss ein Amtsverständnis entwickelte und umsetzte, das politisch alles andere als folgenlos war. Er wollte seinen Mitbürgern einen unbefangenen Blick auf die auch positiven Traditionsstränge deutscher Nationalgeschichte öffnen, ohne deren Verwerfungen in der Vergangenheit zu unterschlagen. „Entkrampfung“ wurde zu einem Leitmotiv seiner Amtsführung, um die Deutschen von ihrem Ressentimentbedürfnis gegenüber anderen Völkern und ihrer eigenen gebrochenen Geschichte zu befreien und sie in die internationale Staatengemeinschaft zurückzuführen. Die Entfremdung zwischen Staat und Bevölkerung in der Weimarer Republik vor Augen, machte er sich die Integration eines gespaltenen und belasteten Volkes zur zentralen Aufgabe, um den jungen demokratischen Staat positiv im Bewusstsein der Bürger zu verankern. Verstand er sich schon vor 1949 als „Erzieher zur Demokratie“,[11] konnte er als Bundespräsident diesen volkspädagogischen Impetus qua Amt in die breite Bevölkerung tragen: als Aufforderung, staatsbürgerliche Verantwortung in Parlamenten und Parteien zu übernehmen, sowie als Appell, vorpolitische Haltungen einzuüben, um eine Kultur der Fairness in einer Bürgergesellschaft zu schaffen. Kaum einer schien diese Aufgabe glaubwürdiger zu verkörpern als dieser Präsident im Bürgerrock.

Wenn die Integrationsfunktion im Zentrum des Amtsverständnisses von Heuss stand, musste er es vermeiden, in der ungefestigten Nachkriegsdemokratie einen Konfrontationskurs gegen andere Verfassungsorgane zu steuern oder Konflikte in eine orientierungslose Zusammenbruchsgesellschaft zu tragen. Dieser Integrationskurs, der Stabilität und Sicherheit versprach, mochte Publizisten später zum Spott reizen, doch nach den dramatischen Jahren des Ausnahmezustandes

---

[8] So z. B. die gelegentliche Teilnahme an und die Leitung von Kabinettssitzungen oder die Übernahme der Organisationsgewalt; vgl. E. W. BECKER / M. VOGT, Einführung, in: TH. HEUSS, Bundespräsident 1949–1954, S. 23f.

[9] So z. B. im Dezember 1949 über die Wiederbewaffnung; vgl. ebd., S. 24.

[10] Vor allem in der Frage der Einführung einer neuen Nationalhymne Anfang der fünfziger Jahre; vgl. ebd., S. 24, 35–37.

[11] Vgl. E. W. BECKER, Einführung, in: TH. HEUSS, Erzieher, S. 15–17.

seit der Kriegswende 1942/43 schien er das Gebot der Stunde zu sein.[12] Auch wenn die politischen Machtmittel des Bundespräsidenten stark begrenzt waren, blieb er bei dieser Aufgabe nicht wirkungslos. Vielmehr stellte er durch seine persönliche Glaubwürdigkeit eine moralische Autorität dar, der auch politische Bedeutung jenseits von exekutivem und legislativem Handeln zukam. Wer politische Wirksamkeit nicht auf Regierungshandeln beschränkt, sondern auch Worte und symbolische Gesten in den Fokus nimmt,[13] wird erkennen, wie das Amt des Bundespräsidenten unter Theodor Heuss politischen Einfluss gewann. Außerhalb der Machtkämpfe in der Tagespolitik konnte es auf glaubwürdige Weise weite Teile der Bevölkerung ansprechen und sie mit der Demokratie versöhnen.

Die Briefe aus der ersten Amtszeit machen deutlich, wie dieses Amtsverständnis politisch wirksam wurde: in der Symbolpolitik, der Geschichtspolitik, der Einbindung verschiedener gesellschaftlicher Gruppen in den Staat oder auch in den informellen Einflussversuchen auf das politische Tagesgeschäft. Jenseits des öffentlichen Auftritts ging Heuss in seinen Briefen Konflikten selten aus dem Weg, sondern nutzte jenes Medium dazu, seinen Standpunkt scharf, manchmal polemisch zu formulieren und den Korrespondenzpartner zu attackieren. Auch persönliche Misserfolge – wie zum Beispiel der vergebliche Versuch der Einführung einer Nationalhymne – kommen in den Schreiben ungeschönt zum Ausdruck.

Ein Mann „ohne alle politische Leidenschaft“ (Johannes Gross) war Heuss also keineswegs. Doch was konnte er noch bewirken, nachdem er in den ersten Jahren sein Amt profiliert und seine Agenda abgesteckt hatte? Als ihn im Sommer 1954 eine überwältigende überparteiliche Mehrheit in der Bundesversammlung wiedergewählt hatte, erläuterte er seinem Freund Albert Schweitzer die Motivation für die Bereitschaft zu einer zweiten Amtszeit:

> „Daß ich mich der Aufforderung der verschiedenen Gruppen, weiter an der Stelle zu bleiben, nicht entzog, hat, wie Du richtig gespürt hast, einen wesentlich moralischen Grund. Es mußte für Deutschland in seiner jetzigen Situation gut sein, an dieser Stelle eine Art von Kontinuität zu erreichen und einen eventuell sich zuspitzenden Personalkampf zu vermeiden. Wenn ich die Dinge richtig beurteilen kann, hat die Welt den Vorgang auch so begriffen.“[14]

Kontinuität an der Spitze des Staates angesichts der großen Herausforderungen, vor denen die Bundesrepublik auch noch Mitte der fünfziger Jahre stand, um auf diese Weise Konflikte und Instabilität zu vermeiden – das war nicht nur ein „moralischer“ Beweggrund, sondern auch ein eminent politischer. Heuss rekur-

[12] Eckart Conze erhebt die Suche nach Sicherheit gar zur Leitperspektive seiner Geschichte der Bundesrepublik; vgl. E. CONZE, Suche.

[13] Vgl. U. SARCINELLI, Politische Kommunikation, S. 282–286; zu einer kulturgeschichtlich erweiterten Politikgeschichte vgl. TH. MERGEL, Überlegungen; A. RÖDDER, Clios neue Kleider.

[14] Nr. 1.

rierte hier bewusst auf sein Amtsverständnis der zurückliegenden Jahre und stellte sich, mit einem Anflug von stilisierter „Resignation",[15] seiner staatspolitischen Verantwortung.[16] Doch gerät damit die zweite Amtszeit zu einem bloßen Appendix der ersten fünf Jahre, in denen Heuss die entscheidenden Weichenstellungen für das Amt vorgenommen hatte? Wurde Theodor Heuss mit seinem auf Integration ausgerichteten Amtsverständnis den großen Veränderungen in Politik und Gesellschaft, welche die zweite Hälfte der fünfziger Jahre bereit hielt, noch gerecht? War seine Amtsführung noch zeitgemäß oder geriet sie zunehmend in einen Sog der (Selbst-)Trivialisierung? Die Briefe der Jahre 1954–1959 eröffnen Perspektiven auf solche Fragen, in denen die Ambivalenzen einer auf Kontinuität abgestellten zweiten Amtszeit aufscheinen.

Hinter dem Bundespräsidenten stand auch in dieser Amtszeit eine Behörde, die ihm für seine Amtsführung organisatorisch und bürokratisch den Rücken freihielt.[17] Von 1950 bis 1959 konnte das Bundespräsidialamt seinen Personalbestand von 13 auf 26 Beamte und von 37 auf 51 Angestellte und Arbeiter aufstocken. Nächste Mitarbeiter von Heuss waren sein persönlicher Referent Hans Bott und als Chef des Bundespräsidialamtes die Staatssekretäre Manfred Klaiber und seit 1957 Karl Theodor Bleek. Täglich gingen 300 bis 500 Schreiben in das Amt ein, von denen 10 bis 15 Prozent dem Bundespräsidenten vorgelegt wurden. Etwa zehn bis zwölf Schreiben täglich verfasste Heuss selber. In der Regel diktierte er sie seinen Schreibkräften persönlich oder – vor allem in den späten Abendstunden – über das Diktaphon. Er konnte sich auf einen Stamm zuverlässiger langjähriger Schreibkräfte verlassen, die einen Großteil seiner Korrespondenz tippten; zu ihnen gehörten vor allem Anneliese Bockmann (Diktatz. Bk), Ilse Ackermann (Diktatz. A), Wanda von Malottki (Diktatz. vM) und Hannelore Schach (Diktatz. Sch). Den größten Anteil der in diesem Band abgedruckten Schreiben hat Heuss selber gezeichnet; einige wenige ließ er von Mitarbeitern unterschreiben – obwohl er sie selber diktiert hatte –, um seine Autorenschaft zu tarnen und eine Dauerkorrespondenz zu verhindern. Aus Gründen der Höflichkeit oder Freundschaft wurden einige Schreiben handschriftlich verfasst, vor allem die persönlichen Schreiben an Toni Stolper oder Konrad Adenauer. 163 Schreiben weisen einen persönlichen gedruckten Kopfbogen bzw. ms. Briefkopf

---

15 Ebd.

16 Vgl. zum Verantwortungsbegriff bei Heuss in Anlehnung an Max Weber die Ausführungen weiter unten, S. 30f; auch Nr. 31; M. WEIPERT, Verantwortung, S. 35–38.

17 Über den Charakter und die quellenkritische Bewertung der Korrespondenz als Mittel der Amtsführung vgl. E. W. BECKER / M. VOGT, Einführung, in: TH. HEUSS, Bundespräsident 1949–1954, S. 32f; zum Bundespräsidialamt und zur Technik der Verfertigung von Schreiben vgl. ebd., S. 60–62; W. WERNER, Einführung, in: TH. HEUSS, Hochverehrter Herr Bundespräsident, S. 31–40; M. BRANDES, Bundespräsidialamt, Einführung, S. I–IV.

auf (Theodor Heuss, Bonn, Koblenzer Straße 135). Bei 26 Briefen, denen Heuss einen hoch amtlichen Charakter zusprach, verwendete er den Kopfbogen/Briefkopf „Der Präsident der Bundesrepublik Deutschland“. Einige wenige Schreiben, die von Mitarbeitern unterzeichnet wurden, haben den Kopfbogen/Briefkopf des Chefs des Bundespräsidialamtes, des Persönlichen Referenten bzw. Ministerialdirigenten Hans Bott, des Pressereferats oder des Bundespräsidialamtes. 31 Schreiben weisen keinen Kopfbogen/Briefkopf auf.

Erfolge und Grenzen der Integration

Theodor Heuss setzte in der zweiten Amtszeit seine Integrationsbemühungen gegenüber dem einzelnen Bürger wie auch politischen und gesellschaftlichen Gruppen und Verbänden fort.[18] Trotz seiner Nähe zu Adenauers umstrittenen Politik der Westorientierung und Wiederbewaffnung verlor er nicht den Kontakt zur Opposition und legte Wert darauf, über den parteipolitischen Auseinandersetzungen zu stehen.[19] Vor allem den Weg des jungen und aufstrebenden Willy Brandt begleitete Heuss voller Sympathie. Anfang Oktober 1957 gratulierte er ihm zu dessen Wahl zum Regierenden Bürgermeister von West-Berlin: „wie Sie sich denken können, hat mich in den verwichenen Wochen Ihr persönliches und politisches Schicksal stark beschäftigt […]. Ihre prüfende Gelassenheit und Ihre furchtlose Energie werden die Aufgabe meistern“.[20] Noch Jahre später sprang er für Brandt in die Bresche, als dieser im Bundestagswahlkampf 1961 wegen seiner Emigration scharf von den Unionsparteien angegriffen wurde.[21] Einem sich vor dem Bundesverfassungsgericht über Jahre hinziehenden Verbotsverfahren gegen die KPD stand Heuss skeptisch gegenüber,[22] bevorzugte er doch schon als Parlamentarier die offene Auseinandersetzung mit dem politischen Gegner.

Hatte er gegenüber der Opposition keine Berührungsängste, so versuchte er jedoch jeden Eindruck zu vermeiden, von der Partei vereinnahmt zu werden, die er 1948/49 als erster Bundesvorsitzender geführt hatte. Schon in seiner ersten Amtszeit hatte er die Entwicklung der FDP mit großer Sorge verfolgt und sich immer dann eingeschaltet, wenn die Liberalen sich in Grabenkämpfen zerfleischten oder Thomas Dehler mit scharfer Polemik Politik und Öffentlichkeit polarisierte.[23] Die Politik der FDP blieb weiterhin ein Sorgenkind des Bundespräsidenten, so dass er auch nach 1954 auf teilweise informellem Wege Einfluss

---

[18] Zur zweiten Amtszeit vgl. vor allem P. MERSEBURGER, Theodor Heuss, S. 535–583.

[19] So z. B. Wilhelm Keil (Nr. 12), Erich Ollenhauer (Nr. 19), Carlo Schmid (Nr. 29, Nr. 29a), Paul Löbe (Nr. 33).

[20] Nr. 131.

[21] Vgl. F. GÜNTHER, Einführung, in: TH. HEUSS, Privatier, S. 35f.

[22] Vgl. Nr. 69; auch TH. HEUSS, Tagebuchbriefe, S. 160, 21. 3. 1956.

[23] Vgl. E. W. BECKER / M. VOGT, Einführung, in: TH. HEUSS, Bundespräsident 1949–1954, S. 54–56.

zu nehmen versuchte. Darauf ist weiter unten einzugehen. Öffentlich wollte er, der sich als überparteiliches Staatsoberhaupt verstand, alles unterlassen, in den Ruch der Parteilichkeit zu geraten. So reagierte er verärgert, als die FDP ein Zitat von ihm aus der Zeit vor 1949 als Wahlkampfslogan verwendete – ein Vorgang, den er als „im höchsten Maße erstaunlich und eigentlich unanständig" empfand.[24] Auch nach seiner Amtszeit war er nicht bereit, Ehrenämter innerhalb der FDP zu übernehmen. Zum einen wollte er nicht eine Partei in der Öffentlichkeit vertreten, mit deren Entscheidungen und Erscheinungsbild er oftmals nicht einverstanden war. Zum anderen sah er dadurch nachträglich die Reputation seines Amtes für das Staatswohl gefährdet:

> „Für mich ist es seit geraumer Zeit klar, daß ich mich aus der Parteienauseinandersetzung aus einer einfachen staatlichen Überlegung heraushalten werde, damit das, was ich nach vielfachen Beteuerungen, die ich von dort und dort erhielt, dem Amt psychologisch und sachlich an Substanz in diesen zehn Jahren beibringen konnte, um des Staatlichen willen in seiner Weiterwirkung nicht gefährdet werde. Hier ist mir das Staatliche wichtiger als dieser oder jener Parteivorteil."[25]

Heuss, der seine sozialpolitischen Überzeugungen an seinem Mentor Friedrich Naumann geschärft hatte,[26] pflegte ein gutes und unbefangenes Verhältnis zu den Sozialpartnern. Durch seine Tätigkeit als Vorsitzender des Verwaltungsrates des Germanischen Nationalmuseums in Nürnberg oder als Mitbegründer des Kulturkreises des BDI hatte er ohnehin Kontakte zu Unternehmern. Als er zu Beginn seiner zweiten Amtszeit den Bundeskongress des DGB besuchte und eine über die Wochenschauen weit verbreitete Rede hielt, war er sich der Bedeutung dieses Auftritts bewusst; dem Nationalökonomen Moritz Julius Bonn schrieb er: „Die Gewerkschaftsrede hat, wie Sie sich denken können, etwas Furore gemacht, weil zum ersten Mal ein ‚Staatsoberhaupt' zu einer solchen Veranstaltung ging. Sie bedeutete, was von mir gar nicht in dem Sinn gedacht war, eine relative Stütze des ‚gemäßigten' Flügels."[27] Dadurch sollte sowohl einer Entfremdung der Gewerkschaften vom Staat wie auch einer Verschärfung von Konflikten mit der Arbeitgeberseite entgegengewirkt werden. Heuss machte sich auch konkrete Anliegen der Arbeitnehmer zu eigen, wenn er etwa gegenüber dem Innenminister für eine Koordination von Lärmschutzmaßnahmen in Fabriken plädierte, denn er habe ein „gräßliches Gefühl der nervlichen Überforderung der in diesen Sälen arbeitenden Menschen" bekommen.[28] Auf grundsätzlichere Weise schaltete sich Heuss ein, als ein Konflikt zwischen IG-Metall und Arbeitgebern 1958/59 eska-

---

24 Nr. 129.
25 Nr. 209.
26 Vgl. TH. HERTFELDER, Naumann.
27 Nr. 4.
28 Nr. 16.

lierte und die Gespräche abzubrechen drohten. Heuss wandte sich daraufhin an den DGB-Vorsitzenden wie auch an den Arbeitgeberpräsidenten und Arbeitsminister. Unter Berufung auf die schwierige außenpolitische Lage sowie auf „das ökonomische und sozialpolitische Sachinteresse des Schülers von Lujo Brentano“ im Besonderen appellierte er an die Sozialpartner, die Gespräche wieder aufzunehmen und „unter das Gesetz der staatspolitischen Gemeinverantwortung zu weiten.“[29] Doch hier stießen seine Integrationsbemühungen an ihre Grenzen, denn die Verhandlungen führten erst Jahre später zu einem Erfolg.

Kultur und Wissenschaft blieben ein zentrales Integrationsinstrument des Bundespräsidenten. Gegenüber den Entwicklungen in den modernen Natur- und Technikwissenschaften hatte sich Theodor Heuss zeit seines Lebens aufgeschlossen gezeigt. In seinen Biographien über den Zoologen Anton Dohrn, den Chemiker Justus von Liebig und den Industriellen Robert Bosch porträtierte er Protagonisten dieses Prozesses fortschrittlicher Wissensaneignung und -anwendung.[30] So gehörte die Wissenschaftspolitik seit Beginn seiner Amtszeit zu den zentralen Tätigkeitsfeldern, auch um Forscher an den demokratischen Staat zu binden. Als Wiederbegründer und Protektor des Ordens Pour le mérite hatte er Kontakte zu der nationalen und internationalen Elite führender Wissenschaftler.[31] Vor allem zu Otto Hahn, dem Vater der Kernspaltung, entwickelte er eine enge Beziehung. Als dieser vor dem Hintergrund der atomaren Bewaffnung Skrupel gegenüber seiner Entdeckung zeigte, versuchte Heuss ihn zu beschwichtigen, wie er Albert Schweitzer erläuterte:

> „Ich liebe Otto Hahn menschlich sehr und habe versucht, ihm zu sagen, daß er selber um seiner wissenschaftlichen Entdeckung willen innerlich frei bleiben solle von dieser Art von moralischer Selbstanklage, in der er eine Zeitlang befangen war, denn die Entdeckung als solche ist ja etwas, wie mir scheint, Epochales, wenn sie nun eben durch die Menschen in der Hand behalten wird.“[32]

Konkret betrieb er Wissenschaftspolitik, wenn er im Herbst 1956 bei Adenauer anregte, einen Wissenschaftsrat zu begründen, der beratend die Förderpolitik und -mittel von Bund und Ländern koordinieren und damit die deutsche Wissenschaft international konkurrenzfähig machen sollte. Er begründete diesen Vorstoß folgendermaßen:

> „Seit meinem Amtsantritt habe ich Wert darauf gelegt, mit den freien und den amtlichen Gremien, die der Förderung der wissenschaftlichen Arbeit gewidmet sind, guten Kontakt zu halten, um des Staates willen, zu dem die gelehrten Kreise in den Vergangenheiten ein oft mehr passives Verhältnis besaßen, aber auch um der Sache willen, die ja

29 Nr. 197.
30 Vgl. E. W. BECKER, Biographie.
31 Vgl. Nr. 21; P. E. SCHRAMM, Theodor Heuss; H. ROTHFELS, Theodor Heuss.
32 Nr. 195.

schließlich in Teilen mit meiner eigenen beruflichen und auch wissenschaftlichen Arbeit in einem unmittelbaren Konnex steht."[33]

So sah sich Heuss geradezu prädestiniert, auf die Besetzung des Gremiums durch die Ernennungspraxis Einfluss zu nehmen und damit der Stimme des Bundes auf einem Feld Gehör zu verschaffen, das laut Grundgesetz den Ländern vorbehalten ist. Als Bundespräsident sah er sich frei von dem Verdacht, sich unzulässig Bundeskompetenzen anzueignen.

Gegenüber einigen Forschungseinrichtungen, denen er sich besonders verbunden fühlte, sah sich Heuss weiterhin in der Pflicht. Mit Erfolg bewegte er den Stifterverband für die Deutsche Wissenschaft dazu, der Zoologischen Station in Neapel finanzielle Mittel zukommen zu lassen.[34] Als die Finanzierung des Instituts für Zeitgeschichte gefährdet war, intervenierte Heuss beim Bundesfinanzminister und plädierte für einen breiteren Forschungsansatz des Instituts, der auch die Vorgeschichte des Nationalsozialismus mit einbeziehe. Im Falle einer möglichen Schließung der Einrichtung drohe hingegen die fatale Außenwirkung: „da seht ihr, kaum haben die Deutschen die Souveränität, da interessiert es sie nicht mehr, den Bruch ihrer Geschichte vor sich selber darzutun."[35]

Als Politiker und Parlamentarier, Publizist und Schriftsteller, Verbandspolitiker und politischer Pädagoge war Heuss vor 1949 ein Grenzgänger, der als Bundespräsident glaubwürdig den Brückenschlag zwischen Politik und Kultur verkörperte.[36] Zu den Kontakten, die er schon seit Anfang des Jahrhunderts geknüpft hatte, gesellten sich neue Freundschaften zu Schriftstellern und Künstlern hinzu. Viel bedeutete ihm der erst nach 1949 aufgenommene Briefwechsel mit dem ehemaligen Schweizer Diplomaten und Essayisten Carl Jacob Burckhardt, mit dem er sich literarisch austauschte.[37] Für ihn hielt er die Laudatio bei der Verleihung des Friedenspreises des Deutschen Buchhandels, denn: „Ich kenne ihn seit einigen Jahren persönlich und liebe und verehre ihn."[38] Ebenso intensivierte sich die Beziehung zu Carl Zuckmayer und dessen Frau Alice Herdan-Zuckmayer, deren literarisches Œuvre er schätzte.[39] Als er im Herbst 1955 erstmals Ernst Jünger in dessen Heimatort Wilflingen traf, reichte diese Begegnung „noch nicht aus, um mir ein rechtes Bild zu machen", wie er Toni Stolper berichtete. Obwohl Jünger auf Heuss wie ein Antityp wirkte, weil er „ja aus einer wesentlich anderen geistigen Ecke" stamme[40] und in „den Instinkten konservativ mit ‚antibürgerlichen'

33 Nr. 99.
34 Vgl. Nr. 25.
35 Nr. 57.
36 Vgl. E. W. BECKER / M. VOGT, Einführung, in: TH. HEUSS, Bundespräsident 1949–1954, S. 48f.
37 Vgl. Nr. 72, Nr. 102.
38 Nr. 1.
39 Vgl. Nr. 67, Nr. 92, Nr. 107; vgl. auch C. ZUCKMAYER / TH. HEUSS, Briefwechsel.
40 Nr. 67.

Komplexen" sei,[41] fühlte er sich von dessen Intellektualität seltsam angezogen. Anlässlich seines 75. Geburtstages verlieh er ihm Anfang 1959 das Bundesverdienstkreuz.[42]

Nachdem der Maler Oskar Kokoschka den Bundespräsidenten 1950 porträtiert hatte,[43] riss der Kontakt zwischen beiden nicht mehr ab. Mit dem ehemaligen Bürgerschreck eines avantgardistischen Expressionismus tauschte sich Heuss über die zeitgenössische abstrakte Malerei aus, der beide zurückhaltend bis ablehnend gegenüberstanden:

> „Aber freilich, der Qualitätsbegriff ist immer dort in Gefahr gewesen, wo das Maßstäbliche des Könnens durch das Literarische des Kommentierens gefährdet wurde und vielleicht unterging und das ‚Modernistische' banale Mode geworden ist. Daß sich hier starke Begabungen neben modischen Routiniers befinden, spürt man ja."[44]

Hatte Heuss den Anschluss an eine Moderne verloren, die Kokoschka schon fremd geworden war? Mit großer Offenheit begegnete er der Malerei Pablo Picassos. Seine anfängliche Skepsis gegenüber diesem vielseitigen Jahrhundertkünstler wandelte sich nach dem ersten Besuch einer Ausstellung in staunende Bewunderung:

> „Das mit Picasso ist eine ziemlich komplexe Angelegenheit. [...] Der Umfang der Begabung außerordentlich, einmal im Zeichnerischen, dann in der zarten Tönung (Frühzeit), die Farbe, die später eine Zeitlang mit Härte der Kontraste als das eigentliche Strukturelement der Bildfläche verwendet wird; von den plastischen Dingen das Keramische wohl am stärksten. Ungeheure Spannung zwischen intellektualistischer Bewußtheit, die mit den menschlichen Gliedern als Bauelemente umgeht, und einem schier genießerischen Spieltrieb der vollendet sicheren Beherrschung der Bewegungslinien."[45]

Kritikern, die Picasso vorwarfen, dass sein Ruhm vom Kunstmarkt erst „gemacht" worden sei, entgegnete Heuss, dies sei „eine Begleiterscheinung, die nicht erst von dieser ‚verderbten' Zeit herkommt, sondern das hat es immer gegeben, seitdem die Kunst auch zu einem Problem des Marktes geworden war."[46] Nur unschwer ist hier der Kunstkritiker zu erkennen, der als Journalist der modernen Kunst in der Marktgesellschaft seit Beginn des Jahrhunderts aufgeschlossen gegenüberstand und sie kritisch begleitet hatte.[47] Doch als Bundespräsident hielt er sich mit Stellungnahmen zu Fragen der Kunst bewusst zurück, um nicht als

---

41 Nr. 55.
42 Vgl. Nr. 185; vgl. auch Nr. 24, Nr. 203.
43 Vgl. Heuss an Kokoschka, 2. 1. 1951, in: TH. HEUSS, Bundespräsident 1949–1954, S. 198–200.
44 Nr. 211.
45 Nr. 75.
46 Nr. 63.
47 Vgl. E. W. BECKER, Theodor Heuss, S. 17, 25.

autoritativer Kunstdeuter die „Nachfolge von Hitler anzutreten“, der „einer Generation von Künstlern gegenüber seinen persönlichen Geschmack zum Ausdruck brachte“ und dabei von „viel Spießertum“ beifälligen Dank erhielt.[48] Und wenn sich Heuss einmal doch grundsätzlich zu Fragen der „Kunst dieser Gegenwart“ äußerte, wie im September 1956 vor dem Kulturkreis des BDI in Baden-Baden, dann geriet ihm diese Auseinandersetzung sachlich zu einer „Überforderung der Zuhörerschaft“, was er selber eingestand.[49] Doch hinter den verschlungenen kunstgeschichtlichen Exkursen stand die Abneigung gegenüber Etikettierungen, Kunst nach einem historisch schnell überholten und damit fragwürdigen Modernitätsgrad und nach der Zugehörigkeit zu Stilen und Richtungen zu bewerten.[50]

Einem anderen, symbolpolitischen Integrationsfeld hatte der Bundespräsident in der ersten Amtszeit besonders viel Aufmerksamkeit geschenkt. Mit der Einführung von Orden und Auszeichnungen wollte er den demokratischen Staat in die Lage versetzen, seine Dankbarkeit gegenüber bestimmten Leistungen des Bürgers zum Ausdruck zu bringen.[51] Doch vor allem die Verleihung des Bundesverdienstordens wurde zunehmend begleitet von politischem, regionalem oder konfessionellem Proporzdenken, von sachfremden Kriterien bei der Antragsstellung und von der inflationären Vergabepraxis, so dass sich Heuss genötigt sah, einige Grundsätze zur Ordensverleihung zu formulieren.[52] Auch von Freunden wollte er sich öffentlich nicht unter Druck setzen lassen, bestimmte Personen auszuzeichnen.[53] Der Bundespräsident selber nutzte Anlässe wie seinen 75. Geburtstag, um zahlreichen von ihm persönlich geschätzten Personen einen Bundesverdienstorden zu verleihen.[54] Weil er selber nicht öffentlich in Erscheinung treten wollte, regte er beispielsweise bei der baden-württembergischen Landesregierung an, seinen Verleger Hermann Leins für eine Auszeichnung vorzuschlagen.[55] Aber die Grenzen der Integration waren erreicht, wenn Heuss eine tiefe Abneigung gegen die vorgeschlagenen Personen hegte. Hatte er die Auszeichnung Ernst Jüngers noch selber forciert,[56] lehnte er eine Ehrung Agnes Miegels mit dem Verweis auf ein früheres Preisgedicht der Dichterin auf Hitler ab.[57] Sogar einer

48 Nr. 63.

49 Nr. 94.

50 Vgl. TH. HEUSS, Kunst; zur politischen Funktionalisierung der malerischen Moderne nach 1945 vgl. J. VOSS, Ablasshandel.

51 Vgl. Nr. 23; E. W. BECKER / M. VOGT, Einführung, in: TH. HEUSS, Bundespräsident 1949–1954, S. 37f; P. MERSEBURGER, Theodor Heuss, S. 525.

52 Vgl. Nr. 119.

53 Vgl. Nr. 72.

54 Vgl. Nr. 185, Nr. 188.

55 Vgl. Nr. 191.

56 Vgl. Nr. 185.

57 Vgl. Nr. 179.

Bitte des Bundeskanzlers versperrte sich der Bundespräsident, als er die Auszeichnung des Unternehmers Friedrich Flick verweigerte:

> „Er ist ein höchst versierter Käufer und Verkäufer von Aktienpaketen – das ist eine schöne Sache, bei der man verdient, aber sich nicht notwendigerweise Verdienste erwirbt. Ich möchte Herrn Flick nicht Unrecht tun – aber mein Stilgefühl, wenn ich es so nennen darf, sträubt sich gegen diesen Typus.“[58]

Nachdem Heuss den Orden Pour le mérite (Friedensklasse) wiederbelebt hatte,[59] nahm er weiterhin Einfluss auf die Nachberufungen der Mitglieder,[60] obwohl das Prinzip des Ordens gerade in der staatsfernen Selbstrekrutierung lag. Verärgert reagierte er hingegen auf Schwierigkeiten bei der Selbstverwaltung des Ordens: „Aber jetzt entsteht gelegentlich bei mir ein Groll über die Schwerfälligkeit der technischen Dinge“, die zu einer erheblichen Mehrbelastung des Bundespräsidialamtes führte.[61] Eine eigene Aufnahme in den Orden nach seiner Amtszeit lehnte er ab: „Ich habe von Anbeginn den Standpunkt vertreten, daß ich mich vor jeglichem Verdacht und vor der Nachrede gesichert wissen möchte, daß ich den Orden erneuert habe, um ihn schließlich selber zu tragen.“ Bismarck vor Augen, dessen Aufnahme in den Orden er als „unpassend, ja fast geschmacklos“ beurteilte, legte er Wert auf den „metapolitischen“ Charakter jener Institution.[62]

Wie schon in der ersten Amtszeit wirkte Heuss vor allem mit seinen Reden in eine breite Öffentlichkeit.[63] Sie waren *das* Integrationsinstrument für ein räsonierendes Staatsoberhaupt, dem das Grundgesetz wenige Kompetenzen zusprach. Mit den 376 zumeist selbst entworfenen und frei vorgetragenen Ansprachen aus der zweiten Amtszeit[64] konnte er gezielt Themen in den öffentlichen Raum tragen und Akzente für Debatten setzen.[65] Mit der ihm eigenen zivilen Rhetorik unterschied er sich in allem von der brutalen Redetechnik nationalsozialistischer oder wilhelminischer Provenienz, denn „ich umkreise vielleicht mehr die Fragen, um zum Mitdenken zu ermuntern, und lasse mich dann, den Hörern und mir selber zum Ausruhen, ins leichte Spiel der Ironie, auch der Selbstironie verführen.“[66] Die mäandernde Gedankenführung, unterlegt mit zahlreichen historischen Exkursen und angereichert aus dem Fundus eines bürgerlichen Bildungskanons, bot in

---

58 Nr. 91.

59 Vgl. P. E. SCHRAMM, Theodor Heuss; H. ROTHFELS, Theodor Heuss.

60 Im erfolgreichen Falle von Thomas Mann vgl. Nr. 21; im vergeblichen Versuch bei Ernst Jünger vgl. Nr. 205.

61 Nr. 21.

62 Nr. 205.

63 Vgl. zu den Merkmalen der Rede von Heuss U. BAUMGÄRTNER, Reden; E. W. BECKER, Theodor Heuss, S. 145f; DERS. / M. VOGT, Einführung, in: Th. Heuss, Bundespräsident 1949–1954, S. 50f.

64 Vgl. Redenkalender, in: N 1221, 684.

65 So z. B. seine Rede „Soldatentum in unserer Zeit“; vgl. Nr. 196, Nr. 198.

66 TH. HEUSS, Tagebuchbriefe, S. 215f, 14. 11. 1956.

der Tat nur wenige abschließende Antworten. In ihrer Offenheit wirkten die Reden in der Regel nicht polarisierend, sondern versöhnend. Heuss war überzeugt, sich auf das jeweilige Publikum einstellen zu können:

> „Wenn ich vor den Feuerwehrleuten oder vor den Turnern rede, glaube ich, eine gewisse Volkstümlichkeit des Ausdrucks zu erreichen, während wenn ich vor der Max-Planck-Gesellschaft oder vor einem Hochschullehrerverband spreche, mich ja nun an dieses ‚Milieu' anschließe, und das wird für den, der es am Rundfunk hört, dann manchmal fremd und überraschend sein."[67]

Wenn ihn eine Materie zwar interessierte, er sich darin dennoch nicht sicher fühlte, lehnte er eine Ansprache ab. Dies musste auch Max Horkheimer erfahren, als er Heuss vergeblich darum bat, eine Rede zum 100. Geburtstag von Sigmund Freud zu halten: „Ich gestehe mir einfach nicht die sachliche Kompetenz zu, die durch Freud in der wissenschaftlichen Technik und Erkenntnisform so großartig erweiterte Welt mit sicherem Schritt abzuschreiten und im Durchsichten zu bewerten."[68]

Dass er mit seiner manchmal artifiziellen Sprechtechnik, der langen und verschachtelten Syntax sowie mit den vielen Pointen und Anspielungen Stenografen wie auch die Zuhörerschaft im Saal und vor den Rundfunkgeräten überforderte, war ihm bewusst.[69] Zugleich kündigte sich an, dass der auf Konsens zielende Integrationsgestus immer weniger den gesellschaftlichen Wandlungsprozessen in den späten fünfziger Jahren gerecht wurde und eine (staats-)kritische junge Generation nicht mehr erreichte.[70]

Doch Heuss setzte der Integration zwangsläufig auch selber Grenzen, wenn die Begehrlichkeiten der Bürger überhandnahmen und diese an ihn mit zahlreichen Anfragen herantraten. Schon in seiner Silvesteransprache 1954 richtete der Bundespräsident einen „Stoßseufzer" an seine Landsleute:

> „was an Tagungen, Kongressen, Konferenzen, was an Feiern, Weihen, Traditionstreffen, Verbands- und Gemeindejubiläen! Und dies in einem Ausmaße, daß es einem bänglich werden kann. Ich bin Experte auf diesem Gebiet, denn es ist eine meiner Hauptbeschäftigungen, Woche um Woche einige Einladungen abzulehnen, sehr zum Verdruß der wohlmeinenden Leute".[71]

Je populärer er wurde und je volkstümlicher er sich gab, desto mehr häuften sich die Anfragen nach Rede- und Buchbeiträgen, nach Ehrenmitgliedschaften oder Schirmherrschaften. Er sah sein „Leben zu einer Aktion der Notwehr" und per-

---

67 Nr. 94.

68 Nr. 83.

69 Nr. 94; vgl. auch den Briefwechsel mit Käthe Wohmann, 22./25. 2. 1953, in: TH. HEUSS, Hochverehrter Herr Bundespräsident, S. 247–249.

70 Vgl. A. SYWOTTEK, Wege; U. HERBERT, Liberalisierung, S. 40–47; A. SCHILDT / D. SIEGFRIED, Kulturgeschichte, S. 204–244.

71 Bulletin, Nr. 1, 4. 1. 1955, S. 1f, hier S. 2.

manenten Rechtfertigung degeneriert, wenn er dem Präsidenten des Deutschen Sportbundes erläuterte, dass er „den wissenschaftlichen Dingen eine gewisse Vorzugsstellung“ gegenüber den volkstümlichen Sportarten eingeräumt habe.[72] Gegenüber Ehrenmitgliedschaften entwickelte er einen „wahren Horror“, selbst wenn sie ihm von der altehrwürdigen Schillergesellschaft angeboten wurden: Er wollte nicht schmückendes Beiwerk zu Repräsentationszwecken oder „Petersilie auf allen Suppen“ sein.[73] Obwohl er eine breite Korrespondenz mit der Bevölkerung führte, wurde ihm nur ein Bruchteil der eingehenden Briefe vorgelegt und konnte lediglich ein kleiner Teil davon von ihm selber beantwortet werden.[74] Angesichts der befürchteten „Kettenreaktion“[75] sah er zu Recht eine Überlastung voraus.

Oftmals waren es persönliche Vorlieben oder auch Abneigungen des Bundespräsidenten, die über eine Anfrage entschieden. So lehnte er den Empfang einer Delegation von Freimaurern ab, zu denen er „keinerlei inneres Verhältnis“ besitze.[76] Auf dem „Fundament von Vorbehalten und Einschränkungen“ wollte er keine Festrede auf Heinrich Heine halten.[77] Und als ein befreundeter Journalist ihn bat, an der Gründung einer Stiftung für abendländische Einheit teilzunehmen, hielt er sich als „gräßliche[n] Rationalist[en]““ gegenüber diesem Projekt der „Romantik“ zurück.[78] Wer, wie Heuss, immer wieder betonte, mit sich „im reinen“ bleiben zu wollen,[79] musste auch den Mut zur Zurückweisung und Exklusion haben. Seine Bemühungen, den Bürger an den demokratischen Staat heranzuführen, stießen an ihre Grenzen.

Der Bundespräsident in der politischen Arena
Risiken der Interventionspolitik

Theodor Heuss verkörperte einen Typus von Intellektuellen, der zeit seines Lebens bestrebt war, auch als Journalist, Schriftsteller, historisch-politischer Pädagoge und Kulturfunktionär den Schritt in die politische Praxis zu machen und staatsbürgerliche Verantwortung in Parlamenten und Parteien zu übernehmen. Dieser bildungsbürgerliche Intellektuelle ließ sich deshalb als Bundespräsident in den Dienst des Staates nehmen und verkörperte vor allem durch seine Reden, seine symbolisch-politischen Gesten und seinen Habitus glaubwürdig eine Symbiose

72 Nr. 37.
73 Nr. 85.
74 Vgl. TH. HEUSS, Hochverehrter Herr Bundespräsident.
75 Nr. 63.
76 Nr. 49.
77 Nr. 76.
78 Nr. 153.
79 Vgl. z. B. Nr. 146, Nr. 187.

von Politik und Kultur. Folglich hat Heuss – an der klassischen Unterscheidung Max Webers geschult – stets diejenigen Intellektuellen abgelehnt, die aus einer autonomen Position heraus Kritik an der politischen Praxis ohne Rücksicht auf die Konsequenzen üben, die allein ihrer Gesinnungsethik folgen und keine Verantwortung für das Gemeinwesen übernehmen.[80]

Aus dieser Haltung heraus agierte Heuss nicht meinungslos, sondern äußerte sich genuin politisch. Er vertrat eine etatistische Verantwortungsethik, welche die Folgen des politischen Handelns für die Integrität des Staates in den Fokus rückt. Der hohe Stellenwert, den er dem Staat zumaß, erinnert durchaus an die Staatsphilosophie seines schwäbischen Landsmanns Georg Wilhelm Friedrich Hegel, zu dem er sich schon vor 1945 bekannt hatte.[81] Noch im Parlamentarischen Rat brach er eine Lanze für dessen Rechtsphilosophie, die im Staat die höchste sittliche Einheit sowie die Verwirklichung von Vernunft und Freiheit angelegt sieht.[82] Der Staat galt ihm nicht nur als „eine Apparatur, sondern er ist auch ein Träger eingeborener Würde“.[83] Unter Berufung auf diesen abstrakten Staatszweck wollte er einer von ihm favorisierten Politik Geltung verschaffen und konnte zugleich Positionen diskreditieren, die diesem Zweck zuwider handelten und einer vermeintlich verantwortungslosen Gesinnungsethik anhingen. Aus diesem Grund schaltete er sich immer wieder in das politische Tagesgeschäft ein, mit wechselndem Erfolg.

Wenn der Bundespräsident sich als Vertreter einer staatlichen Einheit und als Anwalt einer Verantwortungsethik versteht, hat dies freilich zwei Konsequenzen, die das Selbstverständnis des höchsten Staatsamtes berühren. Zum einen versuchte er unter Berufung auf seine staatspolitische Verantwortung politische Entscheidungen zu beeinflussen und ergriff dadurch faktisch Partei, in der Regel für die Politik Adenauers. Das machte ihn mitunter unbequem und führte zu Irritationen bei den Betroffenen, die sich von diesem Bundespräsidenten nicht mehr angemessen vertreten fühlten. Sein Nimbus der Überparteilichkeit geriet in Gefahr, sobald er die politische Arena betrat. Zum anderen drohte der Anspruch von Heuss, Repräsentant einer objektiven Einheit des Staates zu sein, immer weniger der Realität einer sich ausdifferenzierenden pluralistischen Gesellschaft zu entsprechen, in der Interessen- und Weltanschauungskonflikte ausgetragen wurden und so verschiedene wie auch wohlbegründete Vorstellungen von einem guten Staat konkurrierten. Darin dokumentiert sich freilich ein Dilemma, dem das Amt des Bundespräsidenten bis heute ausgesetzt ist.

---

80 Vgl. TH. HERTFELDER, Kritik, S. 11–22; DERS., Kapital; M. WEIPERT, Verantwortung, S. 37f.
81 Vgl. J. C. HESS, Theodor Heuss, S. 51.
82 Vgl. G. W. F. HEGEL, Grundlinien, S. 207f.
83 Rede auf der 3. Sitzung des Plenums des Parlamentarischen Rates, 9. 9. 1948, in: TH. HEUSS, Vater, S. 70f.

Gleich zu Beginn seiner zweiten Amtszeit gab die Diskussion über das Saarabkommen dem Bundespräsidenten Gelegenheit, Einfluss auf die FDP zu nehmen, um dem von ihm vertretenen Staatswohl Geltung zu verschaffen. Die deutsch-französische Vereinbarung sah vor, dem Saargebiet als Mitglied der WEU einen autonomen Status zuzusprechen, worüber letztlich eine Volksabstimmung im Saargebiet entscheiden sollte. Im Gegensatz zur offiziellen Politik Adenauers, die auf eine Versöhnung mit Frankreich abgestellt war, opponierte der liberale Koalitionspartner gegen die Annahme des Abkommens im Bundestag. Die FDP unter ihrem Vorsitzenden Thomas Dehler wollte sich als nationale Alternative gegenüber der CDU profilieren und unter keinen Umständen die Ansprüche auf das Saargebiet preisgeben.[84] Im Einklang mit Adenauer sah Heuss in dieser Haltung eine Gefährdung der verantwortungsvollen Politik der Westbindung; immerhin machte Frankreich seine Zustimmung zur Aufnahme der Bundesrepublik in die NATO und zur Erlangung der Souveränität von dem Saarabkommen abhängig.[85] Als die FDP-Fraktion im baden-württembergischen Landtag im November 1954 den Antrag stellte, die Landesregierung möge im Bundesrat das Abkommen ablehnen, schaltete sich Heuss ein, weil er dieses Vorgehen der Fraktion „politisch wie staatsrechtlich für einen Unfug" hielt.[86] Die Fraktion zog ihren Antrag daraufhin zurück.

Vor allem gegen Dehler, dessen Wiederberufung zum Bundesjustizminister er 1953 verhindert hatte[87] und mit dem ihn eine Hassliebe verband, zog er weiter zu Felde, weil dieser auf eine Ablehnung des Saarabkommens im Bundestag hinarbeite und damit die Koalition gefährde:

> „Soweit ich übersehe, wollen einige Mitglieder der Fraktion an sich [das] Zerbrechen der Koalition. Das sind aber keine politisch verantwortlich denkenden Menschen, sondern entweder Leute mit Ressentiments oder Rachsucht oder im besten Fall Gesinnungsethik. Verantwortungsethik wird, wenn man schon diese Spaltung akzeptieren will, bei ihnen nicht geübt. Ihr könnt nicht nach meiner Meinung etwas wie Fraktionszwang auch für die Minister aussprechen."[88]

Dehler reagierte auf dieses Schreiben nicht, sondern heizte mit einer Rede im Bundestag die Stimmung so sehr auf, dass Heuss aus lauter Erregung erstmals seit vielen Jahren „nachts Schlafmittel" nahm, „so hat sie [die Rede Dehlers] mich sowohl von der politischen Seite wie von der geschmacklichen irritiert."[89] Obwohl

84 Vgl. auch zum Folgenden U. WENGST, Thomas Dehler, S. 250–260; M. WEIPERT, Verantwortung, S. 26–32.
85 Vgl. B. THOSS, Lösung, S. 225–288.
86 Nr. 10; vgl. auch Nr. 8.
87 Vgl. Heuss an Dehler, 20. 10. 1953, in: TH. HEUSS, Bundespräsident 1949–1954, S. 483f.
88 Nr. 31.
89 Nr. 32.

die Mehrheit der FDP das Abkommen im Bundestag ablehnte, gelang es Heuss in Gesprächen, den Bruch der Koalition zunächst zu verhindern.[90]

Doch ein Jahr später, als die Konflikte zwischen der Fraktionsmehrheit unter Dehler mit der CDU/CSU-Fraktion eskalierten, die nordrhein-westfälischen Liberalen mit der SPD koalierten und daraufhin die Koalition auch auf Bundesebene zerbrach, wurde Heuss bewusst, wie gering sein Einfluss mittlerweile auf die sich wandelnde FDP war.[91] Resignierend musste er seitdem die rhetorischen Eskapaden Dehlers registrieren, als dieser den Staatssekretär im Auswärtigen Amt Walter Hallstein als „Mann ohne Herz und Hoden" beleidigte. Heuss hoffte, „daß in der FDP, die ich doch einmal ‚geführt' habe, die proletenhafte Geschmacklosigkeit, die sich in der Wiederholung offenbar für geistreich hält, nicht auf mildernde Umstände stößt."[92] Anfang 1957 war es dann so weit, als Dehler den Parteivorsitz an Reinhold Maier verlor und Heuss dies mit Genugtuung zur Kenntnis nahm:

> „Ich selber habe mich aus den Partei-Erörterungen im Laufe der letzten 5/4 Jahre sehr stark zurückgezogen, und zwar nicht nur um meines Amtes willen, sondern weil aus bestimmten Anlässen das Vertrauen geschwunden war, daß ein Gespräch mit mir den Charakter einer vertrauensvollen Klärung besitzen könne. Der Weg, den Dehler gegangen ist, hat mich [...] von der sachlichen Seite schwer enttäuschen müssen, weil er aus emotionellen Improvisationen eine Technik entwickelt hatte, die die sachliche Verantwortung gar nicht mehr zu kennen schien."[93]

Der Bundespräsident erwies sich bei diesen Einflussversuchen auf die FDP als Gefolgsmann des Kanzlers, dessen Politik der Westbindung er für richtig befand und von einer breiten Mehrheit getragen wissen wollte.[94] Trotz gelegentlicher Unstimmigkeiten schätzten sich Heuss und Adenauer seit Amtsantritt auch menschlich; es herrschte zwischen ihnen ein belastbares Vertrauensverhältnis,[95] das erst mit der Bundespräsidentenkandidatur Adenauers 1959 erschüttert wurde. Doch auch schon vorher verzichtete Heuss gegenüber dem Kanzler nicht auf Anregungen und Kritik. So äußerte er gegenüber wichtigen personalpolitischen Entscheidungen bei der Führung des Auswärtigen Amtes Bedenken.[96] Als ein Offizier des Bundesgrenzschutzes öffentliche Erklärungen über gewünschte Truppenstärken abgab, sah Heuss den Primat der Politik gefährdet und beschwerte sich beim Kanzler: „Heute muß ich Ihnen aber ein paar Zeilen schreiben, um einen

90 Vgl. U. WENGST, Thomas Dehler, S. 259.
91 Vgl. Nr. 59, Nr. 61, Nr. 115.
92 Nr. 105.
93 Nr. 115.
94 Vgl. Nr. 69, Nr. 126.
95 Vgl. E. PIKART, Theodor Heuss; E. W. BECKER, Theodor Heuss, S. 129–131; P. MERSEBURGER, Theodor Heuss, S. 462–467.
96 Vgl. Nr. 38.

Groll loszuwerden, was freilich wenig christlich ist, weil ich Sie wahrscheinlich damit auch nicht erfreuen werde."[97] Auf martialische Ansprachen des Bundesverteidigungsministers reagierte er empfindlich und bat den Kanzler darum, den Minister nicht mehr mit öffentlichen Reden herauszustellen.[98] Wie sehr der Bundeskanzler mitunter die Aktionen des Bundespräsidenten als Störquelle empfand, zeigte sich zum Jahreswechsel 1957/58. Heuss hatte in seiner Silvesteransprache den ehemaligen Diplomaten George F. Kennan lobend erwähnt, der eine Geheimdiplomatie zur Entspannung des Ost-West-Gegensatzes empfahl, um auf diesem Wege ein neutrales wiedervereinigtes Deutschland zu schaffen.[99] Adenauer, der in den Forderungen Kennans eine Gefahr für seine Politik der Westbindung sah, warf Heuss daraufhin vor, mit diesen Sympathiebekundungen der Politik der Bundesregierung geschadet zu haben. Dieser wies die Kritik „mit ganz einfacher Bestimmtheit zurück" und sah die Würde seines Amtes tangiert, wie er gegenüber dem mächtigen Kanzler selbstbewusst klarstellte:

> „Ich habe nie erwartet oder erwarten können, daß Sie mit jedem Wort, das ich sprach oder schrieb, einverstanden sein würden, Sie haben aber auch nie eine ‚Zensur' beansprucht, auf die ich mich, nach meiner Natur und nach meiner Amtsstellung, nie eingelassen hätte – derlei stand ja auch nie zur Diskussion, da wir ja in der Beantwortung der großen Fragen, jeder aus seiner Sicht, zu einer sachlich verwandten Auffassung kamen."[100]

In der Tat konnte sich Adenauer grundsätzlich auf „seinen" Bundespräsidenten verlassen. So wollte auch Heuss die deutsch-französische Verständigung nicht gefährden und lehnte es ab, an pompösen Feierlichkeiten zur Rückgliederung des Saargebietes in die Bundesrepublik am 1. Januar 1957 teilzunehmen. Er hielt „den Massenaufmarsch der bundesrepublikanischen politischen Prominenz für eine falsche Geste, die durchaus Nazi-Stil hat und durchaus als ‚Besitzergreifung' wirkt." Er betrachtete das Saarabkommen „als Ausgangspunkt für die Ebnung einer deutsch-französischen Verständigung – welcher Widersinn, dann mit nicht ausbleibenden Triumphtiraden Gefühlshemmungen auf der Gegenseite aufzuscheuchen."[101]

Heuss lehnte das Konzept eines wiedervereinigten und zugleich neutralisierten Deutschlands ab, wie es vor allem Gustav Heinemann wortgewaltig und öffentlichkeitswirksam propagierte.[102] Er befürwortete den Kurs der Westorientierung,

---

97 Nr. 15.

98 Vgl. Nr. 89.

99 Vgl. auch im Folgenden E. PIKART, Theodor Heuss, S. 121–123; P. MERSEBURGER, Theodor Heuss, S. 575f.

100 Nr. 140; vgl. auch Nr. 141.

101 Nr. 106; vgl. auch Nr. 117.

102 Vgl. Nr. 100; J. TREFFKE, Gustav Heinemann, S. 103–153; zur Deutschland- und Ostpolitik Adenauers vgl. K. GOTTO, Adenauers Deutschland- und Ostpolitik.

der 1955 in die Pariser Verträge mündete, mit denen die Bundesrepublik militärisch in die NATO und WEU eingebunden und fast vollständig souverän wurde. Vorwürfe, dass der Kanzler mit dieser Politik den Wiedervereinigungsgedanken vernachlässige, wies er zurück:

> „Das halte ich, der ich die Maßnahmen und Überlegungen einigermaßen kenne, für ein vollkommenes Unrecht gegenüber dem Kabinett Adenauer und seinen Mitgliedern, oft genug auf einer naiven Verkennung der Situation beruhend, wenn eine Meinung vorhanden ist, daß starke Resolutionen schon Politik wären. Die Wiedervereinigung wird kommen, aber sie ist eine Aufgabe, die viel Geduld, viel Aufmerksamkeit für das europäische Machtgefüge fordert, die vom innerlich Emotionalen wohl getragen sein muß, aber nicht vom Emotionalen gelöst werden kann."[103]

Ebenso unterstützte er die Kanzler-Reise nach Moskau, bei der die Rückkehr der letzten Kriegsgefangenen aus der Sowjetunion und die Aufnahme diplomatischer Beziehungen vereinbart wurden.[104] Atmosphärisch sicherte er diesen Vorstoß ab, indem er eine Teilnahme an einer zeitgleichen Kundgebung von Vertriebenenverbänden verweigerte,[105] zu deren Dogmatismus er ohnehin Distanz hielt.[106] Dass die deutschen Ostgebiete für ihn nicht sakrosankt waren, um Hindernisse für eine Versöhnungspolitik mit Polen aus dem Weg zu räumen, konnte er freilich nur vertraulich in einem Brief andeuten.[107] Öffentlich sprang er Adenauer zur Seite, als aus der CDU-Fraktion der Antrag gestellt wurde, den Sitz des Bundestages und der obersten Bundesorgane nach Berlin zu verlegen – für Heuss romantische „Balladenpolitik".[108] Propagandistische Maßnahmen in die DDR hinein lehnte er als realitätsfern und kontraproduktiv ab.[109]

Hingegen empfand der Bundespräsident ein Unbehagen vor der „Politik der Stärke", die der Bundeskanzler gegenüber der Sowjetunion und der DDR vertrat. Adenauer wollte eine Entspannungspolitik der beiden Supermächte auf Kosten der Deutschen Frage verhindern und den Bonner Alleinvertretungsanspruch mit Hilfe der „Hallstein-Doktrin" untermauern.[110] Heuss hielt eine derartige Rhetorik für zu martialisch, gesprochen aus dem Stand der Ohnmacht, und empfahl eine „Politik der Festigkeit", die auch Spielraum für „Entkrampfung" zwischen den beiden deutschen Staaten bot. Wenn er auf dem „Gebiet des Metapolitischen",

---

103 Nr. 52.

104 Vgl. Nr. 69; W. KILIAN, Adenauers Reise, S. 111–200.

105 Nr. 46.

106 Vgl. Luitpold Werz (diktiert von Heuss) an den Bund der vertriebenen Deutschen, 21. 1. 1952, in: TH. HEUSS, Bundespräsident 1949–1954, S. 306f.

107 Vgl. Nr. 141.

108 Nr. 105.

109 Vgl. Nr. 90.

110 Vgl. L. HERBST, Option, S. 146f; CH. KLESSMANN, Adenauers Deutschland- und Ostpolitik, S. 62–65.

also im künstlerischen, wissenschaftlichen oder religiösen Bereich, auf eine Intensivierung des deutsch-deutschen Austausches und zwar „ohne die sensationierende Begleitmusik der Presse“ setzte, dann konnte ihn das in einen Gegensatz zum Ministerium für Gesamtdeutsche Fragen bringen.[111] Wenig Verständnis hatte er, als auf dem Frankfurter Kirchentag 1956 eine Begegnung mit dem CDU-Vorsitzenden und stellvertretenden Ministerpräsidenten der DDR Otto Nuschke, mit dem er seit Beginn des Jahrhunderts befreundet war, von „irgendwelche[n] betriebsamen Leute[n]“ verhindert wurde.[112] Im Bereich der menschlichen Beziehungen wollte Heuss den Faden in die DDR nicht abreißen lassen; deutschlandpolitisch brachte ihn diese Metapolitik aber kaum in einen Gegensatz zum Kanzler, denn auch er verstand die DDR nicht als einen eigenständigen Staat.

Eng mit der Westintegration war ein weiteres hochbrisantes Konfliktfeld verknüpft, bei dem der Bundespräsident uneingeschränkt auf Seiten des Bundeskanzlers stand: der Aufbau einer deutschen Armee im Zuge des Beitritts zur NATO 1955. Heuss, vom Naturell her Zivilist, trat in diesem Fall für eine Politik der Stärke und Wehrbereitschaft ein, sah er doch in einer Armee eine notwendige Voraussetzung für den souveränen demokratischen Staat. Schon im Parlamentarischen Rat ein Gegner des Grundrechts auf Kriegsdienstverweigerung, unterstützte er in seiner ersten Amtszeit die Remilitarisierung der Bundesrepublik in einem westlichen Verteidigungsbündnis.[113] Auch öffentlich ließ er sich zum Fürsprecher dieser Politik machen, als er 1952 im Zuge der Debatte um den EVG-Vertrag auf Adenauers Bitte hin ein Rechtsgutachten beim Bundesverfassungsgericht einreichte und angesichts eines drohenden negativen Votums wieder zurückzog – eine offenkundige Willfährigkeit, die ihm viel Kritik eintrug.[114] In seiner zweiten Amtszeit fühlte Heuss sich wiederum von dem hessisch-nassauischen Kirchenpräsidenten Martin Niemöller herausgefordert, als dieser die Ausbildung in der Bundeswehr als „Hohe Schule für Berufsverbrecher“ bezeichnete.[115] Nicht nur in einer öffentlichen Rede vor Offizieren der Bundeswehr, sondern auch in einem Brief kritisierte er diese Worte als „christlich eingekleidete Demagogie“ eines politisierenden Pfarrers.[116]

Niemöller war für Heuss Repräsentant eines vor allem protestantisch geprägten Widerstandes gegen die Atombewaffnung der Bundeswehr, den seit 1957 18 bekannte westdeutsche Atomforscher im „Göttinger Manifest“, Gewerkschafter, Sozialdemokraten und Künstler in zahlreichen Appellen und Großkundgebungen

[111] Nr. 100.
[112] Nr. 100.
[113] Vgl. E. W. Becker / M. Vogt, Einführung, in: Th. Heuss, Bundespräsident 1949–1954, S. 52–54.
[114] Vgl. E. W. Becker, Theodor Heuss, S. 152–154; P. Merseburger, Theodor Heuss, S. 514–521.
[115] Nr. 196, Anm. 13.
[116] Nr. 196.

unterstützten.[117] In dieser heftig und emotional geführten Debatte um die apokalyptischen Gefahren eines Atomkrieges positionierte sich Heuss deutlich, konnte er dieser Volksbewegung doch wenig abgewinnen. Er reagierte polemisch auf radikale Wortführer der Anti-Atomtod-Bewegung wie Niemöller oder Karl Barth, dem er „Pharisäismus" vorwarf.[118] Gegenüber seinem späteren Nachfolger Johannes Rau musste sich Heuss gegen den Verdacht wehren, er habe die Vergabe des Friedenspreises des Deutschen Buchhandels an Barth hintertrieben, bekräftigte bei dieser Gelegenheit aber noch einmal seine Abneigung gegen diesen berühmten Theologen, der sich politisch dezidiert positioniert hatte.[119] Heuss, der in Otto Hahn, Albert Schweitzer oder Helmut Gollwitzer auch zahlreiche Freunde unter den Gegnern der Atomrüstung hatte, zeigte wenig Verständnis für deren Sorgen und blieb ein Stachel im Fleisch dieser Bewegung. Er hoffte auf die abschreckende Wirkung von Atomwaffen gegen die Bedrohung durch die Sowjetunion[120] und vertraute auf internationale Verhandlungen,

> „ohne Angst und Verwirrung. Demonstrationen gegen den sogenannten ‚Atomtod' haben für mein inneres Empfinden etwas Skurriles und wohl auch leicht Pharisäisches, weil sie denen, die das für eine nicht ganz brauchbare Form der Politik halten, unterstellen, daß sie ‚für den Atomtod' seien. Was ist das Ganze doch für eine Verwirrung des Urteils und der Sprache."[121]

Trotz der verhärteten Fronten blieb er zwar im Gespräch mit diesen Wortführern einer breiten gesellschaftlichen Bewegung, doch waren ihm deren Anliegen denkbar fern.

Wie sehr Theodor Heuss auch sein eigenes Amt mit der Wiederbewaffnung verknüpft sah, zeigt ein Memorandum, das er Ende 1955 verfasste. Gegenüber Adenauer und dem Verteidigungsminister beanspruchte er den unteilbaren Oberbefehl über die Bundeswehr, um den Soldaten eine feste persönliche Vorstellung vom Oberbefehlshaber als dem obersten Repräsentanten des Staates zu geben.[122] Doch dieser Versuch der Machtaneignung blieb erfolglos. Regierung und Opposition einigten sich darauf, den Oberbefehl in Friedenszeiten beim Verteidigungsminister und im Kriegsfall beim Bundeskanzler anzusiedeln. Was Heuss blieb waren wiederum symbolische Akte. So nahm er Stellung zu den vielen Kriegsauszeichnungen und stellte die zahlreichen Orden mit zweifelhafter Tradition infrage. Stattdessen plädierte er für eine Verringerung und Vereinfachung bzw.

---

117 Vgl. M. GRESCHAT, Protestantismus, S. 268–290; E. CONZE, Suche, S. 290–295; KAMPF DEM ATOMTOD.

118 Nr. 131.

119 Vgl. Nr. 181, Nr. 187.

120 Vgl. Nr. 195.

121 Nr. 161.

122 Vgl. Nr. 65; E. PIKART, Theodor Heuss, S. 113f.

für eine Neugestaltung der Auszeichnungen.[123] Mit Verteidigungsminister Franz Josef Strauß setzte sich Heuss wegen Einzelfragen der Uniformgestaltung auseinander und betonte, er wollte „sich nicht dem Fetisch des Traditionsgedankens" unterwerfen. Er fuhr fort: „eine Tradition zu begründen, zumal im Bruch der Zeiten, ist ein viel großartigeres Unterfangen, als Traditionen um ihrer selbst willen zu betreuen".[124] Das war auch Heuss' grundsätzliches Credo, als er im März 1959 vor der Führungsakademie der Bundeswehr in einer Rede unter dem Titel „Soldatentum in unserer Zeit" der jungen Armee ein neues Selbstverständnis jenseits der missbrauchten und anachronistischen preußisch-deutschen Militärgeschichte auf den Weg geben wollte.[125] So lehnte er auch eine Ehrenformation aus soeben erst einberufenen Rekruten anlässlich eines Neujahrsempfangs ab, da diese nur „Attrappen" seien, „Wochenschaumaterial für billiges Vergnügen", was seinem „militärischen Stilgefühl" widerspreche: „Ich bin, aus historischer Einsicht, ein Freund des rechten Soldatentums, aber ich werde leicht mißtrauisch, wenn […] mir klargemacht werden will, was die ‚Tradition' bedeute und was meist Verzicht auf Nachdenken bedeutet."[126] Im Auftreten vor Soldaten betont zivil und „entkrampfend",[127] reagierte er stets empfindlich, wenn ihm Distanz zum Militärischen vorgeworfen wurde.[128]

Vergangenheit, die nicht vergehen soll
Der Bundespräsident als oberster Geschichtspolitiker

Während seiner ersten Amtszeit maß Theodor Heuss der Auseinandersetzung mit der nationalsozialistischen Vergangenheit einen hohen Stellenwert bei.[129] Er war überzeugt, dass sich die Deutschen auch den Schattenseiten ihrer Geschichte stellen müssten, wenn sie an positive Traditionsbestände anknüpfen und sich zum demokratischen Staat bekennen wollten. Diese Aufforderung zur Erinnerung war es, die Heuss seit 1949 in mehreren viel beachteten Reden thematisierte: das Einfordern einer „Kollektivscham" 1949 in seiner Rede „Mut zur Liebe" vor der Gesellschaft für Christlich-Jüdische Zusammenarbeit, das schonungslose Benennen des Judenmordes anlässlich der Einweihung des Mahnmals im ehemaligen KZ Bergen-Belsen 1952 oder 1954 die Rehabilitierung der Attentäter vom

123 Vgl. Nr. 74.

124 Nr. 150.

125 TH. HEUSS, Politiker, S. 488–499, hier S. 495.

126 Nr. 68; vgl. auch Nr. 65.

127 Vgl. Nr. 108; vgl. auch den legendären Ausspruch am 13. 9. 1958 „Nun siegt mal schön" anlässlich eines Manövers der Bundeswehr, nachgewiesen u. a. in: Die Welt 20. 9. 1958.

128 Vgl. Nr. 122.

129 Vgl. auch im Folgenden E. W. BECKER / M. VOGT, Einführung, in: TH. HEUSS, Bundespräsident 1949–1954, S. 39–46.

20. Juli 1944.[130] Heuss wusste damals mit diesen Reden durchaus Teile der Bevölkerung zu provozieren, doch den erinnerungspolitischen Grundkonsens der Bundesrepublik sprengte er mit seinen primär moralischen Appellen nicht.

Mit derartigen Fundamentalreden zum Nationalsozialismus trat der Bundespräsident in seiner zweiten Amtszeit nicht mehr an die Öffentlichkeit. Nachdem er einmal seine Grundpositionen offengelegt und publiziert hatte, hielt er sich zu diesem Thema öffentlich zurück und verwies allenfalls in Briefen auf diese Grundsatzreden.[131] Dennoch nimmt die Auseinandersetzung mit den Folgen des „Dritten Reiches" in der Korrespondenz von Heuss einen breiten Raum ein. Weiterhin reagierte er ablehnend, wenn er zum Gegenstand eines Personenkultes gemacht wurde und sich damit in die Nähe von Hitler gerückt sah.[132] Aufmerksam registrierte er die Verwendung nationalsozialistischer Symbole, wenn beispielsweise Modellflugzeuge mit Hakenkreuzen zum Verkauf angeboten wurden.[133] Rigoros lehnte er noch gegen Ende seiner Amtszeit das Ehrenbürgerrecht der Stadt Lörrach ab, weil der völkische Dichter Hermann Burte bereits 1939 diese Auszeichnung erhalten hatte: „Ich bin es aber mir und meinem Amt, selbst wenn ich es nicht mehr innehabe, schuldig, zu diesem Typus absolut Distanz zu halten."[134] Als die Wochenzeitung „Die Zeit" 1954 dem einstigen „Kronjuristen" des „Dritten Reiches" Carl Schmitt[135] eine publizistische Plattform bot und daraufhin die Redakteurin Marion Gräfin Dönhoff das Blatt verließ, schaltete sich Heuss ein. Trotz aller Zurückhaltung teilte er dem Chefredakteur unmissverständlich mit, dass er Schmitt für eine „verhängnisvolle Erscheinung" halte, und er empfahl: „In einem Blatt wie der ‚Zeit', die doch der Bildungsschicht gegenüber sich einer moralischen Mitverantwortung bewußt ist, möchte ich diese Erscheinungen als die Lehrmeister unserer erst schwer und langsam werdenden Staatsgesinnungen nicht auftreten sehen."[136] Vermutlich steckte auch seine Abneigung gegen Schmitt dahinter, als er es ablehnte, den Göttinger Staatsrechtler Werner Weber in den Wissenschaftsrat zu berufen[137] – Weber war ein enger Schüler Schmitts und als scharfer Kritiker des Grundgesetzes hervorgetreten.[138]

Heuss hatte nach 1933 viele Freunde und Bekannte durch Emigration verloren. Als Bundespräsident nutzte er nun seinen informellen Einfluss und unterstützte Wiedergutmachungsforderungen, um Betroffene für das erlittene Unrecht zu

130 Vgl. U. BAUMGÄRTNER, Reden, S. 184–333.
131 Z. B. Nr. 47, Nr. 144, Nr. 213.
132 Vgl. Nr. 124, Nr. 173.
133 Vgl. Nr. 50.
134 Nr. 192.
135 Vgl. R. MEHRING, Carl Schmitt.
136 Nr. 2.
137 Vgl. Nr. 142.
138 Vgl. F. GÜNTHER, Denken, S. 84f, 138–140.

entschädigen.[139] Symbolisch würdigte er deutsche Emigranten, indem er einigen von ihnen Anfang 1959 das Bundesverdienstkreuz verlieh.[140] Außerdem regte er an, in das Brockhaus-Lexikon von ihm benannte Personen aufzunehmen, um jene, die vom Nationalsozialismus vertrieben und aus dem öffentlichen Raum verbannt worden waren, wieder in Erinnerung zu rufen.[141] Gereizt reagierte er hingegen, wenn Emigranten wie Siegfried Kracauer anderen Publizisten vorwarfen, dass diese während des „Dritten Reiches" in Deutschland geblieben waren und sich damit korrumpiert hätten.[142]

Das Verhältnis zu den Juden in Deutschland und zum Staat Israel lag Heuss weiterhin am Herzen.[143] Bewegt besuchte er eine Theaterinszenierung des „Tagebuchs der Anne Frank" und bemerkte zu der weiten Verbreitung dieser Aufzeichnungen: „Das alles ist mir bei meinen Feldzügen gegen das ‚Vergessen' ein tröstlicher Vorgang."[144] Und als es 1958/59 in der Bundesrepublik zu verschiedenen antisemitischen Vorfällen und Justizskandalen gekommen war und eine starke Mobilisierung der Öffentlichkeit begann,[145] bat Heuss den Präsidenten der Kultusministerkonferenz, mit einer Initiative im Geschichtsunterricht und in der Lehrerausbildung dem Antisemitismus zu begegnen.[146]

Auffällig ist, dass sich Heuss auch in seiner zweiten Amtszeit mit dem symbolischen Gewicht seines Amtes für verurteilte Kriegsverbrecher aussprach. Noch im Juli 1959 setzte er sich direkt bei dem französischen Präsidenten Charles de Gaulle für das Gnadengesuch von Harry Stengritt ein, der im Zweiten Weltkrieg für den Sicherheitsdienst in Lyon tätig und wegen Mordes zu lebenslanger Haft verurteilt worden war.[147] Wurde ein solches Engagement publik, musste Heuss erfahren, dass bereits Mitte der fünfziger Jahre Teile der öffentlichen Meinung nicht mehr bereit waren, ihm in seinem erinnerungspolitischen Kurs zu folgen. Heuss hatte im November 1954 dem ehemaligen Reichsaußenminister und „Reichsprotektor von Böhmen und Mähren" Konstantin von Neurath zu dessen Entlassung aus dem Gefängnis gratuliert: „Mit freudiger Genugtuung habe ich [...] heute früh die Mitteilung gelesen, daß den Nachrichten der letzten Tage nun doch rasch die Erfüllung folgte und das Martyrium dieser Jahre für Sie ein Ende gefunden hat."[148] Als er dieses Telegramm veröffentlichte, brach ein Sturm der Entrüstung los, war von Neurath doch für die Unterdrückungsmaßnahmen in der

139 Vgl. Nr. 98, Nr. 132.
140 Vgl. Nr. 188.
141 Vgl. Nr. 48.
142 Vgl. Nr. 95.
143 Vgl. Nr. 61, Nr. 213.
144 Nr. 101.
145 Vgl. W. BERGMANN, Antisemitismus, S. 190–234.
146 Vgl. Nr. 194.
147 Vgl. Nr. 212.
148 Nr. 7.

Tschechoslowakei bis 1941 verantwortlich gewesen und 1946 wegen „Verbrechen gegen die Menschlichkeit“ vor dem Nürnberger Militärgerichtshof verurteilt worden. Nicht den anonymen Opfern, sondern den erlittenen Haftbedingungen seines schwäbischen Landsmannes von Neurath schien das Mitgefühl des Bundespräsidenten zu gelten; statt an die Verantwortung des ehemaligen „Reichsprotektors“ zu erinnern, bezichtigte er seine Kritiker des Pharisäertums.[149] Heuss betrachtete sein Schreiben an von Neurath, den er intellektuell gering schätzte, als menschliche Geste: „Neurath war ja ganz sicher kein ‚böser Mensch‘, er hatte nur den Fehler – man spricht das ungern aus –, geistig sehr unbedeutend zu sein.“[150] Dass er als Bundespräsident aber eine politische Stellungnahme auf einem sensiblen Terrain abgegeben hatte, vermochte er nicht einzusehen.[151]

Einen Schritt weiter ging der Bundespräsident, als er sich im Spätsommer 1955 beim amerikanischen Botschafter für die Entlassung des zunächst zum Tode verurteilten, dann zu lebenslanger Haft begnadigten Martin Sandberger verwandte, der als Führer eines Einsatzkommandos 1941/42 verantwortlich für die Ermordung tausender Menschen in Estland gewesen war.[152] Heuss relativierte zunächst die Verbrechen Sandbergers, indem er von „gestufter unmittelbarer Rechtsverantwortung“ sprach, und stellte das Urteil als „umstreitbar“ dar. Doch vor allem zielte seine Argumentation unter Berufung auf ein Gutachten des Vizepräsidenten des Deutschen Bundestages Carlo Schmid auf den bürgerlichen Lebenszusammenhang ab, dem Sandberger entstammte und dem er sich in der Haft wieder angenähert habe: „Die Schilderung aus Landsberg besagt, daß er, wohl in der Hoffnung, doch wieder ins bürgerliche Leben zurückkehren zu können, eifrig an der eigenen breiten Weiterbildung arbeite und in Lehrkursen seinen Schicksalsgefährten zur Verfügung stehe.“ Heuss bediente sich hier eines Argumentationsmusters, das die Vergangenheitspolitik der frühen Bundesrepublik und die Bemühungen um die Freilassung der verurteilten Kriegsverbrecher im Gefängnis Landsberg prägte: Gesinnungstätern bürgerlicher Herkunft wurde das vielzitierte Recht auf politischen Irrtum zugestanden, wenn sie eine Rückkehr zu ihren bürgerlichen Wurzeln glaubhaft machen konnten. Ihre Verbrechen waren dann den Zeitumständen geschuldet und konnten letztendlich als ihnen wesensfremd relativiert werden. Die Abgründe, die auch die instrumentelle Vernunft einer bürgerlichen Welt barg, blieben Heuss verschlossen.

Heuss setzte vergangenheitspolitische Akzente vor allem informell über seine Korrespondenz. Die Auseinandersetzung mit der nationalsozialistischen Vergangenheit war dabei nur eine Seite seiner Geschichtspolitik. Darüber hinaus

149 Vgl. Nr. 7, Anm. 3.
150 Nr. 8.
151 Vgl. Nr. 12.
152 Vgl. auch im Folgenden Nr. 51; N. FREI, Vergangenheitspolitik, S. 297–301.

ging es ihm darum, den Deutschen auch die positiven Aspekte ihrer Nationalgeschichte näherzubringen, sie gegenüber ihren vor allem geistesgeschichtlichen Traditionen zu „entkrampfen". Zeit seines Lebens dachte er in historischen Kategorien. Seine Reden und Schriften zeugen von einer regelrechten Geschichtsversessenheit, wenn er gegenwärtige Fragestellungen in einen historischen Deutungsrahmen spannte, mit dem er weit in die Jahrhunderte zurückgriff. Vor allem spielte sich Geschichte für Heuss in Biographien ab, in denen sich eine überzeitliche sittliche Komponente spiegelte. In Hunderten von biographischen Essays und Skizzen sowie in fünf teils voluminösen Biographien hatte er bis 1949 diesem personenzentrierten Geschichtsverständnis bereits Ausdruck verliehen.[153]

So konnte er sich zu Beginn seiner zweiten Amtszeit nicht dem Angebot des Ullstein-Verlages verschließen, die vier-, später fünfbändige Neuausgabe der Sammelbiographie „Die Großen Deutschen" gemeinsam mit dem Publizisten Benno Reifenberg und dem Historiker Hermann Heimpel herauszugeben.[154] Wurden in der Erstausgabe von 1935/36 noch Albert Leo Schlageter und Horst Wessel als Vorläufer und Märtyrer des Nationalsozialismus verklärt, so distanzierte sich Heuss in seinem Einleitungsessay „Über Maßstäbe geschichtlicher Würdigung" von dieser Aufbruchsstimmung aus der Frühzeit des „Dritten Reiches": „Unserer Zeit ist solches Frohsein versagt. Sie ist von Scham beschwert."[155] Dezidiert lehnte er es gegenüber dem Mitherausgeber der Erstausgabe Willy Andreas ab, sich in die Nachfolge dieses nunmehr politisch diskreditierten Projektes zu stellen.[156] Stattdessen erläuterte er nun in seinem Einleitungsessay den subjektiven und zeitbedingten Charakter der Auswahl nach „Größe" und gab über die Intention des biographischen Sammelwerkes Auskunft: „Es will zeigen, was den Herausgebern in Einzelpersonen groß und stellvertretend für die fruchtbaren Gaben unseres Volkes erscheint; es verzichtet darauf, die Niedrigkeiten, die qualitativ und quantitativ sich anbieten, mit zum Vortrag zu bringen."[157] Anhand der Lebenswege herausragender Persönlichkeiten und ihrer Nachwirkungen wollte Heuss eine nationale Wertetradition herausarbeiten, die gegenüber den katastrophalen Verwerfungen der jüngsten deutschen Vergangenheit unanfechtbar blieb und der Bundesrepublik als Legitimationsgrundlage dienen konnte. Darin dokumentiert sich ein bürgerliches Geschichtsverständnis, das ein geniales Schöpfertum in den Dienst einer deutschen Nationalgeschichte stellte.

Dieses literarische Unternehmen entwickelte sich für den Bundespräsidenten zu einem ungewöhnlich arbeitsintensiven Projekt. In enger Abstimmung mit den

---

153 Vgl. E. W. BECKER, Biographie.
154 Vgl. Nr. 36.
155 TH. HEUSS, Maßstäbe, S. 17.
156 Vgl. Nr. 64.
157 TH. HEUSS, Maßstäbe, S. 16.

Mitherausgebern befasste er sich mit konzeptionellen Fragen, der Auswahl der Biographien und ihrer Autoren[158] und überarbeitete einige Essays selber.[159] Darüber hinaus steuerte er neben der Einleitung noch fünf Artikel bei. Immer wieder musste er sich mit Vorwürfen auseinandersetzen, dass die Auswahl allzu fragwürdig sei und wichtige Persönlichkeiten unterschlage. Konnte er dies im Falle Alfred von Tirpitz noch einigermaßen begründet zurückweisen, so wurde die Fragwürdigkeit der Auswahl offenbar, als Theodor Eschenburg sich über das Fehlen Gustav Stresemanns beklagte. Obwohl Heuss beteuerte, sich bei dieser Entscheidung nicht von menschlicher Antipathie leiten gelassen zu haben,[160] scheint seine lebenslange Abneigung gegen den Reichskanzler und langjährigen Außenminister der Weimarer Republik weniger sachlichen, sondern persönlichen Motiven zu folgen. Eine Anregung von Toni Stolper, Bertolt Brecht nicht in die „Großen Deutschen" aufzunehmen, konnte Heuss hingegen bei seinen Mitherausgebern nicht durchsetzen.[161] Als die rechtsextremen „Klüter Blätter" den Herausgebern eine tendenziöse Auswahl vorwarfen, die wesentliche Aspekte deutscher Geschichte leugne, reagierte er auf diesen Generalangriff gegen das Gesamtunternehmen „saugrob" mit einem langen polemischen Schreiben.[162]

Ebenso nahm Heuss auf anderen publizistischen Schauplätzen geschichtspolitisch Einfluss. Er regte an, die für die Deutung des Ausbruchs des Ersten Weltkrieges wichtigen Tagebuch-Notizen Kurt Riezlers vor der Vernichtung zu bewahren und sie in einer wissenschaftlichen Edition zu publizieren.[163] Als eine Sammlung älterer Reisefeuilletons, die 1959 unter dem Titel „Von Ort zu Ort" erschienen, großen Absatz fanden, fragte er sich, „ob der Erfolg dieses Buches [...] nicht auch psychologisch einem Bedürfnis der Deutschen entspringt, aus der aktuellen Unruhe in eine quasi zeitlose Idylle zu fliehen."[164]

Auch in seinen Briefen selber oder in Grußworten betätigte sich der Bundespräsident als Deuter deutscher Geschichte und ihrer Repräsentanten, vor allem, wenn diese in einer persönlichen Beziehung zu ihm gestanden hatten. Er würdigte seinen Lehrer, den Nationalökonomen Lujo Brentano, mit sehr persönlichen Worten.[165] Oder er thematisierte die gebrochene Erinnerung an den sozialdemokratischen Reichswehrminister Gustav Noske gegenüber dessen Tochter: „Die Geschichtsschreibung als solche aber wird, wie ich glaube, Ihrem Vater Gerechtigkeit widerfahren lassen, wie ich selber als Historiker mich immer bemüht

158 Vgl. Nr. 36, Nr. 66, Nr. 76.
159 Umfangreicher Schriftverkehr in: N 1221, 427–431.
160 Vgl. Nr. 93; vgl. auch TH. HEUSS, Maßstäbe, S. 13.
161 Vgl. Nr. 110.
162 Vgl. Nr. 156, Zitat in Anm. 2.
163 Vgl. Nr. 128, Nr. 128a.
164 Nr. 149, Anm. 17.
165 Vgl. Nr. 17.

habe."[166] Dem früheren Reichskanzler Heinrich Brüning bestätigte er in einem Glückwunschschreiben, vor den Herausforderungen der späten Weimarer Republik verantwortungsbewusst gehandelt zu haben. Er nahm damit implizit auch Stellung zu seiner eigenen historischen Verantwortung, die er relativierte: „Gut, Sie haben Fehler gemacht. Wir alle haben Fehler gemacht, manche mit Ihnen gemeinsam."[167] Doch als der Bundespräsident in seinem letzten Amtsjahr beim Bundesverteidigungsminister Franz Josef Strauß eine erinnerungspolitische Initiative startete, um eine Kaserne nach dem von ihm hochgeschätzten ehemaligen sozialdemokratischen Reichspräsidenten Friedrich Ebert zu benennen, führte diese Anregung zunächst zu keinem Erfolg.[168]

Seiner eigenen geschichtlichen Rolle zunehmend bewusst, legte der Bundespräsident Wert darauf, auch über seine Biographie die Deutungshoheit zu erlangen. Da es ihm nicht gelang, die Arbeit an seinen „Erinnerungen" bis zum Ende seiner Amtszeit wieder aufzunehmen, waren es vor allem Briefe, in denen er sein Selbstbild vermittelte. Immer wieder nutzte er Gelegenheiten, um über seine Rolle im „Dritten Reich" zu berichten, sei es über seine Mitarbeit in der „Frankfurter Zeitung"[169] oder über seine Beiträge für die NS-Wochenzeitung „Das Reich".[170] Als ein Rechtsanwalt 1958 im Ulmer Einsatzgruppenprozess aus Heuss' Buch „Hitlers Weg" zitierte, „um für des Mordes angeklagte Männer sozusagen eine Atmosphäre der psychologischen Entlastung zu schaffen", nahm der Bundespräsident diesen „grotesken Vorgang" zum Anlass, seine Sicht auf dieses Buch wie auch auf seine Zustimmung zum Ermächtigungsgesetz von 1933 zu erläutern: „Ich entsinne mich nicht, daß in jenem Gesetz auch die Ermächtigung zum straflosen Mord enthalten war."[171] Über Adenauers[172] und seine eigene Bedeutung für das Grundgesetz gab Heuss immer wieder Auskunft, sei es über seine „Erfindung" der Bundesversammlung[173] oder über die Verhinderung von plebiszitären Elementen.[174] Und schließlich waren es auch die eigenen „Misserfolge" seiner Bundespräsidialzeit, deren Deutung er nicht anderen überlassen wollte. Ausführlich legte er Dolf Sternberger seine Sicht auf die gescheiterte Einführung einer neuen Nationalhymne dar, „damit Sie wissen, ‚wie es eigentlich

166 Nr. 39.
167 Nr. 58.
168 Vgl. Nr. 210; zur Deutung Eberts durch Heuss vgl. U. BAUMGÄRTNER, Republik, S. 104–109; Heuss an Louise Ebert, 15. 9. 1949, in: TH. HEUSS, Bundespräsident 1949–1954, S. 105f.
169 Vgl. Nr. 95.
170 Vgl. Nr. 156, Nr. 216; R. BURGER, Theodor Heuss, S. 329–333, 352–377; P. MERSEBURGER, S. 343–346.
171 Nr. 170; zur Konstruktion von Erinnerungen an den Nationalsozialismus in der Nachkriegszeit vgl. A. SCHASER, Erinnerungskartell, S. 49–80.
172 Vgl. Nr. 28.
173 Nr. 159.
174 Vgl. Nr. 158.

war'".[175] Theodor Heuss wusste, welche geschichtspolitische Bedeutung seiner Erinnerungsarbeit auch in eigener Sache zukam.

Vertreter eines anderen Deutschland
Die auswärtige Repräsentation der Bundesrepublik

Das Grundgesetz legt zwar die völkerrechtliche Vertretung der Bundesrepublik in die Hände des Bundespräsidenten, doch die außenpolitische Entscheidungsgewalt hatte von Beginn an de facto der Bundeskanzler.[176] Bis 1955 war die auswärtige Politik im Bundeskanzleramt angesiedelt. Aber auch nachdem die Bundesrepublik mit dem Deutschlandvertrag im Mai 1955 weitgehend souverän geworden war und ein Minister die Geschäfte des neugegründeten Auswärtigen Amtes übernahm, blieb die Außenpolitik eine Domäne des Kanzlers, um weiterhin den Kurs der Westbindung entscheidend beeinflussen zu können. Heuss gab zwar gegenüber Adenauer zu bedenken, dass er den künftigen Außenminister Heinrich von Brentano nicht dadurch desavouieren dürfe, dass er diesen auf außenpolitische Nebenschauplätze abschiebe und selber als eigentliches Machtzentrum zu sehr international in den Vordergrund rücke. Brentano dürfe

> „nicht bloß als Ihr junger Mann figurieren, sondern muß vorher, muß nachher bei solchen Konferenzen vorhanden sein. Denn sonst werden die zweitrangigen Dinge, die er wahrzunehmen hat, in ihrem Eindruck entwertet – was die kleineren Staaten, die wir doch pflegen müssen, ‚übelnehmen'. Da muß also die rechte Form gefunden werden, die nach der Situation variabel sein wird. Nur darf, zum mindesten nach außen, der Amtsbeginn B[rentano]s aber nicht mit einer erkennbaren Entwertung einsetzen."[177]

Aber das waren allein atmosphärische Sorgen, welche die Außenwahrnehmung betrafen. Dass Adenauer die Zügel der Außenpolitik faktisch in den Händen behalten müsse, um Kontinuität zu gewährleisten, davon war auch Heuss überzeugt.[178]

Diesem Anspruch wollte der Bundespräsident selbst nichts entgegensetzen. Zwar zeigte er durchaus Interesse an außenpolitischen Themen und vertrat in Fragen der Deutschlandpolitik oder der Wiederbewaffnung seine Standpunkte, aber diese wichen in der Sache nicht von der Grundlinie der Bundesregierung ab. Im Zeichen des Kalten Krieges ließ er – auch auf seinen Staatsbesuchen – keinen Zweifel an der nicht allein politischen, sondern auch geschichtlichen und kulturellen Zugehörigkeit Deutschlands zum Westen aufkommen und setzte sich für die deutsch-französische Verständigung ein.[179] Doch über diese allgemeinen

---

175 Nr. 79; vgl. auch K. GOEBEL, Streit; E. W. BECKER, Theodor Heuss, S. 133–136; P. MERSEBURGER, Theodor Heuss, S. 506–514.

176 Vgl. auch zum Folgenden F. GÜNTHER, Heuss auf Reisen, S. 25–36.

177 Nr. 38.

178 Vgl. Nr. 38.

179 Vgl. G. MÜLLER, Theodor Heuss.

Bekenntnisse hinaus sind von ihm, der sich zu vielen Themen breit und ausführlich geäußert hat, keine außenpolitischen Konzepte überliefert. In den Gesprächen mit Adenauer hielt er sich in diesen Fragen zurück.[180] Und bei Kontakten mit Staatsgästen überließ er die politischen Gespräche dem Außenminister oder gleich dem Bundeskanzler. Seine offiziellen Reden im Ausland stimmte er eng mit dem Kanzleramt und dem Auswärtigen Amt ab. So tritt in der Außenpolitik die „Arbeitsteilung" zwischen Heuss und Adenauer noch schärfer in Erscheinung: hier das repräsentierende Staatsoberhaupt, dort der machtbewusste Kanzler, der auch außenpolitisch die Richtlinien bestimmte. Trat dieser Bundespräsident also als außenpolitischer Eunuch in Erscheinung?

Heuss war zunächst „nicht allzu scharf darauf", Auslandsreisen zu unternehmen, weil er befürchtete, dass er selber die Dinge, die ihn interessieren würden, nicht zu Gesicht bekomme werde, und weil er sich in Fremdsprachen nicht sicher ausdrücken konnte.[181] Doch seit Beginn seiner zweiten Amtszeit zeigte er Interesse am außenpolitischen Tagesgeschäft, indem er wiederholt beim Auswärtigen Amt anmahnte, ihm die Berichte der Missionen und Botschaften zuzuleiten.[182] Aufmerksam, teils besorgt registrierte er in seiner Korrespondenz vor allem mit Moritz Julius Bonn, Albert Schweitzer oder Toni Stolper die Brennpunkte der außenpolitischen Entwicklung in der zweiten Hälfte der fünfziger Jahre: die Verfolgung von vermeintlichen Kommunisten in den USA durch den „McCarthy-Rummel",[183] die weltpolitischen Krisen im Herbst 1956,[184] die französische Verfassungsrevision durch Charles de Gaulle zugunsten einer starken Exekutive[185] oder die Zuspitzung des Kalten Krieges durch das sowjetische „Berlin-Ultimatum".[186] Doch blieben dies vertrauliche, folgenlose Äußerungen.

Nach außen sichtbar trat Heuss als oberster Vertreter der Bundesrepublik in Erscheinung, als Mitte der fünfziger Jahre die Zeit der Staatsbesuche begann. Schon für den November 1954 und Februar/März 1955, also noch vor der offiziellen Übertragung der Souveränitätsrechte an die Bundesrepublik, hatte Heuss zwei ausländische Monarchen eingeladen, die sich ohnehin gerade auf Europa-Reise befanden. Mit dem äthiopischen Kaiser Haile Selassi und dem persischen Schah erreichte nach Jahren der Isolation internationales und exotisches Flair ein Land, das sich wieder prunkvoll präsentieren konnte und seinen begeisterten Bürgern ein prächtiges Schauspiel bot.[187] Vor allem die Frau des Schahs, Soraya, löste

180 Vgl. K. ADENAUER / TH. HEUSS, Unter vier Augen.
181 Nr. 4.
182 Vgl. Nr. 5.
183 Nr. 69.
184 Vgl. Nr. 101.
185 Vgl. Nr. 184.
186 Vgl. Nr. 195.
187 Vgl. F. GÜNTHER, Heuss auf Reisen, S. 76–83.

unter der Bevölkerung eine regelrechte Hysterie aus, der Heuss fremd gegenüberstand und die ihn zum Statisten geraten ließ. Wohler fühlte er sich, als im Herbst 1956 der liberianische Staatspräsident William Tubman die Bundesrepublik besuchte, den er als einen Bruder im Geiste ansah: „Mr. Tubman könnte offenbar, anders gefärbt, auch Mr. Heuss heißen."[188] Einen Zugang fand Heuss auch zu dem indischem Vizepräsidenten und Philosophen Sarvepalli Radhakrishnan, dem er im Herbst 1958 in Bonn begegnete.[189]

So sehr diese Besuche ausländischer Staatsgäste auch demonstrierten, dass die Bundesrepublik wieder ein souveräner und selbstbewusster Staat war, gab die dabei präsentierte Prachtentfaltung auch Anlass zu Kritik in einem „Wirtschaftswunderland", dessen Wohlstand jedoch bei Weitem noch nicht alle Bürger erreicht hatte. Heuss trat diesem Eindruck entgegen und machte darauf aufmerksam, dass im internationalen Vergleich der westdeutsche Staat sich bescheiden gebe.[190] Dennoch kritisierte auch er ein Jahr später die zunehmende Anzahl von Staatsbesuchen in der Bundesrepublik sowie den dabei betriebenen Aufwand an Repräsentation und regte beim Kanzler eine Reduzierung in Absprache mit den westeuropäischen Verbündeten an.[191] Gegenüber protokollarischen Usancen hatte er, der sich als „Staats-Sklave im Frack" bezeichnete,[192] ein gespaltenes Verhältnis, wie er Eugen Gerstenmaier gestand:

> „Die protokollarischen Dinge, über die Sie sich vielleicht, da Sie mehr Temperament haben als ich, stärker ärgern als ich, sind eine sachliche Notwendigkeit, um einen Katarakt von Taktlosigkeiten zu vermeiden, aber sie sind eingefroren, da sie sich immer noch an das Wiener Protokoll vom Jahre 1815 halten."[193]

Erheblich mehr Bedeutung maß Heuss seinen eigenen Besuchen im Ausland bei. Aus ihnen ließ sich ein möglicher Bedeutungszuwachs der Bundesrepublik auf internationalem Parkett ablesen. Deshalb stießen diese Ereignisse auf große Resonanz in der deutschen Bevölkerung und den Medien. Den Auftakt machte der Bundespräsident mit einem Staatsbesuch in Griechenland im Mai 1956.[194] Schon dieser Besuch macht deutlich, wie sich Heuss vom militärischen und anmaßenden Stil früherer deutscher Staatsoberhäupter abhob. Er verstand sich nicht allein als offizieller Repräsentant der Bundesrepublik, sondern auch als Bildungsreisender, der sich nicht nur protokollarischen Zwängen fügen, sondern auch Zeit für die Kultur des Landes nehmen wollte:

---

188 Nr. 97; vgl. auch F. GÜNTHER, Heuss auf Reisen, S. 96–98.
189 Vgl. Nr. 177; auch Nr. 219.
190 Vgl. Nr. 12, Nr. 34.
191 Vgl. Nr. 96.
192 TH. HEUSS, Tagebuchbriefe, S. 352, 17. 10. 1958.
193 Nr. 146.
194 Vgl. F. GÜNTHER, Heuss auf Reisen, S. 84–90.

„Meine Reise wird ja teilweise ein fragwürdiges Vergnügen sein, da ja das Protokollarisch-Offizielle, zumindest beim Athen-Aufenthalt, eine Beengung darstellen wird, aber das Reiseprogramm soll nun doch immerhin so gemacht werden, daß ich auf dem Peloponnes ein paar Dinge sehen kann, die ich bei meiner ersten Griechenlandreise aus Zeitbedrängnis versäumen mußte."[195]

Mit seinem zivilen und bildungsbürgerlichen Auftreten verriet er eine „Haltung zur Zurückhaltung", die mit dem kulturimperialistischen Gebaren der Vergangenheit brechen wollte.[196] Bei der Programmplanung, die er bis ins Detail mitbestimmte, sorgte er auch bei anderen Staatsbesuchen dafür, dass neben dem offiziellen Programm Besuche kultureller Sehenswürdigkeiten vorgesehen waren.[197] Wenn es sich anbot, zog er sich zurück und zeichnete.[198] Durch seine ungezwungene Art vermochte er das steife Protokoll immer wieder aufzulockern. Der griechischen Königin übersandte er als Dank für den freundlichen Empfang in Griechenland Zeichnungen und Bücher von ihm und bereitete sie scherzhaft darauf vor, dass bei dem Gegenbesuch des griechischen Königspaares in Bonn keine Hofknickse zu erwarten seien.[199] Dass die Planungen und die Durchführung der Staatsbesuche mit dem so betont entspannt und bescheiden auftretenden Heuss nicht immer einfach waren, daran erinnerte der damalige bundesdeutsche Botschafter in den USA, Wilhelm Grewe:

„Hinter [Heuss'] bewußt zur Schau getragenen Attitüde des schlichten und Pomp abgeneigten Bürger-Präsidenten verbarg sich ein gehöriges Maß anspruchsvollen Selbstgefühls, das leicht verstimmt reagierte, wenn man eine Geste der Selbstbescheidung zu rasch für bare Münze nahm. Adenauer war stets bereit, sich pflichtbewußt den Strapazen und Unbequemlichkeiten des Protokolls und der Public-relations-Pflege zu unterwerfen. Heuss mußten Anstrengungen dieser Art häufig mühsam abgerungen werden. Viel hing bei ihm von seiner jeweiligen Stimmungslage ab."[200]

Zwei weitere Aspekte der Griechenlandreise sind typisch für die Repräsentation der Bundesrepublik durch Heuss. In politischen Fragen legte er sich, in Absprache mit Adenauer und mit Rücksicht auf Großbritannien, größte Zurückhaltung auf und ließ sich zu keiner klaren Stellungnahme im schwelenden Zypernkonflikt hinreißen.[201] Wenn es hingegen um Gesten der Versöhnung gegenüber den Län-

---

195 Nr. 78.

196 J. PAULMANN, Auswärtige Repräsentationen, S. 1.

197 Als ihm dies beim Besuch der Brüsseler Weltausstellung im Juli 1958 nicht möglich war, reagierte Heuss ungehalten; vgl. Nr. 171.

198 Vgl. Abb. 13, S. 304.

199 Vgl. Nr. 87. Auch gegenüber anderen ausländischen Staatsmännern vermochte Heuss einen derartig persönlichen und unverkrampften Ton anzuschlagen, so in einem Glückwunschschreiben an den englischen Premierminister Winston Churchill (vgl. Nr. 11) oder in einem Genesungsschreiben an US-Präsident Dwight D. Eisenhower (vgl. Nr. 54).

200 Zit. n. F. GÜNTHER, Heuss auf Reisen, S. 65.

201 Vgl. Nr. 86; zur Kritik an dieser Zurückhaltung vgl. F. GÜNTHER, Heuss auf Reisen, S. 88–90.

dern ging, die unter der nationalsozialistischen Gewaltherrschaft im Zweiten Weltkrieg gelitten hatten, setzte er symbolische Akzente, die es an Klarheit nicht fehlen ließen. Obwohl ihm der bundesdeutsche Botschafter in Athen entschieden abgeraten hatte, ehrte Heuss in Kalavrita die griechischen Opfer einer brutalen Vergeltungsaktion der deutschen Besatzer mit einem Strauß weißer Lilien.[202]

Fand dieser Akt in der deutschen Presse noch wenig Beachtung, so erregte die Kranzniederlegung am Mahnmal der Fosse Ardeatine während des Staatsbesuches in Italien anderthalb Jahre später großes Aufsehen. Heuss hatte damit die über 300 italienischen Geiseln geehrt, die von der SS 1944 bei einer Vergeltungsaktion erschossen worden waren.[203] In das größtenteils positive Echo mischten sich aber auch kritische Töne, die Heuss eine Missachtung deutscher Opfer und eine Legitimierung des Partisanenkrieges vorwarfen. Diesen ließ der Bundespräsident durch seinen persönlichen Referenten entgegnen:

> „Da Professor Heuss die Erschießung von Geiseln, die mit einem Geschehen gar nichts zu tun haben, wo immer und wem immer sie geschieht, für die widerwärtigste Begleiterscheinung kriegerischer Auseinandersetzungen hält, berühren ihn Zuschriften wie die Ihrige nicht all zu sehr."[204]

Besondere Bedeutung kam dem Staatsbesuch in den USA zu, dem wichtigsten Verbündeten der Bundesrepublik, dem der Bundespräsident für die Unterstützung nach 1945 danken wollte.[205] Den ersten festgesetzten Termin im März 1957 musste Heuss wegen einer schweren Lungenentzündung absagen, so dass der Besuch nach langen Terminverhandlungen erst Anfang Juni 1958 stattfinden konnte. Die Programmgestaltung war kompliziert, weil Heuss nach dem offiziellen dreitägigen Teil in Washington eine zweiwöchige halboffizielle Rundreise durch das Land plante – es war das erste Mal, dass er die USA bereiste. Dabei galt es, persönliche Interessen wie auch Verpflichtungen gegenüber zahlreichen Gruppen, die ihn sehen und ehren wollten, zu vereinbaren: „Ein bißchen steht die ganze Reise unter einer Doppelfrage: a) soll ich etwas von Amerika sehen und b) was und wieviel soll Amerika von mir sehen." Ihm war klar, dass er nicht als Privatmann durch die USA reisen werde, er wolle aber, „daß mein Programm etwas nach der Richtung gelenkt wird, in der meine persönlichen Interessen liegen, also etwas Geschichte, etwas Bildungspolitik, etwas Museenwesen."[206] Schon vorab präsentierte er den Amerikanern als „eine Art von individueller Visitenkarte" in einem Aufsatz für die Zeitschrift „The Atlantic Monthly" sein Bild von einem weltoffenen Deutsch-

---

202 Vgl. Nr. 135, Anm. 9; F. GÜNTHER, Heuss auf Reisen, S. 49f, 86f.
203 Vgl. Nr. 135, Nr. 136; F. GÜNTHER, Heuss auf Reisen, S. 50–52, 106–108; J. STARON, Fosse Ardeatine.
204 Nr. 137.
205 Vgl. auch im Folgenden F. GÜNTHER, Heuss auf Reisen, S. 128–143.
206 Nr. 114; vgl. auch Nr. 151.

land, das sich auch mit den Verwerfungen seiner Geschichte auseinandersetze und daraus gelernt habe.[207] Er hatte „zehn Reden und Ansprachen für Amerika fabriziert, mit dem Ehrgeiz, nicht immer das gleiche zu sagen."[208] Nachdem er im Vorfeld Kanada einen Staatsbesuch abgestattet hatte, traf er am 4. Juni 1958 in Washington ein, wurde vom US-Präsidenten herzlich empfangen und hielt vor den beiden Häusern des Kongresses eine Rede, die, „wie man heute sagt, gut ‚angekommen' zu sein scheint."[209] Auf der anschließenden Rundreise traf er mit zahlreichen Deutsch-Amerikanern, befreundeten Amerikanern und mit in die USA emigrierten Deutschen wie Heinrich Brüning zusammen, erhielt mehrere Ehrendoktorwürden und staunte über die „kleinen Universitäten, in denen noch die Luft des 18. Jahrhunderts zu stehen scheint".[210] Er werde, wie er dem US-Außenminister schrieb, „mit dem Reichtum neuer Eindrücke, auch mit dem persönlichen Gewinn durch manches gute Gespräch belohnt, in meine Heimat zurückkehren." Bei Politikern und Bürgern schien dieser liberale, Bildung, Intellektualität und Humor ausstrahlende Bundespräsident Eindruck gemacht zu haben:

> „Die Aufnahme, die ich überall fand, war so freundschaftlich, ja herzlich, daß die Empfindung von mir ausgesprochen werden kann, daß über das persönliche Erlebnis hinaus diese Reise psychologisch-politisch der Verfestigung der freundschaftlichen Beziehungen zwischen unseren beiden Nationen förderlich war."[211]

Heuss' letzter Staatsbesuch führte ihn im Oktober 1958 für vier Tage nach Großbritannien.[212] Wiederum bedurfte die Programmplanung einer gründlichen Vorbereitung, da Heuss auch eine größere Anzahl von Freunden und Bekannten treffen wollte. Persönlich schaltete er sich bei der Beschaffung von Gastgeschenken für die Königin ein.[213] Aber schon im Vorfeld zeigte sich, dass sich Heuss bei diesem Staatsbesuch auf vermintem Gelände bewegen würde. Das Verhältnis zwischen Deutschland und Großbritannien war nicht nur durch die Geschichte weiterhin belastet, sondern ebenso tagespolitisch angespannt.[214] Die britische Bevölkerung, die noch die Wunden des Krieges vor Augen hatte, begegnete Deutschland mit Misstrauen. Schon vor dem Eintreffen von Heuss missbilligten einzelne Pressestimmen den ihrer Ansicht nach zu frühen Staatsbesuch durch den Vertreter eines Landes, das britische Städte mit Bomben überzogen hatte und von dem beispiellose Menschheitsverbrechen ausgegangen waren. Zwar gelang

207 Nr. 104.
208 Nr. 161.
209 Nr. 163.
210 Ebd.
211 Nr. 162.
212 Vgl. auch im Folgenden F. GÜNTHER, Heuss auf Reisen, S. 147–160.
213 Vgl. Nr. 169.
214 Vgl. F. GÜNTHER, Heuss auf Reisen, S. 148f.

es Heuss, während seines Staatsbesuches durch sein herzliches, ungezwungenes und ziviles Auftreten und durch seine abwägenden und persönlichen Reden die Atmosphäre zu lockern und Anerkennung bei der Queen wie auch in der öffentlichen Meinung zu finden; doch als offiziellem Vertreter des ehemaligen Kriegsgegners schlugen ihm in der Presse vereinzelt auch Skepsis und Ablehnung entgegen, die große Verbreitung in den deutschen Medien fanden. Ein Foto, auf dem Oxforder Studenten dem deutschen Staatsoberhaupt mit lässig in den Hosentaschen steckenden Händen begegneten, galt als Affront und vermeintliches Anzeichen einer reservierten Haltung der Bevölkerung. So drohte dieser Staatsbesuch zum Menetekel für die deutsch-britischen Beziehungen zu werden. Heuss teilte diesen Eindruck nicht und versuchte – wenngleich vergeblich – dieser „Stimmungsmache" entgegenzusteuern.[215] Dieser Staatsbesuch schien die Grenzen der Einflussmöglichkeiten des Staatsoberhauptes auf die Repräsentation der Bundesrepublik in der Welt aufzuzeigen.

Insgesamt waren die Staatsbesuche von Theodor Heuss dennoch ein großer Erfolg und stießen in der Regel auf ein positives bis euphorisches Echo. Vor allem durch seine Person, seinen Lebensweg, sein unprätentiöses und integres Auftreten wie auch seine Reden und symbolischen Gesten stand er für ein anderes, nämlich demokratisches, friedliebendes und ziviles Deutschland, das eben auch seine liberale und bürgerliche Tradition hatte. Politisch folgenlos blieb diese auswärtige Repräsentation nicht, sicherte sie doch die Rückkehr des Landes in die Gemeinschaft des Westens atmosphärisch ab und gab damit der Politik Adenauers einen wichtigen Rückhalt. Mit dieser Außendarstellung kam der Bundespräsident auch den Bedürfnissen vieler Deutscher nach Harmonie und Normalität entgegen, die ihre Wunschvorstellungen von Heuss im Ausland angemessen vertreten sahen.[216] Doch dieses positive Bild bekam bei den letzten Staatsbesuchen allmählich Risse. Schon die Reisen nach Kanada und in die USA wurden vom Magazin „Der Spiegel", das sich zu dieser Zeit von der Politik Adenauers abwandte, als unprofessionell und banal im Ergebnis bewertet. Dabei machte sich ein Unbehagen an der Außenwirkung des Bundespräsidenten bemerkbar, der im Ausland einem antiquierten Nationsverständnis anhänge und eine nicht zeitgemäße Rhetorik pflege.[217] Heuss verfasste einen Leserbrief und wehrte sich gegenüber dem Herausgeber Rudolf Augstein gegen diesen Artikel, „der in großen Stücken einfach erfunden ist und in anderen Stücken billige Polemik."[218] Vor allem das Medienecho auf den heiklen Staatsbesuch in Großbritannien gab Anlass, in deutschen Presseorganen über das Selbstverständnis und die Außenwahrnehmung der Bundesrepublik zu

215 Nr. 176.
216 Vgl. F. GÜNTHER, Heuss auf Reisen, S. 162f.
217 Vgl. Der Spiegel, H. 24, 11. 6. 1958, S. 15f.
218 Nr. 166.

diskutieren. So wurde eine schonungslosere Auseinandersetzung mit der NS-Vergangenheit angemahnt als Voraussetzung für eine dauerhafte Integration in die westliche Staatengemeinschaft. Zunehmend zeigte sich ein Unbehagen, ob dieser Bundespräsident, den ein Hauch des 19. Jahrhunderts umgab, die Bundesrepublik noch zeitgemäß und mit dem nötigen diplomatischen Fingerspitzengefühl vertreten könne. In dieser Debatte kündigte sich ein politisch-gesellschaftlicher Wandel an, den eine nachwachsende Generation Ende der fünfziger Jahre initiierte, die sich von den Gründungsvätern der Republik emanzipierte und einen gesellschaftlichen Liberalisierungsprozess wie auch eine Politisierungswelle anstieß. Die Nachkriegszeit neigte sich ihrem Ende zu.[219] Davon blieb auch die Wahrnehmung der Präsidentschaft von Theodor Heuss nicht unberührt.

Die Banalisierung des Erfolgs und ein Abschied mit Schönheitsfehlern

Theodor Heuss hatte bis zum Ende seiner Amtszeit „ein schlechthin beispielloses Prestige erworben“, wie das Institut für Demoskopie Allensbach eine Umfrage resümierte, bei der 84 Prozent der Befragten die Amtsführung des Bundespräsidenten als gut oder ausgezeichnet beurteilt hatten.[220] Diese Wertschätzung ließ sich über Parteigrenzen hinweg und in allen gesellschaftlichen Gruppen beobachten.[221] Und wie das Staatsoberhaupt zum „Kummerkasten“ der einfachen Bürger wurde, zeigt der umfangreiche Briefwechsel mit der Bevölkerung.[222] Dass Heuss bei einer derartigen Beliebtheit mitunter auch von Verehrerinnen belästigt wurde, die ihm „peinlich aufdringliche Liebesbriefe“ schrieben, konnte nicht ausbleiben.[223]

Die große Popularität des Bundespräsidenten begünstigte eine Außenwahrnehmung, die sich schon in der ersten Amtszeit angekündigt hatte:[224] die Verkitschung zum harmlosen und entpolitisierten „Papa Heuss“, welche die Erinnerung an den ersten Bundespräsidenten bis heute prägt.[225] Der große Erfolg, die Zustimmung und Zuneigung, die ihm entgegenschlugen, zeigte seine Schattenseiten.[226] Heuss trat einer solchen Etikettierung stets entgegen.[227] Als diese Einschätzung seiner Person gar die Politik erreicht hatte, sah er darin eine Abwertung seiner Amtsführung. Empört wandte er sich im Frühjahr 1959 an Bundesinnen-

219 Vgl. U. HERBERT, Liberalisierung, vor allem S. 40–47; E. CONZE, Suche, S. 227–330; A. SCHILDT / D. SIEGFRIED, Kulturgeschichte, S. 204–244.
220 B 122, 253b.
221 Vgl. z. B. Nr. 183.
222 Vgl. TH. HEUSS, Hochverehrter Herr Bundespräsident.
223 Nr. 80.
224 Vgl. E. W. BECKER / M. VOGT, Einführung, in: TH. HEUSS, Bundespräsident 1949–1954, S. 31f.
225 Vgl. H. RUDOLPH, Neues Stück, S. 9f.
226 Vgl. E. W. BECKER, Theodor Heuss, S. 160f; vgl. auch die Hinweise im Briefwechsel mit der Bevölkerung, in: TH. HEUSS, Hochverehrter Herr Bundespräsident.
227 Vgl. Nr. 9.

minister Gerhard Schröder, der sich „mit der Papa-These an einer Verkitschung meiner Person beteiligt“ hatte:

> „Ich kämpfe seit Jahren gegen dieses Papa-Gerede, das mir unausstehlich ist […]. Das ist vielleicht eine Geschmacksfrage, da ich das Papa, Opa, Omi usf. usf., was jetzt durch das deutsche Bürgertum spaziert, aus sprachlich-geschmacklichen Gründen nie ertragen habe. Aber die sanften Filzpantoffeln, die man jetzt meinem geschichtlichen Bild unterschieben will, lehne ich ab; dazu habe ich ein zu tätiges und, wie ich ruhig sage, zugleich produktives Leben geführt.“[228]

Doch vergeblich: Heuss war die Deutungshoheit über sein Amt in Teilen bereits entglitten. Die bürgerliche und zivile Art seiner Amtsführung, die bei aller Bildungsbeflissenheit und Intellektualität Volksnähe ausstrahlte, sprach Erwartungen einer Nachkriegsgesellschaft an, die sich nach einer überparteilichen Vaterfigur sehnte.[229] Indem Heuss und auch Adenauer auf ihre spezifische Weise wohlwollende, mitunter auch strenge Autoritäten verkörperten und damit einen Hang zur patriarchalischen Führung bedienten, vermochten sie breite Bevölkerungskreise mit der parlamentarischen Demokratie zu versöhnen. Heuss galt vielen als väterlicher Erzieher sowie Garant einer harmonischen Gesellschaftsordnung, ein Anker der Stabilität in den bewegten Zeiten des „Wirtschaftswunders“ und der außenpolitischen Krisen im Kalten Krieg. Wenn in Politik und Gesellschaft heftig über Zukunftsfragen gerungen wurde, dann schienen sich in seiner Person und seiner auf Integration abzielenden Amtsführung Widersprüche und Konflikte aufzulösen. Obwohl sich Heuss in seiner Korrespondenz auch streitbar gab, verkörperte er für viele Bundesbürger die Einheit des Staates und die Weiterexistenz der Nation. Dass sich in diesen Projektionen auch eine „Sehnsucht nach Synthese“ widerspiegelt und darin eine Neigung zum Autoritarismus weiterlebt, die dem Rechtsstaat und der Einheit der Nation mehr Bedeutung zumisst als der „Lebendigkeit des Konfliktes“ als einer wesentlichen Voraussetzung für eine freiheitliche Verfassung, das hat bereits Ralf Dahrendorf als eines der Grundübel deutscher Geschichte diagnostiziert.[230] Und auch Karl Jaspers äußerte 1960 sein Unbehagen an einer „Politik der Gemütlichkeit“, die eine lebendige Demokratie verhindere.[231]

Der Integrationskurs des Bundespräsidenten sprach offensichtlich ein Bedürfnis der Nachkriegsgesellschaft an. Doch so sehr Heuss die Banalisierung seiner Person ablehnte, trug er auch selber dazu bei durch seinen bürgerlichen Habitus und die volkstümlichen Attribute, die er sich zugelegt hatte: Hut, Stock, Weinglas und Zigarre gehörten ebenso dazu wie ein behäbiger Humor gepaart mit der altväterlichen Strenge eines Erziehers. Gerne stellte er seine bürgerlichen Tugen-

---

228 Nr. 201; vgl. auch TH. HEUSS, Tagebuchbriefe, S. 399, 26. 2. 1959.

229 Vgl. E. W. BECKER, Theodor Heuss, S. 159–162.

230 R. DAHRENDORF, Gesellschaft, S. 151–233, Zitat S. 224.

231 K. JASPERS, Freiheit, S. 269f.; A. SCHILDT / D. SIEGFRIED, Kulturgeschichte, S. 98–122.

den heraus und legte in Anlehnung an Theodor Fontane Wert darauf, kein „Talent zur Feierlichkeit" zu besitzen:

> „Ich suche in den Dingen ja nun etwas, was ich ganz primitiv einen bürgerlichen Stil nennen möchte, der gegenüber den Übertreibungen der Manager wie gegenüber dem Getue eines feudalistische Tradition und Klimbim liebenden literarischen Romantikertums sich abheben will und gleichzeitig den staatlichen und volkspolitischen Ernst der Situation, den Menschen in einer anständigen Haltung, die auch eine Zurückhaltung sein kann und vielleicht sein muß, darstellt."[232]

Mit einer gewissen pädagogischen Penetranz zog er gegen Verschwendung zu Felde.[233] Er selber hielt einen Ehrensold nach dem Ausscheiden aus dem Amt in Höhe der vollen Bezüge für nicht vermittelbar und regte eine Dreiviertel-Lösung zuzüglich einer Aufwandsentschädigung für Bürokosten an.[234] Folgenreich war die Sammlung von Anekdoten, mit der das Bundespräsidialamt bereits 1949 begann.[235] In ihnen wurde nach seinem Tode das Bild vom „Papa-Heuss" zementiert.[236] Gegen Ende seiner Amtszeit neigte Heuss schließlich immer mehr zur Selbststilisierung zum bürgerlichen Bundesvater, er genoss die Begeisterung, die ihm bei seinen öffentlichen Auftritten allenthalben entgegenschlug, kokettierte mit seiner „Werteitelkeit" und ließ gegenüber anderen Überheblichkeit erkennen.[237] Zunehmend empfindlich reagierte er auf die Presseberichterstattung über ihn, wenn er den Eindruck gewann, diese setze falsche Schwerpunkte,[238] verkitsche ihn[239] oder verbreite indiskret Halbwahrheiten.[240] Er litt an der plumpen Banalisierung, schrieb aber selber an einer Legende mit, die ihm letztlich einiges von seinem Profil nahm.

Als sich seit 1958 die Frage stellte, ob der Bundespräsident mit Hilfe einer Änderung des Grundgesetzes eine dritte Amtszeit antreten solle, nahm die Heuss-Verehrung bedenkliche Ausmaße an, wie das Staatsoberhaupt gegenüber seinem möglichen Nachfolger Ludwig Erhard bemerkte: „Man darf keinen ‚Heuss-Kult' etablieren – die Demokratie ist nebenher ein Erziehungs- und ein Gesinnungsprozeß."[241] Auch wenn vielen Bürgern eine Ära nach Heuss unvorstellbar erschien, wollte Heuss sie zu der Erkenntnis erziehen, dass Demokratie vom Wechsel des Personals lebe.

---

232 Nr. 146.
233 Vgl. Nr. 22, Nr. 52, Nr. 62.
234 Vgl. Nr. 199.
235 Vgl. Nr. 123, Anm. 7.
236 Vgl. H. FRIELINGHAUS-HEUSS, Heuss-Anekdoten.
237 Vgl. vor allem die Briefe an Toni Stolper, z. B. TH. HEUSS, Tagebuchbriefe, S. 399, 26. 2. 1959; zur „Selbstgefälligkeit" von Heuss vgl. auch P. MERSEBURGER, Theodor Heuss, S. 582f.
238 Vgl. Nr. 45.
239 Vgl. Nr. 84, Nr. 112.
240 Vgl. Nr. 189.
241 Nr. 183.

Grundsätzlich äußerte er sich dazu in einem Memorandum, das er zum Jahreswechsel 1958/59 aufsetzte und den Parteiführern als Denkanstoß für die Bundespräsidenten-Frage zuleitete.[242] Einerseits wollte er die Diskussion über eine mögliche Verfassungsänderung von seiner Person lösen. Er hielt es für problematisch, wenn der Eindruck entstehe, das Grundgesetz allein deshalb zu ändern, weil gerade „ein netter Mann auf dem Markt" sei. Insbesondere für die junge Bundesrepublik hielt er eine „vom individuellen Zufall abstrahierende Rechtskontinuität" für erforderlich. Eine „Lex Heuss" für eine dritte Amtszeit sei ein „Armutszeugnis für die deutsche Demokratie", die vom „Wechsel der Individualitäten, ja der Typen" lebe. Andererseits war ihm natürlich auch nicht entgangen, wie groß das Bedürfnis nach einer Verlängerung seiner Amtszeit war, allen voran beim Bundeskanzler, der Heuss schätzte und in ihm einen verlässlichen Partner für seine Politik hatte.[243] Selbstbewusst machte Heuss im Memorandum deutlich, was er für die Integration des Volkes in die Demokratie und für das internationale Ansehen des Landes geleistet habe: „Es ist mir geglückt, die Beziehungen zu breiteren Volksschichten zu verdichten, und so bescheiden bin ich nicht, um nicht zu wissen, daß das eine nützliche Wirkung für den Staat bedeutet hat. Auch bei den Auslandsbesuchen glaube ich, Deutschland nie blamiert zu haben." Obwohl er persönliche Ambitionen auf eine weitere Amtszeit von sich wies, hielt er sich im Memorandum ein Schlupfloch offen. Indem er auf eine Anregung seines Sohnes für eine mögliche Verfassungsänderung zurückkam, brachte er eine zweite Wiederwahl bei einer Zweidrittelmehrheit in der Bundesversammlung ins Spiel. Wollte Heuss von Koalition und Opposition aufgefordert werden, sich für eine weitere Amtszeit zur Verfügung zu stellen? Trotz zunehmender gesundheitlicher Probleme[244] hätte er sich eine dritte Amtszeit vermutlich zugetraut. Allein schon die Aussicht, über ein solches überparteiliches Angebot frei entscheiden zu können, hätte seinem Selbstbewusstsein geschmeichelt. Doch nachdem die SPD eine Verfassungsänderung abgelehnt und mit Carlo Schmid im Februar 1959 einen eigenen respektablen Kandidaten aufgestellt hatte, waren derartige Gedankenspiele vom Tisch.[245]

Von nun an drehte sich das Kandidatenkarussell, und die nachfolgende „Präsidentschaftsposse" verschliss etliche Aspiranten, führte zu erheblichen Spannungen in den Unionsparteien und bescherte dem Bundeskanzler letztendlich einen irreversiblen Autoritätsverlust.[246] Nach Ludwig Erhards endgültiger Ablehnung einer Kandidatur und nach „dem für das Amt so abträglichen Zerreden ehrenhafter

242 Vgl. im Folgenden Nr. 182; auch Nr. 175, Nr. 195; E. PIKART, Theodor Heuss, S. 127–130.

243 Vgl. H.-P. SCHWARZ, Adenauer, Bd. 2, S. 506f.

244 Vgl. z. B. Nr. 126.

245 Vgl. H.-P. SCHWARZ, Adenauer, Bd. 2, S. 508.

246 Zur „Präsidentschaftsposse" vgl. vor allem ebd., S. 502–526; D. KOERFER, Kampf, S. 227–366; E. PIKART, Theodor Heuss, S. 130–146.

Männer"[247] warf Adenauer am 8. April 1959 via Fernsehen den Hut in den Ring. Er begründete seine Kandidatur unter anderem mit den vermeintlich noch nicht ausgeschöpften Kompetenzen des Bundespräsidenten: „Die Stellung, die Aufgabe und die Arbeit des Bundespräsidenten wird in der deutschen Öffentlichkeit und damit auch in der internationalen Öffentlichkeit zu gering eingeschätzt. Sie ist viel größer, als man schlechthin glaubt."[248] Das war eine klare Ansage, dass Adenauer das Bundespräsidentenamt machtpolitisch stärker als der gegenwärtige Amtsinhaber zur Geltung bringen wollte; hingegen beabsichtigte er vermutlich nicht, die Amtsführung von Heuss persönlich zu diskreditieren, denn hinter diesen Aussagen – so vermutete Heuss – steckte „saloppe Nonchalance des Ausdrucks oder alarmierende Banalität".[249] Dennoch fühlte sich das Staatsoberhaupt schwer getroffen und setzte einen „zornigen Brief" auf, der auch Auskunft über sein Selbstverständnis als Bundespräsident gab. Heuss sah durch die Äußerungen des Kanzlers die „historische Reputation", die er seinem Amt in den vergangenen zehn Jahren verschafft habe, in Misskredit gebracht:

> „Das ist der Eindruck, der mit Ihrer Kandidatur, wie ich spüre und höre, dem Bundespräsidenten eigentlich erst den politischen Rang geben wird, auf den der Heuss, der über Kunst redete, Museen einweihte, Bücher schrieb und mit Studenten diskutierte, offenbar keinen Wert legte. Ich selber habe mein Amt, wie Sie selber spüren müssen, immer als ein eminent politisches Amt begriffen und zu führen gesucht, wenn es auch oft genug sich wesentlich in den Sphären des Metapolitischen auswirkte".[250]

Verbittert zeigte er sich darüber, dass Adenauer zu Beginn seiner Amtszeit nichts unterlassen habe, um den tagespolitischen Einfluss des Bundespräsidenten zu neutralisieren, jetzt hingegen für sich eine Machtposition anstrebe, die sich an der starken Stellung des französischen Staatspräsidenten orientieren wolle. Seine große Integrationsleistung vor Augen, habe er „eine ziemlich deutliche Vorstellung von meinen Fähigkeiten und von ihren Grenzen. Aber ich wehre mich, um des Staates willen, für den ich mitverantwortlich bin, daß mein Mühen bagatellisiert wird."[251] Heuss sorgte dafür, dass die Existenz dieses Briefwechsels mit Adenauer der Presse bekannt wurde.[252]

Allmählich wurde dem Bundeskanzler bewusst, dass er als Bundespräsident kaum noch Einfluss auf die Tagespolitik nehmen konnte. Vor allem wollte er unbedingt Bundeswirtschaftsminister Erhard als seinen Nachfolger im Kanzleramt verhindern, da er ihn außenpolitisch für unfähig hielt. Als er schließlich Anfang

247 Nr. 200.
248 Nr. 200, Anm. 2.
249 Nr. 202; vgl. auch Nr. 204.
250 Nr. 200.
251 Nr. 202.
252 Vgl. Nr. 204.

Juni seine Kandidatur öffentlich zurückzog, brach ein Sturm der Entrüstung in der Öffentlichkeit und in großen Teilen der CDU los, die mit Erhard als Kanzler eine neue Ära einleiten wollte. Heuss zeigte sich empört über den Machtzynismus des Kanzlers, der ihn wiederum wochenlang über seine wahren Absichten getäuscht habe: „Ich muß leider finden, daß er mir gegenüber illoyal war."[253] Heuss erkannte bei Adenauer erste Anzeichen einer gefährlichen „Hybris" und litt daran, auf dieses „Schauspiel der Personalintriguen" publizistisch nicht reagieren zu können, weil er keine Staatskrise heraufbeschwören wolle. „Die ganze Situation ist gräßlich – meine Bemühungen, in Deutschland die Voraussetzungen für eine Demokratie des Maßes zu schaffen [...], empfinde ich als moralisch richtig gefährdet."

Doch zunächst einmal tat diese Krise seiner Popularität keinen Abbruch. Nachdem der Kandidat der CDU und CSU, Heinrich Lübke, am 1. Juli 1959 zum Bundespräsidenten gewählt worden war, hoffte Heuss, dass die „mannigfachen unfrohen Wirrungen der letzten Monate" nun zur Ruhe kommen werden.[254] Heuss schätzte seinen Nachfolger „in seiner sachlichen Arbeit und seiner menschlichen Redlichkeit".[255] Er bot ihm an, ihn in mehreren Gesprächen darauf vorzubereiten, „wie man sich als BuPrä verhält".[256] In den Monaten zuvor hatte er noch stets betont, dass er das Amt nicht für alle Zeit geprägt habe, um seinen Nachfolger noch Spielraum für einen eigenen Stil zu geben:

> „Es ist natürlich nicht so, wie es in den Zeitungen steht, daß ich nun den Stil für jeden kommenden Bundespräsidenten festgelegt habe. Es ist zu viel mein persönlicher Stil mit drin, und es ist gar nicht gesagt, daß ich damit das Maß festgelegt habe. Denn es gibt ja auch noch ganz andere Formen in der politischen Repräsentation und Wirkung, als sie in meiner Natur gegeben waren und wie ich sie redlich zum besten des Staates zu verwenden suchte."[257]

Lübke war allein schon qua Herkunft, Naturell und Bildung aus ganz anderem Holz geschnitzt als der feinsinnige *Homme de Lettres* Heuss.[258] Dennoch versuchte der Amtsinhaber seinen Nachfolger auf seine „General-These, mit sich selber im Reinen zu bleiben", und damit auf seinen Stil festzulegen.[259] Für die Antrittsrede ließ er ihm Stichworte zukommen und riet davon ab, sich durch staatstheoretische Äußerungen politisch zu stark zu exponieren.[260] Er empfahl ihm, „ruhig einiges Persönliches von Ihrer Entwicklung zu sagen – wie ich das

---

253 Auch im Folgenden Nr. 207.
254 Nr. 208.
255 TH. HEUSS, Tagebuchbriefe, S. 446, 26. 6. 1959.
256 Ebd., S. 446f.
257 Nr. 175; vgl. auch Nr. 182, Nr. 183, Nr. 186.
258 Vgl. R. MORSEY, Heinrich Lübke, S. 23–37.
259 Ebd., S. 294.
260 Vgl. ebd., S. 295.

auch im Jahre 1949 getan habe – und doch auch einige Worte zu den Spannungen der Weltlage und dem Problem Berlin.“[261]

Die Amtszeit von Theodor Heuss im Gründungsjahrzehnt der Bundesrepublik blieb als goldene Ära in Erinnerung. Es war aber ein Gedenken, das den ersten Bundespräsidenten zunehmend entpolitisierte und banalisierte.[262] Die spezifisch politische Leistung verblasste darin: eine ausgleichende Integrationspolitik, die den Bürger an die Demokratie westlichen Zuschnitts heranführen und ihn im Hinblick auf seine Geschichte und sein Selbstverständnis „entkrampfen“ sollte. Dass Heuss auch auf informellen Wegen Einfluss auf politische Entwicklungen zu nehmen versuchte, macht freilich erst seine Korrespondenz deutlich.

Auf der anderen Seite deutet sich in der zweiten Amtszeit bereits an, dass das Amtsverständnis von Heuss nicht mehr Schritt zu halten vermochte mit den Entwicklungen Ende der fünfziger Jahre.[263] Es kündigten sich fundamentale Veränderungen an, die auf den politischen und kulturellen Modernisierungsstau einer außerordentlich dynamischen Industriegesellschaft reagierten. Eine jüngere „Flakhelfer-Generation“ der um 1930 Geborenen stellte die Leistungen der „Gründergeneration“ infrage und wurde zur Trägerin einer Reformbewegung, die sich gegen als obrigkeitsstaatlich und starr empfundene Strukturen, Normen und Lebensweisen der Adenauerzeit wandte. Statt staatlicher und gesellschaftlicher Autorität wurden zunehmend Pluralismus und Emanzipation von vermeintlich überlebten Normen in Kirche und Familie eingefordert. Traditionen in der Erziehung gerieten ins Wanken, die Forderungen nach Reformen im Bildungs- und Ausbildungssektor wurden immer dringlicher. Durch die forcierte Wiederaufnahme von Prozessen gegen NS-Verbrecher wurde das Ausmaß deutscher Schuld im „Dritten Reich“ ebenso offensichtlich wie die Folgen einer Vergangenheitspolitik, die auf Integration Belasteter und weniger auf juristische Aufklärung und Aufarbeitung abgezielt hatte. Hier begann eine Entwicklung, die sich in den sechziger Jahren fortsetzte. Es formierte sich schließlich eine Neue Linke, die das bundesrepublikanische Gesellschaftssystem und die parlamentarische Demokratie zur Disposition stellte und mit ihren unkonventionellen Protest- und experimentellen Lebensformen eine Provokation für Politik und Gesellschaft bedeuteten. Doch schon vor dieser vermeintlichen „Umgründung der Republik“ (Manfred Görtemaker) setzte ein Prozess ein, der zu einer umfassenden Liberalisierung der Gesellschaft und dem Abbau einer obrigkeitlichen Politik führte.

Angesichts dieser Entwicklungsansätze sank seit dem Amtsende von Heuss auch der Stern Adenauers, der spätestens nach seiner hilflos-autoritären Reaktion

---

261 Nr. 220.

262 Vgl. E. W. BECKER, Theodor Heuss, S. 164, 175.

263 Vgl. auch zum Folgenden A. SYWOTTECK, Wege; E. CONZE, Suche, S. 227–330; U. HERBERT, Liberalisierung; A. SCHILDT / D. SIEGFRIED, Kulturgeschichte, S. 204–244.

auf die „Spiegel-Affäre“ 1961 ein Kanzler auf Abruf war. Wäre es Heuss ähnlich ergangen? Es ist fraglich, ob er sich den Herausforderungen einer dritten Amtszeit gewachsen gezeigt hätte. Schon in der zweiten Hälfte der fünfziger Jahre gab es erste Anzeichen, dass seine Politik der Vermittlung und des Ausgleichs, seine Vorstellungen von Staat, Nation und Geschichte nicht mehr von einer politisierten jüngeren Generation verstanden wurden. So populär seine Politik der Integration auch noch in der zweiten Amtszeit war, wurde sie im doppelten Sinne problematisch: Sie führte allmählich zur Verkitschung und Banalisierung seiner Person und Amtsführung unter den Verehrern, die in ihm die Einheit des Staates verkörpert und die Widersprüche und Konflikte einer pluralistischen Gesellschaft aufgehoben sahen. Hier offenbarten sich paternalistische Sehnsuchtsvorstellungen. Einige andere hingegen fühlten sich allmählich von Heuss nicht mehr angemessen vertreten, wirkte seine Politik der Integration doch zu profillos und seine Rolle als politischer Erzieher zu angestrengt und rückständig. Heuss drohte zum Anachronismus in einem sich fundamental wandelnden Land zu werden. So war er vermutlich gerade noch rechtzeitig aus dem Amt geschieden, um diesem Schicksal zu entgehen.

Menschliche Rückzugsräume
Freundschaften, Familie und späte Liebe

Theodor Heuss hatte zeit seines Lebens einen großen und vielfältigen Freundeskreis, der politische und ideologische Grenzen überstieg.[264] Auch unter den Belastungen, die sein Amt als erster Mann im Staate mit sich brachte, versuchte er die Freundschaften, die ihm intellektuell oder menschlich wichtig waren, aufrechtzuerhalten. Toni Stolper gestand er, dass er „ein gewisses Talent für Freundschaft“ habe.[265] Diese Freundschaften schlugen sich vor allem in der umfassenden Korrespondenz nieder.[266] Das gilt für die zweite Amtszeit ebenso wie für die erste und muss nach den vorangegangenen Ausführungen nicht weiter erläutert werden.[267]

Zunehmend wurde Heuss mit dem Tod ihm nahestehender Menschen konfrontiert,[268] er besaß aber das „Talent [...], auch in späten Jahren neue freundschaftliche Vertrautheiten zu finden und zu festigen“.[269] Kontakte zu Emigranten wie Moritz Julius Bonn,[270] dessen politische Urteilskraft er sehr schätzte, oder

264 Vgl. E. W. BECKER, Haus, S. 217–220.
265 Nr. 61.
266 Vgl. E. W. BECKER / M. VOGT, Einführung, in: TH. HEUSS, Bundespräsident 1949–1954, S. 32f.
267 Zum Freundschaftsgeflecht in der ersten Amtszeit vgl. ebd., S. 58f.
268 Vgl. z. B. Nr. 26.
269 Nr. 143.
270 Vgl. Nr. 4, Nr. 44, Nr. 69, Nr. 141.

Isy Krämer[271] pflegte er weiterhin gerne. Doch obwohl er freigebig Freunden, die ihm persönlich nahestanden, gestand, dass er sie „liebe",[272] blieb ihm letztlich nicht verborgen, wie schwierig es für ihn als Bundespräsidenten war, echte Freundschaften zu erkennen. So lehnte er es ab, für die „Stuttgarter Zeitung" einen Essay über den „Verlust der Freundschaft zu schreiben", denn das „Thema ist sehr komplex. Freundschaften werden ja zumeist erst posthum sichtbar."[273] Schon in seiner ersten Amtszeit hatte er erleben müssen, wie brüchig Beziehungen zu einstmals engen Weggefährten wie Ernst Jäckh und Thomas Dehler werden konnten.

Heuss war zweifelsohne ein Kommunikationstalent und besaß große Ausstrahlung. Er genoss es, vor Publikum weitschweifig zu extemporieren und sich in behaglicher Atmosphäre bei Wein und Zigarren mit intellektuell anregenden Menschen auszutauschen. Und doch gewinnt man den Eindruck, dass dieser Bundespräsident, der auch von Bewunderern und Schmeichlern umgeben war, nur wenige enge Vertraute hatte, denen er sich menschlich öffnen konnte. So gestand er dem Journalisten Erich Welter kurz vor Ende seiner Amtszeit, er „habe keinen Freund und könne sich am besten mit Bott unterhalten, der ihn auch durch Einwände, Widerspruch und Zustimmung anrege." Er wolle ihm nach Ende der Präsidentschaft das Du anbieten.[274]

In der Tat stand der Junggeselle Hans Bott, persönlicher Referent des Bundespräsidenten, vor allem nach dem Tode von Elly Heuss-Knapp diesem besonders nahe. Beide kannten sich seit 1933, als Bott die Zeitschrift „Die Hilfe", deren Mitherausgeber Heuss war, übernahm und vor dem finanziellen Aus rettete.[275] Ein Großteil der Korrespondenz, die Heuss selber beantwortete, wurde zunächst ihm vorgelegt, der sie dann weiterleitete. Bott organisierte für den Bundespräsidenten zunehmend auch die Dinge der persönlichen Lebensführung.[276] Einer Belastungsprobe wurde die Beziehung ausgesetzt, als Bott wider Erwarten nicht die Nachfolge des ausscheidenden Staatssekretärs Manfred Klaiber antreten durfte.[277] Als stellvertretender Amtschef stand er dem Bundespräsidenten aber weiterhin zur Seite. Weil er sein berufliches und persönliches Schicksal so eng an Heuss gebunden hatte, schied er mit ihm 1959 aus dem Amt aus.[278] Er bezog ein Haus in fußläufiger Nähe zum Stuttgarter Alterswohnsitz des ehemaligen Bundespräsidenten.

271 Nr. 3.
272 Vgl. z. B. Nr. 1, Nr. 61, Nr. 186, Nr. 195.
273 Nr. 143.
274 Notizen von Welter über ein Gespräch mit Heuss, 19. 7. 1959, in: BArch, N 1314, 314.
275 Vgl. R. BURGER, Theodor Heuss, S. 298f; vgl. auch den Beitrag von Bott, in: H. BOTT / H. LEINS, Begegnungen, S. 107–116.
276 Vgl. Nr. 165.
277 Vgl. Nr. 165, Anm. 3 und 4.
278 Vgl. Nr. 222.

Für Verwandte, die finanziell in Not geraten waren, fühlte sich Heuss verantwortlich.[279] Mit einer Biographie über Elly Heuss-Knapp wollte er an seine Ehefrau erinnern, doch die damit beauftragte Autorin arbeitete nicht nach seinen Vorstellungen.[280] Regelmäßigen Kontakt hatte er weiterhin zu seinem Sohn Ernst Ludwig und dessen Familie in Lörrach. Er schickte ihm zahlreiche Schreiben aus seiner umfangreichen Korrespondenz zu und ließ ihn Kenntnis nehmen von seiner Amtsführung.[281] Er schätzte seinen Rat und erwähnte ihn in seinem „Memorandum zur Bundespräsidenten-Frage", weil dieser einen verfassungsrechtlichen Vorschlag für eine mögliche dritte Amtszeit des Bundespräsidenten gemacht hatte.[282] Heuss war regelmäßig zu Weihnachten Gast bei ihm in Lörrach, wo er auch seine Enkelin Barbara traf. Sein Sohn begleitete ihn außerdem auf den Staatsbesuch in die USA. Es fällt auf, dass die Korrespondenz zwischen beiden nicht mehr die inhaltliche Substanz früherer Jahre besaß;[283] sie wurde deshalb nur in geringem Umfang in diesen Band aufgenommen. Einiges deutet darauf hin, dass sie sich regelmäßig telephonisch austauschten.

Zwei dunkle Schatten familiärer Art legten sich über die zweite Amtszeit von Theodor Heuss. War schon sein Sohn, belastet durch die Tätigkeit als Direktor der Wybert GmbH, gesundheitlich beeinträchtigt, so bereitete ihm vor allem die Krankheit seiner Schwiegertochter Hanne Heuss große Sorgen. Vermutlich von den Nöten im „Dritten Reich", die sie durch die Ermordung Ihres Vaters Fritz Elsas und einer KZ-Internierung erlitten hatte, psychisch zerrüttet, nahm sie sich im Mai 1958 das Leben.[284]

Enttäuschend entwickelte sich für Heuss die Verschlechterung der Beziehung zu seinem älteren Bruder Hermann. Missverständnisse, vielleicht auch Missgunst des Bruders gegenüber dem steilen Aufstieg des Jüngeren, mit Sicherheit eine tiefe Antipathie zwischen Heuss und seiner Schwägerin Martha ließen im März 1958 den Konflikt dermaßen eskalieren, dass Heuss die offenstehenden finanziellen Fragen klären wollte. Dieser Entfremdungsprozess belastete ihn:

> „Aber ich erinnere Dich daran, daß wir Jahrzehnte nie getrübter Übereinstimmung hinter uns gebracht haben, daß wir im Elternhaus eine Erziehung zu bürgerlicher Anständigkeit genossen haben, daß mir der Gedanke an unsere Mutter, deren Liebling Du, deren Stolz ich war, eine Last geworden ist".[285]

Eine Versöhnung zwischen den Brüdern fand bis zum Unfalltod von Hermann Heuss 1959 nicht mehr statt.

---

279 Vgl. Nr. 154.
280 Vgl. Nr. 111, Nr. 167.
281 Korrespondenz in: FA Heuss, Basel.
282 Vgl. Nr. 182.
283 So z. B. in den Jahren 1933–1945, in: TH. HEUSS, Defensive.
284 Vgl. zu den Umständen Heuss an Toni Stolper, 9. 4. 1958, in: BArch, N 1186, 124.
285 Nr. 154.

Hingegen nahm die Beziehung von Theodor Heuss zu Toni Stolper eine beglückende Entwicklung. Seit Jahrzehnten kannte er die Ehefrau seines 1947 verstorbenen Freundes Gustav Stolper. Auch als das Ehepaar Stolper 1933 in die USA emigrierte, tat dies der Freundschaft keinen Abbruch. Im Mai 1955 gestanden sich beide ihre Liebe: „Das ist so schön und beglückend: daß und wie wir uns fanden war so ganz ohne Krampf und Quälerei."[286] Nach dem Tode von Elly Heuss-Knapp 1952 hatte sich der Bundespräsident durch das Amt in seiner menschlichen Entfaltung beengt gefühlt und empfand wohl auch Einsamkeit. Nun wirkte die Liebe zu Toni Stolper wie eine Befreiung zu sich selber:

> „Nach einem langen Leben schenkender und nehmender Herzlichkeiten Wehmut, Resignation, Verzicht, wohl im Trauern manchmal angerührt, beengt in einem Leben, das sein enges Gehege besitzt und das Vertraute fast ausschließt – und nun dies alles: Wärme, Zartheit, Leidenschaft, Geduld, Heiterkeit, Dank, Liebe."[287]

Die ferne Freundin in New York wurde für ihn zur einzigen „Rückzugslinie ins Menschliche".[288] Zwischen beiden herrschte eine sehr vertrauensvolle, liebevolle wie intime Beziehung auf intellektueller Augenhöhe, die nicht öffentlich gemacht wurde. Auch wenn sie sich immer wieder Wochen oder gar Monate sahen und gemeinsam Urlaube verbrachten, spielte sich ein Großteil des Kontaktes auf der Ebene der Korrespondenz ab. Beinahe täglich verfassten sie seit 1955 lange Briefe, die wegen ihres vertraulichen Inhalts den Charakter eines Tagebuchs annahmen.[289] Beide tauschten sich über persönliche und familiäre Themen ebenso ungeschützt aus wie über Fragen der Politik und Kultur oder über gesellschaftliche Phänomene wie beispielsweise die Jagd als eine „Nebenform von menschl[icher] Geisteskrankheit".[290] Sie vertrauten einander uneingeschränkt. In kaum einer anderen Korrespondenz lassen sich dermaßen offene Einschätzungen von Personen wie beispielsweise Dehler oder Adenauer finden.[291] Heuss ließ ihr auch Dokumente vertraulicher Art zukommen, die nur für einen kleinen Kreis bestimmt waren.[292]

Heuss legte großen Wert auf die Meinung seiner Freundin und schickte ihr Aufsätze oder Reden zur kritischen Durchsicht zu. Er schätzte ihr scharfes und offenes Urteil, das ihm die Außensicht einer gut in den USA vernetzten und informierten Emigrantin vermittelte und ihn auf seinen dortigen Staatsbesuch vorbereitete.

---

286 Nr. 43.

287 Ebd.

288 Nr. 61; vgl. auch das Gedicht für Toni Stolper, Nr. 172.

289 Der bis 2015 gesperrte, doch für die Herausgeber freigegebene Bestand der Original-Korrespondenz in: BArch, N 1186, 145–153; die von Toni Stolper veranlassten Abschriften unter Auslassung persönlicher und familiärer Passagen in: BArch, N 1186, 121–130; stark gekürzt veröffentlicht in: TH. HEUSS, Tagebuchbriefe.

290 Nr. 61.

291 Vgl. Nr. 59, Nr. 61, Nr. 105, Nr. 207.

292 Z. B. Nr. 182.

Ebenso war auch sie ihm dankbar, wenn Heuss sie bei dem Verfassen der Biographie über ihren Mann Gustav Stolper unterstützte.[293] In diesem regen Gedankenaustausch finden sich immer wieder persönliche Äußerungen von Heuss, die in anderer Korrespondenz – auch mit dem Sohn – rar sind. Heuss gesteht ihr gegenüber Schwächen und Krankheiten ein, thematisiert seine Beziehung zu Elly Heuss-Knapp und Fragen der Sexualität[294] ebenso wie seine Haltung zum Tod und zur Religion.[295]

Bereits 1958 hatte der Bau des Alterswohnsitzes von Theodor Heuss auf dem Stuttgarter Killesberg begonnen, auf einem Grundstück, das er noch gemeinsam mit Elly Heuss-Knapp ausgewählt hatte.[296] Bott hatte den Bau weitgehend betreut. Heuss wollte nach dem Ausscheiden aus dem Amt einen Großteil seiner Verpflichtungen abgeben und nicht wieder in die Politik einsteigen: „Denn der wesentliche Akzent meiner Tätigkeit soll ja den literarischen und wissenschaftlichen Plänen gelten, die durch die Tagesgeschäfte seit 1945 nur ganz gelegentlich angefaßt werden konnten."[297] Doch wie sehr er weiterhin Gegenstand öffentlichen Interesses bleiben sollte, zeigte sein Hausmeister schon vor dem Umzug, als dieser sich indiskret über die vermeintlichen Pläne von Heuss für den Ruhestand äußerte. Der künftige Altbundespräsident machte daraufhin unmissverständlich klar:

> „Ihre vollkommene Diskretion, auch gegenüber Presseausfragern, die sich an Sie wenden mögen, über meine Lebensart, über meine Art des Arbeitens, über meine Gäste, über meine Reisepläne usf. ist die absolute Voraussetzung dafür, daß unsere Beziehungen, von denen ich hoffe, daß sie einen stabilen Charakter bekommen können, nicht von mir überprüft werden müssen. Sie dürfen über Gott und die Welt schreiben, aber nicht über mich."[298]

Doch hier beginnt eine andere Geschichte, welche die Briefe des Privatier und Elder Statesman aus den Jahren 1959–1963 erzählen.[299]

Dank

An der Entstehung dieses Bandes wie auch an dem gesamten Editionsvorhaben „Stuttgarter Ausgabe" haben zahlreiche Personen und Gremien mitgewirkt, denen wir an dieser Stelle auch im Namen des Mitherausgebers Prof. Dr. Martin Vogt gerne danken. Kontinuierlich unterstützt und wohlwollend begleitet haben das Projekt das Kuratorium der Stiftung Bundespräsident-Theodor-Heuss-Haus unter

---

293 Vgl. Nr. 190.
294 Heuss an Toni Stolper, 25. 6. 1955, 28. 1. 1956, in: BArch, N 1186, 145, 146.
295 Vgl. Nr. 61.
296 Vgl. Nr. 168; auch Nr. 214, Nr. 215, Nr. 219.
297 Nr. 182.
298 Nr. 224.
299 Vgl. TH. HEUSS, Privatier.

dem Vorsitz von Staatsminister a. D. Dr. Wolfgang Gerhardt, der Vorstand unter dem Vorsitz von Bürgermeisterin a. D. Gabriele Müller-Trimbusch sowie der wissenschaftliche Beirat unter dem Vorsitz von Prof. Dr. Joachim Scholtyseck. Der Geschäftsführer der Stiftung, Dr. Thomas Hertfelder, stand uns während der Entstehungszeit dieses Bandes mit Rat und Tat stets hilfreich zur Seite. Unser besonderer Dank geht an die Angehörigen des Editionsbeirates: Prof. Dr. Wolfgang Hardtwig, Dr. Hans Peter Mensing, Prof. Dr. Angelika Schaser und Prof. Dr. Andreas Wirsching. Sie haben gemeinsam mit der Geschäftsführung, der Editionsleitung und den Bearbeitern der anderen Bände in zahlreichen Sitzungen das Editionsprojekt konstruktiv begleitet und einen wichtigen Beitrag bei der Formulierung der Editionsrichtlinien geleistet. Den vorliegenden Band hat Prof. Dr. Andreas Wirsching begutachtet. Dr. Hans Peter Mensing, ein intimer Kenner der Beziehung zwischen Adenauer und Heuss, speiste in Gesprächen und Kommentaren großzügig seine umfassende Kompetenz in diesen Band mit ein. Die studentischen Hilfskräfte der Stiftung, Jasmin Lolakas und Lotta Hasslinger, sowie der Praktikant Dennis Grommes unterstützten uns bei zahlreichen Recherchen und weiteren wichtigen Arbeiten. Markus Blatt half bei der Suche nach Briefen in auswärtigen Archiven. Dr. Frieder Günther hat das gesamte Manuskript durchgearbeitet und unzählige kluge Anregungen gegeben. Dr. Thomas Hertfelder und Kristian Buchna unterzogen die Einführung einer kritischen Lektüre.

An der Entstehung dieser Edition waren zahlreiche öffentliche Archive, Bibliotheken und andere Einrichtungen sowie Privatpersonen beteiligt. An erster Stelle danken wir Ursula Heuss-Wolff (†) und PD Dr. Ludwig Theodor Heuss für den Vertrauensbeweis, aus dem Familienarchiv in Basel die wichtige Privatkorrespondenz von Theodor Heuss mit seiner Frau, seinem Sohn und sonstigen Familienangehörigen dem Projekt zur Verfügung zu stellen. Ebenso dankbar sind wir Max Anton Stolper (Alexandria, USA), der die sensible Originalkorrespondenz zwischen seiner Mutter Toni Stolper und Theodor Heuss, die bis 2015 im Bundesarchiv gesperrt liegt, dem Editionsleiter im vollen Umfang zugänglich machte. Darüber hinaus gilt unser Dank den Mitarbeiterinnen und Mitarbeitern der besuchten und angefragten Institutionen und Archive, besonders aber folgenden Einrichtungen und Privatpersonen, die Briefe für den Abdruck bereitstellten: Archiv der sozialen Demokratie der Friedrich-Ebert-Stiftung (Bonn), Archiv des Liberalismus (Gummersbach), Archiv für Christlich-Demokratische Politik (Sankt Augustin), Augstein-Archiv (Hamburg), Badische Landesbibliothek (Karlsruhe), Bayerische Staatsbibliothek (München), Bundesarchiv (Koblenz), Churchill Archives Centre (Cambridge), Deutsches Literaturarchiv (Marbach a. N.), ETH-Bibliothek (Zürich), Evangelisches Zentralarchiv (Berlin), Harvard University Library (Cambridge, MA, USA), Landesarchiv Baden-Württemberg/Hauptstaatsarchiv (Stuttgart), Internationales Albert Schweitzer Zentrum (Günsbach), Niedersächsisches Landesarchiv/Hauptstaatsarchiv (Hannover), Privatarchiv Eberhard Weismann (Ingelheim), Staatsbibliothek Preußischer Kulturbesitz (Berlin), Stiftung Bundeskanzler-Adenauer-Haus (Rhöndorf), Stiftung Rheinisch-Westfälisches Wirtschaftsarchiv zu Köln, Universitätsarchiv Tübingen, Universitätsbibliothek Basel, Universitätsbibliothek J. C. Senckenberg/Archivzentrum (Frankfurt a. M.), Zentralarchiv der evangelischen Kirche in Hessen und Nassau (Darmstadt).

Und schließlich danken wir dem Verleger Prof. Dr. h. c. mult. Klaus G. Saur und seinem Nachfolger in der Geschäftsführung des Verlages De Gruyter, Dr. Sven Fund, sowie den Mitarbeiterinnen und Mitarbeitern des Verlages für die sorgfältige Betreuung dieses Bandes wie auch des gesamten Editionsprojektes, vor allem Dr. Anke Beck, Andreas Brandmair und Dr. Julia Brauch. Die Satzarbeiten lagen wieder in den bewährten Händen von Dr. Rainer Ostermann.

Zur Edition

Die Stiftung Bundespräsident-Theodor-Heuss-Haus hat gemeinsam mit dem Editionsbeirat und den Bearbeitern der Einzelbände detaillierte Editionsrichtlinien vereinbart, die den wissenschaftlichen Standard und die Einheitlichkeit der Edition gewährleisten sollen. Im Folgenden werden nur die Aspekte der Richtlinien aufgegriffen, die für die Lektüre der Briefe von Bedeutung sind.

Die Edition der Briefe von Theodor Heuss kann auf folgende Bestände zurückgreifen: Einem Wunsch von Heuss folgend, erhielt das Bundesarchiv den politisch ausgerichteten Bestandteil des Nachlasses, das Deutsche Literaturarchiv in Marbach den literarisch-kulturellen Teil. Schriftstücke familiären bzw. privaten Charakters gingen in die Obhut der Familie des Sohnes Ernst Ludwig Heuss nach Basel. Für die Jahre 1949–1959 sind naturgemäß die Akten des Bundespräsidialamtes aus der Amtszeit von Heuss von großer Bedeutung.

Die Auswahl für den vorliegenden Band konnte zunächst auf die Tageskopien der Jahre 1954–1959 im politischen Nachlass (BArch, N 1221) zurückgreifen, in denen die Durchschriften fast aller Schreiben von Theodor Heuss in chronologischer Serie vorliegen. Ausgehend von dieser Kernüberlieferung wurden weitere Schreiben in den Sachakten des Bundespräsidialamtes (BArch, B 122), im literarischen Nachlass (DLA, A: Theodor Heuss), in der Familienüberlieferung wie auch in den Nachlässen der zahlreichen Korrespondenzpartner recherchiert.

Aus den überschlägig geschätzten 20.000 Heuss-Schreiben der zweiten Amtszeit wurden 224 Dokumente ausgewählt, von denen einige noch um Anhänge ergänzt wurden. Der Band beginnt mit einem Schreiben an Albert Schweitzer vom 11. September 1954 bereits einen Tag vor offiziellem Amtsbeginn, weil Heuss in diesem Brief seine neue Amtszeit reflektiert. Die Auswahl orientiert sich an der biographischen und zeitgeschichtlichen Relevanz der Schreiben. Die Entwicklung des Amtsverständnisses und der Amtsführung in den Jahren 1954–1959 sollen dabei zum Ausdruck kommen. Auffällig ist, dass neben den großen politischen Fragen, welche die frühe Bundesrepublik bewegten, vor allem „metapolitische" Themen in den Briefen erörtert werden, die der Bundespräsident zum zentralen Bestandteil seiner Integrationspolitik machte. Daneben berücksichtigt die Auswahl durchaus auch verschiedene Aspekte der Lebensumstände von Theodor Heuss: seine Persönlichkeit, seinen Alltag und sein privates wie auch familiäres Umfeld. Insgesamt wurde versucht, die Spannweite des Kommunikationsnetzes abzubilden, auch wenn dies angesichts der Fülle der Schreiben und Adressaten nur annäherungsweise gelingen konnte. Da der Briefwechsel mit den „einfachen Leuten" bereits in dem Band „Theodor Heuss: Hochverehrter Herr Bundespräsident!“ publiziert wurde, konnte sich der vorliegende Band vor allem, wenn auch nicht ausschließlich, auf die Schreiben konzentrieren, die der Bundespräsident an Personen der Zeitgeschichte und Vertreter wichtiger Institutionen richtete. Auch Briefe von Heuss, die in einschlägigen Editionen bereits vorliegen, wurden berücksichtigt, wenn sie thematisch für den Band relevant sind.[1]

Aufgenommen wurden ausschließlich Dokumente, die *von* Theodor Heuss verfasst bzw. diktiert wurden: neben Schreiben (geschlossene Versandtechnik) auch offene Briefe für den Abdruck als Leserbrief, Fernschreiben, Grußadressen, Memoranden, Gutachten und Gedichte, soweit sie in Schriftform einen Adressaten haben. Die Schreiben sind in chronologischer Folge und in den meisten Fällen vollständig abgedruckt. Kürzungen werden angegeben und erläutert. Wenn es möglich war, wurde die behändigte Ausfertigung ermittelt und als Vorlage benutzt. Auf weitere Überlieferungsformen und Druckorte wird in einer ersten textkritischen Fußnote hingewiesen.

Jedem Schreiben ist ein *Dokumentenkopf* vorangestellt, der folgende Angaben umfasst:

- Fortlaufende Nummerierung, im Falle von Anlagen ergänzt durch einen Kleinbuchstaben.
- Persönlicher oder institutioneller Adressat einschließlich akademischer Grad und Ort des Empfängers. Ehrentitel wurden nicht aufgenommen, allenfalls in einer Fußnote auf sie hingewiesen, soweit sie in der Anrede auftauchen. Wenn Briefe an Politiker in Spitzenfunktionen adressiert sind, werden diese Ämter nach den Namen erwähnt. Altertümliche Schreibweisen von Orten werden nach der Vorlage wiedergegeben, verschiedene Schreibweisen in der Regel vereinheitlicht. Geht die Ortsangabe nicht aus dem Schreiben hervor, kann sie aber erschlossen werden, wird sie in eckigen Klammern eingefügt.
- Die Datierung der Briefe erfolgt nach der Vorlage; kann sie nur erschlossen werden, steht sie in eckigen Klammern. Der Absendeort wird nur in den wenigen Fällen angegeben, wenn es sich nicht um das Bundespräsidialamt handelt (seit 1951 Bonn, Koblenzer Straße 135).
- Herkunftsnachweis und Beschreibung der Vorlage: Art und Entstehungsstufe des Schreibens, Diktatzeichen, Art der Zeichnung und ggf. des Kopfbogens bzw. Briefkopfes (bei Durchschlägen).
- Zusätze, die sich auf das gesamte Dokument beziehen (Eingangsstempel, Aktenzeichen, Vermerke, Verfügungen, Notizen etc.), Anlagen, weitere Überlieferungsformen und Druckorte der Schreiben werden in einer ersten textkritischen

[1] Vgl. z. B. TH. HEUSS / K. ADENAUER, Unserem Vaterlande zugute; TH. HEUSS, Lieber Dehler.

Anmerkung nachgewiesen. Auf die Erwähnung der regelmäßigen zdA-Verfügung wurde verzichtet.
- Stichwortartiges Kurzregest über den wesentlichen Inhalt des Dokuments.

Die Edition soll als Studienausgabe sowohl einen breiten Leserkreis ansprechen als auch wissenschaftlichen Ansprüchen genügen. Die Wiedergabe der Briefe will deshalb sowohl der Authentizität der Texte wie auch der Leserfreundlichkeit gerecht werden. Zwischen diesen beiden Polen bewegt sich die *Textgestaltung*. Die Dokumente werden grundsätzlich vorlagengetreu in „alter Rechtschreibung" übernommen. Hingegen orientieren sich alle Bearbeitertexte an der Rechtschreibung des Duden von 2009 (25. Aufl.). Im Sinne der Lektüreerleichterung werden bei den Dokumenten in einigen Fällen Korrekturen bzw. Vereinheitlichungen vorgenommen:

- Die Anrede wird nach Vorlage abgedruckt. Die Schlusszeichnung gibt den Namen desjenigen wieder, der den Brief gezeichnet hat. Über die genaue Art der Zeichnung informiert der Dokumentenkopf. Bei fehlender Schlusszeichnung wird in eckigen Klammern der Name ergänzt.
- Ein Postskriptum von Heuss wird im Anschluss des Briefes abgedruckt, bei fehlender Bezeichnung vorangestellt: [PS].
- Offensichtliche Verschreiber, sinnentstellende Syntaxfehler und falsche Interpunktionen werden stillschweigend korrigiert entsprechend der Rechtschreibung, wie sie zu Lebzeiten von Heuss galt. Ein Nachweis der vorliegenden fehlerhaften Schreibweise erfolgt in Anmerkungen nur in Ausnahmefällen, wenn sie für bedeutsam eingeschätzt wird. Unterschiedliche Schreibweisen (z. B. „ß" oder „ss") werden vereinheitlicht. Spezifische Schreibweisen, die vor allem in hs. Schreiben von Heuss besonders ausgeprägt sind (z. B. die Kleinschreibung von adjektivisch gebrauchten Ortsangaben oder von Fremdwörtern), werden beibehalten.
- Inhaltliche Korrekturen durch die Hand von Heuss werden im Text übernommen und in einer Anmerkung nachgewiesen.
- Offensichtlich sinnentstellende inhaltliche Fehler werden im Text korrigiert und in einer Anmerkung nachgewiesen.
- Bei unklaren Formulierungen oder Sachverhalten werden diese im Text belassen und in einer Anmerkung nach Möglichkeit erläutert.
- Unterschiedliche Schreibweisen von Personennamen werden in der Regel stillschweigend vereinheitlicht, bei möglicher Relevanz in einer Anmerkung nachgewiesen.
- Hervorhebungen durch den Absender werden einheitlich kursiv gesetzt, Hervorhebungen vom Empfänger oder von dritter Hand in einer Anmerkung nachgewiesen.

- Abkürzungen werden nicht aufgelöst, soweit sie sich im aktuellen Duden bei dem entsprechenden Worteintrag finden. Dies gilt auch für altertümliche Abkürzungen, deren Bedeutung noch erschließbar ist (z. B. „bezw.“). Alle anderen, auch heuss-spezifischen Kürzel, werden in eckigen Klammern aufgelöst. Amtliche/offizielle Abkürzungen von Parteien, Verbänden und anderen Institutionen werden im Text beibehalten und im Abkürzungsverzeichnis aufgelöst.

Folgendes textkritisches Klammersystem wird verwendet:

- <?> Unleserliches Wort.
- < > Unsichere Lesart.
- [ ] Zusätze durch Bearbeiter, vor allem bei aufgelösten Abkürzungen.
- [...] Auslassungen durch Bearbeiter.

Der *textkritische und inhaltliche Kommentar* wird nach einheitlicher Zählung in Fußnoten aufgenommen. Die textkritischen Anmerkungen beziehen sich entweder in einer ersten Fußnote auf das gesamte Dokument oder in weiteren Fußnoten auf einzelne Textstellen. Darüber hinaus bietet der Kommentar eine am Text orientierte inhaltliche Verständnishilfe, die dem Informationsbedürfnis eines breiten Leserkreises gerecht zu werden versucht. Er enthält Erläuterungen zu historischen Begriffen, zu Sachverhalten, Ereignissen und Zusammenhängen auch biographischer Art, die heute nicht mehr ohne weiteres als bekannt vorausgesetzt werden können. Reden, Zeitungs- und Zeitschriftenartikel, Bücher, Reisen, Wahlkampfauftritte, Gesetze, Verträge und Protokolle werden ebenso nachgewiesen wie Zitate oder Zitatanklänge, sofern das mit vertretbarem Aufwand möglich war. Soweit es die abgedruckten Schreiben erforderlich machen, wird auch die Gegenkorrespondenz ermittelt, der Inhalt kurz zusammengefasst oder in Auszügen zitiert. Unveröffentlichte archivalische Überlieferung wird mit der entsprechenden Fundstelle genannt, bei den Beständen N 1221 (Nachlass Theodor Heuss) und B 122 (Akten des Bundespräsidialamtes, Amtszeit Theodor Heuss) ohne Hinweis auf das Bundesarchiv (BArch). Forschungsliteratur wird nur sparsam und in der Regel mit genauen Seitenverweisen herangezogen. Auf die Wiedergabe von Forschungskontroversen wird verzichtet. Allgemeine biographische Angaben zu den im Text oder in den Anmerkungen genannten Personen finden sich im biographischen Personenregister. Sind hingegen weitergehende biographische Erläuterungen zu einer bestimmten Textstelle erforderlich, finden sich diese im Kommentar.

Die Gestaltung des Anmerkungsapparats unterliegt einheitlichen Regeln. Personen werden nur bei der Ersterwähnung mit Vor- und Zunamen genannt, dann in der Regel nur noch mit Nachnamen. Davon abweichend wird der Vorname erwähnt, um bei Namensgleichheit eine eindeutige Identifizierung vornehmen zu können oder um, z. B. bei Aufzählungen, Einheitlichkeit herzustellen. Forschungsbezogene Literatur und Archivalien werden schon bei Ersterwähnung mit sinnvollen Kurzformen aufgeführt, welche die Zuordnung zu den vollständigen Angaben im Quellen- und Literaturverzeichnis ermöglichen. Zeitgenössische Monographien oder Zeitungs- und Zeitschriftenartikel, die der Erläuterung einer bestimmten Briefstelle dienen, werden hingegen bei Ersterwähnung vollständig wiedergegeben. Abkürzungen von Publikationsorganen, Archiven und anderen Institutionen finden sich im Abkürzungsverzeichnis aufgelöst.

Die auf den ersten Seiten dieses Bandes vorliegende Übersicht über die Lebensstationen von Theodor Heuss konzentriert sich auf biographische Daten. Das Verzeichnis der Briefe gibt eine schnelle Orientierung über die Adressaten und Inhalte. Das Quellen- und Literaturverzeichnis nimmt alle in der Einleitung, im Dokumentenkopf und im Kommentar erwähnten Archivalien und Veröffentlichungen mit Ausnahme der zeitgenössischen Zeitungs- und Zeitschriftenartikel auf. Das biographische Personenregister enthält in standardisierter Form biographische Kerndaten zu allen in den Briefen und in den Bearbeitertexten erwähnten Personen, mit Ausnahme von Theodor Heuss. Das Sachregister dient dem thematisch differenzierten Zugriff auf alle in den Brief- und Bearbeitertexten enthaltenen relevanten Informationen.

Verzeichnis der Briefe

Briefe

Nr. 1
An Prof. Dr. mult. Albert Schweitzer, Günsbach, Frankreich
11. September 1954
Internationales Albert Schweitzer Zentrum, NL Schweitzer: ms. Schreiben, behändigte Ausfertigung; Kopfbogen: „Theodor Heuss“[1]
Gedanken über zweite Amtszeit; Verleihung des Friedenspreises des Deutschen Buchhandels an Carl Jacob Burckhardt; Einladung an Albert Schweitzer

Lieber Freund!

Dein Brief vom 22. 8.[2] hat, da ich damals im Bayerischen Wald war[3] und er mir nachgesandt wurde, bei dem Wechsel meines Aufenthaltes eine gewisse Irrfahrt zurückgelegt und ist erst jetzt in meine Hand gekommen.

Ich danke Dir für das freundliche Gedenken. Es ist schon so, daß mit der Weiterführung des Amtes einiges an Resignation verbunden ist, denn ich hatte ja schon im Jahre 1945 ein paar literarisch-wissenschaftliche Pläne,[4] die dann untergingen, und sie müssen auch jetzt auf der Seite bleiben. Ob die gute Gesundheit, die mein Leben bis jetzt begnadete, mir treu bleiben wird, daß ich, wenn in fünf Jahren mit der zweiten Amtsperiode das amtliche Wirken endgültig abschließt, noch solchen Plänen werde dienen können?

Daß ich mich der Aufforderung der verschiedenen Gruppen, weiter an der Stelle zu bleiben,[5] nicht entzog, hat, wie Du richtig gespürt hast, einen wesentlich moralischen Grund. Es mußte für Deutschland in seiner jetzigen Situation gut

---

1 Weitere Nachweise: N 1221, 321 und 201: ms. Schreiben, Durchschlag mit Stempel: „Pers[önlichem] Ref[erenten] vorgelegen“ und Paraphe von Manfred Klaiber; Druck: A. SCHWEITZER, Briefwechsel, S. 319f.

2 Schweitzer an Heuss, 22. 8. 1954, in: N 1221, 201. Darin beglückwünschte er Heuss zur erneuten Wahl zum Bundespräsidenten und entschuldigte sich, dass er auf die Anfrage, ob er den Orden Pour le mérite anzunehmen bereit sei, nicht befriedigend und rechtzeitig geantwortet habe. Er sei völlig erschöpft aus Afrika in Europa angekommen, habe das „Gefühl eines Ertrinkenden“ gehabt, und seine Korrespondenz sei zu „einem Chaos geworden.“

3 Heuss hielt sich vom 14. bis 28. 8. 1954 gemeinsam mit Hans Bott im Bayerischen Wald in einem Sporthotel auf dem Brenes-Pass zwischen Arber und Osser unweit der tschechischen Grenze und in Englburg bei Tittling, 30 km von Passau entfernt, auf; vgl. Presseausschnitte in: B 145, 16305; Dienstkalender, in: N 1221, 482.

4 Nach dem Abschluss der Bosch-Biographie im Frühjahr 1945 beschäftigte sich Heuss in seinem Heilbronner Refugium mit der Geschichte, Ideologie und Wirkung des Nationalsozialismus, bevor er die Niederschrift seiner Jugenderinnerungen begann; vgl. Heuss an Helene Ecarius, 24. 5. 1945, in: TH. HEUSS, Erzieher, S. 93f.

5 Auf Betreiben Adenauers hatte sich die CDU im April 1954 für eine Wiederwahl von Heuss eingesetzt. Die FDP schloss sich diesem Votum an. Die SPD stellte keinen eigenen Kandidaten auf, sondern gab ihren Delegierten die Stimme frei; vgl. E. PIKART, Theodor Heuss und Konrad Adenauer, S. 115–119; K. ADENAUER / TH. HEUSS, Unter vier Augen, S. 135–138, hier S. 136; vgl. auch Heuss an Fritz Ernst, 10. 6. 1954, in: TH. HEUSS, Bundespräsident 1949–1954, S. 553.

Abb. 1: Theodor Heuss: Bonn, Villa Hammerschmidt, Foto nach Kreidezeichnung, 12. 9. 1959

sein, an dieser Stelle eine Art von Kontinuität zu erreichen und einen eventuell sich zuspitzenden Personalkampf zu vermeiden. Wenn ich die Dinge richtig beurteilen kann, hat die Welt den Vorgang auch so begriffen.

Ich kann mir schon lebhaft denken, daß Dein Europa-Aufenthalt mit einer zu großen Inanspruchnahme und allerhand Strapazen verbunden ist. Ich selber habe in kleinerem Rahmen jetzt Verwandtes erlebt, als ich in der Notstandsgegend des Bayerischen Waldes einen 14-tägigen Urlaub zubrachte, der von einer Serie von nicht abreißenden Besuchen, Besichtigungen, Empfängen, Reden und natürlich auch Ständchen begleitet war.[6]

Ich wünsche Dir aufrichtig, daß Du wenigstens ein paar Wochen ganz von Menschen abgesperrt bleiben kannst, um die Müdigkeit der Erschöpfung hinter Dich zu kriegen.[7] Ich würde sehr sehr froh sein, wenn sich irgendeine[8] Begegnung bei Deinem jetzigen Aufenthalt arrangieren ließe. Ich weiß nicht, ob der deutsche[9] Buchhandel Dich eingeladen hat, dabeizusein, wenn am 26. 9. der Basler Gelehrte

---

6 Zu den Ansprachen im Allgäu vgl. Redenkalender, in: N 1221, 684.
7 Vgl. auch Heuss an Elsie Kühn-Leitz, 28. 9. 1954, in: B 122, 2064.
8 Unterstrichen vom Empfänger: „irgendeine Begegnung … arrangieren ließe".
9 Unterstrichen vom Empfänger: „deutsche Buchhandel … den Friedenspreis".

und Schriftsteller Carl J. Burckhardt den Friedenspreis erhalten wird, den ich Dir vor drei Jahren in der Paulskirche überreichen konnte.[10] Ich habe mich bereit erklärt, in diesem Jahr die Ansprache auf Burckhardt zu halten,[11] der einmal Hoher Kommissar[12] in Danzig[13] und während des Krieges Leiter des Internationalen Roten Kreuzes gewesen ist. Ich weiß nicht, ob Du ihm oder seinem Werk einmal begegnet bist. Sein großes Werk über[14] Richelieu[15] hat ihm berechtigten Ruhm eingetragen. Ich kenne ihn seit einigen Jahren persönlich und liebe und verehre ihn.[16]

Wegen des Herrn[17] Franke ist hier zunächst ein Mißgeschick passiert.[18] Er war[19] ohne vorangegangene Anmeldung und ohne, daß ich Deinen Brief bereits gesehen hatte, hierher gekommen. Mein Persönlicher Referent,[20] Herr Bott, fuhr gerade an diesem Tag weg, um sich von meinem Urlaub und mir in Italien zu erholen,[21] und ich hatte, eben vom Urlaub zurückgekehrt, eine so ungeheure Arbeitslast hier angetroffen, daß ich die Anweisung gegeben hatte, keinerlei neue Abreden einzulegen. Ich werde nun dem Mann[22] ein paar Zeilen schreiben und sehen, ob evtl. doch noch eine Begegnung einzuschieben ist.[23]

Falls Du selber einmal nordwärts ins Rheinland kommen solltest, wirst Du hier immer aufs herzlichste willkommen sein. Du kannst bei uns bequem nächtigen, und der Polizeischutz, der amtsmäßig dem Hause zugeteilt ist, wird in der Lage sein, auch Dir, falls Du nur dazu bereit bist, ein Maximum an Ruhe zu garantieren.

Mit herzlichen Grüßen
Dein Theodor Heuss

---

[10] Schweitzer war der Preis am 16. 9. 1951 in der Paulskirche verliehen worden; Ansprache von Heuss in: B 122, 220.

[11] Die Laudatio von Heuss vom 26. 9. 1954 in: TH. HEUSS, Großen Reden. Der Humanist, S. 179–187; DERS., Würdigungen, S. 92–100.

[12] Unterstrichen vom Empfänger: „Kommissar in Danzig und während“.

[13] Zur Tätigkeit Burckhardts als Hoher Kommissar des Völkerbundes in der Freien Stadt Danzig vgl. C. J. BURCKHARDT, Danziger Mission.

[14] Unterstrichen vom Empfänger: „über Richelieu hat ihm berechtigen“.

[15] CARL JACOB BURCKHARDT: Richelieu. Der Aufstieg zur Macht, München 1935.

[16] Vgl. Heuss an Burckhardt, 16. 12. 1952, 9. 2. 1953, in: TH. HEUSS, Bundespräsident 1949–1954, S. 398–400, 414–416.

[17] Unterstrichen vom Empfänger: „Herrn Franke … ein Mißgeschick“.

[18] Um welches Missgeschick es sich handelt, ließ sich auch aus dem Anschreiben von Schweitzer nicht ermitteln; vermutlich handelt es sich um den Physiker und SPD-Politiker Heinrich Franke; vgl. A. SCHWEITZER, Briefwechsel, S. 336, Anm. 116.

[19] Unterstrichen vom Empfänger: „war ohne … gekommen. Mein“.

[20] Unterstrichen vom Empfänger: „Referent, Herr Bott“.

[21] Vgl. Anm. 3.

[22] Unterstrichen vom Empfänger: „Mann … eine Begegnung“.

[23] Schreiben und Treffen ließen sich nicht ermitteln.

Nr. 2
An Richard Tüngel, Hamburg
6. Oktober 1954
BArch, B 122, 602: ms. Schreiben, Durchschlag, von Heuss diktiert (Diktatz. H/Bk) und ms. gez.; ms. Briefkopf: „Th. H.“[1]
Auseinandersetzung mit Marion Gräfin Dönhoff nach Abdruck eines Artikels von Carl Schmitt in der Wochenzeitung „Die Zeit“; persönliche Erfahrungen mit Schmitt

Sehr geehrter Herr Tüngel!

Da ich in Frankfurt bei den Gewerkschaften war[2] und nach der Rückkehr ein Termin den anderen drängte, habe ich den Posteingang erst gestern (Dienstag abend) durchsehen können.

Ich danke Ihnen für Ihren Brief vom 1. Oktober – Tgl/kn –,[3] will aber zunächst ein totales Mißverständnis ausräumen. Carl J. Burckhardt hat mich keinen Augenblick gebeten, in der Sache „Zeit“ – Dönhoff zu „intervenieren.“ Sondern als wir nach der Feier[4] beim Mittagessen zusammen saßen, unterhielten wir uns über meine Rede vom 20. Juli,[5] auch über das Preußische – wer es wohl darstelle und wer es richtig interpretiere.

Bei dieser Gelegenheit kam völlig beiläufig die Rede auf den Konflikt zwischen der Gräfin Dönhoff und der „Zeit“.[6] Ich glaube, Ihr Name ist in dem Gespräch gar nicht gefallen. Ich erfuhr nun, daß der Anlaß des Konflikts, der zum Ausscheiden der Gräfin Dönhoff aus der „Zeit“ führte, die Veröffentlichung eines

1 Unterstrichener Vermerk: „Persönlich!“ mit Paraphe von Wilhelm Günther von Heyden vom 9. 10. und von Bott; weiterer Nachweis: N 1221, 322: ms. Schreiben, Durchschlag.

2 Heuss hatte am 4. 10. 1954 beim DGB gesprochen, vgl. Nr. 4.

3 Tüngel an Heuss, 1. 10. 1954, in: B 122, 602. Tüngel stellte darin die Angelegenheit aus seiner Sicht dar: Gräfin Dönhoff habe einen „ungewöhnlich insolenten und beleidigenden Brief“ über ihn an eines der Redaktionsmitglieder und eine Abschrift davon an ihren Neffen Josef Müller-Marein geschickt. „Ich habe darauf mitgeteilt, daß über die Annahme von Artikeln im Blatt ich entscheide, denn ich sei nicht nur Chefredakteur, sondern auch Geschäftsführer und Gesellschafter der Zeitung. Dies nahm sie zum Anlaß, um ihre Arbeit fristlos niederzulegen.“ Es sei nicht wahr, dass das Ausscheiden von Gräfin Dönhoff mit dem teilweisen Abdruck eines Vortrages zusammenhänge, den Carl Schmitt im Hessischen Rundfunk gehalten habe. „Es handelt sich vielmehr um das Mißglücken einer Intrige, die Gräfin Dönhoff seit über einem Jahr zusammen mit dem Redakteur Müller-Marein bei uns betrieb.“

4 Anlässlich der Verleihung des Friedenspreises des Deutschen Buchhandels; vgl. Nr. 1.

5 Zur Rede zum 20. 7. 1944 vgl. Nr. 47.

6 Zwischen dem Chefredakteur der „Zeit“, Tüngel, und Gräfin Dönhoff, die seit 1952 in Nachfolge von Ernst Friedlaender für das politische Ressort verantwortlich war, hatte es bereits seit Längerem Auseinandersetzungen über die Frage gegeben, inwieweit in der „Zeit“ ehemalige Nationalsozialisten zu Wort kommen sollten; H. v. KUENHEIM, Marion Dönhoff, S. 63–67; K. HARPPRECHT, Gräfin, S. 434–436; allgemein vgl. CH. HAASE / A. SCHILDT, Die Zeit.

Auszuges aus einer Broschüre von Carl Schmitt war.[7] Ob sie „entlassen" wurde oder ob sie aus einem Protestgefühl aus eigenem Entschluß ausschied,[8] wurde von uns nicht erörtert, sondern dann nur dies, ob die Gräfin Dönhoff mit ihrer Kenntnis außenpolitischer Dinge in eine amtliche Funktion übergehen könne. Burckhardt hat nach meinem Gefühl die Meinung gehabt, daß sie publizistisch eher am Platze sei.[9] Ich selber konnte darüber eine Meinung gar nicht äußern, da ich die Gräfin Dönhoff persönlich nicht kenne, was übrigens nicht ausschließt, daß wir uns bei irgendeiner Sache gelegentlich einmal vorgestellt wurden.[10] Aber sie ist für mich in der individuellen Sicht qua Person (die Schriftstellerin ausgeklammert) bis jetzt keine umschriebene Vorstellung.

Als ich nun Herrn Dr. Bucerius in der vergangenen Woche hier sah,[11] habe ich ihn zu meiner Orientierung auf diese Sache angesprochen und, da sie ihn offenbar und verständlicher Weise sehr stark bewegt, ihm gesagt, daß ich um der „Zeit" willen gern bereit wäre, falls er das vielleicht für nützlich halte, klärend und vermittelnd mich zur Verfügung zu stellen.[12]

Diese Geschichte, die Sie mir schreiben von langen Intrigen der Gräfin Dönhoff wegen des Herrn Müller-Marein, den ich auch nicht kenne, interessiert mich, wie Sie sich denken können, nicht allzusehr, und ich habe keineswegs den Ehrgeiz noch auch die innere Mission, mich in Personalreibereien einer Redaktion hereinzudrängen. Ich glaube, das wäre auch das letzte, was Burckhardt mit seiner vornehmen Zurückhaltung von mir erwartet und verlangt hätte. Denn das alles, wie Sie verstehen werden, interessiert mich nicht zu sehr.

---

7 Tüngel hatte unter dem Titel „Im Vorraum der Macht" Auszüge aus einer Broschüre von Schmitt, die ein Gespräch im Hessischen Rundfunk wiedergab und in wenigen Wochen erscheinen sollte, abgedruckt; vgl. Die Zeit, 29. 7. 1954.

8 Gräfin Dönhoff hatte nach der Publikation der Auszüge von Schmitt (vgl. Anm. 7) in einem undatierten Brief an Tüngel heftig kritisiert, dass sich „Die Zeit" weiterhin Verächtern der bürgerlich-parlamentarischen Demokratie wie Schmitt oder ehemaligen Nationalsozialisten öffne, wie etwa Paul Karl Schmidt (ehemaliger Chef der Presseabteilung des AA unter Joachim Ribbentrop, der unter dem Pseudonym P. C. Holm in der „Zeit" publizierte und unter dem Pseudonym Paul Carell zahlreiche Bestseller über den Zweiten Weltkrieg verfasste); B 122, 602; Abdruck in: H. VON KUENHEIM, Marion Dönhoff, S. 64–66. Daraufhin verließ sie die „Zeit".

9 Burckhardt kannte Gräfin Dönhoff bereits aus der Zeit vor 1945, denn sie hatte ihn vor dem 20. 7. 1944 bei mehreren Reisen in die Schweiz über den Widerstand ihrer Freunde gegen Hitler informiert; vgl. H. VON KUENHEIM, Marion Dönhoff, S. 31f; K. HARPPRECHT, Gräfin, S. 206–219.

10 Gräfin Dönhoff war am 19. 6. 1950 im Zusammenhang mit einem Sonderfonds der Internationalen Flüchtlingsorganisation, der für Hinterbliebene der im Kampf gegen Hitler umgekommenen Deutschen eingerichtet worden war, bei Heuss gewesen. Ihr Vorhaben, ihn einmal über den Alltag des BPrA zu interviewen, wurde von Heuss nur zögerlich aufgenommen, weil es derlei Artikel bereits gäbe; Vermerk vom 9. 6. 1950, in: B 122, 2079.

11 Am 1. 10. 1954 um 9.15 Uhr; vgl. Dienstkalender, in: N 1221, 482.

12 Bucerius übersandte Heuss am 6. 10. 1954 eine Aufzeichnung über ein Telefonat mit Tüngel, in dem er Tüngel über sein Gespräch mit Heuss unterrichtet hatte; B 122, 602.

Ich habe nur Dr. Bucerius mit aller Eindeutigkeit zum Ausdruck gebracht, daß ich es für verhängnisvoll halten würde, wenn in der „Zeit" Herr Professor Carl Schmitt moralisch eine Plattform angeboten erhielte. Der Vorspann, den Sie dem Abdruck seines Aufsatzes gaben, mußte etwas beängstigend wirken.[13] Die geistreiche Intelligenz dieses wendigen Mannes wird wohl von niemand bestritten werden können. Ich selber bin, verzeihen Sie, spießig oder altmodisch genug, ihn für eine von der moralischen Seite her (auch dieses Wort ganz spießig genommen) verhängnisvolle Erscheinung zu halten.[14] Das, was Sie von ihm abgedruckt haben, ist ein reizvoller feuilletonistischer Einfall, gut geschrieben wie meist bei ihm, aber doch nach meiner Meinung nicht mehr. Ich will Ihnen nicht breiter meine Meinung über Schmitt vortragen, den ich ja Anfang der 20iger Jahre kennenlernte und den ich öfters im Hause des jüdischen Kurators der Handelshochschule Berlin, Geheimrat Demuth, begegnete, von dem ich die sehr einfühlsame Apologie der Erscheinung von Hugo Preuss in der Aula hörte;[15] ich habe in der historischen Perspektive Snobs nicht ungern. Sie sind anregend, aber ich sage Ihnen das sehr offen: In einem Blatt wie der „Zeit", die doch der Bildungsschicht gegenüber sich einer moralischen Mitverantwortung bewußt ist, möchte ich diese Erscheinungen als die Lehrmeister unserer erst schwer und langsam werdenden Staatsgesinnungen nicht auftreten sehen.[16]

Dies Ihnen eventuell eindringlich in einem Gespräch mitzuteilen war der eigentliche Sinn meiner Bereitschaft gegenüber Dr. Bucerius – das habe ich ihm auch gesagt –, daß ich sowohl Ihnen wie auch der Gräfin Dönhoff zu einem Gespräch zur Verfügung stehe. Ich rechne damit, daß in den nächsten Tagen Marion Dönhoff einmal bei mir vorsprechen wird.[17] Natürlich werde ich die Sache, die Sie mir vortragen von der von Ihnen geglaubten „Intrige" der Gräfin Dönhoff, mit ihr nicht erörtern. Das sind ja Dinge, die mich nichts angehen und die ich in ihrem

[13] Tüngel erwies Schmitt in diesem Vorspann seine Referenz, da dieser „scharfsinnig Durchdachtes und Einmaliges zu sagen" habe; wie Anm. 7.

[14] Schmitt galt als „Totengräber" der Weimarer Republik und als „Kronjurist" des Dritten Reiches sowie als Sinnbild des gewissenlosen und machthungrigen Intellektuellen. Dennoch pflegte er bis 1933 einen engen Umgang mit Juden, die ihn auch finanziell unterstützten. Um seiner Karriere willen brach er 1933 alle diese Beziehungen abrupt ab und propagierte den „Kampf gegen den jüdischen Geist" in der Rechtswissenschaft; vgl. R. MEHRING, Carl Schmitt, S. 82f, 313f. Zu Schmitts einflussreicher Rolle in den fünfziger Jahren vgl. D. VAN LAAK, Gespräche.

[15] C. SCHMITT, Hugo Preuß. Heuss hatte sehr wohlwollend auf diesen Vortrag reagiert; vgl. Heuss an Schmitt, 20. 1. 1930, in: TH. HEUSS, Bürger, S. 345f.

[16] Bereits im Jahre 1953 hatte sich Heuss darum bemüht, ein öffentliches Auftreten von Schmitt zu verhindern. Auf eine Glosse im „Sonntagsblatt" vom 25. 5. 1953 hin, in der es um einen Vortrag von Carl Schmitt in der Evangelischen Akademie in Herrenalb ging, schrieb Heuss dem ihm gut bekannten Pfarrer Eberhard Müller von der Evangelische Akademie Bad Boll am 26. 5. 1953 vertraulich, das Ganze sei eine „Taktfrage"; B 122, 298, vgl. auch Heuss an Moritz Julius Bonn, 31. 3. 1953, in: TH. HEUSS, Bundespräsident 1949–1954, S. 434.

[17] Aufzeichnungen über ein derartiges Gespräch ließen sich nicht ermitteln.

Gewicht, da ich auch den von Ihnen genannten Herrn Müller-Marein nicht kenne, gar nicht abzuschätzen weiß. Ich selber würde es für bedauerlich halten, wenn die „Zeit“, die sich doch eine Position geschaffen hat und einen Auftrag besitzt, aus der Perspektive der politischen Beurteilung alter nationalsozialistischer Fürsprecher von ihrer Aufgabe sich löst oder gar auf sie verzichtet.[18]

Ich halte es für richtig, Herrn Dr. Bucerius von diesem Brief an Sie Kenntnis zu geben,[19] da meine Stellungnahme in den Dingen sich aus dem Gespräch mit ihm ergab, nicht aus der Unterhaltung mit Carl J. Burckhardt, der im Essentiellen damit gar nichts zu tun hat und draußen gehalten werden muß.

Mit freundlichen Grüßen
Ihr Th. Heuss

Nr. 3
An Isy Krämer, New York, Brooklyn
21. Oktober 1954

BArch, N 1221, 162: ms. Schreiben, Durchschlag, von Heuss diktiert (Diktatz. H/Bk) und ms. gez.; ms. Briefkopf: „Th. H.“[1]

Gerüchte um eine USA-Reise von Theodor Heuss; Klagen über fehlende Reaktionen auf Briefe an Heuss; Klassentreffen in Bonn; Persönliches

Lieber Isy!

Es war nett, von Dir zu erfahren, daß ich die Absicht habe, nach USA zu kommen.[2] Mir ist davon bisher nichts bekannt gewesen; ich weiß auch nicht, wer Deine Quelle ist.

Ob ich einmal nach USA komme, hängt natürlich davon ab, daß von der Regierung eine Einladung erfolgt, die ich nicht absagen würde, da ich USA nicht

18 Der Konflikt löste sich erst längerfristig: Gräfin Dönhoff reiste zunächst in die USA und schrieb Reportagen für „Die Welt“; danach ging sie nach London zum „Oberserver“, bis sie im Sommer 1955 von Bucerius wieder zur „Zeit“ zurückgeholt wurde. Ihre Bitte, Heuss möge zum 10-jährigen Bestehen der „Zeit“ (23. 2. 1956) eine persönliche Äußerung beisteuern, lehnte er am 14. 2. 1956 unter Berufung auf die Fülle derartiger Wünsche ab, denen er sich versagt habe; B 122, 602. Müller-Marein löste Tüngel im Jahre 1957 als Chefredakteur ab; vgl. H. VON KUENHEIM, Marion Dönhof, S. 67.

19 Dies geschah am 6. 10. 1954; B 122, 602.

1 Im Adressfeld englische Schreibweise: „Kramer“; Stempel: „Pers[önlichem] Ref[erenten] vorgelegen“; weiterer Nachweis: N 1221, 322: ms. Schreiben, Durchschlag.

2 Krämer an Heuss, 15. 10. 1954, in: N 1221, 162. Ein Besuch in den USA sollte zunächst im Jahre 1957 stattfinden, mußte wegen einer Erkrankung von Heuss aber auf das Jahr 1958 verschoben werden; vgl. Nr. 114, Nr. 151, Nr. 162, Nr. 163, Nr. 166, Nr. 171.

kenne. Bloß habe ich eine ziemlich erhebliche Sorge, wie sich das abspielen wird, denn ich besitze drüben ja eine Unzahl von persönlichen Bekannten, nicht bloß Emigranten, sondern auch Amerikaner, mit denen ich in der früheren Besatzungszeit in freundschaftliche Beziehungen getreten bin – und es graut mir etwas davor, wie ich zwischen den ja unvermeidlichen rein offiziellen Geschichten, falls es dazu kommt, nun auch die Fülle der privaten Erwartungen erfüllen kann.

Du bist etwas unglücklich, daß Du Briefe nicht von mir beantwortet erhalten hast. Aber in diesem Unglück befinden sich manche privaten Briefschreiber, obwohl ich ja im allgemeinen ein höflicher Mann bin.[3] Aber es ist nun so, daß ich arbeitsmäßig einfach von den amtlichen Dingen überfordert bin – von der Unzahl von Vorträgen, die ich bei dieser oder bei jener Gelegenheit zu halten habe, von der Masse der Korrespondenz, die ja täglich einen Posteingang von ein paar hundert Briefen umfaßt, ganz zu schweigen.

Natürlich kann ich davon nur einen Teil lesen – auch innerhalb meiner Verwandtschaft ist man manchmal betrübt, nichts von mir zu hören, während andere Leute erstaunt sind, daß ich überhaupt gelegentlich noch private Briefe schreibe.

Du hast Deinen Bruder verloren. Dazu möchte ich Dir meine freundschaftliche Teilnahme aussprechen. Dieses, daß der Kreis derer, mit denen man zusammen aufgewachsen ist, geringer wird, ist ja nun unser allgemeines Schicksal. Immerhin habe ich es fertig gebracht, die fünf Kameraden, die noch leben von den siebzehn, mit denen ich im Jahre 1902 gemeinsam das Abitur in Heilbronn gemacht habe, am letzten Samstag und Sonntag hier bei mir zu Gast zu haben, und da wurde ja nun viel an Lehrergeschichten und Kameradenabenteuern in gelockerter Stimmung ausgetauscht.[4]

Gesundheitlich geht es mir gut, aber ich bin etwas ungeduldig, einmal ein paar Wochen vor mir zu haben, in denen ich auch für mich etwas lesen und niederschreiben kann. Deshalb habe ich für die kommenden Wochen und Monate unendlich viele Rede- und Reisebitten abgesagt. Aber zur geruhsamen Arbeit kommt man ja doch nicht, weil nun auch eine Anzahl wichtiger auswärtiger Gäste kommen wird, für die ich dann durch Tage zur Verfügung stehen muß.

Für das Wohlbefinden Dir und Deiner braven Frau alles Gute.
Dein Th. Heuss

3 Isy Krämer beklagte dies bereits mehrfach in früheren Schreiben. Heuss hatte Krämer aber bei der Regelung von dessen Versorgungsansprüchen geholfen; vgl. Korrespondenz in: N 1221, 162.

4 Am 16./17. 10. 1954; vgl. Dienstkalender, in: N 1221, 482; Heuss hatte, wie er Hermann Hesse am 24. 1. 1955 schrieb, seine Klassenkameraden erstmals 1952 zur 50. Wiederkehr des Abiturs getroffen. Die „Wiederkehr der Jugend" sei „ein sehr merkwürdiger Vorgang"; B 122, 2219. Zum Treffen von 1952 vgl. auch Heuss an Walter Riezler, 4. 11. 1952, in: N 1221, 190.

Nr. 4
An Prof. Dr. Moritz Julius Bonn, London-Nordwest
28. Oktober 1954

BArch, N 1221, 115: ms. Schreiben, Durchschlag, von Heuss diktiert (Diktatz. H/Bk) und ms. gez.; ms. Briefkopf: „Th. H."[1]

Erste Rede auf einem Gewerkschaftskongress; kein privater Besuch in London; Tragen des Bundesverdienstkreuzes durch Moritz Julius Bonn; Fremdsprachenprobleme bei Auslandsreisen

Lieber Professor Bonn!

Freundlichen Dank für Ihren Brief.[2]

Die Gewerkschaftsrede[3] hat, wie Sie sich denken können, etwas Furore gemacht, weil zum ersten Mal ein „Staatsoberhaupt" zu einer solchen Veranstaltung ging.[4] Sie bedeutete, was von mir gar nicht in dem Sinn gedacht war, eine relative Stütze des „gemäßigten" Flügels. Es war ganz gut, daß der „Industriekurier" einen Artikel brachte mit der Head-Line „Wir sind anderer Meinung".[5] Aber in Verfolg der Auseinandersetzung hat mir der persönlich sehr verständig scheinende Syndikus der Arbeitgeberverbände[6] Einblick in einen Briefwechsel gegeben vom vergangenen Mai,[7] aus dem ich zu meiner Freude erfuhr, daß meine Mai-Rede bei Carl Zeiss in Heidenheim[8] der unmittelbare Anlaß wurde, die abgerissenen Gespräche zwischen den beiden „Partnern" wieder aufzunehmen, so daß mir die verständigen Leute auch innerhalb der Arbeitgeberschaft dankbar sind.

---

1 Stempel: „Pers[önlichem] Ref[erenten] vorgelegen"; weiterer Nachweis: N 1221, 322: ms. Schreiben, Durchschlag.

2 Bonn an Heuss, 25. 10. 1954, in: N 1221, 115.

3 Rede beim 3. Ordentlichen Bundeskongress des DGB am 4. 10. 1954, in: B 122, 237. Heuss' Auftritt wurde von der „Neuen Deutschen Wochenschau" (Folge Nr. 245) gesendet, die in ca. 1.500 Filmtheatern lief, so dass er eine beträchtliche öffentliche Resonanz erfuhr. Das Presse-Echo des Auftritts in: BArch, B 145, 16305.

4 Heuss hatte diese Rede bereits am 8. 10. 1954 an Bonn gesandt und dabei bemerkt: „Vor ein paar Jahren hatte Böckler noch zu mir gesagt, sie wollten den Bundespräsident in dieser Richtung nicht beanspruchen. (Man hatte mir ein bißchen verübelt, daß ich beim Industrie- und Handelstag gewesen war.) Auch Ebert sei nie auf einem Gewerkschaftskongreß gewesen. Ich habe ihn dann sanft und zart darauf aufmerksam gemacht, daß Ebert von der Sattler-Gewerkschaft ausgeschlossen worden sei, woran er sich nicht mehr erinnert hatte." N 1221, 322.

5 Ließ sich nicht ermitteln.

6 Gerhard Erdmann.

7 Dabei handelte es sich um einen Briefwechsel zwischen dem Präsidenten der Bundesvereinigung Deutscher Arbeitgeberverbände, Hans-Constantin Paulssen, und dem DGB-Vorsitzenden, Walter Freitag; vgl. Heuss an Hans von Raumer, 3. 11. 1954, in: N 1221, 323. Demnach schrieb Paulssen an Freitag, sie seien doch nun eigentlich beide durch Heuss zum gemeinsamen Gespräch aufgefordert worden, und Freitag sei darauf eingegangen.

8 Rede bei den Carl Zeiss-Werken in Oberkochen am 1. 5. 1954, in: B 122, 234.

Die Idee des Herrn Deutsch,[9] ich könnte einmal einen privaten Besuch in London machen, ist ja sehr nett, aber sachlich gar nicht auszuführen. Denn, wenn ich als der Repräsentant des sogenannten geistigen Deutschlands vorgezeigt werden könnte, dann wäre es halt doch eben eine Vorzeige und würde amtlich aussehen, als ob ich mich, da eine amtliche Einladung nicht vorliegt,[10] auf solchem Weg sichtbar mache. Das geht natürlich nicht. Und ich kann auch nicht, da vermutlich mitgeteilt würde, daß meine Jugenderinnerungen in England erscheinen sollen, auftreten, um den Leuten nahe zu legen: Seht Euch den Mann einmal an, weil Ihr demnächst, falls Ihr dazu Lust habt, in Eurer Sprache nachlesen könnt, wie es um ihn vor einem halben Jahrhundert und noch früher bestellt war.

Viel Spaß haben Sie mir gemacht mit Ihrer Mitteilung, daß Sie nun Gelegenheit fanden, das Verdienstkreuz bei einer größeren gesellschaftlichen politischen Veranstaltung anzulegen, und daß Sie mit seiner Wirkung zufrieden sein konnten. – Daß Sie dort von Lord Samuel im Farbeneindruck übertroffen wurden, werden Sie ihm nachgesehen haben. Ich habe übrigens von den beiden internationalen liberalen Konferenzen, an denen ich teilnehmen konnte,[11] eine sehr angenehme Erinnerung an seine Persönlichkeit, an seine Intelligenz und verständige Sicherheit behalten.

Das Problem der Auslandsreisen wird ja vermutlich an mich herankommen, wenn die sogenannte Souveränität wieder an Deutschland zurückgegeben ist.[12] Ich selber bin nicht allzu scharf darauf, weil ich die Dinge, die ich neu oder die ich wiedersehen möchte, vermutlich nur sehr partiell werde sehen können und dann mich eigentlich immer leicht gestört fühlen werde durch die mich in solchen Situation doch ärgernde Unerfahrenheit, mich in Englisch oder Französisch auszudrücken,[13] auch wenn ich jetzt zumeist den Unterhaltungspartner, wenn er nicht hudelt, in beiden Sprachen verstehe. Man ist eben doch zu inländisch aufgewachsen, und bei den englischen oder französischen Auslandsreisen hat meine Frau mit ihrer absoluten Sprachsicherheit die Dinge gemeistert.

Mit guten Grüßen wie immer
Ihr Th. Heuss

---

[9] André Deutsch, Londoner Verleger der Jugenderinnerungen von Heuss in der englischen Ausgabe 1955; vgl. TH. HEUSS, Preludes.

[10] Eine offizielle Einladung erfolgte erst im Juni 1958. Der Staatsbesuch fand vom 20. bis 23. 10. 1958 statt; vgl. Nr. 168, Nr. 169, Nr. 176.

[11] Die Konferenzen fanden 1947 in Oxford und 1948 in Zürich statt; vgl. TH. HEUSS, Erzieher, S. 250–252, 256f, 259f, 262f, 266f, 268f, 360.

[12] Die Bundesrepublik Deutschland wurde mit den Pariser Verträgen weitgehend souverän, die Heuss am 24. 3. 1955 unterzeichnete und die am 5. 5. 1955 in Kraft traten; vgl. auch Nr. 6, Anm. 4; F. GÜNTHER, Heuss auf Reisen.

[13] In seinen Jugenderinnerungen resümierte Heuss, der eigentlich zunächst neue Sprachen studieren wollte: „Die Unfähigkeit, mich in einer der lebenden Sprachen frei auszudrücken, blieb einer der peinlichen Mängel meines Lebens"; TH. HEUSS, Vorspiele, S. 218.

Nr. 5
An Herbert Blankenhorn, Leiter der Politischen Abteilung des Auswärtigen Amtes, Bonn
29. Oktober 1954

BArch, B 122, 2157: ms. Schreiben, Durchschlag, von Heuss diktiert (Diktatz. H//Bk) und ms. gez.; ms. Briefkopf: „Der Präsident pp."[1]

Probleme mit der Weiterleitung von Informationen aus dem Auswärtigen Amt an den Bundespräsidenten; Qualität der Berichterstattung der auswärtigen Missionen

Sehr geehrter, lieber Herr Botschafter!

Die Erfahrung von drei bis vier Jahren sagt mir dies: Man ist im Auswärtigen Amt so nett, grundsätzlich meine Bitte, daß mir wichtige Berichte der Missionen vorgelegt werden, anzuerkennen, man kann sich aber offenbar nicht recht entschließen, diese meine Bitte ernst zu nehmen oder doch ernst zu behandeln.[2]

Eine zweite Erfahrung ist, daß, wenn ich so alle Jahre ein- oder zweimal einen Anstoß gebe in dieser Richtung, vorübergehend ein Erfolg eintritt – aber vorhalten tut das nicht! Immerhin sehe ich ein, daß es an der Zeit ist, daß ich mich wieder einmal melde.

Ich habe die Auffassung, daß wir ziemlich bewegte politische Monate hinter uns haben, daß sich nicht bloß in Europa, sondern auch draußen etwa in Brasilien oder Mexiko oder auch in Dänemark mit Beziehung zu den deutschen Dingen einiges getan hat.[3] Ich möchte vermuten, daß das auch unsere Missionschefs bemerkt und darüber berichtet haben. Aber ich stelle fest, daß ich in den vergangenen Wochen nur zwei Berichte bekommen habe, wovon der eine als Abschiedsbericht von Südafrika ganz interessant war und zumal auch Malans Äußerungen über den Bundeskanzler, die Holzhausen berichtet.[4] Ich möchte ver-

1 Stempel: „Pers[önlichem] Ref[erenten] vorgelegen"; weiterer Nachweis: N 1221, 322: ms. Schreiben, Durchschlag.

2 Bereits am 21. 6. 1951 hatte zwischen Luitpold Werz (BPrA) und von Etzdorff (AA) eine erste Besprechung stattgefunden, wie der Bundespräsident über die Auslandsberichterstattung informiert werden sollte; Vermerk vom 22. 6. 1951, in: B 122, 441. Am 8. 8. 1951 wandte sich Heuss an Staatssekretär Walter Hallstein und wiederholte die Bitte; vgl. TH. HEUSS, Bundespräsident 1949–1954, S. 265.

3 Möglicherweise bezog sich Heuss auf den Freitod des autoritären brasilianischen Präsidenten Getúlio Dornelles Vargas im August 1954 (vgl. H. HANDELMANN, Geschichte, S. 1103) sowie auf die beginnende Montage von Volkswagen in Mexiko. Mit Dänemark hatte die Bundesrepublik eine Vereinbarung über Sozialleistungen abgeschlossen, und es wurden Vorbereitungen für die Regelung der Rechte der beiderseitigen Minderheiten in Schleswig getroffen; vgl. KABINETTSPROTOKOLLE 1954, S. 473, Anm. 24; W. LAGLER, Minderheitenpolitik, S. 65–111.

4 Die Äußerungen ließen sich nicht ermitteln. Daniel François Malan, Premierminister der Südafrika-

muten, daß das sogar den Herrn Bundeskanzler interessiert haben würde. Aber dieser Bericht ist, wie sich aus den Vorlagestempeln ergibt, ihm überhaupt nicht zugeführt worden.

Was der Bundeskanzler lesen will, das ist nun seine Sache. Ich selber will ganz gewiß nicht alles lesen, und gar nicht interessiert mich – was ja vielleicht an sich theoretisch notwendig ist mir vorzulegen – die umständliche Berichterstattung über Beglaubigungen und wie viele Pferde dabei an den Karossen standen. Es interessiert mich auch gar nicht, worüber ich mich schon einmal beschwerte, daß von Schweden Menükarten von Diners und Soupers mitgeteilt wurden, was ich eines Diplomaten unwürdig empfand.[5] Ich regte damals an, daß die Köche sich untereinander verständigen sollten. Aber ich möchte doch gern dies haben, daß innerhalb des Auswärtigen Amts ein einigermaßen intelligenter Beamter einfach den strikten Auftrag erhält, die einlaufenden Berichte durchzusehen, ob sie einen politisch oder sozialökonomisch oder kulturell instruktiven Charakter haben, und dann zu vermerken, daß diese mir zugeleitet werden – nicht bloß weil ich das Bedürfnis habe, mich zu informieren, um etwas zu lernen, sondern weil es mir immer interessant ist, von der Ausdrucksfähigkeit der Berichterstatter einen unmittelbaren Eindruck zu erhalten.

Ich weiß, daß eine ganze Anzahl von interessanten Berichten dauernd eingeht. Ich kann auch kaum annehmen, daß die Missionen ab Ende August alle in einen Sommerurlaub gegangen sind, der an sich schon lange vorbei war. Sie dürfen mir diese etwas bittere Form meiner „Bitte“ nicht übelnehmen, aber so geht es auf die Dauer nicht. Ich will nicht immer wieder der Monierer sein, der auf den guten Willen der Behörde angewiesen ist.

Es ist einmal auch verabredet worden mit dem Herrn Staatssekretär, daß ich wichtige Depeschen bekomme.[6] Das hat etwa 3–4 Wochen lang funktioniert und dann aufgehört.[7] Ich kann nicht annehmen, da ich sehe, daß diese Dinge mit Durchschlag gemacht werden, daß diese Bitte von mir eine Störung im Geschäftsverlauf darstellt. Die Missionsberichte bleiben bei mir persönlich nicht wochenlang liegen wie offenbar drüben. Aber es ist für mich ein ernstes Anliegen, daß dieser mein Anspruch ernster genommen wird, als es tatsächlich bislang der Fall ist. Und es ist mir langweilig, immer wieder von Zeit zu Zeit monieren zu müssen.

---

nischen Union, ein radikaler Verfechter der Apartheitspolitik, war Gegenstand der Titelgeschichte „Kap der Hoffnung und der Furcht“, in: Der Spiegel, H. 49, 1. 12. 1954, S. 31–38.

5 Manfred Klaiber schickte Hans von Herwarth am 14. 5. 1954 einen Bericht aus Stockholm mit „markanten Randbemerkungen“ von Heuss; B 122, 2157.

6 Vgl. Heuss an Walter Hallstein, 8. 8. 1951, in: TH. HEUSS, Bundespräsident 1949–1954, S. 265.

7 Am 2. 11. 1956 dankte Heuss Außenminister Heinrich von Brentano, dass er jetzt auch Depeschen der diplomatischen Vertretungen rasch erhielte und nicht nur wie bislang mit großen Abständen längere Berichte; N 1221, 337.

Das heißt aber nun nicht, mich mit der Totalität der Eingänge zudecken zu wollen, um mich jetzt für diesen Brief zu strafen, aber dafür zu sorgen, daß ich von den wichtigen, zumal politischen Berichten rechtzeitig Vorlage erhalte.[8]

Mit freundlichem Gruß
Ihr Th. Heuss

Nr. 6
An Annette Kolb, Paris
4. November 1954

BArch, B 122, 2064: ms. Schreiben, Durchschlag, von Heuss diktiert (Diktatz. H/Sch) und ms. gez.; ms. Briefkopf: „Th. Heuss“[1]

Dauer der Mission von Wilhelm Hausenstein in Paris

Verehrte, liebe Frau Kolb!

Freundlichen Dank für Ihren Brief.[2] Die Frage der Dauer der Mission von Wilhelm Hausenstein ist ja nicht neu und ist von mir selber schon mit manchen Leuten besprochen worden. Ich bin schon im Jahre 1902 Hausenstein als Student begegnet;[3] unsere freundschaftlichen Beziehungen sind also schon über ein halbes Jahrhundert alt, und ich war ihm sehr dankbar, daß er sich im Jahre 1950 bereitgefunden hat, als Geschäftsträger nach Paris zu gehen. Wir hätten, glaube ich, kaum einen besseren Mann finden können.

Ich habe über die Dauer seiner Beauftragung nie mit Hausenstein gesprochen. Er selber wird ja wissen, daß sie einen begrenzten Charakter allein schon um seines Alters willen haben muß. Ich halte die starre Altersgrenze für einen ziemlichen Unfug, weil sie die Möglichkeiten der Regierung hemmt, aber auf der

8 Eine Reaktion Blankenhorns ließ sich nicht ermitteln.

1 Az. I/16/00; Stempel: „Pers[önlichem] Ref[erenten] vorgelegen“; weiterer Nachweis: N 1221, 323: ms. Schreiben, Durchschlag.

2 Darin Angaben Kolbs zu einem Gespräch mit einem Franzosen, der über Gerüchte aus Deutschland berichtete, nach denen Hausenstein bald abgelöst werde; Kolb an Heuss, 24. 10. 1954, in: B 122, 2064. Hausenstein war 1950–1953 Generalkonsul und 1953–1955 Botschafter der Bundesrepublik in Paris. Er war als Seiteneinsteiger auf Anregung von Heuss hin in den Auswärtigen Dienst eingetreten; vgl. U. Lappenküper, Wilhelm Hausenstein; H.-J. Döscher, Seilschaften, S. 297–304; E. Conze u. a., Amt, S. 459–461; zu den Protesten gegen die Berufung Hausensteins zum Generalkonsul in Paris vgl. auch Heuss an Willi Baumeister, 5. 5. 1950, in: Th. Heuss, Bundespräsident 1949–1954, S. 152–154. Zur weiteren Unterstützung Hausensteins auch nach 1955 durch Heuss vgl. B 122, 2061.

3 Vgl. dazu den Beitrag Hausensteins in: H. Bott / H. Leins, Begegnungen, S. 274–280; Th. Heuss, Erinnerungen, S. 130–132.

anderen Seiten müssen ja auch jüngere Menschen in wichtige Positionen kommen und sie nicht von den alten beamtlich blockiert finden. Hausenstein selber war ja bereits über das Alter hinaus, da man noch Beamter im technischen Sinn wird. Es macht mir selber einige Sorge, wie sich nun diese Bereitschaft, aus seiner literarischen Arbeit herauszutreten, für ihn weiter umsetzt.

Es ist aber nun so, daß, sobald Deutschland in einen neuen Rechtsstatus gekommen sein wird,[4] an einigen Stellen eine Personaländerung sowohl von Vertretungen bei uns wie umgekehrt zu erwarten sein wird. Ich will gerne bemüht sein, den Status für Hausenstein so lange hinauszuzögern, als es mit den Gesamtdispositionen des diplomatischen Revirements sich vereinbaren läßt.

Der Zufall will es, daß gerade dieser Tage ein nettes Bild zu mir gekommen ist, das uns im Gespräch zeigt.[5] Es macht Ihnen vielleicht Freude.

Mit guten Grüßen
Ihr Th. Heuss

Nr. 7
An Konstantin Freiherr von Neurath, Leinfelderhof über Vaihingen an der Enz
7. November 1954
BArch, N 1310, 185: ms. Schreiben, behändigte Ausfertigung; Kopfbogen: „Theodor Heuss"[1]
Glückwunsch zur vorzeitigen Entlassung aus der Haft

Verehrter Baron Neurath!

Mit freudiger Genugtuung habe ich, von einer kurzen Reise zurückgekehrt, heute früh die Mitteilung gelesen, daß den Nachrichten der letzten Tage nun doch rasch

---

4 Gemeint der Vertrag über die „Beziehungen zwischen der Bundesrepublik Deutschland und den drei Mächten" – auch Deutschlandvertrag genannt –, der das Besatzungsregime in der Bundesrepublik rechtlich beendete und einen wichtigen Schritt auf dem Weg zur Gleichberechtigung darstellte. Am 26. 5. 1952 in Bonn unterzeichnet, trat er erst am 5. 5. 1955 als Teil der Pariser Verträge in deutlich abgeänderter Fassung in Kraft, nachdem ein Jahr zuvor der EVG-Vertrag durch die Ablehnung der französischen Nationalversammlung gescheitert war. Die weitgehende Souveränität der Bundesrepublik ging nun einher mit der Mitgliedschaft in der NATO anstatt in einem west-europäischen Verteidigungsbündnis; vgl. L. HERBST, Option, S. 94–105.

5 Das Photo und der Anlass zu diesem Zusammentreffen ließen sich nicht ermitteln.

1 Roter Erledigungsvermerk durch Empfänger; weitere Nachweise: N 1221, 323; B 122, 2067: ms. Schreiben, Durchschlag mit Stempel: „Pers[önlichem] Ref[erenten] vorgelegen"; links ms. Vermerk: „St[aats]S[ekretär] tel[efonisch] unterrichtet"; Verfügung: „2. Herrn Raederscheidt (Durchdruck 1b.)", mit hs. Erledigungsvermerk.

THEODOR HEUSS

BONN, 7.November 1954
Koblenzer Straße 135

Konstantin Freiherrn von Neurath

Leinfelderhof über Vaihingen/Enz
Wttbg.

Verehrter Baron Neurath !

Mit freudiger Genugtuung habe ich, von einer kurzen Reise zurückgekehrt, heute früh die Mitteilung gelesen, dass den Nachrichten der letzten Tage nun doch rasch die Erfüllung folgte und das Martyrium dieser Jahre für Sie ein Ende gefunden hat.

Ich bin froh darüber, dass Sie nun Ihrer Familie und der württembergischen Heimat, mit der Sie immer so eng verbunden blieben, zurückgegeben sind und dass unsere Sorgen und Gedanken nicht mehr von einer herben Phantasie gequält werden müssen. Ich kann Ihnen nur wünschen, dass es Ihrer in der Anlage so kräftigen Natur gelingen wird, mit den Folgen der argen Jahre bald fertig zu werden und dass Sie in der alt vertrauten und jetzt wieder neu geschenkten Umgebung auch die Ruhe der Seele wieder finden werden.

Grüssen Sie bitte auch Frau von Mackensen, die ja in diesen Tagen, wenn auch mit so bitterer Verspätung, die Krönung ihrer Mühen um den Vater gewiss in frohem Herzen empfunden hat.

Mit den besten Empfehlungen für Sie und die Familie

Ihr

Theodor Heuss

Abb. 2: Theodor Heuss an Konstantin Freiherr von Neurath, 7. 11. 1954

die Erfüllung folgte und das Martyrium dieser Jahre für Sie ein Ende gefunden hat.[2]

Ich bin froh darüber, daß Sie nun Ihrer Familie und der württembergischen Heimat, mit der Sie immer so eng verbunden blieben, zurückgegeben sind und daß unsere Sorgen und Gedanken nicht mehr von einer herben Phantasie gequält werden müssen. Ich kann Ihnen nur wünschen, daß es Ihrer in der Anlage so kräftigen Natur gelingen wird, mit den Folgen der argen Jahre bald fertig zu werden, und daß Sie in der alt vertrauten und jetzt wieder neu geschenkten Umgebung auch die Ruhe der Seele wiederfinden werden.[3]

Grüßen Sie bitte auch Frau von Mackensen, die ja in diesen Tagen, wenn auch mit so bitterer Verspätung, die Krönung ihrer Mühen um den Vater gewiß in frohem Herzen empfunden hat.[4]

Mit den besten Empfehlungen für Sie und die Familie
Ihr Theodor Heuss

---

[2] Neurath war 1932–1938 Reichsaußenminister und anschließend bis 1943 (ab 1941 beurlaubt) Reichsprotektor von Böhmen und Mähren. Als einer der Hauptkriegsverbrecher wurde er 1946 durch den Internationalen Militärgerichtshof in Nürnberg zu 15 Jahren Haft verurteilt; vgl. E. CONZE u. a., Amt, S. 375–380. Schon am 16. 10. 1950 hatte sich Heuss gegenüber dem französischen Hohen Kommissar André François-Poncet für bessere Haftbedingungen Neuraths eingesetzt; vgl. TH. HEUSS, Bundespräsident 1949–1954, S. 179f. Auch die Bundesregierung hatte seit 1950 mehrfach versucht, Neuraths Überführung in ein Krankenhaus, die Erleichterung der Haftbedingungen oder die Freilassung zu erwirken; vgl. B 122, 650; BArch, B 305, 158; N. FREI, Vergangenheitspolitik, S. 245, 264.

[3] Das Schreiben von Heuss löste heftige Diskussionen aus; Unterlagen in: B 122, 2067; Pressestimmen in: BArch, B 305, 158. Auf eine kritische Zuschrift der Rechtswissenschaftlichen Fakultät der Universität Frankfurt a. M. an Adenauer und Heuss vom 4. 12. 1954 antwortete dieser am 9. 12.: „Wer sich die Mühe gab, meinen Brief zu lesen, muß gespürt haben, daß er ein Wort für das Recht der ganz banalen Menschlichkeit war, die, wie ich weiß, auch in Ihrem Kreise bekennende Vertreter besitzt. Es ist kein politischer Ton darin, der irgendwie als eine freundliche Bewertung der politischen Funktionen Neuraths gedeutet werden könnte. Daß der internationale Pharisäerklub, der ohne Statut immer existiert, sich der Sache bemächtigt hat, ist unvermeidlich – ich möchte annehmen dürfen, daß die Rechtswissenschaftliche Fakultät auf eine Mitgliedschaft keinen Wert legt, aber sie muß dann auch die Akzente zu unterscheiden lernen." B 122, 2067. Vgl. auch Heuss an Bonn, 16. 12. 1954, in: N 1221, 115; Heuss an das PEN-Zentrum Deutscher Autoren im Ausland (London), 9. 12. 1954, in: N 1221, 323.

[4] Im Nachlass von Neurath befinden sich zahlreiche Unterlagen zu den Haftbedingungen und den intensiven Bemühungen der Familie, vor allem der Tochter Winifred Mackensen-Neurath, um eine vorzeitige Haftentlassung; BArch, N 1310. Neurath antwortete mit einem Telegramm am 9. 11. 1954: „Aus der Heimat sendet Ihnen herzlichen Dank für freundliche Glückwünsche. Neurath"; B 122, 2067; vgl. auch Nr. 8, Nr. 12.

Nr. 8
An Gottfried Traub, Solln bei München
8. November 1954

BArch, N 1059, 61: ms. Schreiben, behändigte Ausfertigung; Kopfbogen: „Theodor Heuss“ [1]

Tod von Hermann Ehlers; Reaktion auf Konstantin von Neuraths Freilassung; Saarfrage

Lieber Freund!

Für Deinen so freundlichen Brief vom 4. 11. danke ich Dir.[2] Der plötzliche Tod von Hermann Ehlers,[3] mit dem ich in der Woche zuvor noch gemeinsam bei der Trauerfeier für den schleswig-holsteinischen Ministerpräsidenten Lübke[4] gesprochen hatte, hat uns alle sehr tief aufgewühlt, denn er war in seiner Natur eine Persönlichkeit, die auch die Phantasie zu beschäftigen verstand durch die sehr starken Spannungen, die in seinem Wesen vorhanden waren. In den Nachrufen ist das spezifisch Intelligente, das in ihm steckte, nicht recht zum Ausdruck gekommen, auch bei mir nicht. Er war in dem raschen Auffassen der Situationen, in einer logischen Diszipliniertheit bei allem Temperament eine eigengewachsene Erscheinung.[5] Ganz sicher hätte er in der deutschen Geschichte der nächsten Jahrzehnte noch eine stärker profilierte Rolle gespielt.

Ich schicke Dir die zwei Nachrufe, die ich ihm gewidmet habe. In der Oldenburger Rede[6] bin ich ja mehr auf das Kirchlich-Religiöse eingegangen, in der Bonner[7] mehr auf das Politische. Ich würde es eigentlich für erwünscht halten, daß von der CDU veranlaßt wird, daß die verschiedenen Nachrufe, die Ehlers gegolten haben, als Büchlein zusammengefaßt werden, ähnlich wie es seinerzeit im Gedächtnisheft für meine Frau gemacht wurde.[8] Die im Bundestag gehaltenen Reden sind auf Veranlassung von Carlo Schmid, der mit Ehlers persönlich

---

1 Weitere Nachweise: N 1221, 323 und 210: ms. Schreiben, Durchschlag mit Stempel: „Pers[önlichem] Ref[erenten] vorgelegen“.

2 Traub an Heuss, 4. 11. 1954, in: N 1221, 210.

3 Bundestagspräsident Hermann Ehlers starb unerwartet im Alter von 50 Jahren am 29. 10. 1954 in Oldenburg.

4 Heuss sprach am 20. 10. 1954 auf der Trauerfeier für Friedrich Wilhelm Lübke (Bruder von Heinrich Lübke) im Stadttheater Kiel; B 122, 238.

5 Gegenüber Fritz Ernst charakterisierte Heuss am 8. 11. 1954 Ehlers so: „Er war zwar eine etwas schwierige Figur, weil er ungeheuer empfindlich war und nicht eigentlich Humor besaß. Aber er war sehr gescheit, schlagfertig und in den grundsätzlichen Dingen der Erziehung des Parlaments und der Erziehung des Volkes von einer klaren und sauberen Entschiedenheit“; N 1221, 129.

6 Nachruf von Heuss auf Ehlers in Oldenburg, in: B 122, 2143.

7 Bonner Nachruf auf Ehlers, in: Bulletin, Nr. 207, 3. 11. 1954, S. 1849f.

8 [ANTONIE NOPITSCH (Hg.)]: Elly Heuss-Knapp zum Gedächtnis 25. 1. 1881–19. 7. 1952, Nürnberg 1952.

in einem sehr guten Verhältnis stand, in das amtliche Protokoll aufgenommen worden.[9]

Da Du offenbar an meinen verschiedenen Reden warmen Anteil nimmst, sende ich Dir außer diesen Nachrufen noch ein paar andere Reden der letzten Monate.[10]

Daß Neurath jetzt nun seiner Familie zurückgegeben worden ist, ist für mich eine große Erleichterung. Ich habe nicht ganz verstanden, daß Du Dich damit auseinandersetzt, daß dies eine mit politischen Absichten verbundene Entscheidung ist. Damit mußte ja schlechterdings immer gerechnet werden, und wenn damit ein kleiner Teil des Grolls zwischen den Menschen wegsinkt, so kann das doch im Grunde nur erwünscht sein. Die Russen haben das nicht ungeschickt gemacht, indem sie mitteilten, daß sie sich mit der Prager Regierung vorher verständigt hätten, denn der Anlaß seiner Strafverfolgung war ja sein Amt als „Reichsprotektor". Neurath war ja ganz sicher kein „böser Mensch", er hatte nur den Fehler – man spricht das ungern aus –, geistig sehr unbedeutend zu sein.[11] Ich war ein paarmal mit ihm zusammen und habe immer diesen Eindruck mitgenommen. Aber das ist nur eine private Mitteilung für Dich, die Du hoffentlich nicht für zu roh hältst.

Die Wirren, die in den innerdeutschen Dingen entstanden sind, sind etwas die Folge davon, daß die Amerikareise des Kanzlers terminmäßig festlag und er gleich nach Paris für acht Tage verschwand, denn die Abmachungen, vor allem in der Saarfrage, haben in der Formgebung an einigen Stellen etwas Unklares, auch in der französisch-deutschen Fassung, so daß die Gegner des Kanzlers sich darauf geworfen haben.[12] Ich habe in den letzten Tagen mit dem Kanzler, mit

---

[9] Die Trauerfeier im Plenarsaal des Deutschen Bundestages, auf der Heuss als Erster sprach, fand am 2. 11. 1954 statt; VERHANDLUNGEN DES DEUTSCHEN BUNDESTAGES, 2. Wahlperiode, Bd. 22, S. 2595–2599; abgedruckt auch in: Bulletin, Nr. 207, 3. 11. 1954, S. 1850–1853.

[10] Ließen sich nicht ermitteln.

[11] Gegenüber Toni Stolper charakterisierte Heuss Neurath als „ausgesprochen dumm – wann wird Dummheit zum Verbrechen?" TH. HEUSS, Tagebuchbriefe, S. 188, 19. 8. 1956.

[12] Am 23. 10. 1954 hatten Konrad Adenauer und der französische Ministerpräsident Pierre Mendès-France im Rahmen der Verhandlungen über die Pariser Verträge (vgl. Nr. 6, Anm. 4) ein Abkommen über das Saarstatut unterzeichnet, das u. a. einen europäischen Status des Saargebietes, die Unterstellung unter einen Kommissar der WEU und eine weiterhin enge wirtschaftliche Bindung an Frankreich vorsah. Eine Volksabstimmung im Saargebiet sollte über die Annahme des Statuts entscheiden; vgl. B. THOSS, Lösung, S. 225–288. – Heuss hatte Adenauer nach dessen Rückkehr aus Paris am 24. 10. 1954 Dank ausgesprochen „für die zähe und zugleich elastische Unverdrossenheit, in der Sie halfen, das deutsche Schicksal ein großes Stück weiter aus dem Elend von 1945 herauszuführen"; TH. HEUSS / K. ADENAUER, Unserem Vaterlande zugute, S. 165. Am 25. 10. 1954 unterrichtete Adenauer Heuss über die Ergebnisse der Pariser Konferenz: Ende des Besatzungsstatuts, Aufnahme in die NATO und Saarabkommen; K. ADENAUER / TH. HEUSS, Unter vier Augen, S. 148–151. – Kurz nach seiner Rückkehr von den Verhandlungen in Paris war Adenauer in die USA gereist und kehrte erst am 3. 11. 1954 nach Bonn zurück. Während dieser Abwesenheit verschärfte sich die Kritik von SPD und Teilen der FDP an dem Saarabkommen, weil sie darin eine faktische Abtretung des Saargebietes sahen; vgl. H.-P. SCHWARZ, Adenauer, Bd. 2, S. 168–170.

Dehler, mit Schäfer, mit den FDP-Ministern zum Teil stundenlange Konferenzen gehabt und möchte hoffen dürfen, daß in Ansehung der gesamtpolitischen Lage die Krise durch die Anwesenheit des Kanzlers eine Abmilderung und bald eine Lösung findet.[13]

Von mir ist persönlich nichts weiter zu erzählen – sehr, sehr viel Arbeit, die mich daran hindert, wieder einmal zum Lesen und zum Niederschreiben eigener Meinungen zu kommen. Jetzt sind auch allerhand ausländische Besuche zu erwarten. Aber für den Winter habe ich viel abgesagt und hoffe, dann einmal ruhige Abende gewinnen zu können.

Mit vielen guten Grüßen und Dank für die freundliche Gesinnung
Dein Theodor Heuss

Nr. 9
An Prof. Dr. Hermann Muckermann, Berlin-Dahlem
12. November 1954

BArch, B 122, 357: ms. Schreiben, Durchschlag, von Heuss diktiert (Diktatz. H/Sch) und ms. gez.; ms. Briefkopf: „Th. Heuss“[1]

Dank für ein Buch Hermann Muckermanns; Zurückweisung der Annahme, Theodor Heuss sei „leutselig“

Sehr geehrter Herr Professor Muckermann!

Sie haben mich von der Dankespflicht entbunden, aber Sie werden mir doch nicht verbieten wollen, Ihnen für Ihre freundliche Zusendung vom 9. 11. zu danken.[2] Ich habe mir das Buch durchgesehen und die Empfindung gehabt, daß es eigentlich gerade für mich etwas Rechtes wäre, einmal systematisch die von Ihnen angefaßten Dinge durchzulesen, denn ich glaube, daß ich manches, was in meinem Wissen Stückwerk ist, dadurch zusammenfügen könnte. Nur bin ich etwas unsicher, wann es mir gelingen wird, diese löbliche Aufgabe durchzuführen.

---

13 Zu den informellen Einflussversuchen von Heuss auf die FDP zugunsten des Saarabkommens und zu den Kontroversen in dieser Frage innerhalb der FDP sowie zwischen der FDP und Adenauer, die im kommenden Jahr zu einem Zerwürfnis zwischen Dehler und dem Bundeskanzler führen sollten, vgl. U. WENGST, Thomas Dehler, S. 250–260; M. WEIPERT, Verantwortung, S. 26–32; vgl. auch Nr. 31.

1 Az. I/21-2-; Stempel: „Pers[önlichem] Ref[erenten] vorgelegen“.

2 Muckermann, Professor am Institut für natur- und geisteswissenschaftliche Anthropologie der FU Berlin, hatte Heuss am 9. 11. 1954 sein neu erschienenes Buch gesandt; HERMANN MUCKERMANN: Vom Sein und Sollen des Menschen. Auf Grundlage von Vorlesungen über natur- und geisteswissenschaftliche Anthropologie an der Technischen Universität Berlin-Charlottenburg und an der Freien Universität Berlin-Dahlem, Berlin 1954; B 122, 357.

Ich muß aber an einer Stelle eine Korrektur Ihres Briefes vornehmen. Sie schreiben, daß ich Ihnen gegenüber „leutselig" gewesen sei. Dieses Wort – ich komme aus dem deutschen Südwesten – hasse ich seit meiner Bubenzeit, und wenn mich jemand „leutselig" nennt und mir damit etwas Gutes sagen will, so geht bei mir irgendetwas hoch. Ich möchte gar nicht leutselig sein, sondern ich möchte den Menschen freundlich oder freundschaftlich begegnen, wo immer ich spüre, daß ein Zugang zu ihrer geistigen und seelischen Haltung vorhanden ist. Wenn ich anfange, leutselig zu werden, dann lasse ich mich auf einen Gutshof verpflanzen, wo das ja eine schöne Beschäftigung gegenüber den Instleuten[3] war.

Nehmen Sie mir dieses kleine philologische Zur-Ordnung-Rufen nicht übel. Es ist freundlich gedacht – das ist nämlich das vielleicht richtigere Wort.

Mit dankbarem Gruß
Ihr Th. Heuss

Nr. 10
An Prof. Dr. Otto Gönnenwein, Vorsitzender der FDP/DVP Fraktion im Landtag von Baden-Württemberg, Heidelberg
18. November 1954
BArch, B 122, 2195: ms. Schreiben, Durchschlag, von Heuss diktiert (Diktatz. H/BK) und ms. gez.; ms. Briefkopf: „Th. H."[1]
Kritik an dem Antrag der FDP/DVP im baden-württembergischen Landtag, das Saarabkommen im Bundesrat abzulehnen

Lieber Professor Gönnenwein!

Da ja auch Ihnen bekannt ist, daß ich die Politik, die von der DVP/FDP während der verwichenen Jahre in der Heimat betrieben wurde, oft genug kritisch, ja ablehnend beurteilt habe,[2] bin ich ungewiß, ob ein Wort von mir in der gegenwärtigen Situation mit einem Echo rechnen darf.

Aber ich würde mir ein Versäumnis zum Vorwurf machen müssen, würde ich Ihnen als Fraktionsvorsitzenden nicht ein ernstes Wort darüber sagen, daß ich den Antrag wegen der Festlegung der Regierung zu dem in Behandlung befindlichen

---

3 Altertümlicher Begriff für „Tagelöhner".
1 Hs. Vermerk: „*Vertraulich!*"; Paraphe von Klaiber vom 10. 4.
2 Vgl. beispielsweise die Kritik von Heuss an der Wahl Reinhold Maiers zum Ministerpräsidenten von Baden-Württemberg; Heuss an Maier, 26. 4. 1952, in: TH. HEUSS, Bundespräsident 1949–1954, S. 332–335; vgl. auch M. WEIPERT, Verantwortung, S. 13–19.

Saarabkommen vor dem baden-württembergischen Landtag mit dem Auftrag einer dezidierten Stellungnahme politisch wie staatsrechtlich für einen Unfug halte.[3]

Wohin wollt Ihr denn die Zuständigkeiten der Bundespolitik treiben? Das gab es schon einmal in der Zeit der Weimarer Republik, daß in Mecklenburg-Strelitz und anderwärts Dawespolitik parlamentarisch getrieben wurde.[4] Wenn alle Länder dieses anfangen, nachdem einige schon vorangestolpert sind zum Teil aus Wahlbedürfnis,[5] dann kann eine elastische Außenpolitik überhaupt kaum mehr betrieben werden wegen Vorwegnahme von „populär" gemachten Entscheidungen. Es ist wider allen Sinn einer Föderativgestaltung, daß die einzelnen Landtage auf dem Umweg über Parlamentsbeschlüsse ihren Regierungen bindende Stellungnahmen vorschreiben. Ich glaube, daß Reinhold Maier als Ministerpräsident das völlig abgelehnt hätte. Eine Regierung kann wegen ihrer Stellungnahmen im Bundesrat zur parlamentarischen „Verantwortung" gezogen werden. Aber das Verfahren, dem Ihr Euch anschließt, macht ja, wogegen ich schon im Jahre 1946 in Württemberg Verwahrung eingelegt habe,[6] eine Regierung zum interfraktionellen Dauerausschuss und entkleidet sie damit ihres eigenen selbständigen formenden Charakters.

Eure Begründung, daß Euer Antrag eine Stütze der Bundesregierung bei ihren Verhandlungen mit Frankreich darstellt, wird Euch von niemandem in der Öffentlichkeit abgenommen. Was damit gesagt werden will, ist natürlich auch mir klar, und ich habe selber in meinem politischen Leben oft genug in dem Sinn mitgewirkt oder angeregt, mit der Opposition eine gewisse Tonlage oder gewisse Argumente abzusprechen. Aber 1) spricht man so etwas ab, und dann verdirbt man 2) nicht die Möglichkeit einer Wirkung solcher Absprache dadurch, daß man sie vorher kommentiert, und 3) war Reinhold Maiers Polemik gegen den Kanzler, auf die ich jetzt inhaltlich gar nicht eingehen will, in den vergangenen Wochen so voller

---

3 Die FDP/DVP hatte am 13. 11. 1954 in den baden-württembergischen Landtag den Antrag eingebracht, dass der Landtag beschließen solle, die Landesregierung zu ersuchen, das Saarabkommen (vgl. Nr. 8, Anm. 12) im Bundesrat abzulehnen und in Neuverhandlungen die Zugehörigkeit des Saargebietes zu Deutschland zu sichern; Beilage 1020, in: LANDTAG VON BADEN-WÜRTTEMBERG, 1. Wahlperiode, Verzeichnis der Beilagen, Bd. 3, S. 1245; vgl. auch Nr. 8, Nr. 31; M. WEIPERT, Verantwortung, S. 26–29.

4 Der Dawes-Plan, den der Reichstag am 29. 8. 1924 annahm, machte die deutschen Reparationszahlungen von der wirtschaftlichen Leistungsfähigkeit abhängig und sah eine jährliche Belastung von einer Milliarde Goldmark, nach fünf Jahren von 2,5 Milliarden Reichsmark vor; vgl. S. A. SHUKER, End. Parlamentarische Initiativen in Mecklenburg-Strelitz gegen den Dawes-Plan ließen sich nicht ermitteln.

5 Große Teile der FDP und insbesondere Dehler, die bis 1953 Adenauers Außenpolitik vorbehaltlos unterstützt hatten, waren mit dem Saarabkommen nicht einverstanden, weil sie es als Preisgabe deutschen Territoriums verstanden. Im bayerischen Landtagswahlkampf Ende 1954 spitzte sich der Konflikt zwischen dem FDP-Landesvorsitzenden Dehler und Adenauer in dieser Frage zu; vgl. U. WENGST, Thomas Dehler, S. 254f.

6 In welchem Zusammenhang Heuss dies tat, ließ sich nicht ermitteln.

Spitzen,[7] daß niemand diese Spitzen als Stützen betrachten wird. Ihr seid im Begriff, wie mir scheint, staatspolitisch ein Verfahren einzuleiten, das, wenn es „Brauchtum" wird, dem bundesstaatlichen Funktionieren, von dem konkreten Fall ganz abgesehen, als Vorgang und Beispiel höchst abträglich wird.[8]

Mit guten Grüßen
Ihr Th. Heuss

Nr. 11
An Sir Winston Churchill, Premierminister des Vereinigten Königreichs, London
24. November 1954
Churchill Archives Centre, Cambridge, CHUR 2/422: hs. Schreiben, behändigte Ausfertigung; Kopfbogen: „Der Präsident der Bundesrepublik Deutschland"[1]
Glückwünsche zum 80. Geburtstag

Lieber Sir Winston,

zu der verehrenden Dankbarkeit, die Ihnen die englische Nation und die Völker des Britischen Commonwealth an Ihrem 80. Geburtstage bezeugen werden, tritt der bewundernde Respekt vor Ihrer geschichtlichen Leistung, den Ihnen jeder gerne erweisen wird, dem in diesen Zeiten der genormten Ideologien und der diskontierbaren Interessen der Sinn für die eigenwüchsige freie Persönlichkeit nicht verlorengegangen ist.[2] Es kann nicht der Sinn dieser Zeilen sein, Ihnen darzutun, wie sich das Bild Ihrer Erscheinung in diesem Halbjahrhundert für einen deutschen Menschen geformt, gewandelt und doch wieder bestätigt hat, der selber in früher Jugend den öffentlichen Dingen seines Vaterlandes zugewandt war und zugleich empfänglich blieb – oder doch glaubte, es zu bleiben – für alles original Gestalthafte, wo immer es ihm sichtbar wurde. So haben Sie, über das Wissen

---

7 Zur Kritik Maiers an dem außenpolitischen Kurs Adenauers vgl. K.-J. MATZ, Reinhold Maier, S. 441f.

8 Gönnenwein teilte die Kritik von Heuss und erreichte, dass der Antrag zurückgezogen wurde; vgl. Gönnenwein an Heuss, 12. 12. 1954, in: B 122, 2195.

1 Weitere Nachweise: B 122, 542: ms. Schreiben, Durchschlag mit mehreren englischen Übersetzungsfassungen; B 122, 201: ms. Schreiben, Entwurf mit Korrekturen; Churchill Archives Centre, Cambridge, CHUR 2/422: ms. Schreiben, Durchschlag; ms. Schreiben, englische Übersetzung.

2 Churchill war seit Oktober 1951 wieder Regierungschef; seine zweite Regierungszeit wurde allerdings von schweren Erkrankungen beeinträchtigt; er erlitt am 23. 6. 1953 einen Schlaganfall; vgl. P. ALTER, Winston Churchill, S. 255–270. Zur komplizierten Übergabe der Glückwünsche von Heuss vgl. die Unterlagen in: B 122, 542.

Abb. 3: Theodor Heuss, Winston Churchill, Clementine Churchill, Konrad Adenauer (v.l.n.r.) nach der Karlspreis-Verleihung im neuen Kurhaus von Aachen, 10. 5. 1956

und Erfahren hinaus, was jetzt eben Ihr Urteil, was Ihre Entscheidung, was Ihre Tat sei, die jugendliche Phantasie beschäftigt, und das ist durch all die verwegenen Paradoxien so geblieben, die das zwanzigste Jahrhundert als Weltgeschichte bevorzugt hat.

Ich nehme mir die Freiheit, Ihnen diese Empfindung einer hohen Achtung ohne alle historisch-kritisch abwägenden[3] Reflexionen auszusprechen. Sie gilt dem Manne, der die Kraft seines von alter Familiengeschichte reichen Vaterlandsgefühls immer in dem Wissen um eine europäische, um eine überkontinentale Verantwortung zu regulieren wußte, der nicht nur aktiv Handelnder, sondern in seinem Gestalterdrang auch Historiker wurde,[4] um als Deuter und Erzieher zu wirken, und der nicht bloß als Schriftsteller,[5] als Redner ein Beherrscher des sprachlichen Ausdrucks wurde, sondern die Muse zu sich einlud, die das innige

3 In der ms. Abschrift ergänzt: „politischen".

4 Churchill war Verfasser mehrerer historischer Werke, z. B. WINSTON CHURCHILL: The World Crisis 1911–1918, 5 Bde., London 1923–1931; DERS.: The Second World War, 6 Bde., London 1948–1954.

5 Churchill wurde 1953 der Nobelpreis für Literatur verliehen; vgl. P. ALTER, Winston Churchill, S. 64f.

Verhältnis zur Natur und ihrer farbigen Spiegelung im menschlichen Erfassen umhegt.

Mögen Ihnen Kraft und Gesundheit noch lange geschenkt sein, damit die Autorität Ihres geschichtlichen Namens, die Weisheit ihrer Erfahrung und jene wunderbare Verbindung von Nüchternheit und Phantasie fruchtbar bleiben für die den Staatsmännern gemeinsame Aufgabe, dem Frieden zu dienen, in dem [die] gehaltvollen Werte des Gewesenen bewahrt bleiben, um das Fundament zu bilden für ein freies und erfülltes Leben unserer Kinder und Enkel.[6]

Ihr Theodor Heuss

Nr. 12
An Wilhelm Keil, Landtagspräsident a. D., Ludwigsburg, Württemberg
24. November 1954

BArch, B 122, 2063: ms. Schreiben, Durchschlag, von Heuss diktiert (Diktatz. H/Bk) und ms. gez.; ms. Briefkopf: „Th. H."[1]

Staatliche Repräsentation als Pflicht; Staatsbesuch des äthiopischen Kaisers Haile Selassie; Freilassung Konstantin von Neuraths

Verehrter lieber Freund!

Schönen Dank für Ihren Mahnbrief vom 19. November.[2] Natürlich haben Sie vor allem in der Frage der Repräsentation im Entscheidenden recht, und Sie können sich denken, daß ich selber alles andere als ein Freund von dem Drum und Dran bin. Ich ärgere mich im Grunde genommen schon jedes Mal, wenn ich bei irgendeiner Beglaubigung oder bei einer Rangerhöhung von einem Gesandten zu einem Botschafter den Frack anziehen und brav mit Ordensband u. dgl. herumstehen

---

6 Churchill dankte Heuss am 1. 12. 1954 u. a. mit den Worten: „My feelings towards the great Nation at whose head you stand have always been admiring and, when circumstances did not dictate the contrary, friendly." B 122, 542. Aus Anlass des Besuches von Churchill in Bonn am 11. 5. 1956 nahm Heuss in seiner Tischrede Bezug auf diese Worte; vgl. Bulletin, Nr. 88, 15. 5. 1956, S. 833.

1 Hs. Az. I/16/00; Stempel: „Pers[önlichem] Ref[erenten] vorgelegen"; weiterer Nachweis: N 1221, 323: ms. Schreiben, Durchschlag.

2 Keil an Heuss, 19. 11. 1954, in: B 122, 2063. Anlässlich des Besuches von Haile Selassie kritisierte Keil den Repräsentationsaufwand: „Ich wollte darüber ulken, verzichte aber darauf." Es gäbe trotz des Wirtschaftswunders noch „hunderttausende Barackenbewohner, deren Zöglinge nur zu oft vor dem Richter erscheinen. Was man in Weimar an Repräsentation sich zu wenig leistete, das wird heute ganz allgemein, nicht nur in Bonn, übersteigert."

muß. Aber da unsere auswärtigen Partner mit Ausnahme der Schweiz immer ganz groß in diesen Dingen antreten, muß hier halt leidend mitgespielt werden.[3]

Aber Eure Auffassung, daß wir hier bei dem Kaiserbesuch auf große Angabe gespielt haben,[4] kann deshalb schon nicht stimmen, weil wir dazu gar nicht die Räume haben. Wir können in dem Bundespräsidentenhaus 60 oder 65 Leute unterbringen. Mehr geht gar nicht, so daß wir also an sämtlichen anderen Staaten gemessen schon aus Raumgründen zur Bescheidenheit gezwungen sind, wogegen ich nichts einzuwenden habe, weil es dann auch meistens ganz behaglich wird. Das, was heute das Ekelhafte [ist], ist die Anwesenheit der Bildberichter, die ich in Gottes Namen nicht herausschmeißen kann (was ich gern tun würde), weil auch die Leute von diesem Gewerbe leben. Ich habe einigermaßen erreicht, daß das Fotografieren nicht übertrieben wird und wir nicht lediglich die Objekte für Erwerbszwecke dieser Männer sind. Aber Sie können sich denken, das sage ich ganz ohne Bosheit, wie unser Freund Carlo Schmid[5] diese Sache genossen hat, und uns hat es selber Spaß gemacht, ihm hierfür Chancen der Mitwirkung zu geben, weil er ja in diesen Dingen etwas hinreißend Kindliches hat. Der äthiopische Kaiser ist ein Mann von Rang und Klugheit. Ich war etwas in Sorge, ob mir bei dem ja stundenlangen Zusammensein (ich musste ihn immer abholen und heimbringen, weil sich das so gehört) der Stoff ausgehen würde, aber es war eigentlich immer etwas los. Wir haben auch darüber gesprochen, daß er bei uns das nicht finden werde, was er in Paris und in Holland und in England vorher erlebt habe, und er hat es in seiner netten verständigen Art quittiert, daß er ja wisse, was wir durchgemacht haben. Das große gesellschaftliche Ereignis fand nämlich in einem Kino in Godesberg statt, wo es gar kein Foyer oder dergleichen gab, sondern wir ganz brav stundenlang sitzen mußten, und auch der nachfolgende Empfang war alles andere als eine „Entfaltung", sondern es war ein gräßliches Gedrücke und Gedränge.

Wir sind in Bonn, gemessen an dem, was sich dann in Düsseldorf und als Höhepunkt in dem unzerstörten prunkvollen Rathaus in Hamburg ergab, die absolut

3 Gegenüber Toni Stolper bezeichnete Heuss sich am 17. 10. 1958 als „Staats-Sklave im Frack"; TH. HEUSS, Tagebuchbriefe, S. 352.

4 Haile Selassie besuchte vom 8. bis 14. 11. 1954 die Bundesrepublik, was zu einem regelrechten Medienereignis wurde; vgl. F. GÜNTHER, Heuss auf Reisen, S. 76–78; Unterlagen in: B 122, 458. Keil meinte dazu: „Mein von der Ferne gewonnener Eindruck geht dahin, daß die festlichen Veranstaltungen aus diesem Anlaß das Maß erheblich überschritten, das in unserer Situation angebracht scheint." Wie Anm. 2. – In einer Korrespondenz mit Max Graf Solms verwies Heuss am 4. 10. 1956 darauf, dass zu Beginn die Monarchen von Äthiopien und Persien da waren, „die mit einem entsetzlich großem Gefolge" ankamen, so dass dadurch ein „gewisser Stil aufgezwungen" wurde, zumal die Leute vorher zum Teil in Paris oder auch in Holland gewesen seien; B 122, 366.

5 Carlo Schmid nahm als Vizepräsident des Deutschen Bundestages beim Besuch von Haile Selassie an den offiziellen Veranstaltungen teil, weil Bundestagspräsident Eugen Gerstenmaier abwesend war; vgl. auch Nr. 29, Anm. 4.

Abb. 4: Konrad Adenauer (l.) im Gespräch mit Theodor Heuss (M.) und Haile Selassi I., Kaiser von Äthiopien (2.v.r.) bei einem Empfang auf dem Petersberg, 9. 11. 1954

Bescheidenen gewesen. Sie müßten einmal in Hamburg sein, das galt für die sozialistische Zeit genauso wie für die bürgerliche, oder in Bremen, wo man traditionell die farbig befrackten Diener mit kurzen Hosen usf. beibehalten hat. Neben der Hamburger Repräsentation wirken wir völlig kleinbürgerlich.

Zur Neurath-Sache[6] dies: Ich kenne Neurath seit den Jahren 1919/20, wo ich ein paarmal in Berlin mit ihm zusammengewesen bin. Er war damals Gesandter

6 Über von Neurath meinte Keil, für Mitleid sei der Mann kein geeignetes Objekt. In Rom und in London habe er sich als verbissener Gegner der demokratischen Republik gegen die Politik Stresemanns erwiesen, für Papen sei er das außenpolitische Rückgrat gewesen, Hitler habe er salonfähig gemacht und sich auch noch in Prag an ihn geklammert. Wenn ein solcher Mann festlich empfangen werde, dann dürfe man sich nicht wundern, dass ein SS-General mit einem Fackel-

in Kopenhagen; in den späteren Jahren in Rom, London usf. bin ich ihm nie mehr begegnet. Aber sein Schicksal ist neben dem des Straßburger Oberbürgermeisters Dr. Robert Ernst[7] dasjenige, das in den verwichenen Jahren uns individuell am stärksten beschäftigt hat. Verhandlungen mit der Familie und unendlich viele Briefe von der württembergischen Kirche, von württembergischen Industriellen, verhandelnde Gespräche mit McCloy und mindestens drei oder vier Verhandlungen mit François-Poncet,[8] dem die Situation des Mannes, mit dem er gesellschaftlich verkehrt hatte, auch sehr auf die Nerven gegangen ist. Wir hatten vorübergehend erreicht, daß dieses alle halbe Stunde nachts von einer Jupiterlampe Angestrahltwerden aufhörte, aber es ist dann doch wieder in den Russenwochen eingeführt worden. Das ist das, woran ich dachte, als ich von dem Martyrium in meinem umstrittenen Brief gesprochen habe.[9]

Der Vorgang als solcher ist – aber das ist natürlich nur für Sie persönlich bestimmt – verhältnismäßig ganz einfach: Als ich am Sonntag früh von seiner Freilassung las, las ich auch eine Depesche, die der Bundeskanzler geschickt hatte;[10] ob die von der Baden-Württembergischen Regierung schon dabei war,[11] weiß ich im Augenblick nicht. Das hat mich veranlaßt, gerade mit dem Blick auf Württemberg,[12] an Neurath einen Brief zu schreiben, der als privater Brief gedacht und konzipiert war und für den ich einen fast familiären Ton gewählt hatte.[13] Er hat dann hier im Hause eine so freundliche Aufnahme gefunden, daß man mir vorschlug, ihn doch an die Öffentlichkeit zu geben, weil es in Württemberg nach all den zahllosen Schreiben, die meine Situation völlig verkannten, etwas ungeschickt gewirkt hätte, wenn die Leute gefragt hätten: Was sagt denn der Heuss dazu?

Wer auf die Idee kommt, was also zum Teil auch im Ausland geschah und dann auch in deutschen Briefen stand, die ich bekommen habe, daß das eine poli-

---

zug begrüßt, dass das Horst Wessel-Lied gesungen und der Badenweiler Marsch gespielt wird. Die in Nürnberg Verurteilten würden heute in vielen Augen als unschuldige Opfer der Sieger gelten; wie Anm. 2.

7 Schon 1953 hatte sich Heuss für Ernst eingesetzt; vgl. Heuss an Albert Schweitzer, 10. 11. 1953, in: TH. HEUSS, Bundespräsident 1949–1954, S. 497–499. Nach Freilassung von Ernst aus französischer Haft im Januar 1955 bemühten sich Heuss und Bott darum, dass er für den Posten eines Oberbürgermeisters von Heidelberg kandidiere, was aber nicht geschah; vgl. Heuss an Gönnenwein, 14. 3. 1958, in: N 1221, 137. Ferner unterstützte Heuss ihn bei der Klärung seiner Versorgungsansprüche nach Art. 131 GG; B 122, 2058.

8 Vgl. Nr. 7, Anm. 2.

9 Vgl. Nr. 7.

10 Adenauers Schreiben an von Neurath vom 6. 11. 1954 war zurückhaltender als der Brief von Heuss abgefasst, wurde von der ausländischen Presse jedoch auch kritisiert; vgl. K. ADENAUER, Briefe 1953–1955, S. 181; Unterlagen in: BArch, B 305, 158.

11 Telegramm von Gebhard Müller im Namen der Landesregierung von Baden-Württemberg an Neurath, 8. 11. 1954, in: BArch, N 1310, 58.

12 Neurath stammte wie Heuss aus Württemberg.

13 Vgl. Nr. 7.

tische Stellungnahme sei, dem ist nicht zu helfen.[14] Die offizielle Vertretung der deutschen Juden hat mir einen offiziellen Brief geschrieben, in dem sie die Stimme eines jüdischen Kongresses in London ausdrücklich ablehnt und mir mitteilt, daß sie meine Äußerung versteht.[15] Ich habe an sich die Empfindung, daß derjenige, der gegen die Gemeinheiten im KZ sich empört hat, die Gemeinheiten eines Strafvollzuges, wie er in Spandau stattfindet, nun nicht einfach billigen darf, weil die Menschen dort politisch Verbrecherisches getan oder hingenommen haben. Die Sache selber wird nach meiner Meinung in ein paar Wochen völlig vergessen sein. Was ich von Neurath weiß, ist, daß er mit unter dem Einfluß einer sehr ehrgeizigen Frau die Prager Sache mitgemacht hat.[16] Ich selber habe nach der intellektuellen Seite nach der frühen Begegnung über ihn nie eine positive Meinung gehabt. Im Grunde war er unbegabt,[17] aber durch seine guten Formen empfahl er sich zumal für Hindenburg.[18]

Hier haben wir einen etwas überstarken Betrieb hinter uns und leider auch noch einigen vor uns. Aber der Besuch von Herbert Hoover[19] freut mich, da ich von ihm auch nach der menschlichen Seite viel Gutes weiß.

Mit herzlichen Grüßen
wie immer Ihr

Th. Heuss

Nr. 13
An Dr. Herbert Grabert, Tübingen
25. November 1954

BArch, B 122, 352: ms. Schreiben, Durchschlag, von Heuss diktiert (Diktatz. H/Bk) und ms. gez.; ms. Briefkopf: „Th. H.“[1]

Auseinandersetzung mit Herbert Grabert wegen Rehabilitierung belasteter Hochschullehrer durch Ausführungsgesetz zu Art. 131 GG; Beziehung zu Martin Rade und Friedrich Naumann

---

14 Vgl. Nr. 7, Anm. 3.

15 H. G. van Dam an Heuss, 16. 11. 1954; Heuss an van Dam, 20. 11. 1954, beide in: B 122, 649.

16 Vgl. Nr. 7, Anm. 2.

17 So auch Heuss an Paul Sethe, 13. 11. 1954, in: N 1221, 323; vgl. auch Nr. 8, Anm. 11.

18 Gemeint die Ernennung von Neuraths zum Außenminister im Kabinett von Papen durch Reichspräsident Paul von Hindenburg 1932; vgl. Nr. 7, Anm. 2.

19 Tischrede von Heuss aus Anlass des Besuches von Hoover, 23. 11. 1954, in: Bulletin, Nr. 220, 24. 11. 1954, S. 2021.

1 Az. I/21/08; Stempel: „Pers[önlichem] Ref[erenten] vorgelegen“; weiterer Nachweis: N 1221, 323: ms. Schreiben, Durchschlag.

Sehr geehrter Herr Dr. Grabert!

Die Beantwortung Ihres Briefes[2] hat sich verzögert, weil ich in den letzten vierzehn Tagen sehr stark beansprucht gewesen bin. Ich darf, ja vielleicht ich muß Ihnen ein paar Worte zu Ihrem Brief und auch zu dem Aufsatz[3] sagen, den Sie mir freundlicherweise gesandt haben.

Gleich der erste Satz in Ihrem Brief ist eine Verschiebung der Situation, wenn Sie schreiben, ich hätte Sie wegen Ihrer Arbeit für die 131-Hochschullehrer angegriffen und diffamiert.[4] Das ist mir gar nicht eingefallen, sondern nur die Art, wie Sie diese Arbeit angefaßt haben, habe ich wie vor Jahren so auch dieses Mal

---

2 Grabert, geschäftsführender Vorsitzender des „Verbandes der nicht-amtierenden (amtsverdrängten) Hochschullehrer", an Heuss, 9. 11. 1954, in: B 122, 352. Grabert, 1939 der NSDAP beigetreten und im Zweiten Weltkrieg in Alfred Rosenbergs Reichsministerium für die besetzten Ostgebiete tätig, wurde 1945 verhaftet und verlor seine Dozentur an der Universität Würzburg. Ein Spruchkammerverfahren stufte ihn als „Mitläufer" ein, wodurch er u. a. die Lehrbefugnis verlor. Seit 1953 gab er die „Mitteilungen für den 131er-Hochschullehrer", seit 1955 die „Deutsche Hochschullehrer-Zeitung" heraus. Er war als Verleger tätig und gründete den rechtsextremen Grabert-Verlag. – Art. 131 GG gab dem Gesetzgeber den Auftrag, eine Lösung für die nach 1945 durch die Säuberungen der Alliierten entlassenen Staatsbediensteten zu suchen: „Die Rechtsverhältnisse von Personen einschließlich der Flüchtlinge und Vertriebenen, die am 8. 5. 1945 im öffentlichen Dienste standen, aus anderen als beamten- oder tarifrechtlichen Gründen ausgeschieden sind und bisher nicht oder nicht ihrer früheren Stellung entsprechend verwenden werden, sind durch Bundesgesetz zu regeln." Am 10. 4. 1951 nahm der Bundestag das „Gesetz zur Regelung der Rechtsverhältnisse der unter Artikel 131 des Grundgesetzes fallenden Personen" einstimmig an, das die Wiedereingliederung von Beamten, die in Entnazifizierungsverfahren nicht als hauptschuldig oder belastet eingestuft worden waren, in den Staatsdienst vorsah und ihre Versorgungsansprüche anerkannte; vgl. U. WENGST, Beamtentum, S. 152–222; zu den vergangenheitspolitischen Aspekten vgl. N. FREI, Vergangenheitspolitik, S. 69–100.

3 Grabert hatte seinem Schreiben an Heuss vom 9. 11. 1954 (wie Anm. 2) Anmerkungen zu einer Rede von Heuss auf der Hochschullehrertagung in Frankfurt a. M. am 28. 7. 1954 beigefügt. Dort hatte Heuss in Anspielung auf Grabert u. a. kritisiert: „Ich will jetzt nicht von den sog. Amtsverdrängten sprechen. Wie diese Sache vor ein paar Jahren publizistisch angefaßt wurde, ist die Regelung verdorben worden. [...] Das Empörende oder Dumme war damals, so zu tun, als ob die sog. Demontage der Wissenschaft durch die Besatzungsmächte erfunden worden sei [...]. Von der Professorenverjagung von 1933, von ihrer Entrechtung, ob es sich um jüdische Menschen handelte oder um Leute wie Radbruch, Walter Goetz und viele Jüngere, war überhaupt nicht die Rede. Ich versage mir – es wäre taktlos – eine Untersuchung darüber anzustellen, über das Qualitätsproblem von 1945 und 1933." B 122, 236. Die Anmerkungen von Grabert zu dieser Rede ließen sich nicht ermitteln.

4 Vgl. Anm. 2. Grabert hatte bereits seit 1951 mehrfach an das BPrA geschrieben und u. a. einen „Notruf zur Herstellung des Rechtes und des Friedens im deutschen Hochschulwesen" übersandt. 1952 hatte er eine Schrift „Hochschullehrer klagen an" verfasst, die Heuss im Rahmen einer Ansprache vor dem Stifterverband in Wiesbaden am 28. 4. 1953 – ohne Grabert zu erwähnen – als „schmissiges Pamphlet" bezeichnet hatte, das wenig zur Problemlösung beitrage; B 122, 228. Daraufhin beklagte sich Grabert am 2. 5. 1953 gegenüber Heuss, dass sich die Entlassungen aus den Hochschulen 1933 „zu der in der Geschichte des deutschen Hochschulwesens einmalig dastehenden Personalkatastrophe von 1945 gesteigert haben. Denn 1945 wurden 4,5 mal soviel Hochschullehrer aus ihrem Amte verdrängt wie 1933"; B 122, 352.

als höchst abträglich charakterisiert. Daß ich ein Wort darüber sprach, war nicht, wie Sie offenbar meinen, das Bedürfnis eines Politikers, der sich geärgert hat. Ich habe zu diesen Gemütsbewegungen ein verhältnismäßig geringes Talent. Ich mußte aber ein Wort dazu sagen, da ich in die Sache seinerzeit mit eingegriffen hatte.[5]

Das „Empörende oder Dumme", was Sie so sehr beanstanden,[6] bezieht sich, wie Ihnen doch jede klare Überlegung sagen müßte, gar nicht auf den Kampf als solchen, sondern auf die Ebene, von der aus er geführt wurde, und auf die Tonlage, deren Sie sich dabei bedient haben. Es war mir nun ganz interessant, daß Sie eine Berichtigung meiner Auffassung also gegeben haben und meinen, daß der „erneut öffentlich geschmähte"[7] Verfasser der Schrift[8] die Vorgänge nach 1933 historisch und sachlich zutreffend als Unrecht darstellte. Sie waren so freundlich, darauf hinzuweisen, wo das geschehen ist, und ich habe mir dann die Neu-Auflage[9] besorgt und in der Tat festgestellt, daß einiges über die Situation von 1933 gesagt worden ist. Ich darf daraus fast annehmen, daß mein Tadel von ehedem in der Wiesbadener Rede[10] eigentlich ganz fruchtbar gewesen ist. Nämlich in der ersten Auflage, die mir vorlag, haben Sie davon nichts gesagt, und es ist, verzeihen Sie, eine leichte Unredlichkeit, so zu tun, als ob der Tatbestand von mir kontrolliert bzw. nachkontrolliert werden könne, wie gerecht Sie die Dinge darstellen. Hätten Sie nämlich das in Ihrer ersten Auflage gesagt, wäre ich vielleicht gar nicht auf den Gedanken gekommen, von Ihrer Schrift zu handeln. Das aber nenne ich nun eben das „Empörende und Dumme", daß Sie das damals unterlassen haben, und jetzt ist es ja nun für die Leser, die sich für die Geschichte nicht weiter interessieren, so, als ob ich wider besseres Wissen losgegangen wäre. Mich selber stört das nicht allzusehr. Aber ich möchte Sie nur darauf aufmerksam gemacht haben, daß ich diesen Trick von Ihnen bemerkte.

---

5 Schon in seiner Silvesteransprache 1950, also wenige Monate vor Verabschiedung des Gesetzes zu Art. 131, hatte Heuss dafür plädiert, dass die „sog. ‚*Diskriminierung*' […] von dem deutschen Berufssoldaten genommen werde, der, im guten Typus, sein Berufsethos so gut vertrat wie der gute Typus auf der anderen Seite." TH. HEUSS, Politiker, S. 404. Damit sprach Heuss die geforderte Rehabilitierung ehemaliger Wehrmachtsangehöriger an, die im Zuge des Gesetzes zu Art. 131 erfolgen sollte; vgl. N. FREI, Vergangenheitspolitik, S. 76–79.

6 Zitat aus der Rede von Heuss vor der Hochschullehrertagung am 28. 7. 1954; vgl. Anm. 3.

7 Vermutlich Bezug auf die Anmerkungen von Grabert zu der Frankfurter Rede von Heuss; vgl. Anm. 3.

8 HERBERT GRABERT: Hochschullehrer klagen an. Von der Demontage deutscher Wissenschaft, Göttingen 1952; vgl. Anm. 4.

9 1954 erschien die 3. erweiterte Auflage von H. GRABERT, Hochschullehrer. Dort hatte Grabert Heuss im Vorwort ironisch gedankt: „Ich habe dem Herrn Bundespräsidenten Professor Dr. Heuß für sein Wort zu danken: ‚Die Wissenschaftspflege darf nicht in den Bereich des politischen oder persönlichen Ressentiments gezerrt werden.'"; ebd., S. 7.

10 Vgl. Anm. 4.

Ich habe Ihnen ja vor etwa 1½ Jahren einmal einen großen Brief geschrieben.[11] Seinerzeit, als die Frage in die Diskussion kam, hat ja das Problem noch gar nicht die Rechtsumschreibung der 131 gehabt, sondern die Frage lag wesentlich auf der Ebene der akademischen Autonomie, für die ich mich immer eingesetzt habe, gut genug wissend, daß es dort wie in allen Dingen menschlich zugehen kann. Es ist etwas überraschend, daß Sie meine Bemerkung, daß ich das Qualitätsproblem von 1945 und 1933 nicht erörtern will,[12] auch als eine „Aggression" empfinden. Es ergibt sich daraus, daß Sie bei jeder Bemerkung von mir eine unverbesserliche Absicht sehen. Das kann mich selber nicht allzusehr stören, da ich in diesen Dingen schon lange, ehe dieser Konflikt losging, mich bemüht habe, wo ich Einsicht fand und wo ich Möglichkeiten der Hilfestellung hatte, Hilfe zu gewähren. Ich bin nur außerordentlich zurückhaltend in den Fällen, wo es sich um Staatsrechtler, Neuhistoriker und sogenannte Philosophen handelt, weil ich hier das Problem der Glaubwürdigkeit, von dem ich Ihnen schon einmal sprach, als sehr wesentlich, zumal für seminaristische Zusammenarbeit, halte.

Es war sicher nicht recht klug von Ihnen, mich mit dem Admiral Hansen zu konfrontieren. Ich darf mich, wenn Sie mir das gestatten, dessen berühmen, daß ich als erster deutscher Publizist im Winter 1947 in einem großen Aufsatz für die Pensionsrechte der Offiziere eingetreten bin,[13] der dann, wie mir wiederholt von Generalen erzählt wurde, in einer Vervielfältigung durch die Interniertenlager lief, wo man dafür dankbar war, daß sich hier eine Stimme für ihren Rechtsanspruch erhoben hatte, freilich mit der Einschränkung, daß die Massenhaftigkeit der Beförderungen ähnlich wie nach 1806 bestimmte Begrenzungen in der finanziellen Feststellung nach sich ziehen werde. Als im Jahre 1949 die neugegründete Bundesregierung ihre Regierungserklärung abgab, habe ich dafür gesorgt, daß gerade das Recht der Offiziere und auch der früheren Berufssoldaten mit in die Regierungserklärung hereingekommen ist.[14] Ich habe schon aufgrund meines Aufsatzes aus dem Jahre 1947 mit dem Admiral Hansen sowohl schriftlich wie mündlich Verhandlungen gehabt und war in all den Jahren bis zu meiner Bundespräsidentenzeit in dieser Frage tätig gewesen. Nur als Admiral Hansen zwischendurch in seiner Ungeduld einen, wie ich nicht anders sagen kann, anmaßenden Brief ge-

---

[11] Heuss an Grabert, 5. 6. 1953, in: B 122, 352 (Umfang von sechs Seiten).

[12] Vgl. Anm. 3.

[13] THEODOR HEUSS: Pensionen für Offiziere?, in: RNZ, 4. 3. 1948, abgedruckt in: TH. HEUSS, Politiker, S. 346–349; vgl. auch Heuss an Blücher, 2. 7. 1948, in: TH. HEUSS, Erzieher, S. 380–382.

[14] Ein Mitwirken von Heuss an der Regierungserklärung vom 20. 9. 1949 ließ sich nicht nachweisen. Darin heißt es: „Es wird notwendig sein, sobald wie möglich auch die Frage der Pensionen der vertriebenen Beamten und der ehemaligen Militärpersonen durch Bundesgesetz zu regeln." VERHANDLUNGEN DES DEUTSCHEN BUNDESTAGES, 1. Wahlperiode, Bd. 1, S. 22–30, hier S. 26.

schrieben hat, habe ich ihm nach meiner Art einen deutlichen Brief geschrieben,[15] und seitdem ist die persönliche Beziehung nicht mehr hergestellt.

Der Sinn Ihrer Bezugnahme auf Martin Rade ist mir nicht ganz deutlich.[16] Offenbar bin ich von ihm wie von Naumann irgendwie abgefallen, denn, wie Sie „sehr genau wissen", bin ich heute nicht mehr der, der ich einmal war. Nun stand ich selber mit Rade auf einem guten, aber wegen der Verschiedenheit unserer Naturen eigentlich nie auf einem vertrauten Fuß, und er hat für das innere Wachstum meiner Jugend wenig bedeutet. Es war Naumann, der mich geistig und menschlich geprägt hat. Er wäre wohl etwas erstaunt gewesen über die Auseinandersetzung zwischen uns. Aber er, der auch gegenüber manchen ihm ehedem nahe stehenden Freunden hart sein konnte, hätte sie nie sentimental gesehen (wie Rade), sondern den sachlichen Sinn meiner Motive völlig erspürt und anerkannt.

Mit einem gewissen heiteren und doch auch erstaunten Auge habe ich gesehen, daß Sie in Ihrer 3. Auflage mir einen Dank aussprechen,[17] dessen intimen Hohn der Neuling in diesen Dingen nicht erkennt, und mich im Vorwort dann neben die Herren Koellreutter und Kisskalt[18] stellen. Alles, was ich in dem Wort gesagt habe, bleibt bestehen. Daß Sie mich nach dem Vorangegangenen dort zitiert haben, nehme ich Ihnen nicht weiter übel. Im jüdischen Jargon pflegt man solche Unbefangenheit Chuzpe zu nennen. Vielleicht ist Ihnen als Soziologen dieser Begriff schon einmal begegnet.[19]

Hochachtungsvoll Th. Heuss

[15] Vgl. Heuss an Hansen, 22. 12. 1950, in: TH. HEUSS, Bundespräsident 1949–1954, S. 195.

[16] Grabert hatte Heuss geschrieben, dass er – anders als bei Heuss – bei Naumann und Rade, „meinen väterlichen Freunden, unter allen Zeitumständen Gehör gefunden hatte. Denn sie waren das, was Sie, Herr Bundespräsident, heute nicht mehr sind, jedoch, wie ich sehr genau weiß, einmal waren." Wie Anm. 2.

[17] Vgl. Anm. 9.

[18] Heuss hatte im Mai 1953 sowohl mit Otto Koellreutter als auch mit Wilhelm Kisskalt korrespondiert, die die Arbeit von Grabert verteidigten; B 122, 352.

[19] Grabert antwortete am 6. 12. 1954 mit einem umfassenden Schreiben und bat um den Empfang einer Delegation; B 122, 352. Heuss reagierte am 10. 12. 1954 mit einem von Bott gez. Schreiben, in dem er einen weiteren Briefwechsel und einen Empfang ablehnte; ebd.

Nr. 14
An Prof. Dr. Helmut Gollwitzer, Bonn
28. November 1954
BArch, B 122, 2060: ms. Schreiben, Durchschlag, von Heuss diktiert (Diktatz. H/Bk) und ms. gez.; ms. Briefkopf: „Th. H.“[1]
Dank für ein Buch über den Widerstand gegen den Nationalsozialismus

Lieber Professor Gollwitzer!

Das Buch,[2] in dem die Dokumente gesammelt sind, aus denen das Menschentum und die Glaubenskraft von Opfern des „Widerstandes“ zu uns sprechen, habe ich mit tiefer Bewegung gelesen. Ich denke, es ist eine der wichtigsten Gaben, die jetzt den Deutschen gereicht werden. Ein Doppeltes hat mich so stark berührt: es sind Briefe oder Aufzeichnungen ganz frei von dem bewußt Zweckhaften, das doch schier aller zum Druck beförderten „Literatur“ anhaftet – das gibt, zumal in den Abschiedsbriefen an die Nächsten, das unverstellt Menschliche. Und dann: durch das gedrängt Aktuelle, Vernehmung, Verurteilung, erwartete Hinrichtung, waltet der Atem einer ergreifenden Zeitlosigkeit, der Einbruch des Ewigen. Natürlich hat dies Buch auch eine moralisch-„politische“ Aufgabe, der Trägheit der Herzen zu wehren – aber seine innerste Kraft nährt sich aus tieferen Quellen.

Ich finde es gut und richtig, daß die Herausgeber in einigen Dokumenten über die Menschen deutscher Herkunft hinausgriffen.

Ihr Th. Heuss

1 Weiterer Nachweis: N 1221, 323: ms. Schreiben, Durchschlag.

2 Helmut Gollwitzer / Käthe Kuhn / Reinhold Schneider (Hg.): Du hast mich heimgesucht bei Nacht. Abschiedsbriefe und Aufzeichnungen des Widerstandes 1933–1945, München 1954; zur Beziehung von Gollwitzer zur Familie Heuss vgl. H. Bott / H. Leins, Begegnungen, S. 419–425.

Nr. 15
An Dr. Konrad Adenauer, Bundeskanzler, Bonn
1./2. Dezember 1954
StBKAH, III/47: ms. Schreiben, behändigte Ausfertigung; Kopfbogen: „Der Präsident der Bundesrepublik Deutschland"[1]
Kritik an politischen Äußerungen des Ausbildungsleiters des Bundesgrenzschutzes

Verehrter Herr Bundeskanzler!

Wenn Sie von Berlin zurück sind,[2] werden wir uns wohl bald sprechen können.[3]

Heute muß ich Ihnen aber ein paar Zeilen schreiben, um einen Groll loszuwerden, was freilich wenig christlich ist, weil ich Sie wahrscheinlich damit auch nicht erfreuen werde.

Vor ein paar Tagen hat der Bundesgrenzschutz im Bayerischen große „Manöver" abgehalten – ich unterstelle einmal, daß das auch für diese Art von quasi-militärischen Formationen heute notwendig ist, weil ja Nachrichtenwesen, Bewegungstechnik und dergleichen ein verbands- oder gruppenmäßiges Operieren zur Überprüfung der Ausbildung erfordern.

Ich erfahre im zufälligen Gespräch,[4] daß man dazu auch, obwohl es ja eigentliche „Militärattachés" bei den ausländischen Vertretungen nicht gibt, aus diesem Bezirk Gäste eingeladen hat – das gehört, wie ich vermute, in das Kapitel der sogenannten „Angabe", die ja eine Traditionskrankheit in diesem Lebensbereich darstellt, denn es ist sehr unwahrscheinlich (was man vielleicht sagen wird): die Gäste mögen ein Bild bekommen, wie ungenügend die Waffen seien und dergleichen.

Doch deshalb schreibe ich nicht. Ich las aber in der Presse, daß der Chef der Ausbildung, Herr Matzky, den ich bei ein oder zwei Begegnungen glaubte als einen einsichtigen Mann kennengelernt zu haben, Erklärungen abgab, der Grenzschutz müsse auf 60.000 Mann erhöht werden. Mag er das – ich will über Notwendigkeit oder Zwecklosigkeit jetzt kein Wort verlieren. Aber wie kommt Herr Matzky dazu, solche Erklärungen abzugeben, und dies in einem Augenblick, wo

---

1 Empfängervermerk: „Hat dem Herrn Bundeskanzler vorgelegen"; unten auf S. 2 neben der Zeichnung hs. Notiz von Heuss: „Bitte Bl[att] 3 noch beachten"; weitere Nachweise: N 1221, 323: ms. Schreiben, Durchschlag; B 122, 31271: ms. Schreiben, Durchschlag und hs. Schreiben, Entwurf; Druck: TH. HEUSS / K. ADENAUER, Unserem Vaterlande zugute, S. 165f.

2 Adenauer hielt sich am 3./4. 12. 1954 in Berlin auf anlässlich der Wahlen zum Berliner Abgeordnetenhaus am 5. 12. 1954; vgl. TH. HEUSS / K. ADENAUER, Unserem Vaterlande zugute, S. 414, Anm. 1 zu Nr. 130.

3 Am 6. 12. 1954; vgl. K. ADENAUER / TH. HEUSS, Unter vier Augen, S. 152–154.

4 Möglicherweise beim Presseball in Bonn am 27. 11. 1954; vgl. Dienstkalender, in: N 1221, 482.

in Frankreich, wo in England, wo auch in – Deutschland Strömungen antisoldatischer Natur zurückgedrängt bleiben müssen![5] Herr Matzky wollte der Regierungspolitik gewiß keine Schwierigkeiten machen – wollte er es, so hätte er schwerlich ein erfolgreicheres Verfahren dazu wählen können.

Sie werden, denke ich, diese meine Auffassung teilen, daß derlei vom Staatlichen her gesehen schlechterdings eine *Unmöglichkeit* ist. Ich bitte Sie, die Form zu finden, in der diese Auffassung den leitenden Herren des Bundesgrenzschutzes mit aller Eindeutigkeit zum Bewußtsein gebracht wird.[6] Diese Herren haben keine öffentlichen Erklärungen von politischer Relevanz abzugeben oder doch nur, wenn sie dazu ermächtigt sind.

Meine Reaktion auf diesen Vorgang mag übertrieben heftig sein – aber wir dürfen ihn wohl nicht bloß mit einem nachsichtigen Achselzucken betrachten. Denn damit ist ein Präzedenzfall hingenommen, der ein lästiges und schließlich gefährliches „Brauchtum“ nach sich zieht.[7]

Mit freundlichen Grüßen
Ihr Theodor Heuss

Nachschrift[8]
Den gestern verfaßten Brief lasse ich unverändert – er hat in seiner Besorgtheit inzwischen, wie ich heute früh sah, durch eine Demarche von François-Poncet eine zwar sehr ärgerliche, aber eigentlich nicht erstaunliche Bestätigung erfahren.[9]

Wir wollen Offiziere, die selber keine Politik „machen“, aber doch wenigstens bescheidene Vorstellungen von Politik besitzen. Ich nehme an, sie werden alle von ihrer fachlichen Verantwortung sprechen. Das mögen sie dann Ihnen oder mir erzählen, aber nicht sich damit breit tun.

5 Gemeint sind die Proteste gegen die Wiederbewaffnung.
6 Korrespondenz dazu ließ sich nicht ermitteln.
7 Das Bundesinnenministerium dementierte die Aussage von Gerhard Matzky am 3. 12. 1954: Matzky habe keine Verstärkung des Grenzschutzes auf 60.000 Mann gefordert, sondern nur erläutert, dass zum Schutz gegen einen Angriff der DDR-Volkspolizei etwa 60.000 Mann notwendig wären; vgl. den Artikel „Matzky falsch verstanden“, in: FAZ, 4. 12. 1954.
8 Datiert unter dem 2. 12. 1954.
9 François-Poncet hatte in einem Brief an den Bundeskanzler „sein Erstaunen über Erklärungen zum Ausdruck gebracht, die General Matzky nach den Bundesgrenzschutzmanövern abgegeben hatte“; Artikel „Erstaunen über Matzky“, in: FAZ, 3. 12. 1954.

Nr. 16
An Dr. Gerhard Schröder, Bundesminister des Innern, Bonn
2. Dezember 1954
BArch, N 1221, 323: ms. Schreiben, Durchschlag, von Heuss diktiert (Diktatz. H/Sch) und ms. gez.; ms. Briefkopf: „Theodor Heuss“ [1]
Koordinierung der Zuständigkeiten für Lärmschutz, insbesondere in der Textilindustrie

Sehr geehrter Herr Bundesminister!

Als ich mir vor einigen Wochen in Frankfurt beim Bundeskongreß des DGB[2] eingehend die Ausstellung betrachtete, interessierten mich vor allem die Versuche der Schallbekämpfung in den Betrieben. Denn jede Besichtigung von Fabrikhallen, zumal von Spinnerei- und Webereisälen, hinterläßt bei mir ein gräßliches Gefühl der nervlichen Überforderung der in diesen Sälen arbeitenden Menschen.

Als ich dann ein paar Wochen später eine Ansprache bei der Deutschen Forschungsgemeinschaft zu halten hatte, machte ich einige Bemerkungen über diese Dinge.[3]

Das hat nun die Wirkung gehabt, daß ich eine ganze Anzahl zum Teil seltsamer Briefe bekam, dann aber auch ein Schreiben des Direktors des Max-Planck-Instituts für Arbeitsphysiologie in Dortmund, Herrn Prof. Dr. Gunther Lehmann.[4]

Ich ließ mir von Herrn Prof. Lehmann und dem Dortmunder Stadtdirektor Dr. Hillmann auf ihren Wunsch einen Bericht über die Fragestellungen und die Arbeitsleistungen des Instituts geben. Aus der Unterhaltung ergab sich, daß in einer zusammenfassenden Organisation, in der behördliche und private Kräfte sich begegnen, die Arbeit systematisiert wird. Ich hatte den Herren schon gleich am Anfang vorbeugend gesagt, daß ich selber wohl die Fragestellung in den ver-

---

1 Das Schreiben ging entsprechend der Anschriftenzeile „je gesondert“ auch an die Bundesminister für Wirtschaft (Ludwig Erhard), für Arbeit (Anton Storch), für Verkehr (Hans-Christoph Seebohm) und für Wohnungsbau (Victor-Emanuel Preusker).

2 Heuss war am 4. 10. 1954 beim 3. Ordentlichen Bundeskongress des DGB in Frankfurt a. M. gewesen und besichtigte im Rahmen dieses Besuches eine Ausstellung über Arbeitsschutz. Unter Bezugnahme auf diesen Besuch übernahm er auf Bitten des DGB 1955 die Schirmherrschaft über einen Deutschen Kongress für Arbeitsschutz und Arbeitsmedizin in München; vgl. Heuss an den DGB, 9. 2. 1955, in: B 122, 2260; vgl. auch Nr. 4.

3 Heuss hatte am 21. 10. 1954 bei der Einweihung eines Hauses der DFG in Bad Godesberg gesprochen; B 122, 238. Unter Berufung auf diese Rede, in der Heuss gesagt hatte, um der Menschen willen wäre ihm das „Fertigwerden mit den Schallwellen“ wichtiger gewesen als die Erfindung des Fernsehens, bat der Verlag für angewandte Wissenschaften, Baden-Baden, im August 1956 um ein Grußwort für eine geplante Zeitschrift „Lärmbekämpfung“. Heuss lehnte jedoch aus grundsätzlichen Erwägungen ab; B 122, 596.

4 Ließ sich nicht ermitteln; Lehmann war zugleich Vorsitzender des Deutschen Arbeitsrings für Lärmbekämpfung.

schiedensten Beziehungen für überaus wichtig halte, aber keine Gelder dafür zur Verfügung stellen könne, was sie, wie sie mir versicherten, auch nicht erwarteten. Aber sie fragten mich, ob ich nicht bei einigen der zentralen Bundesbehörden, mit denen zum Teil ja jetzt schon eine förderliche Gemeinschaftsarbeit vorliege, darauf hinweisen könne, daß eine wenn auch bescheidene Etatisierung durch verschiedene Ministerien eine Sicherung für die Entwicklung der Dinge bringen könne.

Ich bat Herrn Prof. Lehmann, mir einmal einen Aufschrieb zu machen, in dem dargestellt wird, in welchen Grenzen der Finanzbedarf sich hält.[5] Diesen Brief[6] habe ich photokopieren lassen und erlaube mir, ihn Ihnen zuzusenden, weil ich mir vorstellen könnte – das war auch ein Thema in unserer Unterhaltung gewesen –, daß die Sachreferenten in den angesprochenen Ministerien sich einmal zusammensetzen und überlegen könnten, ob sie den Herrn Ministern eine systematische Kooperation empfehlen können.

Ich selber bin ja in diesen Dingen kein Fachmann und vermag auch in die Materie nicht zu tief einzusteigen, aber ich möchte Ihnen den Brief einmal vorlegen, umso mehr als mich das Problem von der sozial-hygienischen Seite her seit vielen Jahren immer wieder beschäftigt.[7]

Mit freundlichen Grüßen
Ihr Th. Heuss

1 Anlage

---

5 In einem Schreiben vom 15. 11. 1954 an Lehmann hatte Heuss um einen Besprechungstermin am 20. 11. 1954 gebeten; N 1221, 323.

6 Ließ sich nicht ermitteln.

7 Die Initiative führte dazu, dass die Federführung für die Bekämpfung von Lärm am Arbeitsplatz geklärt und dem Bundesministerium für Arbeit übertragen wurde, das den Deutschen Arbeitsring für Lärmbekämpfung mit finanzierte. Eine Richtlinie „Lärmminderung an Textilmaschinen" des Vereins Deutscher Ingenieure wurde allerdings erst in den Jahren 1966–1968 erarbeitet; BArch, B 149, 11390, 27757. – Heuss blieb den Problemen des Arbeitsschutzes und der Bekämpfung des Arbeitslärms weiterin verbunden, so am 22. 3. 1958 gegenüber dem baden-württembergischen Arbeitsminister Ermin Hohlwegler: „Ich habe vor allem immer die These vertreten, daß der ein Wohltäter der Menschheit sein wird, dem es gelingt, den kontinuierlichen Lärm in Spinn- und Websälen abzufangen, denn hier vollzieht sich nach meinem Gefühl, so oft mir das bestritten wurde, eine Schädigung der menschlichen Substanz"; B 122, 2260. Als Lehmann sich am Ende der 2. Amtszeit von Heuss für dessen Engagement bedankte, erwiderte dieser am 9. 9. 1959 scherzend, sein künftiges Lärmproblem in Stuttgart seien wohl benachbarte Hunde, die gegen sein Erscheinen im Garten protestieren würden; N 1221, 358.

Nr. 17
An Prof. Dr. Alfred Marchionini, München
10. Dezember 1954[1]
BArch, B 122, 371: ms. Schreiben, Durchschlag, von Heuss diktiert (Diktatz. H/Bk) und ms. gez.; ms. Briefkopf: „Der Präsident der Bundesrepublik Deutschland"[2]
Grußwort zur Feier des 110. Geburtstages von Lujo Brentano in der Universität München; persönliche Erinnerungen an Brentano

Verehrte Magnifizenz![3]

Die Teilnahme an der Brentano-Feier[4] ist mir, wie ich Ihnen neulich bei unserer Begegnung[5] sagen mußte, leider nicht möglich.

Könnte ich anwesend sein, so wäre gewiß für mich eine Halbjahrhundert-Erinnerung aufgetaucht. Im Dezember 1904 beging man heiter und festlich den sechzigsten Geburtstag des geliebten Lehrers; es war allerhand an Freunden und Kollegen aus der gelehrten Welt zusammengekommen, und an dem Festabend in den hinteren Räumen des „Café Luitpold" gab es solenne[6] Reden. Daß eine davon durch mich gehalten wurde, ist zur liebenswürdigen Erinnerungsanekdote geworden.[7] Ich sprach die Glückwünsche der Mitglieder des Seminars, und zwar nicht deshalb, weil ich der Würdigste oder gar Gelehrteste gewesen sei – derlei war in meiner Natur gar nicht angelegt –, sondern ich war, Anfang des fünften Semesters, ganz einfach der nach der Geburtsstatistik Jüngste in diesem Kreise. Daß der noch nicht einundzwanzigjährige Novize auch der Sprecher der Alten sein sollte, schien diesen offenbar als besonders reizvolle Pointe. Und da ich für Jubiläumssprüche, die sowieso zu erwarten waren und auch bieder gereicht

---

1 Es handelte sich um ein von Heuss gesetztes fiktives Datum, da er eine Wiedervorlage zum 10. 12. verfügte; vgl. auch Anm. 2.

2 Stempel: „Pers[önlichem] Ref[erenten] vorgelegen"; Verfügungen: „2. Herrn Feige zur Notiz (Grußwort)" mit dessen Paraphe vom 28. 11. ; „3. Herrn Raederscheidt z. Kts. (Durchdruck 1b)" mit dessen Paraphe; „4. W[ieder]V[orlage] 10. 10. (Durchdruck an Süddeutsche Zeitung zur Veröffentlichung?)"; weiterer Nachweis: N 1221, 323: ms. Schreiben, Durchschlag; Druck: L. BRENTANO, Grußwort, S. 9f.

3 Heuss schickte dieses Grußwort mit einem gesonderten Anschreiben am 16. 11. 1954 an den Rektor der Universität München, Marchionini, mit der Empfehlung: „Wenn Sie das Niedergeschriebene verlesen, muß es – verzeihen Sie, wenn ich das sage – munter geschehen und nicht allzu feierlich-seriös." B 122, 371; alle Reden in: L. BRENTANO, Grußwort.

4 Der 110. Geburtstag von Lujo Brentano sollte feierlich begangen werden. Heuss hatte gegenüber der Tochter Sissy Brentano am 27. 7. 1954 seine Absage, an dieser Feier teilzunehmen und einen Vortrag zu übernehmen, ausführlich begründet. Wegen der zu erwartenden Kettenreaktion habe er immer gegen solche unrunden Jubiläen polemisiert; N 1221, 117.

5 Die Begegnung ließ sich nicht nachweisen.

6 Lateinisch für „feierlich".

7 Heuss hat diese Anekdote auch in seinen Jugenderinnerungen erzählt; vgl. TH. HEUSS, Vorspiele, S. 296–299.

wurden, wenig Begabung besaß (und besitze), unternahm ich auf eigene Gefahr etwas ganz Überraschendes: ich machte ein großmächtiges Gedicht, in der Form von Alexandrinern, die sich hinten sogar reimten. Im Kostümverleih-Haus hatte ich mir Allonge-Perücke und Kostüm für den Abend herausgesucht. Brentano lachte Tränen. So habe ich mich in sein Herz hineingedichtet und es erobert – ich glaube, daß ich es dadurch, doch nicht dadurch allein, bis zu seinem Tode besessen habe.

Während ich das schreibe, spüre ich, daß ich mehr von mir als von Brentano geredet habe, und daß dies mancher unpassend empfinden mag. Er soll es mir nachsehen. Ich kann ja in diesem Grußwort, um das ich gebeten wurde, nicht den Versuch machen, Brentanos Stellung in der Wissenschaftsgeschichte, in der gewerblichen Sozialpolitik, in dem Kampf um die Zollproblematik, in seinen Schriften über Widersinnigkeiten der internationalen Politik nach 1918 zu charakterisieren – das mag in anderen Würdigungen durchklingen. Er war der Lehrer, den wir liebten, und nicht nur um deswillen, *was* er uns darreichte, sondern auch *wie* er es darreichte, souverän und dabei subjektiv, in der vollendeten Kunstform der Sprache, die dem Philister genügte, ihn verdächtig zu finden; eigentlich brauchte er immer etwas Streit, um sich wohl zu fühlen, mit dem Staat, mit einem Syndikus, vorab natürlich mit einem anderen Professor[8] – vieles davon ist zur geschichtlichen Anekdote geworden. Aber für die, die ihn aufnahmebereit erlebt haben, hat er doch wohl als schönstes Geschenk hinterlassen, daß es sich nicht lohnt, Angst zu haben.

Gute Grüße vor allem an jene, die noch „seines Geistes einen Hauch verspürt haben". Den anderen kann ich nur wünschen, in ihrem akademischen Leben auch einem Lehrer zu begegnen, der ihnen nach fünfzig Jahren noch so in seinem Wesen, fördernd, fordernd und warnend, lebendig ist, wie dieser Mann es blieb.

Ihr Th. Heuss

[8] Zu diesen Auseinandersetzungen u. a. mit Gustav Schmoller vgl. ebd., S. 223–225; DERS., Erinnerungen, S. 25f; vgl auch die Autobiographie von L. BRENTANO, Leben, in der die Auseinandersetzungen mit Schmoller einen großen Raum einnehmen.

Nr. 18
An Frau Dorothea Groener-Geyer, Wiesbaden
14. Dezember 1954
BArch, N 1221, 323: ms. Schreiben, Durchschlag, von Heuss diktiert (Diktatz. H/Sch) und ms. gez.; ms. Briefkopf: „Th. Heuss“
Biographie über Wilhelm Groener; persönliche Erinnerungen an Groener und Walther Reinhardt

Sehr geehrte Frau Groener-Geyer!

In den letzten Tagen habe ich die Biographie Ihres Vaters gelesen,[1] seltsamerweise kurz nachdem ich schier zufällig ein kritisch-wohlwollendes Buch eines Herrn Breucker über Ludendorff gelesen hatte.[2] So bin ich also mitten in drängenden Geschäften in ein Stück Vergangenheit geraten, das ich, freilich langehin außerhalb der engeren Fragestellungen des Militärs, selber miterlebt habe. Ich halte das Buch über Ihren Vater für außerordentlich wichtig, zum Teil rein im Historischen durch Klärung menschlicher Beziehungen und Festlegung einiger wichtiger geschichtlicher Vorgänge, zum anderen aber auch, weil es heute von allen Menschen gelesen werden muß, die mit Soldatenfragen in dieser verwandelten Welt zu tun haben. Ich habe bei zufälligen Begegnungen in den letzten Tagen auch schon eine Reihe von alten Soldaten auf das Buch hingewiesen.[3]

Ich habe mich besonnen, wann ich Ihrem Vater zum ersten Mal persönlich begegnet bin, und kriege es nicht mehr recht zusammen, ob es schon vor dem Ersten Weltkrieg war oder erst nach ihm.[4] Zusammengebracht hat uns der alte Kommerzienrat Erhard aus Schwäbisch Gmünd, dessen ältester Sohn ein Studienfreund von mir ist[5] und bei dem ich schon in den Studienjahren öfter zu Gast war.[6] Herr Erhard hatte bei geschäftlichen Aufenthalten in Berlin zwei- oder dreimal Ihren Vater mit mir gemeinsam zum Abendessen in ein Bierlokal in der Friedrichstraße eingeladen. Der Ausgangspunkt war also ganz privat. Später sind wir uns dann teils im politischen Kreis begegnet, aber der Vorrat an gemeinsamen Bekannten in der württembergischen Heimat und das Wissen um diese Dinge hat

1 DOROTHEA GROENER-GEYER: General Groener. Soldat und Staatsmann, Frankfurt a. M. 1955.

2 WILHELM BREUCKER: Die Tragik Ludendorffs, Stollhamm 1953. Heuss schrieb an Erich Eyck am 15. 12. 1954, der Verfasser, ein ehemaliger Mitarbeiter von Ludendorff, behandele Groener in dem Buch respektvoll, aber doch sachlich sehr kritisch; BArch, N 1724, 2.

3 Gegenüber Hans Speidel bemerkte Heuss am 14. 12. 1954, das Buch sei „besser gemacht“, als er der Tocher zugetraut hätte. Alle Soldaten, die das Bedürfnis hätten, „sich von den banalen Legenden freizumachen, sollten dieses Buch recht bald lesen.“ B 122, 2069.

4 Während einer Zugfahrt zur Ostfront im Februar/März 1915; vgl. TH. HEUSS, Erinnerungen, S. 202.

5 Hermann Hesperus Erhard.

6 Vgl. TH. HEUSS, Vorspiele, S. 285f.

unserer wechselseitigen Beziehung von vornherein einen ganz unkonventionellen Charakter gegeben.

Ich habe dann manches Gespräch mit Ihrem Vater geführt, als ich so um 34/35 herum meine große Naumann-Biographie[7] schrieb und, ohne daß ich die militärischen Dinge dort weiter behandelte, meine Auffassungen im Gespräch mit ihm überprüfte. Es ist mir auch unvergeßlich, wie ich ihn einmal im Krankenhaus in Potsdam besuchte und er mir breit die Gedanken vortrug, wie die deutsche Heeresreform gemacht werden müßte. Das ist ja auch in Ihrem Buch leicht angedeutet: eine motorisierte 200.000 Mann-Berufsarmee, die strategisch zu operieren haben würde, und eine in der eigenen Landschaft durchgebildete kurzfristig dienende Miliz.[8] Ob er darüber schriftlich breitere Dinge hinterlassen hat, weiß ich nicht.

Außerordentlich eindrucksvoll sind die Briefe, die er an seinen Freund Gleich schrieb, und auch das Verhältnis zu Schleicher kommt ja in Ihrem Buch sehr gut heraus. Ich selber habe ja Schleicher nur ganz oberflächlich gekannt, habe aber eine lebhafte Erinnerung an seine Erscheinung.

Neu war mir das Maß der Fremdheit zwischen Ihrem Vater und Walther Reinhardt,[9] die sich für mein Gefühl in den Grunddingen doch gar nicht so fern standen. Mit Reinhardt bin ich öfter zusammengewesen. Er hat ja Offizierskurse gehalten und kam mit einer Gruppe von zehn Majoren und Hauptleuten regelmäßig in meine zeit- und parteigeschichtlichen Vorlesungen an der Hochschule für Politik.[10] Er hat mich auch ein paarmal aufgefordert, in diesem Kreise verfassungsgeschichtliche Vorlesungen zu halten. Er war selber nach meiner Erinnerung ein recht gebildeter Mann. Es gab zu ihm auch von mir her gesehen persönliche Beziehungen, da ich mit seiner Schwester und mit einem im Ersten Weltkrieg vor Warschau gefallenen Schwager auf dem Umweg über die gleiche Herkunft von Naumann sehr vertraut war. Das Verhältnis der beiden bedeutenden Männer ist mir auch nach der Lektüre des Buches problematisch geblieben.

Ich wollte Ihnen mit diesen Zeilen doch ein Wort des Dankes sagen für die Anreicherung, die das Werk mir gegeben hat. Es müßte eigentlich alle geschichtlich denkenden Menschen und vor allem jene Offiziere, die sich von banalisierenden Legenden freimachen können, stark beschäftigen.

Mit freundlichen Grüßen
Ihr Th. Heuss

7 THEODOR HEUSS: Friedrich Naumann. Der Mann, das Werk, die Zeit, Stuttgart/Berlin 1937; zur Naumann-Biographie vgl. E. W. BECKER, Biographie.
8 Vgl. auch zum Folgenden J. HÜRTER, Wilhelm Groener, S. 128–149, besonders S. 142f.
9 Vgl. D. GROENER-GEYER, General Groener, S. 147f.
10 Heuss war 1920–1933 Dozent an der Deutschen Hochschule für Politik; vgl. D. LEHNERT, Politik.

Nr. 19
An Erich Ollenhauer, Vorsitzender der SPD und ihrer Bundestagsfraktion, Bonn-Venusberg
29. Dezember 1954; Lörrach-Tumringen, Im Vogelsang 7
AdsD, 2/EOAA000413: ms. Schreiben, behändigte Ausfertigung; Kopfbogen: „Theodor Heuss"[1]
Dank für Glückwünsche zum Weihnachtsfest und zum Neuen Jahr; Neuauflage des Buches von Theodor Heuss über 1848; Herausgabe zweier Reden als Privatdruck

Sehr geehrter Herr Ollenhauer!

Mit dem Dank für die freundlichen Wünsche, die Sie mir persönlich und für Ihre Freunde gesandt haben,[2] bin ich etwas im Verzug. Aber Sie wissen ja, daß ich weithin von der Nachsicht meiner Mitmenschen lebe. Ich bin in den Tagen vor Weihnachten zur Familie meines Sohnes gefahren, ohne „Apparat", und werde natürlich auch hier über das Erwartete hinaus beansprucht, zumal ich ein paarmal schon mit Schweizer Leuten in Basel zusammengekommen bin.

Ihr Brief hat sich mit braven Absichten von mir gekreuzt, die nun auch mit Verzug ausgeführt werden können. Nämlich knapp in den Tagen vor Weihnachten sind zwei Schriften von mir im Druck erschienen, die ich mir dann hierher nachsenden ließ; aber zunächst kamen sie [in] zu geringer Zahl. So wollen Sie, wenn auch mit der Weihnachtsverspätung, die zwei Schriften entgegennehmen. Ich muß sie leicht kommentieren: Das eine ist der Neudruck eines Büchleins, das ich im Jahre 1947 geschrieben habe, um den Menschen etwas von der Bedeutung des Jahres 1848 mitzuteilen.[3] Die Schrift hat auch damals eine ganz freundliche Aufnahme gefunden. Nun hat der Verleger gewünscht, sie neu und in besserer Ausstattung herauszugeben. Ein Autor hat ja dagegen keine Einwendungen. Ich habe nur eben im April ein Schlußkapitel hinzugefügt, das die Dinge näher an die Gegenwart heranführt. Im Grunde ist das Buch schon etwas wie eine verfassungspolitische Geschichte der letzten anderthalb Jahrhunderte (keine verfassungsrechtliche). Sie werden jetzt nicht dazu kommen, die Arbeit zu lesen, aber ich möchte sie gerne in Ihrer Hand wissen.

---

1 Weiterer Nachweis: B 122, 28: ms. Schreiben, Durchschlag mit nicht eindeutig auflösbarer hs. Notiz der Registratur: „<Gl[ück]w[ünsche] 54>".

2 Ollenhauer hatte am 22. 12. 1954 an Heuss geschrieben: „Ich möchte Ihnen im Namen meiner politischen Freunde und in meinem eigenen Namen die herzlichsten Wünsche für ein gesundes und frohes Weihnachtsfest übermitteln. Gleichzeitig sende ich Ihnen meine aufrichtigsten Wünsche für ein glückliches Neues Jahr und für eine erfolgreiche Erfüllung Ihrer hohen Aufgaben." B 122, 28.

3 THEODOR HEUSS: 1848. Werk und Erbe, Stuttgart 1948, in der Neuauflage 1954 unter dem Titel „Ein Vermächtnis. Werk und Erbe von 1848". Heuss hatte den Verleger im Oktober 1954 um schnelle Herstellung gebeten, weil er das Buch an „politische Persönlichkeiten" verschenken wolle; N 1221, 322, dort auch Unterlagen zum Verteilerkreis.

Das zweite Buch ist für mich selber eine Überraschung geworden, insofern als ein alter Bekannter, ein Werbefachkollege meiner Frau, vor einiger Zeit bei mir durch meinen Sohn anfragen ließ, ob ich gegen den Druck meiner beiden Gewerkschaftsreden des Jahres 1954 etwas einzuwenden hätte.[4] Er wolle sie einer Reihe von Geschäftsfreunden als Weihnachtsgabe zusenden.

Ich hatte an sich natürlich dagegen keine Einwendung, bin aber nun selber ein bißchen erstaunt, in welch stattlicher Aufmachung das Buch hier vor mich getreten ist und den Titel bekommen hat, den ich nicht dafür bestimmt hatte.

Immerhin sind, glaube ich, in den beiden Reden ein paar Dinge, wenn auch natürlich persönlicher Prägung, notiert, über die zu reflektieren in unserer sozialpolitischen Entwicklung sich lohnt. Ich durfte das Gefühl haben, daß zumindest die Frankfurter Rede in dem Sinne begriffen worden ist. Wollen Sie also auch bitte diese Schrift freundschaftlich entgegennehmen.

Mit bestem Gruß und der Bitte, mich Ihrer Gattin zu empfehlen,
Ihr Theodor Heuss

Nr. 20
An Marta Jäckh, New York 25
8. Januar 1955

BArch, N 1221, 155: ms. Schreiben, Durchschlag, von Heuss diktiert (Diktatz. H/Sch) und ms. gez.; ms. Briefkopf: „Th. Heuss"[1]

Werbung für einen geplanten Auftritt von Elsie Attenhofer in New York

Liebe Frau Marta![2]

Es passiert etwas Ungewöhnliches: Der Bundespräsident macht bei seinen Freunden in New York Reklame für einen Kabarett-Abend, den Frau Elsie Attenhofer[3] am 14. Februar im Barbizon-Plaza-Theatre, Broadway, veranstalten wird.

---

4 Heuss' Ansprachen in den Carl-Zeiss-Werken in Oberkochen am 1. 5. 1954 und auf dem 3. Ordentlichen Bundeskongress des DGB in Frankfurt a. M. am 4. 10. 1954; vgl. Nr. 4. Die Reden erschienen als Privatdruck unter dem Titel: THEODOR HEUSS: Gerechtigkeit erhöht ein Volk. Zwei Reden zur Sozialpolitik, Frankfurt a. M. 1954.

1 Weiterer Nachweis: N 1221, 324: ms. Schreiben, Durchschlag.

2 Heuss stand 1951–1959 in regelmäßigem Briefkontakt mit Marta Jäckh, der zweiten Ehefrau seines Freundes Ernst Jäckh; Korrespondenz in: N 1221, 155. Dass sich Ernst Jäckh im hohen Alter von ihr trennte und eine neue Beziehung zu einer wesentlich jüngeren Amerikanerin einging, war ein wesentlicher Grund für die zunehmende Entfremdung zwischen Heuss und Jäckh; vgl. TH. HEUSS, Bundespräsident 1949–1954, S. 131–134, 318, 423f, 534f. Marta Jäckh pflegte in New York engen Kontakt zu Toni Stolper.

3 Elsie Attenhofer war Mitglied im 1934 gegründeten Schweizer Kabarett Cornichon (bis 1947)

Kurze Illustration: Frau Attenhofer, Gattin eines Züricher Professors,[4] ist eine sehr reiz- und geschmackvolle Diseuse, von Elly vor Jahren schon in der Schweiz einmal für uns sozusagen entdeckt, wenn sie nach Bonn kommt unser regelmäßiger Gast. Sie geht nun zum erstenmal, durch einen Agenten engagiert, über das Wasser und hat ein bißchen Sorge, ob dieser Manager seine Sache gut macht. Ich habe ihr gesagt, daß ich für sie Alarm machen werde. Sie werden nun von mir gebeten, diesen Alarm weiterzugeben, und ich möchte glauben, daß Ihr drüben noch nicht so snobistisch geworden seid, den Charme dieser Frau zu verkennen. Ich habe auch an Julius Bab[5] geschrieben, und andere kriegen auch Alarm-Signale.[6]

Mit vielen guten Grüßen
Ihr Th. Heuss

Nr. 21
An Prof. Dr. Enno Littmann, Tübingen
13. Januar 1955

BArch, B 122, 2320: ms. Schreiben, Durchschlag, von Heuss diktiert (Diktatz. H/Sch) und ms. gez.; ms. Briefkopf: „Theodor Heuss"[1]

Orden Pour le mérite: Nachwahlen, Annahme durch ausländische Mitglieder, Presseveröffentlichungen, Probleme mit der Verwaltung des Ordens

Sehr geehrter, lieber Herr Professor Littmann!

Dieser Brief ist eine Art von Notwehraktion und bittet um eine geduldig-verständnisvolle Stimmung beim Lesen.

---

und Schauspielerin auf Schweizer Bühnen und in Schweizer Filmen. Das BPrA half ihr 1956 bei Auseinandersetzungen mit der GEMA und bei der Regelung von Steuerproblemen; B 122, 2054; N 1221, 108.

4 Karl Schmid.

5 Heuss an Bab, 3. 1. 1955, in B 122, 2054.

6 Heuss schrieb an etwa zehn Bekannte und Freunde in den USA (N 1221, 324; B 122, 2054) und informierte am 17. 1. 1955 Attenhofer über diese Aktion und die ersten diesbezüglichen Reaktionen. Zugleich empfahl er ihr, sich in New York mit Toni Stolper in Verbindung zu setzen; N 1221, 108. Allerdings musste ihr Auftritt in den USA im Jahr 1955 wegen eines Lungeninfarktes kurzfristig ausfallen und konnte erst im Jahre 1959 stattfinden. – Marta Jäckh antwortete offensichtlich an die Anschrift von Ernst Ludwig Heuss, der ihren Brief am 19. 1. 1955 seinem Vater mit der Bemerkung übersandte: „Unsere jüdischen Emigranten sind unverbesserlich. Marta Jäckh ist so ‚betont deutsch', daß sie hofft, daß die gute Elsi Attenhofer nur durch ihre Heirat Schweizerin geworden ist, denn bei schweizerischen oder österreichischen Künstlern bleiben unsere Freunde in Amerika eiskalt!!" FA Heuss, Basel.

1 Hs. Verfügung von Bott vom 13. 1. 1955: „W[ieder]v[or]l[age] Bundespräsident. Herrn Staatssekretär zur Kenntnis", mit Paraphe von Klaiber am 14. 1.; weiterer Nachweis: N 1221, 324: ms. Schreiben, Durchschlag.

Als ich vor ein paar Jahren die Friedensklasse des Pour le mérite sozusagen rettete, indem ich Sie bat, mich um die Rettung zu bitten,[2] habe ich das sehr gern getan, um ein Stück geistiger Tradition in Deutschland zu wahren, und ich habe spüren dürfen, daß auch Menschen, die an der Sache gar nicht beteiligt sind, diesen Akt dankbar empfunden haben. Ich habe mich auch gefreut, daß die neuen Mitglieder des Ordenskapitels für die historische Situation eine gute Empfindung hatten und haben, wenn auch nicht bei allen mit der Freude das Pflichtgefühl einer aktiven Beteiligung verbunden ist.

Aber jetzt entsteht gelegentlich bei mir ein Groll über die Schwerfälligkeit der technischen Dinge. Die Idee des Ordens rechnet mit der Selbstverwaltung und der Unterstützung durch das Bundesinnenministerium, das ja in gewissem Sinn hier die ehemaligen, vorweg technischen Funktionen des Preußischen Kultusministeriums übernommen hat. Ich darf annehmen, daß Herr Ministerialdirektor Professor Hübinger und seine Mitarbeiter für die Aufgabe die richtige innere Auffassung besitzen und diese von außen an das Ministerium herangebrachte Arbeitsvergrößerung gern hinnehmen.

Aber die Erledigung der Frage der Ende Mai gewählten ausländischen Mitglieder[3] ist eine furchtbare Panne geworden, vielleicht deshalb, weil hier noch die Apparatur des Auswärtigen Amtes eingeschaltet wurde, dessen Kulturabteilung leider heute noch ohne Leitung ist und von der ich nicht recht weiß, ob eigentlich irgendjemand vorhanden ist, der diese Geschichte mit dem gewissen inneren Schwung und mit dem Sinn für ihre Würde behandelt. – Es ist so, daß heute, nach 7½ Monaten, die Sache im Grunde immer noch nicht bis zum Rest geklärt ist, d. h. es fehlen noch die Antworten der Herren Bohr, Kopenhagen,[4] und Compton, St. Louis.[5] Dabei sind eine ganze Anzahl der Mitglieder des Ordens mit diesen Herren wissenschaftlich vertraut und sogar menschlich befreundet.

Ich hatte mich im vergangenen Frühsommer, die Individualitäten kennend und um Pannen durch bürokratische Behandlung zu vermeiden – mit denen ich nach meinen Erfahrungen immer rechne –, bereit erklärt, die Anfragen an Burckhardt,[6]

---

2 Briefwechsel in: B 122, 38252.

3 Das Ordenskapitel hatte am 31. 5. 1954 beschlossen, die Zuwahl der ausländischen Mitglieder in einem schriftliches Wahlverfahren durchzuführen; B 122, 38252. Dabei waren zu wählen: Niels Bohr, Kopenhagen; Louis de Broglie, Paris; Carl Jacob Burckhardt, Schweiz; Arthur H. Compton, St. Louis, USA; George Peabody Gooch, London; Hermann Hesse, Schweiz; Sarvepalli Radhakrishnan, Indien; Albert Schweitzer, Lambarene; vgl. auch Heuss an Littmann, 26. 3. 1954, in: TH. HEUSS, Bundespräsident 1949–1954, S. 540f.

4 Niels Bohr wurde von Otto Hahn gefragt, ob er die Wahl in den Orden annehmen würde, was er am 13. 1. 1955 bejahte; B 122, 2320. Der deutsche Botschafter in Stockholm überreichte ihm am 26. 11. 1955 die Insignien des Ordens; vgl. Bericht des AA vom 7. 2. 1955 in: B 122, 2321.

5 Arthur H. Compton dankte am 6. 7. 1955 Heuss für die Insignien des Ordens; B 122, 2321.

6 Heuss an Burckhardt, 9. 2. 1953, in: TH. HEUSS, Bundespräsident 1949–1954, S. 415f. Burckhardt dankte Heuss am 21. 1. 1955 für die Berufung; B 122, 2320.

Hesse[7] und Schweitzer[8] zu übernehmen, und habe persönliche Briefe geschrieben, freilich unter der Bedingung, daß das Auswärtige Amt und seine Missionen nicht eingeschaltet würden. Nach wenigen Wochen waren diese drei Anfragen in Ordnung. Ich habe dann im Spätherbst, als nicht klar war, wie das weitergehen würde, einen Brief an den englischen Historiker George Gooch[9] übernommen, und die Sache klappte auch. Schließlich hat formal, wenn auch entsetzlich spät, die Sache mit Broglie[10] und seiner Ablehnung wie auch mit Radhakrishnan[11] und seiner Annahme offenbar funktioniert, während die Geschichte mit den beiden Physikern im Augenblick noch in der Luft hängt.[12]

Aber was soll nun mit der Publizierung geschehen? Da es etwas geradezu Lächerliches hat und für mich persönlich leicht Entwürdigendes, Menschen vor bald ¾ Jahren gewählt, vor Monaten gefragt, aber den Vorgang nie mitgeteilt zu haben, beschloß ich, jetzt einfach, auch im Interesse des Ansehens des Ordens, völlig ohne Autorisation dazu – denn ich kann darüber keine Umfrage veranstalten –, daß Albert Schweizers 80. Geburtstag wahrgenommen werden müsse, um die Publikation irgendwie „aufzuhängen“ und nicht ein zufälliges Datum zu wählen, das die Hilflosigkeit des Ordens dartun würde. Ich hatte das Bundesinnenministerium gebeten, eine solche Publikation materialmäßig vorzubereiten, mit dem Ergebnis, daß man mir gestern eine Übersetzung dessen schickte, was in „Who is who“ steht: wann und wen die Leute geheiratet haben, wie viele Kinder sie besitzen, welche Universität sie besucht haben usf. Über ein solches Mißverständnis habe ich mich ganz bieder geärgert und den Ärger abreagiert, indem ich selber um Mitternacht und später eine Presseveröffentlichung formulierte, die ich hinausgab, ohne irgendeine Instanz des Ordens zu fragen.[13] Dabei weiß ich im Augenblick noch gar nicht, wie Bohr oder Compton sich verhalten, denn die Göttinger funktionierten auch nicht rechtzeitig.[14] Sie mußten seinerzeit von uns gebeten werden,[15] was doch wirklich nicht unsere Aufgabe ist.

[7] Heuss an Hesse, 3. 6. 1954, in: TH. HEUSS, Bundespräsident 1949–1954, S. 549–551. Heuss übergab die Insignien des Ordens an Hesses Ehefrau Ninon Hesse am 9. 10. 1955 im Anschluss an die Überreichung des Friedenspreises des Deutschen Buchhandels, den sie für Ihren Mann in Empfang nahm; B 122, 2321.

[8] Heuss an Schweitzer, 4. 6. 1954; Schweitzer an Heuss, 22. 8. 1954, in: B 122, 38252. Schweitzer erhielt die Insignien des Ordens am 11. 11. 1955 im Rahmen einer kleinen Feier bei Heuss; vgl. TH. HEUSS, Tagebuchbriefe, S. 93, 11. 11. 1955.

[9] Heuss an Gooch, 25. 11. 1954, in: B 122, 38252.

[10] Louis de Broglie hatte am 6. 12. 1954 an Otto Hahn geschrieben, dass er die ehrenvolle Berufung in den Orden nicht annehme, da er vor einigen Jahren beschlossen habe, grundsätzlich auf ausländische Ehrungen zu verzichten; B 122, 2319.

[11] Radhakrishnan dankte am 20. 12. 1955 für die Insignien des Ordens; B 122, 2321.

[12] Bohr und Compton.

[13] Die Presserklärung informierte knapp über die Zuwahl von Schweitzer, Burckhardt, Hesse, Gooch, Radhakrishnan, Bohr und Comtpon; B 122, 2320.

[14] Vermutlich gemeint Hahn und die Max-Planck-Gesellschaft, deren Präsident Hahn 1948–1960 war.

[15] Ließ sich nicht nachweisen.

Es ist eine völlige Überforderung von mir und Herrn Bott, daß diese Dinge immer wieder auf uns zukommen. Ich habe doch nicht die Absicht, mit Bott den nebenamtlichen Sekretär des Ordens zu spielen und zusätzlich jetzt auch noch seinen Pressereferenten.

Wir scheuen uns, offen gestanden, lieber Herr Littmann, immer etwas, an Sie zu schreiben, aus Mitleid mit der Mühewaltung, die Sie, dem nicht einmal eine technische Hilfskraft mit Schreibmaschine zur Verfügung steht, mit diesen Dingen haben. Aber es muß eine andere Usance gefestigt werden. In ein paar Jahren sind Bott und ich nicht mehr an dieser Stelle, und ich habe gar nicht die Absicht, bei aller Freundschaft, diesen Nebenberuf in den kommenden Jahren weiterzuführen, so nützlich mein Rat wohl gelegentlich sein konnte. Wir sind alle hier im Amt arbeitstechnisch maßlos überlastet und fürchten sehr, daß die Kombination der unumgänglichen Einschaltung von Auswärtigem Amt und Bundesinnenministerium die Sache unelastisch macht. Es sind abenteuerliche Zwischenfälle mit der Behördentechnik auch auf diesem Gebiet schon geschehen.

Ich schlage nun einfach vor, um diesen Rückgriff auf das Bundespräsidialamt auszuschalten, daß Sie die Herren Kaufmann und Litt ermächtigen, mit den hiesigen Bundesministerien, wo es nötig erscheint, auch ohne uns verantwortliche Dinge besprechen zu können.[16] Derlei ist in den Satzungen so wenig vorgesehen wie die technische und sachliche Inanspruchnahme eines Bundespräsidialamtes, aber es ist notwendig, um den Sinn der Selbstverwaltung gerecht zu werden und uns zu entlasten, zugleich aber den Beamten mit einem einigermaßen autoritativen Urteil zur Seite zu stehen. Es ist ja ein Glück, daß in Bonn einige Mitglieder des Ordens mit Erfahrung und Umsicht leben. Ernst Robert Curtius scheidet durch sein Kränklich-Sein aus. Nun habe ich mit den Herren Kaufmann und Litt darüber nicht gesprochen, aber ich glaube, daß sie gern bereit sind, die Behörden zu beraten und, wo es notwendig ist, die Dinge voranzutreiben.

Es muß auch frühzeitig die Überlegung beginnen, wie der 31. Mai 1955 gestaltet werden wird. Die Herren sollen wieder im Bundespräsidialamt tagen.[17] Ich selbst werde aber dieses Mal leider nicht anwesend sein, da ich vom 9. Mai bis 9. Juni, zwischen zwei großen Vorträgen,[18] meinen Jahresurlaub nehmen muß; die späteren Monate sind durch „Jubiläumsfeiern“ der verschiedenen Art blockiert.[19] Es müßte frühzeitig ein Gedankenaustausch vorgenommen werden:

[16] Vgl. schon Heuss an Littmann, 26. 3. 1954, in: TH. HEUSS, Bundespräsident 1949–1954, S. 539.

[17] Unterlagen zur Organisation dieser Sitzung, die auf den 18. 6. 1955 verschoben wurde, in: B 122, 2320.

[18] Gemeint sein könnten die Festrede am 8. 5. 1955 anlässlich der Schillerfeier in Stuttgart, die Heuss im Anschluss an Thomas Mann hielt, und die Ansprache „Stilfragen der Demokratie“ am 22. 6. 1955 in der Evangelischen Akademie Loccum; B 122, 241 und 242.

[19] Durch die Verschiebung des Termins (vgl. Anm. 17) wurde eine Teilnahme von Heuss doch möglich.

Nachfolge Ludwig Curtius? Es muß nach meiner Auffassung kein Archäologe sein. Man konnte sich ja das letzte Mal nicht verständigen. Nachfolge von Furtwängler? Ich weiß nicht, ob man auf Orff[20] zurückgreifen wird, der seinerzeit zwischen uns beiden bei unserem Tübinger Gespräch geplant war. Es muß über Thomas Mann, der Anfang Juni 80 Jahre alt wird und dessen Zuwahl bei mir angeregt wurde – ich gab die Anregung an Schröder und Schneider weiter[21] –, nachgedacht werden und auch darüber, ob noch der eine oder andere fremde Staatsbürger an die Reihe kommen soll, wenn möglich einige, die nicht wieder in Erkundung und Anfrage Zeitopfer der Behördentechnik werden.

Entschuldigen Sie bitte diese Explosion. Mitternacht ist schon längst vorbei und die Pressenotiz vor über einer Stunde formuliert. Aber eigentlich hatte ich mir für diesen Abend eine dienstlich dringendere Sache vorgenommen. Es geht einfach auf die Dauer nicht, daß Bott und ich, bei aller Verbundenheit mit der Idee des Ordens und mit der Mehrzahl seiner Mitglieder, immer wieder diese Lokomotive auf unserem Gleis anlaufen sehen, Halt machen und dann zu verhandeln haben, wie sie wieder unter Dampf gesetzt werden soll.

Hoffentlich ist ihre gesundheitliche Lage besser als damals, als wir den Kaiser von Äthiopien[22] hier hatten. Ich glaube, er hat sich über Ihren Brief in der Tigre-Sprache[23] gefreut. Es war für uns eine ganz amüsante und kokette Angelegenheit, ihn damit überraschen zu können.[24]

Mit den besten Grüßen
Ihr Th. Heuss

---

[20] Carl Orff war im Jahre 1952 noch von Wilhelm Furtwängler abgelehnt worden; er sprach sich für Paul Hindemith aus, der auch gewählt wurde; vgl. Furtwängler an Littmann, 18. 4. 1952, in: B 122, 38252. Orff wurde dann 1956 mit großer Mehrheit gewählt; Protokoll der Kapitelsitzung vom 18. 6. 1956 in: B 122, 2321.

[21] Vgl. Heuss an Rudolf Alexander Schröder, 5. 8. 1954, in: Th. Heuss, Bundespräsident 1949–1954, S. 578f. Über die Zuwahl von Thomas Mann sollte auf der Ordenskapitelsitzung vom 31. 5. 1955 befunden werden, die jedoch verschoben wurde. Heuss wandte sich daraufhin am 11. 6. 1955 an Rudolf Alexander Schröder, um anzuregen, Thomas Mann nicht als Ausländer in den Orden zu wählen, sondern ihm den Platz des verstorbenen Wilhelm Furtwänglers oder Karl Hofers zu übertragen. Schröder stimmte den Vorschlägen zu. Schröders Anfrage bei Thomas Mann, ob er die Wahl annehmen würde, beantwortete dieser am 16. 7. 1955 mit einem Telegramm aus den Niederlanden: „Dr. Schröders Brief verspätet erhalten. Nehme gern die Wahl ins Ordenskapitel als deutscher Schrifststeller an". Thomas Mann wurde zusammen mit Werner Wilhelm Jaeger und Hans Purrmann in das Ordenskapitel gewählt; vgl. auch die mit Heuss abgestimmte und als eilbedürftig bezeichnete Presseerklärung vom 26. 7. 1955; alle Dokumente in: B 122, 2321.

[22] Vgl. Nr. 12.

[23] Der Orientalist Littmann hatte, da er aus Gesundheitsgründen einer Einladung nicht folgen konnte, ein Begrüßungsschreiben in der äthiopischen Tigre-Sprache verfasst, das an den äthiopischen Gesandten weitergeleitet wurde; B 122, 458.

[24] Littmann bestätigte am 16. 1. 1955 die „Explosions-Epistel" und entschuldigte die Verzögerung mit dem Versuch, die „Wahlfähigkeit" der gewählten Ausländer zu prüfen, weil früher die ausländischen Regierungen zustimmen mussten; B 122, 2320.

Nr. 22
An Prof. Dr. Otto Graf zu Stolberg-Wernigerode, München
19. Januar 1955

BArch, B 122, 596: ms. Schreiben, Durchschlag, von Heuss diktiert (Diktatz. H/Sch) und ms. gez.; ms. Briefkopf: „Th. Heuss“[1]

Förderung der Neuen Deutschen Biographie; Ablehnung großformatiger Todesanzeigen in der Tagespresse

Verehrter Herr Professor!

Freundlichen Dank für Ihren Berichtbrief,[2] der nur etwas darunter leidet, daß die in ihm angekündigten Drucksachen[3] bis jetzt noch nicht eingegangen sind, so daß ich also noch keine Vorstellung habe, wie ich mit ihnen manipulieren kann. Auch der Aufsatz über Militarismus[4] ist noch nicht da. Ich bin freilich mit meiner „Bildung“ noch im Rückstand, d. h. ich habe Ritters Buch[5] noch nicht gelesen. Es ist ja so selten bei der Arbeitsbedrängnis, daß ich an die Dinge herankomme, die mir eigentlich liegen.

Für die Neue Deutsche Biographie habe ich im Privaten und bei Politikern schon gelegentlich Propaganda gemacht, vor allem auch Ollenhauer einmal darauf hingewiesen, daß Bebel von mir behandelt wurde.[6] Wenn der nächste Band den Bosch bringt,[7] werde ich auch dort anstoßen können, wie ich mich mit Abbe an die Zeiss-Leute in Heidenheim wenden kann.[8]

Ich werde auch gern Ihrer Anregung folgen und die Ministerpräsidenten „ansprechen“.[9] Einen Runderlaß an sie aber kann ich nicht recht machen, denn ich muß ja mit meinem Amt als Bitt- oder Bettlerfunktion zurückhaltend sein. Wie Sie

1 Az. 1-7001; Stempel: „Pers[önlichem] Ref[erenten] vorgelegen“; weiterer Nachweis: N 1221, 324: ms. Schreiben, Durchschlag.

2 Stolberg-Wernigerode an Heuss, 13. 1. 1955, in: B 122, 596.

3 Dabei handelte es sich um einen Verlagsprospekt für die Neue Deutsche Biographie des Verlages Duncker & Humblot, Berlin-München, in dem der Beitrag von Heuss über Ernst Abbe vollständig abgedruckt worden war.

4 Vermutlich GERHARD RITTER: Das Problem des Militarismus in Deutschland, hg. v. der Bundeszentrale für Heimatdienst, Bonn 1954.

5 Vgl. Anm. 4.

6 THEODOR HEUSS: Bebel, August, in: Neue Deutsche Biographie, hg. v. der Historischen Kommission bei der Bayerischen Akademie der Wissenschaften, 1. Band: Aachen–Behaim, Berlin 1953, S. 683–685.

7 THEODOR HEUSS: Bosch, Robert, in: ebd., 2. Band: Behaim–Bürkel, Berlin 1955, S. 479–481.

8 THEODOR HEUSS: Abbe, Ernst Carl, in: ebd., 1. Band: Aachen–Behaim, Berlin 1954, S. 2–4.

9 Stolberg-Wernigerode hatte geschrieben, die „Neue Deutsche Biographie“ sei ein gesamtdeutsches Unternehmen, und daher könnten die Ministerpräsidenten der größeren Länder einen finanziellen Beitrag leisten; wie Anm. 2. Die Finanzierung erfolgte anfangs hauptsächlich durch die DFG, später durch den Bund und Bayern, seit 1977 allein durch das Land Bayern.

sich denken können, kommen in dieser Richtung Woche um Woche Ansprüche an mich, die abgelehnt werden müssen, um nicht die Möglichkeit einer Einwirkung in Verschleiß zu bringen. Ich bin eigentlich nur für den Wiederaufbau des Germanischen National-Museums[10] und für die Dankspende des deutschen Volkes[11] aktiv geworden. Den meisten Anfragenden schreibe ich, daß ich nicht in die Nachfolge von Hermann Göring treten wolle.[12]

Wenn Sie im Februar hierher kommen, lassen Sie es mich bitte rechtzeitig wissen. Es wird sich dann, hoffe ich, schon ermöglichen lassen, eine halbe Stunde aus dem Tagesbetrieb herauszuschneiden.

Das „Brauchtum" der riesigen Todesanzeigen finde ich auch gräßlich.[13] Es ist Angabe und vielleicht bei der Steuer absetzbar, aber ich bin selber zu lange Journalist gewesen, um nicht zu wissen, daß solche Menschen durch ihr Sterben helfen, die Zeitungen finanziell zu sichern. Verzeihen Sie diesen Zynismus!

Mit den besten Grüßen
Ihr Th. Heuss

---

[10] Heuss wurde am 10. 9. 1948 zum Vorsitzenden des Verwaltungsrates gewählt und behielt diesen Posten auch nach seiner Wahl zum Bundespräsidenten bei; vgl. G. SCHIEDLAUSKY, Zeit; vgl. auch Nr. 193.

[11] Die „Dankspende des Deutschen Volkes" war eine kulturpolitische Initiative, die dem zivilgesellschaftlichen Engagement von zahlreichen Institutionen, Verbänden und Personen entsprang. Heuss unterzeichnete im November 1951 die Stiftungsurkunde, berief eine Jury zur Auswahl der Kunstwerke und stellte sich an die Spitze mehrerer Spendenaufrufe. Mit Hilfe dieser gespendeten Gelder wurden Werke zeitgenössischer westdeutscher Künstler gekauft, um sie an ausländische Staaten oder karitative Organisationen zu schenken, die Westdeutschland nach 1945 beim Wiederaufbau unterstützt hatten. Damit erfüllte die „Dankspende" zwei Funktionen: Zum einen unterstützte sie durch den Ankauf von Kunstobjekten zeitgenössische Künstler und war insofern eine Art Wiedergutmachung an denjenigen, die im Nationalsozialismus als „entartet" ausgegrenzt und verfolgt worden waren. Zum anderen warb die „Dankspende" mit diesen Kunstwerken um politische und kulturelle Anerkennung im Ausland; vgl. G. MÜLLER, Kunstwerke; P. MERSEBURGER, Theodor Heuss, S. 529–531; Nr. 63.

[12] Hermann Göring warb für den Einkauf von Kunstwerken bei Industriellen um Spenden; vgl. H. CH. LÖHR, Eiserne Sammler, S. 26.

[13] Stolberg-Wernigerode hatte in seinem Schreiben an Heuss von einer immer mehr um sich greifenden Sitte gesprochen, vor allem für Persönlichkeiten aus der Wirtschaft pompöse Todesanzeigen zu schalten. Die Gelder wären besser für soziale Projekte verwendet worden; wie Anm. 2.

Nr. 23
An Prof. Hermann Wild, Ulm an der Donau
22. Januar 1955

BArch, N 1221, 324: ms. Schreiben, Durchschlag, von Heuss diktiert (Diktatz. H/Sch) und ms. gez.; ms. Briefkopf: „Th. Heuss"

Gedanken über Orden aus Anlass der Verleihung des Bundesverdienstkreuzes an Hermann Wild

Verehrter, lieber Freund!

Mit den Orden ist es so: sie sind eine Kombination aus Staatsräson und Psychologie.

Ich selber habe im Jahre 1916 meinen ersten und für lange Zeit einzigen Orden gekriegt, den ich aber, wie wir humoristisch kommentierten, wegen seiner Aufschrift nie angelegt habe, weil er nämlich „W. C." hieß. Wir fanden das unpassend. (Meine Frau hatte den gleichen Orden bekommen.) Es hieß aber „Wilhelm Charlotte".[1] Ich hatte ihn bekommen, weil ich fleißig in Lazaretten Vorträge gehalten hatte.[2]

Als ich in der Demokratischen Fraktion des Reichstages war,[3] habe ich einmal die Leute geärgert, indem ich ihnen sagte: „Wir müssen die damals erhalten gebliebene ‚Rettungsmedaille' ausbauen und ihr eine Sonderklasse anfügen ‚Medaille zur Rettung der Republik' und das Großkreuz an Georg Bernhard und Theodor Wolff[4] geben. Dann sind wir über die Schwierigkeiten hinweg."[5] Man hat mir diese etwas zynische Bemerkung ein bißchen übel genommen. Aber Sie sehen, daß mich das Problem selber immer beschäftigt hat und zwar, wie Sie sich hoffentlich denken können, lediglich aus staatspolitischen Gründen. Ich habe deshalb im Parlamentarischen Rat dafür gesorgt, daß der Puritanismus, den Hugo Preuss und Ebert in die Weimarer Verfassung hereingebracht haben,[6] jetzt nicht wiederholt wird.[7]

---

1 Vornamen des letzten Württembergischen Königspaares: Wilhelm II. und Charlotte von Schaumburg-Lippe, seit 1896 zweite Ehefrau von Wilhelm II. Bereits nach der Verleihung hatte Heuss seinem Schwiegervater Georg Friedrich Knapp am 10. 10. 1916 mitgeteilt, dass er ihn nie „anziehen" werde; TH. HEUSS, Aufbruch, S. 500.

2 Mit ähnlichen Worten hielt Heuss dies im Rahmen seiner Anekdotensammlung fest; vgl. H. FRIELINGHAUS-HEUSS, Heuss-Anekdoten, S. 123.

3 Heuss gehörte dem Deutschen Reichstag 1924–1928 als Abgeordneter der DDP, 1930–1932 und 1933 als Abgeordneter der Deutschen Staatspartei an; vgl. E. W. BECKER, Theodor Heuss, S. 51–79.

4 In der Vorlage: „Wolf".

5 Die Herkunft dieses Zitates ließ sich nicht nachweisen.

6 Art. 109 WRV hatte die staatliche Verleihung von Orden und Ehrenzeichen sowie die Annahme ausländischer Titel oder Orden durch Deutsche untersagt.

7 Es lässt sich nicht nachweisen, dass Heuss sich im Parlamentarischen Rat für die Wiedereinführung von Orden eingesetzt hatte. Das Grundgesetz behandelt die Ordensfrage nicht. Das Kontroll-

Es war in der Weimarer Zeit nur ein Orden am Leben geblieben, nämlich die Friedensklasse des Pour le mérite. Hitler war gegen diesen Orden und hat seine Fortführung verboten, so daß er knapp vor dem Aussterben in des Wortes wahrster Bedeutung war, denn es waren von den 30 Mitgliedern nur noch drei am Leben. Es war mein großes Anliegen, diese Stiftung zu retten, und daß es mir gelungen ist, gehört zu den Dingen, die mir Spaß machen.[8] Auch ein Mann wie Albert Schweitzer hat mir neulich geschrieben, wie gut er diese Aktion von mir empfinde, als ich ihm wegen seiner Zuwahl zu dem Orden schrieb.[9]

Die Stiftung des Verdienstordens der Bundesrepublik Deutschland,[10] die ja voranging, hat sich bei mir aus folgendem ergeben: In dem Augenblick, als wir wieder auswärtige Vertretungen hatten, war mir klar, daß bei ausscheidenden Diplomaten die Verleihung eines Ordens wieder eingeführt werden müsse. In der Weimarer Republik hatte man den Leuten große Porzellanservice und dergleichen geschenkt. Die waren mir einfach zu teuer, und man kann sich Porzellan auch nicht um den Hals hängen. Das Außenpolitische war zunächst das zeitlich Bedrängende.

Die Stiftung eines Ordens ist dann aber auch für die innere Integration, wenn man den Ausdruck gebrauchen darf, wichtig geworden. Ich war ja, verzeihen Sie, so klug, die ersten hohen Orden gleichzeitig an Keil, Wurm und Bäuerle zu verleihen, und zwar persönlich, und da ich bei Keil des freundschaftlichen Mitwirkens gewiß sein konnte, war nach dieser Seite eine Abschirmung erfolgt. Später hat mir Zinn in Hessen gesagt, er hätte nie geglaubt, wie sehr sich alte Gewerkschaftler über eine Auszeichnung mit dem Orden freuen würden.

Sie fragen bei mir an, wie Sie sich verdient gemacht haben.[11] Nun kann ich Ihnen ja nicht die große Begründung im einzelnen mitteilen.[12] Aber der Nachdruck

---

ratsgesetz Nr. 8 vom 30. 11. 1945 hatte das Tragen von militärischen oder zivilen Orden und Ehrenzeichen verboten. Das Gesetz Nr. 7 der Alliierten Hohen Kommission vom 21. 9. 1949 setzte das Gesetz von 1945 außer Kraft und ließ die Stiftung neuer Auszeichnungen zu, verbot aber weiterhin das Tragen von Orden und Ehrenzeichen der ehemaligen deutschen Wehrmacht, der NSDAP oder einer ihrer Organisationen; vgl. DEUTSCHE ORDEN, S. 25; auch die Rede von Heuss „Stilfragen der Demokratie" vom 23. 6. 1955, in: TH. HEUSS, Politiker, S. 450–464, hier S. 459.

[8] Zur Wiederbegründung des Ordens durch Heuss während seiner ersten Amtszeit vgl. P. E. SCHRAMM, Theodor Heuss; H. ROTHFELS, Theodor Heuss; außerdem die zahlreichen Briefe von Heuss zum Orden Pour le mérite, in: TH. HEUSS, Bundespräsident 1949–1954; Nr 21.

[9] Heuss an Schweitzer, 4. 6. 1954, in: B 122, 38252; Schweitzer an Heuss, 22. 8. 1954 in: N 1221, 201.

[10] Statut des Bundesverdienstkreuzes vom 7. September 1951, in: BGBl. I, Nr. 46, 12. 9. 1951, S. 831–834, Art. 5, abgedruckt in: DEUTSCHE ORDEN, S. 350f.

[11] Die Anfrage von Wild ließ sich nicht ermitteln.

[12] Wild war vom Land Baden-Württemberg mit der Vorschlagsliste Nr. 299 b vom 21. 10. 1954 für das Bundesverdienstkreuz (Steckkreuz) vorgeschlagen worden; B 122, 38418. In der Vorschlagsbegründung hieß es: „Nach dem Zusammenbruch im Jahre 1945 hat er als Leiter des Gymnasiums

liegt natürlich auf der Leistung, die Sie im Jahre 1945 vollbrachten, als Sie die Ulmer Schulgeschichten in die Hand genommen haben. Sie sagen, das war für Sie eine Selbstverständlichkeit. Das war es nun eben gerade nicht, sondern es war eine Einsicht, daß man auch von den Amerikanern eine Aufgabe entgegenzunehmen und sich zur Verfügung zu halten hatte. Sie brauchen sich also darüber keine Gedanken zu machen. Ich darf Ihnen sagen, daß ich die Urkunde für Sie mit besonderer Freude und in dankbarer Erinnerung an unsere alte Freundschaft sehr gern unterschrieben habe.

Ich bin etwas ins Plaudern gekommen. Das Diktaphon ist eine geduldige Einrichtung, und wenn es Mitternacht vorbei ist, wird man leicht mitteilsam.

Die politischen Dinge sind ja immer in einem Schwebezustand, der einen nie aus der Sorge entläßt.[13] Ich versuche ja, den Leuten in Deutschland etwas Bescheidenheit zu predigen und gegen die Betriebsmeierei eine Warnung auszusprechen. Die große Problematik ist ja die Haltung der jungen Menschen. Sie ist aber wohl in eine einheitliche Linie gar nicht zu bringen.

Ich hoffe, daß dieser Brief Sie bei guter Gesundheit antrifft. Ich selber bin ja bei einem sehr turbulenten Leben eigentlich immer in einem frischen und vitalen Zustand. Das ist aber eine Sache ohne Verdienst, das ist ein Geschenk.

Mit vielen guten Grüßen an Sie und Ihre Gattin
Ihr Th. Heuss

in Ulm und insbesondere als Bezirksschulrat für die Volks- und Mittelschulen und als Kreisbeauftragter für die Höheren Schulen das gesamte Schulwesen in der schwer geschädigten Stadt Ulm, in der fast kein Schulgebäude mehr stand, trotz großer Schwierigkeiten wieder in Gang gebracht und damit der Erziehung der Jugend einen sehr großen Dienst geleistet." Ferner wurde auf seine Mitgliedschaft im Kulturpolitischen Ausschuss des ersten Landtages von Württemberg-Baden verwiesen; vgl. auch H. STEINMEYER, Hermann Wild, S. 215–252.

[13] Möglicherweise ein Hinweis auf die „Pariser Verträge", die im Dezember 1954 von der französischen Kammer und im Februar 1955 vom Bundestag – jeweils gegen die Stimmen der Opposition – ratifiziert wurden und im Mai in Kraft traten; vgl. Nr. 4, Anm. 12, Nr. 6, Anm. 4.

Nr. 24
An Ernst Jünger, Ravensburg
25. Januar 1955
DLA, A: Jünger, HS.1994.0009: ms. Schreiben, behändigte Ausfertigung; Kopfbogen: „Theodor Heuss“[1]
Austausch von Büchern

Verehrter Herr Jünger!

Daß Sie mir durch Hans Speidel zwei Ihrer letzten Bücher,[2] über die er und ich uns kürzlich einmal unterhielten, die ich aber noch nicht kannte, zugehen ließen, empfinde ich als eine große Freundschaftlichkeit. Daß der Dank sich aber bis jetzt verzögert hat, werden Sie bitte nachsehen. Es ist mein berufliches Schicksal geworden, daß ich nur selten zu einer halbwegs gelassenen Lektüre komme. Aber ich wollte Ihnen doch nicht, wozu ich vielen Autoren gegenüber gezwungen bin, mit einem allgemeinen Dankwort „den Empfang bestätigen.“

Ich habe in der letzten Woche die beiden Bücher gelesen und gerne wieder die seltsame Kraft Ihrer schriftstellerischen Kunst und Ihrer denkerischen Art bewundert, wie Sie durch die Mitteilung von diesem oder diesem dem Leser völlig fremden fact ihn zu Assoziationen oder zum eigenen Spekulieren anregen (das Wort „Spekulieren“ wird von Ihnen richtig verstanden werden). Ich habe also zu danken für das, was mich unmittelbar bereichert hat, und für die fruchtbaren Bezüglichkeiten, die die Darstellung von facts lebendig werden ließ.

Nicht ganz verschweigen darf ich, daß ich auch ein gewisses Neidgefühl empfunden habe gegenüber dieser mir völlig entschwundenen Möglichkeit einer liebevollen Sachvertiefung und eines Herumsuchens nach Thesen und Antithesen, Beweisstücken usf. Vor vielen Jahren war das auch, wenn freilich wesentlich auf dem Gebiet des Biographischen, eine mich oft genug beglückende Beschäftigung.[3]

---

1 Weitere Nachweise: N 1221, 324; B 122, 2063: ms. Schreiben, Durchschlag mit Stempel: „Pers[önlichem] Ref[erenten] vorgelegen“.

2 Vermutlich ERNST JÜNGER: Der gordische Knoten, Frankfurt a. M. 1953; DERS.: Das Sanduhrbuch, Frankfurt a. M. 1954. Mit Schreiben vom 3. 1. 1955 hatte Speidel auf Bitten von Ernst Jünger dessen zwei „neusten opera“ übersandt; N 1221, 202. Am 10. 2. 1955 schrieb Heuss an Speidel, er habe Jünger „einige meiner Sachen“ geschickt. Die „fast frauenhaft zarte Handschrift“ von Jünger sei „erstaunlich“. Jünger habe den Gedanken erneuert, dass man doch mal einen „beschaulichen Abend“ bei ihm zubringen möchte; N 1221, 325; vgl. auch Nr. 55, Nr. 67; Heuss an Jünger, 23. 11. 1951, in: TH. HEUSS, Bundespräsident 1949–1954, S. 291f.

3 Während des „Dritten Reiches“ war Heuss von jeglichen politischen Tätigkeiten ausgeschlossen und verfasste zum Teil voluminöse Biographien über Friedrich Naumann, Hans Poelzig, Anton Dohrn, Justus von Liebig und Robert Bosch; vgl. E. W. BECKER, Biographie.

Ich darf Ihnen einige eigene Arbeiten senden, ohne den Anspruch, daß sie von Ihnen gelesen werden. Aber bei der Essaysammlung seltsamer Lebensläufe,[4] die vor vielen Jahren, in der Zeit, da mir das politische Schreiben unmöglich gemacht worden war, für die Frankfurter Zeitung entstanden, werden Sie einen finden, der Sie interessieren muß: der von Philipp Matthäus Hahn, einem schwäbisch-pietistischen Pfarrer, der gleichzeitig ein großartiger Mechanikus und Uhrenbastler gewesen ist.[5] Das Ineinander von höchster rationaler Fertigkeit und mystischer Erwartung kann man skurril nennen. Es ist ungeheuer schwäbisch.

Vor vielen Jahren habe ich einmal eine Biographie von Anton Dohrn geschrieben,[6] mit dessen Söhnen ich befreundet war und noch bin.[7] Dieses Buch möchte ich gern in Ihrer Hand wissen. Ich weiß nun nicht, ob Sie schon einmal dran gekommen sind. Falls ich es Ihnen schicken darf, sagen Sie mir bitte ein Wort.[8] Es ist von meinen Büchern, neben der Poelzig-Biographie,[9] vielleicht das farbigste, was aber nicht an mir, sondern an dem Stoff liegt.[10]

Mit freundlichen Grüßen
Ihr Th. Heuss

4 THEODOR HEUSS: Schattenbeschwörung. Randfiguren der Geschichte, Stuttgart/Tübingen 1947 (Lizenzausgabe in der Fischer-Bücherei 1954).

5 Vgl. ebd., S. 33–38.

6 THEODOR HEUSS: Anton Dohrn in Neapel, Berlin/Zürich 1940; 2., erweiterte Ausgabe mit einem Beitrag von Margret Boveri, Stuttgart/Tübingen 1948.

7 Wolfgang, Reinhard und Boguslav Dohrn.

8 Jünger kannte zwar die Dohrn-Biographie, erbat aber ein von Heuss gewidmetes Exemplar; Jünger an Heuss, 9. 2. 1955 (Eingangsdatum), in: B 122, 2063; Heuss schickte das Werk mit Schreiben vom 15. 2. 1955; N 1221, 325.

9 THEODOR HEUSS: Hans Poelzig. Bauten und Entwürfe. Das Lebensbild eines deutschen Baumeisters, Berlin 1939; 2., neubearbeitete Auflage Stuttgart/Tübingen 1948.

10 Jünger dankte am 7. 2. 1955 und betonte, ein Besuch in Wilflingen wäre „natürlich ein Fest"; B 122, 2063. Der Besuch fand am 1. 10. 1955 statt; vgl. auch Nr. 55, Nr. 67; zum Briefwechsel zwischen Heuss und Jünger vgl. S. MARTUS, Grenzwanderung.

Nr. 25
An Richard Merton, Frankfurt a. M.
14. Februar 1955
BArch, B 122, 2270: ms. Schreiben, Durchschlag, von Heuss diktiert (Diktatz. H/Bk) und ms. gez.; ms. Briefkopf: „Th. H.“[1]
Finanzielle Hilfe für die Zoologische Station in Neapel

Sehr geehrter Herr Dr.[2] Merton!

Dieser Tage hat mich Dr. Peter Dohrn[3] von der Zoologischen Station in Neapel besucht, um mir wissenschaftliche Sorgen wie auch einiges wegen der Bedürfnisse der Station in Sachen der Erhaltung von Marées Fresken wie der Bibliothek vorzutragen und mich zu bitten, ihm evtl. zu einigen Stellen amtlicher, halbamtlicher, privater Natur den Zugang zu erleichtern.

Ich habe mich diesem Ersuchen nicht entzogen, weil ich im gewissen Sinn vorbundespräsidentiell dazu qualifiziert bin, das Schicksal der Zoologischen Station in Neapel mit zu überdenken.

Es sind jetzt etwas über fünfzehn Jahre her, daß ich, mit den Söhnen des Gründers Anton Dohrn zum Teil seit der Studienzeit befreundet,[4] der Historiker des Mannes und der Station geworden bin. Ich erlaube mir, Ihnen eine Neuauflage des Werkes mitzusenden.[5] Wir haben auch, als Dr. Peter Dohrn uns vor ein paar Tagen besuchte, die Deutsche Forschungsgemeinschaft gebeten, eine Notiz über ihr Zusammenwirken mit der Station niederzuschreiben. Auch dieses von Professor Dr. Raiser gezeichnete Urteil erlaube ich mir Ihnen beizulegen.[6]

Über die Bedeutung der Schöpfung von Anton Dohrn brauche ich ja wohl keine weiteren Ausführungen zu machen. Es ist für mich eine Freude gewesen, daß das Forschungsschiff für Meeresbiologie, das Anfang März in Bremerhaven in Dienst gestellt werden wird (ich nehme daran teil), den Namen von Anton Dohrn tragen soll.[7]

Der Sinn dieses Briefes ist, Sie zu bitten, Dr. Peter Dohrn, der im Augenblick in Frankfurt am M., Lindenstr. 27 (Telefon 70281) bei seinem Vetter, dem Bank-

---

1 Hs. Az.: 4101-1025/55 (Dohrn); Stempel: „Pers[önlichem] Ref[erenten] vorgelegen“; hs. Betreff: „Angelegenheiten der Zoologischen Station in Neapel“; weiterer Nachweis: N 1221, 325: ms. Schreiben, Durchschlag.

2 Merton wurde 1924 von der wirtschaftswissenschaftlichen Fakultät der Universität Frankfurt a. M. die Ehrendoktorwürde verliehen.

3 Das Treffen mit Peter Dohrn, Enkel von Anton Dohrn und seit 1954 Leiter der Zoologischen Station, ließ sich nicht nachweisen.

4 So mit Wolfgang Dohrn; vgl. TH. HEUSS, Vorspiele, S. 240.

5 TH. HEUSS, Anton Dohrn. Heuss hatte den Band mit einer persönlichen Widmung versehen.

6 Aufzeichnung von Ludwig Raiser, Präsident der DFG, 12. 2. 1955, in: B 122, 2270.

7 Unterlagen über die Teilnahme von Heuss an den Feierlichkeiten am 3. 3. 1955, in: B 122, 2270.

direktor Dr. Klaus Dohrn[8] wohnt, entweder zu sich zu bestellen oder ihm, wenn er sich melden sollte, einen Termin für eine kurze Darstellung der Situation und der spezifischen Wünsche zur Verfügung zu stellen.[9]

Mit freundlichen Empfehlungen
Ihr Th. Heuss

2 Anlagen

Nr. 26
An Elisabeth Bab, New York
16. Februar 1955

BArch, N 1221, 108: ms. Schreiben, Durchschlag, von Heuss diktiert (Diktatz. H/Sch) und ms. gez.; ms. Briefkopf: „Th. Heuss"[1]

Tod von Julius Bab und Erinnerung an Freundschaft zu ihm

Liebe Frau Bab!

Mit Wehmut habe ich heute früh in der Zeitung die Nachricht vom Heimgang Ihres Gatten gelesen. Sie konnte mir nicht ganz überraschend kommen, da mir Kersten schon vor geraumer Zeit einmal schrieb, daß ihm der Gesundheitszustand Ihres Gatten rechte Sorgen mache,[2] und auch durch den Brief, den ich vor einigen Wochen von Ihrem Mann erhielt,[3] klang ein Ton der Resignation. Es war etwas wie ein verhülltes Abschiednehmen.

Ich möchte Ihnen und den Ihrigen meine herzliche und freundschaftliche Teilnahme aussprechen. Die Beziehung zwischen Julius Bab und mir reicht ja

---

8 Zur Charakterisierung von Klaus Dohrn vgl. Heuss an Walter Riezler, 4. 12. 1957, in: N 1221, 190.

9 Merton, 1949–1955 Vorstandsvorsitzender des Stifterverbandes für die Deutsche Wissenschaft, unterrichtete Heuss am 18. 2. 1955 über das inzwischen erfolgte Gespräch mit Peter Dohrn und stellte eine Förderung der Zoologischen Station in Neapel durch den Stifterverband in Aussicht, selbst wenn dadurch die Mittel zur freien Verfügung durch die DFG verringert würden. Am 4. 7. 1955 teilte er Heuss mit, der Stifterverband habe eine Zuwendung von 25.000 DM an die Zoologische Station beschlossen. Nachdem der Stifterverband für 1956 und 1957 jeweils Zuschüsse in gleicher Höhe gezahlt hatte, erreichte das BPrA 1958 ein erneuter Hilferuf. Es bemühte sich daraufhin intensiv beim BMI um eine Etatisierung der Zoologischen Station; Unterlagen in: B 122, 2270. Noch am 5. 3. 1958 äußerte sich Heuss gegenüber Toni Stolper ironisch, Reinhard und Peter Dohrn betrachteten das BPrA als „Finanzhilfe-Dependance" der Zoologischen Station; N 1186, 124.

1 Weiterer Nachweis: N 1221, 325: ms. Schreiben, Durchschlag.

2 Das Schreiben von Kurt Kersten ließ sich nicht ermitteln. Er informierte Heuss ausführlich noch einmal am 17. 2. 1955 über die letzten Tage von Bab und die Beerdigung; B 122, 493.

3 Bab an Heuss, 14. 1. 1955, in: N 1221, 108.

über ein halbes Jahrhundert zurück. Ich mußte ihn selbst einmal daran erinnern, daß wir im Seminar bei Jastrow zusammensaßen,[4] und als dann Gustav Stotz in Ihrer Gartenhauswohnung in der Kaiserallee Quartier gefunden hatte, gab es ja, wenn auch freilich noch nicht im Geistigen, eine frühe Begegnung. Wir haben sehr bald darauf gute Kameradschaft geschlossen, als wir gemeinsam dem Schutzverband deutscher Schriftsteller unsere Dienste zur Verfügung stellten.[5] Es ist mir immer eine Pflicht der dankbaren Gesinnung geblieben, daß Ihr Mann, als in der Mitte der zwanziger Jahre allerhand Literaten etwas enttäuscht über mich herfielen, er tapfer und unbekümmert meine Sache mit durchfocht.[6] Es war für ihn nett wie für mich nett, daß, solange ich in der nationalsozialistischen Zeit das Experiment der „Hilfe" durchhalten konnte,[7] er mit von der Partie blieb.[8] Wir wussten beide, daß es ein etwas gefährliches Unternehmen war. Aber das hat uns weiter nicht geschreckt.

Ich bin froh, daß Sie beide bei Ihrem Deutschland-Besuch bei mir hereinschauen konnten,[9] denn es ergab sich, daß die lange Trennung und das böse Leid, das über Sie beide gekommen war, nicht mehr vorhanden waren, als wir zusammensaßen. Ich habe dann durch manche Begegnung und manches Gespräch

---

4 Während des Studiums in München besuchte Heuss auch Seminare beim Nationalökonomen Jastrow; vgl. TH. HEUSS, Vorspiele, S. 278f; DERS., Erinnerungen, S. 117; Beitrag von Bab in: H. BOTT / H. LEINS, Begegnungen, S. 217; Heuss an Bab, 6. 12. 1950, in: N 1221, 108.

5 Heuss hatte 1909 zu den Gründungsmitgliedern des Schutzverbandes deutscher Schriftsteller gehört. Dieser Verband nahm sich der zum Teil prekären wirtschaftlichen und rechtlichen Situation vieler Schriftsteller an und vertrat ihre Interessen gegenüber Verlegern und staatlichen Stellen. Vor allem setzte er sich für die Urheberrechte seiner Mitglieder ein und bot ihnen Unterstützung bei juristischen Auseinandersetzungen an. Heuss gehörte dem Verband ehrenamtlich zunächst als 3., 1911/12 und 1920–1924 als 2. und schließlich 1925/26 als 1. Vorsitzender an; vgl. D. PEUKERT, Schund- und Schmutzkampf; E. FISCHER, Schutzverband; vgl. auch Anm. 6. Bab war Gründungsmitglied und blieb dem Schutzverband zwei Jahrzehnte eng verbunden; vgl. ebd., Sp. 34, 41.

6 Heuss bezog sich dabei auf die Auseinandersetzungen über das „Gesetz zur Bewahrung der Jugend vor Schund- und Schmutzschriften", das die Einschränkung indizierter Schriften beim öffentlichen Verkauf vorsah und an dessen Formulierung Heuss im Kulturausschuss beteiligt gewesen war. In einer Reichstagsrede vom 27. 11. 1926 verteidigte er die umstrittene Gesetzesvorlage und propagierte eine „Sozialpolitik der Seele" gegenüber der „Schundliteratur"; RT-Bd. 391, S. 8233–8237. Er löste daraufhin Proteste zahlreicher Intellektueller von Thomas Mann über Kurt Tucholsky bis hin zu Albert Einstein aus. Nach der Verabschiedung des Gesetzes im Reichstag am 3. 12. 1926 trat er von seinem Posten als Erster Vorsitzender des Schutzverbandes deutscher Schriftsteller zurück; vgl. E. FISCHER, Schutzverband, Sp. 39, 529–535; zum Gesamtkomplex vgl. D. PEUKERT, Schund- und Schmutzkampf; G. REUVENI, Aufstieg; vgl. auch den Artikel THEODOR HEUSS: Von „Schund und Schmutz", in: Weserzeitung 16. 6. 1926, abgedruckt in: DERS., Politiker, S. 166–169; DERS., Erinnerungen, S. 342f.

7 Heuss war Anfang Januar 1933 in den Herausgeberkreis der Zeitschrift „Die Hilfe", das von Friedrich Naumann gegründete Presseorgan der nationalsozialen Bewegung, eingetreten. Im September 1936 musste er auf Druck des Reichspropagandaministeriums von seinem Posten zurücktreten; vgl. R. BURGER, Theodor Heuss, S. 291–319.

8 Bab publizierte in der „Hilfe" 1933–1935 18 Beiträge.

9 Besuche hatten am 7. 8. 1951 und am 25. 5. 1953 stattgefunden; vgl. Dienstkalender, in: N 1221, 482.

feststellen können – und ich hoffe, daß der Entschlafene es bei den Wiederbegegnungen selber gespürt hat –, daß die Unbestechlichkeit seines literarischen Urteils, die Lebendigkeit seiner Darstellungskraft und die Lauterkeit seines Charakters ihm viel Freundschaft in Deutschland bewahrt hatten.[10]

Für unser eigenes menschliches und sachliches Verhältnis wird sein Beitrag zu dem Buch, das man mir zum 70. Geburtstag überreichte, ein bleibendes Zeugnis sein.[11]

Seien Sie herzlichst gegrüßt
von Ihrem Th. Heuss

Nr. 27
An Prof. Dr. Klara Marie Faßbinder, Duisdorf bei Bonn
16. Februar 1955

BArch, B 122, 2059: ms. Schreiben, Durchschlag, von Heuss diktiert (Diktatz. H/Sch) und ms. gez.; ms. Briefkopf: „Th. Heuss“[1]

Distanziertes Verhältnis von Elly Heuss-Knapp zu Klara Marie Faßbinder

Sehr geehrte Frau Professor Faßbinder!

Es ist bei mir angefragt worden, wie denn das Verhältnis meiner verstorbenen Frau zu Ihnen gewesen sei, da Sie sich offenbar ein- oder mehrere Male in Versammlungen und Gesprächen auf eine mehr oder weniger vertraute Intimität mit ihr berufen haben.[2]

Ich würde Ihnen dankbar sein, wenn Sie um der Redlichkeit willen davon in Zukunft Abstand nehmen würden.

Ich entsinne mich aus Erzählungen, daß Sie wohl in den Jahren 1949 und 1950 meine Frau besucht haben und daß Sie von ihr eine aktive Teilnahme an

---

[10] Gegenüber Toni Stolper charakterisierte er Bab am 4. 3. 1955 als einen „sehr guten Theaterschriftsteller und in manchem eine seltsame Figur. Man konnte ihn für einen Angehörigen der Bohème halten, und dabei war er mit das Bürgerlichste, was man sich wünschen konnte.“ N 1221, 326.

[11] Vgl. H. BOTT / H. LEINS, Begegnungen, S. 217–219. Heuss und Bott bemühten sich anschließend, die wirtschaftliche Situation von Elisabeth Bab, eventuell durch den Verkauf der Bibliothek ihres Ehemannes, zu verbesssern; Unterlagen in: B 122, 493.

[1] Hs. Az. 001-102/55; Stempel: „Pers[önlichem] Ref[erenten] vorgelegen; hs. Vermerk: „*Betr.*: Ablehnung Berufung auf E. H.-K. durch Fassb[inder]“; weiterer Nachweis: N 1221, 325: ms. Schreiben, Durchschlag.

[2] Die Anfrage ließ sich nicht ermitteln. Faßbinder engagierte sich in der westdeutschen Frauenfriedensbewegung gegen die Wiederbewaffnung; vgl. ihre Autobiographie K. M. FASSBINDER, Begegnungen.

einer Internationalen Mütter-Bewegung erreichen wollten. Ich weiß aber auch, daß meine Frau sich sehr bewußt dann davon distanzierte, als sie merkte, daß hier neben Caritativem eine spezifisch politische Pointe sichtbar wurde. Sie fühlte sich zu dieser Zurückhaltung verpflichtet, da sie in Sorge war, ihr Name, in Verbindung mit dem Amt des Gatten, würde, von ihr nicht weiter zu kontrollieren, in der Fernwirkung mißbraucht werden können. Sie hat mit höchster Bewußtheit gegenüber den zahllosen Beanspruchungen bei ihren schwindenden Kräften sich ausschließlich auf das Müttergenesungswerk konzentriert.

Da meine Frau von Natur liebenswürdig war, ist sie vermutlich auch Ihnen liebenswürdig gegenübergetreten. Aber wenn ich mich an etwas deutlich erinnere, dann an dies, daß Ihre insistierende Art ihr völlig contre cœur[3] ging und daß die Erzählungen über Gespräche oder Briefe sehr negativ getönt waren.

Es ist nicht sehr freundlich, daß ich Ihnen das schreibe, aber ich möchte nicht haben, daß der Name meiner Frau in eine falsche Legende menschlicher Intimität gerate.[4]

Mit vorzüglicher Hochachtung Th. Heuss

Nr. 28
An Paul Weymar, Kampen, Sylt
18. Februar 1955

BArch, B 122, 2072: ms. Schreiben, Durchschlag, von Heuss diktiert (Diktatz. H/Sch) und ms. gez.; ms. Briefkopf: „Theodor Heuss"[1]

Konrad Adenauer im Parlamentarischen Rat

Sehr geehrter Herr![2]

Die rasche Zusage, Ihnen für ein Lebensbild des Herrn Bundeskanzlers mit Erinnerungen aus der Zeit des Parlamentarischen Rates einiges an Unterstützung

---

3 Französisch für „gegen die eigene Haltung", „widerwillig".

4 Faßbinder antwortete am 22. 2. 1955 auf das Schreiben von Heuss, sie könne sich nicht daran erinnern, den Namen Heuss-Knapp je missbraucht zu haben. Heuss bestätigte mit einem von Bott gez. Schreiben am 24. 2. 1955 den Eingang ihrer Antwort. Ernst Ludwig Heuss hatte sich seinerseits bereits am 17. 2. 1955 aufgrund von eigenen Informationen an Faßbinder gewandt und gebeten, künftig Berufungen auf seine Mutter zu unterlassen; alle Schreiben in: B 122, 2059.

1 Weitere Nachweise: N 1221, 216: ms. Schreiben, Durchschlag; B 122, 210: hs. Schreiben, Entwurf; Druck: Th. Heuss / K. Adenauer, Unserem Vaterlande zugute, S. 169–172; P. Weymar, Adenauer, S. 362–365.

2 „Weymar" war ein Pseudonym, das sich nicht auflösen ließ. Vgl. auch K. Adenauer, Briefe 1951–1953, S. 644. Heuss reagierte auf die Verwendung des Pseudonyms in seinem Begleitschrei-

zu geben,[3] ist in der Durchführung nicht ganz einfach. Natürlich gibt es aus dieser Zeit, vom September 1948 bis Mai 1949, mancherlei an charakteristischen Anekdoten, an Kontroversen und Verständigungen; doch manches davon scheint mir noch zu zeitnahe zu sein und der Gefahr ausgesetzt, aus dem Chronikal-Historischen ins Politisch-Aktuelle transportiert zu werden.

Aus einer Zurückhaltung, die wahrscheinlich falsch war, hatte ich einige der vorangegangenen Konferenzen gemieden; die Ministerpräsidenten der Länder sollten – das war damals meine Meinung – in ihrem von den Besatzungsmächten angeregten oder bedingt zugewiesenen Auftrag, die Möglichkeiten einer erweiterten Gemein-Staatlichkeit zu überprüfen und technisch vorzubereiten, nicht durch unmittelbare Parteiwirksamkeiten beeinflußt werden.[4] Das hatte zur Folge, daß ich, außer den nächsten politischen Freunden und wenigen Kollegen aus dem alten Reichstag oder aus der engeren Heimat, beim Zusammentreten des Parlamentarischen Rates im September 1948 kaum einen Menschen persönlich kannte. Auch Konrad Adenauer nicht! Natürlich war mir seine historisch-politische Rolle einigermaßen vertraut, seine wagenden Leistungen und Planungen als Oberbürgermeister von Köln, seine Fähigkeit, den preußischen Staatsrat durch seine Führung zu profilieren[5] – als dessen Präsident war er sogar in meine Vor-

---

ben zu dieser Antwort vom 18. 2. 1955: „Daß ich Sie nur mit ‚Sehr geehrter Herr‘ und nicht mit Ihrem Pseudonym anrede, wollen Sie bitte verstehen. Es ist Ihre Sache, ein Pseudonym zu gebrauchen, es ist aber für mich schlechterdings nicht möglich, hier dieses an sich ja häufige Spiel sozusagen durch eine solche Anrede zu legitimieren. Ich bitte Sie, das zu verstehen und zu beachten.“ B 122, 2072.

3 Adenauer hatte mit Schreiben vom 20. 12. 1954 eine Begegnung seines Biographen Paul Weymar mit Heuss arrangiert; vgl. TH. HEUSS / K. ADENAUER, Unserem Vaterlande zugute, S. 169. Das Treffen fand am 2. 2. 1955 statt; vgl. ebd., S. 416, Anm. 3 zu Nr. 133. Dabei war offenbar verabredet worden, dass Heuss diesen Beitrag schreibe. Am 16. 2. 1955 teilte er mit, seine Niederschrift sei fertig, sie müsse nur noch abgeschrieben werde. Für eine Faksimile-Wiedergabe sei sie allerdings nicht geeignet; B 122, 2072.

4 Am 1. 7. 1948 hatten die drei westlichen Militärgouverneure in Frankfurt a. M. den Ministerpräsidenten der Länder ihrer Zonen drei Dokumente überreicht. In diesen sogenannten Frankfurter Dokumenten wurden die Länderchefs u. a. dazu aufgefordert, eine Verfassunggebende Versammlung einzuberufen, um eine freiheitliche und demokratische Verfassung föderalen Typs mit dem langfristigen Ziel der Wiedervereinigung zu schaffen. In Konferenzen auf dem Rittersturz bei Koblenz und im Jagdschloss Niederwald bei Rüdesheim nahmen die Ministerpräsidenten die Frankfurter Dokumente generell an, formulierten aber auch Vorbehalte und Änderungswünsche. Nach Verhandlungen mit den Militärgouverneuren mussten die Ministerpräsidenten schließlich die alliierten Vorgaben weitgehend akzeptieren. Vom 10. bis 23. 8. 1948 erarbeitete der Verfassungskonvent auf Herrenchiemsee einen Verfassungsentwurf als Grundlage für die Beratungen im Parlamentarischen Rat. Am 1. 9. 1948 trafen sich schließlich die Abgeordneten des Parlamentarischen Rates zur konstituierenden Sitzung; vgl. M. F. FELDKAMP, Parlamentarische Rat, S. 21–60.

5 Adenauer war 1917–1933 und dann noch einmal 1945 Oberbürgermeister von Köln und 1921–1933 Präsident des Preußischen Staatsrates gewesen; vgl. H.-P. SCHWARZ, Adenauer, Bd. 1, S. 175–340.

lesungen über die innerdeutsche Geschichte nach 1918 geraten. Es hatte sich seiner ziemlich frühe eine gewisse Legendenbildung bemächtigt, so gering das Romantische in ihm angelegt ist. Ich will nicht sagen, daß ich „neugierig“ war, ihn als ein Stück deutscher Geschichte kennenzulernen – es war mir rasch, nach den ersten Gesprächen, die gar nichts vorsichtig Abtastendes und Erkundendes besaßen, klar, daß mir nicht der Verwahrer einer erfolgreichen und dann geplagten Vergangenheit gegenüberstand, sondern höchst aktive und elastische Gegenwärtigkeit, die – unausgesprochen – um die Aufgabe der Zukunft wußte.

Die Mitglieder des Parlamentarischen Rates denken gerne und, wie ich aus Gesprächen weiß, manche mit einer gewissen Rührung an diese Monate, da das Grundgesetz geformt wurde. Die Menschen waren natürlich mit verschiedenen Auffassungen über organisatorische Zweckmäßigkeiten und staatstheoretische Grundlegungen zusammengekommen, sie unterschieden sich wohl auch in dem Urteil über das Sachgewicht, das in der gelegentlich abwehrenden und mißtrauenden Bewertung dieses und dieses Satzes durch die Organe der – in sich selber nur mühsam geeinten – Besatzungsmächte sich meldete. Es war letztlich doch ein Gefühl der Kameradschaftlichkeit vorhanden – nur wenige schlossen sich davon aus –, das geholfen hat, über die heute schier vergessenen Schwierigkeiten hinwegzuhelfen. Denn im Ziel, so oder so im Detail geformt, war man sich einig.

Der Abgeordnete Adenauer präsidierte dem Rat. Da das Schwergewicht der Sacharbeit naturgemäß in den Ausschüssen lag, trat er nur bei den nicht sehr häufigen Plenarsitzungen in die öffentliche Belichtung – auf Carlo Schmid, der den Hauptausschuß leitete, lagen Mühe und Verantwortung, das Ergebnis der Einzelberatungen in der Gesamtformung zu dirigieren – er hat diesem Auftrag, und nicht nur technisch, meisterhaft genügt. Ich glaube nicht, daß Adenauer Mitglied eines Ausschusses war.[6] Doch wußte er immer, was hier beschlossen war, wo man dort nicht recht weiterkam. Dann berief er zu den formlosen interfraktionellen Besprechungen ein. Darüber gibt es, glaube ich, keine Protokolle, wenn nicht ein sehr braves Mitglied sie für sich (und für die Geschichte) verfaßt haben sollte.[7] Diese Besprechungen aber waren zumeist entscheidend. Denn hier setzte Adenauers großartiges Talent ein, das in den Kontroversen der juristischen – und der weltanschaulichen – Spezialisten Verwirrte oder Verwinkelte zu ver-

---

[6] Adenauer war Mitglied des Ältestenrates, des Hauptausschusses und des Überleitungsausschusses; vgl. PARLAMENTARISCHE RAT, Bd. 11, S. IX. Gegen Ende seiner Amtszeit, als Heuss über Adenauer wegen dessen Kandidatur zum Bundespräsidenten stark verstimmt war, meinte er gegenüber Toni Stolper: „Von Adenauer stammt kein Komma, aber die tragende Figur war sein Gegenkandidat Carlo Schmid als brillanter Leiter des Hauptausschusses.“ TH. HEUSS, Tagebuchbriefe, S. 428f, 25. 4. 1959.

[7] Vgl. die fragmentarischen Aufzeichnung in: PARLAMENTARISCHE RAT, Bd. 11. Interfraktionelle Besprechungen fanden zur Abstimmung zwischen den Fraktionen von CDU/CSU, SPD, FDP, DP und Zentrum statt; Heuss und Adenauer waren regelmäßige Teilnehmer; vgl. ebd., S. IX–XV.

einfachen – die Fülle der eigenen Erfahrung gab die Exempel, wie das und das in dieser, wie es sich in jener rechtsgültigen Paragraphenfigur im praktischen Leben der Verwaltung auswirke.

Wahrscheinlich noch wichtiger als solches helfende Eingreifen war, wenn man das so nennen darf, die Hintergrundfunktion des Präsidenten. Er war, um dieser Stellung willen, rein technisch, *die* Figur für die Hohen Kommissare bezw. deren Repräsentanten. Gewiß waren auch sonst Mitglieder des Rates mit diesen Männern in Fühlung gekommen, zumal die Vorsitzenden der Fraktionen, der Ausschüsse – es waren Gespräche, in denen man sich ermunterte, sich aushorchte, Argumente wechselte und etwas die Atmosphäre zu schaffen versuchte, oft ungewiß, wie der Rang, der Einfluß, die innere Stimmung des Partners einzuschätzen seien. Bei dem Präsidenten Adenauer lag die Frage etwas anders, schon mehr auf der offiziellen, wenn auch nicht „amtlichen" Ebene: ohne „Bestallung" – denn wer hätte ihn ernennen sollen? – war er schon in diesen Monaten auf ganz natürliche Weise der Sprecher der werdenden Bundesrepublik gegenüber den westlichen Mächten geworden. Und das wurde für ihn, von der eigenen Konzeption ganz abgesehen, die Lehrzeit, mit den Denkgewöhnungen der „anderen", so wenig fixiert sie im einzelnen sein mochten, vertraut zu werden.

Das Schicksal hatte meinen Freunden von der FDP und mir, rein arithmetisch, eine „Schlüsselstellung" zwischen den beiden viel größeren Parteigruppen der CDU/CSU und SPD zugemutet.[8] Es kam wohl darauf an, daß das nicht bloß Arithmetik sei und bleibe. Ich glaube, das Wesentliche war, daß der Vorsitzende der CDU und der Vorsitzende der FDP – bei einer menschlich vertrauensvollen Aussprachemöglichkeit mit den im Parlamentarischen Rat führenden Mitgliedern der SPD – sich in einer illusionslosen Realistik begegneten, in der sie die deutsche, die europäische Situation und die Weltlage beurteilten. So unterschiedlich die landsmannschaftlichen und die politischen Herkünfte sein mochten – die verwandte Erkenntnis der Wirklichkeiten besaß eine bindende Kraft und schuf von Anbeginn der Begegnung das Verhältnis der freien, unbefangenen Aussprache, das sich, ohne jeden Bruch, in das spätere „amtliche" Verhältnis fortsetzte.

Freilich, in der Zeit des Parlamentarischen Rates gab es eine Situation – oft erzählte Anekdote![9] –, da ich dem so würdig als entschieden seines Amtes walten-

8 Die Fraktionen von CDU/CSU und SPD wurden im Parlamentarischen Rat von jeweils 27 Abgeordneten, die FDP von 5 und die KPD, die DP und das Zentrum von jeweils 2 Abgeordneten vertreten; vgl. M. F. FELDKAMP, Parlamentarische Rat, S. 42f. Gegenüber Ernst Jäckh beschrieb Heuss am 22. 1. 1949 die Rolle der FDP folgendermaßen: „Die Position meiner Gruppe in Bonn ist nicht schlecht, da wir zwischen CDU und SPD, die gleichstark sind, als Waagscheißer fungieren." TH. HEUSS, Erzieher, S. 462.

9 Vgl. H. FRIELINGHAUS-HEUSS, Heuss-Anekdoten, S. 112.

den Präsidenten leichten Kummer bereitete. In einer kulturpolitisch polemisierenden Rede erfuhr ich den dauernden ostentativen Beifall eines kommunistischen Abgeordneten.[10] Ich sah schon die head-lines der Presse vor mir und sagte, Akt der Notwehr, dem animierenden Zwischenrufer, sehr schwäbisch, er möge jetzt einmal sein Maul halten.[11] Das war nicht fein, wie ich durch die Glocke erfuhr, die der Präsident Adenauer sofort erklingen ließ. Kommt der Ordnungsruf, den ich mit Talent in alten parlamentarischen Zeiten zu vermeiden verstanden hatte? Er drohte, aber er kam nicht, sondern nur die rhetorische Frage, ob in dem Wort eine Beleidigung beabsichtigt gewesen [sei]. Da die meisten bei dieser Flucht ins Derbe, wenn auch zum Teil wohl erstaunt, gelacht [hatten], konnte ich replizieren, daß ich ihm eine Freude machen wollte. Der Präsident begnügte sich mit dieser Replik. Ich erzähle Ihnen diese Anekdote, weil sie charakteristisch ist für das parlamentarische Würdegefühl des Präsidenten, dem ich damals ganz gewiß nicht entsprach – aber auch für seine Fähigkeit, formale Entgleisungen auf eine charmante Weise in Ordnung zu bringen. Auch der Abgeordnete Renner, mein damaliger Gegenspieler, war mit dieser Lösung recht zufrieden.

Nun bin ich in einer späten Nachtstunde ins Plaudern gekommen und dabei recht ungewiß, ob das, was ich niederschrieb, dem entspricht, was Sie erwarteten, zumal ich ja die Anlage und den Duktus Ihrer Arbeit nicht kenne. Für eine historisch-wissenschaftliche Betrachtung sind diese Sätze ungenügend – ich sagte Ihnen ja schon, warum sie ungenügend sein *müssen*. Aber vielleicht vermitteln sie Ihnen für Ihr Unterfangen einiges von der Bonner politischen Atmosphäre in den Monaten, da es uns, unter Konrad Adenauers Leitung, darum ging, Möglichkeiten einer gemeindeutschen Zukunft rechtsstaatlich neu zu begründen.[12]

Theodor Heuss

---

[10] Heinz Renner.

[11] Vgl. TH. HEUSS, Vater, S. 85.

[12] Zur Einschätzung der Biographie Weymars als „sentimentale Verkitschung" vgl. Heuss an Toni Stolper, 2. 10. 1957, in: BArch, N 1186, 123.

Nr. 29
An Prof. Dr. Carlo Schmid, Bonn
19. Februar 1955

AdsD, NL Schmid, 1/CSAA000645: ms. Schreiben, behändigte Ausfertigung; Kopfbogen: „Theodor Heuss“[1]

Gedicht für Carlo Schmid

Lieber Professor Schmid!

Nachdem ich gestern abend oder nachher gestern nacht ½2 Uhr mit einiger Laune die Ansprache für die Iraner[2] verfertigt hatte, weil die noch für die Antwort abgeliefert werden muß, war ich in guter Laune und habe – ohne Reim-Lexikon[3] – prima vista ein neues Gedicht für Sie niedergeschrieben, bei dem ich auf Ihren so reizenden artistischen Einfall einging, die Kadenz der Strophe und die Art der Reime, wie ich sie vor ein paar Wochen frei nach Schiller gewählt hatte, wieder aufzunehmen.[4] Das ist nun herausgekommen und bittet um heiteren Empfang. Sie sollen aber bitte nicht meinen, daß derlei Spielerei, die in meiner Jugend eine große Rolle gespielt hat,[5] gegenwärtig mein Hauptgeschäft sei.[6]

Mit guten Grüßen
Ihr Th. Heuss

---

1 Weitere Nachweise: B 122, 202; N 1221, 325 und 196: ms. Schreiben, Durchschlag mit Stempel: „Pers[önlichem] Ref[erenten] vorgelegen“.

2 Vermutlich die Tischrede aus Anlass des Besuches des Schahs von Persien, Mohammed Resa Pahlewi, die Heuss am 27. 2. 1955 hielt; Ansprache in: B 122, 240; vgl. auch F. GÜNTHER, Heuss auf Reisen, S. 78–83.

3 Vom Empfänger hs. eingefügt: „!“.

4 Heuss hatte schon Weihnachten 1954 in Lörrach zu einem Fotoalbum mit Aufnahmen von Schmid, die beim Staatsbesuch des äthiopischen Kaisers gemacht worden waren, als letzte von drei Strophen gereimt: „Die wir uns Herren dünken, sind nur Sklaven, / denn Bild und Sinnbild meistern Photographen: / Wie jeder, wo ein jeder steht. / Sei‘s drum – wir selber dichten an Geschichte, / daß jeder das gemäße Maß verrichte: / Bei Carlo ruht die ‚Dignität‘.“ Heuss bemerkte dazu gegenüber Schmid am 21. 12. 1954: „Sie werden mir die ironische Bezüglichkeit nicht übelnehmen – die Schlußzeile erinnert an ein mir unvergeßliches Gespräch im Frühherbst 1945, da Sie mich, den totalen Dilettanten, in dem Bereich der Rangordnung – ‚Staatsrat‘, ‚Ministerialrat‘, ‚Ministerialdirektor‘?? – zum erstenmal pädagogisch traktierten“; N 1221, 196. Carlo Schmid dichtete daraufhin drei Strophen und übersandte sie am 27. 2. 1955; die letzte lautete: „Der nächste Tag wird solchen Vorwitz strafen, / Und Nachwelt sieht an kargen Epitaphen, / Wie blitzgeschoss’ner Ruhm vergeht. / Doch wie auch einer sich das Leben dichte – / Dich höht dereinst vor Klios Hochgerichte / Der Bürgerkrone Majestät“; Sammlung der Gedichte in: B 122, 202; N 1221, 196; DLA, A: Heuss, 91.102.1, 91.102.2, 73.3939; FA Heuss, Basel.

5 Heuss hatte zwischen 1900 und 1907 über 120 Gedichte verfasst, von denen nur wenige in einer kurzlebigen Stuttgarter Schülerzeitschrift gedruckt wurden; vgl. TH. HEUSS, Aufbruch, S. 82f, 105, 109, 140f, 168f; Jugendgedichte in: FA Heuss, Basel.

6 Der weitere lyrische Austausch zwischen Heuss und Schmid in: N 1221, 196; zur Einschätzung von Schmid durch Heuss vgl. auch TH. HEUSS, Tagebuchbriefe, S. 99, 24. 11. 1955.

Nr. 29a
Gedicht für Carlo Schmid
19. Februar 1955

AdsD, NL Schmid, 1/CSAA006645: ms. Schreiben, behändigte Ausfertigung[1]

Ermunterung
an Carlo S.

Wie schwer, o Mensch, ist solche Variante,
Da sich dein Sinn in Schillers Maß verrannte
– – Wer gibt den Reimen das Geleit?
Du streichst umsonst durch Klopstocks edle Oden
Noch helfen dir die zeitgenöß'schen Moden,
Das Feld des Suchens ist zu weit.

Doch schüttle frisch der Heimat Apfelbäume
Und sorg dich nicht um die gerechten Reime
– Der Heimat macht dies nicht Verdruß.
Doch die *Pointe* bleibt das Abenteuer
Für jeden, der des Wortes kecker Freier:
Wie fängt er denn den rechten Schluß?

Man soll den Zögernden gewiß nicht strafen,
Den Tagesknecht von argen Paragraphen,
Durch die die Weltgeschichte weht.
Doch stöhnt der Former der Gedichte,
Erdrückt vom lastenden Gewichte –
Ein Helfer immer willig steht!

Oder zur Auswahl:
Folg, Morgenwind das Segel bläht!

Th. H.

[1] Weitere Nachweise: N 1221, 325; B 122, 202: ms. Schreiben, Durchschlag; N 1221, 196: hs. Schreiben, Entwurf und ms. Schreiben, Durchschlag.

Nr. 30
An Hans Albert Kluthe, Eschwege
20. Februar 1955
BArch, B 122, 2063: ms. Schreiben, Durchschlag, von Heuss diktiert (Diktatz. H/Bk) und ms. gez.[1]
Beantwortung eines Fragebogens für die in England erscheinende Zeitschrift „World Liberalism"

Lieber Kluthe!

Leider muß ich Sie und Ihre englischen Freunde etwas enttäuschen – es ist nicht ganz meine literarische Methode, solche Fragen, wen ich etwa für den größten Deutschen, wen ich für den größten Europäer halte, so einfach mit Namen zu beantworten.[2] Denn das Blickfeld ist ja vorher nicht abgegrenzt: man schreibt dann eben Goethe hin und weiß nicht recht, soll man bei der zweiten Frage aus Höflichkeit Shakespeare oder Dante sagen. Aber das ist dann gleich eine literarische Eingrenzung, und das Politische hat ja etwas spezifisch Prekäres: denn es rankt sich im Urteil an den „Erfolg", den eine spätere Zeitlage als ephemer erscheinen lassen mag. Wenn ich gefragt werde – das klingt in einer anderen Zeile auf –, wen ich von den Erscheinungen der Vergangenheit am meisten schätze, so würde ich – die Auswahl ist ja groß genug – wohl die Erscheinung des Prinzen Eugen von Savoyen nennen, die für mich von Jugend an immer etwas höchst Anziehendes besaß.[3]

Lustige Überlegung: wann ich wohl, wenn nicht Kind dieser Gegenwart, am liebsten gelebt hätte. Das habe ich mir noch nie zurecht gelegt. Aber ich glaube, ich hätte mich in der Zeit und Umgebung des Freiherrn vom Stein wohlgefühlt, in der Begegnung von rationaler Verständigkeit und dem romantischen Aufbruch eines neuen Geschichtsbewußtseins.

Warum ich „als Liberaler zu meinem Amt gekommen"? Da müßten wohl eigentlich die andern gefragt werden, die mich berufen haben. Die Situation war

[1] Weiterer Nachweis: N 1221, 325: ms. Schreiben, Durchschlag; AdL, N 1162, 1757: ms. Schreiben, englische Übersetzung.

[2] Der Fragebogen mit insgesamt sieben Fragen, auf die Heuss in seinem Schreiben einging, war am 14. 12. 1954 von der Vierteljahreszeitschrift „World Liberalism" an Kluthe gesandt worden, der ihn Heuss weiterreichte. Heuss antwortete, er sei arg erschrocken: „So kann ich nicht mitspielen. Diese Abfolge von Naivität oder auch Indiskretion geht nicht, denn ich kann nicht riskieren, wenn ich da irgendein paar Namen nenne oder vergleiche und dies unvermeidlicherweise durch irgendeine Korrespondenz in die Welt läuft, als Fabrikant wichtigtuerischer Banalitäten zu figurieren, woran mir sehr wenig gelegen ist." Er sei aber bereit, ihm einen „etwas heiter gehaltenen Brief" zu schreiben; B 122, 2063.

[3] Vgl. THEODOR HEUSS: Der Soldat des Reiches. Zum 200. Todestag des Prinzen Eugen von Savoyen, in: Berliner Tageblatt, 25. 4. 1936.

in ihrem Ausgang wohl mit dadurch bedingt, daß mir die Vorbereitung des Grundgesetzes zwischen den großen Parteigruppen die Mittlerrolle, schier arithmetisch, zuwies und der Eindruck entstehen mochte, daß ich ihr sachlich und menschlich genügt habe.[4]

Welche „drei Bücher" ich einem jungen Mann empfehlen würde, der die Universität bezieht? Das ist ein weites Feld. Ich würde ihn fragen, was er studieren will. Und wenn er in die Geistes- und Staatsgeschichte geht, würde ich ihm sagen: ein Band Ranke, Jacob Burckhardts „Weltgeschichtliche Betrachtungen"[5] – um des Maßstäblichen willen – und vielleicht auch, um des Farbigen willen, H. Taines Darstellung der Wurzeln des neuen Frankreich.[6] Und die Techniker, die Naturwissenschaftler? Liebigs Essays,[7] Werner Siemens Lebenserinnerungen[8] – aber dann setzt es aus.

„Welche Nation mit den Deutschen am meisten Gemeinsames habe und warum?" Ich zögere mit der Antwort, weil ich besorgt bin: alle solche Verallgemeinerungen enden im Banalen und übersehen, was man unter dem „Gemeinsamen" verstehen mag. Auch ist die Geschichtssituation, die eine geistige Nähe oder Fremde kennt, höchst variabel: Es hat etwa in dem deutsch-französischen Verhältnis der fruchtbaren Wechselbeziehung und Ergänzung, wie auch zur angelsächsischen Welt, Schwankungen genug gegeben wie ja auch die deutsche Sozialtypik in den Wandel geriet und mit ihr bestimmte geistige Affinitäten.

Was aber nun die „höchsten Zukunftshoffnungen" für Europa und die Welt anlangt, das ist, lieber Kluthe, nicht sehr problematisch. Die Ausheilung der schrecklichen Verwundungen, der sachlichen und der seelischen, die unsere Generation in allen Völkern während der letzten vier Jahrzehnte erlitten hat – dann mag die nüchterne Vernunft der Sacheinsicht und die christliche Mitverantwortung für den nächsten, den einzelnen, die Gruppe, das andere Volk, einen inneren Start ermöglichen für eine Gesinnung, die den Frieden gesichert weiß, die das soziale Recht schützt und der schöpferischen Möglichkeit der freien Selbstgestaltung des Menschen dient.

Es ist mir ungewiß, ob diese Zeilen für Sie brauchbar sind – ich wollte die Bitten, die Sie mir übermittelt haben, nicht ganz zur Seite schieben, doch habe ich die Meditation einer Art von schriftlichem Selbstgespräch wählen müssen.

---

4 Zur Rolle von Heuss im Parlamentarischen Rat vgl. Nr. 28, Anm. 8; J. C. HESS, Verfassungsarbeit; E. W. BECKER, Theodor Heuss, S. 111–121. Zu den auch koalitionstaktischen Gründen, die zur Wahl von Heuss zum Bundespräsidenten geführt hatten, vgl. ebd., S. 121–123; P. MERSEBURGER, Theodor Heuss, 443–451.

5 JACOB BURCKHARDT: Weltgeschichtliche Betrachtungen, Berlin/Stuttgart 1905.

6 HIPPOLYTE ADOLPHE TAINE: Les Origines de la France contemporaine, 6 Bde., Paris 1876–1894, deutsche Übersetzung: Die Entstehung des modernen Frankreichs, 3 Bde., Leipzig 1903–1906.

7 Vermutlich JUSTUS VON LIEBIG: Chemische Briefe, Heidelberg 1844.

8 WERNER VON SIEMENS: Lebenserinnerungen, Berlin 1892.

Denn die andere Form des Frage- und Antwortspiels hatte mir, was Sie verstehen werden, etwas zu plakatmäßige Züge.[9]

Freundlichen Gruß
Ihr Th. Heuss

Nr. 31
An Dr. Thomas Dehler, Vorsitzender der FDP und ihrer Bundestagsfraktion, Bonn
24. Februar 1955
AdL, N 1, 3024: ms. Schreiben, behändigte Ausfertigung; Kopfbogen: „Theodor Heuss"[1]
Haltung der FDP zur Saarfrage; Gefahr der Auflösung der Regierungskoalition bei Ablehnung des Saarabkommens durch FDP-Fraktion

Lieber Dehler!

Die gestrige Besprechung mit den der FDP angehörenden Ministern beschäftigt mich heute immerzu.[2] Ich weiß aber nicht, ob in der Fraktion irgendwelche Beschlüsse gefaßt worden sind.[3] Ich war nur erstaunt zu erfahren, wie ungefähr die Lage bei der Stimmenabgabe sein würde, da auch die Gruppe der realistisch denkenden Menschen, die in dieser Sache über einen geglaubten populären Stimmungseffekt hinaus sehen können, so gering ist, wie mir das beschrieben wurde.

---

9 Kluthe dankte am 28. 2. 1955 für den „amüsanten Brief". Er sei „tief gerührt" und habe nun die schwere Aufgabe, ihn in ein angemessenes Englisch zu übertragen; B 122, 2063. Der Brief erschien unter dem Titel „A Letter from the President of the German Federal Republic", in: World Liberalism 5 (Summer 1955), No 2, S. 21f.

1 Weitere Nachweise: N 1221, 325 und 586: ms. Schreiben, Durchschlag mit Verfügung von Bott: „2) Dr. Klaiber z. Kts.", mit Paraphe von Klaiber; Druck: TH. HEUSS, Lieber Dehler, S. 108–110.

2 Aufzeichnungen über dieses Gespräch von Heuss mit den FDP-Ministern ließen sich nicht nachweisen.

3 Die Verabschiedung des Saarabkommens als Teil der Pariser Verträge drohte wegen der ablehnenden Haltung der FDP im Bundestag zu scheitern; vgl. Nr. 8, Anm. 12. In einer Besprechung zwischen Adenauer, den vier FDP-Ministern, Dehler und einem weiteren FDP-Abgeordneten wurde am 22. 2. 1955 nach einer Lösung gesucht und der Gedanke erörtert, dem Saarabkommen eine Präambel voranzustellen, dass die endgültige Grenzregelung einem Friedensvertrag vorbehalten sei. Diesen Vorschlag lehnte die FDP-Fraktion ab, obwohl sich vor allem die FDP-Bundesminister Franz Blücher, Fritz Neumayer, Victor-Emanuel Preusker und Hermann Schäfer für den Kompromiss einsetzten. Diesen Beschluss teilten Dehler und Mende dem Bundeskanzler mit. Daraufhin setzte Adenauer am 23. 2. 1955 auf einer Sondersitzung, an der auch Bott teilnahm, das Kabinett in Kenntnis, dass die FDP das Saarabkommen geschlossen im Bundestag ablehnen wolle, was die Ratifizierung der Pariser Verträge insgesamt gefährden würde; vgl. KABINETTSPROTOKOLLE 1955, S. 150–153; U. WENGST, Thomas Dehler, S. 255f.

Ich spüre die Schwierigkeit der Partei, die in den letzten Landtagswahlkämpfen die Saarfrage agitatorisch vordergründig gemacht hat.[4] Sie ist damit aber bei der Wählerschaft, wie offensichtlich ist, gar nicht in dem erwarteten Umfang aufgenommen worden. Man wird das beklagen können. Aber ich glaube mich nicht zu täuschen, daß die große Masse der Bevölkerung die Saarproblematik nicht so zugespitzt sieht, wie sie von Euch jetzt vordergründig behandelt wird. Und es scheint mir auch, was vor ein paar Jahren übrigens den Kennern deutlich war, die Bewertung der Stimmungslage im Saargebiet selber insofern falsch zu sein, als die durchschnittlichen Menschen dort, von Lastenausgleich, Flüchtlingssorgen und dgl. nicht beschwert, zufrieden sein werden, aus dem politischen Druck, den Spitzeleien herauszukommen, denn wir alle selber wissen, daß die jetzt zu treffenden Entscheidungen ihrem inneren Charakter nach gar keine geschichtliche Bindung von Dauer darstellen können.

Ich glaube, daß Ihre persönliche These, daß irgendein Gebiet kein Recht der Meinungsäußerung über staatliche Zugehörigkeit habe sondern nur das Ganze,[5] eine heuristische These ist, die aber in der Geschichte, auch in der neueren, wiederholt anders praktiziert worden ist. Aber das ist ein weites Gebiet, wie auch die Berufung auf Bismarck,[6] verzeihen Sie mir, bei total gewandeltem Begriff der Legitimitäten fast immer dubios [ist] – überlegen Sie sich einmal, welche Rolle in den „Gedanken und Erinnerungen"[7] die Persönlichkeiten von Monarchen und zumal deren Frauen spielen und wie fast gar nicht vorhanden die Elemente der Parteien und der öffentlichen Meinung, der sozialwirtschaftlichen Gegebenheiten [sind].

Ich habe, ohne den Verhandlungen nahe gestanden zu haben, das Gefühl, daß mannigfache taktische und technische Fehler gemacht worden sind, auch in dem Hin und Her der Formulierungen über das Saarproblem. Auf der anderen Seite aber spüre ich doch, daß die Baden-Badener Besprechungen[8] über die Pariser Oktobersituation hinausgeführt haben und daß an die Saarkommission und an den Saarkommissar Zuständigkeiten heranwachsen, die das Wagnis gestatten.[9] Wir haben doch wahrlich genug in diesen letzten Jahrzehnten erlebt, wie Abreden und Absichten in den Druck wechselnder Machtkombinationen kommen und

---

4 Vgl. Nr. 10, Anm. 3.

5 Das Saarabkommen sah nur eine Volksabstimmung im Saargebiet, nicht in der Bundesrepublik vor; vgl. Nr. 8, Anm. 12.

6 Ließ sich nicht ermitteln.

7 OTTO VON BISMARCK: Gedanken und Erinnerungen. Reden und Briefe, mit einer Einführung von Theodor Heuss, hg. v. Reinhard Jaspert, Berlin 1951, S. 7–27.

8 In Baden Baden hatten am 14. 1. 1955 deutsch-französische Gespräche über das Saarabkommen stattgefunden. Hallstein berichtete darüber eingehend dem Bundeskabinett am 19. 1. 1955; vgl. KABINETTSPROTOKOLLE 1955, S. 75–81; B. THOSS, Lösung, S. 259f.

9 Das Saarstatut sah einen Kommissar der WEU vor, der das Saargebiet nach außen vertreten sollte.

neue Interpretationen aus der Sachlage heraus fordern. Deutlich ist das Schicksal heute der Potsdamer Beschlüsse.[10] Niemand darf sich darüber täuschen, daß die Saarfrage für die angelsächsische Welt ungewöhnlich uninteressant ist. Und für die Saarlösung sich russische Hilfe zu versprechen (Propaganda der SED) ist doch nach dem Schicksal der Ostgebiete mehr als naiv.

Ich habe mit dem Kanzler in den letzten Wochen über diese Dinge nie gesprochen.[11]

Soweit ich übersehe, wollen einige Mitglieder der Fraktion an sich [das] Zerbrechen der Koalition. Das sind aber keine politisch verantwortlich denkenden Menschen, sondern entweder Leute mit Ressentiments oder Rachsucht oder im besten Fall Gesinnungsethik. Verantwortungsethik wird, wenn man schon diese Spaltung akzeptieren will, bei ihnen nicht geübt. Ihr könnt nicht nach meiner Meinung etwas wie Fraktionszwang auch für die Minister aussprechen.[12] Ein Kabinett ist, wie oft habe ich das gesagt, etwas anderes wie ein interfraktioneller Dauerausschuß. Jetzt eine Koalitionskrise erzwingen zu wollen halte ich geradezu für leichtfertig. Ihr laßt Euch dann bei der Gestaltung von Wehrgesetz[13] und Sozialreform[14] in die zweite oder in die dritte Linie schieben und spielt eine verteufelt ungeschickte Rolle neben der SPD.

Ich habe vor Jahren einmal gesagt, daß ich nicht die Auffassung habe, der liebe Gott hätte mich herausgesucht, die Rolle von Alfred Hugenberg zu übernehmen[15] –

---

10 Nach Kriegsende tagten die drei Siegermächte vom 17. 7. bis 2. 8. 1945 auf dem Potsdamer Cäcilienhof, um über ein gemeinsames Vorgehen hinsichtlich der Zukunft Deutschlands zu beraten. Das Abschlusskommuniqué der Potsdamer Konferenz (Potsdamer Abkommen) vom 2. 8. 1945 sah u. a. die einheitliche Behandlung von Deutschland als Ganzem vor, die Entmilitarisierung, Denazifizierung, Demokratisierung und wirtschaftliche und administrative Dezentralisierung Deutschlands, legte vorläufig die Westgrenze Polens entlang der Oder-Neiße-Linie fest und regelte die umstrittene Reparationsfrage in dem Sinne, dass jede Besatzungsmacht grundsätzlich ihre Ansprüche aus ihrer Zone befriedigen sollte; vgl. H. GRAML, Alliierten, S. 61–104; abgedruckt in: D. RAUSCHNING, Rechtsstellung, S. 21–34.

11 Laut überlieferten Gesprächsaufzeichnungen wurde diese Thematik zwischen Heuss und Adenauer erst am 18. 3. 1955 besprochen; vgl. K. ADENAUER / TH. HEUSS, Unter vier Augen, S. 156–159.

12 Obwohl die Stimmabgabe der Minister nicht freigegeben war, sondern eine Ablehnung des Saarabkommens in der FDP-Fraktion festgelegt wurde, enthielten sich die FDP-Bundesminister bei der Abstimmung über das Saarabkommen am 27. 2. 1955 im Bundestag, blieben der Sitzung fern oder stimmten wie Blücher zu; vgl. U. WENGST, Thomas Dehler, S. 257.

13 Gemeint die Wehrgesetzgebung zum Aufbau der Bundeswehr, die im Zuge der in den Pariser Verträgen vereinbarten Souveränität der Bundesrepublik und ihres Beitritts zur NATO notwendig war und mit dem Freiwilligengesetz vom 23. 7. 1955 begann. Die FDP unterstützte im Gegensatz zur SPD die Wiederbewaffnungspolitik Adenauers; vgl. D. WAGNER, FDP, S. 121f, 129–131.

14 1955 diskutierte das Bundeskabinett über die Gründung eines Ministerausschusses für die Sozialreform, der Grundsätze zur Reformierung der Sozialversicherungen, -leistungen und -gesetzgebung erarbeiten sollte. Seine konstituierende Sitzung fand am 16. 8. 1955 statt; vgl. KABINETTSPROTOKOLLE. Ministerausschuss, S. 16–58.

15 So Heuss an Hermann Föge, 19. 7. 1949, in: TH. HEUSS, Erzieher, S. 517, wo es heißt: „Ich auf jeden Fall lehne es ab, so nebenher als Führer einer Traditionskompagnie des Herrn Hugenberg

und ich möchte Sie herzlich bitten, die Meinung des lieben Gottes auf Sie auch nicht falsch zu verstehen. Er hatte mit Ihnen und hat, glaube ich, mit Ihnen noch andere Intentionen.

Dieser Brief ist unpräzise, weil ich ihn ohne Kenntnis der personellen Sachlage innerhalb der Fraktion schreibe und ich auch nicht weiß, wie Eure innere Freiheit oder innere Bindung sich zueinander verhalten. Aber ich wollte doch nicht versäumt haben, einmal mein besorgtes Herz zu erleichtern.[16]

Mit guten Grüßen
Ihr

Theodor Heuss

Nr. 32
An Hans Albert Kluthe, Eschwege
2. März 1955

BArch, B 122, 2063: ms. Schreiben, Durchschlag, von Heuss diktiert (Diktatz. H/Bk) und ms. gez.; ms. Briefkopf: „Th. H."[1]

Eskalation des Konflikts zwischen Thomas Dehler und Konrad Adenauer wegen des Saarabkommens; Sicht von Theodor Heuss auf Dehler und die FDP

Lieber Herr Kluthe!

Freundlichen Dank für Ihre Zeilen vom 28. Februar.[2] Hoffentlich haben Sie Ihren englischen Freunden klar machen können, daß ich jetzt so stark übersetzt war, daß ich den Termin nicht einhalten konnte.[3]

---

angesehen oder mißbraucht zu werden." Der Unternehmer und rechtnationalistische Politiker Hugenberg hatte im Ersten Weltkrieg einen Medienkonzern aufgebaut, dessen publizistische Schlagkraft er seit 1918 massiv gegen das demokratisch-parlamentarische System der Weimarer Republik einsetzte.

16 Der Brief zeigte bei Dehler keine Wirkung, der bei der dritten Lesung des Abkommens im Bundestag am 27. 2. 1955 Adenauer scharf angriff; vgl. VERHANDLUNGEN DES DEUTSCHEN BUNDESTAGES, 2. Wahlperiode, Bd. 23, S. 3899–3913; U. WENGST, Thomas Dehler, S. 256f. Das Bundeskabinett beriet am 2. 3. 1955 darüber; vgl. KABINETTSPROTOKOLLE 1955, S. 154–157. Das Abkommen wurde dennoch angenommen, aber die große Mehrheit von FDP und GB/BHE lehnte es ab; vgl. Anm. 12; KABINETTSPROTOKOLLE 1955, S. 155, Anm. 4; B. THOSS, Lösung, S. 262f. Im Gespräch mit Heuss am 18. 3. 1955 betonte Adenauer, dass er es nach dieser Rede ablehne, künftig mit Dehler unter vier Augen politische Unterhaltungen zu führen; vgl. K. ADENAUER / TH. HEUSS, Unter vier Augen, S. 156.

1 Az. 1-000-174/55; Stempel: „Pers[önlichem] Ref[erenten] vorgelegen"; weiterer Nachweis: N 1221, 326: ms. Schreiben, Durchschlag.

2 Kluthe an Heuss, 28. 2. 1955, in: B 122, 2063. Darin kritisierte er eine Rede Dehlers vor dem Bundestag: „Freund Dehler war wieder einmal unmöglich! Natürlich war Adenauers Verhalten gegenüber dem armen Dr. Becker unerhört und verdiente scharfen Tadel. Wenn man aber Dehler

Wie Sie mit der Übersetzung fertig werden, wird ja nun Ihrem Sprachgefühl überlassen. Es ist wahrscheinlich technisch ein etwas kompliziertes Problem, aber es kommt ja auch nicht darauf an, daß alle Zwischentöne mit festgehalten werden. Die Leute sollen nur sehen, daß ich einigermaßen „brav" bin.

Die Situation der FDP quält mich sehr. Seit langer, langer Zeit habe ich, nachdem ich Dehlers Rede[4] am Radio gehört hatte, nachts Schlafmittel genommen, so hat sie mich sowohl von der politischen Seite wie von der geschmacklichen irritiert. Dabei habe ich ihm ein paar Tage vorher einen längeren Brief geschrieben,[5] sich nicht in die Situation Hugenbergs drängen zu lassen und zum anderen nicht mit einer Verkennung der psychologischen Situation die Saarfrage so vordergründig zu machen, wie er es zum Teil mit recht falschen Argumenten immer getan hat. Die Situation ist, soweit ich übersehe, heillos durch ihn verdorben. Manchmal scheint es, daß seine Rede eine Art von Rachsucht gewesen ist.

Ich habe ihm ja im Laufe der Jahre viele Briefe geschrieben und Vorhaltungen gemacht.[6] Aber ich muß leider fürchten, daß mein Einfluß auf ihn sehr gering geworden ist, wenn er auch gelegentlich anderen gegenüber mit der Versicherung der Hochachtung redet.

Von der Fraktion, die im Jahre 1953 gewählt worden ist, kenne ich leider nur noch einen gewissen Bruchteil und habe die anderen Herren kaum oder doch nur bei Weihnachtsfeiern kennengelernt, da ich nicht in die Fraktionssitzungen gehen kann. Die Sache beelendet mich sehr, teils um des liberalen Gedankens willen, teils um des nicht genügenden Einsatzes von Menschen willen, von denen einige doch eine sachlich gute Qualität besitzen.

Mit guten Grüßen
Ihr Th. Heuss

zuhörte, dann meinte man, Gegenstand der Debatte sei eine Entgleisung des Bundeskanzlers und [seien] nicht Verträge, von denen unser aller Schicksal abhängt. Könnten Sie nicht versuchen, durch sanfte oder auch grobe Einwirkung in den Sauhaufen, zu dem die FDP geworden ist, wieder etwas Ordnung zu bringen? Sie verzeihen mir sicher diesen unparlamentarischen Ausdruck, der meinem Zorn darüber entspringt, daß eine Partei, aus der unter Ihrer Führung einmal etwas zu werden versprach, allmählich verkommt."

3 Vgl. Nr. 30.

4 Vgl. Nr. 31, Anm. 16.

5 Vgl. Nr. 31.

6 Vgl. Th. Heuss, Lieber Dehler.

Nr. 33
An Paul Löbe, Berlin-Grunewald
7. März 1955
BArch, B 122, 2143: ms. Schreiben, Durchschlag, von Heuss diktiert (Diktatz. H/Bk) und ms. gez.[1]
Ablehnung des Beifall-Klatschens im Parlament

Verehrter lieber Freund!

Nun komme ich noch mit einer anderen Frage, wo ich in meinem Gedächtnis ungewiß bin.

Ich bin ja selber einigermaßen skeptisch gegenüber den Rundfunk-, vor allem aber gegenüber den Fernsehübertragungen des Parlaments, weil ich sehe, daß die „schönen" Männer das sehr gern haben. Aber das ist ja nicht meine Sache, darüber etwas zu bestimmen. Mir ist nur bei dem gelegentlichen Zuhören während der letzten großen Debatte[2] unsicher geworden, ob wir eigentlich zu „unserer" Zeit schon das Klatschen im Parlament hatten. Ich weiß es einfach nicht mehr.

Wohl erinnere ich mich, daß in der Nationalversammlung, deren Mitglied ich ja nicht war, einmal geklatscht wurde, als Naumann im Februar 1919 eine große Rede über den Wandel der Zeit gehalten hat. Damals hat Conrad Haußmann als Präsidium gesagt, daß das in diesem Hause nicht üblich sei.[3] Er ist später darüber von manchen Leuten zur Rede gestellt worden, weil man das als eine Herabminderung der offenbar starken Wirkung dieser ersten Naumann-Rede angesehen hat. Conrad Haußmann hat mir erst gesagt, er habe diese korrigierende Bemerkung gemacht, weil er damit erreicht habe, daß der Vorgang als Novum in das Protokoll gekommen sei.

Jetzt hatte ich den Eindruck beim gelegentlichen Abhören, daß zu viel geklatscht wird – auch schon bei gelegentlichen Zwischenrufen oder bei der Verweigerung des Antwortens auf eine der neu eingeführten Zwischenfragen.

Mir selber gefällt diese Klatscherei nicht, aber ich bin wirklich unsicher, ob „wir" das damals auch schon gelegentlich betrieben haben oder ob das erst eine Einführung der nationalsozialistischen Zeit gewesen ist, die sich dann herübergeschmuggelt hat.[4]

---

1 Hs. Az. 2100-1332/55; Stempel: „Pers[önlichem] Ref[erenten] vorgelegen"; hs. Betreff: „Beifallskundgebungen im Parlament"; weiterer Nachweis: N 1221, 326: ms. Schreiben, Durchschlag.

2 Debatte über das Saarabkommen; vgl. Nr. 31, Nr. 32.

3 Rede von Naumann am 13. 2. 1919 auf der 6. Sitzung der Nationalversammlung, in: RT.-Bd. 326, S. 55–61, die Ermahnung des Vizepräsidenten Haußmann S. 59.

4 Auch unter kommunistischen Abgeordneten war es üblich, ihre Redner im Reichstag mit Händeklatschen zu unterstützen, was ebenfalls zur Intervention des Reichstagspräsidenten führen konnte; vgl. z. B. 4. Sitzung des Reichstags, 2. 6. 1924, in: RT-Bd. 381, S. 44.

Ich habe den verwegenen Gedanken, einmal feststellen zu lassen, in welchen Parlamenten eigentlich geklatscht wird und in welchen nicht. Ich habe selber zu geringe Erfahrung im Besuch fremder Parlamente; aber im englischen Parlament, das ich zweimal besucht habe,[5] habe ich derlei nicht erlebt. Ich möchte doch von mir aus der Meinung sein, daß das Parlament keine verlängerte Volksversammlung ist. In Volksversammlungen bin ich ja immer auch sehr dafür gewesen, wenn jemand auf die Idee kam, bei mir zu klatschen, aber das ist ja nun eine andere Gelegenheit.

Wie war denn Ihre Gewöhnung?[6]

Mit dankbaren Grüßen
Ihr Th. Heuss

Nr. 34
An Walter Nischwitz
8. März 1955

BArch, B 122, 505: ms. Schreiben, Durchschlag, von Heuss diktiert (Diktatz. H/BK) und ms. gez.; ms. Briefkopf: „Th. H."[1]

Kritik am Repräsentationsaufwand beim Besuch des Schahs von Persien

Sehr geehrter Herr Nischwitz!

Freundlichen Dank für Ihre Zeilen vom 4. März.[2]

Ich kann ja nun den Ablauf der Baden-Badener Dinge nicht beurteilen und weiß auch von dem Nachtigallenkäfig nichts.[3] In meinem Haus geht es verhältnis-

5 Heuss hatte England 1911 und 1947 besucht; vgl. TH. HEUSS, Erinnerungen, S. 155–158.

6 Löbe antwortete am 10. 3. 1955, dass die „Unsitte des Händeklatschens im Parlament" „von Anfang an mein starkes Mißfallen erregt" habe. Als Präsident des Reichstags habe er bei dieser Form der Zustimmung darauf hingewiesen, dass dies nicht üblich sei. Erst 1932 haben die nationalsozialistischen Abgeordneten regelmäßig gegen die gute alte Sitte verstoßen, später wurden dann das Händeklatschen und die Heilrufe das einzige Betätigungsfeld der Parlamentarier; B 122, 2143. Heuss sprach mit Adenauer über diesen Briefwechsel mit Löbe am 18. 3. 1955; vgl. K. ADENAUER / TH. HEUSS, Unter vier Augen, S. 159.

1 Az. 1-6420-137/55, gestrichenes Az. A 1-5958/55; hs. Vermerke: links neben Adresse „Schah-Besuch" mit nicht auflösbarer Paraphe; unten nicht lesbarer Vermerk mit Paraphe von Klaiber vom 8. 3.; weiterer Nachweis: N 1221, 326: ms. Schreiben, Durchschlag.

2 Nischwitz hatte kritisiert, dass der Repräsentationsaufwand für den Besuch des Schahs von Persien, Mohammed Resa Pahlewi, und dessen Frau Soraya Esfandiary-Bakhtiary in der Bundesrepublik (23. 2.–5. 3. 1955) an den übertriebenen Pomp des Wilhelminischen Kaiserreiches und des Nationalsozialismus erinnere und nicht der Lebenssituation in der Bundesrepublik entspreche; Nischwitz an Heuss, 4. 3. 1955, in: B 122, 505; vgl. auch F. GÜNTHER, Heuss auf Reisen, S. 78–83.

Abb. 5: Theodor Heuss im Gespräch mit Kaiserin Soraya von Persien am Rande eines Staatsempfangs im Gästehaus Petersberg, 28. 2. 1955

mäßig sehr bieder und brav zu, schon aus dem Grunde, weil wir überhaupt keine Räume für große gesellschaftliche Geschichten haben. Wir können maximal 64 Leute unterbringen, die sich dann herumdrücken.

Aber ich will Ihren Stoßseufzer gern einmal an die Leute geben, die sich um derlei zu kümmern haben.[4] Ich selber habe, wie Sie sich denken können, nur ein sehr schwaches mittelbares Verständnis für diese Dinge, die nun eben in den internationalen Vergleich hereingeraten sind, wobei wir, wie ich glaube, immer noch die Bescheidensten sind.[5]

Mit freundlichen Grüßen
Ihr Th. Heuss

---

3 Nischwitz hatte moniert, dass der Oberbürgermeister von Baden-Baden in das Hotelzimmer des Kaiserpaares einen goldenen Käfig mit zwei Nachtigallen gestellt habe; wie Anm. 2.

4 Eine Weiterleitung des Schreibens an eine Protokollabteilung ließ sich nicht ermitteln.

5 Vgl. aber Nr. 96.

Nr. 35
An Dr. Erich Eyck, London-Nordwest
12. April 1955
BArch, N 1221, 129: ms. Schreiben, Durchschlag, von Heuss diktiert (Diktatz. H/Bk) und ms. gez.; ms. Briefkopf: „Th. H."[1]
Begräbnis von Otto Gessler; Gedenkstein für Elly Heuss-Knapp

Lieber Eyck!

Schönen Dank für Ihren Brief vom 6. April.[2]

Ich sende Ihnen die weithin improvisierte Grabrede, die ich am offenen Grab für Gessler in Lindenberg hielt,[3] während ein wildes Schneetreiben über den Friedhof und die große Trauerversammlung niederging. Es wurden angeblich 23 Reden gehalten, nachdem ein ¾stündiger Gottesdienst in der Kirche vorangegangen war. Ich verschwand aber gleich nach meiner Ansprache, da in meinem Programm ein Besuch in Zürich (Etruskische Ausstellung) seit langem festlag und ich in der gleichen Nacht zurückfahren mußte wegen eines Besuchs des Dänischen Ministerpräsidenten. Am Tage zuvor war in der Nähe von Stuttgart in einem schönen Eichenhain (Naturschutz) ein Gedenkstein für meine Frau enthüllt worden, den der alte Paul Reusch, der sie sehr liebte, gestiftet hat.[4]

Die Gedenkrede für Gessler konnte ja historisch wenig sagen, was in der Natur der Situation lag. Aber da ein Lautsprecher mit der Möglichkeit der Bandaufnahme auf dem Friedhof gewesen ist, sind meine Worte festgehalten. Ich glaube, Sie deuten in Ihren Zeilen Entscheidendes an. Hätte nicht Stresemann 1925 die Kandidatur Gesslers verhindert, so wäre die deutsche Geschichte vermutlich einen anderen Weg gegangen,[5] wobei natürlich noch nicht zu übersehen ist, wie weit das Temperament, das in Gessler steckte, Schwierigkeiten geschaffen hätte.

---

1 Stempel: „Pers[önlichem] Ref[erenten] vorgelegen"; durchgestrichene hs. Notiz: „Einladung 11. 6. Frankfurt"; neben der zdA-Verfügung von Bott Paraphe von Heuss; Verfügung: „2. Wiedervorlage nach Abgang. MDg wegen Bitte Frau Eycks." Weiterer Nachweis: N 1221, 326: ms. Schreiben, Durchschlag.

2 Eyck an Heuss, 6. 4. 1955, in: N 1221, 129.

3 Ansprache von Heuss am 28. 3. 1955, in: B 122, 2060; abgedruckt in: Mitteilungsblatt des Bayerischen Roten Kreuzes, 5. 4. 1955; Bulletin, Nr. 67, 7. 4. 1955, S. 549. Der frühere Reichswehrminister Gessler war am 24. 3. 1955 in Lindenberg im Allgäu gestorben.

4 Korrespondenz zwischen Paul Reusch und Heuss über die Gestaltung des Gedenksteines und den Ort, an dem er aufgestellt werden sollte (in einem Eichenhain in einem Naturschutzgebiet bei Sillenbuch mit Blick auf Klein-Hohenheim) in: N 1221, 188. Eingeweiht wurde der Gedenkstein am 26. 3. 1955 in einer kleinen Feier, die Bott mit der Stadtverwaltung Stuttgart vorbereitet hatte; Unterlagen in: B 122, 2219. Heuss dankte Reusch für die „gemeinsam begangene Gedenkstunde" am 30. 3. 1955; N 1221, 188; vgl. auch Heuss an Reusch, 15. 1. 1954, in: TH. HEUSS, Bundespräsident 1949–1954, S. 518f.

5 Vermutlich Stresemanns Einspruch gegen die Kandidatur Gesslers für das Amt des Reichspräsidenten 1925; vgl. J. WRIGHT, Gustav Stresemann, S. 309–311; Heuss' Vorbemerkung zu O. GESSLER,

Daß Gessler Ihnen nicht mehr geschrieben hat,[6] liegt wohl daran, daß er im April v[origen] J[ahres] einen Herzinfarkt erlebte, nachdem seine Frau wenige Tage zuvor auf der mit ihm gemeinsam nach Kissingen angetretenen Reise einen leichten Schlag erlitt. [...][7]

Im übrigen bin ich nach wie vor in einem gräßlichen Arbeitsdruck (Vorbereitung von mehreren nicht ganz leichten Reden).

Die Schwägerin Hedwig[8] ist nicht mit nach Paris gefahren. Das besorgt nun die Familie Würz,[9] während die jüngere Tochter[10] gegenwärtig unser Gast ist.

Mit freundschaftlichen Grüßen
Ihr Th. Heuss

1 Anlage

Nr. 36
An Dr. Reinhold Schneider, Freiburg im Breisgau
2. Mai 1955
Badische Landesbibliothek, NL Schneider, K 2875: ms. Schreiben, behändigte Ausfertigung; Kopfbogen: „Theodor Heuss"[1]
Sammelbiographie „Die Großen Deutschen"; Bitte um einen Beitrag über Elisabeth von Thüringen

Verehrter, lieber Reinhold Schneider!

Darf ich Ihnen kurz das folgende vortragen:

Vor einigen Monaten ist der Verlag Ullstein an mich herangetreten mit der Bitte, ich möge das in den dreißiger Jahren von ihm publizierte Sammelwerk

---

Reichswehrpolitik, S. 9; TH. HEUSS, Erinnerungen, S. 327; P. MERSEBURGER, Theodor Heuss, S. 246f. Zur Beurteilung von Stresemann durch Heuss vgl. Heuss an Paul Schmidt, 9. 4. 1950; Heuss an Hubertus Prinz zu Löwenstein, 7. 1. 1953, beide in: TH. HEUSS, Bundespräsident 1949–1954, S. 148, 401–403; vgl. auch Nr. 93.

6 Eyck wollte Gessler für sein Buch „Geschichte der Weimarer Republik" befragen, deren 2. Bd. 1956 erschien; vgl. Heuss an Gessler, 3. 11. 1952, in: N 1221, 307.

7 Heuss berichtet weiter über die gesundheitlichen Probleme des Ehepaars Gessler. Frau Gessler verstarb wenige Monate vor ihrem Ehemann.

8 Die Schwägerin Hedwig Heuss, Ehefrau des ältesten Bruders Ludwig Heuss. Der Anlass der Reise nach Paris ließ sich nicht ermitteln.

9 Alfred (gen. Fred) war Schwiegersohn von Hedwig Heuss.

10 Gabriele Würz.

1 Weitere Nachweise: N 1221, 327 und 427: ms. Schreiben, Durchschlag.

„Die Großen Deutschen" neu herausgeben,[2] zunächst auf drei Bände angelegt und nicht auf fünf.[3] Ich habe mich eine Zeitlang dagegen gewehrt, aber die Tatsache, daß ich selber ziemlich viele halbbiographische Essays geschrieben habe, hat den Mittelsmann von Ullstein sehr insistieren lassen. Ich habe schließlich „ja" gesagt, unter der Voraussetzung, daß man Hermann Heimpel in Göttingen und Benno Reifenberg als Mitherausgeber anerkennt, was auch zugesagt wurde. Ich halte Heimpel, soweit meine Umschaumöglichkeiten reichen, für den wohl Begabtesten, zumal literarisch Begabtesten, unter den jüngeren Fachhistorikern. Vor allem aber ist er mir als Mensch sofort sympathisch gewesen, als ich ihn vor etwas über einem Jahr persönlich kennenlernte.[4] Benno Reifenberg ist mir ja seit Jahrzehnten persönlich vertraut und als Schriftsteller von mir sehr geschätzt.[5]

Wir werden wenige von den alten Arbeiten in der Neuausgabe behalten bezw. werden wir um ihre Umarbeitung bitten. Wir haben auch eine Reihe von neuen Vorschlägen gemacht und einigen der bisher aufgeführten Leute „die Größe aberkannt", wenn man das so sagen kann.[6] Dann haben wir aber auch festgestellt, daß das Buch in seiner Gesamtanlage zu maskulin ist, und ich habe dann den Vorschlag gemacht, der von den beiden anderen Herren gleich akzeptiert wurde, daß wir Sie bitten, über die Hl. Elisabeth einen Beitrag zu schreiben. Da die anderen sichtbaren Frauenfiguren wie die Roswitha oder die Hildegard von Bingen ja doch mehr am Rande einer bestimmten Bildungskenntnis stehen, ist Elisabeth sowohl nach der historischen Seite wie auch nach der individuellen, soweit die Quellen reichen, eine reizvollere und auch wichtigere Erscheinung.

Ich möchte Sie sehr bitten, diese Zerbrechung des Maskulinen mit zu akzeptieren, und da ich ja aus Ihrem großen Innozenz[7] und Franziskus-Drama[8] weiß, wie reizvoll die Figur in den geschichtlichen Raum von Ihnen gestellt ist, möchte

---

2 Eine Anfrage von Ullstein ließ sich nicht ermitteln. Gemeint die Neubearbeitung des von Willy Andreas und Wilhelm von Scholz 1935/36 herausgegebenen biographischen Sammelwerkes „Die Großen Deutschen", in dem auch einige Nationalsozialisten wie Horst Wessel aufgenommen worden waren; vgl. W. ANDREAS / W. VON SCHOLZ, Großen Deutschen; zur Vorbereitung der Neubearbeitung vgl. N 1221, 429, 430.

3 Nach weiteren Überlegungen wurden zunächst vier Bände erarbeitet, die in schneller Folge 1956/57 erschienen; 1957 folgte ein fünfter „Ergänzungsband". An einer nochmaligen Erweiterung mitzuwirken unter dem Titel „Die Großen der Welt" oder „Die großen Europäer", lehnte Heuss am 13. 4. 1959 entschieden ab; B 122, 601.

4 Ließ sich nicht nachweisen.

5 Heuss und Reifenberg lernten sich in der Zeit der Weimarer Republik kennen, als Reifenberg Leiter des Feuilletons der „Frankfurter Zeitung" war und Heuss dort regelmäßig publizierte; vgl. den Beitrag von Reifenberg in: H. BOTT / H. LEINS, Begegnungen, S. 207–211.

6 Bei Stresemann vgl. Nr. 93, bei Alfred von Tirpitz vgl. Nr. 103. Stresemann hatte schon in der 1. Auflage keine Aufnahme gefunden.

7 In der Vorlage: „Innocenz".

8 REINHOLD SCHNEIDER: Innozenz und Franziskus, Wiesbaden 1952.

ich fast glauben, daß es für Sie keine zu große Vorbereitung erfordert, nun hier einen solchen Essay zu schreiben.

Haben Sie bitte die Liebenswürdigkeit, mir darüber bald eine Antwort zu geben.[9] Ich selber verschwinde zwar Mitte dieser Woche für einige Zeit nach Kissingen, aber Bott bleibt hier und wird mich und auch die anderen Herren dann informieren. Wir wollen für die verlagstechnischen Dinge den Ullstein-Verlag unterrichten können, da ja diese Dinge nicht auch noch nebenher im Bundespräsidialamt erledigt werden können.

Hoffentlich treffen diese Zeilen Sie bei guter Gesundheit an.[10] Ich darf Sie zugleich bitten, Ihrer Frau Base meine freundlichen Empfehlungen zu übermitteln.

Mit guten Grüßen
Ihr

Theodor Heuss

Nr. 37

An den Deutschen Sportbund, z. Hd. Willi Daume, Dortmund
12. Mai 1955; Bad Kissingen, Sanatorium Prof. v. Dapper
BArch, B 122, 395: ms. Schreiben, Durchschlag[1]
„Vernachlässigung“ von Sportveranstaltungen durch Theodor Heuss; Vorhaben, künftige Sportveranstaltungen zu besuchen; Alltag während der Kur in Bad Kissingen

Lieber Herr Daume!

Ihr Brief vom 4. des Monats an Bott[2] kam in dem Augenblick, als wir auf große Fahrt gingen. Bott, der im Augenblick noch in Stuttgart ist, hat ihn mir dann nach Kissingen[3] mitgegeben, wo ich ein paar Wochen brav kuren werde, aber von Besuchen und dem Aufarbeiten von Post und anderen Dingen ziemlich ausgefüllt bin.

Daß Sie, wie Sie schreiben, gelegentlich „in nicht sehr freundlicher Weise“ darauf hingewiesen worden seien, daß ich im vergangenen Jahr den eigentlichen

---

9 Schneider fragte am 10. 5. 1956 zunächst nach dem Abgabetermin und schickte am 19. 6. seinen Beitrag über Elisabeth von Thüringen; N 1221, 427; abgedruckt in: GROSSEN DEUTSCHEN, Bd. 1, S. 130–153.

10 Reinhold Schneider war Heuss erstmals 1939 in Italien begegnet und seitdem mit ihm persönlich bekannt; vgl. den Beitrag von Schneider in: H. BOTT / H. LEINS, Begegnungen, S. 297–301.

1 Weiterer Nachweis: N 1221, 327: ms. Schreiben, Durchschlag.

2 Daume an Bott, 4. 5. 1956, in: B 122, 395.

3 Heuss war vom 9. 5. bis 3. 6. 1955 in Begleitung seines Sohnes Ernst Ludwig zur Kur in Bad Kissingen. Toni Stolper kurte dort ebenfalls in dieser Zeit.

Sport sozusagen vernachlässigt habe,[4] tut mir leid, aber erschüttert bin ich davon nicht, denn es ist ja meine Lebensform geworden, Menschen enttäuschen zu müssen, da meine Silvesteransprache,[5] die für die zahllosen Veranstaltungen um Schonung bat, offenbar von niemandem gehört, sicher von niemandem beachtet worden ist, so daß ich, da ich ja „nebenher" auch politische Dinge zu bearbeiten habe und sehr stark von wissenschaftlichen Dingen beansprucht werde, mein Leben zu einer Aktion der Notwehr gemacht habe. Daß ich dabei den wissenschaftlichen Dingen eine gewisse Vorzugsstellung eingeräumt habe, liegt nicht bloß an meiner eigenen Herkunft, sondern daran, daß sich um diese „Branche" im letzten halben Jahrhundert, soweit ich mir ein Urteil erlauben darf, überhaupt noch kein Staatsoberhaupt gekümmert hat.

Sie meinen, daß ich Reiten, Automobile und Segeln etwas in den Hintergrund treten lassen soll gegenüber den volkstümlichen Sportarten.[6] In dieser Differenzierung kenne ich mich nicht recht aus. Ich war einmal beim Nürburgring, einmal beim Reitturnier in Aachen, vor allem, um der Stadt Aachen auch einen Besuch zu machen, der wiederholt abgesagt werden mußte, und zu der Kieler Woche gehe ich, weil ich dieser geplagten Stadt[7] mit Ihrer Segeltradition etwas aufhelfen wollte.

Ich werde sicher nie zu einer Schwimmerei gehen, denn, wenn ich auch selber schwimmen kann, das ist keine Sache, bei der ich mir vorstellen kann, daß sie irgendwelchen persönlichen Reiz für mich besitzt. Zudem kommen die mir vorgetragenen Termine vom 9./10. Juli in Darmstadt so wenig in Frage wie die Ende August in Lemgo[8] (wo ich übrigens schon einmal als Bundespräsident war), da ich am 9./10. Juli in München eine Festivität zu meinem 50jährigen Doktor-Jubiläum mitmachen muß[9] und Ende August bereits ein Aufenthalt im Fichtelgebirge festgelegt ist.[10] Aus dem gleichen Termingrund fällt der Handball weg, weil ich auch noch in München sein werde.[11] Ob die Leichtathletik am 6. oder 7. August in Frankfurt in Frage kommt,[12] wollen Sie bitte mit Bott untersuchen,

---

4 Wie Anm. 2.
5 Silvesteransprache 1954, in: B 122, 239, abgedruckt in: Bulletin, Nr. 1, 4. 1. 1955, S. 1f.
6 Wie Anm. 2.
7 In Kiel waren 75% der bebauten Fläche im Zweiten Weltkrieg durch Luftangriffe zerstört oder schwer beschädigt worden; vgl. J. JENSEN / PETER WULF, Geschichte, S. 399.
8 Daume hatte Heuss zum Schwimm-Länderkampf gegen Schweden in Darmstadt und zu den Deutschen Schwimm-Meisterschaften vom 26. bis 28. 8. 1955 in Lemgo eingeladen; wie Anm. 2.
9 Vgl. Nr. 44.
10 Der im Dienstkalender notierte Aufenthalt in Oberfranken wurde gestrichen. Stattdessen hielt sich Heuss in Lörrach bei der Familie seines Sohnes auf; N 1221, 482.
11 Gemeint das Endspiel der Handballweltmeisterschaft am 10. 7. 1955 in Dortmund; wie Anm. 2. Heuss hielt sich zu dieser Zeit in München zur Feier seines 50-jährigen Doktorjubiläums auf; vgl. Nr. 44.
12 Daume hatte Heuss zur Deutschen Leichtathletikmeisterschaft nach Frankfurt a. M. eingeladen; wie Anm. 2.

der ja der Chef meines Terminkalenders ist. Diese leichtathletische Veranstaltung scheint mir am ehesten für einen Besuch geeignet zu sein, weil hier die Sportarten wechseln. Ich kann aber unmöglich die Spezialabteilungen der sportlichen Betätigungen der Reihe nach aufsuchen wollen. Es genügt mir, einmal beim Tennis gewesen zu sein, und ich werde sicher nie zum Tischtennis gehen. Sie selber sind ja verständig genug, um zu wissen, daß meine Zeit und Kraft bis an den Rand ausgefüllt ist, und wenn die Leute Ihnen Vorwürfe machen, dann sagen Sie einfach, daß Sie sich bemüht hätten, daß aber der Heuss glatt abgesagt habe.

Zunächst habe ich hier eine Anzahl literarischer Dinge zu erledigen, die termingebunden sind, zumal wichtige Redevorbereitungen. (Ich arbeite hier auch fast jeden Tag bis ½1 Uhr nachts und verbringe den Morgen dann mit den Vergnügungen eines Badeopfers etc.) Ich hoffe aber, daß die Zeit noch kommt, da ich auch Ihre beigefügten Denkschriften trotz ihres Umfanges einmal werde lesen können.[13] Sie müssen, falls Sie es noch nicht getan haben, die Denkschrift über die Sportpflege in der Schule auch dem Ausschuß für Erziehung und Unterricht (z. Hd. von Oberbürgermeister Pfizer, Ulm[14]) senden.

Mit freundlichen Grüßen, auch an die Gattin,
Ihr [Theodor Heuss]

Nr. 38

An Dr. Konrad Adenauer, Bundeskanzler, Sanatorium Bühlerhöhe über Bühl, Schwarzwald

22. Mai 1955; Bad Kissingen, [Sanatorium Prof. v. Dapper]

StBKAH, III/47: hs. Schreiben, behändigte Ausfertigung; Kopfbogen: „Der Präsident der Bundesrepublik Deutschland“[1]

Ausscheiden von Bundesminister Heinrich Hellwege aus dem Kabinett; Ernennung von Theodor Blank zum Bundesverteidigungsminister und von Heinrich von Brentano zum Bundesaußenminister; Sicherung des Einflusses von Konrad Adenauer auf die Außenpolitik

---

13 Eine Denkschrift betraf die „sportlichen Belange des Bundes“, eine andere die schulische Leibeserziehung; wie Anm. 2. Die Denkschriften ließen sich in den Akten des BPrA nicht ermitteln.

14 Der Ulmer Oberbürgermeister Theodor Pfizer war seit März 1954 Vorsitzender des unter Mitwirkung von Heuss am 22. 9. 1953 konstituierten Ausschusses für Erziehungs- und Bildungswesen; die Ansprache von Heuss aus diesem Anlass in: B 122, 231.

1 Weiterer Nachweis: B 122, 31217: ms. Schreiben, Abschrift mit Datum vom 23. 5. 1955; Druck: TH. HEUSS / K. ADENAUER, Unserem Vaterlande zugute, S. 185–192.

Verehrter, lieber Herr Bundeskanzler,

schönen Dank für Ihren eingehenden Brief.[2] Ich will sehen, die Hauptpunkte knapp zu beantworten.

1. Ministerium für Bundesrat soll bleiben, weil es sonst zu sehr ad personam[3] Hellwege konstruiert erscheint.[4] Daß der Bundesrat selber seine Auflösung als Kränkung empfinden würde, glaube ich nicht – er hat sich nicht sehr viel darum gekümmert. Aber Merkatz, der gerne Staatsrecht treibt, kann es vielleicht stärker profilieren und dann gelegentlich dem Ausgleich dienen. (Anmerkung: Das niedersächsische Kabinett scheint durch den vermutlichen Kultusminister Schlüter[5] eine unfrohe Vorbelastung zu erhalten. Ich kenne ihn nicht, überhaupt keinen der FDP-Fraktion. Aber man hat, in Verkennung meiner staatsrechtlichen (und parteipolitischen) Möglichkeiten, mich hier telefonisch gebeten, gegen den Mann zu intervenieren! Er sei zwar Viertelsjude,[6] deshalb kein Nazi gewesen, dialektisch den übrigen weit überlegen – aber einige der Bücher, die er als Verleger gestartet hat, sind menschlich peinliche Ressentiment-Propaganda.[7] Ich habe zwei davon gelesen.)

2. Blank wird wohl Verteidigungsminister werden müssen,[8] eine andere Wahl wäre eine schockierende Desavouierung der bisherigen Arbeit; er soll auch bei den paar Konferenzen mit den fremden Mächten die Sache ordentlich gemacht haben. Bloß bitte ich, ihm zu empfehlen oder von ihm zu fordern – wie Sie es mit limitiertem Erfolg bei Seebohm[9] getan haben –, daß er keine Volksreden halte.

---

2 Adenauer an Heuss, 22. 5. 1955, in: TH. HEUSS / K. ADENAUER, Unserem Vaterlande zugute, S. 179–185.

3 Lateinisch für „auf die Person bezogen".

4 Adenauer hatte mitgeteilt, dass Bundesratsminister Hellwege aus dem Kabinett ausscheiden werde, da er Ende Mai voraussichtlich zum Ministerpräsidenten von Niedersachsen gewählt werde. Adenauer wollte das Ministerium nicht auflösen und schlug Heuss Hans-Joachim von Merkatz als Nachfolger vor; ebd., S. 179.

5 Leonhard Schlüter sollte zum niedersächsischen Kultusminister ernannt werden, was heftige öffentliche Proteste auslöste. Schlüter war nach 1945 führend bei der rechtsradikalen DKP-DRP in Niedersachsen tätig gewesen und trat 1951 zur FDP über, deren Fraktionsvorsitzender er 1955 wurde; vgl. H.-G. MARTEN, Ministersturz, S. 11–63; vgl. auch Nr. 41.

6 Das „Reichsbürgergesetz" als Teil der Nürnberger Rassengesetze vom 15. 9. 1935 gewährte Juden als Staatsbürgern geringere politische Rechte als „arischen" Reichsbürgern. Personen mit mindestens drei jüdischen Großeltern galten als „Volljuden", mit einem jüdischen Großelternteil als „Mischlinge zweiten Grades" bzw. „Vierteljuden"; vgl. S. FRIEDLÄNDER, Dritte Reich, S. 162–191. Schlüters Mutter war von den Nationalsozialisten als „Volljüdin" verfolgt worden.

7 Schlüter hatte 1951 die „Göttinger Verlagsanstalt für Wissenschaft und Politik" gegründet und verlegte Werke u. a. von Hans Grimm, Franz von Papen und Herbert Grabert.

8 Adenauer wollte Blank bald als Verteidigungsminister vorschlagen, war aber noch unsicher bei der Besetzung des Postens des Staatssekretärs, die nicht parteipolitisch erfolgen sollte; wie Anm. 2, S. 180.

9 Belege für die Kritik Adenauers an den Reden Hans-Christoph Seebohms in: TH. HEUSS / K. ADENAUER, Unserem Vaterlande zugute, S. 426, Anm. 4 zu Nr. 144.

Abb. 6: Theodor Heuss und Konrad Adenauer beim Empfang im Palais Schaumburg anlässlich des 80. Geburtstages Adenauers; in der Mitte Adenauers Enkel Stephan Werhahn, 5. 1. 1956

Er wird immer organisierten Krach bekommen, was der Institution als solcher abträglich ist. Natürlich ist zutreffend, daß ein Minister in der Auswahl seines Staatssekretärs eine Mitentscheidung haben soll und muß. Ich teile im Staatsgrundsätzlichen Ihre Auffassung, daß Staatssekretäre nicht von Fraktionen zu präsentieren sind. Doch kann *dieser* Gesichtspunkt in der Diskussion nicht outriert[10] werden. Die Frühgeschichte der Bundesrepublik kennt hier einige „Sündenfälle", die zwar personell, soweit ich sehe, gut ausgingen, aber immerhin Präzedenz darstellten: wie wehrte sich Dehler gegen den CDU-Strauß, wie verlangte die FDP Sauerborn an der Seite von Storch und Bleek für das Innenministerium![11]

---

[10] Französisch für „übertreiben".

[11] Adenauer hatte 1949/50 bei der Besetzung der Staatssekretärsposten in der Regel seine Vorstellungen durchsetzen können. Bundesjustizminister Dehler musste nach längeren Auseinandersetzungen

Die Sache muß auf die *Person* abgestellt werden, und diese sollte innere Stabilität und Verwaltungserfahrung haben; denn es kommen ja mit Kasernen, Verpflegung, Rechtssituation eine ganze Anzahl sehr komplexer Verwaltungsdinge auf den Mann zu. Mende erscheint mir persönlich zu unerfahren in solchen Dingen – außerdem bedarf diese Stelle keines Rhetors.[12] Ich würde alle die politischen Ehrgeize in den gedachten Verteidigungsrat verfrachten und würde zur Überlegung anheimgeben, dieses Gremium, wenn es entstehen sollte, [mit] dem Amt des Bundespräsidenten irgendwie zu verbinden.[13] (Ich war zwar nie Soldat, bin aber in diesen Dingen nicht ganz geschichtsunkundig.) Den Gedanken der FDP, den Verteidigungsminister unter ein anderes Gesetz zu stellen als die übrigen Minister, halte ich, staatlich gedacht, für einen auf Kurzschluß abgerichteten Einfall.[14] Bei der Suche nach einem qualifizierten Staatssekretär will ich mich, bei freilich begrenzter Personalkenntnis, gerne beteiligen, verzichte aber jetzt darauf, Namen aufzuschreiben.

3. Nun der Fall A.A. – er ist sachlich und personell der schwierigste.[15] Ich habe Ihnen meine Sorge schon ausgesprochen: Brentano und Hallstein geben kein gutes Gespann. Sie sind beide klug, aber vorbelastet mit der Hypothek persönlicher Empfindlichkeit. In der außenpolitischen Sachauffassung werden sie weitgehend übereinstimmen – aber ob H[allstein] von B[rentano] sich Direktiven geben läßt, ist mir, bei aller beamtlichen Loyalität, ungewiß. Nun sind Sie Brentano gegenüber im Wort – das sehe ich ein; Sie müssen sich, auch gegenüber der CDU-Fraktion, vor dem Vorwurf sichern, daß Sie mit dem Fraktionsvorstand nicht seriös gerechnet hätten. In unserer letzten Unterhaltung[16] sprach ich Ihnen schon davon, daß der goodwill, den Sie qua Person in der westlichen Welt besitzen, aktiviert werden bzw. bleiben müsse, auch wenn Sie das A.A. formal abgegeben haben. Daß das intern möglich sein wird, bezweifle ich nicht. Das Außenbild zu

---

schließlich Walter Strauß als Staatssekretär akzeptieren. Maximilian Sauerborn war 1950 Staatssekretär im Bundesarbeitsministerium, Karl Theodor Bleek 1951 im Bundesinnenministerium geworden; vgl. U. WENGST, Staatsaufbau, S. 156–158.

[12] Lateinisch für „Redner".

[13] Zur Bildung eines Bundesverteidigungsrates kam es erst im Oktober 1955, ab 1970 Bundessicherheitsrat genannt; er erhielt aber keine formale Verbindung zum BPrA, sondern tagte unter dem Vorsitz des Bundeskanzlers; vgl. D. WAGNER, FDP, S. 140–142; VERTEIDIGUNG, S. 96.

[14] Gemeint ein parlamentarisches Misstrauensvotum gegenüber dem Bundesverteidigungsminister, das in der FDP diskutiert wurde; vgl. Heuss an Dehler, 14. 9. 1955, in: TH. HEUSS, Lieber Dehler, S. 133. Auch die SPD schlug später diese Regelung vor; vgl. Nr. 65, Punkt 10; VERTEIDIGUNG, S. 96.

[15] Adenauer wollte Heuss vorschlagen, ihn aus dem Amt des Außenministers zu entlassen und Heinrich von Brentano zu ernennen, gegenüber dem er aber in zentralen außenpolitischen Bereichen auf seine Richtlinienkompetenz bestehen werde, da er gewisse Vorbehalte gegen die Eignung Brentanos habe und seine eigene außenpolitische Erfahrung bei wichtigen Konferenzen und Themen einbringen müsse; wie Anm. 2, S. 181–184.

[16] Am 25. 4. 1955; vgl. K. ADENAUER / TH. HEUSS, Unter vier Augen, S. 160–163.

gestalten wird schwieriger sein. Um bei der heutigen Situation zu bleiben: Sie müßten bei internationalen Konferenzen dabei sein, wenn Faure und Eden antreten, aber bei Dulles, Pinay, Macmillan wegbleiben. Das aber würde sachlich unrichtig sein. Natürlich gibt es für die Lösung der Frage keine Generalformel. Es kommt a) auf das persönliche Verhältnis und b) auf die Sachformulierung an. Der Satz in Ihrem Brief über die gedachten Außenministerkonferenzen mit geschichtlichem Gewicht: „Brentano kann ruhig dabei sein",[17] wird, glaube ich, der Problematik nicht ganz gerecht. B[rentano] darf, um sein „Gesicht nicht zu verlieren" – er muß für die Welt z. T. wohl erst eines erhalten –, nicht bloß als Ihr junger Mann figurieren, sondern muß vorher, muß nachher bei solchen Konferenzen vorhanden sein. Denn sonst werden die zweitrangigen Dinge, die er wahrzunehmen hat, in ihrem Eindruck entwertet – was die kleineren Staaten, die wir doch pflegen müssen, „übelnehmen". Da muß also die rechte Form gefunden werden, die nach der Situation variabel sein wird. Nur darf, zum mindesten nach außen, der Amtsbeginn B[rentano]s aber nicht mit einer erkennbaren Entwertung einsetzen. Diffizile Frage, vertraulich und vertrauensvoll zu klären: werden die Botschafter von USA, England, Frankreich auch in Zukunft *Sie* aufsuchen oder wie üblich den Außenminister – das variiert nun eben nach dem Gewicht der Dinge.

Ich übersehe nicht, da ich ihn nicht genau genug kenne, B[rentano]s persönlichen Ehrgeiz, deutsche Geschichtsfigur zu werden. Er darf nicht das Gefühl haben, daß er wesentlich zuständig sei für „ferner liefen". Ich würde ihm suggerieren, daß er eine großartige Aufgabe vor sich sehe, ein richtiges A.A. aufzubauen, was von Ihnen, bei Ihrer Überforderung als Kanzler und Parteichef, nicht geleistet werden konnte und wofür auch Hallstein mit seinem Talent zur rationalen Argumentation das Entscheidende schuldig blieb, die Atmosphäre. Seine Menschenkenntnis, in der Fraktionsführung geschult, bilde hier die Basis für eine Arbeit, die auf lange Sicht von entscheidendem Gewicht sei. (Stresemann, der von mir lange nicht so hoch gewertet wird, wie es in der Legende geschieht,[18] hat hier unzweifelhaft Verdienste, weil die Leute gerne mit und unter ihm arbeiteten.)

Briefe, die man nach Mitternacht schreibt, haben den Nachteil, zu lange zu werden. Doch kam ich erst am Abend von meiner würzburger Abrede[19] zurück und hatte dann ein etwa 2-stündiges Gespräch mit Dr. Pferdmenges, das sich auch in ein paar Nebenwege verlief.[20] Ich versage es mir deshalb, mein an den

---

[17] Wie Anm. 2, S. 183.

[18] Vgl. Nr. 93.

[19] Welche Verabredung Heuss in Würzburg wahrnahm, ließ sich nicht ermitteln.

[20] Robert Pferdmenges hielt sich im gleichen Sanatorium wie Heuss auf. Adenauer hatte Heuss in seinem Schreiben darauf hingewiesen und gemeint, er habe keine Bedenken, wenn sich Heuss mit seinem Freund und Berater Pferdmenges vertraulich berate; wie Anm. 2, S. 184.

Wechsel der Nachrichtentemperaturen gebundenes Urteil über die weltpolitischen Kontroversen niederzuschreiben.

Ich komme, da ich am 4. Juni den Verwaltungsrat des Germanischen Nationalmuseums in Nürnberg zu leiten habe, entweder an diesem Tag spät abends od. am 5. 6. zurück und bin die nächsten 2½ Tage noch ziemlich frei – ich lege großen Wert darauf, eventuell in dieser Zeit dies und dies mit Ihnen zu besprechen.[21]

Heute hatten wir, seit langer Zeit, den ersten regenfreien schönen Tag! Ich wünsche Ihnen von Herzen, daß trotz der Sorgen und Conferenzen ein bischen Erholung herausgekommen ist.

Mit guten Grüßen
Ihr Theodor Heuss

Nr. 39
An Hanna Hoffmann, Frankfurt a. M.
24. Mai 1955; Bad Kissingen, Sanatorium Prof. v. Dapper
BArch, B 122, 2067: ms. Schreiben, Durchschlag, von Heuss ms. gez.[1]
Fehlende Würdigung von Gustav Noske und Engagement von Theodor Heuss für eine angemessene Erinnerung

Sehr geehrte Frau Hoffmann!

Ihr freundlicher Brief hat mich auf Umwegen erst hier in Kissingen erreicht.[2]

Ich habe volles Verständnis dafür, daß Sie wünschen, der Name Ihres Vaters solle nicht untergehen. Aber ich glaube, daß die Formel falsch ist, wenn Sie meinen, daß sein Name „totgeschwiegen" wird. Ich selber habe Ihren Vater ja persönlich schon aus der Zeit vor 1914, wenn damals auch nur flüchtig, gekannt, und war in den Jahren 1919/20 öfters mit ihm gesellschaftlich zusammen wie

21 Das Gespräch über die Themen dieses Schreibens wurde am 6. 6. 1955 fortgesetzt; vgl. K. ADENAUER / TH. HEUSS, Unter vier Augen, S. 164–166.

1 Hs. Az. 001-2554/55 (Noske).

2 Hanna Hoffmann, geb. Noske, an Heuss, 18. 5. 1955, in B 122, 2067. Darin hieß es: „Es besteht wohl kein Zweifel darüber, daß *mein Vater* es war, der durch seine feste Haltung in der Zeit der großen Unruhen das deutsche Volk vor der Bolschewisierung bewahrt hat. Es ist auch *sein* Werk gewesen, für den Aufbau der neuen Reichswehr zu sorgen. Ohne *sein* energisches Eingreifen wäre die Kieler Bewegung ins bolschewistische Fahrwasser abgeglitten". Noske hatte als Volksbeauftragter für Heer und Marine im Januar 1919 den „Spartakusaufstand" und als Reichswehrminister im März 1919 weitere kommunistische Aufstände mit Hilfe von Freikorps niederschlagen lassen. Im Frühjahr 1919 hatte er die Reichsexekution gegen die Münchener Räterepublik durchführen lassen; vgl. W. WETTE, Gustav Noske, S. 333–445.

auch noch einmal in der nationalsozialistischen Zeit bei dem verstorbenen Reichsminister Schiffer.[3] In meinen Vorlesungen an der Hochschule für Politik über die politische Entwicklung der Kriegsjahre und der folgenden Zeit habe ich persönlich Ihren Vater in seiner geschichtlichen Rolle eingehend gewürdigt,[4] und ich habe ihn auch im letzten Jahr in mannigfachen Gesprächen mit führenden Sozialdemokraten[5] in die Erinnerung zurückgerufen und die SPD gebeten, den Negativismus, den sie Ihrem Vater gegenüber gezeigt hat, aus staatspolitischen Gründen nicht zu wiederholen.[6]

Ich weiß auch um das persönliche Vertrauensverhältnis zwischen Ebert und Ihrem Vater.[7]

Ich kann nun hier nicht den Versuch machen wollen, die historische Situation des Kapp-Putsches darzustellen, die zum Ausscheiden Ihres Vaters führte, weil er, grob gesprochen, wohl einigen der ihn beratenden Offiziere zu sehr vertraut hatte.[8] Ich glaube aber, daß es dann doch eine Verschiebung des Geschichtsvorganges ist, wenn Sie in Ihrem Brief meinen, Gustav Noske habe in den nicht einmal ganz 1½ Jahren seines Wirkens als Wehrminister die Reichswehr hingestellt, und seine Nachfolger seien nur die Nutznießer seiner Arbeit gewesen. Die innere Situation der Reichswehr nach dem Kapp-Putsch war so zerrissen, daß ein sehr sorgfältiger persönlicher und anderer Wiederaufbau geleistet werden mußte. Sie meinen wohl, daß „Herr Gessler" und die anderen Minister zu Unrecht genannt würden. Hier teile ich, der ich mit dem verstorbenen Dr. Gessler durch Jahrzehnte nahe befreundet war, Ihre Auffassung durchaus nicht. Denn Gessler und seine Nachfolger, die übrigens der politisch-geschichtlichen Leistung Ihres Vaters immer gerecht zu werden suchten, hatten eine ungemein schwer zu regulierende Erbschaft und nicht ein festes Instrument zu übernehmen.

Es ist für das Gedächtnis Ihres Vaters tragisch, daß gerade in den Reihen seiner alten Partei, durch die er mit soviel Hingabe für das Vaterland gedient hat, nicht viel Freudigkeit einem begegnet, wenn man sein Gedächtnis aktualisiert.

---

3 Vermutlich bei dem von Eugen Schiffer geleiteten „Berliner Mittagstisch", auf dem liberale und konservative Gesprächspartner über politische, historische und literarische Themen diskutierten und Heuss mehrere Vorträge hielt; vgl. J. C. HESS, Nazis, S. 160f. Die angesprochenen Kontakte zu Noske ließen sich nicht nachweisen.

4 Vgl. Nr. 18, Anm. 10. Die Vorlesungsmanuskripte in: N 1221, 391–394.

5 In der Vorlage: „SPD".

6 Protokolle dieser Gespräche ließen sich nicht ermitteln.

7 Zum Verhältnis Eberts zu Noske vgl. W. MÜHLHAUSEN, Friedrich Ebert, vor allem S. 286–420; W. WETTE, Gustav Noske.

8 Nach dem Scheitern des Kapp-Lüttwitz-Putsches Mitte März 1920 musste der Sozialdemokrat Noske vom Amt des Reichswehrministers auf Druck der Gewerkschaften und der SPD zurücktreten, weil ihm eine zu große Nähe zum Militär vorgeworfen wurde und er deshalb den Putsch nicht verhindert habe; vgl. ebd., S. 627–675; auch TH. HEUSS, Erinnerungen, S. 266; DERS., Kapp-Lüttwitz.

Es ist mir aus Ihrem Brief also nicht ganz sicher geworden, was Sie persönlich von mir erwarten.[9] In die Problematik der kommenden Neubildung von militärischen Formationen jetzt groß die Jahre 1919 und 1920 und die Stellung Ihres Vaters dabei ins Gedächtnis zurückzurufen wäre vermutlich psychologisch das Törichste, was geschehen könnte. Die Geschichtsschreibung als solche aber wird, wie ich glaube, Ihrem Vater Gerechtigkeit widerfahren lassen, wie ich selber als Historiker mich immer bemüht habe.

Mit freundlichen Empfehlungen! Th. Heuss

Nr. 40
An Thomas Mann, [Kilchberg am Zürichsee, Schweiz]
3. Juni 1955; Bad Kissingen, [Sanatorium Prof. v. Dapper]
ETH-Bibliothek Zürich, Thomas-Mann-Archiv: hs. Schreiben, behändigte Ausfertigung; Kopfbogen: „Theodor Heuss"[1]
Glückwünsche zum 80. Geburtstag; Rückschau auf das gemeinsame Auftreten bei der Schiller-Feier in Stuttgart

Verehrter Herr Thomas Mann,

daß wir uns vor einigen Wochen, bei einem so würdigen Anlaß wie der Gedenkfeier für Schiller,[2] in des Dichters Heimat begegnet sind und gemeinsam Beiträge gaben zur Wertung seines menschlichen, dichterischen und politischen Wesens,

9 Hanna Hoffmann hatte geschrieben: „Es würde mir eine große Freude sein, und es wäre auch in jeder Weise gerechtfertigt, wenn man des Mannes gedenken wollte, der durch seine Tatkraft, seine Liebe zum deutschen Volk und durch sein aufrechtes Handeln bewiesen hat, daß das, was er vertreten hat, seine innerste Überzeugung war, nämlich echte Demokratie und echter Sozialismus. Dieser Mann war *mein Vater*, Gustav Noske, und *nicht* Herr Otto Gessler. Ich bitte Sie, sehr verehrter Herr Bundespräsident, in diesem Sinne das Andenken an meinen Vater zu fördern." Wie Anm. 2.

1 Weitere Nachweise: B 122, 195 und 2065; DLA, A: Heuss, 73.4159; DLA, A: Schröder: ms. Schreiben, Abschrift eines hs. Schreibens.

2 Die Feier aus Anlass des 150. Todestages von Schiller fand am 8. 5. 1955, dem 10. Jahrestag der Kapitulation Deutschlands, im Staatstheater Stuttgart statt und wurde unter intensiver Mitwirkung von Heuss und Bott gestaltet und organisiert; Ansprache von Heuss in: B 122, 241; abgedruckt unter dem Titel „Ein Vermächtnis: Friedrich Schiller", in: TH. HEUSS, Politiker, S. 441–449. Heuss hatte Adenauer über die geplante Ansprache am 18. 3. 1955 gesprächsweise informiert; dabei waren beide sich einig, dass es von offizieller Seite keinen Anlass gäbe, den Jahrestag der Kapitulation in besonderer Weise herauszustellen; vgl. K. ADENAUER / TH. HEUSS, Unter vier Augen, S. 159. Heuss kam in seiner Ansprache dennoch darauf zurück; vgl. TH. HEUSS, Politiker, S. 448; vgl. auch TH. MANN, Tagebücher 1953–1955, S. 342.

empfinde ich als eine gute Fügung; sie gestattet mir, dem Glückwunsche zu Ihrem achtzigsten Geburtstage den persönlichen Akzent zu geben.

Es war für mich nicht ganz leicht, nach Ihren zarten und nach Ihren kräftigen Formulierungen dem so komplexen Problem noch einige Seiten abzugewinnen – daß ich den Mann, fast noch stärker als Sie das taten, an die staatspolitischen Fragen heranführte, lag nahe genug. Aber ich habe mich geprüft: es ist kein aktualisierender Mißbrauch dabei getrieben worden, und ich denke, die beiden Reden haben sich ohne Geknirsche verzahnt. So bin ich froh, daß wir in diesen Stunden nebeneinanderstanden.

Doch diese Erinnerung an den 8. Mai ist ja kein „Glückwunsch". Aber sie trägt die Empfindungen des Dankes für Ihr dichterisches und geistiges Werk. Sie erwarten von mir nicht, daß ich mein Denken an Sie mit dem Versuch einer Analyse Ihrer weitgedehnten Lebensleistung befrachte und dabei in alten Papieren Umschau halte, was ich selber bei diesem, bei jenem Anlaß an Ausdeutung unternommen habe[3] – hier in Kissingen, wo ich dies schreibe, könnte ich derlei gar nicht beginnen. Doch wünschte ich dies, daß Sie spüren mögen: die Begegnung mit Ihrem Werke gab nicht bloß den Genuß einer quellenden Fabulierkunst, sprachliches Vergnügen, Controlle des eigenen Bildungsbestandes, wenn ich so sagen darf, sondern brachte den Reiz (oder den Zwang), dann und dann auch dem Hintergründigen sich zu öffnen und das künstlerische Schöpfertum nicht bloß in seinen Bedingtheiten, sondern auch in seinen Verantwortungen zu überdenken.

Wir waren in Stuttgart frohe Zeugen Ihrer Rüstigkeit – sie wird, denke ich, auch die Tage in Weimar[4] und in Lübeck gut durchzustehen Ihnen geholfen haben, sie soll Ihnen, auch für uns, noch lange erhalten sein, daß wir in der schönen Pflicht bleiben, danken zu dürfen.[5]

Ihr Theodor Heuss

[PS] Ich bitte, mich Ihrer Gattin freundlich zu empfehlen.

---

3 Vgl. THEODOR HEUSS: Thomas Mann, in: Die Hilfe 41, Nr. 11, 1. 6. 1935, S. 262f.

4 Thomas Mann trat auch bei den Schillerfeiern in Weimar als Redner auf. Das Gesamtdeutsche Ministerium bat Heuss zu versuchen, Mann von diesem politisch umstrittenen Besuch abzubringen, was dieser aber brüsk zurückwies; vgl. Notiz vom 24. 1. 1955, in: B 122 325; Heuss an Karl Konrad, 7. 2. 1955, in: TH. HEUSS, Hochverehrter Herr Bundespräsident, S. 397, Anm. 9; zum Schiller-Jahr in der DDR vgl. M. JÄGER, Mein Schiller-Jahr 1955. – Thomas Mann ging in seiner – ebenfalls hs. verfassten – Antwort vom 8. 6. 1955 auch darauf ein: „Auf meine Weimar-Fahrt im Zeichen Schillers hätte ich, so überlegt sie war, in dem Augenblick verzichtet, wo ich erfahren hätte, daß Sie sie mißbilligten. Sie haben es nicht getan, Sie haben sich in dieser Sache auf meine Seite gestellt und das ist so sehr charakteristisch für die Großzügigkeit, Tapferkeit und Weitsicht Ihres Wesens und Geistes, daß ich versucht bin, Sie mit dem Wort zu grüßen, das die Amerikaner ihren Lieblingsstaatsmännern zurufen: ‚More Power to You'"; B 122, 195.

5 Thomas Mann antwortete am 8. 6. 1955: „Diese Begegnung wird für mich stets einen hohen Lebenswert behalten. Ich habe in Ihnen einen Mann von Geist und Herz, von wahrem Wohlwollen

Nr. 41
An Dr. Toni Stolper, London-Südost
10. Juni 1955
BArch, N 1186, 121: ms. Schreiben, behändigte Ausfertigung; Kopfbogen: „Theodor Heuss“[1]
Dankschreiben von Thomas Mann für Geburtstagswünsche von Theodor Heuss; Gerüchte über Spottgedicht von Erika Mann über Heuss; Rücktritt von Leonhard Schlüter als niedersächsischer Kultusminister; Geschenk einer Schreibtisch-Uhr an die Tochter von Toni Stolper

Liebe Toni!

Heute habe ich von Thomas Mann einen handschriftliche Antwort bekommen, die ich Dir in Abschrift gleich zugehen lasse,[2] da Du ja an dem Abend mit ihm zusammenwarst. Er hat von den deutschen Kultusministern einen offiziellen Besuch erhalten und einen Betrag von 50.000,- DM für Hilfsleistungen an Literaten und soll sehr gerührt gewesen sein.[3] Ich finde den Brief an mich recht hübsch.

Heute früh ließ ich mir freilich von jemandem, der eben aus der Schweiz kam,[4] erzählen, daß die berühmte Erika Spottverse über die Deutschen gemacht habe, auch über mich, und sie Carl J. Burckhardt vorgetragen, der auch bei einer Festivität war. Der habe aber schroffen Einspruch erhoben. Es bewegt mich nicht tiefer. Bott hatte ja schon in Stuttgart[5] versucht, dieser Dame eine Grenze zu ziehen. Wenn Burckhardt in der nächsten Woche hierher kommt, will ich mich einmal erkundigen, ob das auch nur Klatsch ist.[6] Aber die Auf-

---

kennengelernt, dessen Sympathie mich nicht nur darum ehrt, weil Sie das Oberhaupt des Deutschen Staates sind, dem ich mich denn doch von Natur, Überlieferung, Grundsatz wegen zugehörig fühle, möge ich ihm auch nicht bürgerlich angehörig sein. Seit ich Sie persönlich kenne, verstehe ich erst ganz die Volkstümlichkeit, die Sie genießen, und habe erst recht gelernt, mich Ihrer um Deutschlands und um Europas Willen zu *freuen*.“ B 122, 195. Über die von Heuss beabsichtigte, dann aber nicht realisierte Publizierung des Briefwechsels und der Schiller-Reden vgl. Heuss an Thomas Mann, 21. 6. 1955 und 12. 7. 1955, in: N 1221, 327 und 328.

1 Weiterer Nachweis: N 1221, 327: ms. Schreiben, Durchschlag.
2 Vgl. Nr. 40, Anm. 4 und Anm. 5.
3 Die Übergabe fand am 6. 6. 1955 durch eine Delegation der KMK statt; B 122, 2065.
4 Dabei handelte es sich um Klaus Dohrn; vgl. Dienstkalender, in: N 1221, 482; vgl. auch Anm. 6.
5 Auf der Schiller-Feier am 8. 5. 1955 in Stuttgart; vgl. Nr. 40, Anm. 2.
6 Am 21. 6. 1955 schrieb Heuss an Toni Stolper, er habe mit Carl Jacob Burckhardt über Erika Mann gesprochen. „Die Darstellung, die mir Klaus Dohrn gegeben hat, war nach seiner Art etwas dramatisiert. Burckhardt erzählte mir, daß die Erika ihm ein ziemlich böses Spottgedicht von einem Engländer auf die Bundesrepublik vorerzählt habe, in dem eine Reihe deutscher Leute, darunter auch ich, wenn freilich ohne Namensnennung, drangekommen seien. Er habe darauf eine abweisende Bemerkung gemacht, und sie habe geantwortet: ‚Ja nun, Sie lieben ja wohl den Herrn Heuss; mein Vater liebt ihn ja auch, und eigentlich müßte der Mann einem leid tun, an der Spitze eines so reaktionären Volkes zu stehen.‘ Irgend so war der Tenor. Wörtlich habe ich es nicht behalten, und wörtlich wollte es ja auch Burckhardt nicht geben.“ N 1221, 327.

fassung wird ja öfter vorgetragen, daß diese Erika der schlechte Geist ihres Vaters sei.[7]

Die Schlüter-Angelegenheit ist ja zu Ende gegangen.[8] Wann und wie weit die FDP sich davon erholen wird, ist mir noch ungewiß. Offenbar wird die Sache bei ihr selber noch Auseinandersetzungen nach sich ziehen.

Inzwischen wird sich vielleicht Herwarth[9] mit Dir in Verbindung gesetzt haben. Ich muß nur zu der Uhr noch eine Erklärung abgeben. Sie ist ein Geschenk, das ich selber zu meinem 70. Geburtstag erhalten habe, und da ich Schreibtischuhren schon mehr besitze als Schreibtische, habe ich sofort gedacht, daß sie ein Erinnerungsgeschenk für Hanni an Elly[10] und mich sein soll. Ich hoffe nur, daß sie nicht zu pompös für den jungen Haushalt wirkt, in der Formgebung und Technik ist es eine anständige Arbeit.[11]

Dies für heute.

Mit guten Grüßen
Dein Theodor

[7] Während des Urlaubs im Engadin im Sommer 1957 fügte es sich, dass Heuss und Erika Mann in Sils Maria im gleichen Hotel wohnten. Erika Mann bat am 31. 7. 1957, ihre Aufwartung machen zu dürfen, und dankte am 2. 8. 1957 in einem Schreiben voller Komplimente für Heuss; N 1221, 172.

[8] Am 26. 5. 1955 hatte der neugewählte niedersächsische Ministerpräsident Hellwege (vgl. Nr. 38, Anm. 4) den FDP-Fraktionsvorsitzenden und ehemaligen DKP-DRP-Funktionär Schlüter zum Kultusminister ernannt. Gegen die Ernennung von Schlüter protestierten Rektor, Dekane und AStA der Universität Göttingen und legten ihre Ämter nieder. Am 9. 6. 1955 gab Schlüter sein Amt auf; vgl. H.-G. MARTEN, Ministersturz.

[9] Heuss hatte am 8. 6. 1955 an den ihm gut bekannten Botschafter Hans Herwarth von Bittenfeld in London geschrieben und ihm empfohlen, sich mit Toni Stolper, die sich zur Zeit bei ihrer Tochter in London aufhalte, zu treffen; N 1221, 149.

[10] Elly Heuss-Knapp war Patin von Joan Campbell, geb. Stolper, gewesen. In einem Brief vom 3. 12. 1940 erzählte sie ihrem Patenkind über deren Taufe im Jahr 1929; vgl. E. HEUSS-KNAPP, Bürgerin, S. 278.

[11] Heuss hatte die Uhr, vermutlich als Hochzeitsgeschenk für Joan Campbell, dem neuen deutschen Botschafter in London, Hans Herwarth von Bittenfeld, zum Transport mit dessen Umzugsgut mitgegeben. Dankschreiben des Ehepaars Campbell vom 20. 6. 1955, in: N 1221, 119.

Nr. 42
An Bernard Lescrinier, Bonn
14. Juni 1955

BArch, B 122, 601: ms. Schreiben, Durchschlag, von Heuss diktiert (Diktatz. H/A) und von Raederscheidt ms. gez.; ms. Briefkopf: „Pressereferat"[1]

Kritik an einer Meldung von United Press über eine vermeintliche Äußerung von Theodor Heuss über die sowjetische Einladung an den Bundeskanzler zu einem Staatsbesuch

Sehr geehrter Herr Lescrinier!

Als Dr. Heuss von ein paar Personen in der letzten Zeit auf seine Äußerung zu der russischen Einladung[2] angesprochen worden war, hat er immer gesagt, er habe es ausdrücklich abgelehnt, eine Äußerung dazu zu tun, aber mich beauftragt festzustellen, ob in den Zeitungen irgendetwas gekommen sei, wie er nun annehmen mußte. Ich habe in seinem Auftrag festgestellt, daß eine up-Meldung vom 7. Juni, 22.35 Uhr, vorliegt, daß er auf die Frage, ob „dies nicht ein Ereignis von weltweiter Bedeutung" sei, nur knapp erklärt habe „jawohl".[3] Es ist ganz klar, daß diese „Meldung" von Ihnen stammt, da Sie an dem Abend Dr. Heuss immer wieder wegen einer Äußerung bedrängt hatten, die er Ihnen aber glatt ablehnte.[4]

Dr. Heuss läßt Ihnen nun folgendes sagen:

Er weiß, daß Sie diese Art von Berichterstattung für Journalismus halten; er nimmt aber an, daß Sie wissen müßten, daß er es für eine Kombination von Aufdringlichkeit, Albernheit und angeberischem Wichtigtun hält, vermutlich, wie er annimmt, Ihrer Agentur gegenüber, damit Sie berichten können, Sie hätten mit Dr. Heuss gesprochen. Er hat mich beauftragt, Ihnen mitzuteilen, daß er es bei einem solchen Mangel an Loyalität, wie er sich ausdrückt, der ja an ein bewußtes Lächerlichmachen herankommt, ablehnt, mit Ihnen überhaupt je wieder bei dieser oder jener Begegnung ein Wort über politische Dinge zu sprechen. Sie mögen sich

---

1 Hs. Az. 1-7001-2751/55; Stempel: „Pers[önlichem] Ref[erenten] vorgelegen"; hs. Vermerk: „*Betr.*: Äußerungen <?> über politische Tagesereignisse"; weiterer Nachweis: N 1221, 327: ms. Schreiben, Durchschlag.

2 Dabei handelte es sich um die Note der UdSSR vom 7. 6. 1955, in der die Aufnahme von diplomatischen, Handels- und kulturellen Beziehungen vorgeschlagen und der Hoffnung auf die Wiedervereinigung Deutschlands Ausdruck gegeben wurde. Abschließend wurde eine Einladung an den Bundeskanzler nach Moskau ausgesprochen; vgl. W. KILIAN, Adenauers Reise, S. 15–24. Das Bundeskabinett beriet darüber in einer Sondersitzung am 8. 6. 1955; vgl. KABINETTPROTOKOLLE 1955, S. 353–355.

3 Die Meldung ließ sich nicht ermitteln.

4 Heuss hatte Lescrinier bei einem Empfang der Parlamentarischen Gesellschaft, den er nach seinem Dienstkalender am 7. 6. 1955, ab 20.30 Uhr gegeben hatte, getroffen; N 1221, 482.

dann das, was Sie für „Informationen“ halten, anderweits besorgen, da er nicht ein Freiwild für Ihre Geschmacklosigkeiten sein will.[5]

Mit vorzüglicher Hochachtung (Raederscheidt)

Nr. 43
An Dr. Toni Stolper, [London-Südost]
28. Juni 1955; auf der Heimfahrt[1]
BArch, N 1186, 145: hs. Schreiben, behändigte Ausfertigung; Kopfbogen: „Theodor Heuss“[2]
Bekenntnis der Liebe zu Toni Stolper

Mein liebes Herz,

nun denke ich die Verse[3] vor mir, <hier> die, von Deiner Nähe ge<weckt>, in diesen Wochen für Dich geformt wurden – ein paar <Strophen> wollen die Empfindungen und den Dank aussagen, die mich immerzu bewegt haben. Lasse sie Dir gefallen, auch in ihrer Unmittelbarkeit, u. zerreiße dann das Papier, oder, wenn sie Dich anrühren, schick Sie dem Gedächtnis oder einer altmodischen <Stenographin>, wie ich das mit Deinen starken und mich bewegenden Versen von 1914 und 1932[4] getan habe. Daß wir uns, wie das seltsame und doch tiefe Wort der Lutherübersetzung sagt, „erkannt“ haben,[5] ist ein Geschenk von Dir zu mir, von mir zu Dir, unser alleiniger inniger Besitz und gehört jetzt in ein[6] anderes Wissen und Bereden.

Das ist so schön und beglückend: daß und wie wir uns fanden war so ganz ohne Krampf und Quälerei.[7] Wir mußten die beiden Menschen,[8] in und mit deren Liebe wir unser reiches und ausgefülltes Leben aufgebaut haben, nicht aus dem Gespräch, nicht aus dem dankbaren Bewußtsein verscheuchen – das herzliche

---

5 Lescrinier wusste den Vorwurf, er sei der Urheber der Meldung, in einem Brief vom 6. 7. 1955 zu entkräften. Heuss entschuldigte sich daraufhin am 7. 7. 1955; B 122, 598.

1 Von wo aus Heuss zurück nach Bonn fuhr, ließ sich nicht ermitteln.

2 Weiterer Nachweis: BArch, N 1186, 121: ms. Schreiben, Teilabschrift.

3 Ließen sich nicht ermitteln.

4 Ließen sich nicht ermitteln.

5 Vgl. 1. Moses 4,1: „Und Adam erkannte sein Weib Eva“.

6 In der Vorlage: „einen“.

7 Heuss und Toni Stolper hatten sich nach der Gedenkfeier zu Schillers 150. Todestag am 8. 5. 1955 in Stuttgart ihre Liebe gestanden; vgl. den Hinweis in dem Schreiben von Heuss an Toni Stolper, 4. 5. 1958, in: BArch, N 1186, 148.

8 Elly Heuss-Knapp und Gustav Stolper.

menschliche und sachliche Einverständnis, das von den ersten Begegnungen 1918,1919[9] zwischen den „Partnern" war und dann auch gleich die Kinder einbezog, war von der Atmosphäre der Gemeinsamkeit bestimmt – ich habe Euch als Freunde, neben dem Jugendvertrauten Fr. Mück, als *den* Gewinn der Mannesjahre betrachtet.

Nach einem langen Leben schenkender und nehmender Herzlichkeiten Wehmut, Resignation, Verzicht, wohl im Trauern manchmal angerührt, beengt in einem Leben, das sein enges Gehege besitzt und das Vertraute fast ausschließt – und nun dies alles: Wärme, Zartheit, Leidenschaft, Geduld, Heiterkeit, Dank, Liebe.

Das durfte, das mußte ich Dir einmal niederschreiben. Die Erinnerung wird auch nie in unseren Briefen ausgestrichen, sie wird vielleich[t] eine „Separation" wählen, denn meine Mitarbeiter würden ja erstaunt sein, wenn Deine Briefe versiegten – nicht als ob sie „kontrolliert" würden – eine festgelegte Absenderzahl wird nicht geöffnet –, aber man kann sich auch schreiben durch ein eingelegtes geschlissenes Sondercouvert.

Ich umarme Dich, ziehe Deine Brust an mich und küsse Deine schönen tiefen Augen.
In Liebe
Dein Theodor

Nr. 44
An Dr. Toni Stolper, New York, und Dr. Ernst Ludwig Heuss, Lörrach-Tumringen
10. Juli 1955
BArch, N 1186, 121: ms. Schreiben, behändigte Ausfertigung; Kopfbogen: „Theodor Heuss"[1]
100 Jahre Bayerisches National-Museum; Feier des 50. bzw. 60. Doktorjubiläums von Theodor Heuss und Moritz Julius Bonn in München: Konzert, Reden, Gespräche

Meine Lieben!

Nun will ich nicht Ellys Technik der Rundbriefe nachahmen, aber doch einen gemeinsamen Kurzbericht über die Tage in München diktieren.

9 Im Juni 1918 lernte Heuss auf einer Reise nach Wien das Ehepaar Stolper kennen; vgl. TH. HEUSS, Erinnerungen, S. 224, 226; T. STOLPER, Leben, S. 103f.

1 Weitere Nachweise: FA Heuss, Basel; N 1221, 328: ms. Schreiben, Durchschlag; Teilabdruck: TH. HEUSS, Tagebuchbriefe, S. 43f.

Die Konkurrenz zu meinem Doktor-Jubiläum wurde durch den Regen hergestellt und die besorgten Gespräche, daß die Hochwasserkatastrophe[2] sich wiederhole.

Am Freitag[3] früh 100-Jahr-Jubiläum des Bayerischen National-Museums mit Eröffnung einiger neu fertiggestellter Räume – ungeheuer interessant, dabei eine Sonderausstellung sakraler Gewänder aus dem 11. und 13. Jahrhundert, die Prunkmäntel von Heinrich II. und Kunigunde, die ich schon einmal in Bamberg gesehen hatte, daneben großartige Mitren und sonstiges. Interessant dies, daß die Stoffe zum Teil arabische Buchstaben trugen, d. h. um der technischen Vollkommenheit willen aus dem Orient importiert waren und nun in katholischen Klöstern mit zur Erhöhung des festlich-sakralen Eindrucks mitzuwirken hatten.

Am Nachmittag Besuch bei Walter Goetz mit Kindern und Enkelschar, sehr nett. Der jetzt 88jährige ist frischer als vor ein paar Jahren, Haralds[4] Kinder sehr lieb und munter. Am Abend in dem Herkulessaal der Alten Residenz ein prunkvolles Konzert zu meinen Ehren, höchst seltsam, daß derartiges mir passieren muß. Die Leute, die sich das anhörten, mußten ziemlich hohe Eintrittsgelder bezahlen, die der Universität zufließen. Der Rundfunk (Jochum[5]) hatte sich umsonst zur Verfügung gestellt. Die Sache war ausverkauft. So trägt mein Mangel an Musikalität doch noch Früchte für die Wissenschaft.

Das eigentliche Erinnerungsfest verlief ordentlich, dauerte aber fast drei Stunden. Während es draußen regnete, war in der großen Aula eine furchtbare Schwüle, so daß es ein Wettschwitzen zwischen oben und unten gab – der ganze Lehrkörper mit Talaren und Barett bei festlichem Einzug und Auszug. Ich glaube, daß ich bei diesen Gelegenheiten immer ein ziemlich dummes Gesicht mache. Die Reden waren gut, zum Teil wohl zu lang. Der Dekan der Staatswirtschaftlichen Fakultät, Prof. Pfister, hielt die zwei Würdigungen für Bonn und für mich. Er hat sich zum Glück nicht zu lange bei meinem Weinbau-Doktor[6] aufgehalten, obwohl er etwas ganz Nettes daraus zitierte. Natürlich wurden Bonn wie ich außerordentliche Kapazitäten. Bonn antwortete entzückend, als er als furchtloser Schüler des furchtlosen Brentano gefeiert wurde: das stimme nicht ganz; er habe manchmal in seinem Leben Angst gehabt, nur Wert darauf gelegt, daß der andere es nicht merke. Ich selber hielt, Bonns Anregung folgend, einen 50 Minuten dauernden Vortrag über Werden und Wesen der parlamentarischen Regierungsform, in Sonderheit mit den historischen Spezialitäten der deutschen Geschichte.[7]

---

2 Im Frühjahr 1955 hatte es in Süd- und Westdeutschland Hochwasser gegeben.

3 8. 7. 1955.

4 Sohn von Walter Götz.

5 Heuss dankte Generalmusikdirektor Eugen Jochum am 11. 7. 1955 für seinen Einsatz; N 1221, 328.

6 THEODOR HEUSS: Weinbau und Weingärtnerstand in Heilbronn a. N., Heilbronn 1906.

7 Manuskript in: B 122, 242; vgl. auch Anm. 10.

Vorher hatte ich mit einigen Bemerkungen den Verlauf meines Doktorexamens charakterisiert und dargestellt, daß seine Qualität der Qualität dieser Feier nicht entsprochen habe.[8]

Es war fast rührend, was an alten Freunden da war: Goetz mit Frau, der bei seiner Begrüßung stürmisch gefeiert wurde und das sehr genoß, Sissi Brentano, Hermelink, Hohmann usf. Das Haus Wittelsbach ließ sich auch nicht lumpen. Der 87jährige Kronprinz freilich mußte, offenbar in einem ähnlichen Zustand wie sein Freund Paul Reusch, sich entschuldigen, aber der Erbprinz Albrecht, ein Mann in den Fünfzigern, war beim Festessen mein Nachbar, und ich habe mich recht gut mit ihm unterhalten. Er hat, mit einer Ungarin verheiratet, im Dritten Reich auch allerhand erlebt, war eine Zeitlang in Budapest Kellereiarbeiter und hat die Bekanntschaft mit einigen KZ's machen müssen.[9] Sehr nett war seine Sorge, wie das Bayerische durch Flüchtlinge und Rundfunk entwurzelt werde, zumal als Dialekt und Sprachvorrat: Vor 30 Jahren sagte man noch „Rahm", jetzt sagt man „Sahne", damals noch „Mostrich", heute „Senf". Ich habe ihm dann bei diesem Katalog der Sorgen noch etwas nachgeholfen. Er fürchtet, daß diese Sprachdinge eine Erweichung der autogenen Widerstandskraft bringen. Ich suchte ihn zu trösten, daß Geschichte und Boden in Oberbayern eine prägende Kraft besäßen.

Offenbar scheint geplant zu sein, diese ganze Feier in ihren Reden festzuhalten. Es könnte ein ganz nettes Bändchen werden.[10] In meine eigene Rede hatte ich etwas zu viel Einzelmaterial hineingestopft, aber zum Nachdenken bringt sie wohl manches Anregende.

Beim kleinen Abschiedsdiner im Haus der Allianz hielt deren Leiter, ein sehr frischer Dr. Goudefroy,[11] auch eine Rede, und als er mich zwischendurch mit „Verehrter Herr Bundeskanzler" anredete und alles etwas starr war, unterbrach ich ihn mit dem schönen Satz: „Nun weiß ich doch, daß Sigmund Freud nicht umsonst gelebt hat!" Das gab ein heiteres Hallo und wurde für die Atmosphäre nützlich.[12] Auch dann noch eine Reihe von Reden, zumal vom alten Orthopäden

---

8 Vgl. TH. HEUSS, Erinnerungen, S. 23f.

9 Albrecht von Wittelsbach hatte 1937 Deutschland verlassen und war mit seiner Familie 1944 in Ungarn verhaftet worden. Bis Kriegsende war er in den Konzentrationslagern Sachsenhausen, Flossenbürg und Dachau.

10 THEODOR HEUSS und MORITZ JULIUS BONN als Jubilare der Universität München, Berlin 1956.

11 In der Vorlage: „Goudeffroy".

12 Heuss dankte Generaldirektor Hans Goudefroy am 11. 7. 1955 und thematisierte dabei noch einmal seinen Zwischenruf: „Mit meinen Mitarbeitern habe ich nachher eine Diskussion gekriegt, ob es eigentlich richtig war, daß ich Ihr so nettes Versprechen ‚Bundeskanzler'–‚Bundespräsident' in einem Zwischenruf aufgenommen habe, ‚nun weiß ich doch, daß Sigmund Freud nicht umsonst gelebt hat'. Ich möchte hoffen dürfen, daß Sie mir das nicht übelgenommen haben. Ich selber habe die Meinung, daß dadurch Leute, die sich irgendwie für Sie unsicher fühlten, begriffen haben, daß ich so etwas nicht in den falschen Hals kriege. Niemand konnte ja wissen, daß wir vorher eine Unterhaltung über die Bewertung von Sigmund Freud gehabt hatten." N 1221, 328.

Hohmann, der Jugendanekdoten von Bonn und von mir preisgab und, wie auch einige der Redner bei der Festveranstaltung, sehr nette Erinnerungen an Elly erzählte.

Mit dem Sonderzug fuhren wir am Nachmittag zurück. Hänschen Bott war „fertig" und legte sich mit Magenkrämpfen und leichtem Fieber für die ganze Fahrt. Heute, behauptet er, sei er wieder einigermaßen in Ordnung. Am Mittwoch fährt er zur Erholung nach Kampen.

Mit guten Grüßen für Euch alle
Euer Theodor[13]

Nr. 45
An Bernhard Menne, Hamburg
16. Juli 1955
BArch, N 1218, 1: ms. Schreiben, behändigte Ausfertigung; Kopfbogen: „Theodor Heuss"[1]
Kritik an der Berichterstattung über das Doktorjubiläum von Theodor Heuss in der „Welt am Sonntag"

Sehr geehrter Herr Menne!

Darf ein Bundespräsident darum bitten,[2] ohne in den Verdacht zu kommen, die Pressefreiheit zu bedrängen, daß er nicht das Opfer der headline-Fabrikation wird, zumal solche in ihrer Primitivität mitunter einen völlig falschen Akzent gibt.

Natürlich war die Überschrift „Heuss schwänzte Kolleg" in der Nummer 28 vom 10. Juli 1955 auf Seite 2[3] von dem Verfasser dieser Schlagzeile irgendwie wohlwollend gedacht. Sie sollte heiter wirken: man braucht gar nicht den Professoren zuzuhören, um zu einem „Doktor" zu kommen usf. Aber diese Überschrift wirkt wie das, was man heute „Angabe" nennt, und ist zudem sachlich völlig unrichtig, weil sie so aussieht, als ob das Kollegschwänzen eine jugendliche Dauerbeschäftigung von mir gewesen sei. Ich war im ganzen, zumal bei

13 In dem Schreiben an Ernst Ludwig Heuss gez. mit: „Vater Th.".
1 Weitere Nachweise: N 1221, 328; B 122, 371: ms. Schreiben, Durchschlag mit hs. Vermerk von der Registratur: „Sammlung 50jähriges Jubiläum"; Verfügung: „Herrn Raederscheidt zur Kenntnis", mit Paraphe von Raederscheidt.
2 Menne war Chefredakteur der „Welt am Sonntag".
3 Welt am Sonntag, 10. 7. 1955.

den Professoren, die mir lagen, ein ziemlich gewissenhafter Kollegbesucher und habe mich in den verschiedensten Fakultäten herumgetrieben.[4] Ihr Münchener Korrespondent hat es sich zu einfach gemacht und damit den headliner zu dieser albernen Überschrift verleitet.

Ich habe mit diesem Brief gewartet, bis die Abschrift von der Bandaufnahme der Rede vorlag, damit Sie sich ein ungefähres Bild machen können, was ich gesagt habe und was daraus bei Ihnen geworden ist. Der Vorgang ist an sich ganz einfach: ich wollte das mich rührende Pathos in den Reden des Rektors und des Dekans der Staatswirtschaftlichen Fakultät durch Selbstironisierung herabmindern, und dabei erzählte ich, daß ich in meinem sechsten Semester wohl in München immatrikuliert war, aber mit Brentanos Wissen – er war mein Lehrer – in Berlin als Redakteur bei Naumann war. Ich konnte deshalb gar nicht „Kolleg schwänzen", weil ich außer dem Brentano'schen Seminar gar nicht inskribiert war. Auch die Schlußbemerkung Ihres Aufsatzes über das unbefangene Manipulieren mit dem gesunden Menschenverstand, der von dem Referenten zum „Hausverstand" gemacht worden ist, bezog sich ausschließlich auf das Examen bei dem wissenschaftlich unbedeutenden damaligen Münchener Statistiker.[5]

Mitzuteilen, daß ich den paar einleitenden persönlichen Bemerkungen einen etwa 50 Minuten beanspruchenden wissenschaftlichen und politischen Vortrag über Werden und Wesen des deutschen Parlamentarismus folgen ließ,[6] schien Ihrem Referenten nicht wichtig genug. Ich bin darüber nicht unglücklich, weil er vermutlich auch einige von den auf die aktuelle Situation bezogenen Pointen isoliert und in falschem Wortlaut gebracht hätte. Ich weiß ja aus vielerlei Unterhaltungen, daß es heute zahllose Journalisten als unter ihrer Würde betrachten, stenographieren zu können. Sie verlassen sich auf die Kombination zwischen ihrer schlechten Handschrift und ihrem vortrefflichen Gedächtnis.

Ein völliges journalistisches Versäumnis aber ist es, daß, wenn Sie schon über den Vorgang berichten lassen, kein Wort davon spricht, daß mit mir zusammen – ich bin froh, daß ich das veranlassen konnte – der 1933 zur Emigration gezwungene Professor Dr. M. J. Bonn, der ebenfalls ein Schüler von Lujo Brentano war, sein 60. Doktorjubiläum feiern konnte. Für den Wissenden um diese Feier wirkt es etwas peinlich, daß Bonn, der wissenschaftlich viel mehr geleistet hat als ich, gar nicht erwähnt wurde.

---

4 Vgl. TH. HEUSS, Vorspiele, S. 217–227.

5 Heuss hatte in seiner Rede an der Universität München über seinen mäßigen Erfolg im Rigorosum berichtet und dabei auch die Statistikprüfung angesprochen: „Dem Georg von Mayr, dem Statistiker, teilte ich auf sein Ersuchen mit, wie ich mir die Anlage einer Berufszählung ausdenke – da er auch sich selber gegenüber nicht sehr anspruchsvoll war, schien ihm ein unbefangenes Manipulieren mit etwas gesundem Menschenverstand zureichend." THEODOR HEUSS und MORITZ JULIUS BONN als Jubilare der Universität München, Berlin 1956, S. 30.

6 Ebd., S. 29–45.

Ich schreibe Ihnen nicht, um irgendetwas wie eine „Berichtigung“ zu erbitten, das wäre ja lächerlich, sondern ganz einfach in Notwehr. Das Bundespräsidialamt und ich sind arbeitsmäßig sehr stark beansprucht. Ihre Berichterstattung hat nun schon eine ganze Anzahl von Briefen an mich provoziert, zum Teil sehr frechen Briefen oder auch empörten Briefen,[7] die mir im Lesen und Beantworten Zeit wegnehmen, die für Gescheiteres verwendet werden könnte. Ich selber, der ich ja aus einer journalistischen Generation stamme, für die der Schlager einer Überschrift gar nichts bedeutete, die ihren Ehrgeiz in dem richtigen Inhalt und in der ordentlichen Formung sah, habe nicht den Auftrag und nicht den Ehrgeiz, hier als „Erzieher“ zu wirken, aber ich würde, um des Amtes willen, dankbar sein, wenn ich künftig nicht als Anlieferer von headlines betrachtet würde, und wenn Ihnen dies gelegentlich unvermeidlich erscheint, dann bitte ich darum, daß sie wenigstens einigermaßen dem Tatbestand entsprechen und nicht durch grobe Vereinfachungen eine falsche Atmosphäre schaffen.[8]

Mit vorzüglicher Hochachtung Theodor Heuss

[7] Roderich Schütze, schrieb am 11. 7. 1955, „da unser Herr Bundespräsident durch Schwänzen der Vorlesungen den Doktorgrad erhalten hat, wollen wir es genauso machen“, und kündigte seine Immatrikulation an der Universität München an. Heuss diktierte am 13. 7. 1955 eine Antwort, von Oberüber gez., in der er den Brief als „ungewöhnlich albern und anmaßend“ bezeichnete; B 122, 371. Stud. phil. Dieter Ahrens meinte am 11. 7. 1955, Heuss' „Geständnis“ sei „eine grobe Verhöhnung nicht nur sämtlicher Hochschullehrer, sondern vor allem sämtlicher Studierender, denen weiß Gott heute nichts geschenkt wird“; ebd.; vgl. auch Ahrens' Zuschrift an „Die Welt“, 30. 7. 1955, Ausschnitt in: B 145, 16307. Heuss wies auch diesen Brief am 13. 7. 1955 als „alberne Unverschämtheit“ zurück: „Bilden Sie sich doch ja nicht ein, daß Sie mit solcher Form der Belehrung auf mich Eindruck machen, höchstens den traurigen, daß Ihnen der Sinn für lockere Selbstironisierung fehlt und daß Sie glauben, durch Anmaßung sich wichtig machen zu können.“ B 122, 371.

[8] Menne antwortete am 21. 7. 1955: „Ein Blatt wie die Welt am Sonntag mit ihrer Auflage von nahezu einer halben Million muß anders gemacht werden als die Zeitungen jener glücklichen Zeit, die weder durch Film noch durch Rundfunk und Lautsprecher verdorben waren. Ich war bisher eigentlich etwas stolz auf das, was ich trotz gewisser Konzessionen an Substanz retten konnte“; B 122, 371. Die von Menne geäußerte Unterstellung, Heuss sei „empfindsamer als bisher angenommen“, wies dieser am 23. 7. 1955 zurück. Es gehe darum, „um meines Amtes willen das falsch Pointierte zu vermeiden“; ebd.

Nr. 46
An Dr. Georg Baron Manteuffel-Szoege, Koblenz
18. Juli 1955

BArch, B 122, 2092: ms. Schreiben, Durchschlag, von Heuss diktiert (Diktatz. H/A) und ms. gez.; ms. Briefkopf: „Theodor Heuss“[1]

Absage, an einer Kundgebung der Landsmannschaften in Berlin teilzunehmen wegen des gleichzeitigen Besuches von Konrad Adenauer in Moskau

Sehr geehrter Herr von Manteuffel-Szoege!

Den Inhalt unseres Gesprächs vom 15. Juli[2] habe ich mir, wie Sie sich denken können, sehr eingehend überlegt und auch im Für und Wider zum Gegenstand einiger informatorischer und argumentierender Erörterungen gemacht. Ich muß Sie nun bitten, nicht mit meiner Teilnahme an der geplanten September-Kundgebung in Berlin rechnen zu wollen.[3]

Als die Gespräche über meine Mitwirkung an der Stuttgarter,[4] dann die an der Berliner Kundgebung[5] begannen, und, je nach der Form, wie die Einladungen zustande kamen – Gemeinsamkeit der Einladung durch den Verband der Landsmannschaften wie des Bundes der vertriebenen Deutschen –, eine grundsätzliche Bereitwilligkeit zur Teilnahme von mir erklärt wurde, lagen zwei Dinge noch nicht vor: Die Einladung an den Bundeskanzler, nach Moskau zu fahren,[6] und die tiefgreifende Krise in der Fraktion des BHE,[7] der wohl als parlamentarische

---

1 Vermerk: „2) Herrn St[aats]S[ekretär] Dr. Klaiber vor Abgang mit der Bitte um Kenntnisnahme“ mit Paraphe von Klaiber vom 18. 7.; Adenauer, das Bundesministerium für Vertriebene, Flüchtlinge und Kriegsgeschädigte und Staatssekretär Franz Thedieck vom Bundesministerium für Gesamtdeutsche Fragen erhielten das Schreiben am 19. bzw. 20. 7. 1955 zur Kenntnis; B 122, 2092; weiterer Nachweis: N 1221, 328: ms. Schreiben, Durchschlag.

2 Ein Protokoll des Gesprächs ließ sich nicht ermitteln.

3 Der Verband der Landsmannschaften und der Berliner Landesverband der Heimatvertriebenen planten am 10./11. 9. 1955 in Berlin einen „Tag der Deutschen 1945–1955“ mit einer Kundgebung im Olympia-Stadion. Im Bundeskabinett war bereits am 30. 6. 1955 beschlossen worden, wegen des bevorstehenden Besuches Adenauers in Moskau (9.–13. 9. 1955), wo die Aufnahme diplomatischer Beziehungen und die Rückkehr der deutschen Kriegsgefangenen vereinbart wurde, auf eine Verschiebung des Termins hinzuwirken; KABINETTSPROTOKOLLE 1955, S. 391. Heuss hatte von Manteuffel-Szoege als Vorsitzenden des Verbandes der Landsmannschaften auf Anraten von Adenauer zu sich gebeten, um mit ihm über eine Verlegung der Kundgebung zu sprechen. Am 16. 7. 1955 berichtet er Adenauer über das Gespräch: Es sei nicht gelungen, die Kundgebung zu verschieben. Zugleich kündigte er an, seine Teilnahme abzusagen; vgl. K. ADENAUER / TH. HEUSS, Unter vier Augen, S. 169–172.

4 In Stuttgart-Bad Cannstatt sollte am 30. 7. 1955 das fünfjährige Bestehen der „Charta der deutschen Heimatvertriebenen“ feierlich begangen werden; vgl. Karl Mocker an Heuss, 14. 6. 1955, in: B 122, 2092.

5 Vgl. Anm. 3.

6 Vgl. Nr. 42, Anm. 2.

7 Der GB/BHE war u. a. wegen der Saarfrage seit 1954 mit internen Spannungen belastet und zeigte im Sommer 1955 Auflösungserscheinungen. Die Minister Theodor Oberländer und Walde-

Vertretung des Bundes der vertriebenen Deutschen betrachtet werden kann, gewiß bei den meisten als solche gilt.

Sie selber haben sich geweigert, die Anregung aufzunehmen, daß die Landsmannschaften als solche die Stuttgarter Veranstaltung mittragen, die ja in ihrem Zeitpunkt und in ihrer Thematik nichts unmittelbar „Aktuelles" besitzt, sondern mehr Historisches und Theoretisches; daß die deutschen Heimatverbände (Leitung Direktor Fahrbach) die Sache mittragen wollen oder werden, konnte Sie in Ihrer Ablehnung nicht beeinflussen. Ich habe dafür Verständnis, denn diese Vereinigungen, die ich für sehr verdienstvolle Unternehmungen halte, sind ja nach ihrem Sinn unpolitisch, metapolitisch, und ihre Mitwirkung scheint mir in diesem Zusammenhang mehr dekorativ als substantiell.

Anders steht es mit dem Berliner Plan. Er hat durch die Einladung nach Moskau und durch die Ankündigung, daß der Bundeskanzler ihr im September folgen werde,[8] den Charakter einer aktuellen Veranstaltung gewonnen. Daß der Zeitpunkt seit Monaten vorgesehen war, würde weder von der deutschen noch von der fremden Öffentlichkeit auch nur zur Kenntnis genommen werden. Die Psychologie der Menschen ist nicht historisch betrachtend, sondern sie reagiert, zumal in einer solchen Sache, zeitlich nach vorn, wenn ich so sagen darf: das ist der Auftakt zur Reise des Bundeskanzlers! Ob die Annahme der Einladung nach Moskau als opportun betrachtet wird, ob als „diplomatischer Fehler", braucht zwischen uns nicht erörtert zu werden. Sie ist als Realität zu nehmen. Ein rednerisches Auftreten von mir würde in diesem Zeitpunkt wie ein quasi amtliches Pronunziamento wirken. Würde man in Vor- oder Nachkommentaren das abstreiten und mitteilen, das sei eine längst vorbereitete Sache, und würde ich mich dann aber auf eine Charakteristik des Beitrags der sogenannten neudeutschen Stämme im östlichen deutschen Siedlungsraum beschränken – eine Sache, über die ich wohl ganz ordentliche Dinge sagen könnte –, so würde das wohl vielen der Teilnehmer willkommen, ja tröstlich klingen, aber politisch als ein Ausweichen, als ein Umgehen der drängenden Tagesfragen erscheinen. Das Auftreten zu[9] diesem Zeitpunkt könnte nach außen verwirrend wirken – dorthin käme ja nicht der Inhalt der Rede, sondern nur die Notiz über den Vorgang –, nach innen würde man sagen (ich kenne das): der Heuss bietet in dieser Situation nichts anderes an als eine historische „Plauderei". Dem mich auszusetzen um des Amtes willen habe ich in dieser Situation wenig Geneigtheit.

---

mar Kraft waren mit fünf weiteren Bundestagsabgeordneten aus der Partei ausgetreten und hatten bei der CDU um Aufnahme als Hospitanten gebeten; vgl. F. NEUMANN, Block, S. 137–165, sowie die Unterredung von Heuss und Adenauer am 14. 7. 1955, in: K. ADENAUER / TH. HEUSS, Unter vier Augen, S. 168.

[8] Vgl. Anm. 3; Nr. 42, Anm. 2.

[9] In der Vorlage: „in".

Die entscheidende Schwierigkeit ist diese: wir wissen gar nicht, wie Genf verlaufen wird;[10] wir wissen nicht, wie die allgemeine Atmosphäre am 10. September[11] sein wird.

Sie sagten mir bei unserer Begegnung, wenn ich nicht komme, dann werden Sie selber (wohl auch im Blick auf die Person des Dr. Kather,[12] den Sie dann als Triumphierenden vor sich sehen) „ganz radikal" reden. Ich traue Ihnen das zwar nicht recht zu, wie auch mir selber nicht, aber das Wort hat mich doch etwas erschreckt, und ich quittiere es mit der Frage: Sie wollen doch keinen intellektuellen „Landesverrat" begehen? Ich könnte mir denken, ein limitierter „Radikalismus" würde für den Kanzler in Moskau an sich nicht schädlich sein; er könnte ihm, falls sich in Moskau die Gespräche konkretisieren, Argumente geben.

Etwas fragwürdig ist freilich die Wirkung solchen „Radikalismus" auf die Volkspsychologie wie auf die Staatsführergremien der westlichen Staaten, deren Linien keineswegs so gesichert verlaufen, wie viele Deutsche glauben.

Es ist mir nicht leicht gefallen, Ihnen diesen Brief zu schreiben, denn ich habe es immer als meine staatliche Pflicht betrachtet, den Landsmannschaften moralisch eine Stütze zu geben. Ich habe unter deren Repräsentanten eine ganze Anzahl von Menschen, die ich seit Jahren kenne und würdige, und daran wird sich auch durch diese Tatsache nichts ändern. Aber ich glaube, es ist meine Pflicht, Ihnen dies jetzt schon zu schreiben. Wir wissen beide heute nicht, wie die Situation Anfang September sein wird, wie sie sich in der Problematik des Bundes der Vertriebenen, noch wie sie sich in der internationalen Gesprächsthematik darstellt. Diese Unsicherheit aber zwingt mich, mein Amt als solches in dieser Situation nicht zu exponieren.[13]

Mit vorzüglicher Hochachtung Theodor Heuss

---

[10] Gemeint die Genfer Gipfelkonferenz 18.–23. 7. 1955, auf der die vier Siegermächte des Zweiten Weltkrieges vor allem den Rahmen neuer Verhandlungen über die Deutsche Frage abstecken wollten; die Verhandlungen blieben ohne Erfolg, und es wurde ein Treffen der Außenminister in Genf im Oktober/November geplant; vgl. M. LINDEMANN, Deutsche Frage, S. 200–242; Dokumente zu den Verhandlungen, in: DOKUMENTE ZUR DEUTSCHLANDPOLITIK, III. Reihe, Bd. 1, S. 148–281.

[11] Vgl. Anm. 3.

[12] Linus Kather war Bundesvorsitzender des Bundes der vertriebenen Deutschen; zu Kather vgl. M. SCHWARTZ, Funktionäre.

[13] Manteuffel-Szoege antwortete am 25. 7. 1955, dass die Veranstaltung trotzdem durchgeführt werde, obwohl der Bundeskanzler eine Verlegung des Termins erbeten hatte; B 122, 2092. Seitens der Bundesregierung nahmen dennoch die Bundesminister Jakob Kaiser, Theodor Oberländer und Robert Tillmanns teil. Ein Grußwort von Heuss an die Kundgebung wurde mit dem Kanzleramt abgestimmt; vgl. ebd.

Nr. 47
An Dr. Erich Kästner, München
22. Juli 1955

BArch, B 122, 2079: ms. Schreiben, Durchschlag, von Heuss diktiert (Diktatz. H/Sch) und von Oberüber ms. gez. und paraph.[1]

Kritik an einem Artikel von Erich Kästner in der „Stuttgarter Zeitung" über das Vergessen des Widerstandes im „Dritten Reich"; Verbreitung der Ansprache „Dank und Bekenntnis" zum 10. Jahrestag des 20. Juli 1944

Sehr geehrter Herr Dr. Kästner!

Ihr Aufsatz in der „Stuttgarter Zeitung" vom 20. 7. 55 „Von der Vergeßlichkeit", dessen Gesamttendenz mir natürlich durchaus sympathisch ist, hat mich in einigem doch erstaunt, weil der Eindruck entsteht, daß das In-die-Vergessenheit-Stoßen des Widerstandskreises vom 20. Juli in gewissem Sinn betrieben werde.[2] Hier liegt aber doch ein Irrtum von Ihnen vor. Daß bei der zehnjährigen Wiederkehr des 20. Juli der Herr Bundespräsident in Berlin den Versuch einer großen und in die moralische Problematik eindringenden Würdigung gemacht hat, kann Ihnen ja kaum entgangen sein.[3] Ob Sie mit dieser Rede einverstanden waren und sind, bleibt natürlich offen. Aber Sie haben, wie es scheint, folgendes nicht bemerkt: Im vergangenen Herbst hat der Deutsche Bundestag auf einen Antrag, der von sämtlichen Fraktionen gemeinsam eingebracht war, beschlossen, diese Rede an alle Schüler in der Bundesrepublik, einschließlich der Berufsschulen und Universitäten, zu überreichen.[4] Es ist also eine Millionenauflage gemacht worden.

---

1 Hs. Az. 1-025-3005/55; Absendevermerk vom 22. 7. 1955; weiterer Nachweis: N 1221, 328: ms. Schreiben, Durchschlag.

2 Der Zeitungsartikel von Kästner in der „Stuttgarter Zeitung" vom 20. 7. 1955 war dessen Redebeitrag auf der Münchener Kundgebung (vgl. Anm. 3) gewesen, in dem er daran erinnerte, dass es im Drang der „Geschäfte, der Staatsgeschäfte" versäumt worden sei, die Widerständler als Vorbilder für die Jugend lebendig werden zu lassen.

3 Kästner gehörte einem „Münchener Arbeitskreis 20. Juli" an, der am 14. 5. 1954 im Zusammenhang mit einer Kundgebung in den Münchener Kammerspielen ein Fernschreiben an Heuss gerichtet hatte. Darin wurde dieser gebeten, den Gedanken an das Erbe des deutschen Widerstandes stärker als bisher zu pflegen und vor allem die Jugend dabei miteinzubeziehen. Klaiber dankte einem der Unterzeichnenden und wies darauf hin, dass Heuss nach Verabredung mit dem mittlerweile verstorbenen Bürgermeister Ernst Reuter zum 10. Jahrestag des 20. Juli 1944 in Berlin die Gedächtnisrede halten werde. Er bat zugleich, seine Antwort allen Unterzeichnern des Telegramms, zu denen auch Kästner gehörte, zur Kenntnis zu geben; Klaiber an Franz Josef Schöningh, 17. 5. 1954, in: B 122, 2079. – Zum zehnten Jahrestag des Attentats auf Adolf Hitler am 20. Juli 1944 hatte Heuss am 19. 7. 1954 im Audimax der FU Berlin eine vielbeachtete Rede gehalten; Abdruck u. a. in: TH. HEUSS, Politiker, S. 430–439; zur Rede und den Reaktionen vgl. auch TH. HEUSS, Bundespräsident 1949–1954, S. 557f, 563f, 567; U. BAUMGÄRTNER, Reden, S. 299–333; zur Überlieferungsgeschichte ebd., S. 474f.

4 Der Beschluss vom 21. 10. 1954, der auf einem interfraktionellen Antrag (Drucks. Nr. 850) beruhte, besagte, dass die Rede von Heuss an alle deutschen Lehrer, Studenten und Schüler kostenlos

Das Bundespräsidialamt – und deshalb schreibe ich Ihnen – ist mit der Sache auch stark beschäftigt gewesen, weil Dr. Heuss Wert darauf legte, daß das Heftchen in einer anständigen Form herauskam, und weil wir auch mit herangezogen waren bei der Organisation der Verteilung, die ja über die Länderkultusministerien erfolgen mußte. Dr. Heuss hatte allerdings Wert darauf gelegt, damit die Verteilung nicht als aufgedrängte staatliche Propaganda wirke, daß sein Verleger, der zunächst eine Sonderausgabe dieser Rede zum 20. Juli gemacht hatte, auch bei dieser Massenauflage als buchhändlerische Quelle genannt bleibe.[5]

Der Vorgang selber ist ja nicht weiter wichtig. Aber die Akzentuierung Ihres Aufsatzes gibt ein falsches Bild. Die Rede von Dr. Heuss ist ja mit auf das Problem des militärischen Gehorsams abgestimmt, und falls Sie die Rede durchsehen, werden Sie aus der preußischen Militärgeschichte eine freilich nicht ganz so tragische, aber doch wirkungsvolle Parallele zu der von Ihnen zitierten Anekdote finden.[6]

Mit vorzüglicher Hochachtung Horst Oberüber

---

als Broschüre verteilt werden solle; vgl. VERHANDLUNGEN DES DEUTSCHEN BUNDESTAGES, 2. Wahlperiode, Bd. 21, S. 2554. Im Einvernehmen mit der KMK erhielten alle Abschlussklassen der Volksschulen sowie alle Klassen der höheren und mittleren Lehranstalten vom 8. Schuljahr an ein Exemplar; Unterlagen in: B 122, 2079. Die Auflage wurde auf zunächst 3,2 Millionen Exemplare festgelegt.

5 Erschienen im Rainer Wunderlich Verlag Hermann Leins; THEODOR HEUSS: Dank und Bekenntnis. Gedenkrede zum 20. Juli 1944, Tübingen 1954.

6 Der Artikel von Kästner begann wie folgt: „Als Friedrich Wilhelm I. von Preußen, der Soldatenkönig, eben jener Hohenzoller, der den Sohn und präsumtiven Nachfolger beinahe hätte hinrichten lassen, ein Regiment inspizierte, schlug er, aus geringem Anlaß, einen Major mit dem Krückstock. Daraufhin zog der Major angesichts der Truppe die Pistole und schoß, knapp am König vorbeizielend, in den Sand. ‚Diese Kugel' rief er, ‚galt Ihrer Majestät!'. Dann jagte er sich unter Anlegen der bewaffneten Hand an die Kopfbedeckung die zweite Kugel in die eigene Schläfe." Wie Anm. 2. – Heuss hatte in seiner Ansprache zum 20. Juli 1944 dafür plädiert, in der konkreten Grenzsituation des Widerstandes gegen Hitler dem Gewissen eine Vorrangstellung vor dem Eid gegenüber einem moralisch diskreditierten Regime einzuräumen. Dafür bediente er sich als historisches Beispiel der Gehorsamsverweigerung des preußischen Offiziers Johann Friedrich Adolf von der Marwitz, als dieser auf Befehl Friedrichs II. im Siebenjährigen Krieg ein sächsisches Schloss plündern sollte; vgl. TH. HEUSS, Politiker, S. 435; vgl. auch Heuss an Kurt Hahn, 16. 7. 1954, in: N 1221, 320. – Kästner bedankte sich gegenüber Oberüber am 25. 7. 1955: Der Zeitungsartikel habe seine Ansprache vom Vorjahr wiedergegeben; der Rückgriff der „Stuttgarter Zeitung" sei ohne sein Zutun erfolgt. Er bat um ein Exemplar der Rede von Heuss, die Oberüber ihm am 27. 7. 1955 übersandte; B 122, 2079.

Nr. 48
An Dr. Hans Brockhaus,[1] Wiesbaden
23. Juli 1955
BArch, B 122, 596: ms. Schreiben, Durchschlag, von Heuss diktiert (Diktatz. H/A) und ms. gez.; ms. Briefkopf: „Theodor Heuss"[2]
Kritik an Nichtberücksichtigung von Emigranten im Brockhaus-Lexikon: Moritz Julius Bonn, Hans Schäffer, Gustav Stolper, Martin Wagner

Sehr geehrter Herr Dr. Brockhaus!

Freundlichen Dank für Ihre Zeilen.[3] Ich bin gern damit einverstanden, daß Sie die kleine Notiz aus meinem Brief mit dem Faksimile der Unterschrift bringen.

Darf ich die Gelegenheit wahrnehmen, Ihnen ein paar Zeilen zu schreiben. Als ich vor ein paar Wochen zusammen mit dem mir seit Jahrzehnten befreundeten Professor Dr. M. J. Bonn die Wiederkehr des Doktorexamens in München beging, er das 60-Jahr-Jubiläum, ich das 50-Jahr-Jubiläum,[4] – wir sind beide Schüler von Lujo Brentano – sah ich im Großen Brockhaus nach, ob dort etwas über seine Publikationen und die verschiedenen Stationen seines Lebens enthalten sei. Er fehlte. Das hat mir etwas leid getan, denn nicht nur als Gründer und Leiter der Handelshochschulen von München und Berlin, sondern auch als Teilnehmer an verschiedenen internationalen politischen Konferenzen (Berater der Reichsregierung) hat er eine nicht unerhebliche Rolle gespielt. Ich habe dann bei einigen der zur Emigration gezwungenen Männer nachgesehen und festgestellt, daß etwa im Bereich der Architektur Gropius und Mies van der Rohe drangekommen sind, im politischen Raum etwa Erich Eyck, den ich ja nun über ein halbes Jahrhundert kenne,[5] der aber an sich nicht die Bedeutung von Bonn besaß oder besitzt.

---

1 In der Vorlage fälschlich: „F. A. Brockhaus"; der Verlag F. A. Brockhaus wurde seit 1914 von Hans Brockhaus geführt, der auch das Anschreiben an Heuss gerichtet hatte; vgl. Anm. 3.

2 Hs. Az. 1-7081-2863/55; weiterer Nachweis: N 1221, 328: ms. Schreiben, Durchschlag.

3 Hans Brockhaus hatte mit Schreiben vom 20. 7. 1955 um Zustimmung gebeten, folgende Zeilen von Heuss aus einem Brief des Jahres 1955 für den Verlagsalmanach anlässlich des 150. Jubiläumsjahres des Verlages abdrucken zu dürfen: „Die Bände reihen sich jetzt unmittelbar hinter meinem Schreibtisch, während links auf dem Gestell der Kleine Brockhaus für die kleinen Dinge griffbereit steht. Ich freue mich über das gute Fortschreiten der Arbeit, aus der ich bei der Vorbereitung meiner Reden, um mich der Daten usf. zu versichern, dankbar Nutzen ziehe. Mit freundlichen Empfehlungen Ihr"; B 122, 596. – Bereits am 13. 4. 1954 hatte Brockhaus den Lexikon-Artikel über „Heuss" zur Kontrolle übersandt, den Heuss in Bad Kissingen eingehend überarbeitet hatte; Vermerk vom 20. 4. 1954, in: B 122, 177.

4 Vgl. Nr. 44.

5 Heuss hatte Eyck 1903/04 in Berlin beim „Liberalen Stammtisch" von Friedrich Naumann und Theodor Barth kennengelernt; vgl. den Beitrag von Eyck in: H. BOTT / H. LEINS, Begegnungen, S. 29–32; TH. HEUSS, Vorspiele, S. 281f.

Ich halte es für sachlich und politisch gut, die Menschen, die zur Emigration gezwungen wurden, in den deutschen Bereich aber hineingehören, in dem Lexikon festzuhalten. Freilich werden Ihnen ja nach der personalen Seite hin die oder die Anregungen öfters zukommen, und ich will mein Gehirn nicht systematisch strapazieren, aber es sollte etwa ein Mann wie der ehemalige Staatssekretär im Reichsfinanzministerium, Hans Schäffer, der jetzt der Leiter der Zündholzgeschichte in Jönköping ist,[6] nicht vergessen werden. Er hat bei den internationalen Verhandlungen der Weimarer Zeit als Sachverständiger eine große Rolle gespielt und auch nach 1945 manchmal helfend und beratend aktiv eingegriffen. Eine Heimberufung hat er, Schweden sich zu Dank verpflichtet fühlend, abgelehnt. Auch würde ich es schön finden, wenn mein ja schon im Jahre 1947 verstorbener Freund Gustav Stolper genannt würde, der ursprünglich den österreichischen, dann von der zweiten Hälfte der 20er Jahre an bis in die 30er Jahre hinein den deutschen Teil des „Volkswirts“ herausgab, die wohl wichtigste Wirtschaftszeitung dieser Zeit. Stolper war 1930 bis 1932 auch für Hamburg Mitglied des Deutschen Reichstags. Er hat früher einige Bücher über die deutsch-österreichische Problematik geschrieben,[7] nach 1933 drüben in Amerika eine neue deutsche Wirtschaftsgeschichte.[8] Im Februar 1947 begleitete er den damaligen[9] Präsidenten Herbert Hoover als Sachverständiger für Deutschland auf dessen europäischer Erkundungsfahrt und ist der wesentliche Verfasser des sogenannten Dritten Hoover-Reports, der den Vorklang des Marshall-Plans bildete.[10] Kurz vor seinem plötzlichen Tod hat er das dann auch ins Deutsche übersetzte Buch „German Realities“[11] verfaßt.

---

[6] Schäffer war 1932 an der Sanierung eines schwedischen Zündholzkonzerns Svenska Tändsticks Aktiebolaget (STAB) beteiligt, emigrierte 1933 nach Schweden, erhielt dort die schwedische Staatsbürgerschaft und war bis 1962 für den genannten Konzern tätig.

[7] Vgl. z. B. GUSTAV STOLPER: Deutschösterreich als Sozial- und Wirtschaftsproblem, München 1921.

[8] Auf deutsch erschienen unter dem Titel GUSTAV STOLPER: Deutsche Wirtschaft 1870–1940. Kaiserreich – Republik – Drittes Reich, ins Deutsche übertragen von Toni Stolper, Stuttgart 1950.

[9] Muss heißen „ehemaligen“, da Herbert Hoover 1929–1933 Präsident der USA war.

[10] Herbert Hoover war im Frühjahr 1947 im Auftrag des amerikanischen Präsidenten an der Spitze einer Delegation von Ernährungsfachleuten und Journalisten durch Europa gereist, um die wirtschaftliche Situation und den Nahrungsmittelbedarf u. a. in Deutschland zu untersuchen. Die Ergebnisse dieser Reise fasste Hoover in drei Berichten zusammen, die zu dem Ergebnis kamen, dass die Wirtschaft Europas nur gesunden könne, wenn Deutschland in den wirtschaftlichen Austausch miteinbezogen werde. Der Hoover-Report Nr. 3 erschien im März 1947; vgl. AKTEN ZUR VORGESCHICHTE, Bd. 2, S. 279, Anm. 10; L. P. LOCHNER, Herbert Hoover, S. 229–258; J. GIMBEL, Origins, S. 180–186. – Auch aufgrund dieser Analyse starteten die USA mit dem „European Recovery Program“, dem sogenannten „Marshall-Plan“, 1948 ein europäisches Wiederaufbauprogramm, um der ökonomischen und politischen Krise in Europa zu begegnen und eine liberale Weltwirtschaftsordnung gegen den sowjetischen Einfluss zu stärken. Vor allem für Westdeutschland kam diesem Stabilisierungsprogramm bis 1952 eine große Bedeutung für die wirtschaftliche Erholung in der Nachkriegszeit und für die Westbindung der Bundesrepublik zu; vgl. L. HERBST, Option, S. 44–50.

[11] GUSTAV STOLPER: German Realities, New York 1948, deutsch unter dem Titel: Die deutsche Wirklichkeit. Ein Beitrag zum künftigen Frieden Europas, Hamburg 1949.

Wichtig erscheint mir auch, daß Dr. Martin Wagner, der Stadtrat von Berlin bis 1933 war, erwähnt wird, der jetzt auch in Amerika wirkt. Er hat die Stadtgestaltung Berlins, besonders in den großen Sportanlagen, wesentlich beeinflußt und eine Anzahl von städtebaulichen Büchern geschrieben, teils in englisch, teils in deutsch.[12]

Es sind dies die paar Namen in der zweiten Hälfte des Alphabets, die mir eben eingefallen sind.[13] Ich glaube, es ist sachlich berechtigt, diese Namen in einem deutschen Lexikon zu verwahren.

Mit freundlichen Empfehlungen
Ihr

Theodor Heuss

Nr. 49
An Walther Hörstmann, Celle
25. Juli 1955

BArch, B 122, 2049: ms. Schreiben, Durchschlag, von Heuss diktiert (Diktatz. H/A) und ms. gez.; ms. Briefkopf: „Theodor Heuss“[1]

Ablehnung, eine Delegation von Freimaurern zu empfangen; Haltung zur Freimaurerei

Sehr geehrter Herr Oberstadtdirektor!

Es scheint mir richtig zu sein, wenn ich den Brief, den Sie an den Chef des Bundespräsidialamtes, Herrn Staatssekretär Dr. Klaiber, gerichtet haben[2] und in dem Sie sich über dessen Stellvertreter, meinen persönlichen Referenten, Herrn Ministerialdirigenten Bott, beschweren, selber beantworte. Es ist ja nun so, daß wir im Bundespräsidialamt ziemlich häufig „erstaunliche“ Briefe erhalten; den Ihrigen darf ich dazu rechnen.

Ich hatte Ihre Einladung gelesen.[3] Da nun täglich Hunderte von Briefen bei mir eingehen, ist es selbstverständlich, daß ich sie nicht alle selbst beantworten

---

12 Vgl. zusammenfassend B. WAGNER, Martin Wagner.

13 In weiteren Schreiben schlug Heuss später noch andere Personen zur Aufnahme in das Lexikon vor, korrigierte Fehler und ergänzte Angaben; vgl. Heuss an Brockhaus, 29. 7. 1955 und 30. 9. 1958, in: B 122, 596.

1 Hs. Az. 2-000-2169/55; Verfügung: „2) Herrn Staatssekretär Dr. Klaiber vor Abgang zur Kenntnis“, von Klaiber paraphiert am 26. 7.; weiterer Nachweis: N 1221, 328: ms. Schreiben, Durchschlag.

2 Hörstmann an Klaiber, 20. 7. 1955, in: B 122, 2049.

3 Hörstmann an Heuss, 6. 4. 1955, in: B 122, 2049. Darin war Heuss zur Teilnahme an einer Feierstunde am 23. 4. 1955 aus Anlass des 25-jährigen Bestehens des Deutschen Obersten Rates des Alten und Angenommenen Schottischen Ritus eingeladen worden; im Falle einer Verhinderung war um den Empfang einer Delegation gebeten worden.

kann. Herr Bott hat den Antwortbrief an Sie nach meinen Angaben geschrieben.[4] Er hat ihn mir vor der Absendung vorgelegt, und ich finde ihn auch heute noch vollkommen in Ordnung, einfach weil er den Tatbestand, so wie er ist, wiedergibt.

Wäre es nicht gerade im Sinne der Freimaurerei unredlich gewesen, hätte ich eine andere Antwort geben lassen? Gewiß ist Ihre Vermutung richtig, daß ich nicht so ungebildet bin, von der Freimaurerei nichts zu wissen. Mein älterer, freilich schon vor Jahrzehnten verstorbener Bruder[5] und eine große Anzahl naher Freunde sind Mitglieder einer Loge gewesen oder sind es noch. Ich habe auch eine Reihe von Schriften über das Freimaurerwesen gelesen, zu Ihrer Beruhigung: keine Pamphlete gegen sie; wohl zu Ihrer Enttäuschung solche, die Freundliches von ihr aussagten, mich aber trotzdem von der persönlichen Seite her nicht interessieren konnten. Ein seltsamer Zufall will sogar, daß ich mit an der Geschichte einer der ältesten deutschen Logen geschrieben habe, weil ein naher Freund, dessen ganze Seele an dieser Vereinigung hing, nach deren Verbot durch den Nationalsozialismus kam, ich sollte ihm das Erinnerungsbuch, das er geschrieben hatte, sowohl nach der stilistischen Seite wie auch nach der Frage der politischen Bedenklichkeit überprüfen, was ich dann auch in heiterer Laune ihm zu Gefallen tat.[6] Er verlieh mir damals den auszeichnenden Titel, daß ich ein „geborener Freimaurer“ sei, der gar nicht in eine Loge hineinmüsse, was ich in Freundschaft hinnahm. Aber Ihr Brief verkennt nun vollkommen meine Natur. Wenn Sie glauben, daß Schreiben dieser Art, die ja eine Pression aussprechen, irgendwelchen Eindruck auf mich machen, irren Sie sich sehr. Ich behalte mir vollkommen die Freiheit vor, die oder die Gruppe, die mich einlädt, zu enttäuschen, und die oder die Gruppe, die empfangen sein will, abzulehnen. Es ist ganz richtig in dem Brief von Herrn Bott ausgedrückt, daß eine Art von repräsentativer Besprechung mich sachlich in Verlegenheit bringen würde, denn ich kann den Herren doch nicht sagen, daß ich zu ihrer Organisation keinerlei inneres Verhältnis habe, und wohlmeinende Trivialitäten zu produzieren ist nicht mein Bedürfnis.

Daß von seiten der Freimaurer humanitär Schönes geleistet wird und daß auch eine menschenverbindende Gesinnung gepflegt wird ist mir natürlich bekannt. Daß dies geschieht ist aber doch – wie wohl auch Sie annehmen – von der Frage eines Empfangs oder eines Besuchs völlig unabhängig. Das bezieht ja seine Kraft aus anderen Quellen.

---

4 Heuss an Hörstmann, gez. von Bott, 16. 4. 1955, in: B 122, 2049. Dort heißt es: „Es ist so, daß der Herr Bundespräsident zum Logenwesen der Freimaurerei überhaupt keine Beziehungen hat, weder positive noch negative. Es sind gewiß eine Reihe seiner Bekannten und Freunde Mitglieder einer Loge, ihm selber aber ist diese ganze Einrichtung immer fremd gewesen, und er würde sich selber bei einem solchen Empfang sachlich in Verlegenheit fühlen.“

5 Ludwig Heuss.

6 Das Werk ließ sich nicht ermitteln.

Mit Schärfe aber weise ich das Wort zurück, daß die Menschen, die in der Nazizeit als Freimaurer gelitten haben, von mir mit „Nichtachtung gestraft" werden. Zu dieser Formulierung gibt Ihnen die Antwort von Herrn Bott nicht den geringsten Anlaß.

Seltsamer aber ist der Schlußteil, in dem Sie mir einen „Sturm der Entrüstung" ankündigen, der in Amerika bei nahezu einer Million Hochgradfreimaurer losgehe, wenn sie von dem Schriftwechsel meines Amtes mit Ihnen etwas erfahren. Das ist doch einfach der Versuch einer Einschüchterung, der mir nachträglich eigentlich zeigt, daß es wohl richtig gewesen ist, auf den erbetenen Empfang zu verzichten. Ich habe nie in meinem Leben etwas gegen die Freimaurer, nie etwas für sie gehabt. Es ist eine geistesgeschichtliche Erscheinung, die dem einen Lebenserfüllung ist, einen anderen nur interessiert, wieder einem anderen gleichgültig ist und dem vierten verdächtig erscheint.

Ich selbst bin „tolerant" genug, jedem das nach seiner Art Gemäße zuzugestehen, bitte aber auch, von einem fordernden oder bedrängenden Verfügen über meine Art absehen zu wollen.

Mit besten Empfehlungen
Ihr

Theodor Heuss

Nr. 50
An Dr. Toni Stolper, New York
2. August 1955
BArch, N 1186, 121: ms. Schreiben, behändigte Ausfertigung; Kopfbogen: „Theodor Heuss"[1]
Verkauf von Modellflugzeugen mit Hakenkreuzen in Spielwarengeschäften

Liebe Toni!

Heute muß ich Dir eine heitere Sache schreiben.

Ich kriege zur Zeit fast Tag um Tag den Besuch von nach Amerika emigrierten deutschen Menschen jüdischer Herkunft oder jüdischer „Versippung". Manche waren schon zwei- oder dreimal bei mir: little trip for Europe, and then Germany, and then Mr. President! – So besuchte mich vor ein paar Tagen ein Soziologe, Prof. Hermann,[2] ein, wie ich glaube, nicht sehr bedeutender, aber lieber Mann, der im nächsten Jahr nach Deutschland zurückkehren will und in Austauschfragen für die Jugend tätig bleiben [will].

---

1 Teilabdruck: TH. HEUSS, Tagebuchbriefe, S. 49f.
2 Am 26. 7. 1955; vgl. Dienstkalender, in: N 1221, 482.

Als er durch Bonn streifte, blieb er vor einem Spielwarengeschäft stehen und entdeckte dort Flugzeugmodelle mit dem Hakenkreuz. Darüber war er natürlich erstaunt, wollte sich eines kaufen, bekam aber keines, da das, was im Fenster liege, nur Attrappe sei und die anderen ausverkauft. Ich sandte, als ich von der Sache hörte, einen meiner Herren in das Geschäft, um von sich aus den Kauf zu versuchen. Dieser überzeugte sich, daß das Modell in der Tat „Attrappe“ war und die Kollektion zur Zeit ausverkauft. Er stellte aber folgendes fest: diese Hakenkreuz-Flugzeuge sind nicht allein ausgestellt, sondern zusammen mit anderen Typen, englischen und amerikanischen, und sie werden hergestellt von einer amerikanischen Firma Revell, eingeführt durch deren Schweizer Vertreter unter dem Serientitel „Famous fighters of all nations“. Ich finde das großartig und grotesk in einem, habe es aber dem Wirtschaftsminister und dem Innenminister mitgeteilt.[3] Wir sind hier auf's äußerste bestrebt, das Hakenkreuz nicht wieder in Erscheinung treten zu lassen – große Auseinandersetzung über Kriegsorden, bei der ich schon vor zwei bis drei Jahren die Erklärung abgab, ich werde bei der gesetzlichen Regelung keinen Orden zum Wiedertragen akzeptieren, der das Hakenkreuz zeige –.[4] Und nun kommen die Amis und machen daraus ein Geschäft! Und meine juristischen Mitarbeiter sagen mir, daß eine umgrenzte Rechtsunterlage, etwas dagegen zu tun, im Augenblick gar nicht vorhanden sei, daß höchstens ein Staatsanwalt, der daran Anstoß nimmt, die Sache unter „grobem Unfug“ anfassen könne. Aber gegen wen richtet sich denn die Anklage? Gegen den amerikanischen Produzenten oder gegen seinen Schweizer Vertreter oder gegen den deutschen Händler, der sich darauf zurückziehen wird zu sagen, daß, wenn die Amerikaner das Hakenkreuz produzieren und als Exportartikel in die Welt senden, das ja wohl in Ordnung sei. Ich finde die Sache sehr paradox und freue mich auf den nächsten Amerikaner, dem ich das versetzen kann, will aber natürlich gleichzeitig auch sehen, die Geschichte in eine feste Behandlung zu bringen. Ich habe einem meiner Mitarbeiter vorgeschlagen, ein kleines Feuilleton über die Sache zu schreiben unter dem Titel: „Auch eine Form von re-education“. Die Sache wäre auch für Gustls Gehirn interessant gewesen: Grenzfragen der kapitalistischen Marktwirtschaft. [...][5]

Theodor

[PS][6] Dr. Brockhaus will auf die Namens-Anregungen eingehen![7]

---

3 Heuss an Ludwig Erhard, 1. 8. 1955, und Durchschlag an Gerhard Schröder, in: B 122, 2159.

4 Vgl. Nr. 74a.

5 Es folgen Ausführungen über Briefe von Toni und Gustav Stolper, die Heuss in seinem „Archiv“ gefunden hatte und Toni Stolper zusenden wollte.

6 Hs.

7 Vgl. Nr. 48.

Nr. 51
An Dr. James B. Conant, Botschafter der USA in der Bundesrepublik Deutschland, Bad Godesberg-Mehlem
25. August 1955; Lörrach-Tumringen, Im Vogelsang 7
BArch, B 122, 650: ms. Schreiben, Durchschlag, von Heuss diktiert (Diktatz. H/Ws) und ms. gez.; ms. Briefkopf: „Der Präsident der Bundesrepublik Deutschland"[1]
Begnadigung der Kriegsverbrecher im Gefängnis Landsberg: Engagement für Martin Sandberger

Verehrter Mr. Conant,

es ist unvermeidlich, daß mich allerhand Sorgen und Amtsgeschäfte auch in die kurz bemessenen Ferien begleiten, die ich jetzt bei meinem Sohn verbringe. Darf ich Ihnen in möglichster Knappheit das Folgende vortragen? Es handelt sich um den rechtlich und politisch so schwierigen Komplex Landsberg.[2] Wie Sie sich denken können, bin ich in dieser Sache oft angegangen worden; ich habe auch vor Jahren in einigen Fällen, wo mir die Menschen bekannt und die Sachlagen einigermaßen durchsichtig waren, bei Mr. McCloy Verständnis gefunden und Erfolg gehabt[3] – frühen Entlassungen, mich aber weiterhin zurückgehalten, weil ja die Überprüfung dann in der Hand von gemischten Kommissionen lag.[4] Es ist kein Grund vorhanden, deren Arbeit mit mißtrauischer Ungeduld zu betrachten – es sind ja, wie ich aus den Zeitungen ersehe, manche Fälle inzwischen überprüft und geregelt worden.

---

1 Wiedervorlageverfügung: „nach Unterzeichn[un]g und Absend[un]g"; daneben hs. Vermerk: „l[au]t H[errn] Oberüber in Lörrach abgesandt"; rechts unten Paraphe von v. Heyden vom 23. 8.; erneuter Wiedervorlage-Termin 20. 9.; weiterer Nachweis: B 122, 650: hs. Schreiben, Entwurf; ms. Schreiben, Durchschlag mit Paraphe von Bott.

2 In der Landsberger Justizvollzugsanstalt, die 1947–1958 unter US-amerikanischer Kontrolle stand, waren die von den Alliierten verurteilten Kriegsverbrecher inhaftiert, wo sie zum Teil hingerichtet wurden; zum Umgang mit dem Kriegsverbrecherproblem und zur vergangenheitspolitischen Instrumentalisierung der Landsberger Häftlinge vgl. N. FREI, Vergangenheitspolitik, S. 133–306.

3 Vgl. Heuss an John J. McCloy, 21. 9. 1950 (Fürsprache für vorzeitige Haftentlassung von Ernst von Weizsäcker), 16. 1. 1951 (Bitte um Begnadigung von Landsberger Häftlingen), in: TH. HEUSS, Bundespräsident 1949–1954, S. 171–173, 206f.

4 Der Überleitungsvertrag vom 26. 5. 1952, der als Teil des Deutschlandvertrages am 5. 5. 1955 in leicht geänderter Form in Kraft trat, übertrug der deutschen Justiz ohne Beschränkungen die Verfolgung nationalsozialistischer Verbrechen. Art. 6 des Vertrages sah die Einrichtung eines Gemischten Ausschusses aus sechs Mitgliedern vor, von denen drei von der Bundesregierung und je eines von den drei westalliierten Regierungen bestellt wurden. Dieser Ausschuss konnte durch Mehrheitsvotum Empfehlungen zugunsten von rechtskräftig verurteilten Kriegsverbrechern für die Herabsetzung oder Beendigung der Strafe oder für eine Entlassung auf Ehrenwort aussprechen; vgl. N. FREI, Vergangenheitspolitik, S. 234–306.

236

DER PRÄSIDENT
DER
BUNDESREPUBLIK DEUTSCHLAND

z. Zt. Lörrach, den 25.8. 1955
H/Ws

M 20.9.

1.) Seiner Exzellenz
dem Botschafter der
Vereinigten Staaten von Amerika
Herrn Dr. James B. C o n a n t

M e h l e m /Rhein
Mehlemer Aue

Verehrter Mr. Conant,

es ist unvermeidlich, daß mich allerhand Sorgen und Amtsgeschäfte auch in die kurz bemessenen Ferien begleiten, die ich jetzt bei meinem Sohn verbringe. Darf ich Ihnen in möglichster Knappheit das Folgende vortragen ? Es handelt sich um den rechtlich und politisch so schwierigen Komplex Landsberg. Wie Sie sich denken können, bin ich in dieser Sache oft angegangen worden; ich habe auch vor Jahren in einigen Fällen, wo mir die Menschen bekannt und die Sachlagen einigermaßen durchsichtig waren, bei Mr. McCloy Verständnis gefunden und Erfolg gehabt – frühen Entlassungen, mich aber weiterhin zurückgehalten, weil ja die Überprüfung dann in der Hand von gemischten Kommissionen lag. Es ist kein Grund vorhanden, deren Arbeit mit mißtrauischer Ungeduld zu betrachten – es sind ja, wie ich aus den Zeitungen ersehe, manche Fälle inzwischen überprüft und geregelt worden.

Nun hat mich vor mehreren Wochen ein Stuttgarter Bürger, der mich persönlich kennt, um eine Intervention in der Angelegenheit seines Sohnes gebeten; das geschah in einer Verkennung meiner und wohl auch Ihrer Situation, doch veranlaßte mich seine Bitte, gerade auch mit Rücksicht auf die familiäre Lage (Krankheit der alten Mutter), mir den Fall selber zu vergegenwärtigen. Es handelt sich um einige der wüsten Exekutionen in Estland in dem Befehlsbereich des SS-Führers Martin Sandberger, wie es scheint, mit gestufter unmittelbarer

Abb. 7: Theodor Heuss an James B. Conant, 25. 8. 1955

Nun hat mich vor mehreren Wochen ein Stuttgarter Bürger, der mich persönlich kennt, um eine Intervention in der Angelegenheit seines Sohnes gebeten;[5] das geschah in einer Verkennung meiner und wohl auch Ihrer Situation, doch veranlaßte mich seine Bitte, gerade auch mit Rücksicht auf die familiäre Lage (Krankheit der alten Mutter), mir den Fall selber zu vergegenwärtigen. Es handelt sich um einige der wüsten Exekutionen in Estland in dem Befehlsbereich des SS-Führers Martin Sandberger, wie es scheint, mit gestufter unmittelbarer Rechtsverantwortung – der Mann wurde zum Tode verurteilt, dann zu lebenslänglicher Inhaftierung begnadigt.[6]

Diese Gruppe von Verurteilten scheint bislang nicht, noch nicht in die Bearbeitung durch die Gemischte Kommission einbezogen zu sein. Man sagt mir, in der Angelegenheit Sandberger sei die Beurteilung nach den juristischen Grundthesen des alliierten und des deutschen Gerichtsverfahrens umstreitbar[7] – dazu kann ich, Nicht-Jurist, aus eigenem nichts sagen.

Die Frage, die sich mir stellt, ist diese: ob auch diese Gruppe von „Lebenslänglichen" zum mindesten in jenen überprüften Fällen, die ein entsprechendes Ergebnis zeitigen, in das sogenannte Parole-Verfahren[8] einbezogen werden kann: wer sich ein Drittel einer ausgesprochenen Freiheitsstrafe hindurch gut gehalten hat, kann „auf Parole" der bürgerlichen Freiheit zurückgegeben werden. Was aber

---

5 Karl Viktor Sandberger an Heuss, 7. 6. 1955, in: B 122, 650. Sandberger aus Stuttgart-Sillenbuch, zuletzt Werksdirektor der IG-Farben in Leipzig, war 1918 der DDP und 1946 der württembergischen DVP beigetreten und bat Heuss, sich beim amerikanischen Botschafter für eine Begnadigung seines Sohnes einzusetzen, der „Opfer eines Fehlurteils" geworden sei.

6 Martin Sandberger, zuletzt im Range eines SS-Standartenführers, war als Führer des Einsatzkommandos 1a im Herbst und Winter 1941/42 für die Ermordung tausender Kommunisten und Juden in Estland verantwortlich und wurde 1948 im Einsatzgruppenprozess zum Tode verurteilt, 1951 dann von Lucius Clay zu lebenslanger Haft begnadigt. Für den Verurteilten setzte sich von nun an Rechtsanwalt Hellmut Becker ein, auf Wunsch seines Freundes Carl Friedrich von Weizsäcker, der wiederum die Schwester von Sandberger aus Studienzeiten kannte. Becker versorgte Heuss für dessen Schreiben an Conant mit den notwendigen Informationen und Protokollen aus dem Prozess gegen Sandberger und meinte in seinem Schreiben an den Bundespräsidenten vom 6. 8. 1955, er habe den Fall zunächst nur „mit einigem Widerstreben" angenommen, sich aber persönlich von der Unrichtigkeit des Urteils, von der Qualität Herrn Sandbergers und vor allem von seinem hervorragenden Verhalten in Landsberg überzeugt. Sehr viele, unter anderem auch Esten, Finnen und Schweden, hätten sich für ihn eingesetzt; B 122, 650. Becker erhielt von Bott eine Durchschrift des Schreibens von Heuss an Conant unter dem 25. 8. 1955 vertraulich zur Kenntnis; vgl. ebd.; N. Frei, Vergangenheitspolitik. S. 297–301.

7 Hellmut Becker hatte geschrieben, der Chefrichter in Sandbergers Prozess sei ein „viel mehr literarisch als juristisch begabter Mann gewesen"; das Urteil über die „ja wirklich hinreichend grauenvollen Vorgänge" sei „zu einer bunten story ausgestaltet, während die eigentlich juristische Zurechnung in einem Ausmaße fehlerhaft ist wie in keinem anderen Nürnberger Urteil"; wie Anm. 6.

8 Das in den USA übliche „Parole-Verfahren" sah vor, Verurteilte nach Verbüßung eines Drittels ihrer Strafe zu entlassen und einer Beaufsichtigung durch ehrenamtliche Bewährungshelfer zu unterstellen; vgl. N. Frei, Vergangenheitspolitik, S. 289, 295.

heißt ein Drittel bei dem arithmetisch so ungewissen Termin einer Lebensdauer? Man sagt mir, die amerikanische Gnadenpraxis kenne dafür die angenommene Frist von dreißig Jahren, – das würde bedeuten, daß jetzt, nach zehn Jahren Inhaftierung, die Voraussetzungen für ein Parole-Verfahren gegeben seien.

Ich möchte glauben, ohne mich in diese Rechtsproblematik eindrängen zu wollen, die außerhalb meiner Zuständigkeiten ruht, daß das einer grundsätzlichen Überlegung und Entscheidung wert sei. Natürlich werden auch dabei immer noch individuelle Maßstäbe angelegt werden. In den Papieren, die mir zur Verfügung gestellt wurden, fand ich eine eingehende Charakteristik des Sandberger durch den Bundestags-Vizepräsidenten Carlo Schmid,[9] der den Verurteilten als Studenten und Referendar persönlich kannte – er sieht den jungen Menschen als vom Ehrgeiz bestimmt, doch nicht unedlen Charakters und eher zum Maß gestimmt. Die Schilderung aus Landsberg besagt, daß er, wohl in der Hoffnung, doch wieder ins bürgerliche Leben zurückkehren zu können, eifrig an der eigenen breiten Weiterbildung arbeite und in Lehrkursen seinen Schicksalsgefährten zur Verfügung stehe. Es ist mir nicht möglich, diese Darstellungen auf ihren Gehalt zu überprüfen – Ihnen, verehrter Mr. Conant, wird das möglich sein.

Der Brief ist etwas lang geworden – das wollen Sie bitte nachsehen. Ich glaube, bei Ihnen vor dem Verdacht gesichert zu sein, das, was von deutschen Menschen an Untat und Unrecht geschah, bagatellisieren zu wollen, wenn ich mich in dieser Sache an Sie wende – aber zehn Jahre Freiheitsentziehung kann – ich sage nur: kann – Läuterung gebracht haben, und Gnade ist der schönste Teil, der dem Recht beigeordnet ist.

Mit freundlichen Grüßen
Ihr

Th. Heuss[10]

---

[9] Gutachten von Carlo Schmid in der Anlage zum Schreiben von Hellmut Becker; wie Anm. 6. Schmid kannte Sandberger von der Juristischen Fakultät der Universität Tübingen; vgl. N. FREI, Vergangenheitspolitik, S. 298–300.

[10] Die amerikanische Botschaft antwortete am 31. 8. 1955 zunächst hinhaltend; Botschafter Conant sei im Urlaub. Der vorläufige Gemischte Gnadenausschuss habe mehr als 250 Kriegsverbrecher „auf Parole" freigelassen; der nunmehr tätige Gemischte Ausschuss habe daher nur noch 35 Landsberger Gefangene zu behandeln; B 122, 650. Sandbergers Gnadengesuche wurden zunächst alle abgewiesen; nach weiteren Bemühungen, insbesondere von Freunden aus Württemberg, wurde er im Mai 1958 entlassen; Unterlagen in: BArch, B 305, 785; vgl. N. FREI, Vergangenheitspolitik, S. 300–302.

Nr. 52
An Dr. Ernst Wilm, Bethel bei Bielefeld
26. August 1955; Lörrach-Tumringen, Im Vogelsang 7
BArch, B 122, 299: ms. Schreiben, Durchschlag, von Heuss diktiert (Diktatz. Th.H./Ha.) und ms. gez.[1]
Pflege der innerdeutschen Beziehungen und des Wiedervereinigungsgedankens

Sehr geehrter Herr Präses!

Ihre Zeilen vom 18.[2] sind mir nach Lörrach nachgesandt worden, wo ich zweieinhalb Wochen im Haus meines Sohnes etwas wie Urlaub zu gewinnen versuchte und versuche. Aber ganz kann mir das ja nie gelingen, da jeder Tag von Bonn Akten und Briefe bringt.

Daß Sie meine etwas präzeptorale Ermahnung, statt großer Depeschenkosten eine Briefmarke verwenden zu lassen, nicht übel genommen haben, freut mich.[3] Ich selber stamme halt aus einem Hause, in dem es sparsam zuging. Freilich hat man mir, seit ich Bundespräsident bin, verboten, „Postkarten" zu schreiben.

Den psychologischen Hintergrund Ihres Schreibens über das Problem der Wiedervereinigung verstehe ich durchaus.[4] Ich selber habe bei einer ganzen Anzahl von Ansprachen die Form gewählt, den Menschen zu sagen, daß sie ein Maximum an persönlichen Verbindungen und Berührungen pflegen müßten.[5] Als Organisationsplan die politischen Bemühungen der Bundesregierung vom

1 Hs. Az. 5014-3270/55; weiterer Nachweis: N 1221, 328: ms. Schreiben, Durchschlag.

2 Wilm an Heuss, 18. 8. 1955, in: B 122, 299.

3 Nachdem Wilm den Wortlaut einer Depesche, die er an die Konferenz der Regierungschefs der Alliierten in Genf gesandt hatte, Heuss ebenfalls telegrafisch übermittelt hatte, reagierte dieser am 21. 7. 1955: „Vielleicht liegt dies an meiner schwäbischen Herkunft – wenn mir ein Wohlfahrtsverband oder wenn mir kirchliche Organisationen so lange Depeschen senden, bei denen der Termin des Eintreffens gar keine Rolle spielt, müßte ich mich zwar über die Bemühungen freuen, dem Herrn Bundespostminister die Sorge vor einem Defizit zu lindern, aber in meinem Untergefühl reagiere ich ‚sauer', und Sie dürfen mir das nicht übelnehmen." B 122, 299. Wilm erklärte den Vorgang am 18. 8. 1955: Das BPrA sei mit Fernschreiber nicht erreichbar gewesen, so dass seine Sekretärin den telegrafischen Weg gewählt habe, was 12,80 DM gekostet habe; ebd.

4 Wilm hatte berichtet, dass sich in Bittgottesdiensten und Gemeindeversammlungen gezeigt habe, wie wichtig den Menschen die Wiedervereinigung Deutschlands sei und welche Opfer sie dafür zu übernehmen bereit seien. „Warum ist die Temperatur in Westdeutschland bei der Frage der Wiedervereinigung so merkwürdig gehalten und kühl?" Heuss möge das gesamte Volk aufrufen, „die Wiedervereinigung ganz persönlich ernst zu nehmen." Wie Anm. 2.

5 Vgl. auch Heuss an Georg Hohmann, 9. 6. 1956, in: N 1221, 608: „Ich bin eigentlich jedem dankbar, der zu wissenschaftlich-kulturellen Veranstaltungen in die sowjetische Zone fährt, wenn ich auch weiß, daß diese Auffassung nicht von allen Leuten geteilt wird; aber ich sehe darin eine Bestätigung und, wo es nötig ist, eine Bekräftigung der Tatsache der nationalen Einheit."

Volksbewußtsein her zu stützen, habe ich herzlich begrüßt. Die Formel für den Zusammenschluß „Unteilbares Deutschland"[6] ist von mir, wenn ich das sagen darf, erfunden worden[7] und dankbar aufgenommen. Es war den Herren, die in der Vorbereitung standen, die richtige Pointierung nicht eingefallen.

Das, was Sie nun, wie ich, spüren, ist, daß man bei manchen Kreisen der Bundesrepublik auf eine Stimmung stößt, die ich „juste-milieu"[8]-Stimmung zu nennen pflege. Wo immer es geht, pflege ich ihr entgegenzutreten. Es ist mir nicht unbekannt, daß man der Bundesregierung als solcher aus den oder den Gründen her gelegentlich publizistisch oder rednerisch den Vorwurf macht, sie selber sei in dieser Frage nicht aktiv genug. Das halte ich, der ich die Maßnahmen und Überlegungen einigermaßen kenne, für ein vollkommenes Unrecht gegenüber dem Kabinett Adenauer und seinen Mitgliedern, oft genug auf einer naiven Verkennung der Situation beruhend, wenn eine Meinung vorhanden ist, daß starke Resolutionen schon Politik wären. Die Wiedervereinigung wird kommen, aber sie ist eine Aufgabe, die viel Geduld, viel Aufmerksamkeit für das europäische Machtgefüge fordert, die vom innerlich Emotionalen wohl getragen sein muß, aber nicht vom Emotionalen gelöst werden kann.

Mit freundlichen Grüßen — Theodor Heuss

---

6 Das Kuratorium Unteilbares Deutschland – Ausschuss für Fragen der Wiedervereinigung e. V. war eine 1954 gegründete überparteiliche Organisation in der Bundesrepublik, die den Gedanken der deutschen Einheit wachhalten und eine Wiedervereinigung „in Freiheit" anstreben wollte. Nach der Wiedervereinigung löste sich das Kuratorium 1992 auf; zum Engagement von Heuss vgl. B 122, 2224; CH. MEYER, Doppelstrategie.

7 Hierauf wies Heuss auch bei anderer Gelegenheit hin, z. B. am 24. 2. 1959 an Hans-Otto Thörner, in: N 1221, 352; vgl. auch die Abschiedsrede an die Bevölkerung, 12. 9. 1959, in: TH. HEUSS, Politiker, S. 513–520, hier S. 517; vgl. auch CH. MEYER, Doppelstrategie, S. 63f; L. KREUZ, Kuratorium, S. 107–109.

8 Französisch für „richtige Mitte".

Nr. 53
An Dr. Werner Hilpert, Frankfurt a. M.
23. September 1955
ACDP, I.021-013/5: ms. Schreiben, behändigte Ausfertigung; Kopfbogen: „Der Präsident der Bundesrepublik Deutschland“[1]
Grußwort zum 125-jährigen Jubiläum der Alten Leipziger Lebensversicherung

Verehrter Herr Dr. Hilpert!

Wohl war der Termin, da die Alte Leipziger ihr Jubiläum feiert, lange notiert,[2] aber die halbe Zusage wurde durch die Häufung der allgemeinen Beanspruchung immer mehr gefährdet – in den letzten paar Wochen war ich dreimal in Frankfurt bei großen Veranstaltungen gemeindeutschen und internationalen Charakters anwesend![3]

Nun ist es wohl so, daß ich sicher nicht einer der ältesten lebenden Versicherungsnehmer der Alten Leipziger bin, aber was die Länge der Mitgliedschaft betrifft, vermutlich unter den bereits ehrwürdigen Rängen eingereiht. Das hat eine sehr persönliche Vorgeschichte, die ich Ihnen hätte fröhlich erzählen können. Denn die „Vertretung“ der Alten Leipziger versah um die Jahrhundertwende in meiner Heimatstadt Heilbronn der Vater eines Schulkameraden, ein mir sehr wohlwollender Mann. Der machte ein Geschäft mit mir oder ich mit ihm, denn er verzichtete der Gesellschaft gegenüber bei meinem Einstand auf seine Provision; das wurde mit meiner ersten Prämie verrechnet, die dadurch lächerlich gering wurde. Ich war damals 18 oder 19 Jahre alt, ein Student, der sich die Prämien durch Nachhilfestunden für Schüler und durch Aufsätze verdiente, da in Schwaben gebürtig, fest entschlossen, meinen eventuellen Enkeln ein bescheidenes Vermögen zu hinterlassen; ich ging auf den Todesfall aus.

Der trat nun nicht ein, aber es gab zwanzig Jahre später Währungsverfall und eine anregende nationalökonomische Korrespondenz[4] zwischen dem Leipziger

1 Weitere Nachweise: N 1221, 329; B 122, 2294: ms. Schreiben, Durchschlag mit Stempel: „Pers[önlichem] Ref[erenten] vorgelegen“; Verfügungen: „2) Kopie für Pressereferat“ mit Erledigungsvermerk; „3) Kopie für Sammlung ‚Grußworte‘ (Reg.)“ mit Vermerk: „beigef[ügt]“ mit Paraphe vom 26. 9. 1955.

2 Die Einladung war bereits mit Schreiben vom 11. 5. 1955 erfolgt, am 20. 9. 1955 wurde die Festfolge übersandt und Heuss zugleich die Ehrenmitgliedschaft angeboten; B 122, 2294. Heuss antwortete am 23. 9. 1955, er könne nicht teilnehmen, habe aber „einen verhältnismäßig großen Brief“ formuliert, „der sozusagen als Ersatz für mich dienen soll.“ Zur Ehrenmitgliedschaft bemerkte er, dass er „einen Horror vor Ehrenmitgliedschaften, Ehrenschirmherrschaften und dergleichen“ habe, nun aber einsichtig genug sei, „diese Dinge qua Amt mitzumachen“; B 122, 2294.

3 Anlässlich der Einweihung des Kaisersaales (9. 6. 1955), des 50-jährigen Jubiläums des Deutschen Städtetages (11. 6 1955) und des „Deutschen Fürsorgetages“ (15. 9. 1955); Ansprachen in: B 122, 242, 243.

4 Die Korrespondenz ließ sich nicht ermitteln; vgl. aber die Erwähnung in: TH. HEUSS, Aufbruch, S. 243f, 321.

Hause und dem jetzt in Berlin wohnenden Dr. rer. pol., bei der ich natürlich den Kürzeren zog, aber immerhin die Gelegenheit erhielt, freundschaftliche Belehrungen über Versicherungswissenschaft, Probleme der Gegenseitigkeit und was dergleichen mehr ist, zu empfangen. Da ich nie in meinem Leben Querulant war, beugte ich mich der Einsicht und den Gesetzen; eigentlich müßte ich heute noch um Entschuldigung bitten, daß ich den Herren der Verwaltung damals so viel Mühe machte. Doch die Herren waren Kummer gewöhnt.

Seien Sie bitte nachsichtig, daß ich solch persönlichen Ton wähle. Über die familienpolitisch und moralisch wie sozialökonomisch so außerordentliche Bedeutung des genialen Versicherungswesens habe ich bei anderen Gelegenheiten meine Auffassung vorgetragen.[5] Hier durfte ich fast familiär reden, denn ich bin ja der Alten Leipziger brav und bieder treu geblieben, was aber kein bundespräsidentieller Slogan sein darf – denn *heute* stehen, sozusagen berufsmäßig, *alle* Lebensversicherungen meinem Herzen gleich nahe. Aber meine – übrigens nicht überwältigende, sondern bürgerlich-durchschnittliche Prämie – die kriegt nur die Alte Leipziger.

Mit guten Grüßen
Ihr
Theodor Heuss

Nr. 54
An Dwight D. Eisenhower, Präsident der USA, Washington D.C.
27. September 1955

BArch, B 122, 493: ms. Schreiben, Abschrift eines hs. Schreibens, ms. gez.; ms. Briefkopf: „Der Präsident der Bundesrepublik Deutschland“[1]

Genealogisches Werk über die Abstammung von Dwight D. Eisenhower, das gemeinsame Vorfahren mit Theodor Heuss nachweist; Genesungswünsche

Verehrter, lieber Präsident,

Herr Botschafter Dr. Krekeler ist von mir beauftragt, wenn die gesundheitliche Lage das gestattet – und ich hoffe, daß das bald der Fall sein wird[2] –, Ihnen ein Exemplar des eben erschienen Buches über Ihre Vorfahren und Verwandten zu

5 Z. B. auf dem Festakt „120 Jahre Karlsruher Lebensversicherung“ am 30. 4. 1955 in Karlsruhe; vgl. Redenkalender, in: N 1221, 684.

1 Weiterer Nachweis: N 1221, 329: ms. Schreiben, Durchschlag.

2 Eisenhower hatte einen Herzanfall erlitten, so dass sich die Übergabe des Buches kompliziert gestaltete. Das BPrA fragte daher am 14. 3. 1956 bei der Botschaft in Washington nach, wie es mit der Übergabe stünde. Botschafter Heinz Krekeler hatte es beim Protokoll des Weißen Hauses hinterlegt, um es bei einer Audienz zu überreichen. Dies geschah am 30. 4. 1956. Der Wunsch

überreichen.[3] Dr. Heinz F. Friedrichs[4] hat die Herausgeberschaft übernommen – er durfte sich der Mitarbeit hervorragender deutscher und amerikanischer Genealogen erfreuen. Das Ergebnis beruht also auf der Forschung von Angehörigen unserer beider Nationen.

Wie das Personenregister ausweist, bringt das Buch ein paar Mal auch Kopulationen mit Menschen, die meinen Familiennamen tragen, und da meine Vorfahren am Neckar saßen, dem Fluß, der den Odenwald südlich begrenzt, zeigten sich eifrige Leute bemüht – die Genealogen pflegen Eifer und Phantasie zu besitzen –, zwischen Ihren Vorfahren und den meinigen eine Verbindung zu konstruieren. Doch das wollen wir auf sich beruhen lassen.[5]

Nur wünsche ich, daß die sorgsame Arbeit Ihnen und Ihrer Familie nicht uninteressant ist, ja Ihnen vielleicht einige Freude macht.

Die Nachricht von der Herz-Attacke, die Sie kürzlich befallen hat, hat mich lebhaft erschreckt, und nicht mich allein, sondern das deutsche Volk. Wir sind froh, daß die Nachrichten über die Erkrankung eine Besserung melden. Seien Sie meiner aufrichtigen Wünsche für ein baldige volle Genesung versichert.

Ihr

Theodor Heuss

Nr. 55
An Dr. Toni Stolper, [New York]
4. Oktober 1955

BArch, N 1186, 145: hs. Schreiben, behändigte Ausfertigung, ohne Anrede und Grußformel; Kopfbogen: „Theodor Heuss"[1]

Erste Begegnung mit Ernst Jünger in Wilflingen; Zusendung von Briefen und Materialien

Ob Ernst Jünger „echt" sei? Die Begegnung reichte noch nicht aus, um mir ein rechtes Bild zu machen.[2] Eine fast schüchterne Natur mit altfränkischer Höflich-

---

Eisenhowers, eine englische Übersetzung zu erhalten, wurde von der deutschen Botschaft in Washington erledigt; B 122, 493.

3 HEINZ F. FRIEDRICHS (Hg.): Präsident Eisenhowers Vorfahren und Verwandte, Neustadt/Aisch 1955. Die Anregung, das Buch mit einem Handschreiben von Heuss dem amerikanischen Präsidenten überreichen zu lassen, war am 23. 9. 1955 vom AA ausgegangen. Am 29. 9. 1955 wurde das Schreiben von Heuss mit mehreren Abschriften und in englischer Übersetzung an das AA zur Weiterleitung nach Washington übersandt; B 122, 493.

4 Heuss hatte am 21. 7. 1955 Friedrichs für die Zusendung des Buches gedankt; B 122, 597.

5 Seinem Vetter Hermann Gümbel hatte Heuss am 2. 8. 1955 geschrieben, er halte die Theorie von den gemeinsamen Vorfahren von Eisenhower und ihm „für einen Krampf"; N 1221, 142.

1 Datum versehen mit dem Zusatz: „Abends 9.30 [Uhr]"; weiterer Nachweis: BArch, N 1186, 121: ms. Schreiben, Teilabschrift; Teilabdruck: TH. HEUSS, Tagebuchbriefe, S. 70.

2 Der Besuch bei Jünger, der von Hans Speidel vermittelt worden war, fand am 1. 10. 1955 in

keit, gut durchgebildetem Kopf – das politisch-theoretische Gespräch kam nicht zustande, sein sog. „Sekretär", ein dem Sohn befreundeter Student,[3] saß (mit dem Medizin studierenden netten Sohn)[4] immer, die neugierigsten Augen auf mich gerichtet, dabei, und da fing ich nicht an, seiner Diskretion nicht sicher. Er wußte, daß Elly seine Bücher kannte; ich sagte ihm aber nicht deren Bonmot nach den Marmorklippen:[5] „ein geheilter Sadist". Das Staatstheoretische, das wir auf der Auto-Fahrt etwas betrieben, zeigte, daß er geistesgeschichtlich nicht sehr sicher, aber er war ein guter Zuhörer. Seinen Respekt, das ergab sich, errang ich vor Jahren durch das Dohrn-Buch, zumal die Einleitung über den Karl August.[6] Jünger hat auch einmal in der Stazione Zoologica[7] gearbeitet und ist seit seiner Bubenzeit – Käfersammler. Stolzester Besitz: die Stettiner Entomologische Zeitschrift (die ich auch vor 15 Jahren durchsah). Der Hausgang voll von klassifizierten Kästen, in denen Käfer aufgezeichnet u. signiert sind. Er hat die Handschrift einer gepflegten alten Dame – wenn es Dich interessiert, schicke ich Dir einmal einen Brief; ich sagte ihm das auch. Vermutlich ist er in zarter Weise musikalisch. In den Instinkten konservativ mit „antibürgerlichen" Komplexen. Ob literarischer Narzismus ist mir nicht ganz deutlich – er verwendet auch auf das inhaltlich Unerhebliche höchste stilistische Akribie. Nun wird man sehen, ob über das Betasten hinaus einmal eine Gelöstheit kommt. Er wird auf dem schwäb[ischen] Dorf[8] bleiben, hat die Leiche des gefallenen Sohnes,[9] an dem er sehr hing und hängt, dorthin überführen lassen, was die Frau[10] als Entschluß des Hier-Bleibens deutete. Diese ist eine höchst muntere, handfeste hannoversche Adlige, der ich gleich die Verwaltung von drei Gutshöfen übergeben würde; sie wurde Botts heitere Partnerin. Gemeinsamer Besuch der Ausgrabung einer keltischen Fürstenburg, mit aufregendem Mauerwerk.[11] Ein Stück ist freigelegt, und es schien mir, als ob ich in eine Steinwandschichtung von Mykene blickte. Die Archäologen hatten mich

---

Begleitung von Bott statt. Bott hatte bei der Terminverabredung darauf hingewiesen, dass der Bundespräsident sich über ein „einfaches Essen" und über eine gemeinsame Besichtigung von nahegelegenen Kunststätten freuen würde; Bott an Jünger, 23. 9. 1955, in: B 122, 2063. Heuss tauschte seit 1951 Briefe und Bücher mit Jünger aus; vgl. Heuss an Jünger, 23. 11. 1951, in: TH. HEUSS, Bundespräsident 1949–1954, S. 291f. Zum Verhältnis von Heuss zu Jünger vgl. S. MARTUS, Grenzwanderung.

3 Albert von Schirnding.

4 Alexander Jünger, der in München Medizin studierte.

5 ERNST JÜNGER: Auf den Marmorklippen, Hamburg 1939.

6 Vgl. TH. HEUSS, Anton Dohrn, S. 16–35 (Kapitel über den Vater von Anton Dohrn, Karl August).

7 Die von Anton Dohrn 1874 gegründete Zoologische Station in Neapel.

8 Wilflingen in Oberschwaben.

9 Der älteste Sohn Ernst war im November 1944 in Italien als Angehöriger einer Bewährungskompanie gefallen.

10 Gretha Jünger; vgl. auch Nr. 67.

11 Heuss besuchte mit Jünger die keltische Heuneburg im Landkreis Sigmaringen.

Abb. 8: Theodor Heuss zu Besuch bei Ernst Jünger in Wilflingen, 1. 10. 1955

ein paarmal eingeladen und waren begeistert, daß ich, wenn auch unangemeldet, auftauchte.

In Stuttgart schwärmte am Abend Jos. Eberle von Dir (Begegnung am 7. od. 8. Mai), u. Annemarie Kaempffer war traurig, Sonnt[a]g beim Frühstück, daß sie Dir nicht die Hand habe geben können. Denn Eure Pakete seien ja 46 u. 47 für Lotti[12] u. sie die Rettung gewesen.[13] Die Veranstaltung in Pforzheim verlief sehr nett[14] – Gymnasiasten spielten nachmittags in Latein eine reuchlinsche Komödie …

[12] Charlotte Kaempffer.

[13] Care-Pakete von Toni und Gustav Stolper, die 1933 in die USA emigriert waren.

[14] Ansprache beim Festakt zum 500. Geburtstag von Johannes Reuchlin in Pforzheim, 2. 10. 1955, in: B 122, 243.

Ich stecke in diesen Brief noch mancherlei hinein: erstes Material über den Schlüter-Ausschuß,[15] natürlich heute pressemäßig sehr dünn, ein paar Briefe, die ich erhielt, z. T. mit Antwort von mir, ein paar Zeitungsausschnitte, die Dich interessieren mögen. Und Du mußt mich nicht für zu eitel halten, wenn ich Dir (wie Ludwig) die Photokopie eines Briefes von Carl J. Burckhardt[16] sende. Als Schriftsteller hat er Dich ja gewonnen. Daß meine Zeichnung[17] (ich sandte sie Dir wohl auch) in sein Arbeitszimmer kommen soll, ist wohl des Guten zuviel, aber nun eben doch rührend.

[Theodor Heuss]

Nr. 56
An Prof. Dr. Emil Preetorius, München
31. Oktober 1955
Bayerische Staatsbibliothek, Ana 674, Heuss, Theodor I: ms. Schreiben, behändigte Ausfertigung; Kopfbogen: „Theodor Heuss“[1]
Zögern, Stellungnahme zur Gegenwartskunst abzugeben; Verzicht auf Rede zum Tod von Thomas Mann

Verehrter, lieber Professor Preetorius!

Freundlichen Dank für Ihre Zeilen vom 27. 10.[2] Die Problematik der Stellungnahme zur gegenwärtigen Kunst geht mir ja wohl noch einige Zeit durch den Kopf,[3] bis ich die Form gefunden habe, etwas dazu zu äußern. Im Augenblick

15 Vgl. Nr. 38, Anm. 5, Nr. 41.
16 Burckhardt an Heuss, 2. 10. 1955, in: DLA, A: Heuss, 73.4247–4249.
17 Burckhardt erwähnt „die Photokopie der Zeichnung des alten Hauses“, die er in sein Arbeitszimmer gehängt habe; wie Anm. 16. Es handelt sich um die Zeichnung des Schlosses Bâtie bei Vinzel, wo Burckhardt wohnte; vgl. Heuss an Burckhardt, 16. 9. 1955, in: DLA, A: Heuss, 73.4069–4072.
1 Weitere Nachweise: N 1221, 329; B 122, 329: ms. Schreiben, Durchschlag mit Stempel: „Pers[önlichem] Ref[erenten] vorgelegen“; hs. Vermerk: „*Betr.*: u. a. Thomas Mann Feier in München Einführende Worte <?> unter Az. 001-155 Th. Mann“.
2 Preetorius hatte am 27. 10. 1955 geschrieben, er verstehe zwar die Hemmung von Heuss, als Bundespräsident über Kunstdinge zu sprechen, bedauere dies jedoch zugleich. „Denn Ihr Wort in den Dingen des Geistes hat ein großes Gewicht gewonnen und bleibt nie unbeachtet: es läßt, je grundsätzlicher es gefaßt ist, umso mehr aufhorchen.“ N 1221, 329.
3 Heuss hatte Preetorius hierzu am 20. 10. 1955 geschrieben, die Aufforderung, zu der Kunstproblematik dieser Tage etwas zu sagen, habe er immer abgelehnt, weil er nicht wie Hitler „ex cathedra über Kunstdinge seine Meinung als Richtlinie ausgeben“ wolle. Auch wenn er beteuere, dass er nur seine private Meinung vertrete, bestehe die Gefahr, „das Amt mit der Person zu verwechseln, und so sehr es sich aus meiner Natur ergab und ergibt, daß ich dem Amt eine persönliche Atmo-

bin ich noch völlig im „Wegarbeiten“ von Dingen, die sich angesammelt haben, da ich in den vergangenen zwei Monaten etwas zu „gutmütig“ gewesen bin im Hin- und Her-Reisen und Reden. Aber in den nächsten Wochen und Monaten habe ich es mir zum Gesetz gemacht, mich wieder etwas durch Lektüre anzureichern und auch ein paar eigene Arbeiten weiter zu fördern, die schon seit Jahren darauf warten, nicht dauernd mißachtet zu werden.

Ich habe deshalb schon vor einigen Wochen auch die Anregung ablehnen müssen, die der Leiter des Schauspielhauses an mich gerichtet hat, bei der Thomas-Mann-Feier, die in München geplant ist, die Rede zu übernehmen.[4] Ihrer Bitte aber, eine schriftliche Äußerung dazu zu geben, will ich gerne entsprechen,[5] wenn freilich in den kommenden Wochen außerdem noch zwei andere essaymäßige Nachrufe und Glückwünsche, die veröffentlicht werden sollen, vor mir stehen.[6] Ich hoffe, daß ich es gut herausbringe. Ich habe mich ja literarisch mit Thomas Mann in den vergangenen Jahrzehnten wiederholt auseinandergesetzt. Ich glaube, ich war damals in der „Hilfe“ vermutlich der einzige Publizist, der sich noch mit dem bereits in der Emigration befindlichen Mann durch eine literarische Stellungnahme befaßte, will das aber nicht ganz sicher behaupten.[7]

Ich glaube, daß, wenn Thomas Mann noch länger gelebt hätte, eine vertrauensvolle Beziehung zwischen uns entstanden wäre, denn die Briefe, die wir miteinander wechselten, hatten einen guten Ton gewonnen.[8]

Darf man das sagen, daß der Tod in dem Zeitpunkt eigentlich etwas großartig Versöhnendes hatte, da Thomas Mann mit der Schillerrede auf der einen Seite[9] und mit der Annahme des Pour le mérite,[10] der ja der vornehmste deutsche Orden war und bleibt, und mit dem Ehrenbürgerrecht von Lübeck in eine gute Regelung seiner Beziehung zu Deutschland gekommen ist.[11]

---

sphäre zu geben verstand, so muß ich um der staatspolitischen Kontinuität willen, immer den Vorgänger Hitler im Hintergrunde wissend, in bestimmten Dingen mit rein staatlicher Überlegung denken und handeln.“ B 122, 329.

4 Thomas Mann war am 12. 8. 1955 gestorben. Heuss hatte am 15. 9. 1955 in seiner Absage an den Intendanten Hans Schweikart geschrieben: „Wenn ich über Mann reden wollte, den ich ja doch leider nur sehr oberflächlich kannte, wenn wir uns auch gleich ‚angenommen‘ haben, so müßte das, damit ich es vor mir selber verantworten könnte, fundierter sein, als ich es neben all dem anderen in ein paar Wochen leisten kann“; B 122, 2065.

5 Worte zur Thomas Mann-Feier in München, November 1955, in: N 1221, 330.

6 Darunter der Glückwunsch zum 70. Geburtstag von Heinrich Brüning; vgl. Nr. 58.

7 THEODOR HEUSS: Thomas Mann, in: Die Hilfe 41, Nr. 11, 1. 6. 1935, S. 262f.

8 Vgl. Nr. 40; die weitere Korrespondenz von Heuss mit Mann in: B 122, 195; DLA, A: Heuss, 73.4307, 73.4159; ETH-Bibliothek Zürich, Thomas-Mann-Archiv.

9 Zur Schillerfeier vgl. Nr. 40, Anm. 2.

10 Vgl. Nr. 21, Anm. 21.

11 Auf Anregung der Familie Mann wurde Heuss zur Beisetzung eingeladen; Heuss, der sich in Lörrach befand, sagte aber ab, da er keine angemessene Kleidung nach Lörrach mitgenommen habe. In seinem Namen wurde aber ein Kranz niedergelegt; vgl. TH. HEUSS, Tagebuchbriefe S. 54, 16. 8. 1955.

Daß die Sowjetzone sich seiner bemächtigen will, ist eine Sache für sich, die ich selber nicht so tragisch nehme wie es manche Menschen tun. Es liegt schließlich an uns, ihn als eine Weltfigur zu begreifen und zu zeigen.[12]

Die Tage in Darmstadt waren sehr nett. Ich nehme mir die Freiheit, Ihnen die Wiedergabe der Reden, die ich dort gehalten habe,[13] zu übersenden.[14] Ich habe in Darmstadt erfahren, daß Ihre Jugend nicht in Mainz, sondern in Darmstadt sich abgespielt hat.

Mit den besten Grüßen
Ihr Theodor Heuss

Nr. 57
An Fritz Schäffer, Bundesminister der Finanzen, Bonn
31. Oktober 1955

BArch, B 122, 314: ms. Schreiben, Durchschlag, von Heuss diktiert (Diktatz. H/A) und ms. gez.; ms. Briefkopf: „Theodor Heuss"[1]

Sicherstellung der Finanzierung des Instituts für Zeitgeschichte durch den Bundeshaushalt; Notwendigkeit eines breiten Forschungsansatzes für die Geschichte des „Dritten Reiches"

Verehrter, lieber Herr Minister!

In einer noch ziemlich weit verbreiteten Verkennung der rechtlichen und tatsächlichen Möglichkeiten des Bundespräsidenten – sozusagen unterirdische Weiterwirkung der psychologischen Struktur der Hitler-Ära – kommen immer wieder Bitten, Ermunterungen, Pflichtappelle und Beschwörungen: der Heuss müsse halt einmal mit dem Schäffer sprechen.

Die Leute kriegen dann ihre biedere Belehrung, und Sie werden mir zugeben: arg oft habe ich Sie nicht gequält. Da habe ich zu viel Respekt vor den Mühen, mit denen Sie sich gegenüber den zahllosen Forderungen und Ansprüchen durchzukämpfen haben.

---

12 Vgl. Nr. 40, Anm. 4.

13 Hs. Anmerkung von Heuss: „folgt noch – Darmstadt hat die Bandaufnahmen noch nicht geschickt".

14 Heuss hatte in Darmstadt am 22. 10. 1955 anlässlich der Verleihung der Ehrenbürgerwürde an ihn und am 24. 10. 1955 in der Akademie für Sprache und Dichtung zur Verleihung des Büchner-Preises an Marie Luise Kaschnitz gesprochen; B 122, 330.

1 Hs. Absendevermerk: „2. 11. morgens *durch Boten*!" Eine Durchschrift wurde am 2. 11. 1955 von Bott an Paul Egon Hübinger (BMI) übersandt; weitere Nachweise: B 122, 314: hs. Schreiben, Entwurf; N 1221, 329: ms. Schreiben, Durchschlag.

Nun will ich aber Ihre erneute persönliche Teilnahme an dem Schicksal des sogenannten „Instituts für Zeitgeschichte" erbitten; Sie haben diese ja vor einigen Jahren sehr aktiv dargetan. Aber nun scheint es seit geraumer Zeit mit der Sicherung einer endgültigen Rechtsform und des gemäßen Finanzstatus zu hapern – es ist die Problematik Bund-Länder, die ja in den Grenzgebieten dessen, was „Forschung" ist, und dessen, was man in Deutschland „Kultur" nennt, sich immer wieder einstellt, nach meinem Gefühl *nie* rechtsdogmatisch befriedigend gelöst wird, sondern in gemeinsamen Entscheidungen konkretisiert werden muß.

Die Sachlage selber ist Ihnen ja vertraut: Entstehung in der amerikanischen Zone, Locierung nach München, was sich aus vielen Gründen empfahl, da ja zu den vordringlichsten Zielsetzungen die Klärung auch der nationalsozialistischen Frühperiode gehörte und gehört.[2] U. s. f. Ich selber habe damals, von der Regierung Württemberg-Baden ernannt, als Mitglied dem wissenschaftlichen Beirat angehört, an Vorkonferenzen und Beiratssitzungen teilgenommen – nach meiner Wahl zum Bundespräsidenten hat der Beirat noch einige Male in Räumen meines Amtes getagt; man hat mich auch gebeten, eine Art von Ehrenmitgliedschaft beizubehalten.[3] Das schreibe ich nieder, um eine Art von persönlicher Sonderlegitimation „vorzulegen".

Als ich mich neulich wieder einmal nach dem Stand der Dinge erkundigte, erfuhr ich zu meinem nicht gelinden Schreck, daß die gemäße Weiterführung des Institutes gefährdet sei – die Ausweitung auf die Beteiligung der noch nicht finanziell mitwirkenden Länder in einer ungewissen Lage: Soll sich der Bund zurückziehen, der durch Ihre Initiative Mit-Träger des Ganzen ist? Ich würde das für höchst bedenklich halten, gerade gegenwärtig, wo die Verteidiger der nationalsozialistischen Doktrin sich wieder wichtig zu machen beginnen.[4]

Wenn ich mich nicht täusche, wird in Ihrem Hause zum Teil der Standpunkt vertreten, das Institut, indem es nicht „bloß" Nationalsozialistisches im engeren Sinne darstelle und kritisch kommentiere, habe seinen ursprünglichen Stiftungs-

---

[2] Das heutige Institut für Zeitgeschichte geht auf Pläne zurück, nach denen in der US-Zone 1947 ein „Institut zur Erforschung der nationalsozialistischen Politik" vorgesehen war. Daraus ging 1949 das von der Bundesrepublik und dem Freistaat Bayern getragene „Deutsche Institut für Geschichte der nationalsozialistischen Zeit" hervor, das 1952 den Namen „Institut für Zeitgeschichte" erhielt; vgl. H. MÖLLER / U. WENGST, 60 Jahre.

[3] Heuss gehörte seit 1947 dem wissenschaftlichen Rat des Instituts an. Als Bundespräsident blieb er der Einrichtung als Ehrenmitglied des Wissenschaftlichen Beirats bis zu seinem Tode eng verbunden; vgl. auch Heuss an Walter Goetz, 16. 8. 1950, in: TH. HEUSS, Bundespräsident 1949–1954, S. 165–167.

[4] Bezugnahme eventuell auf den Parteitag der DKP-DRP am 24./25. 9. 1955, auf dem der ehemalige Chef des Ministerbüros im Reichspropagandaministerium, Werner Naumann, auftrat, auf die Haftentlassung des ehemaligen Großadmirals Erich Raeder am 26. 9. 1955 oder auf den Auftritt des völkisch-nationalen Schriftstellers Hans Grimm bei zwei Veranstaltungen in Schleswig-Holstein im Oktober 1955; vgl. W. KRAUSHAAR, Protest-Chronik, S. 1255, 1258, 1262.

Sinn verlassen – andere Auffassungen meinen, das Institut habe nur eine tagespolitische Aufgabe zugewiesen erhalten, das Kollektivschuldgerede auszuräumen, und jetzt sei es eigentlich überflüssig, wenn nicht gar schädlich, diesen Bereich in seiner Bosheit oder Dummheit herauszuarbeiten. Das Institut darf nicht vernachlässigt oder gar vom Bunde aufgegeben werden. Das würde sonst bei uns zu einer inneren Spannung führen, die überflüssig ist: aha „sie" wollen dem Mantel der Nächstenliebe einiges hinzuflicken; außen würde es ein Geschrei geben: da seht ihr, kaum haben die Deutschen die Souveränität, da interessiert es sie nicht mehr, den Bruch ihrer Geschichte vor sich selber darzutun. Die Zeitschrift des Instituts[5] besitzt Rang, und ich weiß, sie hat auch draußen Ansehen gewonnen; ihre Lebenskraft darf nicht durch ein Absinken des Instituts geschwächt werden. Sie muß auch vorhanden sein für die wissenschaftlich wertende Auseinandersetzung mit der historischen Zeitliteratur des Auslandes; unsere Forscher leiden ja unter der Schwierigkeit, wieviel an Archivmaterial von den Siegermächten als „Beutegut" weggeschafft wurde und erst zögernd zurückgereicht wird.[6] Für ganz abwegig halte ich, nur die Akten und Aktionen um Hitler herum als Aufgabe zu sehen; bestimmte Erscheinungsformen des Wilhelminismus gehören, wenigstens im Geistigen, in den Bereich. Als ich, wohl 1947, bei der ersten Sitzung in München darlegte, daß ich selber, würde ich Zeit haben, die geistesgeschichtlich-politische Rolle des Hauses Wahnfried[7] mir als Stoff heraussuchen würde (natürlich nicht die musikalische), das romantische Verunklaren der politischen Dinge durch die Hans von Wolzogen, Thode, H. St. Chamberlain,[8] fand solche These keinerlei Widerspruch.[9]

Ich bin etwas breit geworden; seien Sie darum mit mir nachsichtig. Ich kenne den Stand der etatrechtlichen Erörterungen im einzelnen nicht; sie haben sich ja, seitdem ich den Dingen näherstand, verschoben. Aber ich entsinne mich durch-

---

5 Vierteljahrshefte für Zeitgeschichte, die seit 1953 erschienen.

6 Vgl. A. M. ECKERT, Kampf.

7 „Wahnfried" ist der von Richard Wagner zugleich mit dem Festspielhaus errichtete Wohnsitz seiner Familie in Bayreuth. Hitler hielt sich dort als Gast während seiner regelmäßigen Bayreuth-Besuche auf und wurde ein enger Freund Winifred Wagners. Sie – Tochter des völkischen Publizisten Houston Stewart Chamberlain und Witwe des Wagner-Sohnes Siegfried – betrachtete sich als Wahrerin des Wagner-Vermächtnisses und stand dem Nationalsozialismus derart nahe, dass sie nach 1945 die Festspiele nicht mehr leiten durfte; vgl. B. HAMANN, Winifred Wagner.

8 Wolzogen war ein enger Mitarbeiter von Richard Wagner und redigierte bzw. gab von 1878 bis 1938 die „Bayreuther Blätter" heraus; 1928 war er Mitbegründer des antisemitischen „Kampfbundes für Deutsche Kultur". Der Kunsthistoriker Henry Thode, Schwiegersohn von Cosima Wagner, deutete Richard Wagner rassenideologisch. Houston Stewart Chamberlain, Schwiegersohn von Richard Wagner, war in seinen Werken, u. a. zu Wagner, Verfechter eines rassischen Antisemitismus.

9 Zur Ablehnung der Festspiele in Bayreuth durch Heuss vgl. TH. HEUSS, Bundespräsident 1949–1954, S. 143–145, 260, 375, 570–572; Heuss an Heinrich Eduard Jacob, 5. 8. 1959, in: B 122, 884.

aus, daß man es von Anbeginn für notwendig hielt, aus dem etwas frei schwebenden Vertrag zwischen den drei süddeutschen Ländern zu einem festen Status zu kommen.[10] Der so dankenswerte Beitritt des Bundes half ja dann der Entwicklung bis heute.

Nun ist meine Bitte, der Sache ihren Rang nicht zu mindern, sondern sie in der geplanten Stiftungsform unter bleibender Teilnahme des Bundes zu festigen, wodurch die Mitwirkung auch der noch ferne stehenden Länder, wie man mir erzählte, gesichert sein wird.[11]

Mit guten Grüßen
Ihr

Theodor Heuss

Nr. 58
An Prof. Dr. Heinrich Brüning, Reichskanzler a. D., Hartland, Vermont, USA
20. November 1955

Harvard University Library, HUGFP 93.10, 14, Theodor Heuss: ms. Schreiben, behändigte Ausfertigung; Kopfbogen: „Der Präsident der Bundesrepublik Deutschland"[1]

Würdigung von Heinrich Brüning anlässlich seines 70. Geburtstages

Verehrter, lieber Professor Brüning!

Wenn in diesen Tagen ein warmes und dankbares Denken an den 70. Geburtstag bei Ihnen Einkehr halten möchte, so muß es weite Wege machen und in der Hügelwelt von Vermont eifrig Umschau halten, um Sie zu finden.[2] Das mag

---

10 Im Oktober 1947 hatten zunächst die Ministerpräsidenten der Länder der amerikanischen Besatzungszone Bayern, Hessen und Württemberg-Baden sowie der Senatspräsident von Bremen eine Stiftungsurkunde zur Bildung des „Instituts zur Erforschung der nationalsozialistischen Politik" unterzeichnet; vgl. H. MÖLLER / U. WENGST, 60 Jahre, S. 20; vgl. auch Anm. 2.

11 Schäffer antwortete am 7. 12. 1955, er sei optimistisch, dass die geplante Stiftung auf der Grundlage des Königsteiner Abkommens errichtet werde und der Bund seinen Globalzuschuss in Höhe von 170.000 DM auch künftig leisten könne, so dass die Arbeit des Instituts gesichert sei; B 122, 314.

1 Eine Kopie erhielten jeweils Rechtsanwalt Otto Eulerich, Münster, das Pressereferat im BPrA und die Sammlung „Grußworte"; weitere Nachweise: B 122, 4921; N 1221, 330: ms. Schreiben, Durchschlag; Abdruck: W. VERNEKOHL, Heinrich Brüning, S. 11–13.

2 Als Heuss am 11. 11. 1955 von Rechtsanwalt Eulerich gebeten worden war, an einer Feierstunde in Münster aus Anlass des 70. Geburtstages von Brüning teilzunehmen, hatte er dies abgelehnt, Eulerich aber gestattet, den Brief, den er an Brüning in die USA schreiben wolle, zu verlesen; vgl. TH. HEUSS, Tagebuchbriefe, S. 93, 11. 11. 1955. – Gegenüber Toni Stolper betonte er, er habe die Frage einer Rückkehr von Brüning bewusst ausgelassen und sei „der aktuellen Problematik seiner Erscheinung ausgewichen"; ebd., S. 97, 2. 11. 1955. – Brüning kritisierte ab Sommer

dann schließlich glücken. Gewiß werden viele Ihrer Freunde, zumal Ihre westfälischen Heimatgenossen, die Ihnen zu diesem Tage ein rechtes Fest rüsten wollen und werden, Sie vermissen, etwas traurig, daß Sie sich den Reden und Händedrücken und dem unmittelbaren Danken-Können entzogen haben. Aber dieser Entschluß zur Ferne gibt vielleicht, ohne daß ich jetzt Individualpsychologie zu treiben habe, einen tieferen Durchblick auf Ihr Wesen, als das in der Kilometer- oder Meilen-Addition der technischen Erschwerung sich darbietet: *das Bedürfnis zur Distanz*. Das Spontane und das Unmittelbare war, wenn ich richtig sehe, nie Ihre Art, vielmehr das rational Disziplinierte der Erkenntnis und das behutsam Kräftige der Entscheidung – dazu wählten Sie den Abstand, um in ihm das Maß in der Bewertung der Sachgegebenheiten, des Gewichtes und der Substanz der Gruppenkräfte, auch des menschlichen Gegenüber zu gewinnen und das Ineinander und Gegeneinader der Ordnungssysteme zu erkennen – waren sie immer erkennbar?

Die Thematik der Distanz geriet mir in den Sinn, als ich den weiten Raum überdachte, der in diesen Tagen Sie von der alten Heimat scheidet; sie stellt sich auf die eigentümlichste Weise nun auch in der Kategorie der Zeit ein. Ein Vierteljahrhundert liegt jetzt zurück, seit Sie, 1930, die Leitung der deutschen Politik übernommen hatten und ihr, in den ungeheuerlichsten Schwierigkeiten, die in der Verwobenheit von Wirtschaftskrise und außenpolitischen Bedrängnissen lagen, einen persönlichen Charakter zu geben verstanden.[3] Das ist in den Maßstäben historischer Epochen eine so kurze Frist, und wie lange ist es schon Vergangenes für das Bewußtsein so vieler, da ein vaterländischer Rettungsversuch in seinen Spannungen, in seinen sachlichen wie personellen Bedingtheiten, in seinen Chancen, seinen Erfolgen, seinem tragischen Ausgang durch die ungeheure Katastrophe der Nation aus dem Wissen der Späteren verdrängt, auch weithin in dem Gewissen der Miterlebenden verwischt wurde. Davon will ich nun, der Anlaß wäre auch schlecht gewählt, nicht breiter handeln. Ihr *eigenes* Wort zur geschichtlichen Klärung jener Zeitläufte fehlt ja noch und wird nicht bloß von den wissenschaftlichen Historikern erwartet;[4] dabei ist mir deutlich genug, daß ein

1950 massiv die Politik Adenauers und galt unter Adenauer-Kritikern in der CDU zeitweise als Alternative zu diesem; vgl. H.-P. SCHWARZ, Adenauer, Bd. 1, S. 642f; H. HÖMIG, Brüning. Politiker ohne Auftrag, S. 479–543; P. O. VOLKMANN, Nationalist, S. 655–729.

3 Nach der Demission des Kabinetts der Großen Koalition unter dem sozialdemokratischen Reichskanzler Hermann Müller beauftragte Reichspräsident Hindenburg am 28. 3. 1930 Brüning mit der Bildung einer neuen Regierung. Damit begann die Phase der Präsidialkabinette, die vom Vertrauen des Reichspräsidenten abhängig und von keiner Mehrheit im Reichstag getragen waren; vgl. H. HÖMIG, Brüning. Kanzler, S. 144–157.

4 Brünings Erinnerungen erschienen erst im Jahre 1970 und erregten Aufsehen wegen der darin behaupteten restaurativen Zielsetzungen seiner Reichskanzlerzeit; vgl. HEINRICH BRÜNING: Memoiren 1918–1934, Stuttgart 1970.

Mann Ihrer Art nicht ein Werk der „Selbst-Rettungen" schreiben wird, wie wir sie in so peinlicher Art von einigen Akteuren jener und der folgenden Zeit angeboten erhielten, sondern daß Sie sich, wenn auch unbeamtet, unter den Forderungen der politischen Verantwortungen fühlen.

So widerstehe ich auch der Versuchung, jene unsere Besprechungen zurückzurufen, durch die unser gemeinsamer Freund Hermann Dietrich den Gleichklang der Haltung in einer tragischen Stunde gesichert wissen wollte[5] – ich treibe ja, indem ich mich zu Ihnen wende, keine dokumentierende Philologie, sondern ich will Ihnen nur zum Ausdruck bringen, wie lebendig meinem Bewußtsein blieb, auch aus späterer Begegnung, der ungeheure Ernst, in dem Ihre Natur mit der deutschen Tragödie rang. Ihre Kritiker machen es sich leicht. Gut, Sie haben Fehler gemacht. Wir alle haben Fehler gemacht, manche mit Ihnen gemeinsam. Der Vorwurf, der Ihnen wohl vordringlich gemacht wird, ist der, daß Sie Untreue und Intrigue[6] nicht in Ihr politisches Kalkül aufgenommen haben, wie es jeder deutsche Stammtisch nach einem populären Vortrag über den ungenügend verstandenen Machiavelli[7] zu tun pflegt. Daß Sie dieses Rezept nicht befolgten, nehmen *diese* Historiker Ihnen übel; die Sie zu kennen glauben, sehen darin die Würde Ihres Menschentums.[8]

Nehmen Sie meine guten Wünsche freundschaftlich entgegen.
Ihr Theodor Heuss

---

[5] Heuss hatte sich am 22. 3. 1933 auf Wunsch des Mitglieds des Parteivorstands Dietrich zu Brüning begeben, um mit ihm die Frage der Zustimmung zum Ermächtigungsgesetz am 23. 3. 1933 im Reichstag zu besprechen. Brüning war wie Heuss skeptisch gegenüber der Annahme dieses Gesetzes; vgl. E. W. BECKER / TH. RÖSSLEIN, Politischer Irrtum, S. 140; TH. HEUSS, Machtergreifung, S. 24f.

[6] Auf Drängen rechtskonservativer Agrarier, die Front machten gegen ein Siedlungsprogramm Brünings, und aufgrund von Intrigen des Generals Kurt von Schleicher entzog Hindenburg am 29. 5. 1932 Brüning das Vertrauen, der tags darauf mit seiner Regierung zurücktrat; vgl. H. HÖMIG, Brüning. Kanzler, S. 537–575; K. D. BRACHER, Auflösung, S. 481–526.

[7] In der Vorlage: „Macchiavell".

[8] Brüning dankte mit einem Schreiben, das am 7. 1. 1956 im BPrA eintraf, für die „guten und verständnisvollen Worte"; B 122, 4921.

Nr. 59
An Dr. Toni Stolper, [New York]
28. November 1955
BArch, N 1186, 145: hs. Schreiben, behändigte Ausfertigung[1]
Koalitionskrise in Bonn wegen kritischer Äußerungen von Thomas Dehler über den außenpolitischen Kurs der Regierung; Eingreifen von Theodor Heuss; Geschenk für Toni Stolper

Liebe Toni,

es will mir, vor mir selber, etwas ungehörig erscheinen, wollte ich nun den zweiten Tag vorbeigehen lassen, ohne ein bischen mit dir zu plaudern – aus dem herzlichen Bedürfnis ist schon fast etwas wie ein „Brauchtum" entstanden. Aber es wird nicht materiell sehr viel sein, was ich Dir noch sagen oder erzählen will. Denn das meiste davon ist schon diktiert (Alexander)[2] oder wird morgen diktiert (C. Schurz).[3] Da Du eine Lateinerin bist, weißt Du: quod non est in actis, non est in mundo.[4] *Diese* Dinge müssen in die „Registratur" kommen, unser Liebesgespräch aber nicht.

Ich kann Dir nicht einmal über die innenpolitischen Spannungen erzählen. Denn bis diese Zeilen, nach Deiner Rückkehr von Tochs 3. Symphonie,[5] in Deine Hand kommen, wird die deutsche Welt atmosphärisch vielleicht wieder anders aussehen. Meine „Aktion" beim Kanzler, die erfolgreich schien u. deren Ergebnis er, wie man mir sagt, loyal weitergab, stieß auf Widerstände bei der Fraktionsführung von CDU und DP.[6] Klaiber vermutet, und wahrscheinlich nicht mit

---

1 Datum versehen mit dem Zusatz: „Abends ¾12 Uhr"; weiterer Nachweis: BArch, N 1186, 121: ms. Schreiben, Teilabschrift; Teilabdruck: TH. HEUSS, Tagebuchbriefe, S. 101f.

2 Heuss hatte einen Kommentar zu einem Buchmanuskript des amerikanischen Historikers Edgar Alexander über Konrad Adenauer verfasst und Toni Stolper geschickt; Heuss an Toni Stolper, 28. 11. 1955, in: N 1221, 330.

3 Heuss an Toni Stolper, 30. 11. 1955, in: N 1221, 330. Toni Stolper hatte den Beitrag über Carl Schurz für die Sammelbiographie „Die Großen Deutschen" geschrieben; vgl. TONI STOLPER: Carl Schurz, in: H. HEIMPEL / TH. HEUSS / B. REIFENBERG, Großen Deutschen, Bd. 3, S. 507–518.

4 Lateinisch für „Was nicht in den Akten steht, ist nicht in der Welt".

5 Toni Stolper hatte mitgeteilt, dass sie am 2. 12. 1955 Ernst Tochs 3. Symphonie hören werde; vgl. Toni Stolper an Heuss, 19. 11. 1955, in: BArch, N 1186, 145. Der Komponist Toch war einer der ältesten und engsten Freunde Gustav Stolpers; vgl. T. STOLPER, Leben, S. 26.

6 Dehler hatte nach dem Scheitern der Genfer Außenministerkonferenz (27. 10.–16. 11. 1955) in einer öffentlichen Rede kritisiert, dass die deutsche Beobachterdelegation nicht nachdrücklich genug auf die Verhandlungen eingewirkt habe. Er forderte die Bundesregierung auf, in der Frage der Wiedervereinigung nun direkte Verhandlungen mit Moskau aufzunehmen. Adenauer warf Dehler daraufhin in einem Brief vom 22. 11. 1955 vor, die außenpolitischen Grundlagen der Koalition infrage zu stellen, und drohte mit dem Bruch der Koalition. Am 24. 11. 1955 führte Heuss Gespräche mit den FDP-Ministern Blücher und Preusker, welche die außenpolitischen Reden Dehlers kritisierten und dessen Rücktritt vom Partei- und Fraktionsvorsitz forderten. Tags

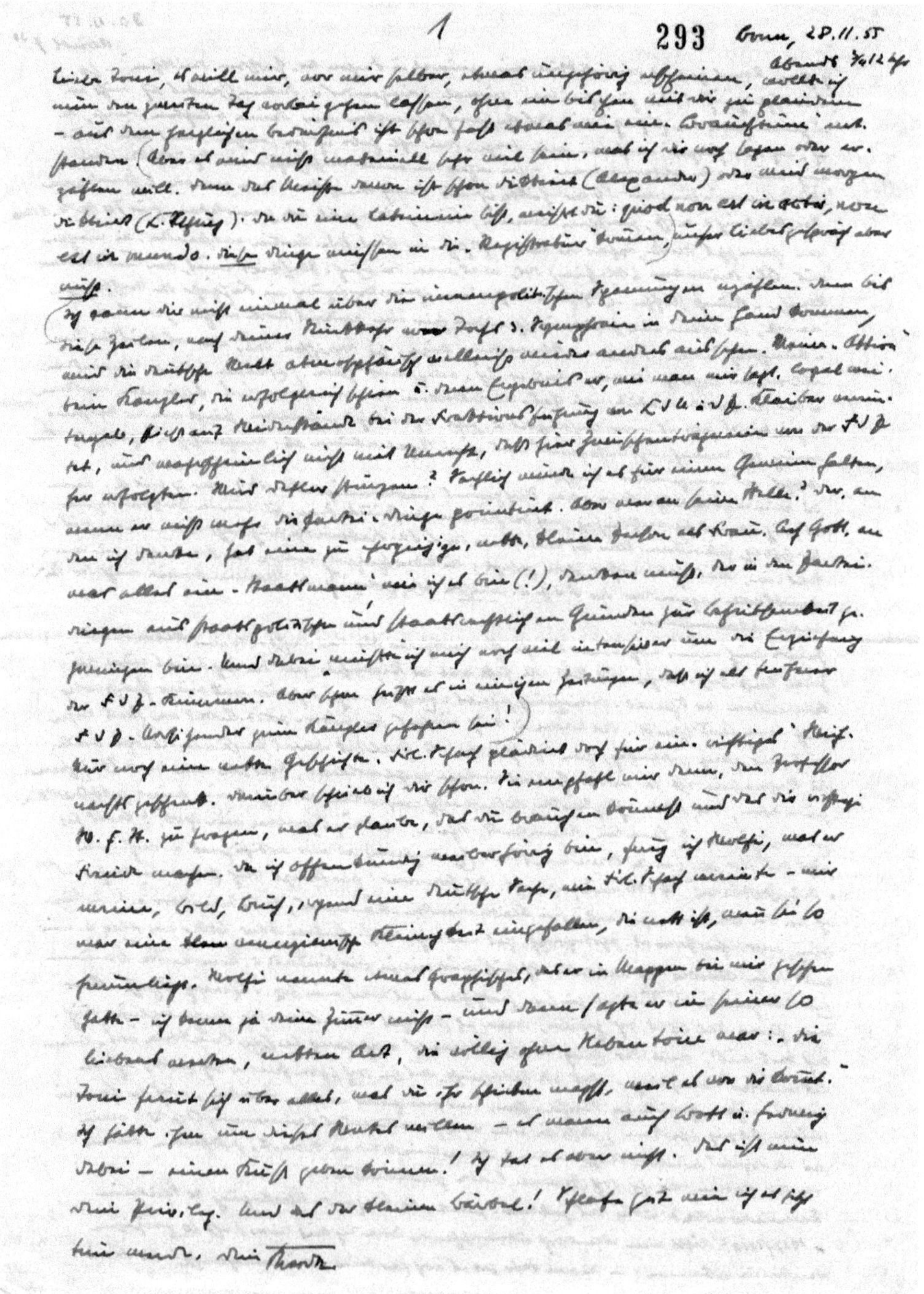
293 Bonn, 28.11.55

Abends 3/4 12 Uhr

Abb. 9: Theodor Heuss an Toni Stolper, 28. 11. 1955

Unrecht, daß hier Zwischenträgereien von der FDP her erfolgten. Wird Dehler stürzen?[7] Sachlich würde ich es für einen Gewinn halten, wenn er nicht mehr die Partei-Dinge pointiert. Aber wer an seine Stelle? Der, an den ich denke,[8] hat eine zu ehrgeizige, nette, kleine Person als Frau. Ach Gott, an was alles ein „Staatsmann", wie ich es bin (!), denken muß, der in den Parteidingen aus staatspolitischen und staatsrechtlichen Gründen zur Behutsamkeit gezwungen ist.[9] Und dabei „müßte" ich mich noch viel intensiver um die Erziehung der FDP kümmern. Aber schon jetzt heißt es in einigen Zeitungen, daß ich als früherer FDP-Vorsitzender zum Kanzler gefahren sei!

Nur noch eine nette Geschichte. Frl. Schach plädiert doch für ein „richtiges" Weihnachtsgeschenk. Darüber schrieb ich Dir schon. Sie empfahl mir denn, den Professor W[olfgang] F[riedrich] St[olper] zu fragen, was er glaube, das Du brauchen könntest und das Dir richtige Freude machen [könnte]. Da ich offenkundig weiberhörig bin, frug ich Wolfi,[10] was er meine, Bild, Buch, irgendeine deutsche Sache, wie Frl. Schach meinte – mir war eine <?> Kleinigkeit eingefallen, die nett ist, wenn sie so herumliegt. Wolfi nannte etwas Graphisches, das er in Mappen bei mir gesehen hatte – ich kenne ja Deine Zimmer nicht –, und dann sagte er in seiner so liebenswerten, netten Art, die völlig ohne Nebentöne war: „Die Toni freut sich über alles, was du ihr schicken magst, weil es von Dir kommt." Ich hätte ihm um dieses Wortes willen – es waren auch Bott und Hedwig dabei – einen Kuß geben können! Ich tat es aber nicht. Das ist nun Dein Privileg. Und das der kleinen Bärbel![11]

Schlafe gut, wie ich es jetzt tun werde,
Dein Theodor

darauf besprach sich Heuss mit Dehler, der sich zur Fortsetzung der Koalition bekannte. Daraufhin führte Heuss am 26. 11. 1955 ein Gespräch mit Adenauer, der sich bereit erklärte, in einer Koalitionsbesprechung den Konflikt mit der FDP zu bereinigen, wenn diese sich zu dem außenpolitischen Kurs der Westbindung bekenne. Die Fraktionsführung von CDU/CSU und DP lehnte aber am 28. 11. eine Besprechung mit der FDP ab, bevor diese nicht auf den Brief Adenauers an Dehler vom 22. 11. reagiert habe; vgl. U. WENGST, Thomas Dehler, S. 273–276; K. ADENAUER / TH. HEUSS, Unter vier Augen, S. 183–188.

7 Mittlerweile hatte sich auch der nordrhein-westfälische FDP-Landesverband von Dehler distanziert; vgl. U. WENGST, Thomas Dehler, S. 276.

8 Eventuell dachte Heuss hier an Erich Mende.

9 In der Vorlage: „bin".

10 Heuss hatte sich mit Wolfgang Stolper am 11. 11. 1955 getroffen; vgl. Dienstkalender, in: N 1221, 482.

11 Das Enkelkind von Heuss, Barbara.

Nr. 60
An Paul Wilhelm Wenger, Bonn
30. November 1955
BArch, N 1332, 61: ms. Schreiben, behändigte Ausfertigung; Kopfbogen: „Theodor Heuss“[1]
Keine Intervention angesichts von Sportveranstaltungen an Totengedenktagen

Lieber Herr Wenger!

Freundlichen Dank für Ihre Zeilen vom 25. 11.[2] Sachlich bin ich mit Ihrer Stellungnahme zu dem Sportbetrieb an den Totengedenktagen durchaus einverstanden wie auch mit den Bemerkungen zu der thematischen Gestaltung innerhalb der Häufung der Gedenktage im November. Aber ich sehe noch nicht recht, bei welcher Gelegenheit ich selber dazu etwas sagen könnte. Gegen das Rummelhafte, das unser öffentliches Leben, nicht bloß vom Sportlichen her, begleitet, habe ich ja schon oft genug meine „Mahnungen“ ausgesprochen.

Ich muß meine Rolle als Kapuziner-Prediger einigermaßen disponieren, damit jeder, der sich anbietet, einmal an die Reihe kommt, ohne daß es des Guten zuviel wird. Sie, lieber Wenger, haben dazu ja eine, wie ich glaube, ursprünglichere Sendung oder auch Begabung als ich.

Wegen einer möglichen Unterhaltung müssen Sie sich einmal mit Bott über einen Termin zu verständigen suchen. Ich werde bis Mitte Dezember hier sein und will dann zu meinem Sohn nach Lörrach fahren.

Mit den besten Wünschen
Ihr

Th. Heuss

---

1 Weitere Nachweise: N 1221, 330; B 122, 2072: ms. Schreiben, Durchschlag mit Stempel: „Pers[önlichem] Ref[erenten] vorgelegen“.

2 Wenger an Heuss, 25. 11. 1955, in: B 122, 2072. Wenger hatte sich unter Bezug auf einen von ihm verfassten und beigelegten Artikel „Falsche Töne“ beklagt, dass die „Häufung der Totengedenktage im November“ „automatisch zu deren Abwertung“ führe, vor allem, wenn am Totensonntag Massensportveranstaltungen stattfinden wie z. B. ein Fußballspiel in Mannheim, bei dem es zum polizeilichen Einsatz von Wasserwerfern gegen Randalierer gekommen war. Wenger bat Heuss zudem um einen baldigen Termin.

Nr. 61
An Dr. Toni Stolper, [New York]
2. Dezember 1955

BArch, N 1186, 145: hs. Schreiben, behändigte Ausfertigung, ohne Anrede[1]

Bundestagsdebatte über das Scheitern der Genfer Außenministerkonferenz; Gespräch mit Jakob Altmaier über deutsch-israelische Beziehungen; Kritik an Thomas Dehler; distanzierte Haltung zur Jagd; Bedeutung von Freundschaften

Weiter kam ich nicht – der Staatssekretär Klaiber, der Manfred heißt, kam vom Bundestag, wo er sich die ersten Reden zu Genf angehört hatte, Ollenhauer sachlich und ganz deutlich gegen Pankow[2] und KPD abgrenzend.[3] Dann geschah das für die Augenblicks-Situation Sensationelle: Adenauer erbat das Wort, um sich für den Tenor und den Inhalt der Rede in zwei Sätzen zu bedanken.[4] Für die Atmosphäre gut und zum mindesten taktisch geschickt, falls im Weitergang der Debatte ein schärferer SPD-Sprecher noch kommen sollte. Um 11 u. 12 u. 3 u. 5 [Uhr] hatte ich Besucher;[5] über den letzten könnte ich ein paar Seiten schreiben. Es war der soz[ial]dem[okratische] Altmaier, Jude, früherer Belgrad-Korrespondent der Fr[an]kf[urter] Z[ei]t[un]g – Emigration Paris, Belgrad, Athen, Kairo, gescheiter ruhiger Mann, der in der vorigen Woche von 14 Tag-Aufenthalt in Israel zurückkehrte und den ich um Bericht bat. Das ging dann 1½ Stunden, aber ich müßte 3 solche Bogen vollschreiben, um seine Eindrücke zu erzählen – er war vor 10 Jahren schon einmal dort gewesen. Vor 3 Jahren, meinte er, hätte er noch nicht hinfahren können, weil man ihm verübelte, daß er als Jude in das deutsche Parlament ging.[6] Er erzählte auch ganz interessant, wie Schumacher sich s. Z. geärgert habe, daß Adenauer die Israel-Sache in die Hand nahm und ihm nicht gegönnt, hier einen außenpolitisch moralischen Erfolg zu erzielen – wie ihm ein Bein stellen? Es sei für ihn[7] damals nicht recht möglich gewesen,

---

1 Datum versehen mit dem Zusatz: „Abends ¾9 [Uhr]“; weiterer Nachweis: BArch, N 1186, 121: ms. Schreiben, Teilabschrift; Teilabdruck: TH. HEUSS, Tagebuchbriefe, S. 104–107.

2 Der Berliner Ortsteil Pankow war seit 1949 Synonym für den Regierungssitz der DDR, weil im dortigen Schloss Schönhausen zeitweise der Präsident der DDR und der Vorsitzende des Staatsrates amtierten.

3 Die Außenministerkonferenz der vier Siegermächte in Genf (27. 10.–16. 11. 1955), auf der über europäische Sicherheitsfragen und Abrüstung sowie über die Deutsche Frage verhandelt wurde, endete in einem kompletten Misserfolg; vgl. M. LINDEMANN, Deutsche Frage, S. 308–357. Darüber debattierte am 2. 12. 1955 der Bundestag; vgl. VERHANDLUNGEN DES DEUTSCHEN BUNDESTAGES, 2. Wahlperiode, Bd. 27, 2. 12. 1955, S. 6155–6162 (Redebeitrag von Ollenhauer).

4 Adenauer in seinem Redebeitrag: „Ich möchte Herrn Kollegen Ollenhauer ausdrücklich danken für die klare und unzweideutige Erklärung, daß für uns alle eine *Wiedervereinigung nur auf der Basis der Freiheit und des Rechtes* möglich ist.“ Ebd., S. 6162.

5 Ulrich Haberland (11.00 Uhr), Überreichung einer Büste (12.00 Uhr), Franz Stadelmayer (15.00 Uhr), Altmaier (17.00 Uhr); vgl. Dienstkalender, in: N 1221, 482.

6 Altmaier gehörte 1949–1963 als SPD-Abgeordneter dem Deutschen Bundestag an.

7 Gemeint Altmaier.

ihn[8] zur sachl[ichen] Haltung zu zwingen. Da sei ich ihm zu Hilfe gekommen. Altmaier hatte von Blankenhorn, der damals A[denauer]s nächster Mitarbeiter war, [gehört], daß ich die geplante, von mir mit A[denauer] vorbesprochene Regierungserklärung im Wortlaut angefordert, stilistisch überarbeitet und sachlich erweitert hatte.[9] Darauf sei Schumacher eingeschwenkt. Davon darf heute natürlich nicht weiter geredet werden. Ungemein interessant, dabei nüchtern in der Darstellung der ökonomischen Situation: die deutschen Leistungen bei der industriellen Ausstattung haben, meint er, das Land geradezu gerettet, das spürten auch die Leute, der Haß sei auch im publizist[ischen] Leben weggeschmolzen, eine Bewunderung habe begonnen. In den jungen Juden erstehe etwas Neues, Selbstbewußtes – er bestätigte meine alte These:[10] die k. u. k. Armee[11] hatte einen Staat lange erhalten, das jüdische Heer wird die Wochenstube (auch von der Sprache her) eines Volkes. Neben sehr lebendigen Einzelschilderungen, wie Du sie vor 5 Jahren[12] uns gebracht, auch seltsame Feststellungen: im Zusammensein mit einem Typ von ehedem beamteten Intellektuellen, Richtern, Professoren: es sei gewesen wie an einem deutschnationalen Stammtisch der 20er Jahre! So viel Stolz auf Preußen u. Deutschland, als wünschbar (oder nicht wünschbar) ist. Fast geriet Altmaier in eine Geschichtsphilosophie: während die Deutschen die Juden vernichten wollten, haben sie, die Schuld in Teilen tilgend, die Existenz des Volkes als Eigenbezirk gerettet. Das war ein nicht vorgesehener Exkurs – aber Du hast ja mit den zugewachsenen „Neffen" aus Gera[13] jetzt Gespräche geführt, die um die gleichen Dinge wohl kreisten.

Zum Innenpolitischen noch dies: als Dehler kürzlich bei mir war,[14] äußerte ich mich schroff über die Abg[eordnete] Dr. M. E. Lüders, mit der ich, sie lügt hysterisch, seit Mitte der 30er Jahre jede Verbindung mied;[15] sie hatte damals verbreitet, Elly u. ich seien der NSDAP beigetreten. Dehler, natürlich ohne Auftrag, schreibt an Bott, ob er, da die Dame das natürlich leugnet, als „Brückenschläger" fungieren

---

[8] Vermutlich Schumacher gemeint.

[9] Gemeint die Regierungserklärung Adenauers vor dem Bundestag vom 27. 9. 1951 über die „Haltung der Bundesregierung über die Juden", mit der die Wiedergutmachungspolitik eingeleitet wurde. Heuss hatte am 4. 9. 1951 dem Kanzler seine „Bemerkung zu der Erklärung der Bundesregierung zur Judenfrage" zugeleitet, die Adenauer weitgehend übernahm; die „Bemerkung" in: N 1221, 299. Am 10. 9. 1952 wurde das Wiedergutmachungsabkommen zwischen der Bundesrepublik Deutschland, Israel und der Jewish Claims Conference (Luxemburger Abkommen) unterzeichnet. Altmaier gilt als einer der Initiatoren des Abkommens; vgl. auch N. HANSEN, Schatten, S. 125–127; J. H. GELLER, Theodor Heuss, S. 6–16.

[10] Vgl. die Rede von Theodor Heuss vom 2. 5. 1952 „Formkräfte einer politischen Stilbildung", in: TH. HEUSS, Großen Reden. Staatsmann, S. 184–223, hier S. 212.

[11] Kaiserliche und königliche Armee der Österreichisch-Ungarischen Monarchie 1867–1918.

[12] Es folgt unleserliche Streichung.

[13] Um wen es sich handelt, ließ sich nicht ermitteln.

[14] Vermutlich am 25. oder 29. 11. 1955; vgl. Nr. 59, Anm. 6; Dienstkalender, in: N 1221, 482.

[15] Vgl. auch Nr. 82.

soll. Ich antwortete ihm, daß ich keinerlei Interesse habe, das „kühl und korrekt“ zu ändern.[16] Dann nahm ich mir aber die Freiheit, ihm einiges von Deinem gerade eingetroffenen Brief zu zitieren, da er Dich doch so gerne als Ratgeberin hätte; zufällig hatte ich ihm inhaltlich haarscharf das gleiche gesagt,[17] was Du in eine weit graziösere Form gekleidet hast.[18] Bei mir war es gröber – daß er sich von Schumacher habe infizieren lassen und so spiele, als ob Deutschland, das souverän, eine Macht sei, um mit Alternativangeboten sich an die Spitze der Riege zu turnen. Natürlich weiß er ernsthaft, daß er das nicht kann – aber das Musizieren, in dem das „dämonische“ Grollen und die heiter gekonnte Selbstzufriedenheit variieren, ist eine Form der Genuß-Sucht. Schade um den Mann.

[…][19]

Zur „Jagd“ dies: Jägerei ist eine Nebenform von menschl[icher] Geisteskrankheit, von der ich nie befallen war. Aber: *sie ist.* Auch Diplomaten und deutsche Staatsmänner, die dafür gelten, die sich dafür halten, sind anfällig. Es ist ein Politikum, nicht ohne Reiz: mitten in der ärgsten Triestkrise[20] hatte ich den jugoslawischen u. den damaligen ital[ienischen] Botschafter an einem behaglichen Tisch u. beim Schießen 100 m voneinander entfernt, auf Fasanen lauernd.[21] Der Bu[ndes]Prä[sident] als solcher hat gar keine „Jagd“ – das ist „Ländersache“. Aber Nordrhein-Westfalen stellt eine Staatsjagd zur Verfügung. Meine Funktion: am Vorabend ein Essen für 12–16 Herren,[22] am Tag acte de présence[23] bei vier Treiben – die Jäger stehen in einer langen Reihe u. die Treiber scheuchen das Wild auf. Ich tue gar nichts, sondern besuche, wenn nichts los ist, die einzelnen Herren u. plaudere mit ihnen. Ich habe nie eine Flinte in die Hand genommen und mir nie, wie alle anderen, ein Jagdkostüm angeschafft, sondern spaziere im Straßenanzug. Aber einige Leute schwören seitdem auf mich, d. h. auf meine „Ironie“ – der abservierte Minister Dr. Lehr,[24] der gestürzte nieders[ächsische]

---

16 Dehler an Bott, 1. 12. 1955; Heuss an Dehler, 2. 12. 1955, abgedruckt in: TH. HEUSS, Lieber Dehler, S. 134f.

17 Im Gespräch am 25. 11. 1955; vgl. Anm. 14.

18 Toni Stolper kritisierte Dehlers außenpolitische Äußerungen: „Er überschätzt ungemein, wie dankbar man im Westen Deutschland ist, daß es sich herablasse, zu kooperieren. Er meint, nur mit Rußland müsse man feinfühlig sein. Ein politischer Musikant ohne Gehör.“ Toni Stolper an Heuss, 26. 11. 1955, in: BArch, N 1186, 145.

19 Es folgen Ausführungen über einen Artikel von Heuss zum Tode von Kurt Riezler, über die Stiftung von Orden und über familiäre Angelegenheiten von Toni Stolper.

20 Nach dem Zweiten Weltkrieg beanspruchten Italien und Jugoslawien die Region Triest, die 1954 aufgeteilt wurde. Die Stadt Triest gehört seitdem zu Italien.

21 Am 19. 11. 1955 im Staatsforst Geisterholz bei Oelde im Münsterland; vgl. Dienstkalender, in: N 1221, 482.

22 Am 18. 11. 1955; vgl. ebd.

23 Französisch für „sich sehen lassen“.

24 Der ehemalige Innenminister Robert Lehr war im Oktober 1953 aus der Bundesregierung ausgeschieden.

Min[ister]Präs[ident] Kopf,[25] die ich einlud, als sie „Figuren" waren u. im Lichte standen, werden weiterhin von mir eingeladen, weil sie menschlich honorig sind. Das ist keine „Taktik" gewesen, sondern das einfache Gefühl: die Leute sollen sich von mir aus nicht abserviert empfinden.

Ich will – der Brief wird „grausam" lang werden –, ehe ich mich um ½1 Uhr lege, noch ein Motiv Deines Briefes aufnehmen.[26] Du wehrst ab, daß Du, wie ich schrieb,[27] die „einzige Rückzugslinie ins Menschliche" für mich seiest, und nennst das „ungerecht". Das war, als ich es schrieb, kein „Spruch", der eine Schmeichelei für Dich sein sollte, sondern sehr ernst gemeint. Ich weiß, ich habe, wenn man das so sagen kann, ein gewisses Talent für Freundschaft, ich weiß, daß ich in diesem Leben vielen Menschen wert geworden bin, manchen, weil ich ihnen den Weg zu sich selber frei gemacht habe – es gibt außer Dir nur zwei Menschen, denen ich mit der gleichen Unbefangenheit, Dummes und Gescheites, Sachliches und Persönliches auszusprechen, gegenüberstand: das war Elly[28] und das war Friedrich Mück. (Dem habe ich sogar Liebes- und Distanzierungsbriefe verfaßt – welche Indiskretion, nachdem er 20 Jahre tot ist!) Ich sehe in Gustl,[29] neben Mück, den Mann, der mir auch in der menschlichen Atmosphäre von Anbeginn ganz nahe war – Naumann und Poelzig, der mir auch sehr vertraut war, gehören in eine andere Kategorie. – Aber es lag in der Natur des sachlich gerichteten gemeinsamen Strebens, der Ideale und Übereinstimmungen im Objektiven, daß ich diesen „Rückzug" nicht brauchte. Ich stehe mit Ludwig[30] völlig störungslos, ich habe in der Freundschaft und Verwandtschaft Menschen, die ich liebe (Ulla[31] und ihre Schwester gehören dazu, in Erinnerung an ihre und an meine Mutter) – aber dies, im gleichen Niveau der geistigen Disziplin und der moralischen Wertung sprechen zu können, *alles* sagen zu können, das gibst nur Du mir, dafür bin ich, neben allem anderen, so dankbar, das ist das „Menschliche".

Dein <Liebender>

[25] Nach der niedersächsischen Landtagswahl am 24. 4. 1955 konnte Hinrich Wilhelm Kopf nicht mehr die Regierung bilden und wurde von Heinrich Hellwege abgelöst.
[26] Vgl. Toni Stolper an Heuss, 26. 11. 1955, in: BArch, N 1186, 145.
[27] Ließ sich nicht ermitteln.
[28] Elly Heuss-Knapp.
[29] Gustav Stolper.
[30] Ernst Ludwig Heuss.
[31] Ulla Galm.

Nr. 62
An Gustav Ahlhorn, Kassel
8. Dezember 1955

BArch, B 122, 638: ms. Schreiben, Durchschlag, von Heuss diktiert (Diktatz. H/Sch) und ms. gez.; ms. Briefkopf: „Th. Heuss“[1]

Kritik an einer aufwendig gestalteten Dokumentationsmappe des Volksbundes Deutscher Kriegsgräberfürsorge

Sehr verehrter Herr Ahlhorn!

Nun müssen Sie sich, nachdem ich mich für die Tobruk-Mappe bedankt habe,[2] doch noch einigen unwirschen Groll gefallen lassen, zu dem ich mir das Recht zuspreche, weil ich ja als sogenannter Schirmherr[3] und durch Mitwirkung bei verschiedenen Veranstaltungen des Volksbundes seiner Arbeit nahestehe.

Die Tobruk-Mappe, die Sie mir geschickt haben, widerspricht in ihrer pompösen Anlage nicht nur meiner Natur, sondern auch der Sinngebung des Volksbundes. Ich will mir nicht ausrechnen lassen, wieviel sie gekostet hat, aber ich nehme an, es ist kein geringer Betrag. Ich gönne dem Kunsthandwerker und Graphiker das Geld, das sie erhalten haben. Das Geld selber ist ja aber entweder vom Staat oder von den Mitgliedern oder von Spendern für ganz andere Zwecke gegeben worden. Es hätte doch durchaus genügt, ein kleines geheftetes Büchlein mit den Photographien zusammenzustellen, denn die architektonische Anlage des Ehrenmales als solche hat mich interessiert. Aber Sie haben einen großmächtigen Kasten herstellen lassen, der überall im Wege steht und vermutlich nie mehr aufgemacht werden wird, denn es ist schon eine Mühseligkeit, ihn auf einen Tisch zu bringen, weil er geöffnet soviel Platz beansprucht.

Die Versuche, die ich seit meinem Amtsbeginn immer wieder mache, den Deutschen ihre Neigung zur sogenannten „Angabe“ abzugewöhnen, sind, wie ich spüre, weithin gescheitert. Aber ich muß, um meine Seele freizukriegen, dieses

---

1 Hs. Az. 015-3810/55; Stempel: „Pers[önlichem] Ref[erenten] vorgelegen“; weiterer Nachweis: N 1221, 330: ms. Schreiben, Durchschlag.

2 Heuss an den Präsidenten des Volksbundes Deutsche Kriegsgräberfürsorge, Ahlhorn, 8. 12. 1955, in: B 122, 638. Kritik an der Mappe wurde in diesem offiziellem Dankschreiben von Heuss nicht geäußert. Im libyschen Tobruk, das im Zweiten Weltkrieg zwischen den Achsenmächten und den Alliierten heftig umkämpft war, wurde auf Anregung des Volksbundes Deutsche Kriegsgräberfürsorge ein Ehrenmal gebaut, das am 20. 11. 1955 eingeweiht worden war.

3 Heuss hatte mit Schreiben vom 6. 12. 1952 die Schirmherrschaft über den Volksbund Deutsche Kriegsgräberfürsorge angenommen; er erinnerte dabei daran, dass er nach dem Ersten Weltkrieg zu den Gründungsmitgliedern gehört hatte; B 122, 637.

Ihnen aussprechen dürfen: der Vorgang hat meine Freude an Ihrer Arbeit arg herabgemindert.[4]

Ihr Th. Heuss

Nr. 63
An Prof. Fritz Behn, München
10. Dezember 1955
BArch, B 122, 2054: ms. Schreiben, Durchschlag, von Heuss diktiert (Diktatz. H/A) und ms. gez.; ms. Briefkopf: „Theodor Heuss"[1]
Begrenzte Förderung von Künstlern; öffentliche Zurückhaltung in künstlerischen Fragen; Einschätzung von Pablo Picasso; Ablehnung von Atelier-Besuchen

Verehrter Herr Professor Behn!

Freundlichen Dank für Ihren Brief,[2] den ich gleich beantworten will, freilich in der Sorge, daß meine Antwort Sie enttäuschen wird.

Ihr Brief geht von einigen falschen Voraussetzungen aus, gerade was etwa den Kulturkreis des Bundesverbandes der Deutschen Industrie und was die sogenannte Dankspende des Deutschen Volkes betrifft.[3] Ich habe den Kulturkreis, als er zusammentrat, mitbegründet bezw. patronisiert und bin ein paarmal bei seinen Ausstellungen und sonstigen Veranstaltungen gewesen, habe aber mit seinen Kunstentscheidungen nichts zu tun.[4] Bei der Dankspende[5] bin ich sogenannter „Schirmherr" gewesen und habe zu dem ganzen Problem auch einige Male gesprochen, aber an der Jury war ich nicht beteiligt; 1.) habe ich für solche Sitzungen

---

4 Ahlhorn antwortete am 28. 12. 1955, die aufwendige Ausstattung sei auf persönliche Initiative des Kunsthandwerkers als „persönliche Aufmerksamkeit" ohne Berechnung der Mehrkosten erfolgt. Heuss reagierte am 5. 1. 1956: „Ich muß also meinen Unmut, was die Leitung des Volksbundes angeht, zurücknehmen und mich quasi entschuldigen, was hiermit geschieht"; beide Schreiben in: B 122, 638.

1 Az. 1-001-1268/55; Stempel: „Pers[önlichem] Ref[erenten] vorgelegen"; weiterer Nachweis: N 1221, 330: ms. Schreiben, Durchschlag.

2 Behn an Heuss, 7. 12. 1955, in: B 122, 2054. Behn hatte sich bei Heuss beklagt, dass er mit seinen 78 Jahren keine öffentlichen Aufträge und keine Anerkennung als Bildhauer bekomme, sondern als „unmodern" und „veraltet" und „nicht immer bequemer alter Herr verschrieen" sei, der „von allen öffentlichen Stellen ignoriert" werde.

3 Behn hatte Heuss mitgeteilt, dass noch keines seiner Werke vom Kulturausschuss des BDI oder von der Dankspende des Deutschen Volkes erworben worden sei; wie Anm. 2.

4 Geschäftsführer des Kulturkreises im BDI war Gustav Stein, zu dem Heuss gute Beziehungen pflegte; Unterlagen zur engen Beziehung von Heuss zum Kulturkreis in: B 122, 2255.

5 Vgl. Nr. 22, Anm. 11.

gar keine Zeit, und 2.) sollte die politische Ingrediens[6] in diesen Dingen vermieden werden. Ich habe nur bei der Schlußentscheidung über einige Graphik[en] und über zwei oder drei Plastiken mitberaten, aber eben nur beraten.

Der Fall ist so, daß ich ja über Kunstdinge meine Meinung habe und früher auch zu den „Kunstschreibern" gehörte. Ich glaube, es ließe sich ein ganzes Buch von Kunstkritiken, Architekturbetrachtungen und Beurteilungen von graphischen Dingen usf. zusammenstellen.[7] Aber seit ich Bundespräsident bin, bin ich in der Äußerung meiner Meinung auf diesem Gebiet sehr zurückhaltend,[8] abgesehen von einer Rede, die ich zur Wiedererrichtung des Werkbundes über den Begriff der Qualität gehalten habe.[9] Diese Zurückhaltung wollen Sie bitte nicht als Feigheit oder Ausweichenwollen vor prekären Dingen ansehen, sondern daran ist Herr Hitler schuldig. Dadurch, daß Herr Hitler einer Generation von Künstlern gegenüber seinen persönlichen Geschmack zum Ausdruck brachte und viel Spießertum ihm beifällig dankte, ist die Problematik sehr viel anders geworden, als sie ehedem sein mochte. Ich habe auch in dieser Hinsicht nicht die Absicht, die Nachfolge von Hitler anzutreten.

Briefe wie den Ihrigen habe ich schon häufig bekommen, auch von Künstlern, die ich in ihrer Bildung und in ihrem Können sehr verehre. Ich konnte ihnen auch nichts anderes antworten. Alte Schriftsteller wenden sich an mich, die früher Tausende von Büchern verkauft haben, weil sie keine Verleger mehr finden. Und ich kann Ihnen dann nur antworten, daß ich neben meiner überaus starken Beanspruchung nicht noch das „Bundeslektorat" übernehmen kann und außerdem auch keinen Einfluß auf individuelle Entscheidungen von Verlegern nehmen kann.

Ich selber habe mich zum Porträtieren dann zur Verfügung gestellt, wenn ein bestimmter Auftrag wie etwa in Ihrem Falle von unserem gemeinsamen Freund Paul Reusch[10] vorlag. Hier opfere ich einiges an Zeit, um den Künstlern die mit einem Auftrag verbundene wirtschaftliche Chance nicht zu verderben. Ich habe mich selber um meinetwillen weder je malen noch modellieren lassen. Ich war in

---

6 Lateinisch für „Zutat".

7 Vgl. z. B. TH. HEUSS, Ort; DERS., Lust.

8 Vgl. Nr. 56.

9 THEODOR HEUSS: Was ist Qualität? Zur Geschichte und zur Aufgabe des Deutschen Werkbundes. Erweiterte Fassung einer am 10. Februar 1951 im Deutschen Werkbund Stuttgart gehaltenen Rede, Tübingen/Stuttgart 1951; abgedruckt in: TH. HEUSS, Reden. Der Humanist, S. 49–93.

10 Reusch hatte im Jahre 1950 eine Heuss-Büste bei Behn in Auftrag gegeben; N 1221, 189. Allerdings hatte Reusch gegenüber Heuss am 12. 12. 1953 geklagt: „Wenn Professor Behn nicht bald das Zeitliche segnet, fürchte ich, daß er eines Tages noch in einer Heilanstalt enden wird. Er ist von einer derartigen Unerträglichkeit und Einbildung, daß kein Mensch ihm mehr Aufträge geben will und nicht nur meine Wenigkeit, sondern viele andere Leute mit ihm vollständig gebrochen haben"; RWWA, 130-400101290/129.

meinem Leben genügend mit Künstlern befreundet, um mehr Bilder von mir zu besitzen, als ich je Stuben haben werde.

Unmittelbare Aufträge kann ich aus meinen Fonds gar nicht vergeben. Die Mittel sind stark begrenzt. Ich war hier vielleicht unvorsichtig und habe die ehemaligen Etatansätze aus eigenem Entscheid 1949 herabgesetzt. Was von uns aus geschieht, auch in der von mir geschaffenen „Künstlerhilfe",[11] hat ausschließlich karitativen Charakter und ist nicht an ein System von Aufträgen gebunden.

Ihren Aufsatz über Picasso[12] habe ich gelesen, allerdings mit der inneren Unsicherheit, daß ich von Picasso wohl Reproduktionen, aber nicht mehr als zwei oder drei Originale gesehen habe.[13] An sich habe ich etwas das Gefühl, daß eine starke Begabung intellektuell zu spielen versteht, aber ich kann mich hier täuschen. Daß sein Ruhm zum Teil „gemacht" worden ist oder wird, ist eine Begleiterscheinung, die nicht erst von dieser „verderbten" Zeit herkommt, sondern das hat es immer gegeben, seitdem die Kunst auch zu einem Problem des Marktes geworden war.

Sie hatten ja die Freundlichkeit, mich einmal zu einem Atelierbesuch einzuladen,[14] was immerhin eine etwas riskante Angelegenheit auch für mich ist und – hier ganz primitiv – [eine] Frage der Kettenreaktion. Ich habe in all diesen Jahren nie ein Atelier besucht, was ich früher nicht gerade oft, aber doch öfters getan habe, eben weil ich mit einer Reihe von Künstlern in freundschaftlicher Beziehung stand. Wenn ich mir heute diese seltsame Form der Abstinenz zum Gesetz gemacht habe, dann einfach um dem Fluch der Kettenreaktion auszuweichen (wenn bei dem, dann warum bei dem nicht usf.).

Es tut mir leid, daß der Brief Sie nicht befriedigen kann, aber ich will Sie auch nicht auf eine Antwort warten lassen.

Mit freundlichen Empfehlungen
Ihr Theodor Heuss

---

[11] Heuss hatte 1953 die Deutsche Künstlerhilfe gegründet, mit der Künstler und Schriftsteller laufend oder einmalig durch das BPrA unterstützt werden können, wenn sie in finanzielle Nöte geraden sind; vgl. auch Nr. 203.

[12] Der Aufsatz mit dem Titel „Picasso, eine Zeitwende" behandelte die Eröffnung einer Picasso-Ausstellung in München und lag dem Schreiben von Behn als ms. Manuskript bei; B 122, 2054.

[13] Vgl. Nr. 75.

[14] Wie Anm. 2.

Nr. 64
An Prof. Dr. Willy Andreas, Litzelstetten, Bodensee
13. Dezember 1955
BArch, N 1221, 430: ms. Schreiben, Durchschlag, von Heuss diktiert (Diktatz. H/Sch) und ms. gez.; ms. Briefkopf: „Theodor Heuss"[1]
Neuausgabe der Sammelbiographie „Die Großen Deutschen"; Distanzierung von 1. Auflage von 1935/36

Lieber Andreas!

Am Samstag abend und Sonntag[2] haben wir eine neue Besprechung der Herausgeber der neu zu gestaltenden „Großen Deutschen" mit den Herren des Verlags gehabt, und dabei hat Herr Soschka auch Ihren Brief und Ihre Einwendungen vorgetragen.[3] Wir haben sie gründlich besprochen. Ich selber habe zunächst die Frage gestellt, wer der Initiator des Gesamtwerkes war, ob Scholz oder Sie oder der Verlag. Aber Herr Soschka sagte, daß darüber Feststellungen nicht zu machen seien.

Wir sind bei unserer Auffassung geblieben, daß das Titelblatt selber nicht belastet werden soll mit einer Vielzahl von Namen. Ich sehe auch gar nicht ein, daß Sie und Scholz daran ein Interesse haben könnten. Die Herausgeber selber legen Wert darauf, daß das Werk nicht als eine geänderte Auflage, sondern als eine neue Ausgabe erscheint. Das waren ja die Voraussetzungen, unter denen sie sich bereiterklärt haben, an das mühsame Geschäft heranzugehen.

Es wird aber auf der Rückseite des Titelblattes darauf hingewiesen werden, daß das Werk im Jahre 1935 von Ihnen und Scholz begründet und in der ersten Ausgabe besorgt wurde.[4] Damit dürfte das, glaube ich, erledigt sein. Wir haben ja im Nachwort dann noch einige Bemerkungen dazu gemacht, die von Ihnen akzeptiert worden sind.[5]

1 Weiterer Nachweis: N 1221, 330: ms. Schreiben, Durchschlag.
2 10. und 11. 12. 1955.
3 Andreas an Cyrill Soschka, 6. 12. 1955, in: N 1221, 430. Andreas hatte noch einmal betont, dass die „Begründerschaft" des Werkes auf dem Innentitel erwähnt werden müsse. Ferner bedauerte er, dass Heuss in seiner Einführung sich ausdrücklich von der Vorrede der früheren Herausgeber distanziere, obwohl er an dem damaligen Werk mitgearbeitet habe. – Schon am 2. 5. 1955 hatte Heuss Andreas über die Neuausgabe der „Großen Deutschen" unter der Mitherausgeberschaft von Heimpel und Reifenberg ausführlich informiert und dabei betont, dass es ihm wichtig sei „zu helfen, dass jüngere Namen im breiteren Raum sich bewähren" und nicht auf die alten Herausgeber zurückgegriffen werde. Zugleich bot er Andreas an, den Beitrag über Maximilian zu übernehmen; N 1221, 327. Am 10. 10. 1955 schlug Heuss ihm zudem vor, dessen Beiträge über Friedrich den Großen und über Maria Theresia aus der ersten Auflage durchzusehen, da sie ebenfalls in der Neuausgabe verwendet werden sollten; N 1221, 427; vgl. auch Nr. 36.
4 Vgl. H. Heimpel / Th. Heuss / B. Reifenberg, Großen Deutschen, Bd. 1, S. 4; auch schon Heuss an Andreas, 10. 10. 1955, in: N 1221, 427.
5 Vgl. H. Heimpel / Th. Heuss / B. Reifenberg, Großen Deutschen, Bd. 1, S. 615.

Sie empfinden es nun aber irgendwie als ein Unrecht, daß in der Einleitung, die ich verfaßt habe, eine Distanzierung zu der ersten Ausgabe erfolgt,[6] und können sich damit nicht ganz zufriedengeben. Sie meinen auch, die Tatsache, daß ich bei der ersten Ausgabe mitgewirkt habe, erlaube mir eigentlich diese Distanzierung nicht, weil ich mich selber damit desavouiere.

Dazu muß ich aber nun doch eine Anmerkung machen. Ich habe, als ich damals die Aufforderung bekam und den List[7] übernahm, das Vorwort, auf das Sie hinweisen, natürlich gar nicht gekannt. Ich habe es, verzeihen Sie, in diesem Frühsommer zum ersten Male gelesen. Ich entsinne mich nicht, daß Sie es uns bei der Aufforderung zur Mitarbeit an dem Werk vorgelegt hätten. An sich finde ich es auch nicht allzusehr zu beanstanden, wenn freilich das Pathos, das darin enthalten ist, nicht meine eigene Sprache ist. Die Distanzierung, nicht nur zu dieser fast fröhlichen Aufbruchstimmungs-Tonlage, die im Vorwort enthalten ist und die in meiner Einleitung ins Tragische abgewandelt erscheint, wenn das Wort erlaubt ist, – ich habe ja an sich mehr die Problematik der Würdigung darzustellen versucht – ist ja mit dadurch ausgelöst, daß, ganz sicher nicht zu Ihrer Freude und zu der von Herrn von Scholz, der vierte Band mit Schlageter[8] und Horst Wessel[9] als großen Deutschen endet. Das hat, glaube ich, die Mehrzahl der damaligen Bezieher tief beeindruckt, und als ich meinen Entwurf der Einleitung schrieb, wollte ich eigentlich darüber ein Wort sagen und Sie hinterher entschuldigen, daß Sie, was Ihnen sicher aufgezwungen wurde, dies mit Ihren Namen deckten. Ich habe aber davon Abstand genommen, denn das wäre aus der Sicht von heute sowohl für Sie wie für Scholz nur unangenehm gewesen. Ich habe neulich mit einem mir nicht näher, aber doch einigermaßen vertrauten Historiker über den Gesamtkomplex gesprochen, um wegen einiger Leute, die mir ferner liegen, seinen Rat einzuholen. Es war für mich sehr lehrreich, da er glaubte, gerade diese Geschichte mit Horst Wessel und mit Schlageter sei hintergründig für Ihre eigenen späteren akademischen Schicksale ein sehr wesentliches Motiv gewesen.[10]

---

[6] Theodor Heuss: Über die Maßstäbe geschichtlicher Würdigung, in: H. Heimpel / Th. Heuss / B. Reifenberg, Großen Deutschen, Bd. 1, S. 9–17. Am Ende der Einführung distanziert sich Heuss von der Erstausgabe des Werkes, die vor zwanzig Jahren „einem gewalttätigen Geschichtsvorgang, der eben angehoben hatte, ‚Größe'" zuschrieb. „Manche Figur, die auftrat, wurde dann als eine Art von Vorläufertum interpretiert und der Leser zum Stolz ermuntert, in einer von ihnen bestätigten Gegenwart froh zu sein. Unserer Zeit ist solches Froh-Sein versagt. Die ist von Scham beschwert." Ebd., S. 17.

[7] Der Beitrag von Heuss über Friedrich List in: W. Andreas / W. v. Scholz, Großen Deutschen, Bd. 3, S. 222–235.

[8] Der Beitrag von Paul Wentzcke über Albert Leo Schlageter in: ebd., Bd. IV, S. 584–593.

[9] Der Beitrag von Wilfried Bade über Horst Wessel in: ebd., Bd. IV, S. 594–606.

[10] Andreas war aufgrund seiner Nähe zum Nationalsozialismus während seiner Rektoratszeit an der Universität Heidelberg 1946 durch die amerikanische Militärregierung aus dem Lehramt entlassen worden. Heuss hatte ihm daraufhin geraten, dies zu akzeptieren; vgl. Heuss an Andreas, 22. 10. 1947; Heuss an Eugen Thoma, 9. 4. 1948, in: Th. Heuss, Erzieher, S. 317f, 364–366.

Ich habe in meiner Korrektur durch die kleine Änderung nicht die heutigen Herausgeber zu den früheren Herausgebern kontrastiert, sondern die Zeit mit der früheren in Gegensatz gestellt, und ich glaube, daß ich dabei bleiben muß. Die beiden anderen Herren sind auch dieser Auffassung, denn die Voraussetzungen, unter denen wir uns bereit erklärten, an die Arbeit heranzugehen, waren ja die unabhängige Auswahl der zu behandelnden Figuren und die freie Auswahl der Autoren, die wir aussuchen. In den Autoren ist ja ein sehr starker Wechsel eingetreten.

Es tut mir leid, daß diese Antwort für Sie eine Enttäuschung bedeutet, aber der Vergleich der Situation wird Ihnen ja offenbaren, daß das eine loyale Lösung ist, loyal uns gegenüber wie auch Ihnen gegenüber.

Daß Ihre beiden Beiträge über so wichtige Figuren wie Friedrich den Großen und Maria Theresia plus Joseph II.[11] in der neuen Ausgabe enthalten sein werden,[12] zeigt Ihnen ja, daß die Distanzierung zu der Einleitung und zu Teilen der Durchführung nicht eine Pointe gegen Ihre literarisch-wissenschaftliche Gestalt darstellen kann.

Ich schreibe gleichzeitig an Herrn von Scholz und lege ihm, um den Gedankengang nicht wiederholen zu müssen, einen Durchschlag dieses Briefes bei.[13]

Mit besten Grüßen und guten Wünschen für die ganze Familie
Ihr Th. Heuss

---

11 Die Beiträge von Andreas über Friedrich den Großen und Maria Theresia einschließlich Joseph II. in: W. ANDREAS / W. V. SCHOLZ, Großen Deutschen, Bd. 2, S. 124–148, 149–165.

12 Vgl. H. HEIMPEL / TH. HEUSS / B. REIFENBERG, Großen Deutschen, Bd. 2, S. 105–146.

13 Heuss an Scholz, 13. 12. 1955, in: N 1221, 430.

Nr. 65
Aufzeichnung über den sogenannten „Oberbefehl" über die Bundeswehr
18. Dezember 1955; Lörrach-Tumringen, Im Vogelsang 7

BArch, N 1239, 167: ms. Schreiben, behändigte Ausfertigung; ms. Briefkopf: „Theodor Heuss"

„Oberbefehl" über die Bundeswehr; militärische Traditionen; Ablehnung der bloßen Repräsentation des Oberbefehls durch den Bundespräsidenten; militärische Kompetenzen von Heuss; Stilfragen

Bemerkungen zu den Erörterungen über den sogenannten „Oberbefehl"[1]

Eine Meldung in der gestrigen Nummer der „Welt"[2] über die vermutete Lösung des sogenannten „Oberbefehls" bei den kommenden „Streitkräften", lies „Bundeswehr", lies „Wehrmacht" veranlaßt mich, ermuntert durch die Betriebsruhe eines Urlaubstages, einige Überlegungen niederzuschreiben, unsystematisch, denn ich habe keine „Entwürfe" und keine „Protokolle" zur Hand, zum Teil gewiß auch subjektiv, doch nicht ich-bezogen. Wenn der Ausgangspunkt, die Mitteilung der „Welt", falsch gewählt ist, umso besser; dann bin ich einige der Sorgen los, die sie mir gemacht hat.

1. Ich habe oben vor das Wort „Oberbefehl" ganz bewußt das Wort „sogenannt" gesetzt. Denn ein „Oberbefehl", der eine Sachunterscheidung erfährt zwischen „repräsentativ" und „tatsächlich" und der zugleich eine temporäre Wanderfigur zwischen dem „Frieden" und dem „Kriegsfall" ist, ist keine in sich wirksame und glaubhafte Figur.

---

1 Das Memorandum sollte von Bott an Adenauer, Blücher und Blank weitergegeben werden; vgl. TH. HEUSS, Tagebuchbriefe, S. 118, 19. 12. 1955, wo Heuss auch die Entstehung der „Bemerkungen" beschreibt. – Im Zuge der Verhandlungen über den Deutschlandvertrag und über einen westdeutschen Wehrbeitrag in einer europäischen Armee oder in der NATO, die in den Pariser Verträgen ihren Abschluss fanden (vgl. Nr. 6, Anm. 4), wurde seit Beginn der fünfziger Jahre auch die Frage des Oberbefehls diskutiert. Heuss und Adenauer führten am 20. 11. 1953 und am 13. 1. 1954 darüber Gespräche, in denen Heuss seine Position deutlich machte; vgl. K. ADENAUER / TH. HEUSS, Unter vier Augen, S. 124, 127. Die FDP hatte am 12. 1. 1954 im Bundestag beantragt, dem Bundespräsidenten den Oberbefehl zu übertragen, was eine große Debatte unter den Parteien auslöste; vgl. D. WAGNER, FDP, S. 136–139.

2 Der Artikel „Oberbefehl bleibt in der Wehrverfassung noch offen" (Die Welt, 17. 12. 1955) resümierte die Beratungen des „Sicherheitsausschusses" (1956 umbenannt in Verteidigungsausschuss des Deutschen Bundestages) zur Wehrverfassung. Demnach sei folgende Lösung zu erwarten: „Dem Bundespräsidenten steht der repräsentative Oberbefehl zu. 2. Der Verteidigungsminister hat im Frieden den tatsächlichen Oberbefehl. 3. Im Kriegsfall geht der Oberbefehl auf den Bundeskanzler über." Zahlreiche Zeitungsausschnitte zur öffentlichen Diskussion über den „Oberbefehl für die Bundeswehr", die im Januar 1956 ihren Höhepunkt erreichte, in: B 122 Anhang, 98.

2. Der Begriff „repräsentativ“ beim Bundespräsidenten ist schlechthin der Würde und dem Gewicht des Amtes als solchem abträglich. Ich weiß, er ist kein staatsrechtlicher Begriff, ich weiß auch, was man darunter versteht: Ehrenrechte, Kompanien abschreiten, Paraden abnehmen. Ich bin klug genug zu wissen, daß derlei, das mir persönlich gar nicht liegt, zu den offenkundigen Unausweichlichkeiten der sogenannten „Staatsraison“ gehört. Doch sind die „Repräsentation“ und der „Präsentiermarsch“ schon im Sprachlichen zu dicht benachbart. Diese Begriffsumschreibung muß aus der Publizistik heraus – Avis[3] an das Presse- und Informationsamt.

3. Der „Oberbefehl“ des Verteidigungsministers „im Frieden“ ist eine Chimäre; er hat dafür zu sorgen, daß „sein Laden“ in Ordnung kommt und in Ordnung bleibt, verwaltungsmäßig, kriegstechnisch, in der staatlichen Grundhaltung seiner Glieder. An ihn sind, wie an die übrigen Minister, nach den sachlichen Gegebenheiten und den Möglichkeiten der grundgesetzlichen Rechtsordnung Ernennungsrechte bis zu einem bestimmten Range delegiert.

4. Daß der „Oberbefehl“ im „Kriegsfall“ an den Bundeskanzler übergeht, ist eine Fiktion – denn da ruht er bei dem Oberkommandierenden der NATO. So stark seine Verantwortung in solchem Falle ist, sie ist *politischer* Natur.

5. Der Begriff des „Oberbefehls“ ist seiner Natur und seinem psychologischen Zwecke nach unteilbar. Der Soldat denkt, wenigstens heute noch in Deutschland, personell, nicht abstrakt („der Staat“) – das wird [nur nicht] zutreffen für eine Gruppe intelligenter oder intellektueller Offiziere, die die neue geschichtliche Situation verstanden haben.

6. Ich selber möchte mich bei den wenigen Lesern dieser Niederschrift vor der leisesten Vermutung gesichert wissen, als ob Theodor Heuss, in einem quelltiefen Ehrgeiz, noch auf seine alten Tage „Oberbefehlshaber“ werden wolle. Ich war selber nie Soldat, aber ich habe es, wenn sie nicht „subaltern“ waren (das gab es bis in den Generalsrang), mit Soldaten immer „gut gekonnt“, zumal wenn sie merkten, daß ich gelegentlich von Kriegsgeschichte mehr wußte als die Besucher von Kadettenschulen und Kriegsakademien. Ich darf aber gleich hier, um der Vermutung vorzubeugen – das kommt später dran –, als ob ich, tiefenpsychologisch gesehen, weil nie Soldat, „Komplexe“ besitze, davon sprechen, daß ich

a) der erste deutsche Publizist war, der für das Pensionsrecht der Offiziere eintrat – dieser Aufsatz[4] ging, wurde mir Jahre später erzählt, hereingeschmuggelt, durch die Lager, in denen die Leute mit Generalsrang interniert waren.

b) Als mir im September 1949 die Regierungserklärung zur Kenntnisnahme vorgelegt wurde, waren darin die früheren Berufsoffiziere, die wie ihre Frauen

[3] Französisch für „Mitteilung“.
[4] Vgl. Nr. 13, Anm. 13.

und Witwen noch unter dem Kontrollrat-Gesetz der völligen Degradierung standen,[5] vergessen; sie sind dann auf meine Bitte noch hineinkorrigiert worden.[6]

c) Ich war der *einzige* Abgeordnete des Parlamentarischen Rates, der gegen den Kriegsdienstverweigerungsartikel im Grundgesetz seine Stimme erhob, bei der Abstimmung im Hauptausschuß folgten mir leider nur zwei weitere Mitglieder.[7]

7. Diese sehr persönliche Anmerkung über prae und post [erfolgt] im Nebenbei, doch nicht nur im Nebenbei. Es geht nicht um Theodor Heuss, sondern um den „Staat“ und um die psychologische Haltung des Volkes – diese ist schwer durchschaubar, trotz Demoskopie, aber die Presse ist lesbar und sie ist, mit wenigen Ausnahmen, soweit ich das überblicke, verworren, auf den undefinierbaren „Abonnenten“ eingestellt, der den Bezug erneuert, selten an den Seismograph denkend, der in den fremden Ländern empfängt und registriert.

8. Es geht „um den Staat“. Das heißt konkret: die Figur des Bundespräsidenten muß in der „Notstands“-Gesetzgebung[8] ihren gemäßen Raum finden. Ich habe eine längere Zeit zurückliegende Unterhaltung mit Herrn Blank, damals noch „Sicherheitsbeauftragter“, nicht vergessen, in der er mir darlegte, der Bundespräsident dürfe keinen „Schießbefehl“ geben, er müsse „überparteilich“ außerhalb möglicher Konflikte bleiben.[9] Das ist schön gedacht, aber es ist falsch gedacht. Ich glaube kaum, daß ein Bundespräsident, wie immer er heiße, „Schießbefehle“ geben möchte. Aber die Dinge sind doch so: wenn derlei je notwendig sein sollte

---

5 Vermutlich gemeint die UFSET-Direktive vom 7. 7. 1945, die weitgehend identisch ist mit der Direktive Nr. 24 des Alliierten Kontrollrats vom 12. 1. 1946; darin wurde u. a. die Entlassung aller Berufsoffiziere der Reichswehr und Wehrmacht empfohlen; vgl. C. VOLLNHALS, Entnazifizierung, S. 9, 11.

6 Vgl. Nr. 13, Anm. 14.

7 So sprach sich Heuss im Ausschuss für Grundsatzfragen am 27. 10. 1948 dezidiert gegen die Aufnahme des Rechts auf Kriegsdienstverweigerung aus: „Nach meiner Kenntnis ist das Kriegsdienstrecht auch eine Pflicht in der Demokratie. Es ist also unglücklich, in eine demokratische Verfassung grundsätzlich hineinzuschreiben, daß jeder sich drücken darf, auch wenn es sich um einen Verteidigungskrieg handelt.“ PARLAMENTARISCHER RAT, Bd. 5/I, S. 419. Ende November nahm der Ausschuss dennoch den Artikel in den Grundgesetzentwurf auf, dass niemand „gegen sein Gewissen zum Kriegsdienst gezwungen werden“ darf; ebd., Bd. 5/II, S. 760–762. Daraufhin brachte Heuss am 18. 1. 1949 im Hauptausschuss den Antrag ein, diesen Artikel aus dem Entwurf zu streichen, was der Hauptausschuss aber ablehnte; vgl. ebd., Bd. 14/II, S. 1327; vgl. auch Nr. 108; Heuss an Paul Helbeck, 21. 12. 1948, in: TH. HEUSS, Erzieher, S. 446.

8 Mit der Wehrverfassung wurde auch die Frage der Notstandsverfassung diskutiert, mit der im Bedrohungsfall außerordentliche Maßnahmen außerhalb des regulären demokratischen Verfassungsweges beschlossen werden können; vgl. VERTEIDIGUNG, S. 101–103.

9 Ähnlich wurde im Kabinett, insbesondere von Adenauer argumentiert: Politische Aufgaben könnten für ein Staatsoberhaupt nur eine Belastung sein. Dem Bundespräsidenten stünden u. a. „Ehrenrechte“ zu. Bei einer anderen Regelung sei eine Änderung des Grundgesetzes erforderlich; vgl. KABINETTSPROTOKOLLE 1955, Sitzung vom 22. 6. 1955, S. 385.

– Gott verhüte es –, dann ist für die staatliche Existenz Matthäi[10] am letzten. Dann ist das undenkbar, daß das Staatsoberhaupt sein Haupt mit sentimentalem Bedauern hin und her wiegt, bedauernd, daß es so arge Situationen gibt, dann muß die moralische Kraft, die er sich vielleicht erworben hat, eingesetzt werden, nicht dadurch, daß man ihm die Chance zu dem Kommando läßt: „Gebt Feuer!", sondern daß er in einer Sache, die schicksalsentscheidend sein kann, nicht lediglich als betrübter[11] und unverantwortlicher Zuschauer figuriert. Man kann das Thema auch theologisch variieren: Deismus oder Theismus? Gott, der Schöpfer der Dinge, der dann gelangweilt, verärgert, befriedigt dem Ablauf der Dinge zuguckt, oder Gott der Lenker, der sich strafend oder warnend oder weisend ihrer annimmt.

9. Konkret gesprochen: die relative Bagatellisierung des Bundespräsidenten, wer immer er sei, ist sachlich und zeitgeschichtlich das gleiche Mißverständnis wie seine Überwertung im „Repräsentativen", das man dann im pathetischen Überschwang auch das „Symbolische" nennt, mit der geheimen Angst, daß es sich zu „Camarilla" oder „Militärkabinett" auswachsen könne. Vestigia terrent![12] Dabei vergessen die Besorgten, daß Anweisungen und Erlasse des Bundespräsidenten Rechtsgeltung erst durch die „*Gegenzeichnung*" erhalten, sei es des Bundeskanzlers, sei es des Ministers oder mehrerer ressortmäßig beteiligter Minister.[13]

10. Der Vorschlag der SPD, den Verteidigungsminister unter ein Sonderrecht der Abberufbarkeit zu stellen,[14] ist staatsrechtlich so widersinnig wie politisch, wenn nicht die SPD ein Scheiben-Schützen-Klub werden will – ein teils albernes, teils gefährliches Mißverständnis der erstrebten, im Fundamentalen von ihren gescheiten Leuten auch anerkannten Einheit der Volksorganisation. Das Militärische in die Sonderbehandlung zu nehmen und sich dabei an Erfahrungen mit dem „obersten Kriegsherrn" und dem „Militärkabinett" zu erinnern oder an die Immanen[15] der Hindenburg-Situation zu denken hat etwas Kleinliches, da es aus der Angst lebt, die, wiewohl sie gegenwärtig philosophisch hoch angeschrieben steht, für zweckhafte Entscheidungen den subalternen Zug des Ausweichens besitzt.

11. Das Wort „Bürger in Uniform", das das Gesamtproblem richtig trifft, ist in Gefahr, daß die Anführungszeichen, die es einhegen, nur mehr ironisch ge-

---

[10] Eventuell Anspielung auf Matthäus 5, 39: „Ich aber sage euch, daß ihr nicht widerstreben sollt dem Übel; sondern, wenn dir jemand einen Streich gibt auf deine rechte Backe, dem biete die andere auch dar."

[11] In der Vorlage: „Betrübter".

[12] Lateinisch für „Die Spuren schrecken ab"; gemeint ist das historische Vorbild des Reichspräsidenten in der Weimarer Republik.

[13] Art. 58 GG.

[14] In dem Zeitungsartikel (wie Anm. 2) heißt es: „Entschieden abgelehnt wird von der CDU/CSU der Vorschlag der SPD, den Verteidigungsminister abweichend von der bisherigen Festlegung im Grundgesetz vom Vertrauen des Parlaments abhängig zu machen."

[15] Vielleicht aus dem Lateinischen „immanis" (groß, schrecklich, ungeheuer) abgeleitete Wortschöpfung von Heuss.

nommen werden. Das spüre ich ziemlich deutlich. Doch geht es darum, ihm seinen inneren Sinn zu retten, damit das Ethos der Wehrpflicht gerettet werde. Es geht um das *Ethos*, das nach den Education-Reeducation-Jahren der Kriegssieger[16] schwer glaubhaft zu machen ist. Ich will nichts sagen über die Unvermeidlichkeit des sogenannten „Kommiß“[17], des „Barras“[18] – ich habe das nie mitgemacht. Aber wir stehen vor der einfachen Tatsache: für viele Deutsche ist dies ihre „große“ Zeit, weil sie in einem Geschichtsverband standen und auch an Geschichte mitherumexperimentiert haben, für ebensoviele die Erinnerung an die Beugung ihrer Persönlichkeitsempfindung.

12. Seltsame Situation dieser Zeit: „man“ will möglichst bald deutsche Soldaten sehen, glaubt aber, daß, wenn sie da sind, Deutschland von ihnen „beherrscht“ werde – das war geschichtlich nie der Fall. Aber Legenden haben eine Kraft, die sie zur geglaubten Realität erheben. Für die deutsche Situation bedeutet dies soviel: mit der Militärsache das Notwendige rasch und ordentlich zu tun, aber ohne „Angabe“. Man soll, ganz bewußt, dem Gerede der „Fachleute“ von der „Tradition“ mißtrauisch gegenüberstehen – ich habe sie nie mißachtet, aber ich weiß auch, daß sie eine heiter strömende Fehlerquelle sein oder werden kann. Die moderne Kriegstechnik hat sich so vollkommen geändert, daß die alten Begriffe, und auch „Repräsentation“, die aus der Zeit der „linearen“ Kriegsführung stammt, durch eine innere Lügenhaftigkeit belastet erscheint.

13. Als ich vor einigen Monaten in der „Evangelischen Akademie“ von Loccum über Probleme dieser Zeit sprach,[19] meinte ich, die Fahne, die einmal ein schlachtentechnisches Erfordernis war (die Einheit hieß das „Fähnlein“), sei ebenso unzeitgemäß, weil von vornherein museal, als die Militärkapelle mit ihren Märschen, denn es „marschiert“ ja niemand mehr in den Krieg – die Motoren sind unmusikalisch. Man hat mir diesen nüchternen Realismus teilweise verdacht: „Ich verkenne die seelischen Momente.“ Das mag sein; doch ich glaube es nicht recht. Natürlich ist das Drum und Dran der soldatischen „Traditions“-Verbände eine politisch-psychologische Realität, aber man soll sie nicht in den Fragen des militärischen Stiles wichtig nehmen. Denn sie leben – das mag sie ehren, zumal dort, wo sie auch ehrenamtlich betreut werden – aus dem Vergangenen, das für viele von ihnen Gegenwart des überpersönlichen Lebens und Erlebens war und blieb. Aber man soll ihren Sprüchen nicht allenthalben folgen wollen.

---

[16] Umerziehungsprogramm der Alliierten, das die Deutschen nach 1945 zur Demokratie erziehen sollte; vgl. K.-H. FÜSSL, Umerziehung, S. 76–147.

[17] Umgangssprachlich für Armee.

[18] Armee, speziell Wehrpflicht, vor allem im Zusammenhang mit der Wehrmacht.

[19] Heuss sprach am 22. 6. 1955 in Loccum bei einer Veranstaltung „Tage des Gespächs für Journalisten“ über „Stilfragen der Demokratie“; Manuskript in: B 122, 242; Abdruck in: TH. HEUSS, Politiker, S. 450–465.

14. Wir werden „Stil" für das deutsche Soldatentum und sein In-Erscheinung-Treten erst noch finden müssen. Ich will als Bundespräsident keine ausgebaute Militär-„Adjutantur", wie manche Leute sich das vorstellen – was soll der Mann, was sollen seine Leute herumfaulenzen? Ich bin ganz zufrieden, daß mich die nordrhein-westfälische Landespolizei „beschützt" und „bewacht" – der Bundespräsident ist eine politisch-zivile Institution –, und diese Regelung entlastet den Bundeshaushalt. Ich will auch, wenn es schon unvermeidlich ist, daß sie antreten, ein Minimum an Soldaten bei dem sogenannten Neujahrsempfang am 10. Januar und keine Kapelle mit dem Bumsdada[20] usf. – denn die Leute würden mir, solange Divisionen noch nicht vorhanden, nur als Attrappe aus Papier-Maché, als Material für die Kino-Operateure erscheinen. Gegen diese habe ich meine Vorbehalte.

Mein Nachfolger im Amt kann sich diesen Schrieb vorlegen lassen und machen, was er lustig ist. Ich wollte nur in ein paar Abendstunden niederschreiben für die wesentlichen Männer, was mich, um des Staates willen, in diesem Fragenkreis bewegt.[21]

Theodor Heuss

Nr. 66
An Otto Landsberg, Baarn, Utrecht, Niederlande
19. Dezember 1955; [Lörrach-Tumringen, Im Vogelsang 7]

BArch, N 1221, 166: ms. Schreiben, Durchschlag, von Heuss diktiert (Diktatz. H/vM) und ms. gez.; ms. Briefkopf: „Th. Heuss"[1]

Besuch beim Sohn in Lörrach; 80. Geburtstag von Friedrich Stampfer und dessen Beitrag über August Bebel in der Sammelbiographie „Die Großen Deutschen"; Tod von Otto Braun; Sorgen wegen bevorstehender Wahlen; Persönliches

Verehrter, lieber Freund!

Es gibt eine Anzahl von alten Freunden, die nun für die Briefkommunikation darauf angewiesen sind, daß ich einmal aus den laufenden Amtsgeschäften mich

20 Vgl. Nr. 68.

21 Im März 1956 verabschiedete der Bundestag mit der großen Mehrheit von SPD und CDU/CSU das 2. Wehrergänzungsgesetz. Danach besaß der Verteidigungsminister die Befehls- und Kommandogewalt über die Streitkräfte in Friedenszeiten (Art. 65a GG). Im Verteidigungsfall geht die Befehls- und Kommandogewalt auf den Bundeskanzler über (Art. 115b GG). Dem Bundespräsidenten verblieben das Recht auf Ernennung und Entlassung von Offizieren und repräsentative Funktionen (Art. 60 GG). Er verkündet lediglich den vom Bundestag getroffenen Beschluss über das Eintreten des Verteidigungsfalles oder trifft diese Entscheidung mit Gegenzeichnung des Bundeskanzlers selber, wenn der Bundestag verhindert ist (Art. 59a GG, heute in abgeänderter Form Art. 115a GG); vgl. VERTEIDIGUNG, S. 94–97.

1 Weiterer Nachweis: N 1221, 330: ms. Schreiben, Durchschlag.

etwas herauslösen kann, denn die Dinge sind ja so geworden, daß nicht nur der Briefeingang dauernd steigt, sondern daß eine Zeitlang auch – Schuld meiner „Gutmütigkeit" – die Beanspruchungen für die widerspruchvollsten und verschiedensten Dinge mit einer gewissen Selbstverständlichkeit auf mich zukommen. Darunter leidet das, was alte persönliche Vertrautheit gewesen ist.

Ich benütze nun aber den vierzehntätigen Aufenthalt bei meinem Sohn in Lörrach, wo ich mich auch des Enkelkindes erfreue, das auch ein Enkelkind des nach dem 20. Juli hingerichteten alten Freundes, des Berliner Bürgermeisters Fritz Elsas ist, um manches nachzuholen, was mich etwas bedrückt.

Von dem, was ich tue und treibe, bekommen Sie ja wohl durch die Zeitung eine ungefähre Vorstellung. Mit den alten Freunden ist die Beziehung nun auch auf Zufälligkeiten angewiesen, aber es ist mir sehr lieb in der Erinnerung, daß ich Friedrich Stampfer eine große Freude machen konnte, als ich unangemeldet an seinem 80. Geburtstag bei ihm einbrach und mit ihm schöne Gespräche über alte Zeiten und gegenwärtige Sorgen führen konnte. Ich habe ihn neulich darum bitten können, daß er für das Sammelwerk „Die Großen Deutschen", das ich mit dem ausgezeichneten Historiker Hermann Heimpel in Göttingen und Benno Reifenberg von der „Gegenwart" in Frankfurt für den Propyläen-Verlag (Haus Ullstein) neu herausgeben soll, einen Aufsatz über Bebel[2] übernimmt, aber ich will den Typus, wie er im Jahre 1935/36 gewählt wurde, gewählt werden mußte, brechen und auch Figuren wie Bebel und Kolping hineinnehmen, d. h. Persönlichkeiten, die eine menschenbildende Kraft besaßen und damit geschichtswirksam wurden, ohne daß der snobistische Historiker sie mit dem Begriff der Größe drapieren wird. Ich lasse Ihnen anliegend den Einleitungsessay zugehen über Maßstäbe geschichtlicher Würdigung,[3] weil Sie daraus ersehen mögen, wie ich die Sache anpacke. Es ist ein bißchen viel, neben den laufenden Amtsgeschäften nun auch noch literarische, ich will nicht sagen Ehrgeize, sondern Verantwortungen zu pflegen, aber das ist die metapolitische Essenz dessen, was irgendwie gesinnungsgemäß doch auch ins Politische wirken kann.

Mit aufrichtigem Bedauern habe ich die Nachricht vom Tode von Otto Braun erhalten. Es sind jetzt vier Jahre her, als ich, 14 Tage in Locarno weilend, viel mit ihm zusammengewesen bin.[4] Damals war er noch elementar frisch, aber

---

[2] Heuss an Stampfer, 21. 11. 1955, in: N 1221, 427. Der Beitrag Stampfers über Bebel in: H. HEIMPEL / TH. HEUSS / B. REIFENBERG, Großen Deutschen, Bd. 3, S. 552–561. Heuss hatte in Gesprächen mit Schumacher und Ollenhauer angeregt, Stampfer den Auftrag zu geben, eine Bebel-Biographie zu schreiben, weil dieser ihn noch aus der Nähe erlebt hatte. 1950 bat Heuss Landsberg persönlich darum; vgl. Heuss an Landsberg, 11. 9. 1950, in: TH. HEUSS, Bundespräsident 1949–1954, S. 169f. Dass er selbst den Beitrag über Bebel in der „Neuen Deutschen Biographie" verfasst hatte, empfand er als etwas Paradoxes; vgl. Heuss an Walther G. Oschilewski, 15. 4. 1958, in: B 122, 601; vgl. auch TH. HEUSS, Tagebuchbriefe, S. 49, 29. 7. 1955.

[3] Vgl. TH. HEUSS, Maßstäbe; vgl. auch Nr. 64.

[4] Vgl. Heuss an Otto Braun, 26. 1. 1952, in: TH. HEUSS, Bundespräsident 1949–1954, S. 312f.

durch seinen Unfall, den er sich zugezogen hatte, wie mir Rietzel, der mit ihm befreundet war, mitteilte,[5] doch etwas hinfällig geworden. Auch ihm soll die spätere Geschichtsschreibung noch einmal Gerechtigkeit angedeihen lassen.[6]

Politische Äußerungen im einzelnen erwarten Sie von mir nicht. Ich bin, wie schließlich jeder Deutsche, von ziemlicher Sorge bedrängt über die weitergehende Problematik dieser Zeit und die Undurchsichtigkeit der innenpolitischen Verhältnisse in einigen der Länder über das Problem, was bedeuten jetzt die dort und dort und dort bevorstehenden Wahlen,[7] aber das ist ein Kapitel, das zu buchstabieren ja zu weit führen würde. Ich weiß gut genug, daß Sie sich selber auch darüber Ihre Gedanken und Sorgen machen.

Ich hoffe sehr, daß Sie an der Entwicklung des Sohnes, der doch, wenn mich mein Gedächtnis hier nicht täuscht, bei Ihnen Bergingenieur geworden ist, Ihre Freude haben und daß Sie selber in Ihrem hohen Alter sich in einer erträglich guten Gesundheit befinden. Ich selber habe im Frühjahr einmal ein paar Wochen in Kissingen zugebracht mit meinem Sohn und mit der aus Amerika zu Besuch weilenden Frau Dr. Toni Stolper, der Witwe von Gustav Stolper.[8] Vielleicht kennen Sie sie. Das war eine ausruhsame Zeit, aber dann ging es gleich wieder mit Reisen und Reden scharf ins Geschirr, so daß ich im Sommer eine Zeitlang müde war, aber jetzt bin ich wieder, was die Gesundheit und Leistungsfähigkeit betrifft, nach meinen eigenen Maßstäben „gut im Stand."

Manchmal übrigens erzähle ich den Leuten, daß ich für Druckfehler meiner Bücher keine Garantie mehr übernehme, da mir mein bester Korrekturenleser Otto Landsberg nicht mehr zur Verfügung steht. Ich erzähle diese Geschichte immer mit einer gewissen Rührung, wie Sie die Fahrlässigkeiten, die bei mir vorkamen, feststellten und nachher anfingen, Korrekturen von mir zu lesen.[9]

Ich sende Ihnen und der Gattin gute Grüße und Wünsche in alter Freundschaft
Ihr
Theodor Heuss

[5] Ein Schreiben Rietzels an Heuss ließ sich nicht ermitteln.
[6] So die Biographie von H. SCHULZE, Otto Braun.
[7] Am 4. 3. 1956 fanden Landtagswahlen in Baden-Württemberg statt.
[8] Vgl. Nr. 37, Anm. 3.
[9] Vgl. auch Heuss an Landsberg, 11. 9. 1950, in: TH. HEUSS, Bundespräsident 1949–1954, S. 170.

Nr. 67
An Alice Herdan-Zuckmayer, Darmstadt
4. Januar 1956
DLA, A: Zuckmayer, 86.1506: ms. Schreiben, behändigte Ausfertigung; Kopfbogen: „Theodor Heuss"[1]
Alice Herdan-Zuckmayers Buch „Die Farm in den grünen Bergen"; Autobiographie von Gretha Jünger; Eindruck von Ernst Jünger

Liebe Frau Alice!

Die für mich so lehrreiche Unterhaltung, zumal auch an dem Abend des Presseballs,[2] in der Sie mir von den landwirtschaftlichen Organisationen und Gewöhnungen in Vermont erzählten,[3] hat mich veranlaßt, nach Ihrem Buch[4] Ausschau zu halten. Es ist schließlich auch meinem Pressereferenten geglückt, noch ein Exemplar aufzutreiben und es mir nach Lörrach zu schicken. So habe ich es also dort jetzt eben gelesen, und wenn meine Schwiegertochter es hinter sich gebracht hat, wird meine Schwägerin es lesen müssen.

Ich selbst habe das Buch sehr gern gelesen, eine Zeitlang in Sorge, ob ich der Tiefenpsychologie der Enten und einiger der Hühner auch gewachsen sein werde, aber dann doch aufs stärkste beeindruckt von der Darstellung des Aufbaus Ihres dortigen Lebens wie auch von der Charakteristik der Nachbarn des Dorfes, der Stadt. Auch das rein sachliche Kapitel über die Organisation der Landwirtschaftsbelehrung und die Geschichte der Bibliothek waren für mich in der Darstellung zugleich fesselnd und lehrreich. Seien Sie also sehr herzlich bedankt für das, was ich aus dieser Lektüre gewonnen habe.

Ich will Ihnen nun in der nächsten Zeit ein Buch senden dürfen, das ich auf höchst eigentümliche Weise, weil ich es kurz vor dem Ihren las, als eine Parallele empfinde. Ich weiß nicht, ob Sie mit dem Namen Ernst Jünger eine sehr konkrete literarische Vorstellung verbinden. Er stammt ja aus einer wesentlich anderen geistigen Ecke als Zuck und ich.[5] Es war der Wunsch eines gemeinsamen Freundes,[6] daß wir uns einmal persönlich kennenlernen. Literarisch wußten wir beide etwas voneinander. Ich war also mit Bott im Oktober einen Tag bei ihm auf einem

---

[1] Weiterer Nachweis: N 1221, 331: ms. Schreiben, Durchschlag; Druck: C. ZUCKMAYER / TH. HEUSS, Briefwechsel, S. 40f.

[2] Gemeint der Bundespresseball, der bis 1958 alljährlich im November im Kurhaus Bad Neuenahr stattfand. Vgl. auch Nr. 133.

[3] Carl Zuckmayer war 1939 mit seiner Frau in die USA emigriert und hatte 1941 eine Farm in Vermont gepachtet.

[4] Veröffentlicht unter ALICE HERDAN-ZUCKMAYER: Die Farm in den grünen Bergen, Hamburg 1949; vgl. zur Lektüre des Buches auch TH. HEUSS, Tagebuchbriefe, S. 123, 1. 1. 1956.

[5] Vgl. Nr. 55.

[6] Hans Speidel; vgl. Heuss an Speidel, 6. 10. 1955, in: N 1221, 203.

schwäbischen Dorf,[7] wo er jetzt seit ein paar Jahren wohnt. Und nun hat seine Frau unter ihrem Mädchennamen Gretha[8] von Jeinsen eine Autobiographie geschrieben,[9] die zunächst wie eine freche Backfischgeschichte aus dem hannöverschen Adel einsetzt, aber dann, nachdem sie Jünger geheiratet hat, in die Gruppe der konservativen Publizisten überleitet, in die Konflikte mit der NSDAP. Und das Buch, das sehr flott und unbefangen geschrieben ist und ohne eigentliche „literarischen Ansprüche", bekommt dann den Charakter historischer Dokumentation, wenn die letzten Monate des Krieges auf einem niedersächsischen Dorf beschrieben werden; Besatzungszeit, Hungersnot usf. Sie hatten das Glück, einen offenbar sehr anständigen amerikanischen Obersten dort zu haben, so daß die Darstellung auch ganz frei ist von dem begreiflichen spezifischen Ressentiment, das in solchen Erinnerungsbüchern sonst durchbricht oder durchschimmert. Ernst Jünger hat ja bekanntlich als ganz junger Bursche im Ersten Weltkrieg den militärischen Pour le mérite bekommen, war also sicher ein sehr tapferer Soldat, aber in der Ehe scheint nach meinem Gefühl durchaus das Matriarchat zu gelten. Es ist auch sehr interessant, wie der Mann (der „Gebieter"[10]) leicht ironisiert durch das Buch geistert, und es ist eindrucksvoll, wie verhalten sie von den Kriegsopfern spricht, wenn man weiß, wovon sie aber nicht redet, daß sie den ältesten ihrer beiden Söhne[11] im Felde verloren hat.

Es würde mich interessieren, was Sie zu dem Buch meinen. Sie, die Gretha, wird dann auch an die Alice heranmüssen,[12] und vorher muß sie die Hedwig[13] in Bonn konsumieren und die Toni Stolper in New York.[14]

Mit bestem Gruß und guten Wünschen zum Neuen Jahr
Ihr Theodor Heuss

---

[7] Am 1. 10. 1955 in Wilflingen; vgl. Nr. 55.

[8] In der Vorlage auch im Folgenden: „Greta".

[9] GRETHA VON JEINSEN: Silhouetten. Eigenwillige Betrachtungen, Pfullingen 1955; vgl. dazu auch TH. HEUSS, Tagebuchbriefe, 25. 12. 1955, S. 119; Heuss an Gretha Jünger, 26. 12. 1955, in: DLA, A: Heuss, 73.4136.

[10] Ernst Jünger sprach über seine Frau allerdings auch von „seiner Gebieterin"; Ernst Jünger an Heuss, 31. 12. 1957, in: B 122, 2063.

[11] Vgl. Nr. 55, Anm. 9.

[12] Gretha Jünger schrieb am 20. 12. 1956 an Heuss: „Gerade habe ich Alice Zuckmayers Farm in den grünen Bergen gelesen und möchte Ihnen sagen, daß man sie nach dieser Lektüre einfach lieb haben muß. Hoffentlich lernen wir uns einmal kennen. Es gibt so wenig natürliche Menschen mehr in unserem Cocktail-Zeitalter, daß man wirklich froh ist, ihnen dann und wann noch zu begegnen"; B 122, 2073.

[13] Heuss schrieb am 23. 1. 1956 an Alice Herdan-Zuckmayer, seine Schwägerin Hedwig Heuss habe in der Zwischenzeit die „Farm in den grünen Bergen" mit ebensoviel Freude gelesen wie die Schwiegertochter in Lörrach; N 1221, 331.

[14] Am 7. 4. 1956 schrieb Heuss an Toni Stolper: „Margret Boveri schreibt mir heute, soviel sie wisse, sei die Schreiberei der Gretha von Jeinsen dem ‚Gebieter' ein ‚Greuel', aber um des Hausfriedens willen sage er das nicht. Ich bleibe dabei, daß die Schlußszenen über den Krieg ein Geschichtsbild sind." N 1186, 122.

Nr. 68
An Dr. Heinrich von Brentano, Bundesminister des Auswärtigen, Bonn
6. Januar 1956
BArch, N 1239, 167: ms. Schreiben, behändigte Ausfertigung; Kopfbogen: „Theodor Heuss“[1]
Ablehnung einer Ehrenformation der Bundeswehr beim Neujahrsempfang des Bundespräsidenten; Problematik militärischer Traditionen und Stilbildung

Sehr geehrter Herr Bundesminister,
lieber Dr. von Brentano!

Freundlichen Dank für Ihren Brief in der Angelegenheit, ob am 10. Januar bei dem sogenannten „Neujahrsempfang“ eine „Ehrenformation“ der werdenden Streitkräfte antreten solle. Sie plädieren, ich möchte meine Meinung, daß dies nicht der Fall sein solle, einer Revision unterziehen.[2]

Es ist nun so, daß die sich etwas widersprechenden Auffassungen, wo eigentlich dieser Plan zum erstenmal aufgetaucht ist, im Bundespräsidialamt, im Bundeskanzleramt, im Bundesverteidigungsministerium, im Augenblick nicht festgestellt werden kann; Staatssekretär Dr. Klaiber hat sich einer schweren Gallenoperation unterziehen müssen und liegt fest in einem Düsseldorfer Krankenhaus, so daß man ihm mit solchen Dingen jetzt nicht kommen kann. In meinem Hirn ist die Geschichte ganz gewiß nicht entstanden – immer, wenn schon früher solche Fragen auftauchten, machte ich auf die örtlich bedrängte Situation aufmerksam und darauf, daß ich keinen Quadratmeter der gärtnerischen Anlage und keinen Baum opfern würde wegen einer solchen seltenen Veranstaltung.

Die Korrespondenz, die wir während Ihrer Tage in Rom geführt haben,[3] ist nicht „bekannt“ geworden; Ministerialdirigent Bott war von mir telefonisch unter-

---

1 Weitere Nachweise: N 1221, 331; B 122, 19048: ms. Schreiben, Durchschlag mit Stempel: „Pers[önlichem] Ref[erenten] vorgelegen“; hs. Vermerk: „*Betr.*: Ehren-Formation der Streitkräfte beim Neujahrsempfang“; Verfügung: „2) Kopie mit bes. Anschreiben an Verteidigungsminister Theodor Blank“.

2 Brentano hatte am 20. 12. 1955 zunächst aus außenpolitischen Gründen dafür plädiert, auf eine Ehrenkompagnie anlässlich des Neujahrsempfangs zu verzichten. Daraufhin verwies Heuss am 24. 12. 1955 mit Bezug auf sein Memorandum zum „Oberbefehl“ (vgl. Nr. 65) darauf, dass er beim Neujahrsempfang ohnehin auf ein militärisches Zeremoniell verzichten wolle; B 122, 19048. Nach einem Gespräch Brentanos mit Verteidigungsminister Blank, der in der Entscheidung von Heuss mangelndes Vertrauen gegenüber der Bundeswehr sah, nahm Brentano eine Kehrtwendung vor und bat am 5. 1. 1956 Heuss, er möge seinen Entschluss noch einmal überdenken; ebd. – Die ersten 1.000 Rekruten, die Lehrkompanien bilden sollten, waren am 2. 1. 1956 in die Standorte Andernach, Nörvenich und Wilhelmshaven eingerückt; vgl. VERTEIDIGUNG, S. 428. – Die „Frankfurter Allgemeine Zeitung“ hatte bereits am 17. 12. 1955 in einem Artikel „Mit militärischen Ehren“ gemeldet, zum Neujahrsempfang des Diplomatischen Korps beim Bundespräsidenten werde zum erstenmal ein Zug der neuen deutschen Streitkräfte die militärischen Ehren erweisen; Ausschnitt in: BArch, B 145, 16308; dort auch weitere Presseausschnitte, insbesondere zur Ablehnung durch Heuss.

3 Vgl. Anm. 2.

richtet worden, als er die Rückfrage stellte, wie er sich verhalten solle, wenn die Angelegenheit noch einmal im Verteidigungsrat oder im Kabinett zur Sprache käme. Dabei erzählte ich ihm, daß ich Ihnen die Gemeinsamkeit der Auffassung bestätigt hätte, und dies war es, was er in der Sitzung Herrn Staatssekretär Rust pflichtgemäß mitteilte. Meine Auffassung hatte ich in einem am 17./18. 12. in Lörrach niedergeschriebenen „Memorandum"[4] ausgesprochen, das auch Herrn Blank zuging, also einige Tage, bevor ich Ihren besorgten Brief[5] erhielt. Ich stelle das ausdrücklich fest, weil Ihr Brief die Sorge ausspricht, daß durch Ihre „Initiative" mein „Verhältnis zu der neuen Wehrmacht" (ich bevorzuge den Begriff „Bundeswehr")[6] „getrübt" wird.[7]

Wenn die Leute in Andernach, wie Herr Blank Ihnen sagte, „enttäuscht und verstimmt" seien, „weil sie in der Absage offenbar einen Beweis mangelnden Vertrauens erblicken", so könnte ich ihnen über das Gefühl nicht gut weghelfen, denn Soldaten zeigen sich gerne, und psychologisch begreife ich das. Wer das aber als „mangelndes Vertrauen" auslegen wollte, würde von mir eine sehr scharfe Antwort erhalten. Es könnte dies auch nur ein törichter und ununterrichteter Mann sein, keiner von den klügeren und gebildeten Offizieren, die wissen, daß ich das Soldatenproblem immer positiv betrachtet und literarisch wie rednerisch so behandelt habe.

Aber es gibt irgendetwas wie ein historisch-politisches, auch ein militärisches Stilgefühl; ich glaube, im Gespräch mit einem der Generäle aus der Führungsgruppe – ich habe nie mit einem solchen über den Komplex gesprochen – würde mir dieser kaum entgegentreten, wenn ich ihm sagen würde: das sind ja Attrappen, die nicht einmal Symbolkraft besitzen, weil es schleunigst ad hoc[8] arrangiert wurde: wir sind wieder da![9] Was war das vor anderthalb Jahren eine gräßliche Zeitungsschreiberei über die militärischen Details, angeblich um abgesunkene Militärempfindungen wieder zu wecken. Es war psychologisch nur schädlich, und nachher wollte es keiner gewesen sein. Gerade auch *um des Militärs willen* will ich nicht, daß die paar Männekens, auch wenn, wie Sie schreiben, „in Tag- und Nachtarbeit" diese höchst zivile Angelegenheit vorbereitet wurde, Wochenschaumaterial für billiges Vergnügen oder billigen Ärger werden.

---

4 Vgl. Nr. 65.

5 Schreiben vom 5. 1. 1956; wie Anm. 2.

6 In einem Gespräch mit Adenauer am 23. 1. 1956 betonte Heuss, dass er „die Benennung ‚Bundeswehr' der Benennung ‚Wehrmacht' vorziehe, da letztere eine Erfindung Hitlers sei"; K. ADENAUER / TH. HEUSS, Unter vier Augen, S. 192.

7 Adenauer beschwerte sich im Gespräch mit Heuss am 23. 1. 1956 über die erste Initiative Brentanos; Heuss teilte ihm daraufhin mit, dass seine Entscheidung über den Wegfall des „Ehrenzuges" bereits vorher gefallen sei und dass die Ablehnung ihm begeisterte Briefe und Presseberichte eingebracht habe; ebd., S. 190f.

8 Lateinisch im übertragenen Sinne für „improvisiert".

9 Vgl. ebenso Heuss an die „Deutsche Soldaten-Zeitung", 21. 5. 1957, in: N 1221, 340.

Ich bin, aus historischer Einsicht, ein Freund des rechten Soldatentums, aber ich werde leicht mißtrauisch, wenn, was in Briefen häufig geschieht, mir klargemacht werden will, was die „Tradition" bedeute und was meist Verzicht auf Nachdenken bedeutet; da werde ich, was mich anbetrifft, viele enttäuschen müssen, wie ich es schon mußte, als ich etwa ablehnte, daß der Empfang in der Redoute am 4. 1. mit dem Großen Zapfenstreich durch den Grenzschutz seine akustische Bekrönung erfahren sollte.

Ein langes Kapitel – nicht ermunternd, wenn eine neue „Tradition" mit Zuhilfenahme sprachlicher Phantasielosigkeit begründet werden soll und man mir vorschlägt, für die von mir persönlich für sachlich verjährt gehaltenen militärischen Musikkorps die Rangbezeichnung „Leutnant der Musik" anzuordnen, bis „Major der Musik" – höher geht es nicht mehr, weder in der Sprache noch im Rang!

Herr Verteidigungsminister Blank erhält zur Unterrichtung einen Durchschlag dieses Schreibens.

Mit freundlichem Gruß
Ihr

Theodor Heuss

Nr. 69
An Prof. Dr. Moritz Julius Bonn, London Nord-West
11. Januar 1956

BArch, N 1082, 58: ms. Schreiben, behändigte Ausfertigung; Kopfbogen: „Theodor Heuss"[1]

Klage über Moritz Julius Bonns Handschrift; Antikolonialismus und deutscher Außenhandel; Beziehungen zur Sowjetunion; „Politik der Stärke"; Konrad Adenauers Reise nach Moskau; Heimkehrer im Grenzdurchgangslager Friedland; Verbot der KPD; Gespräch mit dem sowjetischen Botschafter Walerian Sorin; Befinden von Sissi Brentano

Lieber Professor Bonn!

Herr Staatssekretär Dr. Klaiber, der immer willig und talentiert ist, mir Ihre Briefe vorzulesen, ist kurz vor Weihnachten ins Krankenhaus gegangen und hat eine sehr schwere Gallensteinoperation hinter sich. Er wird also leider für einige Wochen, wenn nicht Monate, da er gesundheitlich sehr geschwächt ist, für uns ausfallen, doch ist die Heilung, nach der Meinung des Arztes, an sich gesichert. Das bedeutet für mich dies: Ich selber habe ja als Journalist in der Zeit, ehe die

[1] Weitere Nachweise: N 1221, 331; B 122, 2055: ms. Schreiben, Durchschlag mit undat. Paraphe von Klaiber.

Schreibmaschine erfunden war, sehr verwegene Handschriften lesen und überprüfen müssen, aber bei Ihnen bin ich immer in den Stand gekommen, daß das Enträtseln der Worte bzw. das Zusammenkriegen des Satzes eine so starke technische Mühe verursacht, daß über dieser Mühe der Inhalt in seinem Gedankengang sich fast auflöste. Sie dürfen sich damit trösten, daß ich vor 50 Jahren, als ich mit solchen Dingen Schulung an der „Hilfe" hatte, Naumann die Briefe, die er von Max Weber erhielt, auch in schreibmaschinenmäßigem Diktat erst vorlegte.[2]

Es fand sich aber jemand bei uns, der Ihren Brief abschrieb,[3] und so darf ich mich nun für ihn bedanken, wenn auch die Verzögerung freilich damit zusammenhängt, daß ich nach der Rückkehr von Lörrach, wo ich bei meinem Sohn die sogenannte Festzeit verbrachte, in entsetzlich viel Arbeit hineinrutschte, nicht nur in Hunderte von Briefen und Sendungen, sondern auch in des Kanzlers Geburtstag,[4] in die Dinge der neuen Botschafter, den Neujahrsempfang und alles, was so zu den „Vergnügungen" eines Bundespräsidenten gehört.

Natürlich erwarten Sie nicht, daß ich eine tour d'horizon,[5] wie ich die Dinge sehe, vor Ihnen entwerfe. Dazu fehlt es mir einfach an der Zeit. Einigen Ihrer Darstellungen folge ich in der Grundthese sehr gern. Ich verstehe auch die kritischen Bemerkungen, die Sie machen. Ich halte es für völlig richtig, daß wir in Deutschland psychologisch jetzt nicht den Antikolonialismus mitmachen dürfen.[6] Ich habe auch das Gefühl, daß es eigentlich nicht sehr geschieht. Was aber die Frage anlangt, ob wir mit den nicht-mehr-kolonialen oder noch-kolonialen oder halb-kolonialen Gebieten ins Geschäft kommen und sie damit unterstützen wollen, so ist sie, soweit ich die Dinge übersehe, ziemlich einfach. Es ist Ihnen nicht unbekannt, daß die Völker undankbar zu sein pflegen. Infolgedessen lastet auf England heute zum Teil die Undankbarkeit der Völker, die von ihm mit in den für ihr zumindest wirtschaftliches Eigenleben wichtigen Rhythmus hereingeholt worden sind. Dort ist aus dem Selbstgestaltungsbedürfnis der in England selber intellektualisierten Schichten die anti-englische Grundhaltung popularisiert. Aus diesen Gebieten wenden sich nun die Leute an Deutschland, daß es dort investiere, daß es dorthin liefere. Der Grund ist ziemlich einfach: Die Deutschen sind machtpolitisch nicht mehr in der Welt vorhanden und infolgedessen für diese

---

2 Vgl. ähnlich auch Heuss an Bonn, 18. 2. 1958, in: N 1221, 345; zu Max Webers Handschrift vgl. J. RADKAU, Max Weber, S. 182.

3 Ms. Abschrift des hs. Schreibens von Bonn an Heuss, 29. 12. 1955, in: B 122, 2055.

4 Adenauer war am 5. 1. 1956 80 Jahre alt geworden.

5 Französisch für „informativer Überblick".

6 Bonn hatte geschrieben: „Deutschland hat einen großen Vorteil: Es hat keine Kolonien und muß sich daher nicht nach zwei Fronten verteidigen. Es sollte aber nicht vergessen, daß seine Stellung als Mitglied der westeuropäischen Union ihm nicht erlaubt, anti-koloniale Bestrebungen in den Gebieten seiner Partner durch Wirtschaftshilfe zu ermutigen. Es muß sein Denken auf die zentraleuropäischen Probleme konzentrieren." Wie Anm. 3; vgl. TH. HEUSS, Tagebuchbriefe, S. 128, 8. 1. 1956.

Staatengruppen draußen nicht weiter politisch interessant, aber gerade weil ja die Leistungsfähigkeit der deutschen Industrie einen Weltruf bekommen hat, begehrt. Wie das sich im einzelnen mit der Frage der Investierung darstellt, ist ein Kapitalproblem, das ich Ihnen nicht darzustellen brauche, da Sie die Dinge viel besser kennen und übersehen als ich. Wir müssen nur hier in Deutschland dafür besorgt sein, daß wir nicht über Investierungen in eine Situation kommen, der die an sich ja doch sehr schmale Kapitalunterlage nicht mehr gerecht werden kann. Soweit ich sehe, ist die deutsche Regierungspolitik in diesen Dingen geschickt und taktvoll, und auch die Presse, glaube ich, hat hier noch keine besonderen Ungeschicklichkeiten begangen.

Das Problem der Beziehungen zu Sowjetrußland bleibt ja natürlich eine außerordentlich prekäre und schwierige Frage. Sie haben vermutlich durchaus recht, daß im Augenblick die Welt stärker sowjetische ideologische „Infiltration" als russische Militärangriffe fürchtet. Die Lage ist hier deshalb so prekär, weil die Abwehr der kommunistischen Infiltration sehr leicht, mir scheint das eine Zeitlang für Amerika charakteristisch gewesen zu sein, in die Gefahr der Verdummung gerät (Mc Carthy-Rummel[7]). Hier kommt es darauf an, die Dinge behutsam zu machen.

Ich selber habe das Wort „Politik der Stärke" nie in meinen Mund genommen, sondern höchstens von einer „Politik der Festigkeit"[8] geredet. Eine Zeitlang hatte ich ziemlich starke Sorgen vor amerikanisch-militärischen Äußerungen. Hier ist aber, glaube ich, im Augenblick eine beruhigtere Situation entstanden. Dem Kanzler einen Vorwurf zu machen, daß er in Moskau auf den Beginn von diplomatischen Beziehungen einging,[9] ist in Deutschland heute der Sport von Menschen geworden, die vorher solche Beziehungen gefordert hatten (etwa Dehlers emotioneller Dilettantismus).[10] In der gegebenen Situation wäre die Ablehnung der Einladung innenpolitisch kaum zu ertragen gewesen, wie auch das Zurückkehren, ohne daß in der Kriegsgefangenenfrage etwas Positives geschehen wäre; das sind einfach die Konsequenzen der Demokratie. Alle die Leute, die heute in Deutschland Bauchweh haben wegen dieser Aufnahme der diplomatischen Beziehungen, wären über den Kanzler hergefallen, wenn er darauf verzichtet hätte, die Kriegsgefangenen aus Rußland zurückzuholen.[11] Dabei ist mir selber sehr

---

[7] Der amerikanische Senator Joseph McCarthy betrieb in den Jahren 1947–1956 mit Hilfe des FBI und illegaler Methoden eine Verfolgung echter oder vermeintlicher Kommunisten, so dass diese Jahre auch als McCarthy-Ära bezeichnet werden; vgl. E. SCHRECKER, Crimes.

[8] Vgl. auch Nr. 100, Nr. 200.

[9] Zum Moskau-Besuch Adenauers im September 1955 vgl. Nr. 42, Anm. 2.

[10] Zur Kritik Dehlers an Adenauers Moskau-Reise und der beschlossenen Aufnahme diplomatischer Beziehungen, mit welcher der Bundeskanzler die deutsche Teilung vertieft habe, vgl. U. WENGST, Thomas Dehler, S. 269f.

[11] Adenauer hatte in Moskau die Aufnahme diplomatischer Beziehungen von der Rückkehr der letzten etwa 10.000 deutschen Kriegsgefangenen in die Bundesrepublik abhängig gemacht; vgl.

Abb. 10: Theodor Heuss im Gespräch mit aus sowjetischer Kriegsgefangenschaft entlassenen Spätheimkehrern im Aufnahmelager Friedland, 17. 10. 1955

unbehaglich gewesen, daß daraus eine Märtyrerangelegenheit mit großem Tamtam gemacht wurde. Ich selber habe, als ich in Friedland war,[12] wie ich glaube, den rechten Ton gefunden. Es sind ja doch Leute darunter, die, was das Kriminelle anlangt, durchaus dubios sind, aber ich habe auch eine ganze Anzahl kennengelernt und von ihnen schon vorher gewußt, die dort automatisch, weil sie in einem bestimmten militärischen Rang standen, festgehalten worden sind, etwa der Sohn des Ihnen vielleicht von früher her bekannten freisinnigen demokratischen Abgeordneten Ablaß aus Hirschberg.[13] Ein sehr reizender und, was man so nennt, liberaler Mann, der Rechtsanwalt war, ist zu 25 Jahren verurteilt worden, nur weil er als sogenannten Reserveoffizier eine bestimmte Funktion in seiner Division hatte. Zufällig hat einer meiner Mitarbeiter im Amt mit ihm im gleichen Gefängnis gesessen[14] und hat mir bestätigt, wie anständig und ausgezeichnet er sich verhalten hat. Das sage ich nur so im Nebenher, um die Problematik der Deutschen zu diesen Dingen zu zeigen. Jetzt kommt es darauf an, in welcher

W. KILIAN, Adenauers Reise, S. 111–200. Bonn hatte zum Moskau-Besuch einen Aufsatz geschrieben; vgl. M. J. BONN, Dr. Adenauer.

12 Heuss hatte am 18. 10. 1955 im Durchgangslager Friedland anlässlich der Rückkehr der letzten deutschen Kriegsgefangenen aus sowjetischer Gefangenschaft gesprochen; B 122, 643; vgl. auch den Bericht an Toni Stolper, in: TH. HEUSS, Tagebuchbriefe, S. 78, 18. 10. 1955.

13 Gemeint der Sohn des ehemaligen DDP-Politikers Bruno Ablaß.

14 Dabei handelte es sich vermutlich um den Referatsleiter Albert Einsiedler, der 1944–1949 in sowjetischer Kriegsgefangenschaft war.

Form, in welcher Sachlichkeit sich die Unterhaltungen mit Herrn Sorin abspielen werden.[15] Dabei gibt es die etwas, von mir aus gesehen, ungeschickte Sache, daß bei dem Bundesverfassungsgericht immer noch ein Prozessentscheid über Verbot oder Nicht-Verbot der kommunistischen Partei zu erwarten ist, der eingeleitet war, als man gleichzeitig gegen die nationalsozialistische rechtsradikale Gruppe aktiv wurde.[16]

Wir müssen zunächst einmal Herrn Sorin näher kennenlernen. Es gab, aber dies ist natürlich ganz intim gesprochen, eine fast lustige Situation zwischen uns, als er mir sein Beglaubigungsschreiben übergab und wir so etwas über seine Aufgaben und über die Kenntnis der deutschen und russischen Dinge sprachen, die jetzt vielleicht aus der rein propagandistischen Presse herauskommen würden, da sagte er „Wir Russen sind Realisten", worauf ich erwiderte: „Das höre ich sehr gern von Ihnen, denn bisher habe ich sie für Ideologen gehalten" (mit Ironie gesprochen).[17] Er war darüber etwas verblüfft, meinte dann, Ideologie komme von der wirtschaftlichen Situation her. Darauf sagte ich: „Diese These ist mir durchaus bekannt. Wir werden später gern einmal geschichtsphilosophische Unterhaltungen führen. Im Augenblick aber will ich sie nicht vertiefen, um Sie nicht von Ihrem Willen zur realistischen Erkenntnis der Dinge, wie sie sind, zu entfernen." Das alles hatte eine ganz lockere Form und wird von mir gewiß nicht „politisch gewertet", aber wir werden hier alle erst zu studieren haben, wie sich die Technik dieser Dinge anläßt. (Dies natürlich ganz vertraulich!)

Nun bin ich direkt etwas ins Plaudern gekommen. Ich sitze nämlich vor dem Diktaphon, das sehr geduldig ist.

Zu Weihnachten schrieb mir Josefa,[18] daß für Sissi[19] die Erinnerung an das gute Zusammensein mit Ihnen und mit mir das schönste Geschenk des Jahres

---

[15] Der erste sowjetische Botschafter der UdSSR, Walerian Alexandrowitsch Sorin, überreichte dem Bundespräsidenten am 7. 1. 1956 sein Beglaubigungsschreiben; vgl. TH. HEUSS, Tagebuchbriefe, S. 127, 7. 1. 1956. Im Juli 1956 wurde Sorin bereits wieder abberufen.

[16] Die rechtsradikale SRP war am 23. 10. 1952 für verfassungswidrig erklärt und verboten worden. Die Bundesregierung hatte am 22. 11. 1951 beim Bundesverfassungsgericht den Antrag gestellt, die Verfassungswidrigkeit der KPD festzustellen und die Partei zu verbieten. Das Gericht verschleppte den Prozess bewusst und versuchte im Herbst 1954 vergeblich, die Regierung zu einer Rücknahme des Verbotsantrags zu bewegen. Der Prozess wurde erst am 23. 11. 1954 eröffnet. Nach 51 Verhandlungstagen zog sich das Gericht am 14. 7. 1955 zur Beratung zurück. Das Verbotsurteil erfolgte erst am 17. 8. 1956; vgl. E. CONZE, Suche, S. 147–151; H. HANSEN, Sozialistische Reichspartei, S. 223–269; A. DOERING-MANTEUFFEL, Bundesrepublik, S. 132.

[17] Vgl. auch Heuss an Toni Stolper, 7. 1. 1956, in: TH. HEUSS, Tagebuchbriefe, S. 127. Diese Begebenheit gelangte auch an die deutsche Öffentlichkeit; vgl. Aachener Nachrichten, 7. 3. 1956; Ausschnitt in: BArch, B 145, 16309.

[18] Josefa Ruess; zur Einschätzung der „Chauffeuse und Sekretärin" Lujo Brentanos vgl. Heuss an Toni Stolper, 25. 2. 1956, in: N 1221, 332.

[19] Sissi (Sophie) Brentano, die bei dem Doktorjubiläum von Heuss und Bonn in München anwesend war; vgl. Nr. 44.

1955 gewesen sei, aber über den gesundheitlichen Zustand hat Josefa eigentlich sehr resigniert berichtet.[20]

Mit guten Grüßen und Wünschen für das begonnene Jahr,
Ihr Theodor Heuss

Nr. 70
An Marianne von Weizsäcker, Lindau, Bodensee
17. Januar 1956
BArch, B 122, 2072: ms. Schreiben, Durchschlag, von Heuss diktiert (Diktatz. H/A) und ms. gez.; ms. Briefkopf: „Theodor Heuss"[1]
Dank für ein Buch mit Briefen Ernst von Weizsäckers aus Nürnberg und Landsberg

Verehrte Frau von Weizsäcker!

Es war sehr liebenswürdig von Ihnen, daß Sie mir den kleinen Band mit den Briefen Ihres Gatten aus Nürnberg und aus Landsberg gesandt haben.[2] Ich habe das Buch mit starker innerer Teilnahme gelesen und die Noblesse und die souveräne Haltung, die Ihr Mann gegenüber diesem bösen und kränkenden Schicksal immer bewahrt hat, bewundert. Manche seiner Reflexionen haben mich selber zum Weitermeditieren veranlaßt, und außerdem bin ich noch guten Bekannten wie Margret Boveri[3] und Hellmut Becker[4] begegnet.

Ich selber bin froh, wenn ich an das böse Schicksal Ihres Mannes denke, daß es mir durch meinen Brief an McCloy[5] gelungen ist, seine frühere Entlassung zu bewirken, und dies, wie Sie verstehen werden, nicht lediglich wegen der paar Monate, die er dadurch früher zur Familie und in die Freiheit zurückkehren konnte, sondern weil McCloy meine Argumentation begriff, daß dieser Mann nicht nach dem Schema behandelt werden durfte, das ihn an die Seite von Män-

---

20 Nr. 76.
1 Hs. Az. 1-001-4165/56; Stempel: „Pers[önlichem] Ref[erenten] vorgelegen"; weiterer Nachweis: N 1221, 331: ms. Schreiben, Durchschlag.
2 ERNST VON WEIZSÄCKER: Aus seinen Gefängnisbriefen 1947–1950, Stuttgart [o. J.].
3 Margaret Boveri hatte ihrerseits ein Buch über Ernst von Weizsäcker geschrieben; vgl. M. BOVERI, Diplomat.
4 Hellmut Becker hatte von Weizsäcker in Nürnberg im sogenannten „Wilhelmstraßenprozess" gegen Vertreter des AA verteidigt; sein Plädoyer in diesem Prozess gelangte auch in den Nachlass Heuss; N 1221, 500; vgl. E. CONZE u. a., Amt, S. 405–435.
5 Heuss an McCloy, 21. 9. 1950, in: TH. HEUSS, Bundespräsident 1949–1954, S. 171–173.

nern rückte, bei denen die Frage der Schuld weniger eindeutig verneint werden konnte.[6]

Mit freundlichen Empfehlungen
Ihr
Theodor Heuss

Nr. 71
An Dr. Heinrich Vockel, Bevollmächtigter der Bundesrepublik Deutschland in Berlin, Berlin (West)
22. Januar 1956
BArch, B 122, 571: ms. Schreiben, Durchschlag, von Heuss diktiert (Diktatz. H/A) und ms. gez.; ms. Briefkopf: „Theodor Heuss"[1]
Geburtstagsgeschenk für Papst Pius XII.: Radierung oder Stich von der Hedwigs-Kirche in Berlin

Verehrter, lieber Herr Dr. Vockel!

Darf ich Ihre freundliche Hilfe in der folgenden Sache in Anspruch nehmen:

Der Heilige Vater begeht am 2. März seinen 80. Geburtstag. Ich werde ihm zu diesem Termin natürlich in einem Schreiben meine Glückwünsche aussprechen,[2] aber es geht auch um die Frage eines Geschenks. Ohne mein Wissen und ohne von mir dazu beauftragt zu sein, hat der deutsche Botschafter am Vatikan, Dr. Jaenicke, wie ich vor ein paar Tagen aus einem Bericht erfuhr, mit Herren aus der engeren Umgebung des Papstes darüber seit einigen Wochen Verhandlungen geführt. Sie sind dabei zu dem Beschluß gekommen, ich solle dem Heiligen Vater ein goldenes oder doch vergoldetes Lavabo[3] schenken! Ich habe eine scharfe Notiz diktiert,[4] in der ich dieses Verfahren in einer so subjektiven Angelegenheit zurückweise

6 Vgl. auch TH. HEUSS, Tagebuchbriefe, S. 133, 14. 1. 1956.

1 Hs. Az. 6630-4060/56; Stempel: „Pers[önlichem] Ref[erenten] vorgelegen"; Verfügung: „2) W[ieder]v[orlage] bei Herrn Bott", von diesem gestrichen und unter dem 31. 1. als „erledigt" zdA verfügt; weiterer Nachweis: B 122, 331: ms. Schreiben, Durchschlag.

2 Heuss an Papst Pius XII., 20. 2. 1956, in: N 1221, 332.

3 Becken und Kanne zur rituellen Handwaschung des Priesters während der Messe.

4 „Bemerkungen zu dem Bericht des Botschafters Dr. Jaenicke über ein Geschenk an Papst Pius XII. zu seinem 80. Geburtstag", 10. 1. 1956, in: B 122, 571; hs. Entwurf in: B 122, 191. Darin kritisierte Heuss die Aufnahme von Verhandlungen über ein Geschenk ohne Rücksprache mit ihm. Er sandte seine Aufzeichnung am 11. 1. 1956 an Brentano mit der Bemerkung, er lege Wert darauf, dass Botschafter Wolfgang Jaenicke davon Kenntnis erhalte; ebd. Nachdem Jaenicke die Vorgänge aus seiner Sicht am 25. 1. 1956 geschildert hatte, nahm Heuss am 31. 1. 1956 gegenüber Jaenicke einen Teil seiner Vorwürfe zurück und entband alle Beteiligten noch einmal davon, „sich darüber Gedanken zu machen, was der Heilige Vater von mir bekommen wird." Ebd.

und erkläre, daß ich es geradezu als taktlos empfinden würde, als Protestant dem Papst ein sozusagen intimes kultisches Meßgerät zu schenken. Ich habe darüber auch hier mit einigen verständigen katholischen Herren gesprochen, auch ein freundschaftlich-vertrauliches Gespräch kürzlich mit dem Nuntius darüber gehabt,[5] der meine Auffassung völlig teilte. Er meinte, irgendein Erinnerungsstück an seine Münchener oder Berliner Zeit werde Pius XII., der an seine eigene Nuntiatur in Deutschland gern denke, Freude machen.

Nun ist mein Einfall, dem Heiligen Vater ein Bild der Berliner Hedwigs-Kirche, die ja doch die katholische Kathedralkirche des historischen Berlins ist, zu schenken, also gar keine pompöse Sache, die anderen überlassen bleiben mag. Nach meiner Erinnerung gibt es Stiche oder Radierungen der Hedwigs-Kirche aus dem 19. Jahrhundert. Und nun meine Bitte, daß Sie vielleicht Dr. Pagel oder sonst einen Ihrer gebildeten Mitarbeiter auf den Trapp setzen, bei Antiquariaten möglichst bald danach fahnden zu lassen.[6] Das „möglichst bald" deshalb, weil, wenn ein solcher Stich nicht aufzutreiben ist, mir etwas anderes einfallen muß. Bitte, nehmen Sie doch diese Sache in die Hand.

Die Mitteilung über meine Kontroverse mit dem deutschen Botschafter beim Vatikan ist natürlich streng vertraulich zu behandeln.

Mit dankbarem Gruß
Ihr Theodor Heuss

Nr. 72
An Albrecht Goes, Stuttgart-Rohr
25. Januar 1956

DLA, A: Goes: ms. Schreiben, behändigte Ausfertigung; Kopfbogen: „Theodor Heuss"[1]

Zurechtweisung nach einer Äußerung von Albrecht Goes im Rundfunk über Anspruch des Wormser Oberbürgermeisters auf einen Verdienstorden; Verfahren der Ordensverleihung

Aber verehrter, lieber Albrecht Goes,

was machen Sie denn! Besuchen Sie eine Klipp-Schule der Demagogie? Ich selber höre ja nie Radio, weil ich dazu keine Zeit habe, aber jetzt erhalte ich von einer

---

5 Das Gespräch mit dem apostolischen Nuntius Alois Joseph Muench ließ sich nicht ermitteln.

6 Beschafft wurden 25 Stadtansichten von Berlin aus dem Jahre 1773 zum Preis von 750 DM, die in Köln restauriert wurden und für die eine Düsseldorfer Buchbinderwerkstatt eine Kassette aus Leder herstellte; B 122, 571.

1 Weitere Nachweise: N 1221, 331; B 122, 163: ms. Schreiben, Durchschlag mit Stempel: „Pers[önlichem] Ref[erenten] vorgelegen".

Dame, offenbar jüdischer Herkunft, die in Oberschwaben ist, einen Brief, in dem sie über einen Radiovortrag von Ihnen über einen Besuch der Stadt Worms schreibt: „Dort sei er (Goes) auf dem alten jüdischen Friedhof gewesen. Der Bürgermeister von Worms[2] habe in der Nazizeit den Friedhof vor der Zerstörung bewahrt. Albrecht Goes habe nicht gehört, daß er deshalb mit dem Verdienstkreuz ausgezeichnet worden sei …“[3] Lieber Freund, das geht doch nicht! Über die Wormser jüdische Geschichte, vor allem über die berühmte Raschi-Synagoge, habe ich am Anfang meiner Präsidentenzeit viele Besprechungen mit jüdischen und nicht-jüdischen Kreisen gehabt, weil das ja ein europäisches jüdisches Heiligtum war.[4] Wenn Sie der Meinung sind, daß ein Bürgermeister der Auszeichnung wert ist, dann wollen Sie es bitte nicht in den Äther hineinreden und damit den Verleiher einer Nachlässigkeit zeihen. Es ist doch vollkommen unmöglich, daß wir hier wissen, wo im begrenzten Raum eine der Auszeichnung würdige Haltung vorliegt. Das Vorschlagsrecht für Auszeichnungen ist deshalb auch an die Landesregierungen gegeben, wo eine größere Übersicht und Untersuchungsmöglichkeit besteht. In unserer sogenannten „Ordenskanzlei“ sind nur drei Herren und zwei Damen beschäftigt. Hätten Sie mir geschrieben, so hätte ich es an die zuständige Landesregierung von Rheinland-Pfalz gegeben, und die hätte dann über diesen Mann Feststellungen gemacht; daß aber bei Rundfunkreden Ordensvorschläge gemacht oder getadelt werden, ist doch, wie Sie sich leicht überlegen könne, ein unmöglicher Vorgang, von unseren alten freundschaftlichen Beziehungen ganz abgesehen. Entschuldigen Sie bitte, daß ich das so deutlich zum Ausdruck bringe.[5]

Mit gutem Gruß
Ihr

Theodor Heuss

---

2 Heinrich Völker.

3 Im Schreiben der Einsenderin folgt: „und gäbe dies als Anregung.“ Ilse Wolff an Heuss, 22. 1. 1956, in: B 122, 163. Heuss antwortete ihr am 25. 1. 1956, er habe die Rundfunkrede nicht gehört; Goes werde von ihm allerdings eine Belehrung erhalten, „daß er solche Dinge nicht sentimental-demagogisch behandeln, sondern einen Brief schreiben solle“; ebd.; vgl. auch K. ADENAUER / TH. HEUSS, Unter vier Augen, S. 78.

4 Zum Einsatz von Heuss für den Wiederaufbau der Wormser Synagoge vgl. Heuss an Albert Finck, 10. 1. 1952, in: TH. HEUSS, Bundespräsident 1949–1954, S. 300f; Unterlagen in: B 122, 2086.

5 Goes scheint die Vorwürfe gegen ihn in einem Antwortschreiben, das sich nicht ermitteln ließ, entkräftet zu haben, weil Heuss sich ihm gegenüber am 7. 2. 1956 entschuldigte; N 1221, 332.

Nr. 73
An Hinrich Wilhelm Kopf, Ministerpräsident des Landes Niedersachsen, Hannover
1. Februar 1956

Niedersächsisches LA-HStA Hannover, NL Kopf, Versch. Korr., V.V.P.6, 48: ms. Schreiben, behändigte Ausfertigung; Kopfbogen: „Theodor Heuss"[1]

Dank für ein Fässchen Doornkaat als Geburtstagsgeschenk

Verehrter Freund!

Man möchte sich zunächst überlegen, ob nicht Ihr Name diskret dem Bundesverfassungsschutz gemeldet werden müsse, da Sie sich, wie mir scheint, hinreichend verdächtig gemacht haben, auf die Gesundheit des Bundespräsidenten einen Anschlag vorbereiten zu wollen; aber ich habe dann doch davon Abstand genommen und mir zurecht gelegt, daß diese ungeheure Sendung eine Huldigung für die nach Ihrer Auffassung schwer zu begrenzende Konsumkraft des Bundespräsidenten für alkoholische Präparate ist.[2] Ich dachte mir: Der Kopf denkt noch an den wunderbaren Tag in Neuwerk,[3] da der Heuss, während die anderen noch unfreie Köpfe hatten, am Meere saß und den herrlichen Leuchtturm zeichnete.[4]

Seien Sie also herzlich bedankt für Ihr schier pompöses Geschenk und für die herzliche Gesinnung, für die Sie Ihre lyrischen Talente zum Angriff ansetzten.[5]

Ihr dankbarer Theodor Heuss

---

1 Weitere Nachweise: N 1221, 332; B 122, 37: ms. Schreiben, Durchschlag mit Stempel: „Pers[önlichem] Ref[erenten] vorgelegen"; unter dem Briefkopf Vermerk: „S 18".

2 Kopf an Heuss, 29. 1. 1956, in: B 122, 37. Kopf hatte bereits im Dezember 1952 eine Sendung mit Erzeugnissen der Firma Doornkaat aus Norden in Ostfriesland an Heuss schicken lassen; B 122, 132.

3 Vermutlich am 29./30. 6. 1952, als Heuss Wilhelmshaven besuchte. Neuwerk ist eine Insel 13 km nordwestlich von Cuxhaven; vgl. Redenkalender, in: N 1221, 684; Dienstkalender, in: N 1221, 482.

4 Heuss schickte die Kohlezeichnung vom Neuwerker Leuchtturm drei Jahre später, nachdem er sein Skizzenbuch wiedergefunden hatte, an Kopf; vgl. Heuss an Kopf, 15. 10. 1959, in: N 1221, 68.

5 Kopf hatte das Fässchen Dornkaat mit einem – vermutlich – selbst gefertigten hs. Gedicht übersandt, das mit den Zeilen endete „ Das Naß und Faß Geschwister sind – / zwei echte Niedersachsen Kind / das künden sie Euch beide." Wie Anm. 2.

Nr. 74
An Dr. Gerhard Schröder, Bundesminister des Innern, Bonn
11. Februar 1956
BArch, B 106, 2672: ms. Schreiben, behändigte Ausfertigung; Kopfbogen: „Theodor Heuss"[1]
Übersendung von „Bemerkungen zur Ordensfrage, zumal der Kriegsauszeichnungen"

Sehr geehrter Herr Minister!

In den letzten Wochen ist aus begreiflichen Gründen die Angelegenheit der Orden[2] und Kriegsauszeichnungen wieder in Rückfragen, Wünschen usf. an mich herangetragen worden.[3] Ich habe mich deshalb vor ein paar Tagen hingesetzt und meine persönliche Stellung zu diesen Dingen zu Papier gebracht, wohl wissend, daß der Bundespräsident selber nicht unmittelbar an der Legislative beteiligt ist. Ich habe aber bei einigen Gesprächen, auch mit früheren und jetzigen Soldaten, die Empfindung gehabt, daß eine Verringerung der Abzeichen und eine Vereinheitlichung in der Gestaltung auf Verständnis stoßen würde.

Auch Herr Verteidigungsminister Blank hat ein Exemplar der Niederschrift erhalten,[4] und ich habe ihm dabei mitgeteilt, daß die Aufzeichnung erfolgt war, bevor ich heute den Durchschlag seines Briefes an Sie vorgelegt erhielt.[5] Ich habe nun meinerseits Änderungen nicht vorgenommen, sondern – wenn Sie so wollen – der Niederschrift den subjektiven Charakter gelassen, wie sie al fresco[6] verfaßt wurde.

Weitere Exemplare der Aufzeichnung sind an den Bundesminister der Justiz und das Bundeskanzleramt gesandt worden.[7]

Mit freundlichen Grüßen
Ihr

Theodor Heuss

---

1 Eingangsstempel des BMI vom 13. 2. 1956; Wiedervorlagevermerk Nr. 94 zum 10. 3.; mehrere Paraphen und Striche zur Kenntnisnahme; grünes Kreuz als Zeichnungsvorbehalt für die Antwort durch den Minister; weiterer Nachweis: N 1221, 332: ms. Schreiben, Durchschlag.

2 Vom Empfänger hs. unterstrichen: „Orden und Kriegsauszeichnungen".

3 Bei der Formulierung eines neuen Ordensgesetzes erwies sich vor allem die Frage nach dem Umgang mit den 1933–1945 gestifteten Orden, Ehrenzeichen und insbesondere Kriegsauszeichnungen als problematisch; zur Entstehung des Ordensgesetzes vgl. DEUTSCHE ORDEN, S. 28–30. Das BPrA war erstmals am 25. 10. 1954 durch Gerhard Schröder vom Stand des Gesetzvorhabens informiert worden; BArch, B 106, 2672.

4 Heuss an Blank, 11. 2. 1956 (ohne Anschreiben), in: N 1221, 332.

5 Blank an Schröder, 8. 2. 1956, in: BArch, B 106, 2672. Blank hatte sich grundsätzlich mit dem Gesetzentwurf des Innenministeriums einverstanden erklärte, jedoch betont, dass er auf der Wiederzulassung aller Kampfabzeichen bestehen werde.

6 Italienisch für „ins Frische".

7 Neumayer und Adenauer; Durchschläge der im Wortlaut fast gleichen Begleitschreiben (ohne Anlage) in: N 1221, 332.

Nr. 74a
Bemerkungen zur Ordensfrage, zumal der Kriegsauszeichnungen
8./9. Februar 1956

BArch, B 106, 2672: ms. Schreiben, Durchschlag, ms. gez.[1]

Bemerkungen zur Ordensfrage, zumal der Kriegsauszeichnungen

1. Als am 12. September 1951 der „Verdienstorden“ der Bundesrepublik gestiftet wurde,[2] war in einem Communiqué angekündigt worden, daß der „Bundespräsident und die Bundesregierung die Frage des Tragens der früheren Tapferkeitsauszeichnungen einer Regelung zuführen werden“.[3] Wir stehen also „im Wort“. Ich schlug damals einen Ausschuß unabhängiger Sachverständiger vor und gewann den mir befreundeten ehemaligen Reichswehrminister Dr. Otto Gessler, sich zur Verfügung zu stellen.[4] Die Bundesregierung trat dem Vorschlag bei und berief den Ausschuß, der sein Gutachten am 24. 9. 1953 erstattete.[5]

2. Mir scheint, die gesetzliche Regelung, die ja im BMI vorbereitet ist, aber im Kabinett noch nicht zur Verabschiedung kam, müßte jetzt, trotz aller Beengungen durch legislative Überlast, aus sachlichen und psychologischen Gründen „vorangetrieben“ werden, freilich mit verständiger publizistischer Vorbereitung, damit es kein zusätzliches Getöse gibt. Das Verbot, das der Kontrollrat der Alliierten ausgesprochen hat, ist obsolet geworden, aber nicht formal außer Kraft gesetzt.[6] Wenn wir jetzt deutsche Soldaten haben, wird es sich öfters ergeben, daß fremde Offiziere mit ihren Abzeichen im Kreise deutscher Offiziere sein werden; es muß schon das Gespräch darüber vermieden werden, warum *diese* ihre Dekorationen nicht tragen (Inhalt solcher Gespräche: wer, was ist daran schuld?). Auch werden bei Besuchen in Kasernen, haben sie einen mehr oder weniger offiziellen Charakter, Zivilisten die Abzeichen des nach 1949 gestifteten Verdienstkreuzes tragen.

3. Das Gutachten bringt zum Ausdruck, daß ein Abzeichen *mit* Hakenkreuz nicht getragen werden darf; es sind Ersatzstücke, die sich *anderer* Embleme

---

1 Weiterer Nachweis N 1221, 385: ms. Schreiben, Durchschlag; vgl. auch die Kabinettssitzung vom 11. 4. 1956, in: KABINETTSPROTOKOLLE 1956, S. 290–292.

2 Vgl. BGBl. I, Nr. 46, 12. 9. 1951, S. 831–834; vgl. zur Stiftung des Ordens auch Heuss an Adenauer, 3. 8. 1951; Heuss an Hans Ehard, 8. 12. 1951; Heuss an Friedrich-Wilhelm Wagner, 29. 1. 1952, in: TH. HEUSS, Bundespräsident 1949–1954, S. 260–264, 293–296, 313–315.

3 Presseverlautbarung vom 12. 9. 1951 in: N 1221, 585.

4 Zunächst war an Eberhard Wildermuth als Vorsitzenden gedacht worden. Sitzungsprotokolle des Ausschusses in: N 1221, 585; vgl. DEUTSCHE ORDEN, S. 29; H. ROTHFELS, Theodor Heuss.

5 Materialien zur Entstehung des Berichts in: N 1221, 585; Abdruck des Berichts in: Bulletin, Nr. 202, 22. 10. 1953, S. 1681f.

6 Vgl. Nr. 23, Anm. 7.

bedienen, neu zu fertigen. Mit dem Abfeilen des Hakenkreuzes ist es natürlich nicht getan. Auswechslung auf Antrag. Das bedarf im Technischen der gesetzlichen Eingaberegelung. Das Gutachten spricht auch aus, daß beim Tragen der Orden das schwarz-weiß-rote Band entfällt. Manche der Abzeichen werden ohne Band getragen werden müssen – der „Ersatz" durch Schwarz-Gold-Rot ist natürlich unmöglich. Das Schwarz-Silber des E[isernen] K[reuzes] scheint mir angemessen.

4. Außerhalb der Erörterung stehen, soweit ich sehe, die Orden- und Ehrenzeichen, die vor 1918 von den Bundesstaaten, in denen die Orden gestiftet waren, verliehen wurden. Das Eiserne Kreuz, wohl eine preußische Stiftung von 1813, hatte von der Geschichte seinen allgemein verbindlichen deutschen Rang erhalten.[7]

5. Auch das Verwundeten-Abzeichen muß außerhalb der Diskussion bleiben.

6. Fragwürdig sind Kampf-, Tapferkeits- und Leistungsabzeichen, die das „Gutachten" unter den vorhin gezeigten Voraussetzungen (ohne Hakenkreuz, ohne Schwarz-Weiß-Rot) bestätigt wissen wollte, und zwar, wie mir scheint, aus zwei Gründen: a) wegen der Unzahl an Typen und b) wegen der z. T. künstlerisch scheußlichen Form. Ich ließ mir von Kriegsteilnehmern erzählen, daß hinter *diesen* Abzeichen in vielen Fällen eine stärker zu bewertende Individualleistung stehe als hinter dem E[isernen] K[reuz], das nun eben in soundso viel Fällen einer Einheit zugewiesen wurde. Aber bei *einigen* der Orden („Blockadebrecher", Kraftfahrer oder dgl.) habe ich den Eindruck, sie sind nun eben die Markierungen für bestimmte Funktionen im Kriege, die mit sonderlicher Anstrengung und wohl auch Gefährdung verbunden waren, aber nicht spezifische Individual-Verdienste in sich schließen.

7. Unbehaglich ist mir die Fülle von Feldzug-Schildern: Narvik-Schild, Krim-Schild[8] u. dgl. Das hat es in den früheren deutschen Armeen nicht gegeben (wohl in anderen); ich vermute, daß ihre Stiftung nun eben nichts anderes sein soll als Erinnerungs-Ermunterung an militärische Unternehmungen, die auf Zeit erfolgreich waren, im Grunde aber von der Niederlage geschichtlich einfach verschluckt wurden. Ist heute mit der Schaffung oder Erhaltung einer Narvik-, einer Krim-Legende viel anzufangen?

8. Ich weiß, daß auch der Herr Bundeskanzler erschrocken ist, als ihm die Tafeln vorgelegt wurden, auf denen die Unzahl der oft getreulich naturalistischen Abzeichen (bei denen das Hakenkreuz entfernt oder ersetzt war) abgebildet wa-

---

[7] Zum 1813 von dem preußischen König Friedrich Wilhelm III. gestifteten Eisernen Kreuz vgl. DEUTSCHE ORDEN, S. 183–185.

[8] Der Krimschild war eine Auszeichnung für Soldaten der Wehrmacht, die 1941/42 an den Kämpfen um die Halbinsel Krim teilgenommen hatten. Der Ärmelschild Narvik war eine Auszeichnung der Wehrmacht, die an Soldaten verliehen wurde, welche an der Schlacht um die norwegische Stadt Narvik im Frühjahr 1940 beteiligt waren; vgl. K. G. KLIETMANN, Auszeichnungen, S. 86–89.

ren.[9] Meine Anregung geht nun dahin, einfache, neue, symbolkräftige oder auch im Allegorischen begreifbare Abzeichen zu schaffen und dabei für die drei Kategorien der Kriegsführung (Erdkämpfe, Meer, Luft) je *eine* einheitliche Type zu schaffen, die natürlich ihre „Stufen“ haben mag. Aber diese soll nicht in der individuellen „Aufzählung“ zu großen Ziffern führen. Praktisch gesprochen: es wird das „Eiserne Kreuz“ genannt, aber nicht der Katalog der Steigerung im Gesetz aufgeführt. Es ist mir klar, daß eine geniale Formkraft wie die Schinkels, des Schöpfers des E[isernen] K[reuzes], nicht einfach am Markte ist. Ich weiß auch, daß es nicht angeht, einen Graphiker oder Silberschmied zu beauftragen, ein vielleicht geistreiches, reizvolles dekoratives Linien-Gespinst zu entwerfen – die Stücke müssen auch dem „einfachen Mann“ der inzwischen älter gewordenen Generation entsprechen. Aber bei dem Versuch, den viel erwähnten Traditionswerten des Militärischen gerecht zu werden, kann ich nicht glauben, daß der künstlerische Mißgeschmack von Adolf Hitler diesen zuzurechnen ist. Schon in der Photographie wirken diese Abzeichen greulich, im Original geradezu scheußlich und blamabel durch die Art, wie „Blockadebrecher“ mit schäumenden Wellen, Explosionswolken (zackige Blitze (Bombenabwerfer)) in Bronze usf. dargestellt werden. Gewiß waren diese Abzeichen für den, der sie erhielt, mit Affektionswerten angereichert, aber sie gehören in ein Museum der Geschmacks-Greuel und nicht in die deutsche Tradition.

9. Die Anregung geht dahin, für die großen Waffengattungen die Vielfalt der „Waffenabzeichen“ in je eine Form zusammenzufassen, mit den Stufungen; Entwürfe, die vorliegen, gehen auf einfache Grundformen zurück, die z. T. zum mindesten an traditionelle Vorstellungen herankommen, etwa gekreuzte Gewehre (Heer), Anker (Marine), fliegender Adler (Luftwaffe). Der Vorschlag geht dahin, *diese* Ehrenzeichen, ohne Band, als Ansteckzeichen zu tragen.

10. Das gleiche mag für die in Spangenform gehaltenen Tapferkeitsanerkennungen (Nahkampfabzeichen) für die einzelnen Wehrmachtsteile gelten.

11. Auf die Auszeichnungen für Angehörige der sogenannten „Ostvölker“ sollte verzichtet werden.

12. Für die sogenannten Friedens-Ehrenzeichen wird eine Durchsicht angebracht sein, die auch eine Vereinfachung und Verringerung zum Ziele hat. Manches aus dieser Kategorie ist inzwischen neu gestiftet worden (Grubenwehr- und Feuerwehr-Ehrenabzeichen), die laufende Verleihung in Aufnahme genommen.[10]

Theodor Heuss

---

[9] Im BMI gefertigte Tafeln mit ca. 400 Auszeichnungen in der alten und der neuen Form; Musteranfertigungen in: BArch, Sieg 8, 1-7.

[10] Das BMI antwortete Heuss am 6. 3. 1956 und betonte, die Wiederzulassung des Tragens der Kampfabzeichen werde von ehemaligen Soldaten immer wieder dringend gefordert; B 106, 2672.

Nr. 75
An Dr. Toni Stolper, [New York]
20. Februar 1956

BArch, N 1186, 146: hs. Schreiben, behändigte Ausfertigung, ohne Anrede und Grußformel[1]

Einschätzung von Pablo Picasso

Das mit Picasso ist eine ziemlich komplexe Angelegenheit. Wir waren heute früh etwa 2 Stunden in der Ausstellung,[2] mit großem Aufgebot, auch Hedwig,[3] Ulla[4] u. die „Chefsekretärin" Ackermann. Der Umfang der Begabung außerordentlich, einmal im Zeichnerischen, dann in der zarten Tönung (Frühzeit), die Farbe, die später eine Zeitlang mit Härte der Kontraste als das eigentliche Strukturelement der Bildfläche verwendet wird; von den plastischen Dingen das Keramische wohl am stärksten. Ungeheure Spannung zwischen intellektualistischer Bewußtheit, die mit den menschlichen Gliedern als Bauelemente umgeht, und einem schier genießerischen Spieltrieb der vollendet sicheren Beherrschung der Bewegungslinien. Dies vor allem in den zahlreichen Atelierstudien mit Maler u. Modell. Ich müßte in der Kenntnis der pariser Malerei der letzten 30, 40 Jahre sicherer sein, um zu wissen, ob Picasso Anregungen Dritter aufnimmt, um sie zu variieren, od. ob das, was man in der Parallele zu ihm von anderen sieht, in seiner Nachfolge geschah. Wer hat Straßenschächte, getürmte od. gestaute Häusergruppen, tubisch begriffen, in luciden Tönen gehalten, zuerst gemalt, Feininger oder Picasso? Wenn ich einmal gar nichts zu tun habe, das Wenn ist ein fragendes Wann, kann ich das vielleicht herauskriegen. Das Nebeneinander von politisch durchfärbter Bekenntnismalerei,[5] die sehr stark ist, u. klassizistischer Form für romantische Motive („Traum")[6] ist höchst merkwürdig. Ich habe einen großen Katalog mit vielen Abbildungen;[7] den werden wir zusammen betrachten. (Mach

---

Minister Schröder bat um ein Gespräch, das am 14. 3. 1956 stattfand und bei dem dieser auf der Wiederzulassung der Kampfabzeichen bestand; bei der Lösung müsse auch der Verwaltungsaufwand berücksichtigt werden. Unbestritten war, dass das Hakenkreuz zu beseitigen sei; Vermerk vom 14. 3. 1956, in: ebd. Das „Gesetz über Titel, Orden und Ehrenzeichen" wurde am 28. 6. 1957 vom Bundestag verabschiedet und am 26. 7. 1957 verkündet; BGBl. I, Nr. 37, 5. 8. 1957, S. 844–847; vgl. DEUTSCHE ORDEN, S. 28–30.

[1] Datum versehen mit dem Zusatz: „4.30 [Uhr] Nachm[ittags]"; weiterer Nachweis: BArch, N 1186, 122: ms. Schreiben, Teilabschrift; Teilabdruck: TH. HEUSS, Tagebuchbriefe, S. 148f.

[2] Wanderausstellung über das Werk Picassos 1900–1955, die vom 30. 12. 1955 bis zum 29. 2. 1956 im Rheinischen Museum Köln-Deutz gezeigt wurde.

[3] Hedwig Heuss.

[4] Ulla Galm.

[5] So das monumentale Ölbild „Guernica" (1937).

[6] Ölbild „Der Traum" (1932).

[7] PICASSO 1900–1955. Katalog zur Ausstellung München Haus der Kunst, 25. Oktober–18. Dezember 1955, Rheinisches Museum Köln-Deutz, 30. Dezember 1955–29. Februar 1956, Kunstverein in Hamburg, Kunsthalle, 10. März–29. April 1956, München 1955.

Dir Vornotizen, was in solchem Sinn gemeinsam getrieben werden wird!) Aber es gibt ja schon Picasso-Publikationen, u. Du magst mit ihm vertrauter sein – ich kannte bislang wenig Originale.

[Theodor Heuss]

Nr. 76
An Rudolf Alexander Schröder, Leuchtenburg, Post Bremen-Vegesack
21. Februar 1956
DLA, A: Schröder: ms. Schreiben, behändigte Ausfertigung; Kopfbogen: „Theodor Heuss"[1]
Absage einer Mitarbeit Rudolf Alexander Schröders an der Sammelbiographie „Die Großen Deutschen"; Tod von Sissi Brentano; Heinrich-Heine-Feier zum 100. Todestag in Düsseldorf; Verhältnis zu Heines Lyrik

Verehrter, lieber Dr.[2] Schröder!

Freundlichen Dank für Ihren Brief.[3] Es tut mir natürlich sehr leid, daß Sie in die Arbeit nicht hineinsteigen können, aber da ich selber ja nur aus der Nachsicht meiner Mitbürger und unter Dauerinanspruchnahme mildernder Umstände lebe, habe ich Verständnis dafür, daß Sie Arbeiten, in denen Sie stecken, nicht durch neuen Terminzwang gefährden wollen.[4]

Sissis Sterben war mir von Josefa schon vor ein paar Wochen als unmittelbar bevorstehend mitgeteilt worden. Nach dem letzten Brief von Josefa ist sie sehr bewußt und überlegen gestorben.[5]

Was die Heine-Feier in Düsseldorf[6] anbelangt, so muß ich ein Mißverständnis, das ich in Ihrem Brief sehe, ausräumen: ich habe nämlich nicht über Heine

1 Weiterer Nachweis: N 1221, 332: ms. Schreiben, Durchschlag.
2 Die Universität Tübingen hatte Schröder 1946 die theologische Ehrendoktorwürde verliehen.
3 Schröder an Heuss, 18. 2. 1956, in: N 1221, 427. Unter Berufung auf seine kritische Deutung Rainer Maria Rilkes sowie auf seinen Gesundheitszustand und Terminschwierigkeiten hatte Schröder abgelehnt, Artikel über Rilke und Wilhelm Raabe für die Sammelbiographie zu schreiben.
4 Für den fünften Ergänzungsband übernahm Schröder dann doch einen Beitrag über Friedrich Rückert; vgl. H. HEIMPEL / TH. HEUSS / B. REIFENBERG, Großen Deutschen, Bd. 5, S. 258–265.
5 Josefa Ruess an Heuss, 15. 2. 1956, in: N 1221, 117; Todesanzeige für Sophie (Sissi) Brentano de la Roche vom 6. 2. 1956 in: ebd.
6 In Düsseldorf, der Geburtsstadt Heines, war eine Feier zum 100. Todestag am 17. 2. 1956 geplant, an der Heuss teilnahm. Sie wurde – wie auch eine Feier am Grab in Paris – vom Fernsehen übertragen; vgl. B 122, 2061. Heuss dankte François-Poncet am 3. 3. 1956 für dessen Teilnahme an der Feier in Paris; N 1221, 333.

gesprochen. Was in der Sowjetzone einen Antisemiten aus mir gemacht hat, war nur dies, daß ich den Leuten klar machte, daß es unmöglich sei, was sie in Düsseldorf beschlossen hatten, daß sie Max Brod aus Tel Aviv herkommen lassen wollten.[7] Er ist ja ein feinsinniger Schriftsteller und reizender Mensch, aber den Leuten in Düsseldorf mußte zum Teil erst beigebracht werden, daß doch unmöglich der Eindruck entstehen durfte, daß kein „Arier" zu dieser Würdigung zu finden sei. Ich habe dann Kasimir Edschmid vorgeschlagen, der ja auch Vorsitzender des deutschen PEN ist, und er hat sich der Aufgabe in würdiger Weise entledigt.[8] Ich selber habe die Festrede abgelehnt. Ich weiß nicht, ob das Karl Kraus und „Die Folgen"[9] sind. Ich habe natürlich für die Vielfarbigkeit von Heine einiges Verständnis behalten, aber kann das „Buch der Lieder"[10] kaum ertragen und habe mir einfach deutlich gemacht, daß man eine Festrede nicht auf dem Fundament von Vorbehalten und Einschränkungen aufbauen kann.[11] Das kann man bei einer gelegentlichen Würdigung, aber nicht bei einem Anlaß wie diesem.

Mit den besten Grüßen und Wünschen
Ihr

Theodor Heuss

---

[7] Die Bedenken gegen Max Brod waren von Karl Marx, dem Herausgeber der „Allgemeinen Jüdischen Wochenzeitung", an Heuss herangetragen worden: „Die Feinde Heines könnten sagen, daß es sich um eine rein jüdische Angelegenheit handle, während die Freunde Heine's wünschen müßten, daß die Feier auf breiter Grundlage stattfinde, die Festrede also von einem Christen gehalten werde. Er habe in diesem Sinne an Max Brod geschrieben, der das durchaus verstehen werde"; Notiz des Referenten von Heyden, 3. 12. 1955, in: B 122, 2061; vgl. auch TH. HEUSS, Tagebuchbriefe, S. 108, 4. 12. 1955; S. 145, 12. 2. 1956.

[8] Vgl. Heuss an Edschmid, 21. 2. 1956, in: N 1221, 332. Gegenüber Toni Stolper charakterisierte er die Rede als „etwas zu sehr defensiv, gegen alte und späte Angriffe, schöne Zitate neben forciertem Zeug"; TH. HEUSS, Tagebuchbriefe, S. 148, 18. 2. 1956.

[9] Anspielung auf einen Essay von KARL KRAUS: Heine und die Folgen, München 1910, in dem Kraus gegen die Dichtung Heines und deren Rezeption durch das liberale Bürgertum polemisiert.

[10] HEINRICH HEINE: Buch der Lieder, Hamburg 1827.

[11] Vgl. die Haltung von Heuss zu Heine in dem Schreiben an Hans von Hülsen, 22. 11. 1955, in: B 122, 2063, in dem es u. a. heißt: „Der Heine-Enthusiasmus ist aber verhältnismäßig früh verwelkt, und die Schrift von Karl Kraus hat das Ihrige dazu getan. Es ist mir natürlich durchaus bekannt, welche geistesgeschichtliche Bedeutung Heine besitzt und wie er vor allem im Ausland mit gesehen wird, aber ich lege einigen Wert auf innere Redlichkeit." Vgl. auch TH. HEUSS, Erinnerungen, S. 21; zur Heine-Rezeption in Deutschland vgl. E. ZIEGLER, Heinrich Heine, S. 219–237.

Nr. 77
An Prof. Dr. Carl Jacob Burckhardt, Vinzel, Waadt, Schweiz
22. Februar 1956
UB Basel, NL 110, G 3077, 55: ms. Schreiben, behändigte Ausfertigung; Kopfbogen: „Theodor Heuss"[1]
Hilfe für Max Rychner; Kontrolle von Heuss-Briefen an Carl Jacob Burckhardt durch unbekannte Hand; Treffen mit Rudolf Alexander Schröder; Beiträge zur Sammelbiographie „Die Großen Deutschen"

Verehrter, lieber Professor Burckhardt!

Auf Ihre Anfrage und Anregung wegen Max Rychner[2] hoffe ich, sobald wir mit den entsprechenden Herren die Fühlung aufnehmen können, zurückkommen zu können.[3] Es ist nur schade, aber solche Klage ist ja an sich überflüssig, daß Ihr freundlicher Brief nicht zwei Tage früher bei mir war, da ich die beiden Vorsitzenden des Kulturkreises im Bundesverband der deutschen Industrie, Herrn Dr. Hermann Reusch und Herrn Rechtsanwalt Stein, zwei Stunden lang bei mir zum Kaffee hatte. Ich selber werde mich natürlich an der Aktion für Max Rychner gern beteiligen. Die Erinnerung an unser Zusammensein ist mir sehr lieb geblieben.[4]

Jetzt will ich Ihnen aber nur ein paar Zeilen schreiben wegen der verblüffenden Mitteilung, daß Briefe von mir an Sie mit Dampf geöffnet worden sind.[5] Das Verfahren selber ist mir aus der Nazizeit vertraut, wo ich einmal einen großen

1 Weitere Nachweise: DLA, A: Heuss, 73.4069-4072; B 122, 2068; N 1221, 332: ms. Schreiben, Durchschlag mit Verfügung: „Versand in neutralem Umschlag über Herrn Dr. Ernst Ludwig Heuss zur Weiterleitung".

2 Burckhardt an Heuss, 15. 2. 1956, in: B 122, 2068. Burckhardt hatte berichtet, dass er sich um diskrete materielle Hilfe für den kranken und behinderten Schriftsteller Max Rychner bemühe, indem der Manesse-Verlag ein Kapitel aus Rychners Erinnerungen und eine seiner literarischen Studien in einem bibliophilen Band vereinige, der Privatleuten für 100 Schweizer Franken überlassen werden solle. Er bat Heuss, den Kulturkreis im BDI für dieses Vorhaben zu gewinnen.

3 Dies geschah erst am 11. 5. 1956 mit einem von Heuss diktierten und von Bott gez. Schreiben an Burckhardt. Demnach wollte Heuss einen Geldbetrag, den er vom Kulturkreis im BDI für einen Vortrag auf dessen Tagung in Baden Baden erhalten werde, für eine Subskription für 30 Exemplare zur Verfügung stellen. Der Manesse-Verlag solle mit 3.000 Franken rechnen; N 1221, 334.

4 Heuss hatte den Züricher Essayisten Max Rychner im August 1955 bei Burckhardt getroffen; vgl. TH. HEUSS, Tagebuchbriefe, S. 55, 24. 8. 1955. Für das Sammelwerk „Die Großen Deutschen" lieferte Rychner einen Beitrag über Gottfried Keller; vgl. H. HEIMPEL / TH. HEUSS / B. REIFENBERG, Großen Deutschen, Bd. 3, S. 364–375; Korrespondenz hierzu in: N 1221, 427.

5 Burckhardt hatte sein Schreiben daher mit einem Begleitschreiben an Ernst Ludwig Heuss mit der Bitte um Weiterleitung gesandt, weil er festgestellt habe, dass dreimal Schreiben von Heuss an ihn mit Dampf geöffnet worden seien; Burckhardt an Ernst Ludwig Heuss, 15. 2. 1956, in: DLA, A: Heuss, 73.4247–4249.

Krach mit der Post deshalb aufführte, weil die Satinage von dem Papier vorn glänzte und hinten weg war.[6]

Ich habe unseren sehr netten und mir gegenüber auch völlig loyalen Bundespostminister Balke zu mir gebeten und mich von ihm über die Technik des Überprüfens orientieren lassen. Er sagte mir, daß hier in Deutschland keine polizeiliche Behörde eingeschaltet sei und daß eigentlich nie die Absendestellen zur Kontrolle kommen, weil hier ja mit einem Wechsel der Auflieferung usf. Irreführungen immer möglich seien. Theoretisch haben die Besatzungsbehörden noch ein militärisches Kontrollrecht, das aber seit sehr langer Zeit nicht mehr angewandt wird, sondern höchstens bei Briefen aus der Sowjetzone in Stichproben. Er meint, daß die hier aufgelieferten Briefe nach Köln kommen und dort in den „schweizer Postsack" gehen. Wenn die Post sehr groß ist, gibt es auch für Zürich, für Bern, für Genf besondere Säcke. Sonst wird dieser schweizer Postsack in Basel übergeben und dort den verschiedenen Bezirken und Städten zugeteilt. Ich schrecke nun freilich vor dem Gedanken zurück, daß irgendeine Stelle in der Schweiz es so interessant findet, daß der deutsche Bundespräsident mit dem ehemaligen schweizer Diplomaten im Austausch steht; die Neugierde würde ja bisher durch Enttäuschung bestraft worden sein. Aber ich weiß nicht, ob Sie selber eine Möglichkeit haben, hier zarte Feststellungen zu treffen. Dieser Brief geht nun aber zunächst über Lörrach.[7]

Wir stecken hier, aber das wird bei Ihnen so ähnlich sein, in einem für diese Gegend ungewöhnlich intensiven Winter.

Unseren Freund Rudolf Alexander Schröder hatte ich zu den Veranstaltungen zum 80. Geburtstag des Bundeskanzlers geladen, und wir saßen auch am gleichen „Ehrentisch", aber der Versuch, seiner am anderen Tage habhaft zu werden, ist mißglückt, und er vermutete mich, während ich auf ihn wartete, in dringenden Geschäften. Er hat mir leider ein paar Vorschläge, die ich ihm für die „Großen Deutschen" gemacht habe, absagen müssen,[8] da er sich offenkundig mit Terminverpflichtungen, wie wir ja schließlich fast alle, etwas übernommen hat. Ich hoffe aber sehr, daß für Sie der Grillparzer-Aufsatz[9] kein Albdruck geworden ist.

Für heute nur diese kurze Nachricht mit guten Grüßen an das ganze Haus
Ihr
Theodor Heuss

---

6 Heuss an die Geheime Staatspolizei, 11. 10. 1933, in: TH. HEUSS, Defensive, S. 182; vgl. auch DERS., Machtergreifung, S. 28.

7 Vgl. Anm. 1. In der Antwort vom 10. 4. 1956 berichtete Burckhardt, er habe den Briefumschlag leider nicht aufbewahrt, habe seinerseits aber mit dem Schweizer Bundesrat darüber gesprochen. Für völlig ausgeschlossen halte er eine Briefkontrolle auf Schweizer Boden nicht; N 1221, 427.

8 Vgl. Nr. 76.

9 Der Beitrag Burckhardts über Franz Grillparzer in: H. HEIMPEL / TH. HEUSS / B. REIFENBERG, Großen Deutschen, Bd. 3, S. 245–257; weitere Korrespondenz über den Beitrag in: B 1221, 427.

Nr. 78
An Ninon Hesse, Montagnola, Tessin, Schweiz
2. März 1956[1]
DLA, A: Ninon Hesse, 67.2278: ms. Schreiben, behändigte Ausfertigung; Kopfbogen: „Theodor Heuss"[2]
Arbeitsbelastung; Dank für ein Märchen-Buch; Einschätzung des Buches „Schattenbeschwörung" von Theodor Heuss; Heuss-Gedichte; Staatsbesuch in Griechenland

Verehrte, liebe Frau Ninon!

Sie haben einen Zwischenbescheid[3] erhalten, der mich leicht zu exkulpieren sucht. Es ist nun in der Tat so, daß die letzten 6, 8 Wochen ziemlich grausam waren. Erst die Dinge, die mit dem 80. Geburtstag des Kanzlers[4] zusammenhingen, dann mein eigener Geburtstag, der ja die unzählbaren Liebenswürdigkeiten in eine anstrengende Feindseligkeit ausarten ließ – welche Fülle an konventionellen Briefen! Seit Mitte Dezember ist der Chef des Bundespräsidialamts außer Gefecht gesetzt, was für Bott und mich zusätzliche Arbeit bedeutet, und dann wollte ich doch, ehe ich Ihnen schrieb, einiges in dem Märchenbuch[5] gelesen haben, was zwischendurch auch ein paar Mal möglich war, ohne daß es bei dieser gegenwärtigen Beanspruchung systematisch hätte erfolgen können. Das Buch wäre die richtige Nahrung für meine Frau gewesen, die ja nicht bloß eine wunderbare Märchenerzählerin war und das in Jugendgruppen auch durch das Beispiel lehrte, sondern die auch für die philologischen Dinge, die etwa in Ihrem Nachwort verzeichnet sind, eine sehr starke Teilnahme besessen hätte. Bei mir reicht es bis zur Bewunderung der philologischen Akribie, die in Ihrer Quellencharakteristik spürbar wird.

Ich habe nun aber auch noch zu danken für die so freundschaftlich eingehende Rezension auf Teile des Büchleins „Schattenbeschwörung"[6]. Ich habe das kleine Buch, das durch einen Lizenzdruck in der S. Fischer-Bücherei plötzlich eine ziemliche Verbreitung gefunden hat,[7] selber ganz gern, weil an das Entstehen der

1 Im Durchschlag wurde das Datum vom 2. Februar in 2. März korrigiert.
2 Weitere Nachweise: DLA, A: Heuss, 73.4129; N 1221, 333: ms. Schreiben, Durchschlag.
3 Von Heuss diktierter und von Bott gez. Schreiben an Ninon Hesse, 29. 2. 1956, in: DLA, A: Heuss, 73.4129.
4 Adenauer war am 5. 1. 1956 80 Jahre alt geworden.
5 Ninon Hesse: Deutsche Märchen vor und nach Grimm, Zürich/Stuttgart/Wien 1956; Ninon Hesse hatte Heuss am 25. 1. 1956 das Werk übersandt sowie ein Einzelblatt mit Anmerkungen zum Märchen „Das Erdkühlein"; DLA, A: Heuss, 73.4284.
6 Vgl. Th. Heuss, Schattenbeschwörung; Anmerkungen zu diesem Buch von Ninon Hesse in ihrem Brief an Heuss, 15. 1. 1956, in: DLA, A: Heuss, 73.4284.
7 1954–1956 wurde in der Taschenbuchausgabe eine Auflage von 52.000 Exemplaren gedruckt.

Abb. 11: Ninon Hesse, Hermann Hesse, Theodor Heuss, Ernst Ludwig Heuss in Sils Maria, Schweiz, Sommer 1957

einzelnen Stücke sich bei mir die Anekdoten des Findertums in verjährten Zeitschriften und Zeitungen[8] anschließen. Es ist viel Zufälligkeit dabei, wie ich auf die einzelnen Figuren stieß. Auf manche wurde ich hingewiesen, nachdem ich in der Frankfurter Zeitung die Stücke veröffentlicht hatte, und mein „Ehrgeiz" mußte der sein, daß man die Mühseligkeiten der Materialbeschaffung, die für einen Teil der Arbeiten entstanden, beim Lesen nicht merkt. Ich lege Ihnen ein Exemplar bei.

Der Hauptanlaß der Verspätung war aber dies, daß ich bei freilich höchst reduzierten Restkenntnissen in der griechischen und lateinischen Sprache Ihnen etwas vorrenommieren wollte unter dem Thema „Anch'io sono – poeta".[9] Sie selber haben mir ja ein paar Vergilstellen geschickt,[10] mit denen ich schwer zurecht kam, weil ich kein Lexikon mehr besaß. Da habe ich aber nun ein kleines nachträglich zum Geburtstag erhalten, um mich nicht zu blamieren. Bei Ihnen vermute ich sehr stark, daß Sie den Horaz noch haben. Vor mehr als vier Jahrzehnten habe

---

8 Es folgt gestrichen: „sich".

9 Italienisch für „Ich bin auch ein Poet".

10 Dabei handelte es sich um „Anmerkungen" zu dem Märchen „Das Erdkühlein", die auf Vergil eingehen; wie Anm. 5.

ich eine Horaz'sche Ode unter Umstellung der Situation von Rom auf Heilbronn, wo ich das Gymnasium besucht habe, übersetzt, mit dem artistischen Versuch, das alkäische Versmaß zu gebrauchen und doch deutsche Reime zu verwenden.[11] Als mir dies einigermaßen geglückt schien, habe ich noch mit derselben Technik eine Elegie an den Karzer geschrieben,[12] dessen zweimaliger Bewohner ich gewesen war.[13] Die Verse wurden mit dem Sonett an den einzigen Lehrer, dessen ich heute noch mit Verehrung gedenke,[14] zusammen mit anderen Beiträgen in einem Heftchen bei einer Zusammenkunft ehemaliger Heilbronner Gymnasiasten gedruckt. Dieses Heftchen war nun bei mir nicht mehr auffindbar, und es mußte erst der Direktor des Heilbronner Gymnasiums, das erstaunlicherweise jetzt meinen Namen trägt, aus Amerika zurückgekehrt sein, um mir eines der beiden von ihm vor Jahren aufgetriebenen Exemplare zu dedizieren.[15] Ich habe nun die paar Stücke fotokopieren lassen, für die ich Ihr Interesse erwarten kann, und ich könnte mir fast denken, daß auch Hermann Hesse an der artistischen Spielerei Spaß haben könnte.

Für die Griechenlandreise darf ich Ihnen gutes Wetter wünschen. Ich war auch einmal im April dort[16] und habe das etwas überraschende Bild erlebt: Athen im Schnee. Meine Reise[17] wird ja teilweise ein fragwürdiges Vergnügen sein, da ja das Protokollarisch-Offizielle, zumindest beim Athen-Aufenthalt, eine Beengung darstellen wird, aber das Reiseprogramm soll nun doch immerhin so gemacht werden, daß ich auf dem Peloponnes ein paar Dinge sehen kann, die ich bei meiner ersten Griechenlandreise aus Zeitbedrängnis versäumen mußte.

Ihnen beiden herzliche Grüße
von Ihrem — Theodor Heuss

---

[11] Unter der Überschrift „Aus einer Horazübertragung, in Albrecht's Weinstube", 1925, in: B 122, 202. Zum 80. Geburtstag von Rudolf Alexander Schröder nutzte Heuss dieses Gedicht erneut, schrieb über seine Entstehung und fügte es seiner Gratulation für eine Festschrift im Anhang bei; Heuss an Schröder, 4. 9. 1957, in: B 122, 2070; vgl. auch Heuss an Toni Stolper, 21. 1. 1956, in: BArch, N 1186, 122.

[12] „Elegie an den Karzer", 1925, in: B 122, 202.

[13] Vgl. TH. HEUSS, Vorspiele, S. 88f.

[14] Gemeint Georg Lechler, dem das Gedicht unter dem Titel „In memoriam G. L." gewidmet war; B 122, 202; vgl. zu Lechler TH. HEUSS, Vorspiele, S. 77f.

[15] Heuss hatte Oberstudiendirektor Karl Weiß am 4. 2. 1956 um Ausleihe des fraglichen Heftes gebeten, weil die seinerzeit gemachten Kopien verloren gegangen seien; Theodor-Heuss-Gymnasium, Heilbronn.

[16] Heuss hatte 1931 Griechenland besucht; seine Reiseeindrücke unter dem Titel „Griechische Reise" in: Die Hilfe 37, Nr. 20, 16. 5. 1931, S. 483–487.

[17] Vom 14. bis 22. 5. 1956 stattete Heuss Griechenland einen Staatsbesuch ab; es war der erste offizielle Auslandsbesuch des Bundespräsidenten, nachdem die Bundesrepublik durch den Deutschlandvertrag 1955 weitgehende Souveränität erlangt hatte; vgl. F. GÜNTHER, Heuss auf Reisen, S. 84–90; Nr. 86.

Nr. 79
An Prof. Dr. Dolf Sternberger, Frankfurt a. M.
9. März 1956
DLA, A: Sternberger, 89.10.4984/2: ms. Schreiben, behändigte Ausfertigung; Kopfbogen: „Theodor Heuss“[1]
Dank für Dolf Sternbergers Buch „Lebende Verfassung“; Darstellung der Rolle von Theodor Heuss beim Scheitern des Versuches, eine neue Nationalhymne einzuführen

Sehr geehrter Herr Dr. Sternberger!

Freundlichen Dank für Ihre Zeilen und Ihren Band „Lebende Verfassung“.[2] Ich habe Ihrer Anregung entsprechend mir einmal die Seiten angesehen, wo Sie von meinem Versuch, eine neue Nationalhymne zu „starten“, berichten und dabei auch freundliche Worte über die Wirkung meiner Amtstätigkeit finden.

Wenn man eine solche Darstellung liest, ist man ja versucht, auf Ranke zurückzugreifen, der meinte, daß es der Sinn der Geschichte sei, zu zeigen, „wie es wirklich war“.[3] Ich will Ihnen also ein bißchen davon erzählen, aber ja nicht dem Publizisten und ja nicht dem Dozenten, sondern dem Mann, der sich wohl gewiß dafür interessiert, wie die Dinge von der Nähe aussahen. Daß die Frage der Nationalhymne einer meiner Mißerfolge geworden ist,[4] ist mir ebenso klar wie meine vergebliche Bemühung, das Farben tragende Waffen-Studententum von der deutschen Entwicklung fernzuhalten.[5] Daß ich den Versuch aufgeben mußte, lag wohl an der Stellungnahme von Kurt Schumacher; die Sozialdemokratie hatte mich durch einen Brief von Severing[6] bedrängt, nicht auf das Deutschlandlied zurückzugreifen, was ich selber vermeiden wollte, weil es in seiner Anfangsstrophe ja aus der Zeit des Deutschen Bundes stammt und als eine billige Irredenta-

---

1 Weitere Nachweise: N 1221, 333 und 206: ms. Schreiben, Durchschlag mit undat. Paraphe von Bott.

2 DOLF STERNBERGER: Lebende Verfassung. Studien über Koalition und Opposition, Meisenheim/Glan 1956. Heuss erhielt den Band mit Schreiben vom 5. 3. 1956 mit einem besonderen Hinweis auf die Seiten 26–30; N 1221, 206.

3 Zitat aus der Vorrede von L. V. RANKE, Geschichten, S. 5f, wo es heißt: „Man hat der Historie das Amt, die Vergangenheit zu richten, die Mitwelt zum Nutzen zukünftiger Jahre zu belehren, beygemessen: so hoher Aemter unterwindet sich gegenwärtiger Versuch nicht: er will bloß sagen, wie es eigentlich gewesen.“

4 Vgl. K. GOEBEL, Streit; zahlreiche Briefe zu dem vergeblichen Versuch von Heuss, eine neue Nationalhymne einzuführen, in: TH. HEUSS, Bundespräsident 1949–1954.

5 Vgl. Heuss an Oscar Meyer, 18. 2. 1952, in: ebd., S. 320f; Briefwechsel mit Walter Ballas, 9./16. 11. 1949, und mit Erich Knittel, 14./26. 5. 1959, in: DERS., Hochverehrter Herr Bundespräsident, S. 87–90, 505–508.

6 Carl Severing an Heuss, 8. 3. 1950, in: B 122, 2239.

Parole wirken könnte.[7] Kurt Schumacher hat mir dann in einem Gespräch, was wohl 1951 oder Beginn 1952 stattfand, von der Schröder-Hymne gesagt, daß das ein „schwäbisch-pietistischer Nationalchoral" sei,[8] und er war auf die Pointe so stolz, daß er sie in einer Pressekonferenz am Tage darauf wiederholte. (Ich selber hatte ihm damals gesagt, er wolle natürlich militärische Marschmusik, aber den Gefallen könne ich ihm nicht tun.) Von dieser öffentlichen Erklärung an mußte ich meinen Versuch für verloren betrachten. Es trat dann auch genau das ein, was ich prophezeite und was ich selber schon einige Male miterlebt habe, daß das Absingen der Hymne ein Wettgesang der stärkeren Kehlen wurde mit den gleichzeitig ertönenden Texten der ersten und dritten Strophe.

Die Terminsituation, in der ich meine „Niederlage" bekanntgab, war aber nun in gewissem Sinn außenpolitisch bestimmt. Die Menschen, auch die Menschen von politischer Bedeutung, bedrängten mich, die Verkündung vor den Olympischen Winterspielen in Oslo zu vollziehen, weil bei der Verleihung von Goldmedaillen die entsprechende Nationalhymne intoniert werde; dessen weigerte ich mich, weil in dem besetzten Norwegen die Melodie des „Deutschlandliedes" neben der des Horst-Wessel-Liedes zur Triumphmusik der militärischen Sieger geworden war und ich unter allen Umständen die Möglichkeit von Protesten der norwegischen Bevölkerung oder der norwegischen Presse ausgeschieden wissen wollte.[9]

Dann stand Helsinki in Vorbereitung.[10] Es macht Ihnen vielleicht Spaß zu hören, daß der „mehrfach und neuerlich durch einen Brief des Bundeskanzlers gedrängte Heuss"[11] der Verfasser dieses Kanzlerbriefes ist.[12] Der Bundeskanzler hat überhaupt nie gedrängt. Fast das ganze Kabinett hatte meinen Versuch, der ihm von kräftig einfachen Knabenstimmen vorgeführt worden war, mitgemacht, ja mitgesungen.[13] Der Kanzler hatte nur die Sorge, daß die Sozialdemokratie, zumal Ernst Reuter in Berlin, der für die alte Hymne sich ausgesprochen hatte, ihm irgendeinmal „zuvorkommen werde". Der Brief, „den der Bundeskanzler an

---

[7] Hs. korrigiert aus „umging" in „wirken könnte".

[8] Gespräch mit Kurt Schumacher, 14. 8. 1951; Protokoll in: B 122, 31269.

[9] Vgl. Heuss an Adenauer, 24. 1. 1952, in: TH. HEUSS, Bundespräsident 1949–1954, S. 307–310; Briefwechsel mit Annemarie Pohl, 23./28. 2. 1952, in: DERS., Hochverehrter Herr Bundespräsident, S. 195f.

[10] In Helsinki fanden 1952 die Olympischen Sommerspiele statt.

[11] Zitat in: D. STERNBERGER, Verfassung, S. 29, Anm. 6.

[12] Adenauer an Heuss, 29. 4. 1952, und das Antwortschreiben von Heuss vom 2. 5. 1952 in: TH. HEUSS / K. ADENAUER, Unserem Vaterlande zugute, S. 111–113. Aufgrund des Briefwechsels zwischen Heuss und Adenauer wurde das „Deutschlandlied" zur Nationalhymne erklärt; Heuss hatte in einem „Memorandum zur Frage der Nationalhymne" diesen Briefwechsel zuvor angeregt; vgl. Heuss an Adenauer, 6. 4. 1952 samt Memorandum vom 3. 4. 1952, in: TH. HEUSS, Bundespräsident 1949–1954, S. 326–330.

[13] Diese Vorstellung der Hymne vor dem Bundeskabinett, deren Mitglieder die Hymne auch selber sangen, fand am 14. 12. 1950 statt; vgl. TH. HEUSS / K. ADENAUER, Unserem Vaterlande zugute, S. 383, Anm. 14 zu Nr. 64.

mich schrieb“, ist von mir im Inhalt, in der Tonlage und im Zeitpunkt festgelegt worden, wie auch, daß ich die Antwort erst auf den Zeitpunkt nach dem 1. Mai legte, um hier nicht bei den Mai-Feiern Wirrnis zu verursachen.[14] Ein bißchen ist mein Briefentwurf, den ich dem Kanzler mit meiner Antwort vorlegte, wie wir uns hier auszudrücken pflegen, „entheusst“ worden, aber nur im sprachlichen Detail. Ich bin also in dieser Sache nicht irgendwie überfahren worden, sondern sie ist von mir in einfacher politischer Überlegung durchgeführt [worden]. Daß ich über den Vorgang als solchen sehr glücklich gewesen sei, zumal es, was ich jetzt aber nicht breiter darstellen will, ein Hin und Her gab in der Bewertung der Sache von den und den Schichten, kann ich nicht sagen.

Ich habe Ihnen das einmal geschrieben, damit Sie wissen, „wie es eigentlich war“, aber ich rechne selbstverständlich mit ihrer absoluten Diskretion, denn nichts wäre sinnloser und verderblicher, als wenn über diese Geschichte irgendwie öffentlich gesprochen oder geschrieben würde. Sie ist, wie man im Schwäbischen sagt, „den Bach herunter“.

Ich hoffe, daß ich in nicht zu ferner Zeit dazu kommen werde, mich mit dem Inhalt des Buches vertraut zu machen. Eigentlich bin ich arbeitsmäßig so übersetzt (auch die „Großen Deutschen“ machen mir ziemliche Mühe), daß ich sehr selten zum Lesen komme. Ich darf Ihnen eine Broschüre schicken, die einen vor sechs Jahren gehaltenen Universitätsvortrag mit einigen historischen[15] Pointen enthält,[16] wie auch das Heft, das die Münchener Universität über die Doktorjubiläumsfeier von M. J. Bonn und mir kürzlich herausgebracht hat.[17] In meiner Rede habe ich auf Bonns Anregung auch etwas über die Entwicklung des parlamentarischen Denkens und Seins ausgeführt.

Mit freundlichem Gruß
Ihr

Theodor Heuss

[14] Vgl. Anm. 12.

[15] Korrigiert aus „und einige historische“.

[16] Vermutlich THEODOR HEUSS: Verfassungsrecht und Verfassungspolitik. Vom monarchischen Konstitutionalismus zum demokratischen Parlamentarismus. Ansprache gehalten vor Professoren und Studenten der Rheinischen Friedrich-Wilhelms-Universität zu Bonn am 16. Februar 1950, Krefeld 1950.

[17] THEODOR HEUSS und MORITZ JULIUS BONN als Jubilare der Universität München, Berlin 1956; vgl. Nr. 44.

Nr. 80
An Erich Weismann, Weinsberg
3. April 1956

PA Eberhard Weismann: ms. Schreiben, behändigte Ausfertigung; Kopfbogen: „Theodor Heuss“[1]

Bitte, auf eine Frau einzuwirken, die Liebesbriefe an Theodor Heuss schreibt

Sehr geehrter Herr Dekan!

Darf ich Ihnen das Folgende vortragen mit der Bitte um Ihren Rat oder Ihre Unterstützung, wobei ich Ihnen keinen Augenblick verdenken würde, wenn Sie mich wissen ließen, daß Sie mit dieser Sache nicht befaßt sein wollen.[2]

Es gibt in Weinsberg eine Frau oder ein Fräulein [...],[3] die mir seit einer Reihe von Jahren peinlich aufdringliche Liebesbriefe schreibt, mir auch schon einmal in eine Allgäu-Sommerfrische nachgefahren ist.[4] Ich verbinde mit dem Namen überhaupt keinerlei persönliche Vorstellung und habe nach den Briefen nur die Anweisung gegeben, daß die Polizei, falls die Dame auftritt, sie abschieben möge. So ist eine von ihr immer wieder gesuchte Begegnung bisher vermieden worden. Ich habe nun Grund anzunehmen, daß sie evangelisch ist, denn vor fünf Vierteljahren schrieb sie mir aus einem evangelischen Erholungsheim in Freudenstadt und kündigte mir an, daß sie Weihnachten mit mir in der Familie meines Sohnes feiern wolle.[5] Jetzt habe ich vor ein paar Tagen den Brief erhalten, den ich Ihnen zur Kenntnisnahme vertraulich beilege.[6] Es sind auch jetzt wieder polizeiliche Maßnahmen eingeleitet, damit ich dann in Mergentheim, wo ich mich mit meinem Sohn ein paar Wochen von überstarker Beanspruchung ausruhen möchte, nicht auf einem Spaziergang von ihr belästigt werde und damit sie nicht etwa in das Kurhaus „eindringt.“

Als diese Briefe vor ein paar Jahren begannen, erkundigten wir uns, ob es sich um eine Insassin des Weissenhofes[7] handele, aber das ist nicht der Fall. Ich vermute, daß es eine erotische Hysterika mit vielleicht religiös-manischem Einschlag ist, zumal sie auch in dem beiliegenden Brief diese Tonlage benutzt. Und hier nun meine Frage: gehört die Frau zu Ihrer Gemeinde? Ist es für Sie möglich, ohne innere Peinlichkeit hier einen Akt diskreter seelsorgerischer Bemühungen auf sich zu nehmen? Ich möchte nicht die dortige Polizei beanspruchen, aber Sie

1 Weitere Nachweise: N 1221, 333; B 122, 870: ms. Schreiben, Durchschlag.
2 Zur Anbahnung des Kontaktes zum Dekan i. R. Weismann vgl. den Briefwechsel von Heuss mit seinem Heilbronner Freund Willy Dürr, in: B 122, 870.
3 Name von Bearbeitern ausgelassen.
4 Die Belästigungen dauerten von 1953 bis 1958; B 122, 870.
5 Ließ sich nicht ermitteln.
6 Vom 23. 3. 1956, in: ebd.
7 Psychiatrie in Weinsberg.

werden ja ein Gefühl dafür haben, daß diese Art von Briefen zu erhalten mit der ewigen Ungewißheit, ob Peinlichkeiten daraus entstehen, wenig angenehm ist. Man müßte ihr, glaube ich, gut zureden, daß das doch etwas wie eine menschliche Ungehörigkeit ist, einen fremden Mann in solcher Weise zu belästigen.

Falls Sie sich dieser sehr delikaten Aufgabe unterziehen wollen und können, müssen Sie der Frau ruhig sagen, daß Sie von mir gebeten worden seien, ihr diese Briefschreiberei und diese Annäherungsversuche auszureden.[8]

Ich darf um Entschuldigung bitten, daß ich Sie in dieser Sache beansprucht habe, aber Sie werden dafür, denke ich, Verständnis haben.

Mit landsmannschaftlichem Gruß
Ihr Theodor Heuss

Nr. 81
An Erich Raeder, Lippstadt
17. April 1956, Bad Mergentheim, Kuranstalt Hohenlohe

BArch, B 122, 2217: ms. Schreiben, Abschrift eines hs. Schreibens, von Heuss diktiert (Diktatz. H/A) und ms. gez.; ms. Briefkopf: „Theodor Heuss"[1]

Dank für Verzicht auf die Wiederverleihung des Kieler Ehrenbürgerrechts; Glückwünsche zum 80. Geburtstag

Verehrter Herr Großadmiral,

die Beantwortung Ihres Schreibens vom 5. April,[2] das Sie im Verfolg der Gespräche, die Herr Admiral Hansen, den ich darum gebeten, mit mir und mit Ihnen

8 Weismann berichtete am 10. 4. 1956, er habe mit der 77 Jahre alten Dame gesprochen. Sie lebe seit Jahrzehnten in dem Wahn, dass bekannte Persönlichkeiten des öffentlichen Lebens ein Interesse an ihrer Person hätten. Er habe ihr das Versprechen abnehmen können, dass sie nicht mehr schreiben werde. Auf den Aufenthalt in Bad Mergentheim wolle sie nicht verzichten, vielmehr es als Gottesurteil ansehen, wenn von dort eine Absage käme. Daraufhin sei er mit dem Weinsberger Bürgermeister Erwin Heim nach Bad Mergentheim gefahren und habe in einer vertraulichen Rücksprache mit dem Kurdirektor „in das Amt der Vorsehung eingegriffen"; B 122, 870. Heuss dankte Weismann für die Bemühungen mit einem Schreiben vom 15. 4. 1956 aus Bad Mergentheim: „Leicht gerührt bin ich bei aller Paradoxie der Situation, daß die Dame schon 77 Jahre alt ist!" Ebd. Wider Erwarten tauchte die Frau dann dennoch in Bad Mergentheim auf; vgl. Heuss an Toni Stolper, 24. 6. 1956, in: N 1186, 122. Ein letztes Schreiben an den „trautesten, allerliebsten Theo" ging im März 1958 im BPrA ein; B 122, 870.

1 Weitere Nachweise: B 122, 2217: hs. Schreiben, Entwurf; N 1221, 333: ms. Schreiben, Abschrift; Bundesarchiv-Militärarchiv, NL Raeder, N 391,14: ms. Schreiben, Abschrift.

2 Raeder an Heuss, 5. 4. 1956, in: B 122, 2217. Raeder hatte gegenüber Heuss in dem 5½-seitigen Schreiben ausführlich seine Position begründet, warum er auf die erneute Verleihung der Kieler

geführt hat,[3] an[4] mich richteten, mußte sich verzögern; ich bitte, das zu entschuldigen. Da die „leidige Angelegenheit", wie Sie sich ausdrücken, unfroherweise zu einem innen- und außenpolitischen Diskutandum geworden war,[5] ergab sich die Notwendigkeit, um einige Klärungen bemüht zu bleiben – ich selber war inzwischen zu einem kurzen termingebunden Urlaub von Bonn weggefahren.[6]

Sie schrieben mir, daß Sie sich wohl bewußt seien: die innere und äußere Lage erfordere, daß Sie sich „zurückhalten".[7] Ich bin Ihnen für dieses Wort dankbar; ein anderes habe ich nicht erwartet. Wir sind uns zwar wohl nie begegnet, aber ich war mit dem verstorbenen Reichswehrminister Dr. Gessler seit Jahrzehnten befreundet, und vertraute Gespräche mit ihm haben mir eine hinlängliche Vorstellung von dem Wesen Ihrer Persönlichkeit vermittelt.

Die Lage ist nun die, daß der individuelle Wille zur Zurückhaltung, und oft genug sehr unerwartet, durchkreuzt wird – das mag auch künftig nicht anders sein – durch Situationen und Zeitumstände, die ihn aufheben, seine Motive miß-

---

Ehrenbürgerrechte nicht verzichten und an der Tagung des Deutschen Marinebundes teilnehmen wolle. Wegen fortgesetzter Kritik an diesem Entschluss teilte Raeder schließlich am 14. 4. 1956 dem Kieler Oberbürgermeister Hans Müthling mit, er werde die Ehrenbürgerschaft nicht annehmen, auch wenn das Stadtparlament positiv abstimmen würde; Kopie in: B 122, 2217. Auf diese Absage bezieht sich vermutlich das Schreiben von Heuss.

3 Nach einem Gespräch von Heuss mit Admiral a. D. Gottfried Hansen, der Raeder darüber informierte, und nach einem Besuch von Klaiber und Vizeadmiral Friedrich Ruge (Bundesverteidigungsministerium) bei Raeder war es zu diesem Briefwechsel zwischen Heuss und Raeder gekommen. Heuss informierte Adenauer am 29. 3. 1956 darüber; vgl. K. ADENAUER / TH. HEUSS, Unserem Vaterlande zugute, S. 210f.

4 Aus dem hs. Entwurf ergänzt: „an mich richteten".

5 Raeder, bis 1943 Oberbefehlshaber der Kriegsmarine, war im Nürnberger Prozess gegen die Hauptkriegsverbrecher zu lebenslanger Haft verurteilt worden. Nachdem er nach intensiven Bemühungen durch die Bundesregierung 1955 vorzeitig entlassen wurde, entbrannte die Diskussion, inwiefern die Kriegsmarine und ihre alten Repräsentanten wie Raeder als Vorbild für die aufzubauende Marine der Bundeswehr dienen konnten. Mitte Januar 1956 hatte der Kapitän zur See, Karl-Adolf Zenker, der mit der Leitung der Marineabteilung im Bundesverteidigungsministerium beauftragt war, bei einer Rede vor Matrosen in Wilhelmshaven Raeder und Karl Dönitz als Vorbilder für die kommende Bundesmarine bezeichnet und damit einen politischen Eklat augelöst. Anfang März hatte die Stadt Kiel sich entschlossen, Raeder die ihm 1945 aberkannten Ehrenbürgerrechte wieder zu verleihen. Ferner wollte der Deutsche Marinebund das 40-jährige Jubiläum der Skagerrakschlacht zusammen mit Raeder begehen. Das führte in der englischen, dänischen und norwegischen Presse zu erheblichem Unmut; zudem stand der Besuch des dänischen Ministerpräsidenten und Außenministers Hans Christian Svane Hansen zur Kieler Woche auf dem Spiel; Unterlagen zum ausländischen Echo in: BArch, B 305, 159; vgl. auch K. W. BIRD, Erich Raeder, S. 210–224. – Adenauer hatte mit Heuss bereits am 19. 3. 1956 über das Problem der Ehrenbürgerrechte für Raeder gesprochen; vgl. K. ADENAUER / TH. HEUSS, Unter vier Augen, S. 196; KABINETTSPROTOKOLLE 1956, Sitzung vom 27. 3. 1956, S. 268; vgl. auch TH. HEUSS, Tagebuchbriefe, S. 168, 13. 4. 1956.

6 Heuss war von Mitte April bis Anfang Mai 1956 in Bad Mergentheim.

7 Raeder hatte seine öffentliche Zurückhaltung nach der Entlassung aus der Haft in Spandau betont; wie Anm. 2.

kennen oder mißdeuten – hier tritt die persönliche Entscheidung vor das Gesetz der vaterländischen Zweckmäßigkeit. Die Antwort, die immer eine seelische und sachliche Auseinandersetzung mit dem eigenen Sein und den darum unbekümmerten Gegebenheiten fordert, ist wohl nie, bleibt der Blick auf eine prekäre Gesamtlage gerichtet, ohne einen Verzicht zu denken. Ich sehe heute, daß Sie diesen vollzogen, und achte Ihren Entschluß.

Es geht in der Auseinandersetzung nicht um Recht oder Unrecht im Rahmen einer noch zeitgebundenen und von Gefühlen überlasteten Urteilsfindung (diese wird von der Geschichte im rechten, wie ich hoffe auch im gerechten Maße besorgt werden), sondern um eine Gegenwart, die in völlig neue Aufgaben tritt. Ich bin geschichtlich genügend gebildet, um zu wissen, daß dabei die Kräfte der sog. „Tradition", auch die Empfindungswerte nicht verkannt werden dürfen, die in zahllosen menschlichen Bindungen gegeben sind; das ist mir vollkommen deutlich vor den bewegenden Worten, die Sie, auch in der familiären Tragik, über Ihre Beziehungen zu der Stadt Kiel aussprechen. Ich weiß auch, wie stark Zusammenhänge innerhalb der Kriegsmarine, die eine so kurze Geschichte besitzt, wuchsen und gepflegt wurden – aber Sie werden das bitte nicht als besserwisserische Belehrung empfinden: das Gewesene, in Wahrheit und im Irrtum, ist *gewesen*; es mag, es soll die Kraft zu einem *Neuen* geben, das sich mit altem Pflichtsinn vor „die Forderung des Tages" gestellt weiß.

Dies Schreiben, Herr Großadmiral, ist etwas lang geworden. Ich wollte Ihnen nicht mit ein paar verbindlichen Unverbindlichkeiten antworten, möchte aber doch nicht die Einzelargumente Ihres Briefes im Hin und Her aufnehmen. Sie sollen empfinden, daß die menschliche Seite der Auseinandersetzung mich durchaus berührt, daß ich aber pflichtgemäß – gerade auch psychologisch – sie im Rahmen der zeitgeschichtlichen Lage des Vaterlandes zu sehen und zu werten bemüht bin.

Sie werden in wenigen Tagen, wie ich höre, Ihren achtzigsten Geburtstag begehen können. Wollen Sie mir gestatten, Ihnen zu diesem Tage meine guten Wünsche auszusprechen, vor allem diesen, daß Sie ihn, nun in der rechten Pflege, in gesicherter Gesundheit begehen können. Ihr Rückblick auf das Leben sieht den weiten Ausschlag des Hoch und Tief, in das solche turbulente Zeit Menschen der geschichtlichen Verantwortung überall gezwungen hat – Sie sollen ihn in innerer Freiheit begehen können.[8]

Ihr Theodor Heuss

[8] Klaiber gab das Schreiben von Heuss am 20. 4. 1956 vertraulich Ruge zur Kenntnis; B 122, 2217.

Nr. 82
An Dr. Dorothee von Velsen, Ried bei Benediktbeuren
20. April 1956; Bad Mergentheim, Kuranstalt Hohenlohe
BArch, N 1221, 212: ms. Schreiben, Durchschlag, von Heuss diktiert (Diktatz. H/A) und ms. gez.; ms. Briefkopf: „Theodor Heuss"[1]
Dorothee von Velsens Buch „Im Alter die Fülle": Einschätzung von Marie-Elisabeth Lüders, Gertrud Bäumer und Elly Heuss-Knapp; Erinnerung an Gustav von Velsen

Verehrte, liebe Frau Dr. von Velsen!

Zu dem kurzen Ausruhurlaub, den ich mir verschrieben habe[2] – das letzte Vierteljahr war reichlich angespannt –, habe ich mir Ihr Buch „Im Alter die Fülle"[3] mitgenommen und habe es, erleichtert durch das schlechte Wetter, das das Zeichnen im Freien bis jetzt unmöglich machte, in den letzten Tagen ganz gelesen und zwar gern gelesen. Das wollte ich ihnen doch schreiben. Es sind mir ja viele, viele der Menschen, die darin auftreten, persönlich bekannt, und ich habe mich gefreut zu sehen, daß viele von Ihnen ähnlich betrachtet werden wie von mir. An einer Stelle „müßte" ich eigentlich ein schlechtes Gewissen haben, denn Marie-Elisabeth Lüders kommt in ihren sachlichen Leistungen so stark heraus, daß meine sehr alte innere Ablehnung ihr gegenüber nicht ganz gerechtfertigt erscheint.[4] D. h., ich wußte immer, daß sie „sehr tüchtig" ist, aber bei dem weiblichen Dioskuren-Paar, das wir vor drei Jahrzehnten in der demokratischen Reichstagsfraktion hatten und das sich doch im Grunde wechselseitig nicht leiden konnte, habe ich von Anbeginn Gertrud Bäumer trotz ihrer relativen Unnahbarkeit sehr viel nähergestanden, wie ich auch noch wiederholt in Gießmannsdorf bei ihr gewesen bin. Sehr nett und zutreffend ist die Charakteristik meiner Frau in ihrer Stellung zu den politischen Frauenforderungen. In dem Kapitel meiner Erinnerungen, das vor zwei Jahren geschrieben wurde und in dem der Beginn der Begegnung mit Elly Knapp bis zur Ehe dargestellt ist, habe ich mit freundlicher Ironie dargetan, daß ich selber in den Frauenfragen viel „radikaler" war als die Berliner Studentin.[5] Ich habe auch meiner Frau später oft genug gesagt, daß sie im Grunde genommen den Führern der Frauenbewegung gegenüber „undankbar" sei, worauf sie nur meinte: „Vielleicht".[6]

---

1 Weiterer Nachweis: N 1221, 333: ms. Schreiben, Durchschlag.
2 Vgl. Nr. 81, Anm. 6.
3 DOROTHEE VON VELSEN: Im Alter die Fülle. Erinnerungen, Tübingen 1956.
4 Vgl. Nr. 61; Heuss an Toni Stolper, 27. 2. 1958, in: BArch, N 1186, 124; TH. HEUSS, Erinnerungen, S. 316.
5 Vgl. ebd., S. 118.
6 Ebd.

Das lag ja wohl an dem Familienhintergrund. Der Vater Knapp gab seinen beiden Töchtern alle Chancen, und die innere Grundanlage meiner Frau war so absolut auf pädagogische Freudigkeit, Sozialgeschichte und unmittelbar praktische Sozialarbeit angelegt – durch den Bürgermeister Schwander war sie die erste Frau in Deutschland, die (als junges Mädchen) einem städtischen Armenrat angehörte –, daß die rein politischen Dinge ihr zweit- und drittrangig waren oder daß sie sie anderwärts schon besser „besetzt“ empfand.[7]

Ich habe aus Ihrem Buch auch neben der Weckung mir vertrauter Dinge mancherlei gelernt und finde die Darstellung vom Einbruch des Nationalsozialismus, vom seelischen Erlebnis des Krieges vor allem auch sehr wichtig und sehr verdienstvoll. Da ich selber ja Ihr Haus in Ried kenne – wir waren im Jahre 1943 bei Ihnen –, ist mir die Darstellung ja auch visuell plastisch.

In meinen Vorlesungen und Vorträgen kam übrigens öfters Ihr Vater an die Reihe,[8] und ich denke, daß ich ihn nicht mit einem anderen Velsen verwechselt habe. Ich erzählte nämlich davon, daß die Betriebsräte eine Art von Vorläufertum besessen hätten und zwar in den Arbeiterausschüssen, die der Preußische Landtag 1906 oder 1907 in den Bergwerken gesetzlich eingeführt hat, nach meiner Erinnerung in den staatlichen als offizielle Arbeiterausschüsse, in den anderen als fakultative. Das sind Erinnerungen aus der Frühzeit, da ich (ab 1905) an der „Hilfe“ tätig war, freilich zunächst ein Feuilleton aufzubauen hatte.[9] Aber es bleibt mir die Erinnerung, daß in diesen Dingen der leitende Bergbeamte Preußens aktiv mitwirkte. Ich redete von diesen Dingen nicht, um das preußische Dreiklassenwahlrecht zu loben, das wir ja alle leidenschaftlich bekämpften,[10] sondern um darzutun, daß auch in diesem Rahmen und in dieser Zeit sozialpolitische Entwicklungsansätze geschaffen wurden.

Wenn ich Ihnen auf einem Zettel ein paar an sich unwesentliche Notizen beilege, so wollen Sie das nicht als schulmeisterliche Besserwisserei betrachten.[11] Ich habe, wenn ich öffentliche Rezensionen schrieb, solche kleinen Irrtümer, wie sie jedem Autoren passieren und immer wieder passieren werden, nie, wie es manche Pedanten tun, zum Druck gebracht. Ein paarmal habe ich für solche Hinweise sogar Dank bekommen – den erwarte ich aber jetzt nicht von Ihnen, denn dazu sind die Anmerkungen zu unwesentlich.[12]

---

[7] Vgl. E. HEUSS-KNAPP, Ausblick, S. 51–53; DIES., Bürgerin, S. 41f.

[8] Gustav von Velsen, königlicher Oberberghauptmann.

[9] Vgl. R. BURGER, Theodor Heuss, S. 70–100.

[10] Im Gegensatz zum gleichen, geheimen und direkten Wahlrecht für den Reichstag herrschte in Preußen das Dreiklassenwahlrecht, welches das Gewicht der Stimmen an die Höhe der Steuerleistung band und eine öffentliche Abstimmung über Wahlmänner vorsah; zur Bekämpfung dieses Wahlrechts durch Naumann, Heuss und die Linksliberalen im Kaiserreich vgl. P. MERSEBURGER, Theodor Heuss, S. 123–125; Nr. 128a, Anm. 5.

[11] Der Zettel mit insgesamt vier Monita als Abschrift einer hs. Notiz in: N 1221, 333.

[12] Von Velsen dankte Heuss am 30. 4. 1956; N 1221, 212.

In den nächsten Tagen werden wir auch die Familie Leins in Mergentheim haben.

Mit guten Grüßen
Ihr
Theodor Heuss

Anlage!

Nr. 83
An Prof. Dr. Max Horkheimer, Frankfurt a. M.
23. April 1956; Bad Mergentheim, Kuranstalt Hohenlohe
UB J. C. Senckenberg, Archivzentrum, Na 1, 299: ms. Schreiben, behändigte Ausfertigung; Kopfbogen: „Theodor Heuss"[1]
Absage, einen Festvortrag auf der Gedächtnisfeier zum 100. Geburtstag von Sigmund Freud zu halten

Sehr verehrter, lieber Herr Professor Horkheimer!

Dieser Brief muß Sie leider enttäuschen. Ich habe mir in den kurzen Mergentheimer Urlaub einige Dinge von Freud und einiges über ihn mitgenommen, auch darin gelesen, wenn freilich nicht so systematisch, wie ich mir das vorgenommen hatte, denn jeden Tag kommt ein Stoß von Zusendungen aus Bonn, dessen Inhalt terminmäßig erledigt werden muß, aber es ist mir soviel deutlich geworden, daß ich über Freud nicht sprechen werde.[2]

Sie hatten sich der großen Mühe unterzogen, die mich rührte, mir eine kleine Ansprache niederzuschreiben;[3] nun ist es durch all die sechs Jahre mein Ehrgeiz gewesen, oder wenn Sie so wollen, meine Eitelkeit, nie Dinge vorzutragen, die von anderen konzipiert oder gar formuliert worden sind (Ausnahme die Trivialitäten bei der Überreichung von Beglaubigungsschreiben, die vorher wechselseitig von den Büros abgestimmt werden!). Ich kann auch nicht Ihren Gedankengang in meine Sprachwelt transponieren, denn das würde mich vor mir selber unglaubwürdig machen.

---

1 Weitere Nachweise: N 1221, 333; B 122, 2059: ms. Schreiben, Durchschlag mit Vermerk: „(Freud)".

2 Nachdem Horkheimer am 4. 2. 1956 Heuss gebeten hatte, anlässlich der Gedächtnisfeier zu Freuds 100. Geburtstag den Festvortrag am 6. 5. 1956 in der Aula der Universität Frankfurt zu halten, erbat sich Heuss am 9. 2. 1956 gegenüber dem Rektor der Universität zunächst Bedenkzeit. Er wolle zunächst abschätzen, ob er zu Freud etwas Substantielles beitragen könne; B 122, 2059; vgl. auch TH. HERTFELDER, Kapital, S. 112f.

3 Vgl. Horkheimer an Heuss, 4. 4. 1956, in: B 122, 2059.

Es ist so, daß ich wohl über die menschliche Figur und die geistesgeschichtliche Erscheinung von Freud einige eigene Aperçus machen könnte, das würde mir aber als individuelle literatenhafte Wichtigtuerei erscheinen und ganz und gar nicht sich als Abschluß einer Gedenkfeier eignen. Ich gestehe mir einfach nicht die sachliche Kompetenz zu, die durch Freud in der wissenschaftlichen Technik und Erkenntnisform so großartig erweiterte Welt mit sicherem Schritt abzuschreiten und im Durchsichten zu bewerten.[4] Ich kann auch bei meiner Selbstbesinnung jene psychischen Untiefen gar nicht entdecken, die meine Aussage glaubhaft und interessant machen könnten, denn ich bin so entsetzlich normal und habe mit der inneren Dämonie, oder wie man das nennen mag, nie interessante Gespräche zu führen gehabt. Ich glaube etwas davon zu spüren, was Freuds Fragestellungen über den Komplex der Psychopathologie hinaus an Befruchtendem gebracht hat, aber ich bin einfach zu ungebildet, um etwas zu sagen über die soziologischen, religionsgeschichtlichen und volkspsychologischen Ergebnisse seiner Anregungen.

Ich werde also, meinem Versprechen gemäß, an der Feier teilnehmen[5] und sicher manches dabei lernen, aber ich werde nicht aufs Seil gehen, da ich mich dabei keineswegs schwindelfrei fühlen würde – das Wort „Schwindel“ gilt hier in seinem Doppelsinn.

Ich habe in den ersten Jahren meiner Bundespräsidentenzeit, wie ich vor mir selber zugeben muß, manche Universität, viele Vereinigungen usf., von der Feuerwehr bis zur Max-Planck-Gesellschaft, durch meine Willigkeit, meinen Spruch zu den Dingen zu sagen, verwöhnt; seit meiner letzten Silvesteransprache[6] habe ich den Prozeß der Entwöhnung eingeleitet, um vielleicht, ohne die Amtspflichten als solche zu vernachlässigen, etwas Zeit und Ruhe für produktive eigene Besinnung zu finden.

Da Sie selber Psychologe und philologischer Denker sind, möchte ich für dieses mein Bedürfnis Ihre verständnisvolle Nachsicht erwarten dürfen.[7]

Mit den besten Grüßen
Ihr

Theodor Heuss

---

[4] Seine Unsicherheit gegenüber dem Werk Freuds gestand Heuss auch Toni Stolper: „Aber dem weitschichtigen Stoff gegenüber fühle ich mich reichlich unsicher. […] – ich habe das Œuvre aber nie systematisch studiert oder gar die Kontroversen gelesen.“ TH. HEUSS, Tagebuchbriefe, S. 144, 8. 2. 1956; vgl. auch ebd., S. 166, 5. 4. 1956.

[5] Am 6. 5. 1956; vgl. Dienstkalender, in: N 1221, 482.

[6] Manuskript in: B 122, 244; Bulletin, Nr. 1, 3. 1. 1956, S. 1f.

[7] Ein Antwortschreiben von Horkheimer ließ sich nicht ermitteln.

Nr. 84
An Rudolf Augstein, Hamburg
1. Juni 1956
Augstein-Archiv: ms. Schreiben, behändigte Ausfertigung; Kopfbogen: „Theodor Heuss“[1]
Kritik an der Berichterstattung des „Spiegel“ über den vermeintlichen Besuch von Theodor Heuss bei einer Schulklasse

Sehr geehrter Herr Augstein!

Darf ich Sie bitten, Ihre freundliche Aufmerksamkeit einen Augenblick dem Folgenden zuzuwenden: Im *Spiegel*, Nr. 20,[2] erschien kürzlich eine Glosse, in der beschrieben ist, wie ich während meines Mergentheimer Aufenthalts eine Volksschulklasse besuchte, an die Kinder Fragen stellte und für richtige Antworten den Kindern eine oder mehrere Tulpen schenkte.

Mein Sohn, Dr. Ernst Ludwig Heuss, hat, da ich während dieser Zeit in Griechenland war,[3] sofort einen kleinen Brief an die Redaktion geschrieben,[4] daß von dieser Erzählung kein Wort wahr ist. Er erhielt darauf am 26. Mai von Herrn Matthiesen eine Antwort,[5] daß die Mitteilung von einem Mitarbeiter stamme, „dessen Informationen sich bisher stets als zuverlässig erwiesen haben.“ Es wird dann weiter mitgeteilt, daß auf eine Rückfrage die „Bestätigung“ gekommen sei, „daß die von uns veröffentlichte Meldung den Tatsachen entspricht“; dann geht der Brief weiter und erzählt eine ganz neue Geschichte, nämlich daß, ehe ich wegfuhr, eine Schulklasse vor dem Hotel ein paar Lieder sang. Dies letztere ist nun in der Tat richtig, zeigt aber, daß die frühere Notiz nun eben den Tatsachen nicht entspricht. Freilich ist auch in dieser Antwort vom 26. Mai eine falsche Behauptung, daß ich mich „in Begleitung eines Kriminalkommissars in der 8. gemischten Volksschulklasse eingefunden“ hätte. Die ganze Sache ist an sich eine Lappalie, aber ich wende mich direkt an Sie, weil mir das journalistische Verfahren, eine klare, einfache Darstellung meines Sohnes nicht zu akzeptieren, sondern mit der Darstellung neuer Tatbestände eine Falschnachricht zu verschleiern, völlig unmöglich erscheint.

Herr Matthiesen schreibt, daß *Der Spiegel* die Absicht verfolgt habe, „eine erfreuliche menschliche Seite des Staatsoberhauptes anzusprechen, die gewiß bei allen Lesern Anklang gefunden hat.“ Die Mitteilung empfinde ich als paradox, zumindest hat sie bei mir keinen Anklang gefunden. Auch wenn ich wohlmeinend

1 Weitere Nachweise: N 1221, 334; B 122, 600: ms. Schreiben, Durchschlag mit Stempel: „Pers[önlichem] Ref[erenten] vorgelegen“; rechts oben Paraphe von Heuss.
2 Der Spiegel, H. 20, 14. 5. 1956, S. 64; Auszug in: B 122, 182.
3 Vgl. zum Staatsbesuch in Griechenland Nr. 78, Anm. 17, Nr. 86, Nr. 87.
4 Ernst Ludwig Heuss an „Der Spiegel“, 16. 5. 1956, in: B 122, 260.
5 Johannes Matthiesen an Ernst Ludwig Heuss, 26. 5. 1956, in: B 122, 600.

unterstelle, daß die Motivation des Herrn Matthiesen subjektiv zutreffend ist, so empfinde ich derartige Notizen als eine ziemlich alberne Verkitschung, vor der ich mich eigentlich verschont wissen möchte. Der Vorgang selber ist, wie mein Sohn Ihnen schon mitteilte, eine vollkommen freie Erfindung, da ich in Mergentheim nie eine Schule besucht, nie Kinder ausgefragt und nie Tulpen verteilt habe.

Diese Zuschrift ist natürlich nur ganz persönlich gedacht, aber möchte bei Ihnen anregen, daß, wenn schon eine solch alberne Geschichte im *Spiegel* produziert wird, dort auch der Richtigstellung Raum gewährt wird. Ich möchte vor dem Verdacht geschützt sein, als ob ich mit billigen Mitteln Popularität suche.

Es wäre eigentlich ganz nett, wenn *Der Spiegel*, der von mir aus über mich schreiben darf, was er will, ein bißchen aufpassen wollte; zu der Bemerkung hatte ich ja früher schon einmal Anlaß,[6] daß ich, um meines Amtes willen, nicht das Opfer von Schmonzes für Kleinbürgerseelen werden möchte.[7]

Mit freundlichen Empfehlungen
Ihr
Th. Heuss

Nr. 85
An Dr. Wilhelm Hoffmann, Stuttgart
1. Juni 1956

BArch, B 122, 325: ms. Schreiben, Durchschlag, von Heuss diktiert (Diktatz. H/A) und ms. gez.; ms. Briefkopf: „Theodor Heuss"[1]

Ablehnung einer Ehrenmitgliedschaft in der Deutschen Schillergesellschaft und in der Hölderlin-Gesellschaft

Verehrter, lieber Herr Hoffmann!

Zwar nehme ich an, daß es als eine Unfreundlichkeit von mir wirkt, wenn ich Sie und durch Sie Theodor Pfizer bitte, auf die mir zugedachten „Ehrenmitglied-

6 Heuss spielte dabei wohl auf eine Korrespondenz vom Dezember 1955 an. Nachdem „Der Spiegel" am 14. 12. 1955 (Heft 51) berichtet hatte, Heuss sei mit seinen 71 Jahren ein Heiratsangebot ins Haus gesandt worden, beschwerte sich Heuss am 14. 12. 1955 bei Augstein, der zwei Tage darauf mitteilte, er habe gebeten, von derartigen Mitteilungen künftig abzusehen; B 122, 180.

7 Nachdem sich Augstein in zwei Schreiben vom 6. 6. und 12. 6. 1956 entschuldigt hatte (B 122, 600), anwortete ihm Heuss: „Mir selber kam es ja doch wesentlich darauf an – abgesehen von der ersten Ausrede Ihres Fachredakteurs –, mich etwas geschützt zu wissen vor der Verkitschung meines Amtes. Dafür glaube ich Ihr Verständnis gewonnen zu haben. Ich würde ganz froh sein, wenn dieser Gewinn in dieser Richtung eine gewisse Dauerwirkung besitzen würde." Heuss an Augstein, 18. 6. 1956, in: N 1221, 334.

1 Stempel: „Pers[önlichem] Ref[erenten] vorgelegen"; weiterer Nachweis: N 1221, 334: ms. Schreiben, Durchschlag.

schaften" zu verzichten.[2] Ich habe, verzeihen Sie, einen wahren Horror vor Ehrenmitgliedschaften, Schirmherrschaften, Protektoraten, Grußworten, Geleitworten usf. usf. und vor allem vor deren Publizierungen. Nichts gegen die Schiller-Gesellschaft, nichts gegen die Hölderlin-Gesellschaft, die beide schöne und verdienstliche Einrichtungen sind – aber es ist seit einiger Zeit eine meiner Hauptbeschäftigungen geworden, solche Bitten abzulehnen (erst in diesen Tagen hat die neu zu gründende Kant-Gesellschaft eine entsprechende Ablehnung erhalten).[3] Mit meinem Amt sind ja nun, das habe ich inzwischen gelernt, die mannigfachsten Verpflichtungen verbunden, aber qua Heuss will ich nicht „Petersilie auf allen Suppen"[4] sein, und ich halte es, ohne mich selber zu „degradieren", für eine Illusion von Verbandsvorsitzenden zu meinen, daß mein Name ihnen für ihre Arbeit irgendwie hilfreich sein könnte. Derlei verbraucht sich nämlich.

Ich bitte um Ihr mitleidiges, nachsichtiges und einsichtiges Verständnis.[5]

(Daß ich „schlicht, einfach und bescheiden" bin, können Sie ja in jeder mittleren Zeitung lesen!)[6]

Ihr Theodor Heuss

---

2 Hoffmann an Heuss, 28. 5. 1956, in: B 122, 325. Die Deutsche Schillergesellschaft hatte am 12. 5. 1956 beschlossen, Heuss die Ehrenmitgliedschaft anzutragen. Hoffmann fragte nach, ob bei einer positiven Antwort die Ernennung an die Presse weitergegeben werden dürfe. Im Namen von Pfizer erkundigte sich Hoffmann ebenfalls, ob Heuss Ehrenmitglied der Hölderlin-Gesellschaft werden wolle.

3 Vgl. das Schreiben von Bott (diktiert von Heuss), 1. 6. 1956, in: B 122, 2051.

4 Heuss verwendete diese Redewendung seit 1949 häufig; dabei gab es auch eine eher schwäbisch geprägte Version, in der statt von „Petersilie" von „Peterling" die Rede war; vgl. z. B. Der Spiegel, H. 38, 19. 9. 1951, S. 5.

5 Hoffmann äußerte in seiner Antwort vom 22. 6. 1956 Verständnis, bat aber darum, Heuss möge weiter Ausschussmitglied bleiben; dem stimmte Heuss in einem Schreiben an Hoffmann am 6. 7. 1956 zu; B 122, 325.

6 Schon zu Beginn seiner Amtszeit hatte Heuss gegenüber der Presse gebeten: „verkitscht mich nicht!" Egal, was er tue, „jedes Wort von mir landet irgendwo in den Zeitungen. Und da heißt es dann: der Bundespräsident ist schlicht, einfach, bescheiden. Mir wäre es lieber, sie würden schreiben, der Heuss ist ein ganz hochmütiges Luder." HEINZ MEDEFIND: Wie arbeitet Bonn? I. Bundespräsident Theodor Heuss zu Hause und im Amt, in: Die Neue Zeitung, 14. 1. 1950.

Nr. 86
An Dr. Kurt Hahn, Salem bei Überlingen, Bodensee
3. Juni 1956
BArch, B 122, 2061: ms. Schreiben, Durchschlag, von Heuss diktiert (Diktatz. H/A) und ms. gez.; ms. Briefkopf: „Theodor Heuss"[1]
Staatsbesuch in Griechenland: Deutsche Schule in Athen, Zypern-Frage; Glückwünsche zum 70. Geburtstag

Lieber Herr Kurt Hahn!

Sie haben auf den freundlichen Brief,[2] der mich knapp vor meiner Griechenland-Reise[3] erreichte, noch keine Antwort erhalten. Aber da mir von befreundeter Seite kürzlich mitgeteilt wurde,[4] daß auch Sie jetzt das 70. Lebensjahr abgeschlossen haben, dachte ich mir: es läßt sich kombinieren.

Der angeregte Besuch in der Schule bei Athen[5] ließ sich nun nicht mehr durchführen. Es ist schade, daß ich nicht ein paar Wochen vorher von der Sache wußte, aber es ist nun einmal so bei einem sogenannten „Staatsbesuch", daß alle halben Stunden irgendwie eingeteilt und besetzt sind, und bei einem im Protokoll so durchexerzierten Gremium, wie es der griechische Hofstaat ist, würden Änderungen, die sich dann auch auf Polizeieskorten usf. usf. ausdehnen, ein herbes Durcheinander gebracht haben.[6] Ich habe aber gern die Gelegenheit wahrgenommen, mit der Königin Friederike über die Schule zu sprechen. Das ergab sich bei einem intimen Abendessen en famille, bei dem der Kronprinz und die in Salem[7] ausgebildete älteste Prinzessin Sophie anwesend waren. Die Königin erzählte mir, daß sie, da wegen des englischen Leiters der Schule Spannungen entstanden waren, die Oberklassen zu sich ins Schloß gebeten habe und mit ihnen die Dinge durchgesprochen, so daß wieder eine Beruhigung eintrat.

Die Aufnahme, die ich bei der griechischen Bevölkerung fand, war sehr freundschaftlich. Natürlich stand die Zypern-Frage[8] vor aller Bewußtsein, auch der König

---

1 Stempel: „Pers[önlichem] Ref[erenten] vorgelegen; Verfügung: „2) Kopie für Pressereferat"; weiterer Nachweis: N 1221, 334: ms. Schreiben, Durchschlag.

2 Ließ sich nicht ermitteln.

3 Zum Staatsbesuch in Griechenland vgl. Nr. 78, Anm. 17, Nr. 87; vgl. auch den Bericht an Toni Stolper, in: TH. HEUSS, Tagebuchbriefe, S. 175–181, 13.–22. 5. 1956.

4 Hellmut Becker an Bott, 17. 5. 1956, in: B 122, 2061.

5 Die 1896 gegründete Deutsche Schule in Athen war nach ihrer Schließung 1944 im Jahr 1956 wiedereröffnet worden; vgl. Informationsmaterial des AA vom April 1956, S. 46, in: B 122, 539.

6 Programmentwürfe und endgültiges Programm des Staatsbesuches in: B 122, 539; vgl. auch F. GÜNTHER, Heuss auf Reisen, S. 84–90.

7 Kurt Hahn, 1918 Berater des damaligen Reichskanzlers Prinz Max von Baden, hatte 1920 auf dessen Schloss in Salem das Landerziehungsheim Salem gegründet; vgl. E. DARGEL / U. NIEDERHOFER / STEFAN FEUCHT, Prinz Max von Baden, S. 8–33.

8 Seit Mitte der fünfziger Jahre hatte sich die griechische Regierung zunehmend für die Zypern-

Abb. 12: König Paul I. und Königin Friederike von Griechenland mit Theodor Heuss beim Staatsempfang auf Schloss Augustusburg in Brühl, 17. 9. 1956

hat sie in seiner politischen Tischrede erwähnt,[9] so daß ich selber an dem Problem nicht vorbeigehen konnte. Die Anlage mag ihnen zeigen, wie ich die Sache ins Transparente wandte.[10] Die Griechen waren, soweit ich das zu beurteilen

griechen eingesetzt und eine Vereinigung mit Griechenland gefordert, so dass die Spannungen zur Kolonialmacht Großbritannien und zur Türkei zunahmen.

9 Der griechische König Paul hatte in seiner Tischrede am 15. 5. 1956 die Zypernfrage mit der deutschen Teilung verglichen: „Es besteht jedoch kein Zweifel, daß Sie und wir das Glück haben, bald die Befriedigung unserer nationalen Wünsche zu erleben." B 122, 539.

10 Ansprache in: B 122, 539, abgedruckt in: Bulletin, Nr. 90, 18. 5. 1956, S. 853f. Dort heißt es in Anspielung auf die Zypernfrage: „Nation und Staat, Volkstum und Staatlichkeit, ist ohne Lösung geblieben, hat sich an manchen Stellen dieses Erdballs neu, leidvoll gemeldet, blieb in der Verstrickung alter Geschichte, die neue Akzente erhielt. Wir wissen um den Schmerz und die seelische Leidenschaft, mit der das griechische Volk diese Fragestellung heute erlebt." – Adenauer hatte Heuss zuvor mit Rücksicht auf Großbritannien gebeten, sich in der Zypernfrage zurückzuhalten

vermag, damit zufrieden. In England sollen einige Zeitungen darüber böse geworden sein, aber ich habe das, da ich gleich nach der Heimkehr aus Hellas für fünf ziemlich turbulente Tage nach Berlin flog,[11] noch nicht feststellen können.

Und nun kommt Ihr Geburtstag an die Reihe! Es sind jetzt 38 Jahre her, seit wir uns im Kreise von Rohrbach und Hans Delbrück zum erstenmal begegneten[12] und gelegentlich gemeinsam den Versuch machten, publizistisch der offensichtlich anrückenden Katastrophe den Weg zu versperren und ein bißchen dabei zu helfen, das deutsche Schicksal vor dem Schlimmsten zu bewahren. – Es war umsonst. Unsere Generation hat ja dieses „Umsonst“ noch einmal erleben müssen – für uns alle eine herbe Lehre über die Machtgrenze der Vernunft gegenüber den Kräften des bloß Emotionalen. Ihnen hat das Schicksal damals das Vaterland, doch nicht die Aufgabe geraubt,[13] und ich bewundere die Leistung, in der Sie Ihr Leben wieder reich gemacht haben, um andere reicher machen zu können. Ich weiß, wie viele junge Menschen von Ihnen die Formung und die Gesinnung erhielten, mit denen sie in die eigene Bewährung entlassen wurden. Sie wußten immer um die Fruchtbarkeit der sich selber disziplinierenden Individualität, der die Verantwortung für den anderen zugeordnet ist, und Sie haben selber ein Beispiel gegeben der Bewahrung, der Bewährung und der – Entäußerung.

Ich hoffe sehr, daß Sie Ihren 70. Geburtstag in guter Gesundheit begehen können. Ich freue mich, daß das in dem Stück Deutschland möglich sein wird, das innig geliebt zu werden würdig ist und das durch Sie ein bißchen zu einer „pädagogischen Provinz“ gestaltet wurde.

Alles Gute!
Ihr

Theodor Heuss

1 Anlage[14]

---

und jegliche deutsche Vermittlung abzulehnen; vgl. K. ADENAUER / TH. HEUSS, Unter vier Augen, S. 198. Dementsprechend hatte Heuss – wie bei allen künftigen Staatsbesuchen – seine Ansprache in Abstimmung mit Außenminister Brentano formuliert; vgl. TH. HEUSS, Tagebuchbriefe, S. 173, 8. 5. 1956.

11 Heuss hielt vom 26. bis 29. 5. 1956 zahlreiche Reden in Berlin; B 122, 245.

12 Vermutlich im Umfeld der von Paul Rohrbach herausgegebenen Zeitschrift „Deutsche Politik“ und der Gesprächsabende bei Hans Delbrück; vgl. TH. HEUSS, Erinnerungen, S. 219f.

13 Hahn hatte nach seiner Emigration 1934 in Schottland die British Salem School in Gordonstown gegründet.

14 Hs. hinzugefügt; vgl. Anm. 10.

Nr. 87
An Friederike, Königin der Hellenen, Athen
12. Juni 1956

BArch, B 122, 539: ms. Schreiben, Durchschlag, von Heuss diktiert (Diktatz. H/A) und ms. gez.; ms. Briefkopf: „Der Präsident der Bundesrepublik Deutschland“[1]

Dank für freundliche Aufnahme während des Staatsbesuches; Übermittlung von Büchern und Kopien von Zeichnungen; Ankündigung, dass es beim Gegenbesuch keine Hofknickse geben werde

Eure Majestät

haben nun selber, von Paris zurückgekehrt, die Erfahrung hinter sich, daß jede Auslandsreise mit einer Stauung von Briefen, Anfragen, Bitten usf. sozusagen bestraft wird.

Als ich von Griechenland zurückgekehrt war,[2] ging es gleich eine Woche nach Berlin …[3]

Aber die Turbulenz der verschiedensten Pflichten hat die stets lebendige und im erzählenden Gespräch immer wieder farbig sich erneuernde Erinnerung an die halkyonischen Tage[4] in Hellas nie trüben können – zu den schönen Dingen dieses Besuches darf ich auch die mannigfachen munteren und freimütigen, in Teilen mich aber auch menschlich bewegenden Unterhaltungen rechnen, die ich mit Ihnen, aber auch mit Seiner Majestät dem König führen konnte.

Sie waren so liebenswürdig, sich für meine literarischen Arbeiten zu interessieren, und ich erzählte Ihnen auch von einigen der Bücher, die meine verstorbene Frau geschrieben hat. Nun lasse ich Ihnen also einige zugehen; Sie dürfen aber dessen gewiß sein, daß ich, wenn ich im September die Freude habe, Sie in Deutschland wiederzusehen,[5] keine Überprüfung vornehmen werde, ob Sie dies, ob Sie jenes gelesen haben! Freude würde es mir freilich machen, könnten Sie sich mit dem Erinnerungsbuch meiner Frau vertraut machen[6] – wenn Sie einmal *viel* Zeit haben und das Stück deutscher Geschichte kontrollieren wollen, das nach Ihrem Großvater „wilhelminische Epoche“ genannt wird, dann mag meine

---

1 Az. 6608; Stempel: „Pers[önlichem] Ref[erenten] vorgelegen“; hs. Vermerk: „z[um] V[or]g[ang] Griechenlandbesuch“; weiterer Nachweis: N 1221, 334: ms. Schreiben, Durchschlag. Ein offizielles Danktelegramm, vom AA konzipiert und von Heuss redigiert, an König und Königin war bereits am 24. 5. 1956 verschickt worden; B 122, 539.

2 Zum Staatsbesuch in Griechenland vgl. Nr. 78, Anm. 17, Nr. 86; F. GÜNTHER, Heuss auf Reisen, S. 84–90.

3 Vgl. Nr. 86, Anm. 11.

4 Tage glücklicher Ruhe.

5 Das griechische Königspaar besuchte die Bundesrepublik vom 16. bis 23. 9. 1956; Unterlagen über den Programmablauf in: B 122, 540; vgl. auch F. GÜNTHER, Heuss auf Reisen, S. 90–93.

6 E. HEUSS-KNAPP, Ausblick.

Abb. 13: Theodor Heuss: Athen, Foto nach Kreidezeichnung, 18. 5. 1956

Naumann-Biographie[7] hilfreich sein – sie will in dem Leben und in der Art eines bedeutenden Mannes, der mein eigentlicher Lehrer war, das geistige und politische Schicksal Deutschlands spiegeln.

Majestät wehrten ab, als ich mich sozusagen entschuldigte, daß ich an dem reizenden Abend in Tatoi[8] keine kleine Erinnerungsgabe für den Kronprinzen,[9] dessen Anwesenheit ich nicht vermutete, zur Hand hatte; ich bitte Sie, ihm die – wesentlich unpolitische – Essay-Sammlung „Deutsche Gestalten“[10] zuzuleiten.

Die Photokopien meiner Zeichnungen[11] mögen Ihnen eine nette Erinnerung sein – es sind ja immer bloß rasche Niederschriften der Eindrücke, ohne den Anspruch, als „Kunst“ gewertet zu werden. Sie hatten die Freundlichkeit, sich für diese meine privaten Vergnügungen zu interessieren.

Nun muß ich aber, Ihrer heiter-nachsichtigen Zustimmung einigermaßen gewiß, folgende vorbeugende Anmerkung machen: erwarten Sie bitte nicht, wenn Sie

---

[7] TH. HEUSS, Friedrich Naumann.

[8] Am 14. 5. 1956 wurden Heuss und Außenminister Brentano auf dem Schloss Tatoi von der Königsfamilie empfangen; vgl. TH. HEUSS, Tagebuchbriefe, S. 177, 15. 5. 1956.

[9] Konstantin, der spätere König Konstantin II. von Griechenland.

[10] TH. HEUSS, Deutsche Gestalten.

[11] Vom Staatsbesuch in Griechenland sind Photos von zwei Zeichnungen nachgewiesen: Athen (18. 5. 1956), Bei Nauplia (19. 5. 1956); FA Heuss, Basel.

bei uns weilen und es Empfänge oder dergleichen gibt, von unseren Damen den „Hofknicks", dessen wechselreiche Anmut zu bewundern ich mir nicht entgehen ließ. Ich kann nicht zusichern, daß nicht die eine oder andere der Damen das Bedürfnis empfinden wird, in dessen Möglichkeiten zu brillieren – sei's drum. Aber ich werde keinen „Schulungskurs" veranlassen! Ich möchte glauben dürfen, daß ein Ausbleiben solcher traditioneller Formen kein zorniges oder enttäuschtes Stirnrunzeln verursachen wird, gar den Verdacht weckt, es drehe sich um einen Mangel an Respekt – man soll nicht das Ungewohnte und Ungekonnte improvisieren wollen! Das pflegt schiefzugehen.[12]

Dies war also eine vorsorgliche „landesväterliche" Anmerkung.[13]

Indem ich Seiner Majestät dem König und Ihnen, Majestät, mit diesen Zeilen meinen herzlichen Dank für die große Freundlichkeit wiederhole, die ich von der königlichen Familie und vom griechischen Volk erfahren durfte, bin ich mit guten Grüßen

Ihr Theodor Heuss

Nr. 88
An Wilhelm Wolfgang Schütz, Bonn
29. Juni 1956
BArch, B 122, 2199: ms. Schreiben, Durchschlag, von Heuss diktiert (Diktatz. H/A) und ms. gez.; ms. Briefkopf: „Theodor Heuss"[1]
Führung der Amtsgeschäfte des Bundespräsidenten in Berlin

Sehr geehrter Herr Schütz!

Die Frage, ob ich meinen Amtssitz gleichzeitig in Berlin und in Bonn etablieren solle oder könne,[2] ist von mir in Dutzenden von Gesprächen, vor allem auch mit Ernst Reuter, erörtert worden. Das politisch-psychologische Argument ist von

---

12 Über den Gegenbesuch berichtete Heuss am 23. 9. 1956 Toni Stolper: „Da sie, ohne eigentlich geistreich zu sein, sehr direkt ist und eine natürliche Gescheitheit hat, gab es nie Konversation, sondern immer Gespräch. […] Ich schenkte ihr für ihr Verhalten den Begriff der ‚regulierten Taktlosigkeit', den ich einmal, aus Anlaß, für mich selber gebraucht habe." TH. HEUSS, Tagebuchbriefe, S. 190.

13 Königin Friedrike dankte „dem lieben Herrn Bundespräsidenten" am 12. 7. 1956; N 1221, 66.

1 Az. Ch-2608-4777/56 gestrichen, hs. Az. I/503-5210/56 hinzugefügt; Stempel: „Pers[önlichem] Ref[erenten] vorgelegen"; weiterer Nachweis: N 1221, 334: ms. Schreiben, Durchschlag.

2 Schütz hatte namens des Kuratoriums Unteilbares Deutschland am 27. 6. 1956 gebeten, Heuss möge Bonn und Berlin zugleich als Amtssitz wahrnehmen; B 122, 2199.

mir durchaus von Anbeginn akzeptiert worden. Ich bin aber meiner Natur nach nicht auf Fassadenwirkung angelegt. Es ist in vielen Besprechungen und Überlegungen die glatte Unmöglichkeit festgestellt worden, daß wir das Amt sozusagen ambulant durchführen können. Wir haben ein paarmal, wenn es sich ergab, Gesetze dort unterzeichnet, um damit einen bescheidenen symbolischen Akt zu vollziehen, aber ich kann nicht für laufende Geschäfte meine Mitarbeiter und die Akten hin und her transportieren. Der Tag meiner Mitarbeiter und mein eigener Tag pflegen mit Besuchern und Rücksprachen und Erklärungen vollkommen ausgefüllt zu sein, und ich selber lege den größten Wert darauf, daß bei uns nichts liegen bleibt, [so] daß das angeregte Verfahren nur mit einem totalen technischen Mißerfolg enden könnte. Ich habe mich mit den Berlinern so gefunden, daß ich jedes Jahr mindestens ein- oder zweimal dort bin, um freilich dann bis zum Rest der Kraft für Dutzende von Dingen beansprucht zu werden. Aber den Plan, der einmal etwa so hieß, daß wir jeden dritten Monat in Berlin zubringen, kann ich aus der Erfahrung dieser Jahre einfach nicht aufnehmen, denn ich muß immer wieder mit Mitgliedern des Kabinetts, mit Bundestagsabgeordneten usf. usf. eine rasche und leichte Fühlung nehmen können, ohne daß alleine die Vorbereitung eines Besuches ein Zusätzliches an Beamten und ein Durcheinander notwendig machen bezw. nach sich ziehen würde.

Es erübrigt sich also, daß Sie, so gut das ausfallen würde, ein Plädoyer an mich verschwenden. Die Dinge sind zu oft von mir behandelt worden.[3]

Mit freundlichem Gruß | Theodor Heuss

[3] Bereits im September 1955 war Heuss von Berlinern begrüßt worden mit den Worten: „Wat denn Theo, und wieder ohne Möbel?“ oder „Theo, wo hast Du denn Deine Klamotten?“ Bott an Werner Finck, 19. 9. 1955, in: B 122, 2325. Unausgesprochen stand im Hintergrund der Rechtsvorbehalt der Westalliierten, nach dem West-Berlin formal kein Bestandteil der Bundesrepublik war; vgl. auch Nr. 105; Heuss (gez. von Bott) an die Redaktion von „Christ und Welt“, 11. 11. 1958, in: B 122, 597.

Nr. 89
An Dr. Konrad Adenauer, Bundeskanzler, Sanatorium Bühlerhöhe über Bühl, Schwarzwald
11. August 1956
StBKAH, III/47: ms. Schreiben, behändigte Ausfertigung; Kopfbogen: „Theodor Heuss“[1]
Urlaubspläne; Ansprache auf dem Evangelischen Kirchentag in Frankfurt a. M.; Kritik an Reden von Bundesverteidigungsminister Theodor Blank

Verehrter, lieber Herr Bundeskanzler!

Morgen fahre ich für etwa 12 Tage in die Nähe von Münstereifel. Dort habe ich kürzlich, schier aus Zufall, ein Haus entdeckt, in dem man als paying guest unterkommen kann.[2] Es ist von hier in einer guten Stunde zu erreichen, so daß das „Regieren“, d. h. Unterschriftenmachen und dergleichen, keine Unterbrechung erfahren wird.

Zurückkehren werde ich zu dem 800-Jahr-Fest der Abtei Maria Laach.[3] Die Leute waren dort so nett, die Fotokopie einer Zeichnung, die ich während des Parlamentarischen Rates herunterschmierte, mit meiner Einwilligung als Postkarte zu vervielfältigen.[4] Ich lege Ihnen das Stück spaßeshalber bei. Es ist ja sozusagen die Unterlage der Skizze, die ich Ihnen im Januar gesandt habe.[5]

Aber ich schreibe Ihnen ja nun nicht dieserhalb, sondern möchte Sie bitten, die beiliegende Ansprache, die ich auf dem Empfang des Evangelischen Kirchentags im Römer gehalten habe,[6] zu lesen, zumal die Schlußpartien, in denen ich den „verfaßten Organen“ der Kirche das Recht abspreche, für politische Entscheidungen sich eine Art von Sonderzuständigkeit zuzuwenden.[7] Ich mußte die Dinge vorsichtig formulieren, aber sie sind, wie ich aus mancherlei folgenden Gesprächen entnehmen konnte, gut verstanden und von manchen Menschen sehr

1 Weiterer Nachweis: N 1221, 62: ms. Schreiben, Durchschlag mit Stempel: „Pers[önlichem] Ref[erenten] vorgelegen“; Druck: TH. HEUSS / K. ADENAUER, Unserem Vaterlande zugute, S. 214–217.

2 Im Haus Giersberg des rheinischen Industriellen Werner von Schnitzler; vgl. Heuss an Bott, 24. 7. 1956, in: N 1221, 63.

3 28. 8. 1956; Ansprache in: B 122, 246.

4 Abbildung der Postkarte in: TH. HEUSS / K. ADENAUER, Unserem Vaterlande zugute, S. 215; vgl. auch Anm. 5.

5 Heuss hatte Adenauer am 4. 1. 1956 zu dessen Geburtstag die von ihm am 24. 4. 1949 verfertigte Kreidezeichnung von Maria Laach übersandt; vgl. TH. HEUSS / K. ADENAUER, Unserem Vaterlande zugute, S. 206; Reproduktion in: TH. HEUSS, Erzieher, S. 489.

6 Stichworte der Ansprache von Heuss in Frankfurt a. M. vom 8. 8. 1956 in: B 122, 246; abgedruckt unter dem Titel „Kirche – Gesellschaft – Staat“, in: Bulletin, Nr. 149, 11. 8. 1956, S. 1441f.

7 Heuss wandte sich damit gegen das Engagement von Teilen der evangelischen Kirche im Kampf gegen die Wiederbewaffnung; vgl. die Korrespondenz mit Martin Niemöller, in: TH. HEUSS, Bundespräsident 1949–1954, S. 234–238; vgl. auch Nr. 196.

herzlich begrüßt worden.[8] Rührend war, daß, als ich nachts um ½11 Uhr den Römer verließ, um zurückzufahren, Tausende aus der Sowjetzone mich erwarteten, so daß ich auf Gerstenmaiers und Zinns Drängen noch eine improvisierte größere Ansprache hielt.[9]

Sie werden ja, wie wir schließlich alle, gegenwärtig genug in Sorgen drinstecken; ich möchte Ihnen aber noch eine persönliche Sorge – verzeihen Sie – aufladen: das sind Reden und Äußerungen des Ministers Theodor Blank. Man kann sich mit ihm ja gut und sogar realistisch unterhalten, und er hat sich auch ein paarmal Meinungsäußerungen von mir durchaus zugänglich gezeigt, aber ich habe früher schon einmal darauf aufmerksam gemacht, daß man ihn jetzt nicht zu öffentlichen Reden herausstellen soll.[10] Damals war meine Sorge die organisierte Krachmacherei, die in seine Versammlungen getragen wurde und die eine psychologische Rückwirkung auf das Ausland haben mußte, die nicht erwünscht ist. Meine neueste Sorge wendet sich nun dagegen, wie er vor Soldaten zu sprechen beginnt. Durch die SPD-Presse läuft, daß er neulich einmal gesagt hat, die Soldaten müßten wieder ein Beispiel im „Vorsterben" geben.[11] Solche Sprüche, die meinethalben sinnvoll waren in der Zeit, da die Einzelwaffe im Nahkampf, im Frontangriff, in der Verteidigung eines besonderen Punktes bedeutsam war, hängen einem, verzeihen Sie, wenn ich mich so derb ausdrücke, gegenüber der anonymen Tragik des modernen Krieges einfach zum Hals heraus. Auch sonst scheint wieder das alte Vokabular fröhliche Urständ[e] zu erfahren, und in ihm wird die Notwendigkeit, für die Militärdinge ein herbes neues Ethos zu schaffen, das auch einer neuen Sprache bedarf, begraben. Sie können ja einen Menschen auch nicht umwandeln, aber ich kann meine Sorge vor einer traditionellen Banalisierung dieser Dinge vor mir selber nicht verbergen. Nun hoffe ich, daß Sie doch Zeit zu Spaziergängen und zu pfleglichem Ausruhen gefunden haben. Wir hatten hier nach ewiger Regnerei vier wunderschöne sonnige Tage, die auch nicht zu heiß waren, aber jetzt leben wir schon wieder in der Erwartung des nächsten Regens.

Mit guten Grüßen und Wünschen
Ihr

Theodor Heuss

---

[8] Adenauer dankte Heuss am 14. 8. 1956: „Besonders dankbar bin ich für Ihre Ausführungen auf dem evangelischen Kirchentag in Frankfurt. Ich finde sie vorzüglich. Ich bin seit geraumer Zeit empört über die Einmischung von evangelischen kirchlichen Stellen in politische Fragen. Aber als Katholik mußte ich ja schweigen. Wenn von katholischer Seite etwas Ähnliches gekommen wäre, hätte ich nicht geschwiegen. Ich bin wirklich sehr froh, daß Sie gesprochen haben." TH. HEUSS / K. ADENAUER, Unserem Vaterlande zugute, S. 217.

[9] Vgl. auch TH. HEUSS, Tagebuchbriefe, S. 186, 9. 8. 1956.

[10] Vgl. Nr. 38.

[11] Derartiges soll Blank am 13. 7. 1956 in Flensburg vor Angehörigen des Verbandes deutscher Soldaten gesagt haben; vgl. Frankfurter Rundschau, 11. 8. 1956.

Nr. 90
An Dr. Emilie Bonhoeffer, Frankfurt a. M.
20. August 1956, Münstereifel, [Haus Giersberg]
BArch, B 122, 2089: ms. Schreiben, Durchschlag, von Heuss diktiert (Diktatz. H/A) und ms. gez.; ms. Briefkopf: „Theodor Heuss"[1]
Ablehnung einer Spendenaktion zum Jahrestag des 17. Juni 1953, von Briefmarken mit ostdeutschen Motiven und von Propagandasendungen in die DDR in Form von Kamingesprächen

Liebe Emmi!

Als Du neulich in Bonn einbrachst, hast Du wenig Glück gehabt: ich selber weg, meine Schwägerin bis Ende des Monats bei ihren Kindern in Stuttgart, eine Anzahl der Mitarbeiter im Urlaub und Bott übersetzt. Ich bin für 12 Tage in die Eifel gefahren, um ein paar Arbeiten, die jene Ruhe brauchen, die mir in Bonn versagt ist, zu überdenken und fertigzustellen.

Nun muß freilich meine Antwort auf Deinen Brief[2] mit der Bitte um Rat und Hilfe Dich, glaube ich, in allen Teilen enttäuschen.

Die Idee, den 17. Juni zu einer Geldaktion der angeordneten Freiwilligkeit festzusetzen,[3] ist nach meiner Kenntnis der Dinge, so ertragreich das wäre, völlige Illusion, denn es würde als ein Politikum erscheinen. Die früher gemachten Erfahrungen zeigen aber auch, wenn ich die Dinge übersehe, daß solche Pakete einfach beschlagnahmt werden und ihre Adressaten nicht erreichen. Ich weiß gar nicht, wen ich Dir für die Arbeitgeber als zuständig nennen könnte, ob die Herren vom Arbeitgeberverband oder vom Bundesverband der Industrie, wen bei den Gewerkschaften. Bei den sogenannten „Selbständigen" gibt es derlei gar nicht, denn wie soll ein Handelsvertreter, ein Handwerker, ja auch wie soll denn ein Arbeitgeber einen „Tagesverdienst" errechnen, oder wie gar ein Landwirt. Die Sache ist zwar sehr schön gedacht, aber – Verzeihung! – zu dilettantisch, als daß ich dafür meinen Namen geben würde. Und daß gerade der 17. Juni als Tag gewählt

---

1 Hs. Az. 031-2215/55; hs. Verfügungen von Bott vom 21. 8. 1956: „1) H[errn] Nöller", abgezeichnet von Nöller am 22. 8.; „2) H[errn] Einsiedler n[ach] R[ücksprache]"; Betreff: „Unterstützung der Sowjetzonenbevölkerung"; weiterer Nachweis: N 1221, 335: ms. Schreiben, Durchschlag.

2 Bonhoeffer an Heuss, 16. 8. 1956, in: B 122, 2089. Das Schreiben enthielt Anregungen, die in einer Sitzung der Arbeitsgemeinschaft karitativ für die Sowjetzone arbeitenden Verbände am 15. 8. 1956 diskutiert worden waren. Bonhoeffer war Vorstandsmitglied im Hilfsring, Vereinigung ehrenamtlich arbeitender Verbände e. V.

3 Nach dem Volksaufstand in der DDR gegen das SED-Regime am 17. 6. 1953 hatte der Bundestag am 2. 7. den 17. Juni zum gesetzlichen Feiertag erklärt; vgl. E. WOLFRUM, Geschichtspolitik. Bonhoeffer hatte vorgschlagen, den Feiertag in einen „Arbeitstag für die Zone" zu ändern: Jeder Arbeitnehmer solle den Tagesverdienst des nächsten 17. Juni „opfern für die Wiedervereinigung und was dazu gehört an menschlicher Verbindungspflege." Wie Anm. 2.

wird, muß für die führenden Leute in der Sowjetzone psychologisch geradezu als Provokation erscheinen, die sie zu einer schroffen Haltung veranlassen wird.

Die Idee der Briefmarken von mittel- und ostdeutschen Architekturen[4] ist meines Wissens schon öfters diskutiert worden. Leider muß ich mich auch hier versagen, und Du hältst das vielleicht für Snobismus. Ich bin nie ein Freund der naturalistischen Landschafts- und Architektur-Briefmarken gewesen[5] und habe mich darüber gefreut, daß durch den Bundespostminister Balke unter Professor Emil Preetorius jetzt ein Kunstbeirat für Briefmarken eingesetzt wurde, der, soweit ich sehe, hier eine ähnliche Grundhaltung einnimmt wie ich. In diesem Fall müßtest Du Dich an den Bundespostminister oder seinen Staatssekretär wenden.

Das „Mitteldeutsche Tagebuch" von Christian Wulffen[6] kenne ich nicht. Ich komme ja kaum zum Lesen von Büchern. Gespräche am Kamin aber, wie sie dort von mir gefordert werden, habe ich immer abgelehnt. Mir ist einmal die schöne Idee vorgetragen worden, ich solle sozusagen nun meine „Staatsbesuche" in Dresden, Schwerin, Greifswald usf. per Radio machen. Das ist eine Form, die so sehr ans Zweckdemagogische herangeht und darum sachlich in der Wirkung höchst fragwürdig ist, daß ich mich auch da versage. Ich halte über mein persönliches Bedürfnis hinaus Reden, die durch den Rundfunk bei der oder jener Gelegenheit verbreitet werden; daraus jetzt eine Art von Zwangsübung an Unbekannt entstehen zu lassen, müßte sehr bald veröden und müßte in dubio, wenn es aktuell interessant werden könnte, immer aus staatsrechtlicher Loyalität mit der Regierung abgesprochen werden. Herr Roosevelt hatte es da leichter. Er hatte im Krieg auch immer ein Thema, das auf ihn zukam, und die Amerikaner pflegen (Stevenson macht eine Ausnahme) mit ghost writer zu arbeiten, während es mein sozusagen Ehrgeiz ist, alle Dinge, die ich sage, selber zu formulieren. Aber es ist eine Überschätzung meines armen Gehirns zu glauben, daß ich alle acht Tage für wohlmeinende Trivialitäten eine neue Form finden würde. Herr Wulffen stellt sich das einfacher vor, als es ist. [...][7]

Mit guten Grüßen
Dein

Theodor Heuss

---

[4] Wie Anm. 2.

[5] Vgl. zur Einrichtung des künstlerischen Beirats den Briefwechsel von Heuss mit Heinz-Jürgen Langwost, 17./23. 1. 1956, in: Th. Heuss, Hochverehrter Herr Bundespräsident, S. 428–430.

[6] 1952–1959 veröffentlichte Wolfgang Paul unter Pseudonym Berichte aus der DDR; Christian Wulffen: Mitteldeutsches Tagebuch, Esslingen 1952–1959. Bonhoeffer hatte aus der Dokumentation Wulffens einen DDR-Bürger zitiert: „Wenn doch der Bundespräsident – so ähnlich wie s. Zt. Roosevelt abends von seinem Kamin – jede Woche einmal 10 Minuten so mit seinem Volk sprechen würde, so ganz einfach, menschlich, väterlich." Wie Anm. 2.

[7] Im Folgenden Ausführungen über Familienangelegenheiten und den Urlaub von Ernst Ludwig Heuss. In ihrem Antwortschreiben vom 23. 8. 1956 zeigte sich Bonhoeffer „sehr bedrückt" über die ablehnende Haltung von Heuss; B 122, 2089.

Nr. 91
An Dr. Konrad Adenauer, Bundeskanzler, Sanatorium Bühlerhöhe über Bühl, Schwarzwald
4. September 1956
BArch, N 1221, 62: ms. Schreiben, Abschrift eines hs. Schreibens, von Heuss diktiert (Diktatz. H/vM) und ms. gez.; ms. Briefkopf: „Theodor Heuss“[1]
Weigerung, Friedrich Flick den Bundesverdienstorden zu verleihen

Verehrter lieber Herr Bundeskanzler,

Dr. Klaiber teilte mir mit, daß Dr. Globke ihm in Ihrem Auftrag die Frage einer Auszeichnung des Herrn Flick erneut vorgelegt hat[2] – diese Sache ist ja wiederholt an mich herangebracht worden.[3]

Es gibt nun eine Anzahl von Herren, sehr viele sind es nicht, bei denen sich Einsicht oder Instinkt gegen wiederholte Vorschläge gewehrt haben.[4] Zu ihnen gehört auch Herr Flick. Ich nehme an, daß ich seine Funktion in der deutschen Staats- und Wirtschaftsgeschichte[5] nicht falsch sehe: Er ist ein höchst versierter Käufer und Verkäufer von Aktienpaketen – das ist eine schöne Sache, bei der man verdient, aber sich nicht notwendigerweise Verdienste erwirbt.
Ich möchte Herrn Flick nicht Unrecht tun – aber mein Stilgefühl, wenn ich es so nennen darf, sträubt sich gegen diesen Typus.[6]

Freundschaftlichen Gruß
Ihr Theodor Heuss

---

1 Stempel: „Pers[önlichem] Ref[erenten] vorgelegen“; weiterer Nachweis: N 1221, 336: ms. Schreiben, Abschrift; Druck: TH. HEUSS / K. ADENAUER, Unserem Vaterlande zugute, S. 220.
2 Notiz Adenauers vom 1. 9. 1956, mit der er sein Einverständnis erklärt; vgl. TH. HEUSS / K. ADENAUER, Unserem Vaterlande zugute, S. 439, Anm. 2 zu Nr. 174; zur Einschätzung Flicks durch Adenauer vgl. ebd., S. 440, Anm. 3 zu Nr. 174.
3 Ließ sich nicht ermitteln.
4 Um welche Personen es sich neben Flick handelt, ließ sich nicht ermitteln.
5 Zum Aufbau des Konzerns von Flick, der sich seit Anfang der dreißiger Jahre zunehmend an der Rüstungsindustrie beteiligte und zu einer wichtigen Stütze des Nationalsozialismus und der Kriegswirtschaft wurde, vgl. K. CH. PRIEMEL, Flick; N. FREI u. a., Flick.
6 Flick erhielt schließlich 1963 das Große Verdienstkreuz mit Stern und Schulterband.

Nr. 92
An Dr. Carl Zuckmayer, Chardonne sur Vevey, Schweiz
11. September 1956
DLA, A: Zuckmayer, 86.1506: ms. Schreiben, behändigte Ausfertigung; Kopfbogen: „Theodor Heuss“[1]
Dank für einen Essay über Gerhard Hauptmann für die Sammelbiographie „Die Großen Deutschen“; Verfilmung von „Der Hauptmann von Köpenick“; geplantes Treffen; Arbeit von Alice Herdan-Zuckmayer an ihren Kindheitserinnerungen

Verehrter, lieber Freund!

In diesen letzten Tagen war allerlei mit Zuckmayers bei uns los. Es kam vom Propyläen Verlag Ihr schöner Essay über Gerhart Hauptmann.[2] Der Verlag seufzte ein bißchen über seine Länge, weil der vierte Band insgesamt die Ufer der Kalkulation bereits überschwemmt hat, aber wir drei Herausgeber und der Verlag waren doch sehr dankbar, daß es Ihnen neben den vielerlei Dingen und Ablenkungen geglückt ist, eine literarisch so einheitliche und menschlich so eindrucksvolle Würdigung von Hauptmann zu geben.

Als Drucksache sind Ihnen die Korrekturfahnen von hier zugegangen. Toni Stolper, die jetzt ziemlich unmittelbar vor ihrem Rückflug steht, hat bei der Durchsicht ein paar Kleinigkeiten entdeckt, die vermutlich auch Sie gefunden hätten, aber sie hat auch an Ihrem Goethe-Zitat, nachdem sie sich den Westöstlichen Diwan geholt hatte, eine Ihnen gewiß nicht unerwünschte Korrektur vorgenommen.[3] Falls Sie die Fahnen schon nach Berlin zurückgeschickt haben, erbitten Sie sich halt später noch einmal einen Umbruch oder schicken das Exemplar von Frau Dr. Stolper noch an Herrn Dr. Klüter im Propyläen Verlag.

Am Samstag früh haben wir für das ganze Bundespräsidialamt hier in den unteren Räumen der Villa uns den Zuckmayer-Käutner-Film über den anderen Hauptmann vorführen lassen[4] und sehr viel Freude nicht nur an der Darstellung der Figur wie auch an dem filmmäßig Lebendigen der einzelnen Szenen gehabt, sondern fanden es schön und sehr wirkungsvoll, wie die Vorgeschichte des Man-

---

[1] Weitere Nachweise: N 1221, 336; DLA, A: Heuss, 4225-4226: ms. Schreiben, Durchschlag mit Stempel: „Pers[önlichem] Ref[erenten] vorgelegen“; Druck: C. ZUCKMAYER / TH. HEUSS, Briefwechsel, S. 61f.

[2] Vgl. H. HEIMPEL / TH. HEUSS / B. REIFENBERG, Großen Deutschen, Bd. 4, S. 227–244.

[3] Passage aus Goethes „West-Östlichem Diwan“: „Übers Niederträchtige / Niemand sich beklage“; ebd., S. 229.

[4] Gemeint der Film „Der Hauptmann von Köpenick“, der nach der gleichnamigen Tragikomödie von Carl Zuckmayer (Erstaufführung 5. 3. 1931 am Deutschen Theater Berlin) 1956 erneut mit Heinz Rühmann verfilmt wurde. Bereits 1931 hatte Richard Oswald die Theaterfassung verfilmt.

nes, der Kampf mit dem Papier hineingewoben ist.[5] Zu dem Paradoxen tritt dadurch etwas Staatspädagogik, die wahrscheinlich nicht nur Anfang des 20. Jahrhunderts gültig war, sondern eine immanente Zugabe unserer regulierten Menschenexistenz ist.

Ich bin im Augenblick noch sehr stark besetzt mit allerhand passenden und unpassenden Reden (zu den letzteren gehört eine über die Kunst dieser Gegenwart[6]), aber es ist selbstverständlich, daß wir uns im Laufe dieses Ihres Europa-Aufenthaltes sehen werden.

Mit Herrn von Holleben habe ich ein über eine Stunde währendes lebendiges Gespräch geführt.[7] Er ist in der Tat ein sehr sympathischer Mann. Von ihm erfuhr ich auch, daß Sie die Farm[8] in ihrem klassischen Sinn aufgegeben haben, aber in der schönen und vertrauten Landschaft sich ein angenehmes Buen Retiro[9] gesichert.

Grüßen Sie bitte auch Frau Alice.[10] Was macht ihre Wiener Jugendgeschichte?[11] Ich habe immer die Meinung, daß, wenn das Buch fertig sein wird, auch die „Farm in den grünen Bergen"[12] wieder in den Wind der Öffentlichkeit gestellt werden müßte.

Gute Grüße!
Ihr Theodor Heuss

[5] Vorlage des Theaterstückes und des Filmes war die „Köpenickiade" des Neuköllner Schumachers Wilhelm Voigt aus dem Jahre 1906. Voigt möchte das Land verlassen, hat jedoch keinen Pass. Er besorgt sich eine gebrauchte Hauptmannsuniform und besetzt mit einer akquirierten Wachmannschaft das Rathaus in Köpenick. Bürgermeister und Stadtkämmerer werden verhaftet, die Stadtkasse wird beschlagnahmt. Doch es stellt sich heraus, dass Köpenick keine Passabteilung hat; vgl. auch Heuss an Carl Zuckmayer, 30. 6. 1951, in: TH. HEUSS, Bundespräsident 1949–1954, S. 251–253.

[6] Ansprache am 12. 9. 1956 auf der Jahresversammlung des Kulturkreises im BDI in Baden-Baden unter dem Titel „Zur Kunst dieser Gegenwart", gekürzt vorgetragen in der Akademie der Schönen Künste München am 26. 10. 1956; Manuskript in verschiedenen Fassungen in: DLA, A: Heuss, 73.4003; gemeinsam publiziert mit zwei weiteren Aufsätzen in: TH. HEUSS, Kunst, S. 13–81. – Aus Münstereifel schrieb Heuss am 22. 8. 1956 über seine Arbeit an diesem Vortrag Toni Stolper: „Die Kunst-Arbeit wächst mir über den Kopf – ich schreibe halt Nacht um Nacht meine Einfälle, gleich druckfertig, und doch wieder im Redestil, mit Selbstironie, begrenzter Bosheit und, wie ich glaube, des Nachdenkens werte Einsichten." TH. HEUSS, Tagebuchbriefe, S. 188. Zum Druck und zur Verwendung des Honorars für den Vortrag vgl. Heuss an Leins, 21. 9. 1956, in: B 122, 2255.

[7] Zuckmayer hatte am 2. 9. 1956 von einem Besuch des mit ihm befreundeteten deutschen Konsuls in Boston, Werner von Holleben, berichtet und ein Gespräch mit ihm empfohlen; N 1221, 658. Das Gespräch mit Heuss fand am 10. 9. 1956 statt; vgl. Dienstkalender, in: N 1221, 482.

[8] Vgl. Nr. 67, Anm. 3.

[9] Spanisch für „angenehme Rückzugsmöglichkeit".

[10] Heuss schrieb ihr am 21. 9. 1956, um eine Zusammenkunft aus Anlass von Zuckmayers Geburtstag während seines Weihnachtsurlaubs in Lörrach zu planen; N 1221, 336.

[11] ALICE HERDAN-ZUCKMAYER: Das Kästchen. Die Geheimnisse einer Kindheit, Frankfurt a. M. 1962.

[12] Vgl. Nr. 67, Anm. 4.

Nr. 93
An Prof. Dr. Theodor Eschenburg, Tübingen
16. September 1956
UA Tübingen, 530/5: ms. Schreiben, behändigte Ausfertigung; Kopfbogen: „Theodor Heuss“[1]
Fehlen eines Beitrags über Gustav Stresemann in der Sammelbiographie „Die Großen Deutschen“

Lieber Professor Eschenburg!

Ihr Brief[2] erwartete mich hier, als ich von einer etwas strapaziösen Kunstrede-Reise[3] zurückgekehrt war. Wenn ich ein paar Tage weg bin, wartet immer entsetzlich viel Korrespondenz auf mich, so daß ich nur kurz antworten kann.

Über die Frage, ob Stresemann ein „großer Deutscher“ gewesen ist, hat es ziemlich viele mündliche und briefliche Auseinandersetzungen gegeben.[4] Sogar ein Sohn von Stresemann hat sich beim Propyläen Verlag beschwert, daß sein Vater nicht auf die Liste gesetzt worden sei.[5] Ich habe jedermann die Freiheit gegeben zu sagen, daß ich daran schuld sei.

Die Anregung zu einer Neuausgabe ging nicht von mir aus, sondern vom Verlag,[6] weil ich nun eben so entsetzlich viele Biographien und biographische Essays geschrieben habe. Ich lehnte zunächst ab, machte aber dann mit, als ich mir die Mitherausgeberschaft von Heimpel und Reifenberg, die ich beide als Schriftsteller wie als Menschen sehr schätze, gesichert hatte.

Sie müssen mit mir nachsichtig sein, wenn ich jetzt nicht meine Vorbehalte gegen Stresemann breit darstelle. Ich habe sachlich seine Politik von [19]23 ab ja mit im Parlament gestützt, wenn auch nicht in allen Einzelzügen für richtig gehalten. An der Legende, die ich nach seinem tragisch frühen Tod für sehr natürlich halte, habe ich mich nie beteiligt, da ich 1919/20 zu schroffe Aus-

---

1 Weitere Nachweise: N 1221, 336 und 428: ms. Schreiben, Durchschlag mit Stempel: „Pers[önlichem] Ref[erenten] vorgelegen“; Verfügung: „2) Vorg[ang] Gr[oße] Deutsche“.

2 Eschenburg an Heuss, 10. 9. 1956, in: N 1221, 428: „Wenn ich mir die Reihe der Politiker der letzten 100 Jahre, die [...] dargestellt sind, ansehe, so scheint mir keiner zu Unrecht aufgeführt zu sein, aber auch keiner außer Stresemann zu fehlen. Diese Lücke ist aber so offenkundig, daß sie nicht nur mir oder einigen wenigen auffallen dürfte.“

3 Vgl. Nr. 92, Anm. 6.

4 Vgl. vor allem Heuss an Hubertus Prinz zu Löwenstein, 7. 1. 1953, in: TH. HEUSS, Bundespräsident 1949–1954, S. 401–403. Am 25. 9. 1954 hatte es Heuss (gez. von Oberüber) abgelehnt, im Sender Freies Berlin zu einem Stresemann-Gedenktag zu sprechen; N 1221, 322; vgl. auch Heuss an Toni Stolper, 28. 5. 1956, in: BArch, N 1186, 122. Noch nach seiner Amtszeit bekannte er am 28. 4. 1960 gegenüber Adenauer, er habe „seit Jahrzehnten ‚Komplexe‘, etwa gegen Richard Wagner oder Gustav Stresemann“; TH. HEUSS / K. ADENAUER, Unserem Vaterlande zugute, S. 302.

5 Das Schreiben des Sohnes von Stresemann ließ sich nicht ermitteln.

6 Vgl. Nr. 36.

einandersetzungen in Versammlungen wie auch publizistisch mit ihm geführt habe.[7]

Wir standen vor ähnlichen Erörterungen bei Erscheinungen wie Rathenau,[8] der ja viel facettenreicher war als Stresemann, wie auch bei Hugo Preuß. Ich habe die Lösung darin zu finden gesucht, daß ich den Vorschlag machte, in dem Essay, den Professor Michael Freund über Friedrich Ebert übernommen hat, mögen auch diese drei Männer in ihrer Typik und in ihrer Individualität gewürdigt werden, ohne Detaillierung über ihren Lebensgang.[9] Nun müssen wir abwarten, wie diese Geschichte ausfällt. Der Essay liegt noch nicht vor.[10] Sie können mir den Vorwurf machen, daß vielleicht eine menschliche Antipathie zu stark wirkt, aber ich habe mich auch bei Stresemann wie bei anderen bemüht, solche Empfindungen zurückzustellen.

Natürlich wird Stresemann von manchen vermißt werden. Sie glauben gar nicht, wie viele Briefe ich bekomme, wo man mir den und den Fehlenden, vor allem Wilhelm Busch,[11] sozusagen unter die Nase reibt oder mich wissen lässt, daß meine Zustimmung zu Karl Marx oder Thomas Mann[12] mir die Sympathien des deutschen Volkes rauben werde!

Wegen Richard Wagner muß ein Mißverständnis vorliegen.[13] Er ist mir als Figur tief zuwider, als Musiker vermag ich ihn auch nicht zu bewerten, aber daß er eine genialische Erscheinung ist mit einer weltweiten Wirkung, dies einzusehen, bin ich selber nicht ungebildet genug.[14]

Mit freundlichen Grüßen
Ihr Theodor Heuss

7 So in mehreren Reden im März, April und Mai 1920 in Berlin gegen den Kapp-Lüttwitz Putsch, gegenüber dem Stresemann zunächst eine zwiespältige Haltung eingenommen hatte, und in einer Rede vom 20. 5. 1920 in Stuttgart; vgl. Redenkalender, in: N 1221, 684; publizistische Kritik in der Schrift TH. HEUSS, Kapp-Lüttwitz, S. 31–33; zu Stresemann Rolle beim Putsch vgl. J. WRIGHT, Gustav Stresemann, S. 158–167; vgl. auch TH. HEUSS, Tagebuchbriefe, S. 241, 31. 1. 1957.

8 Zum Verhältnis zu Rathenau, der Heuss persönlich fremd blieb, dessen politischen und intellektuellen Rang er aber durchaus zu schätzen wusste, vgl. Heuss an Margarete von Eynern, 18. 4. 1955, in: B 122, 2068.

9 Vgl. Heuss an Freund, 4. 6. 1956, in: N 1221, 427.

10 Beitrag von Freund über Friedrich Ebert in: H. HEIMPEL / TH. HEUSS / B. REIFENBERG, Großen Deutschen, Bd. 4, S. 421–439; dort auch längere Passagen über Preuß, Rathenau und Stresemann.

11 Der Beitrag von Heuss über Wilhelm Busch erschien dann doch in: ebd., Bd. 5, S. 361–377; zur weiteren Verwendung des Manuskriptes dieses Beitrages vgl. Nr. 203; TH. HEUSS, Hochverehrter Herr Bundespräsident, S. 503.

12 Beitrag von Freund über Karl Marx in: H. HEIMPEL / TH. HEUSS / B. REIFENBERG, Großen Deutschen, Bd. 3, S. 267–283; Beitrag von Karl Korn über Thomas Mann in: ebd., Bd. 4, S. 548–563.

13 Eschenburg beklagte sich, dass Wagner „auf Ihre persönliche Veranlassung" nicht in die Reihe aufgenommen worden sei; wie Anm. 2.

14 Beitrag von Karl Holl über Richard Wagner in: H. HEIMPEL / TH. HEUSS / B. REIFENBERG, Großen Deutschen, Bd. 3, S. 519–530.

Nr. 94
An Heinrich Jacob, Baden-Baden
29. September 1956

BArch, B 122, 2063: ms. Schreiben, Durchschlag, von Heuss diktiert (Diktatz. H/A) und ms. gez.; ms. Briefkopf: „Theodor Heuss“[1]

Redestil und Sprechtechnik von Theodor Heuss und deren Konsequenzen für Stenografen und Übersetzer; Vortrag „Zur Kunst dieser Gegenwart“; Druckfehler im „Bulletin“; Nutzen der Stenografie

Sehr geehrter Herr Jacob!

Ihre behutsame und sachliche Studie über die Schwierigkeiten, die ich den Stenographen mache, habe ich nicht nur mit Vergnügen, sondern auch mit Gewinn in dem Sinne gelesen, daß ich die sorgsame Analyse für manche Überlegung recht fruchtbar finde.[2] Daß sie mich selber noch erziehen wird, ach, das wird wohl eine kaum erfüllbare Erwartung sein, war ja auch nicht Ihre Absicht, denn ein Mann, der sich den 73 nähert, ändert sich nicht mehr.

Die Frage meiner Redetechnik hat vor vielen, vielen Jahren schon einen nahen Freund von mir[3] sehr beschäftigt, der sich darüber ärgerte, daß ich in den politischen Wahlversammlungen gar nicht den unterbrechenden Beifall fand, den er erwartete und den ich nach seiner Meinung verdient hätte. Er kam dann auf folgende Geschichte, die vielleicht auch für das Reden charakteristisch ist, daß ich nicht am Ende eines Satzes, der vielleicht eine Pointe gebracht hat, innehalte, um den Hörern Gelegenheit zu geben, etwas zu verschnaufen oder sich zu äußern, sondern daß ich an diesen Stellen den Ton senke und dann im gleichen Ton in den neuen Satz oder neuen Gedankengang übergehe. Ich wäre nie auf die Idee gekommen, mich selber so rational zu überprüfen. Deswegen habe ich seitdem nichts geändert, aber vielleicht ist dieser Hinweis, den ich der langen freundschaftlichen und gleichzeitig vorwurfsvollen Beobachtung eines nahen Freundes verdanke, für Sie selber nicht ganz ohne Interesse. Es ist in der Tat so, wenn ich mich da richtig beurteilen kann, daß meine Sätze meistens etwas zu lang sind, dabei aber die Merkwürdigkeit besitzen, was ich bei der Durchsicht der Steno-

---

1 Az. A 1-13945/56 hs. geändert in 001-5143/56; Stempel: „Pers[önlichem] Ref[erenten] vorgelegen“; Betreff: „Studie über schwierige Übersetzung der Reden Th. H.“; weiterer Nachweis: N 1221, 336: ms. Schreiben, Durchschlag.

2 Jacob an Heuss, 26. 9. 1956, in: B 122, 2063. Jacob teilte darin mit, dass er Reden von Heuss im Rundfunk lückenhaft mitschreibe. Aufgrund seiner Stenogramme und der gedruckten Reden habe er eine „stenographische Analyse“ der Reden angefertigt. Diese Analyse von Jacob ließ sich nicht ermitteln. Zu den vielfältigen Erfahrungen mit Stenografen bei der Wiedergabe seiner Reden vgl. Heuss an Hermann Ehlers, 25. 8. 1950, in: TH. HEUSS, Bundespräsident 1949–1954, S. 168f; Heuss an Kurt Peschel, 1. 9. 1953, in: B 122, 176.

3 Ließ sich nicht ermitteln.

gramme dann gelegentlich sehe, trotzdem richtig konstruiert zu sein. Auch das [ist] nun aber möglich durch den Wechsel in der Tonlage. Wenn ich Zeit habe, habe ich dann schon in mehr als einem Fall bei der Drucklegung solche langen Sätze auseinandergenommen, zumal wenn es sich nicht um dokumentarische Dinge gehandelt hat, sondern die Rede sowieso zur späteren Veröffentlichung gedacht war. Das letztere traf ja auch für die Rede in Baden-Baden[4] zu, die sachlich eine Überforderung der Zuhörerschaft in dem warmen Saal bedeutete – ich hatte in der Nacht vorher bis ½2 Uhr ganze Blätter des Entwurfs beiseite gelegt, weil ich spürte, daß der Vortrag zu lange dauern würde. An sich war die Rede ja nicht „bloß" für die zufällig Anwesenden gehalten worden, sondern der Versuch, eine Diskussion breiterer Art einzuleiten, bezw. Menschen, die nach einer Klärung suchen, vielleicht dabei zu stützen. Die Rede war von vornherein auf spätere Publikation angelegt, und die Improvisationen, die an sich eine Erleichterung des Redens sind, infolgedessen verhältnismäßig gering.[5]

Natürlich habe ich mit den Stenographen schon vielerlei Erfahrungen gemacht. Ich könnte jetzt stundenlang davon erzählen, aber auch wenn das Diktaphon in der Nachtstunde geduldig ist, will ich Sie und mich nicht zu lange damit quälen oder unterhalten. Es ist schon wiederholt vorgekommen, daß mich die Stenographen für „feiner" hielten, als ich bin. So konnte ich eines schönen Tages lesen, daß ich einen „Kunstgiebel" für viele Leute darstelle, während ich gesagt hatte, für viele ein „Kotzkübel" zu sein, in dem sie ihre Sorgen oder Beschwerden loswerden.[6] Ich habe lange gebraucht, bis ich mich aus diesem „Kunstgiebel" in die etwas derbere Form zurückgefunden hatte – und derlei mehr. Das hat dann gelegentlich viel Schreiberei gegeben. Bei Ihnen ist selber irgendwo ein Fehler hängen geblieben: bei Jean Jaurès heißt es nicht „L'année nouvelle", sondern „L'armée nouvelle".[7] Aber Ihr Hinweis, wie viele Druckfehler sich im Bulletin finden, war mir so willkommen als vertraut. Ich lese ja, wie Sie sich denken können, nicht selber Korrektur – dazu habe ich keine Zeit und, offen gestanden, nach früheren Erfahrungen auch nicht allzuviel Talent, aber es ist für mich sehr ärgerlich, wie flüchtig, wenn nicht geradezu ungebildet ausgerechnet bei dieser amtlichen Stelle meine dorthin gegebenen Reden behandelt werden. Darüber hat

4 Vgl. zur Rede „Zur Kunst dieser Gegenwart" in Baden-Baden am 12. 9. 1956 Nr. 92, Anm. 6.

5 Heuss beschrieb die Vorbereitung seiner Reden mit den Worten: „Der – wie Sie so wollen – schöpferische Akt ist die Disposition der Stichworte, wobei es dann auch den einen oder anderen Einfall gibt. Das Beste ist aber der Einfall der Improvisation, und wenn er einmal ausbleibt, dann wird es Zeit sein, daß ich das Amt aufgebe." Heuss an Alfred Müller, 4. 6. 1951, in: N 1221, 297; zur Technik der Vorbereitung der Reden von Heuss vgl. U. BAUMGÄRTNER, Reden, S. 147–161.

6 Vgl. zu diesem Missverständnis, das z. B. auch dem Bonner „Generalanzeiger" unterlief, Heuss an Erich Wagner, 14. 3. 1953, in: B 122, 604; Der Spiegel, H. 12, 18. 3. 1953, S. 27.

7 JEAN JAURÈS: L'armée nouvelle, Paris 1911; zu Heuss' Haltung zu Jaurès vgl. Heuss an Blank, 23. 8. 1953, in: TH. HEUSS, Bundespräsident 1949–1954, S. 463f.

es schon mancherlei sehr grobe Beschwerden gegeben. Ich weiß nicht, ob die Leute immer etwas zu sehr in der Hast der Arbeit drinstecken.

Die Frage ist ja nun für den Bundespräsidenten als solchen so, daß die Reden, die er hält, sehr bestimmte Akzente haben. Wenn ich vor den Feuerwehrleuten oder vor den Turnern rede, glaube ich, eine gewisse Volkstümlichkeit des Ausdrucks zu erreichen, während wenn ich vor der Max-Planck-Gesellschaft oder vor einem Hochschullehrerverband spreche, mich ja nun an dieses „Milieu" anschließe, und das wird für den, der es am Rundfunk hört, dann manchmal fremd und überraschend sein.

Ich bin ja seit meiner Schulzeit aktiver Stenograph,[8] freilich ist das Stenographieren nach Vorträgen nur einmal ein Jugendsport gewesen, aber für meine eigenen Notizen oder Entwürfe ist mir die Stenographie ein unentbehrliches Handwerkszeug geworden,[9] und es tut mir eigentlich ein bißchen leid, wenn ich meinen Kunstgenossen so viel Kummer[10] mache. Sie müssen sich damit trösten, daß es für die Leute, die mich bei Diplomatengesprächen ins Englische, Französische oder Spanische übersetzen müssen, nicht anders aussieht. Sie sind manchmal etwas verzweifelt über Pointen, die ich in der Unterhaltung formuliere. Aber auch hier ist es mir zu langweilig, den bieder und brav gewohnten Wortvorrat zu benutzen, wenn ich mit einem anderen eben spielen kann.

Diese Antwort wird Ihnen zeigen, daß Ihre freundliche, sorgfältige Betrachtung mich beschäftigt hat. Ich danke Ihnen erstens für die Arbeit und zweitens für die Freundlichkeit, die Sie mir zugewandt haben.

Mit besten Empfehlungen
Ihr

Theodor Heuss

---

[8] Vgl. TH. HEUSS, Vorspiele, S. 80f.

[9] Am 18. 7. 1958 schrieb Heuss an den Hamburger Stenografenverein e.V., es vergehe kaum ein Tag, an dem er nicht, etwa bei der Vorbereitung einer Rede oder zum Festhalten einer Besprechung, auf einem Zettel stenografische Notizen mache; B 122, 336, Abdruck in: Hamburger Stenografenzeitung, September 1958.

[10] In der Vorlage: „viele Kümmer".

Nr. 95
An Benno Reifenberg, Frankfurt a. M.
1. Oktober 1956
DLA; A: Reifenberg, 79.12792: ms. Schreiben, behändigte Ausfertigung; Kopfbogen: „Theodor Heuss"[1]
Beitrag zu einem Sonderheft der Zeitschrift „Die Gegenwart" zum Thema „100 Jahre ‚Frankfurter Zeitung'"; Ressentiments Siegfried Kracauers gegenüber nicht emigrierten Journalisten; Dankbarkeit gegenüber der „Frankfurter Zeitung"

Lieber Reifenberg!

Sie wissen ja aus der Praxis, da ich „Außenvertreter" der F[rankfurter] Z[eitung] war,[2] daß meine Arbeit sich etwas nach der Maxime vollzieht: „Karte genügt, komme sofort".

Ich habe gestern in Köln die Photokina eröffnet,[3] abends in Düsseldorf ein neues Opernhaus mit Strauss' „Elektra" eingeweiht,[4] am Sonntag morgen im sogenannten „Malkasten"[5] eine Studienausstellung des 19. Jahrhunderts mir angesehen – kunstgeschichtlich nicht uninteressant, freilich zum Teil auch betrüblich –, am Nachmittag habe ich eine Motorbootregatta mitgemacht und bin selber eine Zeitlang auf dem Rhein mit spazierengefahren, freilich nur als Zuschauer; am Abend habe ich mich hingesetzt, um für die Jubiläumssondernummer der Frankfurter Zeitung etwas niederzuschreiben und bin jetzt um ½12 Uhr damit fertig geworden. Dieser Brief an Sie geht in das Diktaphon.

Vielleicht sind Sie über diesen Beitrag erstaunt, vielleicht erschrocken. Natürlich, mir würde es recht sein, wenn Sie auch ein bißchen darüber erfreut wären.

Wir hatten über den Umfang nichts verabredet, und Sie hatten mir an sich freigestellt, was ich sagen wollte, mit dem Hinweis, daß die Frankfurter Zeitung schon in meiner Jugend eine Rolle gespielt habe.[6] Nun ist etwas ziemlich Umfängliches daraus geworden,[7] hoffentlich nicht zu kokett im Sinne eines Beitrages

---

1 Weitere Nachweise: N 1221, 336; B 122, 597: ms. Schreiben, Durchschlag mit Stempel: „Pers[önlichem] Ref[erenten] vorgelegen"; hs. Vermerk: „Betr. Beitrag zur Sondernummer ‚100 Jahre Frankfurter Zeitung'".
2 Vgl. Nr. 36, Anm. 5.
3 Ansprache zur Eröffnung der Messe für Fotografie „Photokina" am 29. 9. 1956, in: B 122, 246.
4 Am 29. 9. 1956; vgl. Dienstkalender, in: N 1221, 482.
5 Am 30. 9. 1956 im Düsseldorfer Künstlerverein „Malkasten"; vgl. Redenkalender, in: N 1221, 684. Der Text der Ansprache ist nicht überliefert.
6 Im Elternhaus von Heuss wurde u. a. die „Frankfurter Zeitung" gelesen; vgl. TH. HEUSS, Vorspiele, S. 63. Entsprechender Schriftwechsel mit Reifenberg ließ sich nicht ermitteln.
7 Es handelte sich um 3½ ms. Seiten mit dem Titel „Erinnerungen von Theodor Heuss", in: B 122, 597; ms. Entwurf mit Korrekturen in: B 122, 201; Abdruck in: Die Gegenwart. Ein Jahrhundert Frankfurter Zeitung 1856–1956, begründet von Leopold Sonnemann, Sonderheft, 29. 10. 1956, S. 19f.

zur Autobiographie. Ich habe von meinem Vater, von der Wirkung der Frankfurter Zeitung in meinem Hause und von der Beziehung von Sonnemann zu Naumann einiges gesagt, das also sehr individuell klingt. Dann bin ich auf meine eigenen Beziehungen zur Frankfurter Zeitung, zu einigen ihrer wesentlichen Leute eingegangen und habe am Schluß etwas über die Situation der Redaktion im 3. Reich zu sagen versucht.[8] Anlaß dazu, auch von den auswärtigen Emigranten zu sprechen, ist dies: Mein Sohn, der, als er im August in Klosters war, dort auf Friedrich Gublers Anregung Herrn S. Kracauer aufsuchte, redete von dieser Begegnung eigentlich nur mit vieler Peinlichkeit. Kracauer, den ich ja persönlich nicht kenne, der mir in seiner Schreiberei zum Teil modistisch war – ich bin außerhalb des Verdachtes, antisemitisch zu denken –, hat einfach auf alle Leute der Frankfurter Zeitung, die nicht emigrierten, geschimpft und sich als vollkommen von Ressentiments bestimmt gezeigt. Mein Sohn sieht diese Dinge mit einiger Gelassenheit an; seine Frau hat ja selber genügend viel im Dritten Reich gelitten.[9] Deshalb diese Einschaltung, daß das Urteil dieser emigrierten Journalisten nicht maßgeblich für die anderen sein sollte.[10]

Nun ist es so, lesen Sie die Sache einmal durch. Sie müssen ja Wert darauf legen, daß diese wichtige Nummer eine einheitliche Linie besitzt. Sie dürfen mir also absolut Änderungsvorschläge machen, denn ich will mit diesem Beitrag auch ein Stück Dankbarkeit an die Frankfurter Zeitung zum Ausdruck bringen, nicht nur, was ich ihr als Leser zu danken habe, sondern daß sie in den kritischen Jahren durch die monatlichen Beträge für mich einfach ein Stück, ich will nicht

---

[8] Heuss hatte geschrieben: „In den dreißiger Jahren wurde die Mitarbeit dann intensiver, schließlich in einem richtigen Verpflichtungsverhältnis gefestigt. Aber das wurde dann auch ‚gefährlich', für beide Teile; denn den Zeitschriften und Zeitungen wurde schlechthin verboten, etwas von mir abzudrucken, die ‚F. Z.' erhielt schon vorher ein paarmal die dringliche Ermahnung, mich in der Mitarbeiterliste zu streichen. Sie tat es nicht, auch ein paar andere Zeitschriften und Zeitungen waren bereit, sich nicht daran zu kehren." Wie Anm. 7; zum Ausschließlichkeitsvertrag mit der „Frankfurter Zeitung" vgl. R. BURGER, Theodor Heuss, S. 358–371.

[9] Hanne Heuss war die Tochter von Fritz Elsas, der nach dem 20. Juli 1944, weil er Carl Friedrich Goerdeler für eine Nacht Unterschlupf gewährt hatte, in das KZ Sachsenhausen gebracht und dort 1945 ermordet worden war. Seine Tochter Hanne wurde im Zuge der Sippenhaft im KZ Ravensbrück festgehalten und konnte sich 1945 nach Berlin durchschlagen, wo sie Ernst Ludwig Heuss heiratete; vgl. Ernst Ludwig Heuss an seine Eltern, 1. 7. 1945, in: FA Heuss, Basel.

[10] Dazu heißt es in dem Beitrag von Heuss, dass er einem amerikanischen Presseoffizier im Herbst 1945 erläutert habe: „Ihr habt ja keine Vorstellung und könnt auch keine haben, was es heißt, in der Diktatur der Bosheit und Dummheit eine Zeitung zu machen, und ihr dürft das nur zu begreifliche Ressentiment der in die Emigration gezwungenen Journalisten nicht zu dem Maßstab der Bewertungen machen." Wie Anm. 7. Reifenberg ging darauf in seiner Antwort ein: „Wir hatten in der F. Z. für die Emigranten jedes Verständnis, auch für ihre Kritik von jenseits der Grenzen. Wir haben nur, als wir auseinandergingen, uns gesagt, *wenn* je die Zeitung wieder erscheinen sollte, könnte sie nur von Männern gelenkt werden, die den deutschen Kelch bis auf die Neige geleert haben würden. Es war kein Hochmut in diesem Beschluß. Gerade das bestätigen Sie uns nun, wie Sie das auch in Ihrem Gespräch mit dem amerikanischen Offizier getan haben." Reifenberg an Heuss, 8. 10. 1956, in: B 122, 597.

sagen Lebensrettung, aber Lebenssicherung gebracht hat;[11] das [ist] natürlich nur das Äußerliche. Ich durfte mich aber in den letzten Jahren als zum „inneren Kreis“ zugerechnet empfinden.

Jeder Änderungsvorschlag oder jeder Hinweis, daß vielleicht etwas falsch gesehen wird, wird von mir ganz ohne irgendwelche Empfindlichkeit aufgenommen werden.[12]

Mit guten Grüßen,
wie immer Ihr
Theodor Heuss

Nr. 96
An Dr. Konrad Adenauer, Bundeskanzler, Bonn
8. Oktober 1956
StBKAH, III/47: ms. Schreiben, behändigte Ausfertigung; Kopfbogen: „Der Präsident der Bundesrepublik Deutschland“[1]
Reduzierung der Staatsbesuche in Bonn und des dabei betriebenen Aufwandes

Lieber Herr Bundeskanzler!

Sie werden sicher genau wie ich über die zunehmende Zahl der fremden „Staatsbesuche“ in der Bundesrepublik seufzen. Dazu möchte ich Ihnen heute einige Überlegungen nahebringen.

Sicherlich ist die wachsende Beliebtheit der Bundesrepublik als Reiseziel für ausländische Staatsoberhäupter, Ministerpräsidenten und Minister ein gutes Zeichen für die Wiederaufnahme der Bundesrepublik im Kreise der Völker und für die Zurückgewinnung der politischen und wirtschaftlichen Bedeutung unseres Landes. Andererseits sind aber doch manche dieser Besuche – und dazu gehören vor allem die, welche sich selbst eingeladen haben – nur eine strapaziöse Belastung ohne wesentlichen politischen oder wirtschaftlichen Gewinn.[2] Wir haben nun für

11 Im Ausschließlichkeitsvertrag, den die „Frankfurter Zeitung“ im Frühjahr 1941 mit Heuss schloss, war festgehalten, dass Heuss für ein monatliches Pauschalhonorar von 500 Reichsmark jährlich rund 50 Artikel für das Blatt zu schreiben hatte; vgl. R. BURGER, Theodor Heuss, S. 361.

12 Reifenberg dankte für den Beitrag: „Ich hatte nicht zu hoffen gewagt, Sie würden explicit zur letzten Dekade der F. Z. das Wort nehmen. Daß Sie es tun und wie Sie es tun, hat mich ergriffen.“ Er ging dabei auch auf sein Verhältnis zu Kracauer ein, mit dem er befreundet gewesen sei. Als er ihn im Jahre 1934 in Paris aufsuchen wollte, habe dieser ihn nicht mehr empfangen; wie Anm. 10.

1 Weiterer Nachweis: B 122, 540: ms. Schreiben, Durchschlag mit von Klaiber unter dem 9. 10. gez. Verfügung: „2. Abschriften BMAus. und BMF“; Druck: TH. HEUSS / K. ADENAUER, Unserem Vaterlande zugute, S. 222f.

2 Heuss hatte bereits in einer Aufzeichnung vom 15. 6. 1955 für das AA nach einem Empfang für die Gattin des peruanischen Staatspräsidenten festgehalten: „Mir scheint es etwas inkongruent zu

die nächsten Monate noch ein überreiches Programm vor uns. Wie ich höre, werden Staatspräsident *Gronchi*, Premierminister *Eden* sowie die Ministerpräsidenten von Luxemburg und Pakistan erwartet – sicherlich Besuche von politischer Bedeutung.[3] Auch der Besuch des Staatspräsidenten von Costa Rica war offenbar einfach deshalb nicht abzuwehren,[4] weil er offiziell von den Nachbarländern England, Frankreich und Italien eingeladen ist und dort entsprechend gefeiert wird. Ich meine, nun sollten wir es aber vor den Wahlen[5] unbedingt bei dem schon sehr reichen Programm belassen und alle weiteren Anzapfungen, die Bundesrepublik mit einem Staatsbesuch zu beglücken, mit Rücksicht auf das Wahljahr rundweg ablehnen.

Dann noch ein Wort zur Ausgestaltung der Staatsbesuche: Ich habe immer darauf gedrängt, diese Besuche zwar in würdiger Form, aber doch nicht in übertriebener Aufmachung unter zu großem Kostenaufwand hier durchzuführen.[6] Ich glaube, wir haben dafür auch bisher eine richtige Form gefunden. Immer häufiger haben sich aber in letzter Zeit die hiesigen diplomatischen Vertreter der ausländischen Staatsbesucher, insbesondere auch aus den überseeischen Gebieten, bei uns darauf berufen, in welch opulenter Form die offiziellen Staatsgäste in unseren Nachbarländern empfangen würden. Der Präsident von Liberia wird z. B. von einem italienischen Kriegsschiff von Monrovia nach Rom gebracht, die Franzosen schicken ihm einen Sonderzug mit Begrüßungsdelegation nach Rom, so daß wir gar nicht anders können, als ihm auch einen deutschen Sonderzug nach Paris entgegenzusenden.[7] Dieser Wettstreit der westeuropäischen Länder auf diesem Gebiet scheint mir sehr ungut und bedarf meiner Meinung nach dringend einer Koordination.

---

sein, daß, wenn die Gattin eines auswärtigen Politikers zu einem gesundheitlichen Kuraufenthalt nach Deutschland kommt, daraus ein ‚Staatsbesuch' mit Empfängen und großtuerischen Geschenken gemacht wird. Das ist das, was ich als den teils wilhelminischen, teils adolfinischen Stil empfinde und gegen dessen Hochkommen – Besuch aus Abessinien, Besuch aus Iran – sich bei mir mancherlei wehrt, und zwar nicht bloß aus persönlicher Geschmacksempfindung, sondern weil ich sehr wünsche, daß wir bei aller netten Höflichkeit, zumal auch gegenüber den Vertetern der kleineren Staaten, in dieser Art von Repräsentationsveranstaltungen zurückhaltend sind." B 122, 2157.

3 Der italienische Staatspräsident Giovanni Gronchi besuchte vom 6. bis 10. 12. 1956 die Bundesrepublik und wurde am 6. 12. von Heuss empfangen; Dienstkalender, in: N 1221, 482; vgl. auch F. GÜNTHER, Heuss auf Reisen, S. 99–102. Der geplante Besuch des wenig später zurückgetretenen Premierministers Anthony Eden kam nicht mehr zustande. Luxemburgs Ministerpräsident Joseph Bech verschob seinen Besuch auf den 3./4. 7. 1957 und wurde am 3. 7. von Heuss empfangen; Dienstkalender, in: N 1221, 482. Der pakistanische Ministerpräsident Hussain Shaheed Suhrawardi wurde am 11. 10. 1956 gestürzt, so dass ein Staatsbesuch nicht mehr zustandekam.

4 Staatspräsident José Figuerer Ferrer besuchte Ende Oktober 1956 die Bundesrepublik und wurde am 30. 10. von Heuss empfangen; Dienstkalender, in: N 1221, 482.

5 Am 15. 9. 1957 fanden die Wahlen zum 3. Deutschen Bundestag statt.

6 Vgl. auch Nr. 34.

7 Der liberianische Staatspräsident William Tubman stattete der Bundesrepublik vom 8. bis 14. 10. 1956 einen Staatsbesuch ab; vgl. Nr. 97; F. GÜNTHER, Heuss auf Reisen, S. 96–98.

Ob dabei auch der Umfang der „Geschenke“ erörtert werden kann? Gegenüber dem Orient, wo derlei nach meiner Karl-May-Kenntnis zum „Brauchtum“ gehört, ist dies wohl kaum möglich, und die Ordens-Sache muß ja wohl wegbleiben. Aber *diese* Geschenke! Da ich selber fest entschlossen bin, keines der Dinge, die bei mir gelandet sind oder noch landen werden, als Privateigentum zu behandeln, wird sich bei der Bundesrepublik das seltsamste Raritäten-Kabinett ansammeln – cui bono?[8]

Ich würde vorschlagen, einmal – vielleicht im Rahmen der Westeuropäischen Union – eine Konferenz der Protokoll-Chefs (und gegebenenfalls der Oberhofmarschälle) einzuberufen mit dem Ziel, für die verschiedenartigen ausländischen Staatsbesuche in diesen Ländern protokollarische Rahmenvorschriften ausarbeiten zu lassen, um den leidigen Wettbewerb zwischen diesen Ländern auf dem Gebiet der Staatsbesuche auch im Interesse der Kostenersparnis zu unterbinden.[9]

Mit herzlichem Gruß
Ihr
Theodor Heuss

Nr. 97
An Dr. Toni Stolper, [New York]
8. Oktober 1956

BArch, N 1186, 146: hs. Schreiben, behändigte Ausfertigung, ohne Anrede und Grußformel[1]

Staatsbesuch des liberianischen Staatspräsidenten

Nun hat also die Tubman-Ära eingesetzt.[2] Das Abschreiten der Front[3] ist heute ohne Kontur geblieben: die Thematik verlangte von mir väterliche Güte und dienstlichen Ernst im Augenausdruck. Ich kombinierte das mit Vorsicht, denn der gepflasterte Bahnhofvorplatz hat bedenkliche Unebenheiten.

Mr. Tubman könnte offenbar, anders gefärbt, auch Mr. Heuss heißen. Er verpaßte mir auf dem Petersberg einen Orden, legte mir das Band auf den Cut, linke[4]

---

8 Lateinisch für „Wem nützt das?“.

9 Das Schreiben war Gegenstand einer Unterredung mit Adenauer am 9. 10. 1956, in der sich der Kanzler mit den Vorschlägen einverstanden erklärte; vgl. K. ADENAUER / TH. HEUSS, Unter vier Augen, S. 212.

1 Datum versehen mit dem Zusatz: „4 Uhr“; weiterer Nachweis: BArch, N 1186, 122: ms. Schreiben, Abschrift; Teilabdruck: TH. HEUSS, Tagebuchbriefe, S. 196.

2 Zum Staatsbesuch des liberianischen Staatspräsidenten in Bonn vgl. Nr. 96, Anm. 7.

3 Das Programm sah vor, dass Heuss und Tubman nach dessen Ankunft am Bahnhof Bonn am 8. 10. 1956 um 11.20 Uhr gemeinsam „die Front der Ehrenkompanie der Bundeswehr“ abschreiten; B 122, 462.

4 Hs. gestrichen: „rechte“.

Abb. 14: Theodor Heuss, William Tubman und Ehefrau auf einem Empfang in der Villa Hammerschmidt, 8. 10. 1956

statt rechte[5] Schulter, montierte den „Stern“ an der oberen Tasche. Vermutlich sah ich sehr schön aus. Aber der zur Ceremonie zu spät gekommene liberianische Botschafter[6] holte mich auf dem Hotelflur wieder ein: der Präsident hatte mir den – falschen Orden umgehängt, den, der für Ad[enauer] bestimmt. Ich war *so* dankbar, daß die Geschichte gleich mit derlei begann. Tubman selber hat auch Humor, erzählte, daß er vor 28 Jahren in Hamburg einem im Café erlaubte bezw. ihn einlud, seine Hand zu reiben, ob die dunkle Farbe auch echt sei. Das Wetter ist heute strahlend hell, so daß der Blick vom Petersberg ihm wenigstens etwas schenkt.

[...][7]

[Theodor Heuss]

---

5 Hs. gestrichen: „lin“.

6 Roland H. Cooper.

7 Im folgenden Absatz geht Heuss auf ein Schreiben von Toni Stolper ein.

Nr. 98
An Dr. Ulrich Eichholtz, Berlin (West)
10. Oktober 1956

BArch, B 122, 2073: ms. Schreiben, Durchschlag, von Heuss diktiert (Diktatz. H/vM) und ms. gez.; ms. Briefkopf: „Theodor Heuss“[1]

Dank für gute Zusammenarbeit des Entschädigungsamtes Berlin mit dem Bundespräsidialamt, insbesondere im Fall Otto Zoff; Besuchsabsicht

Sehr geehrter Herr Direktor Eichholtz!

Das Bundespräsidialamt gehört wohl zu Ihren eifrigsten „Kunden“, was ja damit zusammenhängt, daß ich auf der einen Seite sehr viele aus Deutschland vertriebene Freunde in der Welt besitze, die für viel[e] andere Menschen nun als eine Art von Vermittlungsstelle zu mir dienen; natürlich gibt es auch Fälle, bei denen unmittelbar alte Freunde sich an mich wenden.[2]

Daraus ist nun eine sozusagen grundsätzlich gar nicht unmittelbare Kooperation zwischen meinen Sachbearbeitern und Ihnen entstanden, und Herr Ministerialrat Einsiedler, der in diesen Dingen für mich die wichtigste Figur ist, gibt mir ja auch regelmäßig Bericht über den Stand dieser oder jener Frage, so etwa heute über die so freundliche Behandlung des Falles Otto Zoff[3] (von dem ich vor über vier Jahrzehnten im „März“ die ersten Gedichte abgedruckt habe,[4] wofür er mir

---

1 Hs. Az. 001-3035/55; Stempel: „Pers[önlichem] Ref[erenten] vorgelegen“; Verfügung: „2) „Herrn Einsiedler zur Kenntnisnahme“, von Einsiedler paraphiert; weiterer Nachweis: N 1221, 336: ms. Schreiben, Durchschlag.

2 So hatte sich Heuss am 8. 11. 1955 für den ehemaligen Herausgeber der „Literarischen Welt“, Arthur Rosen, eingesetzt; N 1221, 330. Ebenso intervenierte er am 14. 4. 1955 beim Vorsitzenden des Bundespersonalausschusses zugunsten des Sohnes seines Freundes Oscar Meyer; N 1221, 326. – Am 29. 6. 1956 trat rückwirkend zum 1. 10. 1953 das „Bundesgesetz zur Entschädigung für Opfer der nationalsozialistischen Verfolgung“ in Kraft, das die Entschädigung der aus ideologischen, politischen, rassischen und religiösen Gründen verfolgten Personen regelte und das Bundesergänzungsgesetz von 1953 ablöste. Das Entschädigungsamt Berlin bearbeitete seit 1951 die in seinem Zuständigkeitsbereich anfallenden Anträge auf Wiedergutmachung; vgl. C. GOSCHLER, Schuld, 181–203.

3 Heuss an Eichholtz, 25. 7. 1955, in: B 122, 2073. In diesem Schreiben bat Heuss den Direktor des Entschädigungsamtes, den Entschädigungsantrag von Zoff beschleunigt zu bearbeiten. Zoff habe „mit großer Hingabe und Zuverlässigkeit in der Organisation mitgewirkt, die in New York zur Hilfe und zur Beratung vor allem intellektueller Emigranten aus Europa gearbeitet hat.“ Er sei jetzt selber in Bedrängnis geraten. Auf diese Intervention von Heuss hin hatte Zoff eine Abschlagszahlung von 10.000 DM erhalten. Im September 1956 bat Ministerialrat Einsiedler nochmals um schnelle Erledigung, woraufhin ein weiterer Abschlag in Höhe von 15.000 DM gezahlt wurde; ebd.

4 Heuss war 1913–1917 Schriftleiter der Kulturzeitschrift „März“ gewesen; vgl. R. BURGER, Theodor Heuss, S. 134–154; Gedichte von Otto Zoff aus diesem Zeitraum: Der Soldat, in: März 8, Bd. 4, 31. 10. 1914, S. 89–91; Frühling in diesem Jahr, in: März 9, Bd. 4, 17. 4. 1915, S. 45; Vorwurf an die Engel, in: ebd., S. 93f; Der alte Mann, in: März 10, Bd. 1, 8. 1. 1916, S. 215f.

in der nettesten Weise dankbar blieb). Da Zoff jetzt nach Deutschland zurückkehren wird, er hatte einen starken Theatererfolg in Zürich, ist Ihre Überbrückung besonders dankenswert. Ich weiß von meiner Freundin Frau Dr. Toni Stolper, die in New York mit ihm lange Zeit in humanitären Dingen zusammengearbeitet hat, daß er zu den Literaten gehört, die im fremden Sprachraum mit ihren eigenen Talenten verstummten.

Dieser Vorgang gibt den aktuellen Anlaß, das auszuführen, was ich schon lange vorhatte: Ihnen für die rasche und gute Unterstützung zu danken, die Sie den über mein Amt eingehenden Wünschen zuwenden.

Es wäre ganz nett, wenn wir uns bei einem meiner nächsten Besuche einmal begegnen würden. Dabei ließe sich nämlich auch feststellen, was eventuell auch durch ein schriftliches Ja oder Nein geschehen kann, ob Sie mit jenem Eichholtz identisch sind, den ich Anfang der 20er Jahre bei einer demokratischen Zusammenkunft in Kronach kennenlernte, der aus Hamburg stammte und mit dem ich noch einige Male freundschaftlich zusammen war.[5]

Mit dankbarem Gruß
Ihr

Th. Heuss

Nr. 99
An Dr. Konrad Adenauer, Bundeskanzler, Bonn
23. Oktober 1956

BArch, B 122, 306: ms. Schreiben, Durchschlag, von Heuss diktiert (Diktatz. H/A) und ms. gez.; ms. Briefkopf: „Der Präsident der Bundesrepublik Deutschland"[1]

Koordination der Zusammenarbeit von Bund und Ländern in der Kultur- und Wissenschaftspolitik; Plädoyer für einen Wissenschaftsrat mit weitgehender Planungskompetenz; Ernennung der Mitglieder durch den Bundespräsidenten

---

5 Eichholtz dankte am 19. 10. 1956: Er sei mit dem Namensvetter aus Hamburg nicht identisch; seine Familie stamme aus Danzig; B 122, 2073. Heuss besuchte das Entschädigungsamt am 24. 11. 1956; vgl. Th. Heuss, Tagebuchbriefe, S. 219, 25. 11. 1956.

1 Verfügung: „2) Herrn Einsiedler zur Kenntnisnahme", von Einsiedler paraphiert; weiterer Nachweis: N 1221, 336: ms. Schreiben, Durchschlag; B 122, 200: hs. Schreiben, Entwurf; Druck: Th. Heuss / K. Adenauer, Unserem Vaterlande zugute, S. 223–226. Kopien des Schreibens gingen an Bundesinnenminister Schröder und an den Präsidenten der DFG, Gerhard Hess; B 122, 306. Ein gleichlautendes Schreiben richtete Heuss am selben Tag an den hessischen Ministerpräsidenten und Vorsitzenden der Ministerpräsidentenkonferenz, Georg August Zinn; Kopien dieses Schreibens an Kurt Sieveking als Präsidenten des Bundesrates und an Arno Hennig als Vorsitzenden der KMK; ebd. – Zu dem Schreiben an Adenauer bemerkte Heuss gegenüber Toni Stolper: „Gestern [...] verfaßte ich ein großes ‚Memorandum' für Adenauer – er wird schön gucken – über Konzentrationsmöglichkeiten in der Wissenschaftsförderung –, man hat davon mehr geredet

Sehr geehrter Herr Bundeskanzler!

Im vergangenen Frühjahr hat der Bundestag eine breit angelegte Aussprache über Fragen der sogenannte Kulturpolitik durchgeführt.[2] Manche mochten seine verfassungsrechtliche „Zuständigkeit“ für diesen Problemkreis bestreiten – „Ländersache“ –, und in einem unmittelbaren Sinn mußte das Unterfangen deshalb ja auch folgenlos bleiben. Aber die sozusagen moralische Seite dieser an Argumentationen und Hinweisen so reichen Erörterung kann nicht gut unterschätzt werden. Ich glaube, darüber ein Urteil zu besitzen. Seit meinem Amtsantritt habe ich Wert darauf gelegt, mit den freien und den amtlichen Gremien, die der Förderung der wissenschaftlichen Arbeit gewidmet sind, guten Kontakt zu halten, um des Staates willen, zu dem die gelehrten Kreise in den Vergangenheiten ein oft mehr passives Verhältnis besaßen, aber auch um der Sache willen, die ja schließlich in Teilen mit meiner eigenen beruflichen und auch wissenschaftlichen Arbeit in einem unmittelbaren Konnex steht. Kein Wunder, daß in den Gesprächen auf Kongressen, bei Besuchen, durch briefliche Anfrage oder Anregung diese Sorgen und Erwartungen meinem Bewußtsein immer gegenwärtig gehalten werden. Die nüchterne Mitteilung: „Aber liebe Leute, dafür habe ich doch keinerlei amtliche Zuständigkeit“, wirkt dabei für alle Beteiligten etwas langweilig. Und ich spüre, daß die, wenn man so sagen kann, konkrete Echolosigkeit der Bundestagsdebatte vom Frühjahr Enttäuschungen zu schaffen beginnt.

Die Meinung, die dabei gelegentlich vorgetragen wird, an den offenkundigen Mängeln einer rationellen Wissenschaftspolitik trage das Fehlen eines Bundes-Kultusministeriums die Schuld, halte ich für falsch. Man kann *für*, man kann *gegen* ein solches Ressort ganze Kolonnen von Thesen aufmarschieren lassen. Die Auseinandersetzung, in die wir durch die Entwicklung der Naturwissenschaft und der Technik, durch die Nachwuchs-Sorgen, durch den Rhythmus der staatlichen (oder stiftungsmäßigen) Wissenschaftspolitik, gleichviel ob „freier“ oder „totalitärer“ Artung, einfach gezwungen sind, darf mit dieser Frage, die an das Grundgesetz rührt und damit legislativ völlig irreal ist, gar nicht belastet werden, denn sie müßte, wie die Dinge liegen, a) einen lediglich theoretischen Charakter haben und Zeitverlust verursachen, b) sie würde ganz unweigerlich Ressentiments wecken, auch wenn man unterstellen wollte, ein solches Bundesministerium sollte nur die „grundsätzlichen“ Dinge behandeln, die „Verwaltung“ aber möge Ländersache bleiben. Das würde nichts Gescheites – ich glaube, eine

als dafür getan. Die Sache wurde mit einigen Gelehrten vorher besprochen, für die ich nun eben, weil ich à la M. Planck-Gesellschaft, was Du ja mitgemacht hast, viele kenne, so etwas wie die Standarte wurde. Manchmal mühsam zu tragen, die Standarte nämlich.“ TH. HEUSS, Tagebuchbriefe, S. 203f, 22. 10. 1956.

2 VERHANDLUNGEN DES DEUTSCHEN BUNDESTAGES, 2. Wahlperiode, Bd. 30, 7. 6. 1956, S. 7833–7865; vgl. auch F. P. KAHLENBERG, Rekonstruktion.

unmittelbare Kommunikation ist für die Realisation der Aufgaben nur ein Gewinn. Ich persönlich halte dafür, daß etwa eine gewisse „Konkurrenz" nicht nur der Hochschulen, sondern auch der Hochschulverwaltungen in der Zeit vor 1933 der deutschen Wissenschaftsentwicklung im ganzen recht förderlich gewesen ist. Die Dinge von ehedem sind freilich mit heute nicht mehr vergleichbar. Der im inneren Ausgleich leistungsfähige Vor-Staat Preußen fällt weg, und die finanzielle Struktur der Länder der Bundesrepublik ist zu unterschiedlich.

Doch mache ich diese Niederschrift nicht, um persönliche, gar historische Meinungen vorzutragen, sondern es beschäftigt mich die Sorge, wie die vorhandenen Mittel, die ganz gewiß, vergleichen wir die deutschen Dinge mit dem Ausland, einer sehr bedeutenden Steigerung bedürfen, zum höchsten Wirkungsgrad gebracht werden können. Die Länder haben im „Königsteiner Abkommen"[3] ein Verfahren entwickelt, wie, nach einem Schlüssel, für bestimmte kulturell als gesamtdeutsche Verpflichtung anerkannte Aufgaben die Finanzbasis gesichert werde, eine wohltätig wirkende Einrichtung, nur dem elementaren Bedürfnis nicht mehr gewachsen. Die Konferenz der Kultusminister ist ja dauernd auch mit diesem Fragenkreis befaßt und darum für das Suchen nach der rechten Antwort ein Sammelbecken der Erfahrungen. Die Bundesministerien ihrerseits verfügen, das ist zum Teil traditionell, auch über Etatmittel für wissenschaftliche Aufgaben, und ich denke, sie sind gelegentlich ganz sinnvoll angewandt. Aber weiß man dort, was an anderer Stelle gearbeitet wird? Es kann dabei dies vorkommen: eine quasi-wissenschaftliche Unternehmung wendet sich hierhin mit der Bitte um Förderung, blitzt ab, doch in einem anderen Haus hat man ein anderes Urteil, gibt ein paar zehntausend Mark, die glatt verplempert sind – zufällig eine eigene Beobachtung. Sie wird öfters vorkommen. Das Geschick eines Bittstellers und die Sachunkunde eines Referenten regulieren dann die Wissenschaftsförderung der Bundesrepublik.

Die Anregung geht dahin, daß zwischen dem Bund und den Ländern eine Verständigung erfolgt über ein Organ, das die Rationalisierung der gelehrten Arbeit betreut und überwacht, um einen maximalen Nutzeffekt zu erzielen, Leerlauf und Doppelarbeit auszuscheiden, Vordringlichkeiten festzustellen. Kein „Forschungsministerium", das die „Gefahr" des vorwiegend Behördlichen mit all dem Drum und Dran einschließlich des Rechnungshofes notwendig weckt. Ich nehme die Anregung auf, die vor geraumer Zeit gegeben wurde, einen „Zentralrat" zu bilden, der vom Bund, von den Ländern paritätisch besetzt wird, und einer der einzelnen Größenordnung entsprechenden Anzahl von Gelehrten, für die der Vorstand der Max-Planck-Gesellschaft oder der Forschungsgemein-

---

[3] Das Königsteiner Abkommen war eine Vereinbarung der Bundesländer vom 30./31. 3. 1949 zur gemeinsamen Finanzierung bedeutender überregionaler Forschungseinrichtungen; vgl. TH. STAMM, Staat, S. 99–108.

schaft das Modell geben kann. Ich könnte mir vorstellen, daß man 20 bis 25 Leute nimmt; das würde heißen: nicht auf jedes Land einen Vertreter (dann wird die Sache gleich zu umfänglich). Es wäre Sache der Länder, sich eventuell auf eine geringere Zahl von Leuten untereinander zu verständigen – so wird es seit Jahren etwas im Verwaltungsrat des Germanische Nationalmuseums praktiziert, dessen Vorsitz ich nach meinem Amtsantritt 1949 beibehalten habe.[4]

Was die Strukturierung eines solchen „Rates" betrifft, bzw. seine Legitimation, so habe ich mich in den Gesprächen nicht gegen die wiederholte Anregung gewehrt, er [der Bundespräsident] möge, nach Vorschlägen, die dem Bundespräsidenten von den „zuständigen" Stellen vorgelegt werden, eventuell unter dem Recht, einige ziffernmäßig festgelegte Mitglieder in eigener „Vollmacht" [in] diesen Rat „berufen", etwa nach dem Vorbild einer Royal Commission in England.[5] Ich glaube, vor der Vermutung gesichert sein zu dürfen, daß es mir irgend darauf ankomme, eine Perle in meine „Krone" zu fügen. Es fehlt in der deutschen Staatspraxis an Präzedenzfällen, wenn man nicht an meinen Auftrag an den verstorbenen Reichswehrminister Dr. Gessler denkt, einen Gutachterausschuß (den wir personell verabredeten) für die Geschichte mit den Kriegsorden zu leiten,[6] und an den „Personalgutachterausschuß",[7] der formal dem Bundespräsidialamt angefügt wurde und dessen von den Fraktionen benannte Mitglieder durch mich berufen wurden. Der „Rückgriff" auf den Bundespräsidenten hat den sachlichen Vorzug, daß hier wohl weitgehend das Mißtrauen ausgeschaltet bliebe, es handele sich entweder um einen Über- oder Vor-Griff der Bundesregierung oder um das Bedürfnis der Länderregierungen, ihre kulturelle Souveränität wie einen rocher de bronze[8] zu stabilisieren. Für meine Vorstellung kann es sich im Werden um etwas wie ein gentlemen agreement handeln, das außerhalb der (legitimen) Überlegung des Parteivorteils bleibt. Eine Behördenapparatur neuen Charakters würde sich dabei erübrigen, wenn, was mir möglich erscheint und wohl auch räumlich seit dem Umbau erreichbar, ein technisches Abkommen mit der Deutschen Forschungsgemeinschaft getroffen würde, die ja im Elementaren verwandten Zwecken dient, aber nach ihrer Struktur der Fähigkeit eines sammelnden und konzentrierenden Gesamtplanens entbehrt.

---

4 Unterlagen aus der Wahrnehmung dieser Aufgabe in: B 122, 282–284.

5 Ein ad hoc gebildetes Beratungsgremium, das im Auftrag der Regierung Stellungnahmen und Empfehlungen ausarbeitet.

6 Vgl. Nr. 74a.

7 Der Personalgutachterausschuss wurde durch Gesetz vom 23. 7. 1955, zeitgleich mit dem Freiwilligengesetz, geschaffen. Er sollte die persönliche Eignung von höherrangigen Bewerbern für den Dienst in der Bundeswehr überprüfen. 38 Persönlichkeiten aus dem öffentlichen Leben wurden vom Bundespräsidenten auf Vorschlag der Bundesregierung und nach Bestätigung durch den Bundestag ernannt; darunter auch einige Persönlichkeiten aus dem Widerstand gegen das „Dritte Reich"; vgl. P. HERGET / A. KOBSCH, Personalgutachterausschuss, Einleitung.

8 Französisch für „eherner Fels".

Denn eine „Planung", die einer offenen Bestandsaufnahme über das Seiende folgen muß, wird ja in ihren Erörterungen die Disposition über Hunderte von Millionen zu behandeln haben. Darüber zu meditieren ist nicht Sinn dieser etwas umständlich gewordenen Niederschrift, sondern sie soll, da wir ja in Deutschland bei allem „Wirtschaftswunder" und bei all der unausrottbaren Neigung der Deutschen zur Hybris in der Gefahr stehen, Nachzügler zu werden (die wir einmal stolz waren, zweite Hälfte des 19. Jahrhunderts, Vorhut zu sein), eine Bitte sein, diese Frage im Gespräch zwischen Bund und Ländern anzupacken, und zwar frühe genug.[9]

Mit freundlichen Grüßen
Ihr

Theodor Heuss

Nr. 100
An Prof. Dr. Dr. Friedrich Delekat, Mainz
23. Oktober 1956

BArch, N 1221, 336: ms. Schreiben, Durchschlag, von Heuss diktiert (Diktatz. H/vM) und ms. gez.; ms. Briefkopf: „Theodor Heuss"[1]

Innerdeutsche Gespräche und Kontakte, u. a. zu Otto Nuschke; Wiedervereinigung: „Politik der Stärke" oder Neutralisierung Deutschlands

Verehrter, lieber Professor Delekat!

Freundlichen Dank für Ihren Brief,[2] in dem Sie mir über das Gespräch in Cottbus berichten. Ich habe Ihre Darlegungen mit Interesse gelesen. Einiges von dem, was Sie wiedergeben, liegt ja in der Ebene des sozusagen geistig Genormten, anderes wieder hat eine interessante Bezüglichkeit, wie etwa die Bemerkungen des Bau-

---

9 Heuss erinnerte Adenauer in einem Gespräch am 12. 11. 1956 an sein Schreiben; Adenauer hatte sich zu diesem Zeitpunkt jedoch offensichtlich damit noch nicht befasst; vgl. K. ADENAUER / TH. HEUSS, Unter vier Augen, S. 216. Die Initiative führte zur Bildung des Wissenschaftsrates im Abkommen zwischen Bund von Ländern vom 5. 9. 1957; GMBl. 1957, S. 535. Heuss eröffnete den Wissenschaftsrat am 6. 2. 1958 feierlich; Ansprache in: B 122, 249, gedruckte Fassung in: Bulletin, Nr. 27, 8. 2. 1958, S. 233–235; vgl. auch Nr. 142.

1 Az. ACH-14942/56.

2 Ließ sich nicht ermitteln. Delekat gehörte zu den evangelischen Theologen, die sich in einem offenen Brief am 8. 12. 1954 („Düsseldorfer Erklärung") an die Abgeordneten des Bundestages gegen die Wiederbewaffnung und die damit verbundene Einführung der allgemeinen Wehrpflicht wandten; die Erklärung gelangte über Helmut Gollwitzer an Heuss am 4. 1. 1955; B 122, 2060. Elly Heuss-Knapp hatte bei Delekat ab 1924 an religions-pädagogischen Seminaren teilgenommen; vgl. E. HEUSS-KNAPP, Bürgerin, S. 366.

meisters. Ich kann nun, das liegt in der Natur meiner dauernden Arbeitsüberforderung, die Argumentation des Hin und Her brieflich nicht aufnehmen, will Ihnen aber ad personam[3] dies sagen, daß ich persönlich durch alle die Jahre hindurch den Standpunkt vertreten habe, ein Maximum an persönlichen und Gruppenbeziehungen zu pflegen. Das hat mich manchmal in Gegensatz zu der Haltung des Protokolls für gesamtdeutsche Fragen gebracht und auch zu einigen Berliner Stellen.

Ich war immer dafür, daß in dem Gebiet des Metapolitischen, also der verschiedenen Form der künstlerischen Dinge, der religiösen, der wissenschaftlichen, ein Hin und Her von Vorträgen und Aussprachen erwünscht und fruchtbar sein müsse,[4] wobei ich freilich Wert darauf legte, daß die Geschichte mit einer ruhigen Selbstverständlichkeit und ohne die sensationierende Begleitmusik der Presse sich hier oder dort vollziehe. Solche Gespräche, wie sie jetzt von der FDP und LDP angefangen wurden,[5] scheinen mir zum großen Teil lediglich für den Hausgebrauch gedacht, ut aliquid fieri videatur.[6] Derlei ist nur bengalisches Feuer, das, wie Sie wissen, nach einiger Zeit stumpf erlischt.

Ich selber hatte etwas beim Kirchentag in Frankfurt[7] damit gerechnet, Nuschke zu begegnen und in aller Unbefangenheit zu sprechen. Ich kenne ihn ja seit Oktober 1902 (!), da ich als Pennäler den Naumannschen Parteitag in Hannover besuchte.[8] Ich war sehr erstaunt, daß er nicht zu der Eröffnungssache im Römer eingeladen war. Meine Haltung war auch schon vorher bekannt, aber irgendwelche betriebsamen Leute hatten beschlossen, daß das nicht gehe – keiner wollte nachher die Stelle gewesen sein. Ich war schließlich ganz froh, daß, nachdem ich in westdeutschen Zeitungen nachher angegriffen wurde, daß ich Nuschke ausgewichen sei,[9] in einer ostdeutschen durch irgendwen mitgeteilt wurde, daß das gar nicht an mir gelegen hätte.[10] (Dies alles natürlich nur ganz privat.)

Die tiefe Paradoxie von der kirchlichen Seite her gesehen ist doch diese, daß Dibelius vor drei Jahrzehnten sein Buch schrieb „Das Jahrhundert der Kirche“,[11]

---

3 Lateinisch für „auf die Person bezogen“.

4 Vgl. Heuss an Albrecht Goes, 15. 5. 1952, in: TH. HEUSS, Bundespräsident 1949–1954, S. 338.

5 Zu den Kontakten führender FDP-Politiker zu Funktionären der LDPD vgl. R. ENGELMANN / P. ERKER, Annäherung, S. 17–47.

6 Lateinisch für „Damit es den Anschein hat, daß irgendetwas getan wird.“

7 Der Evangelische Kirchentag hatte vom 7. bis 12. 8. 1956 stattgefunden; vgl. auch Nr. 89.

8 Vgl. TH. HEUSS, Vorspiele, S. 215; TH. HEUSS, Bundespräsident 1949–1954, S. 515.

9 Leichte Kritik im Artikel „In Frankfurt beginnt der Kirchentag“, in: Süddeutsche Zeitung, 8. 8. 1956.

10 Heuss hatte von Bott erfahren, dass in der Ost-Berliner „Neuen Zeit“ gestanden habe, der Bundespräsident habe moniert, dass er seinen alten Freund Nuschke in Frankfurt nicht habe treffen können; vgl. TH. HEUSS, Tagebuchbriefe, S. 188, 19. 8. 1956.

11 OTTO DIBELIUS: Das Jahrhundert der Kirche. Geschichte, Betrachtung, Umschau und Ziele, Berlin 1926.

in dem ein Rückzug der Kirche aus den staatlichen Bindungen angesagt war (Ende des Summepiskopates und dergleichen), und daß das Schicksal Dibelius in eine der wichtigsten geistig-politischen Situationen geführt hat.[12]

Meine grundsätzliche Auffassung ist ja nun die, daß in der Frage der Wiedervereinigung die vier Siegermächte aus ihrer Verantwortung nicht entlassen werden dürfen, daß aber die Aufgabe in irgend gelöst werden muß, das künftige Gesamteuropa in ein durchorganisiertes System der Sicherheitsgarantien zu bringen. Von Neutralisierungstendenzen im Heinemannschen Stil[13] halte ich nichts. Auf der anderen Seite scheint mir auch das Wort von der „Politik der Stärke" von Anbeginn an ungeschickt gewählt, weil lucus a non lucendo.[14] Ich bevorzuge das Wort von der „Politik der Festigkeit".[15]

Wir werden uns die Form noch überlegen, in der wir den Inhalt Ihres Briefes an die Regierungsstellen heranbringen, die mit der Beobachtung der Entwicklung unmittelbar beauftragt sind. Herr von Brentano ist ressortmäßig hier sozusagen die falsche Adresse.[16]

Mit freundlichen Grüßen
Ihr

Th. Heuss

Nr. 101
An Dr. Toni Stolper, [New York]
28. Oktober 1956
BArch, N 1186, 146: hs. Schreiben, behändigte Ausfertigung, ohne Anrede und Grußformel[1]
Besuch einer Theaterinszenierung von „Das Tagebuch der Anne Frank"; Sorge wegen des Ungarn-Aufstandes, der Suez-Krise und des Algerien-Krieges

---

12 Otto Dibelius war 1945–1966 Bischof von Berlin-Brandenburg und 1949–1961 Ratsvorsitzender der EKD.

13 Gustav Heinemann, erster Bundesminister des Innern, war 1950 aufgrund von Meinungsverschiedenheiten mit Adenauer über die Wiederaufrüstung und die Westbindung der Bundesrepublik Deutschland zurückgetreten. 1952 verließ er die CDU und gründete mit Helene Wessel die Gesamtdeutsche Volkspartei (GVP), die in einer Neutralitätspolitik die einzige Chance für eine Wiedervereinigung sah; vgl. J. Treffke, Gustav Heinemann, 103–153; Heuss an Heinemann, 11. 10. 1950, in: Th. Heuss, Bundespräsident 1949–1954, S. 178.

14 Wortspiel des römischen Dichters Quintilian, das einen Widerspruch in sich ausdrücken soll.

15 Vgl. Nr. 69.

16 Zuständig war das Bundesministerium für Gesamtdeutsche Fragen.

1 Datum versehen mit dem Zusatz: „Ab[en]ds 9 [Uhr]"; weiterer Nachweis: BArch, N 1186, 122: ms. Schreiben, Teilabschrift; Teilabdruck: Th. Heuss, Tagebuchbriefe, S. 206f.

[...][2]

Etwas sehr Bewegendes Samst[a]g Abend.[3] Sagt Dir der Name etwas: „Das Tagebuch der Anne Frank“?[4] Ein 14jähriges Judenmädchen aus Frankfurt schrieb es in Amsterdam, wo seine Familie (mit einer jüd[isch-]holländischen) 1942–1944 verborgen in Amsterdam, Dachzimmer, lebte, von Holländern wurden sie versorgt, aber durch einen Einbrecher verraten u. s. f.[5] Dieses Tagebuch wurde vor einiger Zeit zufällig gefunden, ist bei S. Fischer erschienen,[6] ich las es noch nicht, Ludwig hat mir gesagt, daß ich es noch lesen müsse. Zwei amerikan[ische] Schriftsteller haben ein Schauspiel, eine Szenenfolge daraus gemacht.[7] Ob es drüben Erfolg hatte, weiß ich nicht. Aber dieses Stück, in dem außer 2 Holländern, die mit Lebensmitteln u. Warnungen nur gelegentlich auftreten, nur jüdische Menschen gezeigt werden, scheint in Deutschl[an]d zu einem unwahrscheinlichen Erfolg zu kommen. Es ist großartig in der Dialog-Anlage, es wird gar nicht politisch reflektiert oder gar geschimpft. Das Schicksal so hingenommen, wenig jüdisch Kultisches, das den Getroffenen selber wohl fremd geworden, aber doch geachtet wird. Die Zuschauer, wie man spürt, völlig gepackt – der Zettel teilt mit, daß keine Beifall-Vorhänge gezogen werden (und daher auch kein Beifall geklatscht). Für die psycholog[ische] Wirkung auf die Zuschauer kommt sicher dies in Frage, daß akustisch manche Szene „untermalt“ ist, Sirene der Warnung und „Entwarnung“, Vorüberrauschen der Bombengeschwader auf den Einflügen nach Deutschland – jeder der Zuschauer fühlt sich selber wieder von diesen scheußlichen Erinnerungen gepackt. Das Buch, das von dem schwäb[ischen] Pfarrer-Dichter Albrecht Goes eingeleitet wurde,[8] hat in wenigen Monaten über 100.000 Auflage erreicht. Das alles ist mir bei meinen Feldzügen gegen das „Vergessen“ ein tröstlicher Vorgang. Ist diese Sache bei Euch drüben bekannt und beachtet? Das würde mich interessieren.[9]

Im übrigen bewegt Dich und mich und uns alle, was in Ungarn an menschlicher Tragödie und europäischem Schicksal sich abspielt[10] – hat Suez-

2 Schilderung von Treffen mit einer USA-Reisegesellschaft in München und von Kunst-Exkursionen.

3 27. 10. 1956.

4 „Das Tagebuch der Anne Frank“ erschien 1947 in den Niederlanden, 1950 folgte die deutsche Übersetzung; vgl. DAS TAGEBUCH DER ANNE FRANK, Heidelberg 1950.

5 Anne Frank war im März 1945 im Vernichtungslager Auschwitz bei einer Typhus-Epidemie gestorben.

6 Vgl. Anm. 8.

7 FRANCES GOODRICH / ALBERT HACKERT: The Diary of Anne Frank, New York 1956.

8 DAS TAGEBUCH DER ANNE FRANK. 14. Juni 1942–1. August 1944, mit einem Vorwort von Albrecht Goes, Frankfurt a. M./Hamburg 1955, S. 5–7.

9 Toni Stolper teilte Heuss am 13. 11. 1956 lediglich mit, dass sie sich das „Tagebuch“ bestellen werde; vgl. BArch, N 1186, 146; vgl. auch den Einsatz von Heuss für das Anne-Frank-Haus in Amsterdam; Heuss an Brentano, 13. 10. 1958, in: N 1221, 349.

10 Nach Demonstrationen am 23. 10. 1956 gegen die kommunistische Regierung und die sowjetische Besatzungsmacht sowie Forderungen nach demokratischen Reformen wurde der 1955 gestürzte

Geschichte[11] und Algier-Ballade (Flug mit Führung)[12] fast ausgelöscht. Der Aufstand der Kossuth-Legende.[13] Wann wird man im einzelnen erfahren, wie sich die russ[ischen] Soldaten u. die ungarischen Militärverbände verhalten haben. Unsere Nachrichten sind noch sehr verwirrt …

Bei der dunkelnden Heimfahrt durch den beschneiten Wald[14] habe ich träumend Deiner gedacht u. Dich an meine Seite gerufen.

[Theodor Heuss]

Nr. 102
An Prof. Dr. Carl Jacob Burckhardt, [Vinzel, Waadt, Schweiz]
2. November 1956
UB Basel, NL 110, G 3077, 63: hs. Schreiben, behändigte Ausfertigung[1]
Dank an Carl Jacob Burckhardt nach Lektüre von dessen Briefwechsel mit Hugo von Hofmannsthal; 5. Band der Sammelbiographie „Die Großen Deutschen"; Übersendung des Buches „Zur Kunst dieser Gegenwart"

Verehrter lieber Professor Burckhardt,

unser Freund Fr. Gubler hat mich in der vergangenen Woche hier besucht.[2] Von ihm, der jetzt zur Entdeckung von USA und zur Begegnung mit dem Enkelkind

Reformpolitiker Imre Nagy zum Ministerpräsidenten ernannt, der am 30. 10. 1956 die Einparteienherrschaft in Ungarn beendete, eine Mehrparteienregierung bildete und tags darauf den Austritt aus dem Warschauer Pakt und die Neutralität Ungarns verkündete. Ab Anfang November begannen sowjetische Truppen mit der Niederschlagung des Aufstandes; vgl. G. DALOS, 1956; zu den im Folgenden genannten Krisenherden vgl. auch Heuss an Toni Stolper, 4. und 5. 11. 1956, in: BArch, N 1186, 122; W. HEINEMANN / N. WIGGERSHAUS, Krisenjahr 1956.

11 Nach der Verstaatlichung des Suezkanals durch die ägyptische Regierung im Juli 1956, wodurch Großbritannien seine Erdöllieferungen gefährdet sah, griff Israel am 29. 11. 1956 die Sinai-Halbinsel an. Zwei Tage später bombardierten Frankreich und Großbritannien ägyptische Flughäfen. Anfang November folgten Bodentruppen, um den Kanal zu erobern und den ägyptischen Präsidenten zu stürzen. Trotz der militärischen Erfolge mussten die Invasoren aufgrund der diplomatischen Intervention der USA und der Sowjetunion Ende 1956 den Rückzug antreten; vgl. G. ALTMANN, Abschied, S. 128–176.

12 Der Kampf der algerischen Unabhängigkeitsbewegung gegen die Kolonialmacht Frankreich eskalierte, als Führer der Befreiungsbewegung am 22. 10. 1956 auf dem Flug von Marokko nach Tunesien von französischen Flugzeugen gezwungen wurden, in Algier zu landen, wo sie festgesetzt und später nach Paris gebracht wurden. Damit war eine Verhandlungslösung mit der algerischen Unabhängigkeitsbewegung nicht mehr möglich; vgl. F. RENKEN, Frankreich, S. 470.

13 Lajos Kossuth, einer der berühmtesten ungarischen Freiheitskämpfer für die Unabhängigkeit von Österreich und Anführer der revolutionären Erhebungen 1848/49, gilt bis heute als nationale Identifikationsfigur Ungarns; vgl. H. FISCHER, Lajos Kossuth.

14 Vgl. Anm. 2.

1 Weitere Nachweise: N 1221, 337; DLA, A: Heuss, 73.4069–4072: ms. Schreiben, Abschrift.

losfliegt, erfuhr ich, daß Sie dieser Tage zurückerwartet werden. So kann ich mich mit einem frühen Willkomm einfinden.

Der hat aber im Wesentlichen nur den Auftrag, Ihnen Dank zu sagen. Ich denke, Sie haben mich und meine Art in den sechs Jahren unserer späten Bekanntschaft, der ich gerne das wärmere Wort Freundschaft leihen möchte, genügend kennengelernt, um zu wissen, daß ich kein Techniker der lauten Worte bin. Ich war immer – das sind ja erfreulich viele – ein Bewunderer Ihres literarischen Werkes. Der Briefwechsel mit Hugo von Hofmannsthal aber, den ich in den letzten Wochen gelesen habe, steht für mein Begreifen und Empfinden in einer davon abgesonderten Atmosphäre.[3] Es war ein seltsames Lesen, mit einem eigentümlichen Wechsel der Tempi und Cadenzen: einmal die schier neugierige Spannung und dann die reflektierende Pause.

Es würde mir unpassend erscheinen, wollte ich in diesen paar Zeilen als „Rezensent" auftreten, eine Übung, die ja früher zu meinem métier gehörte: es war für mich rührend, wie Hofmannsthals zunächst erstaunte und dann gewisse und erfüllte Liebe um Ihre klärende und beruhigende Gegenwärtigkeit wirbt, und wie Sie, zunächst sich selber vor dem verehrten Partner und dann eben diesem, neben dem Vertraut-Privaten, das nicht fehlen durfte, sondern die Valeurs gibt, die großartigen Analysen eines Zeitgeschehens, einer geschichtlichen Atmosphäre, einer moralischen Problematik, einer dichterischen Figur geben. Und nun doch ein Wort, das jemand für „laut" halten könnte. Ich habe lange, lange kein Buch gelesen, das mich innerlich so beschäftigt hätte – vielleicht vor zehn Jahren H. Hesses „Glasperlenspiel".[4] Aber da ich dies las, stand dahinter eine Jahrzehnte alte Vertrautheit mit Mensch und Werk.

Ich habe also einfach zu danken, daß Sie diesen Briefwechsel mit einem großen Dichter und Menschen uns Menschen dieser verwirrten Gegenwart geöffnet haben.

In den nächsten Tagen werde ich Sie in einem neuen – diktierten – Brief um Ihren literarischen Rat bitten.[5] Das Sammelwerk „Die Großen Deutschen" hat einen den Verlag so überraschenden Widerhall gefunden – es waren im September schon über 12.000 abgesetzt –, daß er die Herausgeber um die Anfügung eines fünften Bandes bat, der nun freilich nicht als „Anhängsel" wirken darf (und auch

---

2 Am 22. 10. 1956; vgl. Dienstkalender, in: N 1221, 482. Heuss hatte 1950 Burckhardt bei Friedrich Gubler kennengelernt; vgl. TH. HEUSS, Tagebuchbriefe, S. 313, 1. 3. 1958.

3 CARL JAKOB BURCKHARDT (Hg): Carl Jakob Burckhardt / Hugo von Hofmannsthal. Briefwechsel, Frankfurt a. M. 1956; vgl. zur Einschätzung des Briefwechsels auch TH. HEUSS, Tagebuchbriefe, S. 208, 31. 10. 1956.

4 HERMANN HESSE: Das Glasperlenspiel. Versuch einer Lebensbeschreibung des Magister Ludi Josef Knecht samt Knechts hinterlassenen Schriften, Zürich 1943.

5 Heuss an Burckhardt, 19. 11. 1956, in: N 1221, 377. Dabei ging es um die Frage, welchen Schweizer man in Bd. 5 der Sammelbiographie „Die Großen Deutschen" aufnehmen solle und wer den Beitrag über Jeremias Gotthelf bearbeiten könne. Burckhardt benannte Walter Muschg als Bearbeiter für Gotthelf; vgl. Burckhardt an Heuss, 23. 11. 1956, in: DLA, A: Heuss, 73.4247–4249.

nicht wird). Anfang Dezember wird darüber konferiert. Sie selber haben nach der langen Reise einen Haufen bedrängender Dinge vorgefunden. In diese will sich nun das kleine Buch nicht hineinschmuggeln, das ich diesem Schreiben beilege.[6] Es sind drei Stücke zu Fragen der bildenden Kunst. Das erste ist mir wichtig, und es wäre mir schon ganz lieb, wenn Sie ihm einmal eine halbe Stunde schenken könnten, ein Vortrag in dem „Kulturkreis",[7] vor dem Sie selber in Bamberg sprachen. Teile davon trug ich in der vergangenen Woche, auf Wunsch von Emil Preetorius, auch in der „Akademie der schönen Künste" vor[8] und bezeichnete dabei das Unterfangen als den Versuch, „aus dem Jargon der Suggestion in die Sprache des Verstehens zu führen". Ob mir das gelang, weiß ich nicht. Die Sache hat in den beteiligten bezw. betroffenen Kreisen einigen Wirbel verursacht, und der Verleger hofft auf einen publizistischen Nachhall.[9]

Es scheint mir, daß leider Ihr Plan, in New York meiner Freundin, Frau Dr. Toni Stolper, zu begegnen, nicht realisiert werden konnte; sie hat nichts darüber gemeldet.

Mit den besten Grüßen an das ganze Haus
Ihr Theodor Heuss

Nr. 103
An Dr. Wolfgang von Tirpitz, Irschenhausen bei München
2. November 1956

BArch, N 1221, 428: ms. Schreiben, Durchschlag, von Heuss diktiert (Diktatz. H/A) und ms. gez.; ms. Briefkopf: „Theodor Heuss"[1]

Zurückweisung der Kritik, dass Großadmiral Alfred von Tirpitz bei der Sammelbiographie „Die Großen Deutschen" nicht berücksichtigt wurde

Sehr geehrter Herr Dr. von Tirpitz!

Freundlichen Dank für Ihre Zeilen mit dem Plädoyer für die historische Würdigung Ihres Vaters.[2] Ich habe volles Verständnis dafür, daß Sie Ihrer Enttäuschung

---

6 TH. HEUSS, Kunst.

7 Vgl. Nr. 92, Anm. 6.

8 Vgl. ebd.

9 Vgl. Heuss an Leins, 21. 9. 1956, in: B 122, 2255.

1 Neben dem Datum Paraphe von Heuss; verfügt wurden Durchschriften an Heimpel in Göttingen, Reifenberg in Frankfurt a. M. und Heinz Klüter vom Propyläen Verlag in Berlin; weiterer Nachweis: N 1221, 337: ms. Schreiben, Durchschlag.

2 Wolfgang von Tirpitz hatte sich am 29. 10. 1956 bei Heuss beschwert, dass in der Neuauflage der „Großen Deutschen" sein Vater Alfred von Tirpitz gestrichen worden sei. Diese „ostentative Her-

freien Ausdruck geben, daß in der Neuausgabe der Sammlung „Die Großen Deutschen" auf eine Würdigung Ihres Vaters verzichtet wurde. Ich möchte aber auch mit Ihrem Verständnis rechnen dürfen, wenn ich, von Arbeit gerade gegenwärtig wahrlich bedrängt, jetzt keine breitere Auseinandersetzung über die mehr positive oder mehr negative Bewertung der Rolle Ihres Vaters in der deutschen Geschichte aufnehme.

Zunächst möchte ich ein Mißverständnis bei Ihnen beseitigen: meine Mitherausgeberschaft bei dem Sammelwerk hat mit meiner amtlichen Tätigkeit als Bundespräsident gar nichts zu tun.[3] Der Verlag hatte sich schon vor längerer Zeit an mich gewandt, weil ich, von der aktiven Politik seit 1933 ausgeschlossen, eine größere Anzahl von Biographien aus den verschiedensten Bereichen[4] und einen Essayband „Deutsche Gestalten"[5] herausgegeben hatte. Ich habe mich zu dieser Mitarbeit erst entschlossen, als ich in den Herren Professor Heimpel in Göttingen und Benno Reifenberg von der „Gegenwart" mir sachlich und menschlich vertraute Mitwirkende gewonnen hatte. Es hat sich keinen Augenblick darum gehandelt, daß ich qua Bundespräsident Zensuren in die deutsche Vergangenheit entsende. Es sind eine Reihe Persönlichkeiten aufgenommen worden, bei denen ich mir selber das sachliche Judicium in der Rangbewertung gar nicht zusprechen kann, aber die Auswahl wurde in loyaler interner Besprechung getroffen.

Die große organisatorische Leistung Ihres Vaters[6] ist natürlich auch mir bekannt, aber – das klingt nun sehr unfreundlich – mein Einleitungsaufsatz[7] enthält schon eine meine Stellung charakterisierende Bemerkung, daß die Bücher, die einige der Persönlichkeiten der deutschen Geschichte hinterlassen haben, Urteilssprüche gegen sich selber waren. Ich sage das nicht von ungefähr, sondern ich bin vor Jahrzehnten im Reichstag, ohne daß ich selber diese Aufgabe gesucht hätte, in die Situation gekommen, bei einer Interpellation mich mit diesem Werk zu beschäftigen und auseinanderzusetzen.[8]

---

absetzung meines Vaters" sei eine Herabsetzung der alten kaiserlichen Marine. Das Streben nach „maritimer Gleichberechtigung" habe zu „*jener* Zeit seine historische und – darf ich nicht auch sagen – sittliche Berechtigung" gehabt; N 1221, 428.

3 Tirpitz hatte geschrieben: „Als einer der Herausgeber und Verfasser des einleitenden Kapitels haben Sie ihr den Stempel Ihrer Persönlichkeit und – untrennbar damit verbunden – Ihres hohen Amtes aufgedrückt." Wie Anm. 2.

4 Vgl. TH. HEUSS, Friedrich Naumann; DERS., Hans Poelzig; DERS., Anton Dohrn; DERS., Justus von Liebig; DERS., Robert Bosch.

5 TH. HEUSS, Deutsche Gestalten.

6 Alfred von Tirpitz hatte sich vor dem Ersten Weltkrieg nachdrücklich für den Ausbau der deutschen Schlachtflotte in Rivalität zu Großbritannien eingesetzt; vgl. F. UHLE-WETTLER, Alfred von Tirpitz, S. 113–390.

7 Vgl. TH. HEUSS, Maßstäbe.

8 Dabei ging es um den „Mißbrauch" amtlicher Akten in den Memoiren von Tirpitz (ALFRED VON TIRPITZ: Erinnerungen, Leipzig 1919), der 1924–1928 Abgeordneter der DNVP im Reichstag war. Heuss setzte sich damit auf der 163. Sitzung des Reichstags am 17. 2. 1926 auseinander; vgl.

Sie müssen mir gestatten, auf eine Erörterung über die Anlage der ehemaligen kaiserlichen Marine in der Schiffstypik zu verzichten, da ich mich nun im Internen nicht für sachverständig halten darf, obwohl mir eine Reihe der Kontroversen von ehedem bekannt sind. Ich weiß nur, das ist keine Weisheit ex post, wie sehr ich seinerzeit erschrocken bin, als der Großadmiral nach Weddigens Erfolgen[9] dem amerikanischen Journalisten von Wiegand sein alarmierendes Interview über die kommende Führung des Marinekrieges gab.[10] Und ich halte dafür, daß die Tatsache, daß Ihr Vater sich mit an die Spitze der sogenannten Vaterlandspartei[11] stellte bezw. sich von ihr mißbrauchen ließ, ein sehr nachwirkendes Element für die innere Spaltung des deutschen Volkes bedeutet hat.[12]

Wollen Sie bitte diese paar Bemerkungen annehmen. Bei der Auswahl der Männer und Frauen, die in dem Sammelband gewürdigt werden, konnten wir unsere Entscheidung nicht auf Erörterungen oder Wünsche einzelner Gruppen oder Schichten des deutschen Volkes abstellen, sondern uns nur mit unserer eigenen geschichtlichen Auffassung im Einvernehmen zu halten versuchen. Ich bitte Sie, das zu verstehen.[13]

Darf ich gleichzeitig ersuchen, in Erinnerung an manche Abende im Hause Ihres Schwiegervaters, auch Ihrer Gattin meine besten Grüße zu übermitteln.

Mit freundlichen Empfehlungen
Ihr

Theodor Heuss

RT-Bd. 389, S. 5656–5658; TH. HEUSS, Erinnerungen, S. 345f. Zur distanzierten Haltung von Heuss und seinem Vater zur Flottenrüstung vgl. TH. HEUSS, Vorspiele, S. 184; auch DERS., Tagebuchbriefe, S. 119, 22. 12. 1955.

9 Kapitänleutnant Otto Weddigen versenkte zu Beginn des Ersten Weltkrieges als U-Boot-Kommandant am 22. 9. 1914 in der Nordsee die englischen Panzerkreuzer Aboukir, Hogue und Cressy. Dieser Erfolg trug wesentlich zur Popularität wie auch zur Überschätzung der U-Boot-Waffe bei; vgl. P. G. HALPERN, Naval History, S. 33.

10 Am 24. 11. 1914 hatte Tirpitz gegenüber dem amerikanischen Journalisten Karl von Wiegand eine U-Boot-Blockade gegenüber England angedroht, die auch die Handelsschifffahrt einschloss; vgl. F. UHLE-WETTLER, Alfred von Tirpitz, S. 427f; vgl. auch TH. HEUSS, Erinnerungen, S. 203f.

11 Tirpitz gründete als Anhänger eines „Siegfriedens" 1917 zusammen mit Wolfgang Kapp die Deutsche Vaterlandspartei, deren Erster Vorsitzender er war; vgl. H. HAGENLÜCKE, Deutsche Vaterlandspartei, S. 153–164; R. SCHECK, Alfred von Tirpitz, S. 65–81.

12 Wolfgang von Tirpitz hatte in seinem Schreiben hingegen betont, dass die kaiserliche Marine ein „Schmelztiegel für unser stets zersplittertes Volk gewesen" sei, was noch heute bemerkbar sei; wie Anm. 2.

13 Vgl. auch Heuss an Klüter vom Propyläen Verlag, 7. 4. 1957, in: N 1221, 339. Heuss betonte hier noch einmal, dass der Verlag es aushalten werde, „daß einige Conteradmirale a. D. das Werk nicht bestellen [...]. Tirpitz war natürlich ein bedeutender und willensstarker Mann, aber mit vielen vielen Peinlichkeiten".

Nr. 104
An Dr. Toni Stolper, New York
14. November 1956

BArch, B 122, 185: ms. Schreiben, Durchschlag, von Heuss diktiert (Diktatz. H/A) und ms. gez.; ms. Briefkopf: „Theodor Heuss"[1]

Bitte um Redaktion und Übersetzung eines Beitrages von Theodor Heuss „German Character and History" für die Zeitschrift „The Atlantic Monthly"

Liebe Toni!

In der Anlage kriegst Du also jetzt den großen Aufsatz für „The Atlantic"[2] und den Begleitbrief an die Redaktion,[3] wie auch das Schreiben an Shepard Stone.[4] Du hast mir ja einmal geschrieben, daß Du auf diese Arbeit gespannt seiest. Ich selber bin einigermaßen neugierig, was Du dazu sagst, ob Du den Versuch für erlaubt und geglückt oder in der Anlage für völlig danebengegriffen hältst. Lies zuerst den Brief an die Redaktion.[5] Du wirst dort sehen, daß ich Dich, falls die Leute auf derlei eingehen, zu meinem „Ersatz-ghostwriter" ernannt habe. Vielleicht mache ich um die ganze Geschichte zu viele Umstände, und dann mußt Du halt mit mir nachsichtig sein. Aber da alle Leute von der Bedeutung von „The Atlantic" gesprochen haben, soll die Sache ja nicht danebengehen, sondern für den Fall, daß ein Besuch von mir in USA doch in dem kommenden Jahr passieren sollte, eine Art von individueller Visitenkarte sein.[6]

Du weißt, daß es nicht bloß eine Phrase ist, wenn ich Dir bei der Übersetzung nach der formalen und in gewissem Ausmaß auch nach der inhaltlichen Seite plein pouvoir[7] gebe, und ich bitte, das wahrzunehmen. Ich will ja nicht noch sehr oft mit dieser Arbeit zu tun haben, da immer schon wieder etwas Neues wartet.

---

1 Stempel: „Pers[önlichem] Ref[erenten] vorgelegen"; weiterer Nachweis: N 1221, 337: ms. Schreiben, Durchschlag.

2 THEODOR HEUSS: German Character and History, in: The Atlantic Monthly, Bd. 199, Nr. 3, Boston 1957, S. 103–109; auch abgedruckt unter dem Titel „Deutscher Geist und deutsche Geschichte", in: Merkur 11, H. 6, Juni 1957, S. 505–519. Materialien zur Drucklegung im „Merkur" in: B 122, 596. Alle Versionen einschließlich der getippten Urfassung in: B 122, 199.

3 Heuss an den Herausgeber von „The Atlantic Monthly", James Laughlin, 14. 11. 1956, in: B 122, 185. Heuss schlug in dem Schreiben an Laughlin vor, seinen Aufsatz von Toni Stolper übersetzen zu lassen, die den in ihrer Nachbarschaft lebenden und ihr gut bekannten Shepard Stone dabei mit einbeziehen könne. Toni Stolper sei seit Jahrzehnten mit seiner Denkart und Schreibart bestens vertraut, und sie erhalte plein pouvoir, dort, wo sie glaubt, dass für den amerikanischen Leser ein Gedankenschnörkel nicht verständlich sei, dies zu ändern oder zu streichen.

4 Heuss an Stone, 14. 11. 1956, in: B 122, 185. Aus dem Schreiben geht hervor, dass James Laughlin auf Anraten von Stone sich an Heuss mit der Bitte um einen Beitrag gewandt hatte.

5 Vgl. Anm. 3.

6 Der Aufsatz wurde als Begleitmaterial zum Staatsbesuch von Heuss im Jahr 1958 genutzt. Die Auflage sollte zwischen 200.000 und 300.000 Exemplaren liegen.

7 Französisch für „unbeschränkte Vollmacht".

Ich habe auch ein paar Zeilen an Shephard Stone geschrieben,[8] die ich beilege, denn er ist der Verursacher, daß die Leute mich um einen Beitrag baten. Du stehst doch mit ihm unbefangen genug, um ihm zwischendurch einmal den Aufsatz entweder zum Lesen zu geben oder dies oder jenes, das Dir thematisch dubios ist, mit ihm zu besprechen. Ich habe vor, auch dem Botschafter von Eckardt,[9] der hier die Einführung [von] Mr. Laughlin besorgt hat, die Sache zur Kenntnis zu geben.[10]

Am bequemsten wäre es, die Leute folgten meiner Anregung, übertragen Dir die Übersetzung und sachliche Redaktion, und sie ist damit am besten gelöst.[11]

Daß die Sache in Deine andere Arbeit jetzt hineinfährt, damit hast Du ja wohl gerechnet, und ich denke, die Kurt-Riezler-Probe[12] kann noch einmal zurückgestellt werden. Walter Riezler hat von mir in diesem Sinne ja auch eine Notiz erhalten.[13]

Beim Übersetzen brauchst Du Dich aber nicht so zu mühen wie bei dem Versuch mit den „Vorspielen",[14] denn diese hatten ja doch auch einen spezifisch poetisch[15]-literarischen Anspruch.

Mit dankbarem Gruß
Dein

Theodor Heuss

Anlagen:
Aufsatz für „Atlantic"
Briefkopie an Redaktion, Mr. Laughlin
Briefkopie an Shepard Stone

---

[8] Vgl. Anm. 4.

[9] In der Vorlage hs. Korrektur: „Eckhardt".

[10] Heuss an Felix von Eckardt, 14. 11. 1956, in: B 122, 185. Heuss bat darin um „eventuelle beratende Überprüfung". „Sie möchte ich bitten, mir zu sagen, wo Sie eventuell eine Streichung oder Änderung für angemessen halten, denn ich möchte ja nichts verpfuschen." Eine Antwort Eckardts ließ sich nicht ermitteln.

[11] Toni Stolper war an der Übersetzung beteiligt; im Druck wurden als Übersetzer jedoch Richard and Clara Winston genannt. Am 5. 12. 1956 schrieb Heuss an Toni Stolper über den Aufsatz: „Ganz objektiv und ‚unter uns': der Essay wäre auch für die meisten ‚gebildeten' Deutschen ein bißchen eine Zumutung, weil zuviel in ihn hineingestopft wurde, um durch den Hinweis Überlegung und Phantasie anzuregen"; TH. HEUSS, Tagebuchbriefe, S. 222, 5. 12. 1956.

[12] Zu den Tagebuch-Notizen Kurt Riezlers vgl. Nr. 128a.

[13] Heuss an Walter Riezler, 5. 11. 1956, in: N 1221, 190.

[14] Gemeint das Vorwort für die englische Ausgabe der Jugenderinnerungen; vgl. TH. HEUSS, Preludes, S. 7f; Entwurf, in: B 122, 210.

[15] Hs. korrigiert aus „politisch".

Nr. 105
An Dr. Toni Stolper, [New York]
28. November 1956
BArch, N 1186, 146: hs. Schreiben, behändigte Ausfertigung, ohne Grußformel[1]
Bearbeitung eines Vortrags; Antrag von Gerd Bucerius, Berlin zur Bundeshauptstadt zu erklären; Kritik an verbalen Ausfällen von Thomas Dehler

Meine Liebe,

nun bin ich also wieder im Bonner Wirbel, habe zahlreiche Missionsberichte durchgelesen u. jetzt eben den vor 14 Tagen konzipierten Vortrag vor den Arbeitgebern noch einmal durchgesehen[2] – Bott verfaßte eine Liste von Fragen, die „eigentlich" noch herein sollten, u. in einigen Anregungen folgte ich ihm. Das machte aber wegen der „Komposition" einige Mühe. Immerhin, es reicht noch, an Dich zu denken, die ich noch in Milwaukee vermute, hoffentlich die Familie nicht enttäuschend,[3] indem Du Dich mit dem Theodor-Manuskript[4] quälst.

Hier ist ziemliche Verstimmtheit innerhalb der CDU, weil sich wichtige Leute für das Bucerius-Experiment gebunden hatten, Berlin mit allen Konsequenzen zur *Bundes*-Hauptstadt zu erklären, d. h. den Viermächtestatus zu ignorieren.[5] M[eine] berliner Rede[6] ist nun höchst willkommen gewesen – mein, wie Du zugeben wirst, nettes Wort von der „Balladenpolitik", die man sich nicht leisten dürfe, hat in den Gazetten die Überschriften geliefert. Die F.A.Z. hat das Gewicht der Sache nicht erkannt (oder nicht erkennen wollen);[7] „man" (nicht ich) hat sich darüber geärgert, daß der Vorgang nicht begriffen wurde. Ich muß abwiegeln, daß daraus nicht ein Wahlschlager gemacht wird; denn die SPD wird vermutlich, da die CDU von ihrem Antrag zurückweicht,[8] ihn mit Getöse aufnehmen.

---

1 Datum versehen mit dem Zusatz: „Ab[en]ds ¾12 [Uhr]"; weiterer Nachweis: BArch, N 1186, 122: ms. Schreiben, Teilabschrift; Teilabdruck: TH. HEUSS, Tagebuchbriefe, S. 220.

2 Rede am 29. 11. 1956 vor der Bundesvereinigung der Deutschen Arbeitgeberverbände in Bad Godesberg, in: B 122, 247, abgedruckt unter dem Titel „Das wichtigste Kapital ist der Mensch", in: Bulletin, Nr. 227, 5. 12. 1956, S. 2153–2156.

3 In Milwaukee lebte der Bruder von Toni Stolper, Karl E. Kassowitz, mit seiner Familie; Auskunft von Max A. Stolper vom 31. 3. 2013.

4 Vgl. Nr. 104.

5 Der Verleger und CDU-Bundestagsabgeordnete Gerd Bucerius hatte am 16. 10. 1956 der CDU/CSU-Fraktion einen Antrag vorgelegt, dass der Bundestag beschließen möge, den Sitz des Bundestages und der obersten Bundesorgane nach Berlin zu verlegen. Der Antrag wurde trotz großer öffentlicher Resonanz nicht zur Abstimmung gestellt; vgl. R. DAHRENDORF, Gerd Bucerius, S. 131–135. Groß-Berlin stand seit 1945 unter Verwaltung der vier Siegermächte. Zudem war Berlin (West) formal kein Bestandteil der Bundesrepublik, da nur so aus Sicht der Westalliierten der Status der Stadt gesichert werden konnte; vgl. auch Nr. 88.

6 Ansprache von Heuss vor dem Berliner Abgeordnetenhaus, 26. 11. 1956, in: B 122, 247.

7 Eventuell gemeint der Artikel „Heuss mahnt zur Nüchternheit", in: FAZ, 27. 11. 1956.

8 Vgl. Anm. 5.

Aus der „Reservation Dehler", um Euren USA-Begriff für die Gewähr eines Einzellebens zu gebrauchen, neue Peinlichkeit, die *so* bei Euch nicht bekannt werden wird. Ich habe an sich nichts gegen Metzger – D[ehler]s Vater war einer[9] –, wir alle haben Nutzen von dem Gewerbe, auch wenn es mit einer gewissen Roheit technisch verbunden ist. Diese scheint vererbbar. D[ehler] hatte hier in Bonn kürzlich schon den Staatssekretär Hallstein (A.A.) angegriffen – Frau Höpker Aschoff erzählte es Hedwig, damit diese es mir sage, da sie sich selber „genierte". Nämlich dieser H[allstein], mir selber nicht nahestehend, sehr intelligent und intellektuell, aber ohne Strahlkraft, sei ein Mann „ohne Hirn und ohne Hoden". Das ist ziemlich wüst. Er hat das dann in Mainz od. Frankfurt in einer Versammlung wiederholt.[10] Ein Journalist, der für die Münchener „Süddeutsche Zeitung" über D[ehler]s Gesamtsituation schrieb, brachte dieses Wort mit dem Zusatz „trefflich formuliert, wenn auch brutal".[11] Brentano hat nun für das A.A. amtl[ichen] Strafantrag gegen den Journalisten u. gegen Dehler gestellt. Die Zeitungen teilen en detail den Vorgang nicht mit, teils wohl aus Geschmacksgründen, teils um nicht einen Strafantrag auf sich selber zu locken. Ich weiß nicht, wie die Juristen §-mäßig das ansehen: formale Beleidigung, Verleumdung oder sonst etwas. Ich weiß auch nicht, ob u. wie der Bundestag das Problem der Immunität anpacken wird. Meine These: D[ehler] wird die anständigen Leute aus der FDP verjagen u. die Proleten halten od. sammeln, hat sich mit diesem Bierbank-Exzeß eines Kleinbürgers, der ästhetisch einen Sammlersnobismus pflegt, in erschütternder Weise bestätigt. Ich will nur hoffen, daß in der FDP, die ich doch einmal „geführt" habe,[12] die proletenhafte Geschmacklosigkeit, die sich in der Wiederholung offenbar für geistreich hält, nicht auf mildernde Umstände stößt. Ist derlei drüben denkbar?

Schlafe wohl, mein süßes, liebes Weib – an Dich zu denken, Dich zu fühlen, ganz nahe, schenkt in aller Wirrnis die schöne, ruhige und dankende Freudigkeit.

[Theodor Heuss]

---

[9] Zur Herkunft Dehlers vgl. U. WENGST, Thomas Dehler, S. 13–19.

[10] Auf einer Wahlkundgebung am 22. 10. 1956 in Frankfurt a. M.; vgl. ebd., S. 302.

[11] Artikel „Thomas Dehler fragt: Wer kann mich ersetzen?", in: Süddeutsche Zeitung, 22. 11. 1956.

[12] Heuss war 1948/49 1. Bundesvorsitzender der FDP; vgl. E. W. BECKER, Intellektueller.

Nr. 106
An Dr. Konrad Adenauer, Bundeskanzler, Bonn
3. Dezember 1956
BArch, N 1221, 62: ms. Schreiben, Durchschlag, von Heuss diktiert (Diktatz. H/A) und ms. gez.; ms. Briefkopf: „Theodor Heuss“[1]
Zusendung einer Aufzeichnung „Zur Feier der Rückgliederung des Saarlandes“

Verehrter Herr Bundeskanzler!

Darf ich Ihnen eine kleine Niederschrift vorlegen, zu der mich Mitteilungen und Gerüchte über die Art, wie die Eingliederung des Saarlandes in die Bundesrepublik „gefeiert“ werden soll, veranlaßt haben.[2] Ich habe die Sorge, daß hier wieder etwas von dem passieren könnte, was ich neulich „Balladen-Politik“ genannt habe.[3]

Mit bestem Gruß
Ihr

Theodor Heuss

Nr. 106a
Aufzeichnung „Zur Feier der Rückgliederung des Saarlandes“
3. Dezember 1956
BArch, N 1221, 62: ms. Schreiben, Durchschlag[1]
Mahnung zur Zurückhaltung bei den Feierlichkeiten anlässlich der Rückgliederung des Saarlandes in die Bundesrepublik

Zur Feier der Rückgliederung des Saarlandes

Wie ich am Freitag, dem 30. 11. 1956, erfuhr – der saarländische Vertreter in Bonn[2] hatte das bei einer geselligen Veranstaltung Herrn Staatssekretär Dr. Klaiber

1 Druck: TH. HEUSS / K. ADENAUER, Unserem Vaterlande zugute, S. 228.
2 Am 23. 10. 1955 hatten sich über 67% der abstimmenden Saarländer gegen das Saarstatut (vgl. Nr. 8, Anm. 12) und damit letztlich für eine Eingliederung in die Bundesrepublik entschieden. Daraufhin führten Neuverhandlungen zwischen der Bundesrepublik und Frankreich zur Unterzeichnung des Saarvertrages am 27. 10. 1956, der eine Rückgliederung des Saarlandes in die Bundesrepublik zum 1. 1. 1957 vorsah; vgl. H.-P. SCHWARZ, Ära, S. 282–286; F. MÜNCH, Saarvertrag.
3 Vgl. Nr. 105.
1 Durchschläge gingen an Bundesaußenminister Brentano und an das Pressereferat; Druck: TH. HEUSS / K. ADENAUER, Unserem Vaterlande zugute, S. 228f.
2 Karl Waltzinger.

mitgeteilt –, rechnet die Saar-Regierung damit, am 1. Januar den Bundespräsidenten, die Bundesregierung und alle Ministerpräsidenten in Saarbrücken zu sehen.[3]

Mit meinem Amt oder mir ist darüber keinerlei Fühlung aufgenommen worden; ich habe nicht die Absicht, über mich „verfügen“ zu lassen in einem Verfahren, das ich menschlich für rücksichtslos und politisch für täppisch halte.

So sehr ich begreife, daß ein populäres Bedürfnis diesem Tag einen feierlichen Symbolcharakter zu verleihen wünscht, so halte ich den Massenaufmarsch der bundesrepublikanischen politischen Prominenz für eine falsche Geste, die durchaus Nazi-Stil hat und durchaus als „Besitzergreifung“ wirkt. Normalerweise werden Silvester und Neujahr als Familienfeste respektiert, auch gibt es in den einzelnen Ländern staatliche Überlieferungen besonderer Gratulationscouren – wer also am 1. Januar nicht in Saarbrücken ist, wird todsicher eines mangelnden Patriotismus beschuldigt werden.

Nach meiner politischen Meinung muß die Übernahme würdig, doch ohne Getöse vollzogen werden. Wir betrachten doch das Saarabkommen[4] als Ausgangspunkt für die Ebnung einer deutsch-französischen Verständigung – welcher Widersinn, dann mit nicht ausbleibenden Triumphtiraden Gefühlshemmungen auf der Gegenseite aufzuscheuchen. Es muß vor allem Sorge getragen werden, daß jetzt *nichts* von dem in Saarbrücken geplanten und offenbar als gesichert behandelten „Festprogramm“ in die Presse kommt, um noch Stoff für die bevorstehenden Parlamentsdebatten in Paris zu liefern[5] – wir haben keinerlei Grund, dort die Zustimmung psychologisch zu erschweren oder ihr gleich einen peinlichen Nachgeschmack zu geben.

Mein Eindruck ist, daß man etwas mit „Zusagen“ der *einen* Stelle operiert, um die *andere* zu nötigen.

Ich selber hatte im Frühsommer den Ministerpräsidenten Ney wohl bei der Max-Planck-Gesellschaft in Stuttgart getroffen[6] und mit ihm in dem Sinne gesprochen, daß ich wohl um die Mitte des Januar 1957 meinen Besuch machen werde (in der Art wie 1949/1950 bei den Regierungen der Bundesländer),[7] und mir sind die Dinge desto lieber, je einfacher, würdiger und ohne Gaudi sie gemacht werden.

---

3 Am 1. 1. 1957 erfolgte die Rückgliederung des Saarlandes in die Bundesrepublik; vgl. Nr. 106, Anm. 2.

4 Vgl. Nr. 8, Anm. 12, Nr. 31, Nr. 32, Nr. 106, Anm. 2.

5 Erst am 27. 12. 1956 billigte die französische Nationalversammlung den Saarvertrag; vgl. F. MÜNCH, Saarvertrag, S. 10.

6 Am 13. 6. 1956; vgl. Redenkalender, in: N 1221, 684; Dienstkalender, in: N 1221, 482.

7 Heuss bezieht sich hier auf die Antrittsbesuche in den einzelnen Bundesländern nach seiner Wahl zum Bundespräsidenten; Unterlagen in: B 122, 612–614.

Es ist vielleicht angebracht, da die Gerüchte schon herumgehen, was alles passieren soll, eine Abklärung im Kabinett vorzunehmen, da mir sehr ungewiss ist, ob dessen Mitglieder hier eine einheitliche Auffassung haben.[8]

Theodor Heuss

Nr. 107
An Prof. Dr. Werner Richter, Bonn
11. Dezember 1956
BArch, B 122, 2073: ms. Schreiben, Durchschlag, von Heuss diktiert (Diktatz. H/Bk) und ms. gez.; ms. Briefkopf: „Th. H.“[1]
Vorschlag einer Ehrenpromotion für Carl Zuckmayer aus Anlass seines 60. Geburtstages

Verehrter, lieber Professor Richter!

Natürlich ist es mir bekannt genug, daß die Verleihung von Ehrendoktoren ein ausschließliches Privileg der Fakultäten ist, und ich habe bei deren Entschließungen weiter nichts zu suchen, bin aber in ein paar Fällen schon um Beratung gefragt worden[2] und darf dazu ungefragt ein paar Bemerkungen machen zu den Überlegungen, ob es nicht schön wäre, Carl Zuckmayer zu seinem 60. Geburtstag am 27. Dezember den philosophischen Ehrendoktor der Bonner Universität zu verleihen.[3]

Es ist ein liebenswürdiger Zufall, daß, veranlaßt durch Shephard Stone, der damalige Rektor des Dartmouth College in Hanover mich besuchte[4] und sich von mir orientieren ließ über Zuckmayers literarische Stellung in Deutschland und über seine neben dem dichterischen Werk liegenden Arbeiten. Er wollte mein Urteil haben, weil auch in seiner Fakultät der Plan aufgetaucht war, Zuckmayer, dessen Farm in der Gegend des Dartmouth College liegt, mit einem Ehrendoktor auszuzeichnen, was dann auch im Frühsommer geschah.

---

8 Im Kabinett fand am 5. 12. 1956 eine Aussprache über die geplanten Feierlichkeiten statt. Das Kabinett lehnte ebenfalls eine große Feier am 1. 1. 1957 mit dem Bundespräsidenten, der Bundesregierung und den Ministerpräsidenten ab; vgl. KABINETTSPROTOKOLLE 1956, S. 751.

1 Stempel: „Pers[önlichem] Ref[erenten] vorgelegen“; weiterer Nachweis: N 1221, 337: ms. Schreiben, Durchschlag.

2 Ließ sich nicht ermitteln.

3 Ein erster Versuch von Heuss beim Berliner Bildungssenator Joachim Tiburtius für eine Ehrenpromotion durch die FU Berlin war ebenso ohne Ergebnis geblieben wie Bemühungen des Verlegers Gottfried Bermann Fischer in Mainz; Unterlagen in: B 122, 2073.

4 Der Termin ließ sich nicht ermitteln.

Ich bin nun seit Jahren mit Zuckmayer gut befreundet. Daß er das stärkste dramatische Talent dieser Generation ist, braucht ja nicht weiter dargestellt zu werden. Er hat daneben ja auch, wie Sie wissen, einige Prosa geschrieben, darunter einen sehr schönen größeren Essay aus Anlaß der Verleihung des Goethe-Preises der Stadt Frankfurt[5] und auch eine reizvolle Studie über die Brüder Grimm.[6] Am wichtigsten ist mir in diesem Zusammenhang sein Verhältnis zu Deutschland, daß er auch in der erzwungenen Emigration zu den Deutschen gehörte, die drüben immer scharf und sogar mit polemischem Elan zwischen Deutschland und dem Nationalsozialismus unterschieden haben.[7] Zuckmayer hat als Dichter immer nur die deutsche Sprache als sein Ausdrucksorgan gekannt, und es scheint mir, daß die Erinnerungen,[8] an denen er schreibt, ein Zeit- und Menschendokument hohen Ranges sein werden, durch die moralischen Reflexionen und geistige Haltung, die in ihnen walten. Ich selber kenne nur wenige Teile davon. Zufällig erhielt ich in der vorigen Woche einen Brief von Carl J. Burckhardt,[9] der gleichzeitig mit Zuckmayers kürzlich in Rom war und einer Lesung Zuckmayers beiwohnte; das briefliche Urteil von Burckhardt über das Stück der „Erinnerungen“ ist voll Bewunderung gerade auch für die geistige Haltung, die darin dargetan wird. Die Festgabe zum 60. Geburtstag von Menschen höchst unterschiedlicher Art, unter dem Titel „Fülle der Zeit“ bei S. Fischer jetzt herausgekommen, ist durch einen kleinen Essay von mir eingeleitet.[10]

Ich selber würde es für sehr schön halten, wenn, nachdem ein amerikanisches College vorangegangen ist, eine heimatliche Universität nicht zurückbleiben wollte. Und die Rheinische Universität Bonn mit ihrer alten literarisch-geschichtlichen Tradition ist vielleicht doch zu solcher Ehrung am stärksten gebunden.[11]

Mit freundlichen Grüßen
Ihr

Theodor Heuss

---

[5] CARL ZUCKMAYER: Die langen Wege. Ein Stück Rechenschaft, Frankfurt a. M. 1952.

[6] DERS.: Die Brüder Grimm. Ein deutscher Beitrag zur Humanität, Frankfurt a. M. 1948.

[7] So in seinen Deutschlandberichten für das Kriegsministerium der USA; vgl. C. ZUCKMAYER, Deutschlandbericht.

[8] DERS.: Als wär's ein Stück von mir. Horen der Freundschaft, Frankfurt a. M. 1966.

[9] Burckhardt an Heuss, 23. 11. 1956, in: DLA, A: Heuss, 73.4247–4249.

[10] THEODOR HEUSS: Geleitwort, in: [CARL ZUCKMAYER]: Fülle der Zeit. Carl Zuckmayer und sein Werk, Frankfurt a. M. 1956, S. 9–12; Manuskript mit hs. Korrekturen und Korrespondenz mit dem S. Fischer Verlag in: B 122, 597; weiterer Abdruck in: TH. HEUSS, Politiker, S. 465–468.

[11] Die Verleihung der Ehrenpromotion erfolgte am 24. 5. 1957.

Nr. 108
An Max Thoennissen, Bad Homburg vor der Höhe
12. Dezember 1956

BArch, B 122, 2072: ms. Schreiben, Durchschlag, von Heuss diktiert (Diktatz. H/Bk) und ms. gez.; ms. Briefkopf: „Th. H."[1]

Kritik an der Mimik von Theodor Heuss beim Abschreiten militärischer Ehrenformationen; Verhältnis von Heuss zum Militär

Sehr geehrter Herr Präsident!

Nicht ohne eine gewisse Heiterkeit habe ich Ihre durch Botts Mitleid gedämpfte Sorge angenommen, daß der Mangel eines blitzenden Auges, das den in der Front aufgestellten Soldaten erschauern läßt, irgendwie für die richtige Staatsgesinnung ein Nachteil ist.[2] Darüber ist Staatssekretär Klaiber schon früher einmal von ehemaligen Offizieren geklagt worden, daß ich meine Ablehnung des Militärs nicht so offensichtlich zur Schau tragen könne. Dr. Klaiber war in der angenehmen Lage, mitteilen zu können, daß davon gar keine Rede sein könne, daß ich im Parlamentarischen Rat als einziger für den Grundsatz der Wehrpflicht eingetreten bin, daß ich dazu auch ziemlich oft zitierte Reden hielt und schließlich auch dafür gesorgt habe, daß in der Regierungserklärung von 1949 das Pensionsrecht der Berufssoldaten (das im Entwurf vergessen war – dies vertraulich) aufgenommen wurde.[3]

Es ist ein alter Spruch von mir, daß ich vermutlich aus dem Vorrat von dummen Gesichtern, die jedem Menschen zur Verfügung stehen, mein dümmstes beim Abschreiten von Fronten mache, da ich für diese konventionellen Dinge, deren Notwendigkeit ich ja schließlich einsehe, ein ungewöhnlich geringes Talent besitze. Aber nun ist es auch so: Seit meinem Sturz vor einem Jahr bin ich im gewissen Sinn gehbehindert, da die Beugemuskeln des rechten Fußes nicht mehr richtig funktionieren und die ganze Geschichte geschient ist.[4] Ich habe mir aber, als man mir das nach dem Griechenbesuch[5] vortrug, ganz brav vorgenommen, in meinem Gesicht eine Kombination von „väterlicher Güte, dienstlichem Ernst und Bodenvorsicht" unterzubringen – und man hat mir bestätigt, daß es mir einiger-

1 Az. A1-17932/56; Stempel: „Pers[önlichem] Ref[erenten] vorgelegen"; weiterer Nachweis: N 1221, 337: ms. Schreiben, Durchschlag.

2 Thoennissen, Präsident des Verbandes der Automobilindustrie e. V., hatte mit Schreiben vom 9. 12. 1956 an Bott über sein intensives persönlichen Erlebnis berichtet, als Kaiser Wilhelm II. die Front abschritt und dabei jedem einzelnen in die Augen schaute; B 122, 2072.

3 Vgl. Nr. 13, Anm. 14.

4 Heuss konnte nach diesem Sturz seinen rechten Fuß nicht mehr beugen, was ihm beim Treppensteigen Probleme bereitete. Er ließ sich bei seinem Freund, dem Orthopäden Georg Hohmann, behandeln; vgl. Heuss an Alice Herdan-Zuckmayer, 21. 9. 1956, in: N 1221, 336.

5 Vgl. Nr. 78, Anm. 17, Nr. 86, Nr. 87.

maßen bei Tubman[6] und Gronchi[7] geglückt sei. Ich habe mir sogar die Form ausgedacht, wenn beim Abschreiten der Front ein Leutnant auftaucht mit aufstehender Hand, ich eine leichte Neigung des Kopfes und ein vorsichtiges Schwenken des Zylinders veranstalte. Aber viel wichtiger als dies ist mir, wenn schon die Sache gemacht werden muß, daß ich nicht stolpere und hinfalle – und das werden Sie wohl einsehen. Die Soldaten werden sich, denke ich, schon daran gewöhnen, daß kein Kriegsruhm an ihnen vorbeiwandert.[8]

Mit freundlichen Grüßen
Ihr

Theodor Heuss

Nr. 109
An Dr. Hermann Reusch, Oberhausen, Rheinland
22. Dezember 1956; Lörrach-Tumringen, Im Vogelsang 7
RWWA, 130-40010128/64: hs. Schreiben, behändigte Ausfertigung; Kopfbogen: „Der Präsident der Bundesrepublik Deutschland"[1]
Tod von Paul Reusch und Erinnerungen an ihn

Verehrter, lieber Dr. Reusch,

die Nachricht vom Hinscheiden des Vaters,[2] die ich gestern Nacht, von einer kleinen Veranstaltung im Betrieb des Sohnes zurückgekehrt, vorfand, hat mich stark bewegt – in einer Depesche habe ich das zum Ausdruck zu bringen versucht.[3]

Ich weiß noch, wann ich dem Vater zum ersten Mal begegnete: an Robert Bosch's 70. Geburtstage – es waren an dem Abend noch Bücher und Allmers anwesend, ein munteres Gespräch. Später, bei meiner Bosch-Arbeit, einige Correspondenz, aber die nähere Fühlung erst, als er in Stuttgart, später auf dem Katha-

6 Vgl. Nr. 97. Die Begebenheit fand auch Aufnahme in die Anekdotensammlung; vgl H. FRIELINGHAUS-HEUSS, Heuss-Andekdoten, S. 136.
7 Vgl. Nr. 96, Anm. 3.
8 Heuss war wegen einer Schulterverletzung, die er sich bei einer Abiturfeier zugezogen hatte, wehruntauglich; vgl. TH. HEUSS, Vorspiele, S. 207–209. Thoennissen dankte am 17. 12. 1956: Das Schreiben an Bott sei eigentlich weder zur Vorlage bei Heuss bestimmt noch dafür geeignet gewesen; B 122, 2072.
1 Weitere Nachweise: N 1221, 337 und 188: ms. Schreiben, Durchschlag mit Vermerk „Handschriftlicher Brief aus Lörrach, nachträglich von B[undes]Pr[äsident] nach eigenen stenographischen Notizen diktiert."
2 21. 12. 1956.
3 Hs. Fassung des Fernschreibens, 22. 12. 1956, in: B 122, 2068.

rinenhof den Dauerwohnsitz genommen hatte. Da habe ich ihn selber seit Herbst 45 nach Stuttgart gerufen, öfters besucht, mit meiner Frau, die ihn so ausgezeichnet verstand – es wurde eine mich bereichernde männliche Freundschaft aus dieser Berührung, die mich beglückte.[4] Der Stein, dem er den Auftrag gab, das Gedächtnis meiner Frau zu wahren, wurde das schönste Denkmal dieser Freundschaft;[5] die Stunde, da er selber die Weihe vollzog, blieb allen unvergeßlich.

Und wie war das ein schönes Zueinander: mit ihm kennerisch oder scharf zu zechen und sich Geschichte, nicht Geschichten, zu erzählen, denn er steckte ja voll Wissen, in dessen Überprüfung er sich gerne maß.

Das Herbe und das Heitere hielten gute Nachbarschaft, wie ich es bei wenigen Menschen traf.

Und immer trat seine Erscheinung ins Bewußtsein, wenn das Fontane-Wort aufklang:

„Der ist in tiefster Seele treu, der die Heimat liebt wie du."[6]

Ich grüße Sie und die Ihrigen in herzlicher Verbundenheit
Ihr Theodor Heuss

Nr. 110
An Dr. Toni Stolper, [New York]
26. Dezember 1956; Lörrach[-Tumringen, Im Vogelsang 7]

BArch, N 1186, 146: hs. Schreiben, behändigte Ausfertigung, ohne Anrede und Grußformel[1]

Besuch bei der Familie in Lörrach; Aufnahme von Bertolt Brecht in die Sammelbiographie „Die Großen Deutschen"; Gedanken über Tod und Religion

Hier sehr kalt, an sich schön, aber man ist unsicher, ob ich morgen mit Auto od. mit Zug nach Baden-B[aden] fahre – Glatteis-Sorge von Ludwig. Die Radio-Reden, die ich dort dem Band gebe, sind fertig.[2] Heute netter Brief von

4 Vgl. Heuss an Paul Reusch, 17. 12. 1947, 28. 7. 1948, in: TH. HEUSS, Erzieher, S. 329, 399f; Heuss an Paul Reusch, 29. 8. 1952, 17. 1. 1954, in: DERS., Bundespräsident 1949–1954, S. 371–373, 518f. Gegenüber Toni Stolper meinte Heuss über die Beziehung zu Reusch, es sei eine wechselseitige, aber von beiden Seiten dankbar genossene Altersfreundschaft. „Er ist 87jährig, hat ein paarmal jetzt den Tod aus dem Zimmer gejagt, indem er ihm mit einer Cognac-Pulle entgegentrat." TH. HEUSS, Tagebuchbriefe, S. 41, 29. 6. 1955, ähnlich S. 228, 22. 12. 1956.

5 Vgl. Nr. 35.

6 Ballade „Archibald Douglas" von Theodor Fontane, in: TH. FONTANE, Werke, Bd. 20, S. 120–123, hier S. 123.

1 Datum versehen mit dem Zusatz: „Ab[en]ds 11.30 [Uhr]"; weiterer Nachweis: BArch, N 1186, 122: ms. Schreiben, Teilabschrift.

2 Vermutlich eine Rede anlässlich des 60. Geburtstages von Carl Zuckmayer am 27. 12. 1956 und die Neujahrsansprache, die in Baden-Baden aufgenommen wurden, wo sich der Hauptsitz des

Marta[3] J[äckh] an Ludwig,[4] wie nett es gewesen sei, daß ich Elly in meiner Rede bei der Schulweihe[5] heiter auch in ihren Schwächen gezeigt habe – das kommt nochmals bei der Rede über den Lebensabend.[6] – Heute Nachmittag Familientee bei Hermann Geiger – dort begeht man Ende Januar die – diamantene Hochzeit. Und kriegt den 3. Bd. der Gr[oßen] D[eutschen] – den 2ten zu Weihnachten![7] Den 1. haben sich die alten Leute vorgelesen! Was Du über B. Brecht schriebst, hat mich interessiert.[8] Das kriegen die Mitherausgeber.[9] Ich glaube, es ist z. Zt. durcheinander, wer das wohl machen soll.[10] Aber ich habe natürlich die Correspondenz nicht mit hierher genommen. Reifenberg hat viel übernehmen wollen, aber scheint nicht dazu zu kommen. Ich habe, dank Diktaphon, alle meine Patenkinder schon gesichert.[11] Offenbar hat der Bu[ndes]Prä[sident] auch eine suggestive Fähigkeit qua Amt.

Dieses Amt hat auch Nachteile: in leichtem Schneetreiben mußte ich mir – das wird Lörracher „Brauchtum" – ein Weihnachtsständchen von Kriegswaisen anhören. Für *beide* Teile eine Überforderung. Aber, wie es dann so heißt (wir wollten es wegen des Wetters abbiegen): „Sie (die Kinder) ließen es sich nicht nehmen." Aber die Polizei war so nett, auf meine Bitte einzugehen: ich werde bei dem schneidenden Nachtwind nicht „bewacht". Am Tage hat der Mann Besucher und Autogrammliebhaber fernzuhalten.

Südwestfunks befand; Neujahrsansprache unter dem Titel „Mit festem Herzen in die Geheimnisse des neuen Jahres", in: Bulletin, Nr. 1, 3. 1. 1957, S. 1f; die Zuckmayer-Rede ließ sich nicht ermitteln, vgl. aber Redenkalender, in: N 1221, 684.

3 In der Vorlage: „Martha".

4 Ließ sich nicht ermitteln.

5 Ansprache zur Einweihung der Elly-Heuss-Knapp-Schule in Bonn, 6. 11. 1956, in: B 122, 247.

6 Rundfunkansprache zur Eröffnung der Sendereihe „Der Lebensabend" des WDR Köln, 5. 1. 1957, in: B 122, 247; abgedruckt in: Bulletin, Nr. 4, 8. 1. 1957, S. 33f.

7 Vgl. H. HEIMPEL / TH. HEUSS / B. REIFENBERG, Großen Deutschen.

8 Toni Stolper hatte Heuss am 22. 12. 1956 über Bertolt Brecht geschrieben, dass das Theaterstück „Der gute Mensch von Sezuan" trotz „origineller Inszenierung und ausgezeichneter schauspielerischer Leistung" weder ihr noch der Kritik gefallen habe: „Solche ausgeklügelte Primitivität, wie sie Brecht seinen Bewunderern bietet, klingt mir furchtbar abgestanden. Die Welt hoffnungslos, weil selbstverständlich alle Reichen und Erfolgreichen schlecht, die armen Hascher wegen der ‚Verhältnisse' nur ganz unverlässlich gut sind – auf einmal ist alles Leben aus dem Leben wegeskamotiert. Hoffentlich hat wenigstens ihm, bevor er unerlöst sterben mußte, solcher Unfug Spaß gemacht. Kannst Du Deinen Freunden den ‚Gr[oßen] D[eutschen]' ausreden, so geschähe damit seiner Begabung kaum ein Unrecht." BArch, N 1186, 146.

9 Heuss an Reifenberg, 29. 12. 1956, und Durchschlag an Heimpel, in: N 1221, 431.

10 Bertolt Brecht fand Aufnahme in den 5. Band der Sammelbiographie; vgl. den Beitrag von W. E. Süskind, in: H. HEIMPEL / TH. HEUSS / B. REIFENBERG, Großen Deutschen, Bd. 5, S. 510–518.

11 Der Bundespräsident übernimmt auf Antrag die Ehrenpatenschaft für das siebte Kind einer Familie; vgl. B 122, 425–428.

Du hast gespürt, liebe Frau, wie Dein Lebensschicksal in diesen Tagen tragischer Erinnerung mich beschäftigt hat.[12] Du sollst es in seinem ganzen Reichtum, im tapferen Überschwang, in dem Entschluß, den Du „Widmung" nennst,[13] Deinem Bewußtsein gegenwärtig halten; das ist ein unverlierbarer Besitz. Er ist mit dem Tode nicht untergegangen, solange Du selber lebst. Und das Nachher? Wir haben nie darüber gesprochen. Denk Dir, Elly, die so viel Theologie trieb,[14] hat auch nie die „Gretchenfrage"[15] an mich gestellt. Sie spürte vielleicht: die Antwort wäre nur eine Frage in die Ungewißheit des Geheimnisses gewesen. Sie hat den Tod nicht gefürchtet, wie ich ihn ruhig erwarte – sie stand in einer Gewißheit, in der ich nie stand, die ich aber immer als Kraft derer empfand, die in ihr stehen. Das Theologische ist bei mir nicht ganz kenntnislos, das Religiöse schüchtern, u. die Bergpredigt ist mir, ad personam,[16] viel wichtiger als der ganze Paulus. Ob es einen Gott gibt, weiß ich nicht – keiner *weiß* es, aber ich bin noch keinem Wissenschaftler begegnet, der mir glaubhaft macht, daß es ihn *nicht* gibt. Meine Kindheit hat sich damit ziemlich herumgequält. Das ist aber lange her. Mein Vater,[17] den ich sehr liebte, war ein Freigeist, der vermutlich die Pfarrer für „Pfaffen" hielt u. nie in die Kirche ging (bei der Konfirmation seiner Buben gab er eine Gastrolle auf der Empore), meine Mutter[18] war in zarter Weise, die Großmutter auf herbe Art fromm.[19] Naumanns Art, diese Fragen anzufassen, hat auch in diesem Bereich mein Werden bestimmt.[20] Freilich, er war in den Instinkten ein homo religiosus, Max Weber, die größte Erscheinung für meine Jugend, war das nicht. In diesem „Dilemma" wuchs ich u. wurde der, der ich bin.

Nun bin ich, liebe Frau, ins Selbst-Historisieren geraten, und es ist fast 1 Uhr geworden. Du hast die Frage aufgeworfen.[21] Sie mußte (und das geschah gerne) beantwortet werden, metaphysisch ungenügend, aber persönlich unmittelbar. Nimm es hin, wie es geschah.

Wir tragen die beiden teuren Menschen, die die Entfaltung unseres Lebens bestimmten, die uns Mutter u. Vater werden ließen, in einem treuen u. dankbaren

---

12 Gustav Stolper war am 27. 12. 1947 verstorben; vgl. auch das Beileidsschreiben von Heuss an Toni Stolper, 30. 12. 1947, in: TH. HEUSS, Erzieher, S. 336–338.

13 Vgl. Toni Stolper an Heuss, 22. 12. 1956, in: BArch, N 1186, 146.

14 Zur Rückbesinnung von Heuss-Knapp zur Religion seit den zwanziger Jahren vgl. A. GOLLER, Elly Heuss-Knapp, S. 125–131.

15 Bezug auf die Frage von Gretchen an Faust: „Nun sag, wie hast du's mit der Religion?" JOHANN WOLFGANG VON GOETHE: Faust. Eine Tragödie, in: DERS., Werke, Bd. 3, S. 109, Vers 3415.

16 Lateinisch für „auf die Person bezogen".

17 Ludwig, gen. Louis Heuss.

18 Elisabeth Heuss, geb. Gümbel.

19 Margarete Gümbel, geb. Obenauer; vgl. auch TH. HEUSS, Vorspiele, S. 35–40, 118–121.

20 Gemeint der sozialpolitische Impetus, der schon die Pfarrtätigkeit von Naumann prägte und 1895 zur Gründung des nationalsozialen Vereins führte; vgl. TH. HEUSS, Friedrich Naumann, S. 13–171.

21 Vgl. Anm. 13.

Bewußtsein, unverkürzt, und wissen doch dies, wissen es aus ganz sicherem Gefühl, wie ihr Sterben ihnen leichter geworden, hätten sie dies gewußt: die Toni, der Theodor werden nicht vereinsamt sein. Was sie uns gaben, wollen wir uns geben, geben wir uns, im Gleichklang der Seelen und in der freien Hingabe unseres Seins: etwas Glück, viel Glück.

Ich bin so froh, daß Dich solches Wissen und Fühlen auf Deinen Gängen begleitet.

[Theodor Heuss]

Nr. 111
An Margarethe Vater, Berlin-Lichterfelde-West
4. Januar 1957; Lörrach-Tumringen, Im Vogelsang 7
BArch, N 1221, 211: ms. Schreiben, Durchschlag[1]
Kommentar zu einem Teilmanuskript des Werkes von Margarethe Vater über Elly Heuss-Knapp

Liebe Grethe!

Wie Sie wissen, hat zunächst Ludwig das Elly-Manuskript[2] mit hierhergenommen, da meine Vorweihnachtswochen mit Terminen und politischen Tagesgeschichten entsetzlich belegt waren, und als ich nach Lörrach gekommen war, habe ich zunächst zwei ziemlich große und auch schwierige Essays geschrieben,[3] um sie hinter mich zu kriegen. An Briefen und dergl. hat es auch sonst nicht gefehlt,

---

1 Stempel: „Pers[önlichem] Ref[erenten] vorgelegen"; weitere Nachweise: N 1221, 338; FA Heuss, Basel: ms. Schreiben, Durchschlag.

2 Zur Vorgeschichte einer Biographie über Heuss-Knapp vgl. Nr. 167. Heuss, der ursprünglich Ulla Galm an dem Werk beteiligen wollte, blieb gegenüber der Arbeit von Vater skeptisch. Nach einem Treffen mit Galm und Vater meinte Heuss am 21. 12. 1958 gegenüber Toni Stolper: „Nun sind die beiden so verschieden, Grethe sentimental, bei aller berliner Nüchternheit, Ulla ganz und gar nicht, sondern spritzig und selbstbewußt […] Nun ist es halt so, daß Grethe einen zu geringen Wortschatz hat und Elly etwas zu sehr auf Königin Luise bearbeitet – Elly war gar nicht so brav, übrigens die Luise auch nicht." N 1186, 124. Das Buch erschien erst 1961 lediglich in Form von Briefauszügen, denen einige verbindende Kapitel hinzugefügt wurden; vgl. E. HEUSS-KNAPP, Bürgerin.

3 ALFRED RETHEL: Auch ein Totentanz. Holzschnittfolge 1849, Einführung von Theodor Heuss, Stuttgart 1957, S. 3–17; THEODOR HEUSS: Wilhelm Busch, in: H. HEIMPEL / TH. HEUSS / B. REIFENBERG, Großen Deutschen, Bd. 5, S. 361–377; zur weiteren Verwendung des Manuskriptes vgl. TH. HEUSS, Hochverehrter Herr Bundespräsident, S. 503; vgl. auch Nr. 138.

aber in Bonn komme ich ja doch schwer dazu, konzentriert und rascher zu arbeiten mit wissenschaftlichem Anspruch, dadurch hat sich die Durchsicht des Elly-Manuskriptes verzögert. Ich habe es nun in den letzten Tagen gelesen mit – wie Sie sich denken können – sehr eigentümlichen Empfindungen, denn es sind ja wesentlich die Jahre von 1905–08, also die Spanne von dem Kennenlernen bis zur Eheschließung. Es ist mir dabei eigentümlich gegangen. Ich finde sehr viele der kleinen Berichte und Menschen- wie Sachbeurteilungen durch Elly aus den Studienjahren und der Straßburger Zeit, von den Reisen in Holland, Belgien und Frankreich sehr lebendig, farbig und auch witzig und in den Fragestellungen für die Zeitlage wie für die Persönlichkeit geschickt herausgesucht. Manches war mir selber sozusagen neu, da ich Ellys Briefe an ihren Vater aus jenen Jahren nie gelesen habe[4] und auch natürlich sehr viel von dem, was sie mir schrieb,[5] im Detail vergaß. Ich finde auch das, was ich als junger Kerl geschrieben habe und was Sie geschickt und taktvoll zitierten, z. T. recht amüsant, auch fast „bemerkenswert“, etwa Dinge, die ich über Frans Hals, über Rubens von mir gab und auch das Verhältnis zur Arbeit an der „Hilfe“, die Bindung an Naumann, das kommt alles gut heraus, und auch ihre Zwischenstücke geben nach der sachlichen Seite die richtigen Akzente. Aber, aber solange ich lebe, ist es eine glatte Unmöglichkeit von mir aus gesehen, diese aus freundlicher Zuneigung zur Liebe und Ehe sich gestaltende Beziehung in Ihrem Dokument an die Öffentlichkeit zu geben.[6]

Es hat mir selber zwar kolossal viel Spaß gemacht, in den halben Buben-Briefen Erörterungen über einen evtl. späteren Ruhm zu finden oder Diskussionen über geplante Kindererziehung und Lebenserwartung über die vollkommen noch nicht vorhandenen Kinder zu begegnen. Aber wenn ich derlei heute an die Öffentlichkeit gehen ließe, würde das glatt unmöglich wirken (das ist übrigens auch Ludwigs Meinung). Ich gebe gerne zu, daß auch viel Zeitcharakteristisches drin steht, und wenn ich einmal tot bin und man sich für die Zeit und die Art interessiert, wie zwei junge Menschen sich in ihr zurecht gefunden haben, kann da etwas ganz Charakteristisches und Heiteres und menschlich Nützliches entstehen. Aber es liegt vollkommen außerhalb meiner seelischen Möglichkeiten, und schließlich auch meiner amtlichen, mich selber im eigenen Werden interpretieren zu lassen.[7] Als Autobiograph kann ich das tun, denn da bestimme ich selber das Wesen und die Distanz.

---

4 Der Briefwechsel von Heuss-Knapp mit ihrem Vater Georg Friedrich Knapp in: FA Heuss, Basel.

5 Der Briefwechsel von Heuss mit seiner Frau in: FA Heuss, Basel.

6 Publiziert in: TH. HEUSS / E. HEUSS-KNAPP, Heimat.

7 Als Ulla Galm Anfang 1958 vorschlug, die „Brautbriefe“ als gesonderten Band herauszubringen, reagierte Heuss ähnlich: „Aber, liebes Kind, kannst Du mir die Taktlosigkeit zumuten, etwas Derartiges bei meinen Lebzeiten zu veranstalten?!“ Heuss an Ulla Galm, 21. 1. 1958, in: N 1221, 344.

Nun weiß ich gar nicht, ob Hermann Leins diese Teile schon gelesen hat, aber ich schicke ihm einen Durchschlag dieses Briefes.[8] Ich glaube auch nicht, daß seine Mitarbeiterin, Frau Kraus, diese Wahl und Anlage der Briefe besser machen könnte, als es durch Sie geschehen ist, denn Sie haben die Sache als solche nach der persönlichen Seite mit Einfühlung und Takt erledigt. Aber ich überlege mir doch zugleich, daß vermutlich die Anlage des Buches mit dieser Intensität der Jugendjahre im Umfang viel zu groß werden müßte. Dabei ist mir dies natürlich deutlich, daß der Vorrat der intimen Familienbeziehung später geringer sein wird, zumal wir ja auch die großen Reisen fast immer gemeinsam gemacht haben und wesentliches Material in den Briefen an Vater und Schwester stecken wird. Aber darüber müsste ja nun einmal Leins gehört werden.

Unbedingt notwendig erscheint mir dabei, daß in einem Anhang (oder in Fußnoten, die ich hasse) einiges über die Männer und Frauen gesagt wird, die in dem oder dem Briefe erscheinen, also von den Lehrern Schulze-Gävernitz, Sering, Jastrow usf., ob etwas gesagt wird von dem heute schier vergessenen, aber sehr begabten Anselm Heine, auch Hugo Stinnes. Aber das ist eine spätere Sorge, und da könnte ich, da diese Umwelt mir sachlich und überwiegend auch persönlich gut bekannt war, in ein paar Tagen alles Notwendige selber leisten (bei dem Buch mit Gertrud Bäumers Briefen[9] ist das vollkommene Fehlen dieser Hinweise ein Mangel für die spätere Geschichtsbewertung. Jetzt wird er nur von wenigen so empfunden werden).

Auf einem der Faszikel steht die Bemerkung, daß dies das einzige Exemplar sei und zurückgesandt werden solle, was hiermit geschieht. Liebe Grethe, wie machen Sie das rein technisch? Wenn man so etwas abschreiben läßt, macht man es doch mit 4–5 Durchschlägen. Außerdem empfiehlt es sich, die ja jetzt erfreulicherweise durchlaufend paginierten Seiten so einzuordnen, daß man sie von vorne nach hinten lesen kann.

Mit guten Grüßen für das ganze Haus
Ihr [Theodor Heuss]

Anlage

---

[8] Leins hatte offenbar kein Exemplar erhalten. Heuss teilte am 7. 2. 1957 Vater mit, dass er das Manuskript mit Ausnahme des letzten Teils, den er noch nicht gelesen habe, an Leins gesandt habe; N 1221, 211.

[9] GERTRUD BÄUMER: Des Lebens wie der Liebe Band. Briefe, hg. v. Emmy Beckmann, Tübingen 1956.

Nr. 112
An Rudolf Augstein, Hamburg
14. Januar 1957

BArch, N 1221, 338: ms. Schreiben, Durchschlag, von Heuss diktiert (Diktatz. H/A) und ms. gez.; ms. Briefkopf: „Theodor Heuss"[1]

Kritik an Artikel über ein Heuss-Porträt des Malers Leo Göttinger im „Spiegel"; Ablehnung einer Vorzensur des „Spiegel" durch Heuss

Sehr geehrter Herr Augstein!

Freundlichen Dank für Ihren Brief.[2] Der Maler Professor Göttinger, der Sie mit so viel Geschäftssinn unmittelbar bedient hat, war ja von uns vorher genau über die Voraussetzungen unterrichtet, unter denen ich bereit war, ihm einige Stunden zur Verfügung zu stellen. Er hat auf meinen verärgerten Donner-Brief[3] denn auch gar nicht reagiert.

In der Zwischenzeit ist ja die von Ihnen freundlicherweise angeregte Kommunikation[4] zwischen Spiegel-Redaktion und hiesiger Pressestelle schon praktisch geworden durch eine Rückfrage wegen einer Lörracher Anekdote, die ich an sich, wie alles solches Zeug, für überflüssig halte, die aber sachlich richtig gebracht worden ist.[5]

---

1 Az. 1-7003-5464/57.

2 Augstein an Heuss, 10. 1. 1957, in: Augstein-Archiv. Im „Spiegel" war Anfang des Jahres ein Photo abgedruckt worden, das den Maler Göttinger neben dem Porträt von Heuss zeigt. In dem Begleittext heißt es u. a.: „Professor Heuss, der während der Sitzungen einer Schreibkraft staatsgeschäftliche Korrespondenz diktierte, bekundete seine Zufriedenheit mit dem Ölbildnis, indem er (...‚ich tue es zum ersten Male') in die noch feuchte Farbe seinen Namenszug schrieb." Der Spiegel, H. 1, 2. 1. 1957, S. 48. Daraufhin hatte Heuss in einem Schreiben vom 4. 1. 1957 von Lörrach aus Augstein seine distanzierte Haltung zu dem „Porträt-Routinier" Göttinger erläutert und den „Spiegel"-Artikel kritisiert, der einen falschen Eindruck seiner Einschätzung Göttingers geben und zur weiteren „Verkitschung" von Heuss beitragen würde; N 1221, 338.

3 Heuss hatte am 4. 1. 1957 gegenüber Göttinger kritisiert, dass dieser im „Spiegel" Werbung für sein Werk gemacht und dafür den Bundespräsidenten instrumentalisiert habe, der vermeintlich für dieses Porträt eine besondere Empfehlung ausgesprochen habe: „Ich kann Ihnen nur mitteilen, daß ich es bedauere, Ihnen einen Teil meiner Zeit geopfert zu haben, um nachher für Reklamezwecke gebraucht zu werden." N 1221, 338.

4 Augstein hatte Heuss angeboten: „Wie wäre es, wenn wir Personal-Notizen, die Sie betreffen, dem Bundespräsidialamt per Fernschreiben zur vorherigen Stellungnahme durchgeben. Ich bin gewiß, von Ihnen bei diesem Vorschlag nicht dahingehend mißverstanden zu werden, ich wolle Ihnen eine Vorzensur antragen. Aber eigentlich ist nicht einzusehen, warum wir Geschriebenes nicht richtigstellen sollten, bevor es gedruckt ist." Wie Anm. 2; vgl. auch Heuss an Ernst Ludwig Heuss, 15. 1. 1957, in: N 1221, 338.

5 Heuss hatte während seines Weihnachtsurlaubes die Albert-Schweitzer-Schule in Lörrach besucht, zu deren Schülerinnen auch seine Enkelin Babara Heuss zählte; vgl. Der Spiegel, H. 3, 16. 1. 1957, S. 44.

Eine Art von Vorzensur möchte ich aber um Gottes willen nicht einführen, so nett es ist, daß Sie sich dazu bereit fänden. Ich kenne die Situation in der heutigen Presse gut genug, um zu wissen, daß das irgendwann einmal irgendwo bekannt werden würde, und im Wuppdich heißt es dann: Der „Spiegel" sei das Organ des Bundespräsidenten, woran weder Ihnen noch mir gelegen sein kann.[6]

Mit freundlichen Empfehlungen
Ihr Theodor Heuss

Nr. 113
An Ernst Lemmer, Bundesminister für das Post- und Fernmeldewesen, Bonn
18. Januar 1957
BArch, N 1221, 68: ms. Schreiben, Durchschlag, von Heuss diktiert (Diktatz. H/vM) und ms. gez.; ms. Briefkopf: „Theodor Heuss"[1]
Neue Briefmarken mit Porträt von Theodor Heuss; Gestaltung von Briefmarken

Lieber Lemmer!

Wie ich neulich erfuhr, soll eine neue Marke mit meinem Kopf gemacht werden.[2] Möge die Sache wohl geraten!

Nehmen Sie aber bitte, wie in verwichenen Jahrzehnten, meinen freundschaftlichen Rat gern entgegen. Der Bundeskanzler, den ich ja in vielen seiner Taten und Talente sehr hoch einzuschätzen weiß, hat vor ein paar Monaten, ehe Ihre Berufung kam,[3] zu mir geäußert, er denke, daß es dann auch bessere Briefmarken geben werde. Ich kriege es aber nun nicht fertig, Dr. Adenauer in der Zuständigkeit für sogenannte Gebrauchsgraphik absolut anzuerkennen.[4] Ich weiß nicht, ob

6 Augstein antwortete am 23. 1. 1957: „ Die Kommunikation zwischen Ihrer Pressestelle und unserer Redaktion darf also dann weiter obwalten, so verstehe ich Sie wenigstens. Sie darf obwalten, auch wenn ‚überflüssiges Zeug' gedruckt werden soll, weil ja von Vorzensur nicht ernsthaft die Rede sein kann. Ganz sicher hätte der Spiegel nichts dagegen, wenn er in den Geruch käme, das Organ des Bundespräsidenten zu sein. Wohingegen ich mir lebhaft vorstellen kann, daß Sie selbst in diesen Geruch weniger gern kommen wollen." Augstein-Archiv.

1 Stempel: „Pers[önlichem] Ref[erenten] vorgelegen"; Vermerk: „*Persönlich!*"; weiterer Nachweis: N 1221, 338: ms. Schreiben, Durchschlag.

2 Ein erster Versuch, Briefmarken mit einem Heuss-Porträt einzuführen, war von Heuss abgelehnt worden; Heuss an Adenauer, 26. 10. 1949, in: TH. HEUSS, Bundespräsident 1949–1954, S. 116–118. Heuss hatte die Mitteilung, dass an einer Marke mit seinem Bild gearbeitet werde, von Preetorius erhalten; Preetorius an Heuss, 6. 12. 1956, in: B 122, 329.

3 Lemmer war am 15. 12. 1956 Postminister geworden.

4 Vgl. auch TH. HEUSS, Tagebuchbriefe, S. 215, 14. 11. 1956.

auch er von dem Gerede der Philatelisten heimgesucht wurde, und bin meinerseits nicht sicher, ob nicht auch Sie zu dieser Branche gehören. (Ich selber bin sehr für Philatelisten, weil ich für jedes Hobby bin, das den Menschen ein zusätzliches Glücksgefühl zu verleihen imstande ist, auch wenn ich selber derlei nicht brauche.)

Bei mir haben vor geraumer Zeit auch einmal Philatelisten auf die deutschen Briefmarken zu schimpfen begonnen. Ich habe das Gefühl, daß es von Balke ein sehr kluger Entschluß war, einen künstlerischen Beirat sich anzuschaffen,[5] was Schuberth nicht tat. Damals hat ein vermutlich recht verdienstvoller Beamter eine stille Diktatur in den Entscheidungen über die Formgebung ausgeübt.

Ich weiß aus manchen früheren Zuschriften, daß jetzt „die Leute" gern irgendwelche Landschaften oder Städtebilder sehen würden, womöglich aus den Siedlungsgebieten, die heute nicht im Bereich der Bundesrepublik liegen. Es kamen auch Vorschläge, sozusagen politische Geographie auf den Raum einer Briefmarke zu produzieren, wobei dann eigentlich immer eine erklärende Schrift dazu geklebt werden müßte. Ich möchte nur sagen dürfen: Seien Sie solchen Dingen gegenüber zurückhaltend. Es gibt ein lehrreiches Beispiel: Die Schweiz hat, vor allem in der Reihe pro juventute,[6] ein paarmal, soweit es durch meine Hand ging, zeichnerisch und farbig gute Dinge herausgebracht. Irgendwann entschloß sie sich, ich weiß nicht warum, vielleicht wegen des Fremdenverkehrs, zu mehr oder weniger gebirgigen Landschaftsbildern. Seitdem sind die Schweizer Marken nach meinem Gefühl einfach schlecht. Auch die geläufige air mail-Marke der Amerikaner zu 15 cents ist für mein Gefühl ein Rückgang, und die kleinen Architekturbilder von Berlin haben eigentlich auch nie etwas hergegeben.[7]

Mit freundlichen Grüßen
Ihr
Theodor Heuss

---

[5] Vgl. Nr. 90, Anm. 5.

[6] Die 1912 gegründete Schweizer Stiftung Pro Juventute (lateinisch für „Für die Jugend") setzte sich für die Rechte von Kindern und Jugendlichen ein und finanziert sich u. a. durch den Verkauf von Wohltätigkeitsmarken.

[7] Lemmer antwortete am 24. 1. 1957, er sei mit einer Flut von Zuschriften bedacht worden, die ganz überwiegend „andere" Marken forderten. „Den künstlerischen Beirat will ich natürlich nicht beseitigen, aber doch in Zukunft die Verantwortung mit ihm teilen; denn die Öffentlichkeit hält sich ja nicht an die Anonymität dieses Gremiums, sondern an mich." B 122, 329. Freilich gab es auch weiterhin Auseinandersetzungen über die Gestaltung von Briefmarken; B 122, 2304.

Nr. 114
An Prof. Dr. Ernst Jäckh, New York
25. Januar 1957
BArch, N 1221, 338: ms. Schreiben, Durchschlag, von Heuss diktiert (Diktatz. H/A) und ms. gez.; ms. Briefkopf: „Theodor Heuss"[1]
Pläne für den Staatsbesuch in den USA

Lieber Ernst!

Schönen Dank für Deinen freundlichen Brief,[2] seine Mitteilungen und seine Anregungen. Zwar ist die offizielle Einladung durch den hiesigen amerikanischen Botschafter noch gar nicht ausgesprochen,[3] so daß ich gegenüber manchem der offiziellen oder halb offiziellen Briefe, die jetzt täglich aus den USA zu mir kommen, aus Takt in der Antwort zurückhaltend sein muß.[4] Aber die Vorkonferenz, die vor ein paar Tagen mit hiesigen USA-Sachverständigen stattfand, läßt mich jetzt schon spüren, daß es eine zwar interessante, aber doch auch komplizierte Angelegenheit werden wird. Ich habe zu viele emigrierte Freunde in allen Teilen des Landes drüben und dazu doch eine ganze Anzahl von alten amerikanischen Bürgern, mit denen ich in der Besatzungszeit in ein gutes Verhältnis gekommen bin, so daß auch sie mit einem Wiedersehen rechnen.[5] Ein bißchen steht die ganze Reise unter einer Doppelfrage: a) soll ich etwas von Amerika sehen und b) was und wieviel soll Amerika von mir sehen. Ich bin natürlich qua Person an dem ersteren interessiert, da ich aber nicht Privatmann bin, muß ich auch dem anderen sein sachliches Recht zugestehen, und ich sehe, daß mein Hauptproblem werden wird, bei den offenbar unvermeidlichen Monsterveranstaltungen den Humor nicht zu verlieren, und, was die individuelle Seite anlangt, daß mein Programm etwas nach der Richtung gelenkt wird, in der meine persönlichen Interessen liegen, also etwas Geschichte, etwas Bildungspolitik, etwas Museenwesen. Einstweilen wird noch an dem Reiseprogramm durch die USA herumbuchstabiert, das mich auch nach Californien und in den mittleren Westen bringen soll. Es liegen schon ein paar Anfragen wegen der Übernahme von Ehrendoktoraten vor, die ich aber wahrscheinlich gar nicht alle annehme, damit es nicht aussieht, als ob ich Doktorhüte wie Skalps mit nach Hause bringen wollte.[6] Es

---

1 Verfügung: „2) Kopie für Frau Dr. Toni Stolper, New York; Kopie für Herrn Dr. Ernst Ludwig Heuss, Lörrach-Tumringen".

2 Ließ sich nicht ermitteln.

3 Die Einladung wurde Heuss am 2. 2. 1957 übergeben; Pressekommuniqué vom 4. 2. 1957 in: B 122, 494; über die Umstände der Einladung vgl. F. GÜNTHER, Heuss auf Reisen, S. 128f.

4 Zuschriften in: B 122, 494.

5 Vgl. dazu auch den Vermerk von Heuss „Anmerkungen und Anfragen zur Amerika-Reise" vom 17. 1. 1957, in: B 122, 495.

6 Wegen einer Lungenentzündung musste Heuss den USA-Besuch verschieben, der dann erst ein Jahr

ist also auch noch gar nicht ganz heraus, wann ich nach New York komme und wie lange ich dort bleiben kann, da auch die Frage einer eventuellen Einladung nach Kanada ins offizielle Gerede gekommen ist.[7] Das wird alles, fürchte ich, noch zwei oder drei Wochen in der Schwebe bleiben, denn ich bin in der Zeitsituation dadurch beengt, daß ursprünglich für Ende April an den seit geraumer Zeit erörterten Besuch in Amerika gedacht war, während für Ende März eine schon im vergangenen Frühjahr ausgesprochene Einladung nach Ankara konkretisiert werden sollte.[8] Wir hoffen, den Flug nach Ankara um ein paar Tage verschieben zu können. Aber ich muß ja auch zwischendurch hier eine Anzahl Dinge erledigen.

So ist es mir also noch nicht deutlich, ob es mir gelingt, was ich sehr wünsche, für New York einen privaten Tag herauszuschneiden. Den habe ich mir dann aber so gedacht, daß ich den jüngsten Sohn meines Freundes Gustav Stolper in einem Vorort aufsuchen werde,[9] um G[ustav] St[olper]'s Enkelkinder kennenzulernen, und dann habe ich Frau Stolper vorgeschlagen, ein paar Leute, wenn es geht, bei sich einzuladen, wie z. B. Arnold Brecht, Fritz Arnold usf.[10] Aber unter denen, die ich schon vor acht Tagen bat, an dem Abend oder Nachmittag dabei zu sein, habe ich auch Marta J[äckh] aufgeführt, die ich nun seit Jahrzehnten nicht mehr gesehen habe. Für eine solche Kombination scheidest Du damit natürlich aus.[11] Ob Reifferscheidt[12] an einem der Tage etwas wie einen Bier-Abend mit 50 bis 100

später stattfand; vgl. ärztliches Bulletin vom 23. 2. 1957, in: B 122, 494; F. GÜNTHER, Heuss auf Reisen, S. 130. Während seiner USA-Reise vom 4. bis 23. 6. 1958 wurden ihm dann vier Ehrendoktor-Titel verliehen: Dartmouth College in Hanover, Universität Michigan in Ann Arbor, Universität von Kalifornien in Berkeley und New School for Social Research in New York. Weitere acht Doktorhüte konnten aus Zeitgründen nicht angenommen werden; vgl. F. GÜNTHER, Heuss auf Reisen, S. 72. Zur Frage derVerleihung der Ehrendoktorwürden, die Heuss als „Beschwernis" empfand, aber auch als „Politikum" ansah, vgl. den Vermerk zur Amerika-Reise (wie Anm. 5); Heuss an Arnold Brecht, 30. 1. 1957, in: N 1221, 338; an Reifenberg, 28. 2. 1958, in: N 1221, 345; an Carl Jacob Burckhardt, 19. 5. 1958, in: N 1221, 347; an Ernst Jäckh, 1. 8. 1958, in: N 1221, 349.

7 Der Staatsbesuch in Kanada fand vom 28. 5. bis 4. 6. 1958 im Vorfeld des USA-Besuches statt. Heuss landete am 28. 5. 1958 in Quebec, unternahm eine dreitägige „informelle Reise" durch die Provinz (Montreal, Niagarafälle), bevor der offizielle Besuch vom 1. bis 4. 6. 1958 in Ottawa stattfand; Unterlagen in: B 122, 479; vgl. auch F. GÜNTHER, Heuss auf Reisen, S. 131–134.

8 Vgl. zum Staatsbesuch in der Türkei vom 5. bis 13. 5. 1957 ebd., S. 118–124.

9 Der Programmpunkt „Besuch von Prof. Max Stolper" fand am 22. 6. 1958, 11.45 Uhr, statt; vgl. Besuchprogramm, in: B 122, 495.

10 Dieser Programmpunkt fand schließlich am 22. 6. 1958, 19.30 Uhr statt; vgl. ebd.

11 Ernst Jäckh hatte sich im Alter von 77 Jahren von seiner Frau Marta scheiden lassen, was die Beziehungen zum Ehepaar Heuss erheblich beeinträchtigte. Nach Jäckhs Tod schrieb Heuss am 25. 8. 1959 an Willy Andreas: „Der Tod von Jäckh hat mich nicht so getroffen, wie es manche Freunde, die unsere alten Beziehungen kennen, annehmen – und ich weiß, daß es etwas schnöde ist, dies auszusprechen. Aber daß er sich in seinen alten Tagen noch einmal scheiden ließ und noch einmal in allzu solipsistische Betriebsamkeit einschwenkte, hat unsere Beziehungen in den letzten vier, fünf Jahren ziemlich gelockert." B 122, 885. Als die Reise in die USA im Jahr 1958 stattfand, hielt sich Jäckh in der Türkei auf; vgl. Heuss an Toni Stolper, 14. 4. 1958, in: BArch, N 1186, 124.

12 Generalkonsul in New York.

Leuten zusammenkriegt, die einigermaßen „harmonisch" zusammengestellt sind, übersehe ich nicht ganz. Anstandshalber muß ich ja auch manchem meiner alten Heilbronner Freunde wie Isy Krämer, Anselm Kahn[13] u. a., mit denen es gelegentlich einen Briefaustausch gibt, sichtbar werden. Aber wenn die ganze Beanspruchung sich zusammendrängt, muß halt alles, alles in den „Empfang" hineingepackt werden, wo es vermutlich entsetzlich viele Wiedersehen, Begrüßungen, aber wenige Gesprächsmöglichkeiten geben wird.[14] Das Programm wird ja wesentlich von der Botschaft in Washington bestritten werden,[15] und ich hoffe, daß es nicht von Anbeginn als Fesselung der einzelnen Stunden angelegt wird, sondern daß man, wenn man schon „drüben" ist, die oder die Entscheidung noch selbst treffen kann. Was mir selber für New York wie auch für Washington sehr wichtig ist, ist der Besuch einiger der bedeutenden Kunstgalerien.[16]

Gesundheitlich denke ich die Sache durchzustehen. Ich habe ja vor einem Jahr einen ungeschickten Treppensturz getan, und dadurch ist vor allem beim Treppensteigen eine leichte Gehbehinderung zurückgeblieben, die zunächst auch das lange Stehen zur Qual machte.[17] Aber ich bin allmählich darüber hinweggekommen. Sonst geht es mir gesundheitlich gut, und ich bin im Nebenher auch literarisch produktiv gewesen und habe an Weihnachten einige größere kunst- und geistesgeschichtliche Essays geschrieben, die völlig außerhalb unserer etwas zu interessanten Gegenwart liegen.[18]

Vermutlich wird Ludwig mit seiner Frau,[19] die „drüben" einen Bruder hat,[20] das Amerika-Unternehmen mitmachen.[21]

Mit guten Grüßen
Dein Theodor Heuss

[13] Als die Reise im Jahr 1958 stattfand, war Kahn bereits verstorben; vgl. Helene Kahn an Heuss, 17. 7. 1958 in: B 122, 494.

[14] Empfang und Abendessen fanden im Waldorf Astoria am 21. 6. 1958, ab 17.15 Uhr, statt.

[15] Offizielle gedruckte Fassung in: B 122, 495.

[16] Laut Programm besichtigte Heuss das Museum of Modern Art und das Metropolitan Museum am 21. 6. 1958; vgl. ebd.

[17] Vgl. Nr. 108.

[18] Vgl. Nr. 111, Anm. 3.

[19] Hanne Heuss war zum Zeitpunkt der Reise bereits verstorben, so dass nur Ernst Ludwig Heuss seinen Vater begleiten konnte.

[20] Peter Elsas, Houston. Im folgenden Jahr wurde – nachdem sich abzeichnete, dass Hanne Heuss wegen ihrer Krankheit am USA-Besuch ohnehin nicht teilnehmen konnte – von vornherein in der Reiseplanung auf einen Abstecher nach Texas verzichtet. Peter Elsas wurde aber eingeladen, um seinen Schwager Ernst Ludwig Heuss während des Aufenthaltes am Grand Canyon zu treffen; vgl. Heuss an Toni Stolper, 7. 2. 1958 und 1. 5. 1958, in: BArch, N 1186, 124.

[21] Jäckh dankte mit Schreiben vom 8. 2. 1957 und bat Heuss, nachdem sich das Programm mittlerweile geändert habe, um Mitteilung, welche Zeit für ein Zusammentreffen ihm am besten passe; N 1221, 155.

Nr. 115
An Dr. Reinhold Maier, Stuttgart
25. Januar 1957
HStAS, Q 1/8, 334: ms. Schreiben, behändigte Ausfertigung; Kopfbogen: „Theodor Heuss“[1]
Glückwünsche an Reinhold Maier zur Wahl zum Bundesvorsitzenden der FDP; Enttäuschung über Thomas Dehler; Hoffnung auf einen fairen Bundestagswahlkampf

Lieber Reinhold!

Zur Wahl zum ersten Vorsitzenden der FDP[2] sende ich Dir meine guten Wünsche in der Hoffnung, daß es Dir gelingen wird, in die ja, soweit ich das zu beurteilen vermag, nicht so sehr sachlich als menschlich psychologisch verfahrene Situation wieder eine feste Linie zu bringen.[3] Ich selber habe mich aus den Partei-Erörterungen im Laufe der letzten 5/4 Jahre sehr stark zurückgezogen, und zwar nicht nur um meines Amtes willen, sondern weil aus bestimmten Anlässen das Vertrauen geschwunden war, daß ein Gespräch mit mir den Charakter einer vertrauensvollen Klärung besitzen könne. Der Weg, den Dehler gegangen ist, hat mich, der ich ihn ja nun schon seit 1920 oder ’21 kenne und menschlich geliebt habe,[4] von der sachlichen Seite schwer enttäuschen müssen, weil er aus emotionellen Improvisationen eine Technik entwickelt hatte, die die sachliche Verantwortung gar

---

1 Weitere Nachweise: N 1221, 338; B 122, 2141: ms. Schreiben, Durchschlag mit hs. Vermerk: „Betr. Glückwünsche“.

2 Reinhold Maier hatte Ende des Jahres noch gezögert, eine Kandidatur anzunehmen. Am 25. 1. 1957 war er dann auf dem FDP-Parteitag in Berlin als Nachfolger von Dehler zum Bundesvorsitzenden mit 223 von 226 abgegebenen Stimmen gewählt worden; vgl. K.-J. MATZ, Reinhold Maier, S. 455.

3 Nach den Konflikten innerhalb der FDP im Zuge der Abstimmung über das Saarabkommen (vgl. Nr. 31) hatten sich die Spannungen in der Koalition auf Bundesebene wegen der geplanten Reform des Wahlrechts und der Kritik Dehlers an der Deutschlandpolitik der Regierung verschärft; vgl. Nr. 59, Nr. 105. Als schließlich am 20. 2. 1956 die nordrhein-westfälische SPD gemeinsam mit der FDP und dem Zentrum den CDU-Ministerpräsidenten Karl Arnold durch ein konstruktives Misstrauensvotum stürzte und eine sozialliberale Koalition bildete, traten aus Protest 16 FDP-Bundestagsabgeordnete, darunter die vier FDP-Minister, aus der Fraktion aus und gründeten im April 1956 die FVP, die weiterhin die Regierung Adenauer unterstützte und Anfang 1957 mit der DP fusionierte. Die FDP kündigte noch im Februar 1956 die Koalition mit der CDU/CSU auf und ging in die Opposition. Unter ihrem Parteivorsitzenden Dehler, der seine Kritik an Adenauers Politik verschärfte, geriet die Partei in weitere Turbulenzen und verlor im Oktober 1956 in mehreren Landtagswahlen, so dass Dehlers Position immer prekärer und er zum Rücktritt gedrängt wurde. Im Vorfeld der Wahl Maiers war es zu heftigen Auseinandersetzungen mit Dehler gekommen; vgl. ebd., S. 455; U. WENGST, Thomas Dehler, S. 279–306; J. M. GUTSCHER, Entwicklung, S. 178–188.

4 Zur frühen Begegnung vgl. den Beitrag Dehlers in: H. BOTT / H. LEINS, Begegnungen, S. 67f.

nicht mehr zu kennen schien. Es steckt in dieser Entwicklung ein Stück Tragik, die sich aber nun nicht bloß auf den einen Mann bezog.[5]

Das, was ich in meiner Silvesteransprache[6] als Wunsch aussprach, die kommenden Wahlschlachten möchten mit einiger Ritterlichkeit geführt werden, war nicht nur ein Spruch, sondern eine wahre Besorgnis, weil dieser Wahlkampf ja nicht bloß ein Turnier für die Deutschen ist, sondern die weiteren Ränge von der Welt besetzt sind. Es würde mir lieb sein, wenn Du selber wieder einmal den Weg zu mir finden würdest.[7]

Mit guten Grüßen
Dein

Theodor Heuss

Nr. 116
An Fritz Schäffer, Bundesminister der Finanzen, Bonn
25. Januar 1957

BArch, B 122, 2148: ms. Schreiben, Durchschlag, von Heuss diktiert (Diktatz. H/A) und von Klaiber ms. gez. und paraph.; ms. Briefkopf: „Der Chef p.p."[1]

Zögern, eine Initiative für einen fairen Bundestagswahlkampf zu begründen

Sehr verehrter Herr Minister!

Haben Sie vielen Dank für Ihren freundlichen Brief vom 23. Januar.[2] Die Frage, die durch Herrn Abgeordneten Ritzel[3] im Gespräch mit Ihnen aufgeworfen wurde, hat ja auch den Herrn Bundespräsidenten schon seit geraumer Zeit beschäftigt. Er hat in seiner Silvesteransprache[4] den Wunsch nach sachlicher Führung des

---

5 Vgl. schon Heuss an Dehler, 25. 10. 1952, 28. 5. 1953, 20. 10. 1953, in: TH. HEUSS, Bundespräsident 1949–1954, S. 380–384, 446, 483f.

6 Vgl. Nr. 110, Anm. 2.

7 Gegenüber seinem Heilbronner Freund Willy Dürr meinte Heuss am 24. 1. 1957, er halte Maier „für klüger als Dehler, zumal er sich zügeln kann. Ich bin nur sehr unsicher, ob er die mit dem Vorsitz verbundene Herumreiserei und Rederei auf sich nehmen wird und ob er mit den ja in der FDP überall blühenden personellen Unsicherheiten fertig wird, da er seiner Natur nach einen zurückhaltenden mißtrauischen Zug besitzt. Ich werde ja sehen, ob er den Weg wieder zu mir findet, den er seit einigen Jahren nicht beschritten hat." SBTH, Archiv; B 122, 2141. Maier besuchte Heuss schließlich am 6. 2. 1957; vgl. TH. HEUSS, Tagebuchbriefe, S. 244, 6. 2. 1957.

1 Az. 2106; Stempel: „Pers[önlichem] Ref[erenten] vorgelegen"; Vermerk: *„Persönlich!"*; weiterer Nachweis: N 1221, 338: ms. Schreiben, Durchschlag.

2 Schäffer an Klaiber, 23. 1. 1957, in: B 122, 2148.

3 Heinrich Ritzel hatte gefragt, ob es nicht möglich wäre, ein Gespräch unter den Partei- und Fraktionsvorsitzenden herbeizuführen, um 1957 einen fairen Bundestagswahlkampf zu vereinbaren; wie Anm. 2.

4 Vgl. Nr. 110, Anm. 2.

kommenden Wahlkampfes, ohne mit irgendjemand gesprochen zu haben, von sich aus betont, und bei dem brieflichen und publizistischen Echo, das die Ansprache gefunden hat, ist diese Mahnung ein paarmal herausgehoben worden.

Ich habe Ihren Brief dem Herrn Bundespräsidenten vorgelegt und mit ihm die Möglichkeit oder Zweckmäßigkeit einer durch ihn zu ergreifenden erneuten und konkretisierten Initiative besprochen. Er hat, zumal er ja von Parteientechnik und -taktik in seinem Leben auch manches erfahren hat, die Sorge geäußert, daß, eine solche Vermittlungsaktion vorausgesetzt, wenn es zu rednerischen Grenzsituationen kommt (war die Sache fair, war sie unanständig?), entweder die Beteiligten oder Presseerörterungen an ihn als an den Schiedsrichter appellieren werden, d. h. fragen werden, was hält denn, wie der Bundespräsident sich ausdrückt, der „Manieren-Praeceptor Germaniae" davon.[5]

Mit besten Grüßen
Ihr

Dr. Klaiber

Nr. 117
An Wilhelm Keil, Ludwigsburg, Württemberg
28. Januar 1957

HStAS, Q1/4, 28: ms. Schreiben, behändigte Ausfertigung; Kopfbogen: „Theodor Heuss"[1]

Bericht über den Besuch im Saarland nach der Wiedereingliederung in die Bundesrepublik

Verehrter, lieber Freund!

Schönen Dank für Ihre Zeilen und die guten Wünsche.[2] Wenn ich in 2½ Jahren in die Heimat zurückgekehrt sein werde, werden wir schon noch das eine oder andere Viertele miteinander trinken können.

Am Samstag und Sonntag war ich nun im Saarland und habe im ganzen 15 Reden gehalten.[3] Am Sonntag zwischen ½11 Uhr und abends 20 Uhr nicht weniger

---

5 Heuss informierte am 2. 2. 1957 Ritzel über dieses Schreiben an Schäffer; B 122, 2148.

1 Weitere Nachweise: N 1221, 338; B 122, 4926: ms. Schreiben, Durchschlag mit Stempel: „Pers[önlichem] Ref[erenten] vorgelegen"; Verfügung: „2) 3. Absatz wird vom Pressereferat erledigt".

2 Geburtstagsschreiben von Keil an Heuss, 24. 1. 1957, in: B 122, 4926.

3 Unterlagen zum Besuch des Saarlandes am 26./27. 1. 1957 in: B 122, 2213; Redenkalender, in: N 1221, 684. Die Ansprachen wurden zum Teil vermutlich spontan gehalten und nicht stenografiert. Eine eingehende Schilderung der Saarfahrt in: TH. HEUSS, Tagebuchbriefe, S. 239, 27. 1. 1957. Zur Ansprache beim Staatsakt vgl. Anm. 6. Zum Saarabkommen und zur Rückgliederung des Saarlandes vgl. Nr. 8, Anm. 12, Nr. 31, Nr. 32, Nr. 106, Anm. 2.

als 12, und jede mit einer anderen Pointe! Es war also wohl meine Monster-Leistung. Der Termin war von mir schon im Frühsommer des vergangenen Jahres festgelegt worden, und ich habe die Auffassung, ich sollte am 1. Januar dort mit dem Kabinett und mit den Ministerpräsidenten der Länder, die erwartet wurden, antreten, absolut abgelehnt,[4] und zwar aus zwei Gründen: ich bin altmodisch und halte Silvester und Neujahr etwas für eine Familienangelegenheit und wollte außerdem nicht in der Nacht fahren. Das war ein sehr kluger Entschluß von mir, bei dem Glatteis, das damals herrschte. Ich wollte auch alles, was nach pathetischer „Besitzergreifung" aussehen konnte, vermieden wissen. Der Bundeskanzler ist auf meinen[5] Wunsch, weil er es in einem Tag hin und zurück erledigen konnte, hingefahren, damit die Bundesregierung als solche vertreten sei, und die Vorwürfe, die man ihm deswegen machte, auch leider Reinhold Maier in Berlin, sind vollkommen albern und ohne Kenntnis der Voraussetzungen.

Meine „große" Rede werde ich Ihnen in den nächsten Tagen, wenn sie im Bulletin vorliegt, gern senden.[6]

Ihnen und der Gattin schöne Grüße!
Ihr
Theodor Heuss

Nr. 118
An Dr. Fritz-Henning Karcher, Beckingen, Saar
11. Februar 1957

BArch, N 1221, 338: ms. Schreiben, Durchschlag, von Heuss diktiert (H/vM) und von Bott ms. gez.; ms. Briefkopf: „Bundespräsidialamt. Persönlicher Referent des Bundespräsidenten"

Reaktion auf Beschwerde über den Chauffeur von Theodor Heuss

Sehr geehrter Herr Dr. Karcher!

Herr Staatssekretär Dr. Klaiber hat mir Ihren Brief übergeben.[1] Der Herr Bundespräsident hat von ihm Kenntnis genommen und hat ihn, natürlich ohne irgendwelche Hinweise auf den Schreiber, seinem Fahrer[2] in extenso vorgelesen. Das

4 Vgl. Nr. 106a.

5 Vom Empfänger hs. unterstrichen: „meinen".

6 Gemeint die Rede „Das Ewige ist über das Gegenwärtige Herr geworden", die Heuss am 26. 1. 1957 bei dem Staatsakt in Saarbrücken gehalten hatte; vgl. Bulletin, Nr. 20, 30. 1. 1957, S. 169–171; TH. HEUSS, Politiker, S. 469–473.

1 Das Schreiben ließ sich nicht ermitteln.

2 Otto Maier war seit 20. 12. 1947 Kraftfahrer für Heuss. Gegen Ende seiner Tätigkeit erhielt er aus Anlass des 75. Geburtstages von Heuss das Verdienstkreuz erster Klasse des Verdienstordens der Bundesrepublik Deutschland; Unterlagen in: B 122, 33806.

Abb. 15: Theodor Heuss und sein Fahrer Otto Maier vor der Villa Hammerschmidt, 1. 6. 1958

ist die Form, die er aus erzieherischen Gründen für die angemessene hielt. Der Fahrer Otto Maier hat einige der Vorwürfe, die der Brief enthielt und die nach seiner Auffassung falsch waren, berichtigt, ohne Ihnen nun Einzeldinge seiner Darstellung vortragen zu wollen.

Der Herr Bundespräsident selber hat nun von Anfang an freilich seinen Fahrer in der Richtung ermuntert, sich eine schlechte Behandlung durch Wirte oder Veranstalter nicht gefallen zu lassen, da Herr Professor Heuss der Auffassung ist, daß die Fahrer in ihrer verantwortlichen Aufgabe nicht gleichgültig behandelt werden dürfen. Daß sein Fahrer grob und, wenn Sie wollen, ungeschliffen ist, ist ihm natürlich durchaus bekannt, und es hat schon manchen erzieherischen Versuch gegeben, aber Herr Professor Heuss, dessen Fahrer Herr Otto Maier wohl seit bald zehn Jahren ist (also schon vor der Bundespräsidentenzeit), würdigt die Fahrkunst, die Wagenpflege und die unmittelbar menschliche und familiäre Anhänglichkeit seines Fahrers.[3] Daß dieser, wie Sie vermuten, das Ansehen des Herrn Bundespräsidenten schädigt, glaubt Herr Dr. Heuss nicht, der annimmt, daß, wenn er ein Ansehen besitzt, dies nicht von dem gelegentlich schwäbisch-groben Benehmen seines Fahrers abhängt.

Mit freundlichen Empfehlungen Hans Bott

3 In einer Anekdote, die vermutlich von Heuss selbst stammte, wurde Otto Maier folgendermaßen charakterisiert: „Er war ein sicherer Fahrer, gescheit, treu wie Gold, stämmig und gedrungen, eine Gestalt wie aus den Bauernkriegen und gelegentlich saugrob.“ H. FRIELINGHAUS-HEUSS, Heuss-Anekdoten, S. 33.

Nr. 119
Grundsätze bei der Verleihung des Bundesverdienstkreuzes aus Anlass des Vorschlages für Hermann Winkhaus
9. März 1957

BArch, B 122, 38806: ms. Schreiben, von Heuss diktiert (Diktatz. H/A) und ms. gez.; ms. Briefkopf: "Theodor Heuss"[1]

Betr. Orden Winkhaus, Mannesmann[2]

a) Wenn, was ja wiederholt vorgekommen ist, jemand mich unmittelbar darauf aufmerksam macht, daß er würdig sei, aus diesem oder diesem Anlaß (oder auch aus keinem) das Verdienstkreuz der oder der Stufe zu erhalten, bekommt er die kühle Antwort, Selbstbewerbung sei für den Bundespräsidenten Anlaß genug, sofort abzulehnen.

b) Daß das Verfahren gegenüber den vorschlagsberechtigten Landesregierungen praktiziert wird, von Interessenten oder ihren „Sachwaltern", liegt auf der Hand, kann aber von dem Bundespräsidialamt nicht kontrolliert werden, auch nicht kontrolliert werden wollen.

c) Die Situation ist für den Bundespräsidenten nicht einfach. Er hat sich das Recht der unmittelbaren Entscheidung, der positiven, aber auch der negativen, vorbehalten. Das hat nun für ihn manchmal peinliche Wirkungen. Man wird sich in einer Landesregierung a) über Person oder b) über Stufe nicht einig und bedrängt dann den Bundespräsidenten, die Entscheidung auf sich zu nehmen, einschließlich der Richtzahl. Das Bundespräsidialamt aber hat das lebhafteste Interesse, keine Serien von Präzedenzfällen entstehen zu lassen.

d) In manchen Regierungen hat sich der Orden als eine Art von Geburtstagsbestätigung eingebürgert. Das ist natürlich technisch sehr bequem, um eine Tür zu öffnen oder sie geschlossen zu halten. Mir selber macht dies Verfahren wenig Freude. Ich bin ruhig dafür, auch einem jüngeren „Anwärter" früher eine höhere Stufe zu geben, wenn eine glaubhaft zu charakterisierende Individualleistung

---

1 Weiterer Nachweis: N 1221, 339: ms. Schreiben, Durchschlag.

2 Der Verleihungsvorgang im BPrA begann mit einem Fernschreiben der Bundesminister Ludwig Erhard und Hans-Christoph Seebohm, in dem mitgeteilt wurde, Winkhaus werde am 14. 3. 1957 60 Jahre alt. Die Industrie- und Handelskammer Düsseldorf habe vorgeschlagen, ihm das Große Verdienstkreuz zu verleihen, die Landesregierung habe jedoch Bedenken, diese Auszeichnung für Personen aus der Industrie, die unter 65 sind, vorzusehen. Die Verdienste von Winkhaus reichten aber weit über die Firma Mannesmann hinaus: Er sei maßgebliches Mitglied der Atomkommission seit 1952, betätige sich im Verwaltungsrat der Deutschen Bahn und bekleide zahlreiche Ehrenämter. Heuss möge die Auszeichnung trotz der Bedenken der Landesregierung verleihen. Dies geschah dann auch am 8. 4. 1957 (Vorschlagsliste Nr. 43 des Bundespräsidenten vom 13. 3. 1957). Die Auszeichnung wurde Winkhaus von Minister Erhard am 10. 4. 1957 ausgehändigt; B 122, 38806. Heuss kannte Winkhaus aus dem Beirat des Germanischen Nationalmuseums.

von allgemeiner Bedeutung vorliegt. (Ich zog einmal die Auszeichnung an mich, weil die betreffende Regierung den Mann für 10 Jahre zu jung hielt und in ihrem Wirtschaftsurteil einige andere bevorrechtete – *mir* kam es aber dabei gar nicht auf die von mir ungenügend zu beurteilende Wirtschaftsstellung an).

e) Ich bitte also sehr, nicht aus dem Orden Altersklassen zu machen. Von der Rechtsordnung her ist das bei Beamten das 65. Jahr geworden. Es ist für freies Unternehmertum wie für Angehörige freier Berufe nach meinem Gefühl ganz ohne Gewicht – die „Würdigkeit", der „Anlaß" kann sich früher oder später finden.

f) Geschäftliche Auszeichnung für eine Firma sollte eigentlich nicht als Motiv benützt werden. Man wird nicht der Meinung sein, daß ich das geringer schätze; ich habe gerne einige Male Auszeichnungen gegeben, in denen der Sohn eigentlich die Leistung von Vater oder gar Großvater anerkannt erhielt, wenn er ihrer würdig war. Ich habe einige Male Vorschläge glatt abgelehnt, weil ich wünsche, daß ein Unterschied scharf gewahrt wird zwischen „groß verdienen" und „großen Verdiensten".[3]

g) Derlei Eingriffe der Ablehnung kann ich natürlich nur vornehmen, wo mir entweder menschlich oder atmosphärisch die Situation deutlich ist. Die Tatsache, daß ein Kollege den Orden hat, der andere nicht, noch nicht, darf doch unmöglich als eine Disqualifizierung innerhalb einer Firma oder einer Branche betrachtet werden.

h) Ich bitte, das recht zu verstehen. Das Bundespräsidialamt, in seiner „Ordenskanzlei" eine personell kleine Behörde, muß Wert darauf legen, daß diese Dinge unpedantisch behandelt werden und sich nicht versteifen, auch nicht dem „Firmen-Prestige" zusinken. Nicht das Gesuch der Firma Mannesmann, sondern der Hinweis auf die offenbar vorhandenen allgemeinen Leistungen des Herrn Winkhaus könnten mich veranlassen, die erbetene Entscheidung außerhalb des gewohnten Verfahrens zu treffen.

Theodor Heuss

---

[3] Vgl. Nr. 91.

Nr. 120
An Prof. Dr. Franz Böhm und Walter Dirks, Bonn
5. April 1957; Badenweiler, Schloss Hausbaden
ACDP, 01-200-007/2: hs. Schreiben, behändigte Ausfertigung; Kopfbogen: „Theodor Heuss"[1]
Ablehnung, ein Vorwort für ein Handbuch über das Judentum zu verfassen

Sehr geehrte Herren,

der Plan des Buches über das Judentum ist mir schon einmal vorgetragen worden, auch mit dem Wunsch um meine Beteiligung.[2] Ich habe abgewinkt, nicht zu der Idee, die, gut durchgeführt, geistig und moralisch Wertvolles wird leisten können, aber zu meiner Beanspruchung. Sie müssen es mir glauben: es ist eine meiner Hauptbeschäftigungen, die Bitten um Vorworte, Geleitworte, Einleitungen abzulehnen. Da ich das System, einen „Geistschreiber" zu beanspruchen, verabscheue, ist es einfach eine Überforderung, denn ich bin ja nicht mehr im Essentiellen Literat.

Nun kann es über meine Stellung zu dem Problem keinen Zweifel [geben], und Sie mögen sich dessen erinnern, verehrter Herr Professor Böhm, mit welcher Deutlichkeit ich reagierte, als die juristische Fakultät von Frankfurt auf den Gedanken kam, mich (Fall Neurath) zu belehren und auf Vorschuß für eventuell sich erneuernden Antisemitismus mitverantwortlich zu machen,[3] das ist ja nun Episode der Vergangenheit. Ich habe in einigen großen veröffentlichten Reden eingehend zu der jüdischen Frage mich geäußert.[4] Ich weiß natürlich auch, und habe das, manche damit ärgernd, oft wiederholt: hier darf nicht die Technik des Vergessens eine Chance erhalten.

Aber, das erwartet wohl auch niemand: ich kann nicht die Aufsätze vorher lesen. Und nun dies: ich muß davor gesichert sein, auch um des Amtes willen, daß nicht ein wesentlicher Teil des Buches aktuell polemischen Charakter erhält. Ich bitte Sie, dafür Verständnis zu haben. Ich darf darum bitten, weil wesentliche Stücke der seinerzeitigen Regierungserklärung, die zum Israel-Vertrag führten,

---

1 Weitere Nachweise: N 1221, 339; B 122, 2085: ms. Schreiben, Abschrift mit zwei Wiedervorlageverfügungen zum 26. 4 und zum 25. 9. 1957; hs. Vermerk von Heyden vom 10. 4.: „Herr Gussone wurde telefonisch verständigt, daß diese Antwort abgegangen sei". Gussone war im BMI für die Finanzierung des Handbuches zuständig.

2 Die Planungen im BMI gingen bis in das Jahr 1953 zurück. Böhm und Dirks hatten Heuss am 4. 4. 1957 nach Badenweiler geschrieben, das Vorhaben eines Handbuches „Das Judentum – Geschichte und Gegenwart" vorgestellt und um ein Vorwort gebeten; B 122, 2085.

3 Vgl. Nr. 7, Anm. 3.

4 So in der Ansprache „Mut zur Liebe" vom 7. 12. 1949 vor der Gesellschaft für Christlich-Jüdische Zusammenarbeit in Wiesbaden, in: TH. HEUSS, Politiker, S. 381–386.

von mir formuliert worden sind.[5] Aber, bei allem Respekt vor R[echts]A[nwalt] Küster, dem auch ein Stück persönlicher Sympathie beigemischt ist: eine Behandlung der sog. Wiedergutmachung müßte einen anderen Stil finden als frühere Äußerungen.[6]

Es fehlt in Ihrem Brief jeder Termin-Hinweis.

Ich hoffe, der Brief, im Bett geschrieben, ist lesbar; ich bin hier ganz ohne „Apparat" u. muß noch viel liegen.[7] Ich sende Ihn zum Abschreiben an mein Bonner Amt.

Mit freundlichen Grüßen
Ihr

Theodor Heuss

Nr. 121

An Dr. Heinrich von Brentano, Bundesminister des Auswärtigen, Bonn
16. Mai 1957

BArch, B 122, 2157: ms. Schreiben, Durchschlag, von Heuss diktiert (Diktatz. H/A) und ms. gez.; ms. Briefkopf: „Der Präsident der Bundesrepublik Deutschland"[1]

Graphische Gestaltung deutscher Urkunden: gegen Verwendung der Frakturschrift

Sehr geehrter Herr Minister!

Darf ich auf unser Gespräch in Ankara[2] zurückkommen, das sich mit der formalen graphischen Gestaltung deutscher Dokumente, die ins Ausland gehen, beschäftigte.

Den Anlaß gab die auf Pergament geschriebene oder gemalte Urkunde, mit der die deutsche Bundesregierung der türkischen Regierung mitteilte, daß 150 gewerbliche Studenten in Deutschland Stipendien bekommen sollen. Diese Urkunde

---

5 Vgl. Nr. 61, Anm. 9.

6 Franz Böhm und Otto Küster waren 1952 als Delegationsleiter bzw. stellv. Delegationsleiter für die Wiedergutmachungsverhandlungen mit Israel zurückgetreten, weil sie mit der Verhandlungslinie der Bundesregierung nicht einverstanden waren. Zudem war Küster nach öffentlicher Kritik an der Entschädigungspolitik 1954 als baden-württembergischer Wiedergutmachungsbeauftragter entlassen worden; vgl. N. HANSEN, Schatten, S. 218–224.

7 Heuss war an einer Lungenentzündung erkrankt und erholte sich in Badenweiler; vgl. Nr. 114, Anm. 6; TH. HEUSS, Tagebuchbriefe, S. 245–252.

1 Stempel: „Pers[önlichem] Ref[erenten] vorgelegen"; weiterer Nachweis: N 1221, 340: ms. Schreiben, Durchschlag.

2 Vgl. zum Staatsbesuch in der Türkei vom 5. bis 13. 5. 1957 F. GÜNTHER, Heuss auf Reisen, S. 118–124; Unterlagen in: B 122, 524. Brentano hatte Heuss auf dem Staatsbesuch in der Türkei begleitet und dort ein Kulturabkommen unterzeichnet.

bediente sich der sogenannten gotischen Lettern, und sie war graphisch gewiß eine ordentliche Leistung, ich glaube, in der Fraktur von Rudolf Koch.

Schon vor einer Reihe von Jahren hatte ich mich darum bemüht und schließlich auch mit Erfolg, daß bei Vertragsurkunden die Fraktur vermieden werde, die damals für das graphische Bild der ersten Seiten solcher Urkunden verwendet wurde. Ich glaube, daß es notwendig ist, daß bei allen solchen Dokumenten die sogenannte Antiqua verwendet wird, zumal in einem Lande, das so entscheidenden Wert darauf legt, zur westlichen Welt gerechnet zu werden.

Auch wenn etwa einer von den jüngeren Türken die deutsche Sprache beherrscht und lesen kann, so gerät er vor diesem Dokument in Verlegenheit, da ihm einzelne der Buchstaben, etwa s, k, p, völlig fremd sind.

Es handelt sich bei diesem Monitum lediglich um eine praktische Frage und nicht um eine „Weltanschauung“, zu der bei den Deutschen Buchstabenwahl und Stenographiesysteme geworden sind (ich selber bediene mich bei meinen Briefen von Jugend an der deutschen Buchstaben), aber es wäre fast so, wenn auch nicht ganz so, als ob die Türkei uns Dokumente in arabischen Schriftzeichen überreichte, die bis vor ein paar Jahrzehnten nun eben ihre Amtsschrift bestimmten.

Ich bin nicht ganz sicher, wie innerhalb des Auswärtigen Amtes diese Dinge reguliert sind, aber es wäre gewiß von Nutzen, für die einheitliche Behandlung besorgt zu sein und doch auch die Protokollabteilung dabei heranzuziehen.[3]

Mit freundlichen Grüßen
Ihr

Theodor Heuss

Nr. 122
An die Redaktion der „Deutschen Soldaten-Zeitung“, München-Lochhausen
15. Juni 1957

BArch, B 122, 629: ms. Schreiben, Durchschlag, von Heuss diktiert (Diktatz. H/A) und von Bott paraphiert; ms. Briefkopf: „Ministerialdirigent Hans Bott Bundespräsidialamt“[1]

Quelle für ein angebliches Zitat von Theodor Heuss über seine Haltung zum Militär

---

3 Am 10. 7. 1957 unterbereitete Brentano Vorschläge für die Ausführung von Urkunden und Dokumenten in Antiqua-Schrift, unter denen Heuss dann eine Auswahl traf, die Staatssekretär Bleek am 30. 7. 1957 in ein Antwortschreiben aufnahm; B 122, 2157.

1 Az. 1-011-5976; als Einschreiben gekennzeichnet; Absendevermerk vom 15. 6. 1957; Wiedervorlageverfügung: „nach 3 Wochen (6. 7.)“; weiterer Nachweis: N 1221, 340: ms. Schreiben, Durchschlag.

Sehr geehrte Herren!

Im Auftrag des Herrn Bundespräsidenten ist am 21. Mai die Bitte an Sie gerichtet worden,[2] dem Herrn Bundespräsidenten mitzuteilen, welches für Sie die Quelle des in Anführungszeichen gesetzten scheinbaren Zitates über die Stellung von Professor Heuss zur Frage des Militärs gewesen ist. Der Natur nach handelt es sich bei der Frage der Beantwortung oder Nichtbeantwortung nicht um ein Problem des sogenannten „Redaktionsgeheimnisses“. Dr. Heuss ist selber lange genug in der Presse tätig gewesen, um zu wissen, daß eine solche pointierte Mitteilung, die durch die Art ihrer Publikation den Anspruch erhebt, zutreffend zu sein, sich nicht hinter diesem Schutzmantel verstecken darf.

Der Herr Bundespräsident möchte, wie er sich ausdrückt, nicht in seiner optimistischen Auffassung durch Sie gekränkt werden, daß Anstand, Wahrhaftigkeit und auch Höflichkeit zu den Tugenden des Soldaten gehören, deren Wahrung ja doch von Ihnen, wenigstens im Programmatischen, vertreten werden will oder vertreten werden soll. Dr. Heuss hat mich beauftragt, die Anfrage zu wiederholen. Eine Nichtbeantwortung müßte seine Sorge bestätigen, daß in der Redaktion das Soldatische in seiner moralischen Kategorie nicht so gewahrt wird, wie es wenigstens ihm selber dienlich erscheinen würde. Würde der General von Tippelskirch[3] noch leben, so würde der Herr Bundespräsident die Problematik mit diesem ausgezeichnete Mann geklärt haben.[4]

Mit vorzüglicher Hochachtung B[ott]

Persönlicher Referent des Bundespräsidenten

---

2 Heuss (gez. Bott) an die „Deutsche Soldaten-Zeitung“, 21. 5. 1957, in: B 122, 629. Darin wurde um die Quelle eines Zitates aus der „Deutschen Soldaten-Zeitung“ (Nr. 1, Januar 1957) gebeten, nach dem Heuss sich „ein militärisches Zeremoniell bei seinen Empfängen verbeten habe, weil er einen Widerwillen gegen Uniformen und Gewehre habe.“

3 Heuss hatte mit General Kurt Oskar Heinrich von Tippelskirch ein halbes Jahr vor dessen Tod noch über dessen historische Darstellung des Zweiten Weltkrieges und über die Nachfolge in der Führung des Verbandes deutscher Soldaten, die er übernommen hatte, gesprochen; vgl. Beileidsschreiben Heuss an Elly von Tippelskirch, 14. 5. 1957, in: B 122, 631.

4 Der Schild-Verlag antwortete am 26. 6. 1957, man habe die Anfrage an den Verfasser weitergeleitet, der zur Zeit im Urlaub sei. Nach dessen Stellungnahme habe sich die zitierte Äußerung nicht auf die Bundeswehr bezogen, sondern auf einen Empfang im Jahre 1952 in Berlin. Man werde die Frage nach Eingang der Unterlagen des Verfassers endgültig klären. Am 3. 8. 1957 wurde wiederum eine inhaltliche Antwort angemahnt. Am 5. 10. 1957 ließ Heuss Bott nochmals ironisch schreiben: Dr. Heuss finde die lange Dauer dieses Urlaubs geradezu beneidenswert; der Bundespräsident erinnere an das Versprechen einer Klärung. Schließlich formulierte Heuss für das Pressereferat am 6. 12. 1957 ein abschließendes Schreiben: „Der Herr Bundespräsident läßt Ihnen mitteilen, er sei sich dessen bewußt, daß er in dem Verhalten Ihrer Redaktion zu seiner Person weder mit Sachlichkeit noch mit menschlichem Anstand oder auch nur journalistischer Fairneß rechnen könne: das zuerst ausweichende Antworten und danach das völlige Schweigen auf eine Anfrage, die er vor Monaten an Sie richten ließ, habe ihn darüber genügend belehrt.“ Alle Schreiben in: B 122, 629.

Nr. 123
An den Bechtle-Verlag, Esslingen am Neckar
21. Juni 1957

BArch, B 122, 596: ms. Schreiben, Durchschlag, von Heuss diktiert (Diktatz. H/A) und ms. gez.; ms. Briefkopf: „Theodor Heuss“[1]

Kritik an einem Buch mit Anekdoten über Theodor Heuss

Sehr geehrter, lieber Herr Bechtle!

Erst jetzt bin ich dazu gekommen, das Anekdotenbüchlein in die Hand zu nehmen, das Sie mir vor ein paar Monaten gesandt haben.[2] Nach der Krankheit[3] war zuviel los, was eine aktuelle Beanspruchung in sich schloß. Seien Sie bestens bedankt.

Ich habe das Büchlein durchgesehen und bin dabei manchem mir schon Bekannten, manchem mir Fremden begegnet. Dies war graziös, jenes etwas verkrampft, wie es nun bei solchen Geschichten der Fall zu sein pflegt. Die Anekdoten, die sich mit mir beschäftigen,[4] sind, soweit ich selber aktiv darin auftrete, alle falsch. Ob die Gespräche, die über mich geführt werden, zutreffend sind, weiß ich nicht. Nun nehme ich das ja selber nicht sehr wichtig und will ganz gewiß keine Berichtigung. Die nach Rothenburg verlegte Szene hat nie stattgefunden,[5] und vollkommener Unsinn ist die angeblich auf dem Bürgenstock zwischen dem Kanzler und mir geführte Unterhaltung.[6] Irgendjemandem, der unbegabt ist, ist das Gespräch einmal wiedergegeben worden, das ich in Anwesenheit von Dritten mit Adenauer hatte. Er war verärgert über einen Zeitungsaufsatz, der ihn sozusagen als verschlagenen Intriganten, der vor keinem Mittel zurückschreckt, darstellte. Daraufhin sagte ich zu ihm, er möge die Dinge nicht zu schlimm nehmen. Wenn das so weitergehe, habe er die Chance als Renaissancemensch zu gelten, während ich selber spätes Biedermeier bliebe. Mit der Pointe hat also Adenauer, wie Sie sehen, selber gar nichts zu tun, und auch der Anfang des Gesprächs ist vollkommen erfunden, und zwar schlecht erfunden.

---

1 Hs. Az. I-7101-6071; weiterer Nachweis: N 1221, 340: ms. Schreiben, Durchschlag.

2 Helmut Will: Aber – aber – Herr Minister. Heiteres aus der Politik, mit zwanzig Zeichnungen von Fritz Meinhard, Bechtle Verlag: Esslingen 1957. Das Anschreiben Otto Bechtles ließ sich nicht ermitteln.

3 Vgl. Nr. 114, Anm. 6.

4 Vgl. H. Will, Herr Minister, S. 10–15.

5 In dieser Anekdote wird berichtet, dass Heuss bei einem Besuch in Rothenburg ein überdimensionierter, mit Frankenwein gefüllter „Meistertrunkhumpen“ vorgesetzt wurde. Heuss habe sich aber geweigert, vor den Augen der Fotografen aus dem Humpen zu trinken, denn: „Die Leut täten ja sagen, der Heuss kriegt den Hals nicht voll …“; ebd., S. 11f.

6 „Bei einem Besuch von Professor Heuss in der Schweiz am Bürgenstock beim Kanzler begrüßte Heuss ihn mit dem Kompliment: ‚Wenn ich Sie hier so glänzend erholt sehe, Herr Adenauer, kann ich wirklich nur sagen: Die reine Renaissance!‘ ‚Und wenn ich Sie ansehe, Herr Heuss‘, gab der Kanzler das Kompliment mit kölscher Liebenswürdigkeit zurück, ‚muß ich sagen: Biedermeier, bestes Biedermeier!‘“ Ebd., S. 11.

Das soll aber um Gottes willen nun nicht irgendwie „berichtigt" werden, sondern Sie sollen nur wissen, und vielleicht auch Ihr Autor, wie leicht Mist produziert wird, denn weder würde ich von Adenauer, weil er frisch aussieht, sagen, daß er wie ein Renaissancemensch wirke, noch Adenauer je auf die Idee kommen, von mir als Biedermeier zu sprechen. Das ist von meiner Seite eine Form der Selbstironisierung gewesen, für die den meisten Menschen in ihrer Tapsigkeit das Organ verlorengegangen ist. Ich schreibe Ihnen das, damit Sie selber mißtrauisch gegenüber dem Zeug werden, das auf den „Markt" kommt.[7]

Mit freundlichen Grüßen
Ihr

Theodor Heuss

Nr. 124
An Prof. Dr. Otto Heinrich von der Gablentz, Berlin-Schöneberg
22. Juni 1957

BArch, B 122, 388: ms. Schreiben, Durchschlag, von Heuss diktiert (Diktatz. H/vM) und ms. gez.; ms. Briefkopf: „Theodor Heuss"[1]

Ablehnung der Benennung der in die Freie Universität Berlin eingegliederten Deutschen Hochschule für Politik als „Theodor-Heuss-Institut"; Vermeidung eines jeden „Personenkultes"

Sehr geehrter Herr Professor von der Gablentz!

Freundlichen Dank für Ihren Brief mit der Mitteilung, daß die geplante Eingliederung der Deutschen Hochschule für Politik in die Freie Universität unter dem Namen „Theodor-Heuss-Institut" erfolgen soll.[2] Ich empfinde durchaus mit Dank

---

7 Bechtle dankte am 26. 6. 1956 und bat, doch die richtige Version der Anekdoten mitzuteilen. Heuss erklärte sich am 3. 7. 1957 grundsätzlich dazu bereit, glaubte aber, das dies kaum möglich sei, weil die Anekdoten zum Teil gänzlich falsch seien. Als im Jahre 1958 ein weiterer Band in der Anekdotenreihe des Verlages zur Veröffentlichung anstand, wurde Heuss um Zustimmung zum Abdruck einer Anekdote aus seinen Jugenderinnerungen gebeten, die er erteilte; alle Schreiben in: B 122, 596. Vom BPrA wurden Zeitungsausschnitte mit Anekdoten über Heuss seit 1949 gesammelt; B 122 Anhang, 16. Heuss teilte am 8. 3. 1957 Toni Stolper mit, er schreibe Anekdoten zwischen 1949 und 1957 auf; vgl. TH. HEUSS, Tagebuchbriefe, S. 249. Kurz nach seinem Tode erschienen im Bechtle Verlag Heuss-Anekdoten, an deren Auswahl Heuss noch mitgewirkt hatte. Das Büchlein erlebte zahlreiche Auflagen; vgl. H. FRIELINGHAUS-HEUSS, Heuss-Anekdoten.

1 Az. I-5353; Verfügungen: „2) Herrn Staatssekretär zur Kenntnis", mit dessen Paraphe; „3) Herrn Bott zur Kenntnis", mit dessen Paraphe; weiterer Nachweis: N 1221, 340: ms. Schreiben, Durchschlag.

2 Von der Gablentz an Heuss, 17. 6. 1957, in: B 122, 388.

die Gesinnungen, die zu diesem Vorschlag geführt haben, und glaube sie bei beiden Anstalten beheimatet zu wissen, und doch möchte ich Sie nach reiflichem Hin- und Herüberlegen bitten, auf die Durchführung des Plans zu verzichten. Der Grund ist sehr einfach: Ich habe eine innere Abneigung gegen das, was man in der aktuellen Begrifflichkeit der sowjetischen Sphäre Personenkult nennt. Wir haben davon ja selber Vorproben genug in der wilhelminischen und in der hitlerischen Zeit erlebt. Ich habe es ja nicht ganz vermeiden können, daß auch ich einige Male in diesen allgemeinen Trend hineingezogen wurde, daß man Autobahnbrücken, ohne mich vorher zu fragen, auf meinen Namen taufte,[3] daß man es einige Male bei Schulen tat; so soll z. B. das humanistische Gymnasium in meiner Heimatstadt Heilbronn, das neu aufgebaut wird, späterhin meinen Namen tragen,[4] obwohl ich zweimal im Karzer gesessen habe;[5] aber das konnte ich nun nicht mehr abwehren.

Nun war ich gewiß der erste Studienleiter der Deutschen Hochschule für Politik, bis mich nach meiner Wahl zum Reichstag Hans Simons ablöste, und führte auch die Liste derer [an], die von den Nationalsozialisten hinausgeschmissen wurden,[6] aber der Schöpfer der Idee war ja doch Friedrich Naumann mit seiner Staatsbürgerschule und der konsequente organisatorische Verwirklicher war Ernst Jäckh.[7] Wenn auch meine persönlichen Beziehungen zu ihm aus einigen Gründen abgeblaßt sind,[8] so würde ich es ihm gegenüber als ein Unrecht empfinden, und er selber würde es, der, wie es scheint, mit seinen 82 Jahren noch sehr munter ist, als eine Art von Raub an seiner Leistung ansehen können, wenn jetzt in dieser Sache mein Name vordergründig wird. Auf der anderen Seite wiederum ist sein Name weithin bei der jüngeren Generation unbekannt, so daß hier bei einer Benennung nach ihm immer am Anfang die Frage stehen würde: Wer ist denn das?

Ich hoffe sehr, daß Sie für diese meine Zurückhaltung Verständnis haben. Ich möchte die Bewertung meines Seins und Tuns späteren Generationen überlassen und nicht den Eindruck erwecken, als ob ich selber etwas wie ein Agent eines

---

3 Vgl. Briefwechsel zwischen Heuss und Gottfried Leonhard, 12./14. 10. 1950, in: TH. HEUSS, Hochverehrter Herr Bundespräsident, S. 127f.

4 Das war mit Heuss schon 1950 vereinbart worden; vgl. Heuss an Eberhard Goes, 29. 9. 1950, in: TH. HEUSS, Bundespräsident 1949–1954, S. 176f. 1958 konnte der Schulneubau des Theodor-Heuss-Gymnasiums eingeweiht werden.

5 Vgl. TH. HEUSS, Vorspiele, S. 88f.

6 Heuss war 1920–1925 Studienleiter der Deutschen Hochschule für Politik. Bis 1933 gehörte er als Dozent zum Lehrpersonal; vgl. M. DORRMANN, Einführung, in: TH. HEUSS, Bürger, S. 29f. Anfang Mai 1933 teilte Ernst Jäckh als Präsident der Hochschule Heuss mit, dass das Vertragsverhältnis aufgelöst werde; vgl. Jäckh an Heuss, 3. 5. 1933, in: N 1221, 382.

7 Anfang 1918 hatte Naumann die Staatsbürgerschule gegründet, die nach seinem Tode von Jäckh in die Deutsche Hochschule für Politik überführt wurde; vgl. D. LEHNERT, Politik.

8 Vgl. Nr. 114, Anm. 11.

aktuellen Ruhmes sein wolle, denn der Eindruck, daß es so sei, wird von übelmeinenden Leuten gewiß gern gepflegt werden.[9]

Mit freundlichen Empfehlungen
Ihr Theodor Heuss

Nr. 125
An den Internationalen Kongress der Lehrer- und Erzieherverbände, Frankfurt a. M.
23. Juli 1957

BArch, B 122, 347: ms. Schreiben, Durchschlag, von Heuss diktiert (Diktatz. H/A) und ms. gez.; ms. Briefkopf: „Der Präsident der Bundesrepublik Deutschland"[1]

Grußwort: Aufgaben der Schulbildung, Notwendigkeit des internationalen Austausches und der Achtung der Eigenheiten anderer Völker

Sehr geehrte Herren,

Es ist mir im Gedränge alter Terminverpflichtungen und vor dem Zwang zu einer Pause der Erholung leider nicht möglich, der Einladung zu Ihrem Kongreß, dem Ersuchen um einen Vortrag Folge zu leisten.[2] Indem ich daran erinnere, daß ich in den verwichenen Jahren mehrfach vor Versammlungen von Erziehern und von Lehrern meine Auffassungen dargetan habe,[3] möchte ich Ihrer Nachsicht gewiß sein.

Es bedarf wohl keiner Versicherung, daß ich dem Aufgaben- und Pflichtenkreis, vor dem Sie stehen, das größte Gewicht beimesse. Ich habe ja selber in

---

9 Das Institut für Politikwissenschaft in der FU wurde schließlich 1959 nach dem früheren Regierenden Bürgermeister von Berlin, Otto Suhr, benannt. Heuss hielt dies für richtig, weil Suhr „unter entsetzlichen, gesundheitlich tragischen Verhältnissen sich für die Stadt und für die Hochschule aufgerieben" habe; Heuss an Marta Jäckh, 20. 3. 1959, in: N 1221, 159.

1 Verfügungen: „2) Kopie für Pressereferat 3) Reg[istratur]: Liste ‚Grußworte'"; weiterer Nachweis: N 1221, 341: ms. Schreiben, Durchschlag.

2 Der Vorsitzende der Arbeitsgemeinschaft Deutscher Lehrerverbände, Regierungsdirektor Bernhard Plewe, hatte sich bereits am 7. 11. 1956 mit einer Anfrage an Bott gewandt, ob der Bundespräsident am 2. 8. 1957 den Weltkongress der Lehrerverbände in Frankfurt a. M. mit einer Rede eröffnen könne. Die Anfrage wurde vom BPrA am 9. 11. 1956 als zu früh beschieden. Auf die am 6. 6. 1957 erneuerte Bitte, wenigstens ein Grußwort zu schreiben, diktierte Heuss am 13. 6. 1957 ein von Bott gez. Schreiben, der Bundespräsident halte Gruß- oder Geleitworte zwar für eine „modische Seuche", er werde jedoch versuchen, den Bundespräsidenten für ein Grußwort zu gewinnen. Plewe dankte am 2. 7. 1957 mit dem Hinweis, „daß gerade in der von uns vertretenen Lehrerschaft kaum jemand zu finden ist, der ihn [Heuss] nicht bewundert und verehrt." B 122, 347.

3 Heuss hatte auf dem Deutschen Kongress der Lehrer und Erzieher in Stuttgart am 17. 5. 1951 gesprochen; B 122, 221; über das Aufsehen, dass die Rede wegen einer fehlerhaften Wiedergabe in der Presse erregte, vgl. Heuss an Fritz Sänger, 29. 5. 1951, in: Th. Heuss, Bundespräsident 1949–1954, S. 241f. Ferner hatte Heuss auf der Kundgebung der Gemeinschaft Deutscher Lehrerverbände in Mainz am 5. 12. 1953 eine Ansprache gehalten; B 122, 338.

ihm einige Erfahrung sammeln können, von 1919 bis 1933 als Dozent,[4] nach 1945 auch als Kultusminister eines der neu gebildeten Länder.[5] Warum spreche ich davon? Als 1945 das Schulwesen in seinen verschiedenen Typen neu geordnet werden mußte, standen wir vor einer doppelten Aufgabe, zum einen, den Schulbetrieb von der Überschwemmung durch nationalsozialistische Parteiprogrammatik, die man euphemistisch „Gedankengut“ nannte, zu reinigen. Ich hatte staatliche Rechenbücher vor mir, da in die trivialste Arithmetik Parteipropaganda gesteckt war. Zum anderen aber: die Besatzungsmächte kamen mit *ihren* Auffassungen, und alle hatten eine Art von Missionseifer, denn alle waren geneigt, *ihr* System, weil sie es eben nun gewohnt waren, für überlegen zu halten. Und viele der deutschen Lehrer, die der deutschen festgefahrenen Tradition bisher mißtraut hatten, wurden nun deren Verteidiger, weil sie sich über die anderen ärgerten.

Das ist nun, denke ich, vorbei. Der Sinn dieses Kongresses liegt eben darin, daß man begriffen hat: im Bereich der Erziehung soll man immer bereit sein, vom anderen zu lernen, aber sich ebenso hüten, dem anderen sein Verfahren aufzudrängen, ja aufzuzwingen, denn dann ist das Ergebnis eine Verkrampfung – wir haben das selber erlebt, und in Teilen unseres Vaterlandes ist das noch Schicksal der Erzieher wie ihrer Zöglinge geblieben.

Dies mein Grußwort kann nur solche allgemeine Frage andeuten. Die Beantwortung müßte mannigfach vertieft werden: welches sind die Erfahrungen bei euch, bei uns mit dieser, mit jener pädagogischen „Technik“ – auch solches gibt es ja natürlich, wie regelt ihr, wie regeln wir den Anspruch neuer naturwissenschaftlicher Erkenntnisse, sozusagen für die Schule sie einsichtig zu machen, wo, an welcher Stelle empfiehlt sich die Grenzziehung, wie wichtig ist es, die überkommenen nationalen, gar nationalistischen Geschichtslegenden, die einer von seinem Vorgänger aus Bequemlichkeit übernimmt, wenn nicht gar abschreibt, aus überstaatlicher, übernationaler Verantwortung neu zu prüfen usf. usf.

Ich muß mich mit solchen Andeutungen begnügen, um dieses „Grußwort“ nicht noch mehr zu belasten.

Meine Grüße und Wünsche gelten einem fruchtbaren Verlauf des Kongresses. Sein rechter Sinn kann nur der sein, die werdenden Geschlechter sicherer zu machen gegenüber dem, was man „Wirklichkeiten“ nennt, wenn eine Gegenwart in die Tragik stürzt, und die Willigkeit zu stärken, den Eigenwert des anderen zu achten, um in solcher Achtung von dem Spiel der nationalen Selbstvergötzung frei zu werden.

Ihr Theodor Heuss

[4] An der Deutschen Hochschule für Politik; vgl. Nr. 124, Anm. 6.

[5] Von September 1945 bis Dezember 1946 in Württemberg-Baden; vgl. E. W. BECKER, Theodor Heuss, S. 100–103.

Nr. 126
An Prof. Dr. Moritz Julius Bonn, London Nord-West
26. Juli 1957

BArch, N 1082, 58: ms. Schreiben, behändigte Ausfertigung; Kopfbogen: „Theodor Heuss“[1]

Arbeitsbelastung im Bundespräsidialamt; Auseinandersetzungen über die Außen- und Deutschlandpolitik Konrad Adenauers während des Bundestagswahlkampfes; Situation in anderen Parteien

Lieber Professor Bonn!

Auch Sie werden mir die Nachsicht nicht verweigern, die sozusagen eine Voraussetzung meiner gegenwärtigen Existenz ist. Von den drei Ministerialräten sind zwei im Urlaub, auch der (neu ernannte) Ministerialdirektor Bott. Der Staatssekretär ist von der Reise nach Berlin etwas mitgenommen und kann nur ein- bis eineinhalb Stunden täglich auf dem Büro sein. Ich selber habe in den letzten Wochen, zumal ich auch wieder acht Tage Berlin „erledigte“,[2] außerordentlich viel zu tun gehabt und fahre nun heute abend für einige Wochen mit der Familie meines Sohnes ins Engadin. Die Ärzte sind der Meinung, daß die Höhenluft für die volle Ausheilung meiner Frühjahreserkrankung[3] nützlich sein wird.

Ich spüre durchaus und würdige die Sorgen, die durch Ihren Brief gehen.[4] Wir selber sind sie ja, einmal in dieser, einmal in jener Richtung, nie los geworden, weil so sehr viele menschliche und psychologische Unsicherheitsmomente mit im Spiel sind. Dabei ist mir natürlich deutlich genug, daß die unvermeidlich uneinheitliche Pointierung des Wahlkampfes[5] allerhand Verwirrung mit sich bringt. Ich selber glaube, daß Sie den Kanzler, auch wenn er ein Mann der Vereinfachungen ist, in seinen taktischen Haltungen als etwas zu primitiv ansehen.[6] Er versucht seinerseits immer, die Kräfte in den ausländischen Regierungen in

1 Weitere Nachweise: N 1221, 341; B 122, 2055: ms. Schreiben, Durchschlag mit Paraphe von Bott vom 21. 8.

2 Heuss hielt sich vom 5. bis 12. 7. 1957 in Berlin auf; vgl. Dienstkalender, in: N 1221, 482.

3 Vgl. Nr. 114, Anm. 6, Nr. 120, Anm. 7.

4 Bonn an Heuss, 14. 7. 1957, in: B 122, 2055. Bonn äußerte sich besorgt über den heftigen Wahlkampf in der Bundesrepublik, über die Deutschlandpolitik Adenauers und die Chancen zur Wiedervereinigung.

5 Am 15. 9. 1957 wurde der 3. Deutsche Bundestag gewählt.

6 Bonn hatte u. a. geschrieben: „Wie ich die Dinge sehe, ist auch nicht die geringste Chance zur Wiedervereinigung, solange der Kanzler am Ruder ist. Man kann von den Russen nicht verlangen, daß sie einem Staatsmann, der sie haßt und aus diesem Haß ja gar keinen Hehl macht, Zugeständnisse machen. So spielen sie Katze und Maus mit ihm, und seine Kronjuristen merken nicht, wie grotesk-komisch ihre Verhandlungsmethoden sind, die ja scheinbar nur den Zweck haben, die Rückkehr deutscher Gefangener zu erreichen und aus dieser humanitären Frage einen Wahlschlager zu machen.“ Wie Anm. 4.

ihrem menschlichen und sachlichen Gewicht zu wägen und zu werten. Daß dabei der innere Wahlkampf von beiden Seiten eine unfrohe Schärfe angenommen hat, ist unerfreulich genug, aber offenbar schwer zu vermeiden. Ich glaube, daß nach der Psychologie des deutschen Volkes Moskau und Pankow[7] dem Kanzler Stimmen zutreiben, indem sie die ehemaligen KPD-Leute ermuntern, die SPD zu wählen. Ich glaube kaum, daß Ollenhauer, der ja sehr schroff zu den Pankowern steht, daran eine Freude hat. Was dabei aus der FDP und FVP[8] an Willensgestaltung herauskommen wird, ist für mich selber nicht durchsichtig, ich spüre nur, wie auch dort verschiedene Strömungen oder Richtungen nach einer eigentlichen Pointierung suchen, ohne sie gewiß gefunden zu haben. Ich selber vermeide gegenwärtig alle Parteigespräche, weil mir die Erfahrung sagte, daß diese oder jene Äußerung in die Parteipropaganda eingeht, und dem kann ich in der gegenwärtigen Situation das Amt als solches nicht aussetzen.

Die Antwort ist etwas karg, aber ich bin noch im individuellen Abarbeiten von vielerlei Korrespondenz, und deshalb nur diese knappe Antwort.

Mit guten Grüßen
Ihr

Theodor Heuss

Nr. 127
An Barbara Heuss, Lörrach-Tumringen
10. September 1957

BArch, N 1221, 342: ms. Schreiben, Durchschlag, von Heuss diktiert (Diktatz. H/A) und ms. gez.; ms. Briefkopf: „Theodor Heuss"[1]

Glückwünsche zum 10. Geburtstag; Geschenk von Zeichnungen aus dem gemeinsam verbrachten Urlaub im Engadin

---

[7] Vgl. Nr. 61, Anm. 2.

[8] Vgl. Nr. 115, Anm. 3, Nr. 133, Anm. 10.

[1] Dem Geburtstagsbrief war ein Schreiben vom gleichen Tag an die Mutter Hanne Heuss beigefügt, das darauf Bezug nahm, dass die „Lancierung der Zeichnungen" mit seinem Sohn abgesprochen sei. Er habe nicht gewagt, auf gut Glück etwas zu kaufen. Die Armbanduhr von Toni Stolper werde der „Schlager" des Geburtstages sein, und Barbara werde sicher einen „netten und ausführlichen Dankbrief schreiben"; N 1221, 342. Auch zu früheren Geburtstagen und sonstigen Anlässen schrieb Heuss seiner Enkelin Barbara regelmäßig, mitunter bebilderte Gedichtbriefe; vgl. Heuss an Barbara Heuss, 17. 9. 1953, 18. 4. 1954, in: TH. HEUSS, Bundespräsident 1949–1954, S. 473–475, 546f. Allerdings musste er mit leichter Resignation feststellen: „Mein Versuch, mit Bärbel eine Korrespondenz zu führen, wie die Mutter dies nach ihren Erzählungen mit ihrem Großvater in Braunschweig getan hat, scheint nicht recht zu gelingen." Heuss an Ernst Ludwig Heuss, 3. 12. 1958, in: FA Heuss, Basel.

Abb. 16: Theodor Heuss, Toni Stolper, Ernst Ludwig Heuss, in der Umgebung von Sils Maria, Schweiz, Sommer 1957

Liebe Barbara!

Wir haben in dem Trubel Eures Abschieds in Sils Maria[2] eigentlich ganz vergessen, uns darüber zu unterhalten, was Du Dir zu Deinem 10. Geburtstag bei mir als Geschenk vielleicht bestellen könntest, und da bin ich nun etwas in Verlegenheit gekommen. Für die Ergänzung Deiner Puppenfamilie fehlt mir im Augenblick die Erfahrung, welcher Typ dort jetzt angemessen und willkommen wäre. Und bei den Büchern wage ich es auch nicht recht, weil ich unter Umständen an eines gerate, das Du vielbelesene Person schon kennst, und was dann keinen Überraschungseffekt mehr hat. Du musst Dir also in den nächsten Wochen und Monaten einige Gedanken machen, was Du Dir von mir (beziehungsweise vom Großvater) als Weihnachtsgeschenk ausdenken könntest.

Jetzt habe ich mir aber dies überlegt: da Du ja vor dem Kirchlein in Maloja Dich als meine Zeichenkollegin betätigt hast und das Kirchlein auch ganz nett

2 Heuss hatte mit der Familie seines Sohnes und mit Toni Stolper vier Wochen Urlaub in Sils Maria verbracht; vgl. Heuss an Arnold Brecht, 12. 9. 1957, in: N 1221, 117.

fertig brachtest, habe ich die Zeichnungen, die ich da oben im Engadin gemacht habe,[3] fotokopieren lassen, und nun sollen sie als das Geburtstagsgeschenk für Dich dienen. Du brauchst sie aber ganz gewiß nicht irgendwo aufzuhängen, sondern schiebst sie in eine Schublade oder bittest die Mutter darum, die Zeichnungen für Dich zu verwahren, und in vielen, vielen, vielen Jahren, wenn sie brav verwahrt sind, wirst Du sie einmal in die Hand nehmen und Dich an die so schönen und heiteren Wochen in Sils Maria mit fröhlicher Dankbarkeit erinnern.

Ich denke, Du wirst mit Deinen Freundinnen ein nettes Geburtstagsfest feiern können, denn ein Zehner, zumal der erste, ist, wie Du in der Rechenstunde gelernt hast, schon ein bißchen etwas Besonderes.

Alle guten Wünsche
Dein Großvater Theodor Heuss

Anlagen: 6 Fotokopien
(Engadiner Zeichnungen)

Nr. 128
An Prof. Dr. Walter Goetz, Gräfelfing bei München
13. September 1957

BArch, N 1215, 35a: ms. Schreiben, behändigte Ausfertigung; Kopfbogen: „Theodor Heuss"[1]
Gutachten zu Kurt Riezlers Tagebuch-Notizen (Juni 1914–Mai 1917); Biographie über Reichskanzler Theobald von Bethmann Hollweg

Verehrter Freund!

An Sie und Walter Riezler schicke ich das „Gutachten" zu Kurts Niederschriften.[2] Es ist nicht sehr systematisch. Mich bewegt nun folgendes, wozu ich aber Ihre eventuelle Zustimmung erbitte:

---

3 Ließen sich nicht ermitteln.

1 Weitere Nachweise: N 1221, 342: ms. Schreiben, Durchschlag, ohne Anlage; N 1221, 190: ms. Schreiben, Durchschlag mit Stempel: „Pers[önlichem] Ref[erenten] vorgelegen".

2 Walter Riezler hatte Heuss von den Aufzeichnungen aus der Zeit vor und während des Ersten Weltkrieges am 26. 9. 1956 informiert. Kurt Riezler, 1915–1917 Vortragender Rat in der Reichskanzlei und enger Mitarbeiter von Reichskanzler Theobald von Bethmann Hollweg, habe ihn zwar zur Vernichtung der Aufzeichnungen verpflichtet, er sei jedoch nachdenklich geworden, gerade weil ihm sein Bruder häufig über die Willkür erzählt habe, mit der man in der Bismarckzeit und auch später noch die Akten den Geschichtsschreibern ausgeliefert oder vorenthalten habe. Er wolle „nicht gerne beitragen zu der Verschleierung und Verfälschung der geschichtlichen Wahrheit." Er gewähre Heuss Einblick in die Tagebücher. Heuss sei der einzige, an den er die Bitte zu einer

Ich bin ungewiß, ob im Hause Bethmann Hollweg eigentlich eine Biographie des Reichskanzlers vorbereitet wird. Vor vielen Jahren hieß es, Friedrich Thimme[3] werde eine schreiben, der aber dann darüber hinweg starb[4] (er war ein fleißiger Mann, aber kein guter Schriftsteller). Dann hieß es, wenn ich mich nicht täusche, ein Herr von Hagen werde das tun, und ich hatte einmal mit dem Schwiegersohn, dem Grafen Zech, darüber gesprochen, daß es für mich selber sehr reizvoll sein würde, was aber nun natürlich längst verwehter Plan ist. – Ich bin gerne bereit, an den mir bekannten Sohn Felix, der in der Nähe von Kiel wohnt, zu schreiben und bei ihm anzufragen.[5] Je nachdem, ob ein Biograph hinter dem Stoff sitzt, so müßte man, über dessen Natur und Wesen vergewissert, ihm die Niederschriften von Kurt zur Verfügung stellen.

Mit guten Grüßen
Ihr Theodor Heuss

Anlage!

Nr. 128a
Einschätzung von Kurt Riezlers Tagebuch-Notizen 1914–1917
13. September 1957
BArch, N 1215, 35a: ms. Schreiben, Durchschlag

Zu Kurt Riezlers Tagebuch-Notizen 1914–1917

Die Bewertung der Niederschriften von K[urt] R[iezler] ist für mich nicht ganz leicht. Denn ich las sie mit einem seltsam gespaltenen Gefühl: sind sie wesentlich ein Beitrag zu R[iezler]'s Menschenbild und funkelndem Geist, sind sie vorab, auch in der subjektiven Formung, Material zur Zeitgeschichte, d. h. zur Deutung der „Führungskreise", der politischen und der militärischen, Zeugnisse

Einschätzung der Aufzeichnungen richte, „auch im Gedenken an Ihre nahe sachliche und menschliche Bindung an meinen Bruder, die mehrere Jahrzehnte überdauerte." Heuss teilte am 5. 11. 1956 mit, er habe die Niederschriften vom Juli 1914 inzwischen gelesen. Er schlug vor, Walter Goetz in die Überlegungen mit einzubeziehen; alle Schreiben in: N 1221, 190.

3 In der Vorlage: „Timme".

4 Vgl. A. THIMME, Friedrich Thimme, S. 59.

5 Heuss an Felix von Bethmann Hollweg, 30. 9. 1957, in: N 1221, 112. Von Bethmann Hollweg dankte mit Schreiben vom 8. 10. 1957. Eine Biographie sei nicht in Arbeit; er wäre dankbar, wenn er Informationen erhalten würde, was mit den Aufzeichnungen geschehen solle; ebd. Am 4. 12. 1957 teilte Heuss Walter Riezler mit, auch die in Amerika lebende Tochter Kurt Riezlers habe die Tagebücher „freigegeben"; N 1221, 343.

ihres Denkens, ihrer Ziele, ihrer Menschlichkeiten usf. Für mich, der ich K[urt] R[ietzler] durch Jahrzehnte gut kannte, der ich glaube, sagen zu dürfen, daß er mir immer freundschaftlich gesonnen war,[1] ist bei der Lektüre das subjektive Element durchaus vorherrschend gewesen und damit die Bekanntschaft mit diesem Dokument seelisch sehr bewegend.

Natürlich darf dieser Aufschrieb nicht vernichtet werden. Ich glaube, K[urt] R[ietzler] hat diese Dinge selber sich jetzt gar nicht mehr angesehen, sondern nur das ungenaue Gefühl besessen: das war, unsystematisch, Rohmaterial für die eigene Erinnerung, vielleicht für notwendig werdende geschichtliche Kontroversen. Wie oft habe ich K[urt] R[ietzler] zugeredet, wenn er von diesen Zeiten erzählte, sie einmal systematisch aufzuschreiben – er war mit der Vertiefung in philosophische Fragen, so lebendig sein politisches Interesse aufflammen konnte, diesen seinen aktiv politischen Jahren innerlich überraschend fern geworden.[2] Sie boten die Sammlung von Erzähl-Anekdoten und überwiegend ironischen Personalcharakteristiken.

Nun ist es so: die von persönlicher Liebe freie, die rein „objektive" Betrachtung der Niederschriften wird an dem biographischen Element wenig interessiert sein – es umfaßt ja kaum drei Jahre eines wechselreichen Lebens. Ich sehe heute niemanden, der eine Biographie im systematischen Sinn schreiben könnte, in der diese Tagebuchstücke ja sehr aufhellend wirken könnten, auch wenn sie, ganz selbstverständlich, aus der Situation heraus Urteile und Perspektiven vortragen, die nur in ihrem momentanen Sinn zu verstehen sind und nicht als „Festlegungen".

Die isolierte Publikation, etwa in einer historischen Fachzeitschrift, hat zwei Schwierigkeiten – sie müßte mit einer Biographie des jungen Riezler verbunden sein. Denn K[urt] R[iezler] war nicht Bethmanns „Privatsekretär", wie Goetz meint, sondern Adlatus des Pressechefs Hammann,[3] schon in der Bülowzeit; ich glaube mich nicht zu täuschen, daß er auch an der Fabrikation Bülowscher Reden beteiligt war[4] (1908 besuchte er in dessen Auftrag Naumann wegen „Block" und Wahlrecht;[5] die Niederschrift für Bülow – mit dessen Marginalien – hat er mir

---

[1] Heuss würdigte seinen Freund in einem „Gedenkwort für Kurt Riezler", 3. 11. 1955; deutsche und englische Fassung (von Toni Stolper) in: N 1221, 190.

[2] So beispielsweise KURT RIEZLER: Traktat vom Schönen. Zur Ontologie der Kunst, Frankfurt a. M. 1935.

[3] In der Vorlage: „Hamann".

[4] Riezler verfasste für Reichskanzler Bernhard von Bülow gelegentlich Reden für den Reichstag sowie Entwürfe für persönliche und amtliche Briefe; vgl. W. C. THOMPSON, Eye, S. 10.

[5] Für die vorgezogenen Reichstagswahlen 1907 hatte Reichskanzler von Bülow ein Wahlbündnis mit Konservativen, Nationalliberalen und der Freisinnigen Vereinigung geschlossen, das auch nach der Wahl als Parlamentsbündnis die Regierungspolitik unterstützte. Ein Hauptstreitpunkt innerhalb dieses Bülow-Blocks war die Frage des Dreiklassenwahlrechts in Preußen, für dessen Abschaffung sich vor allem die Linksliberalen unter Naumann einsetzten. Der Block zerbrach schließlich 1909 am Scheitern einer Reichsfinanzreform; vgl. TH. NIPPERDEY, Deutsche Geschichte,

später einmal gegeben).[6] Die andere, freilich mehr publizistische Überlegung: der einfache Abdruck müßte inhaltlich von Fußnoten überschwemmt oder erdrückt werden. Die Tagesdaten finden manchmal, doch keineswegs regelmäßig, im Text ihren Nachklang: was war die militärische, die politische Situation beim Termin der Niederschrift. Wir Alten haben ziemlich rasch die Kombination der Erinnerung, die Jungen durchaus nicht. Und dann die Namen, die zum guten Teil wohl nur für Fachhistoriker der nahen Vergangenheit gegenwärtig sind. Ich selber besann mich: Wild, Wild? Bis mir dämmerte: Wild am Hohenborn, Kriegsminister.[7] Wer weiß noch von dem unseligen Staatssekretär Zimmermann, der ein Militärbündnis mit Mexiko gegen USA abschließen wollte[8] – es war mir nicht uninteressant, daß der neue „Große Brockhaus" diese Herren überhaupt gar nicht nennt.

Ich werde wegen der technischen Behandlung der Angelegenheit bald einmal mit Hermann Heimpel sprechen, dem Leiter des Max-Planck-Instituts für Geschichte in Göttingen, der, soweit meine Übersicht reicht, der begabteste, vermutlich der beweglichste unter den jüngeren Historikern ist.[9]

Theodor Heuss

S. 729–741; vgl. auch Heuss an Elly Heuss-Knapp, 16. und 17. 1. 1908, in: TH. HEUSS, Aufbruch, S. 254–258.

6 Diese Niederschrift ließ sich nicht ermitteln.

7 Gemeint Adolf Wild von Hohenborn.

8 Arthur Zimmermann, Staatssekretär im AA (1916/17).

9 Heuss schrieb am 14. 9. 1957 an Heimpel und fügte sein „Gutachten" bei. Am 31. 10. 1957 antwortete Heimpel, dass er das Manuskript an Peter Rassow von der Historischen Kommission in München übergeben habe; N 1221, 190. In einem Gespräch am 29. 10. 1957 hatte Hans Rothfels Heuss berichtet, dass er Kurt Riezler 1941 oder 1942 von einer Veröffentlichung abgeraten habe „wegen der stark pessimistischen Zukunftsschau von Bethmann Hollweg"; er sei allerdings „unter allen Umständen gegen eine Vernichtung der Niederschrift"; Vermerk von Heuss, 29. 10. 1957, in: N 1221, 342. Erschienen sind die Tagebücher erst 1972; vgl. K. D. ERDMANN, Kurt Riezler. In der Einleitung von Erdmann wird auf die Bemühungen von Heuss um das Manuskript eingegangen; vgl. ebd., S. 8–12; vgl. auch kritisch zur Authentizität der Tagebücher B. SÖSEMANN, Tagebücher.

Nr. 129
An die Wahlkampfleitung der Freien Demokratischen Partei, Bonn
14. September 1957

AdL, NL Stephan, 1310/10: ms. Schreiben, behändigte Ausfertigung; Kopfbogen: „Theodor Heuss“[1]

Verwahrung gegen Verwendung eines Ausspruches von Theodor Heuss aus dem Jahre 1945/46 im Bundestagswahlkampf 1957

Sehr geehrte Herren!

In der Anlage sende ich Ihnen die Fotokopie eines Briefes, der gestern bei mir einging.[2] Ich weiß nicht, ob die Benutzung meines Satzes: „Christus ist nicht auf die Welt gekommen, um als Aushängeschild für eine Partei zu dienen“, von Ihrer Zentrale veranlaßt wurde, bitte aber, darüber einen präzisen und richtigen Bescheid zu erhalten. Dieser Satz stammt aus meinen Reden im Jahre 1945 oder 1946 und ist so nicht einmal vollständig.[3] Als Herr Dr. Dehler vor einigen Jahren mit diesem meinem Satz in seinen Reden im Nebenbei brillierte, habe ich ihn dringend bitten lassen, dies nicht zu tun,[4] denn ich glaube, um meines Amtes willen Anspruch darauf zu haben, jetzt nicht für einen Wahlslogan[5] gebraucht zu werden. Ich weiß nicht, ob diese Bitte bei Dehler späterhin gewirkt hat.

Ich finde es im höchsten Maße erstaunlich und eigentlich unanständig, daß die FDP mit diesem Satz jetzt in den Wahlkampf[6] eingreift und dabei sogar die Jahreszahl (1945 oder 1946) wegläßt, als ob dies ein Beitrag von mir zur jetzigen Wahl sei.

Ein bescheidener Vorrat von Staatsgesinnung hätte diese Art von Wahlpropaganda vermeiden müssen.

---

1 Weitere Nachweise: N 1221, 342; AdL, A 34, 4: ms. Schreiben, Durchschlag.

2 Das Schreiben von Horst Bastiné ließ sich nicht ermitteln. Bastiné erhielt eine Durchschrift dieses Schreibens von Heuss, von Raederscheidt gez.; N 1221, 342.

3 Die Sentenz lässt sich in den Reden 1945/46 nicht nachweisen. Vgl. aber die Abschlussrede vor dem Plenum des Parlamentarischen Rates am 8. 5. 1949, als Heuss die Einflussversuche der Kirchen auf die Verhandlungen über das Grundgesetz vor allem im Hinblick auf das „Elternrecht“ kritisierte und die Denunzierung der FDP als nichtchristliche Partei mit den Worten verurteilte: „Ich finde das sehr unchristlich. Jesus Christus ist nicht auf die Welt gekommen, um mit seinem Namen Bezeichnungen für politische Gruppen abzugeben, sondern um die Menschen, alle Menschen zu erlösen.“ TH. HEUSS, Vater, S. 86. Im Bundestagswahlkampf 1949 verwahrte sich Heuss massiv gegen eine Äußerung von Gustav Heinemann, SPD und FDP könnten nicht die politische Heimat evangelischer Christen sein; vgl. Heuss an Heinemann, 26. 7. 1949, in: TH. HEUSS, Erzieher, S. 518–520.

4 Vgl. Heuss an Dehler, 28. 5. 1953, in: TH. HEUSS, Bundespräsident 1949–1954, S. 446.

5 Hs. korrigiert aus: „für Wahlslogans“.

6 Wahl zum 3. Deutschen Bundestag am 15. 9. 1957.

Der Vorgang selber ist ja für den Wahlausgang gewiß ohne Relevanz, aber es liegt mir daran, Sie meine Reaktion auf solche Technik wissen zu lassen.

Ein Durchschlag dieses Briefes geht an Herrn Dr. Reinhold Maier.[7]

Mit vorzüglicher Hochachtung Theodor Heuss

Nr. 130

An Schwester Benjamin, Badenweiler, Schloss Hausbaden

2. Oktober 1957

BArch, B 122, 2054: ms. Schreiben, Durchschlag, von Heuss diktiert (Diktatz. H/A) und ms. gez.; ms. Briefkopf: „Theodor Heuss"[1]

25-jähriges Jubiläum als Ordensfrau; Dank für Pflege von Elly Heuss-Knapp

Liebe Schwester Benjamin!

Wie ich dieser Tage erfuhr,[2] ist es jetzt ein Vierteljahrhundert her, daß Sie den Schleier nahmen und in den Orden der Franziskanerinnen eintraten. Ich weiß gut genug, auch in unserer jubiläumsfrohen Zeit wird ein solcher Tag, da ein Leben sich den anderen weiht, nicht groß begangen, aber es ist mir doch eine Freude und ein Bedürfnis, Ihnen zu diesem Tag gute Grüße zu senden, in die viel, viel Dank eingeschlossen ist.

Sie haben es ja immer selber gespürt, wie meine Frau Sie geliebt hat und so dankbar war, daß in den schweren Zeiten ihrer Krankheit ein ihr so vertrauter Mensch sie pflegte und betreute.[3] Und ich selber bin ja später dann auch ein Gegenstand Ihres sorgenden Regiments geworden.[4] Ich brauche mich gar nicht weiter anzustrengen, um Ihren vorwurfsvollen und zugleich verständnisreichen

---

7 In dem von Heuss diktierten und von Raederscheidt gez. Anschreiben an Maier hieß es: „Er [Heuss] empfindet, nachdem er über diese Angelegenheit mit der FDP schon vor Jahren verhandelt hatte, die Verwendung des Wortes, das aus der Gründungszeit der CDU 1945 oder 1946 stammt, in hohem Maße menschlich illoyal und staatlich abträglich, ohne sich inhaltlich natürlich von der Grundthese dieses Satzes, der eine breitere religiöse Fundamentierung besaß, zu trennen." N 1221, 342.

1 Hs. Az. 001-6325; weiterer Nachweis: N 1221, 342: ms. Schreiben, Durchschlag.

2 Heinrich Höfler an Bott, 27. 9. 1957, in: B 122, 2054.

3 Heuss dankte am 28. 7. 1952 nach dem Tode seiner Frau der Mutter Maria Catharina vom Kloster der Franziskanerinnen in Obersasbach, dass Schwester Benjamin, die Elly Heuss-Knapp seit vielen Jahren von deren Aufenthalten in Hausbaden kannte, die Pflege in Bonn übernehmen durfte; B 122, 8. Sie pflegte auch Hanne Heuss während deren Aufenthaltes in Badenweiler im März 1958.

4 Heuss erholte sich vom 26. 3. bis 1. 5. 1957 auf einer Kur in Badenweiler von den Folgen seiner Lungenentzündung.

Blick auf mir ruhen zu spüren, wenn ich mich nicht ganz so benahm, wie es die hohe Ärztlichkeit wünschte, aber es war dann doch auch immer nett, daß ein leichtes Scherzwort Ihren verhaltenen Vorwurf in Heiterkeit verwandeln konnte.

Es sind viele Menschen, die wissen, was sie Ihnen zu danken haben. Sie wissen nicht, daß jetzt ein fälliger Termin dazu eingetreten ist, aber ich mache mich aus eigener Vollmacht zu ihrem Sprecher.

Ihnen alle guten Wünsche und einen Gruß an die Frau Oberin
wie immer Ihr Theodor Heuss

Nr. 131
An Willy Brandt, Regierender Bürgermeister von Berlin (West), Berlin-Schöneberg
3. Oktober 1957
AdsD, Willy-Brandt-Archiv, A 6, 121: hs. Schreiben, behändigte Ausfertigung (Kopie); Kopfbogen: „Der Präsident der Bundesrepublik Deutschland"[1]
Glückwunsch zur Wahl zum Regierenden Bürgermeister von Berlin (West)

Sehr geehrter Herr Bürgermeister,
lieber Herr Brandt,

wie Sie sich denken können, hat mich in den verwichenen Wochen Ihr persönliches und politisches Schicksal stark beschäftigt – die Begleitmusik, die aus Berlin kam, machte mich manchmal ziemlich besorgt.[2]

Ich wollte Ihnen aber erst schreiben, wenn die Entscheidung gefallen ist; deren Ergebnis war mir an sich nie zweifelhaft. Nun sollen Ihnen diese Zeilen meinen aufrichtigen Glückwunsch sagen – Ihre prüfende Gelassenheit und Ihre furchtlose Energie werden die Aufgabe meistern.

Grüßen Sie auch die Gattin!
Ihr Theodor Heuss

[1] Weitere Nachweise: N 1221, 342; B 122, 2198: ms. Schreiben, Abschrift mit Stempel: „Pers[önlichem] Ref[erenten] vorgelegen"; Verfügungen: „2) Herrn Staatssekretär zur Kenntnis" mit Paraphe von Bleek vom 2. 10. 1957; „Kopie f[ür] Pressereferat".

[2] Der Wahl Brandts zum Regierenden Bürgermeister von Berlin am 3. 10. 1957 waren jahrelange, zum Teil erbitterte parteiinterne Auseinandersetzungen mit dem Berliner SPD-Parteivorsitzenden Franz Neumann vorangegangen, der dem linken Flügel der SPD angehörte und Brandt auch persönlich zu diffamieren versuchte; vgl. P. MERSEBURGER, Willy Brandt, S. 299–342.

Abb. 17: Theodor Heuss und Willy Brandt in der Villa Hammerschmidt, 11. 10. 1957

Nr. 132
An Dr. Fritz W. Arnold, Long Island City, New York
19. Oktober 1957

BArch, B 122, 2065: ms. Schreiben, Durchschlag, von Heuss diktiert (Diktatz. H/vM) und ms. gez.; ms. Briefkopf: „Theodor Heuss"[1]

Wiedergutmachungsangelegenheit von Alfred Manes

Lieber Dr. Arnold!

Wenn Frau Toni Stolper erfährt, daß und wie ich Ihnen geantwortete habe auf den Brief, den Sie ihr gesandt haben, wird sie darüber etwas unglücklich sein, aber der an Toni Stolper gerichtete Brief[2] ist ja so gedacht, daß er nicht dem

1 Az. 3-001-2068; hs. Vermerk mit Paraphe von Bott: „z. Vorgang Prof. Manes H[errn] Einsiedler" mit Paraphe von Einsiedler vom 22. 10.; Verfügung: „2) Herrn Einsiedler zur Kenntnis" mit Paraphe von Einsiedler vom 22. 10.; weiterer Nachweis: N 1221, 342: ms. Schreiben, Durchschlag.

2 Arnold an Toni Stolper, 14. 10. 1957, in: B 122, 2065. Arnold hatte Toni Stolper von seinen Bemühungen beim BPrA und beim BMI berichtet, für den ehemaligen Honorarprofessor Manes Wiedergutmachungszahlungen zu erreichen, und sie um Unterstützung gebeten; vgl. auch Anm. 5.

Adressaten gilt, sondern mich als Empfänger voraussetzt, und Sie wollen es mir bitte nicht verübeln, daß ich mich über den Vorgang und über den Umweg ganz schlicht geärgert habe. Wir wollen doch Toni Stolper als Briefträger und Briefsender nicht beanspruchen; sie hat anderes zu tun, und ich kann Ihnen nicht verschweigen, daß ich den Weg, den Sie suchten, als ein gewisses Mißtrauen gegen meine oder Einsiedlers Haltung[3] in diesen Dingen empfinden muß.[4]

Über den Fall Manes[5] gibt es hier schon einen ganzen Stoß an Korrespondenz. Ich habe mich, schon lange bevor das sogenannte Wiedergutmachungsgesetz[6] vorlag, um die Situation von Professor Manes, den ich ja seit etwa 1919 kenne, gekümmert und dafür Sorge getragen, daß der Verband der Lebensversicherungen seine ja in New York brachliegende große Bibliothek erwarb, was ihm eine erste Stütze wurde.[7] Einsiedler hat in brieflichen und mündlichen Besprechungen die Sache mit der ihm eigenen Sorgfalt und Intensität behandelt, ohne daß ich natürlich über jeden Schriftwechsel in dieser Sache im einzelnen unterrichtet werden kann. Mein Aufgabenkreis geht ja etwas weiter. Er ist auch, ehe Ihr Monitum[8] an mich gekommen ist, schon in einem Weitertreiben der Frage beschäftigt gewesen, und wir haben uns, unabhängig von Ihrem Brief, schon darüber unterhalten gehabt, welchen Weg wir eventuell für Manes einschlagen können, um zu einem erwünschten Ziel zu gelangen. Doch darf ich Ihnen das Folgende sagen: In der Angelegenheit der Bewertung des Begriffs Honorarprofessor haben Sie nach meinem eigenen Empfinden vollkommen unrecht.[9] Ich glaube mich da etwas

---

3 Einsiedler bearbeitete im BPrA Anfragen zu Wiedergutmachungsfällen, die immer wieder an Heuss herangetragen wurden, so dass Einsiedler – wie Heuss in einem Schreiben vom 10. 2. 1955 an einen Rechtsanwalt bemerkte – schon fast zum Spezialisten dafür geworden sei; B 122, 154.

4 Ähnlich schrieb Heuss auch an Toni Stolper, der er eine Kopie seines Schreibens an Arnold übersandte; vgl. TH. HEUSS, Tagebuchbriefe, S. 270, 18. 10. 1957. Toni Stolper antwortete am 22. 10. 1957, sie selber habe Arnold zu seinem Schreiben ermutigt; B 122, 2065.

5 Der Versicherungswissenschaftler Manes war seit 1925 Honorarprofessor und Direktor des versicherungswissenschaftlichen Seminars der Handelshochschule Berlin und hatte einen Lehrauftrag an der Universität Berlin. Im November 1933 wurde ihm aus „rassischen" Gründen die Lehrbefugnis entzogen. Er emigrierte 1934; Unterlagen über die Wiedergutmachungsangelegenheit in: B 122, 2065.

6 Das „Bundesgesetz zur Entschädigung für Opfer der nationalsozialistischen Verfolgung" vom 7. 6. 1956 sah rückwirkend zum 1. 10. 1953 Entschädigungszahlungen für politisch und rassisch Verfolgte vor; vgl. Nr. 98, Anm. 2.

7 Heuss hatte am 28. 3. 1952 Alex Möller, Verband der Lebensversicherungsunternehmungen, auf den beabsichtigten Verkauf der Bibliothek hingewiesen. Manes teilte allerdings am 25. 1. 1954 mit, die Bibliothek des Bundesgerichtshofs habe alle seine Bücher gekauft; B 122, 2065.

8 Arnold hatte Toni Stolper von seiner Korrespondenz mit Einsiedler berichtet, die aber zu einem Erfolg geführt habe; wie Anm. 2.

9 Arnold hatte argumentiert, dass Manes als Honorarprofessor mit „nichtbeamteten außerordentlichen Professoren und Privatdozenten" gleichzusetzen sei, wie sie im Bundesentschädigungsgesetz genannt seien, und ihm deshalb auch Wiedergutmachungszahlungen zustünden; wie Anm. 2.

auszukennen, da ich selber „nur“ Honorarprofessor bin. Als ich 1946 mein Ministeramt in Württemberg-Baden niederlegte,[10] bekam ich zwei Berufungen in Ordinariate,[11] und die Einberufung nach München hatte sogar etwas Verlockendes, weil meine Frau und ich München sehr liebten, aber ich habe einfach abgelehnt,[12] weil ich als Minister niemandem, der das 60. Lebensjahr überschritten hatte, ein Ordinariat zugestand, denn er sollte nicht nach ein paar Jahren wieder ohne Schulwirkung oder dergleichen ausscheiden müssen.[13] Ich habe dann eine Honorarprofessur angenommen[14] und auch in Vorlesungen wahrgenommen, aber daß damit keine Beamtenqualität mit Rechtsansprüchen verbunden sei, war mir völlig klar. Natürlich ist die Darstellung in einem Ihrer Briefe, daß hier das Wort Professor lediglich ein Titelschmuck sei, dürftig und falsch. Das Elementare ist doch dies: Mit der Honorarprofessur ist keine Pflicht zur Vorlesung und zum Seminar verbunden, sondern es liegt im freien Ermessen des Honorarprofessors, ob und was er lesen will. Er ist auch von Rechts wegen nicht an der Abnahme von Examen beteiligt, usf. Ich gehe soweit zu sagen, daß – wäre ich selber an der Formung des Gesetzes beteiligt gewesen – ich gesagt hätte, daß der Begriff des Honorarprofessors hier sachlich völlig fehl am Platze wäre.[15]

Es ist in den verwichenen acht Jahren dies meine Erfahrung geworden, daß ich, ob jüdisch oder nicht-jüdisch, mich individuell schier Tag um Tag um Menschen zu kümmern habe, die aus gutem Grund Gegner von Hitler und seiner Art der Behandlung staatlicher Dinge gewesen sind. Im einzelnen Fall aber wünschten sehr viele davon, daß ich doch auch ein bißchen Hitler sei, nämlich daß ich das Recht nach ihrem Sonderfall interpretieren oder in den umgrenzten Gang der Exekutive individuell eingreifen möge. Dies ist aber mir unmöglich, wenn ich die rechtsstaatliche Situation aufrechterhalten will. Wir können hier aus Sonderkenntnis einmal mahnen, einmal aufmerksam machen, aber wir können nicht Rechtsbestimmungen aufheben und Exekutivorganen Anweisungen geben. Im Grunde ist Ihnen das ja bekannt, aber Sie wollen es mir bitte nicht nachtragen, daß ich

[10] Zur Niederlegung des Amtes als Kultusminister von Württemberg-Baden im Dezember 1946 vgl. E. W. BECKER, Theodor Heuss, S. 103.

[11] An die TH München und die TH Stuttgart; vgl. E. W. BECKER, Einführung, in: TH. HEUSS, Erzieher, S. 41.

[12] Vgl. Heuss an Ernst Ludwig Heuss, 28. 3. 1947 und 14. 1. 1948, in: TH. HEUSS, Erzieher, S. 263, 341.

[13] Vgl. auch Heuss an Benno Haakh, 14. 6. 1954, in: TH. HEUSS, Bundespräsident 1949–1954, S. 554.

[14] Heuss wurde im Januar 1948 Honorarprofessor an der TH Stuttgart. Nachdem er noch im Sommersemester 1948 zwei Vorlesungen hielt, musste er weitere Veranstaltungen wegen seiner Tätigkeit im Parlamentarischen Rat allerdings absagen; vgl. E. W. BECKER, Einführung, in: TH. HEUSS, Erzieher, S. 41.

[15] Eventuell bezieht sich Heuss hier auf das „Bundesgesetz zur Entschädigung für Opfer der nationalsozialistischen Verfolgung“; vgl. Nr. 98, Anm. 2.

das einmal ausführlich ausspreche, um die Grenzsituation in Ihrem Bewußtsein zu halten.

Um den Fall Manes bleiben wir hier redlich bemüht.[16]

Mit freundlichen Empfehlungen
Ihr Theodor Heuss

Nr. 133
An Dr. Toni Stolper, [New York]
10. November 1957
BArch, N 1186, 147: hs. Schreiben, behändigte Ausfertigung, ohne Grußformel[1]
Aufsatz über Deutschen Werkbund; Rektoratsübergabe an der Universität Bonn; Abschiedsessen für scheidende FDP-Minister; Bundespresseball in Neuenahr und Gespräch mit sowjetischem Botschafter; Artikel von Margret Boveri

Liebe Toni,

Bott hat eben die Nachricht gebracht, daß die SPD in Hamburg bis jetzt 52% der Stimmen erhielt[2] – der Trend wird wohl kaum mehr einen Knick erhalten.

Als ich Dir am Do. abends noch den Brief expedierte,[3] ging eine mächtige Schreiberei los: 10 Seiten Schluß des Werkbundaufsatzes;[4] er sollte heute hier sein zur Durchkorrektur. Aber Lotti scheint es nicht geschafft zu haben. Ich wollte m[eine] hiesigen Damen etwas entlasten. Es liegt mir daran, *vor* der Abfahrt nach Rom,[5] am 18., noch ein Echo des Herausgebers zu erhalten.

Zu erzählen wäre, trotz der knappen Zeit, seit vorgestern allerhand. Am Samstag Rektoratsübergabe;[6] die neue Magnifizenz, der Theologe Noth, tüchtig trug er vor über „Amt u. Berufung im Alten Testament", ein Stück vergleichender

16 Arnold dankte Heuss für das Schreiben am 23. 10. 1957; B 122, 2065. Einsiedler sandte den Briefwechsel zwischen Arnold und Heuss am 30. 10. 1955 an das BMI zur „vertraulichen Unterrichtung". Am 11. 11. 1957 teilte das BMI dem BPrA mit, dass die Wiedergutmachungssache positiv erledigt sei. Manes werde Wiedergutmachung als ordentlicher Professor gewährt, da ihm ohne den Entzug seiner Lehrtätigkeit voraussichtlich eine ordentliche Professur zugestanden hätte.

1 Datum versehen mit dem Zusatz: „Ab[en]ds 10.00 [Uhr]"; weiterer Nachweis: BArch, N 1186, 123: ms. Schreiben, Teilabschrift; Teilabdruck: TH. HEUSS, Tagebuchbriefe, S. 278–280.

2 Bei der Bürgerschaftswahl in Hamburg am 10. 11. 1957 erhielt die SPD schließlich knapp 54%.

3 Heuss an Toni Stolper, 7. 11. 1957, in: BArch, N 1186, 123.

4 THEODOR HEUSS: Notizen und Exkurse zur Geschichte des Deutschen Werkbundes, in: HANS ECKSTEIN (Bearb.): 50 Jahre Deutscher Werkbund, Berlin 1958, S. 19–26; vgl. auch Heuss an Hans Eckstein, 10. 11. 1957, in: B 122, 328.

5 Staatsbesuch von Heuss in Italien und im Vatikan, 19.–28. 11. 1957; vgl. Nr. 135, Nr. 136.

6 Am 9. 11. 1957 in der Universität Bonn; vgl. Dienstkalender, in: N 1221, 482.

Religionsgeschichte (zu anderen orientalischen Religionen blickend), der institutionelle Charakter des Priestertums in s[einem] schwankenden staatl[ichen] u. staatsfremden Charakter, die Spontaneität des Profetentums in den Bedingtheiten.[7] Shinnar war auch da; doch kam es nur zum Sich-Zu-Nicken. Nachher recht heiteres Rektoratsessen, wobei auch eine improvisierte Tischrede von mir über Jesus Sirach fällig wurde[8] (weil Sprüche von dem, lauter Exemplare des gesunden Menschenverstandes, das Material für Tischkarten lieferten).

Am Freitag[9] Abschiedsbesuch der nicht wiederkehrenden Minister, was immer eine etwas herbe Sache ist – Blücher und Preusker haben sich für Adenauers Politik mehr od. weniger geopfert, aber „der Wähler" hat das Opfer nicht angenommen.[10] Die FDP freilich bleibt dabei, das System eines „Selbstmordes in Stufen", wie ich das nenne, weiterzuentwickeln – sie macht in Niedersachsens Landtag Fraktionsgemeinschaft mit den 6 Rechtsradikalen, und Reinhold Maier wird überspielt.[11]

Gestern Abend Neuenahr „Presseball"[12] – eine der Sachen, die ich zutiefst hasse. Die Tischdame, eine spritzige SPD-Journalistin, nett u. unterhaltend; der Mann ist Wirtschaftsjournalist. Sie gewann einen Fernseh-Apparat, will ihn aber nicht aufstellen wegen ihres 5jährigen Bübchens – also einsichtig. Aber ich war eine Zeitlang ekelhaft verstimmt, denn ich erfuhr, daß eine Mimik geplant (da der Abend angeblich der Propaganda für Kapitalbildung gewidmet war, weshalb intensive Verschwendung) – kurz, der alte Fritz[13] würde mit Uniform und Krück-

---

7 MARTIN NOTH: Amt und Berufung im Alten Testament. Rede zum Antritt des Rektorats der Rheinischen Friedrich-Wilhelms-Universität zu Bonn am 9. November 1957, Bonn 1958.

8 Ließ sich nicht ermitteln.

9 8. 11. 1957.

10 Blücher und Preusker gehörten zu den FDP-Ministern, die im Februar 1956 aus der FDP-Fraktion ausgetreten waren und im April die FVP gegründet hatten, die Anfang 1957 mit der DP fusionierte; vgl. Nr. 115, Anm. 3. Sie blieben bis zum Ende der Legislaturperiode Minister in der Regierung Adenauer. Bei der Bundestagswahl am 15. 9. 1957 erreichte die DP 3,7% und konnte nur dank Wahlabsprachen mit der CDU fünf von sechs Direktkandidaten in den Bundestag entsenden. Die CDU/CSU errang die absolute Mehrheit und bildete mit der DP die Regierung. Die FDP erlitt Verluste und ging in die Opposition. Blücher und Preusker schieden am 29. 10. 1957 aus der Bundesregierung aus; vgl. U. WENGST, Thomas Dehler, S. 279–291; J. M. GUTSCHER, Entwicklung, S. 166–188.

11 Am 28. 9. 1957 waren die FDP-Abgeordneten im niedersächsischen Landtag eine Fraktionsgemeinschaft mit dem GB/BHE eingegangen, die Anfang November sechs Abgeordnete der rechtsradikalen DRP als Hospitanten aufnahm. Daraufhin beendete der niedersächsische Ministerpräsident Hellwege die Regierungskoalition mit FDP und GB/BHE. Die Proteste und Rücktrittsdrohungen Maiers, seit Januar 1957 Bundesvorsitzender der FDP, gegen den Kurs des niedersächsischen Landesverbandes waren erfolglos. Erst im Frühjahr 1958 kündigte die niedersächsische FDP das Hospitanzverhältnis mit der DRP auf; vgl. J. M. GUTSCHER, Entwicklung, S. 198–200; K.-J. MATZ, Reinhold Maier, S. 468f.

12 Bundespresseball in Bad Neuenahr, 9. 11. 1957.

13 Es folgt unleserliche Streichung.

stock kommen u. mir die Kopie des Dokumentes <an>reichen, mit dem er 1769 den Pfandbrief geschaffen.[14] Ein Schauspieler aus München war für die Komödie bestellt.[15] Aber die Fest-Regie war so schlecht, daß die läppische Affaire sich immer hinauszog, ich wurde schroff gegen so ziemlich jeden, auch gegen den armen Bleek, der mich „ablenken" wollte – ich sagte ihm heute, daß er mich im Genuß meines Zorns gestört habe. Der Schauspieler, in guter Maske, kam dann: 4x war das Photographenvolk da gewesen, um wieder zu verschwinden. Er sagte dann sein sentimental-tragisches Sprüchlein. Ich rettete mich aus der ekelhaften Situation: „Heute, Majestät, ist es *mein* Schicksal, verkitscht zu werden. *Sie* haben das glücklich hinter sich gebracht. Aber Sie waren, sind und bleiben, wie immer die Dinge in Deutschland sind, die auswechselbare Propagandafigur. So heute für die festverzinslichen Wertpapiere."[16] Damit spürten die Leute, wie gräßlich ich derartige Geschichten finde. Als ich es hinter mir hatte, wurde ich wieder vergnügt.

Die Smirnowa, Gattin des Botschafters[17] (die ich noch gar nicht kannte), wollte mich zum Tanz holen – sie spricht einigermaßen deutsch – Litwinow[18] habe immer mit ihr getanzt. Ich mußte mich ihr versagen – Beinschiene –, aber ich hätte es natürlich auch sonst getan, u. Bott mußte mich dann ersetzen. Aber die Dame brachte dann ihren Mann – es kam zu einer 20–30 Minuten währenden Unterhaltung, die Dir viel Spaß gemacht hätte. Es ging zunächst wesentlich um Marx. Ich dozierte brav, daß der eigentlich nur noch in einer Seitenkapelle bei ihnen aufgestellt werden dürfe, denn, im Unterschied zu Lassalle, habe er vom Staate nichts verstanden, sondern an die gesellschaftl[ichen] Eigenkräfte der Ökonomik geglaubt, aus der Perspektive des Pauperismus der jungen engl[ischen] Baumwollindustrie u. s. f. u. s. f. Sie aber drüben betreiben alles vom Staate aus – darüber wolle ich theoretisch gar nichts sagen, aber mit Marx habe das nichts mehr zu tun. Er hörte brav zu, mit Komplimenten, daß ich mich in diesen Dingen umgesehen hätte u. die Literatur kenne. Erstaunt, daß (vom Großvater)[19] das „Kapital" in Erstauflage bei mir sei[20] u. die Gestapo bei der Haussuchung besonders interessiert habe.[21] Ich erzählte ihm dann in heiterer Laune, daß sie zwar viel von „fortschrittlicher Kunst" reden, u. ich könne Neueres nicht beurteilen,

[14] Der preußische König Friedrich II. hatte 1769 den Pfandbrief eingeführt, um damit den Wiederaufbau von Schlesien, das im Krieg zerstört worden war, zu finanzieren; vgl. U. HIELSCHER, Pfandbrief.

[15] Um welchen Schauspieler es sich handelt, ließ sich nicht ermitteln.

[16] Die improvisierte Rede von Heuss ließ sich nicht nachweisen.

[17] Andrei Andrejewitsch Smirnow, 1956–1966 sowjetischer Botschafter in Bonn.

[18] Maxim Litwinow, 1930–1939 sowjetischer Außenminister.

[19] Georg Ludwig Heuss.

[20] Vgl. TH. HEUSS, Vorspiele, S. 31.

[21] Hinweise in: TH. HEUSS, Machtergreifung, S. 41–44.

aber von der großen Formauseinandersetzung der ganzen Welt sei ihr Anteil gering. In dem russ[ischen] Pavillon *1925*[22] mit Porzellan-Nippes von Lenin, Trotzki u. „roten Reiter"[23] in allen Formaten sei eine Ansammlung dessen gewesen, was wir „kleinbürgerlichen Kitsch" nannten; der „proletarische Sozialismus" habe dem [eine] schützende Herberge gegeben. Dazu nickte er, meinte aber, in der Architektur habe sich vieles gebessert. Ich erzählte ihm dann einiges, was ich von Ellys Verwandten über Rußland wüßte – einer der Namen war ihm nicht fremd. Er meinte dann: Woroschilow[24] sei wie ich ein Freund des Friedens. Ich sagte ihm dann, es gäbe nichts Dümmeres, als wenn sie drüben schreiben, Adenauer treibe zum Krieg. Das sei doch primitives Zeitungsgeschwätz. Diese Niederschrift ist natürlich kein „Protokoll" der Unterhaltung, aber Du spürst, daß sie recht munter war.

Ich habe an dem Abend, der bis ½3 Uhr währte, eine Unterhaltung mit dem Soldaten-Minister Strauß fortgesetzt (der im Sommer eine stattliche, gut aussehende u. gebildete Frau geheiratet hat,[25] der ich „den staatspolitischen Auftrag" gab, den Mann zu domestizieren, der blitzgescheit, aber sehr emotional ist). Vor der Heimfahrt noch lange, aber nicht sachvertiefte, sondern mehr erzählende Unterhaltung mit Ollenhauer, den natürlich das lange Gespräch mit Smirnow interessierte.

In der F.A.Z. vom 9. 11. Aufsatz von Margret Boveri über Eure wichtigsten Diplomaten.[26] Vermutlich sagt er Dir wenig od. nichts Neues – wie sie eben derlei gewandt, ein bischen Klatsch hinein geschrieben, fertig bringt. Aber Du sollst es lesen, denn M[argret] B[overi] wird ja hier, mit Recht, literarisch stark bewertet.

[Theodor Heuss]

---

22 Weltausstellung des Kunstgewerbes und des Industriedesigns 1925 in Paris.

23 Mit „rotem Reiter" eventuell ein Revolutionssymbol gemeint, das Heuss 1925 im russischen Pavillon aufgefallen war.

24 Kliment Woroschilow, 1953–1960 Vorsitzender des Präsidiums des Obersten Sowjets.

25 Am 4. 6. 1957 hatte Strauß Marianne Zwicknagl geheiratet.

26 Unter dem Titel „Amerikas neue Boschafter. Diplomatische Bereitschaft auf den Posten London, Paris, Moskau und Bonn", in: FAZ, 9. 11. 1957.

Nr. 134
An Max Brauer, Hamburg
17. November 1957
BArch, N 1221, 343: ms. Schreiben, Durchschlag, von Heuss diktiert (Diktatz. H/vM) und ms. gez.; ms. Briefkopf: „Theodor Heuss"
Plädoyer für neuen Standort eines Friedrich Schiller-Denkmals in Hamburg

Verehrter, lieber Bürgermeister!

Dies ist ein Bittgesuch, das ich ohne Auftrag, aber doch stellvertretend für meinen Landsmann Friedrich Schiller an Sie richte.

Als ich das letzte Mal sozusagen amtlich in Hamburg war,[1] war das noch im Schiller-Jahr,[2] und ich habe aus einer gewissen historischen Neigung mich dafür interessiert – wie auch anderwärts –, wie Hamburg diesem Mann ehrend entgegentrat. In Begleitung von einigen Herren, ich weiß nicht mehr, wer das war, suchte ich damals das Schiller-Denkmal auf und war dann doch erschreckt, wie sich seine Umgebung gewandelt hat, vermutlich wandeln mußte.[3] Ich habe damals schon die Anregung gegeben, für das Denkmal einen anderen Platz zu finden.

Als ich am Donnerstag früh zur Weihe des Ostsee-Fährschiffes, das meinen Namen trägt,[4] durch Hamburg fuhr, habe ich scharf hinausgeäugt, um zu sehen, ob etwas erfolgt sei; aber der Schiller stand noch angewurzelt an seiner Stelle.

Ich glaube nicht, daß das Denkmal einen sonderlichen Kunstwert hat. Es ist nach meiner Erinnerung nun eben vermutlich die typische idealistisch-naturalistische Bildniskunst der Mitte des 19. Jahrhunderts, aber als es dort aufgestellt wurde, wo es heute noch ist, stand es in einem Park, der zur Lombardbrücke hinunterging, auf der Straße fuhren vermutlich neben den Fußgängern, die vielleicht zu dem Denkmal abbogen, elegante Karossen – aber jetzt: der Schiller ist zu einem Parkplatzwächter in der Besoldungsklasse so und so geworden, der ganze Platz vor ihm mit Autos besetzt. Ich glaube kaum, daß ein Privatmann überhaupt wagt, noch vor das Denkmal hinzutreten, das irgendeinmal ja die Aufgabe hatte, betrachtet zu werden, denn jeder, der dort steht, ist nach meinem Eindruck gefährdet. Die Situation ist für mein Begreifen einfach unwürdig geworden, sowohl angesichts des Mannes wie auch im Angesicht der Stadt Hamburg.

---

1 Der Termin ließ sich nicht ermitteln.

2 Gemeint das Jahr 1955, in dem der 150. Todestag von Schiller begangen wurde; vgl. Nr. 40, Anm. 2.

3 Das von Julius Lippelt 1866 entworfene bronzene Schiller-Denkmal war auf dem Platz vor der Kunsthalle aufgestellt.

4 Das Fährschiff „Theodor Heuss" wurde am 14. 11. 1957 in Großenbrode mit einer Ansprache von Heuss und einer Probefahrt mit 600 Gästen eingeweiht; Ansprache in: B 122, 248; vgl. TH. HEUSS, Tagebuchbriefe, S. 281, 15. 11. 1957; weitere Unterlagen in: B 122, 2306.

Hamburg hat ja an „Planten und Blomen" wie an der Außenalster schöne Gartenmöglichkeiten. Es ist zwar für ein Denkmal meistens besser, wenn es sich in der Nähe von einer Architekturwand befindet, aber es ist nicht meine Sache, jetzt meine Phantasie spielen zu lassen. Ich weiß auch gar nicht, ob es in Hamburg Leute gibt, die das Bedürfnis haben, eventuell in besinnlicher Dankbarkeit eine solche Erscheinung der deutschen Geistesgeschichte zu betrachten und zu grüßen, aber aus dem Zustand der läßlichen Nichtachtung, in dem sich das Denkmal heute befindet, müßte es nach meiner Meinung erlöst werden.

Die Entwicklung als solche ist ja durch Technik und Verkehr notwendig geworden. Es mag auch sein, daß in Hamburg selber schon, unabhängig von meiner damaligen Anregung, Überlegungen gepflogen wurden, aber Sie wollen es mir nicht verübeln, wenn ich jetzt auch mit diesen Zeilen die Anregung gebe, den Schiller dort wegzutun. Sie verletzen damit sicher keine popularen Empfindungen, denn die haben dort gar keinen Raum mehr. Befördern Sie den Mann vom Aufsichtsbeamten über einen Parkplatz meinethalben zu einem richtigen „Parkwächter" (die Einstufungen in die Tarifordnung der I[ndustrie]G[ewerkschaft] Öffentliche Arbeiten sind mir nicht geläufig). Ich glaube, Sie tun damit ein gutes Werk. Der leichte Schock, der vielleicht aus solcher Umgruppierung entsteht, wird bald durch Dankbarkeit für einen solchen Entschluß der Einsicht abgelöst werden. Ich glaube, daß ich mit diesem Bittgesuch bei Friedrich Schiller selber einiges Verständnis finden kann.[5]

Schöne Grüße
Ihr

Theodor Heuss

---

[5] Heuss berichtete Toni Stolper, Brauer habe das Bittgesuch an die Öffentlichkeit gegeben und gemeint, es täte den Hamburgern ganz gut, wenn sie von ihm einmal einen Verweis bekämen, und ganz schnell werde alles in Ordnung kommen; vgl. TH. HEUSS, Tagebuchbriefe, S. 292, 14. 12. 1957. Das „Hamburger Abendblatt" druckte den Brief von Heuss unter der Überschrift „Parkplatzwächter Schiller" am 7. 12. 1957; Ausschnitt in: BArch, B 145, 16311. 1958 wurde das Denkmal neu aufgestellt im Gustav-Mahler-Park in der Nähe des Dammtorbahnhofes. Mitte Oktober 1958 begutachtete Heuss bei einem Besuch in Hamburg den neuen Platz; vgl. TH. HEUSS, Tagebuchbriefe, S. 351, 15. 10. 1958.

Nr. 135
An Dr. Toni Stolper, [New York]
19. November 1957; Rom, Quirinal
BArch, N 1186, 147: hs. Schreiben, behändigte Ausfertigung, ohne Grußformel[1]
Staatsbesuch in Italien; Besuch der Fosse Ardeatine

Liebe Toni,

ein bischen wird Tagebuch markiert. Jetzt sitze ich mit Orden u. Frack, aber das Staatsdinner[2] beginnt erst in einer halben Stunde.[3] Die Fahrt war ordentlich, helle Bläue südlich der Alpen. „Großer Bahnhof" u. ungeheuer viel Militärspalier durch die ganze Stadt u. immer wieder – vom Konstantin-Bogen in offenem Wagen – bei meinem „Nahen" Nationalhymnen, mein Bedarf weit überschritten. Am Konstantin-Bogen, mit Lautsprecher, der Sindaco,[4] Grußworte an die Menge – ich war keck genug, zu s[einem] Vergnügen, mit ein paar italienischen Worten, auch per Lautsprecher, zu antworten. Man sah m[einen] braven Willen.

Klaiber, der entgegengefahren, höchst befriedigt: sie hatten dem Messaggero[5] einiges von mir gegeben, u. dies an sich ja sehr angesehene Blatt hat am Samst[a]g in angeblich ausgezeichneter Übersetzung meine Rede zum jüdischen Mahnmal abgedruckt.[6] Dies habe kolossal gewirkt (Gronchi hat mich auch gleich darauf angesprochen – diese Rede habe mich ihm „noch sympathischer" gemacht. Aber darauf kommt es nicht an.). Die Geschichte hat eine seltsame Nebenwirkung. Ich hatte mich (Klaibers Vorschlag,[7] weil das in Athen Eindruck[8] gemacht)[9] bereit erklärt, zu der Erschießungsstätte von Geiseln zu gehen. (Vergel-

1 Datum versehen mit dem Zusatz: „Abends 8 Uhr"; weiterer Nachweis: BArch, N 1186, 123: ms. Schreiben, Teilabschrift; Teilabdruck: TH. HEUSS, Tagebuchbriefe, S. 283.

2 In der Vorlage: „Staatsdiner".

3 Abendessen von Staatspräsident Gronchi am 19. 11. 1957 im Quirinalspalast zu Ehren des Staatsbesuches von Heuss in Italien; Ansprache von Heuss in: Bulletin, Nr. 236, 20. 12. 1957, S. 2177f; zum Staatsbesuch vgl. F. GÜNTHER, Heuss auf Reisen, S. 102–112.

4 Italienisch für „Bürgermeister", hier von Rom.

5 In der Vorlage: „Messagero". Überregionale italienische Tageszeitung mit Sitz in Rom.

6 Unter dem Titel „Una lapide: un Monito", in: Il Messaggero, 17. 11. 1957. Es handelt sich um die Rede „Das Mahnmal", die Heuss am 30. 11. 1952 zur Einweihung des Ehrenmals im ehemaligen KZ Bergen-Belsen gehalten hatte; abgedruckt u. a. in: TH. HEUSS, Politiker, S. 407–411.

7 Zur Vorbereitung des Staatsbesuchs in Italien durch Klaiber vgl. F. GÜNTHER, Heuss auf Reisen, S. 104; Nr. 136.

8 In der Vorlage: „eindruck".

9 Heuss hatte auf seinem Staatsbesuch in Griechenland entgegen dem Rat des deutschen Botschafters in Athen am 17. 5. 1956 einen Strauß weißer Lilien auf das Sammelgrab in Kalavrita niedergelegt, wo bei einer Vergeltungsaktion der deutschen Besatzungstruppen im Dezember 1943 fast die gesamte männlich Bevölkerung erschossen worden war; vgl. F. GÜNTHER, Heuss auf Reisen, S. 49f, 86f.

Abb. 18: Theodor Heuss auf einer Rundreise durch Sizilien nach dem offiziellen Teil des Staatsbesuches in Italien

tungsakt der Deutschen: bei einem Bombenattentat waren 32 d[eu]tsche Polizisten umgekommen, dafür 320 Italiener erschossen, u. der Befehlende, weil er gerade bei diesem Geschäft war, hat noch 15 mehr erschießen lassen.)[10] Die Regierung fand das nett von mir, wurde unsicher, kommun[istische] Demonstrationen befürchtend, bat, den Punkt im Programm zu streichen, was wir noch in Bonn erfuhren – da aber die Sache hier bekannt wurde, nahmen die – Kommunisten sozusagen für mich „Partei", griffen die Regierung an, daß sie sich gegen meine „edle Geste" gewehrt habe. Dies als Anekdote.

Im übrigen ist das im Quirinalwohnen kein Vergnügen. Kilometerlange Gänge – ich habe 8 Appartements in Barock, echtem und kopiertem, u. wenn man sich bewegt, stolpert man über Soldaten, einer Gruppe, bei der das Mindestmaß 1,85m ist – ein deutsch-sprechender Offizier von ihnen, der zur Diplomatie hinüberwechselte, hat mir das erzählt. Von der savoyischen Dynastie den alten Preußen nachgemacht.

[Theodor Heuss]

---

[10] Heuss legte am 20. 11. 1957 an den Fosse Ardeatine, wo die SS im Frühjahr 1944 in einer Vergeltungsaktion 335 italienische Geiseln erschossen hatte, einen Kranz nieder; vgl. ebd., S. 50–52, 106–108; zum Partisanenkrieg der Wehrmacht und Waffen-SS in Italien, insbesondere zur Vergeltungsaktion an den Fosse Ardeatine, vgl. J. STARON, Fosse Ardeatine; C. GENTILE, Wehrmacht, vor allem S. 132f.

Nr. 136
An Dr. Manfred Klaiber, Botschafter, Rom
2. Dezember 1957
BArch, N 1221, 159: ms. Schreiben, Durchschlag, von Heuss diktiert (Diktatz. H/A) und ms. gez.; ms. Briefkopf: „Theodor Heuss"[1]
Buchprojekt über Karl Georg Pfleiderer; Rückblick auf den Staatsbesuch in Italien

Lieber Dr. Klaiber!

Wir sind nun also glücklich wieder in Bonn gelandet, und unser Leben ist in eine höchst intensive Kombination von Massenarbeit und Ruhebedürfnis eingetreten. Die außerordentliche Beanspruchung in den verwichenen zehn Tagen bleibt spürbar, aber die beiden ersten Abende in Bonn habe ich dann doch gleich wieder bis ½2 Uhr nachts gearbeitet, um mir alles vom Halse zu schaffen, ehe ich in den Weihnachtstagen an einen großen Essay über Max Weber[2] gehe. Die Italien-Strapazen[3] lassen sich übrigens statistisch ausdrücken: ich habe 1 kg zugenommen! Bott hat es auf 3 kg gebracht!

Von Wolfgang Haußmann war ein Brief da,[4] daß er mit einigen Freunden (von Mühlen, Mehnert usf.) ein Karl-Georg-Pfleiderer-Buch machen will, zu dem ich das Vorwort schreiben soll. Ich habe das aber abgelehnt, erstens weil ich derlei ja durch all die Jahre hindurch immer vermieden habe, und zweitens weil ich ja dann wissen müßte, was die einzelnen Leute als Beiträge schreiben, und dazu habe ich nun wirklich keine Zeit.[5] Bei aller freundschaftlichen Empfindung, die ich für Pfleiderer immer gehabt habe,[6] bin ich doch etwas in Sorge, daß hier eine fehlgehende Heroisierung betrieben werden könnte. Freilich kenne ich ja nichts

---

1 Stempel: „Pers[önlichem] Ref[erenten] vorgelegen"; rechts oben undatierte Paraphe von Bleek; weiterer Nachweis: N 1221, 343: ms. Schreiben, Durchschlag.

2 THEODOR HEUSS: Max Weber in seiner Gegenwart, in: MAX WEBER: Gesammelte politische Schriften, mit einem Geleitwort von Theodor Heuss, neu hg. v. Johannes Winckelmann, zweite, erweiterte Auflage Tübingen 1958, S. VII–XXXI.

3 Zum Staatsbesuch in Italien (19.–22. 11. 1957) und im Vatikan (27./28. 11. 1957) vgl. F. GÜNTHER, Heuss auf Reisen, S. 102–118; Unterlagen in: B 122, 551; eine zusammenfassende „Aufzeichnung" von Heuss (einschließlich eines hs. Entwurfs) zum Italienbesuch vom 6. 12. 1957 wurde mit einem von Bleek gez. Schreiben am 9. 12. 1957 auch Adenauer zur Kenntnisnahme übersandt; B 122, 551; vgl. auch Nr. 135.

4 Haußmann an Heuss, 27. 11. 1957, in: B 122, 2067.

5 Vgl. Heuss an Haußmann, 3. 12. 1957, in: ebd.

6 Heuss hatte sich mit dem Botschafter in Belgrad, Pfleiderer, u. a. über die Zukunft der FDP ausgetauscht. Im Oktober 1957 war er überraschend verstorben; Korrespondenz in: B 122, 41; N 1221, 185. Zur Einschätzung Pfleiderers posthum vgl. Heuss an Haußmann, 3. 12. 1957, in: B 122, 2067; TH. HEUSS, Tagebuchbriefe, S. 267, 10. 10. 1957; Silvesteransprache vom 31. 12. 1957, in: Bulletin, Nr. 1, 3. 1. 1958, S. 1f. – 1952 hatte Pfleiderer sein Wiedervereinigungskonzept vorgestellt, das ein neutrales Deutschland vorsah („Pfleiderer-Plan"). 1954 forderte er eine neue Ostpolitik, mit der die Anerkennung der DDR und anderer Staaten des Ostblocks eingeleitet werden sollte; vgl. J. BREHMER, Deutschland.

von dem eventuellen Nachlaß an schriftlichen Dingen, der dabei gehoben werden soll.[7]

Die italienische Unternehmung war im ganzen ja sehr wohl gelungen.[8] Jetzt steht vor mir noch die Aufgabe, die hiesigen und die italienischen Pressestimmen etwas durchzusehen. Lustig ist für mich dies, daß sehr viele Menschen aus meinem Kreis, auch die Mitarbeiter im Amt, durch den Fernsehbetrieb ein Stück weit Mitreisende waren und manche Szenen intensiver miterlebt zu haben scheinen als ich selber, da ich von den fortgesetzten Seh- und Hör-Aufnahmen in meiner Naivität gar nichts merkte. So werde ich hier mit Anekdoten bedient.

Natürlich gibt es auch nette und böse Briefe wegen des Besuches der Fosse Ardeatine.[9] Wie richtig Ihre Anregung gewesen ist, diesen Besuch zu machen, wurde mir vor allem auch dadurch deutlich, daß beim Vatikan drei oder vier Kardinäle und Prälaten mich gerade auf diese Sache angesprochen haben.[10]

An Botschaftsrat Sattler habe ich auch schon einen längeren Brief diktiert wegen Geschichten, die ich hier vorfand und die ins Italienische hineinwirken, aber von hier aus nicht behandelt werden können; zum Teil anekdotisch ganz Amüsantes.[11]

Bei der Rückkehr fand ich auch den 5. Band der „Großen Deutschen" vor,[12] der dieser Tage als Ergänzung der früheren Gabe und als Weihnachtsgruß an Sie abgesandt werden wird.

Mit schönem Dank für alle Fürsorglichkeit, die vor allem auch meine Schwägerin[13] sehr genossen hat, und mit vielen guten Wünschen für das ganze Haus
Ihr Theodor Heuss

---

7 Der Nachlass Pfleiderer in: BArch, N 1286.

8 Vgl. Anm. 3. Staatssekretär Klaiber war mit Wirkung vom 1. 6. 1957 vom BPrA zum AA versetzt worden, das ihn zum Botschafter in Rom ernannte. Auf dieser Position konnte er hilfreiche Dienste bei der Vorbereitung des Staatsbesuches von Heuss in Italien leisten; vgl. F. GÜNTHER, Heuss auf Reisen, S. 104.

9 Vgl. Nr. 135, Nr. 137. Das Echo in den italienischen Medien war durchgehend positiv. In Deutschland erregte die Kranzniederlegung ebenfalls große Aufmerksamkeit, in die sich auch kritische Stimmen mischten; vgl. F. GÜNTHER, Heuss auf Reisen, S. 50–52, 106–108; vgl. die Korrespondenz zum Italienbesuch, in: B 122, 551. Noch in seinem Glückwunschschreiben zu Heuss' Geburtstag 1958 erinnerte Außenminister Brentano an das Ereignis: „Gerade weil dieser Besuch von Ihnen gegen alle politischen und psychologischen Bedenken durchgesetzt wurde, die – sicherlich in guter Absicht – dagegen erhoben worden waren, hat er die starke Wirkung ausgeübt, die ich auch weit über die Grenzen Italiens immer wieder verspüren konnte." B 122, 48.

10 Zum sich anschließenden Staatsbesuch im Vatikan am 27./28. 11. 1957 vgl. F. GÜNTHER, Heuss auf Reisen, S. 112–118.

11 Heuss an Dieter Sattler, 2. 12. 1957, in: N 1221, 343. U. a. informierte Heuss Sattler darüber, dass er ein Schreiben von jemandem bekommen habe, der glaube, das Petschaft von Torquato Tasso zu besitzen. Sattler war Kulturreferent an der Deutschen Botschaft in Rom.

12 H. HEIMPEL / TH. HEUSS / B. REIFENBERG, Großen Deutschen, Bd. 5; vgl. auch Nr. 36, Nr. 64, Nr. 66, Nr. 77, Nr. 92, Nr. 93, Nr. 102, Nr. 103.

13 Hedwig Heuss, die Heuss auf der Italien-Reise begleitet hatte.

Nr. 137
An Dr. Erich Windelband, Frankfurt a. M.
3. Dezember 1957

BArch, B 122, 551: ms. Schreiben, Durchschlag, von Heuss diktiert (Diktatz. H/A) und von Bott paraphiert; ms. Briefkopf: „Bundespräsidialamt"[1]

Zurückweisung von Kritik an dem Besuch der Gedenkstätte für die von der SS erschossenen italienischen Geiseln an den Fosse Ardeatine

Sehr geehrter Herr Dr. Windelband!

Der Herr Bundespräsident ist nach seiner Rückkehr aus Italien[2] von einem so ungeheuren Stoß von Briefen und von einer Anzahl sonstiger Verpflichtungen erwartet worden, daß er Ihnen nicht persönlich antworten kann.[3] Er hat mich gebeten, Ihnen das Folgende mitzuteilen:

Es war dem Herrn Bundespräsidenten von Anfang an völlig klar, daß sein Besuch bei der Gedenkstätte für die erschossenen italienischen Geiseln[4] keineswegs den Beifall aller Deutschen finden würde. Daran pflegt ihm auch nichts zu liegen. Er will auch ausdrücklich festgestellt wissen, daß er nicht, wie Sie meinen, schlecht beraten war. Der Entschluß zu diesem Gang war von ihm ganz persönlich schon in Bonn gefaßt worden,[5] und als es schien, daß die italienische Regierung Sorge wegen eventueller linksradikaler oder sogenannter „neofaschistischer" Demonstrationen haben könnte, hatte der Herr Bundespräsident beschlossen, dieses Vorhaben nicht aufzugeben, sondern es nun improvisiert in sein Programm einzuschalten. Das war dann aber gar nicht nötig.

Professor Heuss hatte sich ja über den Vorgang als solchen schon vorher orientiert und wußte auch, daß es sich um einen Vergeltungsakt für die bei einem Bombenattentat umgekommenen deutschen Polizisten handelte. Aber die Art, wie die „Vergeltung" ausgeführt wurde, schien ihm mit das grausamste Verfahren zu sein: es wurden aus dem Stadtquartier[6] und aus ein paar Gefängnissen Leute zusammengeholt, auf einen deutschen Toten zehn Italiener, und über diese Zahl hinaus hat der Exekutionsoffizier noch fünfzehn weitere Menschen einfach

[1] Hs. gestrichen Az. AP-14469/67, hs. ergänzt durch AP-6672; Stempel: „Pers[önlichem] Ref[erenten] vorgelegen"; Registraturvermerk unleserlich; weiterer Nachweis: N 1221, 343: ms. Schreiben, Durchschlag.

[2] Zum Italienbesuch vgl. Nr. 135, Nr. 136.

[3] Windelband hatte in seinem Schreiben vom 25. 11. 1957 kritisiert, dass Heuss durch seinen Besuch der Fosse Ardeatine die Rechtmäßigkeit des völkerrechtswidrigen Partisanenkrieges anerkannt, die deutschen Opfer der Partisanen zu wenig gewürdigt und es damit an dem nötigen „Takt" habe mangeln lassen. Er führte dies auf eine falsche Beratung des Bundespräsidenten zurück; B 122, 551.

[4] Vgl. zum Besuch der Fosse Ardeatine Nr. 135, Nr. 136.

[5] Die Anregung kam aber von Klaiber; vgl. Nr. 136, Anm. 8.

[6] Hs. korrigiert aus „Standquartier".

Abb. 19: Kranzniederlegung an den ardeatinischen Höhlen, Italien, 20. 11. 1957

erschießen lassen. Da Professor Heuss die Erschießung von Geiseln, die mit einem Geschehen gar nichts zu tun haben, wo immer und wem immer sie geschieht, für die widerwärtigste Begleiterscheinung kriegerischer Auseinandersetzungen hält, berühren ihn Zuschriften wie die Ihrige nicht all zu sehr. Er bittet Sie auch, ihm selber die Beurteilung dessen zu überlassen, was er für „Takt" hält.

Etwas merkwürdig findet der Herr Bundespräsident Ihre Genugtuung darüber, daß er, wenn auch erst „an letzter Stelle", den deutschen Soldatenfriedhof besucht hat.[7] Es gibt geographische Gegebenheiten, und zudem lag die Sache so, daß an dem betreffenden Tag Buß- und Bettag begangen wurde, ein Termin, an dem wohl der Gang vom Gottesdienst zu der Erschießungsstätte gemäß war, einer Stätte, die im übrigen eine Tafel mit einer höchst eindrucksvollen und gar nicht hassenden Inschrift bezeichnet.[8]

Mit besten Empfehlungen B[ott]

Persönlicher Referent des Bundespräsidenten

7 Wie Anm. 3. Friedhof für die gefallenen deutschen Soldaten in Pomezia; vgl. F. GÜNTHER, Heuss auf Reisen, S. 107.

8 In einem Schreiben vom 11. 1. 1958 wiederholte Windelband seine Vorwürfe, worauf er 5 Tage später nur noch eine kurze, von Heuss diktierte und Bott gez. Antwort erhielt; B 122, 551.

Nr. 138
An Dr. Thomas Dehler, Bamberg
13. Dezember 1957
AdL, N 1, 3024: ms. Schreiben, behändigte Ausfertigung; Kopfbogen: „Theodor Heuss“[1]
Glückwünsche zum 60. Geburtstag von Thomas Dehler; Übersendung von Aufsätzen

Lieber Dr. Dehler!

Wie ich höre, werden Sie Ihren 60. Geburtstag, auf den man mich schon vor einiger Zeit von dieser oder von jener Seite aufmerksam gemacht hatte, in Bamberg feiern. Ich will diese Zeilen beauftragen, Ihnen meine guten Grüße und Glückwünsche zu überbringen.

Es ist mir wohl bewußt, daß in unsere alte Freundschaft ein Knick gekommen ist, da Sie selber seit dem Herbst 1953 mich mit gelegentlich recht unfrohen Empfindungen bedacht haben und ich mehr als einmal tief erschrocken war über die Form, in der Sie Ihre große und schöne politische Leidenschaft zum Ausdruck brachten.[2] Aber wir schieben diese einfachen Tatbestände, deren wir uns beide bewußt sind, an diesem Tag auf die Seite und gedenken der Gemeinsamkeiten der geistigen Herkunft und der Richtung gemeinsamer Zielsetzung.

Ich darf Ihnen, da ja jetzt doch eine größere parlamentarische Pause eintritt, als Geburtstagsgruß ein paar kleine Arbeiten von mir senden, von denen zwei erst in diesen Wochen erschienen sind. Sie mögen vielleicht etwas erstaunt sein, daß ich mitten in einer Zeit, die ja dies und dies an Aktenstudium und Beratung über drängende politische Fragen fordert, kunsthistorisches Allotria getrieben habe, und vielleicht runzeln Sie die Stirne: Das also sind dem Heuss seine Sorgen! Zu Ihrer Beruhigung: die beiden Studien über Rethel und über Busch[3] sind in den Weihnachtstagen 1956 in Lörrach entstanden, da das Glatteis mich im Hause festhielt.[4] Diese Schriften sind also keine Fluchtübungen vor Adenauer und Ollenhauer, sondern erholsame Nebenwege, Training in der Welt, die neben politischen

---

1 Weitere Nachweise: N 1221, 343 und 65: ms. Schreiben, Durchschlag mit Verfügungen: „Durch Eilboten 2) für Pressereferat zur Kenntnis“; unter dem Datum Paraphe von Bleek vom 12. 12.; Druck: TH. HEUSS, Lieber Dehler, S. 137f.

2 Im Herbst 1953 hatte Heuss deutlich gemacht, dass er sich einer erneuten Ernennung Dehlers zum Bundesjustizminister widersetzen werde, weil dieser permanent Konflikte innerhalb der Regierungskoalition sowie mit dem Bundesverfassungsgericht und der katholischen Kirche provoziert habe; vgl. Heuss an Dehler, 20. 10. 1953, außerdem 25. 11. 1952 und 28. 5. 1953, in: TH. HEUSS, Bundespräsident 1949–1954, S. 483f, 380–384, 446; auch U. WENGST, Thomas Dehler, S. 222–234.

3 Vgl. Nr. 111, Anm. 3.

4 Vgl. auch Heuss an Adenauer, 2. 1. 1957, in: TH. HEUSS / K. ADENAUER, Unserem Vaterlande zugute, S. 232.

Leidenschaften auch ganz gern sich pfleglich betrachten und behandeln läßt. Und meinem Gruß und Glückwunsch ist deshalb die pädagogische Anmerkung beigefügt: Treiben Sie auch gelegentlich *derlei* Allotria!

Mit freundlichen Empfehlungen, auch an die Familie,
Ihr Theodor Heuss

Nr. 139

An Prof. Dr. Helmut Gollwitzer, Berlin-Nikolassee
30. Dezember 1957; Lörrach-Tumringen, Im Vogelsang 7
Evangelisches Zentralarchiv, 686/7923: ms. Schreiben, behändigte Ausfertigung; Kopfbogen: „Theodor Heuss“[1]

Persönliche Erinnerungen an Karl Barth und andere Theologen; Kritik an Barths Äußerungen zur Wiederaufrüstung

Lieber Professor Gollwitzer!

Eben habe ich an Thielicke einen Brief diktiert,[2] der mit der These beginnt, daß mir offenbar die Theologen auf den Fersen sind. Er schickte mir sein „Gottes Bilderbuch“.[3]

Ich selber aber sitze an den Vorstudien zu einem Essay über Max Weber,[4] über den ich ja wiederholt schon schrieb.[5] Ich bin jetzt allmählich einer der wenigen, die ihn persönlich näher kannten, und habe schon lange, lange zugesagt, für eine geplante Neuauflage seiner politischen Schriften etwas zu schreiben.

Ob es Ihnen gelingt, mir durch Ihre „Erleichterung für die Zeitgenossen“[6] den Zugang zu schaffen? Ich habe Barth gegenüber ein unsicheres Gefühl. Es ist so, daß ich ihn einige Male reden hörte und dann auch in kleinerem Kreis (etwa bei Praetorius in Lichterfelde) mit ihm zusammen war. Aufs stärkste war ich von seinem Gesicht beeindruckt, das als wechselreichste Landschaft, die in einem menschlichen Antlitz sich darstellen kann, erschien und in der Erinnerung noch erscheint. Ich spürte die Faszination, die von ihm ausgeht. Aber als ich im Zu-

---

1 Weitere Nachweise: N 1221, 343; B 122, 2060: ms. Schreiben, Durchschlag mit Stempel: „Pers[önlichem] Ref[erenten] vorgelegen“.

2 Heuss an Helmut Thielicke, 31. 12. 1957, in: N 1221, 343.

3 HELMUT THIELICKE: Das Bilderbuch Gottes. Reden über die Gleichnisse Jesu, Stuttgart 1957.

4 TH. HEUSS, Max Weber; vgl. auch Nr. 159.

5 So in: TH. HEUSS, Führer, S. 46–57; DERS., Deutsche Gestalten, S. 378–385.

6 Vermutlich hatte Gollwitzer Heuss folgendes Buch übersandt: KARL BARTH: Kirchliche Dogmatik, ausgewählt und eingeleitet v. Helmut Gollwitzer, Zürich 1957.

sammenhang mit meinen Naumann-Arbeiten den Vortrag über die Innere Mission las, war ich total enttäuscht, wegen der abstrahierenden Begrifflichkeit, mit der er dieses doch immerhin seelisch große Thema behandelt.[7]

Ich muß mich natürlich Ihrer weit größeren Kenntnis der Literatur beugen, wenn Sie von der Ergriffenheit der katholischen Theologie durch Barth berichten. Freilich bin ich einmal dem geistreich beweglichen Herrn von Balthasar persönlich begegnet, und das mindert etwas den Eindruck Ihrer These. Völlig erstaunt freilich war ich, als ich weiter las und sah, daß Sie Barth in die Kategorie der Demütigen eingliedern. Das muß ich erst noch lernen. Bei mir figuriert er im Bewußtsein eigentlich unter den Hochmütigen, was aber kein Aburteil, sondern eine Charakteristik sein soll. Freilich bin ich hier etwas befangen. Barth hat im Jahre 1919, als Naumann und Christoph Blumhardt d. J. sehr rasch nacheinander gestorben waren, in einer Thurgauer sozialdemokratischen Zeitung einen Nachruf geschrieben, der in meinem Gefühl peinlich bleibt, weil er fast etwas wie herablassende Ironie gegenüber Naumann produziert und Blumhardt, der ja gewiß ein homo religiosus war, aber doch mehr die religiöse[8] Melodie eines gewaltigen Vaters vom Theologischen, was ich aber nicht verstehe, entsetzlich steigerte.[9] Und ganz sicher ist mir dies: Barths wiederholte politischen Äußerungen zu dem Problem der deutschen Wehrverpflichtung[10] sind volkspolitisch gesehen doch das, was man banal Pharisäismus nennt. Als ob eine Vaterlandsverteidigungspflicht ab Riehen[11] südlich Tugend und Selbstverständlichkeit und von Riehen zum Wiesental Laster und Hybris sei.

So nun haben Sie einen Neujahrsbrief bekommen, der Ihnen, wie ich fürchten muß, in manchen Teilen nicht gefallen wird; der erwartet auch keine entspre-

---

[7] KARL BARTH: Die Kirche und die Kultur, Vortrag vom 1. 6. 1926 auf dem Kongress des kontinentalen Verbandes für innere Mission in Amsterdam, in: Zwischen den Zeiten 4 (1926), S. 363–384, Wiederabdruck in: K. BARTH, Vorträge, S. 6–40. Heuss verfasste seinerseits einen Vortrag „Friedrich Naumann und die Innere Mission in Frankfurt/Main 1890–1896“, den er in Frankfurt a. M. am 19. 11. 1950 hielt; Exemplar in: N 1221, 4.

[8] Hs. korrigiert aus „unreligiöse“.

[9] Die Nachrufe von KARL BARTH: Vergangenheit und Zukunft. 1. Friedrich Naumann, 2. Christoph Blumhardt (der Jüngere), in: Neuer Freier Aargauer. Sozialdemokratisches Tagblatt, Nr. 204/205, 3./4. 9. 1919, wiederabgedruckt in: J. MOLTMANN, Anfänge, S. 37–49.

[10] Karl Barth hatte sich in der bundesdeutschen Diskussion um eine Remilitarisierung und atomare Aufrüstung seit 1950 pronociert gegen eine Wiederbewaffnung ausgesprochen. Zum Volkstrauertag 1954 kritisierte er die NATO. Eine Woche nach dem „Göttinger Appell“ vom 12. 4. 1957 rief er die Völker der Welt zum Aufstand gegen die drohende Atombewaffnung beider Blöcke auf. Im Herbst 1958 veröffentlichte Barth einen offenen „Brief an einen Pfarrer in der Deutschen Demokratischen Republik“, in dem er Fragen der Christen in der DDR behandelte; vgl. M. GRESCHAT, Protestantismus; Titelgeschichte „Gottes fröhlicher Partisan“, in: Der Spiegel, H. 52, 23. 12. 1959, S. 69–81.

[11] Ort bei Basel in der Schweiz, in dem ein Cousin von Elly Heuss-Knapp, Ludwig Geiger, wohnte.

chende Antwort. Aber mit Ihrer freundlichen Sendung haben Sie das nun selber provoziert.[12]

Mit guten Wünschen und Grüßen für Sie und Ihre Gattin
Ihr Theodor Heuss

Nachüberlegung:[13] ob nicht Harnacks Dogmengeschichte[14] und Troeltschs Soziallehren[15] die ernsten kathol[ischen] *Wissenschaftler* auch sehr beschäftigt haben, freilich nicht die publizistischen Apologeten?

NS.[16] Leider ist meine Schwiegertochter wegen einer Kopfgrippe seit drei Wochen im Haus Baden in Badenweiler.[17] Aber wir haben eine sehr gute Aushilfe für den Haushalt gefunden. Für Hanne gilt als maßgebliches Rezept Geduld und Ruhe.

Nr. 140
An Dr. Konrad Adenauer, Bonn
3. Januar 1958; Lörrach

StBKAH, III/47: hs. Schreiben, behändigte Ausfertigung; Kopfbogen: „Theodor Heuss"[1]

Zurückweisung von Kritik Konrad Adenauers an Erwähnung von George F. Kennan in der Silvesteransprache von Theodor Heuss

Verehrter, lieber Herr Bundeskanzler,

Sie lassen mich wissen, daß ich durch eine Bemerkung in meiner Silvesteransprache,[2] die dem amerikanischen Professor George Kennan in einer Notiz über die Technik der gegenwärtigen Außenpolitik zustimmt, Deutschland „geschadet" habe.[3] Es tut mir leid, daß Sie mich zwingen, solchen Vorwurf mit ganz einfacher Bestimmtheit zurückzuweisen.

---

12 Ein entsprechendes Antwortschreiben Gollwitzers ließ sich nicht ermitteln.
13 Der folgende Absatz hs.
14 ADOLF VON HARNACK: Lehrbuch der Dogmengeschichte, 3 Bde., Freiburg i. Br. 1886–1890.
15 ERNST TROELTSCH: Die Soziallehren der christlichen Kirchen und Gruppen, Tübingen 1912.
16 Der folgende Absatz ms.
17 Hanne Heuss beging dort einige Monate später in der Nacht vom 8./9. 4. 1958 nach längerer Krankheit, die mit einer Gehirngrippe begann, Suizid; vgl. Heuss an Toni Stolper, 9. 4. 1958, in: BArch, N 1186, 124; Todesanzeige in: FAZ, 11. 4. 1958.
1 Weitere Nachweise: N 1221, 62 und 344: ms. Schreiben, Abschrift; Druck: TH. HEUSS / K. ADENAUER, Unserem Vaterlande zugute, S. 248f.
2 Auch im Folgenden in der Vorlage: „Sylvesteransprache".
3 In seiner Silvesteransprache 1957/58 regte Heuss an, internationale Fragen nicht allein vor den Augen der Öffentlichkeit, sondern auch mit Hilfe einer Geheimdiplomatie zu verhandeln. Er berief

Ich habe nie erwartet oder erwarten können, daß Sie mit jedem Wort, das ich sprach oder schrieb, einverstanden sein würden, Sie haben aber auch nie eine „Zensur“ beansprucht, auf die ich mich, nach meiner Natur und nach meiner Amtsstellung, nie eingelassen hätte – derlei stand ja auch nie zur Diskussion, da wir ja in der Beantwortung der großen Fragen, jeder aus seiner Sicht, zu einer sachlich verwandten Auffassung kamen.[4]

Ich habe bei dieser Silvesteransprache nun ein Übriges getan: sie durch Botschafter von Eckardt überprüfen lassen (der ja besonderes Flair gerade für politische Zwischentöne besitzt), ob meine Formulierungen sich mit der Atmosphäre der pariser Konferenz[5] vertragen, was er durchaus bejahte;[6] dieser Hinweis will aber nun nicht eine Portion Ihres besorgten Unmuts auf einen „Unschuldigen“ ablenken.

Sachlich können Sie ja wohl kaum gegen die Skepsis Einwendungen erheben, die auf einen improvisierten Konferenzbetrieb zielt – es ist ja Ihre eigene Skepsis. Daß ich Kennan dabei nannte, ist nichts anderes als eine literarische Courtoisie; ich habe den gleichen sorgenden Gedanken schon oft genug ausgesprochen und wollte vermeiden, daß man meint, ich habe ihm das nachgeplappert. Die Konkretisierung, die dann folgt, ist ja „Eigengewächs“.

Daß ich auf Grund persönlicher Bekanntschaft[7] Kennan für einen Mann von erheblichem Rang halte, steht dabei nicht zur Diskussion – daß Präsident Eisenhower ihn kalt gestellt hat,[8] ist mir seit langem eine vertraute Sache.

---

sich dabei auf den „behutsam geistvollen George Kennan“; die Ansprache unter dem Titel „Die Politik ist das Schicksal!“ in: Bulletin, Nr. 1, 3. 1. 1958, S. 1f, Zitat S. 1; FAZ, 2. 1. 1958; Manuskript in: B 122, 249. Daraufhin hatte Adenauer in einem Schreiben vom 2. 1. 1958 Heuss vorgeworfen, mit der Berufung auf Kennan, der zu einer „unrealen Betrachtungsweise“ zur Lösung der Ost-West-Spannungen neige, „der Politik des Bundeskabinetts wie auch der Mehrheit des Bundestages“ geschadet zu haben; TH. HEUSS / K. ADENAUER, Unserem Vaterlande zugute, S. 248; zu dieser Auseinandersetzung zwischen Heuss und Adenauer vgl. auch TH. HEUSS, Tagebuchbriefe, S. 297–299, 3. und 7. 1. 1958; E. PIKART, Theodor Heuss, S. 121–123.

4 Zu den Gemeinsamkeiten vgl. ebd., S. 48–56; E. W. BECKER, Theodor Heuss, S. 131; P. MERSEBURGER, Theodor Heuss, S. 459–467.

5 Tagung der NATO auf der Ebene der Regierungschefs 16.–19. 12. 1957; vgl. K. ADENAUER, Erinnerungen 1955–1959, S. 333–346.

6 Ein Kontakt zu Eckardt ließ sich in dieser Angelegenheit nicht ermitteln. In seinem Antwortschreiben vom 7. 1. 1958 verwies Adenauer auf ein Gespräch mit Eckardt, der ihm berichtet habe, dass Heuss ihn nur wegen einer Stelle seiner Ansprache angefragt habe; vgl. TH. HEUSS / K. ADENAUER, Unserem Vaterlande zugute, S. 252.

7 Heuss hatte George F. Kennan nach einer ersten Begegnung am 18. 8. 1951 (B 122, 490) am 5. 8. 1954 zu einer fast eineinhalbstündigen „angeregte[n] Unterhaltung“ empfangen; im Verlaufe dieses Gesprächs beklagte Kennan, „daß die alte diplomatische Technik des Gesprächs mit dem Gegner – die ‚privacy‘ der Diplomatie – verlorengegangen sei“; Vermerk von Heyden, 6. 8. 1954, in: B 122, 492.

8 Aufgrund der Kritik, die Kennan am konfrontativen außenpolitischen Kurs von Dwight D. Eisenhower und John Foster Dulles übte; vgl. A. K.-U. LANGE, George Frost Kennan, S. 195f.

Es kommt mir aber etwas zu kurzschlüssig vor anzunehmen, daß die höfliche Nennung bei einer technischen Frage als eine Option für Thetik der sechs Vorträge genommen wird.[9] Warten wir einmal ab. Sie, Herr Bundeskanzler, fürchten, daß Kennan zu einem Kronzeugen der Opposition in der außenpolitischen Debatte werde.[10] Mag sein. Da hätte ich gar keine Angst. Ich habe die sechs Reden wörtlich gelesen und glaube genau gespürt zu haben, wo ihre logischen, wo ihre psychologischen Mängel sitzen.

Ich wollte ihn, mit dem knappen Wort der Erwähnung, gar nicht „gut behandeln", aber ich würde es für falsch halten, wenn er bei uns offiziell „schlecht" behandelt würde. (Das Bulletin hat dies ja vor ein paar Wochen klüglich vermieden[11] – ich weiß nicht, ob sich da etwas geändert hat.) Mir ist nicht bekannt, ob Kennan empfindlich oder eitel ist. Doch rechne ich mit der Möglichkeit, daß er in der USA-Politik wieder einmal Figur wird, d. h. mehr als publizistischer Kommentator.[12]

Wollen Sie für den Umfang dieses Briefes Nachsicht haben. Seine Länge mag Ihnen zeigen, daß es mir mein politisches und menschliches Gefühl einfach nicht erlaubt, Ihren Vorwurf ohne Widerspruch hinzunehmen, so sehr ich bereit bin, Ihre Besorgtheit zu würdigen.[13]

Mit guten Grüßen
Ihr Theodor Heuss

---

[9] Kennan hatte im Spätherbst 1957 in der BBC sogenannte „Reith Lectures" gehalten, sechs Vorträge, in denen er vor dem Hintergrund von Aufrüstung und Atombewaffnung die US-Außen- und Deutschlandpolitik kritisierte, für Abrüstungsmaßnahmen der beiden großen militärischen Blöcke und einen Truppenabzug aller vier Siegermächte aus Deutschland und dessen Neutralisierung plädierte. Er favorisierte für die internationalen Verhandlungen Formen der bilateralen Geheimdiplomatie; vgl. A. K.-U. LANGE, George Frost Kennan, S. 200–214; vgl. auch G. F. KENNAN, Schatten.

[10] Vgl. Anm. 3.

[11] Unter dem Titel „Kennans Ratschläge" erschien im „Bulletin des Presse- und Informationsamtes der Bundesregierung" ein Artikel, der sich kritisch mit den ersten vier Vorträgen der „Reith Lectures" auseinandersetzte, in vielen Punkten aber auch Zustimmung zu den Gedanken Kennans signalisierte. Einleitend hieß es: „Schon jetzt zeichnet sich das Bild einer politischen Konzeption ab, die weniger durch die Originalität ihrer Vorschläge, die überwiegend nicht neu sind, als durch die Persönlichkeit, die sie vertritt, und durch die brillante Form ihrer Präsentation besticht. Der Mann, der hier spricht, muß in jeder Hinsicht ernstgenommen werden"; Bulletin, Nr. 226, 6. 12. 1957, S. 2087.

[12] Kennan war noch 1961–1963 Botschafter in Belgrad.

[13] Adenauer wiederholte in seinem Antwortschreiben am 7. 1. 1958 seine Sorge; vgl. TH. HEUSS / K. ADENAUER, Unserem Vaterlande zugute, S. 252. In einem Gespräch am 9. 1. 1958 legten Heuss und Adenauer noch einmal ihre Standpunkte in dieser Angelegenheit dar; vgl. K. ADENAUER / TH. HEUSS, Unter vier Augen, S. 259–261. Im darauf folgenden Jahr begann Heuss seinen Neujahrs-Brief an Adenauer vom 2. 1. 1959 ironisch mit der Bemerkung, um ihn nicht wieder zu „beunruhigen", habe er in seiner Silvester-Ansprache George F. Kennan nicht erwähnt; TH. HEUSS / K. ADENAUER, Unserem Vaterlande zugute, S. 261.

Nr. 141
An Prof. Dr. Moritz Julius Bonn, London Nord-West
14. Januar 1958

BArch, N 1082, 58: ms. Schreiben, behändigte Ausfertigung; Kopfbogen: „Theodor Heuss“[1]

Kritik an der zunehmenden Versendung von Neujahrswünschen; Silvesteransprache des Bundespräsidenten mit Bezug auf George F. Kennan; Ostpolitik

Lieber Professor Bonn!

Seit den Tagen vor Weihnachten begleitet mich Ihr Schreiben,[2] das kurz vor der Abreise nach Lörrach hier eintraf; aber Sie haben mir ja noch nie die Nachsicht verweigert. Ich war in Lörrach 14 Tage in der Familie des Sohnes, ganz ohne Hilfskraft, aber zugedeckt mit Briefen. Es ist ja eine seltsame Eigentümlichkeit der Menschen aller Völker, daß sie ausgerechnet auf Weihnachten und Neujahr die Briefe kumulieren. Ich habe wohl von sämtlichen Kontinenten Hunderte von Zuschriften erhalten, ganz abgesehen von der Greetings-Grippe, die ja termingerecht um diese Zeit in den USA auszubrechen pflegt.[3]

Es ist das Einfachste, wenn ich Ihnen meine Silvesteransprache im Wortlaut mitschicke.[4] Sie war um meiner Zeitdispositionen willen bereits vor der Pariser Konferenz[5] niedergeschrieben worden und bedurfte dann keiner Änderung mehr. Sie hat ein seltsames und von mir selber gar nicht erwartetes Echo gefunden,[6] auch drüben in Amerika, als ob es sich um das Heraustreten aus der Reserve handele und eine Option für Kennan darstelle.[7] Ich habe zwar vor Kennan, auch auf Grund einer früheren persönlichen Begegnung, menschlichen und sachlichen Respekt und nannte ihn eigentlich nur aus einer gewissen publizistischen Courtoisie, weil ich seine Ironisierung des heutigen diplomatischen Stils schon vor ihm

---

1 Weitere Nachweise: N 1221, 344; B 122, 2055: ms. Schreiben, Durchschlag.

2 Bonn an Heuss, 14. 12. 1957, in: B 122, 2055.

3 Bereits eine Pressenotiz vom 6. 12. 1955 besagte, der Bundespräsident, die Mitglieder der Bundesregierung sowie die Präsidien des Bundestages und des Bundesrates seien übereingekommen, zu Weihnachten und Neujahr keine Karten zu versenden und stattdessen karitative Verbände zu bedenken; B 122, 33. Daraufhin protestierte der Verband der Bayerischen Papier und Pappe verarbeitenden Industrie; B 122, 179. Gegenüber Dolf Sternberger bekannte Heuss am 9. 1. 1957, „den versuchten Feldzug gegen die Neujahrsglückwünsche habe ich, der Niederlage gewiß, abgebrochen“; B 122, 41; vgl. auch Heuss an Ulla Galm, 12. 2. 1954, in: N 1221, 315.

4 Vgl. Nr. 140, Anm. 3.

5 Vgl. Nr. 140, Anm. 5.

6 Vgl. Pressedokumentation des BPrA zu Theodor Heuss. Gegenüber Arnold Brecht betonte Heuss am 3. 2. 1958, dass dies entgegen der Pressemeinung nicht seine wichtigste Rede gewesen sei: „Mein einziges Bestreben in diesen Dingen kann ja nur sein, dem gesunden Menschenverstand bei dieser gräßlichen Verkrampftheit der heutigen Menschheit eine leichte Chance zu geben.“ N 1221, 345.

7 Vgl. auch zum Folgenden Nr. 140.

gepflegt habe und nicht den Eindruck erwecken wollte, als ob ich ihm literarisch etwas stehle, denn im Grunde handelt es sich ja bei dieser Ansprache von mir wesentlich darum, daß ich, wenn Sie so wollen, Banalitäten zum Vortrag brachte, die sich vielleicht dadurch von anderem unterschieden, daß sie besser geformt waren. Ich habe dabei auch die Pointe unterdrückt, daß Dulles ein Virtuose der stillen Diplomatie gewesen ist, als er den Friedensschluß mit Japan fertigbrachte. Doch scheute ich mich, das auszusprechen, weil es vielleicht *zu sehr* aus der europäischen Perspektive gesehen war, und für die Amerikaner jene[8] Verhandlung auch etwas Spektakulöses hat.

Es ist seltsam, wie sich heute so viele Leute auf Kennan berufen, von denen zu vermuten ist, daß sie seine Vorträge gar nicht in extenso lasen, denn in seinem ersten oder zweiten Vortrag – ich habe jetzt keine Zeit, das philologisch nachzulesen – hat er ja in der psychologischen Darstellung des Kremls[9] vernichtende Argumente gehäuft gegenüber einer eventuell zu erwartenden sowjetrussischen Fairneß, und an einer späteren Stelle war er so „unrealistisch", daß er bei einem eventuellen Einbruch der Russen von jedem Deutschen eine Art von Werwolf-Haltung erwartet, wie sie in Himmlers mörderischem Rezept[10] vorhanden war. Man muß fast annehmen, daß Kennan in seiner Schulzeit sich von der Landsturmlegende des Jahres 1813 nähren ließ.[11]

Natürlich sind Ihre Bemerkungen über Polen und die Satelliten im Elementaren richtig,[12] aber die erneuerte Technik der Russen, die aus dem Kreml[13] eine Brief-Fabrik gemacht hat, ist ja für jedes diplomatische Gespräch eine Abwürgung, weil Propagandapositionen für innen und außen dabei bezogen sind, die die Beweglichkeit hemmen.

Ich hoffe sehr, daß Sie sich in der Zwischenzeit wieder gut erholt haben, und es soll mich sehr freuen, wenn wir uns im Frühjahr hier sehen können. Freilich,

---

8 Hs. korrigiert aus „jede".

9 Hs. korrigiert aus „Kremel".

10 Im Herbst 1944 befahl der Reichsführer-SS Heinrich Himmler den Aufbau einer militärisch geschulten Untergrundorganisation „Werwolf", die in Kleingruppen durch Überfälle und Sabotageakte im Rücken des Feindes den Abwehrkampf der regulären deutschen Verbände unterstützen sollte; vgl. V. KOOP, Himmlers letztes Aufgebot.

11 Kennan hatte in seiner Jugend einige Monate in Kassel gelebt und dort auch eine Schule besucht. – Im Zusammenhang mit der preußischen Heeresreform nach der Niederlage gegen Napoleon wurde im April 1813 ein Landsturm geschaffen, der als Ergänzung des Feldheeres alle gesunden Männer zwischen 15 und 60 Jahren umfasste; vgl. D. WALTER, Heeresreform, S. 292–300.

12 Bonn schlug u. a. eine Normalisierung des Verhältnisses zu Polen vor unter der Voraussetzung eines Verzichts auf die ehemaligen deutschen Ostgebiete; wie Anm. 2. An den dezidierten politischen Stellungnahmen Bonns nahm Heuss gelegentlich Anstoß. Am 12. 3. 1958 bekannte er gegenüber Toni Stolper, er habe immer „leise Angst, wenn ich einen Brief von ihm erhalte [...]. Von Leuten seiner ostensiven Besserwisserei pflege ich zu sagen, daß sie unmittelbar beim lieben Gott Konfirmandenunterricht gehabt hätten. Doch: er ist ein guter Schriftsteller." N 1186, 124.

13 Hs. korrigiert aus „Kremel".

Terminvorschläge kann ich meinerseits nicht machen, nur die Notiz schicken, daß es nicht unwahrscheinlich ist, daß ich Ende April/Anfang Mai nun doch den „Staatsbesuch" in den USA machen kann.[14] Im verwichenen März mußte ich ihn wegen einer überflüssigen, aber durch Wochen währenden Lungenentzündung absagen. Im Augenblick bin ich gesundheitlich recht gut im Stande. Die Italienreise, durch die vielen Verpflichtungen eigentlich strapaziös, habe ich gut überstanden.[15]

Mit den besten Grüßen und Wünschen
Ihr

Theodor Heuss

Nr. 142
An Prof. Dr. Werner Weber, Göttingen
20. Januar 1958

BArch, N 1529, 46: ms. Schreiben, behändigte Ausfertigung; Kopfbogen: „Der Präsident der Bundesrepublik Deutschland"[1]

Begründung der Nichtberufung von Werner Weber in den Deutschen Wissenschaftsrat

Verehrter Herr Professor Weber!

In diesen Tagen kommt nach etwas langwierigem Hin und Her die Bildung des Deutschen Wissenschaftsrates zum Abschluß.[2] Die Berufung eines wesentlichen Teils seiner Mitglieder ist durch das Abkommen zwischen dem Bund und den Ländern in die Hand des Bundespräsidenten gelegt.[3] Wenn freilich das Gremium

---

14 Vgl. zum Staatsbesuch in den USA vom 4. bis 23. 6. 1958 Nr. 114, Nr. 151, Nr. 162, Nr. 163, Nr. 166, Nr. 171.

15 Zum Staatsbesuch in Italien vgl. Nr. 135–Nr. 137.

1 Weiterer Nachweis: N 1221, 344: ms. Schreiben, Durchschlag mit Kenntnisnahme-Verfügung für Staatssekretär Bleek; die Professoren Gerhard Hess in Bad Godesberg und Gerd Tellenbach in Freiburg i. Br. erhielten Durchschriften.

2 Vgl. Nr. 99. Heuss schilderte die konstitutierende Sitzung am 6. 2. 1958 gegenüber Toni Stolper: Seine Rede sei so schwierig gewesen, weil zwischen Bund und Ländern gleichsam „Händel auf Vorrat" vorhanden seien; TH. HEUSS, Tagebuchbriefe, S. 308, 7. 2. 1958; vgl. auch ebd., S. 306, 28. 1. 1958; ebd., S. 311, 18. 2. 1958. Zu der schwierigen Entstehungsphase des Wissenschaftsrates vgl. TH. STAMM, Staat, S. 295–323.

3 Der Wissenschaftsrat setzte sich zunächst aus 39 Mitgliedern zusammen. 17 Vertreter werden vom Bund und den Landesregierungen entsandt. 22 Mitglieder beruft der Bundespräsident, davon 16 auf gemeinsamen Vorschlag der DFG, der Max-Planck-Gesellschaft und der Westdeutschen Rektorenkonferenz, 6 auf gemeinsamen Vorschlag der Bundesregierung und der Landesregierungen; vgl. O. BARTZ, Wissenschaftsrat, S. 36f. Zum begrenzten Einfluss von Heuss auf die Mitgliederauswahl vgl. ebd., S. 40–42.

in der Regelung seiner Arbeit autonom sein wird, so habe ich seit dem Beginn der Gespräche entscheidenden Wert darauf gelegt, daß der Bundespräsident dabei nicht bloß als eine Art von Bundesnotar den Vollzug fremder Entscheidungen durch seine Unterschrift zu bestätigen habe.[4] Und dies nicht nur deshalb, weil ich zu dem Fragenkreis als solchem ein persönliches Verhältnis habe, sondern weil das Ethos einer Berufung das zu verlangen scheint. Ich erbat deshalb eine Liste, die, in der Ausweitung der Vorschläge über die bindende Ziffer hinaus, mir eine gewisse Eigenbeweglichkeit gestatte. Dem Wunsch wurde stattgegeben.[5]

In der Vorschlagsliste der wissenschaftlichen Gremien war auch Ihr Name genannt. Es erscheint mir als Gebot der Loyalität, Ihnen mitzuteilen, daß ich davon abgesehen habe, jetzt Ihre Berufung zu vollziehen.[6] Mit irgendeiner Bewertung Ihrer wissenschaftlichen Arbeit hat diese Entschließung gar nichts zu tun; zu solcher, die ja aus einem Vergleichen-Können resultieren müßte, würde ich mir selber eine Kompetenz gar nicht zusprechen.

Es ist nur so: Das Gewicht der Disziplinen ist für mein Empfinden, was die Fragestellungen betrifft, zu unausgeglichen, wenn neben drei Juristen nur ein Nationalökonom bezw. Soziologe steht. Denn ich sehe gerade in diesem Bezirk, und zwar mit dem Blick auf die internationale Entwicklung, eine bemerkenswerte Intensität, die gerade auch von der deutschen Seite der verstärkten Beobachtung bedarf. Hier schien mir die Notwendigkeit eines Ausgleichs geradezu zwingend.

Wenn ich mich bei den Juristen für die Herren Coing und Raiser entschied, so wollen Sie das bitte richtig würdigen: beiden bin ich während der zurückliegenden Jahre gerade in diesem Bezirk einer über die eigene Disziplin hinauswirkenden „Wissenschaftspolitik“ begegnet, so daß ich glaube, sie bringen eine Substanz spezifischer Erfahrungen in den neuen Arbeitsbereich.[7]

Mit vorzüglicher Hochachtung
Ihr Theodor Heuss

---

4 Über die von der Bundesregierung zu tätigenden Vorschläge war im Jahre 1957 mehrfach im Kabinett beraten worden. Dabei hatte Adenauer in der Sitzung vom 13. 11. 1957 geäußert, „es sei mit der Stellung des Bundespräsidenten unvereinbar, dass er praktisch keine andere Möglichkeit erhalte, als seinen Namen unter gewisse Ernennungsvorschläge zu setzen, die er im ganzen annehmen oder verwerfen müsse.“ KABINETTSPROTOKOLLE 1957, S. 416.

5 Auf der Liste standen zunächst auch Otto Hahn und Adolf Butenandt, die beide jedoch Heuss baten, angesichts ihrer Belastung durch andere Ämter von einer Ernennung abzusehen; Korrespondenz in: B 122, 306.

6 Bereits im Vorfeld der Ernennungen der Mitglieder des Wissenschaftsrates war es zu Verstimmungen gekommen, weil die „Frankfurter Allgemeine Zeitung“ vom 1. 11. 1957 Namen genannt hatte, die auf einer vorläufigen Liste standen. Heuss hatte sich daraufhin am 5. 11. 1957 bei der Zeitung in einem „streng vertraulichen“ Schreiben beschwert; B 122, 183.

7 Eine Reaktion von Weber ließ sich nicht ermitteln. Der Präsident der Westdeutschen Rektorenkonferenz, Tellenbach, teilte am 24. 1. 1958 Weber mit, dass er mehrfach vergeblich versucht habe, Heuss umzustimmen, weil er dessen Entscheidung für „unrichtig“ halte; BArch, N 1529, 46. –

Nr. 143
An Josef Eberle, Stuttgart
22. Januar 1958

DLA, A: Heuss, 73.4088–4093: ms. Schreiben, behändigte Ausfertigung; Kopfbogen: „Theodor Heuss"[1]

Ablehnung, einen Artikel über den Verlust der Freundschaft für die „Stuttgarter Zeitung" zu schreiben

Lieber Dr. Eberle!

Das Thema „Verlust der Freundschaft" trägt ja in sich eine Lockung,[2] und wenn es auch nur die Lockung des Widerspruchs wäre, denn wer von Euch und uns weiß, ob die Freundschaft wirklich verloren ist? Ich selber würde ein höchst ungeeigneter Autor sein, um einen Verlust zu konstatieren. Ich habe es erleben und erleiden müssen, daß einige Menschen, die mir freundschaftlich sehr, sehr nahestanden, gestorben sind, aber ich habe auch von mir aus das Talent besessen, wenn man das so nennen will, auch in späten Jahren neue freundschaftliche Vertrautheiten zu finden und zu festigen. Das Thema ist sehr komplex. Freundschaften werden ja zumeist erst posthum sichtbar; aber die Begabung zur Freundschaft, wie sie etwa Hofmannsthal besaß,[3] kann sich an irgendeiner anderen Stelle manifestieren, ohne daß wir es wissen.

Sie dürfen aber nicht mit einem Beitrag von mir rechnen. Nachdem ich in den letzten Wochen einen größeren Essai über Max Weber als Einführung für seine Politischen Schriften[4] und einen über Gessler[5] geschrieben habe, gehe ich jetzt keine publizistischen Verpflichtungen mehr ein, die irgendetwas wie eine Terminbindung haben.[6]

Vermutlich verschweigt Heuss in seinem Schreiben die tatsächlichen Gründe für die Nichtberufung Webers, der einer der profiliertesten Schüler von Carl Schmitt und 1949 und später ein scharfer Kritiker des Grundgesetzes war; vgl. F. GÜNTHER, Denken, S. 84f, 138–140. Weber sollte dem Wissenschaftsrat auch künftig nicht angehören.

1 Weiterer Nachweis: N 1221, 344.

2 Josef Eberle, ein langjähriger Freund von Heuss und Herausgeber der „Stuttgarter Zeitung", hatte an Heuss am 17. 1. 1958 geschrieben: Auf einer Redaktionssitzung habe es eine Diskussion über „Freundschaft in unserer Zeit" gegeben. „Dabei wurde festgestellt und bedauert, dass es Freundschaft im klassischen Sinne […] heute kaum mehr gebe, […] weil die ganze Struktur unserer Gesellschaft und unsere Betriebsamkeit uns nicht mehr die Muße lassen, Freundschaften zu pflegen, ebenso sehr wie sie uns die Kunst des Briefschreibens hat verlernen lassen." Nicht zuletzt dank der Festschrift, die Heuss zu seinem Geburtstag erhalten habe, sei man auf ihn als möglichen Autor gekommen; B 122, 601.

3 Vgl. auch Nr. 61, Nr. 102.

4 TH. HEUSS, Max Weber; vgl. auch Nr. 159.

5 OTTO GESSLER: Reichswehrpolitik in der Weimarer Zeit, hg. v. Kurt Sendtner, mit einer Vorbemerkung von Theodor Heuss, Stuttgart 1958.

6 Eberle dankte am 20. 1. 1958, äußerte Verständnis für die Ablehnung und wünschte alles Gute zum Geburtstag von Heuss; B 122, 601.

Es fehlt mir ja nie an Arbeit, und im Grunde warten ja alte literarische Pläne auf mich.[7]

Mit guten Grüßen,
wie immer Ihr

Theodor Heuss

Nr. 144
An Prof. Martin Buber, Jerusalem
24. Januar 1958
BArch, B 122, 2056: ms. Schreiben, Durchschlag, von Heuss ms. gez.; ms. Briefkopf: „Der Präsident der Bundesrepublik Deutschland“[1]
Glückwünsche zum 80. Geburtstag; Würdigung; Erinnerung an Franz Rosenzweig

Verehrter Herr Professor Buber,

als Sie vor bald fünf Jahren bereit waren, den Ihnen aus einer schönen Einsicht in Ihr Wesen und Ihr Werk zugedachten „Friedenspreis des Deutschen Buchhandels“ entgegenzunehmen,[2] waren wir zugleich erfreut und gerührt. Ich glaube, der menschlichen Seele nicht ganz unkundig, daß manche Ihrer Mitbürger im Staate Israel Sie mit unwirschen Gefühlen die Fahrt von Jerusalem nach Frankfurt antreten sahen, dessen Universität bis 1933 durch Ihre Lehrtätigkeit geziert war. Sie haben das mißachtet, da Sie immer ein innerlich unabhängiger Mensch gewesen sind. Sie kamen und sprachen; Albrecht Goes hatte Ihre menschlich unmittelbare Wiederkehr in das deutsche Bewußtsein in einer großartigen Würdigung eingeleitet. Wir waren dankbar, daß Sie da waren, und wie Sie, der Sie sich selber einen „Erzjuden“ nannten, mit klaren deutlichen Begrenzungen, ohne jede in sich unmögliche Beschönigung, doch mit dem Scheidungsvermögen einer seelisch freien Natur, von der jüdischen Schicksalstragödie sprachen, deren subalterne Rohheit mit dem dunkelsten Stück deutscher Staatsgeschichte für Ewigkeiten verbunden bleibt, uns alle, Ihre Hörer, tief ergriffen.

Vier Jahre zuvor, wenige Wochen nachdem ich mein Amt angetreten hatte, ergab sich der Anlaß, in einer meiner ersten Äußerungen von dem bösen Komplex

7 Vgl. Nr. 1, Anm. 4.

1 Hs. Az. 001-6605; Durchschläge verfügt an Karl Marx, das Pressereferat und den Rundfunk. Die Ausfertigung für Martin Buber wurde an dessen Ehefrau mit einem von Heuss diktierten und von Bott gez. Begleitschreiben vom gleichen Tag geschickt; B 122, 2056; weiterer Nachweis: N 1221, 344: ms. Schreiben, Durchschlag.

2 Am 27. 9. 1953 in der Frankfurter Paulskirche; die Reden in: M. BUBER, Ansprachen.

zu reden;[3] ich stellte dem zeitgenössischen Propaganda-Gerede von einer „deutschen Kollektivschuld“ die viel gewichtigere seelische Last einer „Kollektivscham“ gegenüber, von der wir selber uns nicht mit läßlichem Wegsehen freimachen können oder dürfen. In jener Rede des Dezember 1949 galt ein suchender Zuruf gerade auch Ihnen; ich weiß nicht, ob er Ihr Ohr erreicht hat. Mir erschien Ihr Werk und Ihr Sein, der Sie nun als „bewußter“ Jude vor uns standen, als die Symbiose der gemeinsamen Kräfte und Wesenszüge. Sie hatten ein verlorengegangenes oder doch vergessenes Stück jüdischer Religiosität, die Erscheinung der östlichen Chassidims,[4] neu entdeckt, übertragen und gedeutet, und damit ins gemeindeutsche Bewußtsein geführt,[5] wohl auch in das der jüdischen Deutschen, ein bewegendes Kapitel aus der Geschichte der Frömmigkeit, wenn man eine solche neben exegierender und dogmatisierender Theologie sehen kann, ergreifend, weil dies Werden, bei völlig verschiedener Formgebung, verwandte seelische Züge bei Gruppen des zeitgenössischen frühen deutschen Pietismus zeigt.

In jener Rede konnte ich sagen, daß Ihr Werk „auch aus der deutschen Geistesgeschichte der letzten vierzig Jahre einfach nicht hinwegzudenken“ sei, daß Sie durch die Schönheit Ihrer Sprache geradezu ein „Anreicherer des deutschen Geistes“ geworden seien.[6] Das ist eine der schauerlichsten Paradoxien dieser schlimmen Zeit: während jene, die als Usurpatoren eines vermeintlichen Geschichtsauftrages Sie aus dem deutsche Geistesraum vertrieben, das ihrige taten, dessen schönsten Besitz, die deutsche Sprache, zu verderben, waren Sie und blieben Sie ein Pfleger und ein Hüter ihrer Würde.

An diesem Ihrem achtzigsten Geburtstag werden manche Gestalten Ihres – trotz aller Bosheit – reichen Lebens vor der reflektierenden Erinnerung stehen. Darf ich den Namen von Franz Rosenzweig niederschreiben – da Sie mit ihm gemeinsam der Heiligen Schrift einen neuen deutschen Sprachleib schufen,[7] sind Sie für meine Vorstellung mit dem jüngeren Freund zusammengewachsen. Doch ich vermute, daß ich ihm früher begegnet bin als Sie – unvergeßliche Tage zu

---

3 Rede bei einer Feierstunde der Gesellschaft für Christlich-Jüdische Zusammenarbeit e. V. in Wiesbaden am 7. 12. 1949, gedruckt unter dem Titel „Mut zur Liebe“ in: TH. HEUSS, Reden. Staatsmann, S. 99–107; DERS., Politiker, S. 381–386; vgl. auch U. BAUMGÄRTNER, Reden, S. 185–209; TH. HEUSS, Bundespräsident 1949–1954, S. 121–124; DERS., Hochverehrter Herr Bundespräsident, S. 99f.

4 Der Chassidimus bezeichnet verschiedene unabhängige Bewegungen im Judentum, denen ein hoher Standard religiöser Observanz, ein hoher moralischer Anspruch sowie eine besondere Gottesnähe, häufig in mystischer Ausprägung, gemeinsam ist.

5 Vgl. MARTIN BUBER: Die chassidischen Bücher, Hellerau 1928; DERS.: Deutung des Chassidismus. 3 Versuche, Berlin 1935; DERS.: Die Erzählungen des Chassidims, Zürich 1949.

6 Vgl. TH. HEUSS, Politiker, S. 386.

7 Martin Buber und Franz Rosenzweig hatten das hebräische Alte Testament neu übersetzt, dessen erste Teile ab 1925 erschienen; Buber vollendete nach Rosenzweigs Tod das Werk und überarbeitete es später noch; vgl. MARTIN BUBER/ F. ROSENZWEIG: (Hg.): Die fünf Bücher der Weisung, 4 Bde., Heidelberg 1954–1962.

Florenz, im Frühjahr 1909, das man schon einen Lenz nennen durfte, freundschaftliche Begegnung durch gemeinsame Bekannte.[8] Eine wunderbare Heiterkeit lag über dem Studenten, wenn man durch die Gassen der Stadt strich, Trattorien ausprobierte, auch den Zeugnissen der Geschichte seine Reverenz erwies. Rosenzweig war damals schon durchaus *dem* deutschen Propheten zugewendet, meinem Landsmann Hegel, dem er künftig ein monumentales Werk[9] widmen sollte, ehe er in den Bann der jüdischen Verheißung, Warnung und Deutung trat. Das Heldentum, da er einer schrecklichen Krankheit, da er dem immer gegenwärtigen sachlich kühlen Boten des Todes Kraft und Frist zum Werk abrang,[10] habe ich nicht aus der Nähe erlebt, doch meine Frau – ich sah es manchmal in den Augen der Mutter, die von beidem sprach: von der großen Trauer und dem großen Stolz.

Dies ist ja nun, verehrter Martin Buber, vermutlich nicht ganz der rechte Text für einen Geburtstagsbrief mit den angemessenen Glückwünschen. Solche dürfen, denke ich, wenn man schon schreibt, als biedere Selbstverständlichkeiten vorausgesetzt werden. Aber dessen glaube ich gewiß zu sein: Sie spüren, warum ich in dieser Aussprache das Gedenken gerade an Franz Rosenzweig beschworen habe. Ihm, der mit tapferer Überlegenheit durch so viel Schmerzen und Leiden ging, blieb erspart – es blieb auch uns erspart –, daß die Rohheit sich an dem Adel eines hilflos Gewordenen vergriff. Der Tod war noch autonom und wurde taktvoll.

Nun kommen aber doch noch die „biederen" Wünsche. Die hoffen, Sie, Martin Buber, und Ihre verehrte Gattin in der körperlichen und geistigen Frische anzutreffen, über die ich mich bei unserer letzten Begegnung in Frankfurt freuen durfte.

Ihr Theodor Heuss

[8] Vgl. TH. HEUSS, Erinnerungen, S. 146.

[9] FRANZ ROSENZWEIG: Hegel und der Staat, München/Berlin 1920.

[10] Rosenzweig erkrankte 1922 an einer amyotrophen Lateralsklerose, die zu einer totalen Bewegungs- und Sprechlähmung führte.

Nr. 145
An Prof. Dr. Karl Valentin Müller, Nürnberg
29. Januar 1958

BArch, B 122, 386: ms. Schreiben, Durchschlag, von Heuss diktiert (Diktatz. H/A) und von Bott paraphiert; ms. Briefkopf: „Ministerialdirektor Hans Bott Bundespräsidialamt“[1]

Zurücknahme der Zusage, an dem Internationalen Soziologenkongress in Nürnberg teilzunehmen

Sehr geehrter Herr Professor Müller!

Diesen Brief muß ich Ihnen in einer Angelegenheiten schreiben, die dem Herrn Bundespräsidenten wie auch mir etwas peinlich ist.

Professor Heuss hat die Zusage gemacht, bei einem geplanten Soziologenkongreß in Nürnberg anwesend zu sein und die Schirmherrschaft für diesen Kongreß zu übernehmen, wenn sich keine besondere Fahrt ausschließlich zu diesem Anlaß nach Nürnberg als notwendig erweisen würde.[2] In der Zwischenzeit sind nun Absprachen zwischen der Stadt, der Kongressleitung und dem Germanischen Nationalmuseum erfolgt. Wir haben aber nun dieser Tage erst erfahren,[3] daß es sich dabei gar nicht um eine Veranstaltung der Deutschen Gesellschaft für Soziologie handelt, bei der Professor Heuss seit Jahren Mitglied ist und die er als Veranstalter für diesen Kongreß vorausgesetzt hat, sondern um eine Tagung – wenn wir die Sache richtig begriffen haben –, die im Grunde von einem Dissidenten der italienischen soziologischen Wissenschaften ins Leben gerufen ist, der selbst in seiner Heimatstadt als öffentlich führende Kraft der Wissenschaft gar nicht mehr anerkannt wird, offenbar wegen seiner politischen Vergangenheit (dies kann ich freilich nur unter Vorbehalt schreiben, wie ja auch Professor Heuss von den wissenschaftlichen Qualifikationen des Mannes selber keine Vorstellung hat).[4]

---

1 Az. PB-5322-6589 hs. geändert in 5351-6355; hs. Absendevermerk vom 30. 1.; verfügte Durchschriften: „2) für Herrn Professor Grote, Germanisches Nationalmuseum Nürnberg, mit bes. Schreiben. 3) für Oberbürgermeister Urschlechter, Nürnberg, zur vertraulichen Kenntnisnahme 4) H[errn] St[aats]S[ekretär] Bleek zur Kenntnisnahme 5) Reg[istratur]: Eintrag ‚Schirmherrschaft‘ streichen“; weiterer Nachweis: N 1221, 344: ms. Schreiben, Durchschlag.

2 Heuss hatte zunächst mündlich, dann mit Schreiben vom 2. 11. 1957 seine Teilnahme und seine Schirmherrschaft für den Kongress der Confédération internationale de Sociologie, der am 10. 9. 1958 in Nürnberg stattfinden sollte, grundsätzlich zugesagt; B 122, 386.

3 René König informierte Heuss am 20. 1. 1958 eingehend über den Kongress und die Kreise, die ihn förderten, und teilte zugleich mit, die Deutsche Gesellschaft für Soziologie wolle im Frühjahr 1959 ihr 50-jähriges Bestehen feiern; am 7. 2. 1958 folgte noch ein Schreiben von Helmuth Plessner, Präsident der Deutschen Gesellschaft für Soziologie, der von König dessen Nachricht an Heuss zur Kenntnis erhalten hatte; B 122, 386; vgl. zum Vorgang auch die entsprechenden Briefpassagen, in: R. König, Briefwechsel, S. 172f, 234, 239, 241–250, 254, 259, 296, 298, 317–319.

4 Dabei handelte es sich um Corrado Gini, Statistiker und Soziologe, der von König als „faschistischer Gelehrter“ charakterisiert wurde; wie Anm. 3. Diese Beurteilung wurde jedoch von mehreren

Es ist nun so, daß Dr. Heuss auf alle Fälle vermeiden will, ja vermeiden muß, einer Sache eine Stütze zu geben, die mit der Deutschen Gesellschaft für Soziologie, die sich ja, soweit er weiß, in den Rahmen der wissenschaftlichen Unternehmungen der UNESCO eingegliedert hat, gar nichts zu tun hat. Sie werden das, denke ich, ohne weiteres begreifen.

Professor Heuss ist unter diesen Umständen gezwungen, seine Mitwirkung, auch was die sogenannte „Schirmherrschaft" anbetrifft, zurückzuziehen. Er mußte zunächst die Vorstellung haben, daß es sich um eine Veranstaltung handelt, die von der Deutschen Gesellschaft für Soziologie getragen wird, und er kann sich an keinem Unternehmen beteiligen, dessen führende Mitglieder auch politisch in einem ungewissen Licht stehen.[5]

Mit freundlichen Empfehlungen B[ott]

Persönlicher Referent des Bundespräsidenten

Nr. 146

An Dr. Eugen Gerstenmaier, Präsident des Deutschen Bundestages, Bonn

3. Februar 1958

BArch, B 122, 48: ms. Schreiben, Durchschlag, von Heuss diktiert (Diktatz. H/vM) und ms. gez.; ms. Briefkopf: „Theodor Heuss"[1]

Dank für Geburtstagsglückwünsche; Kritik an der Darstellung von Theodor Heuss als bescheidene Persönlichkeit; Verlauf des Geburtstages; Stil der Amtsführung als Bundespräsident

Sehr geehrter Herr Bundestagspräsident, lieber Dr. Gerstenmaier!

Sie haben Ihrem Geburtstagsglückwunsch[2] eine so persönliche Note gegeben, daß ich gern auf einige der in Ihrem Schreiben aufklingenden Fragen ein Echo gebe.

Seiten, u. a. von der deutschen Botschaft in Rom, bestritten; vgl. BMI an René König, 23. 4. 1958, in: B 122, 386.

5 Müller protestierte zunächst telefonisch, dann auch schriftlich und mobilisierte darüber hinaus ihm nahestehende Wissenschaftler, die bei Heuss intervenierten. Dieser ließ sich jedoch nicht umstimmen. Die Auseinandersetzungen, die sich bis zum Ausscheiden von Heuss aus dem Amt hinzogen, wurden zusehends komplizierter, weil mit der Absage auch eine Förderung des Kongresses durch das BMI infrage gestellt wurde; B 122, 386.

1 Stempel: „Pers[önlichem] Ref[erenten] vorgelegen; weiterer Nachweis: N 1221, 345: ms. Schreiben, Durchschlag.

2 Gerstenmaier hatte am 31. 1. 1958 in einem Handschreiben persönlich und im Namen des Bundestages zum Geburtstag gratuliert; B 122, 48.

Freilich muß ich mit einer leichten Korrektur beginnen, wo Sie von meiner „großen Bescheidenheit" reden.[3] Deren bin ich mir selber gar nicht bewußt. Ich habe den Journalisten, als ich am Anfang meiner Amtsführung immer die Formel las, daß ich „schlicht, einfach und bescheiden" sei, einmal gesagt, sie sollen doch endlich denken, daß ich ein Snob sei.[4] Das hat mir freilich niemand abgenommen, aber es ist doch so, daß mir ein Selbstbewußtsein gar nicht fehlt, sondern daß ich ein bestimmtes Gefühl meiner Leistungen und meiner Leistungsmöglichkeiten besitze und daß ich mit absoluter Klarheit vom Anfang an danach suchte, einem zerschlagenen Volk mit einer romantisierten Vergangenheit ein Gefühl des Angemessenen zurückzugewinnen. Ich bin in manchem darin erfolgreich gewesen, in manchem total hereingefallen, wie etwa in meinem Kampf gegen die farbentragenden Studentenverbindungen,[5] in meinem Bemühen, eine neue, der Situation entsprechende Nationalhymne zu schaffen[6] usf. usf. Doch bin ich kühl und nüchtern genug, diese Dinge als geschichtliche Gegebenheiten hinzunehmen.

Ich habe mit vollkommener Absicht den Geburtstag so völlig außerhalb des öffentlichen Feierns gehalten. Es war ein richtiggehender Arbeitstag, der einen netten Ausklang mit einigen Leuten fand, da wir am Abend den recht geglückten „Dokumentarfilm" „Heuss in Italien"[7] uns ansahen, dessen Höhepunkt für mein Gefühl der war, daß ich in das Fixativrohr hineinblies, um eine Kohlezeichnung vor dem Verwischen zu sichern.

Ich habe sogar ein Militärständchen, für das bereits der Platz ausgesucht war, ohne daß man vorher mit uns gesprochen hatte, mit inhibiert.[8] Dabei ist mir völlig klar, daß es nicht ganz gewiß ist, ob dies die richtige Form der sogenannten „Integration" ist, denn mundus vult decipi;[9] aber ich will mich ja vor allem mit meiner eigenen Art im reinen halten und habe mit Fontane gemeinsam, daß, wie er das entzückend ausdrückt, [mir] „das Talent zur Feierlichkeit fehlt".[10] Ich suche

---

3 Gerstenmaier hatte geschrieben: „Ich bin für Ihre große Bescheidenheit deshalb dankbar, weil Sie uns allen damit ein verbindliches Vorbild geben und einigen Tendenzen in unserem Protokoll, die mich schwäbisch ausgedrückt allmählich widerwärtig machen, eine hoffentlich unverrückbare Grenze setzen." Wie Anm. 2.

4 Vgl. Nr. 85, Anm. 6.

5 Vgl. TH. HEUSS, Hochverehrter Herr Bundespräsident, S. 87–90, 505–508; DERS., Bundespräsident 1949–1954, S. 320–322.

6 Vgl. E. W. BECKER, Theodor Heuss, S. 133–136; K. GOEBEL, Streit; P. MERSEBURGER, Theodor Heuss, S. 506–514.

7 Im WDR wurde der Film „Theodor Heuss in Italien" am 8. 7. 1958 ausgestrahlt; vgl. F. GÜNTHER, Heuss auf Reisen, S. 103.

8 Lateinisch für „einer Sache Einhalt gebieten".

9 Lateinische für „Die Welt will betrogen werden".

10 Heuss bezieht sich auf Fontanes 1888 entstandenes Gedicht „Was mir fehlte". Dort heißt es bei der Suche nach Gründen für mangelnden Erfolg: „[…] ach, suche nicht zu weit, / was mir fehlte war: Sinn für Feierlichkeit." Und noch einmal zum Schluss: „Suche nicht weiter. Man bringt es nicht weit / bei fehlendem Sinn für Feierlichkeit"; Th. FONTANE, Autobiographisches, Gedichte,

in den Dingen ja nun etwas, was ich ganz primitiv einen bürgerlichen Stil nennen möchte, der gegenüber den Übertreibungen der Manager wie gegenüber dem Getue eines feudalistische Tradition und Klimbim liebenden literarischen Romantikertums sich abheben will und gleichzeitig den staatlichen und volkspolitischen Ernst der Situation, den Menschen in einer anständigen Haltung, die auch eine Zurückhaltung sein kann und vielleicht sein muß, darstellt.

Ich glaube, daß wir beide uns in dieser Grundform einig sind. Die protokollarischen Dinge, über die Sie sich vielleicht, da Sie mehr Temperament haben als ich, stärker ärgern als ich, sind eine sachliche Notwendigkeit, um einen Katarakt von Taktlosigkeiten zu vermeiden, aber sie sind eingefroren, da sie sich immer noch an das Wiener Protokoll vom Jahre 1815[11] halten.

Ich war heiter genug, ein Protokoll im Vatikan, das ja nun sehr, sehr alt ist, leicht zu ignorieren bzw. zu umgehen,[12] nachdem ich vorher geschrieben hatte, daß es gar nicht mein Ehrgeiz sei, es zu ändern. Das sind Dinge, die wir ja auch gemeinsam gern besprechen können.[13]

Mit dankbaren Grüßen und freundschaftlichen Empfehlungen an Ihre Gattin
Ihr Theodor Heuss

S. 295f; vgl. auch Heuss an Ernst Jäckh, 21. 9. 1949, in: TH. HEUSS, Bundespräsident 1949–1954, S. 108f, Anm. 7.

11 Verweis auf den Wiener Kongress 1814/15, auf dem nach der Niederlage Napoleons die Grenzen Europas neu festgelegt wurden. Der Kongress zeichnete sich durch prachtvolle gesellige Begleitveranstaltungen aus.

12 Heuss beschrieb die – im Fernsehen wiedergegebene – Szene gegenüber Toni Stolper: Nach der Ansprache des Papstes wollte er außerhalb des vorgesehenen Protokolls das Wort ergreifen, doch wegen des bevorstehenden Segens des Papstes wurde ihm das Mikrophon entzogen. Außerdem hatte er die Kameraleute ermahnt, mit ihren Lampen nicht den Papst zu blenden; vgl. TH. HEUSS, Tagebuchbriefe, S. 287, 29. 11. 1957; F. GÜNTHER, Heuss auf Reisen, S. 7.

13 Heuss verbrachte den Abend des 6. 3. 1958 bei Gerstenmaier; dabei wurde vor allem über eine Änderung des Grundgesetzes gesprochen, die eine weitere Amtszeit von Heuss ermöglichen würde. Gerstenmaier plädierte für eine Änderung, weil Heuss „die einzige nicht umstrittene Persönlichkeit" sei. Heuss sagte ihm, die Sache habe nur Sinn, „wenn die SPD die ganze Sache mittrage"; TH. HEUSS, Tagebuchbriefe, S. 315, 7. 3. 1958. Ein halbes Jahr später resümierte Heuss ein Gespräch mit Reinhold Maier, der über die Nachfolge im Amt des Bundespräsidenten meinte, „wenn Adenauer und Ollenhauer gemeinsam zu mir kommen, könne ich mich [Heuss] ‚nicht entziehen'." ebd., S. 340, 16. 9. 1958; vgl. auch Nr. 182.

Nr. 147
An Vittorio de Sica, Rom
7. Februar 1958

BArch, N 1221, 345: ms. Schreiben, Durchschlag, von Heuss diktiert (Diktatz. H/A) und ms. gez.; ms. Briefkopf: „Theodor Heuss“[1]

Dank für Geburtstagwünsche; Gedanken über den Film „Das Dach“

Sehr geehrter Herr de Sica!

Für den freundlichen Zuruf durch die Depesche[2] habe ich Ihnen sehr zu danken, auch für die Wünsche, die Sie mir zu meinem Geburtstag ausgesprochen haben. Es war eine reizende Gelegenheit, an dem Tag meines Geburtstags neben dem Dokumentarfilm von meinem Staatsbesuch in Italien[3] Ihren Film „Das Dach“[4] sehen zu können. Das war ja ein anderes Italien als das staatsbesuchsmäßig vorgeführte, aber von der Bautätigkeit in Italien habe ich ja selber einen sehr starken Eindruck bekommen, umso mehr, als ich Ihre Heimat von früheren Besuchen her einigermaßen kenne.[5]

Ich bin selber ein recht schlechter Filmbesucher, was mit meiner amtlichen Überbeanspruchung zusammenhängt, so daß mir die internationalen, ja selbst die deutschen Vergleichsmaßstäbe fehlen. Das muß einen so bedeutenden Filmregisseur, wie Sie es sind, leicht kränken, aber Sie müssen den Tatbestand als solchen hinnehmen.[6]

Ich war sehr beeindruckt von der Unmittelbarkeit, mit der Sie dieses sozialwirtschaftliche Problem angefaßt haben, von der großartigen Realistik der Aufnahmen, von der Qualität auch der Schauspieler und von der Atmosphäre, die Sie dem Film geben konnten, sowohl nach der sozial-ethischen Seite wie nach der künstlerischen der Darstellungsmöglichkeiten und der Beleuchtung der einzelnen Motive. Ich werde sehr aufpassen, daß ich, wenn ich wieder einmal stärker in Filmdinge hereinkomme, sehe, Arbeiten von Ihnen nicht zu versäumen, die mir an sich von Sachkennern gerühmt worden sind.

Wollen Sie bitte diesen Brief als nur für Sie persönlich bestimmt ansehen und ihn der Öffentlichkeit fernhalten. Diese Zeilen sollen mein Gefühl des Dankes

---

1 Verfügung: „2) über H[errn] von Heyden an H[errn] Botschafter Dr. Klaiber, Rom“.

2 Ein Fernschreiben von de Sica ließ sich nicht ermitteln.

3 Vgl. Nr. 146, Anm. 7. Zu der Vorführung kam auch Brentano, der Heuss als Außenminister bei seinem Staatsbesuch begleitet hatte; Heuss an Toni Stolper, 31. 1. 1958, in: BArch, N 1186, 125.

4 Der Spielfilm „Das Dach“ war einer der erfolgreichen Filme des Regisseurs de Sica aus dem Jahre 1956 und behandelte den illegalen Wohnungsbau in Italien.

5 Heuss besuchte Italien 1909, 1912, 1914 und 1939.

6 Vgl. auch die Ablehnung von Heuss, die Schirmherrschaft für die V. Internationalen Filmfestspiele in Berlin zu übernehmen; Heuss an den Leiter des Presse- und Informationsamtes der Bundesregierung, 14. 2. 1955, in: B 122, 302.

aussprechen, möchten sich aber nicht das Recht zugestehen, eine eigentliche Würdigung zu sein.

Mit freundlichem Gruß
Ihr Theodor Heuss

Nr. 148
An Kasimir Edschmid, Darmstadt
13. Februar 1958
DLA, A: Edschmid, HS.1993.0005: ms. Schreiben, behändigte Ausfertigung; Kopfbogen: „Theodor Heuss"[1]
Gedenken an die Bücherverbrennung 1933; Terminplanung für den Mai 1958

Lieber Edschmid!

Bott ist seit ein paar Tagen auf dem Sommerberg bei Wildbad und bleibt dort wohl bis Anfang März. Der Junge hat es reichlich verdient, einmal auszuspannen. Im vergangenen Jahr habe ich ihm das Vergnügen, sich von einem herben Winter zu erholen, verdorben, weil ich selber krank geworden bin.[2]

Sie geben ihm nun mit Ihrem Brief vom 8. Februar einen diplomatischen Auftrag,[3] aber wissen Sie, das habe ich in der Zwischenzeit gelernt, Diplomatie ist ein etwas zu umständliches Verfahren. Mir ist ganz einfach Ihr Brief an ihn vorgelegt worden, und ich will zunächst dies sagen: ich finde, daß der Erinnerungstag an den 10. Mai der Bücherverbrennung eigentlich ein sehr glücklicher Einfall ist, weil es mir immer richtig erscheint, solche Dinge nicht in Vergessenheit geraten zu lassen. Ich selber bin ja bei der Verbrennung auch mit zwei Büchern[4] beteiligt

---

1 Weitere Nachweise: N 1221, 345; B 122, 334: ms. Schreiben, Durchschlag mit Verfügungen: „2) Herrn Bott zur Kenntnis übersandt 3) W[ieder]v[orlage] nach" von Bott unter dem 3. 3. paraphiert; neben der Anschrift hs. Vermerk: „W[ieder]v[orlage] Bott 3. 3.".

2 Vgl. Nr. 114, Anm. 6, Nr. 120, Anm. 7.

3 Edschmid hatte am 8. 2. 1958 angefragt, ob Heuss an der Tagung des Deutschen PEN-Zentrums vom 8. bis 10. 5. 1958 in Hamburg, bei der auch der Bücherverbrennung anlässlich des 25. Jahrestages gedacht werden solle, teilnehmen könne. Ferner solle Heuss den Goethe-Preis der Stadt Hamburg erhalten; B 122, 334. Heuss ging auf Letzteres in seiner Antwort an Edschmidt nicht ein. Bott schrieb Hermann Kasack daher am 5. 3. 1958 noch gesondert, dass Heuss alle Auszeichnungen für sein schriftstellerisches Wirken zurückzustellen bitte, bis seine Amtszeit beendet sei; ebd. Heuss erhielt den Preis daher erst am 19. 11. 1959.

4 THEODOR HEUSS: Hitlers Weg. Eine historisch-politische Studie über den Nationalsozialismus, Stuttgart/Berlin/Leipzig 1932; DERS.: Führer aus deutscher Not. Fünf politische Porträts, Berlin 1927. Die Bücher waren auf den „Schwarzen Listen" der Deutschen Studentenschaft aufgeführt und damit aus dem öffentlichen Raum verbannt. Verbrannt wurden sie hingegen bei der zentralen

gewesen. Nun ist es nur so, daß ich im Augenblick noch nicht sagen kann, ob ich an dem Termin frei sein werde. Ich nehme aber an, daß sich das in nicht zu ferner Zeit entscheiden wird. Es wird bei mir hier auch immerzu hin und her verhandelt, denn die Termine von Staatsoberhäuptern sind eine prekäre Sache. Ich selber wollte gern im Mai in Amerika sein. Die vorjährige Einladung als solche ist nicht aufgehoben worden, aber die letzten Besprechungen mit den Amerikanern lassen vermuten, daß ich erst etwas später als Mitte Mai hinüberfliegen werde.[5] Auf der anderen Seite wird auch von dem Termin gesprochen, da der türkische Staatspräsident hier seinen Gegenbesuch machen wird. Wir hatten angeregt, er solle im Herbst kommen; er selber hat aber offenbar auch innerhalb seiner Dispositionen eher Lust, im späten Frühling zu kommen. Das ist also alles im Augenblick noch nicht deutlich genug, sonst würde mir eventuell, wenn man von mir keine großen Reden erwartet, ein Mitwirken bei der Veranstaltung nicht ungelegen sein.[6]

Mein Pech bei der Bücherverbrennung war nur, daß mein Name mit „H" anfängt und in dem Anschlag hinter mir Magnus Hirschfeld und Hodann[7] kamen, also lauter Sexualpathologen, eine Branche, mit der ich nun gar nichts zu tun habe. Das habe ich bei der ganzen Verbrennungsaktion als das für mich einzig Nachteilige empfunden, und dafür werden Sie Verständnis haben.[8]

Ich werde Bott Ihren Brief nachsenden und darf Sie heute bitten, mit dieser Zwischenbemerkung vorliebzunehmen.

Zu gleicher Zeit bitte ich Sie auch, Ihrer Frau meine freundlichen Grüße zu sagen.

Ihr

Theodor Heuss

Bücherverbrennung am 10. 5. 1933 vor der Berliner Universität nicht; vgl. E. JÄCKEL, Einleitung, in: TH. HEUSS, Hitlers Weg [1968], S. XXVIf. – Als die Staats- und Universitätsbibliothek Hamburg im Rahmen der geplanten Tagung des Deutschen PEN-Zentrums eine Ausstellung über die Bücherverbrennung vorbereitete, bot Heuss am 7. 5. 1958 mit einem von Bott gez. Schreiben an, beide Exemplare auszuleihen; B 122, 334.

5 Vgl. zum Staatsbesuch in den USA vom 4. bis 23. 6. 1958 Nr. 114, Nr. 151, Nr. 162, Nr. 163, Nr. 166, Nr. 171.

6 Heuss konnte an der Veranstaltung nicht teilnehmen, weil der türkische Ministerpräsident Celál Bayar vom 7. bis 15. 5. 1958 Deutschland besuchte; Schilderung in: TH. HEUSS, Tagebuchbriefe, S. 328f, 9. 5. 1958; F. GÜNTHER, Heuss auf Reisen, S. 124–128. Edschmid bat daher am 6. 3. 1958 Heuss, ihm einen Brief zur Bücherverbrennung zu schreiben, den er verlesen werde. Heuss verfasste daraufhin am 19. 3. 1958 ein 2½ Seiten umfassendes Schreiben; B 122, 334.

7 In der Vorlage: „Hodan".

8 Vgl. auch Heuss an Friedrich Mück, 7. 5. 1933, in: TH. HEUSS, Defensive, S. 151: „Einige der Leute, die auf der Liste stehen, sind ja menschlich keine schlechte Nachbarschaft, aber daneben findet sich auch das entwurzelte jüdische Literatentum, gegen das ich durch all die Jahre gekämpft habe, und das ist weniger schön, mit diesen in die Geschichte einzugehen."

Nr. 149
An Hermann Leins, Tübingen
24. Februar 1958
BArch, N 1221, 345: ms. Schreiben, Durchschlag, von Heuss diktiert (Diktatz. H/Bk) und ms. gez.; ms. Briefkopf: „Theodor Heuss“[1]
Konzeption des Buches „Von Ort zu Ort“: Vorauswahl von Aufsätzen

Lieber Leins!

Daß der an sich ja wohl gelungene Aufsatz „Siziliana“[2] Sie wieder zu Ihrer alten Idee zurückgebracht hat, einmal aus einer Anzahl der Reisefeuilletons von mir ein Buch zu machen, ist nicht ohne Wirkung geblieben. Das Unglück ist ja, wovon wir schon oft sprachen, daß der Leitz-Ordner mit der Rückenaufschrift „Reisen“ verlorengegangen ist. Wo, wie, weiß kein Mensch.

Einiges hat sich nun an anderer Stelle erhalten. Ich habe gestern nachmittag ein paar Stunden lang herumgekramt, auch in den Ordnern „Kunst“ ein paar Sachen gefunden, die in Frage kamen. Und es soll nun in den nächsten Tagen einmal ein erster Stoß an Sie abgehen. Sie müssen nämlich mit vollkommener Unbefangenheit überprüfen, ob Sie glauben, daß irgendetwas halbwegs Gescheites daraus zu machen ist.

Ich habe gestern selber eine Reihe der Aufsätze durchgelesen und fand manche ganz graziös, auch lehrreich, auch mit Einfällen, die über den Anlaß hinausgehen. Aber durch unsere gemeinsame Überlegung muß gehen:

a) Das Buch soll von der Sache her einen Reiz besitzen und nicht bloß vom Autoren, und

b) es soll auch nicht ein Beitrag zur Autobiographie sein insofern, als ich ja schon sehr lange solche Aufsätze, zumal über Auslandsreisen, schrieb, ganz einfach um viele dieser Reisen zu – finanzieren.

Ich nehme zunächst einmal an, daß meine Bibliographie, die Prinzing[3] gemacht hat, in Ihren Händen ist. Mir scheint aus dieser Bibliographie, daß

a) der Schwabenspiegel, die Wochenbeilage der Württembergischen Zeitung – von Eduard Engels redigiert – irgendwo da unten greifbar blieb (vielleicht Tübinger Universitätsbibliothek), denn Prinzing teilt einige Aufsätze mit mit genauer Zeitangabe;

1 Weiterer Nachweis: DLA, A: Heuss, 73.4223.

2 Heuss hatte nach seiner Italienreise für die „Stuttgarter Zeitung“ einen Artikel „Siziliana“ geschrieben (Ausgabe vom 23. 12. 1957), der in den Sammelband TH. HEUSS, Ort, S. 292–302, übernommen wurde.

3 MARGRET BOVERI / WALTER PRINZING: Theodor Heuss. Die literarische Gestalt. Bibliographie der Schriften und Reden von Theodor Heuss und Elly Heuss-Knapp, Stuttgart 1954; vgl. auch Heuss an Wilhelm Hoffmann, 17. 2. 1953; an Margret Boveri, 15. 5. 1953 und 9. 11. 1953, in: TH. HEUSS, Bundespräsident 1949–1954, S. 419–422, 442f, 489–495.

b) auch scheint mir, daß irgendwo die Bilder und Berichte der Frankfurter Zeitung noch vorhanden sind, worin etwa, mir jetzt nicht greifbar, eine Studie über Eichstätt und wohl auch eine über Ludwigsburg erschienen sind;[4]

c) ich werde bei Prinzing anfragen, da er ja auch Aufsätze aus der Vossischen Zeitung zitiert, die ich hier nirgends fand, ob diese irgendwo greifbar.[5] Ich weiß nur, daß ich dort wohl 1925 einen, wie ich glaube, sehr reizenden Aufsatz über einen Besuch in Chartres[6] geschrieben habe, vielleicht auch einen über Amiens[7] und Rouen.[8] Chartres fehlt bei Prinzing – auch Spalato,[9] über das ich in der Neuen Freien Presse einmal mich ausließ.

Ein Nachteil, aber auch ein Vorteil der Aufsätze ist, daß sie gelegentlich auf die Zeitlage zu sprechen kommen, d. h. politische Reflexionen sich einmischen. Dabei werden Situationen angedeutet, die sachlich gar nicht mehr existent sind. Läßt man dann den ganzen Aufsatz weg? Oder nur die Stellen? Oder macht man eine Anmerkung?[10]

Falls in der Tübinger Universitätsbibliothek die „Hilfe“ vorhanden ist, lassen Sie sie sich doch einmal kommen. Dort sind drei oder vier Aufsätze, die „Englische Reise“ heißen[11] – nach meinem Gefühl heute fast unmöglich, weil Reflexionen über die Zeitpolitik, an anderen Stellen vielleicht ganz nett. Ich sende jetzt in den Papieren, die Sie in den nächsten Tagen kriegen, die Englandaufsätze aus dem Jahre 1947, die einen Vergleich versuchen,[12] zunächst nicht mit, um sie nicht zu verlieren. Aber sie stehen natürlich zur Verfügung.

Einiges, was ins Architekturgeschichtliche hineingeht, muß ich noch in der Neuen Deutschen Bauzeitung aufzutreiben versuchen, falls es sie irgendwo gibt. Ob sich die Mühe lohnt, weiß ich nicht.

Weggelassen habe ich die mannigfaltigen Aufsätze über Ausstellungen. Sie sind sachlich zu zeitgebunden und biographisch auch nicht wichtig genug.

Doch habe ich schon einige Kleinigkeiten jetzt beigefügt, wo noch dies und dies vergrößert werden könnte, und die eine kleine Sonderabteilung geben könn-

---

4 Der Artikel über Eichstätt ließ sich nicht im Erstdruck nachweisen; wieder abgedruckt in: TH. HEUSS, Ort, S. 112–119; über Ludwigsburg THEODOR HEUSS: Potsdam und Ludwigsburg, in: Frankfurter Zeitung, Bilder und Berichte, 31. 2. 1939; nicht wieder abgedruckt.

5 Heuss an Prinzing, 26. 2. 1958, in: N 1221, 186.

6 Vossische Zeitung, 8. 10. 1925; wieder abgedruckt in: TH. HEUSS, Ort, S. 212–218.

7 Berliner Tageblatt, 1. 10. 1925; wieder abgedruckt in: TH. HEUSS, Ort, S. 242–245.

8 Ließ sich nicht ermitteln.

9 Ließ sich nicht ermitteln.

10 In der Publikation wurden entsprechende Passage aus den Artikeln gestrichen; vgl. TH. HEUSS, Ort, Vorbemerkung, S. 10.

11 THEODOR HEUSS: Englische Reise, in: Die Hilfe 17, Nr. 33, 17. 8. 1911, S. 522f (Teil I); ebd., Nr. 34, 24. 8. 1911, S. 539f (Teil II); ebd., Nr. 35, 31. 8. 1911, S. 554–556 (Teil III); Teilabdruck in: DERS., Ort, S. 202–217.

12 THEODOR HEUSS: Wiedersehen mit Oxford, in: RNZ, Nr. 50, 1. 5. 1947; DERS.: Englandreise 1947, 2 Teile, in: RNZ, Nr. 51/54, 3./10. 5. 1947; wieder abgedruckt in: TH. HEUSS, Ort, S. 217–227.

ten – die Idylle etwa „Das Glück im Neckarwinkel“,[13] „Die Insel Reichenau“,[14] „Weinfahrt in Schwaben“[15] und ähnliches.

Lieber Leins! Was könnt Ihr nach meinem Tode noch aus meinen Kunst- und Literaturmappen heraussuchen, wenn Ihr dazu Lust habt und glaubt, daß es sich inhaltlich lohnt. Ich bin bei dem Durchsehen gestern nachmittag, da ich nur Lotti Kaempffers Verzeichnisse mir betrachtete, vom Banalitätsmäßigen ganz abgesehen, doch schier erschrocken, über wie viele Künstler und über wie viele Dichter ich geschrieben habe. Und dabei spürte ich beim Durchsehen, daß Arbeiten darunter sind, die nicht notwendigerweise untergehen müssen. Dies heute zu publizieren, würde mir wie eine peinliche Eitelkeit vorkommen. Laßt mich einstweilen noch leben wegen der schönen Bücher, die ich noch neu schreiben will, und dann könnt Ihr später mit Ludwig[16] Euch unterhalten, was mit dem toten Heuss noch anzufangen ist.[17]

Mit guten Grüßen, auch an die Gattin,
Ihr Theodor Heuss

---

[13] Erstdruck nicht ermittelbar; wieder abgedruckt in: ebd., S. 92–97.

[14] THEODOR HEUSS: Die Insel, in: Vossische Zeitung, 17. 8. 1926; wieder abgedruckt in: DERS., Ort, S. 81–85.

[15] Erstdruck nicht ermittelbar; wieder abgedruckt in: ebd., S. 37–41.

[16] Ernst Ludwig Heuss.

[17] Im Anschluss an dieses Schreiben wurde ein Blatt abgeheftet mit der Überschrift „In das Couvert für Leins gesteckt Ende Februar 1958“, auf dem aufgeführt wurde, welche Beiträge Heuss übersandt hatte. Weitere Korrespondenz mit dem Verlag über die Auswahl und Ausgestaltung des Buches in: DLA, A: Heuss, 73.4222, 73.4223. Das Buch wurde bei seinem Erscheinen 1959 ein großer Verkaufserfolg: Bis Juni 1959 erreichte es eine Auflage von 27.000, bis März 1960 von 47.000 und bis Mai 1961 von 66.000 Exemplaren. An Boveri übersandte Heuss es am 27. 2. 1959 mit der Bemerkung: „Ich überlege mir manchmal, ob der Erfolg dieses Buches neben dem Geburtstag-Tamtam nicht auch psychologisch einem Bedürfnis der Deutschen entspringt, aus der aktuellen Unruhe in eine quasi zeitlose Idylle zu fliehen.“ N 1221, 352; vgl. auch Heuss an Hermann Leins, 25. 2. 1959, in: N 1221, 507; an Rudolf Alexander Schröder, 2. 3. 1959, in: N 1221, 353.

Nr. 150
An Franz Josef Strauß, Bundesminister der Verteidigung, Bonn
25. Februar 1958
BArch, N 1221, 345: ms. Schreiben, Durchschlag, von Heuss ms. gez.; ms. Briefkopf: „Theodor Heuss“[1]
Zustimmung und Einwände zu Änderungen an Uniformen der Bundeswehr

Verehrter Herr Bundesminister!

Wie ich aus Ihrem Brief vom 18. Februar 1958[2] ersehe, haben Sie in den zur Erörterung stehenden Uniformfragen inzwischen angeordnet, daß der Luftwaffen-Kragenspiegel künftig für alle Dienstgrade einheitlich gestaltet und – ebenso wie beim Heer – nur noch in zwei Ausführungen getragen wird. Dies erleichtert mir den Entschluß, meine nachträgliche Zustimmung zur Einführung des Luftwaffen-Kragenspiegels zu erteilen. Ich sehe mich allerdings nicht veranlaßt, mich mit der Beibehaltung des Ärmelstreifens an der Luftwaffen-Uniform einverstanden zu erklären, weil die „Attraktivität und Werbekraft“ der Luftwaffen-Uniform durch Wegfall des Ärmelstreifens leiden könnte oder etwa gar weil ich aus seiner Abschaffung für mich eine Stimmungseinbuße bei der Truppe befürchte. Meine Einwendungen stelle ich lediglich zurück, weil ich auf eine Fortführung der Diskussion keinen Wert lege.

Ich habe Ihren Ausführungen ferner entnommen, daß Sie ein Bedürfnis für die Schaffung eines Fallschirmspringerabzeichens mit Rücksicht auf die Besonderheit der Ausbildung dieser Truppe bejahen. Diesem Bedürfnis will ich mich nicht verschließen und sehe der bereits angekündigten Vorlage von Entwürfen einer Neugestaltung des in seiner Formgebung von mir abgelehnten Abzeichens entgegen. In der Annahme, daß die neuen Entwürfe bald vorgelegt werden können, bin ich damit einverstanden, daß das derzeitige Abzeichen bis zur Einführung des neuen Abzeichens weitergetragen werden kann, bitte jedoch dafür Sorge zu tragen, daß das alte Abzeichen nicht mehr verliehen wird.

Im übrigen darf ich unterstellen, daß künftig die Verleihung von Tätigkeitsabzeichen der Bundeswehr an Angehörige der Stationierungsstreitkräfte unterbleibt.

Ich brauche wohl nicht zu betonen, daß ich diesen Einzelfragen der Uniformgestaltung, die unseren Briefwechsel ausgelöst haben, keine größere Bedeutung beimesse, als ihnen vom Sachlichen her zukommt. Ganz persönlich: ich habe meine „Weltanschauung“ weder auf „Litzen“ noch auf „Spiegel“ ausgedehnt. Die Stellung des Bundespräsidenten zur Bundeswehr ist – wider meinen Rat – so

---

1 Az. 3-3303-9-6306.
2 Ließ sich nicht ermitteln.

Abb. 20: Theodor Heuss und Franz Josef Strauß, 21. 10. 1955

geregelt worden,[3] daß ich, wäre ich darüber „gekränkt", sagen könnte: „Macht es, wie Ihr wollt; ich habe nicht die Absicht, in die Fußstapfen von Wilhelm II. oder Hitler zu treten." Doch handelt es sich um zweierlei: a) dem „Autonomiebedürfnis" militärischer Stellen nicht freien Lauf zu lassen, mit dem sie dann Zuständigkeiten überwinden, um sich schließlich auf ein „Gewohnheitsrecht" zu berufen, und b) sich nicht dem Fetisch des Traditionsgedankens zu unterwerfen. Ich halte mich geschichtlich für gebildet genug, um etwas von dem Sinn der Traditionen und Kontinuitäten zu verstehen. Aber, das sagte ich schon bei einer anderen Gelegenheit: eine Tradition zu begründen, zumal im Bruch der Zeiten, ist ein viel großartigeres Unterfangen, als Traditionen um ihrer selbst willen zu betreuen[4] – siehe Scharnhorst gegenüber Friedrich's Erbe![5]

Mit freundlichen Grüßen
Ihr Theodor Heuss[6]

---

3 Vgl. Nr. 65.

4 Vermutlich im Zusammenhang des gescheiterten Versuches von Heuss, zu Beginn seiner ersten Amtszeit eine neue Nationalhymne einzuführen; vgl. auch die Rede „Soldatentum in unserer Zeit" am 12. 3. 1959 vor der Führungsakademie der Bundeswehr in Hamburg, in: TH. HEUSS, Politiker, S. 488–499, hier S. 495.

5 Der preußische General Gerhard von Scharnhorst war führend an der Reorganisation der preußischen Armee nach den Niederlagen gegen Napoleon 1806/07 beteiligt. Er führte Qualifikationsvoraussetzungen für den Offiziersstand ein, beseitigte das bisherige Werbesystem und ermöglichte eine möglichst rasche Ausbildung der Rekruten. Das friederizianische Söldnerheer wurde zu einem Volksheer; vgl. D. WALTER, Heeresreform, S. 234–324.

6 Am 10. 12. 1958 wandte sich Heuss erneut an Strauß, als die Marine Änderungen an ihrer Uniform wünschte. Heuss bat darum, die Angelegenheit bis nach seiner Amtszeit zu verschieben; N 1221, 350.

Nr. 151
An Major Ernst Gustav Stolper, San Francisco, USA
2. März 1958

AdL, NL Ernst Stolper, 18260: ms. Schreiben, behändigte Ausfertigung; Kopfbogen: „Theodor Heuss"[1]

Stationierung Ernst Gustav Stolpers in Korea; bevorstehender Staatsbesuch in den USA

Lieber Ernst!

Ich hatte geplant, in einem meiner nächsten Briefe Toni um Deine Adresse in Korea zu bitten, um Dir zu zeigen, daß ich mit meiner Phantasie versuche, Dich dort irgendwie zu erwischen, aber nun bist Du mir in so sehr freundlicher Weise zuvorgekommen, und dafür danke ich Dir.[2]

Ich freue mich, daß die äußeren Umstände Deiner Existenz offenbar ganz angenehm sind, was Wohnung und dergleichen betrifft. Über die Witterungsverhältnisse in Korea habe ich keine Ahnung, wenngleich ich ein umfangreiches Buch über Korea von einem deutschen Geographen namens Lautensach[3] schon vor Jahren dediziert erhielt, aber was soll ein zwischen Büchern erstickender Bundespräsident alles gelesen haben! Du stehst jetzt in der Aufgabe, mit der östlichen Welt amtlich und seelisch in irgend fertig zu werden, und das kommt in Deinen Zeilen sehr anschaulich heraus. Den Missionarseifer mancher Amerikaner wirst du ja ganz gewiß nicht haben, aber Du wirst ein bißchen in dieser seltsamen Aufgabe geschult werden, in die Amerika, nachdem es Gläubigerland geworden ist und überall in der Welt teils Interessen, teils Menschenrechte zu verteidigen hat, vom Schicksal gestellt worden ist. Soweit ich das zu beurteilen in der Lage bin, ist Korea als Randgebiet zu China nie recht schöpferisch in dem Rhythmus der großen chinesischen Kultur und Zivilisationsentwicklung gewesen und von den Japanern in der Zeit ihrer Besetzung ja wesentlich mit als militärische Basis entwickelt worden. Ob diese meine Meinung richtig ist, bleibt ja eine offene Frage.

Meine Amerikareise stellt sich so dar, daß ich am 4., 5. und 6. Juni den Staatsbesuch in Washington erledige, vorher vermutlich in Kanada offiziell sein werde, dann aber kommt das große, große Fragezeichen: Was sieht sich der Heuss in USA an? Wer sieht sich in USA den Heuss an?[4] Die Einladungen, an der und

---

[1] Weitere Nachweise: N 1221, 207 und 346: ms. Schreiben, Durchschlag.

[2] Ernst Gustav Stolper an Heuss, 22. 2. 1958, in: N 1221, 207. Stolper berichtete über seine Aufgaben bei der US-Armee im koreanischen Pusan. Heuss gab das Schreiben am 1. 3. 1958 Toni Stolper zur Kenntnis; N 1186, 124.

[3] In der Vorlage: „Lauterbach"; HERMANN LAUTENSACH: Korea. Land, Volk, Schicksal, Stuttgart 1950.

[4] Zu den Staatsbesuchen in Kanada (28. 5.–4. 6. 1958) und den USA (4. 6.–23. 6. 1958) vgl. F. GÜNTHER, Heuss auf Reisen, S. 128–143; TH. HEUSS, Tagebuchbriefe, 332–337, 29. 5.–14. 6. 1958;

der Universität zu sprechen oder gar einen Ehrendoktor mit nach Hause zu nehmen, haben sich ziemlich gehäuft, aber wir werden erst vermutlich im Laufe des März zu einer allmählichen Klärung kommen. Toni wird mir mit ihrem Rat und ihrer Erfahrung dabei sehr viel helfen können und müssen. Ihr Brief von gestern[5] sagte mir, daß sie die Tage an der Westküste doch trotz sehr wechselvollem Wetter nach der landschaftlichen wie nach der menschlichen Seite hin sehr genossen hat und jetzt hofft, gut wieder in die große Arbeit zurückzukehren.

Ich hoffe sehr, daß Du von Edith und Frank[6] immer gute Nachrichten haben wirst, und wenn es sich irgendwie von den Arrangeuren meiner USA-Route machen läßt, denke ich, daß ich ihnen auch begegnen werde.

Daß das Deutsche Rote Kreuz in Pusan[7] eine Krankenhausstation durchführt, ist mir natürlich bekannt, aber Sonderaufträge oder dergleichen habe ich keine zu geben.[8] Wenn Du in Beziehung zu den Ärzten kommst, darfst Du ja dem Chef einen guten Gruß sagen und erzählen, daß ich Dein quasi Onkel bin.

Alles Gute!
Wie immer Dein Theodor Heuss

Nr. 152
An Dr. Bruno Weil, New York
5. März 1958

BArch, B 122, 2077: ms. Schreiben, Durchschlag, von Heuss diktiert (Diktatz. H/Bk) und ms. gez.; ms. Briefkopf: „Theodor Heuss"[1]

Nachruf auf Ludwig Haas von 1930; Erinnerung an den Besuch einer jüdischen studentischen Verbindung 1933; Glückwünsche zum 75. Geburtstag

Lieber Dr. Weil!

Freundlichen Dank für die Worte, die Sie über Holländer, an den ich mich gut erinnere, gesprochen haben.[2]

---

vgl. auch Nr. 114, Nr. 162, Nr. 163, Nr. 166, Nr. 171. An den offiziellen Teil in Washington bis zum 6. 6. 1958 schloss sich eine zweiwöchige halboffizielle Rundreise durch die USA an.

5 Toni Stolper an Heuss, 23. 2. 1958, in: BArch, N 1186, 148.

6 Ehefrau und Sohn von Ernst Gustav Stolper. Für Frank sammelte Heuss Briefmarken, die er ihm regelmäßig zukommen ließ; vgl. Heuss an Ernst Gustav Stolper, 21. 4. 1959, in: N 1221, 354.

7 Zweitgrößte Stadt in Südkorea.

8 Stolper hatte bei Heuss angefragt, ob er sich für das deutsche Krankenhaus nützlich betätigen könne; wie Anm. 2.

1 Weiterer Nachweis: N 1221, 346: ms. Schreiben, Durchschlag.

2 Weil hatte am 14. 2. 1958 einen von ihm verfassten Vortrag über den Juristen Ludwig Holländer übersandt; B 122, 2077. Als Präsident der Axis Victims League korrespondierte Weil mit Heuss

Es ist ein seltsamer Zufall, daß ich gerade vor ein paar Tagen mich auch mit einem alten KV-Mann zu beschäftigen hatte. Ich habe vor einem Vierteljahrhundert – es war wohl 1930 – über unseren gemeinsamen Freund Ludwig Haas im Israelitischen Wochenblatt einen Nachruf geschrieben.[3] Dessen Tochter, eine Frau Judith Schrag-Haas, die jetzt in USA wohnt – ich hatte sie zwischendurch einmal hier gesehen –, bat mich um diesen Nachruf.[4] Und seltsamerweise – obwohl ich in der Unordnung ein gewisses Training besitze und vielerlei von meinen Produkten verloren gegangen ist – konnte ich ihr kürzlich eine Fotokopie senden.

Für mich persönlich bleibt mit dem KV eine fast von Tragik umwitterte Anekdote verbunden: Einer meiner Hörer an der Hochschule für Politik[5] war eifriges Mitglied einer jüdischen Verbindung in Berlin. Er bat mich, vor seinen Kommilitonen einmal zu sprechen, was ich genauso tat wie in der gleichen Woche im Norden Berlins in Vertretung von dem ehemaligen Landwirtschaftsminister Dietrich vor einem agrarischen Forum.[6] Der Abend bei den jungen Juden im Februar 1933 – über das Datum darf nicht hinweggelesen werden – hatte eine der seltsamsten Atmosphären, denn ich sah mich einer heftigen Opposition von fast lauter verhinderten Nazis gegenüber, so daß die anwesenden Alten Herren sich beinahe bei mir entschuldigten, daß eine liberal-demokratische Grundauffassung, wie ich sie vortrug, nicht recht „ankam", wie man heute in Deutschland sagt.[7]

Da Sie in einigen Wochen, wie Sie mitteilen, 75 Jahre alt werden, packe ich der Einfachheit halber meine guten Wünsche gleich mit in diesen Brief. Ich selber werde ja, wie Sie vielleicht in der Zwischenzeit erfahren haben, in der ersten Junihälfte meinen Staatsbesuch in den USA machen.[8] Wir stehen hier in den Vorüberlegungen des Programms, das freilich kürzer gehalten werden muß als das, was für das vergangene Jahr angelegt war. Ein bißchen bin ich bänglich darüber, wo man überall Besuche und Reden von mir erwartet, während ich eigent-

und dem BPrA seit 1955 insbesondere in Wiedergutmachungsfragen für Angehörige selbständiger Berufe; ebd. Er war Mitglied der KC Fraternity, einem Zusammenschluss der Ehemaligen der Jüdischen Verbindungen (Kartell Convent), von denen allein 600 in New York lebten. Gegenüber Toni Stolper charakterisierte Heuss ihn am 25. 3. 1956: „Er ist einer von den Juden, die gerne Schmisse im Gesicht haben wollten – ob er sie jetzt noch gerne hat, weiß ich nicht. Ein bißchen eingebildet – aber gescheit und literarisch versiert." N 1121, 122.

3 Israelitisches Familienblatt 32, Nr. 32, 7. 8. 1930.

4 Ein entsprechendes Schreiben oder Gespräch ließ sich nicht ermitteln.

5 Vgl. Nr. 124, Anm. 6.

6 Nur nachweisbar eine Rede in Berlin vor jüdischen Studenten am 22. 2. 1932 zum Thema „Reich und Nation"; vgl. Redenkalender, in: N 1221, 684.

7 Vgl. auch M. RÜRUP, Ehrensache.

8 Zum Staatsbesuch in Kanada und in den USA vgl. Nr. 114, Nr. 151, Nr. 162, Nr. 163, Nr. 166, Nr. 171.

lich, da ich noch nie drüben gewesen bin, einiges an Eindrücken konsumieren möchte.

Mit freundlichen Grüßen, auch an Ihre Frau,
Ihr Theodor Heuss

Nr. 153
An Paul Wilhelm Wenger, Bonn-Venusberg
6. März 1958

BArch, B 122, 576: ms. Schreiben, Durchschlag, von Heuss diktiert (Diktatz. H/vM) und ms. gez.; ms. Briefkopf: „Theodor Heuss"[1]

Ablehnung, an einer Stiftung für abendländische Einheit teilzunehmen

Lieber Herr Wenger!

War ich ein Träumer oder sind Sie einer?

Herr Staatssekretär Bleek teilt mir mit, daß er von Herrn Minister v. Merkatz einen Brief bekommen habe,[2] in dem erörtert wird, daß ich an einer Vorführung alter kultischer christlicher Bilder teilnehmen werde, wonach dann die Gründung einer Stiftung für abendländische Einheit oder dergleichen besprochen oder beschlossen werden soll. Ich habe nach meiner Erinnerung nur gesagt, daß ich mir diese Dinge einmal ansehen will, habe dabei aber daran gedacht, daß sie mir bei Gelegenheit einmal vorgezeigt werden könnten; wir haben ja jetzt dafür die Apparatur.

Ich habe eine wahre Scheu davor, auch ohne daß von einer Schirmherrschaft oder einem Protektorat oder solchem modischen Unfug die Rede ist, Gründungsgeschichten solcher und verwandter Art mit dem Licht meines Wissens, an das viele andere glauben, nur ich nicht, anzustrahlen. Es ist ja so, daß ich meine Teilnahme an all derlei sehr eng limitiere und ein ausschließlich kontemplatives oder, wenn Sie so wollen, geschichtlich genießendes Interesse an solchen Unternehmun-

1 Stempel: „Pers[önlichem] Ref[erenten] vorgelegen"; Verfügung: „2) Herrn St[aats]S[ekretär] zur Kenntnis", mit Paraphe von Bleek vom 6. 3.; weiterer Nachweis: N 1221, 346: ms. Schreiben, Durchschlag.

2 Von Merkatz an Bleek, 25. 2. 1958, in: B 122, 576. Von Merkatz hatte berichtet, von Wenger erfahren zu haben, dass dieser dem Bundespräsidenten seine Gedanken über die Errichtung einer gemeineuropäischen Kulturstiftung „Monumenta occidentis – Fontes Europae" zur Faksimilierung von alten Handschriften und einer Europa-Akademie zur Schaffung einer Bildungselite vorgetragen habe. Bleek teilte am 5. 3. 1958 von Merkatz telefonisch mit, dass die Darstellung von Wenger nicht richtig sei, und kündigte ein Schreiben von Heuss an, das von Merkatz in Form einer Durchschrift des Schreibens von Heuss an Wenger am 13. 3. 1958 erhielt; B 122, 576; weitere Unterlagen von Wenger über die Akademie-Pläne in: ebd.

gen, an die Sie denken, innerlich habe. Ich habe gar nichts dawider, daß solche Dinge gemacht werden, denn sie haben einen geistigen Reiz, wie ja auch die ganze Romantik, aber ich selber, wie Sie mit schmerzlichem Bedauern wohl schon ein paarmal gemerkt haben, bin bei einiger Kenntnis des Gewesenen und des Gewordenen, in dem, was ich zu tun oder zu fördern habe, ein gräßlicher Rationalist.

Ich weiß nicht, ob Sie den früheren württembergischen Abgeordneten Josef Andre gekannt haben, ein blitzgescheiter Kerl, mit dem man großartig saufen konnte, aber als ich ihn im Jahre '46 einmal reden hörte und er sich als Schutzmann der christlich abendländischen Kultur dartat, habe ich mir geschworen, dieses Wort nie mehr in den Mund zu nehmen, und habe den Schwur auch nie gebrochen. Nehmen Sie mir bitte diese leicht zynisch klingende Erinnerung nicht übel, sondern bewahren Sie mir Ihr ironisch nachsichtiges Wohlwollen.[3]

Ihr Theodor Heuss

Nr. 154
An Prof. Dr. Hermann Heuss, Stuttgart-Degerloch
17. März 1958

FA Heuss, Basel: ms. Schreiben, Abschrift eines hs. Schreibens, von Heuss diktiert (Diktatz. H/A) und ms. gez.[1]

Hilfe für den Vetter Max Gümbel-Seiling; Klärung der finanziellen Beziehungen zum Bruder Hermann Heuss; Auseinandersetzung mit der Schwägerin Martha Heuss

Lieber Hermann,

in der letzten Woche war unser Vetter Max Gümbel bei uns,[2] von hiesigen Verehrern seiner Kunst zu einem Rezitationsabend geladen. Als er vor einigen

3 Am 13. 3. 1958 schrieb Heuss, nachdem er zu dem Vorhaben einige Publikationen gelesen hatte, noch einmal an Wenger: „Ich selber bin skeptisch gegenüber der Meinung, daß aus der Addition geschichtlicher Traditionen, die einmal Europa als Einheit kannten oder wenigstens von uns heute seit 150 Jahren interpretiert werden, etwas wie ein Gesinnungsvorrat des gegenwärtigen Europäers hinlänglich zu strukturieren sich ergibt." N 1221, 346.

1 Stempel: „Pers[önlichem] Ref[erenten] vorgelegen"; hs. Verfügungen: „Durchschriften an *Charlotte Kaempffer*, Stuttgart, m[it] bes. Schreiben; Herrn *Dr. Alfred Würz*, Esslingen, zur vertraulichen Kenntnisnahme; Frau *Hanna-Hedwig Frielinghaus*, Ludwigsburg, mit bes. Schreiben"; in einer weiteren Abschrift als „Einschreiben" gekennzeichnet; weitere Nachweise: N 1221, 141 und 346: ms. Schreiben, Abschriften.

2 Am 11. 3. 1958; vgl. N 1221, 482. Max Gümbel-Seiling, Vetter von Heuss, war Rezitator und Schauspieler sowie Mitbegründer der Laienspielbewegung; vgl. zur Beziehung auch Gümbel-Seiling an Heuss, 3. 10. 1949 (Eingangsdatum), in: N 1221, 141.

Monaten seine Frau verlor,[3] die lange im Krankenhaus lag, sandte ich ihm, ohne daß er darum gebeten hatte, tausend Mark; er schrieb damals, daß das für ihn eine „Rettung“ bedeutet hätte, und bestätigte es jetzt, weil er sonst in arge Verschuldung geraten wäre. In der Zwischenzeit erhielt ich, erhielt Hedwig Briefe von Leuten, die um die Verwandtschaft wußten, ich solle ihm doch einen „Ehrensold“ oder dergleichen verleihen.[4] Die Möglichkeiten zu einem solchen Verfahren sind sehr gering, und ich würde sie nie für einen Verwandten ausnützen, da ich mich von dem Verdacht freihalten will, mit öffentlichen Geldern etwas wie Familienpatronage zu betreiben.

So habe ich mich entschlossen, mit Max seine Situation ganz offen zu besprechen. Er war, von einer „Tournee“ zurückkehrend, geradezu rührend. Da er 25 Jahre in Holland lebt, erhält er, „Deutscher“ geblieben, dort jetzt eine Altersrente von 105 Mark, und er habe jetzt immerhin soviel verdient, daß er ein Jahr zu leben habe. Er akzeptierte aber meinen Vorschlag, für den Fall des Versagens seiner Kräfte, etwas wie einen Familienkonzern anzuregen, daß neben seinen Speyrer Neffen, denen ich im gleichen Sinne schrieb,[5] Du und ich einen Monatsbetrag von 3–400 Mark aufbringen sollten, um ihn nicht der öffentlichen Fürsorge anheimfallen zu lassen. Die eigenen Kinder kommen für Hilfeleistung nicht in Frage; ich übersehe hier die Situation. Ein Sohn, der die Liddle-Krankheit hat, an sich sehr gescheit, aber bewegungsunfähig, hat vor allem Ellys Mitgefühl gefunden und wird von hier gelegentlich noch betreut.

Die Angelegenheit ist, nach Maxens Darstellung, nicht aktuell, aber bei der Rolle, die Max immerhin in unserer Kindheit gespielt hat,[6] halte ich mich für berechtigt, ja verpflichtet, sie auch in Deine Überlegungen zu geben. Ich kann die Sache nicht auf meine Schultern allein übernehmen; in 1½ Jahren bin ich wieder Privatmann, doch ohne den gegenwärtigen Bezügen entsprechende „Pension“,[7] da ich ja kein „Beamter“ in rechtstechnischem Sinn bin und eine ganze Anzahl von Unterstützungsverpflichtungen an mir hängen, die ich nicht jäh abbrechen kann. Ich bitte Dich um Deine Stellungnahme.

Der Plan zu solchem Arrangement für Maxens Eventualnot ist ein paar Wochen alt; ich war entschlossen, ihm derlei vorzutragen, als er anfrug, ob er bei uns zwei Nächte quartieren könne. Inzwischen hat sich der Briefwechsel Hedwig-Martha-Theodor-Martha abgespielt.[8] Die schnöde, wenn nicht geradezu rüde

---

3 Jane Gümbel-Seiling war – wie Max Gümbel-Seiling am 4. 11. 1957 Heuss mitteilte – am 3. 11. 1957 verstorben; N 1221, 141.

4 Briefwechsel in: ebd.

5 Heuss an Hermann Foltz und Helmut Schmidt-Staub, 18. 3. 1958 , und deren positive Reaktion in: ebd.

6 Vgl. TH. HEUSS, Vorspiele, S. 135f.

7 Zu den Ruhestandsbezügen von Heuss vgl. Nr. 199.

8 Teile der Korrespondenz in: FA Heuss, Basel.

Art, mit der Deine Frau mit ein paar saloppen Sätzen einen eingehenden Brief von mir abgeschmettert hat, zeigt mir, daß sie darauf ausgeht, unser brüderliches Verhältnis völlig zu zerstören.[9] Ich kann sie daran offenbar nicht hindern, bin freilich ungewiß, ob Du diesen Briefwechsel kennst.

Er zwingt mich nun ganz kühl realistisch die Frage unserer „finanziellen" Beziehungen aufzuwerfen. Als der Familienunfall geschehen war und ich zum Bundespräsidenten gewählt wurde, bedrängte man mich, Dich zum Verlassen der Sowjetzone zu veranlassen[10] – die „technische" Erledigung besorgte der mir befreundete damalige Berliner Bürgermeister Reuter. Es war meine selbstverständliche Pflicht, da Du ja von meinem Schicksal in Deinem bestimmt wurdest, Dir für die erste bare Existenz und für die Begründung neuer Berufsmöglichkeiten behilflich zu sein. Du bekamst also regelmäßige Beträge, bis sich Dein berufliches Sein zur Autonomie entwickelt und auch ein Pensionsrecht anerkannt war. Das vollzog sich ganz ordentlich – nach meiner Erinnerung gab es da nur einmal eine Panne, als Du einen unartigen Brief an Bott geschrieben hattest,[11] etwa in der Art, er möge sich nicht in Dinge einmischen, die ihn nichts angehen.

Kein Mensch, auch ich nicht, hat sich in jenen Jahren so um berufliche Möglichkeiten für Dich bemüht wie eben Bott, und ich untersagte ihm, um nicht neuerlichen Kränkungen ausgesetzt zu sein, in Deinen Affairen überhaupt noch zu agieren. Wir haben vor Jahren einmal festgestellt – die erste Mitarbeiterin von Bott ist jetzt auf einer Auslandsstelle, und ich denke nicht daran, jetzt im Amt mühsam die Überweisungen aus meiner Privatkasse zusammensuchen zu lassen –, daß es sich um einen Betrag von etwa 12.500 M[ar]k handeln werde.[12] Ob Du die Überweisungsbelege aufbewahrt hast, weiß ich nicht. Aber runden wir den Betrag nach unten ab und sagen 10.000 DM.

---

[9] Hedwig Heuss hatte Martha Heuss zu ihrem 75. Geburtstag eingeladen, was diese mit einem Verweis auf die „nichtachtende Art" von Ernst Ludwig Heuss ihr gegenüber ablehnte. Heuss intervenierte daraufhin und nahm seinen Sohn in Schutz; vgl. Martha Heuss an Hedwig Heuss, 7. 3. 1958; Heuss an Martha Heuss, 8. 3. 1958; Martha Heuss an Heuss, 11. 3. 1958, alle in: FA Heuss, Basel. Hintergrund des Konfliktes war wohl eine gegenseitige persönliche Abneigung zwischen Martha Heuss und Heuss; vgl. Heuss an Toni Stolper, 23. 3. 1957, 21. 10. 1957, 27. 2. 1958, 12. 3. 1958, in: BArch, N 1186, 123 und 124. Verschärfend wirkte, dass Hermann Heuss sich schon in den Jahren zuvor beschwert hatte, keine Einladungen zu offiziellen Veranstaltungen des Bundespräsidenten bekommen zu haben; vgl. Heuss an Alfred Würz, 14. 2. 1958, in: N 1221, 345; Heuss an Lotti Kaempffer, 8. 1. 1957, in: N 1221, 338.

[10] Nach der Wahl von Heuss zum Bundespräsidenten verließ Hermann Heuss Chemnitz, wo er die Ingenieursschule für Bauwesen an den Technischen Lehranstalten geleitet hatte. In Stuttgart-Degerloch gründete er ein Architekturbüro; vgl. B. SOMMER, Hermann Heuss, S. 92–95; vgl. auch Heuss an Toni Stolper, 27. 2. 1958, in: BArch, N 1186, 124.

[11] Ließ sich nicht ermitteln.

[12] Gegenüber Toni Stolper meinte Heuss, er habe etwa 15.000 DM in den Neuanfang seines Bruders gesteckt; wie Anm. 10.

Ich will sie nicht wieder von Dir haben. Es ist mir einmal gesagt worden, daß Du selber das Gefühl habest, daß hier eine Rückgabepflicht vorliege, nachdem Ihr offenbar in ordentliche Einkommens-, vielleicht Vermögensverhältnisse gekommen seid. Aber Deine Frau betrachte diese Leistung als eine Anzahlung auf die Entschädigung, die das Haus in Chemnitz als Wert darstellt, einmal dargestellt hat. Diese Logik finde ich großartig. Ihr seid einfach die Verlustträger meines „Aufstiegs" geworden, die Übersiedlung nach Stuttgart war eine Art von Opfergang. Ach Gott, „drüben" würdest Du wegen des verdammten Namens keinen Privatauftrag erhalten und, wie man mir sagt, – dessen bin ich nun freilich nicht sicher – etwa 180 Ostmark als Pension erhalten haben. Schon aus Devisengründen wäre Euer Leben der Reisen nach England oder in den Orient unmöglich gewesen – ich gönne sie Euch, ohne die Möglichkeit dazu als mein „Verdienst" zu buchen. Nur das bringe ich nicht fertig: Euer Altersschicksal als durch mein persönliches Schicksal verschuldete Tragik zu betrachten.

Ich habe die Dinge auch am Telefon mit meinem Sohn besprochen,[13] der höchst erstaunt war, nun auch ein Mitschuldiger geworden zu sein. Er ist mit dem „Raub an seinem Erbe" – das Wort stammt aber von mir – einverstanden, obwohl er mit Hausbaukosten und Krankheitsgeschichten seine Sorgen besitzt – und akzeptiert den konkreten Vorschlag, den ich Dir mache:

a) 5.000 M[ar]k werden in nicht zu zögerlichen Raten auf ein Sparkonto der Jannamaria Frielinghaus[14] übergeleitet, mit einem Nutzungsrecht der Mutter.

b) 5.000 M[ar]k bleiben in relativer Reserve für die Situation, da Max Gümbel in Not gerät und evtl. aus diesem Betrag eine Mitleistung erfolgt. Du siehst, daß ich Dich mit den Fragen im Beginn des Briefes nicht nur belasten, sondern auch entlasten will. Bis der SOS-Ruf von Max erfolgt, wird der Betrag mit 6% verzinst, und die Zinsen werden an Lotti Kaempffer abgeführt, die nach dem Tod von Max, der immerhin im nächsten Jahre 80 wird, den Gesamtbetrag erhalten soll in der Euch möglichen Weise. Ich bitte, dies testamentarisch zu regeln.

Diesem „sachlichen" Vorschlag muß ich ein paar persönliche Dinge hinzufügen. Da ich nicht weiß, ob Du den Brief Deiner Frau kennst, lege ich Dir seine Abschrift bei.[15] Mit dem letzten Satz[16] wollte sie mir eine Ohrfeige geben, daß es nur so knallt. Sie hat sich mit dem Erwarten eines besonderen Effekts getäuscht. Der war nur das Erstaunen, wie sehr ein gepflegter (oder ungepflegter) Haß zu dieser Form des Selbstgenusses gedeihen kann. Martha ist gescheit und freut sich darüber, ich selber gelte nicht als gerade dumm. Ich will mit ihr keine Brief-

13 Heuss hatte seinen Sohn am 10. 3. 1958 über die Auseinandersetzung informiert; FA Heuss, Basel.

14 Jannamaria Frielinghaus, später verh. Guffarth, Tochter von Hanna Frielinghaus-Heuss.

15 Martha Heuss an Heuss, 11. 3. 1958, in: FA Heuss, Basel.

16 Das kurze Schreiben von Martha Heuss endete mit den Worten: „Du hättest ihn [den Brief von Heuss an Martha Heuss vom 8. 3. 1958; wie Anm. 9) Dir sparen können." Wie Anm. 9.

schreiberei fortsetzen, um ihr die Freude am Kränken weiterhin zu schenken – das kommt bei mir nicht an, wie man heute sagt. Aber das Geschwätz, daß ich in meinem Brief an dem „Wesentlichen" vorbeigeredet habe und so fort, ist doch nur Verlegenheit. Ich werde nicht mehr mit ihr korrespondieren. Doch vielleicht erkundigst Du Dich bei ihr, was eigentlich „das Wesentliche" und was die „Tatsachen" [sind], die ihr Verhalten gegen mich bestimmt haben. Ich entsinne mich nicht, je gegen sie unfreundlich oder unhöflich gewesen zu sein. Daß ich sie „kaltschnäuzig" nannte, kann sie unmöglich übelgenommen haben. Denn sie ist, wenn ich kein ganz miserabler Psychologe bin, auf diese Eigenschaft einer snobistischen Ehrfurchtslosigkeit geradezu stolz, ihre amüsante „note personelle" – vor dem Mißverständnis, daß das Wort „Ehrfurchtslosigkeit" irgendeine Ich-Bezogenheit besäße, glaube ich mich gesichert zu wissen.

Du magst vielleicht denken, das mag eine heitere Sache sein, Staatsoberhaupt zu spielen, wenn man Zeit hat, so lange Briefe zu schreiben. Es ist ja auch 1 Uhr schon lange vorbei. Ich stelle natürlich auch gar nicht die Frage: Martha oder Theodor. Aber ich erinnere Dich daran, daß wir Jahrzehnte nie getrübter Übereinstimmung hinter uns gebracht haben, daß wir im Elternhaus eine Erziehung zu bürgerlicher Anständigkeit genossen haben, daß mir der Gedanke an unsere Mutter, deren Liebling Du, deren Stolz ich war, eine Last geworden ist – Deine Frau wird das für sentimale un-„wesentliche" Sprüche halten, zumal sie die Mutter kaum gekannt hat.

Ich glaube nicht, daß ich von Natur händelsüchtig bin. Aber weder ein Bruder noch gar eine Schwägerin sollen meinen, auf meinem Ehrgefühl herumtrampeln zu können.

Ich erwarte eine Antwort von *Dir*, eventuell eine unkonzessionierte, und nicht von Deiner Frau.[17]

Schönen Gruß
Dein Bruder

Theodor

[PS]
Hedwig Frielinghaus und Lotti Kaempffer sind von meinen Intentionen unterrichtet.[18]

---

[17] An Toni Stolper schrieb Heuss über obigen Brief am 27. 3. 1958: „Ich nehme an, daß er nicht antworten wird, weil er nicht antworten darf. Ich errege mich in der Sache nicht weiter, bin nur etwas traurig, wenn ich an unsere Mutter denke." BArch, N 1186, 124. Eine Antwort des Bruders ließ sich nicht ermitteln. Er überwies jedoch unverzüglich 10.000 DM; vgl. Heuss an Toni Stolper, 1. 4. 1958, in: ebd. Am 30. 11. 1958 resümierte Heuss: „Damit, daß die Schwägerin Martha mich haßt, habe ich mich abgefunden; ich habe sie auch nie geliebt, obwohl es nie eine Spannung oder dergleichen gegeben hatte. Nur daß auf die letzten Lebensjahre das Verhältnis zu meinem Bruder von ihr zerstört werden konnte, schmerzt mich." Heuss an Toni Stolper, 30. 11. 1958, in: ebd.

Nr. 155
An Hanns W. Brose, Frankfurt a. M.
27. März 1958
BArch, B 122, 2066: ms. Schreiben, Durchschlag, von Heuss diktiert (Diktatz. H/Ha) und ms. gez.; ms. Briefkopf: „Theodor Heuss"[1]
Begrenzte finanzielle Unterstützung für Walter von Molo sowie weitere ältere Künstler und Schriftsteller

Sehr geehrter, lieber Herr Brose!

Mein Sohn hat mir Ihren Brief vom 13. März und die Anlage zugeleitet, die das Schicksal von Walter von Molo betreffen.[2] Das ist nun ein sehr „weites Feld", wie Fontane sagen würde.[3]

Ich selber kenne Molo persönlich seit dem Jahre 1917,[4] und wir haben bei allen Begegnungen ein freundschaftliches Gefühl füreinander empfunden. Ich habe ihn auch vor einigen Jahren, als ich in Oberbayern war, in Murnau aufgesucht,[5] und es gibt hier im Bundespräsidialamt eine ganz stattliche Akte „von Molo",[6] zumal ich vor Jahren mit ihm einen offenen Briefwechsel, der bis ins Detail verabredet war, geführt habe. Er ist seinerzeit in der damaligen „Neuen Zeitung" veröffentlicht worden und hatte den Auftrag, die Öffentlichkeit auf die urheberrechtliche Situation als solche und auf das Schicksal zumal der älteren Schriftsteller hinzuweisen.[7]

Zu einer Versöhnung der Brüder kam es nicht mehr. Im August 1959 wurde Hermann Heuss kurz vor seinem 77. Geburtstag von einem Moped angefahren; er verstarb an den Folgen dieses Unfalls. Alfred Würz versorgte Heuss mit Berichten über den längere Zeit im Koma liegenden Bruder; vgl. TH. HEUSS / K. ADENAUER, Unserem Vaterlande zugute, S. 284.

18 Vgl. Anm. 1.

1 Durchgestrichene Az. PB-001-3624 und 5001; Stempel: „Pers[önlichem] Ref[erenten] vorgelegen"; Durchschlag des Schreibens erhielt Ernst Ludwig Heuss zur Kenntnisnahme.

2 Ernst Ludwig Heuss an Heuss, 21. 3. 1958; Brose an Ernst Ludwig Heuss, 13. 3. 1958; Molo an Brose, 3. 2. 1958, alle in: B 122, 2066. Von Molo hatte Brose über seine Vereinsamung und Verarmung berichtet. Sein Werk sei nicht mehr gefragt.

3 Häufige Redewendung des Vaters von Effi Briest", in: TH. FONTANE, Effi Briest; schon nachweisbar in Adalbert Stifters Roman „Der Nachsommer" von 1857; A. STIFTER, Nachsommer, S. 119.

4 Heuss traf Molo zum ersten Mal auf Burg Lauenstein im Jahre 1917; vgl. den Beitrag Molos in: H. BOTT / H. LEINS, Begegnungen, S. 285–288; TH. HEUSS, Erinnerungen, S. 215.

5 Vermutlich im Sommer 1953.

6 Der Schriftsteller Molo bezog eine kleine Pension aus seiner Tätigkeit beim Patentamt in Wien (1904–1914) und sorgte sich um die Versorgung seiner 22 Jahre jüngeren Ehefrau. Er hatte das BPrA mehrfach bei der Berechnung seiner Versorgungsbezüge um Hilfe gebeten; B 122, 2066.

7 Zur Vorbereitung einer Stiftung für notleidende deutsche Schriftsteller hatte Heuss einen öffentlichen Schriftwechsel zwischen Molo und ihm angeregt, der am 26. 4. 1952 in der „Neuen Zeitung" publiziert wurde; umfangreiche Unterlagen in: B 122, 332; der Schriftwechsel Heuss/Molo auch in: Bulletin, Nr. 48, 29. 4. 1952, S. 505–507.

Molo hat ja immer die rührende Eigenschaft gehabt, auch als er in eigene Bedrängnis gekommen war, sich um die allgemeine und auch die individuelle Situation von Schriftstellern zu kümmern.

Der Zufall will es, daß an dem gleichen Tag, als die Sendung aus Lörrach kam, auch ein Brief von Molo kam, der die Stützung eines anderen Schriftstellers erbat, eines Mannes, den ich selber weder als Persönlichkeit noch als Buchproduzenten näher kenne, dem wir aber, wie auch schon Molo, mit einem Betrag beigesprungen sind.[8]

Wenn ich die Intentionen Ihres Briefes richtig verstehe, so wirft er das Problem auf, ob nicht älteren Schriftstellern von Staats wegen eine Altersversorgung gewährt werden kann. Das Problem selber ist ja in diesen letzten Jahren hundertfach an mich herangebracht worden, und ich habe mich bemüht, einen Dispositionsfonds zusammenzubringen, so daß wir im Rahmen der dadurch erreichten Möglichkeiten einmal hier, dann dort mit 300,- DM, mit 500,- DM, mit 1000,- DM eine Lebenserleichterung gewähren können. Das gilt natürlich nicht nur für Dichter, sondern auch freie Gelehrte, Musiker, bildende Künstler. Für die Presseleute, ob Redakteure oder freie Mitarbeiter, gab es ja einmal eine Versicherungs- und Versorgungskasse, die ist aber, wie so vieles, im Währungsschnitt untergegangen.[9] Ich selber habe dem Gedanken gegenüber, etwas wie eine Staatsrente als solche zu gewähren, bestimmte innere Hemmungen, a) weil der Charakter des freien Berufes damit irgendwie zu stark tangiert wird, b) weil, wenn ein Rechtsanspruch fixiert erscheint, das Qualitätsproblem als solches eliminiert wird. Ich weiß freilich, daß es darüber auch eine andere Auffassung gibt.

Aus meiner alten württembergischen Erfahrung kenne ich nun den Fall, daß für den einen oder anderen Schriftsteller oder Maler eine Gruppe von Industriellen und vermögenden Kaufleuten kleine Kreise bildete, die eine, wenn auch bescheidene, so doch zuverlässige regelmäßige Monatsleistung zusammengebracht haben, um den Betreffenden aus den Tagesängsten zu erlösen und zugleich den Dank für frühere Leistungen auszusprechen.

Der Fall Molo ist ja keine Einzelerscheinung – welche Sorgen hat uns gemacht und macht uns noch dauernd Otto Flake![10] (Dies jedoch vertraulich). Es

---

[8] Molo an Heuss, 19. 3. 1958, in: B 122, 2066. Am 24. 3. 1958 erhielt Molo 1.000 DM; der gleiche Betrag ging an Hanns Martin Elster, den Molo als hilfsbedürftig genannt hatte; vgl. Bott an Molo, 24. 3. 1958, in: ebd.

[9] Anfang 1926 wurde die Versorgungsanstalt der Reichsarbeitsgemeinschaft der deutschen Presse auf tarifrechtlicher Basis in Berlin gegründet. Ende des Zweiten Weltkrieges war das gesamte Vermögen verloren; vgl. K. KOSZYK, Deutsche Presse, S. 344. – Heuss hatte sich bereits am 30. 10. 1956 mit einem von Bott gez. Schreiben an Alex Möller vom Verband der Lebensversicherungen gewandt und ihn gebeten, sich einmal zu überlegen, ob nicht für die nicht versicherten alten Leute der sogenannten freien Berufe (Schriftsteller, Maler, Musiker) irgendetwas geschehen könnte. Viele hätten ihr Vermögen verloren; N 1221, 336.

[10] Rolf Hochhuth berichtete Heuss am 14. 7. 1959, dass die finanziellen Probleme von Flake gelöst

hat etwas Grausames, daß Männer, deren Arbeiten einmal etwas wie Bestseller gewesen sind, nicht so sehr durch das Nachlassen ihrer produktiven Kraft als vielmehr durch den Wandel im Geschmack oder Ungeschmack der Leser des Echos beraubt sind, ja kaum mehr Verleger finden.

Sie sollen nun nicht sagen: „Der Heuss macht es sich leicht, wenn er den Ball zurückwirft!" Ich habe aber einfach nicht die Mittel zur Verfügung, um dem und dem und dem eine anständige Altersrente zu sichern. Wir müssen das, worüber wir verfügen, sorgsam dosieren, wobei Vertrauensleute in den einzelnen Ländern nebenher eine Beratung übernehmen. Aber ich glaube, Molo hat durch seine Erzählungen wie auch durch seine Haltung in den öffentlichen Dingen bei der älteren Generation einen so gesicherten Namen, daß es Ihnen nicht schwerfallen sollte, einen Kreis Menschen zusammenzubringen, die mit ein paar mittleren Beiträgen, die sich dann zu einem brauchbaren Betrag summieren, ihm eine Regelmäßigkeit der Erwartungen sichern. Ich verstehe durchaus, daß er sein Haus in Murnau für die ja wesentlich jüngere Frau „halten" möchte. Daß es für ihn schwer ist, heute einen Verleger zu finden, ist schmerzlich genug. Mein Mitarbeiter, Ministerialdirektor Bott, selbst ehedem Verleger, hat sich in diesen Dingen vor Jahren aufs Redlichste für Molo bemüht.[11]

Mit freundlichen Grüßen
Ihr Theodor Heuss

---

seien. Der Verlag Bertelsmann habe für den Buchklub seine Romane „Der Handelsherr", „Hortense", „Monthiver-Mädchen" ins Programm genommen. Ob es nicht möglich sei, Flake auch öffentlich auszuzeichnen, etwa durch Verleihung des Ordens Pour le mérite? Heuss antwortete, eine Auszeichnung habe Flake bereits erhalten. Der Orden Pour le mérite ergänze sich ohne seine Mitwirkung durch Kooptation; Korrespondenz in: B 122, 596. – Flakes Werk hatte nach 1945 kaum noch Beachtung gefunden, so dass er in existentielle Nöte geriet und einen Suizidversuch beging. 1955 erhielt er das Große Bundesverdienstkreuz; vgl. M. Farin, Schiff.

[11] In welcher Weise dies geschah, ließ sich nicht ermitteln. – Brose dankte für das Schreiben am 9. 4. 1958; B 122, 2066. Am 22. 1. 1959 teilte er mit, Anna von Molo habe ihm kürzlich geschrieben, sie dürfe bis an ihr Lebensende den Molohof behalten und bewohnen: „Wie schön wäre es gewesen, wenn Walter von Molo das noch vor seinem Tode erfahren hätte." B 122, 874.

Nr. 156
An Dr. Herbert Böhme, Lochham bei München
7. April 1958

BArch, N 1221, 428: ms. Schreiben, Durchschlag, ms. gez.; ms. Briefkopf: „Theodor Heuss“[1]

Auseinandersetzung mit einer kritischen Rezension von Hans Wilhelm Hagen über die „Großen Deutschen“ in den „Klüter-Blättern“; Mitarbeit bei der Zeitschrift „Das Reich“ 1940/41

Sehr geehrter Herr Dr. Böhme,

seien Sie ohne Sorge, diese Zeilen werden nicht geschrieben mit dem Ersuchen, es möge die polemische Auseinandersetzung Hagen – Heuss – Hagen in den „Klüter-Blättern“ fortgeführt werden.[2] Ich betrachte sie als abgeschlossen. Denn sie müßte ja ins Uferlose führen, da jedes neue Schlußwort eine neue Diversion gestatten wird, umso mehr, da Dr. Hagen es sich billig macht, indem er die Zurückweisung einiger seiner ad personam[3] gesprochenen Thesen einfach mit „Fehlanzeige“ charakterisiert und bei dem ihm bequemeren Ausgangspunkt bleibt, die Sammlung Andreas-Scholz[4] als *das* Maß zu betrachten, von dem wir, um das Geschichtsbild zu „demontieren“, abgewichen sind.

---

[1] Weitere Nachweise: B 122, 191a: ms. Schreiben, Durchschlag; hs. Schreiben, Entwurf; B 122, 600: ms. Schreiben, Durchschlag.

[2] Hagen, vor 1945 Referent im Reichsministerium für Volksaufklärung und Propaganda, war Adjutant von Major Otto Ernst Remer gewesen, der im Zuge des Umsturzversuches am 20. 7. 1944 Goebbels verhaften sollte, dann aber maßgeblich an dessen Niederschlagung beteiligt war. Hagen hatte in den „Klüter Blättern“ die Sammelbiographie „Die Großen Deutschen“ unter dem Titel „Heuss, Heimpel und Herostratus“ kritisiert. Vor allem monierte er an dem Werk, dass die „germanischen Wurzeln“, der Soldatenstand und Preußen zu wenig berücksichtigt worden waren, hingegen die Nationalökonomie und die „großen Deutschen“ des 19. und 20. Jahrhunderts überrepräsentiert seien. Letztendlich beruhe die Auswahl der Personen auf einer Reihe von Fehlurteilen; vgl. Klüter Blätter – Deutsche Sammlung aus Europäischem Geiste 9 (1958), Mappe 1, S. 9–16. Heuss reagierte unter dem Titel „Heuss, Heimpel, Herostratos und – Hagen. Versuch einer Antikritik“, die er mit einem von Oberüber gez. Schreiben vom 21. 2. 1958 an die „Klüter Blätter“ sandte; B 122, 191a. Die Kritik von Hagen beinhalte einen „menschlich ehrenrührigen Exkurs“ – damit meinte Heuss dessen Unterstellung, Georg Friedrich Knapp sei in die Sammelbiographie nur aufgenommen worden, weil er Heuss’ Schwiegervater sei; vgl. Klüter Blätter 9 (1958), Mappe 2, S. 9–12, zusammen mit einer „Antwort auf die Antikritik von Professor Heuss“ von Hagen; ebd., S. 14–16. Auf diese Antwort reagierte Heuss mit obigem Schreiben. An Toni Stolper schrieb Heuss, er habe seine „verjährten polemischen Journalistentalente zusammengekratzt und saugrob geantwortet. [...] Man war sich im Hause nicht ganz klar, ob das Antworten überhaupt ‚unter meiner Würde‘ sei. Aber ich habe die These, daß man sich von den Burschen nichts gefallen lassen darf.“ TH. HEUSS, Tagebuchbriefe, S. 315, 5. 3. 1958; vgl. auch Heuss an Reifenberg, 10. 4. 1958, in: N 1221, 346.

[3] Lateinisch für „auf die Person bezogen“.

[4] Andreas und Scholz waren die Herausgeber der ersten Ausgabe der Sammelbiographie „Die Großen Deutschen“; vgl. Nr. 64.

Ich schreibe Ihnen in Anerkennung Ihrer publizistischen Loyalität, daß Sie meine Seiten Ihren Lesern zur Beurteilung vorlegten; manche Erfahrung, die ich in den zurückliegenden Jahren machen mußte gegenüber Falschmeldung, Lüge, Verleumdung, ließen mich dessen nicht ganz gewiß sein. So bin ich Ihnen zum Dank verpflichtet.

Ich schrieb den Aufsatz ja nicht für Dr. Hagen, sondern für diejenigen Ihrer Bezieher, die ein Gefühl für Honorigkeit besitzen – dies Gefühl wird dabei gar nicht für den „Funktionsträger in einer höheren Ordnung" beansprucht, wie Hagen das Amt des Bundespräsidenten umschreibt, sondern für den Schriftsteller. Manche der Leser mögen die heitere Paradoxie bemerkt haben, die in Hagens Verfahren steckt: er stellt eine Anzahl zorniger oder ironischer Worte zusammen, die in meiner Abwehr vorkommen, um dann mitzuteilen, daß er „auf diesem Niveau" nicht folgen werde. Er rechnet damit, daß der Leser vergessen hat: sein Essai begann damit, daß er mir die durch Goethe literarisierte Einladung des Götz von Berlichingen ins Haus sandte.[5] Nun: er mag sich literarisch für viel „feiner" halten und mich eines derben Grobianismus beschuldigen. Es handelt sich aber, sehr geehrter Herr Dr. Böhme, gar nicht um ein „Niveau", sondern um eine verschiedene literarische Technik. Dr. Hagen etwa wählt diese: Männer, die in völliger Unbefangenheit und Unabhängigkeit, ausschließlich auf ihre eigene Verantwortung gestellt, an die komplizierte Aufgabe herangingen, nun so darzustellen, als ob sie gegenüber der deutschen Geschichte eine Fortsetzung des Spruchkammerverfahrens[6] darstellen und den Intentionen der Sieger- und Besatzungsmächte Rechnung tragen. Glauben Sie, Herr Dr. Böhme, daß solche Haltung dem schönen Wort entspricht, das ich in Ihrem Briefe an einen jungen Menschen fand: „Aller Anfang ist Deine Anständigkeit".[7] Sollte ich sagen: Hier liegt ein sachlicher Irrtum des Dr. Hagen vor. Ich sagte dazu – und sage dazu: „ganz einfach frech". Zum Kapitel der „literarischen Technik" gehört auch die Sache Knapp,[8] „eine verneinende Frage wird als bejahende Antwort unterschoben" – Dr. Hagen war sich natürlich über den gewollten Suggestiv-Effekt dieser

---

5 Hagen begann seine Kritik der „Großen Deutschen" mit einem Zitat aus Goethes Schauspiel „Götz von Berlichingen mit der eisernen Hand": „Goethe hat die Menschen danach gesichtet, ob sie Funktionsträger in einer höheren Ordnung oder selbstverantwortliche Individuen sind. ‚Vor Ihro Kaiserliche Majestät habe ich, wie immer, schuldigen Respekt. Er aber kann mich … [am Arsch lecken].' Genau diese Trennung wollen auch wir eingehalten wissen, wenn wir uns zu kritischen Bemerkungen anläßlich der Neuausgabe der ‚Großen Deutschen' genötigt sehen." Klüter Blätter – Deutsche Sammlung aus Europäischem Geiste 9 (1958), Mappe 1, S. 9.

6 In Spruchkammerverfahren wurde in der amerikanischen Besatzungszone die Entnazifizierung durchgeführt; vgl. L. NIETHAMMER, Mitläuferfabrik.

7 Zitat findet sich in: HERBERT BÖHME: Die Entscheidung, in: Klüter Blätter 9 (1958), Mappe 2, S. 1–8, hier S. 7.

8 LUDWIG DEHIO: Georg Friedrich Knapp, in: H. HEIMPEL / TH. HEUSS / B. REIFENBERG, Großen Deutschen, Bd. 5, S. 399–406.

„Frage“ völlig im klaren. Er „bedauert“ meine „Gereiztheit“. Das ist alles, was er zu seinem Verfahren zu sagen hat, das ich nicht erneut charakterisieren will, um Hagens Bedürfnis nach „Niveau“ sprachlich nicht noch einmal zu kränken.

Und dann noch einmal die Geschichte mit der Zeilenlänge, die unter das aphoristische Gesetz gestellt ist: „Jede Gestalt hat auch ihre gemäße äußere Form“, und die Herausgeber haben nicht „die Formkraft“ bewiesen, die „Teile dem Ganzen organisch zuzuordnen“. Mag sich Hagen nun des Meterstabes bedienen, der ihn zuverlässig den Maßstab für Werte vermittelt. Da hat er etwa bieder nachgerechnet, daß Elisabeth von Thüringen[9] den größten Raum einnimmt! Glauben Sie mir, diese rangierte deshalb auch für unser Begreifen nicht an der Spitze der deutschen Geschichte. Aber die Herausgeberschaft ist doch nicht unter allen Umständen eine Schneiderwerkstatt – es gilt auch eine „Angemessenheit“ des Verhaltens zu einem Autor, einen Respekt vor seiner spezifischen literarischen Leistung, durch die eine Epoche atmen will. Doch mag es sein, daß Hagen Reinhold Schneider für einen Pfuscher hält.

Und nun doch noch einige Bemerkungen zu dem Schlußabschnitt, der leicht melodramatisch wird, weil er meine fragende Anmerkung, ob es sich um ein „Pseudonym“ handle, als „Verdächtigung“ nimmt – daß der „düstere Akzent“ sich auf den Hagen des Nibelungenliedes bezieht, hat er offenbar nicht bemerkt. Er ist in dieser Sache sogar bereit, sich seinerseits „für mich zu schämen“ – eine Gemütsbewegung, die, wie ich vermute, in seinem Naturell gar nicht angelegt und darum mühselig ist. Sich eines Pseudonyms zu bedienen ist eine völlig legitime Sache – ich habe derlei in meinem langen Schriftstellerleben öfters besorgt, nun freilich in frühen Jahren bei Geschöpfen literarischer Laune, die ich selbst für gewichtlos hielt. Später wurde das anders. Nachdem zwei meiner Bücher bei der spektakelhaften Bücherverbrennung hatten daran glauben müssen,[10] nachdem Hitler unmittelbar mein großes Poelzigwerk verdammt hatte[11] – galt es dem bereits gestorbenen Baumeister, galt es mir? –, sollte mir auch das publizistische Handwerk gelegt werden. Ich weiß nicht, Herr Dr. Böhme, ob Sie wissen, wie derlei damals geschah? Ich selber blieb von einer Mitteilung verschont, die Redakteure der Zeitschriften und Zeitungen erhielten in einem streng vertraulichen Informationsblatt, es war auf grünes Papier gedruckt, die Anweisung, nichts mehr von dem Schriftsteller Th. H. abzudrucken.[12] Es war eine höchst seltsame

[9] REINHOLD SCHNEIDER: Elisabeth von Thüringen, in: H. HEIMPEL / TH. HEUSS / B. REIFENBERG, Großen Deutschen, Bd. 1, S. 130–153.

[10] TH. HEUSS, Hitlers Weg; DERS., Führer; vgl. Nr. 148, Anm. 4.

[11] TH. HEUSS, Hans Poelzig; zum Verbot Vorwort zur Neuausgabe 1948, S. 6; vgl. auch E. W. BECKER, Biographie, S. 68.

[12] Dabei dürfte es sich um den auf grünem Papier gedruckten „Zeitschriften-Dienst“, 169./38. Ausgabe, 31. 7. 1942 gehandelt haben; vgl. ELKE SEEFRIED: Einführung, in: TH. HEUSS, Defensive, S. 51; R. BURGER, Theodor Heuss, S. 366–369.

Situation, deren ich mich sehr deutlich erinnere: an einem Sonntag vormittag kam der Herausgeber einer physikalischen Monatsschrift, dem ich einmal in einer Gesellschaft begegnet war, sogar ein Nobelpreisträger, zu mir in die Wohnung geradelt, um mir das Blatt zu zeigen. Nun habe ich nicht das Talent gehabt, Goebbels als eine für mich maßgebliche Autorität anzusehen – es gab Zeitungen und Zeitschriften, die in Kenntnis des Tatbestandes meine Aufsätze unter „Thomas Brackheim" abdruckten.[13] Buchpublikationen, Neugeschriebenes und Neuauflagen verschob ich bis nach dem Ende des Krieges.

Wie konnte Goebbels so böse auf mich sein, da ich doch an der Wochenschrift „Reich" mitgearbeitet habe.[14] Für Dr. Hagen ist infolge einer „widerlichen Denunziation" aus seiner Mitarbeit viel Ungemach entstanden. Ich bin nicht denunziert worden, sondern habe mich selber bei dem berüchtigten Fragebogen denunziert;[15] auch in der Bibliographie, die zu meinem 70. Geburtstage vor einigen Jahren erschien, sind meine Beiträge im „Reich" ganz selbstverständlich notiert.[16] Die Melodie „Bundespräsident war Mitarbeiter des Goebbels'schen Reiches" ist mir aus SED-Organen wohl vertraut. Ich weiß nicht, Herr Dr. Böhme, ob Sie sich der Entstehung des „Reiches" entsinnen.[17] Zwei journalistische Kollegen, keine Parteileute, luden mich ein, wie sie selber mitzuarbeiten; es solle ein Blatt werden, in dem auch das andere Deutschland reden könne. Und offenbar, eben dies, daß nicht der zeitübliche Jargon gesprochen wurde, hat dem Blatt einen so raschen Erfolg gebracht, daß Goebbels, nachdem er dies sah, die Sache an sich gerissen hat. Und damit war für zahlreiche Mitarbeiter, um ihrer Selbstachtung willen, das Schlußsignal für ihre Mitarbeit gegeben.[18] In meiner Bibliographie ist ein Aufsatz über den Begründer der Zoologischen Station in Neapel[19] und die Rezension über Schuchhardts Werk, das der griechischen Antike gilt,[20] verzeichnet; ich glaube, es fehlt die Notiz, daß ich eine Gottfried Keller Biographie besprochen

---

13 Seit 1942 konnte Heuss in der „Frankfurter Zeitung" nur noch unter Pseudonym („Thomas Brackheim") oder mit seinem Kürzel „r. s." publizieren; vgl. ebd., S. 367–370.

14 Heuss hatte 1940/41 acht Artikel in der NS-Wochenzeitung „Das Reich" veröffentlicht; vgl. ebd., S. 329–333.

15 In den Fragebögen, die Heuss 1945/46 im Zuge der Entnazifizierung ausgefüllt hatte, erwähnt er seine Mitarbeit in der Zeitung „Das Reich" nicht; N 1221, 486.

16 Vgl. M. Boveri / W. Prinzing, Theodor Heuss, S. 170, 209; es werden in dieser Bibliographie von den acht Beiträgen (vgl. Anm. 14) nur ein Artikel und eine Rezension nachgewiesen.

17 Karl Korn, früher Mitarbeiter der liberalen „Berliner Zeitung", ab Mai 1940 Leiter des Kulturteils des „Reichs", hatte Heuss zur Mitarbeit aufgefordert; vgl. R. Burger, Theodor Heuss, S. 330.

18 Goebbels veröffentlichte ab Dezember 1940 regelmäßig Leitartikel im „Reich"; Heuss' letzter Artikel erschien dort am 2. 2. 1941; vgl. ebd., S. 333.

19 Theodor Heuss: Die „Zoologische Station" in Neapel. Zu Anton Dohrns hundertstem Geburtstag am 29. Dezember 1940, in: Das Reich 1, Nr. 31, 29. 12. 1940, S. 20.

20 Theodor Heuss: Die Kunst des Altertums. Über die schöpferischen Ursprünge des Abendlandes, in: Das Reich 2, Nr. 5, 2. 2. 1941, S. 21.

habe.[21] Das ist alles – des Aufhebens nicht wert. Immerhin: Dr. Hagen konnte sich diese Pointe, mich zu „verdächtigen", wie er sagen würde, nicht entgehen lassen.

Es wird Ihnen vielleicht merkwürdig vorkommen, daß ich einen freilich lustlos grauen Ostertag für dieses Skriptum benutzt habe. Die ganze Schreiberei wäre nicht entstanden, wenn Dr. Hagen mich nicht in meiner menschlichen und wissenschaftlichen Ehre verletzt hätte, als er das „Frage"-Spiel mit G. F. Knapp aufführte, nicht bloß mich „gereizt" hat.[22] Daß ich dann die breitere Form der Zurückweisung seiner Schiefheiten und Bosheiten wählte, lag in der Natur der Sache.

Daß ich Ihnen, ad personam,[23] noch einmal so ausführlich schrieb, mag Ihnen zeigen, daß es mir im Wesenhaften nicht darum geht zu streiten, ob der oder jener „zu Unrecht" in dem Sammelwerk fehlt oder aufgenommen wurde, sondern daß es mir darum ging und geht, meine moralische Position nicht widerspruchslos verunglimpfen zu lassen. Ihr eigener Beitrag in den letzten „Klüter-Blättern",[24] ohne daß ich diesen jetzt zu einem Discutandum machen möchte, läßt mich vermuten, daß Sie persönlich für dieses mein Bedürfnis einer Klärung vor Ihnen wie vor mir selbst Verständnis haben.[25]

Theodor Heuss

Nr. 157
An Prof. Dr. Emil Preetorius, München
9. April 1958

Bayerische Staatsbibliothek, Ana 674, Heuss, Theodor II: ms. Schreiben, behändigte Ausfertigung; Kopfbogen: „Theodor Heuss"[1]

Zurückhaltung gegenüber Vorschlägen von Emil Preetorius: Förderung des Bildhauers Toni Stadler, Auswahlverfahren für die Stipendiaten der Villa Massimo, Projekt eines Altersheimes für Künstler, Schriftsteller und Ärzte in Pullach

---

21 THEODOR HEUSS: Das größere Vaterland. Zum 50. Todestag Gottfried Kellers, in: Das Reich 1, Nr. 8, 1. 12. 1940, S. 29.

22 Vgl. Anm. 2.

23 Lateinisch für „persönlich".

24 Vgl. Anm. 6.

25 Böhme dankte am 17. 4. 1958 und betonte noch einmal, dass es ihm in der Gestaltung der „Klüter Blätter" darum gehe, „eine Gegenstimme sein zu dürfen zu dem Tenor heute geübter Tendenzen, Kunst nach Maßstäben von Managern zu messen, Wirtschaft nach der augenblicklichen Konjunktur zu würdigen und Politik als Vorrecht derer zu sehen, die daraus einen Zweck-Beruf machten, ohne ihres tiefen Sinnes teilhaftig zu sein." B 122, 600.

1 Weitere Nachweise: N 1221, 346; B 122, 329: ms. Schreiben, Durchschlag mit undat. Paraphe von Bott; verfügte Durchschriften: „2) für Herrn R[echts]An[walt] Stein, Kulturkreis im Bundesverband der Deutschen Industrie, Köln, mit besonderem Schreiben; 3) für Herrn MinDir. Prof. Dr. Hübinger, Bundesministerium des Innern, mit bes. Schreiben".

Verehrter, lieber Professor Preetorius!

Sie dürfen es mir nicht verübeln, wenn die Antwort auf Ihren Brief vom 2. April[2] im wesentlichen einen negativen Unterton hat. Das liegt nicht nur daran, daß ich in dem Augenblick, da ich mich auf Amerika vorzubereiten beginne,[3] drei meiner nächsten Mitarbeiter durch Krankheit bezw. Urlaub entbehren muß, sondern es geht in das Grundsätzliche.

Immer mehr Leute, Einzelpersonen oder Institutionen, haben begonnen, sich meiner als eines gehobenen Briefträgers zu bedienen, während ich doch gar nicht beim Postministerium ressortiere. Das heißt praktisch soviel: Die Bayerische Akademie braucht doch nicht den Umweg über mich, um an den Kulturkreis im Bundesverband der deutschen Industrie heranzukommen. Sie ist eine autonome Körperschaft. Ich selber habe zwar bei der Gründung des Kulturkreises etwas wie den Paten gespielt[4] und freue mich sehr, daß es eine solche förderliche und verdienstvolle Einrichtung gibt, aber ich bin keine Außenstelle dieser Organisation. Natürlich kenne ich manches von Toni Stadler[5] und schätze es, aber ich habe es immer abgelehnt, was vom Kulturkreis auch gar nicht erwartet wurde, in irgendein über Personaldinge entscheidendes Gremium einzutreten, nicht aus Mangel an Interesse, sondern aus Notwehr, weil wir ja im Bundespräsidialamt elementar andere Dinge zu verwalten haben. Ich werde aber Abschriften der entsprechenden Abschnitte Ihres Briefes wie meiner Antwort an den Kulturkreis senden.[6]

Ähnlich steht es mit der Villa Massimo in Rom.[7] Wir haben vom Bundespräsidialamt aus moralisch und in Verhandlungen sehr geholfen, diese Stiftung wieder in die deutsche Verfügung zurückzubekommen,[8] und [uns] dann aber von

2 Preetorius an Heuss, 2. 4. 1958, in: B 122, 329.

3 Zum Staatsbesuch in Kanada und in den USA vgl. Nr. 114, Nr. 151, Nr. 162, Nr. 163, Nr. 166, Nr. 171.

4 Vgl. Nr. 63, Nr. 77.

5 Preetorius, Präsident der Bayerischen Akademie der Schönen Künste, hatte in seinem Schreiben die wirtschaftlich bedrängte Lage des 70-jährigen Stadler, der ohne Altersversorgung sei, geschildert; wie Anm. 2.

6 Der Kulturkreis im BDI dankte Heuss am 14. 4. 1958 und kündigte an, man werde versuchen, ein Werk von Stadler zu kaufen; B 122, 329.

7 Preetorius hatte gefordert, die Bayerische Akademie solle bei der Auswahl der Stipendiaten der Villa Massimo gehört werden; wie Anm. 2. Der Unternehmer Eduard Arnhold hatte bis 1914 in Rom die Villa Massimo erbaut und sie dem preußischen Staat zusammen mit einem großen Stiftungskapital geschenkt. Mit einem Stipendium wurden Künstler unterschiedlicher Bereiche zu einem Aufenthalt in der Villa eingeladen. Nach 1945 kam die Villa unter alliierte Verwaltung und wurde 1956 der Bundesrepublik übergeben; vgl. J. BLÜHER / A. WINDHOLZ, Arkadien.

8 Unterlagen in: B 122, 548.

allem Organisatorischen und verantwortlich Auswählenden bewußt völlig zurückgehalten. Das wird aber nicht überall rezipiert. Ich bekam neulich z. B. den Brief eines Mannes, der sich über die Bedingungen der Aufnahme beschwerte.[9] Ich selber habe im Augenblick gar keine Vorstellung davon, wie das Gremium zusammengesetzt ist, das die Stipendiaten auswählt – auf jeden Fall ist das Bundespräsidialamt nicht daran beteiligt und will auch nicht daran beteiligt sein. Die Bayerische Akademie ist doch autonom genug, Ihre Kritik bezw. ihre Wünsche auch in diesem Zusammenhang der zuständigen Stelle unmittelbar vorzutragen.[10]

Auch in der dritten Frage muß ich Sie enttäuschen.[11] In den karitativen Dingen habe ich mich ganz bewußt auf die Sicherung des von meiner Frau geschaffenen sogenannten „Müttergenesungswerks" beschränkt. Ich finde es sehr schön, wenn in Pullach etwas in der Art entsteht, wie Sie es mir in der Planung vorgetragen haben, aber erstens habe ich die propagandistische Beteiligung an solchen Unternehmungen immer abgelehnt, und zweitens verfügt das Bundespräsidialamt nur über sehr geringe Fonds, die nach meiner Anweisung (die jetzt schon über acht Jahre zurückliegt) ausschließlich zur Linderung individueller sozialer Notstände in kleinen Beträgen verwendet werden. Ich habe niemals für Bauunternehmungen und dergleichen Spenden gegeben, weil sonst der Betrag, der mir für ein Vierteljahr zur Verfügung steht, innerhalb weniger Tage verbraucht sein würde. Und mit Läpperbeträgen[12] kann sich der Bundespräsident denn doch nicht einfinden, weil das die Tendenz nach unten bekräftigen würde.

Die Sorge um alte Künstler und Schriftsteller ist ja fast zu unserem täglichen Brot geworden und wird von Bott mit Takt und Einfühlung in dem bescheidenen Umfang, in dem es uns möglich ist, bedacht.

Entschuldigen Sie die Länge des Briefes, aber ich muß ja Mißverständnisse ausschalten.

Das Ostasien-Buch[13] ist vor ein paar Tagen zu mir gekommen. Schönen Dank dafür. Ich konnte mich freilich jetzt mit ihm noch nicht vertraut machen, da ich einfach überlastet bin und über die Ostertage nur Arbeit hatte.

---

[9] Das Schreiben ließ sich nicht ermitteln.

[10] Heuss schickte den einschlägigen Ausschnitt aus dem Schreiben von Preetorius (wie Anm. 2) am 9. 4. 1958 unmittelbar an Hübinger vom BMI; B 122, 329.

[11] Preetorius schilderte das Vorhaben, ein Altersheim für Künstler, Schriftsteller und Ärzte in Pullach bei München einzurichten; wie Anm. 2.

[12] In der Vorlage: „Lepperbeträgen".

[13] Vermutlich KUNST DES OSTENS. Sammlung Preetorius. Ausstellung im Hamburgischen Museum für Kunst und Gewerbe, veranstaltet vom Institut für Asienkunde Hamburg und im staatlichen Museum für Völkerkunde, hg. v. Andreas Lommel u. a., München 1958.

Am 25. April werden Sie mich nun freilich hier nicht antreffen,[14] da dieser Termin schon seit geraumer Zeit für eine Berliner Veranstaltung festgelegt ist.[15]

Mit freundlichem Gruß
Ihr Theodor Heuss

Nr. 158
An Jürgen Tern, Frankfurt a. M.
11. April 1958

BArch, B 122, 597: ms. Schreiben, Durchschlag, von Heuss diktiert (Diktatz. H/HA) und ms. gez.; ms. Briefkopf: „Theodor Heuss"[1]

Zustimmung zur Behandlung des Themas „Plebiszit" in der „Frankfurter Allgemeinen Zeitung"; Resolutionen von Studenten

Sehr geehrter Herr Tern!

Es ist mir ein Bedürfnis, Ihnen für den Leitartikel über die Volksbefragung[2] – und zwar um der Sache willen – zu danken. Ich selbst hatte ja die Formulierungen, die ich zu dieser Angelegenheit im Parlamentarischen Rat gebrauchte, nicht mehr im Gedächtnis, aber ich möchte meinen, daß sie von Ihnen so gut ausgewählt wurden, daß sie doch auf manche Leute Eindruck machen werden.

Als wir im Hauptausschuß des Parlamentarischen Rates über diese Dinge diskutierten, hat auch der jetzige Vizepräsident des Bundesverfassungsgerichts, Dr. Katz, in meine Kerbe gehauen.[3]

Was mich mit einiger Sorge erfüllt, ist, daß nun Studentenresolutionen „Brauchtum" werden. Ich habe von Heidelberg wie von Tübingen solche erhalten, bei denen dann der Satz vorkommt, daß man im Falle der sogenannten nuklearen

---

14 Preetorius hatte mitgeteilt, dass er zu diesem Termin in Bonn sein werde; wie Anm. 2.

15 Am 26. 4. 1958 hielt Heuss in Berlin die Festrede zur Einweihung der Kongresshalle; vgl. Redenverzeichnis, in: N 1221, 684.

1 Hs. Az. 7001; weiterer Nachweis: N 1221, 346: ms. Schreiben, Durchschlag.

2 JÜRGEN TERN: Volksbefragung, in: FAZ, 9. 4. 1958. Tern gab vor allem die Diskussionen im Parlamentarischen Rat wieder und zitierte mehrfach Heuss, u. a. mit dem Diktum, dass Volksbegehren und Volksinitiative „die Prämie für jeden Demagogen" seien. Am 12. 4. 1958 druckte die „Frankfurter Allgemeine Zeitung" darüber hinaus Auszüge aus den Protokollen der Gremien des Parlamentarischen Rates zur Frage von Plebisziten ab; vgl. dazu auch Heuss an Theodor Eschenburg, 14. 4. 1958, in: N 1221, 346; Heuss an Toni Stolper, 14. 4. 1958, in: TH. HEUSS, Tagebuchbriefe, S. 122. – Der politische Hintergrund für die Debatte war die Frage nach einer Volksbefragung über die atomare Bewaffnung der Bundesrepublik; vgl. Nr. 161.

3 Vgl. PARLAMENTARISCHE RAT, Bd. 14/I, S. 665f.

Bewaffnung das Recht der Kriegsdienstverweigerung überlege.[4] Es sind, soweit ich sehe, vor allem ein paar Theologen, darunter solche, zu denen ich persönlich alte Beziehungen habe,[5] mit wirksam. Es geht an das romanische, aber auch an das orientalische Verfahren[6] heran, wenn Studenten, deren politisches Interesse an sich ja erwünscht sein muß, in verhältnismäßig kleinen Gruppen als *die* Sprecher der Studentenschaft auftreten, ohne Ahnung, wie das in der Welt wirkt.

Übrigens hat in der letzten Nummer der „Gegenwart" Michael Freund zu dem ganzen Komplex sehr lebendige Ausführungen gemacht.[7]

Mit freundlichen Empfehlungen
Ihr Theodor Heuss

Nr. 159
An Prof. Dr. Alfred Weber, Heidelberg
14. April 1958

BArch, N 1197, 19: ms. Schreiben, behändigte Ausfertigung; Kopfbogen: „Theodor Heuss"[1]

Dank für die freundliche Aufnahme des Essays „Max Weber in seiner Gegenwart"; plebiszitärer Präsident; Wahlmodus des Bundespräsidenten; Erinnerungen an den Parlamentarischen Rat

Verehrter Herr Professor Weber!

Für die freundliche Aufnahme, die Sie meinem Versuch über Max Weber[2] geschenkt haben,[3] darf ich Ihnen sehr herzlich danken.

---

4 Die Resolutionen von Studenten aus Heidelberg und Tübingen ließen sich nicht ermitteln.

5 So Friedrich Delekat und Helmut Gollwitzer; vgl. Nr. 100, Nr. 161.

6 Was Heuss damit meinte, ließ sich nicht ermitteln.

7 Michael Freund: Der Lohn der Angst, in: Die Gegenwart 13, Nr. 309, 5. 4. 1958, S. 200–204. Freund verglich die Annahme von Resolutionen gegen die atomare Aufrüstung durch Allgemeine Studentenausschüsse mit einer Resolution des Studentenparlaments von Oxford 1934, „daß dieses Haus sich weigert, für König und Vaterland zu kämpfen", und kommentierte, dass Hitler fast sicher sein konnte, zu Beginn seiner aggressiven Außenpolitik keinen nachhaltigen Widerstand zu finden; ebd., S. 201.

1 Weitere Nachweise: N 1221, 346; B 122, 599: ms. Schreiben, Durchschlag mit Stempel: „Pers[önlichem] Ref[erenten] vorgelegen".

2 Th. Heuss, Max Weber.

3 Alfred Weber an Heuss, 11. 4. 1958, in: N 1221, 213: „Sie haben Ihre Ausführungen wahrhaftig nicht ohne Grund ‚Max Weber in seiner Gegenwart' genannt. Man spürt in der Tat sehr deutlich die Umstände und Bedrängnisse, in denen sich politisch-geistig mein Bruder in seinen letzten Jahren befand [...]. Für die Nachfahrenden wird es kein leichtes Lied sein, das sie lesen können, aber gerade die unerbittliche Eindringlichkeit und Unentrinnbarkeit Ihrer Darstellung wird Ihnen

Sie schneiden in Ihren Bemerkungen die Frage an, ob der Vorschlag des „plebiszitären" Präsidenten nun doch ein Ausweichen ins Romantische darstellte.[4] Ich sehe ihn als ein suggestives Wagnis auf eine noch nicht übersehbare Entwicklung an, die vielleicht unter amerikanischem Eindruck erfolgte. Da nämlich das Parlamentarische in Deutschland auch nicht erkämpft war, sondern eine im Sommer 1917 sich anbahnende Entwicklung [darstellte], vor der die meisten Parlamentarier damals selbst Angst hatten, wollte er in die Zukunft die Entscheidung verlegen, daß eventuelle Auseinandersetzungen zwischen Reichspräsident und Reichstag auf der Ebene der gleichen Legitimierung erfolgen, wohl in der Annahme, daß der sachliche Ausgang von ein oder zwei Konfliktfällen die Typik der deutschen Staatszukunft beeinflussen werde.

Sie werden es nicht als ungeschickte Renommisterei ansehen, wenn ich Ihnen mitteile, daß die Idee der sogenannten „Bundesversammlung" eine „Erfindung" von mir ist, die aber etwa schon ein Jahr vor dem Zusammentritt des Parlamentarischen Rates formuliert war,[5] in der Zeit, als viele von uns ja staatsrechtliche Phantasien niederlegten. Die Frage wurde dann aktuell, als ich (wider meinen Willen, denn ich hatte einen begabten jüngeren Mann, den Rechtsanwalt Kessler in Karlsruhe als Repräsentanten der Stuttgarter demokratischen Landtagsfraktion vorgeschlagen[6]) in den Parlamentarischen Rat einzog und dort auf den Herrenchiemsee-Vorschlag stieß, daß der Bundesrat und der Bundestag gemeinsam einen Wahlkörper bilden sollten.[7] Dagegen wehrte ich mich, weil der Bundesrat ja nach

nützen können. Diese wird als wesentlicher Ertrag bleiben. Mir persönlich ist das Erschütterndste von Max Webers Früh-Weimarer Zeit doch immer sein offenbares Hineingleiten in Romantik geblieben. Ein solches war die Idee des volksgewählten Präsidenten, für den die gesamte politische Klaviatur in Deutschland fehlte. – Sie ist mir immer wie eine Art verfehlter Nibelungengesang vorgekommen. Aber vielleicht würden Sie in diesem Punkte doch aus allgemeinen Gründen der Beurteilung des Max Weberschen Schicksals von mir abweichen. Ich weiß es nicht und will das nicht verschweigen."

4 Heuss hatte sich wie ein Großteil der Abgeordneten des Parlamentarischen Rates angesichts der Erfahrungen mit dem plebiszitären Reichspräsidenten in der Weimarer Republik gegen eine Direktwahl des Bundespräsidenten durch das Volk ausgesprochen; vgl. 10. Sitzung des Hauptausschusses, 30. 11. 1948, in: PARLAMENTARISCHE RAT, Bd. 14/I, S. 293; Heuss an Friedrich Middelhauve, 9. 11. 1948, in: TH. HEUSS, Erzieher, S. 422f; J. C. HESS, Verfassungsarbeit, S. 61f. – Noch am 10. 6. 1954 meinte Heuss gegenüber Fritz Ernst, der plebiszitäre Präsident, der sich an sich, um stärkere Macht zu besitzen, empfehle, sei in dem amorphen seelischen Zustand, in dem das deutsche Volk zur Zeit sich befinde, eine Prämie auf reine Demagogen; N 1221, 129; vgl. auch Nr. 158, Anm. 2.

5 Heuss hatte diese Idee im Sommer 1948 formuliert; vgl. J. C. HESS, Verfassungsarbeit, S. 62–64; vgl. auch die Schreiben an Middelhauve und Ernst; wie Anm. 4.

6 Vgl. Heuss an Hermann Kessler, 27. 3. 1953, in: TH. HEUSS, Bundespräsident 1949–1954, S. 430f.

7 Der Verfassungskonvent auf Herrenchiemsee hatte im August 1948 einen Verfassungsentwurf als Grundlage für die Beratungen im Parlamentarischen Rat erarbeitet. Art. 75, Abs. 1 empfahl die Wahl des Bundespräsidenten durch Bundesrat und Bundestag; vgl. PARLAMENTARISCHE RAT, Bd. 2, S. 594; M. FELDKAMP, Parlamentarische Rat, S. 36–39.

Instruktionen abstimmt. Deshalb mein Vorschlag, die schon durch die vorangegangenen vier Jahre staatlich gesicherte Landesexistenz zu berücksichtigen, den Landtagen das Erwählen von einer gleich starken Anzahl von Vertretern zuzuschreiben, die neben den Bundestag treten sollten. Dabei waren die Landtage völlig frei in der Berufung dieser Vertretungen, das heißt, es brauchten nicht Parlamentarier zu sein. Diesen Gedanken konnte ich dann auch durchsetzen. Er war, das werden Sie mir glauben, nicht auf meine Person abgestellt.

Bei anderen strukturellen Vorschlägen hatte ich weniger Glück, denn ich wollte ja für das, was heute „Bundesrat" heißt, etwas anderes, dem man im Jargon des Parlamentarischen Rates den Namen „Bundesrat mit senatorieller Schleppe" gegeben hatte, das heißt, ich wollte eine echte zweite Kammer für die Legislative, wobei, nachdem ein Kompromiß zwischen SPD und CDU über den Bundesrat erfolgt war, die Regierungsvertreter eigentlich wesentlich auf die Durchgestaltung der „Ausführungsbestimmungen" begrenzt bleiben sollten.[8] Der Gedanke kam aber in dem Ausschuß, dem ich selber nicht angehört habe,[9] nicht zur genügend wirksamen Vertretung. Ich selber war ja wesentlich an der Durcharbeitung der sogenannten „Grundrechte" beteiligt gewesen.[10]

Es würde mich freuen, wenn mein in den Weihnachtsferien geschriebener Essay über Max Weber[11] die Menschen dazu führt, mit dem gewiß zeitgebundenen, aber doch sachlich wie menschlich ungeheuer intensiven Denken und Miterleben dieses Mannes sich zu beschäftigen.

Mit freundlichen Grüßen
Ihr

Theodor Heuss

---

[8] Im Parlamentarischen Rat gingen die Meinungen über die Zusammensetzung der Länderkammer weit auseinander. Auf der einen Seite stand das Bundesratsprinzip, das die Entsendung weisungsgebundener Vertreter der Länderregierungen vorsah und von der Mehrheit der CDU und CSU favorisiert wurde; auf der anderen Seite verfochten die Anhänger des Senatsprinzips, die sich vor allem aus der Mehrheit der SPD rekrutierten, die Bildung der Länderkammer aus gewählten Vertretern der Landtage. Eine Synthese beider Prinzipien deutete Heuss schon in seiner Rede vor dem Plenum am 9. 9. 1948 an: „Aber dass die Kombination von Länderregierungsvertretern und Landtagsvertretern an sich gangbar ist und versucht werden könnte, legt sich mir sehr nahe." PARLAMENTARISCHE RAT, Bd. 9, 3. Sitzung, S. 111. Ende Oktober bezeichnete er dieses Mischsystem als „Bundesrat mit senatorischer Schleppe", dem sich Teile der CDU anschlossen; ebd., Bd. 11, S. 33. Zur gleichen Zeit verständigten sich SPD und CSU auf die Bundesratslösung, die sich schließlich auch durchsetzte; vgl. M. F. FELDKAMP, Parlamentarische Rat, S. 80–82, 113–115; V. OTTO, Staatsverständnis, S. 109–114; J. C. HESS, Verfassungsarbeit, S. 70–72.

[9] Ausschuss für Organisation des Bundes; vgl. PARLAMENTARISCHE RAT, Bd. 13.

[10] Im Ausschuss für Grundsatzfragen; vgl. PARLAMENTARISCHE RAT, Bd. 5; vgl. auch J. C. HESS, Verfassungsarbeit, S. 39–59; E. W. BECKER, Theodor Heuss, 114–116.

[11] Vgl. Anm. 2.

Nr. 160
An Professor Else Jaffé-von Richthofen, Heidelberg
4. Mai 1958

BArch, B 122, 2072: ms. Schreiben, Durchschlag, von Heuss diktiert (Diktatz. H/HA) und ms. gez.; ms. Briefkopf: „Theodor Heuss“[1]

Beileid zum Tod von Alfred Weber und Erinnerung an die erste Begegnung

Verehrte Frau Jaffé!

Ob das Hinscheiden von Alfred Weber[2] ganz überraschend kam oder ob ihm ein Kranksein voranging, das die Gedanken auf das Ende leitete, weiß ich nicht. Ich denke in freundschaftlicher Teilnahme an Sie und bitte, den Verwandten von Alfred Weber meine Teilnahme zu vermitteln.

Es ist eine außerordentliche Spanne von Jahrzehnten, seitdem Alfred Weber in meinem Bewußtsein steht. Ich habe ihn zum erstenmal erlebt, als ich 1902, nach dem Abitur, zu dem Nationalsozialen Vereinstag nach Hannover – große Strecken zu Fuß wandernd – reiste.[3] Er hielt damals einen den 18-jährigen Buben stark beschäftigenden Vortrag über Kartelle und Trusts, nun eben in der Art, wie der Naumannsche Kreis die Dinge in grundsätzliche Erkenntnisse zu vertiefen suchte.

Im Hin und Her der politischen und wissenschaftlichen Fragestellungen ist mir Alfred Weber dann in Zustimmung und Widerspruch eine wichtige Erscheinung geblieben. Ich habe gern von ihm gelernt, auch wo ich seinen Thesen und Antworten nicht folgen konnte, und habe die Kraft seines bekennerischen Wesens immer hoch zu veranschlagen gewußt.[4]

Es hat für mich etwas Rührendes, daß ich noch vor ein paar Wochen mit Ihm einen Briefwechsel führen konnte über die Bewertung von Max Webers staatsrechtlicher Phantasie.[5] Ob ihm meine Auffassung in der Interpretation des Bruders eingeleuchtet hat, weiß ich freilich nicht.

Mit herzlichen Grüßen
Ihr
Theodor Heuss

---

1 Hs. Az. 001-6249 (Weber), gestrichen 6845; Stempel: „Pers[önlichem] Ref[erenten] vorgelegen“; weiterer Nachweis: N 1221, 347: ms. Schreiben, Durchschlag.

2 Weber war am 2. 5. 1958 an Herz- und Nierenversagen gestorben; vgl. E. DEMM, Weimarer Republik, S. 423.

3 Vgl. TH. HEUSS, Vorspiele, S. 214.

4 Heuss charakterisierte sein Verhältnis zu Alfred Weber in einem Schreiben vom 19. 7. 1958 an Ruprecht Reicke mit den Worten: „Mein persönliches Verhältnis zu ihm war völlig anders als das zu seinem Bruder Max, der mich aufs stärkste beeinflußt hat, während Alfred Weber mich nur interessierte.“ B 122, 366; vgl. auch Heuss an Edgar Salin, 19. 8. 1958, in: ebd.

5 Vgl. Nr. 159.

Nr. 161
An Prof. Dr. Helmut Gollwitzer, Berlin-Nikolassee
27. Mai 1958

Evangelisches Zentralarchiv, 686/7923: ms. Schreiben, behändigte Ausfertigung; Kopfbogen: „Theodor Heuss"[1]

Keine Intervention des Bundespräsidenten gegen atomare Bewaffnung; Kritik an Plebisziten; Persönliches

Verehrter, lieber Herr Professor Gollwitzer!

Da ich morgen nun für ein paar Wochen nach Kanada und USA verschwinde,[2] wird noch sehr stark an der Befreiung des Schreibtisches von lagernder Post gearbeitet. Nun ist es ja freilich so, daß Sie eine Antwort auf ihren eingehenden Brief vom 28. April[3] ausdrücklich nicht erwarten, und ich selber bin ja in diesen Wochen ungeheuer stark überfordert geblieben, da die Schwierigkeiten, ein Programm für Amerika zu machen, mit soundso vielen amerikanischen und soundso vielen deutschen Amtsstellen von mir nicht genügend gewürdigt wurden. Ich habe nebenher jetzt, glaube ich, zehn Reden und Ansprachen für Amerika fabriziert, mit dem Ehrgeiz, nicht immer das gleiche zu sagen.[4] Das gibt mir ja auch nicht die rechte Distanz zur theologisch-ethischen Argumentation, wie Ihr Brief sie vorträgt.

Natürlich ist das Problem der nuklearen Bewaffnung voll von gespenstischen Fragezeichen. Der Hinweis auf Hiroshima,[5] was ja die Menschheit tief erschreckte, wird ein bißchen aufgehoben – diese Fragestellung stammt aber nicht von mir –, wären die Bomben über Hiroshima geworfen worden, wenn die Japaner auch die entsprechenden Bomben gehabt hätten? Ich glaube, psychologisch muß man bei den Amerikanern etwas einsetzen, ohne daß dies eine „Rechtfertigung" wäre, daß

---

1 Weitere Nachweise: N 1221, 347; B 122, 2060: ms. Schreiben, Durchschlag mit Stempel: „Pers[önlichem] Ref[erenten] vorgelegen"; Paraphe von Bleek vom 29. 5.; von Bott gez. Wiedervorlage-Verfügung gestrichen und von ihm zdA verfügt.

2 Zu den Staatsbesuchen in Kanada und den USA vgl. Nr. 114, Nr. 151, Nr. 162, Nr. 163, Nr. 166, Nr. 171.

3 Gollwitzer an Heuss, 28. 4. 1958, in: B 122, 2060. Gollwitzer hatte darin unter Bezugnahme auf ein kürzlich geführtes Gespräch mit Heuss noch einmal seine ablehnende Position in der Frage der atomaren Bewaffnung der Bundeswehr dargelegt. Er war dabei auch auf ein Schreiben von Hermann Diem eingegangen, in dem dieser Heuss aufgefordert hatte, ein Gesetz über die atomare Bewaffnung der Bundeswehr nicht zu unterzeichnen, um so die Wiedervereinigung nicht zu gefährden. In einem hs. Zusatz hatte Gollwitzer vermerkt, dass er eine Antwort auf sein Schreiben nicht erwarte.

4 Vgl. B 122, 494.

5 Am 6. 8. 1945 warf die Luftwaffe der USA je eine Atombombe auf Hiroshima und am 9. 8. 1945 auf Nagasaki ab. Bis Dezember 1945 starben über 210.000 Menschen an der Verstrahlung; vgl. F. COULMAS, Hiroshima, S. 17f.

die Japaner ohne Kriegserklärung den Überfall auf die amerikanische Flotte in Pearl Harbour gemacht hatten.[6]

Der Briefwechsel mit Professor Diem[7] hatte einen völlig privaten Charakter. Diem hatte hier wiederholt angerufen, daß er mich dringend sprechen müsse. Als er nach dem konkreten Thema, das besprochen werden sollte, gefragt wurde, nannte er dies nicht, sondern schrieb mir eben in einem Brief, ich möchte so „tapfer" sein und eine Erklärung abgeben, daß ich ein Gesetz über nukleare Bewaffnung nicht unterzeichnen würde, und gleichzeitig meinen Rücktritt erklären. Da schrieb ich ihm einen sehr konkreten Brief,[8] daß es nicht meine Art sei, im Nebenher eine Staatskrise zu arrangieren. Es ist für mich vom Beginn meiner Amtszeit an die Grenze markiert geblieben, daß ich Verfassungskonflikte in einem so labilen Zustand, nach all dem, was wir erfahren haben, vermeiden mußte. Meine politische Stellungnahme zu dieser oder jener Frage kann einmal die Historiker interessieren, wenn sie meine Motionen und Bemerkungen zu politischen Tagesfragen kennenlernen. Als der Parlamentarische Rat sowohl über die Soldatenfragen wie über die demokratischen Grundprobleme verhandelte, war ich damals der einzige, der eine Rede dagegen hielt, daß die Kriegsdienstverweigerung als Recht ins Grundgesetz käme, weil ich die Wehrpflicht nun innerhalb des demokratischen Staates als eine moralische, politische Begebenheit sehe, ohne daß gefordert wird, daß sie ausgeschöpft wird.[9]

Ich habe auf der anderen Seite damals gemeinsam mit dem sozialdemokratischen Dr. Katz, jetzt Vizepräsident des Bundesverfassungsgerichts, den Antrag der Frau Abgeordneten Wessel, damals Zentrum, heute SPD, auf plebiszitäre Legislative in zwei Reden sozusagen vernichtet.[10] Alle diese Reden sind kürzlich in der Frankfurter Allgemeinen Zeitung wieder abgedruckt worden.[11] Ich habe meinen sozialdemokratischen Freunden auch klarzumachen versucht, daß, gleichviel wie das rechtliche Verfahren in Karlsruhe sich abspielen wird, die psychologische und in den Formen ganz notwendigerweise demagogische Aushöhlung der Staatsautorität eine für mein Gefühl höchst peinliche Belastung eines demokratischen Funktionensystemes darstellt, aber das ist nun ein zu weites Feld, um in einem Brief untergebracht zu werden.

---

6 Am 7. 12. 1941, woraufhin am folgenden Tag die USA Japan den Krieg erklärten; vgl. P. HERDE, Pearl Harbor.

7 Ließ sich nicht ermitteln. Hermann Diem, Mitherausgeber der Zeitschrift „Politische Verantwortung", gehörte zu den radikalen Gegnern einer Wiederbewaffnung und einer atomaren Aufrüstung der Bundeswehr.

8 Ließ sich nicht ermitteln.

9 Vgl. Nr. 65, Anm. 7.

10 22. Sitzung des Hauptausschusses, 8. 12. 1948, in: PARLAMENTARISCHE RAT, Bd. 14/I, S. 665–667; vgl. auch Nr. 158.

11 Vgl. Nr. 158, Anm. 2.

Ich selber möchte noch damit rechnen dürfen, daß internationale Verhandlungen über den gesamten Komplex in Gang kommen, aber nun freilich auf der Basis nüchterner Verhandlungen, ohne Angst und Verwirrung. Demonstrationen gegen den sogenannten „Atomtod“[12] haben für mein inneres Empfinden etwas Skurriles und wohl auch leicht Pharisäisches, weil sie denen, die das für eine nicht ganz brauchbare Form der Politik halten, unterstellen, daß sie „für den Atomtod“ seien. Was ist das Ganze doch für eine Verwirrung des Urteils und der Sprache.

Der Sohn Ludwig wird mit nach Amerika fliegen, da das Kind bei nahen Freunden in Lörrach gut behütet sein wird.[13] Es genießt jetzt die neue Umgebung des Gymnasiums, in das es eingetreten ist und das seinen Eifer stark anregt. Im Augenblick sind Vater und Tochter hier, da das Kind ja Pfingstferien hat. Die Idee, die sowohl von Bott als, wie mir Ludwig erzählte, auch von Ihnen vertreten wurde, das Kind jetzt in ein Landerziehungsheim zu geben, halte ich im Augenblick für völlig falsch, sowohl vom Kind her gesehen als auch vom Vater. Es muß nur dort im Laufe des Sommers eine Regulierung der Haushaltsführungsdinge gelingen, die bis jetzt sehr deplorable waren, zumal Ludwig auch durch Krankheitsfälle in seinem Betrieb rein beruflich gegenwärtig überaus stark beansprucht ist.

Mit freundlichen Grüßen
Ihr

Theodor Heuss

Nr. 162
An John Foster Dulles, US-Secretary of State, Washington
16. Juni 1958; Grand Canyon, USA

BArch, B 122, 494: ms. Schreiben, Durchschlag, ms. gez.; ms. Briefkopf: „Der Präsident der Bundesrepublik Deutschland“[1]

Dank für die freundliche Aufnahme während des Staatsbesuches in den USA; Besichtigungen und Reden

---

12 Nachdem sich Adenauer im April 1957 öffentlich für die Ausrüstung der Bundeswehr mit Trägersystemen für amerikanische Atomsprengköpfe ausgesprochen hatte, formierte sich ein breites Protestbündnis aus SPD, Gewerkschaften, Schriftstellern und Kirchenvertretern. Der „Kampf dem Atomtod“ erreichte einen Höhepunkt, als am 1. 4. 1958 sich mehr als 150.000 Menschen vor dem Hamburger Rathaus zu einer Kundgebung versammelten. Hamburg hatte ein Gesetz beschlossen, das eine Volksbefragung zur Atombewaffnung vorsah, das allerdings durch eine Verfügung des Bundesverfassungsgerichts im August 1958 für verfassungswidrig erklärt wurde. Anschließend verlor die Bewegung an Dynamik; vgl. E. CONZE, Suche, S. 290–295; KAMPF DEM ATOMTOD.

13 Zum Tod der Mutter Hanne Heuss vgl. Nr. 139, Anm. 17.

1 Hs. Az. 6337-5742; weiterer Nachweis: B 122, 494: ms. Schreiben, englische Übersetzung.

Abb. 21: Begrüßung von Theodor Heuss durch Dwight D. Eisenhower beim Empfang im Weißen Haus, 4. 6. 1958

Verehrter Herr Staatssekretär, lieber Mr. Dulles,

die Rückfahrt nach Europa wird zwar erst am 23. Juni beginnen. Doch die nächsten Tage, zumal beim Aufenthalt in New York, werden so dicht mit Terminen besetzt sein, daß ich den heutigen Tag, neben der Bewunderung der so außerordentlichen Landschaft, auch ein wenig dazu nutze, geruhsam einige Schreibtisch-Pflichten zu erfüllen. Zu diesen gehört nun eben auch die Wiederholung des mündlich schon bekundeten Dankes – ich habe ihn auch dem Herrn Präsidenten Eisenhower zum Ausdruck gebracht.[2]

Ich habe viel, viel gesehen und gelernt, ich habe auch viel, viel Reden halten müssen, in City Halls und Vereinsveranstaltungen, in Colleges und Universitäten, habe Industriebetriebe in Detroit, Kunstinstitute in Chicago und die wunderbaren Landschaftsbilder bei San Francisco, bei Carmel[3] aufgesucht und werde mit dem

---

2 Heuss schrieb an Eisenhower ein Dankschreiben ähnlichen Inhalts von Bord des Motorschiffs „Berlin" am Tage der Abreise aus New York am 23. 6. 1958; National Archives, 762A11/6-2358.

3 Heuss besuchte in Carmel/Kalifornien den Schriftsteller Bruno Adriani; Korrespondenz in: B 122, 494.

Reichtum neuer Eindrücke, auch mit dem persönlichen Gewinn durch manches gute Gespräch belohnt, in meine Heimat zurückkehren.[4]

Die Aufnahme, die ich überall fand, war so freundschaftlich, ja herzlich, daß die Empfindung von mir ausgesprochen werden kann, daß über das persönliche Erlebnis hinaus diese Reise psychologisch-politisch der Verfestigung der freundschaftlichen Beziehungen zwischen unseren beiden Nationen förderlich war.

Indem ich bitte, Mrs. Dulles meine Empfehlungen auszusprechen, darf ich Ihnen einen herzlichen Gruß des Dankes senden.

Ihr

Theodor Heuss

Nr. 163
An Dr. Margret Boveri, Berlin-Dahlem
7. Juli 1958

SBB PK, NL Boveri, 782: ms. Schreiben, behändigte Ausfertigung; Kopfbogen: „Theodor Heuss"[1]

Buch von Kurt Ziesel „Das verlorene Gewissen"; Verlagsvertrag von Margret Boveri bei Rowohlt; Eindrücke von der USA-Reise; persönliche Termine

Verehrte, liebe Freundin!

Freundlichen Dank für Ihre Zeilen und die Rückgabe der Ziesel-Geschichte.[2] Die Lektüre des Buches abzuschließen ist für mich selber mehr Last als Lust, aber die Dinge sind von dem und dem Literaten an mich herangebracht worden, so daß ich in irgendwie eine gewisse Sicherheit in der Beurteilung gewinnen möchte.[3]

---

4 Zum Ablauf des Besuches in den USA vgl. F. GÜNTHER, Heuss auf Reisen, S. 134–143; Nr. 114, Nr. 151, Nr. 163, Nr. 166, Nr. 171.

1 Weitere Nachweise: N 1221, 348; B 122, 2055: ms. Schreiben, Durchschlag.

2 Boveri an Heuss, 2. 7. 1958, in: B 122, 2055. Heuss hatte das Buch (KURT ZIESEL: Das verlorene Gewissen. Hinter den Kulissen der Presse, der Literatur und ihrer Machtträger von heute, München [3]1958) am 27. 5. 1958 leihweise übersandt, nachdem er mit Boveri kurz zuvor darüber gesprochen hatte; N 1221, 347.

3 Boveri hatte in ihrem Schreiben an Heuss über Ziesels Buch geurteilt: „Da das Buch nur aus persönlichen Ressentiments entstanden ist und – soviel ich sehe – vor allem die Personen vornimmt, die dem Ziesel nach 1945 das Leben schwer gemacht haben, hat es keinen objektiven Wert. Andererseits drückt es eine Stimmung aus, die, glaube ich, sehr weit verbreitet ist und die man doch nicht ganz übersehen sollte, nämlich das Mißvergnügen über die vielen, die scheinbar oder wirklich zwischen 1933 und 1945 schreibend mitgemacht hatten, um sich nachher als Märtyrer des Widerstandes zu gebärden." Wie Anm. 2.

Der Verlagsvertrag, auf den Sie eingegangen sind, ist ja eigentlich für Rowohlt blamabel, und daß eine so erfahrene Person, wie Sie es sind, hier mitgespielt hat, ist doch fast erstaunlich.[4] Ich will Bott, der im Augenblick nicht da ist, bitten, sich das Buch mit Verlegeraugen anzusehen.

Amerika war irgendwie eine große Geschichte.[5] Da ich hier aber Hunderte von Briefen vorfand, kann ich Ihnen nicht breit berichten, was für mich wichtig war in der Ausweitung von Einsicht und Erkenntnis und was ich mit kritischen Augen mir ins Gedächtnis schrieb. Für mich ist wichtig gewesen, daß meine Ansprache vor dem Joint Congress,[6] wie man heute sagt, gut „angekommen" zu sein scheint. Sie ist, wie ich drüben sehen konnte, in der New York Times und in der Washington Post in extenso abgedruckt worden,[7] litt ein bißchen unter der publizistischen Aufregung über de Gaulle,[8] der dann zumeist auch die ersten Gespräche zu bestreiten hatte; das hat sich später gegeben.

Mit dem Wetter hatten wir sehr viel Glück. Es gab nie die schwüle Hitze, vor der man mich gewarnt hatte. Ich bin auch mit den aufdringlichen Reportern fertig geworden, indem ich auf deutsch einen frechen Witz machte, den sie nicht verstanden. In einer meiner Reden habe ich dann auch den Aphorismus produziert: „The American nation is[9] a great and free people under the dictatorship of the photographers", was den Leuten Spaß gemacht hat.[10] Mir selber, der ich ja diese Form der Publizität in der Tiefe meines Gemüts gräßlich finde, war es höchst erstaunlich, mit welcher Selbstverständlichkeit von Eisenhower bis zu irgendeinem Collegeprofessor sich alle den Fotografen und ihren Detailanweisungen unterwarfen.

---

4 Boveri hatte mitgeteilt, sie bekomme bei Rowohlt für je 5.000 verkaufte Exemplare 350 DM, also 7 Pfennig pro Band der als Taschenbuch erscheinenden vierbändigen Schrift „Der Verrat im XX. Jahrhundert", die für 1,90 DM verkauft werde; wie Anm. 2. Am 9. 7. 1958 informierte Boveri Heuss, der Vertrag gelte als Mustervertrag für die ganze Reihe der Taschenbücher; sie habe ihn abgeschlossen, um die Jugend zu erreichen; B 122, 2055.

5 Vgl. zum Staatsbesuch in den USA vom 4. bis 23. 6. 1958 Nr. 114, Nr. 151, Nr. 162, Nr. 166, Nr. 171.

6 Ansprache vor dem Joint Congress (Senat und Repräsentantenhaus), 5. 6. 1958, in: B 122, 250; erster Entwurf vom 7. 3. 1957, in: ebd.; weiterer Entwurf mit Korrekturen von Heuss, in: B 122, 495; abgedruckt in: Bulletin, Nr. 101, 7. 6. 1958, S. 1021–1023.

7 Ein vollständiger Abdruck in beiden Zeitungen ließ sich nicht ermitteln. Ausschnitte der Rede finden sich aber in der Berichterstattung; vgl. The New York Times, 6. 6. 1958; The Washington Post, 6. 6. 1958.

8 1958 hatte sich die Krise der Vierten Republik zugespitzt: Der Algerien-Krieg fand keine Lösung, und als französische Streitkräfte putschten, wurde Charles de Gaulle Anfang Juni 1958 zum neuen Premierminister ernannt und mit weitreichenden Vollmachten ausgestattet. Angesichts der prekären Situation in Frankreich schien die Bundesrepublik außenpolitisches Gewicht zu gewinnen; vgl. F. GÜNTHER, Heuss auf Reisen, S. 140.

9 In der Vorlage: „ist".

10 Um welche Rede es sich handelt, ließ sich nicht ermitteln.

Abb. 22: Theodor Heuss in Prescott, Arizona, 15. Juni 1958

Sehr nett war für mich die Begegnung mit den kleinen Universitäten, in denen noch die Luft des 18. Jahrhunderts zu stehen scheint: Dartmouth College, Charlottesville.[11] In einem der Universitätsprogramme stand ganz bieder: „Photographieren".

Ende des Monats werde ich für ein paar Wochen nach Lörrach gehen. Frau Stolper ist für zwei Monate wieder mit hierhergefahren. Es war meine erste größere Seereise, und sie ist sehr milde verlaufen.

Otto Zoff hat in einem Feuilletönchen der FAZ[12] heute ein bißchen von mir gehandelt und dabei erfunden, daß ich im Mittleren Westen gestürzt sei, was gar nicht der Fall gewesen ist. Der Mann weiß nicht von dem uns beiden gemeinsamen Treppenkomplex.[13]

Mit vielen guten Grüßen
Ihr

Theodor Heuss

---

[11] Dartmouth College in Hanover, New Hampshire; Charlottesville, wo sich die Universität von Virginia befindet; vgl. auch Heuss an Ernst Jäckh, 13. 8. 1958, in: N 1221, 349.

[12] Otto Zoff: Heuss – in New York geknipst, in: FAZ, 5. 7. 1958.

[13] Vgl. Nr. 108.

Nr. 164
An Fritz Schäffer, Bundesminister der Justiz, Bonn
7. Juli 1958

BArch, N 1221, 348: ms. Schreiben, Durchschlag, von Heuss diktiert (Diktatz. H/vM) und ms. gez.; ms. Briefkopf: „Theodor Heuss“

Begnadigung von Otto John

Verehrter, lieber Herr Minister!

Vor ein paar Tagen bin ich von der 5-Wochen-Reise durch Kanada und USA zurückgekehrt. Es war ein ebenso lehrreiches wie strapaziöses Unternehmen, von dem ich aber hoffen möchte, daß es über die persönliche Wissensausweitung, die ich erfuhr, politisch für Deutschland nicht unnütz gewesen ist.
In der Zwischenzeit sind ja auch hier in Deutschland in der Angelegenheit John,[1] zumal durch die Haftentlassung des Herrn Dr. Wohlgemuth[2] gewisse neue Tatbestände eingetreten.

Mir persönlich würde es sehr wichtig sein, diese Sache in den nächsten Wochen auszuräumen, und zwar bevor ich in einen Urlaub (zu meinem Sohn nach Lörrach) gehe. Meine Termine sind so, daß ich wohl vom 21. Juli ab ein paar Tage die Brüsseler Weltausstellung besuchen werde[3] und dann unmittelbar, etwa am 25. Juli, für drei Tage nach München fahre (Nachklang der Jahrhundertfeier, Turnerfest

---

1 Der Präsident des Bundesamtes für Verfassungsschutz Otto John war 1954 unmittelbar nach der Gedenkfeier für die Opfer des 20. Juli 1944 unter nicht völlig geklärten Umständen in die DDR übergetreten und hatte dort wiederholt die Freiwilligkeit dieses Schrittes betont. Er begründete sein Verhalten mit der Sorge, die Politik Adenauers werde zu einer dauerhaften deutschen Teilung führen. Im Hintergrund standen auch seine Konflikte mit dem militärischen Abschirmdienst und dem Amt Gehlen. 1955 kehrte John in die Bundesrepublik zurück und wurde Ende 1956 vom Bundesgerichtshof wegen Landesverrats zu vier Jahren Zuchthaus verurteilt; vgl. E. GIESEKING, Fall Otto John. – John war an den Vorbereitungen des Attentats auf Hitler am 20. Juli 1944 beteiligt gewesen und hatte daraufhin Deutschland über Spanien und Portugal nach England verlassen. Kurz vor seiner Rückkehr in die Bundesrepublik 1950 hatte sich Heuss für Johns berufliche Zukunft in der Bundesverwaltung eingesetzt, weil die Ehefrau Lucie John die Tochter eines engen Freundes der Familie Heuss und Otto John mit Ernst Ludwig Heuss gut bekannt war. Am Vorabend seines Übertritts in die DDR hatte er noch die Familie Heuss in Berlin besucht; vgl. Klaiber an John, 8. 10. 1949, in: B 122, 2186; TH. HEUSS, Tagebuchbriefe, S. 51, 10. 8. 1955; Heuss an Toni Stolper, 29. 7. 1954, in: TH. HEUSS, Bundespräsident 1949–1954, S. 567f; vgl. auch A. L. SMITH, Stadt, mit einem Abdruck der Materialauswertung der Stasiunterlagen, aus denen sich Johns Aktivitäten während des Aufenthaltes in Ostberlin ergeben (S. 159–168).

2 Wolfgang Wohlgemuth war von John als sein Entführer bezeichnet und von ihm angezeigt worden; er wurde am 1. 7. 1958 nach Abschluss eines Ermittlungsverfahrens wegen des dringenden Verdachts landesverräterischer Beziehungen gegen eine Kaution von 30.000 DM aus der Untersuchungshaft entlassen. Er hatte Beziehungen zum sowjetischen Geheimdienst; vgl. E. GIESEKING, Fall Otto John, S. 369–412.

3 Am 22./23. 7. 1958 besuchte Heuss die Weltausstellung in Brüssel; vgl. F. GÜNTHER, Heuss auf Reisen, S. 144–147; vgl. Nr. 171.

etc.).[4] Wenn ich die Dinge richtig sehe, steht auch der Herr Generalbundesanwalt Dr. Güde auf dem Standpunkt, daß der Gnadenakt[5] sozusagen „fällig" ist.

Mich selber bewegt dabei dies: Ende August werden Zweidrittel der Strafe verbüßt sein. Alsdann hat der Senat[6] die Möglichkeit, in eigener Entscheidung die Strafvollstreckung auf Bewährung auszusetzen, und es scheint mir vermutbar, daß er hiervon in der Angelegenheit John Gebrauch machen wird (hierüber besitze ich natürlich keine Gewißheit). Ich möchte aber doch das Gnadenrecht, das dem Bundespräsidenten als solchem amtsmäßig zusteht,[7] nicht denaturiert wissen, zumal in einer Sache, in der ein Gnadengesuch schon seit Monaten bei mir vorliegt. Wenn der Senat nunmehr entscheidet, verliert das Gnadenrecht ein Kernstück seiner Würde. Ich glaube, daß Sie dafür Verständnis haben.[8]

Mit freundlichen Grüßen
Ihr

Theodor Heuss

---

4 Am 27. 7. 1958 sprach Heuss auf der Abschlusskundgebung des Deutschen Turnfestes in München; Manuskript in: B 122, 250. Weitere Reden in München ließen sicht nicht ermitteln.

5 Bleek hatte Johns Anwalt Gerhard Caemmerer Senior bei der Formulierung des Gnadengesuches geholfen; vgl. Heuss an Ernst Ludwig Heuss, 10. 10. 1957, in: N 1221, 342. Den Wunsch der Ehefrau Lucie John, Heuss möge ihren Ehemann nach seiner Freilassung beruflich, eventuell sogar beamtenrechtlich rehabilitieren, lehnte er ab. Heuss meinte, die Entführungsthese habe er nie akzeptiert, sondern die Sache als ein „Abenteuer der Neugier", nicht als Verratsabsicht betrachtet. Dass dieses „Abenteuer" in zeitlicher Nachbarschaft zu seiner großen Gedächtnisrede auf den 20. Juli stattgefunden habe, habe eine „gewisse Bitterkeit" bei ihm hinterlassen; TH. HEUSS, Tagebuchbriefe, S. 267, 10. 10. 1957; von Heuss konzipierter Antwortbrief für Ernst Ludwig Heuss an Lucie John, in: N 1221, 156; vgl. auch Heuss an Margret Boveri, 25. 3. 1958, in: N 1221, 346. – Als Heuss Adenauer von dem Gnadengesuch erzählte, lehnte dieser schroff ab; gegenüber Bott äußerte Adenauer im Weggehen, er solle dafür sorgen, dass Heuss sich mit „dieser Geschichte nicht so sehr beschäftige." Heuss meinte, „sie sei aber eine der stärksten Lasten in diesen acht Jahren" seiner Amtszeit; TH. HEUSS, Tagebuchbriefe, S. 277f, 6. 11. 1957. Ein Versuch von Heuss, die Begnadigung bereits zum Weihnachtsfest 1957 zu erlangen, war gescheitert; vgl. Heuss an Gerhard Leibholz, 9. 12. 1957, in: N 1221, 68.

6 Der Dritte Strafsenat des Bundesgerichtshofes, der am 22. 12. 1956 das Urteil gegen John gesprochen hatte; vgl. E. GIESEKING, Fall Otto John, S. 355.

7 Art. 60, Abs. 2 GG: „Er [der Bundespräsident] übt im Einzelfall für den Bund das Begnadigungsrecht aus."

8 Otto John wurde am 26. 7. 1958 von Heuss begnadigt und zwei Tage darauf aus der Haft entlassen; er kämpfte bis zu seinem Lebensende um seine Rehabilitierung; vgl. E. GIESEKING, Fall Otto John, S. 413–479.

Nr. 165
An Hans Bott, [Bonn]
Sommer 1958[1]
BArch, B 122, 200: ms. Schreiben, Durchschlag
Gedicht über Hans Bott und Theodor Heuss

Die Bott-Cantate

Bott verwaltet eifervoll
beides, Heussens Gut und Güte,
daß er nach erreichtem Soll
treulich die Substanz behüte.[2]

Denkt den „Meister" *ohne* Bott:
Diese Schlipse, *diese* Haare!
Zupft und kämmt, daß schön und flott
er des Amtes Würde wahre.

Umgekehrt: Bott ohne Heuss!
Zwar jetzt Ministerialdirektor,[3]
sprengt sein unruhvoller Fleiß
jeglichen Behördensektor.

---

1 Heuss hatte die erste Strophe Anfang Februar 1958 niedergeschrieben, nachdem Bott ihm eine Vermögensaufstellung über eine halbe Millionen DM und Grundrisspläne für sein in Stuttgart geplantes Haus übergeben hatte. Er schickte die Strophe an Toni Stolper am 2. 2. 1958; BArch, N 1186, 124.

2 Heuss kannte den Berliner Verleger Bott bereits seit 1933, als dieser die Zeitschrift „Die Hilfe" übernahm und sie vor dem finanziellen Ruin rettete; vgl. R. BURGER, Theodor Heuss, S. 298f. 1946 war er enger Mitarbeiter von Heuss im württembergischen „Kultministerium". Als persönlicher Referent des Bundespräsidenten bearbeitete er nicht nur amtliche, sondern auch persönliche Vorgänge. Am 1. 5. 1956 berichtete Heuss Toni Stolper, Bott dürfe nicht auf den Gedanken kommen, „daß die praktische Abhängigkeit, in die ich geraten bin (Steuern, Versicherungen, Bauplatz-Verhandlungen u. s. f., Geschenke, Glückwünsche), zu einer Machtstellung mir gegenüber geführt habe." TH. HEUSS, Tagebuchbriefe, S. 171f. Ähnlich äußerte er sich auch kurz vor Ende seiner zweiten Amtszeit; vgl. Notiz von Welter über ein Gespräch mit Heuss, 19. 7. 1959, in: BArch, N 1314, 314.

3 Als Klaiber aus dem Amt ausschied, drohte Bott, seine Stellung zu verlassen, falls er nicht dessen Nachfolger als Staatssekretär werde. Am 5. 1. 1956 wurde Bott zum Stellvertreter des Chefs des BPrA ernannt. Als Ministerialdirektor wurde er 1957 „politischer Beamter" und konnte nach dem Amtsende von Heuss mit Pension in den Wartestand versetzt werden; vgl. Heuss an Toni Stolper, 16. 1. 1956, in: BArch, N 1186, 122.

Ist ein seltsames Gespann,
Jeder bremst wohl gern den andern,
jeder weiß, was jeder kann --
Folge: zweisam weiterwandern.

Bott verspielt sich leicht im Takt,
Heuss liebt das gelassene Schreiten,
wer das rechte Tempo packt,
mögen sie sich friedlich streiten.[4]

Theodor Heuss

Nr. 166
An Rudolf Augstein, Hamburg
11. Juli 1958
Augstein-Archiv: ms. Schreiben, behändigte Ausfertigung; Kopfbogen: „Theodor Heuss"[1]
Kritik an Berichterstattung des „Spiegel" über den Staatsbesuch in den USA

Sehr geehrter Herr Augstein!

Es ist mir eigentlich langweilig, Ihnen von Zeit zu Zeit einen Brief schreiben zu müssen, da ich dadurch in den Verdacht komme, ein empfindlicher Querulant zu sein. Sie hatten mir bei wiederholten erfundenen Falschmeldungen angeboten, daß Dinge, in denen von mir gehandelt wird, vorher im Bundespräsidialamt oder durch mich auf ihren Wahrheitsgehalt überprüft werden könnten, aber ich habe das natürlich sofort abgelehnt, denn das würde über kurz oder lang in die Gerüchtefabrik geraten mit dem Ergebnis, daß der „Spiegel" im Nebenher mein „Organ" sei, woran weder Ihnen noch mir gelegen sein kann.[2]

---

4 Heuss charakterisierte gegenüber Toni Stolper am 22. 4. 1956 sein Verhältnis zu Bott: „Er steht mir ja menschlich viel näher als Klaiber, reibt sich für mich auf, ist in den kulturellen Fragen viel versierter, auch so gemeinhin beliebter, weil gefälliger. Aber gelegentlich übertreibt er dann meine Formlosigkeiten, kaspert auf eine Art, die selbst mir zu arg ist." BArch, N 1186, 121; vgl. auch TH. HEUSS, Tagebuchbriefe, S. 171, 1. 5. 1956. Gegen Ende seiner Amtszeit äußerte sich Heuss gegenüber Erich Welter, er habe keinen Freund, und er könne sich am besten mit Bott unterhalten, der ihn auch durch Einwände, Widerspruch und Zustimmung anrege. Er habe ihm angeboten, „nach Ende der Präsidentschaft Du zu ihm zu sagen." Wie Anm. 2.

1 Weitere Nachweise: N 1221, 348; B 122, 600: ms. Schreiben, Durchschlag mit Paraphe von Bleek; Verfügung: „2) Kopie an Pressereferat".

2 Vgl. Nr. 112.

Nun darf ich Sie bitten, die Beilage als Leserzuschrift abzudrucken.[3] Es gibt zwar in meinem Amt wie auch sonst Leute, die mir raten, ich solle nicht in die publizistische Polemik eintreten, das sei sozusagen unter meiner „Würde", aber ich habe da als alter Publizist eine andere Auffassung. Meine sogenannte „Würde" wird nicht dadurch tangiert, daß ich Falschmeldungen falsch nenne.

Ich habe jetzt den Leitartikel über die „wundersame Reise"[4] gelesen, der in großen Stücken einfach erfunden ist und in anderen Stücken billige Polemik. Ich habe die Einzeldinge in meiner Zuschrift gar nicht „berichtigt", etwa die Geschichte, daß mir ein Geheimpolizist zugedacht gewesen sei, der auch nebenher so etwas wie mein Kammerdiener sein sollte. Das geht so fort. Es könnte mir an sich ziemlich wurscht sein, ob der „Spiegel" für die Mühseligkeiten dieser Reise nur Ironie aufbringt, und es fällt mir nicht ein, Ihnen gegenüber meine eigenen Impressionen von den unendlich mannigfaltigen Eindrücken und Gesprächen vorzutragen, aber ich bitte Sie, für meinen Notwehrakt um der Stellung des Amtes und um meiner Person willen Verständnis zu haben und die Zuschrift abzudrucken.

Ich könnte mit dem „Berichtigen" weiter fortfahren bei der Mitteilung in Heft 28, daß Willy Brandt im Erledigen von Urkundenunterschriften sehr viel prompter gewesen ist, als ich es bin.[5] Diese Geschichte soll vermutlich sowohl Brandt eins auswischen, wegen der Ernennung von Bundeswehroffizieren, wie mir, wegen liegengebliebener Urkunden, die „aufgearbeitet" werden mußten. Auch das ist ein glatter Schwindel! Bei mir sind, nachdem meine Mitarbeiter die Unterlagen geprüft haben, Urkunden noch nie über eine Nacht liegengeblieben. Aber das mag ja auf sich beruhen. Mangelnder Fleiß ist mir in meinem ganzen Leben bisher eigentlich nur vom „Spiegel" vorgeworfen worden. Andere Leute werfen mir zu

---

3 Heuss reagierte auf einen kritischen Artikel im „Spiegel" über seinen Staatsbesuch in den USA: Er habe seine Reisebegleitung (Bott) weniger aufgrund ihrer Kompetenz, sondern wegen persönlicher Beziehungen ausgewählt und in den USA vor allem den Kontakt zu den Auslandsdeutschen gesucht. Vor allem habe er sich gefallen lassen müssen, dass interessante Passagen des Manuskriptes seiner Rede vor dem Kongress über die von Kennan vorgeschlagene Entspannungspolitik „dem Rotstift seiner diplomatischen Zensoren zum Opfer" gefallen seien; unter dem Titel „Die wundersame Reise", in: Der Spiegel, H. 24, 11. 6. 1958, S. 15f. Dagegen wandte sich Heuss in seiner Leserzuschrift vom 11. 7. 1958: „An der Sache sind, vom Autor her gesehen, ‚echt' eigentlich nur die Sottisen, mit denen er einige der Reisebegleiter und mich bedacht hat." Vor allem verwahrte sich Heuss gegen die Unterstellung der Zensur seines Redemanuskriptes: „An diesem ganzen Absatz ist kein Wort, keine Silbe, kein Komma wahr – alles ist vollkommen freie Erfindung." B 122, 600, abgedruckt unter dem Titel „Kein Rotstift", in: Der Spiegel, H. 30, 23. 7. 1958, S. 3; vgl. auch F. GÜNTHER, Heuss auf Reisen, S. 142f.

4 Vgl. Anm. 3

5 Der Spiegel, H. 28, 9. 7. 1958, S. 56. Einsiedler hatte daraufhin am 14. 7. 1958 Augstein darauf hingewiesen, dass die „Spiegel"-Meldung, der Stellvertreter des Bundespräsidenten, Willy Brandt, habe liegengebliebene Urkunden „aufarbeiten" müssen, notorisch falsch sei, und ersuchte um eine Berichtigung. Augstein antwortete am 17. 7. 1958, der verantwortliche Redakteur sei gerügt worden; B 122, 600.

großen Fleiß vor. Wichtig aber ist mir[6] diese vollkommen unwahre Geschichte, daß irgendeine Kontroverse über meine Ansprache vor dem Joint Congress,[7] die bei Ihnen veralbert wurde, während sie eine verhältnismäßig ernsthafte Angelegenheit war, zwischen dem Auswärtigen Amt und mir stattgefunden habe.[8]

Ihnen darf ich ja, mit Ihrer menschlichen Diskretionsfähigkeit rechnend, mitteilen, daß diese Rede vor bald 1½ Jahren, Anfang Februar 1957 von mir niedergeschrieben wurde und jetzt nur ein paar knappe Streichungen erfuhr, die auf damals aktuelle Dinge (Ungarn)[9] Bezug nahmen.[10]

Meine Zuschrift ist ein Akt der Notwehr, den ich nicht aus persönlicher Empfindlichkeit vollziehe, sondern um der Wahrheit eine Chance nicht zu rauben.[11]

Mit freundlichen Empfehlungen
Ihr Theodor Heuss

Nr. 167
An Dr. Anna Paulsen, Schleswig
13. August 1958; Lörrach-Tumringen, Im Vogelsang 7
BArch, B 122, 597: ms. Schreiben, Durchschlag, von Heuss diktiert (Diktatz. Th. H./Ha) und ms. gez.[1]

Dank für die Kenntnisgabe einer geplanten Publikation über Elly Heuss-Knapp; Buchprojekt von Margarethe Vater über Heuss-Knapp; Reaktion auf ein Buch über Sören Kierkegaard

Verehrte Frau Doktor Paulsen!

Ihr eingehender Brief vom 8. August[2] hat mich hier in Lörrach erreicht, wo ich knappe Ferien bei dem Sohn zubringe.

---

6 Es folgt hs. gestrichen: „daß".
7 Vgl. Nr. 163, Anm. 6.
8 Vermutlich hatte keine Absprache stattgefunden; vgl. F. GÜNTHER, Heuss auf Reisen, S. 143.
9 Vgl. Nr. 101, Anm. 10.
10 Ein „erster Entwurf" der Ansprache vom 11. 2. 1957 in: B 122, 250.
11 Augstein bedauerte gegenüber Heuss am 17. 7. 1958 den Vorfall; B 122, 600.
1 Weiterer Nachweis: N 1221, 349: ms. Schreiben, Durchschlag.
2 Paulsen an Heuss, 8. 8. 1958, in: B 122, 597. Paulsen übersandte mit dem Schreiben ihre biographische Einleitung für einen Band mit einer Auswahl der Schriften von Heuss-Knapp. Sie erläuterte, welche Teile aus den Publikationen von Heuss-Knapp sie übernehmen wolle, und bat ferner um Rat, ob sie noch Unveröffentlichtes aus dem Nachlass übernehmen könne.

Ich habe die kleine Schrift über meine Frau[3] gleich gelesen und finde eigentlich nichts dagegen zu erinnern. Auf einem Zettel übergebe ich Ihnen ein paar Anmerkungen.[4] Ich finde den Ton, den Sie gewählt haben, schön und angemessen, vor allem auch, weil das heitere Element im Wesen meiner Frau durchschimmert (Die lustige Geschichte: Rex mit roter Schleife). Es ist ja leicht die Gefahr vorhanden, daß aus sehr begreiflichen Gründen nun dieses Element der inneren Freiheit und Fröhlichkeit und des geistreichen Witzes in den Betrachtungen meiner Frau nicht eigentlich sichtbar wird. Das langsame und bewußte Sterben hat ja diese Eigenschaft etwas überschattet. Die Schwester meiner Frau schrieb mir einmal,[5] als sie in einen Vortrag von Pfarrer Kasimir Kaiser in Heidelberg im dortigen Frauenverein zurückgekehrt war, der über Elly sprach, ganz begeistert: „Elly war gar nicht edle Frauengestalt", und wir haben manchmal gesagt, sie soll doch nicht „Königin Luise" werden, über die der Vater Knapp das schöne Wort gefunden hat, sie sei von den preußischen Protestanten, mangels sonstiger Ware, zur Heiligen sentimentalisiert worden.[6] Verzeihen Sie, daß ich Ihnen diese Bemerkung mache, aber sie spüren warum.

Nun ist es mit dem Material so:

Schon im Jahre nach dem Tod meiner Frau hat der Verleger Hermann Leins den Wunsch gehabt, daß eine Biographie geschrieben werde, die aus Briefen und Aufsätzen Material schöpfe. In unserem Freundeskreis waren wohl ein paar Frauen, die Elly sehr nahestanden und auch literarische Ausdrucksfähigkeit besaßen und besitzen, wie etwa Frau Dr. Toni Stolper in New York, der die „Schmalen Wege" gewidmet sind, oder die Wahltochter Gertrud Stettiner-Fuhrman, eine Schülerin. Aber diese beiden mußten 1933 emigrieren, so daß wir unsere Freundin, Oberstudienrätin Margarethe Vater in Berlin (sie wohnt jetzt in unserem Häuschen Kamillenstr. 6) um diese Arbeit baten.[7] Wahrscheinlich war die Wahl doch nicht glücklich, denn Grethe Vater, die ja über hauswirtschaftliche Dinge eine Reihe von Schriften publiziert hat, sie ist jetzt Leiterin des Seminars für Berufsschullehrerinnen, ist der Aufgabe rein literarisch von Anfang an mit einer gewissen Befangenheit gegenübergetreten, um so mehr als sie auch dienstlich außerordentlich stark beansprucht ist. Sie war aber vom Magistrat ein Vierteljahr beurlaubt worden[8] und hat in dieser Zeit bei mir in Bonn den gesamten Schriftwechsel und sonstigen literarischen Nachlaß bearbeitet und in den wesentlichen

3 ANNA PAULSEN (Hg.): Elly Heuss-Knapp. Zeugnisse ihres Wirkens, Stuttgart 1959.

4 Notizen zu dem Manuskript von Anna Paulsen „Dem Ruf gehorsam", in: B 122, 597 und N 1221, 349.

5 Das Schreiben von Marianne Lesser ließ sich nicht ermitteln.

6 Zum Kult um die preußische Königin Luise vgl. PH. DEMANDT, Luisenkult.

7 Vgl. Nr. 111.

8 Heuss hatte bereits 1953 diese Beurlaubung bewirkt; N 1221, 211.

Stücken mit nach Berlin genommen. So wächst sehr langsam eine Briefsammlung mit zu trockenen Zwischenkommentaren. Der Verleger und ich sind der Überzeugung, daß das Buch soo nicht wird erscheinen können, da es ja geradezu ein Wälzer würde und eigentlich nur dann fesselnd, wenn Teile von Elly's Briefen oder Stücke aus Aufsätzen oder Rundfunkvorträgen zitiert werden. Wir dürfen aber Grethe Vater in dieser etwas mühseligen Arbeit nicht stören und müssen uns erst später Gedanken machen, was daraus nun eigentlich wirklich gestaltet werden kann. Ich selber verfolge die Dinge natürlich mit starker Teilnahme, aber bin dienstlich so sehr überlastet, daß ich nur immer am Rande dabei mitreden kann. Ich weiß nicht, ob Sie gelegentlich nach Berlin kommen, um sich evtl. mit Frau Vater einmal zu besprechen, ob das eine oder andere charakteristisch Neue in Ihrer Arbeit aufgenommen werden soll. Mir selber, da ja nun das wichtigste Material in Berlin ist, fehlt die Übersicht.

Damit für heute genug.

Ich habe Ihnen gegenüber ein sogenanntes schlechtes Gewissen, weil ich mich zu dem Buch über Kierkegaard[9] nicht geäußert habe. Ich habe das Buch mit großer Tapferkeit angefangen und vielleicht zur Hälfte gelesen. Es kamen dringende Pflichten dazwischen, und seitdem habe ich nicht mehr den Schwung gefunden, wieder dranzugehen, da mir der Mann, zumal in seiner Wirkung auf Deutschland, geistesgeschichtlich ungeheuer interessant erscheint, aber – verzeihen Sie mein Spießertum – mir menschlich gräßlich unsympathisch ist. Vielleicht revidiere ich dieses Bild noch einmal in einer für mich ruhigeren Zeit, aber Sie haben mir ja die Nachsicht nie verweigert.

Mit herzlichen Grüßen
Ihr

Theodor Heuss

Anlage

9 ANNA PAULSEN: Sören Kierkegaard. Deuter unserer Existenz, Hamburg 1955.

Nr. 168
An Helene Ecarius, Speyer
8. September 1958

BArch, N 1221, 127: ms. Schreiben, Durchschlag, von Heuss diktiert (Diktatz. H/Bk) und ms. gez.; ms. Briefkopf: „Theodor Heuss"[1]

Unternehmungen; Titel für das Buch „Von Ort zu Ort"; Verpflichtungen; Vorbereitung des Staatsbesuches in Großbritannien; Familiäres

Liebe Helene!

Man sagt im Schwäbischen nicht „Gott zum Gruß",[2] sondern man sagt „Grüß Gott", und dabei entsteht die Diskussion, ob man Gott grüßen läßt oder Grüße von Gott bestellt. Diese Frage ist nie völlig gelöst worden.

Ich selber komme jetzt in einen etwas bedrängten Monat. Die Wochen in Lörrach, wo auch Toni Stolper dabei gewesen ist, deren ältester Sohn[3] die Patenschaft über Bärbel hat, sind sehr angenehm verlaufen. Wir haben zwischendurch auch einen Ausflug nach Colmar gemacht. In Lörrach zuerst und dann hier habe ich mich im nebenbei mit Büchern zu beschäftigen gehabt, da mein Buch über Anton Dohrn gekürzt im Italienischen erscheinen soll[4] und mein Verleger Leins ein Buch von mir herausbringen will, in dem die besten meiner Reisefeuilletons gesammelt sein sollen – auch mit Zeichnungen von mir. Den Titel hat Toni Stolper erfunden aus einem Goethe-Gedicht „Von Ort zu Ort",[5] da der von mir vorgeschlagene[6] bereits von anderen Schriftstellern okkupiert ist.

Nürnberg ist sehr nett verlaufen. Baron Tucher hielt eine große Rede auf mich, und ich habe sie dann freundschaftlich ironisiert.[7] Ein Neubau des Museums soll jetzt meinen Namen tragen, da ich ja in dieser Sache wirklich einiges helfen konnte, zumal ich auch als Verhandlungsleiter ganz brauchbar die verschiedenen Temperamente aufeinander abzustimmen in der Lage bin.

---

1 Stempel: „Pers[önlichem] Ref[erenten] vorgelegen"; weiterer Nachweis: N 1221, 349: ms. Schreiben, Durchschlag.

2 Mit dieser Grußformel hatte Helene Ecarius ihr Schreiben vom 2. 9. 1958 begonnen; N 1221, 127.

3 Wolfgang Friedrich Stolper.

4 Heuss korrespondierte über Einzelheiten dieser italienischen Ausgabe seiner Anton-Dohrn-Biographie mit Reinhard Dohrn Ende 1958 bis Anfang 1959; N 1221, 124; vgl. THEODOR HEUSS: L'Acquario di Napoli e il suo fondatore Anton Dohrn, Rom 1959.

5 Gemeint das von Franz Schubert vertonte Gedicht von Johann Wolfgang von Goethe „Der Musensohn", dessen erste Strophe beginnt: „Durch Feld und Wald zu schweifen, / Mein Liedchen wegzupfeifen, / So geht's von Ort zu Ort!" J. W. VON GOETHE, Gedichte I, S. 243. Heuss verfasste für Toni Stolper am 20. 9. 1958 seinerseits ein Gedicht „Von Ort zu Ort"; vgl. Nr. 172.

6 Heuss verwendete zunächst für das Buchprojekt den Arbeitstitel „Unterwegs".

7 In Nürnberg wurde am 4. 9. 1958 ein Theodor-Heuss-Haus des Germanischen Nationalmuseums eingeweiht; Unterlagen in: B 122, 284, 285; Ansprache von Heuss in: B 122, 250. Heuss war Vorsitzender des Verwaltungsrates des Germanischen Nationalmuseums.

In den nächsten Tagen gibt es noch allerhand Verpflichtungen sowohl beim Kulturkreis des Bundesverbandes der Industrie wie in Hamburg.[8] Dann mache ich ein bißchen Manöver mit,[9] dann fahre ich nach Stuttgart, um eine Galeriegeschichte einzuweihen.[10] Dort ist mein Häusle, in das ich mich zurückziehen will, bereits vom Dach zugedeckt, um im Winter brav trocknen zu können.[11]

Etwas mühselig werden die Vorbereitungen für den Staatsbesuch in London.[12] Ich kriege jetzt schon ganz dicke Listen vorgelegt von Leuten, a) die bei der Königin, b) die bei mir eingeladen werden wollen – und mich interessiert dieses Drum und Dran so entsetzlich wenig, zumal ich ja die Menschen, die mir da beschrieben werden, in der Zwischenzeit wieder vergesse.

Ludwig ist gesundheitlich im Augenblick verhältnismäßig ordentlich dran. Bärbel gehört zu den seltsamen Kindern, die eigentlich an den Ferien keine allzugroße Freude haben, da sie so gern lateinisch lernt. Die Haushaltsführung hat eine alte Berliner Bekannte von Ludwig übernommen.[13] Auch eine neue Hausgehilfin tritt jetzt an. Ich würde es ihm sehr, sehr gönnen, daß sich die äußerlichen Dinge bei ihm zu normalisieren beginnen. – Die Hundefrage ist immer noch in der Schwebe geblieben, da der Entschluß zur Rasse offenbar in den Familiendiskussionen noch nicht zur letzten Klärung gekommen ist.

Meiner Schwägerin Hedwig geht es im allgemeinen gut. [...][14]

Hoffentlich geht bei Euch alles gut.

Mit herzlichen Grüßen, auch an die Kinder,
Dein

Theodor Heuss

---

[8] Am 9. 9. 1958 besuchte Heuss in Trier die Jahresversammlung des Kulturkreises des BDI; Verpflichtungen in Hamburg ließen sich in diesem Zeitraum nicht nachweisen.

[9] Besuch eines Manövers der Bundeswehr am 13. 9. 1958 bei Andernach in Rheinland-Pfalz, nahe Koblenz; Unterlagen in: B 122, 627.

[10] Die Wiedereröffnung der Staatsgalerie in Stuttgart fand mit einer Ansprache von Heuss am 9. 10. 1958 statt; in: B 122, 250.

[11] Noch zu Lebzeiten von Elly Heuss-Knapp hatte Heuss mit seiner Frau das Grundstück am Feuerbacher Weg 46 für den gemeinsamen Alterswohnsitz ausgesucht. Heuss ließ den vom Architekten Theo Karbiener geplanten Bau und die Einrichtung des Hauses weitgehend von Bott betreuen. Heute befindet sich in dem Haus die Erinnerungsstätte der Stiftung Bundespräsident-Theodor-Heuss-Haus für den ersten Bundespräsidenten; TH. HERTFELDER / CH. KETTERLE, Theodor Heuss, S. 22f.

[12] Die offizielle Einladung an Heuss für einen Staatsbesuch in Großbritannien war im Juni 1958 erfolgt; Unterlagen zum Programm des Staatsbesuches vom 20. bis 23. 10. 1958 in: B 122, 543, 544; vgl. zu den Vorbereitungen des Staatsbesuches F. GÜNTHER, Heuss auf Reisen, S. 148–152.

[13] Herr und Frau Albiez versorgten seit Sommer 1958 den Garten und den Haushalt; vgl. Ernst Ludwig Heuss an Heuss, 12. 5. 1958, in: FA Heuss, Basel.

[14] Es folgen Einzelheiten über die Gesundheitsprobleme von Hedwig Heuss.

Abb. 23: Prinz Philipp, Königin Elizabeth II. und Theodor Heuss bei der Kutschfahrt durch die Londoner Innenstadt, 20. 10. 1958

Nr. 169
An Dr. Ernst Leitz, Wetzlar
9. September 1958

BArch, N 1221, 349: ms. Schreiben, Durchschlag, von Heuss diktiert (Diktatz. H/Bk) und ms. gez.; ms. Briefkopf: „Theodor Heuss“[1]

Beschaffung einer Leica-Kamera als Geschenk für Elizabeth II. aus Anlass des Staatsbesuches in Großbritannien

Sehr geehrter Herr Dr. Leitz!

In ein paar Wochen werde ich zum sogenannten Staatsbesuch nach England fahren,[2] und es haben jetzt die Vorbereitungen über die bei solchen Gelegenheiten unumgänglichen Geschenke stattgefunden.

---

1 Stempel: „Pers[önlichem] Ref[erenten] vorgelegen“; Vermerk: „*Persönlich!*“; weiterer Nachweis: B 122, 544: ms. Schreiben, Durchschlag.

2 Vgl. Nr. 168.

Nun weiß man, daß Königin Elisabeth II. gern fotografiert, und wir möchten ihr eine Leica dernier cri[3] mit allen Schikanen einschließlich Futteral zum Geschenk machen.

Ich erlaube mir, mich damit direkt an Sie zu wenden, weil ich selber ja keinerlei fachmännisches Urteil über die Entwicklung dieser Dinge besitze, doch glaube, daß man nicht zum Schmiedlein geht, wenn man mit dem Schmied gut bekannt ist.[4] Natürlich wäre es uns erwünscht, wenn Sie die Preisgestaltung ohne die Detaillistenspanne halten könnten, falls das innerhalb Ihrer Firmenusancen möglich ist.[5]

Mit guten Grüßen an das ganze Haus
Ihr

Theodor Heuss

Nr. 170
An Dr. Rudolf Aschenauer, München
10. September 1958

BArch, B 122, 2054: ms. Schreiben, Durchschlag, von Heuss diktiert (Diktatz. H/Bk) und ms. gez.; ms. Briefkopf: „Theodor Heuss"[1]

Verwendung von Zitaten aus dem Buch „Hitlers Weg" im Ulmer Einsatzgruppen-Prozess; Zustimmung zum Ermächtigungsgesetz 1933

Sehr geehrter Herr Dr. Aschenauer!

Als ich Anfang August in meinem Urlaub den Artikel der „Stuttgarter Zeitung" las, „Wie in Ulm zitiert wird",[2] setzte ich mich hin, um einige ziemlich grobe

---

3 Französisch für „letzter Schrei", „brandneu".

4 Leitz antwortete am 12. 9. 1958, die britische Königsfamilie sei offenbar seit Jahrzehnten mit den Leica-Produkten vertraut; der Herzog von Windsor sei einer der ersten Prominenten gewesen, der auf seinen Weltreisen mit einer Leica ausgerüstet war. Als Geschenk schlug Leitz eine „M 3" mit zwei im kanadischen Leica-Werk hergestellten Objektiven sowie einen Kleinbildprojektor vor; B 122, 544.

5 Leitz wies darauf hin, dass es in der Firma üblich sei, nur über den Fachhandel zu liefern. Die Firma sei aber bereit, die kanadischen Objektive im Wert von 1.240 DM zu schenken, so dass sich ein Preisnachlass von 36% ergebe; wie Anm. 3; die weitere Korrespondenz mit Leitz in: ebd.

1 Az. PB-001-8066; Stempel: „Pers[önlichem] Ref[erenten] vorgelegen"; weiterer Nachweis: N 1221, 349: ms. Schreiben, Durchschlag.

2 Unter dem Titel „In Ulm wird falsch zitiert. Das Recht zur Freiheit der Verteidigung darf keinesfalls ein Freibrief zur Verfälschung sein" berichtete die „Stuttgarter Zeitung" vom 13. 8. 1958 über die Strategie der Verteidiger im Ulmer Einsatzgruppen-Prozess. Ein – nicht namentlich genannter – Verteidiger habe unter Berufung auf Theodor Heuss und sein Buch „Hitlers Weg" argumentiert, dass die angeklagten Einsatzgruppenleiter letztlich nur das ausgeführt haben, was

Bemerkungen niederzuschreiben über den grotesken Vorgang, daß Sätze aus meiner Studie „Hitlers Weg"[3] als Argumente benutzt würden, um für des Mordes angeklagte Männer sozusagen eine Atmosphäre der psychologischen Entlastung zu schaffen. Der geplante kleine Aufsatz wäre sehr scharf geworden; ich habe ihn dann abgebrochen und zerrissen, weil ich die Wahrscheinlichkeit vermutete, daß man solche Äußerung im Prozeß-Verlauf als das „Eingreifen in ein schwebendes Verfahren" bezeichnen würde. Es ging mir dabei nicht um die Technik des forensischen Zitierens einzelner Sätze – diese Geschichte ist ja von der „Stuttgarter Zeitung" einigermaßen in Ordnung gebracht worden –, sondern um die Paradoxie, mich advokatorisch als einen Advokaten Hitlers einzuführen und fast als eine Art von seelischen Entlastungszeugen auftreten zu lassen. Ich stand nahe bei der Vermutung, daß Sie mein Buch gar nicht gelesen hätten – in einer optimalen Beurteilung Ihrer Lesetechnik kann ich aber nur sagen, daß Sie offenbar a) für den Versuch einer gelassenen geistesgeschichtlichen Wertung wie b) für das Spiel der literarischen Ironie kein Organ besitzen (Hitler als Faust!).

Nun scheint ja das Zitieren aus jener Schrift ein neuer Sport zu werden.[4] Ich war dem Verfahren 1949 und 1950 öfters in der SED-Presse der Sowjetzone begegnet[5] – kürzlich nun auch in der Zeitschrift „Nation Europa", wo sie fast als eine Art von Muster für zeitgenössische Auseinandersetzung behandelt wurde.[6] Ich habe, von dem pseudonymen Verfasser der späteren Rezension dazu eingeladen, in dem letzten Heft dieser Zeitschrift einiges dazu gesagt. Wie ich dieser

andere am „Schreibtisch" bereits als „Türöffner des NS-Regimes" ideologisch vorbereitet haben. Der Autor des Artikels kritisierte das Verfahren des Verteidigers, einzelne Sätze aus „Hitlers Weg" ohne Kontext zitiert und damit völlig sinnentstellt verwendet zu haben. In der „Stuttgarter Zeitung" wurden hingegen die Zitate im jeweiligen Zusammenhang wiedergegeben. Aschenauer war bereits Verteidiger in den Nürnberger Prozessen gewesen und verteidigte auch im Ulmer Einsatzgruppen-Prozess den Hauptangeklagten Werner Hersmann; Ausschnitt in: BArch, B 145, 16317.

3 TH. HEUSS, Hitlers Weg.

4 Bereits am 11. 7. 1958 hatte sich Berthold Korff an Heuss gewandt und gefragt, ob er wirklich der Verfasser von „Hitlers Weg" sei, in dem Hitler und die SA „lobend erwähnt" seien. „Weite Kreise" würden dieser Tatsache „größte Bedeutung" beimessen. In der von Bott gez. Antwort vom 14. 7. 1958 widersprach Heuss dieser Interpretation seines Werkes; B 122, 878. Vgl. die Behandlung dieser Korrespondenz unter dem Titel „Vater ist schuld", in: Der Spiegel, H. 21, 20. 5. 1959, S. 24f.

5 So MAXIMILAN SCHEER: Das Verbrechen gegen die Nation. Aus den politischen Schriften des „Bundespräsidenten" Dr. Heuß, in: Tägliche Rundschau, 28. 9. 1949.

6 Unter dem Pseudonym Udo: Theodor Heuss über „Hitlers Weg", in: Nation Europa 8, H. 6, Juni 1958, S. 51–55; Ausschnitt in: N 1221, 685. Heuss antwortete am 11. 8. 1958 der Redaktion, er habe bereits 1945 gesagt, das Buch liege schief, weil in seiner Erziehung „das Verbrechen als aktuelle Form des öffentlichen Lebens" nicht vorgekommen sei; B 122, 203. Die Entgegnung erschien unter THEODOR HEUSS: Eine Erwiderung: Zum Thema „Hitlers Weg", in: Nation Europa 8, H. 9, September 1958, S. 39–41. Auch diese Kontroverse war Thema im „Spiegel"; wie Anm. 4.

Tage erfuhr, scheint Ihr Verfahren, dieser Schrift eine Art von pro-hitlerischer prozessualer Argumentation zu entnehmen, Schule zu machen. Dagegen bin ich natürlich wehrlos, zumal es immer verwegen ist, mit dem Anstand seiner Zeitgenossen zu rechnen.

Herr Dr. Goebbels, offenbar literarisch-politisch feinfühliger als mancher seiner Epigonen, hat die Schrift wesentlich anders beurteilt als Leute, die sich heute ihrer annehmen; in den von ihm ja selber publizierten Tagesnotizen hat er meiner Arbeit gleich nach ihrem Erscheinen die Wertlosigkeit bestätigt,[7] er hat nach der sogenannten „Machtergreifung" die Verbreitung des Buches verboten und es bei dem Feuerzauber der Bücherverbrennung mit Schimpfworten in den brennenden Holzstoß werfen lassen.[8] Daß mir unverzüglich mein Lehramt entzogen wurde, war mir nicht weiter erstaunlich[9] – das Verbot publizistischer Betätigung folgte[10] wie auch geraume Zeit danach Hitler eine Architektenbiographie persönlich verbot.[11] Ich habe dies alles hinzunehmen gelernt.

Nun habe ich in diesen Tagen zur Unterrichtung einen Durchschlag des Briefwechsels erhalten, der zwischen Ihnen und der Redaktion der „Stuttgarter Zeitung" geführt wurde.[12] Es ist nicht meine Aufgabe, Ihnen dazu etwas zu sagen, daß Sie um den Kern der Dinge etwas herumredeten – daß Sie die Grundhaltung meiner Schrift, zumal jene die ideengeschichtlichen Sachmitteilungen lockernde Ironie nicht erspürt hätten, wird Ihnen von mir, wie man heute zu sagen pflegt, „nicht abgenommen". Doch ist es geradezu skurril, daß in jenem Schreiben meine Schrift als eine Art von Ouvertüre der Zustimmung zum Ermächtigungsgesetz gedeutet wird.

Ich habe nicht die Absicht, Ihnen die parteiinternen Auseinandersetzungen vorzutragen, die zu diesem Schritt geführt haben.[13] Das ist nicht der Gegenstand

---

[7] In der publizierten und überarbeiteten Fassung der Tagebücher von Goebbels heißt es zu „Hitlers Weg" am 24. 1. 1932: „Das ist alles so dumm, daß es kaum einer Beachtung Wert erscheint. Die bürgerliche Welt versteht uns nicht und kann uns wohl auch nicht verstehen." J. GOEBBELS, Kaiserhof, S. 31. Hingegen lautet der Eintrag in den unbearbeiteten Tagebüchern: „Nicht ganz dumm. Weiß sehr viel von uns. Nutzt das etwas gemein aus. Aber immerhin eine Kritik, die sich sehen lassen kann." E. FRÖHLICH, Tagebücher, Teil I, Bd. 2/II, S. 203; vgl. zum Quellenwert der Tagebücher von Goebbels auch A. HERMANN, Tagen; DIES., Weg, S. 495–534.

[8] Vgl. Nr. 148, Anm. 4.

[9] Vgl. zur Entlassung aus der Deutschen Hochschule für Politik Nr. 124, Anm. 6.

[10] Zum Rücktritt von der Herausgeberschaft der Zeitschrift „Die Hilfe" 1936 vgl. Nr. 26, Anm. 7.

[11] Zum Verbot der Biographie über Poelzig 1941 vgl. Nr. 156, Anm. 11.

[12] Der Briefwechsel ließ sich nicht ermitteln. Heuss dankte am 11. 9. 1958 dem Herausgeber der „Stuttgarter Zeitung" Eberle für die Übersendung und schickte ihm einen Durchschlag seines Schreibens an Aschenauer; N 1221, 349.

[13] Der Arbeitsausschuss der Deutschen Staatspartei kam zu keiner einheitlichen Meinungsbildung, ob dem Ermächtigungsgesetz der Regierung Hitler, mit dem die Exekutive Gesetze auch ohne Reichstag und Reichsrat beschließen konnte und somit die Gewaltenteilung aufgehoben wurde, zuzustimmen sei. Deshalb überließ er den fünf Reichstagsabgeordneten der Staatspartei die Ent-

der Kontroverse – im württemberg-badischen Landtag haben meine Freunde und ich vor Jahren einen „parlamentarischen Untersuchungsausschuß“ über den ganzen Komplex veranlaßt, der wesentliche Feststellungen traf.[14] Sie werden übrigens, denke ich, sowenig wie ich daran zweifeln, daß Hitler seine Politik auch ohne die Quasi-Legitimierung durch jenen Akt durchgeführt haben würde, wie er es getan hat. Ich entsinne mich nicht, daß in jenem Gesetz auch die Ermächtigung zum straflosen Mord enthalten war.

Ich schreibe Ihnen ad personam[15] dies alles nicht als Bundespräsident, der sich durch Insinuationen forensischer (oder journalistischer) Praktiken in seiner Amtswürde gekränkt fühlt, sondern als Bürger und Literat, der sich gegen eine zweckhafte Verstellung seiner Natur und konkreter Motivationen wehrt.[16]

Ihr Theodor Heuss

---

scheidung, die aber geschlossen erfolgen sollte. Heuss sprach sich, wie er nach 1945 immer wieder betonte, gemeinsam mit Hermann Dietrich gegen eine Annahme des Gesetzes aus, fügte sich aber der Mehrheit seiner drei Fraktionskollegen. Die Fraktion stimmt am 23. 3. 1933 im Reichstag geschlossen dem Gesetz zu. Zur Haltung der Deutschen Staatspartei und der fünf Reichstagsabgeordneten zu dieser Entscheidung vgl. das Rundschreiben der Reichsgeschäftsstelle sowie die Erklärung der Reichstagsabgeordneten vom 24. 3. 1933, in: E. MATTHIAS / R. MORSEY, Ende, S. 91–94. Von Heuss ist eine Enthaltungserklärung zum Ermächtigungsgesetz überliefert; N 1221, 382. Er selber äußerte sich in einer Glosse in der „Hilfe“ zum Ermächtigungsgesetz; THEODOR HEUSS: Ermächtigungsgesetz, in: Die Hilfe 39, Nr. 7, 8. 4. 1933, S. 196. Aus der Perspektive der Nachkriegszeit vgl. Heuss an Kurt Hiller, 5. 12. 1947, in: TH. HEUSS, Erzieher, S. 326–328; DERS., Machtergreifung, S. 23–26; aus historisch-kritischer Sicht R. MORSEY, Ermächtigungsgesetz; J. C. HESS, Deutsche Lage, S. 83–94; E. W. BECKER, Ermächtigung.

14 Vgl. die Protokolle des Untersuchungsausschusses des Württemberg-Badischen Landtags 1947 zum „Ermächtigungsgesetz“ vom 23. 3. 1933 einschließlich Abschlussbericht, in: E. W. BECKER / TH. RÖSSLEIN, Politischer Irrtum; E. W. BECKER, Ermächtigung.

15 Lateinisch für „persönlich“.

16 Aschenauer antwortete am 29. 9. 1958, der Artikel habe sein Plädoyer entstellt, und er habe eine gerichtliche Erzwingung einer Gegendarstellung nur unterlassen, um den Bundespräsidenten nicht mit hineinzuziehen.

Nr. 171
An Wilhelm Günther von Heyden, Neu-Delhi
16. September 1958

BArch, N 1221, 150: ms. Schreiben, Durchschlag, von Heuss diktiert (Diktatz. H/vM); ms. Briefkopf: „Theodor Heuss“[1]

Bericht über Amerikareise; Besuch der Weltausstellung in Brüssel; geplanter Besuch von Sarvepalli Radhakrishnan

Lieber Heyden!

Das war sehr freundlich, daß Sie uns einen so großen Bericht über Ihr Ergehen und über Ihre ersten Eindrücke gesandt haben.[2] Der Brief ist sozusagen von Hand zu Hand gegangen und hat bei allen, die ihn lasen, die freundschaftliche Erinnerung an Ihr Mitwirken im Bundespräsidialamt geweckt.

Die Amerikareise konnte von Ihnen ja einigermaßen verfolgt werden.[3] Sie war im Programm übersetzt, aber ich habe die Wochen des Herumfliegens, Herumessens, Herumredens ordentlich überstanden, und die Heimfahrt auf dem Schiff „Berlin“, bei der Frau Stolper, Bott, mein Sohn und mein Neffe Dr. Würz ein gutes team bildeten, ist behaglich ausruhsam bei ruhiger See verlaufen. Wir hatten sogar Fräulein Sachse noch nach New York herüberfliegen lassen, um ihr einen ungeheuren Stoß lagernder Post, den sie mitbrachte, und die vielen Briefe von Amerikanern, die uns drüben erreichten, abzudiktieren. Erst langsam erholen wir uns von den Brief- und Besuchsfolgen dieser Reise.

Der Besuch der Brüsseler Ausstellung[4] war leider von Botschaft und Ausstellungskommissar dermaßen wider meinen Wunsch mit offiziellem Zeug, Essen und Empfängen vollgepfropft, daß der persönliche Ertrag, Vertrautwerden mit Architektur[5] und anderen Dingen, leider lange nicht so groß sein konnte, wie ich das für mich erwartet hatte.[6]

---

1 Stempel: „Pers[önlichem] Ref[erenten] vorgelegen“; weiterer Nachweis: N 1221, 349: ms. Schreiben, Durchschlag.

2 Von Heyden, der bis Mai 1958 im BPrA für die auswärtigen Angelegenheiten zuständig und anschließend als Botschaftsrat 1. Klasse in Neu-Delhi tätig war, berichtete Heuss am 26. 8. 1958 über einen Besuch beim indischen Vizepräsidenten Radhakrishnan, über seine Eindrücke vom politischen Leben und seine ersten dienstlichen Erfahrungen in Indien; N 1221, 150.

3 Zum Staatsbesuch in Kanada und in den USA vgl. Nr. 114, Nr. 151, Nr. 162, Nr. 163, Nr. 166.

4 Zum Besuch der Weltausstellung in Brüssel am 22./23. 7. 1958 vgl. F. GÜNTHER, Heuss auf Reisen, S. 144–147; Unterlagen in: B 122, 2296; vgl. auch CH. OESTEREICH, Umstrittene Selbstdarstellung.

5 Heuss hatte inoffiziell Einfluss ausgeübt, dass Architekten aus dem Umfeld des Deutschen Werkbundes ihr Konzept für den deutschen Beitrag bei der Weltausstellung verwirklichen konnten; vgl. F. GÜNTHER, Heuss auf Reisen, S. 144.

6 Georg Röhrig berichtete von Heyden am 19. 9. 1958, der Bundespräsident habe den „privaten Tag“ in Brügge sehr genossen, in Brüssel sei ihm das offizielle Programm aber „zuviel“ gewesen, und er habe „unseren guten Botschafter Ophüls einmal sehr kräftig angefahren.“ B 122, 501.

Die gelassene Ruhezeit kam dann erst in Lörrach und den sieben Tagen bei Schnitzlers in Münstereifel.[7] Damit war der August ausgefüllt. Und jetzt sind wir wieder frisch, fromm, fröhlich, frei im Rede- und Reisebetrieb, von dem Sie ja eine Vorstellung gewonnen haben.

Dr. Röhrig hat sich, wie ich zu fühlen glaube, gut in den Mitarbeiterkreis eingefügt. Er ist vor allem auch schon bei dem „Betriebsausflug" als Schauspieler und Musikant aktiv geworden.

Was Ihre Idee mit Radhakrishnan anlangt,[8] so ist der Einfall, er könne eventuell in der Villa Hammerschmidt wohnen, zwar sehr reizend gedacht, da er ein angenehmer Mann ist, aber die räumliche Situation mit dem kleinen Appartement ist doch zu primitiv oder zu familiär, und eine rechte Intimität würde durch meine Sprachbehinderung im Englischen ja doch nicht entstehen können. Ich nehme auch an, daß der Indische Botschafter Wert darauf legen würde, ihn zu behausen. Niemand von uns weiß ja auch, ob er etwa an rituelles Essen gebunden ist und dergleichen. Aber er soll mir gern willkommen sein, da ich die angenehmste Erinnerung an ihn bewahre. Bloß: Das philosophische Buch, das er mir seinerzeit dedizierte,[9] habe ich nicht gelesen, da ich a) kein Philosoph bin[10] und b) mit meinen Lesemöglichkeiten ja entsetzlich beengt. Nun, wir werden abwarten, was sich entwickelt.

Mit vielen herzlichen Grüßen in alter Verbundenheit
Ihr [Theodor Heuss]

---

7 Vgl. Nr. 89, Anm. 2.

8 Radhakrishnan besuchte Heuss am 17. 11. 1958; vgl. Dienstkalender, in: N 1221, 482; Nr. 177.

9 Bei einem Besuch am 8. 10. 1952, bei dem Radhakrishnan Heuss das Buch schenkte; vgl. SARVEPALLI RADHAKRISHNAN: Die Gemeinschaft des Geistes. Östliche Religionen und westliches Denken, Darmstadt/Genf 1952; vgl. auch Aufzeichnung über den Besuch, 9. 10. 1952, in: B 122, 501. Vor dem Besuch Radhakrishnans im November 1958 mußte das Buch tagelang gesucht werden; vgl. TH. HEUSS, Tagebuchbriefe, S. 367, 16. 11. 1958.

10 Gegenüber Toni Stolper bekannte Heuss seine Distanz gegenüber der Philosophie, insbesondere dem Existenzialismus: „Ich bin kein philosophischer Kopf im denktechnischen Sinn und werde leicht scheu, wo sich die Welt oder das Leben im Begrifflichen geordnet findet oder in der Unordnung dargestellt." Das „Abstrahieren ins Unverbindliche" sei nicht seine Sache. Er habe nur Platon und Schopenhauer „einigermaßen gelesen". Doch „die primitive Philosophie von Albert Schweitzer ist mir da schon lieber; denn sie ist nicht unverbindlich." TH. HEUSS, Tagebuchbriefe, S. 124f, 2. 1. 1956.

Nr. 172
An Dr. Toni Stolper, [New York]
20. September 1958
BArch, N 1186, 124: hs. Schreiben, behändigte Ausfertigung
Gedicht für Toni Stolper

„Von Ort zu Ort“[1]

Kein Musensohn,[2] doch Goethes Neffe,
motorisiert von Ort zu Ort,
voll Lust, wen ich im nächsten treffe,
und komm’ ich an, bist du schon dort.

Im Zauberspiele der Gedanken
schenkst du mir stete Gegenwart,
darin sich Sein und Traum umranken,
Erinnerung mit Hoffnung paart.

Die Winkelwelt der steilen Gassen,
Maria lächelt am Altar,
laß uns das weite Land umfassen,
die lichte Luft lockt wunderklar.

Im Klosterhof, im Waldesdunkel,
gelehnt am Röhrenbrunnenrand,
schau vom Balkon das Sterngefunkel
und reich mir die vertraute Hand. – –

Die Stunde schlägt, der Motor rattert,
von Ort zu Ort, dahin, dahin ...
dieweil das Scheidetüchlein flattert
verklingen Schuberts Melodien.

Th. H.

---

1 Der Titel für das Buch von Heuss „Von Ort zu Ort“ war von Toni Stolper vorgeschlagen worden; vgl. Nr. 168. Über die Entstehung des Gedichts vgl. Heuss an Toni Stolper, 21. 9. 1958, in: BArch, N 1186, 124.

2 Vgl. Nr. 168, Anm. 5.

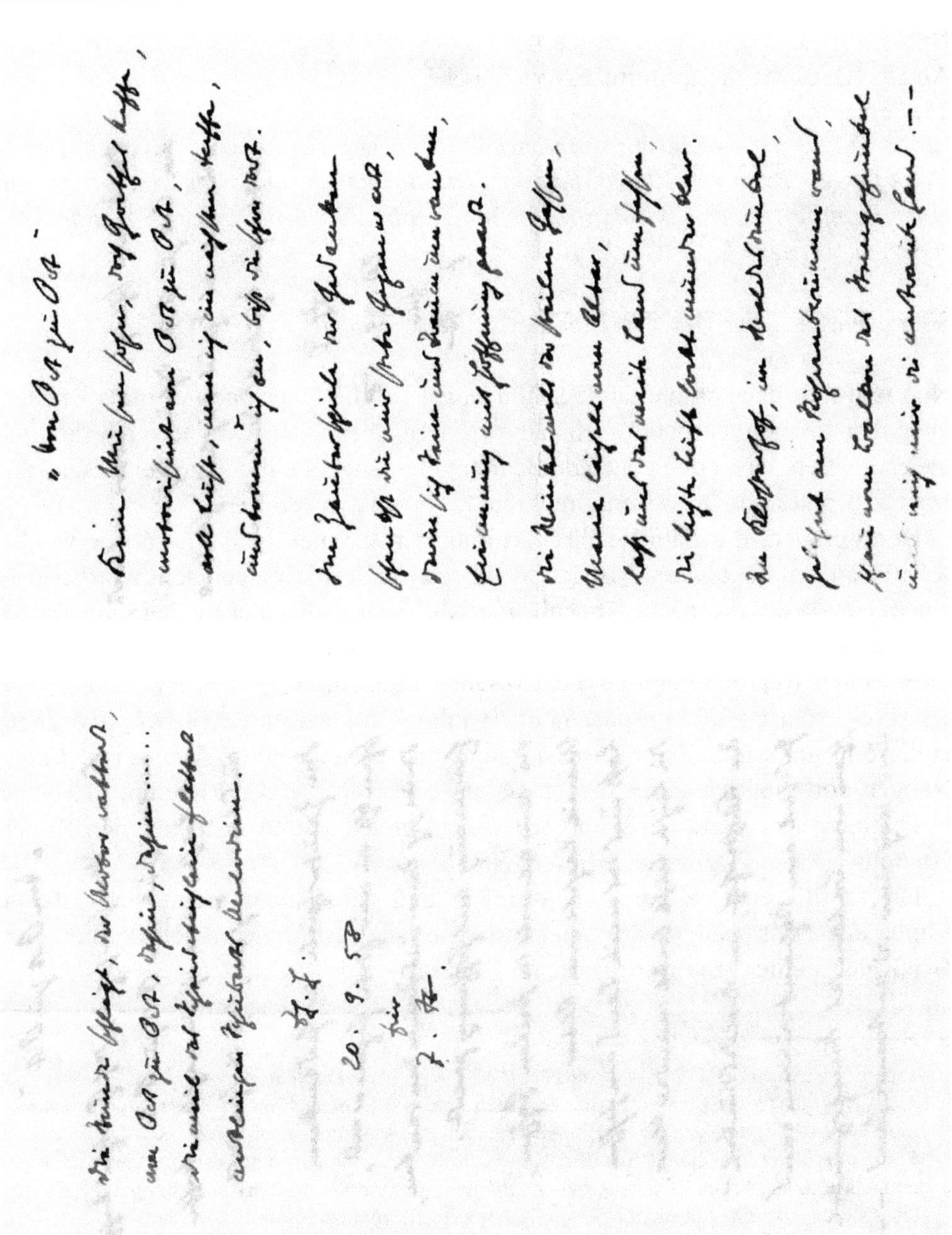

Abb. 24: Theodor Heuss an Toni Stolper, Gedicht „Von Ort zu Ort“, 20. 9. 1958

Nr. 173
An Dr. Klaus Mehnert, Stuttgart-Sillenbuch
23. September 1958
HStAS, Q 1/30, 35: ms. Schreiben, behändigte Ausfertigung; Kopfbogen: „Theodor Heuss"[1]
Dank für das Buch von Klaus Mehnert „Der Sowjetmensch"; Verwandtschaft mit einer Familie Heuss in Moskau; Ablehnung, als „Großen Deutscher" charakterisiert zu werden

Sehr geehrter lieber Herr Dr. Mehnert!

Nun will ich Ihnen rasch danke schön sagen für die Übersendung Ihres Buches über den Sowjetmenschen.[2] Ich habe gestern abend die zwei Eingangskapitel gleich gelesen, wenn mich auch der Umfang des Buches ein bißchen eingeschüchtert hat. Ich komme ja so wenig mehr zum systematischen Lesen.

Der Versuch, die Familie Ihrer Mutter mit der meinigen in ein Verwandtschaftsband zu bekommen,[3] ist schon vor dem 1. Weltkrieg gemacht worden von einem Heuss, der damals in Kopenhagen saß.[4] Sehr viel später bin ich ihm einmal in einer Versammlung in Hamburg begegnet. Ob es ein Bruder, ob es ein Vetter Ihrer Mutter war? Ich mußte ihn enttäuschen, da meine väterlichen Vorfahren alle als Binnenschiffer seit ein paar hundert Jahren in einem kleinen Dorf zwischen Heilbronn und Heidelberg ansässig sind[5] und es ungezählte Menschen dieses Namens dort gibt: Ich selber nehme an, daß Sie wohl von den Memminger Heuss abstammen. Dort fand ich schon vor vielen, vielen Jahren in Sakristeien Bilder von lutherischen Pfarrern mit diesem Namen.

Die familiären Beziehungen nach Rußland gehen über meine Frau, deren Mutter aus Tiflis stammte aus einer russifizierten grusinischen Adelsfamilie.[6] Der Großvater meiner Frau war russischer General.[7]

---

1 Weitere Nachweise: N 1221, 349 und 174; B 122, 872: ms. Schreiben, Durchschlag.

2 KLAUS MEHNERT: Der Sowjetmensch. Versuch eines Porträts nach zwölf Reisen in die Sowjetunion 1929–1957, Stuttgart 1958. Ein Anschreiben ließ sich nicht ermitteln.

3 Mehnert berichtet in seinem Buch über seinen Großvater mütterlicherseits, Julius Heuss, der aus dem württembergischen Schwarzwald stammte; eine Verwandtschaftsbeziehung zu Theodor Heuss stellte er darin aber nicht her; vgl. K. MEHNERT, Sowjetmensch, S. 13.

4 Um wen es sich handelt, ließ sich nicht ermitteln. Heuss hatte bereits am 18. 6. 1956 an Myra Bethan einen Brief diktiert: „Alle zwei Monate etwa bekommt der Herr Bundespräsident eine Nachfrage nach Mitgliedern der Moskauer Familie Heuss. Er selber hat keinerlei verwandtschaftlichen Zusammenhang mit ihr, es ist ihm aber bekannt, daß die Mutter des Publizisten Dr. Klaus Mehnert [...] eine geborene Heuss aus der Moskauer Schokoladenfabrik-Familie ist." B 122, 169.

5 In Hassmersheim am Neckar; vgl. TH. HEUSS, Vorspiele, S. 19–34.

6 Lydia von Karganow, deren Mutter eine geb. Fürstin Bebutow war.

7 Joseph von Karganow.

Das, was ich persönlich von Rußland erfuhr, ging zum Teil über diese Verwandtschaft. Ein direkter Vetter meiner Frau war zaristischer Diplomat – Joseph Loris-Melikow, von der väterlichen Seite her ein Neffe des Reformministers von Alexander II. und „Außenminister" von Koltschak![8] Über derlei Dinge und seine Darstellung des Russen, falls es diesen gibt, können wir uns vielleicht einmal unterhalten.

Aber ich muß nun doch noch eine abwehrende Bemerkung zu Ihrer so freundschaftlichen Widmung „Dem großen Deutschen" machen.[9] Lieber Dr. Mehnert! Das wollen wir einmal der Zukunft überlassen, welche Zensur sie mir gibt – sie wird vermutlich nicht einheitlich sein. Sehen Sie, diese Geschichte mit den *Großen Deutschen* hat mich in den letzten Jahren sehr beschäftigt, da ich als Mitherausgeber des Sammelwerkes im Propyläen Verlag gemeinsam mit Heimpel und Reifenberg dauernd historische Zeugnisse zu erteilen hatte. Dabei blieb mancher Wunsch von mir unerfüllt, bei manchem machte ich, wo ich mich sachun[zu]ständig fühlte, nun eben mit und habe dabei Tadel und Applaus geerntet.[10]

Ich muß es ablehnen, ohne Widerspruch dieses Epitheton[11] zu akzeptieren, wie ich mich auch neulich dagegen[12] wehrte, mit einer sogenannten Bildbiographie in einer Serie platziert zu werden, in der große Namen der Geistesgeschichte figurierten.[13] – Ich spüre wohl dankbar die freundschaftliche Grundgesinnung, die mir Ihre Widmung zum Ausdruck bringt, aber meinen Dank darf ich vielleicht auch in die Form kleiden, daß ich Ihnen den Einleitungsessay für das große Werk mitübersende[14] und dann einen vor einigen Monaten geschriebenen Einführungsaufsatz zu Max Weber,[15] der nun in der Tat ein „großer Deutscher" gewesen ist.

Entschuldigen Sie diese etwas breite Auseinandersetzung, aber ich möchte nicht gern haben, daß unsere menschlichen Beziehungen auf Distanz angelegt sind.

Mit freundlichen Grüßen
Ihr
Theodor Heuss

[8] Genealogische Unterlagen zu Elly Heuss-Knapp in: N 1221, 219; vgl. auch E. HEUSS-KNAPP, Bürgerin, S. 19; Abdruck einer Ahnentafel in: TH. HERTFELDER / CH. KETTERLE, Theodor Heuss, S. 68.

[9] Eine derartige Widmung ließ sich nicht ermitteln; vgl. Anm. 2.

[10] Vgl. Nr. 36, Nr. 64, Nr. 66, Nr. 77, Nr. 92, Nr. 93, Nr. 102, Nr. 103.

[11] Altgriechisch für „Hinzugefügte", „Beiwort".

[12] Es folgt unleserliche Streichung.

[13] Der Vorgang ließ sich nicht ermitteln.

[14] TH. HEUSS, Maßstäbe.

[15] TH. HEUSS, Max Weber.

Nr. 174
An Prof. Dr. Hannah Arendt, New York
6. Oktober 1958
BArch, B 122, 2054: ms. Schreiben, Durchschlag, von Heuss diktiert (Diktatz. H/Bk) und ms. gez.; ms. Briefkopf: „Theodor Heuss“[1]
Übersendung der Beiträge „Formkräfte einer politischen Stilbildung“, „Max Weber in seiner Gegenwart“ und eines Aufsatzes von Toni Stolper

Sehr geehrte Frau Dr. Arendt!

In der Anlage übersende ich Ihnen die beiden Stücke, von denen ich bei unserer Begegnung in Frankfurt[2] etwas sagte: „Formkräfte einer politischen Stilbildung“[3] und „Max Weber in seiner Gegenwart“, die Einleitung zu einer neuen Ausgabe.[4]

In dem ersten Aufsatz sind, glaube ich – das war wenigstens die Meinung einiger Zuhörer wie Alfred Weber und Carlo Schmid –, ein paar Probleme angedeutet, die im allgemeinen vernachlässigt erscheinen.

Vor drei Jahrzehnten habe ich einmal ein populär gedachtes Buch für die *Deutsche Buchgemeinschaft* „Volk und Staat“[5] geschrieben, in dem einige grundsätzliche Meditationen über politische Problematik niedergelegt sind. Dies nun freilich vor unserer Erfahrung mit dem Totalitarismus. Es würde mir aber wichtigtuerisch erscheinen, wollte ich Ihnen diesen Band für Ihre Überlegungen, die ja der Einführung in die Politik gelten, aufdrängen.[6]

Die deutsche Teilausgabe Ihres Buches „Elemente totaler Herrschaft“ stand, als ich zurückkehrte, seit geraumer Zeit, wie ich feststellte, ganz brav in unserer Amtsbibliothek und hat auch dort, ohne zu mucksen, auf mich gewartet.[7] Da ich

1 Hs Az. P-001-8108; Stempel: „Pers[önlichem] Ref[erenten] vorgelegen“.

2 Heuss hatte Arendt am 28. 9. 1958 bei der Verleihung des Friedenspreises des Deutschen Buchhandels an Karl Jaspers kennengelernt. Als ehemalige Assistentin von Jaspers hielt sie die Laudatio. Beim anschließenden Empfang war sie „Tischdame“ von Heuss; vgl. TH. HEUSS, Tagebuchbriefe, S. 345, 28. 9. 1958.

3 Den Vortrag „Formkräfte einer politischen Stilbildung“ hatte Heuss am 2. 5. 1952 vor der Vereinigung für die Wissenschaft von der Politik und am 10. 6. 1952 in der Universität Bonn gehalten; er wurde 1952 als Broschüre gedruckt; TH. HEUSS, Formkräfte; wieder abgedruckt in: DERS., Großen Reden. Staatsmann, S. 184–223.

4 TH. HEUSS, Max Weber; vgl. Nr. 159.

5 THEODOR HEUSS: Staat und Volk. Betrachtungen über Wirtschaft, Politik und Kultur, Berlin 1926.

6 Das Vorhaben, eine Einführung in die Politik zu schreiben, wurde von Arendt 1959/60 zugunsten anderer Bücher aufgegeben. Es sind nur Fragmente dieser Einführung überliefert; vgl. W. HEUER / B. HEITER / S. ROSENMÜLLER, Arendt-Handbuch, S. 58–60.

7 Auf Veranlassung von Arendt erhielt Heuss von der Europäischen Verlagsanstalt die „Großausgabe“ der „Elemente und Ursprünge totaler Herrschaft“, wofür er sich mit Schreiben vom 21. 11.

aber seit Jahr und Tag durch die Überfülle der Beanspruchungen ein verhältnismäßig schlechter Leser geworden bin, mußte es bis jetzt in der Enttäuschung der Geduld verharren. Aber unsere Begegnung, an die ich eine freundschaftliche Erinnerung bewahre, hat mich ermuntert, die Arbeit als Lektüre für die etwas ruhigeren Wochen an Weihnachten vorzumerken.

Ich erlaube mir, Ihnen noch einen Aufsatz beizufügen, den meine Freundin Frau Dr. Toni Stolper in New York vor ein paar Jahren in der *Neuen Rundschau* als Replik auf einen dortigen Essay geschrieben hat, der dann auch mehrfach nachgedruckt wurde.[8] Ich glaube, der Aufsatz enthält einige Hinweise, die vielleicht für Sie von Interesse sein könnten. Dies freilich mit dem Vorbehalt gesagt, daß ich Ihr Buch noch nicht kenne.[9]

Mit freundlichen Grüßen
Ihr Theodor Heuss

1958 bei ihr bedankte; B 122, 2054. Ob es sich nun um die ungekürzte erste deutsche Übersetzung des Werkes von 1955 oder die gekürzte Fassung von 1958 handelt, ließ sich nicht klären; HANNAH ARENDT: The Origins of Totalitarianism, New York 1951; DIES.: Elemente und Ursprünge totaler Herrschaft, Frankfurt a. M. 1955; DIES.: Elemente totaler Herrschaft, gekürzte Ausgabe, Frankfurt a. M. 1958. Heuss' erster Leseeindruck war: „Schwerflüssig geschrieben, doch mit eigenen und gescheiten Formulierungen." TH. HEUSS, Tagebuchbriefe, S. 346, 2. 10. 1958.

8 TONI STOLPER: Die „Mehrheit der Deutschen Bevölkerung"?, in: Deutsche Rundschau 81 (Dezember 1955), S. 1299–1302.

9 Hannah Arendt antwortete am 26. 10. 1958, lobte beide Aufsätze von Heuss und würdigte vor allem die Bedeutung des Ehrenamtes als eine Form der aristokratischen Elitenbildung, auf das Heuss in seinem Aufsatz über „Formkräfte einer politischen Stilbildung" Wert gelegt hatte; B 122, 872. Gegen diese Interpretation meinte Heuss gegenüber Toni Stolper: Seit Jahrzehnten sei es sein „Hobby", das „‚Ehrenamt' als Gerüst der Demokratie zu predigen, […] doch immer mit einer Korrektur der Verwendung von ‚Elite', zumal die SS unter diesen Firmentitel gestellt wurde." TH. HEUSS, Tagebuchbriefe, S. 371, 30. 11. 1958.

Nr. 175
An Prof. Dr. Hermann Heimpel, Göttingen
28. Oktober 1958
BArch, N 1221, 147: ms. Schreiben, Durchschlag, von Heuss diktiert (Diktatz. H/Bk) und ms. gez.; ms. Briefkopf: „Theodor Heuss"[1]
Mitwirkung von Hermann Heimpel an der Friedrich-Naumann-Stiftung; Nachfolge im Amt des Bundespräsidenten

Lieber Professor Heimpel!

Sehr freundlichen Dank für Ihre beiden Briefe,[2] die eben knapp vor meiner Reise nach England[3] hier eingetroffen sind.

Ich befinde mich ja nun noch außerordentlich stark in dem Durcharbeiten der Dinge, die mit der Englandreise im Zusammenhang stehen, und stecke bereits wieder in Vorbereitungen für neue Verpflichtungen, so daß meine Antwort nur kurz sein kann.

Das Schlüter-Buch[4] ist mir nie in die Hand gekommen und, soweit solche Dinge hier vorgelegt werden, scheint es ja auch keine breitere Wirkung gehabt zu haben, so daß ich Ihre Teilnahme an der Naumann-Stiftung nicht mit Bedenken betrachte. Mir selber ist die Geschichte in der Hinsicht problematisch, daß ich mich zwar bereit erklärt habe, eine einführende Rede zu halten,[5] aber noch ungewiß bin, ob es Stephan[6] und seinen Freunden geglückt ist, der Sache den Dauercharakter zu sichern, den ich als eine Voraussetzung meiner Mitwirkung bezeichnet hatte. In der ersten Einladungsliste, die mir vorgelegt wurde, war so sehr das Funktionärstum von Verbänden und Kirchen mitaufgeführt, daß ich

1 Stempel: „Pers[önlichem] Ref[erenten] vorgelegen"; weiterer Nachweis: N 1221, 349: ms. Schreiben, Durchschlag.

2 Heimpel hatte am 17. 10. 1958 zur Frage seiner Mitwirkung bei der Friedrich-Naumann-Stiftung und am 18. 10. 1958 zur Frage seiner Kandidatur für das Amt des Bundespräsidenten geschrieben; N 1221, 148.

3 Zum Staatsbesuch in Großbritannien vom 20. bis 23. 10. 1958 vgl. Nr. 176; F. GÜNTHER, Heuss auf Reisen, S. 147–160.

4 Das Buch mit Zitaten aus Werken von Heimpel aus der Zeit vor 1945 ließ sich nicht mit Sicherheit ermitteln. Vermutlich handelte es sich um das anonym erschienen Buch DIE GROSSE HETZE. Der Niedersächsische Ministersturz. Ein Tatsachenbericht zum Fall Schlüter, Göttingen 1958, S. 186–190. Heimpel hatte am 17. 10. 1958 geschrieben: „Das anonyme, von Schlüter veranlaßte Buch enthält geschickt zusammengestellt einige aus meinen Schriften zu entnehmende Konzessionen an das Dritte Reich. Dieselbe Quelle wird von anderen kräftig ausgeschöpft, welche wohl alle ein System von kommunizierenden Röhren bilden." Wie Anm. 2; vgl. auch Nr. 38, Nr. 41.

5 Ansprache von Heuss zur Errichtung der Friedrich-Naumann-Stiftung vom 14. 11. 1958 in Bad Godesberg, in: B 122, 207; vgl. zur Gründungsphase der Friedrich-Naumann-Stiftung und zur Rolle von Heuss M. FASSBENDER, Grundlage, S. 19–53.

6 Werner Stephan war 1959–1964 Geschäftsführer der Friedrich-Naumann-Stiftung.

gedroht habe, überhaupt nicht mitzuspielen. Denn so bequem kann man es sich nicht machen, wie es dort geschehen ist, d. h. einfach Syndici und Sekretäre einzuladen, die weder mit mir noch mit Naumann etwas Wesentliches zu tun haben.[7]

Die Zusendung des Weber-Buches[8] werde ich demnächst veranlassen, wenn ich wieder etwas mehr zum Aufräumen komme.

Was nun die zweite Frage des späteren Bundespräsidenten anlangt, so liegt es in der Natur der Sache, daß ich mich vollkommen zurückhalte.[9] Ich lasse die ganze Presse-Erörterung an mir vorbeigehen und kriege ja persönlich viele Briefe, die mir gut zureden, für eine Verfassungsänderung zu sein,[10] wie auch einige, die sagen, ich sollte das nicht tun. Ich selber werde gefragt, wen ich als Nachfolger vorschlage. Auf alle solche Dinge gehe ich natürlich nicht ein, da diese an sich ihre Abklärung finden sollen. Rein persönlich, das habe ich wiederholt schon, wenn auch nicht mit großem Bombast, zum Ausdruck gebracht, halte ich es für unrichtig, an den Gedanken einer Verfassungsänderung heranzugehen, weil gerade, wie ich mich ausdrücke, „ein netter Mensch auf dem Markte" ist.[11] Die Dinge müssen bloß nach meiner Meinung vernünftig im Laufe der nächsten Monate zu einer Klärung gebracht werden. Denn wenn ich plötzlich wegsterbe, was an sich nicht meine Absicht ist, aber doch eine Möglichkeit, so wird die Chance, daß eine aktuelle Verlegenheitslösung gewählt wird, viel größer, als wenn man sich die Sache überlegt. Es ist natürlich nicht so, wie es in den Zeitungen steht, daß ich nun *den* Stil für jeden kommenden Bundespräsidenten festgelegt

---

[7] Auch gegenüber Toni Stolper äußerte sich Heuss verärgert über die ursprüngliche Einladungsliste; die Veranstaltung am 14. 11. 1958 hielt er aber für geglückt; TH. HEUSS, Tagebuchbriefe, S. 365, 14. 11. 1958.

[8] TH. HEUSS, Max Weber.

[9] Heimpel war Anfang 1958 als einer der möglichen Kandidaten für die Nachfolge von Heuss im Amt des Bundespräsidenten genannt worden. Heuss schrieb ihm am 5. 2. 1958, nachdem Heimpel ihm einen einschlägigen Ausschnitt aus dem Göttinger Tageblatt übersandt hatte: „Meine erste Reaktion war: Das ist eigentlich eine ganz gescheite Idee. Das wird aber gewiß nicht von Ihnen etwa in der Form interpretiert werden: So, hier hast Du meinen Speer, meinem Arm wird er zu schwer." Die Erörterung sei seines Erachtens allerdings zu früh, und er empfehle größte Zurückhaltung; N 1221, 345. Nachdem in der Öffentlichkeit Heimpels Name immer häufiger als Kandidat auftauchte, sprach dieser die Frage gegenüber Heuss offen an: „Ich möchte, und zwar zunächst einmal, Ihnen als dem Gegenstand meines großen Vertrauens auf bestimmte Weise und in aller Form sagen, daß ich – verzeihen Sie die schlanke Ausdrucksweise – nicht Bundespräsident werden will." Er begründete dies mit der Kampagne gegen seine Vergangenheit im „Dritten Reich", seiner persönlichen Empfindlichkeit gegenüber der heutigen Form von Öffentlichkeit, dem damit verbundenen Ende seiner Karriere als Wissenschaftler und den zu erwartenden Problemen der Weltlage; wie Anm. 2.

[10] Art. 54, Abs. 2 GG legt fest, dass nur eine Wiederwahl des Bundespräsidenten zulässig ist; vgl. auch Nr. 182.

[11] So im Gespräch mit Adenauer am 28. 10. 1958, in dem er eine Wiederwahl als „Verlegenheitslösung" bezeichnete; K. ADENAUER / TH. HEUSS, Unter vier Augen, S. 284f; vgl. auch die Wiedergabe des Gesprächs gegenüber Toni Stolper, in: TH. HEUSS, Tagebuchbriefe, S. 359, 29. 10. 1958; Ernst Ludwig Heuss an Heuss, 8. 3. 1959, in: FA Heuss.

habe. Es ist zu viel mein persönlicher Stil mit drin, und es ist gar nicht gesagt, daß ich damit *das* Maß festgelegt habe. Denn es gibt ja auch noch ganz andere Formen in der politischen Repräsentation und Wirkung, als sie in meiner Natur gegeben waren und wie ich sie redlich zum besten des Staates zu verwenden suchte.

Ich selber habe bestimmte Vorstellungen, wen ich für geeignet halten würde, das Maß zu halten. Aber ich hüte mich davor, davon zu sprechen.

Mir selber würde es sehr wohl tun, einmal aus dem Betrieb wieder zum Konsum von Wissenschaft zu kommen, denn meine bundespräsidiale Zeit ist im Grunde genommen ein Absinken des Bildungspegels geworden, so stark ist die laufende und wechselseitige Beanspruchung.

Ich hoffe, daß die Halbe Geige[12] wieder neu erschienen ist. Es freut mich sehr, und ich beglückwünsche Sie dazu. Und ich denke, daß sie jetzt erst recht mit ihren guten Melodien Unzählige erfreuen wird.

Mit herzlichen Grüßen
wie immer Ihr

Theodor Heuss

Nr. 176
An Dr. Heinrich von Brentano, Bundesminister des Auswärtigen, Bonn
31. Oktober 1958

BArch, B 122, 544: ms. Schreiben, Durchschlag, von Heuss diktiert (Diktatz. H/Bk) und ms. gez.; ms. Briefkopf: „Der Präsident pp."[1]

Bemühungen, das Presseecho des Staatsbesuches in Großbritannien zu korrigieren

Verehrter Herr Bundesminister!

Freundlichen Dank für Ihren Brief vom 27. Oktober.[2] Ich hatte bereits am Mittwoch Nachmittag acht Journalisten, Bonner Vertreter der wichtigen Zeitungen

[12] HERMANN HEIMPEL: Die halbe Violine. Eine Jugend in der Residenzstadt München, Stuttgart 1949. Heimpel hatte das Buch am 17. 10. 1958 an Heuss übersandt; wie Anm. 2.

[1] Az. PB/8-6609-7003; Stempel: „Pers[önlichem] Ref[erenten] vorgelegen"; Verfügung: „Vor Abgang St[aats]S[ekretär] z. Kts.", von Bleek paraphiert; weiterer Nachweis: N 1221, 349: ms. Schreiben, Durchschlag.

[2] In dem Schreiben vom 27. 10. 1958 bedauerte Brentano das Presseecho, das ihm wie eine „Verschwörung" erschien, und empfahl Heuss, einige „seriöse Journalisten" zu sich zu bitten und zu unterrichten. Zugleich fügte er ein Schreiben an den Chef des Presse- und Informationsamtes der Bundesregierung bei, in dem er die Kritik an einzelnen Presseveröffentlichungen begründete; B 122, 544. Zum Staatsbesuch vom 20. bis 23. 10. 1958 unter besonderer Berücksichtigung der öffentlichen Meinung vgl. F. GÜNTHER, Heuss auf Reisen, S. 147–160; TH. HEUSS, Tagebuchbriefe, S. 354–357.

und Rundfunkanstalten, bei mir. Die ganze Sache des Londoner Staatsbesuchs in der Pressespiegelung wurde durchgesprochen.[3]

Es war ja nun so, daß sowohl ich hier die Vertretung englischer Zeitungen einmal eine Stunde lang bei mir gehabt habe wie umgekehrt Botschafter von Herwarth die Londoner Vertreter deutscher Zeitungen bei sich sah und ihnen einiges über die Situation erzählt hat. Das Ungeschick in der „Stimmungsmache" liegt darin, daß einige der deutschen Redaktionen zu ungebildet waren und vielleicht auch der eine oder der andere der Londoner Vertreter. Aber das wage ich nicht zu beurteilen. So ist diese alberne Verunklarung des Ablaufs des Besuchs in die Presse gekommen.

Ich habe die Anregung, nun von mir aus noch einmal etwas dazu zu sagen, abgelehnt, weil das eine Überbewertung des Durcheinanders der Urteile bedeutet hätte.[4] Mein Eindruck ist im übrigen, daß wohl auch in England wie in Deutschland eine andere atmosphärische Beurteilung der Dinge eingetreten ist. Ich habe den Herren mitgeteilt, daß ich beabsichtige, in meiner Neujahrsansprache die beiden Reisen in die angelsächsische Welt zu behandeln und dabei mit ein paar Sätzen auch die Stimmungsproblematik in Ordnung zu bringen.[5]

Sehr ärgerlich finde ich, daß aus mir nicht bekannten Quellen der Versuch gemacht wurde oder wird, dem Botschafter von Herwarth etwas wie eine „Schuld" anzukreiden, was vollkommener Unsinn ist. Denn Herwarth hat in der

---

3 Bereits im Vorfeld und dann während des Staatsbesuches von Heuss in Großbritannien meldeten sich auch kritische Stimmen in den britischen Medien gegenüber dem ehemaligen Kriegsgegner zu Wort. Zudem hatte ein Photo von Heuss in Oxford, auf dem Studenten den Bundespräsidenten mit Händen in den Hosentaschen empfangen hatten, für Verärgerung in der Bundesrepublik gesorgt. Insgesamt verfestigte sich der Eindruck, das bundesdeutsche Staatsoberhaupt sei distanziert von der englischen Bevölkerung aufgenommen worden. Diesem Anschein versuchten Heuss, der Bundesaußenminister und der deutsche Botschafter in London in ihrer Pressearbeit entgegenzusteuern und den Besuch als erfolgreich darzustellen. Dennoch nahmen die bundesdeutschen Medien den Staatsbesuch zum Anlass, über das schwierige Verhältnis zu Großbritannien und grundsätzlich über die Selbstdarstellung der Bundesrepublik in der Welt zu reflektieren. Dabei standen die unaufgearbeiteten NS-Verbrechen sowie die Außendarstellung des 74-jährigen Bundespräsidenten im Vordergrund; vgl. F. GÜNTHER, Heuss auf Reisen, S. 154–160; vgl. auch Heuss an Max Brauer, 7. 11. 1958, in: N 1221, 350.

4 Als der Stifterverband für die Deutsche Wissenschaft am 6. 11. 1958 das BPrA fragte, ob es das vielfach verbreitete Foto von Keystone mit den Studenten in Oxford (u. a. abgedruckt in: Die Zeit, 31. 10. 1958), mit einem positiven Text versehen, in seinem Mitteilungsblatt verwenden könne, lehnte Heuss dies ab. Man solle keinen weiteren Anlass für Diskussionen geben; B 122, 544.

5 Neujahrsansprache 1958/59, in: B 122, 251; abgedruckt unter dem Titel „Berlin – eine europäische Position", in: Bulletin, Nr. 1, 3. 1. 1959, S. 1f, 4. Heuss betonte die große Freundlichkeit, mit der man ihn auf seinen Staatsbesuchen empfangen habe, und bemerkte zum Presseecho: „Denn ein Teil der deutschen Presse hat, weil sie von den Lebensgewöhnungen des Engländers nichts weiß und alberne Taktlosigkeiten einiger [englischer] Zeitungen […] groß kommentierte […], zu meiner Verblüffung völlig schiefe Kommentare geliefert." Ebd., S. 2.

Anlage des Besuchs wie in seiner Durchführung das Beste, das möglich war, geleistet.[6]

Mit freundlichem Gruß!
Ihr

Theodor Heuss

Nr. 177
An Wilhelm Günther von Heyden, Neu-Delhi
26. November 1958

BArch, B 122, 501: ms. Schreiben, Durchschlag, von Heuss diktiert (Diktatz. H/vM) und ms. gez.; ms. Briefkopf: „Theodor Heuss"[1]

Ablauf des Besuches des indischen Vizepräsidenten Sarvepalli Radhakrishnan in der Bundesrepublik; Ehrendoktorwürde der Universität Mainz für Radhakrishnan

Lieber Heyden!

Mit einigen Zeilen will ich Ihnen nun doch auch einen unmittelbaren Bericht über den Verlauf des Besuches von Vizepräsident Radhakrishnan schicken. Sie waren, glaube ich, ein bißchen enttäuscht, daß ich die angeregte Intimität der persönlichen Einladung etwas auf die Seite schob und der Sache dann mehr einen wenn nicht offiziellen so doch offiziösen Charakter gab.[2]

Wir waren hier ziemlich lange in Verlegenheit, da es bei dem anerkannten Durcheinander in der Kulturabteilung des AA drei Wochen gedauert hat, bis wir den Bericht von Herrn Botschafter Melchers,[3] der irgendwie verschlampt war, in die Hand bekamen. Es ist dann vor allem dem Ihnen ja vertrauten Betätigungswillen von Bott geglückt, der persönlichen Einladung eine Bitte der Universität Bonn zu einem Vortrag beizufügen und dann den Ehrendoktor von Mainz zu erreichen. Dort wollte man auch nicht recht heran, nach meinem persönlichen Gefühl – dies aber nur höchst vertraulich –, weil man in der Fakultät den Professor Rintelen nicht recht leiden mag; aber ich war selber aus Anlaß einer Feier der Mainzer Akademie mit Bott dorthin gefahren und habe eingehend mit dem an

---

6 Auch im Gespräch mit Adenauer am 28. 10. 1958 über den Staatsbesuch in Großbritannien und das deutsche Presse-Echo verteidigte Heuss die Arbeit des Botschafters von Herwarth; vgl. K. ADENAUER / TH. HEUSS, Unter vier Augen, S. 281.

1 Neben der Anschrift undatierte Paraphe von Bott; weiterer Nachweis: N 1221, 350: ms. Schreiben, Durchschlag.

2 Während seines Besuches der Bundesrepublik vom 16. bis 19. 11. 1958 besuchte Radhakrishnan den Bundespräsidenten am 17. 11.; vgl. den Programmablauf in: B 122, 501; vgl. auch Nr. 171.

3 Wilhelm Melchers war 1957–1961 bundesdeutscher Botschafter in Indien.

sich gutwilligen Dekan[4] gesprochen, so daß die Fakultät einstimmig den Ehrendoktor beschlossen hat.

Ich hatte hier zuerst, allein mit Radhakrishnan und dem Dolmetscher, ein etwas über eine Stunde dauerndes persönliches lebhaftes Gespräch,[5] bei dem vor allem auch mein England- und Oxfordbesuch an die Reihe kamen und das Buch, das er mir vor sechs Jahren geschenkt hatte[6] (es war in meiner Massenbibliothek schwer aufzufinden, gelang aber doch noch, so daß ich mich noch hinter die stichprobenmäßige Lektüre setzen konnte). Beim Essen wurden dann Toaste getauscht. Ich lege Ihnen meinen, der weitaus improvisiert war, bei.[7] Um 17.00 Uhr hielt Radhakrishnan in einem nicht sehr großen, aber erfreulich dicht besetzten Hörsaal eine sehr lebendige Ansprache,[8] an die sich ein sogenannter Empfang anschloß, bei dem dem Gast allerhand Prominenz der hiesigen Universität vorgeführt wurde.

Meine Anregung, nachdem er das Goethe-Haus in Frankfurt besucht hatte, hier das Beethoven-Haus um des Unterschieds willen zu betrachten, konnte nicht effektuiert werden, weil dessen Innenräume zur Zeit irgendwie restauriert werden, d. h. mit allerhand Baugestell versehen sind.

Dr. Röhrig, der Radhakrishnan bei seinem Eintreffen in Frankfurt in unserem Auftrag begrüßt hatte, fuhr auch mit nach Mainz,[9] wie auch der Bundesaußenminister, der vorher leicht erkrankt gewesen war. Nach dem Bericht von Röhrig und anderen ist die Promotionsfeier in Mainz würdig und eindrucksvoll verlaufen.

Radhakrishnan hat mir noch drei ziemlich dicke Bände seiner Werke, die ins Deutsche übersetzt sind, senden lassen.[10] Ich hatte ihm im Gespräch schon angekündigt, daß er meine ins Englische übertragenen Jugenderinnerungen[11] erhalten werde, und habe dem Buch die Publikation über Hans Marées Neapler Fresken beigefügt, wofür ich eine Einleitung geschrieben habe.[12] Die Dinge gehen per Kurier mit einem Brief von mir an die Botschaft in New Delhi. Daß ich in die Bücher die Dedikation mit „Professor" zeichnete, entspricht der Form, die Radhakrishnan bei seinen Eintragungen gewählt hatte. Ich habe auch von Radhakrishnan eine indische Elefantenfigur erhalten, von der ich noch nicht weiß, was sie darstellt

4 Walter Marg; Heuss dankte für den Beschluss der Ehrenpromotion am 11. 11. 1958; B 122, 501.

5 Aufzeichnung über das Gespräch vom 17. 11. 1958 in: B 122, 501.

6 Vgl. Nr. 171, Anm. 9.

7 Abgedruckt in: Bulletin, Nr. 213, 21. 11. 1958, S. 2131f.

8 Vortrag zum Thema „Das metaphysische Anliegen"; Manuskript in: B 122, 501.

9 Dies korrigierte Röhrig in einen Schreiben vom 27. 11. 1958 an von Heyden: Er habe dem Bundespräsidenten lediglich aufgrund der Schilderungen der Beteiligten eingehend über den Verlauf des Besuches in Mainz berichtet; B 122, 501.

10 Um welche Bände es sich handelt, ließ sich nicht ermitteln. Heuss dankte dafür am 21. 11. 1958; B 122, 501.

11 TH. HEUSS, Preludes.

12 THEODOR HEUSS: Die Begegnung mit Marées, in: BERNHARD DEGENHART (Hg.): Hans von Marées Fresken in Neapel, München 1958, S. 9–12.

und ob sie eine Kopie ist; aber da hatte ich etwas Entsprechendes nicht zur Verfügung. An sich haben wir den Eindruck, daß der Besuch in einer angenehmen Wärme verlaufen ist und damit nützlich geworden.

Von mir selber ist nicht viel zu erzählen. Es waren seit Anfang September ziemlich grausame Monate durch vielerlei Inanspruchnahme: Auslandsbesuche, Reden vorbereiten, little trip to England mit entsetzlich vielerlei und zum Teil auch törichtem Brief- und Presseecho; das haben wir aber alles glücklich hinter uns gebracht.[13] Der Arbeitsdruck geht vermutlich bis hart an Weihnachten heran weiter, zumal jetzt auch bei uns die Einladung von Ausschüssen usf. eingesetzt hat.

Sagen Sie bitte Herrn Botschafter Melchers meine freundlichen Empfehlungen und seien Sie selber in alter Gesinnung herzlich gegrüßt.

Ihr

Theodor Heuss

Nr. 178
An Werner Nöll, Frankfurt a. M.
28. November 1958

BArch, B 122, 2089: ms. Schreiben, Durchschlag, von Heuss diktiert (Diktatz. H/Kp) und ms. gez.; ms. Briefkopf: „Theodor Heuss“[1]

Einladung von jüngeren Flüchtlingen aus der DDR zu Weihnachtsfeiern von Vereinen

Sehr geehrter Herr Nöll,

vor einigen Tagen hatte ich mit einigen jüngeren Mitgliedern des Bundestagsausschusses für Jugendfragen ein eingehendes Gespräch über die Situation jüngerer Ostzonenflüchtlinge,[2] die zwar überwiegend in irgendeine Arbeitsstelle kommen, aber den seelischen und gesellschaftlichen Anschluß oft genug nicht finden konnten und infolgedessen unter einer Art von Heimweh um ihren alten Kreis und einem Verlassenheitsgefühl leiden, das sie in der Bundesrepublik, trotz größerer ökonomischer Möglichkeiten, quält.

---

13 Vgl. Nr. 176.

1 Weiterer Nachweis: N 1221, 350: ms. Schreiben, Durchschlag. Neben diesem Brief an den Vorsitzenden des Deutschen Allgemeinen Sängerbundes gingen gleichlautende Schreiben an den Geschäftsführer des Deutschen Sängerbundes Franz Josef Ewens, den Präsidenten des Deutschen Sportbundes Willi Daume und an den Oberbürgermeister von Frankfurt a. M. Werner Bockelmann als Ersten Vorsitzenden des Deutschen Turnerbundes; B 122, 2089.

2 Das Gespräch fand am 27. 11. 1958 gegen 12.00 Uhr mit den Bundestagsabgeordneten Hermann Dürr und Walter Mischnick statt. Es wurde durch ein Schreiben von Mitgliedern der FDP-Fraktion im Deutschen Bundestag vom 7. 11. 1958 veranlasst; B 122, 2089.

Es wurde die Idee von individuellen „Patenschaften“, die evtl. von einer Familie übernommen werden könnten, erwogen. Ich selber kenne solches Verhalten aus meiner eigenen Kindheit, das mein Vater den Kindern der Familie eines kranken Mannes gegenüber wahrnahm.[3] Aber solches ist ja nicht improvisiert oder mit irgendeinem Aufruf zu leisten, sondern hängt immer von der individuellen Willigkeit ab. Demnächst werde ich in einer meiner Ansprachen darüber etwas sagen können.[4] Aber was mir als Möglichkeit doch eingefallen ist, will ich ihnen kurz vortragen. Es ist ja wohl üblich geblieben, daß Turnvereine, Sportvereine, Gesangvereine, auch Orchestervereinigungen, Jugendverbände Weihnachtsfeiern veranstalten. Gibt es noch eine technische Möglichkeit, entweder durch eine der Organisationszeitschriften oder durch rasche Übermittlung an Landesverbände usw., dies den Vereinsleitungen ans Herz zu legen, solche einzelstehenden „jungen Flüchtlinge“ zu diesen Veranstaltungen heranzuziehen. Ich habe ja in einigen meiner Ansprachen von Anbeginn darauf hingewiesen, daß in diesen Vereinigungen ein Stück seelischer Ersatzheimat gesichert werden könne. Das galt damals vor allem für die „Vertriebenen“, und ich habe bei manchen Gelegenheiten die unmittelbare Erfahrung gemacht, daß in der Praxis, vermutlich ganz unabhängig von meiner Bitte, dieses Verfahren mit gutem Erfolg praktiziert wurde. Aber bei den „jüngeren Flüchtlingen“ ist die seelische Situation wohl kritischer. Sie wollen es mir deshalb gestatten, daß ich mit diesem Brief Sie, wie auch die für die anderen Vereinigungen zuständigen Vorsitzenden, bitte, diese Anregung mit zu durchdenken und die Wege zur Praktizierung zu finden.[5]

Mit bestem Gruß
Ihr
Th. Heuss

[3] Vgl. TH. HEUSS, Vorspiele, S. 63f; Heuss an Hermann Leins, 11. 11. 1953, in: TH. HEUSS, Bundespräsident 1949–1954, S. 500f.

[4] Die Ansprache ließ sich nicht ermitteln.

[5] Der Deutsche Allgemeine Sängerbund betonte am 19. 1. 1959, dass man schon seit Jahren im Sinne der erfolgten Anregungen aktiv sei. In einem weiteren Schreiben vom 4. 2. 1959 wurde dargelegt, dass man durch persönliche Rundschreiben an die Chöre aktiv werden wolle. Für eine Aktion zu Weihnachten 1958 sei es leider zu spät gewesen; B 122, 2089.

Nr. 179
An Richard Langeheine, Kultusminister des Landes Niedersachsen, Hannover
8. Dezember 1958

BArch, N 1221, 350: ms. Schreiben, Durchschlag, von Heuss diktiert (Diktatz. H/Bk) und von Bott ms. gez.; ms. Briefkopf: „Ministerialdirektor Hans Bott Bundespräsidialamt"[1]

Ablehnung eines Ordens für Agnes Miegel

Sehr geehrter Herr Minister!

Der Herr Bundespräsident, dem ich Ihre Anfrage vom 2. Dezember – K(2)2793/58 – wegen einer Auszeichnung von Agnes Miegel vortrug,[2] läßt Sie bitten, doch auf einen Vorschlag durch das niedersächsische Kabinett zu verzichten.

Die Angelegenheit ist ja vor fünf Jahren mannigfach erörtert worden. Dr. Heuss weiß natürlich um die Wertschätzung, die das literarische Werk von Frau Miegel bei den Ostpreußen genießt, und nicht nur bei ihnen – in der Qualitätsbewertung, ob sie, wie Sie schreiben, die größte lebende deutsche Dichterin ist, wahrt er aus Mangel an zureichender Übersicht Zurückhaltung, glaubt aber, daß für viele etwa Ina Seidel oder Gertrud von le Fort diesen Rang besetzt halten (oder unter den Jüngeren Marie Kaschnitz). Aber es geht doch um anderes. Dr. Heuss glaubt, daß es geradezu ein Gebot des Taktes ist, die alte Dame nicht in einen Lichtkegel zu rücken, der „Verdienste um die Bundesrepublik" sichtbar machen soll.

Denn unvergessen ist der überschwengliche Dithyrambus,[3] den sie auf Adolf Hitler gedichtet hat,[4] der schulgängig wurde – Dr. Heuss möchte im Interesse von Frau Miegel nicht, daß diese Verse mit Ironie gegen die Dichterin wie gegen ihn selber heute zitiert werden.

Das war vor fünf Jahren für die Haltung von Dr. Heuss maßgebend und ist es geblieben. Er selber kennt Frau Miegel nicht persönlich – seine verstorbene Gattin war mit der Dichterin in Königsberg ein- oder zweimal zusammen,[5] hat aber, dessen erinnere ich mich selber, nach der ja wohl von niemandem erwarteten demonstrativ politischen Option der Dichterin, sich innerlich völlig von ihr gelöst.

Darf ich dazu noch eine Bemerkung machen? Vor fünf Jahren, zu seinem 70. Geburtstag, hat der Bundespräsident von niedersächsischen oder in Niedersachsen lebenden Dichtern eine Manuskript-Mappe mit literarischen Beiträgen erhalten.[6] Diese liebenswürdig gedachte Gabe wurde eingeleitet durch eine lyrische

---

1 Registraturvermerk: „O[rdens]K[anzlei]".
2 Ließ sich nicht ermitteln.
3 Leidenschaftlicher Lobgesang (auf den Gott Dionysos).
4 So das Gedicht „Dem Schirmer des Volkes", in: K. H. BÜHNER, Führer, S. 49f.
5 Elly Heuss-Knapp berichtete ihrer Freundin Gertrud Stettiner-Fuhrmann begeistert über eine Begegnung mit Miegel im Dezember 1931; vgl. E. HEUSS-KNAPP, Bürgerin, S. 208.
6 Die Mappe ließ sich nicht ermitteln.

Huldigung von Agnes Miegel auf – Theodor Heuss. Ich kann nur sagen, daß bei dieser Entdeckung sich heiteres Erstaunen doch auch mit etwas wie peinlicher Betroffenheit mischte, und dieser Vorgang allein hat das Distanzgefühl nicht verringert, sondern recht eigentlich erweitert. Dr. Heuss wünscht im Interesse des Ansehens von Frau Miegel nicht, daß irgendwann diese beiden Gedichte einmal gemeinsam in einem Sammelband auftauchen.

Das Bundespräsidialamt hat einige Male aus dem von Dr. Heuss aufgebauten Fonds zur Unterstützung schöpferischer musischer Menschen auch Frau Miegel Beiträge zur Lebenserleichterung zukommen lassen; dies aber ohne Begleitmusik der Öffentlichkeit.

Ich muß Sie um Nachsicht bitten, daß dieses vertrauliche Schreiben so ausführlich wurde. Dr. Heuss hat sich aber damit einverstanden erklärt, daß Sie Frau Regierungspräsidenten Bähnisch, die nach Ihrer Mitteilung auch hinter der erneuten Anregung steht, von der hier vorgetragenen Motivenreihe unterrichten.[7]

Mit ergebenen Grüßen
Ihr (Hans Bott)

Nr. 180
An Dr. Gerhard Storz, Kultusminister des Landes Baden-Württemberg, Stuttgart-Süd
11. Dezember 1958

BArch, B 122, 874: ms. Schreiben, Durchschlag, von Heuss diktiert (Diktatz. H/vM) und ms. gez.; ms. Briefkopf: „Theodor Heuss“[1]

Eintreten für eine Witwe in sozialer Notlage; schulfrei am 75. Geburtstag von Theodor Heuss

Sehr geehrter Herr Minister, lieber Herr Dr. Storz!

Es liegt mir weiß Gott sehr fern, mich in Einzeldinge von Landesministerien einzumischen, aber wie Sie sich denken können, sind das Bundespräsidialamt

---

7 Vgl. auch Heuss an Rudolf Alexander Schröder, 2. 3. 1953, in: N 1221, 535: „Es ist nach meinem Gefühl eigentlich eine Schonung von ihr, sie jetzt nicht vom Staat her ostentativ auszuzeichnen. Daß mir die Ostpreußen – und nicht sie allein – darüber böse sind, weiß ich, aber ich muß damit fertig werden.“ Seinem Freund Hermann Erhard, dem Heuss dieses Schreiben zur Kenntnis gab, schrieb er am 9. 1. 1959, dass er Miegels Balladen gern gelesen habe, da seine Freundin Lulu von Strauß und Torney Miegel auch menschlich nahe gestanden sei; N 1221, 351. Zu ihrem 80. Geburtstag schrieb Heuss ihr am 7. 3. 1959 einen unverbindlichen Glückwunschbrief; N 1221, 353.

1 Az. AP-1379/58; Vermerk: „*Persönlich!*“; Stempel: „Pers[önlichem] Ref[erenten] vorgelegen“; weiterer Nachweis: N 1221, 350: ms. Schreiben, Durchschlag.

und ich die Adresse ungezählter Briefe um Rat, um Stützung oder dergleichen. Wir müssen in den meisten Fällen den Leuten schreiben, daß eine Zuständigkeit bei uns nicht vorliegt.

Nun ist es die Wirkung mancher meiner Reden, daß mir Schicksale vorgetragen werden, und so hat mir neulich eine Frau Winkler aus Tübingen geschrieben,[2] ohne eine unmittelbare Bitte, aber doch spüre ich, daß sie einfach einmal das Bedürfnis hatte, sich über ihr Schicksal und über ihre Erfahrungen aussprechen zu können. Es ist eine Frau, die in sehr angenehmer Weise ihr Leben beschrieben hat. Sie ist die Witwe eines Orientalisten, der Schüler des verstorbenen sehr bedeutenden Tübinger Professors Enno Littmann war.[3] Der Krieg hat sie hin- und hergewirbelt von Kabul bis Cadiz. Sie hat so und so oft ihre Habe verloren – es klingt alles völlig glaubhaft –, hat zwischendurch Krankenpflege gelernt und getrieben, wollte sich mit Stenographie usf. zur Sekretärin ausbilden, um ihr Kind hochzubringen, aber es ist alles sehr kümmerlich geblieben. Sie hat auch mit dem badisch-württembergischen Kultusministerium zu tun, war dort vor geraumer Zeit, ist aber von dem Sachbearbeiter, einem Herrn Oberregierungsrat Ruisinger, offenbar so behandelt worden, wie viele Beamte das nun gewohnt sind, den in Not geratenen Menschen übelzunehmen, daß sie in Not geraten sind und von ihnen irgendwelche Stützung erfahren wollen. Ich bin diesem Typus ja selber oft genug begegnet und habe von Anbeginn, soweit mir das möglich war, Wert darauf gelegt, daß das Routineverfahren des Abweisens in meinem Hause nicht Brauch werde (natürlich ist das bei unbilligen Forderungen auch nicht ganz zu vermeiden).

Frau Winkler hat den Namen dieses Herrn Ruisinger nicht genannt, der ihr sagte, er werde dafür sorgen, daß sie keinerlei Stützung erhalte, aber einer meiner Mitarbeiter, der, weil der Brief so nett und anständig geschrieben war, der Sache nachging, hat diese Feststellung treffen können.[4] Offenbar ist Frau Winkler von der Art der Behandlung so eingeschüchtert gewesen, daß sie einer neuerlichen Aufforderung, aufs Ministerium zu kommen, gar nicht gefolgt ist. Wir haben ihr von hier aus aber gesagt, daß sie das nun doch tun müsse.

Ich schreibe diesen Brief nun nicht, um Herrn Ruisinger bei Ihnen zu „denunzieren“, sondern mit der einfachen Bitte, entweder sich selber der Sache kurz anzunehmen oder einen Ihrer Mitarbeiter mit einer freundschaftlichen und nicht bürokratischen Behandlung mit dieser Sache zu beauftragen, da es sich ganz offenkundig um eine Frau handelt, die sauber und anständig mit dem Schicksal ihres Lebens fertig zu werden sich bemühte und bemüht.

---

2 Hedwig Winkler an Heuss, 23. 11. 1958, in: B 122, 874.

3 Konsul Hans Winkler.

4 Einsiedler, der für Wiedergutmachungsfragen im BPrA zuständig war, hatte Frau Winkler im Dezember 1958 persönlich empfangen und von ihren Unterlagen Kopien angefertigt; B 122, 874.

Daß die Kultusminister den Schulkindern am 31. Januar[5] frei geben, finde ich sehr nett; kann man aber vermeiden, was ich neulich auch bei der Konferenz des Ausschusses für Erziehungs- und Bildungswesen sagte,[6] daß der Heuss bzw. der Bundespräsident ein[7] Aufsatzthema wird, denn da wird entsetzlich viel geschwollenes und künstliches Zeug an die Kinder herangebracht unter dem Signum staatsbürgerlicher Unterweisung, und die tüchtigen Lehrer, auch hier habe ich Erfahrung, wollen mir dann eine „Freude" machen, indem sie mir Aufsatzstöße schicken, die ich natürlich gar nicht lesen kann, da meine Tage arbeitsmäßig entsetzlich überfüllt sind.[8]

Sie werden jetzt meinen: „Na, und da kann er so lange Briefe diktieren"; aber aus der Länge des Briefes spüren Sie, daß die Sache mich um ihres typischen Charakters beschäftigt. Ich kenne weder Frau Winkler noch den Herrn Ruisinger, aber in der Tonwahl stimmt da etwas nicht.

Hoffentlich haben Sie sich in der Zwischenzeit in den Arbeitsrhythmus des Ministeriums eingewöhnt, bzw. ihm etwas von Ihrer alten Art geben können.[9]

Schöne Grüße
Ihr Theodor Heuss

---

5 75. Geburtstag von Heuss.

6 Am 4. 12. 1958 im BPrA in Anwesenheit einiger Kultusminister. Dabei äußerte Heuss den Wunsch, den Schulkindern unter Umständen ganz frei zu geben – ohne morgendliches Antreten zu einer „Schulfeier", und es solle kein Aufsatzthema „Unser Bundespräsident" geben. Er wolle doch nicht „Erziehung zum Sprüche-Machen betreiben." TH. HEUSS, Tagebuchbriefe, S. 373, 4. 12. 1958.

7 In der Vorlage: „kein".

8 Dennoch kam es zur Übersendung von Aufsätzen. Heuss dankte am 5. 3. 1959 der Rektorin des Dominikanerinnen-Klosters Zoffingen/Konstanz mit einem Exemplar seines Werkes „Von Ort zu Ort" für die Lehrerbibliothek, obwohl er durch die Zeitungen habe wissen lassen, dass er bitte, seinen Geburtstag nicht als Anlass für Schüler-Aufsätze zu nehmen; N 1221, 353.

9 Storz antwortete am 16. 12. 1958, dass er die Sache neu aufgreifen werde. Frau Winkler berichtete bereits am 15. 1. 1959, dass ein erneutes Gespräch im Kultusministerium sehr positiv verlaufen sei; Unterlagen in: B 122, 874.

Nr. 181
An Johannes Rau, Wuppertal-Barmen
17. Dezember 1958
BArch, B 122, 605: ms. Schreiben, Durchschlag, von Heuss diktiert (Diktatz. H/Bk) und ms. gez.; ms. Briefkopf: „Theodor Heuss“[1]
Vermeintliche Ablehnung von Karl Barth als Träger des Friedenspreises des Deutschen Buchhandels durch Theodor Heuss

Sehr geehrter Herr Rau!

In dem November/Dezember-Heft der „Politischen Verantwortung“[2] kommentierten Sie das „Gerücht“, „Winke aus Bonn“, womöglich aus der Umgebung des Bundespräsidenten, hätten das Gremium, das den Träger des „Friedenspreises des Deutschen Buchhandels“ bestimmt, veranlaßt, statt für den vorgesehenen Basler Theologen Karl Barth den Basler Philosophen Karl Jaspers zu benennen. Eine einfache Rückfrage bei mir hätte den Charakter des „Gerüchtes“ ausgelöscht und den einfachen Tatbestand Ihnen dargetan.

Ich weiß gar nicht, wer die Mitglieder jenes Komitees sind – sie treffen ihre Entscheidungen auf eigene Verantwortung, erbitten sich bei mir keine Vorschläge, und ich denke nicht daran, in diese Dinge mich zu mischen. Die Verbindung zu der jährlichen Veranstaltung entstand dadurch, daß man mich vor Jahren darum bat, die Laudatio auf die mir befreundeten Albert Schweitzer[3] und später Carl J. Burckhardt zu übernehmen.[4]

Im Frühjahr nun erfuhr ich in einem gelegentlichen Gespräch mit einem Verleger, daß Karl Barth vorgeschlagen werden soll. Ich bitte, mich nicht für *so* ungebildet zu halten, daß ich nicht den geistigen Rang und die moralische Kraft des Mannes zu würdigen wisse – seine theologische Position zu würdigen fehlt mir, da ich meine Grenzen zu kennen glaube, die Zuständigkeit. Es konnte mir gar nicht einfallen, irgendeinen „Einspruch“ zu erheben, ich sagte nur ganz ein-

---

[1] Az. PB-7002-1; Stempel: „Pers[önlichem] Ref[erenten] vorgelegen“; Abschriften wurden, von Bott gez. und als „persönlich-privat“ gekennzeichnet, an den Verleger Reinhard Jaspert, an Lambert Schneider und Konrad Wittwer gesandt, weil es notwendig und wichtig sei, dass sich auch der Buchhandel gegen das Gerücht wehre; B 122, 605; weitere Nachweise: N 1221, 350: ms. Schreiben, Durchschlag; N 1221, 576: ms. Schreiben, Durchschlag und hs. Entwurf.

[2] JOHANNES RAU: Barth oder Jaspers, in: Politische Verantwortung. Evangelische Stimme 2 (November/Dezember 1958), Nr. 11/12; Exemplare in: B 122, 605; N 1221, 576; dort unter dem Artikel von Rau von unbekannter Hand die Bemerkung: „Eine durchsichtig verpackte Infamie!“ Der Artikel deutete an, Heuss habe auf die Wahl des Preisträgers Einfluss genommen. Die Zeitschrift „Politische Verantwortung. Evangelische Stimmen“ wurde u. a. von Rau und Heinemann herausgegeben.

[3] Ansprache am 16. 9. 1951, in: B 122, 220; abgedruckt in: TH. HEUSS, Würdigungen, S. 271–279.

[4] Ansprache am 26. 9. 1954, in: B 122, 237; abgedruckt in: Bulletin, Nr. 185, 1. 10. 1954, S. 1633f.

fach und unmittelbar: „Ich selber werde dann nicht kommen können“. An dieser Entscheidung ist gar niemand anderes beteiligt als ich selber. Sie meinen, das entspreche doch nicht meiner „Liberalität“, die Sie so freundlich sind, an mir zu rühmen. Das hat mit „Liberalität“ gar nichts zu tun, sondern mit politischem Takt, den ich im gegebenen Fall Karl Barth wie mir selber schuldig zu sein glaubte und glaube. Als Privatmann würde mich vermutlich das, was er mit der Kunst der paradoxen Formulierung vorgetragen hätte, als ein Stück Individual- und Geistesgeschichte interessiert haben, aber aus wiederholten Begegnungen bin ich dessen ziemlich gewiß, daß die Situation gekommen wäre, die für mich, vielleicht auch für ihn, peinlich geworden wäre. Das wollte ich uns beiden ersparen wie auch den Anwesenden. Ich war im „Parlamentarischen Rat“ der einzige gewesen, der die Wehrpflicht als eine Funktion der Demokratie darzustellen versuchte,[5] und glaube, daß ich damit weithin Barths eigene Position gegenüber der eidgenössischen Tradition und Rechtsordnung getroffen habe. Aber, so schrieb ich vor einem Jahr einem Freunde, der Barth menschlich und theologisch nahesteht: Es will mir nicht in den Kopf, auch theologisch nicht, daß das, was südlich Riehen, dem Basler Grenzort zum Markgräfler Land, Tugend ist, nördlich davon Laster und Hybris sein soll.[6]

Ich glaube, die Freiheit zu besitzen, persönliche Entscheidungen zu treffen, wohin ich gehe, wo ich nicht hingehe. Ob meine Bemerkung, daß ich wegbleiben werde, für das Gremium von großem Gewicht war oder nicht, ist mir unbekannt. Daß man sich für Karl Jaspers entschied, ist ganz ohne mein Zutun erfolgt. Ich habe Ihnen so ausführlich geschrieben, weil ich Erfahrung genug gesammelt habe, daß das „Gerücht“ eine verderbliche Macht besitzt, in Wandlungen sich weiterfrißt – wie viele Dinge, die ich gesagt habe oder haben soll, sind mir während dieser Jahre in sanfter Sinnverschiebung wieder begegnet! Deshalb dieser Aufschrieb über „meine Rolle“ in dieser Geschichte.[7]

Ihr Theodor Heuss

---

5 Vgl. Nr. 161.

6 Vgl. Nr. 139.

7 Rau antwortete am 2. 1. 1959, es sei ihm nur um „die innere Unabhängigkeit des Stiftungsrates des Friedenspreises“ gegangen; B 122, 605. Da er nicht auf die Frage einging, ob die Zuschrift in der nächsten Ausgabe der Zeitschrift abgedruckt würde, setzte Heuss nach und ließ Staatssekretär Bleek schreiben, es ginge ihm nicht um eine persönliche briefliche Auseinandersetzung, sondern darum, dass das Gerücht ausgelöscht werde, dass einer seiner Mitarbeiter im BPrA in dieser Angelegenheit aktiv geworden sei; ebd. Der Briefwechsel wurde abgedruckt unter dem Titel „Barth oder Jaspers?“, in: Politische Verantwortung. Evangelische Stimme 3 (Januar 1959), Nr. 1; Exemplare in: B 122, 605; N 1221, 576. Heuss bat Rau am 18. 1. 1959 um 20 Exemplare der Nummer gegen Rechnung; N 1221, 351.

Nr. 182
Memorandum: Bemerkungen zur Bundespräsidenten-Frage
Ende Dezember 1958/10. Januar 1959; [Lörrach-Tumringen, Im Vogelsang 7/ Bonn]

BArch, N 1221, 592: ms. Schreiben, Durchschlag, ms. gez.[1]

Frage der Amtsverlängerung oder der Wiederwahl von Theodor Heuss als Bundespräsidenten

Bemerkungen zur Bundespräsidenten-Frage[2]

1. Es war wohl Ernst Friedlaender, der vor einigen Monaten als erster publizistisch den Vorschlag machte, das Grundgesetz zu ändern, das heißt den Satz, der nur eine *ein*malige Wiederwahl zuläßt, zu streichen.[3] Darauf setzte eine lebhafte Presse-Erörterung ein, die wohl Friedlaenders Vorschlag, mich zum dritten Male zu wählen, menschlich-freundschaftlich würdigte, aber von dem Verfahren als solchem abriet, vor allem die „F.A.Z." und Eschenburg in der „Zeit"[4]. Ich darf sagen, daß mir *diese* Stimmen und Argumentationen besser gefallen haben, als

---

1 Vermerk: „*Streng vertraulich !*" Weitere Nachweise: N 1221, 592: ms. Schreiben, Durchschläge, dabei auch hs. Fassung der Punkte 15 bis 18, datiert unter dem 27. 12. 1958; weitere Durchschläge in: B 122, 31271 und BArch, N 1186, 125; Druck: K. ADENAUER, Erinnerungen 1955–1959, S. 483–490; TH. HEUSS, Politiker und Publizist, S. 477–484; K. ADENAUER / TH. HEUSS, Unserem Vaterlande zugute, S. 262–269.

2 Der Entschluss zu einer derartigen Aufzeichnung zeichnete sich bereits Anfang November 1958 ab. Heuss berichtete am 4. 11. 1958 Toni Stolper, „wahrscheinlich werde ich in Lörrach eine Niederschrift fabrizieren, warum sich aus sachlich-politischen, staatsrechtlichen und persönlichen Gründen das Festhalten-Wollen an mir nicht empfiehlt"; N 1186, 124. Das Memorandum war am 19. 12. 1958 abgeschlossen; Heuss schickte es Bleek, um es abtippen zu lassen; vgl. TH. HEUSS, Tagebuchbriefe, S. 378, 19. 12. 1958. Adenauer erhielt es am 14. 1. 1959. Am 3. 2. 1959 wurde es an den Parteivorsitzenden der DP Heinrich Hellwege, der FDP Reinhold Maier, der SPD Erich Ollenhauer und der CSU Hanns Seidel mit einem als „vertraulich" und „persönlich" gekennzeichneten Schreiben von Bleek übersandt; N 1221, 592. Toni Stolper hatte bereits am 12. 1. 1959 ein Exemplar erhalten; N 1186, 125. Heuss hatte eigentlich eine weitere Verteilung gewünscht; am 19. 1. 1958 stritt er hierüber mit Bleek und Bott; TH. HEUSS, Tagebuchbriefe, S. 388, 19. 1. 1958.

3 ERNST FRIEDLAENDER: Das höchste Amt, in: Hamburger Abendblatt, 16. 8. 1958. Ein Kommentar Friedlaenders im NDR „Zur Präsidentenwahl" wurde von der Pressestelle des BPrA am 24. 10. 1958 an Ernst Ludwig Heuss gesandt; B 122, 185; FA Heuss. Bereits Ende Juni 1958 wurde in den Medien über eine Änderung des Grundgesetzes im Zusammenhang mit einer dritten Amtszeit von Heuss spekuliert; Zeitungausschnitte in: B 145, 16311. Thematisiert wurde die Frage aber bereits in einem Gespräch mit Gerstenmaier Anfang März 1958; vgl. Nr. 146, Anm. 13.

4 Vgl. JÜRGEN TERN: Die Nachfolge von Theodor Heuss, in: FAZ, 13. 9. 1958; THEODOR ESCHENBURG: Der nächste Bundespräsident – noch einmal Heuss? Keine zweite Wiederwahl nur aus Bequemlichkeit oder Entscheidungsscheu der Parteien, in: Die Zeit, Nr. 37, 12. 9. 1958. Heuss lobte den Artikel gegenüber Toni Stolper als „bislang besten Aufsatz" in der Sache, wobei die staatsrechtlichen Alternativen gut herausgearbeitet worden seien; TH. HEUSS, Tagebuchbriefe, S. 228, 11. 9. 1958.

Friedlaenders Vorprellen, das er auch in einem persönlichen Gespräch leidenschaftlich verteidigte.[5]

2. Ich selber habe in privaten Gesprächen mit Politikern oder sonstwie interessierten Menschen die These gebraucht, daß man ein Grundgesetz nicht deshalb ändern dürfe, weil gerade „ein netter Mann auf dem Markt sei"[6] – diese saloppe Formel hat freilich vielen nicht gefallen. Doch ich wählte sie ganz bewußt, um mit ihrer Drastik anzudeuten, daß die Verfassung nicht auf einen Menschentyp zugeschnitten sei, sondern eine Rechtsform darstelle, in der zunächst die Frage nach den individuellen Eigenschaften völlig offen sei. (Dies letztere gilt, was ein Staatsoberhaupt anlangt, für die Monarchie, wenn sie nicht bereits ‚demokratisiert' ist, in noch höherem Maße als die Berufung durch eine Wahl.)

[3.] Es ist ganz selbstverständlich, daß ich zu dieser Sache bislang keine öffentliche Erklärung abgab, so daß ich in der Presse, zumal in den so farbig unzuverlässigen „vertraulichen" Informationsdiensten, beide Auffassungen vorgetragen fand: ich lehne bedauerlicherweise ab, wie ich sei erstaunlicherweise zu einem 3. Term bereit.

4. Eine Zeitlang wurde der Standpunkt vertreten und verbreitet: die Sache eile ja nicht, man müsse erst das Ergebnis der Landtagswahlen in Bayern, Hessen (auch Berlin), dann Niedersachsen und Rheinland-Pfalz abwarten (d. h. bis zum April 1959). Dies erst ermögliche eine Übersicht über die Zusammensetzung der „Bundesversammlung". In dieser Ansicht, zu der ich verständigerweise auch schwieg, liegt ein doppelter Trugschluß. a) Die Problematik einer dritten Kandidatur als solcher hat mit der Zusammensetzung der Bundesversammlung (also dem Ergebnis der „Wahlmänner"-Auswahl, die von den Landtagen zu treffen ist) gar nichts zu tun, sondern liegt in einer verfassungsändernden Rechtsentscheidung von Bundestag und Bundesrat. b) Niemals konnte ich persönlich auf die Idee kommen, eine Kandidatur von parteipolitischen Wahlerfolgen und Konstellationen abhängig zu machen. Das würde nach dem Wahlverlauf von 1954, der keinen ernsthaften Gegenkandidaten sah,[7] aus meiner Sicht geradezu eine Schwächung der objektiven wie der moralischen Position eines Bundespräsidenten Heuss bedeuten.

5. Wenn ich „eitel" wäre, was ich hoffe weder im Bewußtsein des Volkes noch derer, die mich kennen, zu sein, müßte ich die vielfache Freundlichkeit, die ich in diesen Jahren seit 1949 erfahren habe, als Bestätigung einer ordentlichen Amtsführung und als eine Ermunterung, sie fortzusetzen, bewerten. Am Anfang

---

[5] Heuss hatte mit Friedlaender am 6. 10. 1958 über eine dritte Amtsperiode gesprochen; vgl. Heuss an Toni Stolper, 7. 10. 1958, in: BArch, N 1186, 124.

[6] Vgl. Nr. 175, Anm. 11.

[7] Bei der Wiederwahl von Heuss zum Bundespräsidenten in Berlin am 17. 7. 1954 fielen von 994 abgegebenen Stimmen 871 auf ihn bei 95 Enthaltungen.

entsprang die Zustimmung der einfachen instinktiven Freudigkeit der Menschen, daß wieder, wenn auch nur für einen Teil des Vaterlandes, der werdende Staat eine „Spitze“ besaß – wer kannte mich schon außerhalb des politischen Kreises, dem ich entstamme, und der Literaten, Wissenschaftler und Künstler, mit denen mein Lebensweg mir die Berührung gebracht hatte! Es ist mir geglückt, die Beziehungen zu breiteren Volksschichten zu verdichten, und *so* bescheiden bin ich nicht, um nicht zu wissen, daß das eine nützliche Wirkung für den Staat bedeutet hat. Auch bei den Auslandsbesuchen glaube ich, Deutschland nie blamiert zu haben.[8]

6. Doch handelt es sich nicht um die geschichtliche Position des Heuss – die mag im Positiven und Negativen spätere Historiker beschäftigen, wenn sie sich um den Ablauf unserer verworrenen Epoche kümmern sollten –, sondern um die für einen jungen Staat so wichtige, vom individuellen Zufall abstrahierende Rechtskontinuität. Nach den Erfahrungen der sogenannten „Weimarer Republik“ ist die Stellung des Bundespräsidenten verhältnismäßig schwach für die Entscheidungen der Tagespolitik ausgestattet worden;[9] es ist ein Glück, daß das wechselseitige Verhältnis zwischen Bundespräsidenten und Bundeskanzler menschlich durchwärmt war und ist und daß ich in der elementaren Bewegung der Regierungspolitik sachlich zustimmte – eine „Kraftprobe“ bei divergierender Ansicht, etwa in Personaldingen, die die „dynamische“ Bedeutung der beiden Ämter bestimmen würde – Hugo Preuß hatte seinen ersten Entwurf so konstruiert[10] – wäre bei der dauernd ungesicherten Lage des Staates geschichtlich unsinnig gewesen, ja gefährlich.

7. Eine dritte Kandidatur Heuss wäre eine glatte Verlegenheitslösung und würde, bei aller persönlichen Vertrauensstärke, die *sachliche* Stärke des Bundespräsidenten nicht heben. Sie wäre ein Armutszeugnis für die deutsche Demokratie, die, wie es für die amerikanische und französische notwendig war, sich auf einen Wechsel der Individualitäten, ja der Typen einrichten muß. Ich glaube auch, gerade im Ausland würde eine Verfassungsänderung ad hoc,[11] die immer als ad hominem[12] gedeutet werden müßte, eher verwirrend als klärend wirken: Ist denn die „bürgerliche Demokratie“ in der Bundesrepublik nur auf diese beiden Namen Adenauer und Heuss gestellt? Ich glaube, daß ich neben dem Respekt, den der

---

[8] Vgl. F. GÜNTHER, Heuss auf Reisen.

[9] Vgl. K. NICLAUSS, Amt, S. 35–45; S. ULLRICH, Weimar-Komplex; U. BAUMGÄRTNER, Republik.

[10] Hugo Preuss hatte als Staatssekretär des Innern kurz nach der November-Revolution einen Verfassungsentwurf erarbeitet, den er am 3. 1. 1919 vorlegte und der noch stärkere Präsidialbefugnisse gegenüber der Reichsregierung vorsah, als sie schließlich die verabschiedete Verfassung enthielt; vgl. E. R. HUBER, Verfassungsgeschichte, S. 1180; CH. GUSY, Weimarer Reichsverfassung, S. 69–71.

[11] Lateinisch im übertragenen Sinne für „improvisiert“.

[12] Lateinisch für „auf die Person bezogen“.

Bundeskanzler genießt, durch einige Reden, die draußen bekannt wurden, durch solche, die ich draußen hielt, auch einige Achtung erwarb, die Deutschland zugute gekommen ist. Doch hat die Haltung der Leute draußen gar nichts mit der menschlichen Gefühligkeit zu tun, die bei der Behandlung dieser Sache durch weite Kreise des deutschen Volkes geht (vergleiche Briefeingang im Bundespräsidialamt).[13] Man würde draußen nur erstaunt sein: hat denn dieses deutsche Volk keine Reserven? Meine „Popularität" ist für die anderen doch letztlich völlig uninteressant.

8. Nun ist, mit dem Hinweis auf die schwere politische Situation seit November 1958 (Berlin!),[14] die Frage in die breitere und auch in die vertrauliche Erörterung gekommen, das Grundgesetz so zu ändern, daß man zwar bei der nur einmaligen Wiederwahl bleibt (übrigens lediglich eine Kopie von USA, wo erst in den vierziger Jahren aus einer Gewöhnung eine rechtsverbindliche Vorschrift gemacht wurde[15]), aber, nach dem Weimarer Modell, die Amtsfrist von fünf auf sieben Jahre erhöht und mich zum ersten „Nutznießer" macht, indem man dieser Bestimmung rückwirkende Kraft gibt.[16] Populär würde das eine „lex Heuss" bedeuten. Ich kann nicht sagen, ob die Juristen in Karlsruhe derartiges als rechtlich zulässig akzeptieren würden. (Von dieser terminierten Spezialfrage abgesehen, bleibt die Erörterung und Entscheidung in diesen Dingen natürlich ein höchst legitimer und überlegenswerter Vorgang.) Aber es ist ein *politisches* Fehldenken. Denn im Jahre 1961 finden, ungefähr zu dem Termin, da ein neuer Bundespräsident gewählt werden müßte, Bundestagswahlen statt[17] – in deren Verlauf würde, ganz unvermeidlich, der kommende Bundespräsident, mit diesem, mit jenem Namen, eine Rolle spielen und seine Funktion als „pouvoir neutre"[18] im vorhinein zerschlissen werden.

---

13 So der Briefwechsel mit Annie Hensler-Möring, 18./20. 8. 1959, in: TH. HEUSS, Hochverehrter Herr Bundespräsident, S. 518–520.

14 Die Sowjetunion hatte am 27. 11. 1958 ultimativ die drei Westmächte aufgefordert, sich aus Berlin zurückzuziehen, um Berlin in eine selbständige politische Einheit umzuwandeln. Mit diesem „Berlin-Ultimatum" sollte der Viermächtestatus über die geteilte Stadt aufgekündigt werden; vgl. G. WETTIG, Chruschtschows Berlin-Krise, S. 31–53; DOKUMENTE ZUR BERLIN-FRAGE, S. 296–372.

15 Präsident Franklin D. Roosevelt war 1940 und 1944 entgegen bisheriger Tradition zum 3. und 4. Mal im Amt bestätigt worden. Seit 1951 ist die Wiederwahl nur einmal zulässig.

16 Bott ging Anfang Dezember 1958 aufgrund seiner Vier-Augen-Gespräche mit Adenauer noch davon aus, dass Heuss „noch für zwei Jahre weitermachen muß"; Bott an Heimpel, 4. 12. 1958, in: N 1221, 645; vgl. auch Heuss an Toni Stolper, 18. 12. 1958, in: BArch, N 1186, 124. Entsprechende Gerüchte gab es auch in der Presse; vgl. Industriekurier, 6. 1. 1959, Stuttgarter Zeitung, 10. 1. 1959, in: BArch, B 145, 16324. Gegenüber Carl Jacob Burckhardt äußerte Heuss am 25. 12. 1958, er schreibe ein „großmächtiges" Memorandum, „freilich gegen meinen nächsten Mitarbeiter"; DLA, A: Heuss, 73.4069–4072; vgl. auch TH. HEUSS, Tagebuchbriefe, S. 383, 1. 1. 1959.

17 Die Wahlen zum 4. Deutschen Bundestag fanden am 17. 9. 1961 statt.

18 Die Theorie vom Monarchen als „Pouvoir neutre" stammt vom englischen Staatstheoretiker Benjamin Constant zu Beginn des 19. Jahrhunderts; vgl. F. WEBER, Benjamin Constant, S. 266–

9. Der Hinweis auf die „kritische" Situation des Augenblicks wird von mir nicht überhört. Er hat mehr einen volkspsychologischen Sinn als einen politisch-konstruktiven. Ich möchte mich vor dem Verdacht gesichert wissen, daß ich vor Verantwortungen davonlaufen wollte, ich habe solche, möchte ich glauben, in meinen Amtsjahren nie gescheut. Was hier niedergeschrieben wurde, ist *alte* Überlegung, die durch die letzten Monate diese und diese Nuancierung erfahren mußte. Das Grundgesetz hat ja dem Bundespräsidenten in concreto wesentlich nur subsidiäre Funktionen zugewiesen, wenn ich das Wort gebrauchen kann.

10.[19] Vor einigen Wochen wurde eine offenbar „parteioffiziell" nicht autorisierte Anregung gegeben, die politischen Gruppen möchten über die Persönlichkeit des nächsten Bundespräsidenten in Beratungen eintreten. Ich glaube, der Vorschlag war nicht unrichtig gedacht; daß es für mich als Person etwas lästig wird, immerzu brieflich oder mündlich auf die Sache angesprochen zu werden, ist natürlich völlig zweitrangig; ich bin „hartschlägig" und nüchtern. Aber die Klärung und vorbereitende Entscheidung müssen die verantwortlichen Gruppen frühzeitig und ohne peinliche, schließlich peinigende Zeitbedrängnis anfassen.

11. Es ist mir klar: mein „Ruhestand" wird ein Unruhestand bleiben. „Man" wird den „Alt-Bundespräsidenten" weiterhin für diese oder jene öffentliche Aufgabe bemühen wollen, zumal ich ja in den Jahren meiner Amtsführung mit zahlreichen Verbänden u. s. f. in sachlich fördernde und mithin auch in menschlich vertrauensvolle Beziehungen gekommen bin. Ich werde auch künftig in meiner Art dem Vaterland dienen und meinen Nachfolger, wer er auch sei und wo immer es sich sachlich ergibt und empfiehlt, ohne [mit] ihm[20] „konkurrieren" zu wollen, soweit er es wünscht, loyal unterstützen.

12. Manche rechnen damit, daß ich als Redner, Publizist, ja vielleicht sogar als Abgeordneter in die aktive Politik des Tages zurückkehren werde – manche hoffen es, manche fürchten es. Ich habe nicht vor, diesen Weg zu beschreiten. Und zwar nicht aus einem „Ruhebedürfnis", sondern aus der sachlichen staatspolitischen Überlegungen: Der „Goodwill", den ich, das spreche ich ganz gelassen aus, der öffentlich-rechtlichen Figur des Bundespräsidenten in verschiedenen Volks- und Berufsschichten und doch wohl auch in Teilen des Auslands geschaffen habe und der etwas wie ein Stück seelischer Substanz geworden ist,

---

288; zum Bundespräsidenten als vermeintlichem Pouvoir neutre vgl. K. DOEHRING, Pouvoir neutre; T. STEIN, Bundespräsident.

[19] In der ersten Version des Memorandums hatte dieser Abschnitt gelautet: „Der Abgeordnete Dr. Mende (FDP) hat vor einigen Wochen die Anregung gegeben, die Parteien möchten über die Persönlichkeit des nächsten Bundespräsidenten in Beratungen eintreten. Man hat ihm diesen persönlichen Vorschlag in seiner Partei, wie ich weiß, zum Teil übelgenommen – einige Mitglieder der FDP haben sich darüber bei mir sozusagen entschuldigt: ‚Das war überflüssig'. Ich habe den Männern (und Frauen) nur antworten können: Mendes Legitimierung mag umstreitbar sein, sachlich hat er *recht*"; N 1221, 592; vgl. auch W. WAGNER, Bundespräsidentenwahl, S. 3–7.

[20] In der Vorlage: „ihn".

darf nicht gefährdet werden durch eine Rückkehr in partei-politische Kampf-Fronten. Die spezifische deutsche Situation und auch die Zeitlage widerraten einen solchen Schritt.

13. Einige Aufgaben, denen ich tätig nahestand, will ich weiterpflegen, etwa die Vorsitzenden-Verpflichtung gegenüber dem Germanischen Nationalmuseum in Nürnberg; daß ich das „Müttergenesungswerk", soweit dies möglich, auch weiterhin stütze, bin ich dem Gedächtnis meiner Frau schuldig, aber es ist auch sachlich gerechtfertigt. Sonst muß natürlich manches abgebaut werden. Denn der wesentliche Akzent meiner Tätigkeit soll ja den literarischen und wissenschaftlichen Plänen gelten, die durch die Tagesgeschäfte seit 1945 nur ganz gelegentlich angefaßt werden konnten.[21]

14. Daß eine Änderung des Grundgesetzes, was die Position des Bundespräsidenten betrifft, ihre politische Rechtssubstanz, aber auch etwa Amtsdauer von sieben Jahren und nur einmalige Wiederwahl, überdacht werde, ist vollkommen legitim und vielleicht auch nützlich, aber derlei muß völlig von einer aktuellen Personal-Bezüglichkeit abgelöst geschehen. Denn dann hinkt das Ganze. Ich habe hier keine Vorschläge zu machen. In der Zeit des Parlamentarischen Rates überlegte ich mir, ob die bei den Verfassungsberatungen in Weimar von Naumann ausgesprochene Anregung – sie war erfolglos gewesen – aufgenommen werden könne, nach den Erfahrungen eines Zeitraumes von fünf oder zehn Jahren für die ändernde Durchsicht der Verfassung – einmal – eine *einfache* Mehrheit als möglich einzusetzen.[22] Ich habe davon aber sehr bewußt Abstand genommen. Denn das wäre zu einer Alarmierung des Mißtrauens der Besatzungsmächte geworden. Den Wahlkörper der „Bundesversammlung", den ich mir im Dezember 1947 ausgedacht hatte,[23] als viele von uns an dem öffentlichen Recht der Zukunft bosselten, würde ich freilich belassen, weil er das föderal-demokratische und das unitarisch-demokratische Element aufgefangen hat – das rein plebiszitäre Verfahren scheint mir nach den Hindenburg-Erfahrungen[24] und daneben nach den Chancen für bloße Demagogie nicht ratsam. Diese ganzen Schlußüberlegungen setzen natürlich voraus, daß sie in die Atmosphäre des „Parlamentarischen Rates" gestellt würden, d. h. nicht in Kampfabstimmungen geregelt würden.

15. In einer Zeitung las ich, daß bereits Juristen damit beauftragt seien, das Problem zu untersuchen, ob und wie eine gezielte Verfassungsänderung vor-

---

[21] Vgl. Nr. 1, Anm. 4.

[22] Vgl. TH. HEUSS, Friedrich Naumann, S. 611f.

[23] Vgl. Nr. 159, Anm. 5.

[24] Art. 41 der Weimarer Reichsverfassung sah die direkte Wahl des Reichspräsidenten durch das Volk vor; vgl. CH. GUSY, Weimarer Reichsverfassung, S. 99–101. 1925 und 1932 wurde Hindenburg jeweils im zweiten Wahlgang zum Reichspräsidenten gewählt. Ab 1930 installierte er die von ihm abhängigen Präsidialregierungen. Am 30. 1. 1933 berief er Hitler zum Reichskanzler; vgl. W. PYTA, Hindenburg.

genommen werden könne. Von wem beauftragt? Ich bin kein „Jurist“, spüre aber dies: das Verfahren müßte sich in einem schwer erträglichen Finassieren[25] vollziehen. Denn ich bin von der Bundesversammlung 1954, so wie sie damals war, für fünf Jahre gewählt worden. Die Bundesversammlung ist ein Organ der Verfassung – sie kann nicht durch Entscheidung von Bundestag und Bundesrat, etwa über die Amtsperiode, durch gemeinsamen Beschluß, außer Kraft gesetzt werden. Denkt man an derlei, so ist die Verfassungsklage gegeben: ob überhaupt die Unterschrift eines *nicht* mit allen formalen Voraussetzungen *neu* gewählten Bundespräsidenten einem beliebigen Gesetz konkrete Rechtswirksamkeit gebe. Das Amt des Bundespräsidenten – es handelt sich nicht um die Person Heuss – darf nicht in juristischen Kontroversen: ob, ob nicht, im vorhinein zerfasert werden. Schon die Presse-Erörterungen in ihrem Hin und Her, die man ja nicht „verbieten“ kann, sind ihm abträglich.

16. Für die vielleicht geplante Verfassungsänderung, ohne Bezüglichkeit auf mich, hat mein Sohn mir eine wohl diskutierbare Anregung vorgelegt: Artikel 54, Abs. II erhält folgende Fassung: „Das Amt des Bundespräsidenten dauert fünf (oder sieben) Jahre. Anschließende Wiederwahl ist nur einmal zulässig, es sei denn, sie erfolgt mit einer Zweidrittelmehrheit.“[26]

17. Um auf die „Berlin“-Frage[27] zurückzukommen, die mir auch in Briefen nach Lörrach vorgeführt wird, daß ich „bleiben müsse“: sie jetzt, womöglich öffentlich und mit dem erbetenen positiven Akzent zu beantworten, wäre völlig falsch. Das sollte „beruhigend“ wirken, könnte aber eher zu einer Art von Alarm werden. Das volkstümliche Bild, daß man beim Schwimmen über einen Strom das Pferd nicht wechsle, ist sprachlich, aber auch inhaltlich falsch, wenn man es an die rechtliche Funktion des Bundespräsidenten heranführt. Der terminmäßig vorgesehene Wechsel müßte eher als ein Symptom der sachlichen Gelassenheit wirken.

18. Man macht es jedem meiner Amtsnachfolger schwer, indem man mich zu sehr lobt. Die eventuellen Anwärter werden ja geradezu scheu gemacht, wenn sie lesen und hören müssen, ich hätte einen Stil des Bundespräsidenten „geprägt“, der „das Maß“ gebe. Ohne das „Prägen“ geht es ja offenbar bei den Deutschen nicht. Habe ich denn einen „Stil geprägt“? Ich bin mir dessen nicht bewußt. Ich legte immer Wert darauf, der zu bleiben, der ich war, mit einer unumgänglichen

[25] Aus dem Französischen für „Tricks anwenden“.

[26] Hierzu schrieb Heuss an Toni Stolper, Globke habe Bleek erzählt, „die rein juristisch gedachte Anregung von Ludwig (⅔-Mehrheit bei 3. Wahlgang), die ich einfügte, um den Buben in die eventuelle deutsche Verfassungsgeschichte zu bringen, auch weil sie vernünftig ist, beschäftige Adenauer sehr. Dabei war der Gedanke ausdrücklich als Stoff für Grundgesetzerörterung als solcher, nicht als Treppe zu einer lex Heuss gedacht.“ TH. HEUSS, Tagebuchbriefe, S. 387, 15. 1. 1959.

[27] Vgl. Anm. 14.

Konzession an bestimmte „protokollarische“ Konventionen, die zur Lebensumgebung und den Verhaltenstechniken des äußeren Amtsablaufes gehören – mehr nicht. Daß ich, von den Trivialitäten bei den „Beglaubigungen“ abgesehen, nie eine Rede hielt, die ein anderer gemacht hat, war technisch wohl überflüssige Mühe, aber einfach Folge meiner Literaten-Vergangenheit. Vermutlich hat auch ein hohes Amt eine prägende Kraft. Shakespeare hat das großartig in dem Wandel seines Prinzen Heinz zum fünften Heinrich dargestellt.[28] Aber es ist nicht nötig, ins Poetische zu fliehen. Ebert als Geschichtsfigur hat nicht das Amt „geprägt“, aber es ist, da die menschliche Substanz vorhanden war, von ihm großartig geprägt worden.[29] Und wie ist es mit Coty? Als er gewählt wurde, nach vielem Lavieren, war er für viele Franzosen eine Verlegenheitssache; als er gewählt war, hat er ganz offenkundig Sympathie, Respekt, ja Liebe auf sich, nicht bloß auf sein Amt, zu sammeln gewußt.[30]

19. Dieses „Memorandum“, im „Aufbau“ von den Überlegungen einiger später Stunden ausgefüllter Tage bestimmt und deshalb nicht rational gegliedert, will keine „Staatsschrift“ sein, aber die eigenen Reflexionen einigen für das vaterländische Schicksal mitverantwortlichen Männern vertraulich übermitteln.[31]

20. *Nachtrag*. Bonn, den 10. Januar 1959

Nach der Besprechung mit meinen beiden nächsten Mitarbeitern Bleek und Bott erfuhr die Lörracher Niederschrift geringe Streichungen und geringe Ergänzungen.[32] Für den weiteren modus procedendi[33] halte ich persönlich für zweckmäßig, zunächst den leider unvermeidlichen 75. Geburtstag am 31. Januar ablaufen zu lassen. Die vermutlich „schönen“ Aufsätze, die mich nicht allzusehr interessie-

---

28 Gemeint das 1599 entstandene Schauspiel „The Life of Henry the Fifth“ von William Shakespeare, wo sich die Titelfigur nach der Besteigung des englischen Thrones vom lasterhaften Prinzen zum verantwortungsbewussten König wandelt.

29 Zur hohen Wertschätzung Eberts durch Heuss vgl. Gedächtnisrede vom 28. 2. 1950, in: TH. HEUSS, Großen Reden. Staatsmann, S. 108–119; Heuss an Louise Ebert, 15. 9. 1949, in: TH. HEUSS, Bundespräsident 1949–1954, S. 105f; U. BAUMGÄRTNER, Republik, S. 104–109.

30 René Coty trat im Dezember 1953 nach dem elfmaligen Scheitern des konservativen Kandidaten zur Wahl des französischen Staatspräsidenten an und wurde im 13. Wahlgang von den beiden Kammern des Parlaments gewählt. Zunächst ein Verlegenheitskandidat, wurde er einer der beliebtesten Präsidenten Frankreichs; vgl. E. WEISENFELD, Frankreichs Geschichte, S. 116; vgl. auch TH. HEUSS, Tagebuchbriefe, S. 473, 6. 3. 1960.

31 Vgl. Anm. 2. Nach einem Gespräch mit Ollenhauer am 9. 2. 1959 schrieb Heuss an Toni Stolper, Ollenhauer sei für das Memorandum sehr dankbar. „Würde nicht die Verfassungsänderung erforderlich sein, würden seine Leute jetzt wohl geschlossen für meine Wiederwahl [stimmen].“ TH. HEUSS, Tagebuchbriefe, S. 394, 9. 2. 1959.

32 Heuss berichete Toni Stolper am 9. 1. 1959, er habe das Memorandum gestern zwei Stunden mit Bott und Bleek durchgesprochen. „Ich werde sie nicht ‚entschärfen‘, aber die Erörterung mit dem FDP-Mende weglassen – das sei für den ‚wasserpolakischen Apollo‘ zu viel Ehre.“ TH. HEUSS, Tagebuchbriefe, S. 385, 9. 1. 1959; vgl. Anm. 19.

33 Lateinisch für „Art des Vorgehens“.

ren, sollen den Journalisten nicht die Chance geben, gleich dem noch imaginären Nachfolger Verhaltensvorschriften zu geben.[34] Post festum[35] aber scheint mir die Nation und das Amt (um seiner sachlich moralischen Position willen) den Anspruch zu besitzen, daß der Weg zu einer Klärung beschritten wird. Ich bin bereit, wenn das erwünscht ist, dabei als Berater mitzuwirken. Aber ich glaube, einen Anspruch darauf erworben zu haben, nicht durch das Hinausziehen der Dinge in die Rolle einer sich sträubenden Jungfer gedrängt zu werden, deren Ja oder Nein Stoff für politische Feuilletonisten bildet.

Das Schicksal hat mich, ohne daß ich das „erstrebte", zu einer deutschen Geschichtsfigur gemacht; ich glaube, der Aufgabe nach meiner Art genügt zu haben; ich will keinen amtlichen Abschluß, der das Bild dieser Tätigkeit durch freundschaftliche Phantasien – sie blühen rechts, links und in der Mitte – verunklart.

Das ist „poetisch" ausgedrückt, aber um des Amtes und des Staates willen nüchtern gedacht.

Theodor Heuss

Nr. 183
An Prof. Dr. Ludwig Erhard, Bundesminister für Wirtschaft und Stellvertreter des Bundeskanzlers, Bonn
3. Januar 1959; Lörrach[-Tumringen, Im Vogelsang 7]
BArch, N 1221, 65: ms. Übertragung eines Stenogramms, Durchschlag, ms. gez.[1]
Dank für Glückwünsche zum Neuen Jahr; Nachfolge im Amt des Bundespräsidenten

Verehrter, lieber Herr Minister!

Für Ihren so freundschaftlichen, warmen Brief[2] und seine Würdigung meines Leistungsversuches danke ich Ihnen herzlich, lasse aber in der Ungewissheit der Termine diese Zeilen nach Bonn gehen. Am 6. Januar fahre ich auch zurück – es gab in den zwei Wochen ein überreiches Hin und Her.

Wenn, was unvermeidlich, in der kommenden Zeit die Bundespräsidentenfrage die „politischen Kreise" Bonns beschäftigen wird, so darf ich Sie bitten, „meine

34 Presseausschnitte über die Feierlichkeiten und die Würdigungen in: B 145, 16326.
35 Lateinisch für „nach dem Fest", „hinterher".
1 Vermerk: „*Geschrieben nach stenographischen Notizen des Herrn Bundespräsidenten*"; weitere Nachweise: N 1221, 65: stenografische Notizen und ms. Transkription; N 1221, 351: ms. Schreiben, Durchschlag.
2 Ließ sich nicht ermitteln.

Sache zu führen" – nämlich *die Sache*. Diese fordert nämlich, bei einem so jungen Staat von allen fragwürdigen, auf eine Person abgestellten Rechtsmanipulationen strikte abzusehen. Ich habe in der vorigen Woche hier in Lörrach ein längeres „Memorandum"[3] über den ganzen Komplex abgeschlossen, zunächst vertraulich für meine beiden nächsten Mitarbeiter Bleek und Bott bestimmt. Das mag ich Ihnen vielleicht auch einmal zugängig machen. Es steht alles drin.

Ich bin nicht unempfindlich gegenüber der Bewertung meines Wirkens, wenn sie und wie sie von einem Mann Ihrer Art ausgesprochen wird. Aber sie soll meinen Nachfolger nicht bedrücken, weil ich, wie Sie nett sagen, „den Nagel recht hoch eingeschlagen habe".[4] Sollte ich mich bücken? Ich bin halt ziemlich lang geraten. Die Dithyramben[5] und Kantaten, die es in ein paar Wochen bei meinem 75. Geburtstag geben wird, machen mich jetzt schon besorgt – nicht für mich, ich halte in unerschütterter Gelassenheit viel aus –, aber für meinen Nachfolger. Man darf keinen „Heuss-Kult" etablieren – die Demokratie ist nebenher ein Erziehungs- und ein Gesinnungsprozeß.

Ich weiß, daß ich einige angenehme Talente besitze, darunter das für mich wichtigste, daß ich mich nie mit mir gelangweilt habe. Vor den allgemeinen Verantwortungen glaube ich nie davongelaufen zu sein, und ich habe diesen manche literarisch-wissenschaftliche Pläne geopfert. Ich bleibe auch als „Ruheständler" mit den Fragen der Nation verknüpft. Aber es gibt auch vielerlei, was mit Ungeduld darauf wartet, von mir in die Hand genommen zu werden. Und denken Sie: Ich will auch noch einiges lernen können! Dazu gehört vor allem auch, daß, neben Entdeckungsfahrten, ich wieder lerne, Bücher zu lesen.

Dafür, daß ich mich für die bleibende Lebensfrist Ihrer freundlichen Zuneigung vergewissert halten darf, bin ich mit dankbaren Grüßen Ihnen verbunden.

Ihr

Theodor Heuss

---

3 Nr. 182.

4 Vgl. auch Nr. 190; Notiz von Welter, 19. 7. 1959, in: BArch, N 1314, 314.

5 Preisgesänge.

Nr. 184
An Prof. Dr. Karl Loewenstein, Amherst, Massachusetts, USA
7. Januar 1959
BArch, N 1221, 351: ms. Schreiben, Durchschlag, von Heuss diktiert (Diktatzeichen H/Kp) und ms. gez.; ms. Briefkopf: „Th. H."[1]
Erinnerung an den Staatsbesuch in den USA; Zustimmung zur Widmung eines Buches von Karl Loewenstein für Theodor Heuss; staatsrechtliche Problematik der Präsidentschaft Charles de Gaulles zu Beginn der V. Republik

Lieber Herr Professor Loewenstein,

für Ihren freundlichen Brief[2] darf ich Ihnen herzlich danken. In Amerika habe ich nun freilich vielerlei gesehen[3] und die mir vorrätigen Fragestellungen, literarisch und durch doch viele persönliche Freundschaften, die ich drüben habe, überprüft und für das Beantworten erweitert. Ich habe mit einigen meiner Freunde einen dauernden Austausch,[4] so daß ich mich über diese oder diese Erscheinung drüben immer etwas orientieren kann. Ich selber bin sehr froh darüber, daß ich von Anbeginn, sowie die offiziellen Dinge vorbei waren,[5] Wert darauf gelegt habe, und liebenswürdige Einladungen haben das erleichtert, nicht nur das Amerika der Millionenstädte kennenzulernen, sondern durch Besuche etwa in Hanover in dem Dartmouth College, in Ann Arbor mit der Universität of Michigan und in Charlottesville wie auch in einigen mittleren Städten einen Eindruck von dem anderen Amerika zu bekommen, was ja in der traditionellen Diskussion der Erörterung über das Land, wenigstens für das europäische Bewußtsein, in den Hintergrund gekommen ist. Aber ich bin auch fest entschlossen, kein Buch über Amerika zu schreiben, da ich, wenn meine Amtszeit vorbei ist, einen ganzen Katalog von Buchabsichten habe, wobei auch Probleme der politischen Wissenschaft eine Rolle spielen werden.[6]

Es hat mich gefreut und gerührt, dass Sie das Werk über „Verfassungsrecht und Verfassungspraxis" mir widmen wollen.[7] Ich bin gerne bereit, in Ihrem Falle

---

1 Az. AP-250/59; Vermerk: „1 Anlage gesondert".
2 Ließ sich nicht ermitteln. Loewenstein war nach 1933 in die USA emigriert und lehrte am Amherst College in Massachusetts; vgl. M. LANG, Karl Loewenstein, S. 159–191.
3 Zum Staatsbesuch in den USA vgl. Nr. 114, Nr. 151, Nr. 162, Nr. 163, Nr. 166, Nr. 171.
4 So mit Toni Stolper (Nr. 41, Nr. 43, Nr. 44, Nr. 50, Nr. 55, Nr. 59, Nr. 61, Nr. 75, Nr. 97, Nr. 101, Nr. 104, Nr. 105, Nr. 110, Nr. 133, Nr. 135, Nr. 172, Nr. 190, Nr. 207), Ernst und Marta Jäckh (Nr. 20, Nr. 114), Julius bzw. Elisabeth Bab (Nr. 26), Fritz Arnold (Nr. 132), Bruno Weil (Nr. 152).
5 An den offiziellen Teil des Staatsbesuchs in Washington vom 4. bis 6. 6. 1958 schloss sich eine zweiwöchige halboffizielle Reise durch die USA an; vgl. F. GÜNTHER, Heuss auf Reisen, S. 134–136.
6 Vgl. Nr. 1, Anm. 4.
7 KARL LOEWENSTEIN: Verfassungsrecht und Verfassungspraxis der Vereinigten Staaten, Berlin/

die Widmung anzunehmen, die ich häufig genug abgelehnt habe, weil ich weiß, daß Sie, wenn ich das derb aussprechen darf, mich mit dieser Widmung nicht blamieren werden, sondern daß ich spüren darf, daß eine gemeinsame Grundvoraussetzung der Betrachtung der Dinge ja der Anlaß wurde, daß Sie das Buch mir widmen wollen. Und es ist schön, daß es in deutscher Sprache erscheint, denn das Englischlesen ist für mich, der ich ja keine Erfahrung darin habe und mit meinem Schulenglisch nie sehr weit gekommen bin, eine sehr mühsame Geschichte.

Ich würde anregen, ohne daß das von Ihnen als eine Art von Bedingungen angesehen wird, diese Widmung in einer Vorbemerkung zu erklären, indem Sie die Verwandtschaft des Ausgangs unseres politischen und ökonomischen Denkens bei Lujo Brentano[8] und Max Weber[9] miterwähnen, damit die Leute in Deutschland begreifen, daß es keine ad hoc-Dedikation[10] an den Bundespräsidenten ist, sondern an den Mann, mit dem eine bestimmte Gemeinsamkeit des Denkens gegeben ist.[11]

Die Problematik von de Gaulle in Frankreich ist mir im Essentiellen noch nicht gesichert genug.[12] Die Franzosen haben ja ein paarmal solche Bewegungen gehabt. Noch in meine frühe Kindheit, ohne daß das natürlich damals rezipiert wurde, wirkt die Boulanger[13]-Geschichte mit herein.[14] Wir können nur hoffen, daß das Problem, die Exekutive zum Herrschenden zu machen,[15] was ja in unmittelbaren

Göttingen/Heidelberg 1959. Die Widmung lautet: „Theodor Heuss in Verehrung und Freundschaft"; ebd., S. V; vgl. auch M. LANG, Karl Loewenstein, S. 275–279.

8 Zum Verhältnis zu Brentano vgl. Nr. 17.

9 Vgl. Nr. 159.

10 Lateinisch für „spontane Widmung".

11 Das Vorwort endet mit folgendem Abschnitt: „Es ist dem Verfasser eine besondere Freude, daß er das Buch dem Herrn Alt-Bundespräsidenten Professor Dr. *Theodor Heuss* zueignen durfte, der gleich ihm in der Schule von *Max Weber* und *Lujo Brentano*, in Deutschlands goldenem Zeitalter der Wissenschaft vom öffentlichen Wesen, dauernde Lebensweisungen erhalten hat." K. LOEWENSTEIN, Verfassungsrecht, S. X.

12 Angesichts der Zuspitzung der Algerienkrise und der Agonie der IV. Republik hatte de Gaulle am 1. 6. 1958 eine neue Regierung gebildet und drei Gesetzesentwürfe von der Nationalversammlung annehmen lassen, mit denen ihm Sondervollmachten für Algerien, Vollmachten für ein sechsmonatiges Regieren mittels Dekreten und ein Referendum für eine Verfassungsrevision zugestanden wurden; vgl. U. KEMPF, System, S. 21–23.

13 In der Vorlage: „Bulanger".

14 Um den französischen General und Kriegsminister Georges Boulanger scharte sich Mitte der 1880er Jahre eine nationalistische Bewegung, die auf einen revanchistischen Konfliktkurs gegen das Deutsche Reich hinarbeitete. Trotz Wahlerfolge brach die Bewegung 1889 zusammen, weil Boulanger einen Staatstreich scheute. Er nahm sich in seinem Brüsseler Exil 1891 das Leben; vgl. J. GARRIGUES, Général Boulanger.

15 Die seit Oktober 1958 geltende Verfassung der Fünften Französischen Republik sah eine starke Machtstellung der Regierung und vor allem des Staatspräsidenten vor und schwächte das Parlament; vgl. U. KEMPF, System, S. 30–159.

Krisenzeiten oft genug der Fall gewesen ist,[16] nicht als Lösung der Dauer betrachtet wird in einem Land, das immerhin, wenn auch seinerzeit aus einer Art von Mißverständnis heraus der englischen Dinge, Montesquieu als den Vater der Teilung der Gewalten ins Bewußtsein der verfassungsrechtlichen und verfassungspolitischen Arbeit gestellt hat.[17]

Ich lasse Ihnen als Druckschrift die Einleitung zugehen, die ich für die kürzlich erschienene Neuausgabe von Max Webers politischen Schriften geschrieben habe.[18] Ich hoffe, daß die Arbeit Ihren Beifall findet. Ich bin ja in Deutschland nunmehr einer der wenigen, die die unmittelbare Beziehung zu Max Weber besessen haben.[19]

Mit guten Wünschen zum Neuen Jahr
Ihr Th. H.

Nr. 185
An Ernst Jünger, Wilflingen über Riedlingen
13. Januar 1959

BArch, B 122, 38807: ms. Schreiben, Durchschlag, von Heuss diktiert (Diktatz. H/vM), von Bott paraph. und gez.; ms. Briefkopf: „Ministerialdirektor H. Bott“[1]

Bundesverdienstkreuz für Ernst Jünger

Sehr geehrter Herr Jünger!

Der Bundespräsident beabsichtigt, an seinem 75. Geburtstag, von dem er sich nahe bedroht fühlt, einige Männer und Frauen auszuzeichnen, die er selber für „würdig“

16 So hatte der Reichstag in der Weimarer Republik in Krisenzeiten mehrfach Ermächtigungsgesetze beschlossen, mit denen die Regierung Verordnungen mit Gesetzeskraft verabschieden konnte. Damit war die Gewaltenteilung für einen befristeten Zeitraum und bestimmte Zuständigkeiten aufgehoben. Die Grundlagen der Weimarer Verfassungsordnung hebelte hingegen das Ermächtigungsgesetz vom 24. 3. 1933 aus, mit dem der Reichstag der Regierung Hitler für vier Jahre nahezu unbeschränkte legislative Vollmachten erteilte, die weitgehend von der Verfassung abweichen konnten; vgl. CH. GUSY, Weimarer Reichsverfassung, S. 158–161.

17 Der französische Philosoph und Staatstheoretiker Montesquieu hat in seinem Werk „De l’esprit des loix“ (1748) die Idee der Begrenzung der staatlichen Gewalt durch ihre Teilung in Exekutive, Legislativ und Judikative und damit einen zentralen Bestandteil der modernen Demokratie begründet.

18 Vgl. TH. HEUSS, Max Weber.

19 Vgl. die Beschreibung der ersten Begegnung mit Max Weber im Juni 1917 auf der Burg Lauenstein, in: TH. HEUSS, Erinnerungen, S. 214f.

1 Hs. Vermerk: „O[rdens]K[anzlei]“; Absendevermerk vom 14. 1. 1959; weiterer Nachweis: N 1221, 351: ms. Schreiben, Durchschlag.

hält, die aber auf den Vorschlagslisten, die von Länderregierungen eingereicht werden, bisher nicht erschienen sind und vermutlich auch nicht erscheinen werden.[2] Auf der Liste der Künstler und Wissenschaftler, die er einmal entworfen hat,[3] hat er auch Ihren Namen vermerkt, aber mich gleichzeitig gebeten, bei einigen der „Betroffenen" vorher anzufragen, ob sie bereit sind, das Große Verdienstkreuz (Halskreuz), an das gedacht ist, anzunehmen. Dr. Heuss hat es niemandem je übel genommen, wenn er eine Auszeichnung zurückgab oder ablehnte, sie anzunehmen, weil er weiß, daß in diesem Bereich dort und dort individuelle Empfindungen vorhanden sind, aber er möchte nur vermieden wissen, daß im Zusammenhang mit seinem Geburtstag solche Dinge irgendwie in die öffentliche Diskussion geraten, und ich wäre Ihnen deshalb auch dankbar, wenn Sie mir eine kurze Antwort geben würden.[4]

Dr. Heuss erwartet, daß in den nächsten Tagen ein neues Buch von ihm zur Auslieferung fertig wird.[5] Aus Gesprächen weiß ich, daß er in den Weihnachtsferien Ihr Buch über die Okkupation[6] als einziges lesen konnte und daß sein eigenes neues Buch auch für Sie und Ihre Gattin vorgemerkt ist.[7]

Mit freundlichen Grüßen B[ott]

Persönlicher Referent des Bundespräsidenten

---

2 Die Begündung für die zum 31. 1. 1959 verliehenen 87 Orden aller Stufen lautete: „Der Bundespräsident wünscht aus Anlaß der Vollendung seinens 75. Lebensjahres am 31. 1. 1959 den in dieser Liste aufgeführten Persönlichkeiten, die durch ihre politische, wirtschaftliche, soziale, caritative, wissenschaftliche, künstlerische Abeit sowie durch ihren persönlichen Einsatz bei der Erfüllung seiner staatspolitischen Aufgaben zum friedlichen Wiederaufbau der Bundesrepublik beigetragen haben, den Verdienstorden der Bundesrepublik in den angegebenen Stufen zu verleihen." B 122, 33807.

3 Eine von Heuss gefertigte Liste ließ sich nicht ermitteln. Zu den zum 31. 1. 1959 ausgezeichneten Schriftstellern gehörten neben Jünger Erich Kästner, Albrecht Goes, Rudolf Hagelstange, Georg Britting und Stefan Andres.

4 Jünger antwortete am 16. 1. 1959: „Der Bundespräsident will also zu seinem Geburtstag seinen Freunden Freude bereiten? Das ist schön. Wir hätten auch so an diesem Tage ein Glas auf sein Wohl geleert, sind ja wie alle Deutsche betrübt, daß er nun scheiden wird. Das Angebinde wird mir vor allem eine Erinnerung an ihn persönlich sein. Herzlichen Dank." B 122, 38807.

5 TH. HEUSS, Ort; vgl. auch Nr. 149.

6 ERNST JÜNGER: Jahre der Okkupation, Stuttgart 1958.

7 Vgl. Heuss an Gretha und Ernst Jünger, 19. 1. 1959, in: N 1221, 351.

Nr. 186
An Dr. Bruno E. Werner, Washington, D. C.
20. Januar 1959
BArch, B 122, 493: ms. Schreiben, Durchschlag, von Heuss diktiert (Diktatz. H/Bk) und ms. gez.; ms. Briefkopf: „Theodor Heuss"[1]
Verlauf der Weihnachtstage; keine Zeit, Denkschrift über kulturpolitischen Beirat des Auswärtigen Amtes zu verfassen; Arbeitslage im neuen Jahr; bevorstehender Geburtstag von Theodor Heuss; Dank für die Würdigung der Arbeit als Bundespräsident

Lieber Dr. Werner!

Es gibt ein paar Menschen, an die ich zwar gern denke, da ich sie liebe, aber die gleichzeitig mein Gewissen beunruhigen. Dazu gehören Sie![2]

Ich war nämlich in den Weihnachts- und Neujahrstagen bei meinem Sohn in Lörrach und hatte sowohl Ihren Vortrag[3] wie die Steltzersche Denkschrift[4] und auch allerhand andere Sachen mitgenommen in der löblichen Absicht, dort ein paar ruhige Tage zu finden, an denen ich, wie seinerzeit für die Begründung des Deutschen Wissenschaftsrates,[5] eine Denkschrift entwerfen wollte.[6]

Dazu ist es nun ganz und gar nicht gekommen. Ich habe zwar das Steltzersche Memorandum gelesen, aber zunächst in der Verzahnung der behördlichen Zuständigkeiten nicht ganz begriffen. Dazu haben mir so entsetzlich, entsetzlich viele Leute „geruhige und erholsame Weihnachts- und Neujahrstage" in unmittelbar nach Lörrach gerichteten Briefen gewünscht, daß ich einfach vom Papier erdrückt wurde, und es hat auch nicht daran gefehlt, daß ich Tag um Tag von

1 Az. S 32 durchgestrichen; hs. Az. „zu P3-6337-2919"; weiterer Nachweis: N 1221, 351: ms. Schreiben, Durchschlag.

2 Heuss hatte sich im Herbst 1952 erfolgreich für die Berufung von Werner als Kulturattaché der deutschen Auslandsvertretung in Washington eingesetzt: „Ich halte ihn für einen der besten deutschen Publizisten in Fragen der Kulturpolitik"; Heuss an Hallstein, 22. 8. 1952, in: B 122, 120. Wenn Werner in New York war, traf er sich häufig mit Toni Stolper.

3 Werner hatte am 12. 9. 1958 zwei Exemplare der „Neuen Deutschen Hefte" übersandt, die einen Vortrag von Werner in der Bayerischen Akademie der Schönen Künste enthielten, in dem er die Schaffung eines kulturpolitischen Beirates für das AA forderte; B 122; 2072. Der Vortrag ließ sich nicht ermitteln. Zum Projekt eines kulturpolitischen Beirates des AA, das gemeinsam von Bruno E. Werner und Dieter Sattler befördert wurde, vgl. U. STOLL, Kulturpolitik, S. 326f, 380–388.

4 Im Nachlass von Theodor Steltzer lässt sich eine Denkschrift mit dem Titel „Vorschlag für die Bildung einer Körperschaft zur Förderung der deutschen Kulturarbeit im Ausland" ermitteln, hs. datiert auf Oktober/November 1958; LA Schleswig-Holstein, Abt. 399.55, 122 und 160 (freundlicher Hinweis von Bettina Dioum, LA Schleswig-Holstein).

5 Vgl. Nr. 99.

6 Ein kulturpolitischer Beirat beim AA nahm erst im Januar 1961 seine Arbeit auf und traf sich bis zum Herbst 1965 zwölfmal; N 1221, 460. Mitglieder wurden u. a. Heuss, Bott, Werner, Mehnert.

Bonn selber pflichtgemäß Akten, Ernennungen u. s. f. zur Überprüfung bzw. zur Unterschrift zugesandt erhielt. Folge: Es ist überhaupt nichts Gescheites bei diesem Aufenthalt herausgekommen, wenn nicht dies, daß ich nach langer Zeit wieder einmal ein Buch gelesen habe und zwar mit einiger Impression Ernst Jüngers Tagebuch „Jahre der Okkupation“.[7] Alle anderen Bücher liegen nur so herum und sind verstimmt, daß sie nicht beachtet werden. Aber seit ich vor etwa 2 oder 3 Jahren einen Tag bei Jünger gewesen bin,[8] interessiert er mich als literarische Erscheinung auch menschlich.

Seit der Rückkehr am 6. Januar sitze ich hinter den Haufen von Briefen und Zusendungen, die hier auf mich gewartet haben, und das Schreckliche ist, daß jeder Tag Besprechungen fordert, was eigentlich mit dem armen Heuss an seinem 75. Geburtstag geschehen soll.[9] Dieser Tag hat eine höchst eigentümliche Eigenschaft: Er wirft gleichzeitig Schatten nach vorn und nach hinten – und wie soll man dann zur Besinnlichkeit kommen und das erledigen, was ich in Ansehung der sogenannten deutschen Kulturpolitik im Ausland mit Takt und Erfolg machen könnte, machen müßte, wozu ja Ihre Erfahrungen wie auch Ihre Beschreibung des finanziellen Maßes Anregungen genug geben.

Bott macht sich über diese Dinge ja auch seine Gedanken.[10] Ich glaube, daß viele solcher Dinge von Personen abhängen, wollte aber erst einmal abwarten, bis die Leitung der sogenannten Kulturabteilung und Kulturpolitik aus den Händen des braven und bieder ängstlichen Herrn von Trützschler, gegen den ich ja gleich meine Einwendungen erhoben hatte,[11] genommen wurde.[12] Aber es scheint, man weiß noch nicht, was man mit diesem Mann anfangen soll.[13]

---

7 Vgl. Nr. 185.

8 Vgl. Nr. 55.

9 Programm für den 75. Geburtstag von Heuss in: N 1221, 385; weitere Unterlagen in: B 122, 196a.

10 Am 18. 12. 1958 hatte Heuss an Toni Stolper geschrieben: Er habe von seinem Sohn erfahren, Bott habe in Berlin vorgeschlagen, dass er [Heuss] nach dem Ende seiner Amtszeit „Präsident eines Councils (nach englischem Muster) für ‚deutsche Kulturpolitik‘ werden solle, weil Dienst-Auto, und er Generalsekretär, beides von Stuttgart aus.“ Bruno E. Werner habe im Sommer hierüber einen inhaltsreichen Vortrag gehalten; BArch, N 1186, 124.

11 Dies geschah in einer Besprechung mit Adenauer vom 18. 3. 1955, in der Heuss sich beschwerte, „daß er durch die Ernennung Trützschlers zum Leiter der Kulturabteilung des AA völlig überrascht worden sei. Er habe sich bekanntlich für die Besetzung dieses wichtigen Postens immer persönlich interessiert und hätte es begrüßt, wenn er hier vorher um Rat gefragt worden wäre.“ K. ADENAUER / TH. HEUSS, Unter vier Augen, S. 159. Heuss hatte wegen dieser Besetzung sogar „erheblichen Krach“ mit Hallstein, wie er an Toni Stolper schrieb; TH. HEUSS, Tagebuchbriefe, S. 228, 22. 12. 1956.

12 Nachfolger von Heinz Trützschler von Falkenstein in der Leitung der Kulturabteilung des AA wurde 1959 Dieter Sattler, der mit Heuss bereits bei der Errichtung der „Dankspende des Deutschen Volkes“ zusammengearbeitet hatte; vgl. U. STOLL, Kulturpolitik, S. 324–330.

13 Adenauer hatte bereits am 19. 5. 1958 Brentano aufgefordert, Trützschler „unbedingt“ zu versetzen; K. ADENAUER, Briefe 1957–1959, S. 97.

Nun stöhne ich Ihnen dies und dies vor. Freilich Anlaß zu diesem Brief ist doch mein Wunsch, Ihnen für die freundliche Würdigung meiner Person und meines Wirkens herzlich zu danken.[14] Ich weiß, daß Sie die guten Worte nicht geschrieben haben, um „Sprüche" zu machen, sondern daß Sie, der Sie die deutsche Situation vor, in und nach der Hitlerzeit gut kennen, nun das Maßstäbliche zum Ausdruck bringen wollen. Dafür bin ich Ihnen dankbar. Zugleich versuche ich gegenwärtig das Lob, das man mir gern gibt, zu bekämpfen, um nicht meinem Nachfolger den Start, der nun seine eigene Form gewinnen wird, zu erschweren. Denn das wäre für das Werden einer Staats- und Volksgesinnung abträglich.

Sie haben ja in den USA jetzt gewiß auch viele intensiv interne Besprechungen. Ein bißchen habe ich zu meiner inneren Befriedigung das Gefühl, daß der historische Dreieckskrieg Washington – Generalkonsulat New York – Beobachter bei der UNO durch den Wechsel der Personen entweder geschwunden oder doch sehr gemildert ist.[15] Der Herr Prestige – g wie g auszusprechen – soll ruhig eine Zeitlang in Urlaub bleiben.

Ich sende Ihnen mit meinem Dank gute Grüße und Wünsche.
Ihr

Theodor Heuss

Nr. 187
An Paul Gerhard Küpper, Bremen
30. Januar 1959

BArch, B 122, 605: ms. Schreiben, Durchschlag, von Heuss diktiert (Diktatz. H/vM) und ms. gez.; ms. Briefkopf: „Theodor Heuss"[1]

Ablehnung von Karl Barth als Träger des Friedenspreises des Deutschen Buchhandels

---

[14] Werner an Heuss, 28. 12. 1958, in: B 122, 493. Werner gratulierte Heuss aus Haiti zum Geburtstag und meinte, seine Präsidentschaft sei „für die deutsche Geschichte ein Ereignis – im goetheschen Sinne dieses Wortes. Wie unser Volk angelegt ist – nämlich geistig in der Zukunft oder in der Vergangenheit zu leben, die Gegenwart aber allzugern dem Ungeist zu überlassen –, werden die Deutschen erst wirklich begreifen, was sie an Ihnen gehabt haben, wenn Sie nicht mehr auf dem Präsidentenstuhl sitzen."

[15] Heuss gewann diesen Eindruck nach einem Gespräch mit Georg Federer, dem Nachfolger von Adolph Reifferscheidt als deutschem Generalkonsul in New York, über das er Toni Stolper am 7. 1. 1959 berichtete; BArch, N 1186, 125.

[1] Az. PB-7002-1; Stempel: „Pers[önlichem] Ref[erenten] vorgelegen"; weiterer Nachweis: N 1221, 351: ms. Schreiben, Durchschlag.

Sehr geehrter Herr Pfarrer!

Zu Ihrem dieser Tage eingegangenen Brief[2] kann ich nicht in dem von Ihnen erwarteten Ausmaß Stellung nehmen, da ich in höchstem Arbeitsdruck stehe, aber ein paar Worte will ich doch sagen.

Ich kann nichts dafür, daß Herr Rau das Gerücht verbreitet hat, es sei aus meiner Umgebung in der Sache des Friedenspreises durch den Deutschen Buchhandel irgendwie eingegriffen worden.[3] Dieses Gerücht nicht hochkommen zu lassen, da ich Erfahrung mit Gerüchten habe, war der Anlaß zu meinem Schreiben.

Ich habe es aber auch für richtig gehalten, meine eigene Stellung in aller Einfachheit auszusprechen. Darüber bin ich niemandem Rechenschaft schuldig außer meinem eigenen Gewissen. Ich weiß, daß ich dadurch einigen mir menschlich nahestehenden theologischen Freunden wehe getan habe, aber das muß mir gleichgültig sein.

Es fehlt Ihnen offenbar die Phantasie, sich die Situation vorzustellen, daß der Bundespräsident da sitzt, während Karl Barth in seiner Form des paradoxen Spieles politische Polemik gegen die Bundesrepublik treibt.[4] Mit einem sonderlichen Takt bei ihm zu rechnen ist mir nicht in den Sinn gekommen.

Selbstverständlich rechnet die Demokratie damit, „die Meinung des anderen zu achten und zu würdigen", aber ich habe ja ausdrücklich gesagt: Als Privatmann höre ich mir Äußerungen von Barth mit einem gewissen geistesgeschichtlichen Interesse an, als Bundespräsident ist die Situation eine völlig andere. Es ist mir von Freunden neulich geschrieben worden,[5] daß Barth „besorgte Liebe" zu Deutschland treibe. Das mag sein. Ich selber habe bis jetzt wenig davon gespürt, und seitdem ich seinen Brief an einen Pfarrer in der DDR gelesen habe[6] (mein Schreiben an Herrn Rau liegt früher), bin ich dessen noch mehr gewiß, daß eine für Barth wie für mich ungeschickte Situation hätte entstehen können.

Daß Sie die schon vor längerer Zeit einem theologischen Freunde, der Barthianer ist, gegenüber gebrauchte Bemerkung über die unterschiedliche Beurteilung der Wehrpflicht nördlich und südlich von Riehen[7] nicht verstehen wollen oder können, tut mir leid. Sie ist eigentlich doch ganz klar. Ein Politiker kann sagen: „Ja, hier ‚Nein' mit der Wehrpflicht", ein Theologe nach meinem bescheidenen Verständnis kann eben das nicht tun. Es kann in einer theologischen Ethik nach

---

2 Küpper an Heuss, 21. 1. 1959, in: B 122, 605. Der Studentenpfarrer Küpper schrieb, er habe den veröffentlichten Brief von Heuss an Johannes Rau (vgl. Nr. 181) „mit tiefer Enttäuschung" gelesen; Heuss habe damit „unserer jungen Demokratie einen schlechten Dienst erwiesen."

3 Vgl. Nr. 181.

4 Zur Kritik Karl Barths an der Remilitarisierung der Bundesrepublik und atomaren Bewaffnung der Bundeswehr vgl. Nr. 139, Anm. 10.

5 Es könnte sich z. B. um Gollwitzer handeln; vgl. Nr. 139.

6 Vgl. Nr. 139, Anm. 10.

7 Vgl. Nr. 139.

meinem Gefühl eine auswechselbare, von Ressentiment durchdrungene These nicht gebraucht werden. Denn das nähert sich dem, was ich jenem Freund gegenüber „Pharisäismus“ genannt habe.

Sie teilen mir mit, daß ich „unserer jungen Demokratie einen schlechten Dienst erwiesen“ habe. In diesem Gefühl will ich Sie nicht stören. Ich verbitte mir aber, wenn Sie in diesem Zusammenhang davon reden, daß durch eine Haltung wie die meine „Substanz unserer Demokratie verwirtschaftet“ werde.

Mir kommt es gar nicht darauf an, von diesem eine Zustimmung, von jenem eine Ablehnung meiner Haltung zu erfahren. Ich muß den Versuch machen, mit meiner eigenen Natur im reinen zu bleiben. Daß ich mich nach Ihrer Meinung mitschuldig gemacht habe – an was, ist mir nicht deutlich –, mögen Sie als ein Sie selber stärkendes Gefühl ruhig annehmen. Das stört mich weiter nicht. Sie müssen sich schon die Mühe geben, meinen Brief richtig zu lesen und sich dabei in meine Situation hineinzudenken, dann mag Ihnen vielleicht das, was Sie jetzt enttäuscht hat, deutlicher werden.[8]

Ihr Th. Heuss

Nr. 188
An Hans Bott, Bad Wildbad
22. Februar 1959

BArch, N 1221, 352: ms. Schreiben, Durchschlag, von Heuss diktiert (Diktatz. H/Bk) und ms. gez.; ms. Briefkopf: „Theodor Heuss“

Dienstgeschäfte und Terminplanung; Ordensverleihungen an Emigranten in New York

Lieber Bott!

Gestern abend habe ich die Franzosen-Rede zusammengedichtet[1] und war dann so „aufgeräumt“, daß ich noch einen längeren handschriftlichen Brief an Werner Finck schrieb,[2] den Sie in Fotokopie in den nächsten Tagen kriegen, weil auch Sie Ihren Spaß daran haben sollen.

---

8 Küpper antwortete am 6. 2. 1959: „Es tut mir leid, auch hier wieder erkennen zu müssen, wie beinahe unmöglich es ist, einander, d. h. Andersdenkende, zu verstehen. [...] Ich finde die Tiefe des Grabens einfach erschreckend.“ B 122, 605.

1 Vierte deutsch-französischen Konferenz von Parlamentariern und Publizisten in Bad Godesberg, 27. 2.–1. 3. 1959; vgl. Bulletin, Nr. 40, 28. 2. 1959, S. 373–376; ebd., Nr. 41, 3. 3. 1959, S. 386–389; die Eröffnungsansprache von Heuss vom 27. 2. 1959, in: ebd., Nr. 41, 3. 3. 1959, S. 385f.

2 Heuss an Finck, 23. 2. 1959, in: N 1221, 131.

Sagen Sie Josef Eberle, daß ich nicht zu der Verleger-Zusammenkunft von Baden-Württemberg kommen will. Das ist ja ganz knapp vor der hiesigen Pressekonferenz für die Mütter-Genesung,[3] und ich habe eigentlich auch wenig Lust, mich wieder in den Kreis der Zeitungsverleger einzumengen, die dann alle irgendwie mit meiner späteren Mitarbeit rechnen wollen, denn, wenn ich in Tageszeitungen schreiben werde – was noch offen ist –, denke ich nun eben an *Stuttgarter Zeitung* und *Frankfurter Allgemeine*. Falls es notwendig ist, einmal das Haus[4] zwischendurch zu betrachten, bin ich dafür, daß dies ohne verpflichtendes Drum und Dran geschieht. Ich selber habe ja Leins und jetzt auch Dr. Landerer einigermaßen fest zugesagt, am 7. Juni bei der Gustav-Werner-Feier dabei zu sein.[5] Bei dieser wird der Landesbischof Haug, mit dem ich ja sehr gut stehe, die Festpredigt halten. Ich komme mit diesen Terminen auch auf gute Weise um die etwas zu verwegene Einladung nach Osnabrück[6] herum und rechne eigentlich damit, daß wir Anfang Juni mit den Hausentscheidungen viel weiter sein werden als Ende April. Aber dafür fehlt mir ja etwas die Anschauung.

Hier kühl, trüb und regnerisch. Nach einem Brief von Frau Else Staudinger[7] ist die kleine Ordensfeier, die Federer in New York veranstaltet hat, sehr nett und familiär verlaufen.[8] Von Toni Stolper, die dabei war, habe ich aber noch keinen Bericht.

Haben Sie schon die Zeit gefunden, an dem Manuskript[9] weiterzuarbeiten?

Schöne Grüße, auch an Strobels,
Ihr Theodor Heuss

3 Diese Pressekonferenzen wurden jeweils sehr gründlich vom Pressereferenten des BPrA, Raederscheidt, vorbereitet.

4 Vgl. Nr. 168, Anm. 11.

5 Feier zum 150. Geburtstag von Gustav Werner in Reutlingen am 7. 6. 1959, über die Heuss an Toni Stolper berichtete; vgl. TH. HEUSS, Tagebuchbriefe, S. 440f, 7. 6. 1959; das Manuskript der Rede ließ sich nicht ermitteln.

6 Zu dem Besuch der Uraufführung des Theaterstücks von und mit Elsie Attenhofer „Die Lady mit der Lampe" in Osnabrück, zu der Heuss trotz vorheriger Absage trotzdem erschien, vgl. Heuss an Attenhofer, 18. 2. 1959, in: B 122, 2054; Heuss an Attenhofer, 26. 4. 1959, in: N 1221, 354; weitere Korrespondenz über den Auftritt in Osnabrück in: N 1221, 108.

7 Ließ sich nicht ermitteln.

8 Heuss hatte aus Anlass seines 75. Geburtstages auch einer Reihe von deutschen Emigranten das Große Bundesverdienstkreuz verliehen; dazu gehörten das Ehepaar Hans und Else Staudinger, Hans Simons, Victor Lange, Eric M. Warburg, Arnold Brecht und Ludwig Mies van der Rohe. Den in New York wohnenden Ordensträgern wurde die Auszeichnung im Rahmen einer kleinen Feierstunde überreicht; Bericht von Generalkonsul Georg Federer, 18. 2. 1959, in: B 122, 38807.

9 Manuskript der Erinnerungen von Toni Stolper an ihren Ehemann Gustav Stolper; vgl. T. STOLPER, Leben; vgl. auch Heuss an Toni Stolper, 1. 3. 1959, in: N 1186, 125. Teile des Werkes wurden von Lotti Kaempffer, der langjährigen Sekretärin und Mitarbeiterin von Heuss, getippt; vgl. Heuss an Leins, 6. 9. 1959, in: N 1221, 358.

[PS] Der Herr Bundespräsident ist, da Frau Inge Haland[10] gekommen ist, in die Villa herüber gegangen und bat mich, Ihnen den Brief so zu senden.
Gute Erholung und herzlichen Gruß
Ihre
A. Bockmann

Nr. 189
An Rudolf Augstein, Hamburg
27. Februar 1959
Augstein-Archiv: ms. Schreiben, behändigte Ausfertigung; Kopfbogen: „Theodor Heuss"[1]
Kritik an einem „Spiegel"-Artikel über den Verzicht von Theodor Heuss auf eine weitere Amtszeit und über die Nachfolgefrage

Sehr geehrter Herr Augstein,

Sie haben einmal die Bemerkung gemacht, daß es eigentlich ganz nett sei, wenn der „Spiegel" über mich falsche oder schiefe Mitteilungen bringe, denn dann dürfe man mit einer munteren Entgegnung rechnen.[2] Das Verfahren ist ja nun nicht gerade ein oberer Rang der Publizistik, aber ich muß Sie nun doch wieder einmal mit einer unmittelbaren Zuschrift bedienen.[3] Es ist für mich selbstverständlich, daß ich niemandem das Recht einer Kritik meiner politischen Haltung oder Äußerung strittig mache, aber ich spiele da nicht mehr mit, wenn meine menschliche Natur in lockerem Journalismus verzeichnet wird. Ich nehme an, daß die story, die Ihr Mitarbeiter über meine Weihnachtsbeschäftigung in Lörrach geschrieben hat, nicht perfid gedacht ist, aber sie wirkt perfid, als ob ich auf einmal dort die „Erkenntnis" gewonnen hätte, es reicht nicht mehr zu einer neuen Präsidentschaftsperiode.[4] Die Dinge, die dort mitgeteilt sind, sind, wo sie Authentizität garantieren wollen, reine Erfindung. Ich habe keinen Anlaß, bei einem der

---

[10] Inge Haland, geb. Frieboes. Ihr Großvater war der Bruder von Heuss' Mutter; zur Unterstützung der Familie Haland durch das BPrA vgl. den Briefwechsel in: N 1221, 144.

[1] Hs. Notizen von Augstein, mit denen u. a. angewiesen wird, den Brief im „Spiegel" zu veröffentlichen; weitere Nachweise: N 1221, 352; B 122, 600: ms. Schreiben, Durchschlag mit Stempel: „Pers[önlichem] Ref[erenten] vorgelegen".

[2] Augstein an Heuss, 10. 1. 1957, in: Augstein-Archiv.

[3] Vgl. Nr. 189a.

[4] Im „Spiegel" war ein Artikel unter dem Titel „Bundespräsident. Nach Maß" erschienen, in dem die schwierige, von Parteitaktik und Machtpolitik geprägte Suche nach einer Nachfolge von Heuss kritisch diskutiert wurde. Dabei nahm der Autor auch Bezug auf das Memorandum von Heuss zur Bundespräsiden-Frage (vgl. Nr. 182), das Heuss für die Parteivorsitzenden, nicht für die Öffentlichkeit bestimmt hatte; vgl. Der Spiegel, H. 9, 25. 2. 1959, S. 17–19. – An Toni Stolper schrieb er zu dem „Spiegel"-Artikel, „irgend jemand hat geschwätzt. Da habe ich nun wieder

wenigen Herren, die mein Memorandum[5] erhielten, zu vermuten, daß er es an einen „Spiegel“-Vertreter weitergegeben hat.[6] Dieser hat sich dann halt etwas zurecht komponiert, und dies möchte ich nicht unwidersprochen als einen Geschichtsbeitrag hingehen lassen. Dafür werden Sie Verständnis haben.

Mit freundlichen Empfehlungen Th. H.

Nr. 189a
An „Der Spiegel“, [Hamburg]
27. Februar 1959
BArch, B 122, 600: ms. Schreiben, Durchschlag[1]

Für den „Spiegel“

Natürlich fällt es mir nicht im Traume ein, mit dem „Spiegel“ mich über seine Bewertung meiner Amtsführung auseinanderzusetzen: was ich hätte tun sollen, was ich unterlassen habe und so fort. Darüber mag einmal, falls er sich für dieses immerhin spannungsreiche Stück unserer Geschichte interessiert, ein Historiker aus den Quellen ein Urteil zu bilden versuchen und nicht aus dem Gerede oder dieser und jener publizistischen Erwartung oder Enttäuschung. Da ich aber nun einmal gegen Legendenbildung bin, muß ich den Einsatz Ihrer Betrachtung etwas in Ordnung bringen. Der harmlose „Spiegel“-Leser – ich setze voraus, daß es diesen auch gibt – muß nach Ihrer Darstellung den Eindruck haben, daß ich „um die Weihnachtszeit die Erkenntnis gewonnen“ habe, mit der Weiterdauer des Bundespräsidentenamtes wird es vermutlich hapern. Also das Gescheiteste: du resignierst und „ziehst dich auf das Altenteil zurück“, wie Sie das formulieren.[2] In der Tat habe ich in den Weihnachtstagen ein vertrauliches, für die Parteivorsitzenden bestimmtes Memorandum niedergeschrieben.[3] Der „Spiegel“-Leser mag den Eindruck gewinnen, daß der Verfasser des Aufsatzes dieses Schriftstück mit bewährtem Geschick irgendwie in die Hand bekommen habe; denn da werden

einmal zornig geantwortet, was nach mancher Meinung ‚unter meiner Würde‘ ist. Aber ich halte die Wahrhaftigkeit für wichtiger und bin halt gegen schiefe Legendenbildung.“ TH. HEUSS, Tagebuchbriefe, S. 399, 26. 2. 1959.

5 Vgl. Nr. 182.

6 Schon am 17. 1. 1959 berichtete Heuss seinem Sohn, dass er Reinhold Maier von dem Memorandum erzählt habe, der dann aber „leider wieder einmal indiskret“ war; FA Heuss, Basel.

1 Weiterer Nachweis: N 1221, 352: ms. Schreiben, Durchschlag; Druck unter dem Titel „Gassenskepsis“ in: Der Spiegel, H. 11, 11. 3. 1959, S. 3.

2 Vgl. Nr. 189, Anm. 4.

3 Vgl. Nr. 182.

intime Züge des Inhalts angedeutet, etwa „einschlägige Tagebucheintragungen von seiner Hand“. Diese Notiz zeigte mir, daß es sich um eine biedere journalistische Kombination handelt. Denn ich habe in meinem ganzen Leben (wahrscheinlich muß ich hinzufügen: leider) nie ein sogenanntes Tagebuch geführt und ihm infolgedessen auch keine „einschlägigen“ Bemerkungen entnehmen können. Dies ist ein sozusagen philologischer Beweis für die Unrichtigkeit jener Darstellung, die den Eindruck des Authentischen machen soll. Mein Sohn kommt allerdings in dem Schreiben vor, was ihm selber unerwünscht war. Denn er hatte, gar nicht auf seinen Vater abgestellt, zu dem ganzen Komplex einen so vernünftigen Gedanken geäußert, daß ich, gewohnt, mich nicht mit fremden Federn zu schmücken, seine juristisch geformte Überlegung „als Material“ für einen eventuellen legislatorischen Zukunftswillen beifügte.

Sachlich liegen die Dinge so: Weihnachten war für mich nicht der Termin einer „Erkenntnis“, sondern der relativen Ruhe für eine gelassene Niederschrift. Die für ein sachliches Wort aufnahmewilligen Leser des „Spiegels“, die es doch gewiß gibt und denen nicht das „Ressentiment“ zum Lebenselixier geworden ist, werden es mir glauben, daß ich *immer*, aus rein staatspolitischen Erwägungen und nicht wegen eines Ruhebedürfnisses, das „Altenteil“ zu beziehen, eh und je den Gedanken einer Änderung des Grundgesetzes zurückgewiesen, die eben doch als ad personam[4] gerichtet erscheinen mußte – hervorragende Vertreter der CDU, SPD, der FDP und der DP haben bei persönlichen Besuchen wie in vielen bedrängenden Briefen mich in meiner Auffassung vergeblich wankend machen wollen. Ich habe nicht die Absicht, den Inhalt meines Memorandums zu wiederholen. Diese Zeilen werden, für Gutmeinende, niedergeschrieben, um im Kleinen, aber für mich persönlich nicht Gleichgültigen, der banalen Gassenskepsis entgegenzuwirken, als ob Politik sich lediglich im Raum des persönlichen Ruhmes oder gar Vorteiles bewege, darüber „kalkuliere“ und nichts wisse von jenen Objektivitäten, die im Staatlichen ihre Form gefunden haben.[5]

Theodor Heuss

---

[4] Lateinisch für „auf die Person bezogen“.

[5] Vgl. zu diesem Leserbrief auch Th. Heuss, Tagebuchbriefe, S. 410, 22. 3. 1959. Augstein antwortete am 2. 3. 1959: „Allerdings hat mich in Ihrem Brief an mich die Tendenz betrübt, als glaubten Sie, wir spekulierten geradezu auf solch eine Entgegnung, wie sie uns jetzt zuteil geworden ist. Es betrübt mich, daß Sie mir einen harmlosen Scherz, den ich mir Ihnen gegenüber herausgenommen habe, als quasi ernstgemeint aufs Brot schmieren. Was den sachlichen Inhalt Ihrer Entgegnung anlangt, so erlaube ich mir selbstverständlich kein Wort der Kritik, sondern lediglich den entschuldigenden Hinweis, daß die von Ihnen gerügte ‚banale Gassenskepsis‘ in den zehn Jahren Ihrer Amtszeit ständig Nahrung durch Tun und Lassen des Chefs der Exekutive erhalten hat.“ B 122, 600.

Nr. 190
An Dr. Toni Stolper, [New York]
28. Februar 1959

BArch, N 1186, 149: hs. Schreiben, behändigte Ausfertigung, ohne Anrede[1]

Einschätzung einer Kandidatur Ludwig Erhards für das Amt des Bundespräsidenten; Buchprojekt von Toni Stolper über ihren Ehemann Gustav Stolper; Staatsbesuche; angespannte außenpolitische Lage

Ganz warmer, sonniger Frühlingstag – im leichten Mantel ¾ Stunden Parkwanderung.

Heute früh kam Dein knapper Brief zu der „Kandidatur Erhard",[2] um darzutun, wie sehr Du an unserer Staatsgestaltung teilnimmst.[3] „Das Persönliche" war ja schon ausgeschaltet, als ich mein „Memorandum"[4] den Parteiführern übergab. Jetzt wird gern das Wort des mir wohlgesinnten kölner Staatsrechtlers Jahrreiß zitiert: die Feier m[eines] Geburtstages als „Plebiszit" für den Weitergang m[einer] Amtsführung zu interpretieren.[5] Doch derlei ist ja nur publizistische Romantik.

Ob nun aber in Euren Direkt-Nachrichten inzwischen deutlich wurde, daß die Erhard-Kandidatur, von einem durch Ad[enauer] berufenen 20-Männergremium vorgeschlagen, in der Fraktion zu einer wilden Rebellion geführt hat, weiß ich nicht.[6] Die Welt ist darüber voller Gerüchte. Wer soll uns dann den nächsten Wahlgang zu gewinnen helfen? Ad[enauer] scheint sich innerlich darauf einzurichten, das selber zu besorgen. Aber jetzt mußte er offenbar hören, daß Erhard's Wirtschaftspolitik dem Sieg das Fundament lieferte. Angeblich haben sich schon 70 von den ca. 250 Abgeordneten [entschieden], Erhard nicht zu wählen, damit er, jetzt schon Vizekanzler, 1961 als Kanzler zur Verfügung steht. Aus der FDP diffuse Nachrichten: sie hatten eine eigene Kandidatur angekündigt (wen??),[7]

---

1 Datum versehen mit dem Zusatz: „Nachm[ittags] ¾5 [Uhr]"; weiterer Nachweis: BArch, N 1186, 125: ms. Schreiben, Teilabschrift; Teilabdruck: TH. HEUSS, Tagebuchbriefe, S. 400–402.

2 Am 24. 2. 1959 hatte ein Auswahlkomitee aus Spitzenpolitikern von CDU und CSU im Kanzleramt Erhard zum Kandidaten für die Bundespräsidentenwahl nominiert und am selben Tag die Presse informiert, obwohl Erhard noch zögerte, die Kandidatur anzunehmen; vgl. D. KOERFER, Kampf, S. 335–337.

3 Toni Stolper an Heuss, 25. 2. 1959, in: BArch, N 1186, 149.

4 Vgl. Nr. 182.

5 Diese Aussage von Hermann Jahrreiß ließ sich nicht ermitteln.

6 Die Nominierung Erhards stieß in der CDU/CSU-Bundestagsfraktion auf breite Ablehnung, weil die Abgeordneten befürchteten, den anerkannten und beliebten Wirtschaftsminister als Wahlkampflokomotive und möglichen Nachfolger von Adenauer als Kanzlerkandidaten für die Bundestagswahl 1961 zu verlieren; vgl. D. KOERFER, Kampf, S. 328–342.

7 Der Fraktionsvorsitzende der FDP im hessischen Landtag, Wolfram Dörinkel, hatte Mitte Februar 1959 in einem Brief an den FDP-Bundesvorstand Reinhold Maier als Kandidaten der FDP vorgeschlagen. Der Bundesvorstand lehnte diesen Vorschlag in seiner Sitzung vom 27. 2. 1959 ab und empfahl die Nominierung eines von der breiten Mehrheit der Bundesversammlung getragenen

Abb. 25: Konrad Adenauer, Ludwig Erhard, Theodor Heuss (v.l.n.r.), 15. 8. 1959

jetzt erklärt, sie verzichten. Aber sie würden z. T. Carlo [Schmid] wählen, um E[rhard] für sein Amt u. für die A[denauer]-Nachfolge zu bewahren. Der evang[elische] Oberkirchenrat Gerstenmaier angeblich heftig für kathol[ischen] Bu[ndes]Prä[sidenten], um 61 entweder für Erhard od. für sich Kanzleramt zu sichern od., wie es auch heißt, unter Erh[ard] das A.A. zu erben. Er ist ja jetzt viel gereist u. will offenbar stärker in die Außenpolitik. So, jetzt habe ich Dir etwas von unserer inneren Situation vorgeklatscht.

Dazwischen dies: E[rhard] war gestern Abend, 7.15 bis 8.30 [Uhr], „unter vier Augen" bei mir,[8] er hatte darum gebeten, u. denke Dir, die Presse, die ihm, der eben aus dem Schwarzwald zurückgekehrt war, [nachstellte,] hatte es nicht bemerkt! Ich habe ihm atmosphärisch das Gleiche gesagt, was in Deinen Zeilen steht, daß ein „Absturz" vermieden werde.[9] Er wie Carlo [Schmid] seien Leute „meines Ranges", eigengewachsene Figuren, die, zumal er, im Bewußtsein längst

Kandidaten. Im Laufe des Frühjahrs empfahl der Bundesvorstand den Wahlmännern der FDP, den FDP-Kandidaten Max Becker zu wählen; vgl. U. WENGST, FDP-Bundesvorstand, S. 417f, 437f, 440f.

8 Das Gespräch mit Erhard vom 27. 2. 1959 ließ sich im Dienstkalender nicht nachweisen. Auch ein Protokoll des Gesprächs ließ sich nicht ermitteln.

9 Toni Stolper hatte zur Kandidatur Erhards geschrieben: „Für die Präsidentschafts-Persönlichkeit ist ein steiler Absturz vermieden." Wie Anm. 3.

nicht mehr als bloße Parteirepräsentanten gelten. Wahlredner könne und brauche er ja nicht mehr zu [sein] u. an der Einzelgestaltung der Gesetze nicht teilzunehmen. Aber im Ausdruck seiner Grundgesinnungen bleibe er so unabhängig, wie ich es zu sein mich bemüht habe. Er hat so das Gefühl, wenn die Fraktion hinter ihn tritt, müsse er sich bereit halten. Manche meinen, daß die Schwerindustrie bei Ad[enauer] gewirkt habe, ihn wegzuloben – er glaubt, daß das für einige wohl zutreffe.[10] (Aber der Mann, der ein bischen als präsumptiver Nachfolger im Wi[rtschafts]-Ministerium genannt wurde, hat in der Fraktion gegen die Bu[ndes]Prä[sidenten]-Kandidatur geredet.)[11] Wie heute, Samst[a]g früh, das Gespräch mit Ad[enauer], der leichte Grippe hat, ausging, weiß ich noch nicht.[12] Ad[enauer] will am Mi. zu de Gaulle nach Paris fahren,[13] aber er muß diese Bu[ndes]Prä[sidenten]-Frage vorher in der Fraktion bereinigt haben. Ich sprach gestern früh bei der d[eu]tsch-franz[ösischen] Konferenz[14] auch den CDU-Fraktionsvorsitzenden Krone u. sagte ihm, daß das innerparteiliche Hin u. Her dem Ansehen des Amtes wenig bekömmlich sei. Die Unterhaltung mit Erhard sehr offen.[15] Du erinnerst Dich an das Kompliment in dem Neujahrsbrief, daß ich „den Nagel sehr hoch eingeschlagen habe".[16] Er lachte, als ich ihm, einem untersetzten Mann, sagte, daß ich gern bereit wäre, ihm einen „Fiskal-Schemel" zu stiften. Im übrigen sei er ja Figur eigenen Wuchses. Ich denke, er wird in 2 Fragen meine negativen Hobbies verlassen: er wird nach Bayreuth gehen,[17] denn er versicherte mir einmal, daß er musikalisch sei, und er wird – wohl in einigem Zeitabstand – Herrn Fr. Flick einen großen Orden geben, den ich ihm vor einigen Monaten glatt ablehnte.[18] (Was ihm aber, wie ich später erfuhr, imponiert hat.)

Viel Freude machte mir in dem heutigen Kurz-Brief,[19] daß ich so etwas spürte: die Wiederbegegnung mit dem Amerika-Teil des Manuskripts war eigentlich befriedigend.[20] Du hattest manchmal so gestöhnt und Unzulänglichkeiten der

---

[10] Die Schwer- und Großindustrie hatte die Montanpolitik und Kartellgesetzgebung Erhards bekämpft; vgl. V. HENTSCHEL, Ludwig Erhard, S. 138–159, 171–176; D. KOERFER, Kampf, S. 240.

[11] Vermutlich der CDU-Bundestagsabgeordnete und Vorsitzende des Ausschusses für Wirtschaftspolitik, Fritz Hellwig, der aber gerade die Kandidatur Erhards unterstützte; vgl. D. KOERFER, Kampf, S. 340.

[12] Erhard wollte sich in dem Gespräch mit Adenauer am 28. 2. 1959 nicht auf eine Kandidatur festlegen, solange die Parteigremien ihn nicht einstimmig nominieren würden; vgl. ebd., S. 242f.

[13] Am 4./5. 3. 1959; vgl. den Bericht Adenauers im Gespräch mit Heuss, 6. 3. 1959, in: K. ADENAUER / TH. HEUSS, Unter vier Augen, S. 294f.

[14] Vgl. Nr. 188, Anm. 1.

[15] Vgl. Anm. 8.

[16] Vgl. Nr. 183.

[17] Zur Abneigung von Heuss, die Richard-Wagner-Festspiele in Bayreuth zu besuchen, vgl. Nr. 57, Anm. 9.

[18] Vgl. Nr. 91.

[19] Vgl. Anm. 3.

[20] Gemeint ist der Abschnitt über Amerika in der Biographie, die Toni Stolper über ihren Ehemann Gustav schrieb; vgl. T. STOLPER, Leben, S. 333–478.

Konzeption und Darstellung empfunden u. jetzt entdeckt, was ich ja schon wußte, daß Du eine ganz begabte Schreiberin bist. Ich hoffe sehr, daß auch das Dir wichtige Gespräch mit Karl Polanyi[21] den Elan zum Positiven bestimmte und Dich, gegenüber der Grundanlage, nicht verwirrte. Natürlich rechne ich damit, daß, wenn Du in einigen Wochen mit dem Abtippen u. Durchgestalten fertig bist, mir gleich einen Durchschlag schickst – ich will ihn dann sorgsam lesen u. gelesen haben, evtl. wieder mit fragenden od. vorschlagenden Notizen, die wir später besprechen. Hat Häuser sein Sach geschickt?[22] Du sollst ihn ruhig mahnen – vielleicht ist er, mit anderem beschäftigt, ein bischen lahm und bedarf wieder ermunternder Ungeduld.

Leins erhielt vorgestern Photokopie Deines „Vorwort"-Entwurfes.[23] Was ich da von „Material" sagte, bezieht sich wohl auf ähnliches, was Du meinst: Quellen-Hinweis au[f] die Volkswirte,[24] auf die Korrespondenz[25] u. auf die Bücher von Gustl.[26]

Es ist sehr nett, daß Du meinst, ich werde in dem Sommer noch „für eine Staatsreise ausgenützt werden".[27] Aber, liebes Kind, da muß ich ja vorher eingeladen werden. Dem französ[ischen] Botschafter Seydoux, der gestern mein Tischnachbar war,[28] erzählte ich, daß ein Besuch in Paris vor einem Jahr in erste Gespräche kam, aber in der Wendung in Fr[ankreich] ist das untergegangen.[29] Auf die mündl[ichen] Einladungen von Sukarno[30] und dem Kronprinzen von <?> bin ich mit behutsamer Vorsicht nie mehr zurückgekommen.

Die außenpolitischen Dinge bedrücken natürlich mehr als der ganze Kram um die Bu[ndes]Prä[sidenten]-Frage. Die Behandlung von Macmillan[31] in Moskau

---

[21] Freund von Gustav Stolper, der Toni Stolper bei der Entstehung des Buches beriet; vgl. ebd., S. 16.

[22] Der Kieler Wirtschaftswissenschaftler Karl Häuser beriet Toni Stolper bei der Abfassung der Biographie. Toni Stolper hatte von ihm am 5. 2. 1959 Anmerkungen zu dem Manuskript erbeten, die Häuser ihr im März zukommen ließ; Briefwechsel zwischen Toni Stolper und Häuser in: SBTH, Archiv.

[23] Ein Schreiben an Leins ließ sich nicht ermitteln. Vorwort von Toni Stolper, in: T. STOLPER, Brennpunkte, S. 15f.

[24] Gustav Stolper war Mitherausgeber des „Österreichischen Volkswirtes" und Gründer und Herausgeber des „Deutschen Volkswirtes"; vgl. T. STOLPER, Brennpunkte.

[25] Korrespondenz im Nachlass Gustav Stolper, in: BArch, N 1186.

[26] Bibliographie der Bücher von Gustav Stolper, in: T. STOLPER, Brennpunkte, S. 488.

[27] Vgl. Anm. 3.

[28] Auf der deutsch-französischen Konferenz; vgl. Nr. 188, Anm. 1.

[29] 1958 war der geplante Staatsbesuch von Heuss in Frankreich wegen der Staatskrise im Zusammenhang mit dem Umbruch von der Vierten zur Fünften Republik gescheitert; vgl. G. MÜLLER, Theodor Heuss, S. 80; U. LAPPENKÜPER, Beziehungen, Bd. 2, S. 1352f.

[30] In der Vorlage: „Soukarno". Der indonesische Präsident Sukarno hatte Deutschland einen offiziellen Staatsbesuch vom 18. bis 26. 6. 1956 abgestattet; vgl. F. GÜNTHER, Heuss auf Reisen, S. 95f. Eine Einladung von Sukarno an Heuss ließ sich nicht ermitteln.

[31] In der Vorlage: „Mac Millan".

war ja, wie es scheint, schier unwürdig[32] – seine Erinnerung an die „Waffenbrüderschaft“ von 1941–45[33] ist nicht „angekommen“ u. hat in dieser Situation auch Leute verstimmt, nicht bloß Deutsche. Mir ist etwas unbehaglich, daß am 12. Mai die „Luftbrücke“[34] ihr Zehnjahr-Jubiläum haben soll, ich mit als Redner. (Zugleich Ludwigs Hochzeit[35] und Übernahme des Schlosses Bellevue als Sitz des Bu[ndes]Prä[sidenten] mit großem „Empfang“.)[36]

Daß Du selber dann zu dieser ungewissen Zeit bei den „Antipoden“ sein wirst,[37] soll Dich aber nicht im vornhinein belasten. Denn es sind ja geliebte Antipoden. Wir können unser privates Schicksal nicht völlig von den Allüren der Weltgeschichte abhängig machen.

Viel, viel Liebe
der Deine

32 Der britische Premierminister Harold Macmillan hielt sich vom 21. 2. bis 3. 3. 1959 zu einem Staatsbesuch in Moskau auf, bei dem er auch Gespräche über weitere Verhandlungen zur Deutschen Frage führen wollte. Chruschtschow lehnte hingegen weitere Außenministerkonferenzen über die Deutsche Frage ab, verlangte die Anerkennung der DDR und die Umwandlung Berlins in eine „freie Stadt“ (vgl. zum „Berlin-Ultimatum“ Nr. 182, Anm. 14) und brüskierte Macmillan mit seiner schroffen Haltung und seinem cholerischen Temperament; vgl. A. Horne, Macmillan, S. 122–127.

33 Großbritannien und die Sowjetunion waren im Zweiten Weltkrieg gegen Deutschland 1941–1945 verbündet.

34 Als Reaktion auf die Währungsreform in den Westzonen und den Westsektoren Berlins verhängte die sowjetische Besatzungsmacht am 24. 6. 1948 eine Blockade aller Land- und Wasserwege zwischen den Westsektoren von Berlin und den westlichen Besatzungszonen. Die Westalliierten ließen aber ihre Truppen in Berlin und versorgten fast ein Jahr lang die Stadt mit allem Lebensnotwendigen über Transportflugzeuge aus der Luft. Der Erfolg dieser spektakulären Aktion führte auch zu einem engeren Schulterschluss der westeuropäischen Länder und vor allem der deutschen Westzonen mit den USA, während das internationale Ansehen der Sowjetunion litt. Angesichts des Scheiterns der Berlin-Blockade lenkte die sowjetische Regierung schließlich ein und hob am 12. 5. 1949 die Abriegelung der Stadt auf; vgl. W. Benz, Berlin-Blockade, S. 485-494.

35 Mit Ursula Wolf.

36 Zur Verschiebung aller genannten Termine vgl. Nr. 206.

37 Toni Stolper hielt sich im Frühjahr in Neuseeland auf, um die Familie ihrer Tochter, Joan Campbell, zu besuchen.

Nr. 191
An Dr. Gerhard Storz, Kultusminister des Landes Baden-Württemberg, Stuttgart-Süd
10. März 1959
BArch, N 1221, 353: ms. Schreiben, Durchschlag, von Heuss diktiert (Diktatz. H/vM) und ms. gez.; ms. Briefkopf: „Theodor Heuss“
Anregung, den Verleger Hermann Leins für das Bundesverdienstkreuz vorzuschlagen

Verehrter, lieber Herr Storz!

Von Friedrich Sieburg bekam ich neulich einen netten Brief,[1] dem ich entnehmen durfte, daß er sich über den Orden gefreut hat und daß unter Ihrer freundlichen Regie die Überreichung der Auszeichnung eine nette kleine Feier wurde.

Heute komme ich wieder mit einer Anregung aus dem gleichen, etwas mühsam zu begehenden Gebiet zu Ihnen.

Zu meinem Geburtstag habe ich ja, ohne die „Richtzahlen“ oder „Kontingente“ der einzelnen Länder zu strapazieren, einige Schriftsteller, Musiker, Bildhauer und auch Verleger von mir aus ausgezeichnet.[2] Unter diesen Leuten figurierte auch mein Freund und Verleger Hermann Leins in Reutlingen, bei dem ich aber vorher anfragte, ob es ihm lieber sei, in dieser Reihe anzutreten oder willkommener, wenn ich seinen am 25. Mai passierenden 60. Geburtstag dazu auswähle. Er hat sich für das letztere entschieden.

Nun ist es so, daß mancher es falsch sehen könnte, daß ich den Verleger meiner Bücher mit einem Orden begabe. Aber eine unliebe Interpretation würde mich persönlich in diesem Fall nicht weiter stören, denn Leins, der ja nach ’45 auch der eingesetzte Verwalter der Deutschen Verlagsanstalt war, hat sich in der ganzen bösen Zeit tadelfrei benommen, hat als erster wieder nach ’45 auch Bücher in anständiger äußerer Fassung herausgebracht und ist ja schließlich auch von den Nazis wegen bestimmter christlicher Grundhaltung einiger Werke als Verleger am Schluß lahmgelegt gewesen. Ich selber, der ich ihn auf dem Umweg über Gertrud Bäumer schon lange kannte, bin zu ihm als Verleger gekommen, weil er mitten im Krieg mir sagte, daß er gern bereit wäre, meine große Naumann-Biographie[3] nach Schluß des Krieges neu aufzulegen, denn die Deutsche Verlags-

---

[1] Sieburg an Heuss, 11. 2. 1959, in: B 122, 38807. Nachdem mehrere Vorstöße, Sieburg mit dem Bundesverdienstkreuz auszuzeichnen, misslungen waren, ergriff Heuss die Initiative und ehrte Sieburg aus Anlass seines 75. Geburtstages; vgl. ebd.

[2] Namentliche Aufstellungen und Materialien einschließlich einiger Dankschreiben in: B 122, 38807. Zu den Geehrten gehörten u. a. Josef Eberle, Albrecht Goes, Ludwig Grote, Reinhard Jaspert, Ernst Jünger, Herbert von Karajan, Erich Kästner; vgl. auch Nr. 188, Anm. 8.

[3] TH. HEUSS, Friedrich Naumann.

anstalt unter ihrer damaligen Leitung hatte ihr Wort nicht gehalten und einen Neudruck des rasch vergriffenen Buches abgelehnt,[4] so daß ich ohne zu große Mühe mir das Verlagsrecht zurückgeben lassen konnte.[5] Für diese seine Haltung habe ich mich Leins gegenüber immer verpflichtet gefühlt, ohne daß ich mit ihm irgendwann einmal einen Ausschließlichkeitsvertrag abgeschlossen hätte. Ich glaube, er ist einer der wenigen deutschen Verleger, die nach '45 ihre Verlagsprospekte nicht „säubern" mußten. Ich weiß nicht, ob Sie ihn persönlich kennen, aber ich schreibe Ihnen, um die Sache aus meinem Kopf zu haben, jetzt schon, damit das Formale irgendwann einmal eingeleitet werden kann.[6] Ich würde auch in diesem Fall, um eventuell vorhandene Ordensdispositionen des Kabinetts nicht zu stören, die Auszeichnung außerhalb der auf Baden-Württemberg entfallenden Zahl an mich ziehen.[7]

Mit freundlichen Grüßen
Ihr
Theodor Heuss

Nr. 192
An Dr. Ernst Ludwig Heuss, Lörrach-Tumringen
11. März 1959
FA Heuss, Basel: ms. Schreiben, behändigte Ausfertigung; Kopfbogen: „Theodor Heuss"[1]
Ablehnung, das Ehrenbürgerrecht der Stadt Lörrach anzunehmen

Lieber Ludwig!

An meinem Geburtstag hast Du mir angedeutet, daß in der Stadtverwaltung von Lörrach der Gedanke aufgetaucht ist, mir evtl. das Ehrenbürgerrecht zu verleihen. Es war sehr klug von Dir, daß Du das zunächst abgewimmelt hast, wie ich ja auch für diesen Tag Ehrenbürger-Delegationen und Ehrendoktoren-Delegationen, die mir Ernennungen bringen wollten, ablehnte. Es war sowieso schon zu viel mit dem Drum und Dran solcher Dinge. Ich war in meinem Leben nie ein Sammler und will auf meine alten Tage nicht Sammler von Ehren werden, sondern nach

4 Vgl. Heuss an Karl Pagel, 5. 12. 1940, in: TH. HEUSS, Defensive, S. 392f.
5 Vgl. Deutsche Verlags-Anstalt an Heuss, 18. 7. 1944, in: N 1221, 513; Heuss an Rainer Wunderlich Verlag, 13. 8. 1946, in: TH. HEUSS, Erzieher, S. 201. Die zweite, neubearbeitete Auflage der Naumann-Biographie erschien 1949 im Rainer Wunderlich Verlag Hermann Leins.
6 Heuss übergab das Große Bundesverdienstkreuz am 6. 6. 1959 an Leins und „feierte" dies bei ihm in Reutlingen; TH. HEUSS, Tagebuchbriefe, S. 439, 6. 6. 1959.
7 Eine Antwort von Storz ließ sich nicht ermitteln.
1 Weiterer Nachweis: N 1221, 353: ms. Schreiben, Durchschlag.

meiner Amtszeit ohne Drum und Dran ein paar literarisch wissenschaftliche Arbeiten, die liegengeblieben sind, wieder aufnehmen können.[2]

Nun habe ich aber kürzlich einen Bericht lesen können, wonach Hermann Burte seit irgendwann der Ehrenbürger der Stadt Lörrach ist[3] und als solcher jetzt an seinem 80. Geburtstag ganz groß gefeiert wurde. Das veranlaßt mich, Dir zu schreiben, die Form zu finden, in der Du dem Oberbürgermeister Braye diesen freundschaftlichen Gedanken auszureden verstehst. Ich habe über Herrn Hermann Burte hier keine literarische Beurteilung zu geben, zumal ich ja von ihm eigentlich nur eine Reihe alemannischer Gedichte kenne und die Dinge, die ihn vor ein paar Jahrzehnten einmal „berühmt" gemacht haben, nie las, da mir seine Form brutaler Romantik innerlich völlig fremd ist.[4] Aber ich möchte auf keinen Fall mit diesem Mann eines grobschlächtigen Antisemitismus und eines bramarbasierenden Nationalismus in eine Reihe gestellt werden, ihn evtl. sogar als Ehrenbürger-Kollegen bei irgendeinem Festchen erleben. Er mag als Dichter so begabt sein, wie viele Menschen es offenbar glauben, daß er es ist. Ihn neben dem feinsinnig rationalistischen Joh. Peter Hebel als *die* Heimatfigur herauszuheben, ist für mein historisches Gefühl geradezu eine Groteske. Ich bin es aber mir und meinem Amt, selbst wenn ich es nicht mehr innehabe, schuldig, zu diesem Typus absolut Distanz zu halten.

Ich will natürlich Dir als Person und Bürger von Lörrach keinerlei Unannehmlichkeiten bereiten. Die Sache muß also sehr diskret behandelt werden. Aber sage bitte Oberbürgermeister Braye, daß die Sache nicht irgendwie wieder hochkommen soll, denn wir wollen doch jede Peinlichkeit, die als Wichtigtuerei gelten könnte, vermeiden.[5]

Mit herzlichem Gruß
Dein Vater

Theodor Heuss

---

2 Vgl. Nr. 1, Anm. 4.

3 Der Schriftsteller Hermann Burte stand völkischen und nationalsozialistischen Ideologien nahe. Er war seit 1939 Ehrenbürger von Lörrach; vgl. H. SARKOWICZ / A. MENTZER, Literatur, S. 129–131.

4 Burte wurde vor allem durch seinen Roman „Wiltfeber der ewige Deutsche. Die Geschichte eines Heimatsuchers" (1912) bekannt, für den er 1913 mit dem Kleist-Preis ausgezeichnet wurde. 1936 erhielt er den Johann-Peter Hebel-Preis; vgl. ebd. An Carl Jacob Burckhardt schrieb Heuss am 23. 5. 1959, Burte habe „politisch unerträgliche Dinge von sich gegeben, macht visuell einen brutalen Eindruck, hat sich auch ein paarmal an mich herangeschlängelt"; DLA, A: Heuss, 73.4069–4072.

5 Die Ablehnung der Ehrenbürgerwürde durch Heuss wurde dennoch publik und von Kurt Ziesel als selbstgerecht kritisiert; vgl. Europäischer Kulturdienst 8 (1959), Nr. 12, S. 11, ms. Fassung in: N 1221, 385. Auch der „Spiegel" berichtete unter dem Titel „Ehrenbürger. Zuck-aus-der Luft" über die Angelegenheit; vgl. Der Spiegel, H. 14, 1. 4. 1959, S. 30.

Nr. 193
An Kurt Georg Kiesinger, Ministerpräsident des Landes Baden-Württemberg, Stuttgart-Ost
12. März 1959

BArch, B 122, 284: ms. Schreiben, Durchschlag, von Heuss diktiert (Diktatz. H/vM) und ms. gez.; ms. Briefkopf: „Theodor Heuss"[1]

Bitte an das Land Baden-Württemberg, auf die Mitwirkung bei technischen Änderungen an der Satzung des Germanischen Nationalmuseums zu verzichten

Verehrter, lieber Herr Ministerpräsident!

Als einzige ehrenamtliche Funktion des Nebenberufes habe ich, als ich im Jahre 1949 zum Bundespräsidenten gewählt war, den Vorsitz des Verwaltungsrates im Germanischen National-Museum in Nürnberg beibehalten, der mir ein Jahr vorher angetragen worden war und den ich damals annahm, da ich zu diesem Museum ein bis in meine Studentenzeit zurückgehendes, fast ehrfürchtiges Verhältnis gehabt habe.

Meine Mitarbeit hat ziemlich viel Zeit gekostet,[2] aber die Tatsache, daß ich nun Bundespräsident war, war dem Wiedererstehen des weithin zerstörten Museums gewiß förderlich,[3] und es ist auch eine der Aufgaben, die ich nach dem Ausscheiden aus dem Bundespräsidentenamt beibehalten will.

Die Situation ist nun die, daß im Hin und Her der Verhandlungen und mit der Schaffung eines neuen Stiftungsgesetzes in Bayern, das ja die unmittelbare Kontrolle über die Amtsführung, über die Beamten und Angestellten hat, mannigfach, auch juristische Satzungsänderungen usf. – Königsteiner Abkommen[4], Vertretung der Bundesregierung – manipuliert werden mußte.

Es ist nun so, daß der Verwaltungsrat vorgeschlagen hat, daß bei Satzungsänderungen, die technischer Natur sind, die Länderkabinette nicht vorher im einzelnen gehört werden müßten.[5]

Das ist seinerzeit begrüßt worden, um nicht den Papierkrieg, wie man das so schön nennt, auszuweiten. Es ist nun so, daß alle Länder zugestimmt haben, nur Baden-Württemberg und Schleswig-Holstein sich versagten, weil an der Finanzierung die Länder als solche mitbeteiligt sind.

---

1 Stempel: „Pers[önlichem] Ref[erenten] vorgelegen"; Durchschläge erhielten von Tucher und Grote; B 122, 284; weiterer Nachweis: N 1221, 353: ms. Schreiben, Durchschlag.

2 Unterlagen in: B 122, 282–284.

3 Der Wiederaufbau erfolgte im Wesentlichen durch Zuschüsse des Bundes, des Landes Bayern, der Stadt Nürnberg und durch eine Spende von Vertretern der deutschen Wirtschaft aus Anlass des 100-jährigen Bestehens im Jahre 1952; vgl. B 122, 282, 283; Heuss an Grote, 18. 8. 1951, in: TH. HEUSS, Bundespräsident 1949–1954, S. 267f.

4 Vgl. Nr. 99, Anm. 3.

5 Neufassung der Satzung vom 6. 6. 1957, in: B 122, 284.

Mein Brief hat nun folgenden Sinn: Es möchte doch noch einmal diese Frage, die durch eine Mitteilung des Bayerischen Kultusministers an mich gekommen ist,[6] bei Ihnen überprüft werden, ob es denn notwendig ist, die sich ergebenden Satzungsänderungen in die große Maschine von Kabinettsbeschlüssen und womöglich Landtagserörterungen zu bringen. Sie werden ja doch selber spüren, daß der Apparat zu umständlich ist, und ich kann mir eigentlich nicht recht vorstellen, daß gerade diese beiden Länder, die ich ja einigermaßen auch in der Substanz ihrer Regierungen kenne, an diesen Geschichten die Übertreibung des Föderativsystems ins Grundsätzliche betreiben. Vielleicht ist es eine liebenswürdige Spielart der Sachreferenten, denen ich ganz gewiß nicht zu nahe treten will, aber es wäre eigentlich nett, wenn die Geschichte durch eine Zustimmung zu einer Entlastung führen könnte.

Entschuldigen Sie diesen etwas lockeren Ton, den ich gegenüber einer vermutlich seriösen staatlichen Angelegenheit gebrauche, aber Sie werden doch ein Gefühl dafür haben, daß ich, der ich mit behördlich-bürokratischen Formeln genug zu tun habe, bei diesem meinem „Nebengewerbe“ mich davon etwas entlastet fühlen möchte.[7]

Mit guten Grüßen
Ihr

Theodor Heuss

Nr. 194
An Edo Osterloh, Kultusminister des Landes Schleswig-Holstein und Präsident der Ständigen Konferenz der Kultusminister, Bonn
12. März 1959

BArch, B 122, 2081: ms. Schreiben, Durchschlag, von Heuss diktiert (Diktatz. H/vM) und ms. gez.; ms. Briefkopf: „Der Präsident der Bundesrepublik Deutschland“[1]

Initiative zur Bekämpfung des Antisemitismus im Rahmen der Lehrerbildung und des Geschichtsunterrichts

---

6 Ließ sich nicht ermitteln.

7 Kiesinger gab am 2. 4. 1959 einen Zwischenbescheid: Er werde sich auf der nächsten Kabinettssitzung für die Lösung einsetzen. Am 17. 4. 1959 konnte er nach erfolgter Beratung im Ministerrat seine Zustimmung mitteilen. Auch Schleswig-Holstein stimmte am 8. 4. 1959 zu; B 122, 284.

1 Rechts oben Paraphe von Bleek vom 13. 3.; weiterer Nachweis: N 1221, 353; B 122, 2317: ms. Schreiben, Durchschlag. Am 13. 3. 1959 erhielt der nordrhein-westfälische Kultusminister Werner Schütz eine Kopie dieses Schreibens unter Bezugnahme auf ein Gespräch mit Heuss vom 10. 3. 1959; B 122, 2081.

Sehr geehrter Herr Präsident!

Darf ich Ihnen folgendes vortragen: Ich hatte kürzlich einige Mitglieder des Vorstandes des Christlich-Jüdischen Koordinierungsrates bei mir[2] und später einen qualifizierten jüdischen Herrn aus Paris,[3] der eine große jüdische Organisation in Amerika vertritt – kein Emigrant und kein Vertreter der Claims-Konferenz.[4]

Der Gegenstand der Unterhaltungen war das Problem eines in Deutschland eventuell wieder spürbar und vielleicht gefährlich werdenden Antisemitismus.[5]

In beiden Fällen waren sich die Herren darüber klar, daß sowohl die Bundesregierung wie die Landesregierungen wie die Presse und der Rundfunk in der Frage immer eine klare und eindeutige Position bezogen haben. Das Problem ging in beiden Unterhaltungen, zumal in der ersten, um die Frage der Erziehung, und zwar nicht nur der Schüler, sondern auch des Lehrer-Nachwuchses.

Ich habe den Herren gesagt, daß die Schwierigkeit mit darin liege, daß wesentliche Einflüsse auf die Jugend ja unkontrollierbar von solchen Familien oder Elternhäusern kommen, die selber ihre Nazivergangenheit im Bewußtsein, auch vor den Kindern, nicht auslöschen wollen oder auslöschen können, infolgedessen [sich] gegenüber den literarischen oder anderen Zeugnissen von vornherein vor der Jugend die Skepsis meldet.[6] Daneben gibt es natürlich auch Ausschreitungen von Lehrern innerhalb oder außerhalb der Schule, gegen die ja an verschiedenen Stellen disziplinarisch oder richterlich eingegriffen worden ist.

Wir haben uns auch darüber unterhalten – und das ist von den Beteiligten der Unterhaltung anerkannt worden –, daß mit ganz geringen Ausnahmen die Frage antisemitischer Äußerungen in Aufsätzen, Broschüren und Reden hier abgelehnt und geahndet wird – der Labour-Abgeordnete Hynd, der frühere Deutschland-Minister, hat ja kürzlich im Unterhaus davon gesprochen, daß antisemitische Äußerungen literarischer oder sonstiger Natur in England ungeahndet erfolgen

2 Die Unterredung zwischen Heuss und dem Deutschen Koordinierungsrat der Gesellschaft für Christlich-Jüdische Zusammenarbeit hatte am 3. 3. 1959 stattgefunden; Vermerk vom 4. 3. 1959, in: B 122, 2081. Die Vertreter des Deutschen Koordinierungsrates äußerten dabei, „es sei außerordentlich schwierig, dem häufig vom Elternhaus her kommenden antisemitischen Einfluß in der richtigen Form zu begegnen. Auch müsse man oft feststellen, daß kleine Hetzschriften nach Art des ‚Stürmers' unter den Schülern kursierten."

3 Dabei handelte es sich um Zachariah Shuster, Europäischer Direktor des American Jewish Committee, wie aus einem Schreiben von Heuss an Shuster vom 23. 3. 1959 hervorgeht, in dem er von seiner Initiative gegenüber den Kultusministerien der Länder berichtete; B 122, 2085. Shuster war am 9. 3. 1959 bei Heuss gewesen und hatte um eine Botschaft für eine Konferenz seiner Organisation in New York vom 16. bis 19. 4. 1959 gebeten, die Heuss ihm am 23. 3. 1959 sandte; ebd.

4 Die Jewish Claims Conference (Conference on Jewish Material Claims Against Germany) war ein Zusammenschluss jüdischer Organisationen. Sie vertrat seit ihrer Gründung im Jahre 1951 Entschädigungsansprüche jüdischer Opfer des Nationalsozialismus gegenüber der Bundesrepublik.

5 Zu den antisemitischen Vorfällen 1958/59 vgl. W. Bergmann, Antisemitismus, S. 190–234.

6 In der Vorlage: „melden".

können, während sie in Deutschland sofort unter die öffentliche Kritik und unter die richterliche Verfolgung kommen;[7] aber dieser Hinweis von Hynd, der Deutschland in irgend entlasten wollte gegenüber dem Vorwurf, daß der Antisemitismus neu bei uns hochkomme, entlastet uns nicht, nach allem, was geschehen ist, diese Dinge, die aus vielen Gründen die Weltöffentlichkeit sehr genau verfolgt und die nicht bloß eine Angelegenheit der Weltöffentlichkeit, sondern unseres eigenen Gewissens sind, mit klarer Entschiedenheit zu beobachten und, wo immer es geht, zu strafen oder noch besser zu heilen.

Meine Erwägung aufgrund dieser verschiedenen Unterhaltungen ist nun die, ob nicht die Kultusminister-Konferenz bei einer ihrer nächsten Tagungen dieses Problem zu einer zentralen Auseinandersetzung bringen könnte. Ich kann mir gut genug vorstellen, wie sehr die Herren von den laufenden Verwaltungssorgen und Angleichungsgeschichten und, ich weiß nicht was noch alles, belastet sind, aber solche Besprechung sollte nicht nur for show sein, um der Öffentlichkeit mitgeteilt zu werden, sondern ich könnte mir vorstellen, daß mit einer gründlichen pädagogisch-historischen Betrachtung, a) wie dieser ganze Stoff in den Pädagogischen Akademien behandelt, b) wie er in den Schulen der verschiedenen Altersstufen oder Abtönungen angefaßt wird, dieses Problem einmal zu einer Klärung gebracht werden könnte.

Ich würde hier sicherer sein mit eigenen Vorschlägen, wenn ich mir einen Überblick verschaffen könnte – wozu mir aber wirklich die Zeit fehlt –, bis wohin eigentlich die Geschichtsbücher gehen. Man spricht ja heute viel von einer nicht bewältigten Vergangenheit, aber wenn ich an meine eigene Schulzeit denke, die ja so in die 90er Jahre fällt, so hat bei uns der Geschichtsunterricht bei 1815 aufgehört, was ein grober Unfug war. Später ist er ja weitergegangen, und es ist nach meiner Zeit ja das ganze Problem der staatsbürgerlichen Unterweisung in den sogenannten gesellschafts-wissenschaftlichen Dingen hinzugekommen. Wie das ausgeht oder ausging, hängt ja wesentlich von der Eignung des Lehrers ab. Aber es müßte zur Bewältigung dieser Vergangenheit, in der so viele Wunden noch nicht verheilt sind (und viele dürfen gar nicht verheilen), eine gewisse gemeinsame Aufgabe erarbeitet werden – sei es daß Richtlinien herauskommen, obwohl mit allgemeinen Sprüchen nichts zu tun ist. Dazu sind ja die Pädagogen da, um sich darüber Gedanken zu machen, wie man die Wahrhaftigkeit, ohne daß aus der Schule ein Propagandainstrument solcher oder solcher Art werden kann, wie es einmal war, an die einzelnen Jahrgänge heranbringt.

Nach meiner Meinung hat lange Zeit der Unterricht von kurzschlüssigen nationalen Legenden gelebt, die dem richtigen Opfer von Patriotismus durch Prestige-Gerede selber im Wege standen. Die Schaffung eines Nationalempfindens, das

---

[7] Die Äußerungen ließen sich nicht ermitteln.

den Hintergrund einer menschlichen Verantwortung weiß, bleibt ja doch eine Aufgabe der werdenden Erziehergeneration.

Ich durfte Ihnen das einmal als Anregung schreiben, aber die Aufgabe selber beschäftigt meine Phantasie und mein Gewissen, und Sie werden deshalb meinen Brief nicht als einen Eingriff in den Zuständigkeitsbereich der Länder ansehen; davor glaube ich mich geschützt zu wissen.[8]

Mit freundlichen Grüßen
Ihr
Theodor Heuss

Nr. 195
An Prof. Dr. mult. Albert Schweitzer, Lambarene, Gabun
12. März 1959

Internationales Albert Schweitzer Zentrum, NL Schweitzer: ms. Schreiben, behändigte Ausfertigung; Kopfbogen: „Theodor Heuss"[1]

Belastung durch zahlreiche Geburtstagsschreiben; 80. Geburtstag von Otto Hahn; atomare Aufrüstung; Beurteilung von John Foster Dulles; Überlastung von Albert Schweitzer; Nachfolge im Amt des Bundespräsidenten; Pläne für den Ruhestand

Lieber Freund!

Du hast mich sehr beschämt. Als ich am Sonntag abend von Göttingen[2] zurückkam, fand ich Deinen so lieben Brief zu meinem 75. Geburtstag vor,[3] und ich fühle mich dadurch eigentlich bei aller Freude über Dein Gedenken sehr betroffen, weil ich ja nun seit ein paar Wochen einen Brief von Dir[4] in meiner Mappe hin und her von der Wohnung ins Amt, vom Amt in die Wohnung trage und ihn nicht beantwortet habe. Das sind die Folgen dieses 75. Geburtstags, die ja sozusagen zu einer Arbeitskatastrophe wurden, weil so entsetzlich viele Briefe eingingen, von denen ich aber natürlich nur einen ganz kleinen Prozentsatz vorgelegt bekommen habe. Aber das, was mir herausgelegt wurde, mußte individuell beantwortet werden. Dann hatte ich gebeten, wer mir etwas schenken wolle, solle mir Geld für das von Elly ins Leben gerufene Mütter-Genesungs-

8 Eine Antwort von Osterloh bzw. der KMK ließ sich nicht ermitteln.
1 Zahlreiche hs. Unterstreichungen vom Empfänger; weitere Nachweise: N 1221, 201 und 353: ms. Schreiben, Durchschlag; Druck: A. SCHWEITZER, Briefwechsel, S. 360–363.
2 Vgl. Anm. 7.
3 Schweitzer an Heuss, 27. 2. 1959, in: N 1221, 201. Schweitzer hatte sich für seinen verspäteten Geburtstagsbrief entschuldigt.
4 Schweitzer an Heuss, 13. 12. 1958, in: N 1221, 201.

werk[5] oder für die Künstlerhilfe[6] geben, und alle die Leute bekamen dann, wenn es irgend ging, einen individuell gehaltenen Brief, um sie bei der Spendelust zu erhalten. Meine Mitarbeiterinnen werden noch längere Zeit mit dem Erledigen dieser Briefe, die ich ins Diktaphon diktiere, belastet sein. Diese Arbeit des Diktierens ist fast immer in der späten Nacht geschehen, wie auch jetzt diese Zeilen an Dich gesprochen werden, da der Tag bei der gegenwärtigen politischen Situation – der äußeren wie der inneren – von ungezählten Konferenzen usf. usf. belastet ist.

Es hat etwas Paradoxes: Ich kam, als ich am Sonntag abend zurückkehrte, vom 80. Geburtstag von Otto Hahn,[7] der die Atomspaltung entdeckt hat. Vermutlich wäre auch sonst irgend jemand einmal dahinter gekommen, denn an dieser Geschichte arbeiten ja Gelehrte in allen Ländern. Aber er selber fühlt sich seitdem moralisch bedrückt wegen des ungeheuren Leids, das mit dem militärisch gedachten Mißbrauch seiner Entdeckung geschehen könnte.[8] Ich liebe Otto Hahn menschlich sehr und habe versucht, ihm zu sagen, daß er selber um seiner wissenschaftlichen Entdeckung willen innerlich frei bleiben solle von dieser Art von moralischer Selbstanklage, in der er eine Zeitlang befangen war, denn die Entdeckung als solche ist ja etwas, wie mir scheint, Epochales, wenn sie nun eben durch die Menschen in der Hand behalten wird.

Die Problematik als solche ist, zumal seit den Genfer Konferenzen,[9] in der dauernden Erörterung mit einem ewigen Wechsel von Optimismus und von Enttäuschung. Es ist für unsereiner ungeheuer schwer, über die möglichen Ergebnisse ein richtiges Bild zu bekommen. Als ich in USA war, habe ich mich ja mit einigen Leuten auch darüber unterhalten und bin, da ich die Menschen persönlich vorher nicht kannte, nicht in der Lage, die subjektiven Meinungen auf ihr objektives Gewicht hin zu beurteilen.

---

5 Heuss-Knapp hatte die zahlreichen Müttererholungsheime der sozialen und karitativen Verbände 1950 im Dachverband des Deutschen Müttergenesungswerkes zusammengefasst, deren Schirmherrin sie war. Nach ihrem Tode 1952 übernahm Heuss die Schirmherrschaft; vgl. A. GOLLER, Elly Heuss-Knapp.

6 Vgl. Nr. 63, Anm. 11.

7 Am 8. 3. 1959 fand die offizielle Feier des 80. Geburtstages von Otto Hahn in Göttingen statt; die Rede von Heuss in: N 1221, 21; TH. HEUSS, Politiker, S. 485–487; vgl. auch TH. HEUSS, Tagebuchbriefe, S. 406, 8. 3. 1959.

8 Aus Hahns Büro war am 12. 4. 1957 die „Göttinger Erklärung" verbreitet worden, in der 18 deutsche Physiker, unter ihnen vier Nobelpreisträger, vor der militärischen Nutzung der Atomkraft und einer nuklearen Aufrüstung der Bundeswehr warnten. Die Erklärung wurde mittelbar Auslöser einer Protestbewegung und kann als Keimzelle der deutschen Ostermarsch- und Friedensbewegung gesehen werden; vgl. R. LORENZ, Protest; vgl. zur Anti-Atomtod-Bewegung auch Nr. 161, Anm. 12.

9 Zu den Genfer Konferenzen 1955 vgl. Nr. 46, Anm. 10. Im Mai/Juni und Juli/August 1959 fanden ebenfalls in Genf Außenministerkonferenzen der vier alliierten Besatzungsmächte über die Zukunft Deutschlands statt; vgl. G. WETTIG, Chruschtschows Berlin-Krise, S. 55–70.

Abb. 26: Theodor Heuss und Albert Schweitzer bei der Verleihung des Ordens Pour le mérite, 11. 11. 1955

Die Problematik, daß die sogenannten nuklearen Waffen irgendwo in die Hand von Leuten kommen, die damit einfach einmal ein Geschichtsexperiment machen, ist natürlich groß genug, und ich glaube, daß man das in Moskau, in London und in Washington in gleicher Weise spürt. Wieweit man es in Frankreich spürt, weiß ich nicht, obwohl de Gaulle, der ja das Land offenbar weitgehend hinter sich gebracht hat, mit aus Prestigegründen die Entwicklung nuklearer Waffen in die eigene Hand bekommen und dabei Deutschland von den Erfahrungen offenbar profitieren lassen will.[10] Wir selber sind natürlich vor allem unter dem Druck der russischen Bedrohung – es waren ja die Sowjets, die die Abrüstungsvorschläge von Anfang an aus Gründen, die in ihrer machtpolitischen internen Situation liegen, immer wieder störten.[11] Ich weiß nicht, ob Du Dulles als den bösen Mann richtig beurteilst.[12] Ich habe ihn selber ja nur

[10] Nach seiner Rückkehr an die Regierung 1958 forcierte de Gaulle im Zuge seiner französischen Unabhängigkeits- und Großmachtpolitik die Entwicklung eigener Atomwaffen, die nicht nur als ein militärisches Instrument, sondern auch als ein Symbol der Weltgeltung Frankreichs dienen sollten. Inwieweit Deutschland davon profitieren sollte, ist unklar; vgl. K. LINSEL, Charles de Gaulle, S. 155.

[11] Es folgt hs. Fragezeichen durch Empfänger.

[12] Schweitzer hatte Dulles und die USA inbesondere wegen ihrer Haltung zur Atombewaffnung in seinem Schreiben vom 30. 6. 1958 an Heuss sehr kritisch beurteilt; N 1221, 201.

zweimal in meinem Leben gesehen.[13] Er ist im Grunde genommen der Typus des Puritaners, der alles andere ist wie ein Machiavellist, der auf Macht hinarbeitet, und als Figur in seiner ethischen Haltung stark profiliert. Ich vermag freilich nicht zu beurteilen, wie die technischen Berater und Entwickler in seiner Umwelt zu sehen sind. Als Figur erscheint er mir stärker als Eisenhower. Aber meine mangelnde englische Sprachfertigkeit hat ja die Unterhaltungen mit diesen Herren nicht zu einer intimeren Vertiefung kommen lassen.

Ich selber bleibe natürlich von der Problematik der europäischen Situation, zumal von den Berliner Vorschlägen und Drohungen Chruschtschows,[14] dauernd beunruhigt mit einer Analogie-Überlegung, daß das Schlimmste nun doch nicht unternommen bzw. gewagt werden wird. Meine These, daß sogar ein so amoralischer Mensch wie Hitler auf die chemischen und biologischen Kampfmittel, die vorbereitet waren, verzichtet hat,[15] ist ja nicht schlagend, aber immerhin enthält sie ein Stück tröstlicher Möglichkeiten.[16]

Ich habe Deinen Brief,[17] auch den an Bott,[18] mit der Rührung gelesen, daß Du selber trotz der Überbeanspruchung nun die Mühseligkeiten eines handgeschriebenen Briefes auf Dich nimmst (Du mußt mit mir nachsichtig sein, daß ich beim Diktieren bleibe, obwohl ich weiß, daß das zu einer Mechanisierung der Dinge führt). Vermutlich haben wir beide gleich viel Last und Pflichten auf uns liegen, nur bin ich etwas bedrückt, daß Du Dich, so reizvoll das für den handwerklich denkenden Menschen ist, mit der Ausbesserung von Booten zu beschäftigen hast und dabei doch Dinge, die eigentlich noch von Dir geleistet werden sollten und müßten, vernachlässigt bleiben oder weggeschoben werden.

Du erinnerst Dich vielleicht: Ich habe bei Deinem Besuch[19] hier gesagt: Komm ruhig einmal zu mir. Ich stelle Polizei vor das Haus und dann kannst Du Deine Kulturphilosophie zu Ende schreiben, ohne daß jemand etwas von Dir will.[20]

---

[13] Zumindest einmal während der USA-Reise 1958; vgl. Nr. 162.

[14] Zum „Berlin-Ultimatum" vgl. Nr. 182, Anm. 14.

[15] Deutsche B- und C-Waffen waren vor und im Zweiten Weltkrieg entwickelt worden und standen in geringen Mengen zur Verfügung. Ihr Einsatz, der vor allem gegen Kriegsende erwogen wurde, unterblieb aus Sorge vor einem alliierten Gegenschlag. Mittel zur deutschen Abwehr biologischer Waffen waren an KZ-Häftlingen erprobt worden; vgl. E. GEISSLER, Biologische Waffen; G. W. GELLERMANN, Krieg.

[16] Gegenüber Toni Stolper, der er Kopien der Schreiben von Schweitzer zusandte, meinte Heuss, er sei „in der politischen Beantwortung zurückhaltend geblieben, nicht aus menschlichem ‚Mißtrauen' [...], sondern um nicht eine unbegrenzte Korrespondenz zu eröffnen." TH. HEUSS, Tagebuchbriefe, S. 406, 9. 3. 1959.

[17] Vgl. Anm. 4.

[18] Ließ sich nicht ermitteln.

[19] Eventuell bei der Verleihung des Ordens Pour le mérite im November 1955; vgl. Nr. 21, Anm. 8.

[20] Schweitzer hatte am 27. 2. 1959 geschrieben: „Traurig bin ich, daß bei dem Ablauf meines Lebens, wie es sich gestaltet hat, ich kaum noch Hoffnung haben darf, schon weit gediehene philosophische und theologische Arbeiten fertig zu stellen." Wie Anm. 3.

Aber Du bist ja Deiner Natur nach zu gutmütig oder zu gütig, um Dir eine solche Klausur über das kontemplativ erscheinende und doch produktiv wirkende Dasein zu gönnen.

Ich spüre, wie Du innerlich davon beunruhigt bist, wer denn einmal mit dem Vermögen der menschlichen Autorität und der medizinischen Erfahrung und vor allem der seelischen Behandlung der Schwarzen Dein Werk auf der Höhe der Verantwortungen halten kann, die Du ihm vor dem Bewußtsein der Welt gegeben hast.

Meine eigene Situation ist ja nun unvergleichbar, wenn sie auch mühevolle Beanspruchungen kennt. Ich werde im Herbst aus dem Amt scheiden und zwar nicht, um vor Verantwortung oder Arbeiten zu fliehen, sondern weil man, was ich immer zum Ausdruck gebracht habe, nicht ein Grundgesetz, sei es mangelhaft oder sei es vortrefflich, bei einem so jungen und gefährdeten Staat ad personam[21] ändern darf. Eine „lex Heuss", die an sich jetzt ausgeschlossen ist, weil sie eine 2/3 Mehrheit von Bundestag und Bundesrat erfordert hätte, kommt nicht mehr in Frage und würde auch von mir nicht akzeptiert worden sein. Darüber habe ich eine große lange vertrauliche Denkschrift für die Parteiführer gemacht.[22] Aber die Frage des Suchens nach einem Nachfolger hat zum Teil blamable parteipolitische Züge angenommen,[23] was mir leid tut um der Stellung willen, die dem Amt zu geben mir in den letzten zehn Jahren einigermaßen geglückt ist.

Ich habe mir ja ein kleines Haus in Stuttgart gebaut,[24] das schon unter Dach ist und im September bezogen werden soll. Dort will ich eine Reihe von literarisch-wissenschaftlichen Plänen, die ich im Jahre 1945 liegenlassen mußte,[25] weil der Tag mit seiner Arbeit mich zu sehr forderte, in Angriff nehmen. Dabei ist mir deutlich, daß mein sogenannter „Ruhestand" auch weiterhin ein „Unruhestand" bleiben wird, denn sehr viele Leute, auch Verbände, glauben heute schon über meine Zukunft verfügen zu können. Doch bin ich sehr zurückhaltend in diesen Dingen, weil ich keine Ehrenämtlein sammeln will, sondern ein paar Dinge schreiben möchte, von denen ich glaube, daß es nicht unnütz ist, daß sie von mir geschrieben werden, wenn die Gesundheit das zuläßt. Aber diese ist jetzt, nach einer Lungenentzündung, die ich vor zwei Jahren hatte,[26] ziemlich zuverlässig wieder in Ordnung gekommen.

---

21 Lateinisch für „auf die Person bezogen".

22 Vgl. Nr. 182.

23 Nachdem die SPD mit der Aufstellung von Carlo Schmid zum Kandidaten für die Bundespräsidentenwahl eine Grundgesetzänderung zugunsten einer dritten Amtszeit von Heuss, die Adenauer favorisierte, unmöglich gemacht hatte, begann die parteitaktisch geprägte Suche der CDU nach einem eigenen Kandidaten; vgl. H.-P. Schwarz, Adenauer, Bd. 2, S. 502–526; vgl. auch Nr. 190, Nr. 195, Nr. 200, Nr. 202, Nr. 204, Nr. 206, Nr. 207.

24 Vgl. Nr. 168, Anm. 11.

25 Vgl. Nr. 1, Anm. 4.

26 Vgl. Nr. 114, Anm. 6, Nr. 120, Anm. 7.

Deine Bemerkungen über Afrika[27] bewegen uns natürlich sehr. Ich weiß nicht, ob Du Dich an den Abend erinnerst, an dem ein junger amerikanischer Professor sich mit Dir über Orgeldinge unterhielt.[28] Es war Wolfgang Stolper, der älteste Sohn meines nächsten Freundes. Er hat jetzt die Aufgabe vor sich, in einem besonderen Auftrag sich um die afrikanische Entwicklungsproblematik zu kümmern. Ich halte es nicht für ausgeschlossen, daß er irgendwann einmal auch Deinen Rat mit anfordert.

Sei vielmals in Dankbarkeit gegrüßt mit allen guten Wünschen für die Gesundheit und für die Arbeit von
Deinem alten Freunde Theodor Heuss

Nr. 196
An Martin Niemöller, Darmstadt
17. März 1959

Zentralarchiv der evangelischen Kirche in Hessen und Nassau, 62, 1499: ms. Schreiben, behändigte Ausfertigung; Kopfbogen: „Theodor Heuss"[1]

Ansprache von Theodor Heuss vor der Führungsakademie der Bundeswehr in Hamburg „Soldatentum in unserer Zeit" und Rede Martin Niemöllers in Kassel über die Gefahren des Atomtodes: Kontroverse über Militär und Wiederbewaffnung

Sehr geehrter Herr Kirchenpräsident![2]

Die Beantwortung Ihres Schreibens vom 14. März,[3] das ich am Montag[4] erhielt, mußte sich leicht verzögern; ich mußte Ihnen doch den Wortlaut der Hamburger

[27] Schweitzer hatte am 27. 2. 1959 gemeint, „kaum sind die Eingeborenen frei, so setzen wieder die Kriege zwischen den Stämmen ein, wie sie hier herrschten, ehe die Weißen ihnen ein Ende machten. Ob sie darüber hinauskommen werden? Ich weiß es nicht." Wie Anm. 3.

[28] Das Gespräch hatte am 10. 11. 1955 stattgefunden. Heuss hatte darüber eingehend Toni Stolper berichtet; vgl. TH. HEUSS, Tagebuchbriefe, S. 91f, 10. 11. 1955.

[1] Weitere Nachweise: N 1221, 353 und 578: ms. Schreiben, Durchschlag; N 1221, 578: hs. Schreiben, Entwurf; B 122, 627: ms. Schreiben, Durchschlag mit Stempel: „Pers[önlichem] Ref[erenten] vorgelegen"; Verfügung: „2: „St[aats]S[ekretär] vor Abgang" von Bleek unter dem 17. 3. paraphiert.

[2] Niemöller war Kirchenpräsident der Evangelischen Kirche in Hessen und Nassau.

[3] Niemöller hatte Heuss am 14. 3. 1959 um den Wortlaut der Rede „Soldatentum in unserer Zeit" gebeten; B 122, 627.

[4] 16. 3. 1959.

Rede[5] vorlegen können, die zunächst nur „auf Band" aufgenommen war und erst übertragen werden mußte.

Eine Vornotiz zu Ihrer Bemerkung, daß es „Sitte zu werden scheine, daß hohe Staatsbeamte mit Bischöfen der evangelischen Kirche lediglich durch die Presse verkehren." Ich weiß nicht, auf wen oder auf was Sie das beziehen. Aber Sie werden sich gewiß entsinnen, daß wir vor etwa acht Jahren einen Briefwechsel führten;[6] Sie appellierten an mich, ich solle mich für eine „Volksbefragung" in Sachen der damals „Remilitarisierung" genannten politischen Frage einsetzen. Ich habe Ihnen damals dargetan, welche sachlichen und rechtlichen Gründe mich im „Parlamentarischen Rat" veranlaßten, dieses Verfahren eines Plebiszit als solches scharf zu bekämpfen.[7] Es war ein sehr persönliches Schreiben – der Briefwechsel ist dann durch Ihr Büro der Öffentlichkeit mitgeteilt worden.[8] Mein „Nein" zu der damaligen Agenturen-Anfrage sollte eigentlich die Möglichkeit sichern, daß noch männlicher Gedankenaustausch ohne das Presse-Drum und Dran möglich sei.

Aber um derlei geht es jetzt nicht. Ich habe in meiner Hamburger Ansprache einige Sätze Ihrer Kasseler Rede[9] zurückgewiesen,[10] zum einen weil sie mir persönlich schwer erträglich scheinen, zum andern, weil ich die jungen Menschen, die da vor mir saßen, durch meine unzweifelhaft schroffen Worte seelisch entlasten wollte. Damit keine falsche Legendenbildung entsteht, die ich publizistisch schon unterwegs sehe: kein Minister, kein General oder sonst jemand hat den

---

[5] Heuss hatte am 12. 3. 1959 vor der Führungsakademie der Bundeswehr in Hamburg die Rede „Soldatentum in unserer Zeit" gehalten. In dieser Ansprache betonte Heuss das Ende der preußisch-deutschen Militärgeschichte und plädierte für die Neubegründung einer militärischen Tradition der Bundesrepublik: „Eine Tradition selber zu schaffen, ist viel schwieriger, aber auch großartiger, als sie in den Resten und Formen verjährter Gesinnungen zu suchen und zu pflegen." Abgedruckt in: TH. HEUSS, Politiker, S. 488–499, hier S. 495. Heuss bezeichnete diese Rede als seine wichtigste neben der in Bergen-Belsen (30. 11. 1952, „Das Mahnmal") und der zum 20. 7. 1944 (19. 7. 1954, „Dank und Bekenntnis"); vgl. TH. HEUSS, Tagebuchbriefe, S. 407, 13. 5. 1959.

[6] Briefwechsel vom Mai 1951 in: B 122, 627; Presseausschnitte in: B 122 Anhang, 106; vgl. Heuss an Niemöller, 23. 5. 1951, in: TH. HEUSS, Bundespräsident 1949–1954, S. 234–238.

[7] Ebd., S. 235f.

[8] Vgl. ebd., S. 238, Anm. 25.

[9] Rede Niemöllers am 25. 1. 1959 in Kassel bei einer „Mahnfeier" der „Christen gegen Atomgefahren-Vereinigung der Freunde für Völkerfrieden", abgedruckt als Broschüre unter dem Titel „Was Niemöller sagt – wogegen Strauß klagt. Niemöllers Kasseler Rede vom 25. Januar 1959 im vollen Wortlaut", die Rede unter der Überschrift „Sie wissen, was sie tun!", o. O. 1959. Wegen dieser Rede hatte Strauß eine Verleumdungsklage gegen Niemöller wegen Verunglimpfung der Bundeswehr angestrengt; vgl. J. BENTLEY, Martin Niemöller, S. 264.

[10] Heuss hatte mit Bezug auf Niemöller in Hamburg gesagt: „Ihre [der Soldaten] Seele soll und muß frei sein, um mit gelassener Souveränität demagogischen Anwürfen – es hat eh und je in der Geschichte auch eine christlich eingekleidete Demagogie gegeben – zu begegnen, daß Ihr Tun, wenn es auch nicht unmittelbar als verbrecherisch angesprochen sein mag – Sie wissen die skurrile Kontroverse über ein ‚Tonband' in Kassel, die heute hin und her geht –, so doch Ihr Arbeiten als Wegweisung zum Verbrechertum deklariert wird." TH. HEUSS, Politiker, S. 492.

Wunsch geäußert, ich möchte in meiner Rede, deren Termin schon vor vielen Monaten festgelegt war, lange, lange, bevor Sie in Kassel sprachen, zu Ihrer Kasseler Rede etwas sagen. Ich bin kein Funktionär des Bundesverteidigungsministeriums – dessen Mitglieder oder die anwesende Generalität mußten sich durch das, was ich sagen würde, mußten sich nun aber auch, im Pro und Contra, durch das überraschen lassen, was ich sagte.

Sie haben mir nun Ihre Kasseler Rede gesandt,[11] und ich habe sie brav ganz gelesen. Sie hat mir in Ihren sachlichen Mitteilungen nichts Neues gesagt – ich kenne Otto Hahns „Kobaltbombe"[12] und stehe mit dem mir befreundeten Albert Schweitzer über den ganzen Komplex in einer dauernden Korrespondenz.[13] Aber die Sätze, die auf Seite 3) stehen: „Und darum ist heute …",[14] kann ich, Herr Kirchenpräsident, eben nur als *Bestätigung* des Rechtes, vielleicht sogar der Pflicht, meines Einspruchs nehmen. Das hat nichts mit Theologie, nichts mit Politik, auch nichts mit der Frage zu tun, ob eine von Richtern zu ahndende „Beleidigung" vorliegt – es geht um eine rein menschliche Reaktion. Meiner Unfähigkeit, auf Ihre Art der Formgebung einer polemischen Äußerung irgend einen Einfluß auszuüben, bin ich mir völlig bewußt – derlei habe ich mir nie eingebildet. Aber vor diesen jungen Menschen war es einfach ein Gebot der Ritterlichkeit, ihnen in der Würdigung ihres Berufes, der ja auch einmal Ihr Beruf gewesen war,[15] zu einer inneren Freiheit zu helfen. Und jene Interpretation über die „Kommandos im Zweiten Weltkrieg",[16] die Sie einmal gaben, „nimmt Ihnen niemand mit einfachem Verstande ab" (wie man heute sagt). Und dann das Wort über die Eltern![17] Wer wie ich zwei geliebte Neffen, einer davon Berufsoffizier,[18] beide aus Familienherkunft immer – ich wiederhole das immer – Hitlergegner, im Kriege verloren hat, fühlt noch nachträglich ihre Ehre verletzt.

Aber das klingt sentimental, und Sie sind offenkundig nur partiell für das Sentimentale – ich selber bin es sehr wenig. Ich würde Ihnen und mir Unrecht tun, wollte ich Ihnen irgendwie den Respekt versagen für Ihre Haltung im „Dritten

---

[11] Vgl. Anm. 9.

[12] Kernwaffe mit spezieller Wirkung, an deren Erforschung Hahn beteiligt war; vgl. E. KRAUS, Uranspaltung.

[13] Vgl. Nr. 195.

[14] In der Kasseler Rede heißt es weiter: „Und darum ist heute die Ausbildung zum Soldaten, die Ausbildung der Kommandos im Zweiten Weltkrieg, die Hohe Schule für Berufsverbrecher. Mütter und Väter sollen wissen, was sie tun, wenn sie ihren Sohn Soldat werden lassen. Sie lassen ihn zum Verbrecher ausbilden." Wie Anm. 9, S. 3.

[15] Niemöller war im Ersten Weltkrieg U-Boot-Kommandant gewesen. Seinen Weg vom Marinesoldaten zum Pfarrer schildert er in: M. NIEMÖLLER, U-Boot; vgl. J. BENTLEY, Martin Niemöller, S. 17–47.

[16] Vgl. Anm. 9.

[17] Vgl. Anm. 9.

[18] Gemeint der Neffe Oberstleutnant Conrad Heuss und Arndt Frielinghaus, Ehemann der Nichte Hanna Frielinghaus-Heuss.

Reich", da ich oft genug in der Kirche und im Gemeindehaus von Dahlem durch Ihre Worte, ich will nicht sagen „Festigung", aber doch Bestätigung erfuhr.[19] Es hat für mich etwas Schmerzliches, daß ich Ihnen diesen Brief und wie ich ihn, um der sachlich-seelischen Klarheit willen, schreiben muß. Daß ich das Wort von der „christlich eingekleideten Demagogie" gebrauchte,[20] hat mir in diesen Tagen herbe Proteste wie dankbare Zustimmung von Laien wie von Theologen eingebracht. Sie wissen, daß es das gibt, von Savonarola[21] bis Stoecker,[22] um nur zwei Namen zu nennen. Demagogie heißt dabei, das wissen Sie auch, die emotionelle und emotionalisierende Form der Aussage.

Verzeihen Sie, daß der Brief so lang wird. Da Sie mich ja für einen „hohen Staatsbeamten" halten, hätte ich Ihnen auch mit behördlicher Kürze antworten können. Aber das „Problem Niemöller" beschäftigt mich seit Jahren aus dem staatlichen wie aus dem kirchlichen Aspekt. Die Fragestellungen reichen in meine frühe Jugend und haben mein Leben begleitet. Ich vermute, daß Ihnen der Weg meines Lehrers Friedrich Naumann von dem lutherischen Erlanger Frank zu den Religionshistorikern Bousset und Deißmann[23] verhältnismäßig gleichgültig ist, daß Sie von dem meinethalben naiven sozialen Enthusiasmus selber nie etwas gespürt haben und daß Sie politisch als junger Mensch immer ein Gegner seines demokratischen Mühens gewesen wären.[24] Sie mögen sagen, daß ich ihn, da er mich selber geprägt hat, geistesgeschichtlich überschätze. Aber es gab den Augenblick, da er in dem Schwanken der Lebensentscheidung das Pfarramt verließ, um mit seinen politischen Bestrebungen die Kirche als solche nicht zu belasten, die Kirche, der er dann in der Weimarer Nationalversammlung (er als wichtigste Figur) ihre vom Staat freie religiöse und verwaltungstechnische Eigenständigkeit rettete.[25] Diese Sätze der Erinnerung mögen von Ihnen nicht falsch verstanden werden!

---

19 Niemöller, Gemeindepfarrer in Berlin-Dahlem, war einer der führenden Vertreter der Bekennenden Kirche im Kampf gegen das NS-Regime, bis er 1937 verhaftet und bis 1945 Gefangener in den Konzentrationslagern Sachsenhausen und Dachau war; vgl. J. BENTLEY, Martin Niemöller, S. 83–192.

20 Vgl. Anm. 10.

21 In der Vorlage: „Savoranola". Der Dominikanermönch Girolamo Savonarola hatte nach der Vertreibung der Medici 1494 in Florenz einen theokratischen Gottesstaat ausgerufen.

22 Der Berliner Dom- und Hofprediger Adolf Stoecker hatte 1880 die antisemitische „Berliner Bewegung" gegründet.

23 Vgl. zum Einfluss von Franz Hermann Frank, Wilhelm Bousset und Adolf Deißmann TH. HEUSS, Friedrich Naumann, S. 33–35, 152, 180–183, 361.

24 Niemöller war 1919 aus der Reichsmarine ausgeschieden und stand der Weimarer Republik skeptisch gegenüber. Anfang der dreißiger Jahre unterstützte er noch die NSDAP und begrüßte den kommenden deutschen „Führer". Erst im Herbst 1933 wandte er sich vom Nationalsozialismus ab und dem Pfarrernotbund zu, aus dem die Bekennende Kirche hervorging; vgl. J. BENTLEY, Martin Niemöller, S. 32–161.

25 Vgl. zu dieser Interpretation TH. HEUSS, Friedrich Naumann, S. 628–630.

Die Kirche, ob lutherisch, uniert oder reformiert, ist noch, trotz der Ironie, die Ihre Rede ihr widmet, ein Organ der Volkssubstanz, der Volksgeschichte. Aber es ist immer gefährlich, wenn sie, die gewiß den Auftrag hat, wenn Sie so wollen, volksmissionarisch zu staatlich-politischen Entscheidungen ihr Wort zu sagen, aus ihrem Wort ein Monopol des rechten Wissens und Entscheidens zu machen beansprucht. Wie primitiv, ja fast geistig ärmlich ist etwa der Slogan: „Gegen den Atomtod",[26] weil er psychologisch die Wirkung haben soll, „die andern" seien *für* den Atomtod.

Ich überlasse es durchaus Ihnen, welche Form der Antwort auf meine Hamburger Bemerkung, die Sie der Evangelischen Kirche in Hessen und Nassau schuldig zu sein glauben, Sie wählen werden. Dieser Brief ist, wie der von 1951[27], nicht geschrieben, um von Ihrem Büro veröffentlicht zu werden. Aber das ist Ihre Sache.[28]

Mit freundlichen Empfehlungen
Ihr

Theodor Heuss

Nr. 197
An Willi Richter, Vorsitzender des Deutschen Gewerkschaftsbundes, Düsseldorf
22. März 1959

AdsD, DGB-Archiv, 5/DGAI001977: ms. Schreiben, behändigte Ausfertigung; Kopfbogen: „Theodor Heuss"[1]

Initiative gegen drohenden Abbruch von Gesprächen über den arbeitsrechtlichen Charakter von Schlichtungsverhandlungen nach einem Urteil des Bundesarbeitsgerichts zum Streik der schleswig-holsteinischen Metallindustrie

---

26 Vgl. Nr. 161, Anm. 12.

27 Vgl. Anm. 6.

28 Heuss gab die Korrespondenz zunächst Hermann Kunst zur Kenntnis, Militärbischof bei der Bundeswehr und Vertreter der EKD bei der Bundesregierung. Er möge den Ratsvorsitzenden der EKD, Otto Dibelius, informieren; vgl. TH. HEUSS, Tagebuchbriefe, S. 421, 7. 4. 1959. Auf Niemöllers Antwort vom 24. 3. 1959, in der er noch einmal die Diskrepanz der Anschauungen zwischen ihm und Heuss herausarbeitete, entgegnete dieser am 31. 3. 1959 auf vier Seiten, obwohl Bleek ihn „anflehte", nicht gleich wieder zu antworten; TH. HEUSS, Tagebuchbriefe, S. 413, 27. 3. 1959. Das Schreiben von Heuss endete mit den Worten: „Ich fürchte, dieser Briefwechsel wird unfruchtbar, da wir, in der persönlichen Substanz und in der Bildungstradition wohl ziemlich verschieden, in der Gefahr bleiben werden, aneinander vorbeizureden. Zum Schluß zweierlei: Weder ein Bundespräsident – ob im Amt oder nachher – noch ein Kirchenpräsident sind tabu. Und dies, Römer 3, 23: ‚sie sind allzumal Sünder' – Karl Barth natürlich ausgenommen." B 122, 627.

1 Weitere Nachweise: N 1221, 535; B 122, 5056: ms. Schreiben, Durchschlag mit Stempel: „Pers[önlichem] Ref[erenten] vorgelegen". Gleichlautende Schreiben erhielten Hans-Constantin Paulssen und Theodor Blank; B 122, 5056.

Sehr geehrter Herr Richter!

Aus den Zeitungen ersah ich dieser Tage, daß Besprechungen zwischen Vertretern des Deutschen Gewerkschaftsbundes und des Deutschen Arbeitgeberverbandes über den arbeitsrechtlichen Charakter der Schlichtungsvereinbarungen geführt, aber ohne eine Klärung und Verständigung abgebrochen wurden.[2] Das ist ein Vorgang, der gewiß durchaus nichts mit den amtlichen „Zuständigkeiten" des Bundespräsidenten zu tun hat. Aber es ist Ihnen bekannt, wie auch den leitenden Herren vom Arbeitgeberverband, daß dieser Fragenkreis einer *freien* arbeitsrechtlichen Friedensregelung durch Vertrag der Sozialpartner mich vom Anbeginn meiner Amtstätigkeit sachlich und menschlich beschäftigt hat. Ich habe über diese Dinge, mit einer Pointierung gegen den „staatlichen Schlichter", hinter dem leicht das Wort vom „politischen Lohn" steht, bei Veranstaltungen des Arbeitsgeberverbandes, vor den Gewerkschaften, zumal auch bei Ansprachen zum 1. Mai, gehandelt. Ich weiß, ohne die Wirkung meines Wortes überschätzen zu wollen, daß dies Wort bei beiden Gruppen gehört und in gewissem Sinn geachtet wurde – ich weiß das aus Gesprächen mit Walter Freitag und mit Dr. Paulssen. Ich bin darüber froh gewesen. Man hätte ja auch sagen können: Was geht denn das den Bundespräsidenten an? Aber ich glaubte, spüren zu dürfen, daß man auf beiden Seiten das ökonomische und sozialpolitische Sachinteresse des Schülers von Lujo Brentano respektierte. Meine wiederholte öffentliche Stellungnahme hat, so wird mir versichert, den Weg zur Schlichtungsvereinbarung psychologisch erleichtert.

Diesen Brief,[3] sehr geehrter Herr Richter, richte ich nun in der gleichen Fassung an die beiden Herren Vorsitzenden der sogenannten Sozialpartner und dies nun

---

2 Nachdem die IG Metall nach dem Scheitern von Manteltarifverhandlungen in Schleswig-Holstein im Herbst 1956 Urabstimmungen über einen Streik durchgeführt hatte, erhoben die Arbeitgeber eine Feststellungsklage. Die IG Metall solle den durch den 16-wöchigen Streik entstandenen Schaden ersetzen, weil sie gegen die Friedenspflicht aus der Schlichtungsvereinbarung verstoßen habe. Diese sah vor, dass Beschlüsse über die Durchführung von Kampfmaßnahmen erst fünf Tage nach dem Scheitern der Schlichtungsverhandlungen gefasst werden durften. Das Urteil des Bundesarbeitsgerichts vom 31. 10. 1958 gab der Klage der Arbeitgeber in vollem Umfang recht. Dagegen erhob die IG Metall Verfassungsbeschwerde, weil sie die Koalitionsfreiheit gefährdet sah, und kündigte im Februar 1959 die Schlichtungsvereinbarung. Gespräche zwischen beiden Seiten blieben im Laufe des Jahres erfolglos. Erst 1964 wurde eine neue Schlichtungs- und Schiedsvereinbarung in der Metallindustrie unterzeichnet; vgl. G. WIELAND, Schlichtungs- und Schiedsvereinbarung, in: Recht der Arbeit 17, H. 7, Juli 1964, S. 241–246; vgl. auch Vermerk über den „Begriff der Kampfmaßnahmen nach dem Urteil des Bundesarbeitsgerichts vom 31. 10. 1958", in: B 122, 5056. Heuss schrieb an 21. 3. 1959 an Toni Stolper, das Urteil bedeute „Millionen von Entschädigung an die schleswig-holsteinische Metallindustrie", und es sehe so aus, „als ob die freie Schlichtungsordnung, für deren Zustandekommen ich vor Jahren die Initiative erneuert hatte, zum Platzen käme." TH. HEUSS, Tagebuchbriefe, S. 409; vgl. auch K. ADENAUER / TH. HEUSS, Unter vier Augen, S. 302.

3 Es folgt gestrichen: „nun".

doch auch, nicht um mich als Experte in den sozialpolitischen und arbeitsrechtlichen Grenzproblemen aufzuspielen, sondern doch auch in meiner Eigenschaft als Bundespräsident, auf dessen Einsicht oder Gefühl ein Stück des deutschen Schicksals gelegt ist.[4]

Es ist mir bekannt, daß der Ausgangspunkt einer sich abzeichnenden Konfliktlage die Entscheidung des Bundesarbeitsgerichts von Kassel ist, die über den Streik in der schleswig-holsteinischen Metallindustrie getroffen wurde.[5] Es ist nicht meines Amtes, diese Entscheidung zu analysieren und zu bewerten – ein solcher Versuch würde sich geradezu als Unmöglichkeit darstellen, weil beim Bundesverfassungsgericht eine Verfassungsbeschwerde vorliegt, die in dieser Entscheidung eine richterliche Kränkung des im Grundgesetz der Bundesrepublik statuierten Streikrechtes sieht. Eine Äußerung des Bundespräsidenten zu dieser Problematik könnte als das Eingreifen in ein „schwebendes Verfahren" gedeutet werden. Allein dieser Tatbestand erfordert schlechthin meine Zurückhaltung, vielleicht auch die der Sozialpartner. Denn die Urteilsfindung in Karlsruhe kann der Rechtsentwicklung diesen oder diesen Rhythmus nahelegen oder gar aufzwingen. Ich kann mich natürlich auch nicht an der Interpretation des Begriffes „Kampfmaßnahmen" beteiligen wollen, an der Bewertung der „Fünf-Tage"-Frist[6] – dies gehört zur speziellen rechtlichen Auslegung jener Vereinbarungen, in denen die „Friedenspflicht" umschrieben wird.

Mein Recht, vielleicht meine Pflicht, zu diesem Schreiben entnehme ich nicht dem sozialpolitischen Sonderinteresse, das mein Leben begleitet hat, sondern der politischen Situation, in der sich unser Vaterland heute befindet. Beide Männer, an die dieser Brief gerichtet ist, wissen über sie Bescheid, und ich glaube annehmen zu dürfen, ohne mit einem der Herren ein Gespräch über Berlin, über „Sicherheitsabkommen", über Rüstungsdinge und Wiedervereinigung geführt zu haben, daß sie in verwandter Art die tiefe Problematik der kommenden Monate empfinden. Das hat, für mein Empfinden, gar nichts zu tun mit „Regierungspolitik" und mit „Opposition", sondern lediglich mit dem Gesamtaspekt der deutschen Dinge in dieser Zeit. Darf die Bundesrepublik, um der umstrittenen Rechtsentscheidung willen, die aus einem dem breiten Volks-

---

[4] Dieses Schreiben hatte Hans von Raumer angeregt, dem Heuss am 25. 3. 1959 mitteilte: „Allgemeine Appelle loszulassen und gar an die Öffentlichkeit zu geben ist nicht meine Art, Politik zu machen. Ich habe immer die Auffassung vertreten, wenn freilich meist erfolglos, daß es auch noch die Möglichkeit geben muß, ein Gespräch über öffentliche Dinge zu führen, ohne Fernsehen und ohne Presse. Ich habe deshalb die Anregung, dieses Schreiben zu veröffentlichen, abgelehnt, weil ich nicht den Eindruck erwecken wollte, daß ich ein Wichtigtuer sei, dann aber auch aus der rein sachlichen Überlegung, daß ein öffentliches Auftreten von mir in dieser Angelegenheit praktisch zur Dramatisierung führen könnte und damit einem sachlichen Gespräch eher abträglich sei." N 1221, 353.

[5] Vgl. Anm. 2.

[6] Vgl. Anm. 2.

bewußtsein bereits entschwundenen Arbeitskonflikt entstammt, jetzt das Bild von grundsätzlichen Kämpfen der sogenannten „Sozialpartner" bieten mit Tarifkündigungen und in deren Folge mit Arbeitskämpfen? Ich glaube, und dies Wort gilt für die „Ansprüche" beider Gruppen, dies wäre verhängnisvoll, denn es müßte psychologisch die Position Deutschlands in dem zähen Hin und Her, vor dem wir stehen, schwächen. Ich will eigentlich nicht das in Opportunismus oder Sentimentalität verbrauchte Wort von einem terminierten „Burgfrieden" zwischen den „Sozialpartnern" gebrauchen. Aber dieser Brief, dessen Länge Sie entschuldigen wollen, hat den einzigen Sinn, das Gespräch der beiden Gruppen, das ja gewohnheitsmäßig unter der Beurteilung sozialökonomischer Zielsetzung oder Möglichkeiten steht, unter das Gesetz der staatspolitischen Gemeinverantwortung zu weiten.[7]

Mit freundlichen Empfehlungen
Ihr Theodor Heuss

Nr. 198
An Dr. Hans Speidel, General, Fontainebleau, Frankreich
24. März 1959

BArch, N 1221, 353: ms. Schreiben, Durchschlag, von Heuss diktiert (Diktatz. H/Bk) und ms. gez.; ms. Briefkopf: „Theodor Heuss"

Rede „Soldatentum in unserer Zeit": Resonanz und Verbreitung

Verehrter lieber General Speidel!

Sehr freundlichen Dank für das Echo, das Sie auf meine Hamburger Rede gesandt haben.[1]

---

7 Willi Richter dankte am 24. 3. 1959 und gab ein Schreiben an den Bundesminister für Arbeit und Sozialordnung vom 20. 3. 1959 über den Stand der Angelegenheit zur Kenntnis; B 122, 5056. Paulssen schickte unter Bezugnahme auf die Intervention von Heuss unter dem 2. 4. 1959 ein Fernschreiben an Willy Richter mit dem Vorschlag, die Probleme bald zu besprechen; ebd. Mit Befriedigung berichtete Heuss am 12. 7. 1959 an Toni Stolper unter Bezugnahme auf sein obiges Schreiben, der „als radikal geltende (und sich gelegentlich so gebärdende) Führer der Metallgewerkschaft, Brenner", sei bei ihm gewesen und habe ihn vorsichtig gefragt, ob er nicht auch künftig „zur Vermittlung gemeinsamer Grundsatz-Gespräche zur Verfügung stehe und Anwalt des Koalitionsrechtes bleibe." TH. HEUSS, Tagebuchbriefe, S. 452. Die Bundesvereinigung der Deutschen Arbeitgeberverbände dankte Heuss am 7. 9. 1959 ausdrücklich für sein Interesse an sozialpolitischen Fragen und bat ihn, sich auch künftig zur Verfügung zu stellen; B 122, 2257. Die wiederaufgenommenen Gespräche sollten aber keinen Erfolg haben; vgl. Anm. 2.

1 Das Schreiben von Speidel ließ sich nicht ermitteln; zur Rede vgl. Nr. 196.

Die Veranstaltung ist nach meinem Gefühl recht gut verlaufen, und dadurch, daß ich an den Beginn meiner Rede eine selbstironische Bemerkung gestellt habe,[2] war die Atmosphäre von Anfang an locker, so daß die jungen Menschen gut mitgingen. Beim nachträglichen Durchsehen hatte ich das Gefühl, ob ich nicht für die kritischen Beurteiler etwas zu oft von mir selber und meinen eigenen Beziehungen zu militärischen Dingen gesprochen habe. Aber man meinte, daß das so verstanden worden sei. Auch das Zusammensein mit den Fähnrichen nachher war nett und unbefangen. Ich selber hatte ja schon vor Jahren mich sozusagen einmal angeboten, in Sonthofen bei einem Kursus zu sprechen. Aber man war bei der Anlage eines Lehrganges auf diese Idee nicht gekommen und konnte oder wollte mich dann nicht mehr mit hereinbringen. So ist diese Begegnung erst verhältnismäßig spät erfolgt, aber ich glaube, man hat es verstanden, daß ich seinerzeit die Attrappen abgelehnt hatte und wartete, bis „die Bundeswehr stand".[3]

Ich habe mit lebhaftem Interesse Ihren Briefwechsel mit Jaspers[4] gelesen, der mich veranlaßt, ohne daß ich auf die Kenntnis dieses Briefwechsels im einzelnen zurückgreife, auch Jaspers meine Hamburger Rede zu senden.[5] Sie wird, wie ich durch den Oberstleutnant Schmückle erfuhr, den Informationen für die Truppe beigelegt.[6] Das Heftchen ist schon gedruckt.[7] Leider war der Redaktor so töricht, die Zwischenbemerkungen wie „Heiterkeit" u. s. f. zu streichen, während das Stehenlassen dieser Dinge den lebendigen Charakter viel stärker betont hätte.

Leins möchte gern in etwas besserer Ausstattung, so daß es auch für den Buchhandel in irgend attraktiv wird, die Sache herauszubringen[8] – ich habe ihm zugestimmt – etwa in der Art wie seinerzeit die Rede zum 20. Juli, die

---

2 Heuss hatte seine Rede mit den Worten begonnen: „Es kann einer sagen, wobei eine klassische Bildung vorausgesetzt wird: ‚Spät kommt er, doch er kommt' – nämlich der Heuss zur Bundeswehr." TH. HEUSS, Politiker, S. 488. Das Zitat bezog sich auf den zweiten Teil von Friedrich Schillers Drama „Wallenstein", „Die Piccolomini", das mit den Worten beginnt: „Spät kommt Ihr – doch Ihr kommt!" F. SCHILLER, Sämtliche Werke, Bd. II, S. 315.

3 Zitatanklang aus Rede „Soldatentum in unserer Zeit", in: TH. HEUSS, Politiker, S. 488. Zur Ablehnung von Ehrenformationen vgl. Nr. 68.

4 Briefwechsel in: DLA, A: Jaspers. Jaspers hatte im Jahre 1958 ein viel diskutiertes Buch über die atomare Wiederaufrüstung veröffentlicht; vgl. K. JASPERS, Atombombe.

5 Heuss an Jaspers, 24. 3. 1959, in: B 122, 627.

6 Heuss teilte dies am 23. 3. 1959 seinem Verleger Leins nach einem Besuch von Gerd Schmückle mit. Dieser habe gemeint, es sei sicher gut, wenn es eine „solidere Aufmachung" der Rede gebe; N 1221, 507. Heuss sorgte ferner dafür, dass die „Frankfurter Allgemeine Zeitung" seine Rede vollständig am 18. 3. 1959 abdruckte; vgl. Heuss an die Redaktion der „Frankfurter Allgemeinen Zeitung", 14. 3. 1959, in: B 122, 627.

7 Ließ sich nicht ermitteln.

8 THEODOR HEUSS: Soldatentum in unserer Zeit, Tübingen 1959. Korrespondenz mit Leins und dem Verlag über die Herstellung in: N 1221, 507.

Abb. 27: Theodor Heuss bei einem Bundeswehr-Manöver, 1958

gleichzeitig buchhändlerisch wie von der Vereinigung der Widerstandskämpfer übernommen worden war.[9] Darüber soll er sich nun mit dem Verteidigungsministerium selber auseinandersetzen, ob dieses evtl., was Schmückle für günstig halten würde, an der Wiedergabe in etwas besserer Ausstattung, die man dann auch in das Bücherregal stellen kann, interessiert ist.[10]

Ich habe natürlich eine ungeheuer große Korrespondenz bekommen, zum Teil heftige Proteste, zum Teil freundschaftliche Zustimmung.[11] Am nettesten aber waren (die Deutschen sind doch ein gutmütiges Volk) die Zuschriften, die ich zur Ausfüllung meiner offen bekannten Bildungslücke, was denn eigentlich ein „Liebesmahl" sei, erhielt.[12] Jetzt weiß ich es von acht Seiten, die alle auf dieselbe Quelle zurückgehen: ein Leutnant von Bandemer von den Garde-

[9] THEODOR HEUSS: Dank und Bekenntnis. Gedenkrede zum 20. Juli 1944, Tübingen 1954.

[10] Heuss schickte ein Exemplar am 19. 5. 1959 an den Verteidigungsminister Strauß, der am 27. 5. 1959 dankte: „Beim Lesen der einzelnen Absätze bin ich in meiner Überzeugung bestärkt worden, daß Ihre Gedanken, zumal in dieser eindrucksvollen Formulierung, erheblich dazu beitragen werden und schon beigetragen haben, daß die in der Bundeswehr bestehenden Ansätze zu einer neuen geistigen und politischen Einstellung gefestigt werden."; B 122, 627.

[11] Korrespondenz zur Hamburger Rede in: B 122, 627.

[12] Heuss hatte in seiner Rede angemerkt: „Als ich an einem heiter geselligen Beisammensein der Herren teilnahm, – warum man derlei Einladungen von Offizieren ‚Liebesmahl' nennt, habe ich heute noch nicht begriffen, ich wäre aber dankbar, wenn mir das jemand erzählt […]"; Zuschriften dazu in: B 122, 627, u. a. Martin von Katte an Heuss, 19. 3. 1959.

Dragonern hat in den 40iger Jahren diese Bezeichnung für die sogenannten „Zweckessen" vorgeschlagen, weil in der Nähe der Kasernen am Hallischen Tor die Herrnhuter ihr Liebesmahl (nicht Abendmahl) mit Tee und Zwieback hielten.

Die meisten Briefe protestieren gegen das Wort von der „christlich eingekleideten Demagogie".

Ich habe an Niemöller, der sich bei mir nach dem Wortlaut meiner Rede erkundigte, bereits am letzten Dienstag einen großen Brief geschrieben,[13] bin aber bis jetzt ohne Antwort geblieben. Dies vertraulich.

Ich würde mich sehr freuen, wenn ich Sie wieder einmal eingehend sprechen könnte.[14] Es gibt ja in dem gesamten Kapitel allerhand Sorgen.

Mit freundlichen Grüßen, auch an Ihre Gattin,
Ihr Theodor Heuss

Nr. 199
An Friedrich Maier, Freiburg im Breisgau
26. März 1959

BArch, N 1221, 353: ms. Schreiben, Durchschlag, von Heuss diktiert (Diktatz. H/vM) und ms. gez.; ms. Briefkopf: „Theodor Heuss"[1]

Höhe der Bezüge des Bundespräsidenten nach Ende der Amtszeit

Verehrter lieber Herr Maier!

Darf ich noch einmal auf das Gespräch zurückkommen, das wir am 19. März miteinander führten und an dem auch neben Staatssekretär Bleek und Ministerialrat Einsiedler, die mich in diesen Dingen beraten, der Abgeordnete Kühltau teilgenommen hat.[2] Ausgangspunkt unserer Unterhaltung war ja Drucksache 939, die eben dem Ausschuß für Inneres und dem Haushaltsausschuß des Bundestages zur Beratung überwiesen war.[3]

---

[13] Vgl. Nr. 196.

[14] Am 11. 6. 1959, 15.00 Uhr; vgl. Dienstkalender, in: N 1221, 482.

[1] Verfügungen: „2) Vor Abgang H[errn] Staatssekretär z. Kts. 3) H[errn] Einsiedler z. Kts."

[2] Maier war in dieser Angelegenheit Heuss' Ansprechpartner, weil er Vorsitzender des Innenausschusses des Bundestages war, der auch die Bezüge des Bundespräsidenten zu beraten hatte.

[3] „Entwurf eines Gesetzes zur Änderung des Gesetzes über die Ruhebezüge des Bundespräsidenten". Der Antrag, der von CDU/CSU, SPD, FDP und DP eingebracht worden war, schlug folgende Änderung vor: „Beim Ausscheiden aus dem Amt infolge Ablaufs der Amtszeit oder Dienstunfähigkeit erhält der Bundespräsident einen Ehrensold in Höhe des Amtsgehaltes." Drucksache 939 vom

Was ich Ihnen mündlich vortrug, darf ich vielleicht mit ein paar Zeilen noch einmal wiederholen: Ich habe von Anfang an die Meinung, daß der „Ehrensold“ des Bundespräsidenten auf der Höhe des Amtsgehaltes bleiben solle, abgelehnt – dies sowohl aus sogenannten optischen Gründen wie auch aus sachlichen. Der Begriff des „Emeritus“ hat nach meiner Empfindung etwas durchaus Künstliches. Niemand außerhalb der akademischen Schicht kennt ihn, und noch weniger wird dieser Tatbestand, daß Hochschullehrer mit ihrem vollen Dienstgehalt ausscheiden, von den meisten Menschen begriffen. Der Grund dafür liegt ja einfach darin, daß die Hochschullehrer oft genug erst verhältnismäßig spät zu einer voll gesicherten Verbeamtung kommen. Ich selber halte dafür, daß es richtig ist, einen ausscheidenden Bundespräsidenten in seinen festen und zugleich steuerpflichtigen Bezügen nun eben auf der vorgeschlagenen Drei-Viertel-Ebene zu halten. Aber es ist mir genauso wie jedem anderen deutlich, daß ein Stück öffentlicher Beanspruchung und hoher öffentlicher Verantwortung auch den Bundespräsidenten im Ruhestand bzw. Unruhestand begleiten wird. Das ist unvermeidlich, wie sehr auch meine persönlichen Lebensabsichten dahin gehen, eine Reihe der Verpflichtungen „repräsentativer“ Natur, die an mich durch das Amt herangewachsen sind, abzubauen, um die Zeit und innere Freiheit für literarisch-wissenschaftliche Arbeiten zu finden,[4] die auch in den erwarteten Wirkungen einen gewissen politischen Sinn haben können und haben werden, den ich aber nicht in den Begriff des Repräsentativen gefaßt sehen möchte.

Praktisch heißt das so viel: Ich glaube, für meine Arbeit, die vielfach an die zehn Jahre meiner Amtszeit anschließen wird, eine gewisse Entlastung beanspruchen zu können. Ich habe das einmal drastisch so ausgedrückt, daß ich nicht auf der einen Seite Briefmarken für meine Privatpost und auf der anderen Seite Briefmarken für meine quasi nachamtliche Post mit immerhin öffentlichem Charakter halten und gegenüber dem Finanzamt oder Rechnungshof verantworten muß. Das kann man mir, glaube ich, schon um der Zeit willen, die derlei erfordert, nicht recht zumuten. Dennoch habe ich den Gedanken, der nicht von mir erfunden wurde, mir aber praktisch einleuchtet, gern mitakzeptiert, daß ein über den steuerpflichtigen Ehrensold hinausgehender limitierter Betrag für solche Unkosten – wie etwa auch die Unterhaltung eines kleinen Büros – dem ausgeschiedenen Bundespräsidenten gewährt wird als Aufwandsentschädigung, die nicht der Steuerpflicht und nicht im einzelnen der Vorlagepflicht gegenüber dem

---

17. 3. 1959, in: VERHANDLUNGEN DES DEUTSCHEN BUNDESTAGES, 3. Wahlperiode, Anlagen zu den Stenographischen Berichten, Bd. 61, Bonn 1959/60. Wie Heuss an Toni Stolper schrieb, war eine entsprechende Regelung, die die USA für ihre Altpräsidenten gerade eingeführt hatte, Vorbild für diese Initiative. Bleek hatte die Angelegenheit mit Maier bereits vorbesprochen; vgl. TH. HEUSS, Tagebuchbriefe, S. 374, 7. 12. 1958.

4 Vgl. Nr. 1, Anm. 4.

Rechnungshof unterliegt. Solche Mühe „steht nicht dafür", wie die Österreicher sagen.

In unserem Gespräch hat der Abgeordnete Kühltau die Anregung vertreten, daß für das, was man Aufwandsentschädigung nennen wird, ein Fünftel des Ehrensoldes angesetzt wird. Mir selber würde es peinlich sein, nun in dieser Sache irgendwie aktiv zu werden und um den oder den Betrag einen Anspruch anzumelden, denn in der rechtlichen Voraussetzung gibt es den nicht. Aber auch meine fachkundigeren Berater in diesem ganzen Komplex halten diese Anregung für billig und sachgemäß.

Ich habe diese meine Auffassung etwas breit vorgetragen, weil es Ihnen sachlich nicht unerwünscht schien, eine Äußerung von mir zu der Frage zu erhalten.[5]

Mit freundlichen Grüßen
Ihr

Theodor Heuss

Nr. 200
An Dr. Konrad Adenauer, Bundeskanzler, Cadenabbia, Comer See, Italien
9. April 1959

StBKAH, III/47: hs. Schreiben, behändigte Ausfertigung; Kopfbogen: „Der Präsident der Bundesrepublik Deutschland"[1]

Kritik an Konrad Adenauers Begründung für seine Kandidatur zum Amt des Bundespräsidenten; Amtsverständnis und Verdienste von Theodor Heuss

Verehrter Herr Dr. Adenauer,

nach meiner Natur bin ich, so glaube ich wenigstens, wohlwollend genug, um niemandem seine Ferien durch verstimmte, gegebenenfalls auch verstimmende Worte verderben zu lassen.

---

[5] Das „Gesetz zur Änderung des Gesetzes über die Ruhebezüge des Bundespräsidenten" vom 24. 7. 1959, in: BGBl. I, Nr. 31, 30. 7. 1959, S. 825. Demnach erhielt der Bundespräsident nach Ablauf seiner Amtszeit einen Ehrensold in Höhe seiner bisherigen Amtsbezüge mit Ausnahme der Aufwandsentschädigungen. Dies waren 1959 jährlich 80.000 DM, nach Abzug der Steuern ca. 50.000 DM. Die Deutsche Bundesbahn schenkte Heuss eine lebenslang gültige Freifahrkarte; Danksagung von Heuss, 23. 8. 1959, in: N 1221, 182.

[1] Weitere Nachweise: B 122, 31271; BArch, N 1186, 125; FA Heuss, Basel: ms. Schreiben, Abschrift; Druck: TH. HEUSS / K. ADENAUER, Unserem Vaterlande zugute, S. 273–278. Obwohl die Presse von der Existenz dieses Briefes erfuhr, kannten ihn außer dem Empfänger nur Toni Stolper, Ernst Ludwig Heuss, Bleek, Bott und Einsiedler; vgl. TH. HEUSS, Tagebuchbriefe, S. 426, 20. 4. 1959; S. 428, 25. 4. 1959.

Aber ein Maß von Selbstachtung und die Würdigung der Arbeit meines Amtes in den verwichenen zehn Jahren *zwingen* mich geradezu, einige Worte zu der Commentierung, die Sie Ihrem Kandidatenentschluß gegeben haben,[2] zu sagen. Ich finde sie *ganz einfach unbillig*.

Vor dem Mißverständnis glaubt der „verehrte Herr Bundespräsident"[3] sich gesichert halten zu dürfen, als ob er Dankesworte oder dergleichen erwartet hätte – derlei bedürfen weder Sie noch ich. Vor vielen, vielen Jahren habe ich einmal den Satz publiziert: „Nie selber Dank erwarten, aber selber immer dankbar sein können."[4] An echten Dankempfindungen und schleimigen Sprüchen wird es vermutlich beim Ausgang meiner Amtszeit nicht fehlen.

Es geht um ganz anderes, um Ihre Darstellung, daß des Bundespräsidenten Arbeit im Inland und Ausland „zu gering eingeschätzt" wird, sie ist „viel größer als man schlechthin glaubt". Das heißt auf Deutsch: „Kinder, aus der Sache läßt sich noch was machen!", irgendwo wurde das so begriffen, daß Sie das Amt, das übrigens, trotz schwacher Besetzung, eine der fleißigsten, raschesten und farbigsten Behörden [ist], „aus dem Dornröschenschlaf" erwecken werden, und Sie sollen beim Wegfahren auch dem Journalisten gesagt haben, daß Sie jetzt im Grundgesetz die Macht (und Ohnmacht) und die Aufgabe des Bundespräsidenten studieren werden.

Ich mußte annehmen, daß das schon vorher geschehen sei. Denn als Sie am Montag Abend, den 6. 4., bei mir gewesen, erzählten Sie, wie ahnungslos der Ausschuß des „Kurvereins" – so nannten wir unter uns das Parteigremium der CDU/CSU – über die rechtliche und politische Stellung des Bundespräsidenten gewesen sei – (Krone, Höcherl, Meyers, von Hassel); die Kür selber sollte erst im Mai sein.[5] Mir schien das fragwürdig, denn die Männer wollten oder mußten doch, um der Reputation willen, mit irgendeinem Namen nach Hause kommen. Ich bin bereit zu unterstellen, daß Ihr „schneller Entschluß" erst an dem Abend

2 Nachdem das Wahlkollegium von CDU und CSU am 7. 4. 1959 Adenauer zum Kandidaten für das Amt des Bundespräsidenten nominiert hatte, sprach dieser am folgenden Tag über die Sender der Rundfunkanstalten und das Deutsche Fernsehen. Nach einer Schilderung der außenpolitischen Entwicklung begründete er seinen Beschluss, für das Amt des Bundespräsidenten zu kandidieren, mit dem Wunsch, „auf Jahre hinaus die Kontinuität unserer Politik zu sichern. [...] Ich möchte Ihnen aber in zwei Sätzen mit allem Nachdruck folgendes sagen: Die Stellung, die Aufgabe und die Arbeit des Bundespräsidenten wird in der deutschen Öffentlichkeit und damit auch in der internationalen Öffentlichkeit zu gering eingeschätzt. Sie ist viel größer, als man schlechthin glaubt." Wortlaut in: B 122, 31270; zu den Umständen der Kandidatur vgl. H.-P. SCHWARZ, Adenauer, Bd. 2, S. 502–526; D. KOERFER, Kampf, S. 264–277.

3 So oder ähnlich die Anrede in Adenauer-Briefen an Heuss; vgl. TH. HEUSS / K. ADENAUER, Unserem Vaterlande zugute.

4 Heuss berichtetete Toni Stolper, der Spruch sei von Kirchenrat Reinhold Sauter in einem Festartikel des Evangelischen Gemeindeblatts für Württemberg als Spruch von ihm zitiert worden; vgl. TH. HEUSS, Tagebuchbriefe, S. 393f, 7. 2. 1959.

5 K. ADENAUER / TH. HEUSS, Unter vier Augen, S. 302f; vgl. auch D. KOERFER, Kampf, S. 268–270.

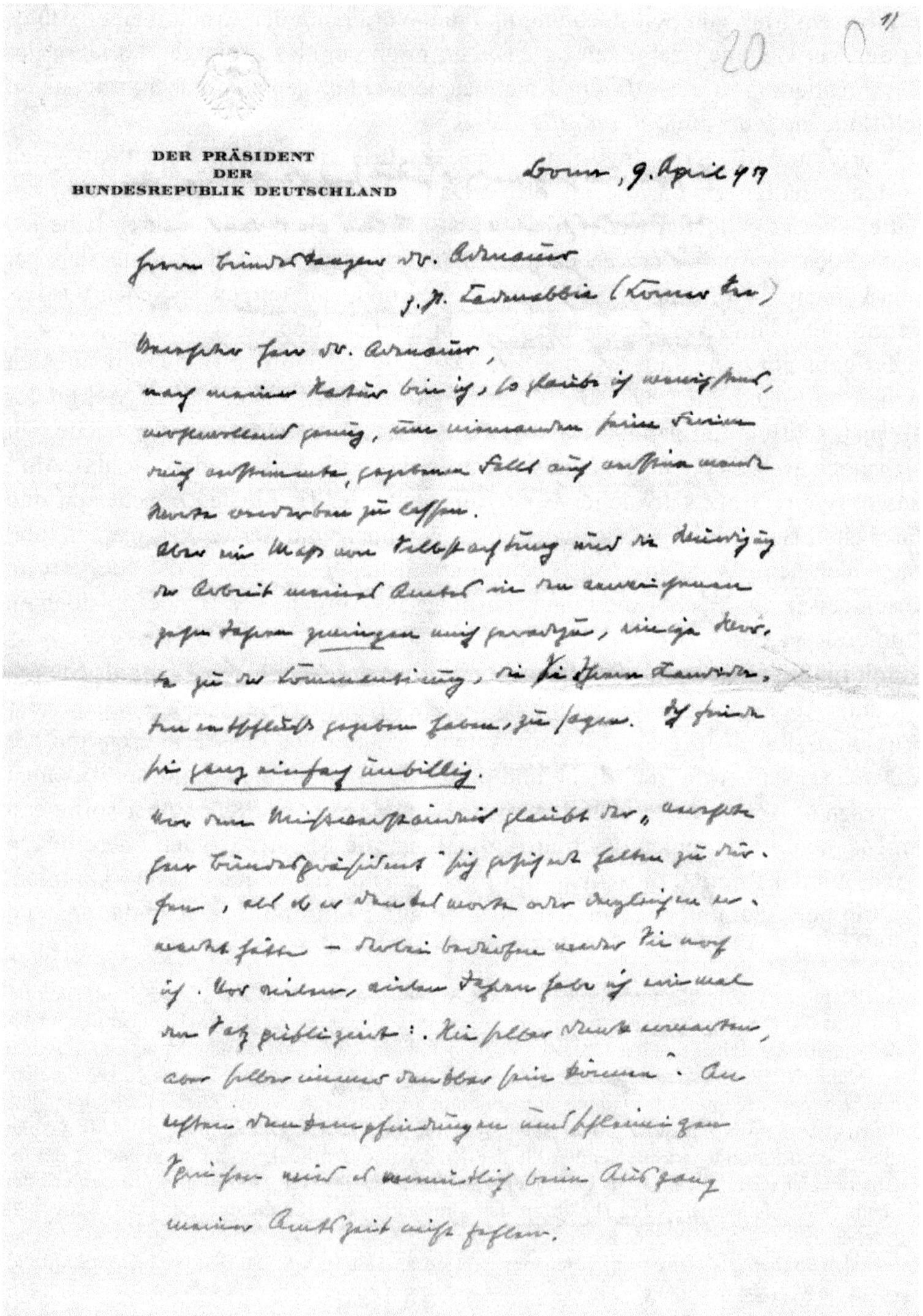
DER PRÄSIDENT
DER
BUNDESREPUBLIK DEUTSCHLAND

Bonn, 9. April 59

Herrn Bundeskanzler Dr. Adenauer
z. Zt. Cadenabbia (Comer See)

Verehrter Herr Dr. Adenauer,
nach meiner Natur bin ich, so glaube ich wenigstens,

Abb. 28: Theodor Heuss an Konrad Adenauer, 9. 4. 1959

erfolgte – er ist ja früher oft in Gesprächen überdacht worden, erschien um Ihres kämpferischen Bedürfnisses willen aber nie recht glaubhaft. Nach Erhards ungeschickter Haltung[6] und zum anderen: nach dem für das Amt so abträglichen Zerreden ehrenhafter Männer[7] war Ihre Kandidatur aus der Parteiperspektive die beste und eindrucksvollste Lösung.[8]

Wir wissen beide, daß wir, bei gutem menschlichen Einvernehmen, sehr verschiedene Naturen sind: ich will nicht sagen, daß Sie „Krach" brauchen, Sie haben ja auch Ihre idyllische Seite; ich komme ohne Idylle und ohne Krach aus (lies Wahlversammlung), aber es gibt eine seltsame Grenze, wo ich mir nichts gefallen lasse. Das ist der Eindruck, der mit Ihrer Kandidatur, wie ich spüre und höre, dem Bundespräsidenten eigentlich erst den politischen Rang geben wird, auf den der Heuss, der über Kunst redete, Museen einweihte, Bücher schrieb und mit Studenten diskutierte, offenbar keinen Wert legte.

Ich selber habe mein Amt, wie Sie selber spüren müssen, immer als ein eminent politisches Amt begriffen und zu führen gesucht, wenn es auch oft genug sich wesentlich in den Sphären des Metapolitischen auswirkte – wollen Sie, bitte, das, was ich in den Kreisen der Wissenschaft und der musischen Dinge zum erstenmal in der deutschen Geschichte, neben Ludwig I. von Bayern und wohl auch Friedrich Wilhelm IV., an Goodwill für den Staat geschaffen habe,

6 Erhard hatte nach längerem Zögern am 3. 3. 1959 die ihm von CDU und CSU im Februar angetragene Kandidatur für das Amt des Bundespräsidenten in einer öffentlichen Erklärung abgelehnt; vgl. ebd., S. 235–253. Heuss hatte Erhard zur Annahme der Kandidatur geraten, wie er in einem Gespräch vom 19. 7. 1959 Welter anvertraute: „Heuss habe ihm geraten, die Präsidentschaft anzunehmen. Dann habe sich aber Erhard von den vielen Schmeichlern, die ihm eine große politische Zukunft voraussagten, erweichen lassen und habe im Drang der Geschäfte sogar eine Verabredung, die er mit Heuss getroffen hatte, einfach vergessen." Notizen von Welter, 3. 8. 1959, in: BArch, N 1314, 314.

7 Allein in den Gesprächen zwischen Heuss und Adenauer fielen die Namen Heinrich Krone, Eugen Gerstenmaier, Franz Etzel (28. 10. 1958), Ludwig Erhard, Gebhard Müller, Franz Böhm, Theodor Litt, Carl Friedrich von Weizsäcker, Arnold Bergstraesser (6. 3. 1959); vgl. K. ADENAUER / TH. HEUSS, Unter vier Augen, S. 284f, 296f. Bereits am 5. 2. 1959 klagte Heuss gegenüber Toni Stolper, im Gespräch über mögliche Nachfolger würden von Adenauer so ziemlich alle Namen „demoliert oder wegen der Frauen abgelehnt." TH. HEUSS, Tagebuchbriefe, S. 393, 5. 2. 1959. Nicht weniger als 29 Kandidaten seien von der CDU zerredet worden; vgl. ebd., S. 423, 11. 4. 1959.

8 Das Wahlkollegium von CDU und CSU hatte Adenauer, der eine Kandidatur schon länger erwogen hatte, am 7. 4. 1959 zum Kandidaten nominiert. Adenauer informierte Heuss darüber am gleichen Tag; vgl. D. KOERFER, Kampf, S. 270–276. Heuss reagierte darauf mit der Bemerkung: „Die ‚Würde' des Amtes wird er wahren, aber die Wahlreden vermissen." TH. HEUSS, Tagebuchbriefe, S. 420, 7. 4. 1959. – Dass Heuss letztlich die Kandidatur von Adenauer begrüßte, zeigt auch der Brief an Helene Ecarius vom 14. 4. 1959: „Die Entscheidung von Dr. Adenauer hat ja nun alle Spekulationen dieser oder jener Art in die Vergangenheit verwiesen. Ich will mich darüber nicht äußern. Aber es ist immerhin ein Glück, daß wir aus diesem Zustand des Suchens nach Nachfolgern, der dem Amt als solchem ja abträglich werden mußte, heraus sind." N 1221, 354.

nie vernachlässigen! Aber da ich staatlich zu denken gewohnt bin, nun dies: ganz offenkundig – es war, glaube ich, Krone, der das ankündigte – wollen Sie die Bundespräsidialfunktion tagespolitisch aktualisieren durch Teilnahme bezw. Leitung der Kabinettssitzungen.[9] Dafür habe ich menschlich Verständnis, denn derartiges ist für Sie Lebenselixier, und Sie haben sich ja daran gewöhnt, viele Ihrer Mitarbeiter für Nonvaleurs zu halten. Das Grundgesetz „verbietet" dies nicht – das hat sich wohl bei seinem Studium herausgestellt. Aber nun darf ich an folgendes erinnern: als ich im Spätjahr 1949, September oder Oktober, diesen Wunsch aussprach, gelegentlich[10] an den Kabinettsberatungen teilzunehmen,[11] wenn es sich um Grundsätzliches handle – er war nicht originell, sondern hielt sich an die französische Staatspraxis –, da haben Sie das mit verbindlicher Eindeutigkeit abgelehnt: derlei sei weder im Grundgesetz vorgesehen noch mit der Geschäftsordnung des Kabinetts vereinbar. Ich resignierte – was blieb mir bei der Macht- u. Rechts-Situation viel anders übrig! Dabei bin ich – verzeihen Sie die Überheblichkeit – davon tief durchdrungen, daß, bei aller Übereinstimmung in der grundsätzlichen Linie der Regierungspolitik, mein Rat viel Dummheiten in personalpolitischen Entscheidungen verhindert hätte – ich widersprach schon im Beginn Ihrem Verfahren, die Auswahl von Auslandsvertretern in Fraktionsabstimmungen zu verlegen (ob Oellers,[12] ob Krekeler?[13]). Sie meinten ja auch einmal, ich solle über einen reuigen Sünder (lies Adenauer) Gnade walten lassen. Ich glaube auch, daß ich sachliche Fehlformulierungen des von Ihnen überschätzten Hallstein hätte erfolgreich abwehren können.

Und manches andere mehr – nicht einmal wichtig genug für Memoiren. Ich habe schon in meiner Dezember-Januar-Niederschrift[14] festgelegt, daß es mir unmöglich erschien, eine „dynamische" staatsrechtliche, staatspolitische Kraftprobe zwischen dem Bundespräsidenten und dem Bundeskanzler als öffentliche Figuren zu unternehmen, das hätte dieses fragwürdige Staatsunternehmen „Bundesrepublik" nach dem, was die Deutschen erlebt haben, gefährdet. Ich konnte

---

[9] Auf einer Sitzung mit Wahlmännern der Union hatte Adenauer am 7. 4. 1959, bevor er Heuss über seine Kandidatur unterrichtete, einen Vortrag über die Kompetenzen des Bundespräsidenten gehalten. Dabei betonte er, dass dem Staatsoberhaupt durchaus das Recht zukomme, gelegentlich an Kabinettssitzungen teilzunehmen und den Vorsitz zu übernehmen; vgl. D. KOERFER, Kampf, S. 270f.

[10] Am Seitenende hs. ergänzt: „gelegentlich an den … Grundsätzliches handle".

[11] Vgl. Heuss an Heile, 12. 1. 1953, in: TH. HEUSS, Bundespräsident 1949–1954, S. 405f; E. PIKART, Theodor Heuss, S. 78f; TH. HEUSS, Tagebuchbriefe, S. 422, 9. 4. 1959. Adenauer hatte dem Kabinett auf dessen 8. Sitzung vom 28. 9. 1949 mitgeteilt, dass er künftig Klaiber, den Leiter des BPrA, zu den Kabinettssitzungen einladen werde; vgl. KABINETTSPROTOKOLLE 1949, S. 91.

[12] Zur komplizierten Berufung von Fritz Oellers zum Generalkonsul und Botschafter in Brasilien vgl. K. ADENAUER, Briefe 1949–1951, S. 491, Anm. 4 zu Nr. 198; DERS., Briefe 1951–1953, S. 52.

[13] Zum schwierigen Berufungsverfahren bei Krekeler zum Generalkonsul in New York vgl. K. ADENAUER, Briefe 1949–1951, S. 506, Anm. 1 und 3 zu Nr. 231.

[14] Vgl. Nr. 182.

Ihnen das sinnlose Wort „Politik der Stärke“,[15] aus dem Stand der Ohnmacht gesprochen, so wenig „verbieten“ wie Carlo Schmid seine Redereien vom „Provisorium“ – ich empfahl, vergebens, „Festigkeit“ und „Transitorium“.[16]

Verzeihen Sie, daß ich Ihnen so ausführlich und so persönlich schreibe. Es geht nicht so sehr darum, daß die psychologische Abwertung des bisherigen politischen Bundespräsidenten mich verletzt habe – ich weiß, daß Sie mir schreiben werden, daß das ein Mißverständnis sei –, sondern um die *staatliche* Sorge. De Gaulles Stellung imponiert Ihnen – ich sagte Ihnen ja kürzlich, so was würde Ihnen passen.[17] Es paßt aber nicht für Deutschland.

Nun werde ich, gegen meine nüchtern-ironische Natur, pathetisch: ich habe das Amt, das ich zehn Jahre verwaltete, nie erstrebt; ich empfing es sozusagen aus Ihrer Hand, nachdem Sie festgestellt hatten, wieviel mehr „Macht“ (die mich persönlich nie sehr interessiert hat) der Bu[ndes]Ka[nzler] gegenüber dem Bu[ndes]Prä[sidenten] besitzt, aber ich wehre mich aus einfacher männlicher Selbstachtung gegen den Eindruck, den Sie mit Ihren „staatsrechtlichen“ Bemerkungen gemacht haben.

Gute Erholung, auch von diesem zornigen[18] Brief,
Ihr Theodor Heuss

---

15 Mit der Wiederbewaffnung und der Westintegration der Bundesrepublik vertrat Adenauer eine „Politik der Stärke“, mit der die Sowjetunion zu Verhandlungen über die Wiedervereinigung Deutschlands gezwungen werden sollte; vgl. A. DOERING-MANTEUFFEL, Bundesrepublik, S. 36–104; vgl. auch Nr. 69, Nr. 100.

16 Gemeint die Diskussionen des Parlamentarischen Rates über die Präambel des Grundgesetzes, in der der Status der Verfassung festgelegt werden sollte. Die SPD und ihr Wortführer Carlo Schmid hatten den provisorischen und fragmentarischen Charakter des Grundgesetzes angesichts der Besatzungsherrschaft betont und für eine Übergangsordnung plädiert. Heuss hingegen wollte auch unter dem Vorzeichen der staatlichen Unfreiheit eine vollgültige Verfassung mit dem Anspruch auf Dauerhaftigkeit schaffen; vgl. TH. HEUSS, Vater, S. 22f, 54f.

17 In den Protokollen über die Gespräche zwischen Adenauer und Heuss ließ sich diese Aussage nicht nachweisen; vgl. aber D. KOERFER, Kampf, S. 267.

18 An seinen abwesenden Staatssekretär Bleek schrieb Heuss am 12. 4. 1959 ironisch, der „lindernde Hauch“ seines Wesens fehle ihm, und er „genieße“ seinen Zorn in der Auseinandersetzung über die Bundespräsidenten-Stellung; N 1221, 354. Noch am 25. 4. 1959 bezeichnete Heuss gegenüber Toni Stolper Adenauers Vorgehen als „ganz primitive Fahrlässigkeit eines Mannes, der die Nuancen nicht kennt – ‚terrible simplificateur‘ – und hier ganz schlicht und einfach dumm daher schwätzte, als ob er ein internes Parteigremium vor sich habe, dem er klarmachen wollte, in dem Amt stecke auch eine ihm gemäße Aufgabe, d. h. ein seiner historischen Leistung entsprechender Auftrag.“ TH. HEUSS, Tagebuchbriefe, S. 428.

Nr. 201
An Dr. Gerhard Schröder, Bundesminister des Innern, Bonn
11. April 1959
ACDP, NL Schröder, 01-483-288/1: ms. Schreiben, behändigte Ausfertigung; Kopfbogen: „Theodor Heuss“[1]
Kritik an „Verkitschung“ des Bundespräsidenten zum „Papa Heuss“

Verehrter Herr Minister!

Schade, daß Sie gestern abend nicht der Einladung des Journalistenverbandes[2] folgen konnten, wie es eigentlich auf der Liste gemeldet war. Ich hätte Ihnen gern von Mann zu Mann gesagt, wie leid es mir tut, daß, nachdem der Herr Bundeskanzler mit der öffentlichen Abwertung meiner zehnjährigen Arbeit hier begonnen hat,[3] Sie sich mit der Papa-These an einer Verkitschung meiner Person beteiligt haben.[4] Ich kämpfe seit Jahren gegen dieses Papa-Gerede,[5] das mir unausstehlich ist und das ich mir, als ich in Amerika bei einer deutsch-akademischen Kundgebung in diesem Stil wohlwollend behandelt wurde, mit ironischer Schärfe verboten habe.[6] Das ist vielleicht eine Geschmacksfrage, da ich das Papa, Opa, Omi usf. usf., was jetzt durch das deutsche Bürgertum spaziert, aus sprachlich-geschmacklichen Gründen nie ertragen habe. Aber die sanften Filzpantoffeln, die man jetzt meinem geschichtlichen Bild unterschieben will, lehne ich ab; dazu habe ich ein zu tätiges und, wie ich ruhig sage, zugleich produktives Leben geführt.

Nichts für ungut!

Mit freundlichem Gruß
Ihr

Theodor Heuss

---

1 Hs. Vermerke vom Empfänger: „1) mündl[ich] erl[edigt]; 2) Abl[age]“ mit Paraphe von Schröder vom 4. 6. 1959; weiterer Nachweis: B 122, 31271 mit Vermerk: „*Persönlich!*“.
2 Am 10. 4. 1959 um 20.00 Uhr; vgl. Dienstkalender, in: N 1221, 482.
3 Vgl. Nr. 200.
4 In welchem Zusammenhang Schröder diese Aussage gemacht hatte, ließ sich nicht ermitteln.
5 So der Briefwechsel mit Friedhilde Maier, 27. 9./7. 10. 1957, in: TH. HEUSS, Hochverehrter Herr Bundespräsident, S. 458–460.
6 Zum Staatsbesuch in den USA vgl. Nr. 114, Nr. 151, Nr. 162, Nr. 163, Nr. 166, Nr. 171. Um welche Kundgebung es sich handelt, ließ sich nicht ermitteln.

Nr. 202
An Dr. Konrad Adenauer, Bundeskanzler, Cadenabbia, Comer See, Italien
14. April 1959

StBKAH, III/47: hs. Schreiben, behändigte Ausfertigung; Kopfbogen: „Theodor Heuss“[1]

Reaktion auf das Rechtfertigungsschreiben Konrad Adenauers über dessen Kandidatur für das Amt des Bundespräsidenten

Verehrter Herr Bundeskanzler,

der Groll, der mir am 9. 4. spät Abends durch die Feder floß[2] – ich war in Essen bei der Zehnjahresfeier des Industrie- u. Handelstages gewesen – hat Sie „verletzt“[3] – die Wunde wird heilen und der Groll verrauchen. Aber der Satz Ihrer Antwort, daß es Ihnen „wirklich unverständlich, daß Sie mir ... ein derartiges Verhalten zutrauen“, zeigt mir: das Motiv meines Schreibens ist Ihnen leider fremd geblieben.

Ich habe nie die Meinung gehabt, daß Sie mich kränken wollten oder bei unserem Montagsgespräch[4] getäuscht hätten – vielleicht, vielleicht wäre es gut gewesen, wir hätten in einem früheren Stadium das Problem Ihrer Nachfolgerschaft im Pro und Contra erörtert. Aber das schrieb ich doch wohl: nach dem Hin und Her der Namenszerredung war die Entscheidung eindrucksvoll und zumal aus der Parteiperspektive eine lösende Tat. Freilich, man könnte sich vorstellen: eine vorbereitende Erörterung hätte dem Vorgang das Head-Line-Sensationelle genommen. Doch das ist ja jetzt Geschichte. Die internen Sorgen, von denen Sie mir schreiben, waren mir natürlich so fremd wie Ihnen: Problem eines 3. Wahlgangs mit E[ugen] G[erstenmaier].[5]

---

1 Weitere Nachweise: BArch, N 1186, 125; B 122, 31271: ms. Schreiben, Abschrift; Druck: TH. HEUSS / K. ADENAUER, Unserem Vaterlande zugute, S. 282f.

2 Vgl. Nr. 200.

3 Adenauer an Heuss, 13. 4. 1959, in: TH. HEUSS / K. ADENAUER, Unserem Vaterlande zugute, S. 278–282: „Ihr Brief [...] zeigt mir, wie bewegt Sie von den Vorgängen der letzten Wochen und Monate sind. Was meine Person angeht, so beruht Ihr Brief auf falschen Annahmen, und ich fühle mich daher durch ihn verletzt. Es ist mir wirklich unverständlich, wie Sie mir nach 11 Jahren der Zusammenarbeit ein derartiges Verhalten zutrauen.“ Anschließend erläuterte Adenauer aus seiner Sicht den Hergang, der zu seiner Nominierung zum Kandidaten für das Amt des Bundespräsidenten geführt hatte. Heuss schrieb darüber am 17. 4. 1959 seinem Sohn: „Ad[enauer] hat s[eine] Antwort so geheimnisvoll behandelt, daß Globke, der sie am Dienst[a]g brachte, sie selber nicht kannte, noch m[einen] Brief an Ad[enauer].“ FA Heuss, Basel; vgl. auch TH. HEUSS, Tagebuchbriefe, S. 423, 14. 4. 1959.

4 Am 6. 4. 1959, in: K. ADENAUER / TH. HEUSS, Unter vier Augen, S. 298–303.

5 Adenauer hatte in seinem Schreiben vom 13. 4. 1959 von einer Unterredung gesprochen, bei der Krone und Höcherl mitgeteilt hätten, in einem dritten Wahlgang würde die SPD Gerstenmaier als Kandidaten vorschlagen, und der habe auf die Frage, ob er die Wahl annehmen würde, dies letztlich bejaht. Dies würde zu einem Auseinanderfallen der CDU/CSU bei der Wahl führen mit „ernstesten Folgen.“ Wie Anm. 3.

Der Keim meines Einspruches ist in den „zwei Sätzen“ zu finden, da Sie „mit allem Nachdruck“ den Deutschen und der Welt mitteilen, daß die Stellung u. s. f. des Bu[ndes]Prä[sidenten] zu gering eingeschätzt wird, als man schlechthin glaubt. Ich will Sie nicht noch einmal „verletzen“: aber das ist entweder saloppe Nonchalance des Ausdrucks oder alarmierende Banalität, alarmierend, weil der bisherige Verwalter des Amtes diese „Größe“ offenbar nicht „glaubhaft“ machen konnte. Oh hätten Sie mich doch zu Rate gezogen, ich hätte Ihnen das alles eleganter formuliert wie auch die Sätze, die folgten.

Es ist haargenau das eingetroffen als Echo dieser Schlußausführungen, was ich sofort vermutete: ich kriege entrüstete Briefe – das veranschlage ich nicht sehr hoch –, ich erhielt den unerwarteten Besuch eines Mannes mit internationalem Namen,[6] der gar nichts anderes wollte, als[7] mich mit seiner „Empörung“ trösten (ich bin gar nicht trostbedürftig), es setzte, aufgescheucht durch diese Formulierung, eine verfassungsrechtliche Diskussion ein, ob es jetzt zur richtigen Verfassungswirklichkeit käme. U. s. f. Das geht bis zu den staatsrechtlichen Spekulationen, der Bu[ndes]Prä[sident] müsse seinen präsumtiven Nachfolger nach dessen Wahl „entlassen“,[8] was ich für eine Albernheit halte.

Natürlich weiß ich, daß Sie nicht für die und die Pressekommentierung verantwortlich zu machen sind, aber die sind nun eben durch *Ihre* Kommentierung des Entschlusses zur Kandidatur ausgelöst worden.[9] Und daß Ihre Parteifreunde dabei sind, mit dieser gräßlichen Nachgiebigkeit zur publicity – das ist keine Partei-, sondern eine Weltkrankheit – durch die Verschiedenheit der Interpretation die sozusagen gewonnene Klärung weiterhin zu verwirren,[10] ist Ihnen eine so geringe Freude wie mir.

Es geht für mich in dieser Auseinandersetzung um *meine historische Reputation.* Ist das eine Form von „Eitelkeit“? Ich glaube nicht. Ich habe eine ziemlich deutliche Vorstellung von meinen Fähigkeiten und von ihren Grenzen. Aber ich wehre mich, *um des Staates willen,* für den ich mitverantwortlich bin, daß mein Mühen bagatellisiert wird. Da ich Sinn für das Paradoxe besitze, betrachte ich gelassen, daß Leute, die dem 75jährigen beteuerten, wie wunderbar es sei, was er aus dem entmachtenden Papierparagraphen des Grundgesetzes gemacht habe,

---

[6] Vermutlich Emil Preetorius am 11. 4. 1959; vgl. Dienstkalender, in: N 1221, 482; Heuss an Toni Stolper, 11. 4. 1959, in: BArch, N 1186, 125.

[7] Es folgt gestrichen: „ich“.

[8] Unter dem Titel „Der Weltgesundheitstag“, in: Der Spiegel, H. 16, 15. 4. 1959, S. 17–24, vor allem S. 24. Das Bundeskanzleramt teilte dem abwesenden Adenauer am 13. 4. 1959 mit, dass diese Auffassung irrig sei; BArch, B 136, 45186; vgl. auch D. KOERFER, Kampf, S. 283.

[9] Eine umfangreiche Sammlung von Presseausschnitten zu der Auseinandersetzung in: B 122 Anhang, 85.

[10] Es folgt gestrichen: „bereit sind“.

jetzt bestätigen, daß er gar nicht gemerkt habe, was eigentlich er hätte machen *können* oder müssen.

Ich weiß gut genug, daß Sie persönlich diese meine Leistung nie bagatellisiert haben, aber in der ominösen Formung Ihrer Erklärung vom 8. April ist sie nun eben mit allen Konsequenzen enthalten. Mein „zorniger" Brief vom 9. April war kein „Angriff", sondern „Abwehr".[11]

Mit freundlichen Grüßen
Ihr

Theodor Heuss

Nr. 203
An Ernst Jünger, Wilflingen über Riedlingen
17. April 1959

DLA, A: Jünger, HS.1994.0009: ms. Schreiben, behändigte Ausfertigung; Kopfbogen: „Theodor Heuss"[1]

Rücksendung eines Autographen; Fernsehsendung mit Versteigerung eines Heuss-Manuskriptes über Wilhelm Busch für Zwecke der Künstlerhilfe; Umsatzsteuer für freie Berufe

Lieber Herr Jünger!

Freundlichen Dank für Ihren Brief vom 16. April.[2] Er beruht, was die Frage des Autogramms betrifft, auf einem Mißverständnis.[3]

Ich habe zwar die sogenannte Künstlerhilfe[4] vor Jahren aus Spenden zu meinem 70. Geburtstag aufgebaut und jetzt zu meinem 75. Geburtstag wieder auffüllen können. Dazu ist dann noch etwas an staatlichen Geldern hinzugekommen. Die Verteilung der Beträge erfolgt in Zusammenarbeit mit Länderausschüssen, da wir hier ja keinen Apparat aufbauen können. Es ist Bott, der im wesentlichen die Dinge verfolgt und reguliert.[5]

11 Adenauer antwortete auf diesen Brief nicht direkt, sondern schrieb Heuss nur, dass er zwar eine Antwort verfasst, aber der Brief ihm nicht gefallen habe. Er wolle die Sache mündlich klären; vgl. TH. HEUSS, Tagebuchbriefe, S. 428, 25. 4. 1959.

1 Weitere Nachweise: N 1221, 354; DLA, A: Heuss, 73.4136: ms. Schreiben, Durchschlag mit Stempel: „Pers[önlichem] Ref[erenten] vorgelegen".

2 Jünger an Heuss, 16. 4. 1959, in: DLA, A: Heuss, 73.4291. Jünger hatte Heuss einen Autographen zugeschickt, um die „begrüßenswerte Aktion zur Unterstützung alter Künstler" zu fördern.

3 Bott sandte den Autographen (vgl. Anm. 2) am 9. 5. 1959 an Gretha Jünger zurück einschließlich einer Karte, die am 17. 4. von Ernst Jünger nachgesandt worden war; B 122, 2063.

4 Vgl. Nr. 63, Anm. 11.

5 Bott berichtete dem Kunstausschuss der KMK auf dessen Sitzung vom 13./14. 6. 1955 im BPrA über die Entwicklung der im Herbst 1953 gegründeten Deutschen Künstlerhilfe. Demnach hatten

Wir haben nun auch die Fernseh-Leute dafür gewonnen, einmal in die Sache „einzusteigen", und ich habe sozusagen als Staatsschauspieler Nr. 1 mich auch in einem Kamingespräch über das Schicksal von Künstlern, die einmal einen großen Namen und damit auch einen großen Absatz hatten, televisionieren lassen. Aber die Versteigerung als solche ist nicht in meinem phantasielosen Hirn entstanden, sondern nun eben bei den Hamburger Herren, die die ganze Geschichte durchgeführt haben und Blätter von Lortzing, von Mozart, Erstausgaben von Schiller und Ringelnatz u. dgl. aufgetrieben hatten. Bei jenem Kamingespräch hatte Professor Gebhart die Idee, ob ich ein Manuskript von mir über Wilhelm Busch stiften könne.[6] Das war von mir, da ich meine Stuben nicht mit Papieren vollgestopft haben will, wie vorher auch schon andere Buchmanuskripte, an das Schiller-Archiv nach Marbach a. N. gesandt worden. Dieses hat es mir freundlicherweise wieder herausgerückt und einen sehr großen handschriftlichen Bismarck-Essay[7] dafür erhalten. Die Versteigerung meines Buschmanuskripts ist ja dann zu einem Sport reicher Leute geworden, die sich mit Hundert- oder Tausendmarkscheinen verproviantiert hatten.[8] Daß dafür dann in der sogenannten amerikanischen Versteigerung DM 34.000.- herausgekommen sind, hat mir um der möglichen Hilfeleistung willen, die dadurch geschaffen ist, Freude gemacht. Aber ich habe auch Zuschriften bekommen, die von dem Verfahren degoutiert waren und es „unter meiner Würde" fanden.[9] Ich weiß nicht, ob diese Sache wieder einmal wiederholt werden wird, aber wenn, dann zu einer Zeit, da ich nicht mehr in einer unmittelbaren oder mittelbaren Verantwortung für derlei stehe. Ich gebe Ihnen deshalb die freundliche Zusendung wieder zurück, da ich selber nie Autogramme u. s. w. gesammelt habe.

Die Frage der Umsatzsteuer[10] hat es natürlich in der Bismarck-Zeit noch nicht gegeben, weil die Umsatzsteuer erst eine Folge des Ersten Weltkrieges gewesen

---

bis zu diesem Zeitpunkt 483 Persönlichkeiten „Ehrengaben" erhalten, davon ein Drittel einmalig; Protokoll in: B 122, 2317.

6 Heuss hatte bereits vor seinem Abitur einen Beitrag zum 70. Geburtstag von Busch verfasst, den er später seine erste journalistische Arbeit nannte; vgl. TH. HEUSS, Politiker, S. 29. Das in der Fernsehsendung versteigerte Manuskript war für das von Heuss mit herausgegebene Sammelwerk „Die großen Deutschen" von ihm geschrieben worden und dort bereits erschienen; vgl. auch Heuss an Ina B. Müller, 7. 4. 1959, in: B 122, 879; Heuss an Bernhard Zeller, 19. 3. 1959, in: N 1221, 353.

7 TH. HEUSS, Bismarck-Bild; Manuskript in DLA, A: Heuss, 73.3947.

8 Die Versteigerung fand in der Sendung „Die Glückskarosse" am 5. 4. 1959 statt; vgl. auch TH. HEUSS, Tagebuchbriefe, S. 418f, 6. 4. 1959.

9 Vgl. den Briefwechsel mit Carl Schumacher, 6./7. 4. 1959, in: TH. HEUSS, Hochverehrter Herr Bundespräsident, S. 501–503.

10 Dazu hatte Jünger gemeint: Er hoffe, dass es Heuss in seiner „Amtsperiode noch gelänge, die leidige Frage der Umsatzsteuer für Autoren erneut anzuschneiden. [...] Diesen Ehrensold überhaupt zu besteuern galt noch im Bismarckreich als unanständig, und das mit Recht." Wie Anm. 2.

ist.[11] Wir haben uns ja wiederholt und nicht ganz ohne Erfolg bemüht, in den Verhandlungen mit dem Bundesfinanzministerium von der sogenannten Umsatzsteuer freie Einkommensbeträge in die Höhe zu rücken. Das Argument von der Nichtabwälzbarkeit habe ich selber schon in den 20iger Jahren, als ich der 2. Vorsitzende des Verbandes Deutscher Schriftsteller war,[12] gegenüber staatlichen Auffassungen vertreten. Aber es waren auch damals nur bescheidene Teilerfolge geblieben, weil die Ausweisung des Begriffs vom Freien Beruf ja nun in Kategorien hereingreift, für die die Abwälzbarkeit eine rein technische Gegebenheit ist.

Mein eigenes Leben ist im Augenblick ziemlich bedrängt, weil vielerlei frühere Zusagen und Vertröstungen nun sehr dicht auf mich losrücken und neben den gerade gegenwärtig ziemlich erheblichen laufenden politischen Beanspruchungen die Phantasie immer wieder nach Stuttgart geschickt werden muß, wo mein „Häusle"[13] im Rohbau jetzt fertig steht, aber die Inneneinrichtung erst überlegt und geleistet werden muß.

Mit freundlichen Grüßen, auch an Frau Gretha,
Ihr

Theodor Heuss

Nr. 204
An Benno Reifenberg, Kronberg im Taunus
22. April 1959

DLA, A: Reifenberg, 79.3188: ms. Schreiben, behändigte Ausfertigung; Kopfbogen: „Theodor Heuss"[1]

Auseinandersetzung mit Konrad Adenauer über dessen Erklärung zur Kandidatur für das Amt des Bundespräsidenten

Lieber Herr Reifenberg!

Ein paar Zeilen möchte ich Ihnen doch zu Ihrer Glosse[2] schreiben, die ich dankbar empfinde.

---

11 Aufgrund des erhöhten Finanzbedarfes wurde dem Reich, nicht den Ländern, kurz vor Kriegsende 1918 die Umsatzsteuer zugeschlagen, die auch nach den Erzbergerschen Finanzreformen 1919/20 zu 95% beim Reich blieb; vgl. U. KLUGE, Weimarer Republik, S. 51.

12 Zur Tätigkeit von Heuss im Schutzverband Deutscher Schriftsteller vgl. Nr. 26, Anm. 5 und Anm. 6.

13 Vgl. Nr. 168, Anm. 11.

1 Weiterer Nachweis: N 1221, 354: ms. Schreiben, Durchschlag.

2 BENNO REIFENBERG: Was war da mißverständlich?, in: FAZ, 21. 4. 1959. Reifenberg hatte darin die Auseinandersetzung zwischen Heuss und Adenauer kommentiert.

Zwar habe ich gestern früh in den Zeitungen gelesen, daß Bundespräsident und Bundeskanzler sich „versöhnt" haben.[3] Ich habe mit ihm persönlich nie Streit gehabt, aber wir haben in vielen, vielen persönlichen und sachlichen Dingen verschiedene Auffassungen vertreten, nicht in der Grundlinie der Politik. Wir haben auch manche Briefe gewechselt, die vielleicht, falls er sich dafür interessiert, einen Historiker in 20–30 Jahren beschäftigen mögen.[4] Ich habe nur immer die Auffassung gehabt, die ich auch in meiner großen Denkschrift von Anfang dieses Jahres zum Ausdruck gebracht habe,[5] daß es für diesen Staat nicht möglich war, eine „Kraftprobe" zwischen Bundespräsident und Bundeskanzler zu machen. Was mich gezwungen hat, ihm zu schreiben, war die „saloppe Nonchalance" oder die „alarmierende Banalität", mit der er diese Sätze gesagt hat. Ich war es meiner „männlichen Selbstachtung" schuldig, darauf scharf und entschieden zu antworten, und seine eigene Antwort war eine Diversion in der Richtung ganz interessanter parteipolitischer Mitteilungen. Ich denke, daß ich, wenn er zurück sein wird, die Geschichte in irgend bereinigen kann.[6] Daß die

---

[3] Ausschnitte der Tagespresse vom 21. 4. 1959 in: B 122 Anhang, 85; vgl. auch Heuss an Karl Marx, 22. 4. 1959, in: N 1221, 354.

[4] Vgl. TH. HEUSS / K. ADENAUER, Unserem Vaterlande zugute; K. ADENAUER / TH. HEUSS, Unter vier Augen. Bemühungen, den Schriftwechsel durch eine Anfrage im Deutschen Bundestag der Öffentlichkeit vor Ablauf der Dreißigjahresfrist zugänglich zu machen, scheiterten 1967; VERHANDLUNGEN DES DEUTSCHEN BUNDESTAGES, 5. Wahlperiode, Bd. 64, 28. 6. 1967, S. 5757; Unterlagen in: B 122, 31271. Zeitweise dachte Heuss offenbar daran, selbst ein „Dokumentarwerk über Adenauer" zu erarbeiten, in dem der Briefwechsel mit Adenauer veröffentlicht werde. Im Gespräch mit Welter am 19. 7. 1959 meinte er, der Briefwechsel sei „vernichtend für Adenauer" ausgegangen. Er habe ihn in dem Hin und Her der Briefe „vollkommen zerstört". Er bewundere „Adenauers politische Leistungen", bemängele aber seine „mangelnden Ordnungsvorstellungen, sein Ränkespiel und vor allem, dass er sich ihm gegenüber zuweilen nicht ganz fair benommen habe. Das sei für ihn auch der Grund gewesen, später rigoros jede Verlängerung seiner eigenen Präsidentschaftsdauer zu verweigern"; Notizen von Welter, 3. 8. 1959, in: N 1314, 314.

[5] Vgl. Nr. 182.

[6] Am 7. 5. 1959 besuchte Adenauer den erkrankten Heuss, wobei über den Briefwechsel nach Verabredung mit Bleek nicht gesprochen wurde; vgl. TH. HEUSS, Tagebuchbriefe, S. 430, 7. 5. 1959. Eine erste eingehendere Aussprache hierüber fand erst am 20. 5. 1959 statt; vgl. TH. HEUSS, Tagebuchbriefe, S. 433, 20. 5. 1959. – Adenauer versuchte schließlich noch ein letztes Mal am 10. 6. 1959, die Zustimmung von Heuss zu einer Grundgesetzänderung zu erreichen, um eine dritte Amtszeit zu ermöglichen. Heuss lehnte jedoch „unmißverständlich" ab; vgl. K. ADENAUER / TH. HEUSS, Unter vier Augen, S. 307. – Hingegen äußerte sich Heuss gegenüber Toni Stolper am 13. 6. und 17. 6. 1959: „[Ernst] Ludwig [Heuss] meint, wenn *alle* kommen, könne ich schwer nein sagen. Aber ich rechne einstweilen damit, daß die SPD [...] an ihre Parteichancen 1961 denkt." Für eine Allparteien-Kandidatur sei es zu spät, und schließlich sei nach Meinung von Heuss mit Lübke „ein sehr ehrenwerter und sachlich gescheiter Mann" gefunden worden; vgl. TH. HEUSS, Tagebuchbriefe, S. 442f. Eine gründliche Aussprache fand wohl erst am 7. 8. 1959 statt; vgl. ebd., S. 461, 7. 8. 1959; K. ADENAUER / TH. HEUSS, Unter vier Augen, S. 307–309; vgl. auch Heuss an Ernst Ludwig Heuss, 7. 8. 1959, in: FA Heuss, Basel. – Zum Entscheidungsprozess in der CDU/CSU, der zur Kandidatur Lübkes führte, vgl. R. MORSEY, Heinrich Lübke, S. 254–267.

Existenz dieses Briefwechsels öffentlich bekannt wurde, bedauere ich nicht. Ich bin selber vielleicht der Verursacher der Mitteilung, da ich einigen Leuten gesagt habe, daß ich mir diese Art nicht gefallen lasse. Aber vertiefen kann ich um des Staates willen diese Sache nicht. Dabei hat Adenauer keinen Augenblick daran gedacht, mich persönlich anzugreifen, da er immer einen Respekt vor mir gehabt und bekundet hat. Aber die fahrlässige Art, in der von ihm selber oder seinen Beratern solche Erklärungen abgegeben werden, lasse ich mir einfach um meiner eigenen historischen Situation willen nicht gefallen.

Diese Zeilen sind natürlich ganz persönlich und vertraulich, aber bei unserem Verhältnis glaube ich, Ihnen diese Dinge aussprechen zu dürfen.

Der gute Benckiser[7] hat von mir vor ein paar Tagen eine Anfrage bekommen, er möchte mir doch mitteilen, wie ich meine Möglichkeiten nicht ausgeschöpft hätte.[8]

Mit freundlichen Grüßen
Ihr
Theodor Heuss

Nr. 205
An Prof. Dr. Max Hartmann, Buchenbühl bei Weiler, Allgäu
27. April 1959

BArch, B 122, 2321: ms. Schreiben, Durchschlag, von Heuss diktiert (Diktatz. H/vM) und ms. gez.; ms. Briefkopf: „Theodor Heuss“[1]

Orden Pour le mérite: Vizekanzlerschaft, Nachberufungen, Ablehnung einer Berufung von Theodor Heuss

Verehrter lieber Professor Hartmann!

Sehr freundlichen Dank für Ihren eingehenden Brief vom 24. April in der Frage der Vizekanzlerschaft.[2]

---

7 In der Vorlage: „Benkieser“.

8 Nicolas Benckiser hatte in der „Frankfurter Allgemeinen Zeitung“ am 8. 4. 1959 in einer Glosse „Die Sensation“ von „nicht ausgeschöpften Möglichkeiten“ im Amt des Bundespräsidenten gesprochen. Heuss bat mit Schreiben vom 17. 4. 1959 um eine Benennung dieser Möglichkeiten. Benckiser antwortete am 21. 4. 1959, dass diese Formulierung erst im Lichte der folgenden Kontroverse missverständlich wirken konnte. Angesichts der innenpolitischen Stabilität habe es weder Anlass noch Gelegenheit gegeben, etwa das Vorschlagsrecht des Bundespräsidenten für den Bundeskanzler „auszuschöpfen“; B 122, 597.

1 Az. BP-5004; Stempel: „Pers[önlichem] Ref[erenten] vorgelegen“; weiterer Nachweis: N 1221, 354: ms. Schreiben, Durchschlag.

2 Hartmann an Heuss, 24. 4. 1959, in: B 122, 2321. Hartmann hatte sich für eine Vizekanzlerschaft von Richard Kuhn für die naturwissenschaftliche Gruppe ausgesprochen. Außerdem hatte er

Mit der musischen Abteilung sind wir ja etwas in Verlegenheit. Bergengruen bezieht sich nicht nur auf seine gegenwärtige Staatsangehörigkeit – eine Frage, die ich selber nicht als zu hoch veranschlage –, sondern auch auf seine zunehmende Schwerhörigkeit, die ihm offenbar Verwaltungsaktionen, auch wenn sie bescheiden sind, sehr erschweren, so daß er sich offenkundig weitgehend zurückzieht.[3] Mit Purrmann wird es auch nicht zu machen sein, und zwar aus gesundheitlichen Gründen. Ich habe gerade vor einigen Tagen von unserem Botschafter in Rom, der weiß, daß ich seit Jahrzehnten mit Purrmann in einem freundschaftlichen Verhältnis stehe,[4] einen Brief erhalten, daß Purrmann einen Schlaganfall erlitten hat[5] – es ist nicht der erste – und gegenwärtig in einem römischen Hospital liegt, wohin ich ihm geschrieben habe.[6] Es wird also nicht ganz leicht sein, hier den Nachfolger für Rudolf Alexander Schröder zu finden. Ernst Jünger wird von mir literarisch vermutlich etwas höher eingeschätzt als von Ihnen,[7] auch wenn ich sein Tagebuchschreiben als etwas solipsistisch empfinde. Immerhin weiß er mit der Sprache etwas anzufangen. Ich kenne ihn persönlich nur von einem an sich nett verlaufenen Besuch, den vor Jahren General Speidel, der mit ihm befreundet ist, veranlaßte.[8]

Die Idee, nun auch einen Mann mit dem Kriegs-Pour le mérite wieder in unserem Kreis zu haben,[9] stammt nicht von mir selber, sondern von einem der Herren aus jenem Kreis. Nachdem wir bei der Erneuerung des Ordens sozusagen die Nachholnotwendigkeiten erfüllt haben, steht der Orden wohl vor der Frage, auch einige Leute, die noch nicht 70 sind, zu kreieren, um eine gewisse Kontinuität zu sichern.

Sie haben ja schon vor ein paar Jahren die Frage aufgeworfen, ob man nicht auch mich, der ich den Orden sozusagen „vor dem Aussterben gerettet“ habe,

---

mitgeteilt, dass er auf Veranlassung von Otto Warburg bereits am 22. 4. 1959 an Bott geschrieben und von einer Zuwahl von Ernst Jünger abgeraten habe. Zudem habe er in dem Schreiben an Bott die Bedenken von Heuss zu dessen Wahl in den Orden Pour le mérite ausräumen wollen. Bott hatte am 25. 4. 1959 geantwortet, Heuss sei damit nicht einverstanden, und Jünger sei bereits aus dem Rennen. Vizekanzler wurde schließlich Gerhard Domagk. Heuss dankte am 11. 5. 1959 für dessen Bereitschaft, das Amt zu übernehmen; alle Schreiben in: B 122, 2321.

3 Werner Bergengruen hatte Heuss am 16. 4. 1959 mitgeteilt, dass er für die Vizekanzlerschaft nicht zur Verfügung stehe, da er „in den Wirren der ersten Nachkriegszeit die österreichische Staatsangehörigkeit angenommen habe“. Zudem wies er auf seine Schwerhörigkeit hin, die es ihm „neuerdings so gut wie unmöglich macht, Veranstaltungen, Aussprachen und Diskussionen zu leiten.“ B 122, 2321.

4 Vgl. Hans Purrmanns Beitrag in: H. Bott / H. Leins, Begegnungen, S. 332–336.

5 Fernschreiben von Klaiber an Heuss, 20. 4. 1959, in: B 122, 2321.

6 Heuss an Purrmann, 20. 4. 1959, in: N 1221, 354.

7 Vgl. Anm. 2.

8 Vgl. Nr. 55, Nr. 67.

9 Jünger war 1918 die militärische Klasse des Pour le mérite verliehen worden. Den Orden Pour le mérite für Wissenschaften und Künste sollte er nicht erhalten.

als Mitglied aufnehmen solle.[10] Ich danke Ihnen sehr für die beredte Würdigung, die Sie meinen literarisch-wissenschaftlichen Arbeiten gewidmet haben, aber ich möchte doch bei meiner Haltung bleiben und bitten, von meiner Zuwahl Abstand zu nehmen. Das ist keine kokette Bescheidenheit – es ist mir ja langweilig, daß ich in den mittleren Zeitungen immer wieder lesen muß, wie bescheiden ich sei. Ich weiß über meine Fähigkeiten, aber auch über ihre Grenzen ziemlich gut Bescheid und weiß auch, daß ich einige Bücher geschrieben habe, für die ich mir die Formel gewählt habe, daß sie ein anderer „vermutlich nicht besser geschrieben haben würde". Doch bin ich nun in eine vorzugsweise politische Aufgabe durch mein Leben hineingewachsen. Ich habe von Anbeginn den Standpunkt vertreten, daß ich mich vor jeglichem Verdacht und vor der Nachrede gesichert wissen möchte, daß ich den Orden erneuert habe, um ihn schließlich selber zu tragen. Ich habe eine bedauerlich geringe Meinung von dem Anstandsgefühl des durchschnittlichen Deutschen. Die Richtigkeit meiner Auffassung wurde mir bei aller sogenannten „Volkstümlichkeit" immer wieder bestätigt, ohne daß ich, solange es nicht an meine Ehre geht, diese Dinge überbewerte.

Aber denken Sie: Ich habe es immer von Bismarck unpassend, ja fast geschmacklos gehalten, daß er sich den Pour le mérite der Friedensklasse geben ließ.[11] – Vor einem Mißverständnis möchte ich bei Ihnen gesichert sein wollen: Ich vergleiche mich nicht mit Bismarck. – Daß Bismarck schriftstellerisch großartige Begabungen besaß, haben ja die Memoiren[12] und die Briefe,[13] die nach seinem Tode veröffentlicht wurden, deutlich genug gezeigt, aber er paßte für mein Gefühl in diesen Kreis ganz und gar nicht, der seiner Natur nach metapolitisch zu begreifen ist. Und so wollen Sie auch meine Bitte verstehen, auf mich als Mitglied unter den Ordensträgern zu verzichten.

Der Rolle des Beraters, sofern diese weiterhin notwendig sein wird, werde ich mich nicht entziehen. Ich werde auch in Zukunft gern an den Zusammenkünften des Ordenskapitels, wenn es mit meinen Zeitdispositionen vereinbar ist, als Ehrengast, oder wie man das umschreiben will, teilnehmen, aber die technische Mitbehandlung des Ordens muß, was mir von Anfang an klar war, institutionell stärker auf die Kontinuität innerhalb des Bundesministeriums des Innern verlagert werden, da für die Zukunft – ich denke jetzt gar nicht an die nächste – ungesichert sein wird, ob spätere Bundespräsidenten für den geschicht-

---

[10] Vgl. Anm. 2. Eine frühere Anfrage von Hartmann an Heuss ließ sich nicht ermitteln.

[11] Im Jahre 1896.

[12] Heuss hatte für die Neuausgabe von Bismarcks Memoiren „Gedanken und Erinnerungen" 1951 eine Einführung geschrieben; vgl. TH. HEUSS, Bismarck-Bild; vgl. auch Heuss an Gerhard Ritter, 16. 4. 1951, in: DERS., Bundespräsident 1949–1954, S. 228–230.

[13] Seit 1924 erschienen die Gesammelten Werke Bismarcks in der „Friedrichsruher Ausgabe", mittlerweile neu herausgegeben und erweitert in der „Neuen Friedrichsruher Ausgabe" von der Otto-von-Bismarck-Stiftung.

lichen Sinn des ehrwürdigen Ordens ein genügendes Verständnis besitzen. Ebenso unklar ist, ob ihnen ein Mann von der Hingabe und inneren Arbeitsfreudigkeit des Ministerialdirektors Bott gegeben ist, der sich durch all die Jahre gerade auch für diesen menschlich nicht ganz leichten Komplex immer zur Verfügung stellte.

Mit guten Grüßen und Wünschen wie immer
Ihr Theodor Heuss

Nr. 206
An Wilhelm Heile, Gaissach bei Bad Tölz
8. Mai 1959

BArch, N 1221, 147: ms. Schreiben, Durchschlag, von Heuss diktiert (Diktatz. H/Bk) und ms. gez.; ms. Briefkopf: „Theodor Heuss"[1]

Krankheitsbedingt ausgefallene Termine von Theodor Heuss; Konflikt mit Konrad Adenauer um die Nachfolge im Amt des Bundespräsidenten; Lebensplanung nach Ende der Amtszeit; Festakt zum 10. Jahrestag der Verabschiedung des Grundgesetzes

Lieber Freund!

Schönen Dank für Deinen Brief vom 2. Mai,[2] der mich in der Dir ja auch vertrauten Medizinischen Klinik auf dem Venusberg erreichte.

Es sind jetzt über acht Tage her, da mich eine Virusgrippe erwischte, die mir das ganze Arbeitsprogramm der nächsten Zeit zerschlagen hat. Vor allem tut es mir leid, daß ich nicht in Berlin werde sein können, wo ich ja die Ingebrauchnahme des wieder aufgebauten Schlosses Bellevue[3] vornehmen sollte, dann neben Lucius Clay, Schuman und Attlee zur Luftbrücke reden sollte;[4] – zudem wird mein Sohn eine neue Ehe eingehen. Die Trauung wird in Berlin stattfinden, wo seine künftige Frau an der Hochschule für Musik arbeitet.[5] Aber ich muß jetzt

---

1 Verfügung: „2. H[errn] St[aats]s[ekretär]" mit Paraphe von Bleek vom 8. 5.; weiterer Nachweis: N 1221, 355: ms. Schreiben, Durchschlag.

2 Heile an Heuss, 2. 5. 1959, in: N 1221, 147.

3 Die Einweihung von Schloß Bellevue als Amtssitz des Bundespräsidenten in Berlin war für den 11. 5. 1959 vorgesehen.

4 War für den 12. 5. 1959 im Rahmen des 10-jährigen Jubiläums der Beendigung der Berliner Luftbrücke geplant; vgl. Nr. 190, Anm. 34.

5 Heuss hatte eine Verschiebung der Hochzeit seines Sohnes mit Ursula Wolff wegen seiner Erkrankung strikt abgelehnt; vgl. Heuss an Ernst Ludwig Heuss, 5. 5. 1959, in: FA Heuss, Basel. Sie fand am 9. 5. 1959 in Berlin statt. Gollwitzer, der die Trauung vornehmen sollte, hatte angeboten,

brav sein und den Ärzten folgen und daher zu Hause bleiben. Wenn auch das Fieber jetzt mit vielerlei Mitteln ziemlich vertrieben ist, ist noch reichlich viel Schwäche vorhanden.

Die Auseinandersetzung über meine Amtsnachfolge wie die mit meinem präsumtiven Amtsnachfolger hat ja wenig angenehme Züge gehabt, die ich um des Amts willen bedauere. Die notwendige Aussprache mit K[onrad] A[denauer] konnte noch nicht stattfinden,[6] da Martini[7] sie jetzt nicht wünscht bzw. weil ich selber noch Ansteckungsträger bin. Aber ich habe doch vermieden, über die unmittelbare Korrespondenz hinaus mich Dritten gegenüber darüber brieflich auszulassen, was Du ja verstehen wirst. Im übrigen überlasse ich im Pro und Contra dessen, was meine Amtsführung für das Werden dieses neuen Staates bedeutet hat oder in der Fernwirkung bedeuten kann, mit ziemlicher Ruhe dem Urteil der Geschichte.

An das otium cum dignitate,[8] das mich erwartet, glaube ich nicht. Ich muß sehen, die dignitas sine otio[9] zu bestehen. – Ich bin zwar sehr lebhaft dabei, zahlreiche Ersuchen, nach meiner Amtszeit diese und diese und diese Ehrenposten zu übernehmen, auf Vorrat abzulehnen, auch schon terminierte Vorschläge, dort und dort und dort Vorträge zu halten, zurückzuweisen – denn ich will weder Vereinsmeier im großen Stil werden noch Redereiseonkel in „Kultur". Aber eine Reihe von Dingen, die ich mit in Bewegung gebracht habe, werden mich nicht ganz freigeben, und manche sind mir auch wichtig genug geworden, wie etwa die Frage von Ellys Mütter-Genesungswerk, die Leitung des Germanischen National-Museums in Nürnberg, das aus den Ruinen neu zu erheben mir eine wichtige Sache im Nebenher gewesen war. In die Parteipolitik werde ich nicht zurückkehren, sosehr es von manchen gewünscht wird (zumal in meiner württembergischen Heimat),[10] aber ich möchte den „good will", den ich dem Amt in sehr weiten Kreisen der Bevölkerung, gleichviel wie sie parteipolitisch stehen, gewonnen habe, nicht ex post[11] gefährden. Das, was ich zu tun habe, ist zunächst, viel Historisch-Politisches und Ökonomisches zu lesen, denn ich habe in den zehn Jahren meiner Amtszeit von neuerer wissenschaftlicher Literatur nur ganz wenig konsumieren können. Dann aber will ich neben ein paar Reiseplänen,

---

von der Handlung zurückzutreten, falls Heuss dies aufgrund seiner prononcierten politischen Haltung im „Kampf gegen den Atomtod" wolle. Heuss bezeichnete dies als einen „törichten" Brief; TH. HEUSS, Tagebuchbriefe, S. 411, 22. 3. 1959; Heuss an Ernst Ludwig Heuss, 11. 3. 1959, in: FA Heuss, Basel; Manuskript der Predigt von Gollwitzer in: ebd.

6 Vgl. Nr. 204, Anm. 6.

7 Paul Martini, seit 1949 Arzt von Heuss und Adenauer.

8 Lateinisch für „Muße in Würde".

9 Lateinisch für „Würde ohne Muße".

10 Vgl. Nr. 209.

11 Lateinisch für „im Nachhinein".

die ich zur Ausweitung meiner Vorstellungen durchführen möchte, allerhand an Literarischem aufnehmen, das ich 1945 liegenlassen mußte.[12]

Ich werde ein neues Leben lernen müssen, denn die letzten zehn Jahre mit einem Stab von Mitarbeitern haben mich ja in vielen Dingen verwöhnt! Und sehr viel Kleinigkeitskram, der das Leben begleitet, muß nun selber in die Hand genommen werden.

Wenn Du am 23. Mai hierherkommst (Adenauer und Schönfelder als die Präsidenten des Parlamentarischen Rates werden sprechen),[13] bin ich selber zwar bei dem Festakt anwesend, fahre aber gleich nach seinem Ende,[14] die wiedergewonnene Gesundheit vorausgesetzt, zur 50-Jahr-Feier der Akademie der Wissenschaften nach Heidelberg, wo man irgendeine Ehrung für mich vorhat.[15] Da ich einige der leitenden Herren dort kenne, habe ich vor Monaten, ehe man an die Bonner Feier gedacht hat, zugesagt, und man hat mir zuliebe die Feier in Heidelberg dann auf den späten Nachmittag verlegt.

Hoffentlich hilft die Kur in Tölz Dir, mit Deinen gesundheitlichen Beschwernissen fertig zu werden. Sehr betrübt bin ich über die Mitteilung, daß auch Dein Schwiegersohn leidend ist. Er ist also ein Landsmann von mir, und ich wünsche, daß Deine Tochter nicht von zu großen Sorgen beschwert wird.

Für heute herzliche Grüße in freundschaftlichem Gedenken.
Dein

Theodor Heuss

Nr. 207
An Dr. Toni Stolper, [New York]
6. Juni 1959; Reutlingen
BArch, N 1186, 149: hs. Schreiben, behändigte Ausfertigung, ohne Grußformel[1]
Kritik an den Umständen des Rückzugs Adenauers von der Kandidatur zum Bundespräsidenten; drohender Ansehensverlust des Amtes

---

12 Vgl. Nr. 1, Anm. 4.

13 Auf dem Festakt zum 10. Jahrestag der Verabschiedung des Grundgesetzes am 23. 5. 1959 im Bundeshaus zu Bonn; Ansprachen hielten Adenauer, von Merkatz und der Kölner Staats- und Völkerrechtler sowie Präsident der Westdeutschen Rektorenkonferenz Hermann Jahrreiß; Wortlaut in: Bulletin, Nr. 93, 26. 5. 1959, S. 901f, 906–909; vgl. auch TH. HEUSS, Tagebuchbriefe, S. 434, 19. 6. 1959.

14 Bleek teilte dies am 15. 5. 1959 in einem von Heuss gefertigten Schreiben Adenauer mit; N 1221, 355.

15 Heuss erhielt dort am 23. 5. 1959 die Ehrenmitgliedschaft der Akademie und hielt zu diesem Anlass eine Ansprache; vgl. B 122, 252.

1 Datum versehen mit dem Zusatz: „Abe[n]ds ½12 [Uhr]"; weiterer Nachweis: BArch, N 1186, 125: ms. Schreiben, Teilabschrift; Teilabdruck: TH. HEUSS, Tagebuchbriefe, S. 439f.

Liebe Toni,

[…][2]

Was uns aber mehr beschäftigt ist dies: daß Ad[enauer] seine Kandidatur zum Bu[ndes]Prä[sidenten] zurückgezogen.[3] Ich muß leider finden, daß er mir gegenüber illoyal war. Am Montag 1½ Stunden bei mir, Amerika-Eindrücke, Schimpfen auf Erhard, den die Mehrheit s[einer] Fraktion als Bu[ndes]Ka[nzler] wünscht.[4] Am Mi. früh, Besuch einer Parlamentsdelegation aus Lima,[5] frug mich Gerstenmaier, ob Ad[enauer] mir von s[einer] Absicht, die Kandidatur zurückzuziehen, etwas gesagt habe, was ich verneinen mußte. Es war strengstes Geheimnis, das ich dann am Do. in Saarbrücken[6] durch die Presse bestätigt fand.[7] Er gab (ich kenne den genauen Wortlaut noch nicht) dann eine Erklärung ab,[8] die in Teilen fast wörtlich geklungen zu haben scheint wie die vom 8.[9] April:[10] „wohlüberlegt“, „wichtig“. Ich selber hatte ihn darauf aufmerksam gemacht, daß bei der vielberedeten „Gipfelkonferenz“ die Deutschen, wenn überhaupt, nur Randfiguren seien.[11] Sehr schlechte Presse für ihn, soweit ich sehe, auch im Ausland – man wirft ihm auch, ganz primitiv, vor, daß er diesen Coup startete, während Erhard, was ich für optisch falsch hielt, in USA Doktorhüte einsammelte.[12] Gegen das Verfahren scheint mir Gerstenmaier, was man so in Zeitungen liest, angekämpft zu haben.[13] Über jeden anderen würde Ad[enauer] getobt haben, ein solches Schauspiel der Personalintriguen vorzuführen, während die <ganze> Situation so viel

---

2 Bericht über Besuch von Veranstaltungen und über ein Treffen mit Leins und der Familie von Ernst Ludwig Heuss in Reutlingen.

3 Adenauer hatte seine am 8. 4. 1959 bekannt gegebene Kandidatur am 5. 6. 1959 vor der Fraktion zurückgezogen, weil er Erhard als Nachfolger im Kanzleramt verhindern wollte; vgl. H.-P. SCHWARZ, Adenauer, Bd. 2, S. 522–526; D. KOERFER, Kampf, S. 321–327.

4 Gespräch am 1. 6. 1959; Aufzeichnungen in: K. ADENAUER / TH. HEUSS, Unter vier Augen, S. 306.

5 3. 6. 1959; vgl. Dienstkalender, in: N 1221, 482.

6 Heuss hielt dort am 4. 6. 1959 eine Ansprache auf der Hauptversammlung der Max-Planck-Gesellschaft; Rede in: B 122, 252.

7 Pressemeldungen über den bevorstehenden Rücktritt Adenauers von der Kandidatur zum Bundespräsidenten ließen sich am 4. 6. 1959 nicht ermitteln.

8 Am Abend des 5. 6. 1959 im Fernsehen; vgl. D. KOERFER, Kampf, S. 324.

9 Es folgt hs. Streichung: „März“.

10 Vgl. Nr. 200, Anm. 2.

11 Die neunte Außenministerkonferenz der vier Siegermächte in Genf (11. 5.–20. 6. und 13. 7.–5. 8. 1959) blieb ohne konkrete Ergebnisse hinsichtlich der Deutschen Frage. Zu einer Gipfelkonferenz der vier Regierungschefs sollte es nicht kommen; vgl. G. SCHÖLLGEN, Außenpolitik, S. 53f.

12 Erhard war vom 1. bis 9. 6. 1959 in die USA gereist, wo ihm von der Georgetown University in Washington und am Wabash College in Crawfordsville/Indiana Ehrendoktorwürden verliehen wurden; vgl. D. KOERFER, Kampf, S. 311.

13 Gerstenmaier, der Adenauer am 7. 4. 1959 zur Kandidatur bewegt hatte, brachte nach dem Rückzug der Kandidatur in die Fraktion eine Resolution ein, Adenauer die Missbilligung für diesen Schritt auszusprechen, die jedoch keine Mehrheit fand; vgl. H.-P. SCHWARZ, Adenauer, Bd. 2, S. 524.

Schwierigkeiten in sich birgt. Ad[enauer] hat Glück, daß ich nicht freier Publizist bin. Ich glaube, der Hauptunterschied zwischen ihm und mir ist doch der, daß er, der eine große Verwaltungslaufbahn hinter sich hat,[14] im Elementaren personalistisch denkt u. wirkt, während ich, der ich nie Beamter war, institutionell urteile.

Zeitungen bringen Überschriften: „Was sagt Heuss dazu?",[15] und ich kann aus Anstand, rechtlicher Machtbegrenztheit und vaterländischer Rücksicht nichts „sagen", da ich doch nicht den Ausgang meiner Amtszeit mit einer „Staatskrise" schmücken kann. Adenauer, der an sich weiß, daß die Deutschen den von ihnen provozierten Krieg verloren haben, ist in der Gefahr der Hybris, seit Churchill ihn für den größten deutschen Staatsmann seit Bismarck erklärt hat.[16] Er ist ja, unzweifelhaft, ein bedeutender Mann – ich habe ihm in der vorletzten Unterhaltung,[17] Diagnose unseres Briefwechsels, vorgetragen, *wo* seine geschichtlichen Verdienste liegen. Aber den in diesen Jahren wiederholten Fragen von mir, wen er für seine Nachfolge in der CDU vorgesehen habe, folgte nichts Gescheites – der Mann, den er mir nannte, den[18] gegenwärtigen Min[ister]Präs[identen] von Düsseldorf, Meyers, hielt ich für qualifiziert, aber eine spätere Rückfrage, daß dieser ja nicht in Deutschland recht sichtbar gemacht werde, blieb ohne rechte Antwort.[19] Die ganze Situation ist gräßlich – meine Bemühungen, in Deutschland die Voraussetzungen für eine Demokratie des Maßes zu schaffen – wir wissen ja beide, daß keine Staatsform die Garantie des Glückes und des Erfolges anbietet, sondern nur Chancen –, empfinde ich als moralisch richtig gefährdet.

Es ist in dem reutlinger Hotelzimmer inzwischen 1 Uhr geworden, aber die Nachricht, was hier gespielt wird, ist ja längst auch in Auckland bekannt. Ich wollte Dir nur sagen, wie sie mich bewegt.[20]

[Theodor Heuss]

---

14 Als Gerichtsassessor, Beigeordneter und schließlich Oberbürgermeister in Köln.

15 Artikel mit dieser Überschrift ließen sich nicht ermitteln.

16 So in einer Rede Churchills vor dem britischen Unterhaus, 20. 5. 1953: „Doktor Adenauer kann wohl als der klügste deutsche Staatsmann seit den Tagen Bismarcks betrachtet werden." Zit. n. Der Spiegel, H. 6, 3. 2. 1965, S. 60.

17 Gesprächsaufzeichnungen ließen sich nicht ermitteln.

18 Es folgt hs. gestrichen: „Ge".

19 Vgl. Gespräch am 1. 11. 1955, bei dem es u. a. um die Nachfolge Adenauers im CDU-Vorsitz ging und Adenauer Franz Meyers ins Spiel brachte; vgl. K. ADENAUER / TH. HEUSS, Unter vier Augen, S. 182.

20 In der Vorlage: „bewegen".

Nr. 208
An Heinrich Lübke, Bundesminister für Ernährung, Landwirtschaft und Forsten, Berlin
1. Juli 1959
BArch, N 1221, 356: Fernschreiben, ms. Entwurf, ohne Anrede, ms. gez.[1]
Glückwünsche zur Wahl zum Bundespräsidenten

Telegramm

Mit freundlichen Grüßen übersende ich Ihnen meine guten Glückwünsche zur Berufung in das Amt des Bundespräsidenten.[2] Die vollzogene Entscheidung wird, so hoffe ich, die mannigfachen unfrohen Wirrungen der letzten Monate[3] zur Ruhe bringen. Sie wissen, ohne daß es besonderer Beteuerungen bedarf, daß ich es um der staatlichen Kontinuität willen für meine Pflicht halte, in der Zeit des Übergangs durch Rat und Hinweis, mit dem Hintergrund einer farbigen Erfahrung von zehn Jahren, zu Ihrer Verfügung zu stehen.[4]

Theodor Heuss

1 Druck: TH. HEUSS, Tagebuchbriefe, S. 610.
2 Lübke erhielt am 1. 7. 1959 im zweiten Wahlgang 526 von 1033 abgegebenen Stimmen der Bundesversammlung, die in Berlin zusammengetreten war; vgl. R. MORSEY, Heinrich Lübke, S. 274. Heuss hatte zugleich ein Telegramm an den Gegenkandidaten Carlo Schmid vorbereitet; Wortlaut mit dem hs. Vermerk „nicht abgesandt" vom 1. 7. 1959, in: N 1221, 356. Obwohl der Ausgang der Wahl ungewiss war, hatte Lübke bereits am 26. 6. 1959 Kontakt zu Heuss aufgenommen und dabei in Aussicht gestellt, dass er Bleek als Staatssekretär behalten wolle; vgl. TH. HEUSS, Tagebuchbriefe, S. 446, 26. 6. 1959.
3 Gemeint die lange und schwierige Suche nach einem Amtsnachfolger von Heuss; vgl. Nr. 146, Nr. 175, Nr. 182, Nr. 183, Nr. 190, Nr. 195, Nr. 200, Nr. 202, Nr. 204, Nr. 206, Nr. 207.
4 Vgl. Nr. 220.

Nr. 209
An Dr. Wolfgang Haußmann, Stuttgart-Süd
3. Juli 1959
HStAS, Q 1/22, 1150: ms. Schreiben, behändigte Ausfertigung; Kopfbogen: „Theodor Heuss“[1]
Ablehnung eines Ehrenamtes in der FDP; Amtsverständnis; Distanz gegenüber der FDP; Pläne nach dem Ende der Amtszeit

Lieber Wolfgang!

Staatssekretär Bleek hat mir nach der Rückkehr von Berlin erzählt, er sei darauf angesprochen worden, daß beabsichtigt sei, mich nach dem Ausscheiden aus dem Amt zum Ehrenpräsidenten oder etwas Ähnlichem der FDP zu ernennen. Es ist mir nicht ganz klar, und auch Bleek konnte mir darüber keine Auskunft geben, ob das eine individuelle Meinung ist oder ob darüber schon einmal im Parteigremium geredet wurde.[2]

Auf jeden Fall halte ich es für notwendig, Dir gleich zu schreiben, solchen Plan, falls er existiert, sofort zu ersticken, damit nicht eine peinliche Situation entsteht und ich eine solche Ehrung ablehnen muß.

Der Fall ist ziemlich einfach: Ich habe auch zu Reinhold Maier einmal davon gesprochen, daß ich nicht beabsichtige, in die Parteipolitik zurückzukehren, obwohl ich von einer Reihe von alten Parteifreunden schon um Vorträge gebeten worden bin. Ich weiß, daß die einen das erwarten, die anderen das vielleicht auch unfroh sehen würden. Für mich ist es seit geraumer Zeit klar, daß ich mich aus der Parteienauseinandersetzung aus einer einfachen staatlichen Überlegung heraushalten werde, damit das, was ich nach vielfachen Beteuerungen, die ich von dort und dort erhielt, dem Amt psychologisch und sachlich an Substanz in diesen zehn Jahren beibringen konnte, um des Staatlichen willen in seiner Weiterwirkung nicht gefährdet werde. Hier ist mir das Staatliche wichtiger als dieser oder jener Parteivorteil.[3]

Zum anderen werde ich zwar viele menschliche Freundschaften weiter aufrechterhalten, aber ich bin mit mancherlei Entscheidungen, die getroffen wurden, und vor allem auch mit Reden, die von führenden Mitgliedern der FDP in diesen Jahren gehalten worden sind, nicht einverstanden gewesen.[4] Ich kann mich und

---

[1] Weitere Nachweise: HStAS, Q 1/8, 63; N 1221, 356 und 146: ms. Schreiben, Durchschlag mit Stempel: „Pers[önlichem] Ref[erenten] vorgelegen“; Verfügung: „2) Vor Abgang Herrn Staatssekretär z. Kts.“, mit Paraphe von Bleek vom 3. 7.

[2] In den Protokollen des FDP-Bundesvorstandes ließen sich derartige Pläne nicht nachweisen; vgl. U. WENGST, FDP-Bundesvorstand.

[3] Vgl. auch Heuss an Kluthe, 14. 7. 1959, in: N 1221, 356.

[4] So z. B. mit dem politischen Auftreten von Thomas Dehler; vgl. Nr. 31, Nr. 32, Nr. 105, Nr. 115, Nr. 129, Nr. 138.

die Partei nicht der Situation aussetzen: Was sagt denn der Herr Ehrenvorsitzende der FDP zu dieser Äußerung des Herrn Abgeordneten Dehler, zu dieser Stellungnahme des Herrn Abgeordneten Döring? Das ist nur eine prophylaktische Phantasie.

Meine Hauptbeschäftigung ist gegenwärtig die, nicht nur vorhandene Ehrenämter abzubauen, die um der Kontinuität willen, auch wenn sich mancherlei persönliche freundschaftliche Beziehungen entwickelt haben, beim Staatsoberhaupt als solchem bleiben müssen,[5] sondern fast am laufenden Band neue Ehrenpöstchen und dergleichen abzulehnen. Ich weiß, daß es mir nicht gegeben sein wird, völlig aus dem öffentlichen Leben in eine Privatidylle zurückzukehren, zu der ich an sich wenig Talent besitze. Meine Absicht ist, eine Reihe literarisch-wissenschaftlicher Pläne, die im Jahre 1945 liegenbleiben mußten, wieder aufzunehmen[6] und in Stuttgart möglichst ungestört dieses Leben führen zu können. Dabei sind ein paar Auslandsreisen irgendwie noch in das Lebensprogramm eingeschlossen.[7]

Mit guten Grüßen
Dein

Theodor Heuss

---

5 Vermutlich in diesem Kontext wurde im BPrA eine Aufstellung angefertigt über „Protektorate, Schirmherrschaften, Ehrenpräsidien des Bundespräsidenten Prof. Theodor Heuss 1949–1959, die nicht nur aus einem einmaligen Anlaß übernommen wurden". Darin wurden insgesamt 26 Positionen mit dem Datum der Übernahme aufgezählt; N 1221, 64.

6 Vgl. Nr. 1, Anm. 4.

7 Heuss reiste 1959 nach Österreich, 1960 nach Frankreich, Israel, Indien und in die Schweiz, 1961 zweimal nach Großbritannien zur Verleihung von Ehrendoktorwürden der Universitäten Exeter und Oxford, nach Südfrankreich und in die Schweiz. – Haußmann dankte am 22. 7. 1959, äußerte Verständnis für die Argumente von Heuss und wies darauf hin, dass sowohl er wie Reinhold Maier sich an solchen Überlegungen nicht beteiligt hätten; N 1221, 146. Am 5. 9. 1959 schrieb Heuss an Reinhold Maier, er müsse offenbar ein wenig aufpassen, „um nicht für Parteipropaganda gleich wieder vereinnahmt zu werden". Der Verwendung eines Plakates mit seinem Porträt in Bremen habe er widersprochen: „Wie komme ich dazu, ausgerechnet gegen Kaisen [SPD], dem ich von allen ‚Landesfürsten' persönlich am nächsten stehe, mich ausspielen zu lassen!" N 1221, 358.

Nr. 210
An Franz Josef Strauß, Bundesminister der Verteidigung, Bonn
8. Juli 1959

BArch, N 1221, 356: ms. Schreiben, Durchschlag, von Heuss diktiert (Diktatz. H/Bk) und ms. gez.; ms. Briefkopf: „Der Präsident pp."[1]

Benennung einer neuen Kaserne nach Reichspräsident Friedrich Ebert

Verehrter, lieber Herr Minister!

Darf ich Ihnen kurz folgendes mitteilen: Bei meinem mehrtägigen Besuch der Kieler Woche[2] ist auch die Frage aufgetaucht, nicht mir unmittelbar gegenüber, ob nicht eine der neuen Kasernen den Namen von Friedrich Ebert tragen könne oder solle, und einer meiner Begleiter hat sich bei mir erkundigt, was ich dazu sagen würde.

Ich weiß ja nicht, ob eine solche Frage das Bundesverteidigungsministerium beschäftigt hat. Ich selber würde eine solche Namensgebung eigentlich sehr schön finden, sachlich und persönlich berechtigt und wohl auch politisch ganz klug.

Ich habe Friedrich Ebert persönlich gekannt[3] und weiß ziemlich viel von ihm durch die Freundschaft mit Otto Gessler. Er ist in all' den militärischen Dingen von dem ablehnenden Radikalismus, dem Noske begegnet ist,[4] frei gewesen, und ich glaube, daß für diejenigen Kreise innerhalb der sozialdemokratischen Führung, die sich jetzt redlich darum bemühen, die früheren Ressentiments in eine sachliche Haltung zu verwandeln, ein solcher Beschluß eine psychologisch stärkende Wirkung haben könnte.

Ich hielt es für richtig, Sie diese meine persönliche Auffassung doch kurz wissen zu lassen.[5]

Mit freundlichen Grüßen
wie immer Ihr

Theodor Heuss

---

1 Vermerk: „*Persönlich!*".

2 Laut Dienstkalender vom 23. bis 25. 6. 1959; N 1221, 482.

3 Heuss hatte Ebert nach dem Urteil im Verleumdungsprozess in Magdeburg am 25. 12. 1924 geschrieben und seine Loyalität bekundet; vgl. Heuss an Ebert, 25. 12. 1924, in: TH. HEUSS, Bürger, S. 238f; zur Wertschätzung von Ebert durch Heuss vgl. Nr. 182, Anm. 29.

4 Zur Beurteilung von Noske vgl. Nr. 39.

5 Eine Antwort von Strauß ließ sich nicht ermitteln. Die Reichspräsident-Ebert-Kaserne in Hamburg-Iserbrook erhielt ihren Namen erst am 28. 2. 1965 aus Anlass des 40. Todestages von Ebert.

Nr. 211
An Prof. Oskar Kokoschka, Salzburg, Österreich
21. Juli 1959

BArch, N 1221, 161: ms. Schreiben, Durchschlag, von Heuss diktiert (Diktatz. H/vM) und ms. gez.; ms. Briefkopf: „Theodor Heuss“[1]

Eindrücke über Museen in Sizilien und Süditalien; Auseinandersetzung über „moderne Kunst“; Ende der Amtszeit

Verehrter lieber Freund!

Es war schön, von Ihnen wieder einmal einen Brief zu erhalten,[2] und ich empfinde, auch wenn ich nur ein paar Tage in Sizilien war,[3] Ihre bewundernde Fröhlichkeit nach, was die Leute dort aus ihren Museen gemacht haben.[4] Für mich ist vor allem das Stadtmuseum in Agrigent eindrucksvoll geblieben wie auch das kleinere neuere, das in der Nähe von dem Tempelfeld errichtet worden ist. Ich weiß nicht, ob Sie das in Paestum kennen, wo ja großartige Metopen aus einem erst vor geraumer Zeit am Meer freigelegten Tempel in guter Art aufgestellt wurden.

Ich hatte auch die Freude, in meiner knappen Zeit sehr gute Führungen von den Leitern der Museen, die zum Teil ihre Begründer gewesen sind, zu genießen, und ich habe ihnen allen gesagt, man müsse auf den kleinen Schildern einen kurzen Vermerk machen, wann (d. h. in welchem Jahr) und wo in der näheren Umschreibung diese ausgestellten Stücke gefunden worden seien.[5] Ich habe es vor einigen Jahrzehnten im South Kensington Museum[6] so ungeheuer lehrreich empfunden, daß dort angemerkt war, wann die Stücke, etwa auch die Kleinarbeiten der deutschen Renaissance, erworben wurden, weil sich in diesen ganz nebensächlichen Anmerkungen ein kaum beachtetes Stück der Geistesgeschichte niederlegt, des Interessewandels in der geschichtlichen Schau. Es würde mir plump erscheinen, auch die Kaufpreise hinzuzufügen, zumal gewiß vieles Schenkung ist und man ja keinen Steckbrief an die Dinge heften kann, weil dadurch

---

1 Neben der Anschrift undat. Paraphe von Bott; weiterer Nachweis: N 1221, 356: ms. Schreiben, Durchschlag.

2 Kokoschka an Heuss, 10. 6. 1959 (vermutlich 10. 7. 1959, da mit Eingangsstempel des BPrA vom 12. 7. 1959 versehen), in: N 1221, 161.

3 Im Anschluss an den offiziellen Staatsbesuch in Italien im November 1957 hatte Heuss noch für drei Tage Sizilien bereist; vgl. F. GÜNTHER, Heuss auf Reisen, S. 110–112.

4 Kokoschka hatte von einer sechswöchigen Reise durch Sizilien und Süditalien (Pompeji, Herculaneum, Neapel) berichtet und dabei die Aufwendungen des italienischen Staates für seine Museen gelobt; wie Anm. 2.

5 Dies hatte Heuss auch in seinem Artikel „Siziliana“ nach seiner Italienreise 1957 erwähnt; vgl. TH. HEUSS, Ort, S. 298.

6 Bedeutendes Museum in London, heute unter der Bezeichnung „Victoria and Albert Museum“ bekannt. Heuss hatte England im Sommer 1911 besucht und seine Reiseeindrücke in der „Hilfe“ publiziert; vgl. TH. HEUSS, Erinnerungen, S. 155–158; Nr. 149, Anm. 11.

die Aufmerksamkeit von der künstlerischen Form abgelenkt wird. Aber für Süditalien und Sizilien schien mir der Vermerk des Fundjahres eigentlich eine patriotisch-pädagogische Sache zu sein, um die Besucher – nicht bloß die Fremden! – darauf hinzuweisen, was an Völker- und Kulturgeschichte über diese merkwürdige Insel hinweggegangen ist, die ich gewiß, wenn die Gesundheit bleibt, noch einmal besuchen werde.[7]

Ich kann mir vorstellen, wie tragisch es Sie berührt hat, daß zwei junge Schüler von Ihnen sich das Leben genommen haben, weil sie inmitten der Favorisierung des „Abstrakten" mit dem, was ihre Augen sahen und ihr Formgefühl nachbildete, keiner freundlichen Aufnahmewilligkeit mehr begegneten.[8] Es ist mir im Gespräch mit einem zur Zeit nicht mehr aktiven Kunstkritiker,[9] der gute Sachen geschrieben hat und der vor der Frage steht, ob er wieder zur Publizistik zurückkehren solle, was ich annehme (er steckt zur Zeit in anderen Aufgaben), dies gesagt worden: Es sei so entsetzlich schwer, gegen das, was sich jetzt modern nennt, mit kritischen Einwendungen zu kommen, weil man dann von dem Beifall der Philister und Spießbürger verfolgt und erstickt werde. Ich hatte diese Sache bisher nie aus solchem Gesichtswinkel betrachtet. Es bleibt mir eine seltsame Erinnerung, daß zuerst Meier-Graefe und dann Wilhelm Hausenstein gegen Ende ihres Lebens Broschüren geschrieben haben, in denen sie die Angst vor ihrem früheren Avantgardismus bekundeten.[10] Ich habe im vergangenen Jahr, als sich ein Vertreter dieser Haltung in einer Ausstellung fast entschuldigte, daß auch einige „gegenständliche" Bilder vorhanden seien, ihn ausgelacht und ihm gesagt: Ich würde eine Ausstellung nur nach der Qualität der Arbeit und nicht nach der „Richtung" zusammenbringen. Aber freilich, der Qualitätsbegriff ist immer dort in Gefahr gewesen, wo das Maßstäbliche des Könnens durch das Literarische des Kommentierens gefährdet wurde und vielleicht unterging und das „Modernistische" banale Mode geworden ist. Daß sich hier starke Begabungen neben modischen Routiniers befinden, spürt man ja.

Ich weiß nicht, wo dieser Brief Sie erreicht. Aber ich glaube doch, aus ihrem Brief spüren zu dürfen, daß Sie trotz dieser und jener Verärgerung oder tragischen Empfindung mit fröhlicher Schaffenskraft *und* Rauflust an Ihre Sommeraufgabe, das „Sehen" zu lehren, gegangen sind.[11]

---

[7] Heuss besuchte Sizilien nicht mehr.

[8] Vgl. Anm. 2.

[9] Um wen es sich handelt, ließ sich nicht ermitteln.

[10] WILHELM HAUSENSTEIN: Was bedeutet die moderne Kunst. Ein Wort der Besinnung, Leutstetten 1949; die Broschüre des Kunsthistorikers Julius Meier-Graefe, der zahlreiche Monografien vor allem über Künstler des französischen Impressionismus und eine „Entwicklungsgeschichte der Modernen Kunst" schrieb, ließ sich nicht ermitteln.

[11] Kokoschka hatte 1953 die Internationale Sommerakademie für Bildende Kunst als „Schule des Sehens" gegründet. Er berichtete Heuss, in Salzburg hätten sich bereits 250 Schüler für seine Klasse angemeldet, und weitere kämen hinzu; wie Anm. 2.

Ich selber sitze im Abbau meines Amtes. Viele Menschen aus allen Parteien bedrängten mich, einer Änderung der Verfassung zuzustimmen und weiter zu amtieren, aber ich habe mich von Anfang an dagegen gewehrt, weil ich, nach dem, was die Deutschen erlebt haben, es für unzulässig hielt, die grundgesetzliche Rechtsordnung ad personam zu ändern.[12]

Bott und ich haben ziemlich wilde Arbeits- und Reisewochen hinter uns und bis Mitte September auch noch vor uns. Mitte September ziehe ich nach Stuttgart, und wir sind schon mitten drin, dieses Experiment vorzubereiten – das Haus wird wohnlich werden, aber für meine Bücher und Bilder viel zu klein. Bott wird auch das Amt verlassen und in Stuttgart mit einem neuen Job und mit der weiteren Betreuung seines „Meisters" seine Tage füllen.[13] Ich will zunächst viel lesen, wozu ich in der bedrängten Zeit der Amtsjahre nicht gekommen bin, dann selber einiges Literarisch-Wissenschaftliche schreiben, und dann bin ich lebensneugierig genug, auch noch dies und dies von der Welt, etwa Süditalien, etwa Südfrankreich, auch Israel und Spanien, mir anzusehen.[14]

Es wird mir immer, immer eine Freude sein, Ihnen zu begegnen. Seien Sie mit Ihrer Gattin aufs herzlichste gegrüßt von
Ihrem Theodor Heuss

Nr. 212
An Charles de Gaulle, Präsident der Französischen Republik, Paris
23. Juli 1959

BArch, B 122, 650: ms. Schreiben, Durchschlag, von Heuss diktiert (Diktatz. H/Bk) und ms. gez.; ms. Briefkopf: „Der Präsident der Bundesrepublik Deutschland"[1]

Gnadengesuch für den Kriegsverbrecher Harry Stengritt in französischer Haft

Sehr verehrter Herr Präsident!

Von den verschiedensten Seiten, insbesondere von dem Kirchenpräsidenten D. Hans Stempel,[2] wurde ich in der letzten Zeit wiederum über das Schicksal

12 Vgl. Nr. 182.
13 Vgl. Nr. 222.
14 Vgl. Nr. 209, Anm. 7.
1 Az. 1-9907-7042; Verfügung: „2. Dr. Röhrig m[it] d[er] Bitte um Weiterleitung (Dp.1b.)"; das Schreiben wurde dem AA, mit dem es abgestimmt war, am 24. 7. 1959 mit besonderem Boten zur Weiterleitung zugestellt; B 122, 650; weiterer Nachweis: N 1221, 356: ms. Schreiben, Durchschlag.
2 Kirchenpräsident Hans Stempel hatte sich am 19. 6. 1959 mit einem zusammenfassenden Bericht über die Lage der Gefangenen in den Niederlanden, Belgien und Frankreich an Heuss gewandt;

der neun deutschen Kriegsverurteilten unterrichtet, die sich noch in französischer Haft befinden und auf einen Gnadenerweis von Ihnen hoffen.[3] Ich weiß, daß es sich dabei um ein schwieriges Problem handelt, das von den schmerzlichen Erfahrungen des Hitler-Krieges her gesehen in seiner Auswirkung auf die öffentliche Meinung in Frankreich sehr behutsam angefaßt werden muß. So würdige ich, daß Sie dem Kirchenpräsidenten D. Stempel auf sein generelles Gnadengesuch für die deutschen Kriegsverurteilten in Frankreich antworten ließen, Gnadenerweise könnten nur nach und nach für jeden einzelnen Fall gewährt werden.

Heute möchte ich nun Ihre Aufmerksamkeit auf den Gefangenen Harry Stengritt[4] lenken. Wie man mir versichert, spricht vieles dafür, daß in diesem Fall eine Personenverwechslung vorgelegen hat. Der wirkliche Täter, ein gewisser Gries, soll Stengritt so ähnlich sehen, daß es möglich und verständlich wäre, wenn die Zeugen elf Jahre nach den Geschehnissen einer Täuschung unterlegen sind. Ich möchte meinen, dieser Fall sei besonders geeignet für den ersten der von Ihnen in Erwägung gezogenen Gnadenerweise, und ich wäre Ihnen dankbar, wenn Sie, nachdem der Fall unter Bewertung der vorliegenden Wahrscheinlichkeit gesehen wurde, meine Anregungen bei Ihren Überlegungen berücksichtigen würden.[5]

Mit der Versicherung meiner ausgezeichneten Hochachtung bin ich, sehr verehrter Herr Präsident,
Ihr sehr ergebener Theodor Heuss

B 122, 645. Ende 1958 befanden sich noch 37 NS- und Kriegsverbrecher im Gewahrsam der westlichen Länder: Berlin-Spandau 3, Belgien 5, Frankreich 9, Holland 16, Italien 2, Griechenland 1, Schweiz 1; Bericht der Zentralen Rechtsschutzstelle, 3. 12. 1958, in: B 122, 645.

3 Heuss hatte sich bereits am 19. 9. 1956 an den französischen Staatspräsidenten Coty gewandt und für acht zum Tode verurteilte Häftlinge um Gnade gebeten; B 122, 47663.

4 Nach dem Bericht von Stempel (wie Anm. 2) gehörte Harry Stengritt zu einer Gruppe von drei Angehörigen der Sicherheitspolizei, die in Südfrankreich verurteilt und lange in Lyon in Haft gewesen waren. Stempel griff den Fall Stengritt gesondert auf und empfahl, da an eine Generalamnestie in Frankreich nicht zu denken sei, für Stengritt eine Begnadigung zu erbitten. „Ich kenne Stengritt seit neun Jahren und habe ihn sehr häufig in dieser Zeit besucht. Er ist ein gebildeter, geistig und vor allem auch künstlerisch äußerst interesssierter Mann, der in seiner langen Haft sehr viel gelesen und sich besonders mit künstlerischen Fragen, vor allem auch mit dem französischen Impressionismus befaßt hat." Wie Anm. 2. Stengritt, im Zweiten Weltkrieg als Vertreter des Sicherheitsdienstes in Lyon tätig, war nach dem Krieg in Paris wegen Mordes zu lebenslänglicher Haft verurteilt worden.

5 De Gaulle antwortete am 6. 8. 1959, dass die Begnadigung von Stengritt unmittelbar bevorstünde; B 122, 650. Als Heuss sich am 10. 9. 1959 bedankte, war Stengritt bereits begnadigt worden und nach Deutschland zurückgekehrt; ebd.

Nr. 213
An Dr. Nachum Goldmann, Stockholm
27. Juli 1959

BArch, B 122, 2080: ms. Schreiben, Durchschlag, von Heuss diktiert (Diktatz. H/Ob./Ma) und ms. gez.; ms. Briefkopf: „Der Präsident der Bundesrepublik Deutschland"[1]

Grußwort zur Tagung des Jüdischen Weltkongresses

Verehrter, lieber Dr. Goldmann!

Sie werden auf dem Jüdischen Weltkongreß[2] gewiß auch eingehend von der Lage der Juden in Deutschland sprechen, und die Erinnerung an das Ungeheuerliche, das in einer Zertrampelung einfacher Menschlichkeit aus der gegebenen Rechtsordnung geschah, wird voll Bitterkeit zwischen den Versammelten stehen. Wir beide haben ja in dem verwichenen Jahrzehnt manches freundschaftliche Gespräch führen können, dessen Unterton immer war: es ist moralisch nicht erlaubt, das Geschehene mit einem bequemen Vergessen-Wollen zu verharmlosen, aber es ist moralisch geboten, die Voraussetzungen zu sichern, daß eine humane Gesinnung, die auch dankbar sein kann, die Wechselbeziehung zwischen den beiden Gruppen bestimmt. Als ich vor bald zehn Jahren, kurz nach meiner Wahl zum Bundespräsidenten, zu dem Gesamtkomplex sprach, gebrauchte ich das Wort von der Kollektivscham, die uns niemand abnehmen könne, aber auch von dem „Mut zur Liebe", der zwischen Juden und Deutschen zurückgewonnen werden müsse[3] – was ist aus jüdisch-deutscher Symbiose in den letzten anderthalb Jahrhunderten an fruchtbaren Leistungen für das Weltbewußtsein hervorgegangen!

Es ist ja bald ein halbes Jahrhundert vergangen, seit wir uns freundschaftlich zum erstenmal begegnet sind[4] – deshalb gestatten Sie mir die persönliche Akzentuierung dieses Grußwortes. Sie wissen, ohne daß ich „programmatische" Erklärungen zu formulieren habe, wie sehr ich wünsche (und auch in dem künftigen amtslosen Sein dabei mitzuwirken bereit bin), daß eine verruchte Vergangenheit nicht als drükkender Schatten die Auflichtung zu einer besseren, zu einer guten Zukunft verwehre.

Ich bitte Sie, die Form zu finden, in der Sie dem Kongreß meine Grüße und meine Wünsche für einen ergebnisreichen Verlauf vermitteln.

Mit freundlichen Grüßen
Ihr
Theodor Heuss

---

1 Weiterer Nachweis: N 1221, 356: ms. Schreiben, Durchschlag.

2 Goldmann war Präsident des Jüdischen Weltkongresses. Um welche Tagung des Kongresses es sich handelt, ließ sich nicht ermitteln.

3 So der Titel der Rede, die Heuss am 7. 12. 1949 vor der Gesellschaft für Christlich-Jüdische Zusammenarbeit in Wiesbaden gehalten hatte; vgl. Nr. 144, Anm. 3.

4 Heuss hatte Goldmann vor dem Ersten Weltkrieg bei einem jüdischen Jugendverein in Heidelberg kennengelernt; vgl. TH. HEUSS, Erinnerungen, S. 192.

Nr. 214
An Prof. Dr. Arnold Brecht, Bad Wiessee-Süd
28. Juli 1959

BArch, N 1221, 356: ms. Schreiben, Durchschlag, von Heuss diktiert (Diktatz. H/Bk) und ms. gez.; ms. Briefkopf: „Theodor Heuss“[1]

Besichtigung des Alterswohnsitzes in Stuttgart; Ablehnung von Ehren- und Parteiämtern in der FDP; Hilfe für seinen Nachfolger Heinrich Lübke; politische Gespräche mit Bürgern aus der DDR

Verehrter lieber Professor Brecht!

Sehr freundlichen Dank für Ihren Brief vom 23. Juli,[2] den ich bei der Rückkehr von einem mehrtägigen Ausflug nach Stuttgart (Leichtathletik!![3]) hier vorfand. Ich habe in Stuttgart auch mein „Häusle“ besichtigt, einige Zimmer sind schon möbliert, und unter dem Dach mußten, was ich schon vorher wußte, neue Bücherregale zum Aufstellen meiner Überfülle getischlert werden. Aber das Haus kann ganz behaglich, wenn auch nicht der naive Zielpunkt der neugierigen und trostbedürftigen Menschen werden.

Eine meiner Hauptbeschäftigungen ist gegenwärtig, ewige Bitten um Übernahme von Ehrenämtern, von Vorträgen, von literarischen Terminarbeiten abzulehnen, denn ich habe ja die Absicht, literarisch-wissenschaftliche Pläne, die 1945 bei der Rückkehr in die öffentliche Arbeit liegenbleiben mußten,[4] wieder aufzunehmen und auch noch, wenn die Gesundheit bleibt, einiges von der Welt mir anzusehen.[5]

Daß ich ganz aus dem öffentlichen Leben der Deutschen ausscheide, wird ja nicht möglich sein – aber die Hoffnungen wie die Befürchtungen, daß ich in die Parteienarbeit zurückkehre, fallen flach.[6] Ich würde es für sehr fehlerhaft halten und für eine relative Gefährdung dessen, was mir aufzubauen in den letzten zehn Jahren gelungen zu sein scheint, wollte ich wieder beginnen, Wahlreden zu halten und dergleichen.

---

1 Az. AP-11934/59.

2 Ließ sich nicht ermitteln.

3 Heuss hatte die Deutsche Leichtathletikmeisterschaft in Stuttgart besucht und am 26. 7. 1959 im Stuttgarter Neckarstadion eine Rede gehalten; B 122, 252. Toni Stolper berichtete er tags darauf: „Ich habe mich höchst demagogisch benommen, denn als ich die Willkomm-Ovationen winkend von meinem Ehrenplatz aus entgegengenommen [hatte], drehte ich mich um und zog die Jacke aus; da ging der Jubel noch einmal los und fast alle machten es mir nach.“ TH. HEUSS, Tagebuchbriefe, S. 457, 27. 7. 1959.

4 Vgl. Nr. 1, Anm. 4.

5 Vgl. Nr. 209, Anm. 7.

6 Vgl. Nr. 209.

Das Amt als solches ist durch das wenig gute Hin und Her in den letzten Monaten einigermaßen angeschlagen.[7] Ich werde Dr. Lübke mit allen mir zur Verfügung stehenden Möglichkeiten behilflich sein (und er ist mir für manchen Ratschlag schon dankbar geworden – drei ausführliche Besprechungen).[8] Er behält Herrn Bleek als Staatssekretär,[9] und damit sind bestimmte Kontinuitäten gesichert (im übrigen enthält Ihr Brief einen Irrtum: Staatssekretär von Lex[10] amtiert noch, nur Hartmann[11] ist ausgeschieden).

Das Problem des Gesprächs mit den Deutschen der Sowjetzone bewegt, wie Sie sich denken können, auch meine Phantasie. Innerhalb der SPD sind ja die Auseinandersetzungen über die Parität einer möglichen Unterhaltung (Deutschlandplan) sehr umstritten worden.[12] Mit dem Begriff der Minderheit für die zonale Bevölkerung, den Sie anregen, kommt aber ein doppelt falscher Akzent herein: 1) Das Wort „Minderheit" deckt sich in der deutschen Rechtsvorstellung mit der Bezeichnung einer „politischen Minderheit", und 2) ist es, glaube ich, auch psychologisch falsch, den Leuten von vornherein zu sagen „Ihr seid ziffernmäßig ja sowieso unterlegen".[13]

Mit freundlichen Grüßen, auch an die Gattin,
Ihr Theodor Heuss

---

7 Vgl. Nr. 182, Nr. 183, Nr. 190, Nr. 195, Nr. 200, Nr. 202, Nr. 204, Nr. 206, Nr. 207.

8 Am 26. 6., 11. 7. und 14. 7. 1959; vgl. R. MORSEY, Heinrich Lübke, S. 293–295.

9 Staatssekretär Bleek, der seit 1. 6. 1957 im BPrA amtierte, trat erst mit Wirkung vom 31. 8. 1961 in den Ruhestand.

10 Staatssekretär Hans Ritter von Lex, BMI, trat erst zum 31. 10. 1960 in den Ruhestand.

11 Staatssekretär Alfred Hartmann, BMF, war am 18. 3. 1959 in den Ruhestand getreten.

12 Mit dem „Deutschlandplan" stellte die SPD am 18. 3. 1959 eine deutschlandpolitische Alternative zur Regierungspolitik vor. Der Plan sah eine militärisch abgerüstete neutrale Zone in Mitteleuropa vor. Eine schrittweise politische und wirtschaftliche Zusammenführung der beiden deutschen Staaten sollte zu gesamtdeutschen Wahlen führen. Der Plan fand selbst in der SPD dermaßen wenig Zustimmung, dass er ein Jahr später fallengelassen wurde; vgl. S. MILLER / H. POTTHOFF, Geschichte, S. 201f.

13 In seiner Antwort vom 4. 8. 1959 meinte Brecht, mit der „Minderheit" habe er nicht die zahlenmäßige gemeint, sondern, „daß die Zonenkönige nur eine Minderheit (politische Minderheit) der Zonenbevölkerung repräsentieren." N 1221, 117.

Nr. 215
An die Redaktion des „Simplicissimus", München
31. Juli 1959
BArch, B 122, 600: ms. Schreiben, Durchschlag, von Heuss diktiert (Diktatz. H/Kp) und ms. gez.; ms. Briefkopf: „Theodor Heuss"[1]
Karikatur über den Umzug von Theodor Heuss nach Stuttgart

Sehr geehrte Redaktion,

der liebenswürdige Zufall wollte es, daß drei Verwandte aus dem Schwäbischen anwesend waren, als ich Ihre freundliche Anfrage[2] vorfand, ob denn die Dialekt-Überschrift auf dem heiteren Umzugsbild (Nummer 28), das von Georg Schwarz quasi-lyrisch so nett kommentiert wurde, „richtig" sei: „Nu schaffets euer Sächle alloi!"[3] Die Antwort ist also, nach neudeutschem Sprachgebrauch, ein richtiges „team-work".

Wir waren uns völlig einig, daß sie „falsch" ist. Soll ich die Fehler aufzählen? „Nu" – das gibt's gar nicht – es ist „Nô" möglich; mit dem Haken pflegt die Praxis der Setzer bei Dialekt-Gedichten den Zwischenton zu markieren. Das s bei „schaffets" ist auch eine Schmuckerfindung von mir unbekannter Herkunft – mit dem „le" sind wir ja verschwenderisch, wo es sich um zärtliche Dinge handelt, wozu die Staatsgeschäfte gemeinhin nicht gehören, und mit „oi" bei „alloi" steht es wohl so, daß eine Art von o auf der Alb, wohl auch in Teilen des Schwarzwalds mittönt, aber kaum in meiner Heimat, dem sog. „Unterland". Sie fragen, wie ich wohl den Inhalt dieses Satzes ausgesprochen hätte, vermutlich so: „Etzt machet halt eier Sach' allei".

Eigentlich hat es mir Spaß gemacht, daß wegen Ihrer Formulierung unter Ihren Lesern „zwischen Augsburg und Freiburg" ein „erbitterter Streit" entstanden ist, an dem sich meine nächsten Landsleute aus der Heilbronner Gegend zusätzlich beteiligten. Für mich wurde Ihre Rückfrage zum vergnüglichen Anlaß, eine Art von sprachphilologischer Selbstprüfung vorzunehmen. Wahrscheinlich konnte meine Fassung in der Buchstabenwahl nicht alle befriedigen; das liegt daran, daß meine engere Heimat Mischgebiet zwischen der schwäbischen und der fränkischen Sprachgewöhnung ist.[4]

Mit freundlichem Gruß Th. Heuss

---

1 Az. PB-7001; weiterer Nachweis: N 1221, 356: ms. Schreiben, Durchschlag; Druck: Simplicissimus, Nr. 34, 22. 8. 1959, S. 535.

2 Redaktion des „Simplicissimus" an Heuss, 23. 7. 1959, in: B 122, 600. Darin hieß es, insbesondere in Zuschriften aus der Gegend von Heilbronn werde die Richtigkeit der Überschrift bezweifelt.

3 Vgl. Simplicissimus, Nr. 28, 11. 7. 1959, Titelblatt.

4 In einem Begleitschreiben vom gleichen Tag entschuldigte sich Heuss für die verzögerte Antwort. Er hoffe, dass sie nicht zu breit geworden sei, und schlug als Überschrift vor: „Dem Heuss

Nr. 216
An Dr. Karl Korn, Frankfurt a. M.
5. August 1959
BArch, B 122, 330: ms. Schreiben, Durchschlag, von Heuss diktiert (Diktatz. H/Bk) und ms. gez.; ms. Briefkopf: „Theodor Heuss"[1]
Mitarbeit von Theodor Heuss als Autor in der Wochenzeitung „Das Reich"

Sehr geehrter Herr Dr. Korn!

Freundlichen Dank für Ihren Brief vom 1. August.[2] Ich kann Ihnen folgendes darauf antworten: Ich bin selber wegen der etwa drei Aufsätze, die ich im „Reich" veröffentlicht habe (ich entsinne mich eines Aufsatzes über den Zoologen Anton Dohrn, über den ich ein Buch geschrieben habe)[3] und wegen einiger Buchrezensionen oft genug in der sowjetzonalen Presse und später in dem billigen Nationalismus, der sich in einigen deutschen Zeitschriften wieder bemerkbar macht, als Mitkämpfer von Goebbels angeprangert worden.[4]

Die Dinge liegen nach meiner Erinnerung so: Bei der Gründung des „Reichs" ist ja geflissentlich Wert darauf gelegt worden, daß nicht die Nazi-Tonart und -Gesinnung exerziert werden. Es war vielmehr an die Schaffung einer gut geschriebenen und nicht partei-orientierten Zeitung gedacht worden, die zeigen sollte, daß man in Deutschland auch noch ohne Krampf und mit anderer Tendenz schreiben kann.

Unter diesem Gesichtspunkt haben Sie ja damals mit Margret Boveri zusammen mich um Mitarbeit in wissenschaftlichen oder literarischen Dingen gebeten, und ich habe mich Ihrer Bitte nicht verschlossen. Das Blatt hatte dann seinen raschen Erfolg nach meiner Beurteilung der Dinge nun eben gerade diesem nicht parteigebundenen Charakter zu danken. Dann entdeckte Goebbels seine Chance, nun in die Intellektuellen-Schicht, die wohl weithin den Aufstieg des Blattes mitgetragen hatte, einzudringen und verwendete das Blatt zu seiner Wochentribüne. Von diesem Augenblick an haben weder ich noch andere Leute unseres

sein Schwäbisch"; B 122, 600. In der Tat wurde das Schreiben von Heuss faksimiliert und zusammen mit einer Stellungnahme der Redaktion über diesen Vorgang unter der Überschrift „Dem Heuss sein Schwäbisch" abgedruckt; wie Anm. 1. Auch die „Stuttgarter Zeitung" gab das obige Schreiben am 18. 8. 1959 im Rahmen eines Artikels „In eigener Sache" wieder.

1 Az. PB-5116-6343; weiterer Nachweis: N 1221, 357: ms. Schreiben, Durchschlag.

2 Karl Korn hatte Heuss am 1. 8. 1959 berichtet, dass er gerichtlich gegen Kurt Ziesel vorgehe, der in der 6. Auflage seines Buches „Das verlorene Gewissen. Hinter den Kulissen der Presse, der Literatur und ihrer Machtträger von heute" behauptet habe, Korn sei bei der Zeitung „Das Reich" der „Kulturpapst des Goebbels" gewesen. Korn bat Heuss darum, „mir in einem Brief zu bestätigen, was Sie von dem Journalisten Karl Korn im Dritten Reich wissen." B 122, 330.

3 TH. HEUSS, Anton Dohrn.

4 Korn, erster Leiter des Kulturteils im „Reich", hatte Heuss um seine Mitarbeit in dem Blatt gebeten. Insgesamt veröffentlichte Heuss 1940/41 acht Artikel in der NS-Wochenzeitung; vgl. TH. BURGER, Theodor Heuss, S. 329–333; Nr. 156.

literarischen Anspruchs weiterhin in diesem Blatt etwas publiziert.[5] Ich selber erhielt dann ja auch überhaupt ein Verbot für die Publizistik, um das ich mich aber nicht kümmerte, indem ich das Pseudonym Thomas Brackheim wählte[6] – vor allem für die *Frankfurter Zeitung*.[7]

Mit freundlichen Grüßen
Ihr

Theodor Heuss

Nr. 217
An Benno Reifenberg, Frankfurt a. M.
7. August 1959

DLA, A: Reifenberg, 79.6413: ms. Schreiben, behändigte Ausfertigung; Kopfbogen: „Theodor Heuss“[1]

Hilfe für die Monatszeitschrift „Merkur“

Lieber Reifenberg!

Freundlichen Dank für Ihren Brief vom 5. August.[2] Er kommt in der Angelegenheit *Merkur* insofern zu spät, als ich schon vor einigen Tagen an den leitenden

5 Goebbels verfasste bereits seit Dezember 1940 regelmäßig den Leitartikel im „Reich“, bevor der letzte Artikel von Heuss im Februar 1941 erschien; vgl. R. BURGER, Theodor Heuss, S. 333. Ganz ähnlich hatte Heuss bereits am 18. 7. 1948 gegenüber dem Öffentlichen Kläger der Spruchkammer Stuttgart argumentiert; vgl. TH. HEUSS, Erzieher, S. 395. Er hatte allerdings ohnehin mit der „Frankfurter Zeitung“ einen Ausschließlichkeitsvertrag abgeschlossen, der eine weitere Mitwirkung an der Zeitung „Das Reich“ ausgeschlossen hatte; vgl. TH. BURGER, Theodor Heuss, S. 333, 361.

6 In der Vorlage fälschlicherweise: „Brackenheim“; vgl. auch Nr. 95, Nr. 156; TH. BURGER, Theodor Heuss, S. 367–370.

7 Im Zusammenhang mit dem weiteren Briefwechsel mit Korn geriet die Stellungnahme von Heuss in dieser Sache auch an die Öffentlichkeit. Ziesel veröffentlichte sie im Rahmen seines Artikels „Die Legende vom ‚Reich‘“ in: Europäischer Kulturdienst 8 (1959), Nr. 12, ms. Exemplar in: N 1221, 385. Später bedauerte Heuss, den Brief an Korn geschrieben zu haben, ohne zu wissen, dass Korn fragwürdige Artikel zum Film „Jud Süß“ und zur „entarteten Kunst“ im „Reich“ geschrieben hatte; Heuss an Toni Stolper, 29. 2. 1960, in: BArch, N 1186, 125; vgl. auch Heuss an Korn, 28. 10. 1959, in: TH. HEUSS, Privatier, S. 114f.

1 Weitere Nachweise: N 1221, 357; B 122, 599: ms. Schreiben, Durchschlag mit Verfügung: „2: W[ieder]V[orlage] MD Bott n[ach] R[ückkehr]“.

2 Reifenberg an Heuss, 5. 8. 1959, in: B 122, 599. Reifenberg berichtete Heuss, dass die Deutsche Verlags-Anstalt die Monatsschrift „Merkur“ nicht mehr halten wolle, weil sie bei einer Abonnentenzahl von 3.000 und einem relativ hohen Bezugspreis ein Jahresdefizit von 50.000 DM bringe. Er halte die Zeitschrift für die „interessanteste und wichtigste, die wir in Deutschland heute zu präsentieren haben.“ B 122, 599; über die schwierige Anfangsphase des „Merkur“ vgl. CH. DEMAND / E. KNÖRER, Versagen.

Mann bei Bosch geschrieben[3] und den Durchdruck auch an den Verlagsdirektor[4] gegeben habe.

Die Angelegenheit des *Merkur* beschäftigt uns hier schon seit Wochen. Sie wissen ja, daß das Bundespräsidialamt etwas wie ein Lazarett für kranke Dinge geworden ist. Auf der Tagung des Kulturkreises im Bundesverband der Deutschen Industrie habe ich schon vor ein paar Wochen abredegemäß mit Moras und anderen den Komplex durchgesprochen.[5] Vor vielen Jahren habe ich durch einen Brief den *Merkur* einmal retten können;[6] ob solches diesmal gelingt, weiß ich nicht. Ich habe in Regensburg bei der Besprechung den Einfall gehabt, daß Dr. Gustav René Hocke aus Rom mir einen großen Jammerbrief über die Gefahr, daß der *Merkur* eingestellt werde, schreiben soll[7] und daß ich diesen dann mit einem entsprechenden Kern weiterleiten werde,[8] damit nicht der Eindruck entsteht, daß einer der unmittelbar Beteiligten sich an mich gewandt habe. So ist nun verfahren worden.

Bott ist vor geraumer Zeit in den Aufsichtsrat der Verlagsanstalt gewählt worden,[9] wurde aber bei seiner hiesigen Überforderung bislang noch nicht eigentlich aktiv. Bis in die zweite Hälfte des August steckt er in einem sehr notwendigen Erholungsurlaub. Ob er in dieser Zeit in dieser Sache etwas machen kann, weiß ich nicht. Ich wollte Ihnen nur gleich Bescheid geben, wie ja auch Karl Korn bei seinen Krächen mit dem Herrn Ziesel mir heute erstaunt mitteilt, wie schnell alles bei mir gehe.[10]

Mit freundlichen Grüßen
Ihr Theodor Heuss

---

3 Heuss an Hans Walz, 5. 8. 1959, in: B 122, 599. Heuss warb darin für eine Weiterexistenz des „Merkur", „denn dort wird besonnen gedacht und gepflegt geschrieben, was man leider nicht von sehr vielen Organen der Publizistik sagen kann." 1920 hatte Robert Bosch die Mehrheit an der DVA erworben.

4 Heuss an Gotthold Müller, 5. 8. 1959, in: B 122, 599.

5 Heuss hatte am 6./7. 7. 1959 die Sitzung des Kulturkreises des BDI in Regensburg besucht; vgl. Dienstkalender, in: N 1221, 482. Die dortigen Gespräche über den „Merkur" ließen sich nicht nachweisen. Moras war Mitherausgeber des „Merkur".

6 Vgl. den Briefwechsel zwischen Heuss und Moras vom Mai 1950, in: DLA, D: Merkur.

7 Hocke hatte am 26. 7. 1959 Heuss geschrieben: „Es ist daher leicht vorauszusagen, daß der Untergang des ‚Merkur' für die ebenso geistige wie menschliche Wirkung des freien Deutschlands in den mit uns verbündeten Ländern eine Erschütterung bedeuten würde, wie so manche ähnliche literarische Titanic-Katastrophe in England, in Frankreich und in der Schweiz im Verlaufe der letzten zwanzig Jahre." B 122, 599.

8 Vgl. Anm. 3 und 4.

9 Bott war seit Mitte 1959 Mitglied im Aufsichtsrat der Deutschen Verlags-Anstalt, die zur Robert Bosch GmbH gehörte; vgl. Heuss an Toni Stolper, 23. 11. 1959, in: BArch, N 1186, 125.

10 Vgl. Nr. 216. Die 1947 gegründete Monatsschrift „Merkur" überstand die Krise und existiert noch heute (2013).

Nr. 218
An Dr. Dr. Otto Dibelius, Berlin-Charlottenburg
9. August 1959
BArch, N 1221, 357: ms. Schreiben, Durchschlag, von Heuss diktiert (Diktatz. H/Bk) und ms. gez.; ms. Briefkopf: „Der Präsident pp.“[1]
Unterstützung eines Spenden-Aufrufes für die Aktion „Brot für die Welt“

Verehrter Herr Bischof!

Für Ihren Brief vom 5. August und den so eindrucksvoll formulierten Aufruf des Rates der Evangelischen Kirche in Deutschland „Brot für alle Welt“ danke ich Ihnen.[2] Zu dem Zeitpunkt, da er Glieder der Evangelischen Kirche erreichen wird und ihre Seele bewegen soll, werde ich ja nicht mehr das Amt des Bundespräsidenten verwalten, die quasi „offizielle Repräsentation“ fällt also hinweg, aber da Sie so freundlich sind, meine, wenn ich so sagen darf, moralische Unterstützung des Planes offenbar für nicht so unwichtig zu halten, sage ich gern meine Mitwirkung zu, wiewohl es gerade in diesen Wochen eine meiner Hauptbeschäftigungen geworden ist, die so mannigfaltigen Wünsche, die meiner vermuteten „freien“ Zeit gelten, abzulehnen. Denn ich habe noch ein paar literarisch-wissenschaftliche Pläne, die 1945 liegenbleiben mußten, in die Hand zu nehmen.[3]

Ich folge nun Ihrer Aufforderung nicht aus konventioneller Höflichkeit, sondern weil das Unterfangen mich innerlich berührt. Sie kennen mich ja nun seit Jahrzehnten und wissen, daß ich mich für theologische Detailinterpretationen nie sehr interessiert habe, aber trotz aller tragischen historischen Begebenheiten, die man beliebig summieren kann, eine wesenhafte Kraft des Christentums darin sehe, daß es die Liebe für den Nächsten, die Agape,[4] zur geschichtskonstituierenden Macht erhoben hat.

Der „Nächste“ aber ist in dieser Gegenwart nicht mehr bloß der Nachbar oder die Gemeinde, in der man private Not zu lindern sucht – das bleibt –, sondern der „Jedermann“, der in Nöten ist, gleich in welcher Farbe und mit welcher

---

1 Verfügungen: „Durchdruck an Presse-Referat“; „MD Bott“.

2 Das Schreiben des Vorsitzenden des Rates der EKD Dibelius vom 5. 8. 1959 mit dem Aufruf „Brot für alle Welt“ ließ sich in den Akten des BPrA nicht ermitteln. Es war an Bott gerichtet, der jedoch im Urlaub war, und regte an, einen Briefwechsel zwischen Dibelius und Heuss über die geplante Aktion „Brot für alle Welt“ Ende November in der Evangelischen Gemeindepresse zu veröffentlichen. Das hier abgedruckte Schreiben sollte diesem Zweck dienen. – Die evangelischen Landeskirchen hatten die Aktion „Brot für die Welt“ 1959 zunächst als einmalige Kampagne zur Bekämpfung des Hungers in armen Ländern geplant. Der Erfolg der Kampagne führte zu einer Verstetigung der Hilfsaktion; vgl. CH. BERG, Brot, S. 19–26; den u. a. von Dibelius unterzeichneten Aufruf vom November/Dezember 1959 in: ebd., S. 11–13.

3 Vgl. Nr. 1, Anm. 4.

4 Griechisch für „Liebe“.

Sprache er Mensch ist. Ich finde das Wort Ihres Briefes vom „fernen Nächsten" so besonders schön.

Es geht in diesem Fragenkreis um mancherlei: ob der „Nachholbedarf" der Deutschen, wie ich das nenne, nicht bereits befriedigt sein müßte an zusätzlichen Konsumgütern und „Angabe"; ob die Ökumene, unabhängig von ihren mannigfachen historischen Färbungen, zu einer Gesinnungsrealität geworden ist; ob Fragwürdigkeiten der christlichen Praxis in der Welt durch ein spontanes Tun gemildert, wenn nicht gerade ausgelöscht werden können.

So sehe ich im überindividuellen Rahmen den Sinn der Aktion „Brot für die ganze Welt"[5] – mag ein rechtes Gelingen den großen Versuch rechtfertigen.[6]

Mit freundlichen Grüßen
Ihr

Theodor Heuss

Nr. 219
An Wilhelm Günther von Heyden, Botschaftsrat, Neu-Delhi
9. August 1959

BArch, N 1221, 150: ms. Schreiben, Durchschlag, von Heuss diktiert (Diktatz. H/Bk) und ms. gez.; ms. Briefkopf: „Theodor Heuss"[1]

Begegnung mit Sarvepalli Radhakrishnan in Frankfurt a. M.; persönliche und dienstliche Ereignisse der letzten Monate; Umzug nach Stuttgart

Lieber Heyden!

Es ist immer eine Freude, von Ihnen einen Brief zu erhalten,[2] schon wegen Ihrer so anständigen Handschrift. Es wird in unserem Hause an vielen Stellen so schlecht geschrieben, daß allein vom Ästhetischen her, in dem eine wohl ausgewogene Seele sich verbirgt, das Lesen eines Briefes von Ihnen zum Vergnügen wird.

Aber dieses Kompliment soll ja nicht der Inhalt dieses Schreibens sein – ich glaube, ich habe Ihnen es auch früher schon oft gemacht –, sondern der Dank für die anschauliche Schilderung Ihrer Situation und die mancherlei Hinweise auf die Erfahrungen, die Sie in dem Verkehr mit den Indern gemacht haben.

---

5 Vgl. Anm. 2.

6 Die erste Spendenaktion zum ersten Adventssonntag im Dezember 1959 erbrachte in der Bundesrepublik und in der DDR knapp 20 Mio. DM; vgl. CH. BERG, Brot, S. 25.

1 Weiterer Nachweis: N 1221, 357: ms. Schreiben, Durchschlag.

2 Von Heyden an Heuss, 8. 7. 1959, in: N 1221, 150; weitere hs. Schreiben des deutschen Botschaftsrats von Heyden mit Berichten über seine Erfahrungen in Indien, in: ebd.

Meine Erfahrungen beschränken sich ja auf die paar Besucher, die wir im Laufe der Jahre hier gehabt haben, und darunter waren ja sehr angenehme und gebildete Menschen. Auch mit dem jetzigen Botschafter habe ich auf der Jagd im vergangenen Herbst eine sehr nette und sozusagen gebildete Unterhaltung führen können, da er in die europäische Problematik und auch in staatstheoretische Dinge ziemlich eingedrungen ist. Was aber für Sie am wichtigsten zu erfahren ist, ist wohl dies, daß die Begegnung mit Radhakrishnan in Frankfurt auf das Beste verlaufen ist.[3]

Wir haben uns sehr warm wie alte Freunde begrüßt, als er im Hotel zu mir trat. Nachher erfuhr ich, daß es ihn besonders erfreut habe, daß ich bei der Fahrt zur Paulskirche ihn an meiner Seite mitgenommen habe, so daß wir an der Pforte der Kirche gemeinsam begrüßt worden sind. Bei der Rede in der Paulskirche habe ich ihn selber kurz angesprochen, und er hat dann als letzter in einer Abfolge von Ansprachen nach mir geredet in seiner etwas philosophisch theoretisierenden Art. Meine Rede lege ich Ihnen bei.[4]

Ich glaube, daß Radhakrishnan, dem ein junger Graf Hardenberg als Begleiter beigegeben war, mit seinem Programm gut fertig wurde. Er ist dann auch zu der Indischen Ausstellung auf der Villa Hügel in Essen gefahren und, da ich diese selber kurz vorher besucht hatte,[5] konnte daher auch darüber einiges Vorinformierende im Gespräch an die Reihe kommen. Radhakrishnan war sehr liebenswürdig in dem Sinn, daß er auf dem Abendempfang, als wir eine Zeitlang beisammensaßen, sagte: „So jetzt will ich Sie verlassen, da ich spüre, daß noch sehr viele Menschen Sie begrüßen wollen". Es ging also alles in bester Form und Gesinnung vor sich.

Die letzten Monate waren, wie Sie sich denken können, seelisch nicht sehr erfreulich, denn das tückische Spiel um meinen Nachfolger – ich kann es nicht anders bezeichnen – ist dem Amt selber, wie ich glaube, nicht gut bekommen.[6] Zum mindesten wird der Kanzler, der ja eine kräftige Seele besitzt, einiges tun müssen, bis das rein Taktische seines Verfahrens etwas im Bewußtsein des Volkes abgesunken ist. Ich selber konnte mich der Bekundungen der Liebe und der Verehrung und was dazu gehört in dieser Zeit kaum erwehren. Im ganzen aber halte ich die politische Linie, die ich in dieser ganzen Frage eingenommen habe, nach wie vor als die einzige mir persönlich mögliche, die dem Staat als solchem nützlich sein muß bzw. Gewöhnung des Volkes an Grundelemente der Demokratie, d. h. auch an die Nichtänderbarkeit des Grundgesetzes. Man kann

---

3 Anlass der Begegnung war ein Treffen des internationalen PEN-Clubs in Frankfurt a. M., über das Heuss Toni Stolper berichtete; vgl. TH. HEUSS, Tagebuchbriefe, S. 454, 27. 7. 1959.

4 Rede von Heuss in der Frankfurter Paulskirche zur Begrüßung des Internationalen PEN-Clubs auf seinem XXX. Kongress vom 20. 7. 1959, in: B 122, 252.

5 Heuss besuchte die „Indische Ausstellung" in der Villa Hügel am 1. 6. 1959; vgl. Heuss an Alfried Krupp von Bohlen und Halbach, 11. 6. 1959, in: N 1221, 355.

6 Vgl. Nr. 182, Nr. 183, Nr. 190, Nr. 195, Nr. 200, Nr. 202, Nr. 204, Nr. 206, Nr. 207.

nicht daran herumknabbern, weil gerade ein netter Mann sozusagen auf dem Markt ist.[7] Ich habe noch 1½ Monate vor mir, wo allerhand geschehen soll. Zunächst muß ich Ehrenbürger annehmen[8] oder abwehren; Ehrensenator von Universitäten ist eine neue Spezialität von mir geworden.[9] Seit einigen Tagen ist die neue Wohnung in Stuttgart[10] halb bezogen, ein großer Teil der Bücher und die mir persönlich gehörenden Möbel sind schon unter Botts mühevoller Assistenz in dem Haus untergebracht. Alles andere wird erst Mitte September folgen. Es ergibt sich natürlich, daß für die Unmenge von Büchern und für die vielen Bilder, für den überflüssigen Vorrat an Kassetten mit Bildern von den Reisen der Raum gar nicht zureicht, so daß ich sehr früh damit beginnen muß, diese Geschichten abzustoßen, um nicht in einem überfüllten Museum zu leben. Das beiliegende Bild[11] soll Ihnen etwas Freude machen.

Mit guten Grüßen
wie immer Ihr Theodor Heuss

Nr. 220
An Heinrich Lübke, Bundesminister für Ernährung, Landwirtschaft und Forsten, Spa-Nivezé, Belgien
13. August 1959

BArch, N 1221, 69: ms. Schreiben, Durchschlag, von Heuss diktiert (Diktatz. H/Bk) und ms. gez.; ms. Briefkopf: „Theodor Heuss“[1]

Gestaltung des Vereidigungsfestaktes des neuen Bundespräsidenten vor Bundestag und Bundesrat; Ratschläge für die Ansprache von Heinrich Lübke

Verehrter, lieber Herr Dr.[2] Lübke!

Vorgestern in den Abendstunden war der Bundestagspräsident Dr. Gerstenmaier bei mir, um den Ablauf des 15. September zu besprechen.[3] Es ergab sich, daß

7 Vgl. Nr. 175, Nr. 182.
8 Heuss wurde am 5. 6. 1959 Ehrenbürger der Stadt Trier (Ansprache in: B 122, 252), am 14. 6. 1959 der Stadt Recklinghausen (Ansprache in: ebd.), am 26. 8. 1959 der Stadt Köln (Ansprache in: N 1221, 21).
9 Heuss wurde am 1. 7. 1959 Ehrensenator der Universität Gießen (Ansprache in: B 122, 252) und am 23. 5. 1959 erstes Ehrenmitglied der Heidelberger Akademie der Wissenschaften (Ansprache in: ebd.).
10 Vgl. Nr. 168, Anm. 11.
11 Ließ sich nicht ermitteln.
1 Verfügung: „2. St[aats]S[ekretär] z. Kts.“.
2 Lübke wurde 1953 die Ehrendoktorwürde der Landwirtschaftlichen Fakultät der Universität Bonn verliehen.
3 Am 15. 9. 1959 sollte die Vereidigung von Lübke vor Bundestag und Bundesrat stattfinden.

Abb. 29: Vereidigung von Heinrich Lübke im Plenarsaal des Deutschen Bundestages: Heinrich Lübke, Theodor Heuss, Wilhelm Kaisen, Eugen Gerstenmaier (Mitte vorn v.l.n.r.), 15. 9. 1959

zwischen ihm und dem Bundesratspräsidenten, Herrn Kaisen, in dem Sinn eine Vereinbarung getroffen wurde, daß Kaisen selber nach der Vereidigung Glückwunschworte aussprechen wird, damit der Bundesrat auch zur Repräsentation kommt.

Dr. Gerstenmaier will zunächst in einer Ansprache eine Laudatio meiner Amtstätigkeit geben und dann wohl einen Abriß, nicht chronikal, über die Gegebenheiten der sachlichen Leistung des Parlaments und die geistige Situation des Volkes. Wie er mir sagte, wird diese seine Rede erst noch im einzelnen konzipiert.[4]

Es gab ein ziemlich zähes freundschaftliches Ringen mit ihm, ob Sie und ich bei der Veranstaltung einige Worte sagen.[5] Er selber vertrat die Auffassung, die ja staatsrechtlich durchaus begründbar ist, daß weder der neue noch der alte Bundespräsident in diesem Gremium Recht oder Pflicht besäßen, selber zu sprechen. Aber es ist mir und Staatssekretär Bleek dann doch gelungen, ihn zu überzeu-

Zugleich wurde der 10. Jahrestag der Konstituierung der Bundesrepublik begangen; vgl. VERHANDLUNGEN DES DEUTSCHEN BUNDESTAGES, 3. Wahlperiode, Bd. 44, S. 4371–4382.

[4] Abdruck in: ebd., S. 4371–4376; Manuskript in: N 1221, 69.

[5] Heuss hatte in einem Gespräch mit Lübke am 14. 7. 1959 bereits einige Hinweise für die Rede, die ihm, Lübke, „schwer im Magen liege", gegeben; TH. HEUSS, Tagebuchbriefe, S. 453, 15. 7. 1959; vgl. auch R. MORSEY, Heinrich Lübke, S. 295f.

gen, daß Sie eine kurze Ansprache einfach halten *müssen*,[6] weil die früheren Bundestagspräsidenten, Herr Dr. Köhler und Herr Dr. Ehlers, bei meiner ersten wie bei meiner zweiten Wahl diese staatsrechtlichen Überlegungen von Dr. Gerstenmaier nicht geteilt haben und ich infolgedessen in beiden Fällen kurze, freilich auch sehr persönlich gefärbte Ansprachen hielt.[7] Es würde schlechterdings nicht verstanden werden, was Gerstenmaier dann auch zugab, wenn eine Ansprache von Ihnen wegfallen würde. Das Volk erwartet sie einfach. Und die Presse würde ein Schweigen von Ihnen unliebsam kommentieren. Darauf hat man ja keinerlei Einfluß.

Ob ich selber einige Worte des Dankes nach Kaisen sage, wird völlig davon abhängen, welche Form des Hinausfeierns (mit „ei" geschrieben) gefunden werden wird.[8] Dr. Gerstenmaier machte den protokollarisch wohl ganz glücklichen Vorschlag, daß bei dem Eintritt in den Saal er mich begleitet, während Kaisen an Ihrer Seite sein wird, beim Hinausgehen aber dann Gerstenmaier sich Ihrer annehmen wird und Kaisen mich begleitet. Ich finde das eine ganz nette Idee. Sie werden ja jetzt gewiß auch Überlegungen zu Ihrer Ansprache stellen.

Sie entsinnen sich unseres Gesprächs am Kamin,[9] wo ich meinte, nicht zu sehr auf staatstheoretische Erwägungen einzugehen, die dann in ihrer Sinngebung durch die Presse vergeheimnist werden, sondern ruhig einiges Persönliches von Ihrer Entwicklung zu sagen – wie ich das auch im Jahre 1949 getan habe – und doch auch einige Worte zu den Spannungen der Weltlage und dem Problem Berlin. Das erwarten ganz einfach die Berliner und die Mittel- und Ostdeutschen. Wir dürfen nicht vergessen, daß an dem Tage, an dem die Vereidigung stattfindet, Chruschtschow in Washington eintrifft.[10] Vielleicht werden die Zeitungen durch diesen Terminzusammenfall an sich präokkupiert sein, aber ich glaube, es müßte etwas von dem Atem dieses Tages in Sorge und Zuversicht auch durch Ihre Worte gehen.[11]

---

6 Ansprache von Lübke in: VERHANDLUNGEN DES DEUTSCHEN BUNDESTAGES, 3. Wahlperiode, Bd. 44, S. 4376–4378.

7 Heuss sprach am 12. 9. 1949 nach seiner Vereidigung vor der Bundesversammlung; vgl. VERHANDLUNGEN DES DEUTSCHEN BUNDESTAGES, 1. Wahlperiode, Bd. 1, S. 9–11; nach seiner Wiederwahl am 17. 7. 1954 vor der 2. Bundesversammlung in Berlin; vgl. ebd., 2. Wahlperiode, Bd. 21, S. 5–7.

8 Die Ansprache von Heuss in: ebd., 3. Wahlperiode, Bd. 44, S. 4381f.

9 In dem Gespräch mit Lübke am 14. 7. 1959 hatte Heuss seinem Nachfolger geraten, nicht auf das beabsichtigte Thema „Macht und Autorität in der Politik" einzugehen; wie Anm. 5. Zu den Themen der anderen Gespräche mit Lübke vgl. N 1221, 591; R. MORSEY, Heinrich Lübke, S. 293–296.

10 Vom 15. bis 27. 9. 1959 besuchte Chruschtschow als erster sowjetischer Regierungschef die USA, um Gespräche über die durch das Berlin-Ultimatum ausgelöste Krise zu führen; vgl. G. WETTIG, Chruschtschows Berlin-Krise, S. 71–73; vgl. zum Berlin-Ultimatum Nr. 182, Anm. 14.

11 Zur Entstehung der Rede Lübkes vom 15. 9. 1959 vgl. R. MORSEY, Heinrich Lübke, S. 295, 297–299.

Ich habe Dr. Gerstenmaier mitgeteilt, daß ich sozusagen eine Abschiedsrede an das deutsche Volk am Abend des 12. September über den Rundfunk halten werde,[12] aber nicht über den Fernseh[er], da ich nicht eine halbe Stunde lang den Staatsschauspieler darstellen will, sondern in gelassener Unbefangenheit mein Sächlein, das im wesentlichen schon konzipiert ist, erzählen will.[13]

Mit guten Grüßen, auch an die Gattin,
Ihr

Theodor Heuss

Nr. 221
An Dr. Paul Franken, Bonn
31. August 1959

BArch, B 122, 2141: ms. Schreiben, Durchschlag, von Heuss diktiert (Diktatz. H/vM) und von Bott paraphiert; ms. Briefkopf: „Ministerialdirektor H. Bott"[1]

Absage, an einem Film über die schwarz-rot-goldene Fahne mitzuwirken; Zurückhaltung mit Rücksicht auf Amtsnachfolger

Verehrter lieber Herr Dr. Franken!

Trotz des Einsatzes der ganzen Beredsamkeit, die mir zur Verfügung steht, ist es mir nicht geglückt, den Bundespräsidenten zur Erfüllung Ihres Wunsches zu gewinnen, daß er bei dem geplanten Film „Drei Farben" mitwirkt.[2]

Es gibt mancherlei Gründe: Dr. Heuss weiß natürlich um die volkspädagogische und volkspolitische Bedeutung des Films; aber es ist jedesmal eine schwierige Aufgabe, ihn dazu zu bekommen, daß er bei irgendeiner Rede oder Veranstaltung speziell gefilmt wird. Er hält zu dieser Art von zeitgemäß gewordener publicity eine ziemlich starke Distanz, meint, daß er halt „altmodisch" sei und nicht Staatsschauspieler Nr. 1 sein möchte.

---

[12] Wortlaut der über alle deutschen Sender verbreiteten Ansprache vom 12. 9. 1959, dem Tag, an dem gegen Mitternacht die Amtszeit von Heuss endete, in: B 122, 253, abgedruckt in: Bulletin, Nr. 169, 15. 9. 1959, S. 1693f, 1696; TH. HEUSS, Politiker, S. 513–520; Sammlung von Zeitungsausschnitten über die Abschiedsrede in: B 122 Anhang, 104.

[13] Am 20. 8. 1959 schrieb Heuss erneut an Lübke, um ihm vorzuschlagen, beim Besuch des US-Präsidenten Eisenhower am 27. 8. 1959 mit präsent zu sein; N 1221, 357.

[1] Hs. Az. BP-2013-8913; Absendevermerk vom 1. 9. 1959; weiterer Nachweis: N 1221, 357: ms. Schreiben, Durchschlag.

[2] Franken, Direktor der Bundeszentrale für Heimatdienst, hatte Heuss am 25. 8. 1959 um Mitwirkung an einem Dokumentarfilm gebeten und dabei angedeutet, es sei gelungen, durch „Gegenüberstellung von Wappen aus der Zeit vor und nach Konradin die Ableitung der Kombination Schwarzrotgold aus den alten Stauferwappen zur Diskussion zu stellen." B 122, 2141. Heuss hatte das Schreiben paraphiert und hs. notiert: „Ich habe gar keine Lust, so nett das gedacht ist".

Der tiefere Grund ist aber der: Dr. Heuss lehnt jetzt mit völliger Bewußtheit eine Einladung nach der anderen ab, die bei Kongressen oder bei sonstigen Veranstaltungen seine Mitwirkung, einen Vortrag oder ähnliches, erwarten. Soweit mir bekannt ist, werden in den nächsten Monaten nur zwei Ausnahmen gemacht bei Veranstaltungen, die schon vor Jahren für die Zeit nach seiner Präsidentschaft festgelegt waren.[3]

Die Situation sieht sich von Dr. Heuss so an: Er weiß zwar, daß er nicht völlig aus dem öffentlichen Wirken oder gar öffentlichen Bewußtsein ausscheiden kann, so sehr ihm selber daran liegt, ungestört literarisch-wissenschaftliche Pläne, die 1945 liegenbleiben mußten, wieder aufnehmen zu können,[4] aber es ist sein Hauptanliegen, seinem Nachfolger nicht in irgend in die Quere zu kommen. Die Leute müssen sich nach seiner Meinung jetzt an den kommenden Bundespräsidenten Dr. Lübke gewöhnen, und Dr. Heuss will nicht mit dem freundschaftlichen Wohlwollen, das sich ihm in den zehn Jahren zugewandt hat, irgendwie als Konkurrent auftreten. Er will Herrn Dr. Lübke die Führung des Amtes so sehr erleichtern, wie es ihm möglich ist, und wird sich deshalb in allen halb- oder ganz offiziellen Dingen der größten Zurückhaltung befleißigen.

Nun ist es freilich so: Dr. Heuss hat Herrn Dr. Lübke noch nie als Redner gehört. Infolgedessen kann er auch nicht sagen, wie er in einer solchen Sache wirken würde. Es wäre das Nächstliegende, ihn darum zu ersuchen. Dr. Heuss ist auch der Name von Herrn Dr. Gerstenmaier eingefallen, der ja eine sehr starke Beredsamkeit besitzt und als allgemein anerkannter Präsident des Bundestages doch ebenso legitimiert erscheint wie der Bundespräsident.

Wie die beiden Herren zur historischen Betrachtung stehen, weiß Dr. Heuss natürlich nicht. Er selber hat ja im Parlamentarischen Rat mit dem verstorbenen Herrn Dr. Lehr eine Polemik über die Farben Schwarz-Rot-Gold gehabt,[5] wobei es ihm vor allem auf die Wiedergutmachung gegenüber der sogenannten Weimarer Zeit ankam. Schon in früheren Zeiten hat ihn das Historische von den Staufe[r]n und von der Burschenschaft nicht so sehr interessiert wie der Zusammenhang mit 1848.

Mit freundlichen Grüßen
Ihr B[ott]

3 Vgl. Nr. 222, Anm. 10 und Anm. 14.

4 Vgl. Nr. 1, Anm. 4.

5 Heuss spielte auf die 4. Sitzung des Hauptausschusses vom 17. 11. 1948 an, in der Robert Lehr für die CDU/CSU vorschlug: „Wir wollen auf rotem Grund das schwarze liegende Kreuz und auf dieses aufgelegt ein goldenes Kreuz." Heuss kritisierte diesen Versuch als etwas „Kunstgewerbliches"; PARLAMENTARISCHE RAT, Bd. 14/I, S. 124f. Im Ausschuss für Grundsatzfragen, in dem die Frage eingehend vorberaten worden waren, war Lehr nicht vertreten gewesen; vgl. auch Heuss an Manfred Eimer, 9. 12. 1948, in: TH. HEUSS, Erzieher, S. 436f.

Nr. 222
An Prof. Dr. mult. Albert Schweitzer, Günsbach, Frankreich
31. August 1959
Internationales Albert Schweitzer Zentrum, NL Schweitzer: ms. Schreiben, behändigte Ausfertigung; Kopfbogen: „Theodor Heuss"[1]
Termin- und Umzugspläne; Hoffnung auf Treffen mit Albert Schweitzer; künftige Tätigkeiten von Hans Bott

Lieber Freund!

Am Donnerstag erhielt ich einen Brief von Professor Ernst Beutler,[2] der mir mitteilte, daß Du eben eingetroffen seist, und mich einlud, am Freitag abend in Frankfurt zu sein. Das wäre ja sehr nett gewesen, aber der gute Beutler hat keine genügende Vorstellung, wie bedrängt im Augenblick meine Tage sind, da ich auf der einen Seite Tag um Tag irgendeiner Verpflichtung nachkommen und zugleich das Amt abbauen muß, zum anderen schon stark in den Vorbereitungen des Umzugs nach Stuttgart stecke. Das dortige Haus[3] ist mit Ausnahme von den noch aufzuhängenden Bildern und von den vielen Büchern, deren Unterbringung mir grausames Bauchweh macht, schon für meinen Einzug bereit. Ab 16. September werde ich in Stuttgart-N[ord], Feuerbacher Weg 46[4] wohnen. Ich habe Dir vor Jahren einmal gesagt, wenn Du ungestört arbeiten wolltest, so mögest Du mein Gast sein, denn meine Polizei lasse dann keinen Besucher herein.[5] Diese Einladung kann ich ja nun nicht jetzt wiederholen, da ich selber die Polizei los sein werde und in Stuttgart zwar ein ganz nettes Haus bewohnen werden kann, doch ohne „Schutz"; und das hiesige „Gastzimmer", das Dir bekannt ist, ist auch bereits nach Stuttgart für das mich erwartende Hausmeisterehepaar abgegangen, das mich künftig betreuen soll.[6]

Ich schreibe Dir nun diesen Brief in der Erwartung, daß wir jetzt es so aufeinander abstimmen können, daß wir uns bei Deinem Europa-Aufenthalt einmal behaglich sehen werden. Deshalb frage ich an, und ich werde es niemandem weitererzählen, wie lange Du wohl hier bleiben wirst. Ich bin so froh, daß Du den Entschluß gefaßt hast, Deine literarischen Pläne, die unterbrochen werden mußten, wieder aufzunehmen.

---

1 Weiterer Nachweis: N 1221, 356: ms. Schreiben, Durchschlag; Druck: A. SCHWEITZER, Briefwechsel, S. 364f.
2 Ließ sich nicht ermitteln.
3 Vgl. Nr. 168, Anm. 11.
4 Vom Empfänger unterstrichen: „Feuerbacher Weg 46".
5 Vgl. Nr. 1, Nr. 195.
6 Vgl. Nr. 224, Anm. 1.

Mein eigenes Termindasein wird sich ungefähr so darstellen, daß ich am 16. September Bonn verlassen[7] und dann damit einige Zeit beschäftigt sein werde, in meinem Stuttgarter Haus, was die Verteilung der Bücher u. s. f. betrifft, einige Ordnung zu machen. Mein Gast wird dabei Frau Dr. Toni Stolper sein, die hier eine größere literarische Arbeit zum Abschluß bringen wird.[8] Du hast vor ein paar Jahren bei Deinem Bonner Besuch ihren ältesten Sohn als Gast bei mir kennengelernt, der Professor der Nationalökonomie an der Universität von Michigan ist und mit Dir an unserem Kamin eine große lehrreiche Unterhaltung über alte und neue Orgeln führte.[9] (Er ist im freiwilligen Nebenberuf Organist an einer Kirche in Ann Arbor.)

Am 11. Oktober muß ich in Frankfurt sein, wo man mir den Friedenspreis des Deutschen Buchhandels verleihen will[10] – ich hatte derlei während meiner Amtszeit abgelehnt. Nachher will ich, vermutlich am 13., vielleicht aber erst am 17. Oktober, für etwa zwei Wochen nach Wien fahren,[11] der Heimatstadt von Frau Stolper, die seit 1938 nicht mehr dort gewesen ist. Bei mir ist es noch ein Jahrzehnt länger her, da ich die Stadt zum letztenmal gesehen habe. Sicher werde ich wieder am 11. November spätestens in Stuttgart sein, wo Carl Zuckmayer *die* Schiller-Rede zum 200. Geburtstag des Dichters halten wird.[12] Vor vier Jahren habe ich mir zum 150. Todestag diese Pflicht mit Thomas Mann geteilt.[13] Irgendwann in der zweiten Novemberhälfte wird ein Vortrag in Hamburg fällig.[14] Im übrigen sage ich zur Zeit Tag um Tag Bitten um Vorträge und schriftstellerische Beiträge ab, um nicht als Konkurrent für meinen Nachfolger zu wirken.

Ich schreibe Dir das alles so ausführlich, damit Du in die eigenen Überlegungen Terminmöglichkeiten eingliedern kannst. Vielleicht steht ein Besuch bei den Stuttgarter Freunden auf Deinem Programm.

Hans Bott hat nun auch um die Versetzung in den einstweiligen Wartestand gebeten und von mir „ausgefertigt" erhalten.[15] Er hat sich ja schon vor einigen

---

[7] Dies erfolgte in einem Sonderzug der Bundesbahn am 16. 9. 1959 um 10.00 Uhr in Anwesenheit des Bundeskanzlers und des Kabinetts; B 122, 5727. Bereits am 11. 9. 1959 hatte es im Palais Schaumburg ein Abschiedsessen mit dem Bundeskabinett gegeben; vgl. KABINETTSPROTOKOLLE 1959, S. 277.

[8] T. STOLPER, Leben.

[9] Vgl. Nr. 195, Anm. 28.

[10] Ansprache von Heuss, 11. 10. 1959, in: N 1221, 21; abgedruckt in: TH. HEUSS, Vier Ansprachen, S. 37–44.

[11] Heuss hielt sich mit Toni Stolper vom 17. 10. bis 3. 11. 1959 in Wien auf.

[12] Auszüge aus der Schiller-Rede von Zuckmayer in: Stuttgarter Zeitung, 11. 11. 1959; Stuttgarter Nachrichten, 11. 11. 1959; eine Heuss gewidmete Ausarbeitung in: C. ZUCKMAYER, Weg.

[13] In der Vorlage: „Vor vier Jahren habe ich mich zum 150. Todestag in diese Pflicht mit Thomas Mann geteilt." Vgl. zur Schiller-Rede Nr. 40, Anm. 2.

[14] Dabei handelte es sich um die Verleihung des „Hansischen Goethepreises" am 19. 11. 1959. Der Festvortrag von Heuss unter dem Titel „Selbstgestaltung der Demokratie" in: N 1221, 22.

[15] Über Botts Lebensplanung nach dem Ende der zweiten Amtszeit hatte Heuss am 19. 7. 1959 in einem Gespräch zu Welter gesagt, Botts Pension von etwa 900 DM sei zu gering; nach Rück-

Jahren mit Freunden zusammen in Stuttgart ein nettes Haus gebaut[16] und wird dort zum einen Berater bei der Deutschen Verlagsanstalt und daneben ähnliche Aufgaben[17] übernehmen, zum anderen für mich in seiner bewährten Weise als Berater und in mancherlei Dingen mir zur Verfügung stehen.

Mit vielen guten Grüßen, auch an Frau Martin,
Dein Theodor Heuss

PS
Losung: Nicht zu viele Besucher empfangen!!!

Nr. 223
An das Deutsche Institut für Herrenmode, Köln-Lindenthal
6. September 1959

BArch, B 122, 4915: ms. Schreiben, Durchschlag, von Heuss diktiert (Diktatz. H/vM) und ms. gez., ohne Anrede; ms. Briefkopf: „Theodor Heuss"[1]

Pressenotiz gegen Kritik an Kleidervorschriften beim Nachmittagsempfang auf Schloss Brühl

Der Bundespräsident sieht sich gezwungen, den nachfolgenden Brief an das „Deutsche Institut für Herrenmode" in Köln mitzuteilen:[2]

---

sprache mit Brentano habe der ihm das Generalkonsulat in Zürich angeboten. „Aber Bott hat abgelehnt, wie Heuss mir sagte, und zwar erstens, weil Heuss ihn brauche, und zweitens, weil er, Bott, als Beamter nur mit Heuss hätte zusammenarbeiten können, sonst dafür ungeeignet sei." Notiz von Welter, 3. 8. 1959, in: BArch, N 1314, 314. Als das AA Bott „nur" mit der Stelle des Generalkonsuls in Basel versorgen wollte und dem dortigen Amtsinhaber Heinrich Köhler vom AA vorschnell eine Versetzung angekündigt wurde, kam es zu Irritationen, die Heuss schnell zu bereinigten versuchte; vgl. Heuss an Ernst Ludwig Heuss, 27. 8. 1959, in: FA Heuss, Basel.

16 Botts Haus in der Lenbachstraße 59 war nur fünf Minuten zu Fuß von Heuss' Haus entfernt; vgl. den Artikel „Heussens Häusle", in: Der Spiegel, H. 7, 11. 2. 1959, S. 18.

17 Vgl. Nr. 217, Anm. 9. Außerdem war Bott seit Herbst 1959 im Beirat der Bayerischen Vereinsbank tätig; vgl. Heuss an Toni Stolper, 23. 11. 1959, in: BArch, N 1186, 125.

1 Weiterer Nachweis: N 1221, 358: ms. Schreiben, Durchschlag.

2 Zugleich wurde das Schreiben von Heuss vom Presse- und Informationsamt der Bundesregierung als Nr. 805/59 der Mitteilungen an die Presse verteilt; B 122, 4915. Weil das in der Sonntagspresse am 6. 9. 1959 bereits veröffentlichte Schreiben des Deutschen Institutes für Herrenmode (vgl. Anm. 4) erst an diesem Tage im BPrA eingegangen war, schrieb auch Bleek am 7. 9. 1959 an das Institut noch einmal: Es entspreche einigermaßen honetten Umgangsformen, wenn man einen Brief erst dann der Presse zugänglich mache, wenn man den Empfänger in seinem Besitz wisse; ebd.

Selten habe ich eine so alberne und anmaßende Äußerung gelesen wie die, die Sie sich gegenüber dem künftigen Bundespräsidenten Dr. Lübke erlaubt haben, indem Sie ihm öffentlich den Vorwurf machten, daß für den Nachmittagsempfang im Schloß Brühl[3] nicht der Frack, sondern der dunkle Anzug als erwünscht bezeichnet worden ist.[4] Da diese Dinge auch mit mir besprochen worden sind, halte ich mich nicht nur für berechtigt, sondern geradezu für verpflichtet, mich vor Herrn Dr. Lübke zu stellen, um seinen Amtsantritt nicht mit solchen skurrilen Geschichten zu belasten. Ich selber habe mich nie für einen Fachmann in Modedingen gehalten, habe aber den Verfasser Ihres Protestes stark im Verdacht, daß, wenn er vom „internationalen Herkommen" redet, er nie bei einem Nachmittagsempfang in den USA gewesen ist. Dieser Empfang ist keine Begegnung der Frackbesitzer und Ordensträger, sondern es werden auch viele Menschen da sein, die überhaupt keinen Frack besitzen.

Ich vermute, daß ich selber oft genug in meinem Auftreten von dem „Deutschen Institut für Herrenmode" beanstandet worden bin. Ich habe aber Herrn Dr. Lübke den Rat gegeben, sich nie unter die Diktatur von Verbandsauffassungen zu begeben.[5]

Mit vorzüglicher Hochachtung Theodor Heuss

---

3 Im Schloss Brühl sollte am 15. 9. 1959 der „Einstand" von Lübke als Bundespräsident und der „Ausstand" von Heuss gefeiert werden. Einladender war Staatssekretär Bleek als Chef des BPrA; vgl. TH. HEUSS, Tagebuchbriefe, S. 452, 12. 7. 1959. Im Dienstkalender von Heuss stand für den 15. 9. 1959 der Eintrag: „16.30 Brühl. Dunkler Anzug"; B 122, 5727.

4 In dem Schreiben der Informationsstelle des Deutschen Instituts für Herrenmode vom 4. 9. 1959 hatte es geheißen, der schwarze Anzug sei nicht angemessen. „Zu einem solchen Empfang jedoch, der frühestens in fünf Jahren wiederkehrt, gehören aber nach internationalem Brauch und Herkommen Frack und große Uniform"; B 122, 4915. Der Leiter des Instituts entschuldigte sich am 10. 9. 1959: Die Informationsstelle Köln sei zu dem Schreiben weder befugt noch ermächtigt gewesen; ebd.

5 Lübke, der eine Durchschrift erhalten hatte, dankte am 8. 9. 1959 herzlich „für die ritterliche Verteidigung", die insbesondere beim Diplomatischen Corps eine positive Reaktion hervorgerufen habe; B 122, 4195.

Nr. 224
An Walter Wilfer, Stuttgart-Nord
9. September 1959
BArch, N 1221, 358: ms. Schreiben, Durchschlag, von Heuss diktiert (Diktatz. H/vM) und ms. gez.; ms. Briefkopf: „Theodor Heuss"
Anmahnung von Diskretion in der Stellung als Hausmeister im Stuttgarter Eigenheim von Theodor Heuss

Sehr geehrter, lieber Herr Wilfer!

Daß Sie in Ihren Mußestunden sich einem freundlichen Verkehr mit den Musen zuwenden, dagegen ist natürlich gar nichts einzuwenden. Sie mögen eine Verssammlung „Hoch vom Dachstein her" oder eine Erzählfolge „Am Ufer der Salzach" schreiben und publizieren, aber der ehemalige Bundespräsident Heuss darf darin nicht vorkommen.[1]
Ich habe den kleinen Aufsatz,[2] den Sie mir zum Neubeginn meines Lebens gewidmet haben, gelesen und daraus einiges erfahren, was mir bisher nicht bekannt war, etwa daß ich eine „deutsche Geschichte des 20. Jahrhunderts" schreiben werde. Sie haben mit recht kühner Phantasie ein Reiseprogramm für mich festgestellt, das von einer zwar sich sehr intim gebenden, aber doch völlig ungesicherten Kenntnis meiner Lebenspläne Zeugnis gibt.

Es ist für mich ein schlechthin unerträglicher Gedanke, daß aus meinem eigenen Haus lobhudeleiende Äußerungen in die Welt gehen. Wenn Sie mich einmal näher kennengelernt haben werden, so mögen Sie spüren, daß mir persönlich nichts widerwärtiger ist, als phrasenhafte wohlmeinende Ausführungen über mich zu lesen. Von den zahllosen Aufsätzen zu meinem 75. Geburtstag habe ich nur einen ganz geringen Bruchteil konsumiert, da ich die Bestätigung meines Wesens und meiner Art nicht von Journalisten beziehe, aber bitte auch nicht von Menschen, mit denen ich zusammenlebe oder -arbeite. Praktisch gesprochen: Ihre vollkommene Diskretion, auch gegenüber Presseausfragern, die sich an Sie wenden mögen, über meine Lebensart, über meine Art des Arbeitens, über meine Gäste, über meine Reisepläne usf. ist die absolute Voraussetzung dafür, daß unsere Beziehungen, von denen ich hoffe, daß sie einen stabilen Charakter bekommen

---

[1] Das Ehepaar Wilfer, das aus Österreich stammte, sollte im Stuttgarter Haus von Heuss die Funktionen des Hausmeisters, des Fahrers, der Wirtschafterin, Köchin usw. übernehmen. Allerdings stellte sich nach zahlreichen Unfällen heraus, dass Wilfer fahruntüchtig war. Das Arbeitsverhältnis wurde daher gelöst. Die Probleme seines „Haushalts" in Stuttgart nahmen in der Korrespondenz mit Toni Stolper einen breiten Raum ein; BArch, N 1186, 125.

[2] Ließ sich nicht ermitteln.

Abb. 30: Theodor Heuss, Hedwig Heuss und Ernst Ludwig Heuss beim Abschied von Bonn, 16. 9. 1959

können, nicht von mir überprüft werden müssen. Sie dürfen über Gott und die Welt schreiben, aber nicht über mich.

Mit freundlichen Grüßen Theodor Heuss

Anhang

Bildnachweis

Abb. 1, S. 108: Abbildung: Sieckmeyer Fotografie; FA Heuss, Basel

Abb. 2, S. 121: Abbildung: BArch, N 1310, 185

Abb. 3, S. 129: Foto: Rolf Unterberg; Presse- und Informationsamt der Bundesregierung, B 145 Bild-5034

Abb. 4, S. 132: Foto: Brodde; Presse- und Informationsamt der Bundesregierung, B 145 Bild-47520

Abb. 5, S. 182: Foto: Rolf Unterberg; Presse- und Informationsamt der Bundesregierung, B 145 Bild-14282

Abb. 6, S. 190: Foto: Rolf Unterberg; Presse- und Informationsamt der Bundesregierung, B 145 Bild-112355

Abb. 7, S. 219: Abbildung: BArch, B 122, 650

Abb. 8, S. 228: Foto: BArch, N 1186, 121

Abb. 9, S. 238: Abbildung: BArch, N 1186, 145

Abb. 10, S. 267: Foto: Rolf Unterberg; Presse- und Informationsamt der Bundesregierung, B 145 Bild-11608

Abb. 11, S. 284: Foto: E. Hauenstein/H. Plattner; Archiv Max Galli, St. Moritz, Schweiz

Abb. 12, S. 301: Foto: Rolf Unterberg; Presse- und Informationsamt der Bundesregierung, B 145 Bild-286010

Abb. 13, S. 304: Abbildung: Sieckmeyer Fotografie; FA Heuss, Basel

Abb. 14, S. 324: Foto: Rolf Unterberg; Presse- und Informationsamt der Bundesregierung, B 145 Bild-49022

Abb. 15, S. 365: Foto: Georg Munkler; Presse- und Informationsamt der Bundesregierung, B 145 Bild-185778

Abb. 16, S. 379: Foto: Ullstein bild, 108000572820-10

Abb. 17, S. 387: Foto: Rolf Unterberg; Presse- und Informationsamt der Bundesregierung, B 145 Bild-9786

Abb. 18, S. 397: Foto: FA Heuss, Basel

Abb. 19, S. 401: Foto: Ullstein bild

Abb. 20, S. 427: Foto: Rolf Unterberg; Presse- und Informationsamt der Bundesregierung, B 145 Bild-83928

Abb. 21, S. 455: Foto: Eisenhower Presidential Library Abilene, Kansas, USA

Abb. 22, S. 458: Foto: Presse- und Informationsamt der Bundesregierung, B 145 Bild-64555

Abb. 23, S. 469: Foto: dpa

Abb. 24, S. 477: Abbildung: BArch, N 1186, 124

Abb. 25, S. 520: Foto: Rolf Unterberg; Presse- und Informationsamt der Bundesregierung, B 145 Bild-65364

Abb. 26, S. 533: Foto: Rolf Unterberg; Presse- und Informationsamt der Bundesregierung, B 145 Bild-128182

Abb. 27, S. 545: Foto: Militärhistorisches Museum der Bundeswehr, Dresden, Inv.-Nr. Va-57377

Abb. 28, S. 550: Abbildung: StBKAH, NL Adenauer, III/47

Abb. 29, S. 588: Foto: Presse- und Informationsamt der Bundesregierung, B 145 Bild-285296

Abb. 30, S. 597: Foto: Egon Steiner; Presse- und Informationsamt der Bundesregierung, B 145 Bild-286011

Abkürzungen

AA	Auswärtiges Amt
ACDP	Archiv für Christlich-Demokratische Politik der Konrad-Adenauer-Stiftung
a. D.	außer Dienst
ADGB	Allgemeiner Deutscher Gewerkschaftsbund
AdL	Archiv des Liberalismus der Friedrich-Naumann-Stiftung für die Freiheit
AdsD	Archiv der sozialen Demokratie der Friedrich Ebert Stiftung
AEG	Allgemeine Elektricitäts-Gesellschaft
AG	Aktiengesellschaft
Art.	Artikel
Az.	Aktenzeichen
BArch	Bundesarchiv
BBC	British Broadcasting Corporation
BDI	Bundesverband der Deutschen Industrie e. V.
BGBl.	Bundesgesetzblatt
BHE	Bund der Heimatvertriebenen und Entrechteten (1950–52)
BMAus	Bundesministerium für Arbeit und Soziales
BMF	Bundesministerium der Finanzen
BMI	Bundesministerium des Innern
BPrA	Bundespräsidialamt
BVP	Bayerische Volkspartei
CDU	Christlich Demokratische Union
CSU	Christlich-Soziale Union
DAAD	Deutscher Akademischer Austauschdienst e. V.
DDP	Deutsche Demokratische Partei
DDR	Deutsche Demokratische Republik
DFG	Deutsche Forschungsgemeinschaft
DFU	Deutsche Friedensunion
DGB	Deutscher Gewerkschaftsbund
Diktatz.	Diktatzeichen
DkP	Deutschkonservative Partei
DKP/DRP	Deutsche Konservative Partei – Deutsche Reichspartei
DLA	Deutsches Literaturarchiv, Marbach am Neckar
DM	Deutsche Mark
DNVP	Deutschnationale Volkspartei
DP	Deutsche Partei
dpa	Deutsche Presseagentur
DRP	Deutsche Reichspartei

DStP	Deutsche Staatspartei
DVA	Deutsche Verlags-Anstalt
DVP	Deutsche Volkspartei (1918–1933)
DVP	Demokratische Volkspartei (nach 1945 in Württemberg-Baden)
EG	Europäische Gemeinschaft
EKD	Evangelische Kirche in Deutschland
Euratom	Europäische Atomgemeinschaft
EVG	Europäische Verteidigungsgemeinschaft
EWG	Europäische Wirtschaftsgemeinschaft
FA	Familienarchiv
FAZ	Frankfurter Allgemeine Zeitung
FBI	Federal Bureau of Investigation
FDP	Freie Demokratische Partei
FDP/DVP	Freie Demokratische Partei/Demokratische Volkspartei (in Baden-Württemberg)
FU	Freie Universität
FVP	Fortschrittliche Volkspartei (1910–1918)
FVP	Freie Volkspartei (1956/57)
GB/BHE	Gesamtdeutscher Block/Bund der Heimatvertriebenen und Entrechteten (ab 1952)
GDP	Gesamtdeutsche Partei
GEMA	Gesellschaft für musikalische Aufführungs- und mechanische Vervielfältigungsrechte
GEW	Gewerkschaft für Erziehung und Wissenschaft
gez.	gezeichnet
GG	Grundgesetz
GmbH	Gesellschaft mit beschränkter Haftung
GMBl.	Gemeinsames Ministerialblatt
GVP	Gesamtdeutsche Volkspartei
hs.	handschriftlich
HStA	Hauptstaatsarchiv
HStAS	Hauptstaatsarchiv Stuttgart (Landesarchiv Baden-Württemberg)
IG	Industriegewerkschaft
KC	Kartell-Convent der Verbindungen deutscher Studenten jüdischen Glaubens
KG	Kommanditgesellschaft
KMK	Ständige Konferenz der Kultusminister der Länder
KPD	Kommunistische Partei Deutschlands
KPdSU	Kommunistische Partei der Sowjetunion
KV	Kartellverband katholischer deutscher Studentenvereine
KZ	Konzentrationslager
LA	Landesarchiv
LDP(D)	Liberal-Demokratische Partei (Deutschlands)
MD	Ministerialdirektor

MdB	Mitglied des Deutschen Bundestages
MdEP	Mitglied des Europäischen Parlaments
MDg	Ministerialdirigent
MdL	Mitglied des Landtages
MdNV	Mitglied der Nationalversammlung
MdPR	Mitglied des Parlamentarischen Rates
MdR	Mitglied des Reichstages
MdVL	Mitglied der Verfassunggebenden Landesversammlung
MinDir.	Ministerialdirektor
ms.	maschinenschriftlich
NATO	North Atlantic Treaty Organization
NDR	Norddeutscher Rundfunk
NL	Nachlass
NLP	Nationalliberale Partei (1867–1918)
NLP	Niedersächsische Landespartei (1946–1980)
NPD	Nationaldemokratische Partei Deutschlands
NS	nationalsozialistisch
NSDAP	Nationalsozialistische Deutsche Arbeiterpartei
NWDR	Nordwestdeutscher Rundfunk
OMGUS	Office of Military Government for Germany, United States
OMGWB	Office of Military Government for Wuerttemberg-Baden
PA	Privatarchiv
PEN	Poets, Playwrights, Essayists, Editors, Novellists
RGBl.	Reichsgesetzblatt
RNZ	Rhein-Neckar-Zeitung
RT-Bd.	Verhandlungen des Reichstags, Stenografische Berichte und Anlagen
RWWA	Stiftung Rheinisch-Westfälisches Wirtschaftsarchiv zu Köln
SA	Sturmabteilung
SAP	Sozialistische Arbeiterpartei
SBB PK	Staatsbibliothek zu Berlin Preußischer Kulturbesitz
SBTH	Stiftung Bundespräsident-Theodor-Heuss-Haus
SBZ	Sowjetische Besatzungszone
SD	Sicherheitsdienst
SDAP	Sozialdemokratische Arbeiterpartei
SED	Sozialistische Einheitspartei Deutschlands
SPD	Sozialdemokratische Partei Deutschlands
SRP	Sozialistische Reichspartei
SS	Schutzstaffel
StBKAH	Stiftung Bundeskanzler-Adenauer-Haus
TH	Technische Hochschule
UA	Universitätsarchiv

UB	Universitätsbibliothek
UdSSR	Union der Sozialistischen Sowjetrepubliken
UNESCO	United Nations Educational, Scientific and Cultural Organization
UNO	United Nations Organization
up	United Press
USA	United States of America
VEBA AG	Vereinigte Elektrizitäts- und Bergwerks AG
WDR	Westdeutscher Rundfunk
WEU	Westeuropäische Union
WRV	Weimarer Reichsverfassung
ZK	Zentralkomitee
z. Kts.	zur Kenntnis

Quellen und Literatur

Ungedruckte/archivalische Quellen

Archiv der sozialen Demokratie der Friedrich Ebert Stiftung, Bonn
1/CSAA (Nachlass Carlo Schmid)
2/EOAA (SPD-Parteivorstand, Bestand Erich Ollenhauer)
5/DGAI (DGB-Archiv, Bundesvorstand, Abt. Vorsitzender)
Willy-Brandt-Archiv, A 6 Berlin 1947–1966

Archiv des Liberalismus der Friedrich-Naumann-Stiftung für die Freiheit, Gummersbach
A 34 (Nachlass Reinhold Maier)
N 1 (Nachlass Thomas Dehler)
N 1162 (Nachlass Hans Albert Kluthe)
Nachlass Werner Stephan
Nachlass Ernst Stolper

Archiv für Christlich-Demokratische Politik der Konrad-Adenauer-Stiftung, Sankt Augustin
01-200 (Nachlass Franz Böhm)
01-481 (Nachlass Gerhard Schröder)
I.021 (Nachlass Werner Hilpert)

Augstein-Archiv, Hamburg

Badische Landesbibliothek, Karlsruhe
Nachlass Reinhold Schneider

Bayerische Staatsbibliothek, München
Ana 674 (Nachlass Emil Preetorius)

Bundesarchiv, Freiburg
N 391 (Nachlass Erich Raeder)

Bundesarchiv, Koblenz
B 106 (Bundesministerium des Innern)
B 122 (Bundespräsidialamt, Amtszeit Theodor Heuss), auf Mikrofiche auch in der Stiftung Bundespräsident-Theodor-Heuss-Haus
B 136 (Bundeskanzleramt)
B 145 (Presse- und Informationsamt der Bundesregierung)
B 149 (Bundesministerium für Arbeit und Sozialordnung)
B 305 (Zentrale Rechtsschutzstelle)
N 1059 (Nachlass Gottfried Traub)
N 1082 (Nachlass Moritz Julius Bonn)
N 1186 (Nachlass Gustav und Toni Stolper)
N 1197 (Nachlass Alfred Weber)
N 1215 (Nachlass Walter Goetz)
N 1218 (Nachlass Bernhard Menne)
N 1221 (Nachlass Theodor Heuss), auf Mikrofiche auch in der Stiftung Bundespräsident-Theodor-Heuss-Haus
N 1239 (Nachlass Heinrich von Brentano)
N 1286 (Nachlass Karl Georg Pfleiderer)
N 1310 (Nachlass Konstantin Freiherr von Neurath)
N 1314 (Nachlass Erich Welter)
N 1332 (Nachlass Paul Wilhelm Wenger)

N 1529 (Nachlass Werner Weber)
N 1724 (Nachlass Erich Eyck)
Sieg 8 (Orden und Ehrenzeichen)

Churchill Archives Centre, Cambridge, UK
CHUR (Churchill Papers)

Deutsches Literaturarchiv, Marbach am Neckar
A: Kasimir Edschmid (Nachlass Kasimir Edschmid)
A: Albrecht Goes (Nachlass Albrecht Goes)
A: Ninon Hesse (Nachlass Ninon Hesse)
A: Theodor Heuss (Nachlass Theodor Heuss), auf Mikrofiche auch in der Stiftung Bundespräsident-Theodor-Heuss-Haus
A: Karl Jaspers (Nachlass Karl Jaspers)
A: Ernst Jünger (Nachlass Ernst Jünger)
A: Benno Reifenberg (Nachlass Benno Reifenberg)
A: Rudolf Alexander Schröder (Nachlass Rudolf Alexander Schröder)
A: Dolf Sternberger (Nachlass Dolf Sternberger)
A: Zuckmayer (Nachlass Carl und Alice Zuckmayer)
D: Merkur (Zeitschrift „Merkur")

ETH-Bibliothek, Zürich
Thomas-Mann-Archiv

Evangelisches Zentralarchiv, Berlin
686 (Nachlass Helmut Gollwitzer)

Familienarchiv Heuss, Basel
Korrespondenz Ernst Ludwig Heuss
Korrespondenz Theodor Heuss

Harvard University Library, Cambridge, MA, USA
HUGFP 93.10 (Papers of Heinrich Brüning, General correspondence and other papers, 1939–1970)

Hauptstaatsarchiv Stuttgart (Landesarchiv Baden-Württemberg)
Q 1/4 (Nachlass Wilhelm Keil)
Q 1/8 (Nachlass Reinhold Maier)
Q 1/22 (Nachlass Wolfgang Haußmann)
Q 1/30 (Nachlass Klaus Mehnert)

Internationales Albert-Schweitzer-Zentrum, Günsbach
Nachlass Albert Schweitzer

Landesarchiv Schleswig-Holstein
399.55 (Nachlass Theodor Steltzer)

Niedersächsisches Landesarchiv, Hauptstaatsarchiv Hannover
Nachlass Hinrich Wilhelm Kopf

Privatarchiv Weismann
Nachlass Erich Weismann

Staatsbibliothek zu Berlin Preußischer Kulturbesitz, Handschriftenabteilung
Nachlass Margret Boveri

Stiftung Bundeskanzler-Adenauer-Haus, Bad Honnef-Rhöndorf
Nachlass Konrad Adenauer

Stiftung Bundespräsident-Theodor-Heuss-Haus, Stuttgart

Stiftung Rheinisch-Westfälisches Wirtschaftsarchiv zu Köln
130 (Gutehoffnungshüte Aktienverein)

Theodor-Heuss-Gymnasium, Heilbronn

Universitätsarchiv Tübingen
530 (Nachlass Theodor Eschenburg)

Universitätsbibliothek Basel
NL 110 (Nachlass Carl Jacob Burckhardt)

Universitätsbibliothek J. C. Senckenberg, Archivzentrum, Frankfurt a. M.
Na 1 (Nachlass Max Horkheimer)

Zentralarchiv der evangelischen Kirche in Hessen und Naussau, Darmstadt
62 (Nachlass Martin Niemöller)

Gedruckte Quellen und Literatur

ADENAUER, KONRAD: Erinnerungen 1955–1959, Stuttgart 1967.

ADENAUER, KONRAD: Briefe 1951–1953, bearb. v. Hans Peter Mensing, Berlin 1987.

ADENAUER, KONRAD: Briefe 1953–1955, bearb. v. Hans Peter Mensing, Berlin 1995.

ADENAUER, KONRAD: Briefe 1957–1959, bearb. v. Hans Peter Mensing, Paderborn 2000.

ADENAUER, KONRAD / HEUSS, THEODOR: Unter vier Augen. Gespräche aus den Gründerjahren 1949–1959, bearb. v. Hans Peter Mensing, Berlin 1997.

AKTEN ZUR VORGESCHICHTE DER BUNDESREPUBLIK DEUTSCHLAND 1945–1949, hg. v. Bundesarchiv und Institut für Zeitgeschichte, Bd. 2: Januar–Juni 1947, bearb. v. Wolfram Werner, München 1989.

ALTER, PETER: Winston Churchill (1874–1965). Leben und Überleben, Stuttgart 2006.

ALTMANN, GERHARD: Abschied vom Empire. Die innere Dekolonisation Großbritanniens 1945–1985, Göttingen 2005.

ANDREAS, WILLY / SCHOLZ, WILHELM VON (Hg): Die Großen Deutschen. Neue Biographie, 4 Bde., Berlin 1935/36.

ARENDT, HANNAH: The Origins of Totalitarianism, New York 1951.

ARENDT, HANNAH: Elemente und Ursprünge totaler Herrschaft, Frankfurt a. M. 1955.

ARENDT, HANNAH: Elemente totaler Herrschaft, gekürzte Ausgabe, Frankfurt a. M. 1958.

BÄUMER, GERTRUD: Des Lebens wie der Liebe Band. Briefe, hg. v. Emmy Beckmann, Tübingen 1956.

BARTH, KARL: Kirchliche Dogmatik, ausgewählt und eingeleitet. v. Helmut Gollwitzer, Zürich 1957.

BARTH, KARL: Vorträge und kleinere Arbeiten 1925–1930, hg. v. Hermann Schmidt, Zürich 1994.

BARTZ, OLAF: Der Wissenschaftsrat. Entwicklungslinien der Wissenschaftspolitik in der Bundesrepublik Deutschland 1957–2007, Stuttgart 2007.

BAUMGÄRTNER, ULRICH: Reden nach Hitler. Theodor Heuss. Die Auseinandersetzung mit dem Nationalsozialismus, Stuttgart/München 2001.

BAUMGÄRTNER, ULRICH: Von einer Republik zur anderen: Theodor Heuss' Wahrnehmung und Deutung der Weimarer Republik nach 1945, in: CHRISTOPH GUSY (Hg.): Weimars langer Schatten – „Weimar“ als Argument nach 1945, Baden-Baden 2003, S. 92–116.

BECKER, ERNST WOLFGANG: Ermächtigung zum politische Irrtum. Die Zustimmung zum Ermächtigungsgesetz von 1933 und die Erinnerungspolitik im ersten württemberg-badischen Untersuchungsausschuß der Nachkriegszeit, Stuttgart 2001.

BECKER, ERNST WOLFGANG: Biographie als Lebensform. Theodor Heuss als Biograph im Nationalsozialismus, in: WOLFGANG HARDTWIG / ERHARD SCHÜTZ (Hg.): Geschichte für Leser. Populäre Geschichtsschreibung in Deutschland im 20. Jahrhundert, Stuttgart 2005, S. 57–89.

BECKER, ERNST WOLFGANG: Ein Haus voller Briefe für die deutsche Geschichte des 20. Jahrhunderts. Zum Stand der Edition „Theodor Heuss. Stuttgarter Ausgabe“, in: Jahrbuch zur Liberalismus-Forschung 17 (2005), S. 215–234.

BECKER, ERNST WOLFGANG: Ein Intellektueller in der Vitrine? Theodor Heuss und die Neubegründung des Liberalismus in Deutschland nach 1945, in: Jahrbuch zur Liberalismus-Forschung 20 (2008), S. 29–45.

BECKER, ERNST WOLFGANG: Theodor Heuss. Bürger im Zeitalter der Extreme, Stuttgart 2011.

BECKER, ERNST WOLFGANG / RÖSSLEIN, THOMAS (Hg.): Politischer Irrtum im Zeugenstand. Die Protokolle des Untersuchungsausschusses des Württemberg-Badischen Landtags aus dem Jahr 1947 zur Zustimmung zum „Ermächtigungsgesetz“ vom 23. März 1933, Stuttgart 2003.

BENTLEY, JAMES: Martin Niemöller. Eine Biographie, München 1985.

BENZ, WOLFGANG: Berlin-Blockade und Weststaatsgründung, in: Zeitschrift für Geschichtswissenschaft 46 (1998), S. 485–494.

BERG, CHRISTIAN (Hg.): Brot für die Welt. Dokumente, Berichte, Rufe, Berlin/Stuttgart 1962.

BERGMANN, WERNER: Antisemitismus in öffentlichen Konflikten. Kollektives Lernen in der politischen Kultur der Bundesrepublik 1949–1989, Frankfurt/New York 1997.

BIRD, W. KEITH: Erich Raeder. Admiral of the Third Reich, Annapolis 2006.

BISMARCK, OTTO VON: Gedanken und Erinnerungen. Reden und Briefe, mit einer Einführung von Theodor Heuss, hg. v. Reinhard Jaspert, Berlin 1951.

BLÜHER, JOACHIM / WINDHOLZ, ANGELA: Zurück in Arkadien! Der „kalte Krieg“ um die Villa Massimo und ihre Übergabe an die Bundesrepublik Deutschland im Jahr 1956, in: MICHAEL MATHEUS (Hg.): Deutsche Forschungs- und Kulturinstitute in Rom in der Nachkriegszeit, Tübingen 2007, S. 193–210.

BONN, MORITZ JULIUS: Dr. Adenauer in Moscow, in: Contemporary Review, 1959, S. 290–293.

BOTT, HANS / LEINS, HERMANN (Hg.): Begegnungen mit Theodor Heuss, Tübingen 1954.

BOVERI, MARGRET: Ein Diplomat vor Gericht, Berlin/Hannover 1948.

BOVERI, MARGRET: Der Verrat im XX. Jahrhundert, 4 Bde., Hamburg 1956–1960.

BOVERI, MARGRET / PRINZING, WALTER: Theodor Heuss. Die literarische Gestalt. Bibliographie der Schriften und Reden von Theodor Heuss und Elly Heuss-Knapp, Stuttgart 1954.

BRACHER, KARL DIETRICH: Die Auflösung der Weimarer Republik. Eine Studie zum Problem des Machtverfalls in der Demokratie, Königstein/Ts. [5]1971.

BRANDES, MECHTHILD (Bearb.): Bundespräsidialamt. Amtszeit Prof. Dr. Theodor Heuss, Bestand B 122 (Findbuch), Koblenz 1990.

BREHMER, JÖRG: Was wird aus Deutschland? Zum Leben und Denken des liberalen Landrats Karl Georg Pfleiderer, Stuttgart 2003.

BRENTANO, LUJO: Grußwort und Reden bei der Feier der 110. Wiederkehr seines Geburtstages in der Ludwig-Maximilians-Universität zu München am 14. Dezember 1954, Berlin 1956.

BRENTANO, LUJO: Mein Leben im Kampf um die soziale Entwicklung Deutschlands, hg. v. Richard Bräu und Hans G. Nutzinger, Marburg 2004 [1931].

BREUCKER, WILHELM: Die Tragik Ludendorffs, Stollhamm 1953.

BRÜNING, HEINRICH: Memoiren 1918–1934, Stuttgart 1970.

BUBER, MARTIN: Die chassidischen Bücher, Hellerau 1928.

BUBER, MARTIN: Deutung des Chassidismus. 3 Versuche, Berlin 1935.

BUBER, MARTIN: Die Erzählungen des Chassidims, Zürich 1949.

BUBER, MARTIN: Fünf Ansprachen anlässlich der Verleihung des Friedenspreises des Deutschen Buchhandels, Frankfurt a. M. [1953].

BUBER, MARTIN / ROSENZWEIG, FRANZ (Hg.): Die fünf Bücher der Weisung, 4 Bde., Heidelberg 1954–1962.

BÜHNER, KARL HANS (Hg.): Dem Führer. Gedichte für Adolf Hitler, Stuttgart/Berlin 1939.

BULLETIN DES PRESSE- UND INFORMATIONSAMTES DER BUNDESREGIERUNG, Bonn 1951–1959.

BUNDESGESETZBLATT, Teil I, Bonn 1951, 1957, 1959.

BURCKHARDT, CARL JACOB: Richelieu. Der Aufstieg zur Macht, München 1935.

BURCKHARDT, CARL JAKOB (Hg): Carl Jakob Burckhardt / Hugo von Hoffmannsthal. Briefwechsel, Frankfurt a. M. 1956.

BURCKHARDT, CARL JACOB: Meine Danziger Mission. 1937–1939, München 1960.

BURCKHARDT, JACOB: Weltgeschichtliche Betrachtungen, Berlin/Stuttgart 1905.

BURGER, REINER: Theodor Heuss als Journalist. Beobachter und Interpret von vier Epochen deutscher Geschichte, Münster 1999.

BURTE, HERMANN: Wiltfeber der ewige Deutsche. Die Geschichte eines Heimatsuchers, Leipzig 1912.

CHURCHILL, WINSTON: The World Crisis 1911–1918, 5 Bde., London 1923–1931.

CHURCHILL, WINSTON: The Second World War, 6 Bde., London 1948–1954.

CONZE, ECKART: Die Suche nach Sicherheit. Eine Geschichte der Bundesrepublik Deutschland von 1949 bis in die Gegenwart, München 2009.

CONZE, ECKART u. a.: Das Amt und die Vergangenheit. Deutsche Diplomaten im Dritten Reich und in der Bundesrepublik, München 2010.

COULMAS, FLORIAN: Hiroshima. Geschichte und Nachgeschichte, München 2005.

DAHRENDORF, RALF: Gesellschaft und Demokratie in Deutschland, München 1971.

DAHRENDORF, RALF: Liberal und unabhängig. Gerd Bucerius und seine Zeit, München 2000.

DALOS, GYÖRGY: 1956. Der Aufstand in Ungarn, München 2006.

DARGEL, EVELINE / NIEDERHOFER, ULRIKE / FEUCHT, STEFAN: „In Dir steckt mehr als Du glaubst". Prinz Max von Baden, Kurt Hahn und die Gründerjahre der Schule Schloss Salem 1919–1933.

Katalog zur Ausstellung im Neuen Museum Schloss Salem vom 2. Mai–29. Juni 2010, Tettnang 2010.

DEGENHART, BERNHARD: Hans von Marées. Die Fresken von Neapel, Berlin 1958.

DEMANDT, ALEXANDER / KNÖRER, EKKEHARD: „Wir sind uns einig über das Versagen der Zeitschrift". Krisenhaftes aus der Frühzeit des Merkur, in: Merkur 67 (März 2013), H. 3, S. 229–238.

DEMANDT, PHILIPP: Luisenkult. Die Unsterblichkeit der Königin von Preußen, Köln/Weimar 2003.

DEMM, EBERHARD: Von der Weimarer Republik zur Bundesrepublik. Der politische Weg Alfred Webers 1920–1958, Düsseldorf 1999.

DEUTSCHE ORDEN UND EHRENZEICHEN. Kommentar zum Gesetz über Titel, Orden und Ehrenzeichen und eine Darstellung deutscher Orden und Ehrenzeichen von der Kaiserzeit bis zur Gegenwart mit Abbildungen, neu bearb. v. Hein Kirchner und Birgit Laitenberger, Köln u. a. [5]1997.

DIBELIUS, OTTO: Das Jahrhundert der Kirche. Geschichte, Betrachtung, Umschau und Ziele, Berlin 1926.

DOEHRING, KARL: Der „pouvoir neutre" und das Grundgesetz, in: Der Staat 3 (1964), S. 201–219.

DOERING-MANTEUFFEL, ANSELM: Die Bundesrepublik in der Ära Adenauer. Außenpolitik und innere Entwicklung 1949–1963, Darmstadt [2]1988.

DÖSCHER, HANS-JÜRGEN: Seilschaften. Die verdrängte Vergangenheit des Auswärtigen Amts, Berlin 2005.

DOKUMENTE ZUR BERLIN-FRAGE 1944–1966, hg. v. Forschungsinstitut der Deutschen Gesellschaft für Auswärtige Politik e. V. in Zusammenarbeit mit dem Senat von Berlin, München [4]1987.

DOKUMENTE ZUR DEUTSCHLANDPOLITIK. III. Reihe, Bd. 1: 5. Mai bis 31. Dezember 1955, bearb. v. Ernst Deuerlein unter Mitwirkung v. Hansjürgen Schierbaum, München 1961.

ECKERT, ASTRID M.: Kampf um die Akten. Die Westalliierten und die Rückgabe von deutschem Archivgut nach dem Zweiten Weltkrieg, Wiesbaden 2004.

ENGELMANN, ROGER / ERKER, PAUL: Annäherung und Abgrenzung. Aspekte deutsch-deutscher Beziehungen 1956–1969, München 1993.

ERDMANN, KARL DIETRICH (Hg.): Kurt Riezler. Tagebücher, Aufsätze, Dokumente, Göttingen 1972.

FARIN, MICHAEL: „Das Schiff darf sich im Strudel drehn…" Notizen zum Leben von Otto Flake, in: FERRUCCIO DELLE CAVE / INGE HOSP (Hg.): Die Unvollendbarkeit der Welt. Ein Symposion über Otto Flake, Bozen 1992, S. 24–28.

FASSBENDER, MONIKA: „… auf der Grundlage des Liberalismus tätig". Die Geschichte der Friedrich-Naumann-Stiftung, Baden-Baden 2009.

FASSBINDER, KLARA MARIE: Begegnungen und Entscheidungen. Blätter aus einem Lebensbuch, Darmstadt [1961].

FELDKAMP, MICHAEL F.: Der Parlamentarische Rat 1948–1949. Die Entstehung des Grundgesetzes, überarbeitete Neuausgabe, Göttingen 2008.

FISCHER, ERNST: Der „Schutzverband deutscher Schriftsteller" 1909–1933, in: Archiv für Geschichte des Buchwesens 21 (1980), Sp. 1–666.

FISCHER, HOLGER (Hg.): Lajos Kossuth (1802–1894). Wirken – Rezeption – Kult, Hamburg 2007.

FONTANE, THEODOR: Sämtliche Werke, Bd. 20: Balladen und Gedichte, München 1962.

FONTANE, THEODOR: Autobiographisches, Gedichte (Nymphenburger Taschenbuch-Ausgabe Bd. 15), München 1969.

FONTANE, THEODOR: Effie Briest, hg. v. Christine Hehle, in: DERS.: Große Brandenburger Ausgabe, hg. v. Gotthard Erler. Das erzählerische Werk, editorische Betreuung von Christine Hehl, Bd. 15, Berlin 1998.

FREI, NORBERT: Vergangenheitspolitik. Die Anfänge der Bundesrepublik und die NS-Vergangenheit, München 2003.

FREI, NORBERT u. a.: Flick. Der Konzern, die Familie, die Macht, München 2009.

FRIEDLÄNDER, SAUL: Das Dritte Reich und die Juden, 1. Bd.: Die Jahre der Verfolgung 1933–1939, München 1998.

FRIEDRICHS, HEINZ F. (Hg.): Präsident Eisenhowers Vorfahren und Verwandte, Neustadt/Aisch 1955.

FRIELINGHAUS-HEUSS, HANNA: Heuss-Anekdoten, München 1964.

FRÖHLICH, ELKE (Hg.): Die Tagebücher von Joseph Goebbels, Teil I: Aufzeichnungen 1923–1941, Bd. 2/II: Juni 1931–September 1932, München 2004.

FÜSSL, KARL-HEINZ: Die Umerziehung der Deutschen. Jugend und Schule unter den Siegermächten des Zweiten Weltkriegs 1945–1955, Paderborn u. a. 1994.

GARRIGUES, JEAN: Général Boulanger, Paris 1991.

GEISSLER, ERHARD: Biologische Waffen – nicht in Hitlers Arsenalen. Biologische und Toxin-Kampfmittel in Deutschland von 1915 bis 1945, mit einem Geleitwort von Ernst Ulrich von Weizsäcker, Münster 1998.

GELLER, JAY HOWARD: Theodor Heuss and German-Jewish Reconciliation after 1945, in: German Politics and Society 24, Nr. 2 (2006), S. 2–22.

GELLERMANN, GÜNTHER W.: Der Krieg, der nicht stattfand. Möglichkeiten, Überlegungen und Entscheidungen der deutschen Obersten Führung zur Verwendung chemischer Kampfstoffe im Zweiten Weltkrieg, Bonn 1986.

GEMEINSAMES MINISTERIALBLATT 1957.

GENTILE, CARLO: Wehrmacht und Waffen-SS im Partisanenkrieg: Italien 1943–1945, Paderborn u. a. 2012.

GESSLER, OTTO: Reichswehrpolitik in der Weimarer Zeit, hg. v. Kurt Sendtner, mit einer Vorbemerkung von Theodor Heuss, Stuttgart 1958.

GIESEKING, ERIK: Der Fall Otto John. Entführung oder freiwilliger Übertritt in die DDR?, Lauf an der Pegnitz 2005.

GIMBEL, JOHN: The Origins of the Marshall Plan, Stanford 1976.

GOEBBELS, JOSEPH: Vom Kaiserhof zur Reichskanzlei. Historische Darstellung in Tagebuchblättern, München 1935.

GOEBEL, KLAUS: „Neugierig, was ich zum Schluß gedichtet haben werde". Der Streit um die deutsche Nationalhymne 1950–1952, in: ERIK GIESEKING u. a. (Hg.): Zum Ideologieproblem in der Geschichte, Lauf an der Pegnitz 2006, S. 119–137.

GOLLER, ALEXANDER: Elly Heuss-Knapp – Gründerin des Müttergenesungswerkes. Eine Biographie, Köln/Weimar/Berlin 2012.

GOODRICH, FRANCES / HACKERT, ALBERT: The Diary of Anne Frank, New York 1956.

GOTTO, KLAUS: Adenauers Deutschland- und Ostpolitik 1954–1963, in: DERS. u. a.: Konrad Adenauer. Seine Deutschland- und Außenpolitik 1945–1963, München 1975, S. 156–286.

GOETHE, JOHANN WOLFGANG VON: Werke. Hamburger Ausgabe in 14 Bänden, Bd. 1: Gedichte und Epen I, Bd. 3: Dramatische Dichtungen, textkritisch durchgesehen und kommentiert v. Erich Trunz, München 1982.

GOLLWITZER, HELMUT / KUHN, KÄTHE / SCHNEIDER, REINHOLD (Hg.): Du hast mich heimgesucht bei Nacht. Abschiedsbriefe und Aufzeichnungen des Widerstandes 1933–1945, München 1954.

GOSCHLER, CONSTANTIN: Schuld und Schulden. Die Politik der Wiedergutmachung für NS-Verfolgte seit 1945, Göttingen 2005.

GRABERT, HERBERT: Hochschullehrer klagen an. Von der Demontage deutscher Wissenschaft, Göttingen 1952, [3]1954.

GRAML, HERMANN: Die Alliierten und die Teilung Deutschlands. Konflikte und Entscheidungen 1941–1948, Frankfurt a. M. 1985.

GRESCHAT, MARTIN: Protestantismus im Kalten Krieg. Kirche, Politik und Gesellschaft im geteilten Deutschland 1945–1963, Paderborn 2010.

GROENER-GEYER, DOROTHEA: General Groener. Soldat und Staatsmann, Frankfurt a. M. 1955.

GROSS, JOHANNES: Die Deutschen, Frankfurt a. M. 1967.

GROSS, JOHANNES: Das neue Notizbuch 1985–1990, Stuttgart 1990.

GROSSE HETZE [DIE]. Der Niedersächsische Ministersturz. Ein Tatsachenbericht zum Fall Schlüter, Göttingen 1958.

GÜNTHER, FRIEDER: Denken vom Staat her. Die bundesdeutsche Staatsrechtslehre zwischen Dezision und Integration 1949–1970, München 2004.

GÜNTHER, FRIEDER: Heuss auf Reisen. Die auswärtige Repräsentation der Bundesrepublik durch den ersten Bundespräsidenten, Stuttgart 2006.

GUSY, CHRISTOPH: Die Weimarer Reichsverfassung, Tübingen 1997.

GUTSCHER, JÖRG MICHAEL: Die Entwicklung der FDP von ihren Anfängen bis 1961, überarbeitete und erweiterte Neuausgabe, mit einem Nachwort von Günter Meuschel, Königstein/Ts. 1984.

HAASE, CHRISTIAN / SCHILDT, AXEL (Hg.): DIE ZEIT und die Bonner Republik. Eine meinungsbildende Wochenzeitung zwischen Wiederbewaffnung und Wiedervereinigung, Göttingen 2008.

HAGENLÜCKE, HEINZ: Deutsche Vaterlandspartei. Die nationale Rechte am Ende des Kaiserreichs, Düsseldorf 1997.

HALPERN, PAUL G.: A Naval History of World War I, London 1994.

HAMANN, BRIGITTE: Winifred Wagner oder Hitlers Bayreuth, München 2002.

HANDELMANN, HEINRICH: Geschichte von Brasilien, hg. und mit einem Nachtrag versehen v. Gustav Faber, Zürich 1987.

HANSEN, HENNING: Die Sozialistische Reichspartei (SRP). Aufstieg und Scheitern einer rechtsextremen Partei, Düsseldorf 2007.

HANSEN, NIELS: Aus dem Schatten der Katastrophe. Die deutsch-israelischen Beziehungen in der Ära Konrad Adenauer und David Ben Gurion. Ein dokumentierter Bericht, mit einem Geleitwort von Shimon Perez, Düsseldorf 2002.

HARNACK, ADOLF VON: Lehrbuch der Dogmengeschichte, 3 Bde., Freiburg i. Br. 1886–1890.

HARPPRECHT, KLAUS: Die Gräfin. Marion Dönhoff. Eine Biographie, Reinbek bei Hamburg [2]2008.

HAUSENSTEIN, WILHLEM: Was bedeutet die moderne Kunst. Ein Wort der Besinnung, Leutstetten 1949.

HEGEL, GEORG WILHELM FRIEDRICH: Grundlinien der Philosophie des Rechts. Mit Hegels eigenhändigen Randbemerkungen in seinem Handexemplar der Rechtsphilosophie. In der Textedition von Johannes Hoffmeister, Hamburg 1995.

HEIMPEL, HERMANN: Die halbe Violine. Eine Jugend in der Residenzstadt München, Stuttgart 1949.

HEIMPEL, HERMANN / HEUSS, THEODOR / REIFENBERG, BENNO (Hg.): Die Großen Deutschen. Deutsche Biographie, 5 Bde., Berlin 1956/57.

HEINE, HEINRICH: Buch der Lieder, Hamburg 1827.

HEINEMANN, WINFRIED / WIGGERSHAUS, NORBERT (Hg.): Das internationale Krisenjahr 1956. Polen, Ungarn, Suez, München 1999.

HENTSCHEL, VOLKER: Ludwig Erhard. Ein Politikerleben, München/Landsberg am Lech 1996.

HERBERT, ULRICH: Liberalisierung als Lernprozeß. Die Bundesrepublik in der deutschen Geschichte – eine Skizze, in: DERS. (Hg.): Wandlungsprozesse in Westdeutschland. Belastung, Integration, Liberalisierung 1945–1980, Göttingen 2002, S. 7–49.

HERBST, LUDOLF: Option für den Westen. Vom Marshallplan bis zum deutsch-französischen Vertrag, München ^{2}1996.

HERDAN-ZUCKMAYER, ALICE: Die Farm in den grünen Bergen, Hamburg 1949.

HERDAN-ZUCKMAYER, ALICE: Das Kästchen. Die Geheimnisse einer Kindheit, Frankfurt a. M. 1962.

HERDE, PETER: Pearl Harbor, 7. Dezember 1941. Der Ausbruch des Krieges zwischen Japan und den Vereinigten Staaten und die Ausweitung des europäischen Krieges zum Zweiten Weltkrieg, Darmstadt 1980.

HERGET, ROLF / KOBSCH, ANNETT (Bearb.): Personalgutachterausschuss für die Streikräfte. BW 27, 1955–1967, Koblenz 2007 (Findbuch).

HERMANN, ANGELA: „In 2 Tagen wurde Geschichte gemacht." Über den Charakter und Erkenntniswert der Goebbels-Tagebücher, Stuttgart 2008.

HERMANN, ANGELA: Der Weg in den Krieg 1938/39. Quellenkritische Studien zu den Tagebüchern von Joseph Goebbels, München 2011.

HERTFELDER, THOMAS: Kritik und Mandat. Zur Einführung, in: GANGOLF HÜBINGER / THOMAS HERTFELDER (Hg.): Kritik und Mandat. Intellektuelle in der deutschen Politik, Stuttgart/München 2000, S. 11–29.

HERTFELDER, THOMAS: Das symbolische Kapital der Bildung: Theodor Heuss, in: GANGOLF HÜBINGER / THOMAS HERTFELDER (Hg.): Kritik und Mandat. Intellektuelle in der deutschen Politik, Stuttgart/München 2000, S. 93–113.

HERTFELDER, THOMAS: Von Naumann zu Heuss. Über eine Tradition des sozialen Liberalismus in Deutschland, Stuttgart 2013.

HERTFELDER, THOMAS / KETTERLE, CHRISTIANE (Hg.): Theodor Heuss. Publizist – Politiker – Präsident. Begleitband zur ständigen Ausstellung im Theodor-Heuss-Haus, Stuttgart 2003.

HESS, JÜRGEN C.: Theodor Heuss vor 1933. Ein Beitrag zur Geschichte des demokratischen Denkens in Deutschland, Stuttgart 1973.

HESS, JÜRGEN C.: „Die deutsche Lage ist ungeheuer ernst geworden." Theodor Heuss vor den Herausforderungen des Jahres 1933, in: Jahrbuch zur Liberalismus-Forschung 6 (1994), S. 65–136.

HESS, JÜRGEN C.: „Die Nazis haben gewußt, daß wir ihre Feinde gewesen und geblieben sind." Theodor Heuss und der Widerstand gegen den Nationalsozialismus, in: Jahrbuch zur Liberalismus-Forschung 14 (2002), S. 143–195.

HESS, JÜRGEN C.: Verfassungsarbeit. Theodor Heuss und der Parlamentarische Rat, Berlin 2008.

HESSE, HERMANN: Das Glasperlenspiel. Versuch einer Lebensbeschreibung des Magister Ludi Josef Knecht samt Knechts hinterlassenen Schriften, Zürich 1943.

HESSE, NINON: Deutsche Märchen vor und nach Grimm, Zürich/Stuttgart/Wien 1956.

HEUER, WOLFGANG / HEITER, BERND / ROSENMÜLLER, STEFANIE (Hg.): Arendt-Handbuch. Leben – Werk – Wirkung, Stuttgart/Weimar 2011.

HEUSS, THEODOR: Weinbau und Weingärtnerstand in Heilbronn a. N., Heilbronn 1906.

HEUSS, THEODOR: Kapp-Lüttwitz. Das Verbrechen gegen die Nation, Berlin 1920.

HEUSS, THEODOR: Staat und Volk. Betrachtungen über Wirtschaft, Politik und Kultur, Berlin 1926.

HEUSS, THEODOR: Führer aus deutscher Not. Fünf politische Porträts, Berlin 1927.

HEUSS, THEODOR: Hitlers Weg. Eine historisch-politische Studie über den Nationalsozialismus, Stuttgart/Berlin/Leipzig 1932, neu hg. und mit einer Einleitung versehen v. Eberhard Jäckel, Tübingen 1968.

HEUSS, THEODOR: Friedrich Naumann. Der Mann, das Werk, die Zeit, Stuttgart/Berlin 1937, 2. neubearb. Aufl. Stuttgart/Tübingen 1949.

HEUSS, THEODOR: Hans Poelzig. Bauten und Entwürfe. Das Lebensbild eines deutschen Baumeisters, Berlin 1939, 2., neubearb. Auflage Stuttgart/Tübingen 1948.

HEUSS, THEODOR: Anton Dohrn in Neapel, Berlin/Zürich 1940; 2. erweiterte Ausgabe mit einem Beitrag von Margret Boveri, Stuttgart/Tübingen 1948.

HEUSS, THEODOR: Justus von Liebig. Vom Genius der Forschung, Hamburg 1942, ^{2}1946.

HEUSS, THEODOR: Robert Bosch. Leben und Leistung, Stuttgart/Tübingen 1946.

HEUSS, THEODOR: Deutsche Gestalten. Studien zum 19. Jahrhundert, Stuttgart/Tübingen 1947.

HEUSS, THEODOR: Schattenbeschwörung. Randfiguren der Geschichte, Tübingen 1947 (Lizenzausgabe in der Fischer Bücherei 1954).

HEUSS, THEODOR: 1848. Werk und Erbe, Stuttgart 1948.

HEUSS, THEODOR: Verfassungsrecht und Verfassungspolitik. Vom monarchischen Konstitutionalismus zum demokratischen Parlamentarismus, Ansprache gehalten vor Professoren und Studenten der Rheinischen Friedrich-Wilhelms-Universität zu Bonn am 16. Februar 1950, Krefeld 1950.

HEUSS, THEODOR: Das Bismarck-Bild im Wandel. Ein Versuch, Berlin 1951.

HEUSS, THEODOR: Was ist Qualität? Zur Geschichte und zur Aufgabe des Deutschen Werkbundes. Erweiterte Fassung einer am 10. Februar 1951 im Deutschen Werkbund Stuttgart gehaltenen Rede, Tübingen/Stuttgart 1951.

HEUSS, THEODOR: Formkräfte einer politischen Stilbildung. Berlin 1952.

HEUSS, THEODOR: Vorspiele des Lebens. Jugenderinnerungen, Tübingen 1953.

HEUSS, THEODOR: Dank und Bekenntnis. Gedenkrede zum 20. Juli 1944, Tübingen 1954.

HEUSS, THEODOR: Ein Vermächtnis. Werk und Erbe von 1848, Stuttgart 1954.

HEUSS, THEODOR: Gerechtigkeit erhöht ein Volk. Zwei Reden zur Sozialpolitik, Frankfurt a. M. 1954.

HEUSS, THEODOR: Preludes to Life. Early Memoirs, London 1955.

HEUSS, THEODOR: Würdigungen. Reden, Aufsätze und Briefe aus den Jahren 1949–1955, hg. v. Hans Bott, Tübingen 1955.

HEUSS, THEODOR: Zur Kunst dieser Gegenwart. Drei Essays, Tübingen 1956.

THEODOR HEUSS und MORITZ JULIUS BONN als Jubilare der Universität München, Berlin 1956.

HEUSS, THEODOR: Über die Maßstäbe geschichtlicher Würdigung, in: H. HEIMPEL / TH. HEUSS / B. REIFENBERG, Großen Deutschen, Bd. 1, S. 9–17.

HEUSS, THEODOR: Die Begegnung mit Marées, in: B. DEGENHART, Hans von Marées Fresken, S. 9–12.

HEUSS, THEODOR: Notizen und Exkurse zur Geschichte des Deutschen Werkbundes, in: HANS ECKSTEIN (Bearb.): 50 Jahre Deutscher Werkbund, Berlin 1958, S. 19–26.

HEUSS, THEODOR: Max Weber in seiner Gegenwart, in: MAX WEBER: Gesammelte politische Schriften, mit einem Geleitwort von Theodor Heuss, neu hg. v. Johannes Winckelmann, 2. erweiterte Auflage Tübingen 1958, S. VII–XXXI.

HEUSS, THEODOR: L'Acquario di Napoli e il suo fondatore Anton Dohrn, Rom 1959.

HEUSS, THEODOR: Soldatentum in unserer Zeit, Tübingen 1959.

HEUSS, THEODOR: Vier Ansprachen anlässlich der Verleihung des Friedenspreises des Deutschen Buchhandels, Frankfurt a. M. 1959.

HEUSS, THEODOR: Von Ort zu Ort. Wanderungen mit Stift und Feder, hg. v. Friederich Kaufmann und Hermann Leins, Tübingen 1959.

HEUSS, THEODOR: Lust der Augen. Stilles Gespräch mit beredtem Bildwerk, hg. v. Friedrich Kaufmann und Hermann Leins, Tübingen 1960.

HEUSS, THEODOR: Erinnerungen 1905–1933, Tübingen 1963.

HEUSS, THEODOR: Die großen Reden. Der Humanist, Tübingen 1965.

HEUSS, THEODOR: Die großen Reden. Der Staatsmann, Tübingen 1965.

HEUSS, THEODOR: Die Machtergreifung und das Ermächtigungsgesetz. Zwei nachgelassene Kapitel der „Erinnerungen 1905–1933", hg. v. Eberhard Pikart, Tübingen 1967.

HEUSS, THEODOR: Tagebuchbriefe 1955/1963. Eine Auswahl aus Briefen an Toni Stolper, hg. und eingel. v. Eberhard Pikart, Tübingen/Stuttgart 1970.

HEUSS, THEODOR: Lieber Dehler! Briefwechsel mit Thomas Dehler, hg. und kommentiert v. Friedrich Henning, München/Wien 1983.

HEUSS, THEODOR: Politiker und Publizist, hg. v. Ralf Dahrendorf und Martin Vogt, Tübingen 1984.

HEUSS, THEODOR: Erzieher zur Demokratie. Briefe 1945–1949, hg. und bearb. v. Ernst Wolfgang Becker, München 2007.

HEUSS, THEODOR: Bürger der Weimarer Republik. Briefe 1918–1933, hg. und bearb. v. Michael Dorrmann, München 2008.

HEUSS, THEODOR: In der Defensive. Briefe 1933–1945, hg. und bearb. v. Elke Seefried, München 2009.

HEUSS, THEODOR: Aufbruch im Kaiserreich. Briefe 1892–1917, hg. u. bearb. v. Frieder Günther, München 2009.

HEUSS, THEODOR: Vater der Verfassung. Zwei Reden im Parlamentarischen Rat über das Grundgesetz 1948/49, mit einem Essay von Jutta Limbach, hg. und bearb. v. Ernst Wolfgang Becker, München 2009.

HEUSS, THEODOR: Hochverehrter Herr Bundespräsident! Der Briefwechsel mit der Bevölkerung 1949–1959, hg. und bearb. v. Wolfram Werner, Berlin/New York 2010.

HEUSS, THEODOR: Der Bundespräsident. Briefe 1949–1954, hg. und bearb. v. Ernst Wolfgang Becker, Martin Vogt und Wolfram Werner, Berlin/Boston 2012.

HEUSS, THEODOR: Privatier und Elder Statesman. Briefe 1959–1963, hg. und bearb. v. Frieder Günther, Berlin/Boston 2014.

HEUSS, THEODOR / ADENAUER, KONRAD: Unserem Vaterlande zugute. Der Briefwechsel 1948–1963, bearb. v. Hans Peter Mensing, Berlin 1989.

HEUSS, THEODOR / KNAPP, ELLY: „So bist Du mir Heimat geworden." Eine Liebesgeschichte in Briefen aus dem Anfang des Jahrhunderts, hg. v. Hermann Rudolph, Stuttgart 1986.

HEUSS-KNAPP, ELLY: Ausblick vom Münsterturm. Erlebtes aus dem Elsaß und dem Reich, Berlin 1934, Neuauflage Tübingen/Stuttgart 1952.

HEUSS-KNAPP, ELLY: Bürgerin zweier Welten. Ein Leben in Briefen und Aufzeichnungen, hg. v. Margarethe Vater, Tübingen 1961.

HIELSCHER, UDO: Der Pfandbrief. Eine Finanzinnovation Friedrich des Großen, Zorneding 2011.

HÖMIG, HERBERT: Brüning. Kanzler in der Krise der Republik. Eine Weimarer Biographie, Paderborn u. a. 2000.

HÖMIG, HERBERT: Brüning. Politiker ohne Auftrag. Zwischen Weimarer und Bonner Republik, Paderborn 2005.

HORNE, ALISTAIR: Macmillan 1957–1986, Vol. II of the Official Biography, London 1989.

HUBER, ERNST RUDOLF: Deutsche Verfassungsgeschichte seit 1789, Bd. V: Weltkrieg, Revolutionen, Reichserneuerung 1914–1919, Stuttgart/Köln/Berlin 1992.

HÜRTER, JOHANNES: Wilhelm Groener. Reichswehrminister am Ende der Weimarer Republik (1928–1932), München 1993.

JÄGER, MANFRED: Mein Schiller-Jahr 1955, in: Aus Politik und Zeitgeschichte 9–10/2005, S. 32–38.

JASPERS, KARL: Die Atombombe und die Zukunft des Menschen, München 1958.

JASPERS, KARL: Freiheit und Wiedervereinigung (1960), in: DERS.: Lebensfragen der deutschen Politik, München 1963.

JAURÈS, JEAN: L'armée nouvelle, Paris 1911.

JEINSEN, GRETA VON: Silhouetten. Eigenwillige Betrachtungen, Pfullingen 1955.

JENSEN, JÜRGEN / WULF, PETER (Hg.): Geschichte der Stadt Kiel, Neumünster 1991.

JÜNGER, ERNST: Auf den Marmorklippen, Hamburg 1939.

JÜNGER, ERNST: Der gordische Knoten, Frankfurt a. M. 1953.

JÜNGER, ERNST: Das Sanduhrbuch, Frankfurt a. M. 1954.

JÜNGER, ERNST: Jahre der Okkupation, Stuttgart 1958.

KABINETTSPROTOKOLLE DER BUNDESREGIERUNG [DIE], hg. für das Bundesarchiv v. Hans Booms (Bd. 1–6, Boppard am Rhein), Friedrich P. Kahlenberg (Bd. 7–9, Boppard am Rhein) und Hartmut Weber (Bd. 10–12, München)

Bd. 1: Die Kabinettsprotokolle 1949, bearb. v. Ulrich Enders und Konrad Reiser, 1982.
Bd. 7: Die Kabinettsprotokolle 1954, bearb. v. Ursula Hüllbüsch und Thomas Trumpp, 1993.
Bd. 8: Die Kabinettsprotokolle 1955, bearb. v. Michael Hollmann und Kai von Jena, 1997.

Bd. 9: Die Kabinettsprotokolle 1956, bearb. v. Ursula Hüllbüsch, 1998.
Bd. 10: Die Kabinettsprotokolle 1957, bearb. v. Ulrich Enders und Josef Henke, 2000.
Bd. 12: Die Kabinettsprotokolle 1959, bearb. v. Josef Henke und Uta Rössel, 2002.

KABINETTSPROTOKOLLE DER BUNDESREGIERUNG [DIE]. Ministerausschuß für die Sozialreform 1955–1960, bearb. v. Bettina Martin-Weber, München 1999.

KAHLENBERG, FRIEDRICH P.: Rekonstruktion oder Neubeginn? Bedingungen und Faktoren deutscher Kulturpolitik in der Nachkriegszeit 1945 bis 1955, in: Deutsche Forschungs- und Kulturinstitute in Rom in der Nachkriegszeit, hg. v. MICHAEL MATHEUS, Tübingen 2007, S. 21–34.

„KAMPF DEM ATOMTOD"! Die Protestbewegung 1957/58 in zeithistorischer und gegenwärtiger Perspektive, München/Hamburg 2009.

KEMPF, UDO: Das politische System Frankreichs, Wiesbaden ^{4}2007.

KENNAN, GEORGE F.: Im Schatten der Atombombe. Eine Analyse der amerikanisch-sowjetischen Beziehungen von 1947 bis heute, Köln 1982.

KILIAN, WERNER: Adenauers Reise nach Moskau, Freiburg 2005.

KLESSMANN, CHRISTOPH: Adenauers Deutschland- und Ostpolitik 1955–1963, in: JOSEF FOSCHEPOTH (Hg.): Adenauer und die Deutsche Frage, Göttingen ^{2}1990, S. 61–79.

KLIETMANN, KURT-G.: Auszeichnungen des Deutschen Reiches 1936–1945. Eine Dokumentation ziviler und militärischer Verdienst- und Ehrenzeichen, Stuttgart ^{11}2004.

KLUGE, ULRICH: Die Weimarer Republik, Paderborn u. a. 2006.

KOERFER, DANIEL: Kampf ums Kanzleramt. Erhard und Adenauer, Stuttgart 1987.

KÖNIG, RENÉ: Briefwechsel, Bd. 1, hg. v. Mario und Oliver König und mit einem Nachwort versehen von Oliver König, Opladen 2000.

KOOP, VOLKER: Himmlers letztes Aufgebot. Die NS-Organisation „Werwolf", Köln/Weimar/Wien 2008.

KOSZYK, KURT: Deutsche Presse 1914–1945. Geschichte der deutschen Presse, Teil III, Berlin 1972.

KRAUS, ELISABETH: Von der Uranspaltung zur Göttinger Erklärung. Otto Hahn, Werner Heisenberg, Carl Friedrich von Weizsäcker und die Verantwortung des Wissenschaftlers, Würzburg 2001.

KRAUS, KARL: Heine und die Folgen, München 1910.

KRAUSHAAR, WOLFGANG: Die Protest-Chronik 1949–1959. Eine illustrierte Geschichte von Bewegung, Widerstand und Utopie, Bd. II: 1953–1956, Hamburg 1996.

KREUZ, LEO: Das Kuratorium Unteilbares Deutschland. Aufbau, Programmatik, Wirkung, Opladen 1990.

KUENHEIM, HAUG VON: Marion Dönhoff, Reinbek bei Hamburg ^{4}2003.

KUNST DES OSTENS. Sammlung Preetorius. Ausstellung im Hamburgischen Museum für Kunst und Gewerbe, veranstaltet vom Institut für Asienkunde Hamburg und im staatlichen Museum für Völkerkunde, hg. v. Andreas Lommel u. a., München 1958.

LAAK, DIRK VAN: Gespräche in der Sicherheit des Schweigens. Carl Schmitt in der politischen Geistesgeschichte der frühen Bundesrepublik, Berlin 1993.

LAGLER, WILFRIED: Die Minderheitenpolitik der schleswig-holsteinischen Landesregierung während des Kabinetts v. Hassel (1954–1963). Ein Beitrag zur Integration nationaler Minoritäten, Neumünster 1982.

LANDTAG VON BADEN-WÜRTTEMBERG, 1. Wahlperiode 1952–1956, Verzeichnis der Beilagen zu den Sitzungsprotokollen, Bd. 3: Beilagen 1001–1500, Stuttgart 1955.

LANG, MARKUS: Karl Loewenstein. Transatlantischer Denker der Politik, Stuttgart 2007.

LANGE, A. KAI-UWE: George Frost Kennan und der Kalte Krieg, Münster 2003.

LAPPENKÜPER, ULRICH: Wilhelm Hausenstein – Adenauers erster Missionschef in Paris, in: Vierteljahrshefte für Zeitgeschichte 43 (1995), S. 635–678.

LAPPENKÜPER, ULRICH: Die deutsch-französischen Beziehungen 1949–1963. Von der „Erbfeindschaft" zur „Entente élémentaire", Bd. 2: 1958–1963, München 2001.

LAUTENSACH, HERMANN: Korea. Land, Volk, Schicksal, Stuttgart 1950.

LEHNERT, DETLEF: „Politik als Wissenschaft". Beiträge zur Institutionalisierung einer Fachdisziplin in Forschung und Lehre der Deutschen Hochschule für Politik (1920–1933), in: Politische Vierteljahresschrift 30 (1989), S. 443–465.

LIEBIG, JUSTUS VON: Chemische Briefe, Heidelberg 1844.

LINDEMANN, MECHTHILD: Die Deutsche Frage auf den Genfer Viermächtekonferenzen 1955, Bonn 1994.

LINSEL, KNUT: Charles de Gaulle und Deutschland, Sigmaringen 1998.

LOCHNER, LOUIS P.: Herbert Hoover und Deutschland, Boppard am Rhein 1961.

LÖHR, HANNS CHRISTIAN: Der eiserne Sammler. Die Kollektion Hermann Göring. Kunst und Korruption im „Dritten Reich", Berlin 2009.

LOEWENSTEIN, KARL: Verfassungsrecht und Verfassungspraxis der Vereinigten Staaten, Berlin/Göttingen/Heidelberg 1959.

LORENZ, ROBERT: Protest der Physiker. Die „Göttinger Erklärung" von 1957, Bielefeld 2011.

MANN, THOMAS: Tagebücher 1953–1955, hg. v. Inge Jens, Frankfurt a. M. 1995.

MARTEN, HEINZ-GEORG: Der niedersächsische Ministersturz. Protest und Widerstand der Georg-August-Universität Göttingen gegen den Kultusminister Schlüter im Jahre 1955, Göttingen 1987.

MARTUS, STEFFEN: „Das mag dann auch zu einer Grenzwanderung führen": Der Briefwechsel zwischen Ernst Jünger und Theodor Heuss, in: PETER UWE HOHENDAHL / ERHARD SCHÜTZ (Hg.): Perspektiven konservativen Denkens. Deutschland und die Vereinigten Staaten nach 1945, Bern u. a. 2012, S. 137–161.

MATTHIAS, ERICH / MORSEY, RUDOLF (Hg.): Das Ende der Parteien 1933, Düsseldorf 1960.

MATZ, KLAUS-JÜRGEN: Reinhold Maier (1889–1971). Eine politische Biographie, Düsseldorf 1989.

MEHNERT, KLAUS: Der Sowjetmensch. Versuch eines Porträts nach zwölf Reisen in die Sowjetunion 1929–1957, Stuttgart 1958.

MEHRING, REINHARD: Carl Schmitt. Aufstieg und Fall. Eine Biographie, München 2009.

MERGEL, THOMAS: Überlegungen zu einer Kulturgeschichte der Politik, in: Geschichte und Gesellschaft 28 (2002), S. 574–606.

MERSEBURGER, PETER: Willy Brandt 1913–1992. Visionär und Realist, Stuttgart/München ^{3}2002.

MERSEBURGER, PETER: Theodor Heuss. Der Bürger als Präsident. Biographie, München 2012.

MEYER, CHRISTOPH: Die deutschlandpolitische Doppelstrategie. Wilhelm Wolfgang Schütz und das Kuratorium Unteilbares Deutschland, Landsberg am Lech 1997.

MILLER, SUSANNE / POTTHOFF, HEINRICH: Kleine Geschichte der SPD. Darstellung und Dokumentation 1848–1990, Bonn ^{7}1991.

MÖLLER, HORST / WENGST, UDO: 60 Jahre Institut für Zeitgeschichte. München – Berlin. Geschichte – Veröffentlichungen – Personalien, München 2009.

MOLTMANN, JÜRGEN (Hg.): Anfänge der dialektischen Theologie, Teil 1: Karl Barth – Heinrich Barth – Emil Brunner, München 1962.

MORSEY, RUDOLF: Heinrich Lübke. Eine politische Biographie, Paderborn u. a. 1996.

MORSEY, RUDOLF (Hg.): Das „Ermächtigungsgesetz" vom 24. März 1933. Quellen zur Geschichte und Interpretation des „Gesetzes zur Behebung der Not von Volk und Reich", überarbeitete und ergänzte Neuauflage Düsseldorf 2010.

MUCKERMANN, HERMANN: Vom Sein und Sollen des Menschen. Auf Grundlage von Vorlesungen über natur- und geisteswissenschaftliche Anthropologie an der Technischen Universität Berlin-Charlottenburg und an der Freien Universität Berlin-Dahlem, Berlin 1954.

MÜHLHAUSEN, WALTER: Friedrich Ebert 1871–1925. Reichspräsident der Weimarer Republik, Bonn 2006.

MÜLLER, GUIDO: Theodor Heuss, die deutsch-französischen Beziehungen und die europäische Einigung, in: MAREIKE KÖNIG / MATTHIAS SCHULZ (Hg.): Die Bundesrepublik Deutschland und die europäische Einigung 1949–2000. Politische Akteure, gesellschaftliche Kräfte und internationale Erfahrungen. Festschrift für Wolf D. Gruner zum 60. Geburtstag, Stuttgart 2004, S. 61–84.

MÜLLER, GUIDO: Deutsche Kunstwerke für das Ausland: Theodor Heuss und die Dankspende des Deutschen Volkes 1951–1956, in: JOHANNES PAULMANN (Hg.): Auswärtige Repräsentationen. Deutsche Kulturdiplomatie nach 1945, Köln 2005, S. 35–45.

MÜNCH, FRITZ: Zum Saarvertrag vom 27. Oktober 1956, in: Zeitschrift für ausländisches öffentliches Recht und Völkerrecht 18 (1957), S. 1–60.

NEUMANN, FRANZ: Der Block der Heimatvertriebenen und Entrechteten 1950–1960. Ein Beitrag zur Geschichte und Struktur einer politischen Interessenpartei, Meisenheim am Glan 1968.

NICLAUSS, KARLHEINZ: Kanzlerdemokratie. Regierungsführung von Konrad Adenauer bis Gerhard Schröder, Paderborn u. a. 2004.

NICLAUSS, KARLHEINZ: Das Amt des Bundespräsidenten im Parlamentarischen Rat, in: ROBERT CHR. VAN OOYEN / MARTIN H. W. MÖLLERS (Hg.): Der Bundespräsident im politischen System, Wiesbaden 2012, S. 35–45.

NIEMÖLLER, MARTIN: Vom U-Boot zur Kanzel, Berlin 1934.

NIETHAMMER, LUTZ: Die Mitläuferfabrik. Die Entnazifizierung am Beispiel Bayerns, Berlin/Bonn 1982.

NIPPERDEY, THOMAS: Deutsche Geschichte 1866–1918, 2. Band: Machtstaat vor der Demokratie, München ^{3}1995.

[NOPITSCH, ANTONIE]: Elly Heuss-Knapp zum Gedächtnis. 25. 1. 1881–19. 7. 1952, Nürnberg 1952.

NOTH, MARTIN: Amt und Berufung im Alten Testament. Rede zum Antritt des Rektorats der Rheinischen Friedrich Wilhelms-Universität zu Bonn am 9. November 1957, Bonn 1958.

OESTEREICH, CHRISTOPHER: Umstrittene Selbstdarstellung. Der deutsche Beitrag zur Weltausstellung in Brüssel 1958, in: Vierteljahrshefte für Zeitgeschichte 48 (2000), S. 127–153.

OTTO, VOLKER: Das Staatsverständnis des Parlamentarischen Rates. Ein Beispiel zur Entstehungsgeschichte des Grundgesetzes für die Bundesrepublik Deutschland, Düsseldorf 1971.

PARLAMENTARISCHE RAT 1948–1949 [DER]. Akten und Protokolle, hg. v. Deutschen Bundestag und v. Bundesarchiv unter Leitung von Kurt G. Wernicke und Hans Booms (Bd. 1–4), Rupert

Schick und Friedrich P. Kahlenberg (Bd. 5–10), Hans-Joachim Stelzl und Friedrich P. Kahlenberg (Bd. 11–12), Hans-Joachim Stelzl und Hartmut Weber (Bd. 13), Horst Risse und Hartmut Weber (Bd. 14)

Bd. 2: Der Verfassungskonvent auf Herrenchiemsee, bearb. v. Peter Bucher, Boppard am Rhein 1981.

Bd. 5., Teilbd. I und II: Ausschuß für Grundsatzfragen, bearb. v. Eberhard Pikart und Wolfram Werner, Boppard am Rhein 1993.

Bd. 9: Plenum, bearb. v. Wolfram Werner, München 1996.

Bd. 11: Interfraktionelle Besprechungen, bearb. v. Michael F. Feldkamp, München 1997.

Bd. 13: Teilbd. I und II: Aussschuß für Organisation des Bundes, Aussschuß für Verfassungsgerichtshof und Rechtspflege, bearb. v. Edgar Büttner und Michael Wettengel, München 2002.

Bd. 14, Teilbd. I und II: Hauptausschuß, bearb. v. Michael F. Feldkamp, München 2009.

PAULMANN, JOHANNES: Auswärtige Repräsentationen nach 1945: Zur Geschichte der deutschen Selbstdarstellung im Ausland, in: DERS. (Hg.): Auswärtige Repräsentationen. Deutsche Kulturdiplomatie nach 1945, Köln/Weimar/Wien 2005, S. 1–32.

PAULSEN, ANNA: Sören Kierkegaard. Deuter unserer Existenz, Hamburg 1955.

PAULSEN, ANNA (Hg.): Elly Heuss-Knapp. Zeugnisse ihres Wirkens, Stuttgart 1959.

PEUKERT, DETLEV: Der Schund- und Schmutzkampf als „Sozialpolitik der Seele". Eine Vorgeschichte der Bücherverbrennung?, in: AKADEMIE DER KÜNSTE (Hg.): „Das war ein Vorspiel nur ...". Bücherverbrennung Deutschland 1933: Voraussetzungen und Folgen, Berlin 1983, S. 51–63.

PICASSO 1900–1955. Katalog zur Ausstellung München Haus der Kunst, 25. Oktober–18. Dezember 1955, Rheinisches Museum Köln-Deutz, 30. Dezember 1955–29. Februar 1956, Kunstverein in Hamburg, Kunsthalle, 10. März–29. April 1956, München 1955.

PIKART, EBERHARD: Theodor Heuss und Konrad Adenauer. Die Rolle des Bundespräsidenten in der Kanzlerdemokratie, Stuttgart/Zürich 1976.

PRIEMEL, KIM CHRISTIAN: Flick. Eine Konzerngeschichte vom Kaiserreich bis zur Bundesrepublik, Göttingen 2007.

PYTA, WOLFRAM: Hindenburg. Herrschaft zwischen Hohenzollern und Hitler, München 2007.

RADHAKRISHNAN, SARVEPALLI: Die Gemeinschaft des Geistes. Östliche Religionen und westliches Denken, Darmstadt/Genf 1952.

RADKAU, JOACHIM: Max Weber. Die Leidenschaft des Denkens, Berlin/Wien 2005.

RANKE, LEOPOLD VON: Geschichten der romanischen und germanischen Völker von 1494 bis 1535, Bd. 1, Leipzig/Berlin 1824.

RAUSCHNING, DIETRICH (Hg.): Deutschlands Rechtsstellung. Völkerrechtliche Verträge und andere rechtsgestaltende Akte, Nördlingen ^{2}1989.

RENKEN, FRANK: Frankreich im Schatten des Algerienkrieges. Die Fünfte Republik und die Erinnerung an den letzten großen Kolonialkonflikt, Göttingen 2006.

RETHEL, ALFRED: Auch ein Totentanz. Holzschnittfolge 1849, Einführung von Theodor Heuss, Stuttgart 1957.

REUVENI, GIDEON: Der Aufstieg der Bürgerlichkeit und die bürgerliche Selbstauflösung. Die Bekämpfung der Schmutz- und Schundliteratur in Deutschland bis 1933 als Fallbeispiel, in: Zeitschrift für Geschichtswissenschaft 51 (2003), S. 131–143.

RIEZLER, KURT: Traktat vom Schönen. Zur Ontologie der Kunst, Frankfurt a. M. 1935.

RITTER, GERHARD: Das Problem des Militarismus in Deutschland, hg. v. der Bundeszentrale für Heimatdienst, Bonn 1954.

RÖDDER, ANDREAS: Clios neue Kleider. Theoriedebatten um eine Kulturgeschichte der Politik in der Moderne, in: Historische Zeitschrift 283 (2006), S. 657–688.

ROSENZWEIG, FRANZ: Hegel und der Staat, München/Berlin 1920.

ROTHFELS, HANS: Theodor Heuss, die Frage der Kriegsorden und die Friedensklasse des Pour le mérite, in: Vierteljahrshefte für Zeitgeschichte 17 (1969), S. 414–422.

RUDOLPH, HERMANN: Ein neues Stück deutscher Geschichte. Theodor Heuss und die politische Kultur der Bundesrepublik, Stuttgart 2000.

RÜRUP, MIRIAM: Ehrensache. Jüdische Studentenverbindungen an deutschen Universitäten 1886–1937, Göttingen 2008.

SARKOWICZ, HANS / MENTZER, ALF: Literatur in Nazi-Deutschland. Ein biografisches Lexikon, erweiterte Neuausgabe, Hamburg/Wien 2002.

SARCINELLI, ULRICH: Politische Kommunikation in Deutschland. Zur Politikvermittlung im demokratischen System, 2. überarbeitete und erweiterte Auflage, Wiesbaden 2009.

SCHASER, ANGELIKA: Erinnerungskartell. Der Nationalsozialismus in den Darstellungen der Liberalen nach 1945, in: DIES. (Hg.): Erinnerungskartelle. Zur Konstruktion von Autobiographien nach 1945, Bochum 2003, S. 49–80.

SCHECK, RAFFAEL: Alfred von Tirpitz and German Right-Wing Politics, 1914–1930, New Jersey 1998.

SCHIEDLAUSKY, GÜNTHER: Die Zeit des Wiederaufbaus nach dem Kriege. Das Museum unter der Leitung von Ernst Günter Troche und Ludwig Grote, in: Das Germanische Nationalmuseum Nürnberg 1852–1977. Beiträge zu seiner Geschichte, im Auftrag des Museums hg. v. BERNWARD DENEKE und RAINER KAHSNITZ, München/Berlin 1978, S. 262–312.

SCHILDT, AXEL / SIEGFRIED, DETLEF: Deutsche Kulturgeschichte. Die Bundesrepublik – 1945 bis zur Gegenwart, München 2009.

SCHILLER, FRIEDRICH: Sämtliche Werke, Bd. II: Dramen II, hg. v. Gerhard Fricke und Herbert G. Göpfert, München ^{7}1985.

SCHMITT, CARL: Hugo Preuß. Sein Staatsbegriff und seine Stellung in der deutschen Rechtslehre, Tübingen 1930.

SCHNEIDER, REINHOLD: Innozenz und Franziskus, Wiesbaden 1952.

SCHÖLLGEN, GREGOR: Die Außenpolitik der Bundesrepublik Deutschland. Von den Anfängen bis zur Gegenwart, München 1999.

SCHRAMM, PERCY ERNST: Theodor Heuss und der Orden pour le mérite für Wissenschaft und Künste, in: Das Parlament 1964, Nr. 33.

SCHRECKER, ELLEN: Many are the crimes. McCarthyism in America, Princeton 1998.

SCHULZE, HAGEN: Otto Braun oder Preußens demokratische Sendung. Eine Biographie, Frankfurt a. M. 1977.

SCHWARTZ, MICHAEL: Funktionäre mit Vergangenheit. Das Gründungspräsidium des Bundes der Vertriebenen und das „Dritte Reich“, München 2013.

SCHWARZ, HANS-PETER: Die Ära Adenauer. Gründerjahre der Republik 1949–1957, mit einem einleitenden Essay von Theodor Eschenburg, Stuttgart/Wiesbaden 1981.

SCHWARZ, HANS-PETER: Adenauer, Bd. 1: Der Aufstieg. 1876–1952, Bd. 2: Der Staatsmann. 1952–1967, München 1994.

SCHWEITZER, ALBERT: Theologischer und philosophischer Briefwechsel 1900–1965, hg. v. Werner Zager in Verbindung mit Erich Gräßer, München 2006.

SHUKER, STEPHAN A: The End of French Predominance in Europe. The Financial Crisis of 1924 and the Adoption of the Dawes Plan, Chapell Hill 1978.

SIEMENS, WERNER VON: Lebenserinnerungen, Berlin 1892.

SMITH, ARTHUR L., JR.: Stadt des Menschenraubs. Berlin 1945–1961, Koblenz 2004.

SÖSEMANN, BERND: Die Tagebücher Kurt Riezler. Untersuchungen zu ihrer Echtheit und Edition, in: Historische Zeitschrift 236 (1983), S. 327–369.

SOMMER, BERND: Hermann Heuss (1882–1959) – Architekt und Kunstsachverständiger, in: Mitteilungen des Chemnitzer Geschichtsvereins, 74. Jahrbuch, Neue Folge XIII: Chemnitzer Charaktere, S. 81–98.

STAMM, THOMAS: Zwischen Staat und Selbstverwaltung. Die Deutsche Forschung im Wiederaufbau 1945–1965, Köln 1981.

STARON, JOACHIM: Fosse Ardeatine und Marzabotta. Deutsche Kriegsverbrechen und Resistenza. Geschichte und nationale Mythenbildung in Deutschland und Italien (1944–1999), Paderborn u. a. 2002.

STEIN, TORSTEN: Der Bundespräsident als „pouvoir neutre"?, in: Zeitschrift für ausländisches und öffentliches Recht und Völkerrecht 69 (2009), S. 249–256.

STEINMEYER, HEINRICH: Hermann Wild (1884–1962). Ein schwäbischer Theologe, Pädagoge und Politiker, in: Ulm und Oberschwaben 52 (2001), S. 180–256.

STERNBERGER, DOLF: Lebende Verfassung. Studien über Koalition und Opposition, Meisenheim/Glan 1956.

STIFTER, ADALBERT: Der Nachsommer. Eine Erzählung, hg. v. Max Stefl, Augsburg 1954.

STOLL, ULRIKE: Kulturpolitik als Beruf. Dieter Sattler (1906–1968) in München, Rom und Bonn, Paderborn u. a. 2005.

STOLPER, GUSTAV: Deutschösterreich als Sozial- und Wirtschaftsproblem, München 1921.

STOLPER, GUSTAV: German Realities, New York 1948.

STOLPER, GUSTAV: Die deutsche Wirklichkeit. Ein Beitrag zum künftigen Frieden Europas, Hamburg 1949.

STOLPER, GUSTAV: Deutsche Wirtschaft 1870–1940. Kaiserreich – Republik – Drittes Reich, ins Deutsche übertragen von Toni Stolper, Stuttgart 1950.

STOLPER, TONI: Ein Leben in Brennpunkten unserer Zeit. Wien – Berlin – New York. Gustav Stolper 1888–1947, Tübingen 1960.

SYWOTTEK, ARNOLD: Wege in die 50er Jahre, in: AXEL SCHILD / ARNOLD SYWOTTEK (Hg.): Modernisierung im Wiederaufbau. Die westdeutsche Gesellschaft der 50er Jahre, Bonn 1993, S. 13–39.

TAGEBUCH DER ANNE FRANK [DAS]. 14. Juni 1942–1. August 1944, Heidelberg 1950.

TAGEBUCH DER ANNE FRANK [DAS]. 14. Juni 1942–1. August 1944, mit einem Vorwort von Albrecht Goes, Frankfurt a. M./Hamburg 1955.

TAINE, HYPPOLYTE ADOLPHE: Les Origines de la France contemporaine, 6 Bde., Paris 1876–1894; deutsche Übersetzung: Die Entstehung des modernen Frankreichs, 3 Bde., Leipzig 1903–1906.

THIELICKE, HELMUT: Das Bilderbuch Gottes. Reden über die Gleichnisse Jesu, Stuttgart 1957.

THIMME, ANNELISE: Friedrich Thimme 1868–1938. Ein politischer Historiker, Publizist und Schriftsteller in seinen Briefen, Boppard am Rhein 1994.

THOMPSON, WAYNE C.: In the eye of the storm. Kurz Riezler and the crises of modern Germany, Iowa City 1980.

THOSS, BRUNO: Die Lösung der Saarfrage 1954/55, in: Vierteljahrshefte für Zeitgeschichte 38 (1990), S. 225–288.

TIRPITZ, ALFRED VON: Erinnerungen, Leipzig 1919.

TREFFKE, JÖRG: Gustav Heinemann. Wanderer zwischen den Parteien. Eine politische Biographie, Paderborn u. a. 2009.

TROELTSCH, ERNST: Die Soziallehren der christlichen Kirchen und Gruppen, Tübingen 1912.

UHLE-WETTLER, FRANZ: Alfred von Tirpitz in seiner Zeit, überarbeitete Neuauflage Stuttgart 2008.

ULLRICH, SEBASTIAN: Der Weimar-Komplex. Das Scheitern der ersten deutschen Demokratie und die politische Kultur der frühen Bundesrepublik, Göttingen 2009.

VELSEN, DOROTHEE VON: Im Alter die Fülle. Erinnerungen, Tübingen 1956.

VERHANDLUNGEN DES DEUTSCHEN BUNDESTAGES, Stenographische Berichte, Bd. 1, 21, 23, 26, 27, 30, 44, 61, 64, Bonn 1949ff.

VERHANDLUNGEN DES REICHSTAGES. Stenographische Berichte, Bd. 381, 389, Berlin 1924, 1926.

VERNEKOHL, WILHELM (Hg.): Heinrich Brüning. Ein deutscher Staatsmann im Urteil der Zeit, Reden und Aufsätze, Münster 1961.

VERTEIDIGUNG IM BÜNDNIS. Planung, Aufbau und Bewährung der Bundeswehr 1950–1972, hg. v. Militärgeschichtlichen Forschungsamt, München 1975.

VOLKMANN, PEER OLIVER: Heinrich Brüning (1885–1970). Nationalist ohne Heimat. Eine Teilbiographie, Düsseldorf 2007.

VOLLNHALS, CLEMENS (Hg.): Entnazifizierung. Politische Säuberung und Rehabilitierung in den vier Besatzungszonen 1945–1949, München 1991.

VOSS, JULIA: Ablasshandel Moderne. Wie Deutschland die „entartete Kunst“ hinter sich brachte, in: Merkur 66 (2012), H. 12, S. 1171–1178.

WAGNER, BERNHARD: Martin Wagner (1885–1957). Leben und Werk. Eine biographische Erzählung, Hamburg 1985.

WAGNER, DIETRICH: FDP und Wiederbewaffnung. Die wehrpolitische Orientierung der Liberalen in der Bundesrepublik Deutschland 1949–1955, Boppard am Rhein 1978.

WAGNER, WOLFGANG: Die Bundespräsidentenwahl 1959, Mainz 1972.

WALTER, DIERK: Preußische Heeresreform 1807–1870. Militärische Innovation und der Mythos der „Roonschen Reform“, Paderborn 2003.

WEBER, FLORIAN: Benjamin Constant und der liberale Verfassungsstaat. Politische Theorie nach der Französischen Revolution, Wiesbaden 2004.

WEIPERT, MATTHIAS: „Verantwortung für das Allgemeine?“ Theodor Heuss und die FDP, Stuttgart 2009.

WEISENFELD, ERNST: Frankreichs Geschichte seit dem Krieg. Von de Gaulle bis Mitterand, München ^{2}1982.

WEIZSÄCKER, ERNST VON: Aus seinen Gefängnisbriefen 1947–1950, Stuttgart [o. J.].

WENGST, UDO: Staatsaufbau und Regierungspraxis 1948–1953. Zur Geschichte der Verfassungsorgane der Bundesrepublik Deutschland, Düsseldorf 1984.

WENGST, UDO: Beamtentum zwischen Reform und Tradition. Beamtengesetzgebung in der Gründungsphase der Bundesrepublik Deutschland 1948–1953, Düsseldorf 1988.

WENGST, UDO (Bearb.): FDP-Bundesvorstand. Die Liberalen unter dem Vorsitz von Thomas Dehler und Reinhold Maier. Sitzungsprotokolle 1954–1960, Düsseldorf 1991.

WENGST, UDO: Thomas Dehler 1897–1967. Eine politische Biographie, München 1997.

WETTE, WOLFRAM: Gustav Noske. Eine politische Biographie, Düsseldorf 1987.

WETTIG, GERHARD: Chuschtschows Berlin-Krise 1958 bis 1963. Drohpolitik und Mauerbau, München 2006.

WEYMAR, PAUL: Konrad Adenauer. Die autorisierte Biographie, München 1955.

WIELAND, GÜNTHER: Die neue Schlichtungs- und Schiedsvereinbarung der Metallindustrie, in: Recht der Arbeit 17, H. 7, Juli 1964, S. 241–246.

WILL, HELMUT: Aber – aber – Herr Minister. Heiteres aus der Politik, mit zwanzig Zeichnungen von Fritz Meinhard, Esslingen 1957.

WOLFRUM, EDGAR: Geschichtspolitik und deutsche Frage. Der 17. Juni im nationalen Gedächtnis der Bundesrepublik (1953–89), in: Geschichte und Gesellschaft 24, 1998, S. 382–411.

WRIGHT, JONATHAN: Gustav Stresemann 1878–1929. Weimars größter Staatsmann, München 2006.

WULFFEN, CHRISTIAN: Mitteldeutsches Tagebuch, Esslingen 1952–1959.

ZIEGLER, EDDA: Heinrich Heine. Leben – Werk – Wirkung, Zürich 1993.

ZIESEL, KURT: Das verlorene Gewissen. Hinter den Kulissen der Presse, der Literatur und ihrer Machtträger von heute, München [3]1958.

ZUCKMAYER, CARL: Die Brüder Grimm. Ein deutscher Beitrag zur Humanität, Frankfurt a. M. 1948.

ZUCKMAYER, CARL: Die langen Wege. Ein Stück Rechenschaft, Frankfurt a. M. 1952.

[ZUCKMAYER, CARL]: Fülle der Zeit. Carl Zuckmayer und sein Werk, Frankfurt a. M. 1956.

ZUCKMAYER, CARL: Ein Weg zu Schiller, Frankfurt a. M. 1959.

ZUCKMAYER, CARL: Als wär's ein Stück von mir. Horen der Freundschaft, Frankfurt a. M. 1966.

ZUCKMAYER, CARL: Deutschlandbericht für das Kriegsministerium der Vereinigten Staaten von Amerika, hg. v. Gunther Nickel, Johanna Schrön, Hans Wagener, Göttingen 2004.

ZUCKMAYER, CARL / HEUSS, THEODOR: Briefwechsel und andere Beiträge zur Zuckmayer-Forschung, hg. v. GUNTHER NICKEL und ERWIN ROTERMUND, Göttingen 2012.

Biographisches Personenregister

Das biographische Personenregister umfasst alle Namen aus der Einführung, den abgedruckten Briefen, den Dokumentenköpfen und aus dem Kommentar, so weit sie nicht Bestandteile bibliographischer Angaben sind. Der Name „Theodor Heuss“ wurde nicht aufgenommen. Von den verliehenen Orden wurde nur der Pour le mérite berücksichtigt. Seitenzahlen in Kursivschrift verweisen auf Empfänger von Briefen, die abgedruckt wurden.

servativ 1850), preußischer Gesandter beim Deutschen Bundestag in Frankfurt a. M. (1851–59), Gesandter in Petersburg und Paris (1859–62), preußischer Ministerpräsident und Außenminister (1862–90), erster Kanzler des Norddeutschen Bundes bzw. des Deutschen Reiches (1867–90), Pour le mérite (1896)
28, 176, 563, 568

Blank, Theodor (1905–1972), Gewerkschaftsfunktionär und Politiker, Sekretär des Zentralverbands der Christlichen Fabrik- und Transportarbeiter (1930–33), Teilnahme am 2. Weltkrieg als technischer Inspektor einer Panzerdivision (1939–45), MdL Nordrhein-Westfalen (CDU 1946–49), Mitgründer des DGB (1949), MdB (CDU 1949–72), Sicherheitsbeauftragter im Bundeskanzleramt und Leiter des „Amtes Blank" (1950–55), Bundesverteidigungsminister (1955/56), Bundesminister für Arbeit und Sozialordnung (1957–65)
34, 37, 188f, 252, 254, 262–264, 274, 307f, 317, 540

Blankenhorn, Herbert (1904–1991), Jurist und Diplomat, im Dienst des AA u. a. an Botschaften in Athen, Washington, Helsinki und Bern (1929–45), stellv. Generaldirektor des Zonenbeirates der Britischen Besatzungszone (1946–48), Generalsekretär der CDU in der Britischen Besatzungszone (1948/49), Leiter der Verbindungsstelle des Kanzleramtes zu den Hohen Kommissaren (1949–51), Chef der Politischen Abteilung im AA (1951–55), ständiger Vertreter der Bundesrepublik bei der NATO (1955–58), Botschafter in Paris, Rom und London (1958–70), Vizepräsident des Exekutivrates der UNESCO (1970–76)
117–119, 242

Bleek, Karl Theodor (1898–1969), Verwaltungsjurist und Politiker, Landrat in Stade, Arnsberg und Breslau (1933–39), Stadtkämmerer in Breslau (1939–45), MdVL/MdL Hessen (LDP/FDP 1946–51), Oberbürgermeister von Marburg (1946–51), Staatssekretär im BMI (1951–57), Chef des BPrA (1957–61)
21, 190f, 370, 373, 377, 386, 392, 398, 402, 410, 416, 431, 452, 460f, 484, 495f, 502f, 505, 528, 536, 540, 546–548, 553, 560, 566, 569f, 579, 587, 594f

Blücher, Franz (1896–1959), Kaufmännischer Angestellter und Politiker, Mitgründer und Vorsitzender der FDP in der britischen Zone (1946–48), Finanzminister von Nordrhein-Westfalen (1946/47), MdL Nordrhein-Westfalen (LDP 1946/47), Vorsitzender des Finanzausschusses beim Wirtschaftsrat der Bizone (1947–49), MdB (FDP 1949–56, FVP 1956/57, DP 1957/58), Bundesvorsitzender der FDP (1950–54), Vizekanzler und Minister für Angelegenheiten des Marshallplans bzw. für wirtschaftliche Zusammenarbeit (1949–57), Vizepräsident der Hohen Behörde der Montanunion (1958/59)
137, 175, 177, 237, 252, 254, 391

Blumhardt, Christoph Friedrich (1842–1919), evangelischer Theologe, Pfarrer und Politiker, Mitarbeiter (1869–80) und Leiter (ab 1880) der Heilanstalt bzw. des Erholungsheims Bad Boll, Pfarrer in Bad Boll (1885–99), MdL Württemberg (SPD 1900–06)
404

Bockelmann, Werner (1907–1968), Rechtsanwalt und Politiker, Bürgermeister bzw. Stadtdirektor in Lüneburg (1945–55), Oberbürgermeister in Ludwigshafen (1955–57) und Frankfurt a. M. (1957–64)
488

Bockmann, Anneliese, Schreibkraft im BPrA
21, 516

Böckler, Hans (1875–1951), Metallschläger und Gewerkschafter, Eintritt in den Metallarbeiterverband und die SPD (1894), MdR (SPD 1928–33), mehrfach inhaftiert (ab 1933), in der Führung der illegalen Gewerkschaftsbewegung Verbindung zu Wilhelm Leuschner und Jakob Kaiser, Vorsitzender der Gewerkschaftsbewegung der britischen Besatzungszone (1947), Vorsitzender des DGB (1949–51)
115

Böhm, Franz (1895–1977), Jurist und Politiker, Lehrstuhlvertretung in Jena (1936–38), Entzug der Lehrerlaubnis (1940), Professor in Freiburg i. Br. (1945/46) und Frankfurt a. M. (1946–62), hessischer Kultusminister (1945/46), Leiter der deutschen Delegation bei den Wiedergutmachungsverhandlungen mit Israel (1952), MdB (CDU 1953–65), stellv. Vorsitzender des Wiedergutmachungsausschusses (1955–65)
368f, 551

ferent der „Frankfurter Zeitung“ (ab 1913), Herausgeber der „Tribüne der Kunst und Zeit“ (1919–23), Mitarbeiter zahlreicher literarischer Zeitschriften, Rede-, Rundfunk- und Schreibverbot (ab 1933), Vizepräsident der Deutschen Akademie für Sprache und Dichtung in Darmstadt (ab 1949), Generalsekretär (1950–57), dann Vize- und Ehrenpräsident des deutschen PEN
280, *421f*

Ehard, Hans (1887–1980), Verwaltungsjurist, Richter und Politiker, Senatspräsident am Oberlandesgericht München (1933–45), MdVL/MdL Bayern (CSU 1946–66), bayerischer Ministerpräsident (1946–54, 1960–62), Landwirtschafts- (1948), Finanz- (1950), Verkehrs- (1951/52) und Justizminister (1962–66), Landesvorsitzender der CSU (1949–55)
275

Ehlers, Hermann (1904–1954), Jurist und Politiker, Angehöriger der Bekennenden Kirche (ab 1935), inhaftiert (1937), Oberkirchenrat in der Oldenburger Landeskirche (1945), als Synodaler Mitorganisator der EKD, MdB (CDU 1949–54), Präsident des Deutschen Bundestages (1950–54)
123, 316, 589

Eichholtz, Ulrich, Direktor des Entschädigungsamts Berlin
325f

Eimer, Manfred (1871–1951), Pädagoge und württembergischer Heimatschriftsteller
591

Einsiedler, Albert (1914–1970), Verwaltungsbeamter, bei der Deutschen Reichsbahn (ab 1942), sowjetische Kriegsgefangenschaft (1944–49), BPrA (1950–69): Leiter des Ref. 4 (u. a. Beamtenrechtsfragen, sozialrechtliche Fragen, Flüchtlinge, Lastenausgleich, 1950–57), Leiter des Ref. 3 (1957–62), zugleich Vertreter des Chefs des BPrA (1959–62), danach ständiger Vertreter des Chefs des BPrA mit der Zuständigkeit für Personal und Organisation (1962–69)
267, 309, 325f, 387f, 390, 463, 492, 546, 548

Einstein, Albert (1879–1955), Physiker, Professor in Zürich (1909–11, 1912–14), Prag (1911/12) und Berlin (1914–33), Direktor des Kaiser-Wilhelm-Instituts für Physik (1917–32), Nobelpreis für Physik (1921), Emigration in die USA (1932/33) und Professor in Princeton (1933–55), Kurzbesuch in der Bundesrepublik (1952), Begründer der Relativitätstheorie, Pour le mérite (1923, 1933 zurückgegeben)
164

Eisenhower, Dwight D. (1890–1969), amerikanischer Militär und Politiker, Oberbefehlshaber der US-Truppen in Nordafrika und Europa (1942/43), der alliierten Invasionstruppen (1943–45), Oberbefehlshaber der Besatzungstruppen und Militärgouverneur der US-Besatzungszone in Deutschland (1945), Chef des US-Generalstabs (1945–47), Präsident der Columbia-University (1947–53), Oberbefehlshaber der NATO-Streitkräfte (1950–52), Präsident der USA (1953–61)
48, 50, *225f*, 406, 455, 457, 534, 590

Elisabeth (1207–1231), ungarische Prinzessin, Landgräfin von Thüringen (ab 1221), Heiligsprechung wegen ihrer Armenfürsorge und Krankenpflege (1235)
184–186, 442

Elizabeth II., eigtl. Elizabeth Alexandra Mary Windsor (geb. 1926), Königin des Vereinigten Königreichs von Großbritannien und Nordirland sowie Haupt des Commonwealth (ab 1953)
50f, 468–470

Elsas, Fritz (1890–1945), Verwaltungsjurist und Politiker, MdL Württemberg (DDP 1924–26), Vizepräsident des Deutschen Städtetages (1926–31), 2. Bürgermeister von Berlin (1931–33), inhaftiert (1937), Verbindungen zu Carl Goerdeler, inhaftiert (1944), ermordet
61, 258, 320

Elsas, Peter (1920–1998), Bruder von Hanne Heuss
360

Elster, Hanns Martin (1888–1983), Schriftsteller und Verleger, Herausgeber der Monatsschrift „Die Horen“ (1924–31), in der Reichsleitung der NSDAP (ab 1933), Herausgeber der Literaturzeitschrift „Die Lesewelt“ (ab 1949), Präsident der Gesellschaft der Bibliophilen (ab 1968)
438

Engels, Eduard, Redakteur der Wochenbeilage der „Württembergischen Zeitung“ „Der Schwabenspiegel“
423

Baden ansässig (ab 1928), erfolgreiche Neuauflage einiger Werke (1958)
438f

Flick, Friedrich (1883–1972), Unternehmer der Montanindustrie, Vorstandsmitglied (1915–26) und Generaldirektor (1919–26) der Charlottenhütte in Niederschelden, Mehrheitsbeteiligung an Vereinigte Stahlwerke AG (1926–32), Aufbau des Flick-Konzerns (ab 1932), Gründung der Friedrich Flick KG (1937), Wehrwirtschaftsführer (1938–45), als Kriegsverbrecher inhaftiert (1947–50), Wiedererrichtung des Flick-Konzerns (ab 1952), Rücktritt als persönlich haftender Gesellschafter (1961)
28, 311, 521

Föge, Hermann (1878–1966), Rechtsanwalt und Politiker, Oberbürgermeister von Göttingen (1946), MdL Niedersachsen (FDP 1947–55)
177

Foltz, Hermann (1902–1991), Jurist, Oberamtsrichter am Amtsgericht Speyer, Neffe von Theodor Heuss
433

Fontane, Theodor (1819–1898), Schriftsteller
54, 349, 418, 437

François-Poncet, André (1887–1978), französischer Germanist und Diplomat, Mitglied der Abgeordnetenkammer (1924–32), Botschafter in Berlin (1931–38) und Rom (1938–40), in deutscher Haft (1943–45), Berater der französischen Militärregierung in Deutschland (1948/49), französischer Hochkommissar (1949–53) und Botschafter (1953–55) in Bonn, Mitglied der Académie française (ab 1952), Präsident des französischen Rates der Europäischen Bewegung (1955–60), Präsident des französischen Roten Kreuzes (1955–67)
122, 133, 141, 279

Frank, Anne (1929–1945), Emigration der Familie von Frankfurt a. M. nach Amsterdam (1933/34), Leben in einem Versteck und Verfassen von Tagebüchern (1942–44), Deportation (1944), im KZ Bergen-Belsen ums Leben gekommen, Veröffentlichung (1947), Dramatisierung (1956) und Verfilmung (1959) des „Tagebuchs der Anne Frank“
333

Frank, Franz Hermann (1827–1894), evangelischer Theologe, Subrektor der Gelehrtenschule in Ratzeburg (1851–53), Gymnasialprofessor in Altenburg (1853–57), Professor in Erlangen (ab 1857)
539

Franke, Heinrich (1887–1966), Physiker und Politiker, Leiter des Röntgenlabors der Siemens-Reiniger-AG in Berlin und Erlangen (1934–51), MdVL/MdL Bayern (SPD 1946–54), Professor in München (ab 1951)
109

Franken, Paul (1903–1984), Historiker, inhaftiert (1937–39), Leiter der Bundeszentrale für Heimatdienst (1952–68)
590f

Franziskus von Assisi, eigtl. Giovanni Bernardone (um 1182–1226), Ordengründer, seit 1208 Wanderprediger und Pfleger von Aussätzigen (ab 1208), Aufbau eines Ordens (ab 1209), Niederlegung der Ordensführung (1220), Stigmatisierung (1224), Heiligsprechung (1228)
185

Freitag, Walter (1889–1958), Werkzeugmacher, Gewerkschafter und Politiker, Bezirksleiter des Deutschen Metallarbeiterverbandes im Ruhrgebiet (1920–33), MdL Preußen (SPD 1932/ 33), inhaftiert (1933/34), Mitgründer und Vorsitzender der Metallarbeiter-Gewerkschaft (1945–52), MdL Nordrhein-Westfalen (SPD 1946–50), MdB (SPD 1949–53), DGB-Vorsitzender (1952–56)
115, 541

Freud, Sigmund (1856–1939), österreichischer Nervenarzt und Begründer der Psychoanalyse, Professor in Wien (1902–1938), Emigration nach England (1938)
29, 203, 295f

Freund, Michael (1902–1972), Historiker und Politologe, Professor in Kiel (ab 1951), Mitherausgeber der Zeitschrift „Die Gegenwart“ (1951–58)
315, 448

Friederike Luise, geb. Prinzessin von Hannover (1917–1981), griechische Königin, Heirat mit Prinz Paul von Griechenland (1938), Königin von Griechenland (1947–64), Exil in Rom (ab 1967)
48, 300f, *303–305*

1921), Präsident des Evangelisch-sozialen Kongresses (1902–12), Generaldirektor der Königlichen Bibliothek zu Berlin (1905–21), Präsident der Kaiser-Wilhelm-Gesellschaft zur Förderung der Wissenschaften (1911–30)
405

Hartmann, Alfred (1894–1967), Verwaltungsjurist, Mitarbeiter im Reichsfinanzministerium (1925–35) und im Haushaltsreferat des bayerischen Finanzministeriums (1945–47), Direktor des Amtes für Finanzen in der Bizone (1947–49), Staatssekretär im BMF (1949–59), Mitglied des Deutschen Rates der Europäischen Bewegung, Lehrbeauftragter für Finanzpolitik an der Universität Köln (ab 1955), Vorstandssprecher der VEBA (1959–67)
579

Hartmann, Max (1876–1962), Zoologe und Naturphilosoph, Mitarbeiter des Instituts für Infektionskrankheiten (später Robert-Koch-Institut) in Berlin (1905–09), Professor in Berlin (1909–44), Direktor des Kaiser-Wilhelm-Instituts bzw. Max-Planck-Instituts für Biologie in Berlin (1914–44), Hechingen (1944–52) und Tübingen (1952–55), Pour le mérite (1952), Ordensvizekanzler (1952–55) und Ordenskanzler (1955–59)
561–564

Hassel, Kai-Uwe von (1913–1997), Kaufmann und Politiker, Bürgermeister von Glücksburg (1947–50), MdL Schleswig–Holstein (CDU 1950–65), MdB (CDU 1953/54, 1965–80), schleswig-holsteinischer Ministerpräsident (1954–63), Bundesverteidigungsminister (1963–66), Bundesvertriebenenminister (1963–66), Präsident des Deutschen Bundestages (1969–72), Präsident der Versammlung der WEU (1977–80), MdEP (1979–84)
549

Haug, Martin (1895–1983), evangelischer Theologe, Direktor des theologischen Pfarrseminars in Stuttgart (ab 1935), Mitglied des Oberkirchenrats Stuttgart (1943–49), Prälat (1946–49) und Landesbischof von Württemberg (1949–62), Mitglied des Rates der EKD (1952–66)
515

Hauptmann, Gerhard (1862–1946), Schriftsteller, Nobelpreis für Literatur (1912)
312

Hausenstein, Wilhelm (1882–1957), Kunsthistoriker, Schriftsteller und Diplomat, Mitglied der SPD (1907–19), Mitarbeiter der „Frankfurter Zeitung“ (ab 1917), Mitherausgeber der Zeitschriften „Der neue Merkur“ (1919–22) und „Ganymed“ (1921–25), Leiter der literarischen Beilage der „Frankfurter Zeitung“ (1934–43), Generalkonsul bzw. Botschafter in Paris (1950–55), Münchener Studienfreund von Theodor Heuss
119f, 574

Haußmann, Conrad (1857–1922), Rechtsanwalt, Publizist und Politiker, MdL/MdVL Württemberg (Deutsche Volkspartei/FVP 1889–1918, DDP 1919–22) und Fraktionsvorsitzender (1919–22), MdR/MdNV (Deutsche Volkspartei/FVP 1890–1918, DDP 1919–22), Herausgeber der Zeitschrift „März“ (1907–17), Staatssekretär auf Reichsebene (1918), Vorsitzender der württembergischen DDP (1918–21), Vorsitzender des Verfassungsausschusses der Verfassunggebenden Nationalversammlung (1919), Vater von Wolfgang Haußmann
180

Haußmann, Wolfgang (1903–1989), Rechtsanwalt, Notar und Politiker, Vorstandsmitglied der DDP in Württemberg (1928–33), Mitgründer der DVP in Württemberg-Baden (1945), MdVL/MdL Württemberg-Baden (DVP 1946–52) und Baden-Württemberg (FDP/DVP 1952–64), Vorsitzender der FDP/DVP in Württemberg-Baden bzw. Baden-Württemberg (1946–64), württembergischer Justizminister (1953–66)
398, *570f*

Hebel, Johann Peter (1760–1826), evangelischer Theologe, Pädagoge und Schriftsteller
526

Hegel, Georg Wilhelm Friedrich (1770–1831), Philosoph
31, 415

Heile, Wilhelm (1881–1969), Journalist und Politiker, Redakteur der Zeitschrift „Die Hilfe“ (1912–23), Dozent an der Staatsbürgerschule bzw. Deutschen Hochschule für Politik (1918–33), MdNV/MdR (DDP 1919–24), mehrfach inhaftiert (nach 1933), Mitgründer der niedersächsischen FDP (1945), Vorsitzender der FDP in der britischen Zone (1946), niedersächsi-

Köhler, Heinrich (1903–1983), Landwirt und Diplomat, im AA (1939–45, ab 1953), Referent bei der Außenhandelsstelle/Einfuhr- und Vorratsstelle für Getreide (1947–49), Wirtschaftsberater (1949–53), Generalkonsul in Basel (1956–61) und in Bombay (1961–65), Botschafter in Wellington (1965–68)
594

Koellreutter, Otto (1883–1972), Jurist, Professor in Halle (1920/21), Jena (1923–33) und München (1933–49), Mitglied des Staatsgerichtshofes des Deutschen Reiches (ab 1933)
138

König, René (1906–1992), Soziologe, Professor in Zürich (1947–49) und Köln (1949–75), Mitgründer (1949) und Präsident (1962–66) der International Sociological Association
416

Kokoschka, Oskar (1886–1980), österreichischer Maler und Dichter, Professor an der Kunstakademie in Dresden (1919–26, freigestellt ab 1924), Rückkehr nach Wien (1931), Emigration nach Prag (1934) und London (1938), Mitgründer (1939) und Präsident (ab 1943) des Freien Deutschen Kulturbunds in Großbritannien, Übersiedlung in die Schweiz (1953), Mitgründer und Leiter der Schule des Sehens in Salzburg (1953–63), Pour le mérite (1955)
26, *573–575*

Kolb, Annette, eigtl. Anna Mathilde (1870–1967), Schriftstellerin, Emigration über die Schweiz nach Paris (1933) und nach New York (1941–45), Rückkehr nach Paris und München (ab 1945), Pour le mérite (1966)
119f

Kolping, Adolf (1813–1865), Schuhmacher und katholischer Theologe, Kaplan in Elberfeld (1845–49), Mitgründer (1846) und Präses (ab 1847) eines Gesellenvereins in Elberfeld, Domvikar in Köln (1849–62), Gründer zahlreicher weiterer Gesellenvereine (ab 1849), Generalpräses des Gesamtverbandes (ab 1858), Herausgeber des „Rheinischen Kirchenblattes" (1850–54), Gründer und Herausgeber der „Rheinischen Volksblätter" (ab 1854), Rektor der Kölner Minoritenkirche (1862–65), Seligsprechung (1991)
258

Koltschak, Alexander Wassiljewitsch (1874–1920), russisch zaristischer Militär, Oberbefehlshaber der russischen Schwarzmeerflotte (1916/17), russischer Reichsverweser (1918/19)
479

Konrad, Karl, Studienrat i. R. aus Surendorf über Gettorf
196

Konradin, eigtl. Konrad II. (1252–1268), Herzog von Schwaben (ab 1254), König von Jerusalem und Sizilien, hingerichtet
590

Konstantin II. von Griechenland (geb. 1940), König von Griechenland (1964–73/74)
300, 304

Kopf, Hinrich Wilhelm (1893–1961), Jurist und Politiker, Eintritt in die SPD (1919), Landrat in Hadeln (1928–32), im Versicherungswesen und als Vermögensverwalter, auch für die Haupttreuhandstelle Ost in Polen (1939–43), Oberpräsident der Provinz Hannover (1945/46), niedersächsischer Ministerpräsident (1946–55, 1959–61) und Innenminister (1957–59)
243f, *273*

Korff, Berthold, Kaufmann und Vize-Konsul a. D.
471

Korn, Karl (1908–1991), Journalist und Schriftsteller, Deutschlektor in Toulouse (1932), Redakteur des „Berliner Tageblatt" (1934–37) und der „Neuen Rundschau" (1938–40), Feuilletonredakteur der Wochenzeitung „Das Reich" (1940), Redakteur der „Allgemeinen Zeitung" in Mainz (1948/49), Mitherausgeber und Feuilletonleiter der FAZ (1949–73)
315, 443, *581f*, 583

Kossuth, Lajos (1802–1894), Jurist und ungarischer Politiker, Mitglied des ungarischen Landtags (1825–27, 1832–36, 1847/48), Finanzminister und Vorsitzender des Verteidigungsausschusses (1848/49), Reichsverweser (1849), Führer des Unabhängigkeitskampfes gegen die Habsburger Monarchie, Emigration nach England und die USA
334

Kracauer, Siegfried (1889–1966), Filmkritiker und Schriftsteller, Literatur- und Film-

(CDU 1948/49), MdB (CDU 1949–53), Bundesinnenminister (1950–53)
243, 591

Leibholz, Gerhard (1901–1982), Jurist, Professor in Greifswald (1929–31) und Göttingen (1931–35, ab 1947), Emigration nach England (1938), Rückkehr nach Göttingen (1947), Mitglied des Zweiten Senats des Bundesverfassungsgerichts (1951–71)
460

Leins, Hermann (1899–1977), Verleger, Inhaber und Chef des Rainer Wunderlich-Verlags in Tübingen (1926–44), Gründer und Inhaber des Rainer Wunderlich-Verlags Herman Leins (1945), Gesellschafter (1948–65) sowie Inhaber und Geschäftsführer (1965–77) der fusionierten Verlage J. B. Metzler und C. E. Poeschel, Verleger von Theodor Heuss
27, 313, 336, 354, *423–425*, 465, 467, 489, 515, 522, 524f, 544, 567

Leitz, Ernst (1906–1979), Industrieller und Politiker, Mitglied der Stadtverordnetenversammlung Wetzlar (CDU 1946–75), Geschäftsführer der Leitz-Werke in Wetzlar
469f

Lemmer, Ernst (1898–1970), Journalist, Verbandsfunktionär und Politiker, Generalsekretär des Gewerkschaftsrings der Arbeiter-, Angestellten- und Beamtenverbände im Deutschen Reich (1922–33), Vorsitzender des Reichsbunds der Deutschen Demokratischen Jugend (1923–30), MdR (DDP/DStP 1924–33), Korrespondent ausländischer Zeitungen (1933–45), Bürgermeister von Klein-Machnow (1945/46), MdL Brandenburg (CDU 1946–49), Chefredakteur (1949–56) und Herausgeber (1949–66) der Tageszeitung „Der Kurier", MdL Berlin (CDU 1950–69) und Fraktionsvorsitzender (1951–56), MdB (CDU 1952–70), Bundesminister für das Post- und Fernmeldewesen (1956/57), für Gesamtdeutsche Fragen (1957–62) und für Vertriebene (1964/65), Berlin-Sonderbeauftragter des Bundeskanzlers (1965–69)
356f

Lenin, Wladimir Iljitsch, eigtl. Wladimir Iljitsch Uljanow (1870–1924), russischer Revolutionär und Politiker, Emigration nach London, München und Genf (1900–05), Rückkehr nach Russland (1905), Emigration nach Genf, Paris, Krakau, Bern, Zürich (1907–17), Rückkehr nach Russland, Kopf der Oktoberrevolution, Vorsitzender des Rats der Volkskommissare und Regierungschef Sowjetrusslands bzw. der UdSSR (1917–24)
393

Leonhard, Gottfried (1895–1983), Schmuckfabrikant und Politiker, MdL Württemberg-Baden (CDU 1946–50), MdB (CDU 1949–65)
374

Lescrinier, Bernard, Journalist, Mitarbeiter von up
199f

Lesser, Marianne, geb. Knapp (1879–1966), Malerin, Schwester von Elly Heuss-Knapp
294, 354, 465

Lex, Hans Ritter von (1892–1970), Verwaltungsjurist, Bezirksamtmann in Rosenheim (1923–27), Regierungsassessor im bayerischen Kultusministerium (1921–23, 1927–32), MdR (BVP 1932/33), inhaftiert (1933), Oberregierungsrat im Reichsinnenministerium (1933–45), Staatssekretär im BMI (1950–60), Präsident des Deutschen Roten Kreuzes (1961–67)
579

Liebig, Justus von (1803–1873), Chemiker, Professor in Gießen (1824–52) und München (1852–73), Präsident der Bayerischen Akademie der Wissenschaften (1859–73), Großonkel von Elly Heuss-Knapp, Protagonist einer Biographie von Theodor Heuss (1942), Pour le mérite (1851)
24, 160, 17

Lippelt, Julius (1829–1864), Bildhauer
394

List, Friedrich (1789–1846), Nationalökonom, Journalist und Politiker, Professor in Tübingen (1817–19), Mitgründer des Deutschen Handels- und Gewerbevereins in Frankfurt a. M. (1819), MdL Württemberg (1820/21), inhaftiert (1824/25), Emigration in die USA (1825), Rückkehr als amerikanischer Konsul für Deutschland (1832), Schriftsteller in Leipzig (1834–37), Paris (1837–41) und Augsburg (ab 1841), Verfechter eines industrialisierten und wirtschaftlich vereinigten Deutschland
250

über Frankreich und die Schweiz (1933) in die USA (1938), Übersiedlung in die Schweiz (1952), Pour le mérite (1955)
28, 153f, 164, *195f*, 197, 229–231, 315, 593

Manteuffel-Szoege, Georg Baron von (1889–1962), Vertriebenenfunktionär und Politiker, im kurländischen Kreditverein (1914/15), beim Deutschen Genossenschaftswesen in Posen (1915–18), Freiwilliger in der Baltischen Landeswehr (1920), Verwaltung des Familienbesitzes bei Bialystok (1921–39), im AA (1940–42), Übersiedlung nach Bayern (nach 1945), Präsident des Hauptamtes für Soforthilfe (1950–53), Vorsitzender der Baltischen Landsmannschaft (ab 1950), MdB (CSU 1953–62), Vorsitzender des Verbands der Landsmannschaften (1954–57), Mitvorsitzender des Bundes der Vertriebenen (1957–59)
207–209

Marchionini, Alfred (1899–1965), Dermatologe, Professor in Freiburg i. Br. (1934–38), Ankara (1945–48), Hamburg (1948–50) und München (ab 1950, Rektor 1954/55), Emigration in die Türkei (1938), Direktor der Hautklinik in Ankara (bis 1948) und der Universitäts-Hautklinik in München (ab 1950)
144f

Marées, Johann Reinhard von, gen. Hans (1837–1887), Maler, Ausführung der Fresken der Zoologische Station Neapel (1873), u. a. in München (1857–64) und Rom tätig (ab 1875)
162, 487

Marg, Walter (1910–1983), Altphilologe, Professor (1953–75), Dekan (1958/59) und Prorektor (1961/62) in Mainz
487

Maria Catharina, Oberin der Franziskanerinnen in Obersasbach
385

Maria Theresia (1717–1780), Erzherzogin von Österreich (ab 1740), Königin von Ungarn und Böhmen (ab 1741), Bezeichnung als Kaiserin (ab 1745)
249, 251

Martin, Emmy, Sekretärin von Albert Schweitzer in Günsbach
594

Martini, Paul (1889–1964), Arzt, Professor in München (1922–28) und Bonn (1932–53), Leiter des St. Hedwig-Krankenhauses in Berlin (1928–32), Direktor der Medizinischen Klinik Bonn (ab 1932), Arzt von Theodor Heuss und Konrad Adenauer (ab 1949)
565

Marwitz, Johann Friedrich Adolf von der (1723–1781), preußischer Militär, im preußischen Militärdienst (ab 1740), wegen Befehlsverweigerung in königlicher Ungnade (1760), Generalkriegskommissar im Bayerischen Erbfolgekrieg (1778/79), Generalmajor
211

Marx, Karl (1818–1883), Journalist, Nationalökonom und Philosoph, Herausgeber der „Rheinischen Zeitung für Politik, Handel und Gewerbe" (1842/43) und der „Neuen Rheinischen Zeitung" (1848/49), Emigration nach Paris (1843–45), Brüssel (1845–48) und London (ab 1849), Begründer des Marxismus
315, 393

Marx, Karl (1897–1966), Journalist und Zeitungsverleger, Emigration über Italien (1935) und Tanger (1939) nach London (1942), Rückkehr nach Deutschland (1946), Herausgeber und Chefredakteur der „Allgemeinen Wochenzeitung der Juden in Deutschland" (ab 1947), Vorsitzender der Gesellschaft für Christlich-Jüdische Zusammenarbeit (1952–60)
280, 413, 560

Matthiesen, Johannes, für den „Hohlspiegel" verantwortlicher Redakteur des „Spiegel"
297f

Matzky, Gerhard (1894–1983), Militär, militärischer Berater der deutschen Delegation beim Völkerbund (1928/29), Militärattaché in Tokio (1938–40), General der Infanterie (1944/45), britische Kriegsgefangenschaft (1945–48), Inspekteur des Bundesgrenzschutzes (1951–56), Kommandierender General in der Bundeswehr (1956–60)
140f

Max, Prinz von Baden (1867–1929), Politiker, badischer Thronfolger, Präsident der Ersten Badischen Kammer (1907), Reichskanzler (1918)
300

Maximilian I. (1459–1519), römischer König (ab 1468) und Kaiser (ab 1508)
249

May, Karl (1842–1912), Schriftsteller
323

Mayr, Georg von (1841–1925), Nationalökonom und Statistiker, Professor in München (ab 1868), Leiter des bayerischen Statistischen Büros (ab 1869)
205

McCarthy, Joseph Raymond (1908–1957), amerikanischer Jurist und Politiker, Senator für Wisconsin (Republikaner ab 1947), Vorsitzender des Ausschusses für antiamerikanische Umtriebe (1950–54)
46, 266

McCloy, John J. (1895–1989), amerikanischer Rechtsanwalt und Politiker, Unterstaatssekretär im Kriegsministerium (1941–45), als Leiter der Civil Affairs Division an der Besetzung Deutschlands beteiligt (1945), Weltbankpräsident (1947–49), Hoher Kommissar der USA in Deutschland (1949–52), Verwaltungsratsvorsitzender der Chase National bzw. der Chase Manhattan Bank (1953–61), Sonderbeauftragter der US-Regierung für Abrüstungsfragen (1961–63)
133, 218, 269

Mehnert, Klaus (1906–1984), Journalist, Publizist und Politikwissenschaftler, Generalsekretär der Deutschen Gesellschaft zum Studium Osteuropas in Berlin und Schriftleiter der Zeitschrift „Osteuropa“ (1931–34), Professor in Berkeley (1936/37), Honolulu (1937–41) und Shanghai (1941–46), inhaftiert (1945), Chefredakteur von „Christ und Welt“ (1949–54) und von „Osteuropa“ (1951–75), Professor und Direktor des Instituts für Politikwissenschaft in Aachen (1961–72)
398, *478f*, 510

Meier-Graefe, Julius (1867–1935), Schriftsteller, Kunsthistoriker und Kritiker
574

Melchers, Wilhelm (1900–1971), Diplomat, Aufnahme in das AA (1925), Leiter des Orientreferats der Politischen Abteilung des AA (1939–45), Mitarbeiter des Evangelischen Hilfswerks in Bremen (1946–50), Leiter des Personalreferats für den höheren Dienst im Organisationsbüro für den Wiederaufbau der konsularischen Vertretungen des Bundeskanzleramts bzw. des AA (1950–53), Gesandter in Bagdad (1953–57), Botschafter in Neu Delhi (1957–61) und Athen (1961–65)
486, 488

Mende, Erich (1916–1998), Militär, Wirtschaftsjurist und Politiker, Offizier im 2. Weltkrieg, Mitgründer der FDP, MdB (FDP 1949–70, CDU/CSU 1970–80) und Fraktionsvorsitzender (1957–63), Bundesvorsitzender der FDP (1960–68), Vizekanzler und Minister für gesamtdeutsche Fragen (1963–66), Mitarbeiter von Bonn Finanz/Deutscher Herold in Bonn (1970–80)
175, 190, 239, 500, 503

Mendès-France, Pierre (1907–1982), französischer Rechtsanwalt und Politiker, Kammerabgeordneter (Radikalsozialisten 1932–40, 1946–58, Sozialisten 1967/68), Flucht zu Charles de Gaulle nach England (1941), Wirtschaftsminister der provisorischen französischen Regierung (1944/45), Ministerpräsident und Außenminister (1954/55), Mitgründer der Republikanischen Front (1956), Staatsminister (1956/57), Mitgründer der Union des Forces Démocratiques (1958) und der Sozialistischen Partei (1971)
125

Menne, Bernhard (1901–1968), Journalist, Chefredakteur der Breslauer „Arbeiter-Zeitung“ (1925–28), Ausschluss aus der KPD (1928/29), Emigration nach Prag (1933) und England (1939), Chefredakteur der „Welt am Sonntag“ (1948–68)
204–206

Merkatz, Hans–Joachim von (1905–1982), Jurist und Politiker, Referent im Kaiser-Wilhelm-Institut für Völkerrecht (1935–38), Generalsekretär des Ibero-Amerikanischen Instituts in Berlin (1938–45), Sekretär der DP-Fraktion im niedersächsischen Landtag (1947), MdB (DP 1949–60, CDU 1960–69), Staatssekretär im Bundesratsministerium (1949–52), Bundesminister für Angelegenheiten des Bundesrates (1955–62), Bundesjustizminister (1956/57), Bundesvertriebenenminister (1960/61), deutscher Vertreter im Exekutivrat der UNESCO (1964–68), Präsident der deutschen Paneuropa-Union (1967)
189, 431, 566

Merton, Richard (1881–1960), Industrieller, Mäzen und Politiker, Eintritt in die Metall-

bank (1902), Mitglied im Kuratorium der Universität Frankfurt a. M. (1914–17), Vorsitzender im Aufsichtsrat der Metallgesellschaft AG (1917–38), Mitglied der Frankfurter Stadtverordnetenversammlung (DVP 1929), MdR (DVP 1932/33), inhaftiert im KZ Buchenwald (1938), Emigration nach England (1939), Rückkehr nach Deutschland (1947), Aufsichtsratsvorsitzender der Metallgesellschaft AG (1948–58), Präsident der Deutschen Gruppe in der Internationalen Handelskammer (1948–55), Vorsitzender des Stifterverbandes der deutschen Wirtschaft (1949–53), Gründer der Frankfurter Gesellschaft für Sozialpolitik (1952)
162f

Meyer, Oscar (1876–1961), Jurist und Politiker, Syndikus der Handelskammer Berlin (1905–33), MdL Preußen (FVP 1915–18), MdVL Preußen (DDP 1919–21), MdR (DDP/DStP 1924–32), Emigration über die Schweiz (1933) und Kolumbien (1940) in die USA (1941), Vorsitzender des Berkeleyer Juristenkreises
286, 325

Meyers, Franz (1908–2002), Rechtsanwalt und Politiker, MdL Nordrhein-Westfalen (CDU 1950–70), Oberbürgermeister in Mönchengladbach (1952, 1957), MdB (CDU 1957/58), nordrhein-westfälischer Innenminister (1952–56, 1966), Minister für Bundesratsangelegenheiten (1958/59), Ministerpräsident (1958–66) und Justizminister (1966)
549, 568

Middelhauve, Friedrich (1896–1966), Verleger und Politiker, Vorsitzender der DStP im Rhein-Wupper-Kreis (1931–33), Mitgründer und Vorsitzender der FDP Nordrhein-Westfalen (1946–56), MdL Nordrhein-Westfalen (FDP 1946–58) und Fraktionsvorsitzender (1946–54), MdB (FDP 1949/50, 1953/54), nordrhein-westfälischer Wirtschafts- und Verkehrsminister sowie stellv. Ministerpräsident (1954–56)
449

Miegel, Agnes (1879–1964), Lehrerin, Schriftstellerin und Journalistin
27, 490f

Mies van der Rohe, Ludwig (1886–1969), deutsch-amerikanischer Architekt, stellv. Vorsitzender des Deutschen Werkbundes (1926–33), Leiter des Bauhauses (1930–33), Emigration in die USA (1937), Direktor der Architektur-Abteilung am Armour-Institute (ab 1940 Illinois Institute of Technology) in Chicago, Pour le mérite (1957)
212, 515

Mischnick, Walter (1921–2002), Politiker, Kriegsdienst (1939–45), Mitglied des Zentralvorstandes der LDP (1946–48), Flucht nach Westdeutschland (1948), Bundesvorsitzender der Jungdemokraten (1954–57), MdL Hessen (FDP 1954–57), MdB (FDP 1957–94) und Fraktionsvorsitzender (1968–91), Bundesvertriebenenminister (1961–63), Vorsitzender der hessischen FDP (1967–77)
488

Mocker, Karl (1905–1996), Rechtsanwalt und Politiker, Mitglied der Sudetendeutschen Partei (1930–33), Gründer der Notgemeinschaft der Heimatvertriebenen in Württemberg-Baden (1945), Vorsitzender des Landesverbandes der vertriebenen Deutschen in Württemberg (1948–52) und in Baden-Württemberg (ab 1952), Mitgründer des BHE (1950), MdL Württemberg-Baden (BHE/CDU 1950–54, 1956–64) und Fraktionsvorsitzender (1952–54), MdB (GB/BHE 1953–57) und Fraktionsvorsitzender (1955/56), Staatssekretär für Vertriebenenfragen in Baden-Württemberg (1972–76)
207

Möller, Alexander, gen. Alex (1903–1985), Unternehmer und Politiker, MdL Preußen (SPD 1928–33), Versicherungskaufmann (1933–45), Generaldirektor der Karlsruher Lebensversicherung (1945–69), MdVL/MdL Württemberg-Baden (SPD 1946–52), MdL Baden-Württemberg (SPD 1952–61) und Fraktionsvorsitzender (1950–61), MdB (1961–1976), Vorsitzender der SPD Baden-Württembergs (1962–66), Bundesfinanzminister (1969–71)
388, 438

Mohammed Resa Pahlewi (1919–1980), Schah des Iran (1941–79)
46, 171, 181

Molo, Anna von, Ehefrau von Walter von Molo
437, 439

Pfizer, Theodor (1904–1992), Verwaltungsbeamter und Politiker, Mitarbeiter der Deutschen Reichsbahn (1932–46), Ministerialrat beim Verkehrsministerium von Württemberg-Baden (1946–48), Oberbürgermeister von Ulm (1948–72), Präsident der Studienstiftung des deutschen Volkes (1960–81)
188, 298f

Pfleiderer, Karl-Georg (1899–1957), Jurist, Diplomat und Politiker, im AA (1922–41, 1942–45), inhaftiert (1945–47), Landrat des Kreises Waiblingen (1948/49), MdB (FDP 1949–55), Mitgründer und Vorsitzender der Deutschen Parlamentarischen Gesellschaft (1951–54), Entwicklung eines Wiedervereinigungskonzeptes im sog. „Pfleiderer-Plan" (1952), Botschafter in Belgrad (1955–57)
398

Philipp Mountbatten, Herzog von Edinburgh (geb. 1921), geb. als Prinz von Griechenland und Dänemark, im 2. Weltkrieg Offizier der britischen Marine, britischer Staatsbürger (ab 1947), Heirat der britischen Thronfolgerin Elizabeth (1947)
469

Picasso, Pablo, eigtl. Pablo Ruiz y Picasso (1881–1973), spanischer Maler, Graphiker und Bildhauer
26, 246, 248, 278f

Pinay, Antoine (1891–1994), französischer Politiker, Mitglied der Nationalversammlung (Unabhängige Radikale 1936–38, Unabhängige Republikaner 1946–58), Senator (1938–40), Ministerpräsident (1952), Außenminister (1955/56), Finanz- und Wirtschaftsminister (1958–60)
192

Pius XII., eigtl. Eugenio Pacelli (1876–1958), römischer Priester, Nuntius für das Deutsche Reich (1920–29), Kardinalstaatssekretär von Pius XI. (1930–39), Wahl zum Papst Pius XII. (1939)
270f, 419

Platon (427–348/347 v. Chr.), griechischer Philosoph
475

Plessner, Helmuth (1892–1985), Philosoph und Soziologe, Professor in Köln (1926–33), Emigration in die Niederlande (1933), Professor in Groningen (1939–43, 1946–51), Göttingen (1951–61) und New York (1962/63)
416

Plewe, Bernhard, Regierungsdirektor, Vorsitzender der Arbeitsgemeinschaft deutscher Lehrerverbände, Vorsitzender der GEW (1952–58)
375

Poelzig, Hans (1869–1936), Architekt, Direktor der Kunstakademie Breslau (1903–16), Mitgründer (1907) und Vorsitzender (1919–21) des Deutschen Werkbundes, Professor in Dresden (1916–20) und Berlin (1923–33), Direktor der Vereinigten Staatsschulen für freie und angewandte Kunst in Berlin (1933), Protagonist einer Biographie von Theodor Heuss (1939)
160, 244, 442, 472

Pohl, Annemarie (Kassel)
287

Polanyi, Karl (1886–1964), Wirtschafts- und Sozialwissenschaftler, Mitherausgeber der Zeitschrift „Der Österreichische Volkswirt", Emigration nach England (1936) und in die USA (1940), Dozent am Bennington College in Vermont (1940–43), Rückkehr nach England (1943), Emigration nach Kanada (1947), Gastprofessor in New York (1947–53, 1955/56)
522

Praetorius, Wilhelm, genannt Willy (1884–1973), evangelischer Theologe, Pfarrer in Berlin-Lichterfelde (1930–42), inhaftiert (1940)
403

Preetorius, Emil (1883–1973), Grafiker und Bühnenbildner, Mitgründer der Schule für Illustration und Buchgewerbe in München (1909), Leiter der Münchener Lehrwerkstätten (ab 1910), Professor an der Hochschule für Bildende Künste in München (ab 1928), szenischer Leiter der Bayreuther Festspiele (1931–41), Mitglied des Bayerischen Senats (1947–61), Präsident der Bayerischen Akademie der Schönen Künste (1953–68)
229–231, 310, 336, 356, *444–447*, 556

Preusker, Victor-Emanuel (1913–1991), Bankier und Politiker, MdB (FDP 1949–56, FVP 1956/57, DP 1958–60, CDU 1960/61), Bundeswohnungsbauminister (1953–57), Mit-

in Oberhausen (1909–42), führende Positionen im schwerindustriellen Verbandswesen, Präsident der IHK Duisburg (1919–29), stellv. Vorsitzender des DIHT (1926–33)
183, 203, 247, 348f

Reuter, Ernst (1889–1953), Politiker, im 1. Weltkrieg in russischer Gefangenschaft, Mitarbeit bei den Bolschewiki und Kommissar in der Wolgarepublik, nach der Rückkehr nach Deutschland Mitglied der KPD (1919–22), dann der SPD, Redakteur der Parteizeitung „Vorwärts" (ab 1922), Stadtrat in Berlin für Stadtplanung (ab 1926), Oberbürgermeister von Magdeburg (1931–33), MdR (SPD 1932/33), inhaftiert (1933/34), Emigration in die Türkei (1935–46), Verkehrsdezernent in Berlin (1947), Oberbürgermeister bzw. Regierender Bürgermeister von Berlin (1947–53), MdPR (SPD 1948/49), MdB (SPD 1949–53)
210, 305, 434

Ribbentrop, Joachim von (1893–1946), Diplomat und Politiker, MdR (NSDAP 1933–45), außenpolitischer Berater Adolf Hitlers (1934–38), Botschafter in London (1936–38), Reichsaußenminister (1938–45), als Hauptkriegsverbrecher durch den Internationalen Militärgerichtshof in Nürnberg zum Tode verurteilt und hingerichtet (1946)
111

Richelieu, Armand-Jean du Plessis (1585–1642), französischer Theologe und Politiker, Bischof von Luçon (1607–24), Kardinal (1622–42), 1. Minister im Staatsrat (1624–42)
109

Richter, Werner (1887–1960), Germanist, Professor in Konstantinopel (1916–19), Greifswald (ab 1919), Berlin (1932/33) und Bonn (ab 1949, Rektor 1951–53), Ministerialbeamter im Preußischen Ministerium für Wissenschaft, Kunst und Volksbildung (1920–32), Emigration in die USA und Professor an mehreren Universitäten (1939–49), Präsident des DAAD (1954–59)
345f

Richter, Willi (1894–1972), Feinmechaniker, Gewerkschafter und Politiker, städtischer Angestellter in Frankfurt a. M. (ab 1918) und Vorsitzender des Gesamtbetriebsrats der Frankfurter Stadtbetriebe (1922–26), Stadtrat in Darmstadt (SPD 1928–33), Vorsitzender und Sekretär des ADGB in Darmstadt (1928–33), MdVL Hessen (SPD 1946), Mitglied des Wirtschaftsrats in der Bizone (1947–49), MdB (SPD 1949–57), Vorsitzender des DGB (1956–62)
24, *540–543*

Rietzel, Freund von Otto Braun
259

Riezler, Kurt (1882–1955), Journalist und Politiker, Vortragender Rat in der Reichskanzlei und enger Mitarbeiter von Reichskanzler Theobald von Bethmann Hollweg (1915–17), Leiter des Büros des Reichspräsidenten Friedrich Ebert (1919/20), Vorsitzender des Kuratoriums der Universität Frankfurt a. M. (1928–34), inhaftiert (1933), Schriftsteller in Berlin, Emigration in die USA (1938), Professor an der New School for Social Research in New York (1938–52), Rückkehr nach Europa mit Wohnsitz in Rom (1954)
43, 114, 243, 340, 380–383

Riezler, Walter (1878–1965), Kunsthistoriker und Musikwissenschaftler, Assistent des Archäologen Adolf Furtwängler, Hauslehrer bei Adolf von Hildebrand, Mitgründer des Deutschen Werkbundes (1907), Direktor des städtischen Museums Stettin (1910–33), suspendiert (1933), Ruhestand (1934), in Ebenhausen ansässig, Professor in München (ab 1946), Bruder von Kurt Riezler
163, 340, 380f

Rilke, Rainer Maria, eigtl. René Maria (1875–1926), österreichischer Dichter
279

Ringelnatz, Joachim, eigtl. Hans Bötticher (1883–1934), Schriftsteller und Kabarettist
558

Rintelen, Fritz-Joachim von (1898–1979), Philosoph, Professor in Bonn (1934–36) und München (1936–41), Mitgründer und Professor der Universität Mainz (1946–69)
486

Ritter, Gerhard (1888–1967), Historiker, Professor in Hamburg (1924/25) und Freiburg i. Br. (1925–56), Mitglied der Bekennenden Kirche und anderer Widerstandskreise (ab 1934), Kontakt zum bürgerlich-konservativen Widerstand um Carl Goerdeler, inhaftiert (1944/45)
155, 563

Ruge, Friedrich (1894–1985), Militär und Marinehistoriker, Teilnahme am 1. Weltkrieg, britische Kriegsgefangenschaft (1919/20), Eintritt in die Reichsmarine (1920), Führer der Minensuchboote (1937–39), Kapitän zur See (1939), Vizeadmiral und Befehlshaber des Marinekommandos in Italien (1943), belgische Kriegsgefangenschaft (1945/46), historische Arbeiten, Inspekteur der Bundesmarine (1956–61)
291f

Ruisinger, Oberregierungsrat im baden-württembergischen Kultusministerium
492f

Rust, Josef (1907–1997), Jurist, im Reichswirtschaftsministerium und im Ministerium für die besetzten Ostgebiete (bis 1945), im niedersächsischen Finanzministerium und im Bundeskanzleramt (1949–55), Staatssekretär im Bundesverteidigungsministerium (1955–59), Vorstands- (1959–69) und Aufsichtsratsvorsitzender (1969–78) der Wintershall AG, Aufsichtsratsvorsitzender der Volkswagenwerk AG (1966–74)
263

Rychner, Max (1897–1965), schweizerischer Journalist und Schriftsteller, Leitung der „Neuen Schweizer Rundschau" (1922–31), Feuilletonredakteur in Köln und Korrespondent der „Neuen Zürcher Zeitung" (1931–37), Feuilletonchef beim Berner „Bund" (1938/39), Leiter der Kulturredaktion der Züricher Zeitung „Der Tag" (1939–62)
281

Sachse, Elsbeth, Schreibkraft im BPrA
474

Sänger, Fritz (1901–1984), Journalist und Politiker, MdL Niedersachsen (SPD 1946/47), Geschäftsführer (1949–55) und Chefredakteur (1955–59) der dpa, Mitwirkung am Godesberger Programm der SPD (1959), MdB (SPD 1961–69)
375

Salin, Edgar (1892–1974), Diplomat und Nationalökonom, Referent in der politischen Abteilung der deutschen Gesandtschaft in Bern (1918/19), Professor in Heidelberg (1924–27) und Basel (1927–62, Rektor 1961/62), Präsident des Staatlichen Einigungsamtes von Basel für Streitigkeiten über das Arbeitsverhältnis (1928–37)
451

Samuel, Herbert Louis 1. Viscount (1870–1963), britischer Philosoph und Politiker, Mitglied des Unterhauses (Liberale 1902–18, 1929–35) und Fraktionsvorsitzender (1931–35), mehrmals Minister (1910–32), Mitglied des Oberhauses (Liberale ab 1937) und Fraktionsvorsitzender (1944–55), Präsident des British Institute of Philosophy (1931–59)
116

Sandberger, Karl Viktor, Vater von Martin Sandberger
220

Sandberger, Martin (1911–2010), Jurist, Eintritt in die NSDAP (1931), Führer des NS-Studentenbundes in Tübingen (1932/33), Eintritt in SS und SD (1936), Leiter der Einwandererzentralstelle Nord-Ost (1939–41), Führer der Einsatzgruppe 1a und Kommandeur der Sicherheitspolizei und des SD in Estland (1941–43), Grupenleiter im Reichssicherheitshauptamt (1944), im Einsatzgruppenprozess zum Tode verurteilt (1948), Umwandlung in lebenslange Haft (1951), Begnadigung (1958)
41, 218, 220f

Sattler, Dieter (1906–68), Architekt und Diplomat, Vorsitzender des Berufsverbandes der Architekten und Bauingenieure (nach 1945), Staatssekretär für Schöne Künste im Bayerischen Kultusministerium (1947–51), Präsident des Deutschen Bühnenvereins (ab 1950), für das AA in Rom (1952–59), Leiter der Kulturabteilung im AA (1959–66), Botschafter im Vatikan (1966–68)
399, 510f

Sauerborn, Maximilian (1889–1963), Richter und Verwaltungsjurist, Referent und Abteilungsleiter im Reichsarbeitsministerium (1923–45), Präsident des bayerischen Landesversicherungsamts (1949–57), Staatssekretär im Bundesarbeitsministerium (1959–57)
190f

Sauter, Reinhold, Kirchenrat
549

Savonarola, Girolamo (1452–1498), Dominikanermöch, Prior des Klosters San Marco in Florenz (ab 1491), nach der Vertreibung der

Schröder, Gerhard (1910–1989), Rechtsanwalt und Politiker, Mitarbeit in der Bekennenden Kirche, Mitgründer der CDU (1945), MdB (CDU 1949–80), Vorsitzender des Evangelischen Arbeitskreises der CDU/CSU (1955–78), Bundesinnenminister (1953–61), Bundesaußenminister (1961–66), Bundesverteidigungsminister (1966–69)
23, 53, *142f*, 217, *274*, 278, 287, 326, *554*

Schröder, Rudolf Alexander (1878–1962), Architekt, Dichter und Übersetzer, Mitgründer und Mitherausgeber der Zeitschrift „Die Insel" (1899–1901), als freier Schriftsteller überwiegend in Bremen (ab 1903), Lektor der evangelisch-lutherischen Kirche in Bayern (1942–45), Leiter der Bremer Kunsthalle (1946–50), Pour le mérite (1952) und Vizekanzler (bis 1955)
154, *279f*, 281f, 285, 425, 491, 562

Schubert, Franz (1797–1828), österreichischer Komponist
467, 476

Schuberth, Hans (1897–1976), Diplomingenieur und Politiker, im Postdienst (ab 1927), Präsident der Oberpostdirektion Regensburg (1945–47) und München (1947–49), Direktor des Amtes für das Post- und Fernmeldewesen der Bizone (1947–49), Bundespostminister (1949–53), MdB (CSU 1953–57)
357

Schuchhardt, Walter-Herwig (1900–1976), Archäologe, Professor in Gießen (1934–36) und Freiburg i. Br. (1936–68)
443

Schütz, Werner (1900–1975), Rechtsanwalt und Politiker, Rechtsberater der Bekennenden Kirche (1933–45), Mitglied der Stadtverordnetenversammlung Düsseldorf (CDU 1945–48), nordrhein-westfälischer Kultusminister (1954–56, 1958–62), MdL Nordrhein-Westfalen (CDU 1958–66), Vorstandsmitglied der Fritz-Thyssen-Stiftung (1963–68)
528

Schütz, Wilhelm Wolfgang (1911–2002), Journalist und Politiker, Emigration nach England (1935), Korrespondent der „Neuen Zürcher Zeitung" (1941–51), Rückkehr in die Bundesrepublik (1951), Berater des Bundesministeriums für Gesamtdeutsche Fragen (1951–54), Mitgründer und Geschäftsführer des Kuratoriums Unteilbares Deutschland (1954–72)
305f

Schütze, Roderich, Schüler aus Hamburg
206

Schulze-Gävernitz, Gerhart von (1864–1943), Nationalökonom und Politiker, Professor in Freiburg i. Br. (ab 1893), MdR/MdNV (FVP 1912–18, DDP 1919/20), Gastvorlesungen in den USA (1924), Dozent an der Deutschen Hochschule für Politik (ab 1925), Leiter der wissenschaftlichen Abteilung des Instituts für geistige Zusammenarbeit beim Völkerbund (ab 1926)
354

Schumacher, Carl, Journalist aus Greven in Westfalen
558

Schumacher, Kurt (1895–1952), Jurist, Journalist und Politiker, Redakteur der „Schwäbischen Tagwacht" (1920–30), MdL Württemberg (SPD 1924–31), MdR (SPD 1930–33), inhaftiert (1933–43, 1944), Mitgründer (1945) und Vorsitzender der SPD in den 3 Westzonen bzw. in der Bundesrepublik (1946–52), MdL Hannover (SPD 1946), MdB und Fraktionsvorsitzender (SPD 1949–52), Gegenkandidat von Theodor Heuss bei der Wahl des Bundespräsidenten (1949)
241–243, 258, 286f

Schuman, Robert (1886–1963), französischer Jurist und Politiker, Mitglied der französischen Nationalversammlung (1919–40, 1945–63), inhaftiert (1940–42), Finanzminister (1946/47), Ministerpräsident (1947/48), Außenminister (1948–53), Justizminister (1955/56), Initiator der deutsch-französischen Annäherung und der westeuropäischen Montanunion („Schuman-Plan", 1950), Präsident des Europäischen Parlaments (1958–60)
564

Schurz, Carl (1829–1906), deutsch-amerikanischer Politiker, Publizist, Landwirt, Rechtsanwalt und Diplomat, Teilnahme an der März-Revolution (1848/49), Emigration über die Schweiz, Paris und London nach New York (1849–52), Eintritt in die Republikanische Partei (1856), Gesandter in Madrid (1861), Generalmajor im amerikanischen Bürgerkrieg, Mitglied des US-Senats (Republikaner/Liberal

am 1. Weltkrieg, Landrat des Kreises Rendsburg (1920–33), als Stabsoffizier im 2. Weltkrieg an der Rettung dänischer und norwegischer Juden beteiligt, Verbindungen zur Widerstandsgruppe des Kreisauer Kreises, verhaftet und zum Tode verurteilt (1945), Mitgründer der CDU in Berlin und Schleswig-Holstein (1945), Oberpräsident von Schleswig Holstein (1945/46), MdL Schleswig-Holstein (CDU 1946/47), schleswig-holsteinischer Ministerpräsident (1946/47), Präsident der deutschen UNESCO-Kommission (1955–60), Mitgründer und Präsident der Deutschen Gesellschaft für Auswärtige Politik (1955–60)
510

Stempel, Hans (1894–1970), evangelischer Theologe, Pfarrer in Oppau (1923–26), Direktor des Predigerseminars in Landau (1926–34), Pfarrer in Landau (1934–46), 1. Kirchenpräsident der protestantischen Landeskirche in der Pfalz (1948–64), Mitglied des Präsidiums der Stillen Hilfe für inhaftierte NS-Täter (ab 1953), „Beauftragter der EKD für die Seelsorge an deutschen Kriegsverurteilten in ausländischem Gewahrsam"
575f

Stengritt, Harry, Vertreter des SD in Lyon, beteiligt an Verhaftung und Verhören des Widerstandskämpfers Jean Moulin (1943), in Frankreich als Kriegsverbrecher zum Tode verurteilt, begnadigt (1959)
40, 575f

Stephan, Werner (1895–1984), Journalist, Regierungsbeamter, Partei- und Verbandsfunktionär, Leiter der Reichsgeschäftsstelle der DDP (1922–29), Referent in der Presseabteilung der Reichsregierung (1929–33) und im Reichsministerium für Volksaufklärung und Propaganda (1933–45), persönlicher Referent des Reichspressechefs Otto Dietrich (1938–45), Geschäftsführer der Dankspende des deutschen Volkes (1951–53), Pressereferent der DFG (1953–55), Bundesgeschäftsführer der FDP (1955–59), Geschäftsführer der Friedrich-Naumann-Stiftung (1959–64)
482

Sternberger, Dolf (1907–1989), Journalist und Politikwissenschaftler, Redakteur der „Frankfurter Zeitung" (1934–43), in einem Heidelberger Industriebetrieb (1943), Mitherausgeber der Zeitschriften „Die Wandlung" (1945–49) und „Die Gegenwart" (1950–58), Professor in Heidelberg (1960–74)
286–288, 408

Stettiner-Fuhrmann, Gertrud (geb. 1906), Schülerin und Freundin von Elly Heuss-Knapp, Emigration nach Brasilien (1933)
465, 490

Stevenson, Adlai E. (1900–1965), amerikanischer Rechtsanwalt, Diplomat und Politiker, Assistent im Außenministerium (1945/46), Vertreter bei den UN-Vollversammlungen (1946/47), Gouverneur von Illinois (1949–53), US-Präsidentschaftskandidat (Demokraten 1952, 1956), Botschafter bei der UNO (1961–65)
310

Stinnes, Hugo (1870–1924), Industrieller und Politiker, MdR (DVP 1920–23)
354

Stoecker, Adolf (1835–1909), evangelischer Theologe und Politiker, Berliner Dom- und Hofprediger (1874–90), Gründer der Christlich-Sozialen Arbeiterpartei (1878) und der antisemitischen „Berliner Bewegung" (1880), MdL Preußen (DkP 1879–98), MdR (DkP 1881–93, 1898–1908), Gründer und Mitglied des Evangelisch-sozialen Kongresses (1890–96)
539

Stolberg-Wernigerode, Otto Graf zu (1893–1984), Historiker, Professor in Rostock (1935–45) und München (ab 1949), Hauptschriftleiter der Neuen Deutschen Biographie (1950–68)
155f

Stolper, Edith, geb. Holden, Ehefrau von Ernst Stolper und Mutter von Frank Stolper
429

Stolper, Ernst Gustav (1916–2000), amerikanischer Militär, Emigration mit der Familie Stolper in die USA (1933), Landwirt (ab 1941), amerikanischer Offizier (1943), Mitarbeiter der amerikanischen Besatzungsbehörde in Deutschland (1945–50), als Offizier in Korea, Vietnam und München (1950–66), in Philadelphia ansässig (ab 1966), Sohn von Gustav Stolper aus 1. Ehe
428f

Stolper, Frank (geb. 1944), Sohn von Ernst Gustav Stolper
429

Heuss, ärztlicher Begleiter bei zahlreichen Staatsbesuchen und bei der Reise nach Indien (1960), Schwiegersohn von Hedwig Heuss
432, 434, 437, 474

Würz, Gabriele, Tochter von Alfred Würz
184

Wurm, Theophil (1868–1953), evangelischer Theologe, Kirchenpräsident in Württemberg (1929–33) und Landesbischof (1933–45), Mitglied der Deutschen Christen, dann der Bekennenden Kirche (ab 1934), kurzzeitige Beurlaubung und Hausarrest (1934), Protest gegen NS-Euthanasie (1941), Rede- und Schreibverbot (1944), Vorsitzender des Rates der EKD (1945–49)
158

Zech-Burkersroda, Julius Graf von (1885–1946), Jurist und Diplomat, Adjutant von Theobald Bethmann Hollweg (1914–17), in der preußischen Gesandtschaft in München (1917–21), Gesandter und Vertreter der Reichsregierung in München (1921/22), Gesandter in Helsingfors (1922–25) und Den Haag (1928–40)
381

Zeller, Bernhard (1919–2008), Literaturwissenschaftler und Archivar, Archivar (1953–55) und Direktor (1955–85) des Schiller-Nationalmuseums bzw. des Deutschen Literaturarchivs in Marbach a. N., Vorstandsvorsitzender des Theodor-Heuss-Archivs in Stuttgart (1964–71), Professor in Tübingen (ab 1979)
558

Zenker, Karl-Adolf (1907–1998), Militär, im Admiralsstab des Marinegruppenkommandos West (1939–41), in der Operationsleitung der Seekriegsführung (1944/45), britische Kriegsgefangenschaft (1945/46), in der Wasserstraßenverwaltung Rheinland-Pfalz (1946–51), im „Amt Blank" (1951–55), Leiter der Marineabteilung im Bundesverteidigungsministerium (1955/56), Unterabteilungsleiter für Führung im Führungsstab der Marine (1956/57), Befehlshaber der Seestreitkräfte NATO in der Nordsee (1957–60), Flottillenadmiral (1957), Inspekteur der Bundesmarine (1961–67)
291

Ziesel, Kurt (1911–2001), Journalist und Schriftsteller, Redakteur der „Preußischen Zeitung" in Königsberg (1933/34), Schriftleiter der „Westfälischen Landeszeitung" in Dortmund (1935/36), Chefredakteur des Pressebüros „Hanseaten-Dienst" in Hamburg (1936–38), Mitarbeiter des „Neuen Wiener Tagblatts" und Wiener Korrespondent des „Westdeutschen Beobachters" (1939/40), Herausgeber des „Europäischen Kulturdienstes" in München (1945–60), Mitgründer der Gesellschaft für freie Publizistik (1960), Gründer und Generalsekretär der Deutschland-Stiftung (ab 1966) und Herausgeber ihrer Verbandszeitschrift „Deutschland-Magazin" (ab 1969)
456, 526, 581–583

Zimmermann, Arthur (1864–1940), Jurist und Diplomat, Ministerialdirigent in der Politischen Abteilung des AA (1910/11), Unterstaatssekretär (1911–16) und Staatssekretär im AA (1916/17)
383

Zinn, Georg August (1901–1976), Rechtsanwalt und Politiker, Mitglied der Stadtverordnetenversammlung Kassel (SPD 1929–33), inhaftiert (1933), MdPR (SPD 1948/49), MdB (SPD 1949–51, 1961), MdL Hessen (SPD 1954–70), hessischer Justizminister (1945–63) und Ministerpräsident (1950–69), Vorsitzender der hessischen SPD (1947–69)
158, 308, 326

Zoff, Otto, eigtl. Friedländer (1890–1963), österreichischer Schriftsteller, Journalist, Verleger, Lektor und Regisseur, Lektor beim S. Fischer-Verlag in Berlin (1916/17), Dramaturg an den Münchener Kammerspielen (1919– 23), als freier Schriftsteller in Italien (1932–41), Emigration über Frankreich in die USA (1941), Rückkehr in die Bundesrepublik (1949), Amerika-Korrespondent der FAZ (1957–61)
325f, 458

Zuckmayer, Carl (1896–1977), Schriftsteller, Dramaturg im Stadttheater Kiel (1922/23), im Münchener Schauspielhaus (1924) und im Deutschen Theater Berlin (1924/25), Aufführungsverbot (1933), Emigration über die Schweiz (1938) in die USA (1939), Farmer in Vermont (1941–46), Übersiedlung in die Schweiz (1951), Pour le mérite (1967)
25, 260, *312f*, 345f, 349, 593

Sachregister

Das Sachregister erschließt thematisch differenziert alle Sachbegriffe und relevanten Informationen aus der Einführung, den abgedruckten Briefen einschließlich Kommentar und den Kurzregesten. Nicht aufgenommen wurden die Ortsangaben des Adressaten und des Absenders aus dem Dokumentenkopf sowie alle Bestandteile bibliographischer Angaben. Unspezifische Begriffe wie „Deutschland" wurden nicht berücksichtigt, stattdessen – wie in diesem Fall – eine Differenzierung in „Deutsches/Wilhelminisches Kaiserreich (1871–1918)", „Weimarer Republik (1918–1933)" und „Nationalsozialismus (1933–1945)" vorgenommen. Auf die Aufnahme des Begriffs „Bundesrepublik Deutschland" wurde verzichtet, da er auf annähernd jeder Seite zu finden ist. Aus dem gleichen Grund wird der Begriff „Bundespräsident" nicht berücksichtigt, wenn er sich individuell auf den Amtsinhaber bezieht; hingegen in seiner allgemeinen institutionellen bzw. verfassungsrechtlichen Funktion ist er als Wortfeld mit den zugehörigen Unterbegriffen unverzichtbar.

Das Sachregister orientiert sich in Form von Stichwörtern möglichst eng am Text. Wo es notwendig erschien, Begriffe in eine strukturelle Ordnung zu bringen und damit zusammenzufassen, wurden unter einem Oberbegriff Unterbegriffe, gelegentlich auch Unterbegriffe zweiter Ordnung eingeführt. Dieses Vorgehen bot sich vor allem an bei:

- Parteien mit ihren Untergliederungen, Gremien, Fraktionen, Parteitagen
- Institutionen wie „Bundesregierung" einschließlich Ministerien, „Bundestag", „Bundespräsident" oder „Kirchen"
- Verfassungen wie dem „Grundgesetz" mit zugeordneten Themenfeldern
- übergreifenden Themen wie „Weltkriege", „Vergangenheitspolitik" und „Orden, Auszeichnungen"
- politischen Systemen bzw. Zeitabschnitten in der deutschen Geschichte wie „Deutsches Kaiserreich", „Weimarer Republik", „Nationalsozialismus" und „DDR" mit institutionellen, systemspezifischen und ereignisgeschichtlichen Zuordnungen. Für die „Bundesrepublik Deutschland" bot sich dieses Vorgehen nicht an, so dass die dazugehörigen Begriffe institutioneller Art auf der ersten Ebene zu finden sind.
- Ländern, Regionen und Orten mit institutionellen und lokalen Zuordnungen

In einigen Fällen wurden Schlagwörter gebildet, um auf der darunterliegenden Ebene alphabetisch disparate, jedoch inhaltlich zusammengehörige Begriffe zu bündeln und für den Benutzer besser recherchierbar zu machen. Dazu gehören Schlagwörter wie beispielsweise

- „Gesetze, Rechtsverordnungen"
- „Parlamente, Repräsentativversammlungen, Volksvertretungen, deutsche",
- „Verträge, Abkommen"
- „Wahlen, Wahlkämpfe"
- „Zeitungen, Zeitschriften"

Reden von Theodor Heuss finden sich in chronologischer Folge unter „Heuss, Theodor, Reden". Selbständige, gedruckte Werke von Heuss, soweit sie nicht nur Teil einer bibliographischen Angabe sind, stehen – geordnet nach Erscheinungsdatum – unter „Heuss, Theodor, selbständige gedruckte Werke". Die Staatsbesuche des Bundespräsidenten lassen sich recherchieren unter „Auswärtige Repräsentation, Staatsbesuche".

www.ingramcontent.com/pod-product-compliance
Lightning Source LLC
LaVergne TN
LVHW081600100826
845153LV00004B/425

9783598251283